NANNING YEARBOOK 2012

《南宁年鉴》编纂委员会 编

广西人民出版社

主　办　南宁市人民政府
协　办　横县人民政府
武鸣县人民政府
马山县人民政府
兴宁区人民政府
承　办　《南宁年鉴》编纂委员会

南宁年鉴（2012）

编辑部地址：广西南宁市竹塘路 13 号
电　　话：0771-5847659　5847661
邮政编码：530022
网　　址：www.nndqw.com
电子邮箱：nj4661@sina.com

出版发行：广西人民出版社
社　址：广西南宁市桂春路 6 号
邮　编：530028
网　址：http://www.gxpph.cn
印　刷：广西南宁华侨印务有限责任公司
开　本：890mm×1240mm　1/16
印　张：42
字　数：1980 千字
版　次：2012 年 8 月　第 1 次
印　次：2012 年 8 月　第 1 次印刷

ISNB　978-7-219-08064-1/Z·274
定　价：198.00 元

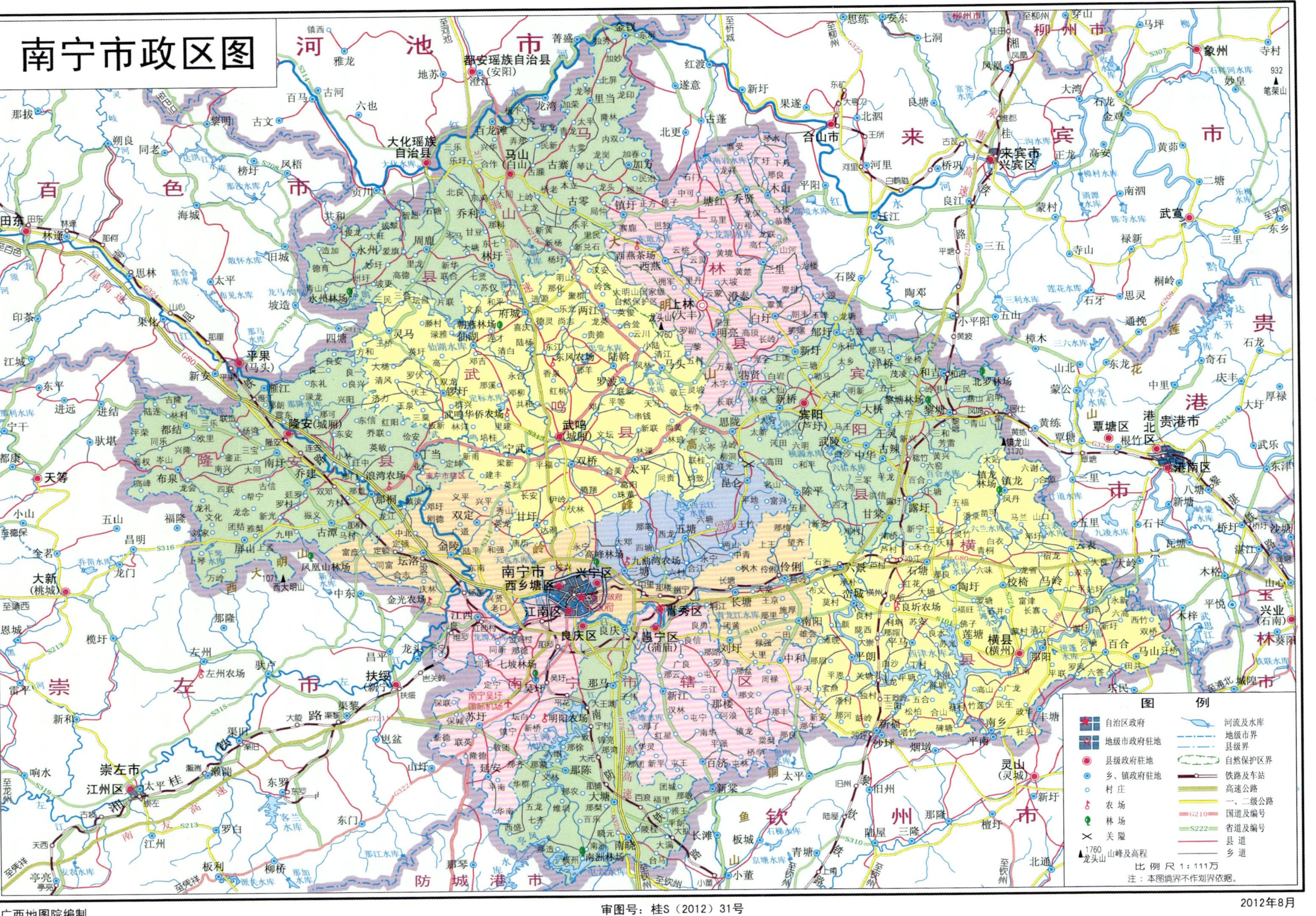

广西地图院编制

审图号：桂S（2012）31号

2012年8月

南宁市街道图
图 例
区政府
市政府
城区政府
人大 党委 政协
汽车站
学校 医院
景点
市 场
其他单位
街 区
公园 绿地
立交桥
河 流
比例尺1:82000
绕城高速
金沙湖风景区
石埠收费站
安吉收费站
沙井收费站
那洪收费站
高岭收费站
清川大桥
邕江
南宁南站
江南区政府
江南公园
（规划）
南宁树木园
良凤江森林公园
太阳岛
托洲大桥
白沙大桥
南宁职业技术学院
广西民族大学附小
广西农业科学院
广西大学农学院
广西财经学院
北大客运中心
心圩街道办
安吉街道办
江南街道办
沙井街道办
那洪街道办
石埠街道办
罗文实业有限公司水产分公司
市罗文实业有限公司
天雹水库
龙门水库
大王水库
罗文水库
南友高速
湘桂线
南防线
至隆安
至都安
至吴圩机场、凭祥

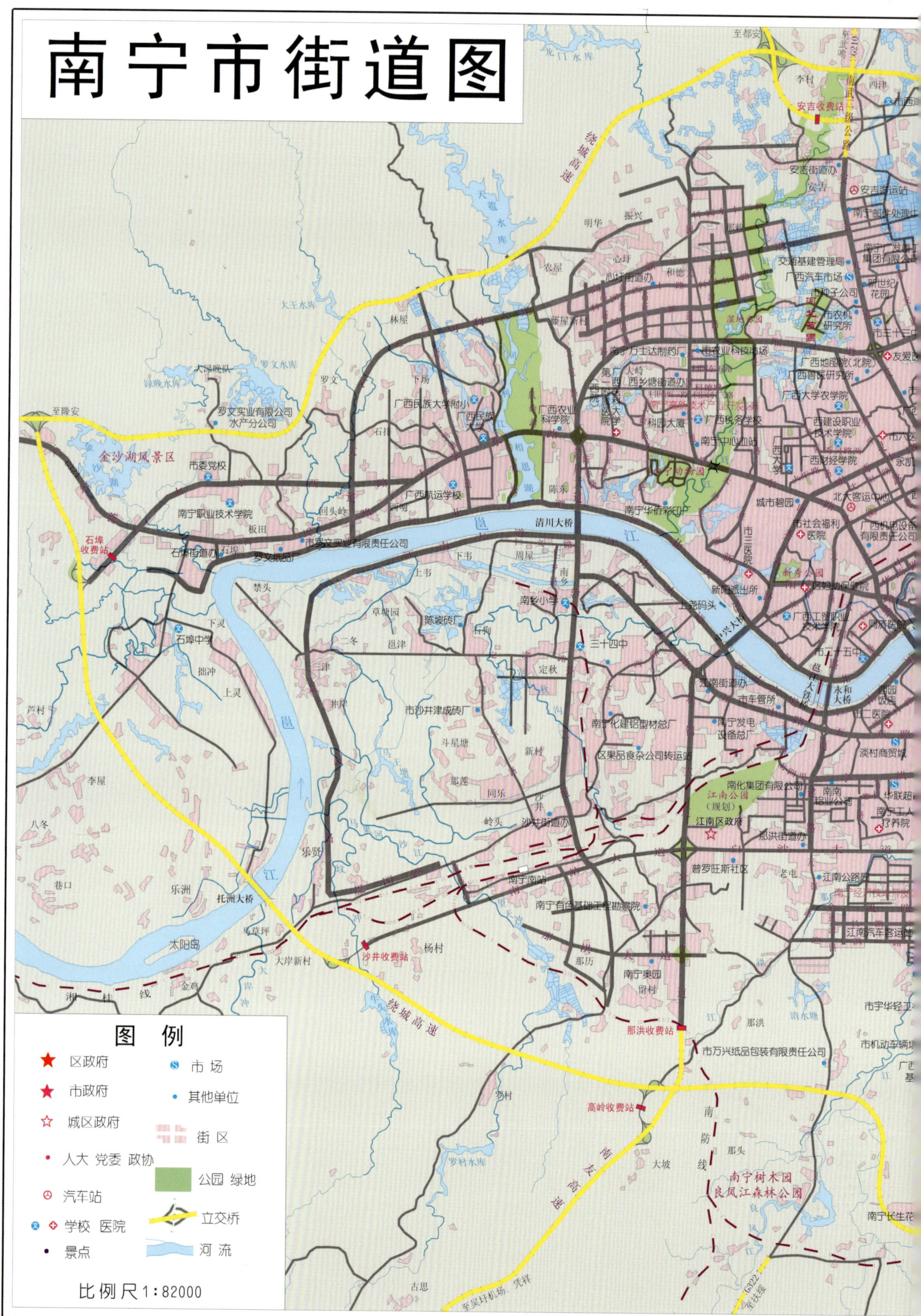

广西地图院编制

审图号:桂 S(2012)31号

2012年8月

南宁市旅游图
河池市
百色市
马山县
隆安县
武鸣县
西乡塘区
崇左市
江南区
良庆区
防城港市
大化瑶族自治县
都安瑶族自治县
(安阳)
马山
(白山)
平果
(马头)
隆安(城厢)
武鸣
(城厢)
南宁市
兴宁区
西乡塘区
江南区
良庆区
扶绥
(新宁)
崇左市
江州区
田东
(平马)
天等
大新
(桃城)
红水河
百龙滩景区
龙岩山
仙岩
灵阳寺
弄拉
金伦洞
白马山题诗园
穿岩
南宁大明山风景旅游区
黄道山风景区
起凤山
伊岭岩区
文江塔
秋瑕园
岜勋贝丘遗址
陆荣廷墓
花花大世界
九洞山
蜡烛山遗址
九曲湾温泉
广西八桂田园风景区
老虎岭风景区
南宁人民公园
广西药用植物园
南宁市动物园
扬美古镇
大阳岛
良凤江国家森林公园
南宁吴圩国际机场
大王滩风景区
十八罗汉洞
莲花仙子洞
清水泉
凤亭河风景区
阳明洞天
雁江老街
峨山景区
白鹤岩
榜山文塔
南圩石景林
布泉河
右江河谷风光
灵芝洞
龙虎山风景区
西大明山水源林保护区
西大明山
1071
市政府
区政府
达洪江水库
那沙水库
敢怀水库
联合水库
布见水库
那马水库
那降水库
布良水库
那利水库
乔苗水库
下琴水库
仙湖水库
定标水库
忠党水库
大王滩水库
客兰水库
安农水库
那江水库
那加水库
派关水库
屯六水库
大化水库
六朝水库
那利水库
雅龙
东庙
青盛
地苏
古河
百马
古文
六也
黎明
那拔
朔良
同老
榜圩
凤梧
百龙滩
龙湾
里当
古寨
古零
乔利
贡川
共和
永州
周鹿
林圩
海城
旧城
太平
坡造
四塘
灵马
府城
两江
仙湖
锣圩
宁武
双桥
灵水
丁当
双定
甘圩
坛洛
金陵
那桐
乔建
古潭
屏山
福隆
五山
昌明
龙门
全茗
小山
龙茗
都康
驮堪
进结
进远
东平
宁干
江城
印茶
作登
思林
果化
新安
雁江
南圩
布泉
都结
那岭
恩城
榄圩
那隆
左州
驮卢
中东
昌平
龙头
渠黎
渠旧
濑湍
东罗
岜盆
山圩
苏圩
吴圩
那陈
延安
大塘
那马
东门
罗白
柳桥
板利
江州
亭亮
上金
响水
新和
雷平
逐卜
太平
祥周
百育
林逢
那琴
江西
良庆
南晓

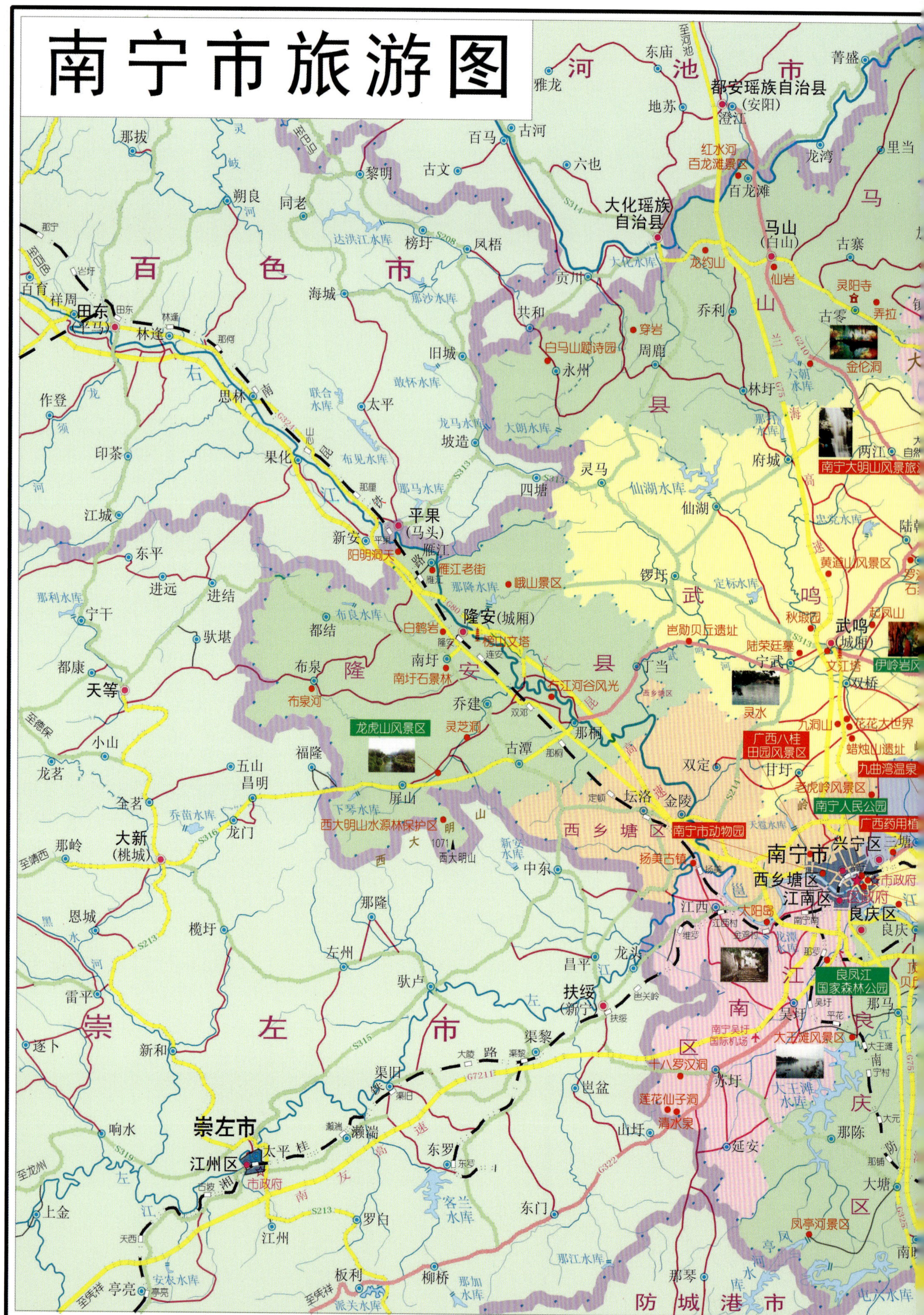

广西地图院编制

来宾市
兴宾区
市政府
合山市
象州
武宣
贵港市
港北区
港南区
覃塘区
市政府
宾阳
(宾州)
上林
(大丰)
横县
(横州)
兴业
(石南)
灵山
(灵城)
柳州市
河池市
来
宾
市
贵
港
市
玉
林
市
上
林
县
宾
阳
县
横
县
钦
州
市
灵
山
县
邕
宁
区
青秀区
兴宁区
大龙湖风景区
摩崖石刻群
上林三里洋渡
生态农业旅游点
智城城址
六合坚固大宅颂碑
葛翁岩
回风塔
南街古城
秀峰塔
程思远
故居
情人谷
相思潭风景区
昆仑关
昆仑关旅游风景区
蔡氏书香
古宅群景区
九龙瀑布群景区
陈平漂流
六景泥盆系标准
地质剖面保护区
天窝遗址
青龙江口遗址
承露塔
平朗笔山村
大圣山
西津湖景区
青龙岩
伏波庙
乌蛮滩景区
宝华山风景区
青秀山
风景旅游区
西津水库
图例
自治区行政中心
地级市行政中心
县级行政中心
乡、镇
国家4A级旅游区
国家3A级旅游区
寺、庙、亭
塔
风景点、古迹
河流及水库
地级市界
县级界
自然保护区界
铁路及车站
高速公路
一、二级公路
国道及编号
省道及编号
县道
乡道
比例尺 1:78万
注：本图疆界不作划界依据。

兴　宁　区

①

兴宁区南起民族大道与青秀区交界，西南临邕江与江南区相望，西接解放路、华强路及铁路沿线与西乡塘区毗邻，北至广西林科院、广西高峰林场与武鸣县接壤，东北至昆仑关与宾阳县相靠。面积751平方千米。2011年，辖3个镇、2个街道，34个社区、37个行政村，总人口29.80万（农村人口13.44万）。有耕地面积1.50万公顷（水田面积0.75万公顷），林地面积3.73万公顷，森林覆盖率53%。被评为全国阳光计生行动示范单位、自治区群众体育先进单位、自治区“安全生产月”活动先进单位、全国社区服务示范城区、自治国城市社会工作示范城区、自治区双拥模范城区、全区“五个民政建设年”先进城区、自治区残疾人工作先进县区、2011年自治区招商引资项目大兑现工作示范县（区）。

社会经济快速发展。2011年，实现地区生产总值106.95亿元；全部工业总产值49.26亿元；农业总产值12.63亿元；全社会固定资产投资113.55亿元；社会消费品零售总额247.50亿元；财政收入23.12亿元；城镇居民人均可支配收入22003元，农民人均纯收入6712元。推进城区“一带两区三基地”（“一带”指昆仑大道经济带，“两区”指朝阳商业中心区、金桥商贸物流新区，“三基地”是指三塘总部经济基地、五塘工业基地、现代特色农业开放合作基地）项目建设。三塘工业集中区和五塘工业基地实现工业总产值6.48亿元。

文化气象欣欣向荣。组织开展兴宁区庆祝建党90周年合唱比赛及颁奖晚会文艺演出、南宁国际民歌艺术节“绿城歌台　兴宁歌台”广场文艺演出、南宁市第二届乡村社区和谐文艺大展演兴宁区复赛文艺演出等50余场群众喜闻乐见的文化活动，观众12.75万人次。创编一批兴宁文艺精品剧目，提升“老城区·新文化”品牌影响力。选送现代舞《带我到水边》、《稻草人》、《舞动在喧嚣的深海》等节目参加北京、香港、韩国釜山等地的比赛并获优异成绩。

②

③

民生建设稳步推进。民生领域累计投入占财政总支出 72.07%，完成市级、城区本级为民办实事项目 25 个。实现城镇新增就业 8789 人，城镇下岗失业人员再就业 1420 人，帮助大龄困难人员再就业 346 人，城镇登记失业率 2.22%。开展农民就业培训 1350 人，农村劳动力转移就业新增 3910 人。新型农村合作医疗制度参合农民 3.46 万户、12.87 万人，参合率 96.18%。人口出生率 9.97‰，人口自然增长率 6.40‰。人口计划生育指标统计合格率 98.82%以上，高于 95% 的责任指标。

科技教育事业全面进步。投入科技经费 745 万元，组织实施科技项目 31 个；实施到期通过上级验收的市级科技项目 6 个，自治区级科技项目 5 个，国家级科技项目 2 个。金雨伞公司的地下工程 CPS 复合防水材料的开发及产业化、南宁市疾病防控中心的广西家鼠疫 GIS 研究获市政府科技进步奖。重点推进学校基础建设，加大校安工程建设力度，教育基础设施建设总支出 3377.05 万元。免除农村义务教育阶段学杂费学生 13964 人，发放免杂补助公用经费 835.35 万元，小学、初中阶段辍学率均为零。

① 2011 年 11 月 11 日，自治区党委常委、自治区副主席、市委书记陈武（前左三）在区委书记刘为民（右二）、区长高虹（前左一）陪同下到兴宁区调研

② 2011 年 9 月 7 日，代理市长周红波（左一），市委常委、宣传部长、副市长吕洁（前右二）在区委书记刘为民（右一）、区长高虹（左二）陪同下到兴宁区调研

③ 2011 年 8 月 3 日，自治区党委常委、市委书记车荣福（前左二），市长黄方方（右二）在宁区委书记刘为民（右一）陪同下检查兴宁区工作

④ 2011 年 1 月 13 日，市长黄方方（右二），市委副书记刘长林（左一）在区长高虹（左三）陪同下视察兴宁区朝阳商圈

⑤ 2011 年 11 月 14 日，中国残疾人联合会康复部副主任曹跃进（前右三）到兴宁区市五医院调研

⑥ 2011 年 11 月 7 日，南宁市金桥农产品批发市场二期开工仪式举行

⑦ 2011 年 5 月 18 日，广西华兴食品有限公司在兴宁区五塘工业区正式投产

青　秀　区

青秀区是自治区、南宁市的行政中心所在地，是自治区县（区）经济快速发展的缩影，是南宁市建设区域性国际城市的窗口。2011 年，辖 4 个镇、5 个街道、1 个省级经济开发区，面积 872 平方千米，户籍人口 70.97 万。在实施“十二五”规划开局之年，青秀区经济保持快速平稳发展的良好态势，各项事业迈上新台阶，为在“富民强桂新跨越”中，争当广西县（区）科学发展排头兵开了好局，起了好步。

经济总量效益进一步提升。2011 年，青秀区完成地区生产总值 155.47 亿元，比上年增长 14.10%；财政收入 72.85 亿元，增长 25.71%，总量位居自治区县（区）第一名；社会消费品零售总额 227.82 亿元，创历史新高，增幅继续保持南宁市各县（区）前列；全社会固定资产投资 383.68 亿元，增长 40.09%，总量位居自治区各县（区）之首。

现代服务业发展迅猛。青秀区有广西购物天堂之称，梦之岛、航洋国际、巴黎春天等大型商厦林立，高端多样化的品牌选择，优雅的购物环境，吸引着众多自治区内外乃至国际高端消费客群前来购物，促进商贸、住宿、餐饮等传统服务业持续繁荣。2011 年新增年销售额超亿元的商贸企业 11 家，继“LV”、香奈儿、雅诗兰黛等全球顶级品牌进驻梦之岛百货后，又有一批国际知名品牌企业进驻华润·万象城。通过加强对战略性新兴产业的规划引导和政策引领，着力发展总部经济、金融、保险、会展、电子商务等新兴服务业，除 1 家银行不在青秀区设立总部外，所有在南宁市设点的银行、保险、证券等金融机构均在城区设立总部，辖区有金融、证券总部或区域总部及分支机构 525 家。会展旅游、中介、电子商务快速发展，承办（协办）第二届国际（南宁）时尚博览会、第四届北部湾（南宁）汽车展等一系列重大会展活动；南宁（中国—东盟）商品交易所、星湖路电子一条街初具规模。位于星湖路的南宁电科广场成为全国第六个、自治区首个国家五星级电子专业广场。

工业发展取得新突破。扎实推进仙葫经济开发区、伶俐工业集中区建设，一批企业正纷纷谋划入园发展。投资 3.10 亿元的广西国泰粮油搬迁技改项目一期工程建成投产；总投资 3 亿元、年产值 21 亿元的广西物宝技改项目进驻伶俐工业集中区。新增规模以上工业企业 6 家，全部工业总产值 33.06 亿元，增长 24.80%，其中规模以上工业总产值 16.68 亿元，增长 32.92%。

特色农业有新发展。投入 2697.50 万元实施 82 个水利基础设施项目，农村、农业生产生活条件进一步改善。双季葡萄、台湾子姜、大棚甜瓜、红龙果、香芋等“一村一品”特色农业，成为南宁市现代农业发展的新亮点；刘圩镇的千亩有机优质稻标准化栽培示范基地，成为自治区首个通过“有机食品”鉴证的示范基地。特色养殖与传统养殖成为农民增收的支柱项目，投资近2000万元的刘圩镇梅花鹿养殖基地等一批特色养殖项目先后建成投产。

现代宜居城市品位进一步提升。全面配合南宁市做好城市的规划建设、功能布局、城市管理。“中国水城”、“绿满南宁”、“一江两湖”（竹排江、南湖、民歌湖）城市景观带建设如火如荼；“城乡清洁工程”深入开展。市区环境空气质量全年保持优良以上，为南宁市蝉联“全国文明城市”并首获“国家卫生城市”、“国家森林城市”作出突出贡献。

科技教育文化事业欣欣向荣。财政投入1.40亿元，实施98个学校基建项目，办学条件进一步改善，基础教育自治区第一强区地位进一步巩固。充分展示青秀区绚丽多姿的民族文化、旅游资源和优越的投资环境，打造青秀文化强区新名片，举办2011年南宁国际民歌艺术节青秀歌台、青秀区第二届乡村社区和谐文艺大展演，长塘镇“芭蕉香火龙舞”在第十届中国（宁波）民族文艺山花奖舞龙大赛上获得金奖。科技引领作用明显，连续4年获全国科技进步先进县（区）。

改革开放拓展提升。长塘镇、伶俐镇被列为南宁市统筹城乡发展试点单位、集体林权制度改革、医改、城乡居民社会养老保险试点等工作扎实推进。开放合作取得新成效，实际到位内资61.30亿元，增长23.52%；实际利用外资3605万美元，增长25.92%。

民生持续改善。城镇居民人均可支配收入25236元，位居自治区县（区）第一名；农民人均纯收入6805元，高于南宁市平均水平957元。开展就业创业工作，有6个社区被评为南宁市充分就业示范社区。社会保障水平进一步提高，实现应保尽保，城乡居民养老保险基础养老金每月100元，高于国家标准45元，覆盖率100%；新农合参合率94.39%。

社会保持和谐稳定。推进社会管理创新，社会矛盾纠纷调处机制进一步完善，领导干部大接访活动深入开展，信访办结率100%。安全生产和应急管理扎实有效，安全生产事故下降78%。以“创先争优”活动为抓手，进一步密切党群、干部关系，圆满完成城区、镇、村（社区）三级领导班子换届选举，为各项事业发展提供坚强的组织保障。获自治区人口计生模范县（区）、自治区双拥模范城区等称号。

⑤

⑥

⑦

⑧

① 2011年6月19日，自治区党委副书记陈际瓦（前左二），自治区党委常委、组织部部长周新建（前右二）在区委书记赵禹鹏（前左一）、区长钱健（前右一）的陪同下到津头街道秀山社区视察

② 2011年9月30日，自治区党委常委、自治区副主席、市委书记陈武（右四）在区委书记赵禹鹏（左一）、区长钱健（右二）的陪同下到青秀区调研

③ 2012年1月14日，市长周红波（前左二）在区委书记赵禹鹏（前左三）、区长钱健（前左一）的陪同下到刘圩镇调研

④ 2011年8月3日，自治区党委常委、市委书记车荣福（右二）在区委书记赵禹鹏（右一）等青秀区四家班子领导的陪同下到南湖街道嘉宾社区视察

⑤ 2012年1月19日，区委书记赵禹鹏（中）检查安全生产

⑥ 2011年6月27日，区委书记赵禹鹏（右二）慰问老党员

⑦ 2011年6月22日，区长钱健（中）到南阳镇调研

⑧ 2011年7月19日，区长钱健（中）走访辖区企业

江南区位于南宁市西南部、邕江南岸。4 个镇，4 个街道，面积 1154 平方千米，常住人口 56.80 万（户籍人口 43.80 万）。南宁经济技术开发区托管那洪街道、代管吴圩镇共 504 平方千米，人口 15.30 万（户籍人口 12.10 万）。

地处南宁市南大门，区位优势明显，南宁吴圩国际机场和西南最大铁路货物编组站——南宁铁路南站坐落在辖区，多条铁路贯穿辖区，正在修建的云桂高铁横贯东西。辖区原生态自然风光秀美，旅游资源丰富，拥有中国历史文化名村——扬美古镇、良凤江国家森林公园以及木村、智信田园风光等。是南宁市重要的工业、商贸物流基地，南宁铝业、南化股份、南糖股份、南宁水务、南宁供电局等关系全市经济命脉的企业均位于辖区；拥有超大、翔海等仓储物流企业 30 多家；白沙大道汽车销售一条街有 4S 店 39 家；“10＋1”茶叶销售一条街有茶叶店 353 家，是广西最大的成品茶叶批发零售专业市场。近年来，20 万吨铝板带、南宁华南城、广西海吉星国际农产品交易中心、富士康南宁科技园，华电分布式能源等一批自治区、市级重大产业项目落户并开工建设，为城区经济发展增添后劲。

2011 年，江南区深入贯彻落实科学发展观，深入开展“项目建设年”、“发展环境建设年”、“党组织建设年”主题活动，全力打好产业经济发展、园区开发建设、交通基础设施建设、征地拆迁回建、矛盾纠纷调处化解攻坚战，着力转方式、调结构、扩内需、惠民生、促和谐，实现“十二五”发展良好开局。实现地区生产总值 180.10 亿元（含经开区），比上年增长 15.20%；全部工业总产值 118.50 亿元，增长 19.17%；全社会固定资产投资 84.70 亿元，增长 50.73%；财政收入 13.86 亿元，增长 29.37%；社会消费品零售总额 103.40 亿元，增长 20.12%；城镇居民人均可支配收入 18362 元，增长 10.54%；农民人均纯收入 6695 元，增长 17.03%。

① 2011 年 6 月 18 日，自治区党委书记、自治区人大常委会主任郭声琨（前左四），自治区主席马飚（前左五），富士康总裁郭台铭（前左三）等出席富士康南宁科技园一期工程开工仪式
② 2011 年 10 月 22 日，自治区主席马飚（前左五）等领导出席第八届中国—东盟博览会轻工展开展仪式
③ 2011 南宁·东南亚国际旅游美食节开幕式现场
④ 江南区菠萝岭元宵花灯节
⑤ 2011 年 7 月 30 日，扬美古镇首届“婚育新风　爱在江南”集体婚礼举行
⑥ 江南区“百姓小舞台·和谐大社会”主题活动

西乡塘区

西乡塘区位于南宁市中西北部。辖 10 个街道、3 个镇、76 个社区、69 个行政村。面积 1298 平方千米。2011 年末，总人口 110.88 万。

2011 年，西乡塘区深入贯彻落实科学发展观，着力转方式、调结构、扩内需、惠民生、促和谐，全面完成各项目标任务，实现“十二五”的良好开局。地区生产总值 129.08 亿元，比上年增长 14%；农林牧渔业总产值 30.11 亿元，增长 32.88%；规模以上工业总产值 98.51 亿元，增长 30.92%；全社会固定资产投资 129.86 亿元，增长 49.36%；社会消费品零售总额 204.46 亿元，增长 18.19%；财政收入 25.06 亿元，增长 17.88%；城市居民人均可支配收入 17855 元，增长 10.80%；农民人均纯收入 6216 元，增长 17.26%。年内，城区获 2009～2010 年全国科技进步先进县（区）、首府南宁 2009～2011 年创建国家文明城市工作先进单位、2009～2010 年自治区义务教育学校常规管理优秀县（区）、2010 年自治区双拥模范县（区）、2011 年自治区招商引资项目大兑现工作示范县（区）、2011 年自治区民政工作先进县（区）、2011 年自治区农村沼气池“两高六好”优秀示范县（区）等称号。获 2011 年广西人口和计划生育进步奖。西乡塘区香蕉文化旅游美食节被评为 2011 年广西休闲农业“十佳”名节。

2012 年，西乡塘区将按照“稳中求进、好中求快”的总基调，以科学发展为主线，以开展“科学发展赶超跨越落实年”活动为引领，按照中共南宁市委提出“四大建设”和“六项工作”的总体要求，全力实现“六个突破”，开创城区经济社会发展新局面。

① 2011 年 3 月 24 日，自治区党委书记、自治区人大常委会主任郭声琨（前右二）和自治区主席马飚（前右一）出席郁江老口水利枢纽开工仪式

② 2011 年 6 月 22 日，自治区党委副书记陈际瓦（左三）等自治区领导在南宁市委副书记周红波（右一）、西乡塘区委书记黄润斌（右二）、区长廖伟福（右三）等陪同下到西乡塘区坛洛镇东佳村那学坡视察“绿满八桂”造林绿化工作

③ 2011 年 11 月 26 日，自治区党委常委、市委书记陈武（前左二）在西乡塘区委书记黄润斌（右一）、区长廖伟福（右三）等陪同下到西乡塘区考察调研

④ 2011 年 9 月 9 日，代理市长周红波（前排中）在西乡塘区区长廖伟福（右一）等陪同下慰问市第三幼儿园

武　鸣　县

①

②

③

④

⑤

武鸣县位于广西中南部、南宁市区北部，县城距南宁市区 32 千米。都南高速公路、210 国道和 20321 省道过境，有武鸣至南宁二级公路。主要旅游景区景点有伊岭岩、大明山、灵水、明秀园、花花大世界等，其中伊岭岩、大明山自然保护区入选南宁十大景区。主要矿产资源有铜、锰、钨、金等 20 余种，其中铜矿总蕴藏量 2600 万吨，占广西总蕴藏量 30%。主要地方特产有“灵水”牌龙眼、“伊岭”牌系列香米、“淝阳”牌红橙、“石牛”牌干笋、“旋力威”牌辣椒、“锣皎”牌木薯淀粉、玉泉土鸡、灵马鲶鱼等。南宁—东盟经济开发区、东风农场驻县境。2011 年，辖 13 个镇、198 个行政村、20 个社区，1703 个自然村。户籍总人口 68.81 万（其中农业人口 56.87 万），其中壮族人口 59.18 万，占总人口 86%。人口自然增长率 8.97‰。有耕地 6.40 万公顷（其中水田 2.39 万公顷）；有林面积 15.94 万公顷（含灌林木），森林覆盖率 45.50%。连续 11 届入选中国西部县域经济百强县，连续 4 年获全国生猪调出大县奖励，获全国粮食生产先进县、全国科技进步先进县、全国科普示范县、全国绿色能源示范县、自治区义务教育学校常规管理先进县、自治区水利建设先进县、自治区普法工作先进单位。

2011 年，全县实现“六大”新突破。一是综合经济实力实现新突破。全县地区生产总值 189.89 亿元，比上年增长 16.10%；三次产业结构为 30.70:48.50:20.80；财政收入 10.91 亿元，增长 24.70%，其中县本级财政收入 8.06 亿元，增长 23.58%。二是工业经济发展实现新突破。全部工业总产值和规模以上工业产值双双突破 200 亿元，其中全部工业总产值完成 263.02 亿元，增长 42.20%；县本级完成 105.41 亿元，增长 40.70%，连续 3 年保持 30%以上的增速。三是同城化建设实现新突破。累计投入 8.55 亿元，南宁至武鸣城市大道项目综合完成率 92%，武鸣段施工基本完成；投入 1.97 亿元，绕城大道东段、西南段实现竣工通车。四是生物质能源建设实现新突破。依托资源优势和技术优势，率先在自治区实施生物质燃气集中供气示范项目和沼气纯化制备生物燃气项目，成为国内首个日产上万立方米沼气纯化车用燃气的县份。五是人民生活改善实现新突破。全县金融机构各项存款余额突破 100 亿元，达到 102.64 亿元，增长 27.09%。城镇居民社会养老保险试点工作顺利启动，发放保险金 1021 人、36.67 万元，发放率 100%，基本实现城乡社会养老保险全覆盖。城镇居民人均可支配收入 19059 元，增长 10.20%；农民人均纯收入 7049 元，增长 15.29%。

⑥

⑦

⑧

⑨

⑩

⑪

① 2011 年 4 月 16 日，全国政协副主席罗富和(前左三)在武鸣安宁淀粉有限公司考察生物天然气生产情况

② 2011 年 1 月 24 日，自治区党委书记、自治区人大常委会主任郭声琨(前)在双桥镇增坝灌区兴修水利劳动点参加劳动

③ 2011 年 2 月 27 日，自治区主席马飚(左三)在双桥镇双桥社区冬菜收购点视察

④ 2011 年 3 月 8 日，自治区党委常委、市委书记车荣福(中)在两江镇渌之水库了解水库除险加固工程建设情况

⑤ 2011 年 8 月 26 日，县委书记黄国健(左二)在锦龙水泥生产项目建设工地调研

⑥ 2011 年 4 月 15 日，县长宋日正(中)在宁武镇张郎村了解西葫芦销售情况

⑦ 2011 年中国壮乡·武鸣"三月三"歌圩暨骆越文化旅游节开幕式现场

⑧ 2011 年 11 月 3 日，自治区"阳光社保"工程试点暨武鸣县城镇居民社会养老保险试点启动仪式在县城文化广场举行

⑨ 2011 年，安宁淀粉有限公司与中国农业大学合作，实施沼气纯化制备生物燃气产业化示范项目。图为该厂建成的国内首家日产 1.20 万立方米生物燃气生产车间

⑩ 2010 年 10 月，全县开始实施城乡风貌改造工程。图为实施风貌改造后的甘圩镇达洞村那望屯远眺

⑪ 以城厢镇合旗村为中心的万亩超级稻基地一角

中国茉莉之乡 横 县

2011年是"十二五"规划开局之年，横县县委、县政府团结带领全县各族人民，坚持以邓小平理论和"三个代表"重要思想为指导，深入贯彻落实科学发展观，紧紧围绕建设广西强县、打造北部湾经济区新兴城市的总目标，以强化作风建设为保障，深入开展"三个年"（项目建设年、服务企业年、党组织服务年）活动，着力扩大投资消费、保障和改善民生、促进改革开放和科技创新，加快推进新型工业化、特色农业产业化、城乡统筹协调发展，保持和扩大全县经济社会发展良好势头，实现"十二五"良好开局。

2011年，全县地区生产总值176.88亿元，比上年增长20.50%，增速创历史新高；农业总产值87.50亿元，增长8.35%；全部工业总产值185.80亿元，增长61.20%；全社会固定资产投资161.80亿元，增长41.08%；社会消费品零售总额49.40亿元，增长18.28%；财政收入11.01亿元，增长24.87%；城镇居民人均可支配收入18679元，增长11.60%，增速排全市各县（区）第一位；农民人均纯收入6047元，增长18.55%；蝉联全国文明县城、全国科技文化先进县。

2012年，横县将以加快推进经济发展方式转变为主线，以开展“科学发展、赶超跨越落实年”活动为引领，奋力推进工业发达县、农业特色县、文化先进县、交通枢纽县、生态文明县、社会和谐县建设，以优异成绩迎接党的十八大胜利召开！

⑥

⑦

⑧

⑨

⑩

① 南宁市委常委、横县县委书记林山青
② 横县县长唐小若
③ 2011年12月9日，自治区领导马飚（前右三）、危朝安（前右二）、陈武（前右一）、陈章良（前右四）出席第一届广西名特优农产品交易会开幕式后巡视横县展馆
④ 2011年12月5日，自治区党委常委、市委书记陈武（前右二）在南宁六景工业园区考察调研
⑤ 2011年10月7日，县委书记林山青（右三）、县长唐小若（右二）深入灾区指导抗洪救灾
⑥ 2011年8月16日，第七届全国茉莉花茶交易会、2011年中国国际茉莉花文化节开幕式在横县举行
⑦ “广西十大名菜”横县鱼生
⑧ 建设中的六（景）钦（州）高速公路横县段
⑨ 横县茉莉花文化广场远眺
⑩ 横县新农村一瞥

马　山　县

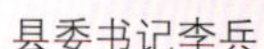

县委书记李兵

县长杨敏

马山县位于广西中部，居红水河中段南岸，大明山北麓，东与来宾市忻城县、南宁市上林县交界，西与河池市大化瑶族自治县、百色市平果县接壤，南与武鸣县相邻，北隔红水河与河池市都安瑶族自治县相望，是“四市六县”的结合部，县政府驻白山镇。2011 年，辖 11 个乡镇（2 个瑶族乡）、151 个行政村（社区），面积 2345 平方千米，总人口 54 万，居住着壮、汉、瑶等 9 个民族。

马山县交通便利，区位优势明显。县城距南宁市 96 千米，西南出海大通道之都南高速公路横贯境内，210 国道、314 省道、上林—马山二级公路经过县城，正在建设的来宾—马山、马山—平果高速公路预计于 2014 年建成通车，西江“黄金水道”规划建设的红水河大厚作业区距离县城 18 千米，水运可达珠三角及港、澳等地。

2003 年，马山县被列为国家新时期扶贫开发工作重点县。全县以农业为主，农作物主要有水稻、玉米、木薯、甘蔗等，特色农产品有马山黑山羊、马山土鸡、旱藕粉、金银花等，是中国南方最大的金银花种植基地。2003 年，马山县黑山羊通过中国品牌保护活动组委会原产地标识认证，并被授予“中国黑山羊之乡”。全县工业以水电、建材、铁合金、水泥、造纸、制糖、酒精为主，县内工业开发区有苏博工业集中区、百龙滩工业园区。旅游资源丰富，品味独特，开发潜力较大，主要景区景点有“世界十大名洞之一”的金伦洞以及红水河百里画廊、弄拉自治区级生态自然保护区、永州定乐江地下暗河、金钗石林城堡等。民族民间文化丰富多彩、底蕴深厚，被誉为“马山文化三宝”的壮族三声部民歌、壮族会鼓、扁担舞分别被列入国家级和自治区级非物质文化遗产名录。2011 年，继 2008 年后再次获国家文化部授予中国民间文化艺术之乡，是自治区获此殊荣的 12 个县（区）之一，也是南宁市惟一获此荣誉的县（区）。

①

②

③

2011年，马山县围绕加快建设“两基两城一中心”（“两基”即南宁市新兴工业基地、广西特色生态农产品基地；“两城”即文化旅游美食城、特色宜居山城；“一中心”即区域性物流中心）、实现富民强县新跨越的奋斗目标，以推动科学发展为主题，以加快转变经济增长方式为主线，以开展“项目建设年”、“发展环境建设年”、“招商引资年”和“党组织建设年”主题活动为抓手，团结拼搏，克难奋进，全县经济社会保持平稳较快发展，实现“十二五”的良好开局。地区生产总值39.50亿元，比上年增长9.70%；全部工业总产值25.89亿元，增长35.66%；财政收入2.64亿元，增长20.62%；全社会固定资产投资41.16亿元，增长46.29%；社会消费品零售总额12.44亿元，增长17.17%；城镇居民人均可支配收入15867元，增长10.35%；农民人均纯收入4343元，增长13.56%。

① 2011年12月9日，第一届广西名优特农产品交易会在南宁国际会展中心开幕，自治区主席马飙（前左二）在县委书记李兵（前右二）的陪同下，到马山展厅参观马山名特优农产品

② 2011年11月28日，自治区党委常委、市委书记陈武（中）在县委书记李兵（前左一），县长杨敏（右一）的陪同下到苏博工业集中区调研

③ 2011年11月17日，马山县举行获“中国民间文化艺术之乡”牌匾迎接仪式，县委书记李兵（二排右三），县长杨敏（前排右二），县人大常委会主任谢显术（二排右二），县政协主席林永立（二排左三）等县四家班子领导出席

④ 2011年12月5日，县委书记李兵（前排左四），县委常委、宣传部部长、副县长李汉奎（前右三）在林圩镇合理小学调研营养午餐

⑤ 2011年12月13日，马山第五届文化旅游美食节新闻发布会在南宁市召开，县委书记李兵（右三），县长杨敏（左三），县人大常委会主任谢显术（左二），县委副书记罗安平（右一），县委常委、宣传部长、副县长李汉奎（左一）等县领导出席

⑥ 2011年12月23日，县委书记李兵（左二）、县人大常委会主任谢显术（右二）为金伦洞3A级景区揭牌

⑦ 2012年2月，马山县弄拉旅游专业合作社理事长、党支部书记李荣光获2011年度“中国农村新闻人物”开拓创新奖

⑧ 2011年12月24日，自治区、市、县领导共同为马山第五届文化旅游美食节击鼓开幕

宾　阳　县

宾阳县地处广西中部偏南，面积2308平方千米，辖15个镇、1个乡、193个行政村、40个社区、1748个自然村，人口105万。2011年，宾阳县围绕“打造民营经济强县，构建现代化商贸名城，建设宜居宜业中等城市”的发展定位，深入开展“三个年”（项目建设年、服务企业年、党组织服务年）主题活动，扎实推进五项重点工作，全县经济社会发展取得很好的成绩：全县地区生产总值137.52亿元，比上年增长13.90%。全部工业总产值147.28亿元，增长36.10%，其中规模以上工业总产值85.14亿元，增长57.03%。全社会固定资产投资133亿元，增长45.93%，其中工业投资46.62亿元，增长36.72%。社会消费品零售总额54.24亿元,增长18.15%。财政收入10.26亿元，增长26.83%。城镇居民人均可支配收入17993元，增长11%；农民人均纯收入6180元，增长18.64%。金融机构各项存款余额102.91亿元，增长19.56%；贷款余额44.86亿元，增长31.41%。城镇登记失业率3.18%；规模以上工业万元增加值能耗下降9.78%；人口自然增长率9.34‰。

2011年，宾阳县获全国县市科技进步先进县、全国计划生育优质服务先进单位、全国科普示范县、全国阳光计生行动示范单位、全国粮食先进生产县、广西科学发展十佳县、全区第七届城市市容市貌综合整治“南珠杯”竞赛特等奖、全区林权制度改革先进集体、全区住房保障工作先进集体、全区招商引资项目大兑现工作示范县和全区双拥模范县。

2011年6月1日，自治区党委书记、自治区人大常委会主任郭声琨（前右二）到宾阳县古辣镇南阳村视察指导新农村建设

2012年1月7日，自治区主席马飚（前右五）到宾阳县开展“下基层、察民情、惠民生、促发展”活动

2011年10月1日，自治区党委副书记陈际瓦（前左二）、南宁市代理市长周红波（前左一）到宾阳县指导抗洪救灾

2011年12月13日，自治区党委常委、市委书记陈武（左二）到宾阳县调研经济社会发展情况

南宁高新技术产业开发区

南宁高新技术产业开发区成立于 1988 年，1992 年经国务院批准为国家级高新区。区内汇集广西大学、广西民族大学、广西科学院、广西农业科学院等 37 所高等院校和科研院所，是广西智力最密集的区域。位于南宁市西北部，规划面积 80 平方千米，距南宁火车站 3 千米，距南宁吴圩国际机场 30 千米；距出海港口防城港 175 千米、钦州港 104 千米、北海港 204 千米，距中越边境友谊关 180 千米。周长 40 多千米的快速环道和周长 80 多千米的环城高速，由东向西横穿园区。

南宁高新区道路、水、电、数据通讯等基础设施配套齐全。功能区规划：产业园、文教区、商住区。产业定位：依托现有的产业基础及科技研发比较优势，重点发展生物工程及制药、电子信息、汽车零部件及机电产品制造；培育和发展生物医药、新一代移动信息技术、节能环保和新能源以及现代服务业等战略性新兴产业。2011 年，生物工程与制药、电子信息、汽车零配件与机电产品制造等三大特色产业占工业产值总量 75%，成为高新区的主导产业。有企业约 4000 家，来自美国、德国、日本、加拿大、马来西亚、印度尼西亚、越南等国家和中国台湾、香港地区的客商入园投资创业。入驻的知名企业有广西博雅干细胞科技、美国 AOBO（广西）博科药业、广西南宁灵康赛诺科生物科技、培力（南宁）药业、桂西制药、康华药业、台湾富士康科技集团、日本丰达电机、日本胜美达电机、八菱科技、玉柴集团、北京金奔腾汽车电子科技、台湾维士比集团、印尼金光集团、皇氏乳业公司、百洋集团、恩度高科、博世科环保科技、领华国际集团、无锡感知物联网研究院、奇网软件、德意数码、平方软件、南博信息等。拥有国家级创业服务中心、留学人员创业园、南宁软件园（国家火炬计划软件产业基地）、生物产业园（国家 863 计划成果产业化基地）、中国—东盟科技企业孵化基地、大学科技园、大学创业园与大学生创业见习基地 7 个孵化器；拥有国家级企业技术中心 1 个、国家级工程技术研究中心 1 个、自治区级工程技术中心 16 个、自治区级企业技术中心 21 个，博士后工作站 2 个。

“十一五”期间，政策区累计实现营业总收入 2478.40 亿元，工业总产值 1869.90 亿元。新建区科技工业园累计实现规模工业总产值 750.21 亿元，全社会固定资产投资 272.38 亿元，出口总额 3.21 亿美元，财政收入 49.64 亿元。

① 2011 年 3 月 10 日，南宁高新区—国海证券战略合作备忘录签约暨南宁高新区首批拟挂牌“新三板”企业股改启动签约仪式举行。图为高新区党工委书记、管委会主任李晓东作重要讲话

② 2011 年 6 月 1 日，自治区党委书记、自治区人大常委会主任郭声琨（前排中）视察富士康高新园区

③ 2011 年 6 月 18 日，富士康南宁科技园高新园区项目投产仪式举行

④ 2011 年 10 月 25 日，自治区党委常委、自治区副主席、市委书记陈武（前右二）到南宁高新区调研

⑤ 2011 年 10 月 18 日，广西九州通现代医药物流中心一期竣工仪式举行

南宁经济技术开发区

2001 年 5 月，南宁经济技术开发区经国务院批准为国家级经济技术开发区，规划控制面积 504 平方千米，代管吴圩镇、托管那洪街道办事处。经开区实行“三园两区”的管理模式，东面为金凯工业园，西侧为银凯工业园，南端为空港经济区，中部为北部湾科技园和中央商住区，各园区功能互补，规划建设为“以第二产业为主，多产业协调发展的现代化综合性新城区”。

经开区作为自治区首家国家级经济技术开发区，秉承“诚信为本争优势，创新求实促发展”的办区理念，打造诚实守信、开放包容、廉洁高效、功能完善的发展环境。为投资者提供优质、高效的服务，营造“亲商、安商、扶商、富商”的投资环境，成为南宁乃至广西范围内技术、资金、人才最为密集的区域之一，也是南宁经济发展最具活力和潜力的区域之一。

经开区以独特的区位优势、完善的基础设施、务实高效的政务环境、强劲的后发优势成为国内外投资者的热土和创业乐园。近年来，世界五百强企业美国亚马逊公司、普洛斯公司、“康师傅”系列产品生产基地等一大批国内外企业纷纷落户园区，总投资 50 亿元的北部湾科技园总部基地一期项目动工建设，逐步形成新能源、新材料、节能环保、机电制造、电子等成为主导产业，推动造纸、食品等传统产业升级的产业集群和发展模式。吴圩空港新城建设，成为经开区发展最重要的增长极。在空港经济区起步发展期（2010 年 ~2015 年），预计用地规模 60 平方千米，将打造成为区域性的交通、流通、商贸枢纽门户和北部湾经济合作区域的临空产业中心。

2011 年，经开区完成全部工业总产值 240.30 亿元，比上年增长 55.30%；全社会固定资产投资 114.40 亿元，增长 41.60%；财政收入 13.20 亿元，增长 49.70%，其中财政收入实现两年超翻番，实现“十二五”良好开局。

① 园区高楼林立的配套商圈
② 经开区北部湾科技园总部基地效果图
③ 2011 年 8 月 30 日，吴圩机场扩建工程征地拆迁三产回建配套一体化项目开工仪式在吴圩镇举行
④ 2011 年 10 月 19 日，五象大道延长线通车
⑤ 2011 年 4 月 14 日，吴圩机场新航站核心区项目用地交地仪式在吴圩镇天利坡举行
⑥ 2010 年 12 月，经开区管委会党工委书记、主任韦志鹏（前左一）在项目建设现场调研

广西永凯集团

广西永凯集团创办于 1993 年，至今已发展为广西永凯糖纸集团有限责任公司和广西南宁永凯实业集团有限责任公司两大集团公司，有 10 多家分（子）公司。经过多年跨越式发展，已成功涉足制糖、制浆造纸、房地产开发、商业零售、商贸物流、餐饮娱乐、物业服务等领域。

制糖业是永凯集团的支柱产业。集团先后建立崇左市左江分公司、宾阳大桥分公司、宾阳黎塘分公司 3 家制糖分公司，是广西十大制糖企业之一。

公司不断拓展经营范围，延伸产业链是永凯持续发展的重大战略。2006 年，永凯糖业更名为广西永凯糖纸集团有限责任公司，组建大桥纸业公司、糖纸公司，开发蔗渣浆、造纸、精制糖等综合利用项目和甘蔗种植发展项目；永凯现代城商业广场作为集团进军商业百货的首个项目，成为南宁市购物新地标；永凯春晖商业广场一期项目于 2011 年 9 月开业，华凯生活超市、国美电器强势入驻，为市民提供“与家为邻，与您相伴”的优质服务；依托商业地产，永凯集团先后创办 4 家星级酒店——南宁永凯大酒店、黎塘永凯大酒店、永凯现代花园酒家和永凯春晖酒店。目前公司加大对商业百货、商贸物流、仓储业、科技项目开发等领域投资，力争为壮乡经济发展作出更大贡献。

① 位于南宁市东葛路即将开业的超五星级永凯现代城商务酒店
② 广西永凯糖纸有限责任公司新办公大楼
③ 广西大桥纸业公司生产的 A4 静电复印纸及高档文化用纸
④ 永凯集团董事长赖可宾（前左一）参加收购粤能浆纸公司仪式
⑤ 永凯春晖商业广场一期项目开业庆典

编 辑 说 明

一、《南宁年鉴》是南宁市人民政府主办的综合性地方年鉴，是系统地记述南宁市自然、政治、经济、文化和社会等方面情况的年度资料性文献，是社会各界和海外人士认知南宁的窗口、成就事业的助手。

二、《南宁年鉴》于1996年创刊，每年出版一卷。本年鉴为2012年卷（总第17卷），着重记载2011年度南宁市的基本情况。由《南宁年鉴》编纂委员会主持编纂，《南宁年鉴》编辑部（设在南宁市人民政府地方志编纂办公室）负责编纂出版。载录内容主要由南宁市各有关部门、县、城区、开发区及驻市有关单位供稿并审核。

三、本年鉴的基本内容，分为综合情况、动态信息、辅助资料三大部分。综合情况设特载、特辑、南宁概貌3个专栏。动态信息设中国—东盟博览会·峰会·民歌节、南宁与东盟、党政机关、人民团体、政法、军事、开发区·新区、城市建设与管理、环境保护·园林绿化、国有资产监管与运营、工业、农业、交通运输与邮政业、信息业、商业贸易、对外经济贸易、旅游业、会展业、个体私营经济、财政·税务、金融、经济管理与监督、教育、科学、文化、新闻出版、卫生、体育、社会生活、区县、人物31个类目。辅助资料设大事记、城市竞争力、专题调研与经济分析、图片专辑、附录5个类目；并在各类目中穿插相关小知识、小资料、图表及黑白照片；图片专辑以彩色照片集中反映全市物质文明、政治文明、精神文明建设成就。内容层次的设置，利于读者分类系统阅读和检索，并表示类目与条目之间的层次关系，不反映严格的科学分类体系，机构、企事业单位等排序和层次一般亦不表示其地位和规模。

四、本年鉴采用分类编辑法，按类目、分目、条目三个层次的体例编辑，以不同字体、字号及版式设计区分不同层次，条目标题均加【 】表示。

五、本年鉴所记述的“自治区”或“广西”指广西壮族自治区；“自治区党委”指中国共产党广西壮族自治区委员会；“市委”指中国共产党南宁市委员会；“市政府”指南宁市人民政府；“邕”指南宁市；“六县六城区”指南宁市辖武鸣、横县、宾阳、上林、隆安、马山6个县及兴宁、青秀、江南、西乡塘、邕宁、良庆6个城区；“两会一节”指第八届中国—东盟博览会、第八届中国—东盟商务与投资峰会、南宁国际民歌艺术节；“四个年”指项目建设年、服务企业年、发展环境建设年、党组织建设年；“五场攻坚战”指工业经济振兴攻坚战、五象新区开发攻坚战、交通基础设施完善攻坚战、产业园区建设攻坚战、打造“中国水城”攻坚战；相关单位名称在各类目首次出现时用全称，以后均用简称，如“南宁市安全生产监督管理局”简称为“市安监局”。

六、本年鉴涉及历史纪年，清及清以前使用朝代帝王纪年，括注公元纪年；民国纪年使用阿拉伯数字，括注公元纪年。数字、计量用法按国家法定规定书写，面积单位由于记述需要有的地方使用亩。

七、本年鉴主要数据以市统计局编印的《南宁市情统计手册》所公布的数据为准；其他数据以供稿部门提供的为准；少数数据由于部门之间统计口径不尽一致，数值也不尽相同。

八、本年鉴图片专辑、特辑、特载、附录所记述的内容不受年度限制；为保持内容的连贯性和完整性，个别条目记述时间适当上溯或下延。

九、本年鉴所载录的地图，由广西地图院绘制。

十、本年鉴配备双重检索系统：书前刊有中英文目录，书后备有索引。索引采用内容分析法，款目按汉语拼音字母顺序（同音字按声调）排列，索引范围详及条目、文献、图片、表格等。索引使用方法详见索引说明。

十一、本年鉴配有随书电子版（光盘），采用先进的多媒体和全文检索技术；主要内容在南宁市政府门户网站——南宁政务信息网和南宁地情网推出。

十二、2012年卷《南宁年鉴》编纂出版得到社会各界的大力支持。在此，编委会表示衷心感谢。由于编辑水平有限，本年鉴的差错和疏漏之处，恳请读者批评指正，以利今后改正提高。

《南宁年鉴》编纂委员会

冯炳浩　市住房保障和房产管理局局长
梁　展　市园林管理局局长
李　耕　市交通运输局局长
叶　盛　市水利局局长
唐波文　市农业局局长
周异助　市商务局局长
蒙文虎　市文化新闻出版局局长
汤晓斌　市卫生局局长
谢宗务　市人口和计划生育委员会主任
梁桦中　市体育局局长
黄南方　市统计局局长
黄永久　市旅游局局长
傅隆政　市国有资产监督管理委员会主任
胡建华　市社会科学院院长
宋日正　武鸣县县长
唐小若　横县县长
张先进　宾阳县县长
孙志强　上林县县长
杨　敏　马山县县长
陈　竑　隆安县县长
高　虹　兴宁区区长
甘　诚　江南区区长
钱　健　青秀区区长
廖伟福　西乡塘区区长
蓝建东　邕宁区区长
黄奕信　良庆区区长
陆玉金　市人民政府地方志编纂办公室副主任
韦继更　市人民政府地方志编纂办公室副主任
许杨群　市人民政府地方志编纂办公室副主任
宁光荣　市人民政府地方志编纂办公室副主任

主　　编　王德宾

执行副主编　韦继更

副 主 编　陆玉金　韦继更　许杨群　宁光荣

总　　纂　王德宾

副 总 纂　陆玉金　韦继更　许杨群　宁光荣

《南宁年鉴》编辑部

主　　任　梁笑飞

责任编辑　孙贵寿　李志楠　李敬江　梁笑飞　周　红　梁　坤　卢景林
　廖胜兰　黄小真　黄晓敏　黄必信　钟智丰

校　　对　王德宾　陆玉金　韦继更　许杨群　宁光荣　孙贵寿　李志楠
　李敬江　梁笑飞　周　红　梁　坤　卢景林　廖胜兰　黄小真
　黄晓敏　黄必信　钟智丰

图片策划　王德宾　梁笑飞　李　愈

图片编辑　孙贵寿　李志楠　李敬江　梁笑飞　周　红　梁　坤　卢景林
　廖胜兰　黄小真　黄晓敏　黄必信　钟智丰

封面封底设计　王德宾

栏题设计　王德宾　张艺严

封面题字　卢定山

印章篆刻　杨宇云

英文翻译　彭国光

《南宁年鉴》编写人员(编写组)

（排名不分先后）

中共南宁市委办公厅
吴文婷　黄　河
中共南宁市委组织部
黄伟昌　李　科
中共南宁市委宣传部
杨　强
中共南宁市委统一战线工作部
编写组
中共南宁市直属机关工作委员会
蓝　迅
中共南宁市委政策研究室
韦　忠
中共南宁市委老干部局
陈夏明　黄　飚
南宁市精神文明建设委员会办公室
劳世青
南宁市人民代表大会常务委员会办公厅
黄世邕　梁新莲
南宁市人民政府办公厅
刘志烈　蔡志忠　伍光清　黄　琳
陈思亮
中国人民政治协商会议南宁市委员会
卢远新
中共南宁市纪委、南宁市监察局
编写组
中国国民党革命委员会南宁市委员会
雷协培
中国民主同盟南宁市委员会
覃紫斌
中国民主建国会南宁市委员会
黄凤敏
中国民主促进会南宁市委员会
刘瀚钟
中国农工民主党南宁市委员会
扈　倩
中国致公党南宁市委员会
文　涛

中共南宁市委党校
办公室
九三学社南宁市委员会
刘潇潇
南宁市工商业联合会
李增群
南宁市总工会
郑中国
共青团南宁市委员会
田峻闻
南宁市妇女联合会
李永清
南宁市文学艺术界联合会
龙丽娜
南宁市归国华侨联合会
廖嗣松
南宁市科学技术协会
黄丹阳
南宁市社会科学界联合会
李国燕
中国国际贸易促进委员会南宁市支会
彭国光
南宁市残疾人联合会
袁建萍
南宁市红十字会
温从进
南宁市关心下一代工作委员会
雷　纪
南宁市民政局
李群峰　韦　琨　陆丽霞　林源林
申广富　雷兰英　郑晓红
南宁市机构编制委员会办公室
黄振生　路　焕
南宁市政务服务中心管理办公室

南宁市外事侨务办公室
何　俊
中共南宁市委、南宁市人民政府信访局
周国安

南宁市民族事务委员会
刘建安
中共南宁市委台湾工作办公室
刘冬年
中共南宁市委政法委员会
韦　健
南宁市法制办公室
黄　玲
南宁市中级人民法院
傅朝霞
南宁市人民检察院
蒙　旗
南宁市公安局
李　金　黎　柱　李泽泰　杨　梅
南宁市司法局
曾永超
中国人民解放军广西南宁警备区
杨爱平
中国人民武装警察部队南宁市支队
张戈峰
南宁市人民防空办公室
陈　琼
南宁高新技术产业开发区管理委员会
谭梅庭　蒋春敏
南宁经济技术开发区管理委员会
苏致诚
南宁—东盟经济开发区管理委员会
张向新
广西良庆经济开发区管理委员会
乐情温
南宁江南工业园区管理委员会

南宁仙葫经济开发区管理委员会
顾　威
南宁市相思湖新区管理委员会
唐欣也
南宁五象新区开发建设指挥部办公室
梁　妮
南宁市城乡建设委员会
陈　琳　刘　倩

南宁市信访局
周国安
南宁市规划管理局
刘晓丽　李　强　黄　影　王鸿维
邓曙光　庞育殃　马　莉　莫艳华
周　慧
南宁市勘测院
莫惠荃
南宁市住房保障和房产管理局
肖　垚
南宁住房公积金管理中心
马　剑
南宁市国土资源局
谭世明
南宁市邕江防洪大堤修建管理处
吴明全
南宁市环境保护局

南宁市城市管理局
蒋舒建
南宁市园林管理局
伍进军
南宁市工业和信息化委员会
曾启娟　曾小妮　王　艳　张　倬
李小航　农　湉　莫逸云　胡　强
牙肖珊　刘巧稚　文剑昭　张　婕
谭颜言　朱政军　马祥琼　唐亚亚
彭远利　农　刚　朱丹江
南宁市国有资产监督管理委员会
莫智兴
南宁振宁资产经营有限责任公司
黄正斌
南宁壮宁资产经营有限责任公司
唐逢志
南宁沛宁资产经营有限责任公司
龙文原　卢永恒
南宁威宁资产经营有限责任公司
罗春玉　黄　俊
南宁市食品药品监督管理局
蒙　萌
南宁供电局
柳　红
南宁市二轻集体工业联社
梁荃启
南宁市烟草专卖局
黄建超

广西中烟工业有限责任公司
周丽霞
南宁国际会议展览有限责任公司
马　骁
南宁大地飞歌文化传播有限责任公司
罗昭越
南宁市农业局
刘永秀　廖　芹　陆爱洪　黄兰芳
吕校成　黄树生　兰张红　宋桂荣
梁克非　周冠群
南宁市水产畜牧兽医局
编写组
南宁市农业综合开发办公室
李燕妮
南宁市扶贫开发领导小组办公室
谭春兰
南宁市林业局
韦　宁　农俊林　韦丽娟　梁月芳
林志武　梁开毅　吴金阳　曾　奇
雷秀峰　张海琳　韦丽峰　杜晓珍
南宁市农业机械化管理中心
陆凤婵
南宁市水利局
卢明发
南宁市农工商总公司
欧宗殿
南宁市水库移民工作管理局
覃　梦
南宁铁路局史志办公室
徐维春
南宁市交通局
宋正兴　钱俐华
南宁吴圩国际机场
许　康
南宁市邮政局
潘　玉
南宁市城乡数字化建设办公室
冼就毅
中国电信股份有限公司南宁分公司
农荣生
中国移动通信集团广西有限公司南宁分公司
黄　英

中国联合网络通信有限公司南宁市分公司
陆　忠
南宁市无线电管理处
覃　巍
南宁市商务局
林睦军　杨户芬　梁　明　冯立芳
石敏洁　李　锋　王永红　阳　柳
梁　槟　欧阳玮　丁玉林　黄小蓉
黎　剑　蓝剑锋　刘秋勇　陈　刚
黄显能
南宁市供销合作联社
蓝　蔚
南宁市粮食局
农建和　陆兆强
南宁盐业分公司(南宁盐务管理局)
崔玉善
中石化南宁石油分公司
陈启慧
南宁市旅游局
周思伶　张　旭
青秀山风景名胜旅游区管理委员会
韦良毕
广西大明山风景旅游区管理委员会

南宁昆仑关战役遗址保护管理委员会
徐晓芳
南宁市财政局
李建南
南宁市国家税务局
邓有侃
南宁市地方税务局
孙炳清
中国人民银行南宁中心支行
陈恒丹
中国工商银行广西分行营业部
尹湘竹
中国农业银行股份有限公司广西分行营业部
曾　敬
中国银行南宁市邕州支行
骆　颖

中国建设银行股份有限公司广西分行

彭瑞娟

交通银行广西分行本部

练宇静

中国光大银行南宁分行

黄　莹

广西北部湾银行

唐群凤

广西壮族自治区农村信用联合社南宁办事处

李继宁

中国保险监督管理委员会广西监管局

何腾华

中国证券监督管理委员会广西监管局

高瑞启

广西银监局

李彩丽

南宁市发展和改革委员会

杨华伟

南宁市投资促进局

彭立斌　黄为谦　李　兴　刁义雄　黄振卿　何伟洁　闭耕毓　吕昭民　张雪松

南宁市物价局

严晔炜

南宁市审计局

邱丽萍

南宁市工商行政管理局

李凤玲　廖成琇

南宁市人力资源和社会保障局

农　健

南宁市质量技术监督局

田　田

南宁市安全生产监督管理局

马　瑛

南宁市统计局

李鸿宽

南宁海关

黄伟文

南宁海事局

黄文彩

广西出入境检验检疫局

编写组

南宁市文化新闻出版局

黎彦彤　潘雨茜　韦思私　周梅清　吴朝霞　姚　彧　周　凝　梅晓光　陈晓钰　杨粒彬　周　明

南宁市新华书店有限责任公司

谭继来

南宁市档案局

邓淑华

南宁日报社

苏贤庆

南宁市广播电影电视局

侯双穗

南宁市教育局

苏　净

邕江大学

陈　涛

南宁职业技术学院

吴小宁　陈斯雅

南宁市科学技术局

伍美新　谢倚宁　覃　燕

南宁市气象局

江　雪

南宁市地震局

覃世荣　蒙泳杉

南宁市水文水资源局

黄召生

南宁市社会科学院

王　瑶

南宁市人民政府地方志编纂办公室

王德宾　陆玉金　韦继更　许杨群　宁光荣　孙贵寿　李志楠　梁笑飞　李敬江　方　明　周　红　梁　坤　卢景林　廖胜兰　黄小真　黄晓敏　黄必信　钟智丰

中共南宁市委党史研究室

廖运山

南宁市卫生局

唐　驰

南宁市爱国卫生运动委员会办公室

黄莹莹

南宁市体育局

刘曙光　高　翔　庞　宇　朱庆邦　卢业锋　朱小忠　王一冰　潘建辉　姜碧英　黄永铁　姚兴华　麦亦飞　蒋严娇

南宁市城市应急联动中心

欧阳秋电

南宁市人口和计划生育委员会

林建人

国家统计局南宁调查队

苏　霓

南宁市老龄工作委员会办公室

梁玉军

南宁市机关事务管理局

农江琳

南宁市政府集中采购中心

农丕提

南宁市政府宗教事务局

曹奕平　宁远飞

兴宁区政府办公室

庞庆玉　韦　钰　黎　桦　陆冬英

青秀区政府办公室

蔡光燊

西乡塘区政府办公室

张增清　陆寿成　黄　源

江南区政府办公室

黄　莺

邕宁区政府地方志编纂委员会办公室

粟英文

良庆区政府地方志编纂办公室

潘艳明

武鸣县史志办公室

潘星环

横县地方志编纂委员会办公室

李清俏

宾阳县地方志编纂委员会办公室

黎宁洁

上林县地方志编纂委员会办公室

林　春

马山县地方志编纂委员会办公室

黄　誉

隆安县地方志编纂委员会办公室

黄永清

《南宁年鉴》照片摄影及提供人员

（按姓氏笔画排列）

文建宁　王壁宏　邓江宁　冯林林　龙丽娜　古明悦　卢冬琳　刘　宇　纪　钦
张　杏　杜　勇　劳世青　何　俊　李昱贤　汪　悦　苏致诚　陈卓凡　陈　峰
陈颢匀　周家志　周　旋　凌杰涛　梁笑飞　梁荃启　梅晓光　黄必信　黄　飚
黄小真　黄鲸潜　黄　玲　黄曼妮　蒙　旗　蒙泳杉　曾永超　廖秋云等

《南宁年鉴》照片提供单位

（排名不分先后）

武鸣县
横　县
宾阳县
马山县
兴宁区
青秀区
西乡塘区
江南区
邕宁区
良庆区
南宁高新技术产业开发区管理委员会
南宁经济技术开发区管理委员会
青秀山风景名胜旅游区
中共南宁市委统战部
中共南宁市委宣传部
中共南宁市委政法委员会
中共南宁市直属机关工作委员会
南宁市国土资源局

南宁市旅游局

广西永凯集团

南宁市文化新闻出版局

南宁市人民检察院

广西中烟工业有限责任公司

南宁市人民防空办公室

南宁市散装水泥办公室

中国人民武装警察部队南宁市支队

南宁市环境保护局

南宁市林业局

南宁市国家税务局

南宁建宁水务投资集团有限责任公司

南宁市住房保障和房产管理局

南宁市商务局

南宁市工业和信息化委员会

南宁市沛宁资产经营有限责任公司

中国电信股份有限公司南宁分公司

南宁市城市管理局

南宁市城乡数字化建设办公室

南宁市工商行政管理局

南宁市中级人民法院

中国人民解放军广西南宁警备区

南宁市卫生局

广西农垦糖业集团金光制糖有限公司

南宁市国有资产监督管理委员会

南宁威宁资产经营有限责任公司

中国移动通信集团广西有限公司南宁分公司

南宁糖业股份有限责任公司

南宁市社会科学院

南宁市投资促进局

南宁市安全生产监督管理局

中国农业银行广西区分行营业部

南宁市交通运输局

南宁市总工会

南宁市外事侨务办公室

南宁中燃城市燃气发展有限公司

南宁孔庙管理所

南宁市地方税务局

中国民主同盟南宁市委员会

中国致公党南宁市委员会

南宁市“中国水城”建设工作指挥部办公室

南宁市住房公积金管理中心

特 载
Special Publication

特 辑
Special Editing

大事记
Memorabilia

南宁概貌
Nanning Overview

中国—东盟博览会·峰会·民歌节
China-ASEAN Expo, Summit & Folk Song Festival

南宁与东盟
Nanning & ASEAN

党政机关
Party & Government Organizations

人民团体
Mass Organizations

政　法
Politics and Law

军 事
Military

开发区·新区
Development Zones & New Districts

城市建设与管理
Urban Construction & Administration

环境保护·园林绿化
Environment Protection & Garden Forestation

国有资产监管与运营
Supervision and Engagement for State-Owned Assets

工 业
Industry

农 业
Agriculture

交通运输与邮政业
Transport and Postal Industry

信息业
Information Industry

商业贸易
Commerce & Trade

对外经济贸易
Foreign Economic & Trade

旅游业
Tourism

会展业
Meeting & Exhibition Industry

个体私营经济
Individual & Private Economy

财政·税务
Finance & Taxation

金　融
Banking

经济管理与监督
Economic Management & Supervision

教　育
Education

科　学
Science

文 化
Culture

新闻出版
News & Publishing

卫 生
Health

体 育
Sports

社会生活
Social &People's Life

区　县
Districts & Counties

人 物
Figure

专题调研与经济分析

Special Research and Economic Analysis

城市竞争力
City Competition

图片专辑
Special Photos Collection

附 录
Appendix

索 引
Index

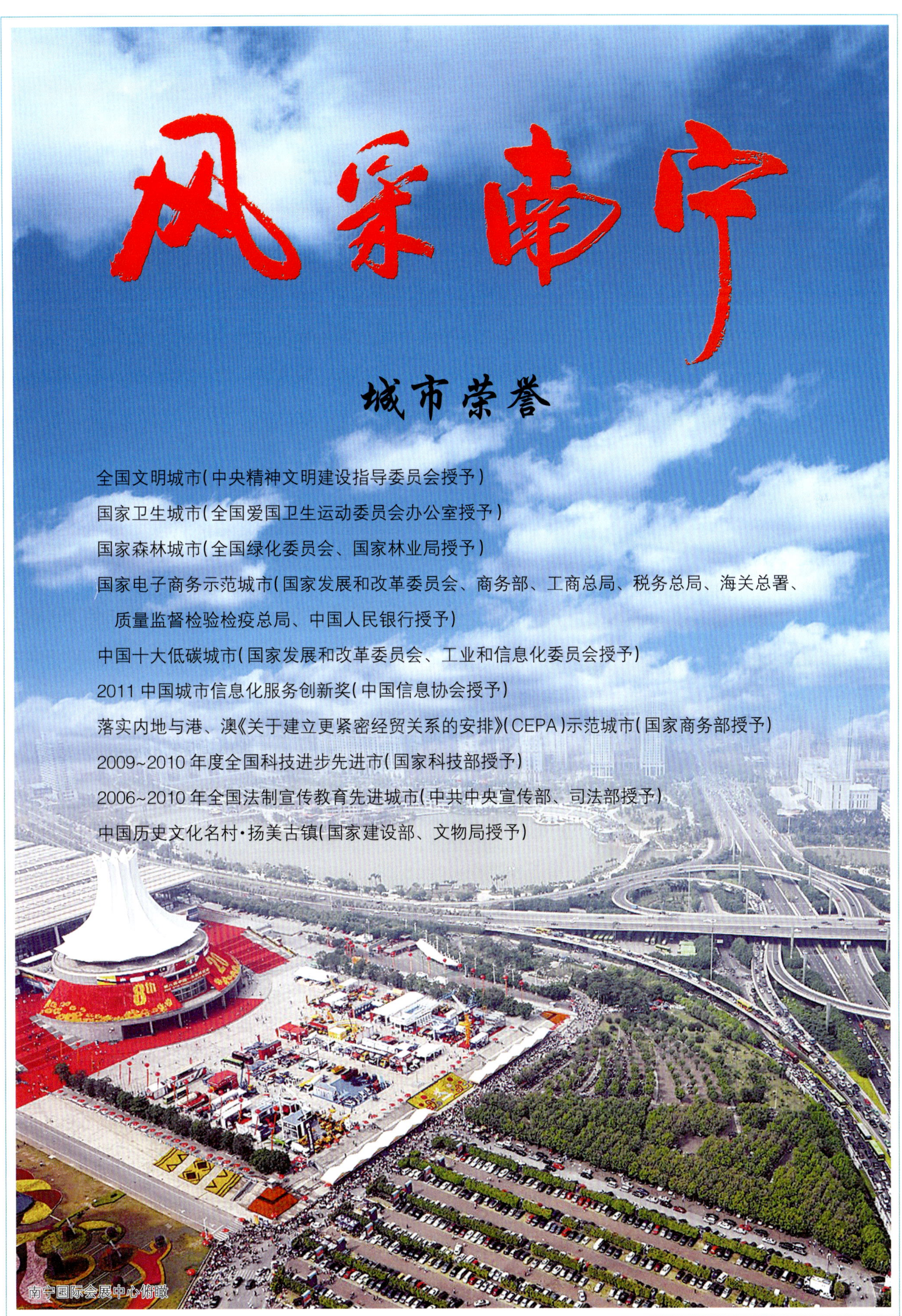
风采南宁
城市荣誉
全国文明城市（中央精神文明建设指导委员会授予）
国家卫生城市（全国爱国卫生运动委员会办公室授予）
国家森林城市（全国绿化委员会、国家林业局授予）
国家电子商务示范城市（国家发展和改革委员会、商务部、工商总局、税务总局、海关总署、质量监督检验检疫总局、中国人民银行授予）
中国十大低碳城市（国家发展和改革委员会、工业和信息化委员会授予）
2011 中国城市信息化服务创新奖（中国信息协会授予）
落实内地与港、澳《关于建立更紧密经贸关系的安排》（CEPA）示范城市（国家商务部授予）
2009~2010 年度全国科技进步先进市（国家科技部授予）
2006~2010 年全国法制宣传教育先进城市（中共中央宣传部、司法部授予）
中国历史文化名村·扬美古镇（国家建设部、文物局授予）
南宁国际会展中心俯瞰

城 市 特 征

城市角色：泛北部湾区域性国际城市

广西北部湾经济区中心城市

中国—东盟博览会举办地

广西“首善之区”

城市定位：中国绿城、中国水城、先锋示范城

南宁精神：能帮就帮，敢做善成

十大城市旅游名片：中国绿城、中国—东盟博览会、南宁国际民歌艺术节、邕江、民族大道、青秀山、绣球、老友粉、中山路夜市、城市包容性

市树：扁桃树

市花：朱槿花

全国文明城市、国家卫生城市迎匾仪式

韦日坚先进模范事迹感动南宁

竹排江新貌

“两江一湖”建设初显成效

名表彰大会暨先进事迹报告会

南宁市直属机关创建先锋示范城党员先锋服务队

授旗仪式

中共南宁市直属机关工作委员会

2012.04

创建先锋示范城

城市数字

土地面积：2.21 万平方千米

建成区面积：226 平方千米

年末户籍人口：711.49 万

地区生产总值：2211.51 亿元

第一产业：306.31 亿元

第二产业：846.34 亿元

第三产业：1058.85 亿元

第一、二、三产业构成：13.85:38.27:47.88

人均地区生产总值：3.12 万元

地方财政收入：363.52 亿元

地方财政支出：302.31 亿元

全社会固定资产投资：2003.68 亿元

社会消费品零售总额：1073.15 亿元

商品出口总值：16.62 亿美元

商品进口总值：8.48 亿美元

外商直接投资（商务部口径）：3.73 亿美元

商品房施工面积：3608.46 万平方米

商品房竣工面积：512.45 万平方米

商品房销售面积：696.48 万平方米

货运总量：24326 万吨

客运总量：11170 万人

国内旅游人数：4375 万人次

南宁堤路园一瞥

国内旅游收入：307.05 亿元

国际旅游人数：23.44 万人次

国际旅游收入：5.35 亿元

普通高等学校：31 所

中等职业学校：68 所

技工学校：12 所

普通中学：346 所

小学：1504 所

医院、卫生院床位：2.69 万张

卫生技术人员（含个体）：4.07 万人

用电总量：125.34 亿千瓦时

供水总量：4.51 亿吨

建成区园林绿地面积：9765 公顷

建成区绿化覆盖面积：1.12 万公顷

人均公园绿地面积：11.56 平方米

市区全年空气质量优良天数：351 天

道路总长度：1796 千米

道路总面积：4146 万平方米

人民币存款余额：4728.14 亿元

人民币货款余额：4845.07 亿元

金融机构个人储蓄存款余款：1581.03 亿元

在岗职工年平均工资：40120 元 / 人

城镇居民年人均可支配收入：20005 元

城镇居民年人均消费性支出：13843 元

城镇居民年人均居住面积：33.67 平方米

农民年人均纯收入：5848 元

农村居民年人均居住面积：37.51 平方米

图：市委宣传部　周家志　黄曼妮　古明悦

领导视察

2011 年 4 月 24 日，中共中央政治局委员、中央政法委员会副书记王乐泉（前右三）在南宁市公安局南湖分局南湖派出所考察调研

2011 年 5 月 19 日，全国人大常委会副委员长司马义·铁力瓦尔地（右二）来桂调研，会见自治区党委书记、自治区人大常委会主任郭声琨（左二）、自治区主席马飚（左一）

2011 年 6 月 13 日，全国人大常委会副委员长、民建中央主席陈昌智（右二）来桂出席民建中常委会议和民建全国社会服务工作会议，并会见自治区党委书记、自治区人大常委会主任郭声琨（左二），自治区主席马飚（左一）

2011 年 5 月 5 日，全国人大常委会副委员长严隽琪（前中）到位于南宁市五合大道的广西外国语学院视察

2011 年 11 月 19 日，全国政协副主席、中共中央统一战线工作部部长杜青林（右二）考察广西民族博物馆

2011 年 5 月 6 日，全国政协副主席李兆焯（前左三）到南宁视察邕江大学新校区建设情况

2011年6月14日，全国政协副主席、民建中央第一副主席、中华职业教育社理事长张榕明（右二）到南宁视察，并与自治区党委书记、自治区人大常委会主任郭声琨（左二），自治区主席马飚（左一）进行会谈

2011年5月29日，全国政协副主席、民革中央常务副主席厉无畏（右二）率队到桂就“少数民族地区经济社会发展的重大成就”进行考察调研，并与自治区党委书记、自治区人大常委会主任郭声琨（左二），自治区主席马飚（左一）进行会谈

2011年8月18日，全国政协副主席、农工党中央常务副主席陈宗兴（右二）到南宁出席第六届泛北论坛，并与自治区党委书记、自治区人大常委会主任郭声琨（左二），自治区主席马飚（左一）进行会谈

图：刘　宇　陈卓凡　黄小真

友　好

2011 年 4 月 1 日，自治区党委常委、市委书记车荣福(右二)，市长黄方方(右一)会见前来考察访问的中国国民党荣誉主席吴伯雄(左二)一行，并就进一步加强南宁与台湾经贸文化交流合作、实现互利互惠发展等事项进行友好交谈

2012 年 1 月 10 日，自治区党委常委、市委书记陈武(右一)会见南南铝加工有限公司德国专家阿尔佛雷德·哈茨勒(左一)及中南大学教授张新明等国内外专家代表

往　　来

2011 年 10 月 22 日，市人大常委会主任谢寿堂（右一）在南宁饭店会见澳大利亚班达伯格市市长罗琳·派芬奇（左一）

2011 年 10 月 14 日，代理市长周红波（右一）会见英国利物浦市国会议员代表团

2011 年 10 月 22 日，市长周红波(前右一)与波兰格鲁琼兹市市长罗伯特·马里诺夫斯基（前左一)在南宁签署两市正式建立友好城市关系协议书

2011 年 10 月 22 日，市长周红波(后排左三)等市领导与马拉维利隆圭市代表团在友谊树石碑前合影留念

2011 年 10 月 22 日，市长周红波（右）在南宁会见前来参加“两会一节”的日本秋田市市长长穗積志(左)

2011 年 10 月 22 日，市长周红波在南宁会见出席“两会一节”的马拉维利隆圭市市长凯文·利戈梅上代表团一行

2012 年 8 月，南宁市政协主席岑可成（左一）在珠海市视察市政协委员投资兴办的企业

2011 年 4 月 20 日，泰国孔敬市学生到南宁市开展夏令营活动

2011 年 7 月 25 日，南宁第十四中学党总支书记陶琳（左）与到访的日本宇城市立松桥中学校长冲村徹（右）互换纪念品

2011 年 12 月 30 日，韩国果川市语言研修班在南宁市举行

2011 年 6 月 3 日 ~4 日，第七届南宁国际龙舟邀请赛在南宁市南湖公园举行。图为龙舟赛比赛现场

2011 年 12 月 10 日，广西南宁国际半程马拉松比赛暨 29 届南宁解放日长跑活动举行。图为比赛起跑现场

图：市外事侨务办公室　周家志　黄小真

中国一东盟博览会
CHINA-SAEAN EXPO

第八届中国

2011年10月21日～26日，第八届中国一东盟博览会在南宁举行。中共中央政治局常委、国务院总理温家宝，第八届中国一东盟博览会主题国马来西亚总理纳吉布，柬埔寨首相洪森，缅甸副总统吴丁昂敏乌，老挝副总理宋萨瓦，泰国副总理吉滴叻，越南副总理阮春福，文莱工业和初级资源部部长叶海亚，新加坡贸工部部长林勋强，菲律宾贸工部副部长珍艾达·马拉雅，印度尼西亚贸易部部长政策事务特别助理穆赫达尔，广西壮族自治区党委书记、自治区人大常委会主任郭声琨，广西壮族自治区主席马飚，东盟秘书长素林出席开幕式。马来西亚总理纳吉布、广西壮族自治区主席马飚、中国商务部国际贸易谈判代表兼副部长高虎城分别在开幕式上致辞。第八届中国一东盟博览会主题国马来西亚国际贸易和工业部部长慕斯塔法、东盟秘书长素林共同主持开幕式。与会部长级贵宾及世界知名企业家、商协会会长、区域经济研究专家与参展参会客商代表共1000多人参加开幕式。第八届中国一东盟博览会主题为环保合作；“魅力之城”分别是：中国的海南省、文莱的斯里巴加湾、柬埔寨的拉达那基里省、印尼的西巴布亚省、老挝的占巴塞省、马来西亚的柔佛州、缅甸的内比都、菲律宾的普林塞萨港、新加坡的新加坡城、泰国的孔敬和越南的会安市。本届博览会“魅力之城”展区总面积1748平方米，比上年增加214平方米；展览规模除在南宁国际会展中心设置3000多个展位外，还在广西展览馆、南宁华南城开设专业展览，总展位数4700个。东盟各国使用展位1210个，马来西亚、越南等6个国家实行包馆展示。期间，签订国际合作项目63个，合同总额54.10亿美元(折合人民币约345亿元)，比上届增长64%；国内合作项目87个，合同总额691.30亿元，增长8.40%。投资广西北部湾经济区建设的国内合作项目24个，合同总额258亿元，增长2.40倍，占国内签约投资总额37%。

2011年10月21日，第八届中国一东盟博览会开幕式在南宁国际会展中心举行

—东盟博览会

2011 年 10 月 22 日，第八届中国—东盟博览会签约仪式举行

2011 年 10 月 22 日，第八届中国—东盟博览会投资合作圆桌会举行

2011 年 10 月 22 日，第三届中国—东盟金融合作与发展领袖论坛举行

2011 年 10 月 23 日，第八届中国—东盟博览会轻工展开展仪式在南宁华南城举行

2011 年 10 月 21 日～26 日，第八届中国—东盟博览会农业展在广西展览馆举行

广西本地农产品加工企业展区一瞥

天然手工艺术品展区一瞥

第八届中国—东盟博览会国礼孔家钧窑钧瓷珍品《坤元鼎》交接

2011 年 10 月 12 日，第一批境外展品入监管仓（会展中心）

2011 年 10 月 15 日，第八届中国—东盟博览会、中国—东盟商务与投资峰会志愿者培训上岗暨志愿者卡通形象揭幕仪式举行

THAILAND
泰国
Khon Kaen : City of Charm
①

MYANMAR
缅甸
②

⑤

⑥

新加坡
⑧

BANGUNA
魅力
City
⑦

VIET NAM
HOI AN WORLD HERITAGE
⑨

③

④

“魅力之城”展区

① 泰国展区
② 缅甸展区
③ 菲律宾展区
④ 柬埔寨展区
⑤ 印度尼西亚展区
⑥ 文莱展区
⑦ 主题国马来西亚（柔佛）展区
⑧ 新加坡展区
⑨ 越南展区
⑩ 老挝展区
⑪ 中国（海南）展区

⑩

⑪

图：刘 宇　周家志　梁笑飞　黄小真

第八届中国—东盟

2011年10月21日，以“深化区域合作　实现共同繁荣”为主题的第八届中国—东盟商务与投资峰会在南宁举行。中共中央政治局常委、国务院总理温家宝，马来西亚总理纳吉布，柬埔寨首相洪森，缅甸副总统吴丁昂敏乌，老挝副总理宋萨瓦，泰国副总理吉滴叻，越南副总理阮春福，文莱工业和初级资源部部长叶海亚，新加坡贸工部部长林勋强，菲律宾贸工部副部长马拉雅，印度尼西亚贸易部部长助理穆赫达塔尔，东盟秘书长素林，中国贸促会会长万季飞，广西壮族自治区主席马飚，中国商务部国际贸易谈判代表兼副部长高虎城等出席开幕式。广西壮族自治区党委书记、自治区人大常委会主任郭声琨主持开幕式并致欢迎词。温家宝在开幕式上发表题为《深化合作　共同繁荣》的主旨演讲。

2011年10月21日，第八届中国—东盟商务与投资峰会开幕式在广西人民会堂举行

2011年10月21日，马来西亚总理纳吉布与中国企业CEO圆桌对话会举行

商务与投资峰会

2011 年 5 月 30 日至 6 月 1 日，中国—东盟矿业合作论坛暨推介展示会在南宁举行。东盟区域内各国矿业主管部门官员、矿业知名企业、商协会、矿业投融资机构、中介服务机构代表及相关专家学者约 1000 人出席，设室内展位 600 个，室外展位 300 个

2011 年 10 月 22 日，中国—东盟电信高峰论坛上，国内企业与老挝、越南的移动公司签约

2011 年 10 月 22 日，中国—东盟商品交易中心揭牌仪式、东盟商家入驻南宁华南城启动仪式、中国东盟商会领袖论坛在南宁华南城举行

图：刘　宇　周家志　梁笑飞　黄小真

南宁国际

2011年10月21日晚，《大地飞歌·2011》第十三届南宁国际民歌艺术节暨第八届中国—东盟博览会开幕晚会在广西体育中心主体育场举行。民歌节的主要文化活动有：第二届南宁市乡村社区和谐文艺大展演(4月～12月)；“大地飞歌·2011”民歌大赛(5月～9月)；开幕晚会《大地飞歌·2011》(10月21日晚)；外国艺术家专场晚会(10月22日晚)；“绿城歌台”群众文化活动(10月22日～24日)。

中国—东盟各国青少年共浇一株苗

2011年10月21日晚，第十三届南宁国际民歌艺术节暨第八届中国—东盟博览会开幕晚会“大地飞歌·2011”在广西体育中心主体育场举行

法国歌剧演员 Garou 与作曲家金培达、歌手曹芙嘉共同演唱本届民歌节主题曲《左爱右爱》

歌手王丽达民歌联唱《山歌好比春江水》、《洪湖水》、《万泉河水》

南宁本土歌手胡夏演唱《我唱刘三姐的歌》

中国达人秀冠军广西小伙卓君与歌手光良共同演绎《童话》

民歌大赛获奖组合金城女子合唱团演唱《什么结籽高又高》

晚会在《大地飞歌》歌声中圆满谢幕

歌手萨顶顶演绎《自由行走的花》

本届民歌大赛获奖选手郭珍妮、潘龙海、杨光春、娟妮组合共同演唱《站在这坡望那坡》

2011 年 10 月 22 日晚，第十三届南宁国际民歌艺术节“外国艺术家专场晚会”在南宁市人民会堂举行。来自美国、澳大利亚、俄罗斯、奥地利、马来西亚、泰国、阿根廷、印度、新加坡等 13 个国家的艺术家表演了节目。图为晚会演出现场

2011 年 5 月～9 月，南宁国际民歌艺术节组委会、广西电视台主办的“大地飞歌·2011”民歌大赛举行，首次以选秀比赛的形式，在广西本土选拔民歌新秀，吸引 14 个地市上万人参加，掀起民众习唱民歌的热潮。图为民歌大赛启动仪式现场

2011 年 4～12 月，南宁市举办第二届乡村社区和谐文艺大展演活动，举办各种大展演文艺演出活动 2300 场，参与群众 130 多万人次。图为 12 月 28 日南宁市第二届乡村社区和谐文艺大展演颁奖晚会暨汇报演出现场

2011 年 10 月 22 日，由市政府主办，市商务局、市旅游局、江南区政府承办的 2011 南宁·东南亚国际旅游美食节在江南区邕州老街开幕。以“品美食、观美景、赏文化”为主题，设 5 个展区、210 个标准展位，到场观众 37 万人次，总销售额 1850 多万元。图为美食节开幕现场

2011 年 10 月 22 日～24 日，南宁市各县(区)、校园、社区设置歌台 15 个，来自五大洲 14 个国家的 100 多名外国艺术家到各歌台演出。图为邕宁壮族八音文化艺术节开幕式暨 2011 南宁国际民歌艺术节“绿城歌台”邕宁歌台

图：陈卓凡　周家志　陈　峰　梁笑飞　黄小真

四级领导班子换届

2011年，南宁市市、县(区)、乡镇、村(社区)四级领导班子集中换届，涉及全市县(区)12个、乡镇102个、村1394个、社区350个。1月6日，市委召开市、县、乡领导班子和村(社区)"两委"(党支部委员会、村(居)民委员会)换届工作座谈会，成立换届工作领导机构。市委组织部编印《严肃换届纪律保证换届风清气正学习资料》手册3.50万册，刊发换届工作信息720多篇(条)，发送换届纪律短信40多万条，营造风清气正的换届环境。换届后，县(区)党委班子平均年龄42.10岁，比上届降低0.30岁，大学本科以上学历占99.20%，其中研究生占41.70%。乡镇党委班子平均年龄36.80岁，较换届前降低1.90岁，研究生学历占6.88%，大学学历占69.43%。新一届村"两委"中，高中以上文化程度占56.68%，较上届提高4.01%；大专以上文化程度占5.31%，较上届提高2.43%；农村致富能人、外出务工经商返乡人员、大学生村官等优秀人才占43.1%，较上届提高1.4%。新一届社区"两委"中，大专以上文化程度占44.99%，较上届提高6.67%。

①

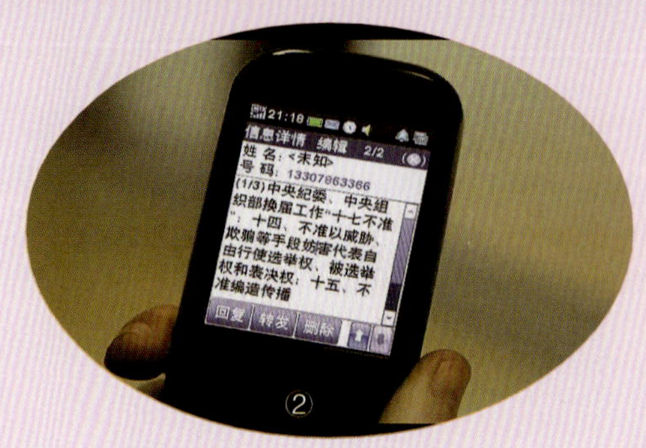

②

③

① 在各县(区)全委会票决过程中，增加影像资料和个人现场陈述等方式

② 依托"绿城党旗红"党建信息平台、手机短信平台，不断提高换届宣传的时效性和覆盖面

③ 2011年1月6日，市委召开全市县、乡领导班子和村(社区)"两委"换届工作座谈会

④ 2011年2月27日，自治区党委常委、南宁市委书记车荣福在市委全委会上投票票决重要岗位干部的选拔任用

⑤ 2011年6月8日，选民看选民榜

⑥ 2011年6月28日，选民在南宁市青秀区第二届人民代表大会代表凤翔社区选区市人大办公区投票站投票

④

⑤

⑥

2011 年 9 月 29 日，新当选的市委常委领导班子成员

2011 年 10 月 15 日，新当选的市人大常委会领导班子成员

2011 年 10 月 15 日，新当选的市政府领导班子成员

2011 年 10 月 14 日，新当选的市政协常委会领导班子成员

2011 年 10 月 15 日，新当选的市中级人民法院、市人民检察院主要领导

图：陈卓凡　丁　亮　周家志

建设五象新区

2011 年 10 月 31 日，自治区党委书记、自治区人大常委会主任郭声琨（前左），自治区主席马飚（前右）在五象新区调研

五象新区东至八尺江以东，南至那马组团，西至水塘江，北至邕江，包括整个邕宁老城，规划总面积 175 平方千米，人口 150 万，主要由广西文化产业城、广西体育产业城、“三馆三街”（广西城市规划建设展示馆、广西美术馆、广西铜鼓博物馆，金融街、文化街、民族风情街）、中国一东盟国际物流基地、五象新区总部基地、南宁一台湾健康产业城、广西龙象谷七大板块构成，其性质定位为中国一东盟自由贸易区的区域性物流基地、商贸基地、加工制造业基地，泛北部湾的总部基地，南宁市新的行政、信息、文体、商业商务中心，是南宁市向南发展、向海靠拢、全面融入广西北部湾经济区开放开发、打造区域性国际城市的重要平台和前沿阵地。2006 年 4 月 28 日，五象大道工程开工，标志着五象新区建设正式启动；5 月，自治区党委、政府作出了“建设五象新区，再造一个新南宁”，把南宁建设成为区域性国际城市和广西“首善之区”的战略决策。2008 年 1 月 16 日，国家批准实施《广西北部湾经济区发展规划》，明确指出南宁城市建设要“以邕江为轴线，西建东扩，完善江北，提升江南，重点向南，加快建设五象新区”，将五象新区建设纳入开放开发广西北部湾经济区的国家战略。2011 年 10 月 31 日，自治

再造一个新南宁

2011 年 10 月 10 日，自治区党委常委、自治区副主席、市委书记陈武(前左三)视察五象新区

区党委书记、自治区人大常委会主任郭声琨，自治区主席马飚到五象新区考察调研，为五象新区的发展定位指明方向：要以更大力度、更大气魄推进文化产业发展，努力把五象新区建设成现代化城市新区。11 月 3 日，自治区党委常委、南宁市委书记陈武主持召开市委常委扩大会议，提出把五象新区开发建设作为一号工程来抓，举全市之力加快推进。2011 年，五象新区开发攻坚战建设项目 169 个累计完成投资 69.54 亿元，占攻坚战投资目标 60 亿元的 115.90%。“三纵三横”道路(龙堤路、五象大道、玉洞大道和银海大道、平乐大道、龙岗大道)基本贯通；五象大道西延长线于 10 月全线贯通。五象新区总部基地完成征地 2.60 平方千米，自治区政协会馆、中国移动信息枢纽中心、市二十六中五象校区、青啤·海尔总部基地、南宁海关报关中心等重点项目开工建设。广西城市规划建设展示馆于 11 月 8 日正式开馆；广西美术馆主体结构封顶；广西铜鼓博物馆开工建设。“三街”于 12 月举行开工仪式。新区各个项目加快推进，五象新区开发建设“大工地”场面已经形成，新区建设初具规模。

玉洞大道

堤路园大道

五象大道俯瞰

依江而建的五象新区滨江公

建设中的广西体育中心二期工程

2011年12月29日，五象新区金融街、文化街、民族风情街开工建设

广西规划馆

建设中的房地产和写字楼

建设中的广西美术馆

图：陈卓凡　岑延满　南宁五象新区开发建设指挥部办公室　周家志

打造综合

南宁境内省道及乡道公路航拍图

邕江四线铁路桥建设现场

2011年10月10日，修订后的《南宁市城市总体规划(2011-2020)》获国务院批复，确定对南宁城市性质的定位：广西壮族自治区的首府、北部湾经济区的中心城市、中国西南地区连接出海通道的综合交通枢纽。南宁市围绕这一定位，着力打造西南地区连接出海通道的综合交通枢纽。2011年，南宁市交通固定资产投资228.50亿元，比上年增长17.83%，占全市全社会固定资产投资11.40%，占全自治区交通固定资产投资22.05%。铁路项目，南宁火车东站完成土地内分及征地补偿81万平方米，初步设计获批复南宁至金城江铁路工程可行性研究报告报审；湘桂铁路南宁至凭祥段获立项批复，工程可行性研究报告通过铁道部技术审查；云桂线、柳南线、黎钦线、南广线、南钦线在施工。民航项目，南宁机场新航站区项目可研前置材料获批复，可研前置文件和可研评估报告上报国家发改委；项目进入实质性施工建设阶段；完成征地签约359.33公顷，占建设用地88.70%。黄金水道项目，第一、第二批项目除六景港区鹤笋作业区工程，南宁港六景港区永凯码头工程前期工作没有完成外，其他项目前期工作全部完成；第三批9个储备项目的前期工作启动。

青竹立交桥

南宁外环高速公路

交通枢纽

公路及运输站场项目，南宁外环高速公路项目完成投资 17.10 亿元，开工以来累计完成投资 31.08 亿元；六景至钦州高速公路项目(南宁市境内段)完成投资 6.66 亿元，开工以来累计完成投资 16.37 亿元。柳州至南宁高速公路改扩建工程(南宁段)主线基本完成，南宁市境内段累计完成投资 4.20 亿元。城市轨道交通项目，南宁轨道交通一号线工程可行性研究报告获国家发改委批复；初步设计通过自治区发改委审议；一号线建设工作进展顺利，开工地铁站点 3 个（广西大学站、心圩江站、南宁东站），进入(或完成)土建施工招标程序的地铁站点 2 个(南湖站、动物园站)。城市交通基础设施项目，青山路南湖连接线、五象大道延长线建成通车；南宁一武鸣城市大道、邕武路扩建工程超额完成年度计划投资；凤岭北路、安吉大道一北湖北延长线连接东西向道路、罗文大桥、伶俐大桥、五合大桥等开展前期工作。

南湖隧道

南宁吴圩国际机场新航站区效果图

南宁轨道交通一号线工程广西大学站施工现场

图：邓江宁　汪　悦　周家志

南宁母亲河——邕江

邕江航拍图

邕江航道·夕照

邕江河畔·南宁大桥

邕江河畔·远眺邕江大桥

邕江夜景·白沙大桥

邕江河畔·木棉花开

图：陈　峰　周家志

广 西 首 个 历 史 文

扬美古镇位于南宁市西部，三面环江，距离南宁市中心 38 千米，总面积 6.50 平方千米。该镇始建于宋代，至今已有上千年的历史，最初由罗、刘、李等姓氏移民来定居建造。因荆棘丛生，白花遍地，故名为“白花村”。后因清溪(即左江)环绕，扬波逐流，故易名为“扬溪村”，此后随着时代的发展，人们逐步开化，人心向美，改称“扬美”,“扬美”由此得名。自建镇至民国年间，由于其时陆路交通不发达，扬美古镇借助便利的水上交通条件，成为近百千米内的商品集散地，繁荣一时，素有“小南宁”之称。作为南宁市明清古建筑保留得最为完整的地方，扬美古镇现存明清时代的古建筑 310 栋(间)，其中较为完整的景点有：清代一条街、明代民居、魁星楼、黄氏庄园、古商埠码头、清代市场管理条例碑、清代村规民约碑、梁烈亚故居等 30 多处。2011 年，扬美古镇被国家住房和城乡建设部、文化局评为“中国历史文化名村”。

临江街，建于道光十四年(1832 年)，因较完好地保持清代街道古建筑的风格又被称为清代一条街，长约 300 米，宽 3.80 米，由青石板铺就而成

古镇上老宅子门口的瑞兽雕像

北名村——扬美古镇

五叠堂，建于清代嘉庆年间，座西北朝东南，五进四天井，面阔 10.30 米，总进深 53.80 米，面积约 555 平方米。图为五叠堂正门

游客乘坐古镇常见的牛车游览

扬美古镇远眺

古镇上的明代民居

金马街一隅

魁星楼，又名文昌阁，景名为“阁望云霞”，位于扬美古镇东北面，始建于清乾隆元年（1736 年），重建于道光二十二年（1841 年）；楼高 15.30 米，青砖蓝瓦、砖木结构；楼内塑有魁星神像，二楼塑有文帝像

清代村规民约碑

黄氏庄园建于清朝乾隆年间，距今已有200多年的历史，它是另一位商人经商发迹后所建的，创建人叫黄厚龙，原为南宁市郊区江西镇兴贤村黄公坡人，后迁居于此

古镇端午龙舟赛

图：陈　峰　汪　悦　黄曼妮　周家志

新农村建设

横县超级稻丰收

2006 年 11 月 8 日，兴宁区在五塘镇召开“秋收冬种”农业机械化推广现场会

2005 年 10 月，党的十六届五中全会通过《中共中央关于制定国民经济和社会发展第十一个五年规划的建议》。《建议》指出，“建设社会主义新农村是我国现代化进程中的重大历史任务”，要按照“生产发展、生活宽裕、乡风文明、村容整洁、管理民主”的要求，坚持从各地实际出发，尊重农民意愿，扎实稳步推进新农村建设。2006 年 1 月，中共中央、国务院下发《关于推进社会主义新农村建设若干意见》。2007 年 6 月，中共南宁市委、南宁市人民政府作出《关于推进社会主义新农村建设的决定》。2004 年～2006 年，南宁市开展乡村公路、农田水利和生态文明村建设三大会战。至 2006 年末，实际完成投资 11.68 亿元，完成项目 1503 个。其中，建成乡村道路 664 条 2501.19 千米，桥 18 座 655 米，解决 235.29 万人行路难问题；完成农田水利建设项目 569 项；新建成生态文明村 270 个村，惠及 270 个村 1.21 万户；建设沼气池 8.97 万座。2006 年～2007 年，开展社会主义新农村建设试点工作，完成总投资 1.50 亿元。其中，完成农村道路项目 2287 个，水泥路建设 4846 千米；农村水利项目 1537 个；

兴宁区五塘镇苦瓜生产基地

生态能源项目完成沼气池建设 9996 座；教育文体项目 579 个；医疗卫生项目 252 个；农村通信项目 2055 个；屯内绿化项目开工 33 个，完成绿化 2902 万平方米；村屯规划项目 1410 个。2007 年，开展非试点县区新农村示范村建设及现代农业建设，实际投资 5207 万元，完成新农村示范村建设 30 个。2008 年，开展新农村建设百村示范工程。实际投资 1.25 亿元，完成 494 个项目中的 486 个：建成生态文明村 100 个；建设通屯水泥路 250 千米；综合文化活动室、体育活动场所各 80 个；便民候车亭 30 个；扶持 100 个村发展一村一品。2009 年，市委、市政府把 50 个自然村进行生态家园建设列入为民办实事项目，投资 2011.85 万元并全部完成；同时开展新农村示范村建设工作(包括村庄规划；生态家园建设、村庄绿化、亮化及环境卫生综合整治、社会治安综合治理等；现代农业基础设施建设，重点是设施农业；乡村旅游建设，重点是休闲农业、观光农业、农家乐等)，投资 2478.35 万元，完成 8 个自然村进行新农村示范村建设。2010 年，投资 3966.14 万元，完成 12 个自然村新农村示范村建设。2011 年，投资 3898.50 万元，完成 8 个自然村新农村示范村建设。

横县平马镇三叉村新农村建设科技试点桑树高效种植示范基地

2011 年 9 月，横县云表镇朝南村蘑菇工厂化生产基地

宾阳县黎塘镇稻藕套种全国首创

青秀区长塘镇定西村新貌

邕宁区蒲庙镇华康村稔床坡生态文明村示范点剪影

横县石塘镇沙江杨村公共服务中心

横县云表镇朝南村村民在村建游泳池游泳戏水

西乡塘区大林新村

南宁市九医院新农合医疗服务队下乡为村民服务，2007 年 5 月 26 日起，南宁市 12 家医疗机构获授牌，从 29 日起作为南宁市新农合医疗定点医院

2007 年 11 月起，良庆区在所辖 5 镇非国道旁的镇、村（自然村）开展地名标志设置，图为良庆区设置的地名标志牌

图：陈 峰 杜 勇 黎彦彤 汪 悦 周家志

文物普查成果掠影

2007年4月，国务院下发《国务院关于开展第三次全国文物普查的通知》，从2007年4月开始，在全国开展第三次全国文物普查。根据国务院、自治区人民政府的有关通知精神，南宁市下发《南宁市人民政府办公厅关于开展南宁市第三次全国文物普查的通知》，成立普查领导小组，下发普查通知，制定普查方案，开展普查培训，有计划、分步骤地开展文物普查工作，全面开展实地文物普查以及不可移动文物的登记、录入，普查面积2万多平方千米，文物普查率和覆盖率均为100%，基本上摸清南宁市不可移动文物保存现状和分布状况。南宁市第三次全国文物普查自2007年4月至2011年12月结束，共录入不可移动文物540处，其中古遗址95处、古墓葬39处、古建筑195处、石窟寺及石刻57处、近现代重要史迹及代表性建筑151处。

黄氏民居位于宾阳县宾州镇南街社区271号，清代咸丰、同治年间所建。坐东向西，砖木结构，共分为四进：刻有花鸟图案和方格木窗。整个建筑布局合理建筑造型独特新颖，颇有大家之风韵，体现黄家官宦和书香世家的气派

廖村小洋楼位于宾阳县新桥镇清平村委下廖村东北面，民国十二年(1923年)所建，为民国初期仿西式建筑，坐东北向西南，砖木结构硬山顶，占地580平方米。建筑中间为厅堂，两边均有包房，上下两层，层和层之间用木板和青砖做隔层，窗饰拱形窗檐，内墙抹石灰和用石膏泥花雕装饰

万尤府位于横县六景镇亭茶村西面，约建于清嘉庆年间（1796年~1820年），占地约800平方米。第三进为干栏式建筑，外墙饰彩绘画，画中还配诗词多首，书香气息浓郁

越南中央学舍区（广西南宁育才学校）总部旧址位于西乡塘区心圩街道和德村九冬坡，是 1951 年中方应越方的要求，专门为越南培养干部人才而成立的一所学校。旧址建于清道光十九年（1839 年），坐西北向东南，占地 340 平方米，建筑面积 255.40 平方米

蓄帽岭摩崖石刻位于良庆区那陈镇那徐村平丙坡，刻于清代，共 10 处，分布在数块岩石石壁上，有“日升顶上千林晓”、“题名就唤作冠峰”、“仰止”、“梯月”、“到碧虚”、“冠峰”、“寅日”、“朝晖”、“石室”等，字体笔锋流畅，苍劲有力

那告坡覃氏民居群位于西乡塘区心圩街道和德村九冬坡，坐西向东，占地约 1.30 万平方米，多为清代建筑，建筑内保存“西教村齐心禁约碑记”石刻，“武魁”和“贡元”4 块牌匾

迪圩百朝河双拱桥位于隆安县南圩镇迪圩村东北 400 米处，横跨在百朝河上。该桥西南东北走向，为石条砌成的双拱桥，建于清代

周家坡古民居位于江南区江南街道东南村周家坡，坐西朝东，南北纵向分为五列，现存单体砖木结构建筑 35 座，多为面阔三间进深二间结构，山墙外砌青砖里砌土坯砖(民间俗称“铁包金”)

洋渡渡槽,位于上林县澄泰乡洋渡村下渡庄北。建于 1976 年，引水来自大龙洞水库。渡槽西北东南向，同一规格石料砌成，长 324.90 米，宽 2.98 米，高 11.90 米

图：市文化新闻出版局

广西农垦糖业集团金光制糖有限公司

广西农垦糖业集团金光制糖有限公司始建于 1976 年，占地 29.20 公顷，固定资产 3.70 亿元，公司经过 30 多年对设备的挖潜改造和技术革新，目前日处理甘蔗量 8000 吨，年产机制糖 10 万吨。制糖生产采用压榨法提汁、亚硫酸法清净工艺。主要产品“三冠”牌白砂糖先后获全国亚法糖质量评比第二名、自治区优质食品奖，产品销往全国各地，企业录入全国食品加工行业 500 强。

2001 年起，公司相继通过 ISO 9001 质量管理体系、ISO 14001 环境管理体系、GB/T 28001 职业健康安全管理体系和 HACCP 食品安全管理体系认证，白砂糖产品获得中国绿色食品标志使用资格。先后获全国轻工业企业信息化先进单位、广西制造业信息化示范企业、广西清洁生产企业、南宁市先进单位、南宁市明星企业、振兴南宁“创新经济效益杯”劳动竞赛金杯奖、南宁市守合同重信用企业、南宁市纳税信用等级 A 级企业、西乡塘区经济工作纳税突出贡献企业、西乡塘区科技成果转化先进单位等称号。

① 公司大门

② 2012 年 1 月，自治区副主席陈章良（前右一）在自治区农垦局领导陪同下参观金光农场甘蔗生产全程机械化

③ 2011 年，公司的制糖生产全部使用净化后回收的清水，不再取用新鲜水源，实现糖厂生产零取水目标

④ 2011 年 11 月 19 日，公司新任董事长徐杰荣在职工代表大会上作出承诺：5 年再造一个新“金糖”

青秀山风景名胜旅游区

青秀山风景名胜旅游区位于南宁市区东南部，主要由青山、凤凰岭、帽子岭、雷劈岭等十几座山峦组成，面积约 13.54 平方千米，其中核心景区约 6.25 平方千米。景区以森林为主体，以绿色为特征，群峰起伏、林木青翠、泉清石奇，“草经冬而不枯,花非春而常放”，具有优越的生态环境，是南宁市的“绿肺”。

青秀山风景区旅游环境优美，服务设施完善，属首批国家 AAAA 级旅游景区。主要景点有千年苏铁园、雨林大观、青秀山友谊长廊、霁霖阁、环山秀坪、泰国园、东盟友谊园、广西十二世居民族雕塑园、南宁国际友好城市雕塑园、龙象塔、状元泉等 50 多个,是南宁市民休闲娱乐的重要场所，是国家领导人、外国政要、商贾、中外游客等到邕考察和旅游度假的首选之地。每年举办桃花节、登山节、插花艺术节等多项节庆活动，深受广大市民、游客的欢迎，2011 年入园游客 200 多万人次，被誉为“绿城翡翠，壮乡凤凰”，是南宁市最靓丽的城市名片之一。

按照南宁市规划目标，青秀山风景区主要分为核心景区、北坡生态保护区和森林植物乐园三大区域，至 2013 年基本完成绿化景观及基础设施建设，初具规模；至 2016 年进一步完善配套设施，提升建设保护管理水平，建成规模宏大、植物品种丰富、景色壮观、环境优美、全国一流、具有国际影响、独具特色的南亚热带森林公园。从 2011 年底开始，青秀山管委会计划用 1 年 ~2 年的时间，把风景区创建成国家 AAAAA 级旅游景区。

①

①　青秀山中心区全景图
②　春节民俗表演
③　水上拓展比赛
④　景区西大门
⑤　雾霖阁夜景
⑥　桃花节景象
⑦　登山节景象

中国农业银行 广西壮族自治区分行营业部

中国农业银行股份有限公司广西区分行营业部立足南宁，服务广西，拥有覆盖南宁城乡的 14 个支行、154 个营业网点和 542 台自助服务设备，是南宁市资金实力雄厚、经营产品丰富、服务功能齐全、网络优势突出的商业银行。该行本着“诚信立业、稳健行远”的宗旨，牢固树立“以市场为导向，以客户为中心，以效益为目标”的经营理念，紧紧围绕北部湾经济区建设、中国—东盟自由贸易区建设、开发区与新区建设，提升“中国绿城”，打造“中国水城”，加快建设区域性国际城市和广西“首善之区”等经济建设热点，坚持城乡一体化经营策略，主动搭建银政、银企合作平台，全力支持南宁市城乡经济建设。2011 年被南宁市委、市政府评为“创建全国文明城市工作先进单位”及“创建国家卫生城市工作先进单位”。曾获全国农行精神文明建设工作先进单位、自治区文明单位、南宁市窗口服务行业大评比优秀单位和广西青年创业信贷扶持计划先进单位等荣誉称号。

突出信贷投向，支持南宁经济建设。充分发挥金融主渠道作用，以农总行与自治区政府、广西区分行与南宁市政府合作备忘录为依托，突出信贷投放重点，加大贷款投放力度，近年来年均累计发放贷款 100 亿元以上，有力支持沿海铁路建设、

国家级保税区及园区建设、城市基础设施、优势产业工程等重点建设项目，全力助推南宁市经济又好又快发展。

服务“三农”，支持社会主义新农村建设。创新推广“金益农”、惠农卡等一系列“三农”产品，创新“八大”金融服务模式，打造和推广服务“三农”横县“青桐模式”，先后在全市550多个自然村“整村推进”惠农卡业务，注册个人网上银行7.10万户、电话银行22.20万户、手机银行8138户，安装转账电话4413台、无线自助终端47台；积极推进“青年创业工程”和开展金融服务“巾帼创业工程”，积极与地方政府联合打造信用村，增强农村地区金融生态环境和信用意识；在横县茉莉花交易市场创建广西第一个银行卡刷卡无障碍市场，大力支持农业产业化龙头企业、县域中小企业、县域城镇化建设和解决农民贷款难问题，使农民“人不出村，足不出户”就能享受到各种现代金融服务。

提高服务水平，为社会各界提供优质金融服务。紧紧围绕金融环境建设，坚持以客户为中心，加强窗口服务能力建设，不断提高金融服务质量，为广大客户提供包括网上银行、电子商务、电话银行、手机银行和自助银行在内的系列电子银行服务，以及金钥匙、金光道、金穗卡、金E顺、金益农“五金”系列产品，更好地满足客户多样化金融需求，鼎力支持广大客户加快发展，为社会各界提供卓越的金融服务。

加快业务发展，资金实力不断壮大。紧紧围绕农总行“46112”发展战略和农行广西区分行“保市场、提份额，调结构、增盈利，创机制、促转型，强管理、上水平”的总体要求，牢固树立“不断增强自身实力，全面提升支持经济建设能力”的理念，坚持加强价值创造、客户服务、风险管理、社会责任“四大能力”建设，加快业务经营转型，推进精细化管理，加强全面风险管理，加大信贷资金筹措力度，不断提升支持经济和社会发展的能力。2011年，各项存款余额656亿元，比上年增加68亿元；各项贷款余额496亿元，增加53亿元；实现拨备后利润15亿元。

① 2009年4月2日，自治区党委书记、自治区人大常委会主任郭声琨（中）到农行广西区分行营业部营业网点视察

② 农行广西区分行营业部党委书记、总经理黄茂生

③ 2009年7月8日，南宁市人民政府与农行广西区分行签订战略合作备忘录

④ 2009年10月16日，农行广西区分行营业部成立南宁市首家小企业金融服务中心

⑤ 宽敞明亮的营业大厅

⑥ 农行广西区分行营业部朝阳广场自助银行服务区

⑦ 农行广西区分行营业部理财中心

⑧ 农行广西区分行营业部个贷集中经营效率高

奇山秀水绿南宁
Fantastic Landscapes,Green Nanning
都市观光游
南宁国际会展中心
南宁民歌湖

南宁市旅游局

“十一五”期间，南宁市旅游业保持平稳较快发展。全市国内旅游人数年均增长 18%，入境旅游人数年均增长 16.60%，旅游总收入年均增长 22.90%。2006 年以来，南宁市旅游总人数、旅游总收入连续 6 年保持自治区第一，并屡创历史新高。

2011 年，市旅游局坚持以建设区域性国际旅游目的地、集散中心为目标，加强旅游基础设施建设，抓好旅游项目建设，争创国家 A 级景区，切实增强旅游业可持续发展能力；创新旅游营销手段，组织“南宁旅游大篷车走进广东”活动，以及“月月旅游节”等系列活动，积极开拓国内外客源市场；组织企业参加广西特色旅游品牌评选活动。“美在广西”丝巾、果脯等 15 件商品分获广西最受欢迎旅游工艺品、广西最受欢迎休闲食品。参加中国国际旅游商品博览会，广西凌速文化艺术有限公司的壮锦兰印花家饰系列获铜奖。举办 2011“南宁礼物”时尚设计大赛，推动旅游商品开发和生产；举办南宁旅游摄影大赛，全面展示“奇山秀水绿南宁”风采；积极推动开通南宁—台北、南宁—高雄、南宁—台中、南宁—花莲直航航线，推动南宁至新加坡、吉隆坡、雅加达、胡志明航线复航，塑造南宁区域性国际城市形象；深入开展“发展环境建设年”活动，加强旅游市场监管，优化旅游服务环境。南宁市游客满意度在全国的排位大幅提升，第三季度游客满意度指数 80.66，在全国 50 个样本城市中排名第 17 位，取得历史最好成绩。市旅游局选送的援藏导游员黄志康、朱莹获“全国第九批援藏导游西藏自治区先进个人”。至年末，全市有国家 3A 级以上景区 24 家（其中 4A 级景区 10 家，3A 级景区 14 家）；旅游星级饭店 81 家，旅行社 81 家，在册各语种导游员 2669 人；接待入境旅游人数 23.61 万人次，比上年增长 40.30%；旅游外汇收入 8226.13 万美元，增长 47.65%；接待国内游客 4373.15 万人次，增长 18%；国内旅游收入 304.15 亿元，增长 30%；接待旅游总人数 4396.76 万人次，增长 18.14%；旅游总收入 309.38 亿元，增长 30.18%。旅游总收入占地区生产总值 13%。旅游业对经济社会发展的积极作用凸显。

2011 年 6
国土局局长谭
活动，接受群众

2011 年
区坛洛镇同

① 2011 年 11 月 2 日，南宁市旅游行业创先争优推进会暨向全国援藏先进导游学习表彰大会召开

② 2010 年 12 月 27 日，在首届中国旅游节庆品牌评选活动中，南宁国际民歌艺术节获 2010 中国最受网友喜爱的旅游节庆奖。图为市旅游局局长、党组书记黄永久（右一）代表南宁市领奖

③ 2011 年 8 月，市旅游局聘请“2011 年中国达人秀”冠军卓君（右）为南宁旅游形象代言人

④ 2011 年 5 月 20 日～27 日，市旅游局组织开展“南宁旅游大篷车走进广东”宣传促销活动，推动两地旅游业共赢发展

⑤ 2011 年 10 月 20 日～23 日，市旅游局在东盟商务区举办东南亚特色商品展旅游美食展

⑥ 2011 年 1 月 4 日，广西 2011 中华文化游暨 2011 南宁月月旅游节启动仪式举行

南宁市环境保护局

2011 年 6 月 3 日，市长黄方方（前右一）在纪念“六·五”世界环境日活动启动仪式上为创建国家环保模范城先锋队授旗

2011 年 6 月 1 日，市政府在市新闻中心举行环境质量新闻发布会

2011 年，南宁市环境保护局大力推进生态文明建设、污染减排及各项环保工作，建立环境监察巡视制度和环境监察工作考评制度，健全环境执法长效机制，实施“每季一专项”执法新举措，实行“领导干部带案下访”后督查新模式，创新环境执法手段。强化环境应急管理，完善应急机制，妥善处置突发环境事件。全市环保部门受理环境污染投诉信息 1.14 万件次，比上年下降 4.67%。邕江饮用水源保护、机动车尾气污染、市区扬尘污染、工地噪声污染等涉及民生的突出环境问题得到较好解决，强化重金属污染防治并取得阶段性成效。全市环境质量保持较好水平，市区环境空气质量优良率 96.16%，地表水源水质达标率 100%。南宁市在上年自治区城市环境综合整治定量考核中名列第三。

污染减排方面，市政府下发《南宁市人民政府关于下达2011年主要污染物总量减排计划的通知》，将污染减排任务责任下达各责任单位和责任人。全年污染减排项目47个。其中：城镇和工业园区污水处理厂项目6个，工业企业污染治理项目37个，结构调整淘汰关停项目4个。至年底完成所有减排项目，建成投入运营的6家县（城镇）污水处理厂全部通过环保验收，其中化学需氧量减排1.03万吨，氨氮减排201吨，二氧化硫、氮氧化物各减排118吨。

生态文明建设方面，市环保局研究制定、贯彻落实《中共南宁市委市人民政府关于推进生态文明示范区建设的决定》的具体措施，制定生态文明示范区建设实施方案并上报市政府。大力开展生态县、生态文明建设试点和生态乡镇、生态村建设，抓好生态市、生态县、生态镇规划实施工作。武鸣县城厢镇、马山县白山镇、上林县大丰镇3个镇列入自治区环保厅拟申报国家级生态乡镇名单；青秀区长塘镇定西村等19个村列入自治区环保厅拟申报国家级生态村名单。获第一批生态广西建设引导资金补助项目5项，获第二批生态广西建设引导资金“以奖代补”经费补助的村镇23个。在全面推进农村连片综合整治规划实施工作的同时，积极推进创建国家环境保护模范城市工作。

五象新区开发建设方面，市环保局积极推进五象新区生态保护、生态环境建设，制定“为五象新区开发建设环保服务八大措施”，建立五象新区发展建设环保服务中心，为五象新区建设项目加快建成提供便捷的绿色通道。

2011年12月20日，市环保局局长黄建宁（右一）“带案走访”市民投诉噪声扰民的酒吧一条街

2011年8月17日，由市环保局牵头相关部门参与的考察组对“中国水城”建设项目水质情况进行考察。图为市环保局局长黄建宁（左二）在考察现场

市环保局领导班子，左起：副调研员段冰、副调研员周平、副局长杨琦、副局长程宗发、副局长陈伟刚、局长黄建宁、常务副局长李森、纪检组长张海元、副局长宋晓燕、总工程师陈莉、副调研员王孝征

南宁市城市管理局
南宁市城市管理综合行政执法局

2011年，南宁市城市管理局（南宁市城市管理综合行政执法局）坚持以“创先争优”活动为平台，以“关注民生”为重点，坚持“以城为本，服务为民”的理念，加强城市管理工作，城市面貌显著改善，城市品位不断提升。

市城市管理局转变作风，注重班子建设，塑造城管文化，提升自信，增强窗口服务意识，以同舟共济的团队荣誉感打造城管队伍；推陈出新，扎实完成民族广场大型电子屏的建设，成功启动建筑垃圾机械化密闭运输，稳步推进“环卫新村”项目建设，未雨绸缪防内涝，设置创业街、增开跳蚤市场，实现由城市“管理者”到“服务者”的转变，以坚定的工作执行力创新城市管理；便民利民，着力解决群众“如厕难、休息难、出行难、早餐难”的问题，以服务为民为宗旨，关注民生解决民忧；克难攻坚，启动静脉产业园建设，处理城南垃圾填埋场臭气扰民问题，深入实施“城乡清洁工程”，狠治“五乱”（摊点乱摆、车辆乱停放、垃圾乱扔、广告乱贴、工地乱象）；规范运作“数字城管”品牌，提高机械化清扫率，提升服务保障大型活动质量，以敢做善成的精神破解城市管理难题；外树形象，主动面对媒体、拓宽宣传思路、增进对外交流，以全面的宣传引导增进沟通与理解。通过以上举措，强化城市管理的社会服务功能，全方面、宽领域、多层次抓好城市管理，为南宁社会经济的快速发展、绿城人民安居乐业和提升首府的形象作出应有贡献。

① 2011 年元旦，自治区党委书记、自治区人大常委会主任郭声琨（前右一）看望慰问南宁市环卫工人

② 2011 年 7 月 1 日，自治区党委常委、市委书记车荣福（中）带领市委常委在民族广场大型 LED 公益宣传屏启动仪式上合影

③ 2011 年 7 月 7 日，自治区党委常委、市委书记车荣福（右三）视察白苍岭跳蚤市场

④ 2011 年，市城市管理局获创建“全国文明城市”和“国家卫生城市”先进单位

⑤ 2011 年 7 月 1 日，南宁市实施建筑垃圾机械化密闭运输，“泥头车”治理工作步入规范化

⑥ 2011 年 3 月 19 日，中央电视台派出转播车对南宁市“3·19”城市管理公众参与日活动进行全程报道

⑦ 2011 年 7 月 28 日，市城市管理局与新华社广西分社签署合作备忘录

⑧ 2011 年 6 月 28 日，市城市管理局举行城南生活垃圾填埋场应急处理工程开工仪式

人民防空先进城市
广州军区国防动员委员会
二〇一一年十月
人民防空先进单位
广州军区人民防空办公室
二〇一一年十月
1
南宁人防
南宁 人防
01
供电室
控制室
2

南宁市人民防空办公室

南宁市人民防空办公室是市国防动员委员会的常设办事机构，受市委、市政府和南宁警备区双重领导。设秘书人事科、指挥通信科、工程科、法规宣传科、计划财务科5个职能科室，下辖人防指挥信息保障中心、人防平战管理处、人防监察所、人防培训中心、人防科研设计院5个事业单位和人防新华经营公司1家企业。业务范围主要分为五大块：一是人防组织指挥建设，包括人防指挥体系、通信、防空警报、专业队伍、疏散基地、重点目标防护等。二是人防工程建设，包括人防结建工程，政府投资的人防工程建设以及人防工程建设规划等。三是平战结合工作，主要有人防工程的维护管理、开发利用以及平战转换等。四是法规宣传工作，包括依法结建审批、执法监察、法律咨询和人防宣传教育等。五是人防资产管理，主要是财务与资产管理。

2011年，市人防办各项工作全面扎实推进，较好完成年度目标任务。人防组织指挥建设扎实推进，信息化水平不断提高，人防工程建设稳步推进，平战开发利用效益良好，人防法制宣传工作力度加大，人防队伍建设取得新成效。在10月召开的广州军区第七次人民防空会议上，南宁市被评为广州军区人民防空先进城市，市人防办被评为广州军区人民防空先进单位。

③

① 获奖牌匾
② 2011年8月30日，市人防办在民族广场分会场举行2011年南宁市防空警报试鸣暨人员疏散演练活动。图为首次参演的大功率人防警报车
③ 2011年10月29日，南宁警备区副司令江湛（右一）在朝阳广场参加纪念《中华人民共和国人民防空法》颁布15周年活动，并与群众进行交流
④ 2011年12月，广西人防系统领导干部参观市人防办人防教育展示厅。图为市人防办主任邱全芳（左）作讲解
⑤ 2011年8月30日，市人防办组织干部群众在南湖公园分会场进行疏散演练
⑥ 2011年8月30日，市人防办在江南区政府分会场组织政府机关工作人员进行人员疏散演练

④

⑤

⑥

南宁市总工会成立于1950年，2011年，辖县（区）总工会12个、开发区工会4个，全市各级基层工会1.40万多个，工会会员超过90万，专、兼职工会工作人员2万多人。市总工会机关设有2委（经费审查委员会和女职工委员会）、3室（办公室、研究室、经审会办公室）、7部（组织部、宣教部、劳动保护部、女工部、民主管理部、财务部、保障工作部）、产业工会3个（教育工会、财贸工会和建设工会）及直属单位6个（工人文化宫、职工技协办公室、职工学校、工人休养所、困难职工帮扶中心和广西职工互助保障协会南宁市总工会

南宁市总工会

办事处）。近年来，南宁市总工会在市委和自治区总工会的领导下，坚持中国特色社会主义工会发展道路，在新一届领导班子的带领下，紧紧围绕市委、市政府工作大局，进一步解放思想、更新观念、开拓创新，主动找准位置，提升维权能力，努力为维护职工合法权益服务，为促进企业发展服务，为保障社会和谐稳定服务，各项工作得到了创新发展，连续多年获自治区工会工作考评特等奖，并被授予全国工会工作先进集体、全国送温暖工作先进单位、全国促进就业工作先进单位。

⑧

⑦

⑨

① 市总工会领导集体，左起：纪检组组长官祖林；副调研员陈国任；调研员钱国华；经审会主任陈德生；调研员蔡霓虹；副主席李浓光；市政协副主席、市总工会主席梁峰林；党组书记、常务副主席伦建；副主席刘东方；市总工会机关党委书记王凤清；副调研员李应华；副调研员庄丽珠；副调研员黄小珂

② 2012 年 1 月 31 日，中共中央政治局委员、全国人大副委员长、中华全国总工会主席王兆国（中）到市总工会视察指导工作。图为王兆国与自治区、南宁市领导观看文化宫项目工程规划图

③ 2012 年 5 月 28 日，市委、市政府在南宁人民会堂召开 2010～2011 年度先进单位、先进集体、劳动模范和先进工作者表彰大会，图为表彰大会现场

④ 2012 年 5 月 28 日，自治区党委常委、市委书记陈武（右一）在南宁市 2010～2011 年度先进单位、先进集体、劳动模范和先进工作者表彰大会为获奖者颁奖

⑤ 2012 年 3 月 9 日，市总工会召开第十七届委员会第五次全体会议，市总工会领导及第十七届委员会委员 120 人参加会议，市委副书记刘长林出席会议

⑥ 2011 年 9 月 5 日，市政协副主席、市总工会主席梁峰林（前右二）检查文化宫项目建设工地进展情况

⑦ 2012 年 3 月 5 日，市总工会在友爱广场举办"面对面、心贴心、实打实服务职工在基层"活动暨学雷锋职工志愿服务满绿城活动推进仪式，由市总工会副主席刘东方（左一）主持，市总工会党组书记、常务副主席伦建（右四）作动员讲话，自治区总工会纪检组组长黄宇群（左六）、市委文明办主任冯力（左五）等出席

⑧ 2012 年 3 月 6 日，为迎接"三八"国际劳动妇女节，市总工会开展南宁市女职工风采展演比赛。自治区总工会主席、自治区女职工委员会主任陈湘文，自治区女职工部部长杨静，广西礼仪文化交流协会会长潘玲，市总工会党组书记、常务副主席伦建等领导观看比赛

⑨ 市总工会文化宫改造建设项目规划方案效果图

南宁市安全生产监督管理局

2011年，南宁市安全生产监督管理局贯彻落实国家、自治区关于安全生产工作的一系列指示精神，紧紧围绕“安全发展”主线，积极推进“安全生产基层基础年”活动，狠抓安全生产各项工作。全面实施安全生产“十二五”规划，扎实推进企业标准化建设，启动市安全生产应急救援二级平台一期工程建设，初步建立作业场所职业危害监督体系；在矿山、危险化学品、烟花爆竹及道路交通等方面深入开展安全生产专项整治活动，年内全市安全生产八大指标全部控制在自治区下达的指标之内，市域内没有发生重大以上安全生产事故，实现“十二五”安全生产良好开局，为全市经济社会又好又快发展提供安全保障。

①

②

③

④

5

① 2012年春节期间，市长周红波（左一）带领市安监局局长夏成（左三）等单位领导检查南宁市烟花爆竹零售摊点
② 2011年5月19日，副市长石文怀（中）在市安监局局长夏成（前左三）等陪同下在武鸣县检查非煤矿山安全生产
③ 2011年12月26日，市安监局领导及有关专家检查验收制糖行业标准化车间
④ 2011年6月11日，市政府在市金湖广场举办2011年南宁市安全生产月启动仪式日暨“咨询日”活动
⑤ 2011年10月10日，市政府在外环高速路高岭服务区路段举行2011年南宁市重大安全事故应急救援演练

中共南宁市委政法委员会

中共南宁市委政法委员会以创建社会和谐稳定模范市为目标，深入推进平安南宁建设，全力推进社会矛盾化解、社会管理创新、公正廉洁执法三项重点工作，实施社会治安混乱地区整治、打黑除恶、基层治安防控网、社会禁毒、预防青少年犯罪、法律援助、政法队伍建设等“七大政法民生工程”，提高政法机关服务大局和社会管理水平，着力解决当前影响南宁市稳定的突出问题维护社会稳定。近年来，圆满完成北京奥运会火炬传递（南宁站）、自治区50周年大庆、国庆60周年、建党90周年、亚洲政党会议、中国—东盟博览会、南宁国际民歌艺术节等重要活动维稳安保任务，为南宁市加快建设区域性国际城市和广西“首善之区”，促进经济社会又好又快发展，实现首府现代化建设新跨越创造和谐稳定的社会环境、公平正义的法制环境、优质高效的服务环境。南宁市政法工作多次得到中央、自治区的肯定和表彰。连续获全国社会治安综合治理最高荣誉“长安杯”、全国社会治安综合治理优秀地市、全国法制宣传教育先进城市、建设平安广西活动先进市。

2011年，市委政法委获2008年~2010年度建设平安广西和创建社会和谐稳定模范区活动集体二等功；全市政法系统获国家级奖励的集体和个人8个、获自治区级奖励102个，立一等功25个、二等功113个，三等功1210个。全市政法工作全面发展，市法、检、公、司、安等政法各部门绩效考评及各项工作均走在自治区乃至全国前列。

① 2012年2月7日，全市政法维稳工作会议召开，自治区党委常委、市委书记陈武（前中），市长周红波（前右），市委常委、政法委书记朱育兆（前左）等领导出席会议。图为陈武书记在作重要讲话

② 2011年5月24日，市委常委、政法委书记朱育兆（中）到马山县看守所就武警中队四项建设以及看守所安全问题等情况开展调研

③ 2011年12月30日，自治区党委常委、市委书记陈武（左四）在市委常委、政法委书记朱育兆（右二），市委常委、秘书长杨维超（左三），副市长、市公安局长廖洪涛（右一）等市领导陪同下，到市委政法委调研并视察南宁市社会稳定信息管理中心

④ 2011年4月15日，市委常委、政法委书记朱育兆（前中）率市委政法委机关全体党员干部到龙州起义纪念馆开展“发扬传统、坚定信念、执法为民”主题实践教育活动

南宁糖业股份有限公司

南宁糖业股份有限公司前身是1996年7月组建的南宁统一糖业有限责任公司，1999年5月改制上市并改为现名。主营机制糖、各类文化用纸、生活用纸制品、蔗渣浆、酒精等产品。公司辖直属厂7个、控股公司9个、管理公司1个，职工人数5600人，具备日榨甘蔗3.5万吨，年产机制糖70万吨、机制纸20万吨、蔗渣浆9.80万吨、食用酒精3万吨的生产能力。拥有“云鸥”牌白砂糖、“明阳”牌白砂糖2个“中国名牌产品”，是广西惟一拥有2个“中国名牌产品”的企业。另有“古府”牌白砂糖、“大明山”牌白砂糖、“美时”牌书写纸、“美时”牌食品包装用纸、“侨虹”牌无尘纸、“舒雅”牌卫生巾、“八鲤”牌漂白蔗渣浆、“八鲤”牌食用酒精8个“广西名牌产品”。

2011年，公司年销售收入超45亿元、利税5亿元，产值超40亿元；先后获中国轻工业制糖行业十强企业、广西百强企业、广西农业产业化十大龙头企业、广西优秀企业、广西诚信企业、南宁市农业产业化十佳龙头企业、南宁市明星企业，是目前国内制糖行业最大的国有控股上市公司。

① 公司辖直属厂——香山糖厂全貌
② 获奖牌匾
③ 分蜜车间员工正在操作
④ 正在出库的白砂糖

陈武书记在中共南宁市委十一届三次全会第一次全体会议上的讲话（摘要）

（2011年12月30日）

一、2011年市委常委会的工作

一年来，面对复杂的国内外环境和繁重的发展任务，我们按照党中央、国务院和自治区党委、政府的决策部署，深入贯彻落实科学发展观，深入开展“项目建设年”、“发展环境建设年”、“党组织建设年”三个主题活动，继续打好工业经济振兴、五象新区开发、产业园区建设、交通基础设施完善、打造“中国水城”五场攻坚战，着力转方式、调结构、扩内需、惠民生、促和谐，全市呈现出经济持续快速发展、社会事业全面进步、民族团结和睦、人民安居乐业的良好局面。主要体现在八个方面：一是综合经济实力跃上新台阶。预计全年实现生产总值2190亿元，同比增长13%；全社会固定资产投资2000亿元，同比增长34.9%；全部工业总产值2000亿元，同比增长38.7%；社会消费品零售总额1069亿元，同比增长18%，实现了年初确定的“三个2000亿元、一个1000亿元”目标。财政收入达到363亿元，同比增长20.8%；城镇居民人均可支配收入突破20000元，同比增长10.9%；农民人均纯收入5856元，同比增长17%，各项指标均保持了较高增速。二是产业结构调整迈出新步伐。深入实施“壮二提三强一”战略，加快构建现代产业体系，大力发展县域经济，努力在转变发展方式中壮大经济规模、提升经济效益，三次产业结构由上年的13.6∶36.2∶50.2调整到13.6∶38.5∶47.9，其中二产比重提高了2.3个百分点，产业结构进一步优化。三是城市建设管理跃上新水平。以拓展城市空间、完善城市功能、改善城市环境为重点，大力推进铁路、公路、桥梁、港口、机场、轨道交通等城市基础设施建设，掀起五象新区开发建设新高潮，“中国绿城”和“中国水城”建设取得新成效，荣获“国家森林城市”、“2011年度中国十大低碳城市”称号，城市管理水平进一步提升，综合承载能力进一步增强。四是改革开放实现新突破。统筹城乡综合配套改革工作扎实推进，国企改革、医药卫生体制改革、科技教育文化体制改革、农村综合改革、集体林权制度改革等改革深入推进。深化多区域、宽领域的开放合作，积极承接产业转移，成功服务举办亚洲政党专题会议、第八届中国—东盟博览会、商务与投资峰会和第十三届南宁国际民歌艺术节等重大国际活动。五是民生建设取得新成效。坚持把保障和改善民生摆在优先位置，全年民生领域累计投入占财政一般预算支出的45%以上，实现城镇新增就业8.5万人，为民办实事项目基本完成。养老、失业、医疗、工伤、生育保险等社会保障工作扎实开展。六是社会各项事业取得新进步。教育、科技、文化、卫生、体育、扶贫、计生等事业加快推进，群众性精神文明创建活动深入开展，实现全国文明城市“二连冠”，荣获“国家卫生城市”称号，发展环境进一步改善。七是社会管理科学化水平实现新提高。加强和创新社会管理，深入推进社会矛盾化解，建立重大事项社会稳定风险评估机制，强力推进信访积案和执行积案清理化解工作，完善矛盾纠纷排查调处工作体系，社会保持和谐稳定。八是党的建设取得新进展。精心组织庆祝建党90周年各项纪念活动，进一步激发广大党员干部爱党爱国、干事创业的热情；继续推进“党组织建设年”和创先争优活动，进一步加强市委常委班子自身建设，不断加强基层组织建设；胜利召开市第十一次党代会、市十三届人大一次会议、市政协十届一次会议，圆满完成各级换届工作；切实抓好党风廉政建设，各级班子和党员干部推进科学发展的能力进一步提升；加强民主法治建设，支持人大、政协开展工作，充分发挥各民主党派、工商联、无党派人士以及人民团体的作用，调动了各方面的积极性。

二、深刻认识市情民情的新变化新情况，切实增强加快首府现代化建设的责任感和紧迫感

准确把握市情民情，方能理清发展思路、找准突破口，坚定加快发展的信心和决心。当前，南宁正处在加快构建区域性国际城市和广西“首善之区”、实现现代化建设新跨越的关键时期，机遇和挑战并存。我们必须从战略和全局的高度，科学判断市情民情的深刻变化，保持清醒头脑，增强忧患意识，认真思考、准确把握首府基本市情和发展阶段特征，站在新的起点上，以更大的信心和决心向更高目标迈进，努力实现大发展、新跨越。

我们要清醒地看到，南宁经济发展已站在新起点，但综合

实力仍然不强。近十年来,我市经济连续保持两位数增长,各项经济指标保持了较快增速,经济规模不断壮大,生产总值、工业总产值和投资规模均突破2000亿元大关,站在了新的发展起点。但从全国全区来看,我市经济总量仍然偏小,综合实力仍不够强。从2010年的统计数据看,在全国27个省会城市中,我市GDP总量和规模以上工业总产值都排在第19位,全社会固定资产投资排在第18位,地方财政一般预算收入排在第17位,农民人均纯收入排在第25位,以上指标均处于中下水平;在西部11个省会城市中,我市GDP总量、规模以上工业总产值和城市居民人均可支配收入均排第5位,全社会固定资产投资、社会消费品零售总额和地方财政一般预算收入总量均排第4位,农民人均纯收入排第9位,在西部总体居于中等水平。总体看,我市仍属后发展、欠发达地区,还处于追赶型发展阶段。

我们要清醒地看到,我市城市建设已树立良好形象,但现代化水平还有待提高。近年来,我市城市建设步伐加快,城镇化进程持续推进,"中国绿城"、"中国水城"建设深入开展,生态宜居城市建设卓有成效,先后获得联合国人居奖、全国文明城市、国家森林城市、国家卫生城市等荣誉称号,城市的知名度和影响力有了显著提升。但是,我市现代化建设起步较晚,城市建设历史欠账较多,中心城市规模不够大,城镇承载能力不足,城市特色不够凸显,城市基础设施和公共服务设施建设不够完善,城市交通拥堵问题日益突出等。

我们要清醒地看到,首府区位优势已经形成,但区域性中心城市地位还不够突出。随着中国—东盟博览会的连续成功举办,南宁在多区域合作中的地位和作用不断增强,已成为中国—东盟自由贸易区前沿城市、广西北部湾经济区核心城市,连接西南、华南及东盟的区域枢纽作用初步发挥,区位优势日益凸显。但总体来看,我市作为东盟经济圈、华南经济圈、西南经济圈、广西北部湾经济区中心城市的地位还不够突出,辐射带动能力还不够强,开放水平还不够高,城市吸引力、影响力和辐射力仍需进一步增强。

我们要清醒地看到,我市产业发展已达到一定规模,但现代产业尤其是现代工业还比较弱。通过持续实施"壮二提三强一"战略,我市三次产业协同带动经济增长的局面已经形成,产业发展水平明显提升。从今年的预计完成情况看,第三产业增加值将突破1000亿元,第二产业增加值达到850亿元左右,第一产业增加值接近300亿元,分别是2005年的2.8倍、3.7倍、2.4倍,均翻了一番以上,产业发展已有了一定规模。但是,我市产业结构仍然不够合理,第二产业比重低、工业短腿问题比较突出,2010年我市工业增加值占GDP比重为26.9%,在全国27个省会(首府)城市中排名靠后。预计今年我市工业增加值占GDP比重为28.5%左右,比全区平均水平低13.5个百分点。

我们要清醒地看到,我市县域经济发展已取得显著进步,但经济实力还不强、贫困面比较大。近年来,我们积极实施统筹城乡发展战略,大力扶持县域经济加快发展,农业综合实力不断增强,农民收入持续增加,农村社会明显进步,武鸣、横县、宾阳等县先后荣获自治区科学发展十佳县称号。但总体来看,我市城乡发展不平衡,县域经济发展总体实力不强,特色经济不够明显,城镇化进程较慢,贫困面仍较大,在全区29个国家级贫困县中,我市占了3个,扶贫开发任务还较为艰巨。

我们要清醒地看到,我市文化建设已取得明显成效,但文化软实力还不够突出。我们把城市文化作为提升城市综合实力和竞争力的重要抓手,着力健全覆盖城乡的公共文化服务体系,不断深化文化体制改革,文化产业整体实力进一步增强,打造了"大地飞歌"、《海棠亭》等文化品牌,精神文明建设硕果累累,培育形成了"能帮就帮、敢做善成"的南宁精神。但南宁深厚的文化底蕴尚未得到充分彰显,现代文化产业体系尚未形成,文化软实力的影响力、吸引力有待增强。

我们要清醒地看到,我市民生水平已有较大改善,但人民群众关心的热点、难点问题还需有效解决。我们一直高度重视保障和改善民生,逐年增加民生建设投入,社会各项事业快速发展,民生改善成效明显。但是,当前群众最关心、最迫切需要解决的问题仍然较多,教育、医疗、就业、社保等民生建设仍有待加强,影响社会和谐稳定的矛盾和问题还比较突出。特别是新时期新阶段,人民群众对生活水平、生活质量和生活环境的要求越来越高,求发展、盼富裕、讲健康、要安全、需便利等愿望更加强烈,不断提高人民群众的幸福感任务更加繁重。

我们还要清醒地看到,我市党组织和干部队伍建设已得到加强,但推动科学发展的能力还需要进一步提高。通过开展学习实践科学发展观、创先争优和"党组织建设年"等活动,全市大部分党组织的战斗堡垒作用和广大党员的先锋模范作用得到较好发挥。但我市一些基层组织建设还比较薄弱,部分党员干部思想不够解放,推动科学发展的能力不足,一些重点领域和关键岗位的党员干部存在消极腐败现象等。

总的来看,当前我市经济社会发展取得了显著成就,为实现新的跨越创造了良好条件,奠定了坚实基础。但当前制约我市加快发展的困难和问题仍然很多,亟须认真研究、着力破解。市情民情的新情况新变化表明,我市的发展基础很好、潜力很大、空间很广,但作为首府城市,我们肩负着自治区党委的重托和全市人民的期盼,承担着"位前移、升比重"的重任,一定要增强赶超跨越的责任感和紧迫感。

在认真总结各项工作成效和经验的基础上,我们要把握好今后必须坚持的工作原则:

——必须坚持科学发展、加快发展、率先发展、和谐发展。科学发展是时代的要求,加快发展、率先发展、和谐发展是我们后发展欠发达地区赶超跨越的现实需要,要坚持以经济建设为中心,牢牢把握发展第一要务,聚精会神搞建设、一心一意谋发展、凝心聚力促和谐。

——必须坚持深化改革、扩大开放。坚定不移地深化改革,加快形成更具活力、更富效率、更加开放的体制机制;推进全方位开放,大力实施合作共赢的对外开放战略,加快城市国际化进程。

——必须坚持加快工业化、城镇化进程。大力发展实体经济,以现代工业和现代服务业为重点,建设现代产业体系;进一步扩大城镇规模,提升城镇化水平,以新型工业化、城镇化推动经济社会跨越式发展。

——必须坚持统筹城乡发展。建立健全城乡联动发展的体制机制，着力破除城乡二元结构，推动农业农村现代化进程，加快形成以工促农、以城带乡、城乡协调、共同发展的新格局。

——必须坚持民生为重、富民优先。坚持以人为本，注重保障和改善民生，千方百计解决人民群众最关心、最直接、最现实的利益问题，努力实现好、维护好、发展好广大人民群众的根本利益，让人民群众更好地共享改革发展成果。

——必须坚持加强干部和人才队伍建设。始终抓住干部和人才队伍建设这个关键，着力建设一支作风硬、工作效率高、责任心强，想干事、会干事、干成事的干部队伍和高素质的人才队伍，为全面提升首府现代化建设水平提供坚强保障。

在准确把握工作原则的同时，我们一定要保持清醒头脑，增强忧患意识，加强战略谋划，增强应对能力，发挥优势，扬长避短，努力开创明年工作新局面。要解放思想、开拓创新，坚持把中央、自治区的政策方针与我市实际紧密结合起来，克服惯性思维，树立现代化意识，强化赶超跨越观念，推进思想观念创新和工作方法创新，破除制约发展的瓶颈问题。要奋发有为、锐意进取，进一步振奋精神，焕发斗志，以履职尽责的强烈愿望、干事创业的崇高追求、舍身忘我的工作热情和“坐不住、等不起、慢不得”的精神状态，咬住目标不放松，抢抓机遇，奋力而为。要勇于担当、真抓实干，切实担负起工作职责，转变工作作风，增强执行力，对工作、任务和困难要敢于负责、勇于担当，真正把心思用在事业上，对认准了的事要毫不犹豫地去做、义无反顾地去干。要克难攻坚、善谋断行，要有不怕困难的勇气、大胆开拓的魄力和坚韧不拔的毅力，敢于直面矛盾，勇于触及矛盾，用心解决矛盾，善于谋划，遵循和把握工作规律，寻求科学有效的办法、切实可行的措施，克服困难、解决问题、办成事情。一旦决策了的事情，必须果断行动，坚决执行和落实好。要严格要求、争创一流，进一步提升工作标杆，立足世界、全国和全区看南宁，自加压力，奋发有为，以更高的标准、更严的要求、更实的措施，奋力推进首府现代化建设，勇当全区赶超跨越的先锋。

三、明确2012年工作的总体要求和主要目标，牢牢把握工作主动权

根据中央和自治区经济工作会议精神，结合我市市情民情实际，2012年我市经济社会发展的总体要求是：全面贯彻党的十七大和十七届三中、四中、五中、六中全会和中央、自治区经济工作会议精神，坚持以邓小平理论和“三个代表”重要思想为指导，深入贯彻落实科学发展观，紧紧围绕加快构建区域性国际城市和广西“首善之区”、实现首府现代化建设新跨越的战略目标，按照稳中求进、好中求快的工作总基调，以科学发展为主题，以加快推进经济发展方式转变为主线，以开展“科学发展赶超跨越落实年”活动为引领，大力推进现代产业、五象新区、重大基础设施、民生保障“四大建设”，突出抓好增加投资、扩大消费、加强“三农”、稳增财政、改革开放、维护稳定“六项工作”，着力推进现代化建设取得新进展、改善民生取得新成效、赶超跨越取得新突破，推动经济社会更好更快发展，以优异成绩迎接党的十八大胜利召开。

做好2012年经济社会发展工作，必须“把握总基调、落实主题年、突出主抓手、实现新突破”。把握总基调，就是坚持稳中求进、好中求快的工作导向，着眼于“稳”、立足于“进”，巩固“稳”的基础，增强“进”的动力；坚持“好”与“快”的辩证统一，做到“好”字当头、好中求快，实现速度、质量、效益相协调。落实主题年，就是要全面开展“科学发展赶超跨越落实年”活动，增强贯彻落实科学发展观的自觉性和坚定性，把科学发展、赶超跨越贯穿于想问题、作决策、干工作的全过程，把握市情民情新变化新情况，用新观念、新思路、新举措，抢抓新机遇、应对新挑战、推动新发展，做到科学发展、赶超跨越见行动、出实效。突出主抓手，就是把贯彻落实中央、自治区经济工作会议精神与我市实际相结合，以实施“四大建设”和“六项工作”为抓手，全力推动全市经济社会更好更快发展。实现新突破，就是通过全市上下的共同努力，力争在重点领域和关键环节实现新突破，各项工作上新水平，开创新局面。

根据上述总体要求，2012年我市经济社会发展的主要预期目标是：生产总值增长12%，财政收入增长16%，全社会固定资产投资增长22%，规模以上工业增加值增长22%，社会消费品零售总额增长17%，出口增长10%，城镇居民人均可支配收入增长11%，农村居民人均纯收入增长12%，居民消费价格总水平涨幅控制在4%左右，城镇登记失业率4%以内。主要工作目标是：生产总值增长13%以上；财政收入增长20%；全社会固定资产投资增长28%以上；规模以上工业增加值增长24%；社会消费品零售总额增长19%。

上述目标既符合稳中求进、好中求快的要求，又综合考虑了我市的主客观因素。按照“稳中求进、好中求快”的要求，我们把2012年经济增长目标确定为12%至13%，与这几年我市的经济增速基本相当，其他指标也保持较快增速，根本目的就是保持住近年来全市经济持续又好又快发展的势头，避免大起大落，保持经济稳定。同时，这一目标高于自治区提出的2012年预期目标，是我市勇当全区赶超跨越先锋、为富民强桂新跨越作出更大贡献的需要。

从主观条件来看，南宁市情民情的新变化新情况，要求我们必须继续加快发展、赶超跨越。从客观条件来看，我市2012年经济工作既有许多有利条件和积极因素，也存在不少困难和挑战。从国内来看，中央明确了2012年经济工作的总基调是稳中求进，继续实施积极的财政政策和稳健的货币政策，强调大力发展实体经济，有利于我们发挥工业化、城镇化的内生动力，促进经济发展。国家“十二五”时期各类产业发展规划逐步落实到位，对水利工程建设、保障性住房建设、中小企业贷款、西部骨架公路高速化等方面相继出台了一系列政策措施，有利于我市在产业发展和项目建设上争取中央更多支持。国家深入实施西部大开发战略，全面启动新10年扶贫开发，有利于我们增加对农业、水利、民生、文化、社会事业的投入。从全区来看，我区经济总量已突破万亿元大关，正处于工业化城镇化快速发展时期，必将呈现经济总量迅速扩张、经济发展加快转型、需求结构趋于协调等新的阶段性特征。自治区第十次党代会提出了实现

"翻两番、跨两步、三提高"的奋斗目标和全面落实"五区"建设战略任务，作出了解放思想、赶超跨越的部署，要求我们必须加快发展步伐。

同时，2012年国内外形势依然十分复杂，各种困难和不确定因素较多，主要是欧美主权债务问题在短期内很难缓解，国际金融市场持续动荡，国际贸易增速回落，世界经济存在下行的风险；国内经济发展不平衡、不协调、不可持续的矛盾和问题仍很突出，经济增长下行压力和物价上涨压力并存，经济金融等领域存在一些不容忽视的潜在风险。受大环境影响，我市项目资金、建设用地、能源供应等偏紧，房地产市场对财政增收、投资增长和经济发展的支撑作用减弱，经济运行中的制约因素增多。对此，我们要高度重视，增强危机意识、忧患意识，采取有效应对措施，牢牢把握工作的主动权。

四、加快推进"四大建设"，奋力实现赶超跨越

2012年经济社会发展要突出抓好现代产业发展、五象新区开发、重大基础设施、民生保障"四大建设"，着力转变发展方式，提高发展质量，增强综合实力，把首府现代化建设提升到新的水平。

第一，加快现代产业建设，增强经济综合实力。发展现代产业是我市转方式、调结构的核心任务，要大力发展现代工业、现代服务业和现代农业，形成更加符合我市比较优势、更加符合市场需求、更加具有竞争力的现代产业体系。一要振兴壮大现代工业。要把加快现代工业发展作为推动经济发展的主导战略，继续实施战略性主导产业、战略性新兴产业、强优企业、中小企业等培育工程，推动企业开展技术改造，加快推进工业结构调整和优化升级，努力实现工业总量、产业园区建设、亿元企业、重大项目建设等方面的新突破。要突出抓好重大项目建设，重点推进南南铝20万吨大规格高性能铝合金板带型材、富士康南宁项目、广发重工整体搬迁改造、五菱桂花、绿洲化工等一批重大项目建设，力争尽快投产达产。要加快华电南宁天然气电厂等项目前期工作，争取年内开工建设。要抓好园区建设，加大园区基础设施投资，推进园区土地集约化发展，打造特色产业基地，引进一批产业配套项目。二要提升优化现代服务业。要把发展现代服务业作为我市调整产业结构的重要着力点，在更高层次上谋划和推动服务业跨越发展。要大力发展现代物流业，进一步优化物流园区布局，明确各园区的重点发展方向，加快推进建设南宁空港物流产业园区、金桥农产品批发市场二期、海尔(东盟)商贸物流中心、华南城、南宁大型粮食交易市场等重点项目建设。要加快推进南宁保税物流中心向综合保税区转型升级，促进南宁口岸物流经济快速发展。要培育发展现代商贸业，加快建设华润万象城、大嘉汇国际商贸港等重大商贸项目建设；着力改造提升朝阳商圈、埌东—凤岭商圈等商业服务集聚区，加快五象新区商业区、邕江水系沿岸商贸带、快速环道沿线商贸带、轨道交通商贸带的规划建设。要拓展新兴服务业，推进高技术产业与现代服务业融合，着力发展金融保险、商务会展、研发设计、中介服务、服务外包等生产性服务业。要加快国家电子商务示范城市创建工作，积极培育电子商务市场和企业。要积极推进文化产业发展，落实文化产业政策，加快广西文化产业城、广西文化艺术中心等一批重大项目建设，深入挖掘打造民族歌舞、地方剧目"天天演"等文艺项目，打造高质量、受欢迎的文化精品，继续发展节庆会展、文化创意、文化旅游、工艺美术、动漫娱乐等重点产业。三要加快发展现代农业。要结合我市区位特点、产业基础、比较优势，大力发展优质稻、糖料蔗、桑蚕、果蔬、畜禽等农业特色优势产业。要全面落实好各项支农惠农政策，稳定粮食生产。加快建设长塘现代农业园等一批农业示范园区，打造特色农产品生产基地。要加快推进农业产业化进程，扶持壮大隆安金穗公司、上林大染坊茧丝绸公司等一批龙头企业，打造农产品品牌，推广横县朝南村的土地流转经验做法，采取"公司+专业合作社+基地+农户"等经营模式，提高农业生产组织化、规模化程度。要注重发展生态农业和绿色农业，推广农业标准化生产，进一步加强动植物防疫体系建设，确保农产品安全。

第二，加快五象新区开发建设，实现城市现代化建设新突破。要把五象新区开发作为我市的"一号工程"，以五象新区开发建设引领城市现代化建设。要遵循现代城市发展规律，按照"现代、生态、便利、特色"的要求，加快完善新区规划，加强七大板块之间的合理衔接，实现新区功能完善与产业发展良性互动。要加快推进"百项重点基础设施项目"建设，重点推进"三纵三横"道路主干路网框架等项目建设，全面开工建设连接七大板块的主要道路，开工建设五象大桥、青山大桥两座跨江大桥。要加快推进"百项重点产业项目"建设，重点建设青岛海尔、金川公司、南城百货、联通公司、移动公司等总部基地项目，建成南宁保税物流中心二期等项目，加快推进体育产业城、文化产业城、龙象谷、健康产业城等项目，加快梅帅元实景演艺项目前期工作，力争开工建设。要实行市领导联系"双百"项目工作等制度，举全市之力加快推进五象新区开发建设。

要继续推进旧城改造，注重城市历史文脉的继承和发展，把保护文化特色与提升现代化建设水平相结合，做细做实旧城改造整体方案和开发建设规划方案，加快兴宁路历史文化街区等一批旧改项目建设，规划建设历史文化名街，争创历史文化名城。启动西乡塘区位子渌村等一批城中村综合改造试点项目，有序推进邕江两岸城中村改造，加快城乡结合部改造。要深入实施"城乡清洁工程"，完善长效管理机制，提升城市现代化管理水平。

第三，加快重大基础设施建设，提升现代生态宜居城市水平。要按照把南宁建设成为超大城市的要求，加快重大基础设施建设，提升城市承载能力，推进建设更高水平的现代生态宜居城市。一是加快城市重大交通基础设施建设。全力抓好南宁吴圩国际机场新航站区一期工程、南宁火车东站、南宁外环高速公路、轨道交通1号线、五象大桥、南宁港一期工程等一批关键性重大项目建设，尽快提升我市作为区域性综合交通枢纽的能力和水平。要加大对市内交通拥堵问题的综合治理，大力推进交通畅通工程规划建设和综合治理，实施好单向交通组织和"禁左"交通组织方案，尽快完善民族大道等重点道路的立交设施，切实提高市内交通通畅能力。要继续推进农村交通基础设

施建设，加快完善城乡交通网络。二是继续推进水系水城建设。要进一步完善水城规划，把水源工程、水系连通工程、景观开发工程、排污治理工程、防洪排涝工程相互结合，贯穿于整个水系水城建设过程的始终。要加快良庆河、楞塘冲、八尺江等水系综合整治工程建设，改善提升五象新区环境。要尽快开工建设五象湖，确保在2013年第三届广西园林园艺博览会前建成。要加快老口航运枢纽工程和邕宁梯级枢纽工程建设。要实施邕江两岸综合整治工程，开展“绿满邕江”行动，加快形成邕江两岸滨水风景线。三是推进重大生态设施和节能减排建设。要加强生态系统建设，注重保护生物多样性，推进相思湖湿地公园等湿地生态系统建设，建设和完善好青秀山、五象岭等森林公园和环大明山生态风景区，力争在全区率先建成生态文明示范区。要扎实推进节能减排工作，加强环境保护，重点抓好大气、水体、重金属、农业面源污染防治。四是推进城市信息化设施建设。应用物联网、传感网、云计算等新一代信息技术，进一步完善数字化城市管理信息系统，推进中国—东盟综合信息平台、新华社金融交易服务平台、中国联通南宁国际局等项目建设，不断完善信息化设施，提升城市智能化水平。

第四，加快民生保障建设，构建幸福和谐城市。保障和改善民生是发展的根本目的，也是促进经济发展的动力。要顺应人民群众求发展、盼富裕的愿望和要求，大力保障和改善民生，不断提高人民群众生活水平，增强人民群众的幸福感。要坚持为民办实事制度，继续在事关群众切身利益的住房、就业、社会保障、教育、医疗、农村基础设施建设等方面选择20件为民办实事项目，加大实施力度，切实把实事办好、把好事办实。要建设充分就业城市，坚持以企业用工需求为导向，完善城乡公共就业服务，探索建立用工保障体系，积极开展“专场招聘会”、“一站式推荐岗位”、“送岗下乡”等公共就业服务专项活动，不断拓宽就业渠道，力争全市城镇新增就业7.2万人，农村劳动力转移就业新增9万人。要健全完善社会保障体系，按照“广覆盖、保基本、多层次、可持续”的原则，完善保障民生的各项制度。继续推进新型农村社会养老保险和城镇居民社会养老保险试点工作，逐步提高企业退休人员基本养老金、失业保险金、城乡居民低保标准和最低工资标准，完善社会救助和保障标准与物价上涨挂钩的联动机制，巩固完善新型农村合作医疗制度和城镇居民基本医疗保险制度，促进社会保险、社会福利、社会救助和慈善事业健康发展。力争各项保险参保人数、社保费征缴保持稳定增长。要加快保障性住房建设，抓好廉租住房和经济适用住房新建项目开工建设，加快推进续建项目进度，全力完成3.25万套保障性安居工程的年度目标任务。要强化质量监管，做好房源分配和后续管理工作。坚持先安置、后拆迁原则，加大拆迁安置房建设力度，保障被拆迁人合法权益。要加强公共文化服务体系建设，加快南宁孔庙二期、南宁博物馆、南宁市中心图书馆、顶蛳山文化公园等一批重大标志性文化项目建设，大力实施“文化惠民”工程，提高基本公共文化服务水平。办好第14届南宁国际民歌艺术节。要深入推进精神文明建设，以建设社会主义核心价值体系为根本，着力加强公民道德建设，深入开展群众性精神文明创建活动，弘扬“能帮就帮、敢做善成”的城市精神，推进城市文明向更高水平、更深层次提升。要加快发展各项社会事业，坚持优先发展教育，推进城乡、区域教育均衡发展。合理调整中小学校布局，在合理配置教学资源的基础上，努力让孩子们就近入学。加快推进玉龙学校、凤翔中学、三中国际学校、邕宁高中等一批新建、续建、重建教学项目。要积极发展学前教育，加强中等职业教育基础能力建设，支持驻邕高校发展。加大校园安全保障工作力度，加强校车安全管理，确保学生安全。深入实施“科教兴市”和知识产权战略，加快推进全国科技进步示范市建设、国家创新型试点城市建设和国家知识产权试点市创建。加快医疗卫生事业发展，推进全民医保工作，加强重大公共疾病防控，改善公共卫生机构和基层医疗卫生设施条件，加快建设市一医院门诊大楼、二医院外科医技综合楼、江南区人民医院等一批医疗项目。大力发展体育事业，加快推进广西体育产业城及其他公共体育设施建设，办好重大国际体育赛事，抓紧筹备2014年世界体操锦标赛各项工作。继续做好人口和计生工作，推进诚信计生。强化“双拥”工作，提升军民融合发展水平。

五、突出抓好“六项工作”，着力增强发展动力

要突出抓好增加投资、扩大消费、加强“三农”、稳增财政、改革开放、维护稳定六项工作，为推进“四大建设”提供强大动力和支撑。

第一，扩投资。这几年我市投资连续保持30%以上的增速，有力促进了经济快速增长，投资成为推动经济发展的主要动力。2012年要实现生产总值增长12－13%的目标，固定资产投资增速必须达到22%以上，才能保持投资对经济增长的强力拉动。一要抓好项目工作。要抓好在建和续建项目，推进一批项目新开工，加快推进项目前期工作，认真谋划和储备一批重大项目。要加大闲置土地清理处置力度，加大对违法建设的打击力度，实现制止违建、抢建工作的常态化、制度化，确保项目供地。二要多渠道融资。继续发挥银行信贷主渠道作用，加强银、企沟通合作，采取BT、BOT、发行企业债券等多种模式进行融资，进一步拓宽民间投资渠道，推动企业上市和高新区申报“新三板”工作，多措并举筹集项目建设资金。三要充分发挥政府融资平台作用。推进政府投资项目投融资机制建设，加快市交水投公司等融资平台改制转型，促进融资平台向“借、用、还”一体化转变，提升政府融资平台融资功能。四要加大招商引资力度。明年要进行大招商、招大商、广招商，加强与央企、区外大型国有控股企业和有实力的民营企业的项目对接，组织开展“央企100强和民营企业500强南宁行活动”，做好南车、北车等重大项目的跟踪落实，确保招商引资工作取得实实在在的成效。

第二，提消费。要把扩大消费的重点更多放在保障和改善民生、加快发展服务业、提高中等收入者比重上来，既让群众“有活干，有钱挣”，也让群众“愿花钱，敢花钱”，为经济发展提供持久动力。要继续开展美食节、旅游节、购物节等主题活动，搭建消费平台。要积极培育消费热点，促进居民文化、信息、旅游、健身、养老、家政等服务消费。要完善城乡市场流通体系，深

入实施“万村千乡市场工程”、农资配送中心改造、家电下乡等惠民工程，进一步挖掘农村消费市场。要加强价格监督和管理，稳定消费价格总水平。

第三，强“三农”。城乡发展不平衡是制约我市经济社会更好更快发展的重要瓶颈。要更加重视做好“三农”工作，发展和壮大县域经济，推进城乡协调发展。一要全力推进统筹城乡改革试点工作。要扎实推进兴宁区、良庆区及有关六个乡镇的试点工作，进一步完善试点规划，细化试点工作方案，统筹推进城乡基础设施等方面的建设，努力在重点领域和关键环节取得突破。二要大力发展县域特色经济。要加强规划引导，充分考虑各县的区位优势、资源禀赋、产业基础和市场需求，主动承接中心城市产业辐射和转移，扶持壮大县区工业集中区，打造一批县域特色农产品原料生产和加工基地，积极发展乡村休闲旅游服务产业，提高县域整体实力和竞争力，努力把武鸣、横县、宾阳打造成为全区乃至西部地区经济强县。三要加大扶贫开发攻坚力度。要紧紧抓住国家实施新一轮扶贫开发战略机遇，以增加农民收入为中心，以产业化扶贫为重点，改善贫困地区生产生活条件，提升贫困县区自我发展能力和综合实力。四要加快推进城镇化建设。各县县城和重点城镇要按照城市的标准来谋划建设，使城镇化更具文化含量、更具个性特征、更具竞争力。要做好县城规划，抓好路网、城镇污水、生活垃圾处理等基础设施和公共服务设施建设，进一步完善配套设施和服务功能。要大力推进城镇建设管理，发挥城镇的辐射带动作用，最大限度地聚集产业，实现城镇建设与产业发展良性互动。

第四，增财税。面对房地产增长趋缓的形势，必须开拓思路，广辟财源，形成多元支撑的财政增长方式。要大力扶持铝加工、电子产品、机械装备与制造等重点项目和企业，加快形成骨干财源，力争全市增值税、消费税、企业所得税等有较大幅度的增长。要发挥国有资产的再生造血功能，增加变现收入，继续保持国有资本经营收入和国有资源(资产)有偿使用收入。要积极扶持中小企业和微型企业发展，提高中小企业对财政收入的贡献率。要加强税收征收管理，提高征收管理质效。要发挥财政在转方式、调结构中的重要作用，扎实做好节支增效工作，保障各项重点支出。要继续加大教育、医疗、就业、社会保障等民生重点领域的财政投入，提升居民生活水平和质量，充分释放潜在消费需求，拉动经济增长，增加财政收入。

第五，抓改革促开放。要深化重点领域和关键环节的改革。深化行政管理体制改革，加强机关绩效管理。推进事业单位分类改革，提升事业单位公共服务质量。继续深化国有企业改革，推动优势企业资产重组，规范国有产权管理。推进财税和金融体制改革与创新，积极探索和建立多元化投融资机制。推进基层医疗卫生机构综合改革，建立健全全科医生制度，进一步完善基本药物制度。深化文化体制改革，推动市属艺术院团和六县文工团(歌舞团)改制撤并，力争上半年完成。要全面提升开放合作水平，进一步扩大以东盟为重点的对外开放，服务好第九届中国—东盟博览会、商务与投资峰会。加强与日本、韩国、欧美等国家和地区的交流与合作。深化与珠三角、长三角、环渤海、港澳台等区域的经济合作，积极承接东部产业转移。加强与广西北部湾经济区各城市及区内其他城市合作，主动服务区域发展。

第六，保稳定。要加强和创新社会管理，坚持和完善党委领导、政府负责、社会协同、公众参与的社会管理格局，形成社会管理和服务合力，夯实社会稳定的基础。要正视群众正当需求，健全党和政府主导的维护群众权益机制，完善科学有效的利益协调机制、诉求表达机制、矛盾调处机制、权益保障机制和稳定风险评估机制，从源头上预防和减少社会矛盾。积极探索对流动人口、刑释解教人员、未成年犯罪人员等重点人群服务管理的工作机制。要高度重视网络舆情，依法强化网络监管，提升网络舆情引导能力。要坚持依法治市，推进公正廉洁执法，切实维护社会公平正义。加快推进社会治安打防控体系建设，依法有效防范和打击各类违法犯罪活动，不断增强人民群众的安全感。要加强防灾减灾体系建设，健全突发事件应急机制，严格安全生产管理，促进安全发展。要按照中央关于“确保民族团结、边疆稳固和社会政治稳定，为党的十八大顺利召开营造良好的政治环境”的要求，加强民族工作，开展“全国民族团结进步模范市”创建活动，切实维护社会和谐稳定。

六、切实加强和改善党的领导，以更加优良的作风推进各项措施落到实处

2012年是各级领导班子换届后全面履职的第一年，做好经济社会发展工作，是对各级班子执政能力的重大考验。必须全面加强党的建设，加强和改善党委对经济工作的领导，提高各级领导班子和领导干部学习能力、创新能力、执行能力和掌控能力，确保各项目标任务圆满完成。

第一，要切实增强领导科学发展的本领。各级班子和领导干部要按照建设学习型领导班子的要求，认真学习和全面掌握市场经济知识，不断增强做好经济工作的前瞻性、预见性和科学性。要深入开展“解放思想、赶超跨越”大讨论活动，保持开拓创新、锐意进取的精神状态，以思想大解放促进经济大发展。要深入开展“学用政策抓落实、强化执行促跨越”行动，把政策落实到发展规划、工作措施和重大项目上，真正把政策优势转化为发展优势。要创新工作机制和方法，提高解决投融资、征地拆迁等关键问题和梗阻环节的能力，提高化解纠纷矛盾、维护稳定的本领，提高谋划和推动科学发展的水平。

第二，要切实加强干部队伍和基层组织建设。要加强换届后的各级领导班子和干部队伍建设，打造政治坚定、作风优良、求实创新、奋发有为的领导班子和干部队伍。要坚持和完善民主集中制，完善党委议事和决策机制，提高领导班子科学决策、民主决策水平。要进一步深化干部人事制度改革，坚持正确的用人导向，营造风清气正的选人用人环境，巩固和提升组织工作满意度。要深入推进创先争优活动和“党组织建设年”活动，切实抓好党员队伍、基层党组织带头人队伍、党务工作者队伍、党员志愿者队伍“四支队伍”建设，不断提升基层党建工作科学化水平。要加强基层组织建设，市县(区)两级要加大对村、社区基础建设的资金支持力度，打造一批基层党建示范点，形成农村、社区、“两新”组织示范体系。要抓紧制定我市进一步推进社会主义新农村示范村建设的意见和进一步加强社区建设的意

见，更好地指导和推进基层建设。

第三，要切实加强作风建设。要大兴密切联系群众之风，进一步强化宗旨意识，坚持党的群众路线，在执政为民行动中塑造良好形象。要尽快制定我市进一步加强各级领导干部联系基层群众的意见和联系企业的意见，按照“市、县级领导干部到基层调研每年不少于60天、每年撰写1-2篇调研报告”的要求，各级领导干部要深入基层、了解民情，不仅要做到“身入”基层，更要做到“心入”基层，真心实意地与群众交朋友、拉家常，了解基层干部群众的所想、所急、所盼，真正为基层、企业、群众办实事、解难事。要大兴艰苦奋斗之风，切实践行“六戒”，始终与人民群众同甘苦，坚决抵制铺张浪费、挥霍公款等不正之风。要大兴批评与自我批评之风，形成坚持原则、敢于直言、敢抓善管的良好风气。要大兴求真务实之风，以真抓实干的作风促进发展。各级领导必须敢于担当抓落实，坚持“敢”字当头，“干”字第一，全力推动各项工作落到实处。

第四，要切实加强反腐倡廉建设。要严格执行党风廉政建设责任制和领导干部廉政准则，深化党性党风党纪教育，落实党内监督和民主监督，强化领导干部廉洁自律，不断完善具有首府特色的惩防体系。要加强对权力运行的监督制约，推进党务公开工作，强化对县(区)委书记、市直各部门“一把手”用权行为的监督管理，坚持和完善廉政责任谈话、民主生活会、领导干部经济责任审计等制度，全面落实领导干部报告个人有关事项规定。加强对市委、市政府重大决策贯彻落实的监督检查。要加大查办违纪违法案件工作力度，坚决纠正损害群众利益的不正之风，保持惩治腐败的高压态势，切实为改革发展保好驾、护好航。在这里，我代表市委常委班子重申，凡借领导名义、打领导旗号，要求照顾、办私事、谋私利的，不管身份真假，都要坚决予以抵制，一律做到不见、不理、不办。否则，要严肃批评，出了问题要追究责任。希望大家坚持原则，绝不能让那些投机钻营的人有可乘之机。请广大党员、干部、群众和新闻媒体监督。

(市委办公厅)

谢寿堂主任在南宁市第十三届人民代表大会第二次会议上作的工作报告(摘要)

(2012年2月15日)

2011年的主要工作

一、突出特色、注重质量，加强立法工作

常委会紧紧抓住中国特色社会主义法律体系形成的有利形势，按照完善中国特色社会主义法律体系的新要求，牢牢把握地方立法的特点和规律，认真制定地方性法规，抓好法规清理，提高立法质量，彰显地方特色。全年颁布施行地方性法规5件；审议地方性法规6件，通过3件；完成8个项目的立法调研；修改地方性法规15件，废止1件。

坚持立法促进经济发展。颁布施行展会管理条例，审议燃气管理条例修订草案，开展修订高新技术产业开发区管理规定、科学技术进步若干规定的立法调研，不断完善经济领域立法，推动经济发展。

坚持立法促进城市建设。颁布施行城市桥梁管理条例、城市绿化条例，审议通过爱国卫生条例，审议城乡规划管理条例草案，督促有关部门抓紧起草邕江河段水体污染防治条例修订草案，开展制定停车场管理条例、大王滩水库管理条例和修订历史传统街区保护管理条例的立法调研，为我市实现“全国文明城市”二连冠，创建“国家卫生城市”、“国家森林城市”，提供法制保障。

坚持立法促进社会进步。颁布施行志愿服务条例、特种行业治安管理条例，审议通过献血条例，审议公共餐饮具卫生管理条例，督促有关部门抓紧起草住宅小区配套设施建设管理条例草案，开展制定公园管理条例的立法调研，不断加强社会领域立法，促进我市各项社会事业发展。

认真开展法规清理工作。根据全国人大常委会和自治区人大常委会的部署，对我市现行地方性法规中有关行政强制规定进行专项清理，废止了社会医疗机构管理条例，修改了市政设施管理条例等15件法规中的25项行政强制规定。清理工作结果已报请自治区人大常委会审批。

积极推进科学立法、民主立法。在坚持做好公开征集立法项目、公开征求法规修改意见、开展立法听证论证等工作的同时，邀请各级人大代表参与立法调研，把办理代表议案、建议与加强和改进立法工作结合起来，进一步拓宽代表参与立法活动的渠道。深入报道常委会的立法工作，5次召开法规颁布施行新闻发布会，不断增强立法工作的透明度。

积极配合上级人大开展立法工作。按照全国人大常委会的要求，对个人所得税法修正案等4件法律草案开展征求意见工作。配合自治区人大常委会对自治区法律援助条例等5个立法项目开展调研，对自治区林木种苗管理条例开展立法后评估。

二、立足发展、关注民生，加强监督工作

常委会坚持围绕市委的中心工作，把握发展和民生两大主题，强化监督工作，助推经济发展，维护群众利益。

着力推动重大项目建设。深入开展对重大项目建设的大参与、大支持、大监督活动，两次组织市人大代表对重大项目建设进展情况开展视察和调研，形成视察报告和调研报告13份，梳理出困扰项目建设的突出问题67个，提出解决问题的意见和建议109条，推动了重大项目建设的深入开展。

着力推动经济健康运行。组织对“十二五”规划草案、2010年国民经济和社会发展计划执行情况与2011年国民经济和社会发展计划草案、2011年预算草案进行初审，对2011年上半年国民经济和社会发展计划执行情况的报告、2011年上半年全市预算执行情况的报告、2010年市本级预算执行情况和其他财政

收支情况的审计报告进行审议，批准了2010年财政决算和2011年预算调整方案，对市本级119个部门预算执行情况进行检查，促进国民经济和社会发展计划的顺利实施，以及预算任务的完成。

着力推动“三农”工作。听取和审议市人民政府关于农业生产安排和春耕生产情况的报告，对我市病险水库除险加固工作进行专项评议，对我市农村土地流转、南宁农工商集团发展、农机化发展等问题进行专题调研，对防汛、气象、林业、供销社“新网工程”等工作进行专项检查，督促市人民政府认真贯彻中央1号文件和中央、自治区以及南宁市农村工作会议精神，加大投入，打牢基础，调整结构，优化产业，确保农业增产、农民增收、农村繁荣。

着力推动民生改善。组织市人大代表对我市20件为民办实事项目进行检查，督促市人民政府认真解决部分项目计划下达慢、推进速度慢、工程质量欠佳等问题。对餐厨垃圾集中处理、生活和建筑垃圾密闭化运输、住宅小区配套教育设施建设等专项工作报告进行审议，对城市交通管理、居民小区供配电设施建设维护费、经济适用房和廉租房建设、妇幼保健院建设等问题进行专题调研，对粮食安全、农产品质量安全、水库移民管理、扶贫开发等工作进行专项检查，有力地推动保障和改善民生工作。

着力推动依法行政和公正司法。听取和审议市人民政府关于执行国务院全面推进依法行政实施纲要、关于加强市县政府依法行政的决定和加强法治政府建设的意见的情况报告，督促各级行政机关认真解决当前依法行政工作存在的突出问题。两次组织人大代表听取市中级人民法院、市人民检察院的工作情况报告，并开展了视察和调研，有效地促进了公正司法。

着力推动社会和谐稳定。听取和审议市人民政府公证工作的专项报告，推动公证工作上新台阶。对社区戒毒工作和流动人口管理工作进行专题调研，促进有关问题得到解决。重视信访工作，全年共受理群众来信239件，接待群众来访679人次，使人大信访工作成为常委会了解社情民意，增强监督工作针对性的重要渠道，推动社会和谐稳定。

着力推动法律法规贯彻实施。对农民专业合作社法、安全生产法、建设工程安全生产管理条例等法律法规开展执法检查，督促各有关单位依法向市人大常委会报送规范性文件，对市人民政府报送的36件规范性文件进行审查，按规定将市人大常委会37件规范性文件报请自治区人大常委会备案，促进法律法规在我市的贯彻实施。

三、围绕中心、服务大局，依法审议决定重大事项

常委会紧紧围绕加快构建区域性国际城市和广西“首善之区”的宏伟目标，认真做好服务工作，先后依法对本行政区域内的重大事项作出34项决议、决定。

服务城市建设。审议批准了市人民政府关于原广西高法片区骑楼旧改项目规划设计方案，对建设邕江两岸滨水公园和绿化景观带作出决定，支持政府依法依规推进城市建设，完善城市功能，提升城市品位。

服务农业生产。对年度农业生产安排和春耕生产工作作出决议，督促市人民政府采取切实有效措施，解决好农业生产中存在的突出问题，确保市十二届人大九次会议通过的农业和农村发展目标的实现。

服务民生改善。对代表提出的关于促进教育公平、推行生活垃圾分类管理、农村公路养护、推进加油站网点建设等议案进行调查和审议，及时作出决定，有效促进人民群众普遍关注的热点、难点问题的解决。

服务普法工作。听取和审议市人民政府关于法制宣传教育第五个五年规划实施情况和在全市公民中开展法制宣传教育第六个五年规划实施意见的报告，作出了关于进一步加强法制宣传教育的决议，推动普法工作深入开展。

四、发扬民主、依法办事，认真做好人大换届和人事任免工作

搞好换届选举。常委会认真贯彻执行中央、自治区党委和市委关于2011年换届工作的部署和要求，坚持党的领导，坚持发扬民主，坚持依法办事，严守换届纪律，确保换届选举风清气正。加强组织领导，早调研、早部署、早行动，扎实推进各项工作。加强学习培训，全市共举办换届选举工作人员培训班1659期，培训人数达105400多人次。加强宣传发动，通过举行宣传日活动、发送宣传短信等多种方式，营造良好的舆论氛围，做到“电视有影像，电台有声音，报纸有文章，村村有专栏，屯屯有标语”，使换届选举工作家喻户晓，深入人心。加强检查指导，深入基层调研，掌握工作动态，及时解决问题，保证工作到位。加强社会稳定工作，确保换届选举顺利开展。这次换届选举，县区、乡镇代表选举的选民参选率分别达到96.69%和97.03%，均高于上届，选举成功率达100%。市、县区、乡镇都成功召开了新一届人民代表大会第一次会议，依法选举产生了本级国家机关领导人员，圆满完成了换届选举工作。

依法任免干部。常委会坚持党管干部原则和人大依法任免的有机统一，认真抓好人事任免工作。一年来，共任免国家机关工作人员138人次，其中任职98人次，免职40人次，还组织补选和选举了3名市人大代表。去年11月中旬，新一届常委会及时召开会议，依法任命了新一届市人民政府组成人员，全面实现市委意图，确保行政机关正常运转。

五、改进方式、优质服务，加强代表工作

常委会始终把代表工作作为基础工作来抓，采取有效措施，改进服务方式，支持和保障代表依法履职，充分发挥代表的主体作用。

注重学习培训，提高代表素质。常委会两次组织新一届代表开展专题学习培训活动，培训代表达960多人次。通过学习培训，代表素质得到了提高，履职能力得到了增强。

注重走访联系，帮助代表知情知政。组织常委会组成人员和机关工作人员深入代表工作第一线，走访了193名代表，向代表通报常委会工作情况，听取代表意见建议，帮助代表解决困难，鼓励和支持代表认真积极履行代表职责。向代表寄送各级

人大刊物、常委会公报、有关工作计划等资料18000多份，发送重要会议、重大活动信息2500多条次，使代表更多地了解政情、社情、民情。

注重搭建平台，拓宽代表履职渠道。组织代表686人次对全市经济社会发展情况开展年中调研和年终视察，促进全年目标任务的完成。组织362名代表参观考察中国—东盟博览会，336名代表参观“中国水城”建设项目，168名代表列席市人大常委会会议，121名代表参加“一府两院”有关活动，进一步激发代表的履职热情。

注重加强督办，提高代表议案、建议办理质量。着重开展对市十二届人大九次会议主席团交办的12件议案的调查审议工作，对其中的10件作出决定，交市人民政府重点办理。同时，做好市十二届人大九次会议以来代表提出的210件建议的督办工作，建议的办成率、代表的满意率和建议办理的质量都得到进一步提高。

六、精心指导、强化规范，提升县区、乡镇人大工作水平

常委会注重加强对县区、乡镇人大工作的指导，积极支持县区、乡镇人大开展工作，全面提升全市人大工作整体水平。

全面开展乡镇人大规范化建设。常委会在市委市政府的高度重视和大力支持下，在各县区、各乡镇的共同努力下，全面开展乡镇人大规范化建设，通过抓组织抓机构，抓投入抓保障，抓制度抓规范，抓履职抓活动，乡镇人大的工作取得了新成效：有效加强乡镇人大组织建设。现在，乡镇人大领导班子已经配足配强，乡镇人大工作人员已经得到充实，乡镇人大干部交流和提拔使用的力度已经加大。有效提高乡镇人大工作经费保障水平。各乡镇人大会议经费、代表活动经费均列入财政预算，给予充分保障，代表活动经费都有较大幅度增长。有效改善乡镇人大的工作条件。市、县区共投入1250多万元，对乡镇人大代表的议事场所和乡镇人大的办公场所以及办公设备进行大规模改造更新，乡镇人大的工作环境焕然一新。有效促进乡镇人大工作的制度化、规范化。各乡镇人大按要求进一步建立健全了各项工作制度，基本实现了工作的制度化、规范化，乡镇人大工作整体水平得到较大提升。有效促进乡镇人大职能的发挥。各乡镇更加重视依法开好人民代表大会会议，抓好代表大会决议决定的贯彻落实，较好地促进了当地经济社会的发展；更加重视抓好代表在闭会期间的履职活动，代表主体作用得到进一步发挥；更加重视抓好人大主席、副主席的履职工作，做到统筹兼顾，确保乡镇人大工作依法开展，推进到位。有效推动基层民主法治建设。各级党委对乡镇人大工作的重视和支持明显加强，乡镇人大工作者和乡镇人大代表履职的使命感和责任感明显增强，人民群众对人民代表大会制度的认识明显提高。

加强日常工作指导。常委会领导经常深入县区、乡镇调研，指导基层人大工作。坚持邀请县区人大常委会领导列席市人大常委会会议、参加市人大组织的调研视察活动，召开县区、乡镇人大工作经验交流会，举办县区人大常委会领导和乡镇人大主席、副主席培训班，不断提高他们的履职能力，促进县区、乡镇人大作用更有效地发挥。

七、夯实基础、带强队伍，切实加强自身建设

常委会把提升常委会组成人员、机关工作人员的履职能力，激发地方国家权力机关的履职活力，作为常委会工作的重中之重，全力抓好自身建设。

认真抓好政治理论学习。坚持中心组学习制度，深入学习邓小平理论、“三个代表”重要思想和科学发展观，深入学习党的十七大和十七届五中、六中全会精神以及胡锦涛总书记在纪念中国共产党成立90周年大会上的重要讲话精神，深入学习自治区党代会、市党代会精神，为圆满完成换届任务，做好各项工作提供坚强的政治保证。

认真抓好业务培训。坚持常委会的法制讲座和专题知识讲座制度，年内共举办法制讲座5次，专题知识讲座1次。特别是本届人大常委会选举产生后，及时组织常委会组成人员和机关工作人员，认真学习宪法、地方组织法、监督法，以及常委会议事规则等知识，为新一届人大常委会依法履职奠定了坚实基础。

认真抓好队伍建设。在机关内部积极开展科级干部交流和竞争上岗工作，推荐提拔任用了8名处级干部和12名科级干部，选派2名年轻干部到基层挂职锻炼，组织处级、科级干部30人次到自治区党校和市党校学习培训，机关干部队伍活力进一步增强。

认真抓好宣传工作。常委会切实加强领导，不断充实宣传工作力量。加强与宣传部门、新闻媒体的联系与协调，加大宣传我市各级人大工作及各级代表履职活动情况的力度。加强宣传阵地建设，在继续办好《南宁人大》、《人大信息》的基础上，于去年九月创办了南宁人大网站。去年，市级以上媒体共刊发有关稿件390多篇，南宁人大网站刊发有关稿件682篇，人民代表大会制度和人大工作的社会影响力不断扩大。

认真搞好对外交流。成功地承办了全国五民族自治区首府市人大工作经验交流会、西部地区部分城市人大工作研讨会；参加区内外人大工作座谈会、联席会和经验交流会12次；接待来邕考察交流的全国各地人大同行193批1446人次。批准我市与国外3个城市结成友好城市关系，组织市人大代表团4批次到境外进行友好访问交流。

回顾一年来的工作，我们清醒地看到，面对改革发展的新形势，面对科学发展、赶超跨越的新任务，人大工作任重而道远。我们需要进一步发挥立法优势，加大立法力度，提高立法质量；需要进一步贯彻落实监督法，改进监督方式，增强监督实效；需要进一步创新服务代表方式，提高服务代表质量，充分发挥代表的主体作用；需要进一步加强自身建设，增强履职能力，提高工作水平。对于这些问题，我们将在今后的工作中认真加以解决，并真诚地欢迎各位代表、各位同志，对常委会的工作提出建议、批评和意见。

2012年主要工作任务

□ 2012年是实施“十二五”规划承上启下的重要一年。常委

会工作的总体要求是:高举中国特色社会主义伟大旗帜,以邓小平理论和“三个代表”重要思想为指导,深入贯彻落实科学发展观,坚持党的领导、人民当家做主和依法治国的有机统一,全面贯彻落实党的十七大和十七届三中、四中、五中、六中全会精神以及自治区第十次党代会、南宁市第十一次党代会精神,紧紧围绕市委关于开展“科学发展赶超跨越落实年”活动、大力推进“四大建设”、突出抓好“六项工作”等决策部署,解放思想,开拓创新,依法履职,充分发挥人大常委会的职能作用和人大代表的主体作用,为加快构建区域性国际城市和广西“首善之区”、实现首府现代化建设新跨越作出新的更大的贡献。

一、着眼于发挥优势、完善法制,加强和改进立法工作

常委会将按照完善中国特色社会主义法律体系的总体要求,充分发挥首府城市拥有立法权的优势,进一步加强和改进地方立法工作。坚持立、改、废并重的原则,制定住宅小区配套设施建设管理条例等4件法规,修订历史传统街区保护管理条例等3件法规,开展再生资源回收管理条例等10个项目的立法调研;加强立法工作研究,对关系发展全局、社会高度关注、实际工作急需、条件相对成熟的立法项目,早安排、早制定、早出台;建立人大代表立法联系制度,充分发挥人大代表在立法中的作用;建立专家立法咨询制度,提高立法专业化水平;建立立法征询意见网络平台,增强民主立法实效;改进法规审议工作,提高立法质量和效率;开展立法后评估活动,提高科学立法水平。

二、着眼于促进发展、改善民生,加强和改进监督工作

常委会将深入贯彻实施监督法,进一步加强监督工作,增强监督实效。听取市人民政府关于推进“四大建设”、“六项工作”情况的报告,推动市委决策的贯彻落实。听取和审议市人民政府关于五象新区开发建设工作情况的报告,深入开展“大参与、大支持、大监督”活动,推动五象新区加快发展。听取和审议市人民政府关于政府集中采购工作等专项工作报告,推动政府改进工作。开展对市人民政府招商引资工作、市中级人民法院执行工作的专项评议,监督和支持“一府两院”依法行政和公正司法。开展对治理城市交通拥堵等问题的专题调研,推动民生保障建设,促进民生问题的解决。开展执法检查,推动法律法规的贯彻实施。加强规范性文件备案审查工作,维护法制统一。强化监督刚性,适时运用询问和质询、特定问题调查等手段开展监督,不断提升监督的权威性和实效性,树立敢于监督、善于监督的良好形象。

三、着眼于服务大局、依法办事,加强和改进审议决定重大事项工作

常委会将紧紧围绕全市工作大局,加强调查研究,审议重大事项,对全局性、根本性、长远性的问题作出决议、决定,使市委的主张通过法定程序变为全市人民的共同意志。坚持党管干部的原则和依法任免国家机关工作人员的有机统一,认真做好人事任免工作。全面推行任前法律知识考试制度,继续对新任命的法官、检察官进行任前法律知识考试,适时对新任命的市人民政府组成人员开展任前法律知识考试工作,以增强国家工作人员的法律意识和法治观念。

四、着眼于依法履职、发挥作用,加强和改进代表工作

常委会将认真贯彻落实代表法,把代表工作摆到更加重要的位置,在完善和提高上下工夫,促进代表主体作用的充分发挥。不断探索对代表培训的新方式,进一步提高代表履职意识和履职能力;不断探索运用现代科技手段联系代表的新方式,进一步密切常委会组成人员与人大代表的联系;不断探索闭会期间代表活动的新方式,进一步拓展“三个一”活动的内涵;不断探索代表视察的新方式,进一步增强代表视察实效;不断探索代表议案、建议办理的新方式,努力提高办理质量和代表对办理工作的满意率。

五、着眼于提升能力、激发活力,加强和改进自身建设

常委会将深入贯彻落实自治区党委和市委关于进一步加强和改进人大工作的决定精神,以建设务实、高效、廉洁机关为目标,大力加强机关思想政治建设和党风廉政建设;以创建学习型机关为目标,重点抓好常委会组成人员和常委会机关副处以上领导干部的学习培训工作;以增强机关凝聚力为目标,大力加强人大机关的文化建设;以提高规范化水平为目标,全面开展对市人大及其常委会的工作制度、管理制度的清理、完善工作;以扩大人民代表大会制度的社会影响为目标,加强和改进人大宣传工作;以提升全市人大工作整体水平为目标,深入开展乡镇人大规范化建设,全面开展县区人大规范化建设,不断加强对县区和乡镇人大工作的指导,不断加强与自治区人大和兄弟城市人大的联系,不断加强对外友好交往。

(市人大常委会办公厅)

周红波市长在南宁市第十三届人民代表大会第二次会议上作的政府工作报告(摘要)

(2012年2月14日)

一、2011年工作回顾

过去的一年,面对异常复杂的国内外环境,在自治区党委、

政府和市委的正确领导及市人大、政协的大力支持下，全市各族人民深入贯彻落实科学发展观，着力转方式、调结构、扩内需、惠民生、促和谐，同心协力、锐意进取，实现了“三个2000亿元、一个1000亿元”的经济发展目标，较好地完成了市十二届人大九次会议确定的各项目标任务，开创了首府现代化建设的新局面。

——地区生产总值首次突破2000亿元，完成2211.50亿元，增长13.50%，连续10年实现两位数增长。

——全部工业总产值首次突破2000亿元，达到2008.20亿元，增长38.40%，其中规模以上工业总产值完成1744.20亿元，增长42.80%，规模以上工业总产值增速由上年排全区末位上升至第五位；规模以上工业增加值完成532.9亿元，增长23.60%。

——全社会固定资产投资首次突破2000亿元，达到2003.7亿元，增长37.10%，继2009年突破千亿元大关之后，仅用两年就突破2000亿元。

——社会消费品零售总额首次突破1000亿元，达到1073.20亿元，增长18.50%。

——财政收入完成363.50亿元，增长20.80%。

——农林牧渔业总产值完成506.30亿元，增长6%。

——城镇居民人均可支配收入超过2万元，达到20005元，增长10.90%，高出全区1151元。

——农民人均纯收入5848元，高出全区617元，增长16.80%，增速高于城镇居民人均可支配收入5.90个百分点。

——实现“全国文明城市”二连冠，荣获“国家森林城市”、“国家卫生城市”等荣誉称号。

一年来，我们主要做了以下工作：

（一）注重以转型促发展，综合经济实力得到新提高

三次产业结构由上年的13.60∶36.20∶50.20调整为13.80∶38.30∶47.90，第三产业增加值首次突破1000亿元，达1058.9亿元。发展壮大工业经济。市财政安排3.70亿元工业发展资金、7亿元工业用地储备资金，多方筹措45亿元重大产业项目建设资金，重点发展铝加工、机械装备与制造、电子信息等主导产业和新兴产业。亿元企业达403家，比上年增加103家，拉动规模以上工业增长36.30个百分点。富士康南宁科技园高新园区项目等一批重大工业项目正式投产，南宁电厂1号机组并网发电，南南铝20万吨板带型材、广发重工整体搬迁、五菱桂花专用汽车项目顺利推进。规模以上民营工业企业783家，完成工业产值1361.80亿元，增长52.50%。全力提升服务业水平。华南城、保税物流中心（二期）、大商汇等一批重大商贸物流项目加快推进，海吉星农产品国际物流中心、金桥农产品批发市场（一期）、东盟·川桂商贸物流园建材专业市场开业，中国—东盟商品交易中心正式落户南宁。全市新增国家3A级以上景区4家，全年接待旅游总人数4398.40万人次，旅游总收入312.40亿元，旅游总人数及总收入均居全区第一。成功服务和举办“两会一节”，南宁国际民歌艺术节荣获最具特色民族节庆奖，全年举办展会节庆活动105场（其中各类专业展会73场）。大力实施“引金入邕”战略，全年新增驻南宁银行类金融机构5家、保险公司2家、证券营业部1家、小额贷款公司12家。信息、中介、社区服务等新兴服务业加快发展，“数字南宁”建设加快推进，荣获首批“国家电子商务示范城市”命名。加快发展现代农业。市财政筹集和安排改善农村基础设施建设资金11.20亿元、农业发展资金3.30亿元、惠民补贴资金7.20亿元，推动现代农业发展。糖料蔗、桑蚕、食用菌、生猪、家禽等优势特色产业进一步做大做强，横县朝南村“土地流转+先进实用技术”的新模式引领全区农业产业化发展。农村土地经营权流转14万多亩，位居全区第一。圆满承办首届广西名特优农产品交易会。

（二）注重以项目促投资，发展内生动力得到新增强

深入开展“发展环境建设年”主题活动，推行“绿色通道”服务，实行重大项目集中联合审批，提高项目审批效率。大力开展“项目建设年”主题活动，全市施工项目7524个，增长49.7%。城建计划项目613个，完成投资250多亿元。继续打好“五场攻坚战”。工业经济振兴攻坚战成效显著，全市完成工业投资524亿元、增长48.20%，工业技改419.60亿元、增长54.70%。珠江啤酒等一批重大项目顺利投产，富士康南宁科技园沙井项目等一批重大项目加快建设。产业园区建设攻坚战扎实推进，高新区等18个工业园区完成工业总产值1095亿元、工业项目投资282亿元、基础设施投资89.20亿元，建设标准厂房51.70万平方米，储备工业用地695公顷。五象新区开发建设掀起新高潮，全年完成投资69.50亿元，占全年任务的115.90%。青啤·海尔总部大厦等项目开工建设，自治区重大公益项目建设加快推进，南宁保税物流中心加快向综合保税区过渡，邕江大学新校区建成并招生，蟠龙片区、龙岗片区等重点区域全面开发。“中国水城”建设步伐加快，全年完成投资35.80亿元，民歌湖—竹排江—南湖水系贯通，青秀湖公园、相思湖公园建成启用，“一江两湖”水上旅游正式开通。交通基础设施完善攻坚战成效明显，全年完成投资238.10亿元，南宁铁路枢纽加快建设，南宁至钦州高速铁路正式铺轨，城市轨道交通、吴圩国际机场新航站楼、南宁至贵港Ⅱ级航道、南宁港一期等重大项目开工建设。

（三）注重以统筹促协调，县域发展取得新成效

启动统筹城乡综合配套改革，兴宁区、良庆区及长塘镇、伶俐镇、江西镇、金陵镇、蒲庙镇、吴圩镇试点工作扎实推进。县域经济快速发展，六景工业园区等县域工业园区发展加快，六县工业增长对全市规模以上工业增长的贡献率达31.40%。县域文化旅游活动异彩纷呈，武鸣“三月三”歌圩暨骆越文化旅游节、中国国际茉莉花文化节、宾阳炮龙节、上林生态旅游养生节、马山文化旅游美食节、隆安“四月八”农具节等文化旅游活动影响力日渐扩大。以水利为重点的农村基础设施建设扎实推进，安排3000万元完成241项水利项目前期工作，五化灌区、西津电灌总站等农田水利建设项目全面完成，实施病险水库除险加固164座，完成80座，解决农村37万人饮水安全问题，完成渠道防渗507.70公里，新增、恢复、改善灌溉面积27万亩。扶贫开发工作稳

步推进，全面完成自治区下达的贫困地区第二批基础设施建设项目村屯道路96条、132.80公里，大石山区人畜饮水工程建设大会战家庭水柜759座、小型集中供水工程86处。第三批整村推进贫困村扶贫开发工作顺利通过自治区验收。农村电网改造升级完成投资1.70亿元，新建、改造线路732.70公里。完成6个县域镇村体系规划及1087个村庄规划编制工作，宾阳县黎塘镇、青秀区长塘镇等一批特色名镇加快建设。

（四）注重以建设促宜居，城市品质得到新提升

《南宁市城市总体规划（2011—2020）》获国务院批复。五象新区、“中国绿城”、“中国水城” 建设规划及综合交通专项规划圆满完成，城市环境改造、工业经济振兴、文化设施建设等规划不断完善。外东环、相思湖、凤岭等片区建设加快推进，朝阳商圈等片区的旧城改造、城中村改造和城乡风貌改造、农村危房改造稳步推进。城市道路、桥梁、人行过街设施、小街小巷建设进一步加强，中心城区路网和城市组团之间路网进一步完善。积极参与西江“黄金水道”建设，大力推进郁江老口航运枢纽、邕宁梯级等项目。深入开展“城乡清洁工程”，数字化城市管理不断加强，启动城市建筑垃圾机械化密闭运输工作。市区易涝点从2010年的25个下降到13个。个人住房信息系统覆盖六县并与住房和城乡建设部联网。可再生能源建筑应用城市示范工作顺利通过住房和城乡建设部阶段性检查。推进“餐厨废弃物资源化利用和无害化处理试点城市”建设，加强城市空气和噪声、机动车尾气、工地扬尘等污染防治工作。开展“绿满南宁”造林绿化工程，全市森林覆盖率达47.10%，城市建成区绿化覆盖率达40.50%，城市建成区新增绿地面积6573亩。全年市区环境空气优良率为96.20%，空气质量为优的天数在全国省会城市中排名第三。邕江5个地表水源水质达标率为100%。47个工业污染治理项目全部建成，实现化学需氧量减排1.22万吨，二氧化硫减排118吨，氨氮减排72吨，氮氧化物减排81吨。预计万元地区生产总值能耗下降2.70%，规模以上万元工业增加值能耗下降6.80%，超额完成下降3.80%的年度任务。

（五）注重以改革促发展，科学发展新机制取得新成果

全面完成政府机构改革和乡镇机构改革，分类推进事业单位改革工作正式启动。继续深化国有企业改革，首次引入社会稳定风险评估机制。深化投融资体制改革，10家市本级融资平台公司中已有7家公司经广西银监局审批通过划转为一般公司类贷款。丰林木业、八菱科技成功上市。深化财政体制改革，积极探索建立市本级部门项目支出预算事前评审机制。稳步推进人事制度改革。深化医药卫生体制改革，188家公立基层医疗卫生机构全部实施了国家基本药物制度。健全民营经济发展体制机制。集体林权制度改革通过自治区验收。启动扩权强县改革。稳步推进“国家科技进步示范市”和“国家创新型试点城市”建设，实现“全国科技进步先进市”六连冠，组织实施第五轮创新计划项目510项、产业重大科技专项12项、各类科技计划项目562项。取得科技成果1231项，专利申请2225件、专利授权1156件，均居全区第一。

（六）注重以开放促活力，对外交流合作实现新突破

深入推进以东盟为重点的对外开放合作，成功举办中国—东盟城市森林论坛，缔结国际友城和国内友城各2个。加强与港澳台、珠三角、长三角经济合作，积极承接产业转移取得新进展。深化与北钦防合作，广西北部湾经济区核心城市辐射带动作用持续增强。强化科学招商，注重招大引强，百威啤酒、沙伯特、三一重工等世界、国内500强企业项目成功引进。全年实际到位内资657.30亿元，增长25%；外商直接投资3.70亿美元，增长13.10%。主动服务本地企业对外投资和承包工程，共有6家企业到境外投资、2家企业对外承包工程。全年进出口总额25.10亿美元，增长13.90%，其中出口总额16.60亿美元，增长4.80%。

（七）注重以惠民促和谐，民生保障得到新改善

实现城镇新增就业7.80万人，城镇登记失业率控制在3.50%，帮助下岗和就业困难人员实现再就业2.40万人，农村劳动力转移就业新增9.60万人。基本养老、基本医疗、工伤、失业、生育保险参保人数累计达352.5万人。全面实施学前教育三年行动计划，建设公办普惠性幼儿园15所，新、改（扩）建并投入使用幼儿园55所；学前三年毛入园率达72.90%，学前一年毛入园率达95.10%；义务教育巩固率达93%，比上年提高8个百分点；投入4791万元为上林、马山、隆安三个县义务教育阶段公办学校13.40万名学生免费提供营养午餐；率先在全区普及高中阶段教育，高中阶段毛入学率达89%。顺利完成职教攻坚任务，并荣获“自治区职业教育攻坚先进市”。以医改推动卫生事业发展，城镇基本医疗、新型农村合作医疗保险参保率分别为97.80%、94.40%，全市1384个村卫生室建设全部完工，基本药物制度初步建立，全年无重大传染病爆发流行。大力发展文化事业和文化产业，南宁孔庙一期建成开放，广西文化艺术中心等一批文化项目加快推进，完成63个村级公共服务中心建设，农村电影公益放映1.70万场，乡村社区和谐文艺大展演等活动精彩纷呈，“2011·大地飞歌民歌大赛”首次成功举办；文艺精品创作成果丰硕，新编粤剧《江姐》成功上演，新编大型粤剧《海棠亭》荣获第十二届中国戏剧节优秀剧目奖和优秀演员奖；文化遗产保护工作稳步推进；新闻出版行业监管规范有序，文化市场繁荣稳定。大力弘扬“能帮就帮、敢做善成”的南宁精神，涌现出上林县石兰松“全国最美乡村教师”、宾阳县韦曰坚“中国好人榜诚实守信好人”等模范人物。体育事业蓬勃发展，李宁体育园建成并投入使用，2014年世界体操锦标赛成功申办。完成保障性住房39597套（户），超额完成自治区下达的任务。深入开展专项整治活动，食品药品监管不断加强。诚信计生工作覆盖83.10%的村（居）委会，人口自然增长率控制在8.30‰。对猪肉、粮油、蔬菜等商品实施临时价格干预，建立社会救助和保障标准与物价上涨联动挂钩机制，及时向困难群众发放临时价格补贴，居民消费

价格总水平涨幅控制在5.70%，低于全区0.2个百分点。社会救助制度不断完善，防灾减灾工作成效明显。“平安南宁”建设全力推进，应急体系建设不断完善，全市亿元地区生产总值生产安全事故死亡率降低20%。创新民族事务社会管理工作，启动全国城市少数民族流动人员服务管理体系建设试点工作，加强对少数民族流动人员的服务和管理。支持国防和军队建设，军政、军民团结不断巩固和发展。各级财政投入33.51亿元，20项为民办实事工程顺利完成。

（八）注重以作风促效率，政府自身建设得到新加强

深入推进政务服务和政务、政府信息公开工作，严格实行首问负责制、限时办结制和责任追究制，完善绩效考评体系和考评机制，加大督查督办力度，政府执行力明显增强。集中开展机关公务用车专项清理，严格规范公务接待，严格控制党政领导干部因公出国（境）团组数量和规模。积极开展对新增中央投资项目和固定资产投资重大项目、重点工程的监督检查，保障资金安全和工程质量。认真执行人大及其常委会的决议、决定，自觉接受人大及其常委会的监督、政协民主监督和社会舆论监督，共办理自治区和市人大议案、代表建议224件，政协提案682件，已全部办结。制定、完善并实施依法行政各项制度，严格按程序起草、审议、发布文件，提请市人大常委会审议地方性法规草案2件，出台政府规章5件。

一年来，我市侨务、宗教、台湾事务、审计、统计、人防、保密、农机、供销、水库移民、地震、档案、地方志、老龄、口岸、社会科学、机关事务管理、工会、共青团、妇联、科协、残联等市直部门和单位都做了大量工作，取得了显著成绩。国家安全、金融、税务、通信、邮政、供电、烟草专卖、工商、质量技术监督、气象、铁路、民航、海关、海事、边防、检验检疫、城市调查等中央、自治区驻邕单位，人民解放军和武警部队，为我市经济社会发展提供了有力保障，作出了积极贡献。在看到成绩的同时，我们也清醒认识到，我市经济社会发展还存在一些突出问题，主要有：转方式调结构有待加快；科技创新能力仍显不足；资源环境压力日趋加大；出口增速放缓；居民消费价格指数高位运行；社会管理难度增大，影响稳定因素增多；干部执行力有待增强，科学发展赶超跨越的步伐亟须加快等。这些问题，我们一定要高度重视并采取有力措施重点加以解决。

二、2012年工作总体要求和主要任务

中国共产党南宁市第十一次代表大会提出了我市地区生产总值、财政收入到2015年比2010年翻一番以上，经济总量占全区比重稳步提升、在全国五个自治区首府城市排位居首、在西部省会（首府）城市排位靠前、在全国大中城市排位前移的战略任务。我们一定要把智慧和力量凝聚到党代会确定的奋斗目标上来，在实现首府现代化建设新跨越的伟大实践中勇攀高峰、铸造辉煌。

2012年政府工作总体要求是：以邓小平理论和“三个代表”重要思想为指导，紧紧围绕南宁市第十一次党代会的战略部署，以科学发展为主题，以加快转变经济发展方式为主线，以开展“科学发展赶超跨越落实年”活动为引领，按照“稳中求进、好中求快”的工作总基调，大力推进现代产业、五象新区、重大基础设施、民生保障“四大建设”，突出抓好增加投资、扩大消费、加强“三农”、稳增财政、改革开放、维护稳定“六项工作”，着力推进现代化建设取得新进展、改善民生取得新成效、赶超跨越取得新突破，推动经济社会更好更快发展，以优异成绩迎接党的十八大胜利召开。

今年全市经济社会发展的主要预期目标是：地区生产总值增长12%，财政收入增长16%，全社会固定资产投资增长22%，规模以上工业增加值增长22%，社会消费品零售总额增长17%，进出口总额增长15%，万元地区生产总值能耗、万元地区生产总值二氧化碳排放量、化学需氧量排放量、二氧化硫排放量、氨氮排放量、氮氧化物排放量按自治区下达的目标完成，城镇居民人均可支配收入增长11%，农民人均纯收入增长12%，居民消费价格总水平涨幅控制在4%左右，城镇登记失业率控制在4.50%以内，人口自然增长率控制在9.20‰以内。

实际工作中，我们提出了更高要求，朝着更高的工作目标去努力。当前，国际金融市场剧烈动荡，世界经济不稳定不确定因素增多，复苏面临重大挑战。但是，我国经济发展的基本面和长期趋势没有改变。南宁作为中国与东盟开展经贸和各个领域交流合作的前沿和窗口，将成为连接多区域的国际大通道、交流大桥梁、合作大平台，而且随着国家新一轮西部大开发战略和促进广西经济社会发展一系列政策措施全面深入实施，广西北部湾经济区建设加快推进，作为北部湾经济区核心城市，南宁既有再上新台阶、实现新跨越的基础，又有转型发展、创新发展的条件。但是，各城市竞相发展，给南宁争先进位带来一定的压力。我们要全面开展“科学发展赶超跨越落实年”活动，增强贯彻落实科学发展的自觉性和坚定性，把科学发展赶超跨越贯穿于想问题、作决策、干工作的全过程，在推动科学发展赶超跨越上见行动、出实效。

一是坚定不移转方式调结构，在加快构建现代产业体系上实现科学发展赶超跨越。坚持产业优先发展，实施“质量兴市”战略，在强化创新驱动和节能减排中转变发展方式，在提升质量和增创品牌中增强发展优势，在促进产业升级和优化经济结构中拓展发展空间，努力形成更加符合我市比较优势、更加符合市场需求、更加富有竞争力的现代产业体系。确保2012年地区生产总值2560亿元以上，全部工业总产值2650亿元以上（其中，规模以上工业增加值710亿元以上），财政收入421亿元以上。

二是千方百计增投资扩消费促出口，在增强经济发展均衡性上实现科学发展赶超跨越。坚持产业项目和基础设施项目并重实施、经济建设项目与社会文化项目双轮驱动、政府投资与民间投资有机结合，着力在重点工程建设上取得新突破；完善流通体系、搭建消费平台、培育消费热点，着力拓宽消费市场；开拓国外市场、加强交流合作、发展对外贸易，推动投资、消费、

出口“三驾马车”一起发力，做到投资拉动不减弱，消费拉动大增强，出口拉动上水平。确保2012年全社会固定资产投资2445亿元以上；社会消费品零售总额1255亿元以上，增速不低于全区水平；出口总额增长10%；外商直接投资增长15%。

三是倍加注重促减排强环保，在建设生态文明上实现科学发展赶超跨越。牢固树立绿色、环保、低碳发展理念，坚定不移地走生态立市、环保优先之路，形成资源节约、环境友好的生产方式和消费模式，实现由“以环境换增长”向“以环境促增长”转变。力争2012年森林面积达1440万亩，森林蓄积量达3500万立方米，森林覆盖率达47.30%。争创“国家生态园林城市”和“国家节水型城市”。

四是集中精力推改革拓思路，在增强经济社会发展活力上实现科学发展赶超跨越。坚持在五象新区建设、投融资体制改革、征地拆迁安置等重点领域、重点环节的改革创新上迈出更大步子，进一步解放思想、转变观念，破除体制机制障碍，提升应对危机和困难的能力，形成区域竞争的新优势，在新一轮经济发展中抢占先机赢得主动。

五是尽心竭力惠民生促和谐，在保障民生上实现科学发展赶超跨越。坚持把发展经济与民生保障有机结合起来，与全力维护社会稳定促进社会和谐有机结合起来，做到对民生的投入只增加不减少、民生工程的覆盖面只扩大不缩小、困难群众生活水平只提高不降低。确保2012年城镇居民人均可支配收入22206元以上，农民人均纯收入6550元以上。

经过努力，全市将呈现科学发展、实力增强、结构优化的经济新格局，展现功能完善、品质提升、环境优美的城市新面貌，显现城乡协调、文明进步、和谐发展的社会新局面，人民将过上生活质量明显改善、社会保障明显提高、幸福感明显增强的新生活！

三、2012年主要工作

（一）做大做强工业，大力推进现代产业优先发展

优化工业结构。出台主导产业、新兴产业扶持政策，企业、企业家奖励政策，企业创新、创品牌鼓励政策；继续安排工业发展资金、工业用地储备资金和重大产业项目建设资金；优先安排重点工业项目用地，支持工业发展。突出发展机械装备等先进制造业，加快形成战略性主导产业。大力推动化工、轻纺、新型建材、造纸、食品等传统产业向高端化发展。以富士康为龙头，推动电子信息产业形成更大优势。年内机械制造业产值力争超400亿元，电子信息产业、铝加工产业产值双超100亿元。

抓好重大项目建设。突出抓好100项重点新开工项目和50项重点续建项目建设。力争富士康南宁科技园（沙井）项目部分生产线、南宁电厂2号机组投产；南南铝加工20万吨项目大型材挤压车间、熔铸车间上半年投产，中厚板车间年底投产；广发重工整体搬迁技改项目结构件车间上半年投产；双汇食品公司肉制品生产项目、五菱桂花2万辆专用车等项目年底投产。加快广西三一机械产业园区等重大项目前期工作，重点推进一批富士康配套企业落户南宁。

做强工业企业。实施“百亿元工业企业工程”，加大对富士康、南铝集团等企业的服务和支持力度，力争到2013年富士康南宁科技园产值突破100亿元、2015年南铝集团产值达100亿元。实施“十亿元工业企业工程”，加大项目建设、技术改造、要素扶持，培育壮大一批超10亿元企业，年内新增产值10亿元以上企业3家，总数23家以上。实施“亿元工业企业工程”，通过技术改造、盘活存量、招商引资等方式，培育和引进一批亿元企业，壮大企业总量规模，年内新增亿元企业50家，总数453家以上。实施“小型企业上规模工程”，扶持主营业务收入在2000万元以下的工业企业尽早上规模，年内新增上规模企业30家以上，总数930家以上。实施扶微工程，采取投资者出一点、财政补一点、金融机构贷一点、规费减一点、职能部门帮一点等办法，大力发展以现代物流、服务外包、电子商务、民生服务为主的微型企业。

壮大工业园区。继续完善园区规划，抓好产业分工布局。集中优势资源，打造机械装备制造等六大特色产业基地。建立园区基础设施建设专项资金，引导和鼓励以市场化方式多元投资园区基础设施建设，力争年内完成投资80亿元、建设标准厂房50万平方米。推进园区土地集约化发展，加强园区土地储备。加大园区招商力度，积极承接产业转移。

加强工业创新。全面开展“质量兴企”活动，鼓励企业加大技术开发投入，完善产业技术创新服务平台，促进工业化与信息化深度融合，完成技术创新及两化融合项目300项，投资10亿元，认定新产品100个，认定企业技术中心8家。

培育发展新兴产业。继续推进南宁国家高技术生物产业基地建设，加快培育和发展生物产业、新一代电子信息产业、新能源产业、节能环保产业、新材料产业、先进装备制造业等战略性新兴产业。设立战略性新兴产业发展资金和生物产业发展资金。

支持和引导民营经济发展。落实国家、自治区各项扶持民营经济发展的政策措施，拓宽民营经济发展空间，加快推动民营企业自主创新和品牌创建，加大对民营经济发展的金融、资金、土地支持，加强民营企业诚信体系建设。

大力发展县（区）域经济。坚持新型城镇化与新型工业化、农业现代化、信息化的融合互动，发挥各县（区）资源和区位优势，主动接受中心城区的辐射带动，推动各县（区）发展特色农业、农（林）产品加工和优势资源型工业，培育发展农村商贸、物流、旅游等服务业，推进名镇名村建设。

（二）大力发展现代服务业，全面提升服务业水平

突出发展现代物流业。加快建设“全国流通领域现代物流示范城市”，科学规划建设中国—东盟国际物流基地和安吉、江南、金桥、空港物流5个园区（基地）及武鸣、宾阳黎塘、横县六景、隆安那桐、邕宁牛湾5个物流中心，重点推进华南城、金桥农产品批发市场（二期）、广西海吉星农产品国际物流中心、南宁

空港物流产业园等项目建设，加快推进保税物流中心向综合保税区过渡，着力打造全国性物流节点城市。

积极发展金融业。继续实施“引金入邕”战略，设立金融业发展专项资金，优化金融生态环境，加快金融组织机构建设，发展壮大微型金融主体，扩大农村金融改革试点工作，推进企业上市。大力发展金融市场，推进五象新区“金融街”建设，推动南宁区域性金融后台服务中心和金融机构集聚区建设。

加快发展电子信息业。推进南宁高新区电子信息及软件产业园建设，加快发展软件和信息技术服务业。积极推进物联网、云计算等信息化新技术应用和发展。深化电子政务建设和应用，推进县域和农村信息化进程。构建物流公共信息平台，加快电子商务发展。启动市民卡工程建设，进一步拓展和完善社会管理电子视频监控系统、数字绩效平台、地理信息共享平台、中国—东盟信息平台。加快推动中国联通总部基地和南宁市区域性国际通信业务出入口建设。建设“智慧南宁”，打造面向东盟的区域性信息交流中心。

大力发展会展业。积极引进各种国内外大型论坛和专业性会议，加快发展知名会展企业和会展品牌，全力服务中国—东盟博览会和中国—东盟商务与投资峰会，认真筹办南宁国际学生用品交易会、2012广西（南宁）台湾名品博览会等展会，努力把南宁建设成为集餐饮、娱乐、住宿、购物于一体的会展经济（中国—东盟）区域性核心区。

加快发展旅游业。以建设区域性国际旅游目的地、集散中心和组织中心为主线，加快南宁国际都市休闲旅游区、大明山国际山地生态休闲度假旅游区、大王滩生态环保旅游区、昆仑关历史文化旅游区、南宁国际旅游中心及龙象谷等重点项目建设，推进旅游产业和产品升级。

大力发展商贸业。编制和完善城市商业网点等专项规划，开展农贸市场升级改造，提升原有商业集中区，打造一批大型工业原料、农产品、消费品、大宗商品交易市场和特色商业街区，推进中国—东盟商品交易中心建设。

发展服务外包产业。积极推进“国家服务外包示范城市”、“自治区服务外包基地城市”和专业园区申报工作。加快建设南宁软件园、中盟科技园，推进以软件研发、软件技术服务、信息技术研发为主的信息技术外包；发展以运营服务、内部管理为主的业务性流程外包和以工业、工程设计为主的技术性流程外包。积极引导和鼓励生产性企业服务外包，大力支持服务性企业拓展外包业务，特别是拓展离岸外包业务。

（三）加快五象新区开发建设，构建独具特色的现代化新城

完善新区建设规划。坚持“文化立城、文化建城、文化强城”战略，按照“现代、生态、便利、特色”的要求，把五象新区建设成为国内一流、世界先进、独具特色的现代化新城，年内实现“一年新面貌”目标。完善五象新区概念性总体规划和土地利用总体规划，修编分区规划、控规、专项规划和村镇规划。做好交通规划，实现五象新区与南宁老城区、外东环高速公路、城市轨道交通、火车东站、机场新航站区的便捷交通衔接。做好新区地下管网、重大基础设施和公共服务设施等专项规划，完善七大板块规划，合理安排产业布局，实现产业发展与功能完善良性互动。

制定政策保障。完善工作协调机制，落实项目业主、征地拆迁和安置工作责任制，完善新区管理体制机制。重点研究制定土地回收、招商引资、投资融资、基础设施和服务设施建设、项目审批、国有土地房屋征收、回建安置等方面的政策措施。鼓励社会力量通过BT、BOT等模式参与新区基础设施和市政公用事业项目建设。

加快五象新区“双百”项目建设。安排305亿元推进100个重点基础设施项目和100个重点产业项目建设。基础设施建设方面，重点推进“三纵三横”主干路网框架形成，连接七大板块的主要道路和五象、青山等跨江大桥开工建设；建设水、电、气等市政配套设施，五象污水处理厂一期工程建成并通水试运行，开工建设五象新区供水加压站等城市公共配套项目；建成市二十六中五象新校区、良庆区玉洞小学扩建项目，加快推进市三中五象新校区、邕宁高中龙岗新校区、良庆区玉龙学校、良庆区人民医院、南宁市综合档案馆及良庆河综合整治三期工程等项目建设。重点产业项目方面，大力推进广西文化产业城、体育产业城、台湾健康产业园、南宁东盟物流基地、龙象谷一期项目建设；建成并投入使用广西体育中心二期、南宁保税物流中心二期、南宁中央直属储备糖库、年产16万吨锌基合金加工技改等项目；开工建设广西体育中心三期、南宁玉洞交通物流中心、五象总部大厦；加快推进青啤·海尔总部大厦、中国联通南宁总部基地、金川总部大厦等项目建设。

（四）加强“三农”工作，促进农业增效农民增收

加强农业科技创新。全面贯彻落实中央一号文件精神，依靠农业科技创新发展现代农业，加大农业科技人才培养，完善农业技术推广体系，抓好主要农作物和畜禽、水产良种选育繁育，推广先进适用和生态种养技术，发展环保型种养殖业，规划建设一批种源基地。启动市“农业专家大院”建设。

推进农业规模化发展。推进土地承包经营权流转和农业规模经营，重点打造一批特色产业带、优势农产品基地和农业标准化示范区。鼓励民间资金投入特色农业产业基地建设。稳定粮食播种面积658万亩、总产209万吨，超级稻推广面积156万亩。

推进农业产业化发展。大力推广“朝南模式”、“金穗模式”、“公司+专业合作社+基地+农户”的产业化经营模式，积极扶持农业产业化龙头企业发展，努力推进农产品生产基地化，产、加、销经营一体化，“一村一品”、“一乡一品”发展特色化，加快发展农产品精深加工，打造优质农产品品牌。

抓好“菜篮子”工程。落实“菜篮子”市长负责制，开辟新菜地，完善4000亩蔬菜基地基础设施，建设2个标准化蔬菜基地，播种蔬菜250万亩。加强肉蛋奶生产基地建设，肉类总产63万吨，水产品总产21.6万吨。加强对动物产品的检疫检验，农产品质量监测总体合格率保持在96%以上。

发展林业经济。加快推进集体林权制度配套改革，因地制

宜推广林鸡、林蜂、林药、林菇、林花等林下经济发展模式,年内力争全市林下经济种养面积125万亩、产值18亿元。重点培育一批林业种植、养殖专业户,培育一批木材加工、家具制造、竹藤加工等专业村、专业户。大力发展苗木花卉产业。

促进农产品流通。加快推进放心粮油市场网络建设,推进“南菜北运”农产品现代流通综合试点项目,加强农超、农企、农校对接。实施农业“走出去”战略,逐步扩大具有市场竞争力的农产品及其制成品在东盟国家的市场占有率。

改善农村基础设施建设。加快节水改造工程和重点水源工程建设,开工建设一批小型水利基础设施项目。实施病险水库除险加固246座、年内完成168座,实施大中型水闸除险加固2座,解决农村28万人饮水安全问题。加快县乡道路联网和通村水泥路建设,重建和维修加固农村公路危桥。加强土地整治,实施城乡风貌改造,抓好农村电网改造升级,发展农村生物质能源。统筹城乡电视、电信设施和互联网建设,努力改善农村生产生活条件。

加大扶贫力度。以上林、马山、隆安、邕宁等县(区)连片特困地区和贫困村为主战场,以增加贫困人口收入、尽快实现脱贫致富为首要任务,切实抓好基础设施建设扶贫,不断改善贫困村屯的生产生活条件。切实抓好产业扶贫,培育发展百香果、中药材、桑蚕、养殖4个重点产业化扶贫项目。切实抓好社会扶贫,积极开展中心城区、开发区对口帮扶贫困县(区)和亿元企业帮扶贫困村活动。切实抓好信贷扶贫,扩大扶贫龙头企业贴息贷款和贫困农户贴息贷款规模。做好与靖西、那坡的对口扶贫工作。

(五)增投资扩内需,切实增强经济内生动力

促进项目投资。准确把握国家产业政策、资金投向,谋划和储备一批重大项目。突出工业招商,采取重点招商、委托招商、以商引商等形式,重点引进世界500强、中国100强企业。清理违法用地、违法建设,妥善解决拆迁安置滞后和征地拆迁历史遗留问题;突出土地“节约集约”,探索耗地少、结构优、可持续的土地利用新路子,千方百计保障项目用地。建设重大交通基础设施和重大民生项目。加强银、政、企合作,深化市级融资平台改革,做好土地收储工作,想方设法筹措项目资金。加强政府投资管理。

鼓励民间投资。进一步放开民间资本进入经营性水利工程建设、土地整治和矿产资源勘探开发,以及市场化运作的基础设施、基础产业、市政公用事业、医疗事业、教育事业、文化产业和其他公共服务领域。鼓励民间资本参与国有企业改制重组,建立健全向民间资本推介项目的长效机制。推动民营企业进入资本市场融资。完善面向民营企业的投资融资、技术支持、市场开拓、创业服务等公共服务平台。

进一步做好财税工作。认真落实积极的财政政策,加大财源培植力度,加强税收征管,实现财政收入稳定增长。着力调整和优化财政支出结构,财政支出重点用于保障民生、节能减排和生态建设、社会管理创新,优先保证重点在建、续建项目的资金需求。进一步完善市本级财政管理体制,加强财政绩效管理,提高资金使用效益。

积极扩大消费需求。开展各类促销活动,办好南宁消费购物节系列活动,打造辐射力更强的节庆促销品牌。严格执行差别化住房信贷、税收政策和住房限购措施,支持以自住型为主的需求。调整住房供应结构,加大中小户型、中低价位普通商品住房建设力度,完善住房供应体系。引导房地产企业参与县域城镇建设。深化“万村千乡市场工程”配送中心等市场服务设施改善工程建设,推动现代流通方式向农村延伸,进一步激活农村消费市场。

千方百计开拓市场。加快建设国家级加工贸易梯度转移重点承接地、面向东盟的商务总部基地、高新区电子信息产品出口基地建设。积极培育进出口经营主体,重点培植和发展机械、电子、农副产品深加工以及生物制药行业产品出口,开拓国际市场。扶持有能力的企业走向国际市场,努力开拓东盟、俄罗斯和中亚、中东、南美市场。

(六)提升城市功能品质,加快建设生态宜居城市

优化城市空间布局。根据《南宁市城市总体规划(2011—2020)》,做好规划编制工作,加快推进《火车东站周边地段城市设计》等重点规划。调整完善城市路网规划。重点完成打通老城区及凤岭新区断头路、民族大道沿线交叉路口改造等交通节点过街设施、城市快速路系统设计研究。继续完善“中国水城”、“中国绿城”建设规划。完成城市内河水系沿线土地综合开发与利用规划、“中国水城”文化旅游策划规划研究、城市水质改善和水环境生态恢复规划研究。

完善城市服务功能。加快区域性国际综合交通枢纽中心建设,重点推进南宁铁路枢纽及南广、南柳等高速铁路项目建设,加快推进吴圩国际机场新航站区一期工程、南宁港一期工程及其配套工程、南宁外环高速公路(三岸收费站外移)、轨道交通1号线、东西向快速路等一批重大基础设施建设。抓好以兴宁路、民生路为重点的历史文化街区的保护与发展规划,建设更具南宁特色的步行街文化商务区。推进北湖北路2号等旧改项目、沿邕江两岸上尧片区等“三旧”改造和位子渌村等城中村改造试点项目。研究市政道路和管线“三同步”建设新模式,完成30条城区小街小巷改造和6座市区主干道人行过街设施建设。整治市区易涝点,对28条城市道路排水管渠进行清淤疏通,完成二坑溪、朝阳溪上游等5条内河清淤。规划建设一批公厕、垃圾中转站(填埋场)、变电站、加油(气)站、邮电所等城市配套工程。

提升城市管理水平。大力推进城乡清洁工程向乡镇、城中村、城乡结合部延伸,加强户外广告管理,深化泥头车密闭化运输工作,加强建筑垃圾、渣土消纳场的管理,积极开展病媒生物防治工作,规范“创业街”、跳蚤市场管理,完善市容环境综合整治长效机制。深入推进数字化城市管理建设,加快市区范围路灯编码设置工作,拓展“12319”城管服务热线功能。推进环卫管理工作市场化。扎实推进交通畅通工程,加强重点区域停车场建设,大力发展城市公共交通事业,完善公交站点设计和布局,优化道路交通组织,实施民族大道全线畅通工程,加强道路通行秩序管理和交通疏导,缓解中心城区交通拥堵。

建设宜居生态环境。提升"中国绿城"水平，积极申办第三届广西园林园艺博览会，启动创建"国家生态园林城市"工作，加大市区树木种植力度，重点推进五象湖公园、五象岭森林公园、青秀山风景区、凤岭儿童公园等大型公园绿地建设，加强生物多样性保护。继续实施"绿满南宁"造林绿化工程，重点推进"绿满邕江"工程，加快邕江两岸滩涂地绿化美化工作。加快"中国水城"建设，重点推进郁江老口航运枢纽、邕宁梯级、江北引水干渠等重大项目建设，继续实施南湖—竹排江—民歌湖景观绿化提升工程，打造"水城精品环线"，开工建设南湖—竹排江水系环境综合整治二期工程，完成茅桥东湖、西湖建设，基本完成沙江河环境综合整治工程一期河道主体工程建设，推进相思湖湿地公园建设。加强节能减排，对重点耗能企业能源消耗情况进行动态跟踪和监控；大力推进节能技改，坚决淘汰落后产能；发展循环经济，重点推进制糖、建材等行业循环经济建设；开展节能环保型变电站建设，推动绿色电网构建，启动"绿色低碳示范区"建设，完成一批三星级以上标准的绿色建筑。加强环境保护，实施制浆造纸、淀粉酒精、制糖等重点污染行业废水深度治理工程，开展工业氮氧化物污染防治工作；加强建筑噪声、道路扬尘、机动车尾气污染防治等工作；大力推进城镇污水处理管网和配套设施建设，提高城镇污水处理能力。全面推进农村连片综合整治和生态县、生态乡（镇）、生态村创建工作，年内80%以上的乡（镇）完成生态规划编制工作。加强饮用水源保护和备用水源建设，加快推进餐厨废弃物资源化利用和无害化处理项目建设，推进"国家环保模范城"创建。

（七）加强改革开放，切实增强经济社会发展动力

加快经济领域改革。采取合资合作、增资扩股等多种方式，深化国有企业改革；深化国有资产管理，进一步完善企业法人治理结构，建立和完善现代企业制度；探索完成职工分流安置后的"壳企业"不良资产处置的有效办法。继续深化政府采购制度改革、非税收入收缴管理改革。稳步推进资源性产品价格和环保收费改革。深化政府管理体制改革，推进扩权强县。深化国有农林场、华侨农场等改革。完成供销社改革。

加快社会领域改革。按照政事分开、事企分开、管办分离的原则，积极稳妥地分类推进事业单位改革。深化医药卫生体制改革，继续实施国家基本药物制度，建立健全基本药品配送长效管理机制；扎实推进基层医疗卫生机构综合改革；鼓励和引导社会资本开办医疗机构，形成多元办医格局。稳步实施文化体制改革，扎实推进国有文艺院团改革和文化市场综合执法改革。加快推进城乡综合配套改革，力争成为全区配套改革示范区。

加强科技领域创新。深入实施"科教兴市"、知识产权和技术标准发展战略，推进"国家科技进步示范市"、"国家创新型试点城市"建设，积极创建"国家知识产权试点市"和"国家科技成果转化服务（南宁）示范基地"。启动科技风险投资，抓好创新计划、重大科技专项、科学研究与技术开发"三大科技计划"，实施战略性新兴产业培育、传统优势产业改造提升、农业产业科技创新、民生发展科技支撑、科技成果转化与示范推广、科技创新体系建设推进、节能减排科技示范、自主创新环境优化"八个科技工程"。

扩大对外开放合作。加快南宁国家内陆开放型经济战略高地建设，充分发挥"南宁渠道"作用，不断扩大以东盟为重点的对外开放。深化与港澳台合作，积极参与泛珠三角区域合作，加强与长三角、环渤海以及大西南经济区合作，推进泛北部湾经济合作与大湄公河次区域合作，积极参与区域产业链的分工合作。充分发挥南宁在北部湾经济区开放开发中的中坚和核心作用，加快推进"南宁—北海经济带"、"南宁—崇左经济带"建设，打造区域性先进制造业基地。积极参与西江经济带建设，加强与桂西资源富集区的互动发展。完善口岸功能和通关机制，配套建设航空、公路、铁路、水路口岸通关设施，发展口岸经济，吸引知名外向型企业落户南宁。

（八）加快发展文化事业和文化产业，切实提高城市软实力

发展公益性文化事业。设立文化发展专项资金，把主要公共文化产品和服务项目、公益性文化活动纳入公共财政经常性支出预算。继续实施村级公共服务中心建设。推进"农家书屋"建设，实现全市所有村屯全覆盖。加快广西文化艺术中心等一批标志性文化项目建设。引导社会资金参与行业、企业、私人博物馆建设。鼓励文艺创作，推出一批符合时代精神、反映南宁风土人情、在区内外有影响力的精品。积极发掘历史文化遗产，加强非物质文化遗产保护和开发，创建历史文化名城。加强新闻出版管理，促进新闻出版市场规范有序发展。建设多功能广播影视中心，实施20户以下自然村村村通广播电视工程建设，完成南宁电台调频广播同步覆盖网工程建设，搭建市级应急广播基础平台，开展农村地面数字电视覆盖实验工作，推进广播影视公共服务体系建设。进一步拓展与东盟国家的文化交流和合作。

大力发展文化产业。协助办好2012中国—东盟文化产业论坛。落实文化产业扶持政策，整合、重组文化资源，继续发展节庆会展、文化创意、演出娱乐、文化旅游、工艺美术、动漫游戏等重点产业。继续推动新会书院粤剧、邕剧天天演项目，打造"风情南方"天天演项目。培育一批文化产业龙头企业，提升南宁国际民歌艺术节及中国国际茉莉花文化节等节庆品牌影响力。建设一批文化产业园区，推动文化创意印刷产业园、中国—东盟儒家文化产业园、唐人文化园、邕州老街、民歌湖现代艺术休闲街等文化园（街）区建设。启动广西文化产业城、梅帅元实景演出等项目建设。

加强人才队伍建设。以专业技术人才、高技能人才为重点，推进各类人才队伍建设。充分发挥特聘专家、人才小高地、博士后工作站、培养学术技术带头人、专业化人才培养五大人才平台作用，扩大人才培养的领域和范围。加强人才对外交流合作，继续办好"南宁—东盟人才活动月"活动，提升南宁人才工作国际化水平。

提高城市文明水平。继续推进以社会主义核心价值体系建设为引领的精神文明建设，学习践行"团结和谐、爱国奉献、开放包容、创新争先"的广西精神和弘扬"能帮就帮、敢做善成"的

南宁精神。深入开展"和谐建设在基层"、"感恩教育"、"迎接十八大,讲文明、树新风"、"做有礼貌的南宁人"和学习宣传道德模范等活动。突出抓好诚信教育和诚信建设,培育良好的社会风尚。深化文明村镇、文明社区、文明行业、文明单位创建活动。

(九)加强保障和改善民生,推进社会各项事业协调发展

扩大创业就业。深入实施全民创业计划,扶持发展小微型企业和劳动密集型企业,增加就业岗位。完善公共就业服务体系,推进市、县(区)、乡镇(街道)、村(社区)四级就业服务机构规范化和标准化建设,拓展"12333"就业援助呼叫系统功能,完成全部乡镇(街道)、社区及100个重点行政村的就业服务平台网络信息建设。统筹高校毕业生、农村劳动力、就业困难人员等群体的就业工作。力争全市城镇新增就业7万人,农村劳动力转移就业新增9万人,职业技能培训5万人次,微型企业创业培训3500人次。建立市本级劳动保障维权指挥中心,在各县区(开发区)设立分中心。

健全社会保障体系。继续扩大城乡社会保险参保规模,实现城乡居民社会养老保险制度全覆盖。加快社会保险信息化建设,实现五项社会保险"一卡通"。突出抓好"改制国有企业等自谋职业人员缴费年限调整"、"居民医保门诊统筹实施"、"居民生育医疗费用报销"等惠民新政的实施。扩大失业保险基金使用范围,推进工伤保险扩面工作,加强"老工伤"人员纳入工伤保险统筹管理工作。进一步完善社会救助体系建设,提高城乡低保、农村五保供养标准。积极应对人口老龄化,逐步建立与人口老龄化进程相适应、与经济社会发展水平相协调的社会养老服务体系。

推进保障性住房建设。突出解决农村中小学教师住房难问题。加快推进公共租赁住房、廉租住房、经济适用住房、限价商品住房等保障性住房建设,开工建设2.85万套(户)、竣工6000套(户)保障性住房。完成公共租赁住房"环卫公寓"项目建设。加强保障性住房分配管理。积极实施农村(农林场)危旧房改造。

做好物价调控工作。增加农产品市场有效供给和大宗商品储备。加大政府对市场建设的投入力度,建立农产品直销点,降低流通成本。建立完善价格调节基金制度。健全调控和应急保供预案,加强市场价格监管,建立完善价格预警机制,做好"保供、稳价、安民"工作。

加强食品药品安全监管。完善食品药品安全制度,理顺监管职能,提高监管能力。深入开展食品药品安全专项整治行动,依法加大惩处力度,保障人民群众身体健康和生命安全。

优先发展教育事业。全面贯彻落实教育规划纲要,实施"十二五"教育发展规划,推进教育体制改革五项任务和教育发展"十大工程"。实施学前教育三年行动计划,扩大农村学前教育资源,力争学前三年毛入园率达73%,学前一年毛入园率93%以上。深入实施义务教育巩固提高和均衡发展工程,实施中小学标准化建设,加快推进城乡初中共同体建设,全市义务教育巩固率92%以上。巩固在全区率先普及高中阶段教育成果,高中阶段毛入学率达91%。全面推进职业教育内涵建设。支持高等教育,重视特殊教育,发展民族教育。健全学生资助政策体系,扩大义务教育学生营养改善计划受益面,推动学生资助政策从学前教育到高等教育的全覆盖。加强教师队伍建设,实施教师专业化发展工程,加大名师培养力度。

加快发展医疗卫生事业。加快公立医院改革,加强以村卫生室和乡镇医生为重点的队伍建设,完善基层医疗卫生服务体系,构建以社区卫生服务为基础,社区卫生服务机构与医院和预防保健机构分工合理、协作密切的新型城市两级医疗服务体系,逐步建立社区首诊、分级诊疗和双向转诊制度。健全卫生应急管理体制,提高突发公共卫生事件的应急处置能力。实施艾滋病防治攻坚工程。继续实施母婴健康"一免二补"幸福工程和地中海贫血防治计划。加快婚育综合服务平台建设。实施基层医疗卫生机构中医壮瑶医科能力建设项目,提升中医壮瑶医服务能力。

发展体育事业。建立和完善大众健身市场,加快发展体育旅游、体育培训、体育中介服务等体育产业。建设一批便民、利民、亲民的公共体育设施,丰富群众体育活动。全面启动2014年世界体操锦标赛筹备工作,做好国际体操联合会技术委员会2012年年会筹备工作。加强竞技体育,办好系列国际体育赛事。

加强人口计生工作。继续稳定低生育水平。全面推进诚信计生工作。加大综合治理出生人口性别比偏高问题工作力度。创新服务管理体制,推进流动人口计划生育基本服务均等化试点工作。

加强和创新社会管理。规范信访联席会议制度,完善矛盾纠纷排查调处机制,加强司法工作,妥善解决群众合法合理诉求。健全农村留守儿童、妇女、老人服务体系,为农村留守儿童提供人文关怀。加强校车安全管理。创建全市"数字校园"管理模式,将公安信息网络覆盖至校园。加强社会治安管理,构建社会治安防控体系,推进南宁市社会监控报警联网系统二期建设。推进基层应急管理规范化建设,健全突发事件预防预警和应急处置体系,建成新一代城市应急联动平台。做好消防和地质灾害防治等工作。健全安全生产管理长效机制,有效防范和坚决遏制重特大事故发生。推进法制建设,强化法律援助,加强法制宣传教育。完成预防青少年违法犯罪教育基地暨未成年人励志学校前期工作。

加强和巩固民族团结。加快民族团结进步教育基地建设,广泛开展民族团结宣传教育和民族团结进步创建活动,不断巩固和发展平等团结互助和谐的社会主义民族关系,创建"全国民族团结进步模范城市"。

实施20项为民办实事工程。在全力抓好中央、自治区10项47个子项为民办实事工程的基础上,全面完成市贫困病患者救助、困难家庭学生资助、残疾人帮扶、贫困地区帮扶、低收入群体生活保障、社区服务为民、基层干部群众住房条件改善、群众安全保障、放心粮油市场网络建设、"菜篮子"基地建设、教育为民、卫生服务为民、交通便民、城市公厕完善、市区易涝点整治、残旧街巷改造、市场服务设施改善、农业生产条件改善、就业创业、基层文化服务共20项50个子项为民办实事工程。

开展双拥共建活动,支持国防和军队建设。充分发挥工会、共青团、妇联等群团组织的作用。继续做好外事、侨务、哲学社

会科学、宗教、统计、气象、地震、地方志、档案等工作。

（十）加强政府自身建设，营造高效廉洁的政务环境

解放思想，创新发展举措。深入开展“解放思想、赶超跨越”大讨论活动，以思想大解放促进经济大发展。坚持用创新的思路谋划发展，用创新的精神凝聚力量，用创新的措施破解难题，在创新中推动经济社会更好更快地发展。

依法行政，规范政府行为。加强政府立法工作。加快建立职责明确、行为规范、保障有力的行政执法体制，健全行政执法监督机制，促进执法行为规范、公正、文明。认真落实人大及其常委会的决议、决定，自觉接受人大及其常委会的监督和政协的民主监督，认真办理人大议案、代表建议和政协提案。广泛听取民主党派、工商联、无党派人士和各人民团体意见。主动接受舆论监督和社会监督。

转变作风，强化服务职能。切实践行“六戒”，狠抓工作落实，增强政府公信力和执行力。完善领导干部接访、下访制度，探索“民情连线”等方式，倾听群众呼声，为民排忧解难。建立和完善市政府领导联系项目及企业制度。推进政务公开、推行各级行政审批“三集中”，加快政务服务由“重审批、轻服务”向“重服务、宽审批”转变。着力为群众兴办更多的实事好事，为企业营造更为宽松便利的发展环境。

从严治政，严格行政监督。严格执行党风廉政建设责任制和《廉政准则》，落实党内监督和民主监督。推进节约型机关建设，严格控制行政经费和“三公”经费支出。实行重大项目推进绩效考评和约谈制度。加大审计监督力度，强化对重点领域、重点资金、重点部门的审计。坚决查处违法违纪行为，规范公共资源交易和招投标行为，把项目建成优质工程、安全工程、阳光工程、廉政工程。

（市政府办公厅）

岑可成主席在政协第十届南宁市委员会第二次会议上作的工作报告（摘要）

（2012年2月13日）

一、2011年工作回顾

（一）坚持强化理论武装，保持正确的履职方向

始终把加强思想政治理论武装摆在各项工作的首位，按照创建学习型政协组织的要求，开展主题鲜明、内容丰富、形式多样的学习教育活动，认真学习邓小平理论、“三个代表”重要思想，深入贯彻落实科学发展观，学习贯彻中共十七大和十七届三中、四中、五中、六中全会精神、胡锦涛同志在庆祝中国共产党成立90周年大会上的重要讲话精神以及贾庆林主席在广西考察时的重要讲话精神，学习贯彻中共中央、自治区党委、市委关于进一步加强人民政协工作的意见和自治区第十次党代会、市第十一次党代会精神以及市委主要领导在市政协全会上的讲话精神。积极开展庆祝中国共产党成立90周年全市政协系统“同心同德，永远跟党走”系列活动，热情讴歌中国共产党领导中国革命、建设和改革的丰功伟绩，激发热爱党、热爱祖国、热爱人民之情；实施政协委员阅读工程，选派市政协常务委员会组成人员和县区政协主席到清华大学集中学习。一年来，共组织学习中心组集中学习6次，常委会组成人员集中学习10次，举办各类专题辅导15次。通过认真学习，牢固树立政治意识、大局意识、群众意识、履职意识和委员意识，更加自觉地坚持党对政协工作的领导，更加坚定不移地走中国特色社会主义政治发展道路，筑牢了科学履职的思想基础，保持正确的履职方向，切实做到与市委、市政府思想上同心同德、目标上同心同向、行动上同心同行。

（二）坚持围绕中心、服务大局，为实现“十二五”良好开局献计出力

围绕主题主线出谋献计。紧紧围绕加快转变经济发展方式、深化改革、扩大开放、提升现代化建设水平等决策部署，就城市建设、创新社会管理、文化建设、扶贫开发、“中国水城”建设、食品安全问题、为民办实事项目等内容，组织委员开展调研视察活动，形成了《关于提高我市污泥污染防治水平的建议》、《加强和创新社会管理，切实维护外来务工人员合法权益的建议》等9篇调研报告；《关于南宁市文化遗产保护与利用工作情况的视察报告》、《南宁市城市建设与管理工作视察报告》等14篇视察报告。市委、市政府主要领导对视察报告作了重要批示，为加快推进相关工作的落实，为“十二五”规划的实施起到了积极的推动作用。

围绕中心工作积极作为。积极参与“三个年”、“五场攻坚战”、创建“三城”、“四大建设”和“六项工作”等重大活动。市政协领导带队深入南南铝业、国泰粮油项目等所负责联系的企业、重大建设项目现场开展调研和督查，为企业发展和项目建设协调解决实际困难和问题，促进重大建设项目和工作任务的完成。积极参与市委、市政府统一组织的各种招商引资活动，先后赴浙江等地推介南宁，洽谈经贸合作，为促成中恒集团等企业、客商在南宁投资落户献计出力。市政协领导和广大政协委员积极投身创建“三城”、“两会一节”等重大活动，深入社区听民意、集民智、聚民力、解民困，为做好创城、“两会一节”工作鼓劲加油、建言献策。

围绕重大决策开展民主监督。积极探索民主监督的有效形式和机制，进一步提高民主监督的成效。组织委员对《劳动争议调解仲裁法》的贯彻实施和保护劳动者的合法权益进行协商讨论；组织专项视察，对创建“一级规范化检察室”的工作提出意

见和建议;旁听人民法院审理案件,对刑事审判工作和推进司法公开、公正进行咨询建言。组织特邀监督员参与执法检查、行风评议、案件审查、听证会旁听等活动,为促进公正执法、推动党风廉政建设发挥了积极作用。换届后,从政协委员中选派一批工作经验丰富、参政议政热情高的委员,担任市长热线办公室和消防支队等单位的监督员、监察员,积极做好市政府第六届特邀监察员的推荐工作。

(三)坚持以人为本、履职为民,高度关注保障和改善民生

切实反映社情民意。健全完善社情民意信息工作机制,加强与党派团体、工商联的沟通交流以及县区政协的协调联动,充分利用会议、视察、调研和群众来信来访、基层走访等方式,广辟信息渠道,广集社情民意,及时反映群众的呼声和愿望。加强对热点、难点、焦点问题的搜集分析和整理报送,为市委、市政府了解社情民意、化解社会矛盾、维护社会稳定发挥了积极作用。一年来,共编发《社情民意》、《政协信息》43期,收集民意信息200多条,市委、市政府领导对《关于整治停车场乱收费现象的建议》、《关于促进南宁市公立医院快速发展的建议》等重要社情民意信息作出了批示,并批转市政府有关职能部门办理。积极为群众办实事好事。组织市政协委员和市直有关部门的专家、学者开展科技、文化、卫生、法律"下乡"和送温暖等活动,给村民义务诊病,宣传科普、卫生保健和法律知识,深受群众欢迎。

扎实推进"同心育才"工程。紧紧围绕市委、市政府实施民族乡帮扶工程,结合开展"创先争优"活动,为少数民族乡改善办学条件、加快人才培养,促进经济发展和民族团结,实施"同心育才"工程。自启动以来,已有广西碧园房地产有限公司、广西大和平投资开发有限公司等企业和政协委员及社会友好人士捐资1190万元,分别资助80名和17名学生免费就读高中和职业技术学校;援建一个藏书1.5万册、投资20万元的"同心书屋"。《中国政协》、《广西日报》等报纸杂志对"同心育才"工程进行了宣传报道,产生了良好的社会影响。

(四)坚持团结和民主两大主题,凝心聚力共谋发展

加强与各民主党派、工商联和人民团体的联系与合作。充分利用全体会议、常委会议和主席会议等形式,就事关全市改革发展稳定的全局性工作进行协商,为各民主党派、工商联和无党派人士参政议政搭建平台。通过召开茶话会、座谈会,向各民主党派、工商联、个体私营工商业等各界人士宣传党和政府的路线方针政策,通报全市经济社会发展情况,交流工作,沟通思想,充分发挥人民政协在促进民族关系、宗教关系、阶层关系、海内外同胞关系和谐中的积极作用。

加强与港澳台侨的联系。依托港澳委员、海外联谊顾问,加强与港澳有关社团及各界人士的联系,大力宣传推介南宁。逐步建立港澳委员、海外联谊顾问及海内外友好人士的信息资料档案,进一步完善海内外联谊网络。邀请海内外友好人士来邕考察,为我市招商引资牵线搭桥,帮助多家商会、来邕投资人士协调解决创业开发的各种问题,推进招商引资项目的落实,促进我市经济建设繁荣发展。

加强政协系统的联系交往。认真做好全国政协、自治区政协视察团、调研组到我市调研视察活动的服务工作,协助召开各类座谈会、情况汇报会20多场次。加强与兄弟城市政协的联系交往,积极参加政协系统经验交流、理论研讨、横向联谊等活动。加强对县区政协工作的联系指导,市政协领导经常深入县区政协调研,邀请县区政协主席列席市政协常委会议,联合县区政协开展重大课题调研,定期召开县区政协工作经验交流会。

(五)坚持发挥优势作用,大力推进"文化南宁"建设

按照市委、市政府关于加快文化南宁建设的精神,通过提案、调研视察报告等形式向党委、政府提出意见和建议,为推进文化建设出谋划策。十届一次会议期间,委员们对发展公益性文化事业、加强城乡体育设施建设、创建历史文化名城、保护历史街区等方面提出了20多件提案,对我市精神文明建设和发展文化产业提出了许多有价值的意见和建议。组织政协委员和市直有关部门专家学者到横县伏波庙、西乡塘区黄氏家族民居等人文景观进行视察,形成了视察报告,为我市文化遗产的保护与利用工作及如何增强我市的文化软实力、提升城市文化品位等提供重要参考。加大对历史文化、民族文化的挖掘和保护力度,做好文史资料征集编辑工作,不断丰富城市文化底蕴。编印学习参考资料共4期2400册约20万字。牵头组织开展纪念辛亥革命100周年系列活动;与自治区政协文史委员会、广西社会科学院共同主办"陆荣廷与广西近代化"学术研讨会,收集到有关资料12篇,为我市史料征集补充了重要内容。

(六)坚持程序规范、风清气正,协助市委做好市、县区政协换届工作

精心指导县区政协做好换届选举工作。坚决贯彻执行中共中央、自治区党委、市委关于2011年换届有关规定,精心指导县区政协做好换届选举工作。严格遵守"5个严禁、17个不准、5个一律"和"四要四不准"的纪律要求,确保风清气正。按照市委的统一部署和政协章程的有关规定,制定了《关于县区政协换届工作流程》,对县区政协换届工作进行规范指导。市政协领导带领工作指导组深入县区政协了解情况、指导工作,确保换届工作圆满顺利完成。

认真组织开好市政协十届一次会议。按照市委的统一部署和要求,积极配合做好市政协十届委员推荐提名工作,把好委员的入口关。组织机关全体干部职工做好会务工作,确保会议圆满成功。会议期间,市委、市政府领导参加了联组、小组讨

论,与委员共商南宁发展大计。委员们围绕我市今后五年的目标任务和重点工作,提出了100多条意见建议,供市委、市政府决策参考。

(七)坚持开拓创新,扎实做好提案工作

一是加大提案征集力度。通过新闻媒体、南宁政务信息网向市民征集提案线索,扩大提案线索征集面。二是加大交办力度。及时召开提案交办会,统一认识,为按时按质完成提案办理工作奠定基础。三是加大督办力度。采取重点提案报送市委、市政府领导批阅,市政协领导牵头督办,市政协提案委会同市委、市政府督查室定期督办等方式,推动提案办理从“重答复”向“重落实”转变。坚持开展评选表彰优秀提案工作办理先进单位、先进个人活动,充分调动承办单位办理提案的积极性。2011年,共征集到提案666件,审查立案658件,立案率98.7%,办复率为100%,满意率达98.85%。

(八)坚持加强自身建设,不断提高科学履职能力

发挥常委会的组织领导作用。抓好常委会组成人员的学习培训工作。换届后,在市委的高度重视下,采取各种方式,加强学习培训,提高常委履职能力,增强履职实效。紧紧围绕市委、市政府的重大决策和各个时期的中心工作,突出重点,关注热点,参政参到点子上,议政议到关键处。精心确定常委会议中心议题,认真组织常委开展视察调研,在全面掌握情况、深入咨询论证的基础上进行协商,提出许多富有前瞻性、科学性、可行性的意见建议。

发挥委员的主体作用。积极实施委员阅读工程,学好用好《政协委员书架》系列丛书,组织委员学习中国特色社会主义理论体系、党的路线方针政策、人民政协和统战理论,使委员树立科学的世界观和方法论,增强政治意识、大局意识、群众意识、履职意识和委员意识,树立良好形象。坚持开展走访委员活动,定期开展委员小组活动,扎实开展委员履职“四个一”活动,调动委员参政议政的积极性。

发挥专委会的基础作用。健全专委会联系委员小组活动制度,组织委员小组开展活动,密切与委员的联系;精心选题,认真谋划,定期组织委员开展协商讨论、调研视察活动;加强与对口部门的联系与配合,邀请有关部门负责同志出席专委会召开的会议,通报情况;与对口职能部门进行资料交流,互通信息;落实专委会定期报告工作制度,充分发挥专委会在政协工作中的基础作用。

发挥各民主党派工商联和无党派人士在政协中的优势作用。市政协领导经常走访各民主党派市委会、工商联机关,定期召开联谊会、座谈会,加强与各民主党派、工商联和无党派人士情况通报和交流。开展联合调研,重视党派提案的督办,为各民主党派和无党派人士参政议政搭建平台,营造合作共事、共谋发展的良好局面。一年来,各民主党派市委会、市工商联共提交集体提案46件,社情民意信息53条,在政协全会、常委会议、专题协商会议上作了28篇专题发言。

发挥界别的独特作用。注重把界别活动和委员小组活动结合起来,提高活动的实效性。以政协全会为平台,组织界别联组讨论、党派团体、个人大会发言,形成建设性的意见建议,发挥了界别的专业优势。把界别优秀提案作为重点提案,发挥了界别的整体优势。在开展调研、视察、研讨、座谈以及与党政部门开展对口联系和协商等活动中,邀请相关界别委员参加,发挥各类人才的聪明才智,为全市经济、政治、文化、社会建设服务。

发挥政协机关的服务作用。按照市委提出的树立现代化意识,强化现代化思维,拓宽现代化视野,把握现代化规律,提高现代化本领的要求,着力创建“学习型、服务型、创新型、和谐型”政协机关。切实加强机关干部的思想、作风和廉政建设。组织开展学习和弘扬杨善洲、朱传波精神活动,切实做到爱岗敬业、严谨细致、团结协作、敢做善成,戒骄、戒懒、戒空、戒虚、戒假、戒奢。深入开展“创先争优”和“党组织建设年”活动,以创建“同心书屋”为载体,扎实开展“五个一”读书学习活动,加强机关干部政治理论学习和业务知识培训,努力营造乐学、勤学、善学、比学的良好风尚和浓厚氛围,增强干部的学习能力、工作能力、执行能力和创新能力。市政协被评为2007-2011年度全区政协文史资料工作先进单位,荣获2011年度全区政协报刊宣传工作特等奖。

总结一年来的工作实践,我们深深体会到,推进新形势下人民政协事业发展,要做到五个“必须”:一是必须自觉坚持党对政协工作的领导,坚定不移地贯彻执行党关于人民政协的方针政策,紧紧围绕党委的重大决策和工作部署履行职能、开展工作,确保党委的决策部署在政协得到全面贯彻落实;二是必须把促进科学发展作为履行职能的第一要务,找准政协服务大局与发挥自身优势的结合点,精心选择课题开展调查研究,积极建言献策,推进我市经济社会更好更快发展。三是必须把关注民生、履职为民作为政协工作的出发点和落脚点,常谋富民之策,常为利民之举,协助党委和政府多办顺民心、解民忧、惠民生的实事。四是必须突出政协委员的主体地位,用事业凝聚委员、用实践锻炼委员、用机制激励委员,切实发挥在本职工作中的带头作用、政协工作中的主体作用、界别群众中的代表作用。五是必须开拓创新,进一步加强制度化、规范化、程序化建设,不断提高政协工作科学化水平。

各位委员,总结过去一年的工作,我们取得了一些成绩,但也清醒地认识到工作中的不足。如:政治协商内容、形式、程序有待进一步规范;委员主体作用发挥还不够充分;专题调研、视察报告的质量还不够高;政协工作制度化、规范化、程序化水平有待提高;自身建设仍需进一步加强,等等。这些都需要我们高度重视,认真研究,加以改进。

二、2012年工作部署

2012年是实现首府现代化建设新跨越的重要一年。在新的一年里,我们要在中共南宁市委的正确领导下,坚持以邓小平

理论和“三个代表”重要思想为指导，深入贯彻落实科学发展观，高举中国特色社会主义伟大旗帜，牢牢把握团结和民主两大主题，全面贯彻党的十七大和十七届三中、四中、五中、六中全会精神，贯彻落实自治区第十次党代会、市第十一次党代会精神，紧紧围绕加快构建区域性国际城市和广西“首善之区”、实现首府现代化建设新跨越的战略部署，按照“稳中求进、好中求快”的工作总基调，坚持围绕中心服务大局，认真履行政协职能，全力助推服务主题主线，全力助推服务“四大建设”和“六项工作”，全力助推服务文化兴市、文化强市，全力助推服务加强和创新社会管理，积极投入“科学发展赶超跨越落实年”活动，扎实实施委员素质提升工程和政协工作“三化”建设工程，大力加强自身建设，为实现我市经济社会更好更快发展作出新贡献，以优异成绩迎接党的十八大胜利召开。

(一)强化学习、统一思想，为实现首府现代化建设新跨越凝心聚力

深入学习贯彻中共十七届六中全会和自治区第十次党代会、市第十一次党代会精神，是当前和今后一个时期我市各级政协组织的首要政治任务。要扎实推进学习型政协组织建设，积极实施委员阅读工程，充分利用“政协委员书架”和“同心书屋”平台，深入开展“五个一”学习活动，深化中国特色社会主义理论体系和社会主义核心价值体系学习教育活动，进一步夯实各党派团体和各族各界人士团结奋斗的共同思想基础。深入学习贯彻中共十七届六中全会、胡锦涛同志在庆祝中国共产党成立90周年大会上的重要讲话精神和贾庆林主席在广西考察时的重要讲话精神，学习贯彻自治区第十次党代会、自治区政协十届五次会议和市第十一次党代会精神，学习贯彻中共中央、自治区党委、市委关于加强人民政协工作的意见，切实把思想和行动统一到市委的决策部署上来，把智慧和力量凝聚到市委的目标任务上来，发挥好政协的优势，调动好党派团体和各界人士的主动性、创造性，凝聚赶超跨越的智慧和力量，筑牢科学履职的思想基础，更加自觉地坚持党对政协工作的领导，切实做到与市委、市政府思想上同心同德、目标上同心同向、行动上同心同行。

(二)围绕主题、服务主线，全力助推经济社会更好更快发展

全力助推服务主题主线。坚持把促进科学发展作为履行职能的第一要务，以加快转变经济发展方式为主线，紧紧围绕推进县域经济发展、加大结构调整优化、加快现代生态宜居城市建设、创新社会服务管理等市委、市政府高度重视的重点、难点问题和人民群众关注的热点问题，深入开展调研视察，召开专题议政协商活动，形成一批有深度、有价值的调研视察报告和建议案，建科学发展之言、谋改善民生之策、献构建和谐之计，为市委、市政府科学决策提供参考和依据。

全力助推服务“四大建设”和“六项工作”。要按照市委提出的大力推进现代产业、五象新区、重大基础设施、民生保障“四大建设”和突出抓好增加投资、扩大消费、加强“三农”、稳增财政、改革开放、维护稳定“六项工作”的部署要求，认真组织政协委员立足本部门、本岗位实际，积极参与振兴壮大现代工业、加快发展现代农业、推进水系水城建设、提升现代服务业、加快推进重点基础设施项目和重点产业项目建设、为民办实事项目建设，充分运用提案、建议案、信息等形式，为“四大建设”和“六项工作”贡献智慧和力量。切实发挥好人民政协联系广泛、位置超脱的优势，不断拓宽市政协海外联系渠道和提升友好交往的层面，为促进我市对外开放、经贸合作、招商引资、招贤引智出实招、建真言、献良策。

全力助推服务文化兴市、文化强市。要围绕进一步提升我市文化软实力，增强高度的文化自觉和文化自信，以积极助推深化文化体制改革、推动文化大发展大繁荣作为履职重要内容，紧扣促使文化产业成为支柱性产业、构建覆盖城乡的公共文化服务体系，推进文化与科技、教育、旅游深度融合，在非物质文化遗产和自然遗产保护、农村文化阵地建设、文化旅游开发等方面集中民智、汇聚力量、出谋献策，为我市文化改革发展提供智力支持。关注社会思想文化动态，及时反映各界群众对文化建设的新期待、新需求。继续加大对南宁历史文化、民族文化的挖掘和保护力度，做好文史资料征集编辑工作，不断丰富城市文化底蕴，积极推进创建历史文化名城工作。引导和鼓励政协委员积极投身文化改革发展实践，争当推进文化兴市、文化强市的宣传者、推动者、参与者。

全力助推服务加强和创新社会管理。围绕构建和谐南宁的重大问题开展协商议政，选择涉及加强和创新社会管理课题深入调研视察，分析和把握社会矛盾和社会问题发展的趋势、特点和成因，为加强和创新社会管理提出合理化建议。健全畅通群众意愿和诉求表达渠道，强化政协的界别民意通道功能，更好地听取各界群众的意见和建议，为减少社会矛盾的发生提供决策参考。运用民主监督机制，抓住社会管理的难点工作，认真确定民主监督的重点，推动社会管理创新政策落实，深入促进社会矛盾化解和社会管理创新工作。切实做好新形势下的群众工作。认真总结各级政协组织开展群众工作的好经验好做法，建立健全委员联系群众制度，要求委员深入基层、深入群众，走进农村、走进社区、走进企业、走进学校，听民意、访民情、解民忧，协助党委、政府多做理顺情绪、协调关系、化解矛盾、构建和谐工作。认真贯彻党的民族政策和宗教政策，努力促进民族团结、宗教和谐、社会稳定。

(三)关注民生、履职为民，努力促进社会和谐稳定

积极促进民生问题解决。要围绕落实强农惠农政策、文化教育、医疗卫生、住房保障、食品药品安全等群众最关心、最直接、最现实的民生问题，通过提案、视察、调研等形式，促进相关

政策的落实和问题的解决。密切关注不同阶层的利益诉求，畅通渠道、化解矛盾、促进和谐。鼓励政协委员积极参与各项社会公益活动和慈善事业，开展各种形式的扶贫济困活动，促进学有所教、劳有所得、病有所医、老有所养、住有所居的实现。

继续实施“同心育才”工程。充分发挥政协优势，继续实施“同心育才”工程，进一步加强对上林县镇圩、马山县里当、古寨三个瑶族乡的教育资助，发动社会力量及广大政协委员捐资助学，帮助改善教学环境，加快发展少数民族地区的教育事业，加强人才培养、促进经济发展和民族团结进步。

（四）扩大交流、加强联谊，进一步做好政协联系交往工作

积极参与开放合作工作。依托中国—东盟博览会以及中国—东盟自由贸易区平台，开展南宁与东盟国家经济合作的调研，探索拓展新的开放领域及合作空间。积极参与对外交往工作，宣传推介南宁，推进我市对外交流合作关系的发展。

充分发挥港澳政协委员的作用。支持和鼓励港澳委员在香港、澳门经济、社会和政治事务中发挥积极作用，为促进港澳长期繁荣稳定和我市经济社会发展献计出力。积极参与“走出去”，主动与港澳台商联系，积极引进项目、引进资金、引进人才，为推动发展积极作为。认真贯彻侨务工作方针，加强与华侨社团的联系，做好凝聚侨心、汇聚侨智、发挥侨力、维护侨益的工作。

加强与社会各界人士的联系交往。坚持定期召开各民主党派、工商联和人民团体负责人座谈会，宣传学习领会中共中央的路线方针政策和自治区党委、市委的重大决策部署，互通情况，增进团结。联合各民主党派、工商联和人民团体就共同关心的课题开展视察和调研活动，充分发挥党派团体的优势作用。密切与新经济组织和新社会阶层人士的联系，不断扩大各界群众有序参与政治生活的渠道。

加强政协系统的交流协作。加强与自治区政协的联系，做好自治区政协到我市开展座谈交流、调研视察的服务工作。加强与兄弟城市政协的交往，积极参加政协系统的各种活动。加强对县区政协工作的指导，做到上下联动、优势互补、成果共享。

（五）求真务实、开拓创新，不断提高政协工作科学化水平

要着眼新的实践和新的发展，着力把握政协服务科学发展的规律和实现自身科学发展的规律，积极推进人民政协理论创新、工作创新，努力使政协工作的思路更加清晰，方向更加明确。积极探索人民政协履职新途径、新方法，完善市政协提案信息管理系统，借助现代科学方法和信息网络技术，为办理好、落实好提案提供优质服务。积极探索政协工作理论创新，更好地发挥理论对实践的指导作用。解放思想、开拓创新，敢做善成、赶超跨越，不断提高政协工作科学化水平。

（六）完善制度、规范管理，全面加强自身建设

积极推进委员素质提升工程。促进委员的作风养成。积极实施委员阅读工程，学好用好《政协委员书架》系列丛书，充分运用培训班、报告会、专题讲座等多种形式，组织和引导广大政协委员勤奋学习，做到学以立德、学以增智、学以创业。大力弘扬开拓创新和奋发进取的精神，艰苦奋斗的传统和务实高效的作风，树立政治意识、大局意识、群众意识、履职意识和委员意识，做到心中有大局、头脑有思路、言行有风范、履职有成果。拓宽委员的履职平台。利用定期通报经济社会发展情况等方式，不断拓宽委员知情明政的渠道。加强对委员小组活动的组织和指导，引导各委员小组积极开展调研视察。深化政协信息系统建设，创建“委员论坛”、“委员博客”，开设“委员大讲堂”，完善委员活动中心，继续开展委员履职“四个一”等活动，为政协委员履职搭建平台。强化委员的服务管理。进一步完善委员联系走访、绩效评估、督查落实等工作机制，不断提高履职实效，更好地发挥委员在本职工作中的带头作用、在政协工作中的主体作用、在界别中的代表作用。

积极实施政协工作“三化”建设工程。建立健全政协履行“三大职能”工作制度，完善政治协商配套机制，丰富政治协商的形式和层次，推进政治协商内容具体化、协商形式程序化；注重从知情、沟通和反馈环节上建立健全制度，规范民主监督程序，提高民主监督组织化；健全情况通报制度，改进调研视察方式，拓宽参政议政领域，增进参政议政规范化。建立健全会议制度，规范各类会议的工作步骤和操作规程，提高会议质量。建立健全提案、视察、调研、大会发言、反映社情民意等各项经常性工作制度，完善综合协调、信息沟通、绩效评估、督查落实等工作机制，促进参政议政成果的研究吸收和转化运用。建立健全政协机关各部门与党政部门之间、党派团体之间以及自治区、县区政协机关之间的联系制度，加强各方面的工作联系和信息沟通；完善政协机关内部的办事、办文、办会等各项工作制度，保证机关工作协调统一、规范有序、务实高效运行。

进一步加强机关建设。加强思想建设，强化理论学习，提高思想政治素质，不断增强宗旨意识和服务意识。加强作风建设，大力弘扬求真务实精神，大兴调查研究之风，深入基层，贴近群众，了解实情，积极反映民思民盼民忧；大力倡导爱岗敬业、严谨细致、敢于负责、团结协作的风气，发扬“团结和谐、爱国奉献、开放包容、创新争先”的广西精神和“能帮就帮、敢做善成”的南宁精神，激发工作热情，提高工作水平，切实做到戒骄、戒懒、戒空、戒虚、戒假、戒奢。加强廉政建设，严格执行党风廉政建设的有关规定，筑牢反腐倡廉的思想防线，自觉接受群众监督，清正廉洁、履职为民。积极开展“科学发展赶超跨越落实年”和“创先争优”活动，团结协作、求真务实，做到责任担当讲实干、议政建言出实招、竭诚服务办实事。通过学习和实践，努力造就一支政治坚定、作风优良、学识丰富、业务熟练的高素质政协干部队伍。

（市政协办公厅）

责任编辑　孙贵寿

南宁城市精神

【概　况】 2010年11月，自治区党委常委、南宁市委书记车荣福在市委十届十二次全会上正式提出，能帮就帮、敢做善成是南宁的城市精神。至此，南宁城市精神“能帮就帮，敢做善成”成型——做人能帮就帮，做事敢做善成。能帮就帮，来源于南宁望州南社区，是望州南社区的“六种”精神之一——互助精神（能帮就帮、帮别人就是帮自己）。望州南社区大多数居民是南宁市旧城改造的拆迁户，关系复杂，困难人员多。在开展“和谐建设在基层”活动中，望州南社区以相互关爱为出发点，以“帮”字作为望州南社区和谐建设的切入点，广泛开展“衣食住行能帮就帮，求学就业能帮就帮，扶贫济困能帮就帮，大事小事能帮就帮，能帮一点就帮一点”的活动，形成“能帮就帮”的互助精神。敢做善成，来源于南宁市峙村河水库管理所主任朱传波“干一行爱一行”的高尚品格——一座水库管理所的主任，一个普通的市民，15年里，3次临危受命，让3个经营不善、连年亏损的单位起死回生，并实现盈利，让职工笑逐颜开。在南宁，有一批像朱传波这样的先进人物，朱传波只是他们的缩影。他们热爱乡土，热爱岗位，敢于担当，勇于创新，善于成事；他们用汗水和心血诠释着“敢做善成”的精神实质，也使“能帮就帮”的城市精神得到丰富和拓展。如果说“能帮就帮”精神，体现的是壮乡人固有的团结协作、互助互爱、和谐共处的品质，那么，朱传波身上集中体现的“敢做善成”精神，这种与时俱进、勇于创新、创先争优的“敢干事、能干事、干成事”的胸襟气魄，则顺应南宁这座区域性国际城市走向世界的步伐。2011年起，每年6月6日被确定为“南宁慈善日”，形成全方位、多层次、宽领域的社会志愿服务体系。“做人能帮就帮，做事敢做善成”成为南宁人民认同的精神价值和共同追求。 （吴乃高）

【能帮就帮精神】 2007年，南宁市以科学发展，共促和谐为主题，在全市广泛开展“和谐建设在基层”系列活动。在提炼市民共同认知的价值观念，创造社会主义核心价值理念的南宁实现方式上，积极探索创新，取得显著成效，促进城乡精神文明建设的深入发展。6月4日，望州南社区作为“科学发展，和谐共建”的典型在自治区、市直属新闻媒体推出系列报道活动；7月2日，市委、市政府作出《关于向望州南社区学习，广泛深入开展“和谐建设在基层”活动的决定》，把“能帮就帮”精神上升到城市精神品质的高度；8月2日，南宁市成立望州南社区先进事迹报告团；9月14日，在南宁人民会堂举行首场报告会，增强望州南社区先进事迹的宣传效果，扩大典型的影响力，在全社会形成崇尚先进、学习先进、争当先进、赶超先进的良好氛围；9月16日，中央电视台《新闻联播》栏目对望州南社区进行报道，“能帮就帮，帮别人就是快乐自己”的望州南精神为全体市民广为接受并引起强烈共鸣；10月，自治区党委常委、南宁市委书记马飚在首府南宁荣获“联合国人居奖”庆典大会上讲话时指出：“能帮就帮” 的望州南精神已成为和谐南宁的城市品质。2008年6月30日，自治区党委常委、南宁市委书记车荣福在慰问老党员、困难党员、优秀党员时发表重要讲话：“能帮就帮”的望州南精神，体现南宁市的城市品质，建设和谐南宁就是需要这种精神。此后，南宁市一直把建设社会主义核心价值体系贯穿到和谐基层建设的全过程，不断拓展延伸“能帮就帮”精神内涵，提出互助精神（能帮就帮、帮别人就是帮自己）、榜样精神

南宁城市精神解读

“能帮就帮、敢做善成”的南宁城市精神，包含做人和做事两方面的价值追求和精神品格，这两个方面密切相连，相辅相成：做人是做事的基础，做事体现做人的操守。二者的有机统一，在外表现为南宁的整体精神形象，在内则凝聚为市民的集体精神追求。“能帮就帮”精神，体现了壮乡人固有的团结协作、互助互爱、和谐共处的优秀品质。“敢做善成”精神，体现了与时俱进、敢于创新、勇当模范的“想干事、会干事、能干得成大事”的胸襟气魄。“能帮就帮、敢做善成”，具有凡人善举的特点和朴实无华的品质，是中华传统美德与时代精神的有机统一，体现了社会主义核心价值体系的内在要求，洋溢着时代气息，蕴含着科学精神，具有强大的感召力和旺盛的生命力，得到了市民的普遍认同，最终升华为全市的精神品质。

南宁城市精神虽然语言朴实，但是内涵丰富。“能帮就帮”，言简意丰，涵义深刻，是多种精神的集中体现。一是互助友爱的和谐精神。“能帮就帮”以关爱为基础，以互助为行动；在关爱中互助，在互助中关爱。正如群众所说的“能帮就帮，今天你帮别人，明天别人帮你，帮别人就是帮自己”，体现了人人为我、我为人人的互助友爱精神。二是团结协作的集体精神。“能帮就帮”精神所倡导的是“一花香不如百花香，一家好不如百家好”的团队精神，强调的是互帮互助、团结协作、平等友善、和睦相处。三是携手共进的自强精神。面对发展中的困难和人生中的坎坷，“能帮就帮”体现的是自强不息的精神，通过“衣食住行能帮就帮，求学就业能帮就帮，扶贫济困能帮就帮，大事小事能帮就帮，能帮一点就帮一点”，相互携手，共渡难关，共同进步。

“敢做善成”说的是想干事、敢干事、能干事、干成事。想做事，是一种责任；敢做事，是一种胆识；善做事，是一种本领，更是一种作风。它蕴含着以改革创新为核心的时代精神，体现了南宁人昂扬奋进、争优创先的精神风貌。一是开拓创新、勇于进取的精神。“敢做善成”，首先要敢做，要敢于做别人不敢做和做不了的事。这就必须开拓创新、勇于进取、奋发向上。二是坚忍不拔、奋力拼搏的精神。敢做就要敢于面对困难，勇于克服困难，百折不挠。三是实事求是、尊重科学的精神。“敢做善成”既要发挥主观能动性，又要讲究科学，实事求是，按照客观规律办事。

（有样学样、跟着党员干部干）、关爱精神（社区爱我，我爱社区）、创新精神（想到做到，争先创新）、团队精神（一花香不如百花香，一家好不如百家好）、自强精神（自强不息，乐观向上）"六种精神"。2010年11月，市委十届十二次全会上正式提出，能帮就帮、敢做善成是南宁的城市精神。

【敢做善成精神】 2010年6月，南宁市在全市宣传推出"敢做善成"的南宁市峙村河水库管理所主任朱传波先进典型。6月29日，市委授予朱传波"南宁市优秀共产党员"、"敬业守责、敢做善成的模范基层带头人"称号，并号召全市学习朱传波"敢做善成"精神。7月22日上午，朱传波先进事迹首场报告会在南宁人民会堂举行。朱传波"敢做善成"精神被广大市民所认同，并上升成为南宁的城市品质和城市精神。11月市委十届十二次全会上正式提出，能帮就帮、敢做善成是南宁的城市精神。近年来，在城市精神的引领下，在榜样的带动下，南宁不断涌现出"能帮就帮"的代表、"敢做善成"的典型——"中国杰出青年卫士"黄振磊（2006年），"全国见义勇为模范"谢芳秋（2007年），100位新中国成立以来感动中国人物韩素云（2009年），"爱国为民好战士"黄胜新（2009年），"全国诚实守信模范"牙高峰（2009年），全国道德模范提名奖周小容（2007年）、滕大韶（2009年）、李敏（2009年）等等。2011年，宾阳县竹筒江水库义务守坝人韦曰坚入选"中国好人榜"诚实守信好人名单，被市委、市政府授予"城市友善、能帮就帮模范"称号。（梁一家）

南宁市第三次全国文物普查工作报告（节选）

（2011年7月）

第一部分 普查工作背景

一、普查工作背景

为全面掌握全国不可移动文物的基本情况，特别是第二次全国文物普查以来的发展态势，全面分析文物普查、文物保护事业与国家经济社会发展的关系，2007年4月，国务院下发《国务院关于开展第三次全国文物普查的通知》（国发〔2007〕9号），从2007年4月开始，在全国开展第三次全国文物普查。根据国务院、自治区人民政府的有关通知精神，南宁市积极响应，及时下发《南宁市人民政府办公厅关于开展南宁市第三次全国文物普查的通知》（南府办〔2007〕166号），成立普查领导小组，下发普查通知，制定普查方案，开展普查培训工作，有计划、分步骤地开展文物普查工作，全面开展实地文物普查以及不可移动文物的登记、录入工作，普查面积2万多平方公里，文物普查率和覆盖率达100%，基本上摸清了南宁市不可移动文物保存现状和分布状况。2010年11月实地调查工作顺利通过了国家文物局的验收，向南宁市政府和市民交上了一份满意的答卷。

二、南宁市第二次全国文物普查基本情况

南宁市的文物工作起步比较晚，上个世纪80年代以前，南宁市没有独立的文物行政部门，文物普查、文物调查均由广西壮族自治区博物馆承担。1980年，南宁市成立文物管理委员会，委员会下设办公室，具体行使南宁市文物调查、文物普查、考古挖掘、文物征集、文物保护等职能，自始，南宁市的文物工作慢慢走上正轨。

1987年6月至1989年11月，南宁市开展第二次全国文物普查，南宁市文物管理委员会办公室承担了这一使命，利用两年多的时间，完成了全市49个乡镇579个行政村的文物普查工作，普查覆盖率达100%，其中平原、丘陵村普查覆盖率平均达80%，山区普查覆盖率约60%左右。填写文物登记表130多份。新增加文物点46处，其中南宁市区11处，邕宁县29处，武鸣县6处。全市收编入文物分布图集103处，其中南宁市区36处，邕宁县36处，武鸣县31处。在第二次文物普查的基础上，南宁市在1989年、1994年、1996年和1998年分别公布了一批文物保护单位，共计13处。

期间，南宁市的六县同步开展第二次全国文物普查工作，经过六县普查人员的不懈努力，各县均按要求填写文物登记表，普查覆盖率达80%以上，按时按质完成了第二次全国文物普查工作，在普查的基础上，及时转化普查成果，公布了一批县级文物保护单位。宾阳县完成了21个乡镇的文物普查工作，填写不可移动文物登记表31份并制订了宾阳县文物情况一览表，1988年将南桥、回风塔、秀峰塔、革命烈士梁瀚嵩将军之墓、邓村革命烈士墓、白岩洞、安城古城门等7处不可移动文物公布为县级文物保护单位。横县发现不可移动文物29处，之后在1988年和2005年分别公布了两批文物保护单位。马山县发现并登记文物点共40多处，编制《马山县文物点登记表》，拍摄照片150多张，采集文物标本30多件，公布第一批县级文物保护单位18处。上林县发现58处不可移动文物，并于1999年公布了11处为县级文物保护单位。隆安县在二普的基础上公布了9处县级文物保护单位。

三、2007年以前南宁市不可移动文物基本情况

1963年，由广西壮族自治区人民政府公布南宁市人民公园内的"革命烈士纪念碑"为自治区文物保护单位，这是南宁市第一处文物保护单位。经过几十年的发展，特别是南宁市文物管理委员会成立后，南宁市的文物得到很好的保护和发展。截至2007年3月，南宁市先后公布了多批市（县）级重点文物保护单位，全市共有各级文物保护单位141处，其中全国重点文物保护单位3处，自治区重点文物保护单位12处，市（县）重点文物保护单位126处。

第二部分 普查工作情况（略）

第三部分 普查成果

一、普查的整体成果和统计分析

（一）南宁市普查成果的整体规模，包括登记不可移动文物规模、数据量、图纸、照片和标本的量化指标

从2007年10月至2009年12月两年多来，南宁市三普一线人员踏实工作，努力克服各种困难，保证了南宁市实地调查工作的顺利开展，并取得了重要成果。全市境内123个乡镇全部启动了实地文物调查工作，普查启动率为100%；行政村普查率达

100%。普查行程达10万多千米，召开了群众座谈会100多次，走访各类人员5000多人次，拓片30多张，描绘图纸500多张，拍摄照片1万多张。全境调查登记不可移动文物540处，其中新发现244处，复查296处；调查登记消失文物20处，全部完成了南宁市六县六城区所有文物保护单位、新发现不可移动文物的资料搜集、复查登记、数据采集、录入、照片拍摄等工作。

（二）南宁市普查成果的主要分类数字

南宁市第三次全国文物普查共录入了540处不可移动文物，其中古遗址95处、古墓葬39处、古建筑195处、石窟寺及石刻57处、近现代重要史迹及代表性建筑151处。消失的不可移动文物20处。

二、普查数据的成果和成果转化

（一）第三次全国文物普查不可移动文物信息管理系统的建设情况

南宁市三普办依据国家文物局确定的文物普查技术标准，参照现有第三次全国文物普查数据采集专用软件的经验，根据实际情况，结合不可移动文物分布电子地图，开发完成了《南宁市第三次全国文物普查不可移动文物信息管理系统》，录入和保存全市540处不可移动文物数据信息。该系统可实现不可移动文物信息数据的录入、核查、保存、查询、分析整理、自动标注地图点等全流程科学管理。

（二）第三次全国文物普查不可移动文物分布电子地图编制情况

根据文物普查第三阶段工作进度要求，南宁市博物馆与广西师范学院信息中心、广西测绘中心共同开展《南宁市不可移动文物信息系统》软件课题开发工作，共录入国家级、自治区级、市（县）级及一般文物保护点540处，南宁市不可移动文物信息系统雏形基本建立起来。该系统是文物普查信息管理系统的功能之一，通过该系统，将快捷地生成分布电子地图，即只需录入不可移动文物的GPS数据（经纬度），系统就会自动在电子地图中标注此处不可移动文物的分布点。

（三）第三次全国文物普查不可移动文物名录的编制情况

已完成540处不可移动文物名录的编制工作，并向社会公布。

（四）各类专题、地区普查资料的编辑出版工作情况

一是制作了2万份宣传册子。根据《第三次全国文物普查不可移动分类标准》的分类法，以图文并茂的形式，分门别类介绍不可移动文物的六大类型，并分发到各个乡镇的文化馆和村委，以使普查观念深入到最基层。二是编制200册《南宁市第三次全国文物普查简讯》作为阶段性的普查成果，分发到上级部门、同行的兄弟单位、六县六城区等有关单位和个人，从上至下宣传南宁市普查动态。该简讯囊括了本阶段的新发现、六县的普查动态、媒体报道等，内容包括新发现的简介、图片，六县的普查成果，媒体的全文报道，详尽介绍南宁市第三次全国文物普查的进展情况。

三、专业队伍和基础设施、设备提升情况

（一）通过本次普查专业人员队伍规模、专业水平、人员结构和人员知识结构的变化情况

南宁市在开展第三次全国文物普查之前，普查力量主要依靠文博系统的工作人员来完成。南宁市第三次全国文物普查启动后，普查的力量除了文博系统的工作人员外，还发展了大批的志愿者。普查中通过传帮带的方式，锻炼了一批年轻的专业人员，熟悉掌握了文物的调查方法、认定标准，文物的描述，等等。经过本次的文物普查，壮大了专业人员队伍，发展了一批基层文博力量，特别是县一级的文物工作者，业务水平迅速提升，从不懂到懂，从懂得不多到知之甚多甚能独当一面工作，成为文物普查的业务骨干。基层的文化工作者，经过第三次全国文物普查的锻炼，将会承担本辖区内文物调查和文物普查工作。参与的志愿者，通过参与到第三次全国文物普查，增长了文物知识，初步了解了文物的认定和调查方法，今后在宣传和保护南宁市文物方面是一股不可忽视的力量。

（二）通过本次普查文物保护专门机构设置、经费保障以及基础设施、设备配置等方面的变化情况

南宁市第三次全国文物普查成立了领导小组和领导小组办公室，这两个机构随着普查的结束将取消，但成立的普查小组，依然负责本辖区内今后文物普查和文物调查工作，所需的普查经费纳入财政预算。普查配备的专门设备如电脑、数码相机、打印机、GPS定位仪、红外线测距仪、罗盘等等，列入本单位的固定资产，作为今后普查的专用设备。

第四部分　普查中的文物保护工作

一、第三次全国文物普查重要发现和采取的保护措施

南宁市在第三次全国文物普查中，新发现了244处不可移动文物，成果比较丰硕。在这些不可移动文物中，有些是首次发现，有些填补了历史空白，有些反映了地方的民族特色，有些见证了中外友好交流史，可谓意义重大。

（一）南宁市第三次全国文物普查重要发现

1、鲤鱼坡遗址

2008年5月，隆安县文物管理所对该县辖区进行了第三次文物普查工作，在丁当镇俭安村更也屯新发现了一处古人类文化遗址，基于鲤鱼坡遗址的重要性，南宁市三普办对该遗址进行了抢救性的试掘，共发掘了33天，试掘面积共26平方米，出土了重要文化遗物和遗迹，共发现清理墓葬30多座，出土石器、骨器、蚌器等遗物30多件。通过试掘，发现了该遗址的重要价值和意义。第一，通过对遗址的试掘，初步了解了遗址的性质、文化内涵、保存情况、分布范围、与周边遗址的关系等，可以确定该遗址是一处新石器时代贝丘遗址，年代为距今6000年左右。第二，遗址出土物中，出土的石器（尤其是研磨器）在以往的南宁地区考古资料中还未曾发现过，这填补了考古研究资料上的空白，对于研究古人类的活动变迁等也有着重要意义。第三，在遗址中部12平方米的探方内，4个文化层里共发现了30多座墓葬，葬式大多为仰身屈肢葬和侧身屈肢葬，其中大部分墓葬在人体的胸腹部或头部、肢骨上摆放大型的、较为规整的岩石的现象，这种埋葬方式对研究古人类的宗教意识、埋葬习俗等具有重要的学术价值。第四，这是在隆安地区首次发现和发掘贝丘遗址，该遗址的发现，不仅填补了这个空白，还扩大了右江流域贝丘遗址的分布范围，丰富了研究资料，同时也增加了该地区的历史文化内涵。第五，广西的河岸贝丘遗址主要分布在食物充足、适合采集的大江大河两岸，此次发现的鲤鱼坡贝丘遗址位于武鸣河的一条小小的支流的岸边，此类贝丘遗址在广西还是首次发现，其发现说明在小小支流边，也可能存在古人类活动的遗址，这为调查该类遗址的活动范围和分布情况提供了新的资料和线索。

2、老挝“六七”学校旧址

老挝干部子弟学校原在老挝革命根据地桑怒省，依据当时老挝抗美战争形势的需要，秘密转移到中国办学。1967年12月，

中老双方确定在南宁市菠萝岭为老挝建一所小学，对外称“六七”学校。原校园占地约300亩，总建筑面积1.23万平方米，各种建筑物、构筑物共30多座，总投资139万元。1976年4月26日，随着老挝国内形势好转，决定将老挝“六七”学校由南宁搬迁回国。至此，南宁老挝“六七”学校停办。从1967年开办到1976年全部撤回老挝，前后有近10年时间。老挝“六七”学校旧址基本保持原貌，大部分建筑保存较好。现存建筑物、构筑物约20座，以砖木结构红砖红瓦仿苏式建筑为主，多为一层平房或二层楼房，包括老挝“六七”学校的办公室、教室、宿舍、食堂、洗澡房、小卖部、图书室、活动室等。现存建筑中有部分建筑外墙改贴瓷砖，地面改铺地砖，门窗改为铝合金门窗，部分建筑被改扩建。因学校建设发展需要，已有部分原“六七”学校建筑物被拆除。

3、螺蛳畲遗址

该遗址位于南宁市青秀区伶俐镇伶俐村江口坡5队螺蛳畲，遗址地处沱江与邕江交汇处，沱江右岸与邕江左岸的台地上，距离邕江江岸约80米，整个遗址东西长约85米，南北宽约58米，分布面积约5000平方米，在遗址的北面、西北坡面还发现了堆积厚度为0.80米~1.20米的文化层。遗址的地表随处可见散布的白色螺壳，堆积明显，在地表上采集到穿孔蚌刀、红褐色夹砂陶片、石斧、石锛、砺石、打制石器半成品、兽骨、螺壳、蚌壳等标本。从采集到的标本可断定这是一处属新石器时代的贝丘遗址。据走访当地的村民了解到，他们在该遗址上耕作时，还曾经发现过人骨，据此推断该遗址还存在墓葬。该遗址是南宁市开展第三次全国文物普查以来，发现的最大一处新石器时代贝丘遗址，从地表采集到的标本可见其文化内涵之丰富，其分布面积之广甚与全国重点文物保护单位顶蛳山遗址相比。

4、岜蕾山洞穴遗址

该遗址位于南宁市江南区苏圩镇仁德村柳晚坡西南面约1千米处的岜蕾山下，东面约50米处为盘龙洞，西面约100米处为大龙洞。洞口朝正北，高出地面约1.30米，洞口为椭圆形，高约5米，宽约15米，深约20米。洞内平面呈半圆形，较平坦，地表有大块岩石裸露，未见文化层堆积。仅在距洞口外3米处的地表上采集到夹砂陶、烧骨、人牙等标本，根据采集到的标本可判断这是一处新石器时代古人类活动的遗址。该遗址是南宁市第三次全国文物普查普查以来，发现的唯一一处洞穴人类活动遗址，为了解研究南宁史前遗址的分布具有较大的历史意义和考古意义。

5、三江坡那城顶遗址

该遗址位于南宁市西乡塘区江西镇同江村三江坡那城顶（又名罗城），距右江右岸约100米的台地上，东西长约75米，南北宽约67米，面积约5100平方米。遗址中部被近代耕地破坏分成南低北高的两级台地，在地势较高的台地南面耕地断面上可看到0.3米~1米的文化层，地表散落板瓦、筒瓦残片，瓦片均外饰中、细绳纹，泥质，火候较高，颜色有灰、红和青灰色。台地北面和东面为右江环绕，西面、南面则有一条宽约30米的沟壑环绕，疑似古时护城河，现已变为水稻田。从遗址地表上采集到的标本分析，遗址曾存在有汉代建筑，可确定为汉代遗址，至于遗址是以军事城堡、还是以郡县治所的形式存在，还要结合史料和对遗址的发掘来确定。该遗址是南宁市开展第三次全国文物普查及进行邕江流域专题调查以来，在市区内首次发现的一处保存较好的汉代遗址，这对研究汉代广西地区政治、经济状况提供了重要的实物依据，具有重要的研究价值，也填补了南宁市区内汉代遗址考古领域的空白。

6、周家坡民居群

周家坡古民居建筑群位于南宁市江南区江南街道东南村，西距壮锦大道约200米，坐西朝东，南北纵向分为五列，现存单体砖木结构建筑35座，建筑形式多为面阔三间进深二间小青瓦硬山顶，山墙外砌青砖里砌土坯砖（民间俗称“铁包金”），砌筑用浆使用掺草木灰的灰浆，该民居建筑群大部分是清末至民国年间的建筑。据了解，历史上周家坡曾出过不少的秀才、举人、进士及爱国人士等名人，现存多块清代“文魁”、“贡元”、“进士”等牌匾，古民居建筑群中有清代进士周培懋和革命烈士周仲武的故居。该古民居建筑群是南宁市目前保存下来规模较大、布局整齐、保存较为完整的古民居建筑群，是清末至民国年间南宁民居较典型的代表，对研究南宁市农村发展史、城市发展史具有较重要的作用。

7、万尢府

万尢府位于南宁市横县六景镇亭茶村西，约建于清嘉庆年间（1796年~1820年）。该建筑坐东朝西，小青瓦硬山顶，墙体承重砖木结构。整个建筑为三进二天井，外加左右包廊，占地面积约800平方米。第三进为干栏式建筑，一楼为人居，二楼蓄养家畜。正脊堆塑动物花草、亭台楼阁等图案，檐板雕饰果枝、八宝、梅花鹿、麒麟、竹梅兰等图案，挑首精雕细琢莲花托、麒麟、凤凰、牡丹。三进外墙彩绘英雄出海、花开富贵、英雄得志、鸟语花香等人物故事和田园山水画，画中还配诗词多首，如《三国演义》篇首词“滚滚长江东逝水……都付笑谈中”，书香气息浓郁。该宅院是岭南建筑的代表，具有较高的历史、艺术、科学价值。

（二）采取的保护措施

对于这些重要的发现，南宁市三普办除了要求辖区单位保护和管理好这些不可移动文物外，采取近期和远期两种方式进行保护。短期保护一是进行抢救性保护，如对鲤鱼坡遗址进行抢救性的发掘；二是公布为文物保护单位。远期保护一是进行开发利用，如对周家坡民居群，发现后，南宁市三普办立即组织了市领导、专家，市属各部门到该民居群进行实地考察，并召开了周家坡古民居群保护协调会，综合政府部门和专家的意见，拟对周家坡民居群开发利用。二是逐步试掘。在第三次全国文物普查结束后，计划对岜蕾山洞穴遗址、三江坡那城顶遗址等非常重要的新发现进行试掘，以了解遗址的文化内涵。

二、通过法律及其他手段对第三次全国文物普查登记不可移动文物采取措施的情况

（一）在普查期间公布文物保护单位、挂牌保护以及其他保护措施的情况和规模

为了将普查成果转化为政府加强文物保护的实际行动，南宁市三普办和各县三普办对新发现的不可移动文物进行了一系统的保护措施。一是公布为文物点。南宁市文化新闻出版局从2008年和2009年上半年新发现的不可移动文物中收集和整理15处值得保护的史迹、古建筑、石刻等公布为文物点；横县文体局于2010年6月把陈清源故居、万尢府、亭茶杨氏祖屋等3处不可移动文物公布为文物点；马山县文体局对于有重要价值及急需保护的群贤桥等22处不可移动文物公布为文物点。二是公布为文物保护单位。2007年12月，南宁市公布了3处市级文物保护单位；宾阳县公布了谭屋小洋楼、老牌楼等2处县级文物保护单位。2008年，宾阳县公布了施氏家庙、陈良佐旧居、陈氏宗堂、程思远故居等4处县级文物保护单位。2009年，武鸣县公布了2处县级文物保护单位。2010年10月，南宁市在三普调查的基础上公布了新发现的17处不可移动文物为市级文物保护单位。三是建立专题博物馆或专题展。利用新发现的不可移动文物建立专题馆或专题展，发挥社会教育功能，传播有益于社会进步的思想道德、科学技术和文化知识。如利用市级文物保护单位越南中央学舍区(广西南宁育才学校)总部旧址布置了图片陈列展,展现和见证了山水相连的中国—越南“同志加兄弟”的深情厚谊,成为了中越两国历史悠久的传统友好关系最生动的写照。受到了社会各界,尤其是越南国家领导人的高度赞誉。还有宾阳县,利用县级文物保护单位老牌楼和程思远故居,建成了“宾阳传统手工业陈列展”和“程思远故居陈列馆”。四是开展文物修缮。为更好地保护新发现的不可移动文物,南宁市对新发现的不可移动文物分批逐年开展修缮工作。2007年,组织开展越南中央学舍区(广西南宁育才学校)总部旧址和广西省土改工作团第二团团部旧址的维修工作。现已完成越南中央学舍区(广西南宁育才学校)总部旧址的维修,广西省土改工作团第二团团部旧址的维修方案也已完成,维修工作逐步进行。

(二)在普查期间新发现不可移动文物被公布为文物保护单位的数量、级别

南宁市自开展第三次全国文物普查以来,共公布了20处市级文物保护单位、8处县级文物保护单位。

(三)在普查期间为保护新发现不可移动文物所实施的行政措施情况,如政府指定的规章、发布的通知等

结合国家文物局《关于进一步加强第三次全国文物普查新发现文物保护工作的通知》(文物普查发〔2010〕39号)。南宁市三普办多渠道开展新发现文物保护工作,通过及时就地保护、制定专项法规等方法,确保普查新发现文物的安全;着力做好新发现文物的认定工作,将新发现文物及时纳入依法保护行列,将新发现文物公布为文物保护单位;提高经费投入,加强规范管理,切实加大文物建筑维修保护的投入力度,维护和维修了一批新发现文物。

三、在普查期间为保护新发现不可移动文物经济投入情况

为更好地保护新发现的不可移动文物,南宁市对新发现的不可移动文物分批逐年开展修缮工作。2007年,组织开展越南中央学舍区(广西南宁育才学校)总部旧址和广西省土改工作团第二团团部旧址的维修工作,共投入维修经费100多万元。2011年横县投入20万资金对新发现的不可移动文物陈清源故居进行维修。

第五部分 普查中的宣传工作

南宁市利用多种媒体平台,重点开展专题活动,积极宣传第三次文物普查,特别是将普查成果面向全社会展示,营造一个全社会共同关心、支持、参与文物保护的良好环境,提高群众保护文化遗产的意识。

一、在各种媒体接受采访和以投、组稿的形式向社会报道第三次全国文物普查工作情况、成果的数量

(一)媒体报道

为了在第一时间宣传普查成果,南宁市三普办与南宁日报、南宁晚报、南国早报、当代生活报以及南宁电视台、县区宣传媒体等多家媒体联手,对普查新动态先后报道了近百次,其中南宁晚报对普查中新发现的“两旺桥”、“孔总桥”、“钟氏民居”、老挝“六七”学校、“雷殷故居”、“周家坡古民居”、“覃氏民居群”、“万尤府”、“亭茶杨氏祖屋”等别具特色的新发现进行了整版报道;《横县时讯》报道施恒益大院、李萼楼大院、龙母庙和花屋的艺术特色、珍贵价值;横县电视台在2010年对王堂口苏宅、六景泥盆纪标准剖面等进行宣传报道。媒体的报道在社会上引起了强烈的反响,有力地促进了三普工作向前发展,取得了很好的宣传效果,使文物普查工作家喻户晓,市民纷纷拨打电话提供普查线索,极大地提升博物馆以及三普工作在社会各界的知名度和影响力。报刊的报道引起了南宁电视台的注意,该台的《饭前听古》栏目主动联系我们,以南宁市的文物保护单位和普查新发现为题材,以讲故事的形式宣传南宁的历史文化,以提升南宁的城市文化内涵。

(二)网络宣传

为了进一步扩大普查影响力,让同行和市民及时了解普查动态和普查成果,我们通过南宁文物网站和博物馆网站,在第一时间内将普查动态、普查成果以图文并茂的形式进行宣传,仅2009年上传的普查动态文章100多篇,普查成果文章30篇,网站点击率高达100多万人次,得到社会各界的好评,各大门户网站也竞相转载,促进了文物普查工作快速向前发展。

二、以出版物形式宣传第三次全国文物普查成果的数量

一是制作了2万份宣传册子。根据《第三次全国文物普查不可移动分类标准》的分类法,以图文并茂的形式,分门别类介绍不可移动文物的六大类型,并分发到各个乡镇的文化馆和村委,以使普查观念深入到最基层。二是编制200册《南宁市第三次全国文物普查简讯》作为阶段性的普查成果,分发到上级部门、同行的兄弟单位、六县六城区等有关单位和个人,从上至下宣传南宁市普查动态。该简讯囊括了本阶段的新发现、六县的普查动态、媒体报道等,内容包括新发现的简介、图片,六县的普查成果,媒体的全文报道,详尽介绍南宁市第三次全国文物普查的进展情况。三是公开发行《南宁文物》,发行了3000册,该书以图文并茂的形式,从全市文物保护单位和馆藏文物中挑选出能代表南宁历史文化风貌的精品文物,结合图片和文字,分为古遗址、古墓葬、古建筑、石刻、近现代重要史迹及代表性建筑和馆藏精品六个主题,介绍给读者,以期读者能从这些文物当中,领略和品鉴出南宁灿烂的历史文化。

三、以展览形式向社会宣传第三次全国文物普查成果的数量

2008年和2009年,利用“5·18国际博物馆日”宣传活动,南宁市三普办与辖区的博物馆联合,在博物馆展出了南宁市全国第三次普查成果图片展和南宁市文物保护单位图片展,并制作了两幅3.5米×2米的宣传板报,板报以图文并茂的形式,分为前言、领导重视文博工作、不可移动文物、馆藏文物精品和非物质文化遗产五个部分,向市民宣传南宁市文物保护单位的特色及重要性,提高群众自觉爱护文物的意识,激发市民爱护身边的文化遗产、保护文化遗产热情。

四、以宣传品、纪念品形式向社会宣传和普及第三次全国文物普查知识和成果的数量

五年来,南宁市三普办结合“5·18国际博物馆日”和“文化遗产日”宣传月活动,深入高校、社区、中小学、广场等,通过悬挂宣传横幅、举办文物普查知识讲座,开展招聘三普志愿者的形式,分发文物保护法、南宁市第三次文物普查知识等宣传资料2万多份,动员广大社会力量、尤其是大学生关注、参与我市第三次全国文物普查工作,达到预期效果。其次,与南宁移动合作,利用手机短信向南宁市广大市民展开宣传活动,于5月17日上午向南宁市民发送免费短信2万多条。此外,利用文物知识下乡宣传活动,宣传文物保护法,第三次文物普查知识等,共分发宣传资料5万多份。总之,积极利用各种渠道和工具,宣传第三次文物普查工作,扩大影响,争取广大市民了解知情和参与到该项工作中来。

南宁市第三次全国文物普查新发现不可移动文物保护名录

城区	序号	名　称	类　别	年　代	地　址	备　注
兴宁区	1	六村坡覃氏祖屋	古建筑	清代	兴宁区三塘镇六村村委六村坡	
	2	坛龙坡黄氏民居	近现代重要史迹及代表性建筑	1933 年	兴宁区三塘镇四塘社区坛龙坡	
	3	佛子坡粟氏民居	近现代重要史迹及代表性建筑	1932 年	兴宁区三塘镇同仁村佛子坡	
	4	坛贡坡水井	古建筑	清代	兴宁区三塘镇创新村坛贡坡	
	5	古埌坡炮楼	近现代重要史迹及代表性建筑	民国	兴宁区三塘镇创新村古埌坡	
	6	广西农业实验区校舍	近现代重要史迹及代表性建筑	中华人民共和国	兴宁区五塘镇英广村潘村坡	
	7	禄井坡王氏民居	近现代重要史迹及代表性建筑	1937 年	兴宁区五塘镇联兴村禄井坡	
	8	细邓坡炮楼	近现代重要史迹及代表性建筑	1939 年	兴宁区三塘镇创新村细邓坡	
	9	敷文书院遗址	古遗址	明代	兴宁区北宁路 42–1 号	
	10	金牛桥	近现代重要史迹及代表性建筑	1934	兴宁区民生街道官桥村三组金牛桥路	
江南区	11	广西省土改工作团第二团团部旧址	近现代重要史迹及代表性建筑	1951 年~1952 年	江南区江西镇锦江村麻子畲坡	2009 年公布为自治区文物保护单位
	12	广西体育馆	近现代重要史迹及代表性建筑	1966 年	江南区星光大道 3 号	
	13	南宁剧场	近现代重要史迹及代表性建筑	1974 年	江南区星光大道 4 号	
	14	三江口码头遗址	古遗址	明–清	江南区江西镇同江村三江坡	
	15	三江坡汉城遗址	古遗址	汉代	江南区江西镇同江村三江坡	
	16	蕾桑石拱桥	古建筑	清代	江南区苏圩镇仁德村蕾桑坡	
	17	慕村小学旧址	近现代重要史迹及代表性建筑	1945 年	江南区苏圩镇慕村小学	
	18	黄氏宗祠	古建筑	清代	江南区苏圩镇苏保村欧村坡	
	19	定计清水塔	近现代重要史迹及代表性建筑	中华人民共和国	江南区苏圩镇定计村清水塘	
	20	那海渡槽	近现代重要史迹及代表性建筑	1964 年	江南区苏圩镇那海村旧蕾勇坡	
	21	苏氏宗祠	古建筑	清代	江南区苏圩镇苏保村	
	22	扬美五叠堂	古建筑	清代	江南区江西镇扬美村解放街	
	23	扬美黄氏庄园	古建筑	清代	江南区江西镇扬美村	
	24	金马街门楼	近现代重要史迹及代表性建筑	中华人民共和国	江南区江西镇扬美村解放街	
	25	临江街门楼	近现代重要史迹及代表性建筑	中华人民共和国	江南区江西镇扬美村临江街	
	26	扬美举人屋	古建筑	清代	江南区江西镇扬美村临江街 13 号	
	27	扬美临江街明代民居	古建筑	明代	江南区江西镇扬美村临江街 20 号	
	28	扬美临江街清代民居	古建筑	清代	江南区江西镇扬美村临江街 23 号	
	29	扬美古商埠码头	古建筑	清代	江南区江西镇扬美村	

续表

城区	序号	名　称	类　别	年　代	地　址	备　注
江南区	30	扬美古码头	古建筑	清代	江南区江西镇扬美村临江街	
	31	扬美慕义门	古建筑	清代	江南区江西镇扬美村中山街40号	
	32	王氏祖祠	古建筑	清代	江南区江西镇智信村坛仓坡	
	33	木村古闸门	古建筑	清代	江南区江西镇同新村木村坡	
	34	岜蕾山洞穴遗址	古遗址	新石器时代	江南区苏圩镇仁德村柳晚坡	
	35	周家坡古民居	古建筑	清代	江南区江南街道东南村周家坡	2010年公布为南宁市文物保护单位
	36	南宁“老挝六七学校”	近现代重要史迹及代表性建筑	1967年	江南区石柱岭二路2号和4号大院	
	37	雷氏祖屋	古建筑	清代	江南区江南街道亭子社区莫屋角23号	
	38	莫文骅故居	近现代重要史迹及代表性建筑	清道光十年	江南区江南街道亭子社区莫屋角12号	2010年公布为南宁市文物保护单位
	39	苏氏民居	古建筑	清代	江南区江南街道白沙村一组杭屋里三巷24号	
	40	镇海祠	古建筑	清代	江南区五一东路新屋三里	
	41	周瑞麟(进士)屋	古建筑	清代	江南区五一东路新屋五里47号	
	42	周积功(举人)屋	古建筑	清代	江南区五一东路新屋五里22号	
	43	曾氏民居	古建筑	清代	江南区江南街道白沙村三组南一里14、15、16号	
	44	兴陵(皇姑坟)	古墓葬	明代	江南区江西镇同江村宋村坡	
青秀区	45	广西学生军纪念碑	近现代重要史迹及代表性建筑	20世纪80年代	青秀山风景名胜旅游区	
	46	沱江口遗址	古遗址	新石器时代	青秀区伶俐镇伶俐村江口坡5队	
	47	三岸园艺场明清窑址群	古遗址	明–清	青秀区津头街道三岸园艺场三队及五队	
	48	邕江宾馆	近现代重要史迹及代表性建筑	1973年	青秀区临江路1号	
	49	北府庙	古建筑	明–清	青秀区柳沙园艺场滕村	
	50	五属会馆	近现代重要史迹及代表性建筑	1933年	青秀区共和路29–33号	
	51	林氏民居	近现代重要史迹及代表性建筑	民国	青秀区七星路97号	
	52	凌铁水塔	近现代重要史迹及代表性建筑	1934年	青秀区植物路53号	
	53	刘圩大寨屋	近现代重要史迹及代表性建筑	中华人民共和国	青秀区刘圩镇麓阳村	2010年公布为南宁市文物保护单位
	54	那瓦水井	古建筑	清代	青秀区刘圩镇刘圩社区	2010年公布为南宁市文物保护单位
	55	学圣祠	古建筑	北宋	青秀区津头街道青山园艺场上埌村	
	56	邕江大桥	近现代重要史迹及代表性建筑	1964年	青秀区中山街道中山社区朝阳路南	
	57	宗圣源祠	古建筑	明万历三十七年(1609年)	青秀区七星路一巷25号	2010年公布为南宁市文物保护单位

续表

城区	序号	名 称	类 别	年 代	地 址	备 注
西乡塘区	58	越南中央学舍区（广西南宁育才学校）总部旧址	近现代重要史迹及代表性建筑	1951 年	西乡塘区心圩街道和德村九冬坡	2009 年公布为自治区文物保护单位
	59	广西民族大学礼堂	近现代重要史迹及代表性建筑	1955 年	西乡塘区大学东路 118 号广西民族大学校园内	
	60	邕江铁路大桥	近现代重要史迹及代表性建筑	1957 年	西乡塘区永和路永和大桥旁	
	61	那告坡覃氏民居群	古建筑	清代	西乡塘区石埠街道老口村那告坡	2010 年公布为南宁市文物保护单位
	62	那告坡覃氏宗祠	古建筑	清代	西乡塘区石埠街道老口村那告坡	2010 年公布为南宁市文物保护单位
	63	甘坡祠堂	古建筑	清代	西乡塘区金陵镇富庶村甘坡	
	64	沧山渡槽	近现代重要史迹及代表性建筑	中华人民共和国	西乡塘区金陵镇富庶村六榄坡	
	65	新联坡三帝庙	古建筑	清代	西乡塘区石埠街道兴贤村新联坡	
	66	邕宁县第十三区政府旧址	近现代重要史迹及代表性建筑	1956 年	西乡塘区石埠街道老口村贤湾街 19 号	2010 年公布为南宁市文物保护单位
	67	建宁坡李氏民居	古建筑	清代	西乡塘区石埠街道老口村建宁坡	2010 年公布为南宁市文物保护单位
	68	三民坡黄氏宗祠	古建筑	清代	西乡塘区石埠街道老口村三民坡	2010 年公布为南宁市文物保护单位
	69	浪竹坡覃氏民居	古建筑	清代	西乡塘区石埠街道老口村浪竹坡	
	70	尖岭坡定保桥	近现代重要史迹及代表性建筑	民国	西乡塘区石埠街道石西村尖岭坡	
	71	驮罕码头	近现代重要史迹及代表性建筑	民国	西乡塘区金陵镇龙达村龙江街	2010 年公布为南宁市文物保护单位
	72	驮罕炮楼	近现代重要史迹及代表性建筑	民国	西乡塘区金陵镇龙达村龙江街	2010 年公布为南宁市文物保护单位
	73	义利酱园坊	近现代重要史迹及代表性建筑	民国	西乡塘区金陵镇邓圩村农乐坡	
	74	陈氏宗祠	古建筑	清代	西乡塘区陈东村岭头坡 1 号	
	75	陈裔宗祠	古建筑	清代	西乡塘区陈东村	
	76	陈东大队公社礼堂	近现代重要史迹及代表性建筑	20 世纪 70 年代	西乡塘区陈东村	
	77	花婆庙	古建筑	清代	西乡塘区陈东村	
	78	陈东村陈氏祖屋	古建筑	清代	西乡塘区陈东村	
	79	陈东村陈氏老宅	古建筑	清代	西乡塘区陈东村	
	80	敕勒圳桥	古建筑	1864 年	西乡塘区高新区滨和路心圩公园内	
	81	高城庙	古建筑	清代	西乡塘区安吉街道屯渌村	
	82	卢村团结桥	近现代重要史迹及代表性建筑	1969 年	西乡塘区石埠街道老口村卢村坡	
	83	卢村砖井	近现代重要史迹及代表性建筑	中华人民共和国	西乡塘区石埠街道老口村卢村坡	
	84	大石坡石氏民居	古建筑	清代	西乡塘区金陵镇刚德村大石坡 137–138 号	
	85	大石坡卢氏民居	古建筑	清代	西乡塘区金陵镇刚德村大石坡 154 号	2010 年公布为南宁市文物保护单位
	86	堠驮石拱桥	古建筑	清代	西乡塘区金陵镇广道村群益坡	

续表

城区	序号	名称	类别	年代	地址	备注
西乡塘区	87	圩中街戏台	近现代重要史迹及代表性建筑	1962年	西乡塘区坛洛镇圩中村圩中街	
	88	桥双坡石拱桥	古建筑	清代	西乡塘区双定镇秀山村桥双坡	
	89	那贫坡元真宗祠	古建筑	清代	西乡塘区坛洛镇上中村那贫坡	
	90	坛洛中学陈列室	近现代重要史迹及代表性建筑	民国	西乡塘区坛洛镇朱湖村八冬坡坛洛中学校园内	
	91	定内坡定内宗祠	古建筑	清代	西乡塘区坛洛镇朱湖村定内坡	
	92	坛洛财神砖拱桥	近现代重要史迹及代表性建筑	1954年	西乡塘区坛洛镇坛洛村旧街	
	93	楞增渡槽	近现代重要史迹及代表性建筑	1975年	西乡塘区坛洛镇中北村楞丁坡	
	94	稔生坡石拱桥	近现代重要史迹及代表性建筑	民国	西乡塘区坛洛镇合志村稔生坡	
	95	稔生坡九龙石桥	古建筑	1801年	西乡塘区坛洛镇合志村稔生坡	
	96	桥扁丹凤石拱桥	古建筑	清代	西乡塘区双定镇秀山村花伏坡	
	97	华强坡美伦四方井	古建筑	清代	西乡塘区双定镇和强村华强坡	
	98	兴隆街美姆石井	近现代重要史迹及代表性建筑	民国	西乡塘区双定镇兴平村兴隆街	
	99	上坡卢氏民居	近现代重要史迹及代表性建筑	民国	西乡塘区双定镇兴平村上坡	
	100	周都和烈士纪念塔	近现代重要史迹及代表性建筑	1955年	西乡塘区双定镇兴平村兴隆街	
	101	潘氏宗祠	古建筑	清代	西乡塘区安吉街道大塘村东坡	
	102	广西机电职业技术学院苏式建筑群	近现代重要史迹及代表性建筑	1953年	西乡塘区大学东路101号广西机电职业技术学院	
	103	邓氏百子千孙桥	近现代重要史迹及代表性建筑	1946年	西乡塘区上尧街道万秀村邓屋坡	
邕宁区	104	团阳杨宅	古建筑	清代	邕宁区新江镇团阳村团阳坡160号	
	105	那蒙滕氏古宅	古建筑	清代	邕宁区那楼镇那蒙村	
	106	康浪平烈士纪念碑	近现代重要史迹及代表性筑	中华人民共和国	邕宁区蒲庙镇孟莲村	
	107	定甲古民宅	古建筑	清代	邕宁区蒲庙镇仁福村定甲坡51号	
	108	北觥古民居	古建筑	清代	邕宁区蒲庙镇仁福村北觥坡	
	109	农机校水塔	近现代重要史迹及代表性建筑	中华人民共和国	邕宁区蒲庙镇梁村	
	110	那莲正码头	古建筑	清代	邕宁区蒲庙镇孟莲村那莲街	
	111	那莲社坛码头	古建筑	明代	邕宁区蒲庙镇孟莲村	
	112	镇龙大烟囱	近现代重要史迹及代表性建筑	中华人民共和国	邕宁区那楼镇镇龙派出所内	
	113	华康郑氏古宅	近现代重要史迹及代表性建筑	1948年	邕宁区蒲庙镇华康村屯了坡	
	114	华康郑氏大宅	近现代重要史迹及代表性建筑	1950年	邕宁区蒲庙镇华康村屯了坡	
	115	百济革命烈士纪念碑	近现代重要史迹及代表性建筑	1985年	邕宁区百济乡百济社区百济街西面	
	116	东兴码头	古建筑	清代	邕宁区蒲庙镇蒲津社区和平三里	

续表

城区	序号	名 称	类 别	年 代	地 址	备 注
邕宁区	117	仁里陆氏古宅	古建筑	清代	邕宁区百济乡百济社区仁里坡	
	118	那晓炮楼	古建筑	清代	邕宁区那楼镇那旺村那晓坡	
	119	梁村古宅	古建筑	清代	邕宁区蒲庙镇梁村巷桥坡	
	120	镇龙那佃古宅	古建筑	清代	邕宁区那楼镇镇龙社区那佃坡57号	
良庆区	121	新州坡六角形古井	古建筑	清代	良庆区南晓镇新民村新州坡	
	122	缸瓦窑窑址	古遗址	清代	良庆区良庆镇缸瓦窑村	
	123	五帝庙	古建筑	清代	良庆区良庆镇良庆街西二巷	2010年公布为南宁市文物保护单位
	124	林景云烈士故居	近现代重要史迹及代表性建筑	清代	良庆区良庆镇缸瓦窑村	
	125	团底古井	古建筑	1831年	良庆区良庆镇新团村新庄坡	
	126	棋三古井	古建筑	清代	良庆区良庆镇新村伏那坡	
	127	新民古井	古建筑	1867年	良庆区良庆镇新兰村新民坡	
	128	孔总桥	近现代重要史迹及代表性建筑	1976年	良庆区南晓镇平朗村	2010年公布为南宁市文物保护单位
	129	那例烟墩岭烽火台遗址	古遗址	明代	良庆区大塘镇那例村那造坡	
	130	敏旺石拱桥	古建筑	1848年	良庆区大塘镇太安村那廖坡	
	131	广西邕宁县那陈小学旧址	近现代重要史迹及代表性建筑	1936年	良庆区那陈镇那陈中学内	
	132	那陈文化大革命标语	近现代重要史迹及代表性建筑	中华人民共和国	良庆区那陈镇旧街	
	133	钟氏民居	古建筑	1894年	良庆区南晓镇陵桂村大陵坡	2010年公布为南宁市文物保护单位
	134	雷殷故居	近现代重要史迹及代表性建筑	民国	良庆区南晓镇晓元村达庄坡	2010年公布为南宁市文物保护单位
	135	黄氏炮楼	近现代重要史迹及代表性建筑	民国	良庆区那马镇那僚村天龙坡	
	136	良庆粮仓群	近现代重要史迹及代表性建筑	中华人民共和国	良庆区良庆镇	
	137	蕾帽岭摩崖石刻	石窟寺及石刻	清代	良庆区那陈镇那徐村平丙坡	2010年公布为南宁市文物保护单位

注:统计时间截至2012年5月底

(南宁市第三次全国文物普查领导小组办公室)

责任编辑 梁笑飞

2011年大事记

1月

1日 自治区党委书记、自治区人大常委会主任郭声琨到南宁市慰问节日期间坚守工作岗位的环卫工人，看望低收入困难群众，考察调研节日农产品市场供应和价格情况。

4日 广西2011中华文化游暨2011南宁月月旅游节启动仪式在广西民族博物馆举行。

6日 南宁市首次开展重大动物疫情应急演练。市重大动物疫病防治指挥部指挥长、副市长温守荣以及相关部门150多人参加演练。

△ 自治区首例太阳能光伏发电并网系统项目南宁振宁·现代鲁班小区幼儿园屋面太阳能光伏发电项目正式通过验收。

△ 南宁市被列为全国33个家政服务体系建设试点之一，并获中央补助资金1280万元，用于扶持家政服务龙头企业和家政网络服务中心建设。

7日 市长黄方方会见澳大利亚驻华大使芮捷锐一行，双方就深化南宁市与澳大利亚的经贸和文化、教育、科技等领域合作进行友好交流。

8日 南宁市江南区江西镇扬美古镇经国家住房和城乡建设部、国家文物局批准为中国历史文化名村。此次全国有38个镇、61个村被批准成为第5批国家级历史文化名镇、名村。

10日 2011年第一次市领导信访接待日。市长黄方方到东宝路市委、市政府群众来访接待室，参加市领导信访接待日活动与信访群众面对面，倾听群众诉求。

△ 由中宣部、中央文明办和中央电视台联合举办的《我们的节日·春节》"激情广场"专题歌会在南湖广场举行。

11日 无烟城市——盖茨中国控烟项目二期城市启动会在杭州举行。南宁与杭州、大连、苏州、南京、长春、克拉玛依等10个城市入选无烟城市——盖茨中国控烟项目二期城市。

12日 市委、市政府召开全市科学技术表彰奖励大会。自治区党委常委、市委书记车荣福，市领导黄方方、谢寿堂、岑可成、林山青、吴炜、卢丽芬、李志勇、袁曼虹等出席。

△ 自治区农村工作会议在南宁市召开。南宁市获2010年自治区粮食生产先进单位、2009年自治区发展农业新兴优势产业先进单位。

13日 自治区党委常委、市委书记车荣福就南宁市"十一五"时期发展经验和"十二五"时期经济社会发展接受《中国经济时报》记者专访。市委常委、宣传部部长、副市长吕洁参加。

18日 市长黄方方参加"两会"现场访谈，接受报纸、电视、电台和网络等多家媒体的联合采访，就南宁市经济社会发展情况以及努力保持价格总水平基本稳定、治理交通拥堵、加强保障性住房等问题回答记者提问。

△ 南宁市信息化大楼落成暨南宁市城乡数字化建设办公室挂牌仪式举行。

26日~31日 市政府组成10个督查组开展安全生产大检查。

28日 南宁市打造中国水城的标志性项目——民歌湖建成启用；南宁首条湖底隧道——南湖隧道正式通车。

30日 市委、市政府举行南宁孔庙迁建落成仪式暨祭孔大典。

2月

15日 南宁市印发《南宁市人民政府办公厅关于贯彻执行住房限购措施有关问题的通知》，3月1日，南宁市开始实施限购令，限购时间1年。

16日 市政府召开第五次全体（扩大）会议。会议讨论通过即将提请市十二届人大第九次会议审议的《南宁市国民经济和社会发展第十二个五年规划纲要（草案）》和《政府工作报告》。

17日 市人大常委会召开《南宁市城市桥梁管理条例》颁布实施新闻发布会，《条例》3月1日起施行。

23日 市政府与广西出入境检验检疫局签订《关于促进南宁市外向型经济发展合作备忘录》。

△ 广西海外交流协会、广西侨务办公室、南宁市政府组织的广西文化艺术团对新加坡、马来西亚和泰国部分城市华人进行新春慰问演出。首场"春满乡情晚会"在新加坡宗乡会馆联合总会大礼堂演出。

24日 西门子（中国）有限公司与南宁市政府签署战略合作框架协议，以加强双方在工业和基础设施领域的合作。

3月

1日 南宁市深入开展"项目建设年"、"发展环境建设年"活动继续打好五场攻坚战动员大会召开。自治区党委常委、市委书记车荣福，市长黄方方分别作重要讲话。

5日 南宁市举行各界妇女纪念三

八国际劳动妇女节101周年茶话会暨表彰会，一批“巾帼建功”先进集体和先进个人受到命名和表彰。

△ 市委、市政府举行颁奖典礼，表彰南宁市第一届道德模范和“美德少年”。自治区党委常委、市委书记车荣福在颁奖典礼前接见助人为乐模范郝毅、敬业奉献模范朱传波等获奖者代表。

△ 全国人大代表、南宁市市长黄方方接受中央电视台中文国际频道《中国新闻》栏目采访。

12日 市工商局、市建委、市人力资源和社会保障局、市消费者协会等四部门联合开展的“外来务工人员维权主题现场”活动在南宁市中新路华润置地南宁万象城工地举行。

△ 被教育部定义为“中国高校后勤连锁餐饮第一品牌”的连锁餐饮品牌企业——广西一周厨品餐饮管理有限公司的“一周厨品中央厨房（南宁）”项目开工仪式在五一西路沙井仓库举行。

15日~16日 自治区党委常委、市委书记车荣福率领由市长黄方方、市人大常委会主任谢寿堂、市政协主席岑可成等市四家班子领导和有关部门负责人组成的南宁市党政代表团到北京市西城区、国家有关部委开展学习访问活动。期间，签署《北京市西城区—广西壮族自治区南宁市合作框架协议》。车荣福接受人民网、绿色中国网络电视和《科技日报》等媒体记者联合采访。

19日 市委、市政府在民族广场举行“3·19城市管理公众参与日”系列活动启动仪式。

24日 南宁市举行国家批准实施《广西北部湾经济区发展规划》三周年、广西北部湾经济区成立五周年纪念活动。

25日 南宁市民族文化“三进”（民族歌曲进酒店、民族风情进校园、民族传统体育健身项目进机关）活动启动仪式在市沛鸿民族中学举行。

26日 由人民网主办，南宁市政府、人民网舆情监测室承办的首届网络问政与舆情监测高峰论坛在南宁举行，主题是微博时代政府与民众的良性互动。南宁市政府获2010年网络舆情监测创新奖。

4月

1日 自治区党委常委、市委书记车荣福，市长黄方方会见中国国民党荣誉主席吴伯雄一行，并就进一步加强南宁与台湾经贸文化交流合作、实现互利互惠发展等事项进行友好交谈。

△ 南宁市水文水资源局挂牌成立，实行自治区水利厅与南宁市政府双重领导体制。

3日 2011年中国壮乡·武鸣“三月三”歌圩暨骆越文化旅游节在武鸣城东大草坪开幕。

9日 南宁高新区与国海证券股份有限公司战略合作备忘录的签约仪式举行，标志着高新区首批拟挂牌“新三板”企业股改正式启动。南宁飞日润滑油有限公司、广西地凯科技有限公司成为首批签约拟挂牌企业。

18日 市长黄方方会见德国西马克（简称SMS）集团西马格公司执行董事迪特·罗森霍一行，并共同见证南南铝加工公司与德国西马克（SMS）集团的签约仪式。

19日 南宁职业技术学院与广西首府南宁献血委员会办公室联合举办的“校园固定献血月暨驻邕高校大学生无偿献血形象代言人选拔活动启动仪式”在南宁职业技术学院罗文校区举行，来自驻邕40多所大、中专院校无偿献血代表1000多人参加仪式。

20日 南宁市政府与广西电网公司签署《南宁市“十二五”电网发展战略合作框架协议》。

△ 南宁市召开南宁市区域性信息交流中心建设新闻发布会，南宁市区域性信息交流中心建设已经取得阶段性成果，城市信息化总体水平位居全国前20名。

21日~30日 以市长黄方方为团长、市委副书记刘长林为副团长的南宁市经贸代表团赴台开展经贸活动。期间，南宁市赴台经贸代表团参加由自治区主办的桂台经贸文化合作论坛，举行南宁—台北企业家恳谈会、南宁—花莲农业恳谈会。参观考察鸿海集团富士康企业台湾总部、花莲农会生鲜物流处理中心、台湾统一集团等一批企业和科技园区，在台北市、花莲县、高雄县、台南市、南投县等开展交流联谊活动。

22日 广西“扫黄打非”工作小组在南宁设主会场，举行2011年侵权盗版制品及非法出版物集中销毁活动，公开销毁侵权盗版和非法出版物69万件，以实际行动迎接“4·26”世界知识产权日到来。

28日 南宁市发布实施《南宁市中长期人才发展规划纲要》等10个人才工作政策文件，明确未来10年南宁市人才发展的总体目标，即把南宁市打造成面向东盟的区域性国际人才高地。

△ 相思湖公园、青秀湖公园西段一期工程建成开放。

29日 由市委宣传部、市文化新闻

4月3日，中国壮乡·武鸣“三月三”歌圩上的千人竹竿舞表演现场　　汪　悦提供

出版局联合主办的首府南宁庆祝五一国际劳动节暨南宁市第二届乡村社区和谐文艺大展演民歌湖广场群众文化活动启动仪式在民歌湖广场举行。

△ 市政府召开《南宁市停车场管理办法》颁布实施新闻发布会。《办法》5月1日起施行。

△ 被最高人民法院列为全国法院小额速裁审判改革试点法院的西乡塘区法院举行小额速裁庭揭牌仪式，这是广西成立的首个小额速裁试点。

5月

3日 南宁市青年就业创业服务中心在市行政审批大厅挂牌成立。

△ 马山县、上林县、隆安县分别举行实施贫困县义务教育学生营养改善计划启动仪式，为贫困山区学生提供免费营养午餐。即日起，3个县有13.40万名学生每年可以享受到250日由政府补贴的每餐2.50元的营养午餐。所需资金8500多万元，全部由市财政解决。

4日~5日 全国人大常委会副委员长、民进中央主席严隽琪一行在自治区人大常委会副主任文明，全国政协常委、民进广西区委会主委陈自力，市领导谢寿堂、范力的陪同下，参观考察南湖名树博览园、青秀山风景区，并到英华学校、广西东方外国语职业学院调研民办教育发展情况。

6日 全国政协副主席李兆焯到南宁视察邕江大学建设情况。

8日 2011中国商务文化节暨第二届中国(南宁)国际时尚博览会“时尚·爱”公益行动在民歌湖广场启动。

△ 南湖公园应急避难所举行全面竣工仪式暨纪念“5·12”防震减灾科普宣传活动。

10日 市人大常委会召开《南宁市展会管理条例》颁布实施新闻发布会。《条例》6月1日起施行。

13日 市政府正式出台《东盟国家留学生奖学金管理办法》，决定设立东盟国家留学生奖学金，奖励在南宁市普通高中就读的、来自东盟国家并与南宁市建立友好城市或者友好交往城市的优秀留学生。《办法》9月1日起施行。

14日 以“远离传销·共建平安和谐南宁”为主题的南宁市开展打击传销宣传月启动仪式在金湖广场举行。

15日 2011年全国科技活动周广西活动开幕式暨绿城科普广场活动在金湖广场举行。

△ 市政府新闻发言人宣布南宁市目前获得“落实内地与港、澳《关于建立更紧密经贸关系的安排》(CEPA)示范城市”。这是继广东佛山市、上海浦东新区、重庆北部新区和广东珠海市获得“落实CEPA示范城市”后，商务部颁布的第二批示范城市名单，南宁与广州、深圳等9个城市榜上有名。南宁将享受与港澳在会展、医疗、旅游、教育等领域开展经贸合作的先行先试政策。

△ 广西残疾人高等职业教育学院在南宁成立，是自治区第一所全日制残疾人大专学历教育学院，也是全国高职高专第一所全日制残疾人大专学历教育学院，由南宁职业技术学院、自治区残疾人联合会联合创办。

19日 首个中国旅游日。由自治区政府主办的“中国旅游日”广西(南宁)主会场宣传推广活动在金湖广场举行。

20日 全国人大常委会副委员长司马义·铁力瓦尔地，全国人大常委会委员、全国人大民族委员会主任委员马启智，全国人大常委会委员、全国人大民族委员会委员、贵州省人大常委会副主任唐世礼一行到南宁市，就南宁市经济社会发展特别是城市生态文明建设、民族工作等进行调研。

21日 位于凤岭南路的李宁体育园正式开园，园区占地35.13公顷，建筑面积3.59万平方米，是由广西李宁基金会捐资建设的公益性公园。

25日 南宁国际民歌艺术节组委会、广西电视台等联合主办的“大地飞歌·2011”民歌大赛启动仪式在民歌湖广场举行。

△ 新版《海棠亭》在南宁人民会堂演出。自治区党委常委、市委书记车荣福，自治区文联主席潘琦，市领导黄方方、谢寿堂、邓金玉、吴炜、吕洁、杨民到场观看演出。

26日 市中级法院发布《2010年南宁市行政案件司法审查情况报告》，这是市中级法院发布的首个审判白皮书。

30日 南宁商务公共信息服务平台正式开通。

5月3日起，马山县、上林县、隆安县共有13.40万名学生可以享受每餐2.50元的营养午餐。图为学生们在食堂里排队领取免费午餐　　卢冬琳　摄

6月

1日 全国政协副主席厉无畏率领的全国政协委员考察团一行就民族地区经济社会发展等莅邕考察指导。自治区政协主席马铁山，自治区党委常委、市委书记车荣福与考察团座谈。

2日~3日 由市政府主办，市规划管理局与华东建筑设计研究院共同承办的2011绿色建筑与技术南宁高峰论坛在南宁国际会展中心举行。

3日 第七届中国水城“中国联通”

6月6日，2011年南宁慈善日“能帮就帮，慈善一日捐”启动仪式在民族广场举行
周家志 摄

南宁国际龙舟邀请赛在南湖开赛。

6日 2011年南宁慈善日“能帮就帮，慈善一日捐”启动仪式在民族广场举行。

8日~10日 由中国人民对外友好协会、中国国际友好城市联合会主办的“城市发展·走向世界”2011国际百城论坛活动在北京召开。在“2011百城之夜”主题颁奖晚会上，南宁获城市品牌建设奖。在“城市定位与投资导向”主题论坛上，副市长杨民作专题发言。

13日 在北京召开的第七次全国法制宣传教育工作会议上，中共中央宣传部、司法部授予南宁市2006~2010年全国法制宣传教育先进城市。这是南宁市第二次获此称号。

△ 南宁月月旅游节之“2011年昆仑关民俗文化旅游节”在昆仑关风景区正式启动。

14日 在宾阳县黎塘镇永安西路新埠桥收费站旁的港兴停车场，一辆装载氯酸钾、碳粉等易燃易爆物品的货车，因卸货不慎引发爆炸，造成8人死亡、2人重伤、4人轻伤。市长黄方方，市委常委、政法委书记朱育兆，副市长温守荣、石文怀等领导赶到现场指挥，并前往医院看望伤员。

17日~18日 由市政府、自治区商务厅、中国国际贸易学会共同主办的2011中国国际商务文化节暨第二届中国（南宁）国际时尚博览会在南宁国际会展中心举行。在投资贸易洽谈会暨项目签约仪式上，16个项目参加签约，其中时尚品牌落户南宁项目9个，投资合作项目7个，总投资11.55亿元。

18日 富士康南宁科技园一期工程开工仪式在江南区举行。自治区党委书记、自治区人大常委会主任郭声琨，自治区主席马飚，富士康科技集团总裁郭台铭等为工程开工奠基。

23日 市人大常委会召开《南宁市志愿服务条例》颁布实施新闻发布会，《条例》7月1日起施行。

30日 南宁市隆重集会，热烈庆祝中国共产党成立90周年。市四家班子领导出席大会。自治区党委常委、市委书记车荣福作重要讲话。大会对一批先进单位和先进个人进行表彰。

△ 市政府在南宁国际会展中心广场举行南宁市实施建筑垃圾机械化密闭运输启动仪式。

7月

1日 大型红色经典粤剧《江姐》在南宁剧场首场演出，自治区、南宁市领导车荣福、石生龙、黄日波、黄方方、谢寿堂、岑可成等出席观看。

△ 民族广场大型公益LED电子屏正式揭屏启用，总面积1100平方米。

6日 由印度尼西亚驻华大使馆和市政府主办的“印尼文化之夜”晚会在南宁国际会展中心上演。

△ 市政府与湖南、云南、海南3省，以及广州、福州、南昌、长沙、成都5市社会医疗保险机构代表签订《泛珠三角区域部分省及省会城市社会医疗保险异地就医合作框架协议》。

8日 第十五届南宁国际学生用品交易会暨2011中国·东盟（南宁）国际教育展览会在南宁国际会展中心开幕。

11日 第八届中国—东盟博览会轻工展新闻发布会、中国—东盟博览会秘书处与南宁华南城战略合作签约仪式举行。

12日 市政府与清华大学、浙江大学、北京外国语大学3所高校签约共建研究生社会实践基地。

14日 在自治区2011年年中工作会议上，南宁市首次获广西工业产业发展奖一等奖。

26日 市政府与中国移动通信集团广西有限公司签署“无线城市”应用与发展合作协议。

28日 “大地飞歌·2011”民歌大赛组委会在南宁新闻中心举行大赛新闻发布会。

29日 市长黄方方会见缅甸外交部副部长吴貌敏率领的缅甸代表团。

8月

5日 市政府与自治区农村信用社联合社举行保障性安居工程金融合作备忘录签订仪式。

6日 自治区法制办、市政府在金湖广场举行《广西壮族自治区行政执法监督办法》发布实施一周年宣传日活动暨行政执法督察证颁证仪式。

10日 南宁市志愿者协会成立。在成立大会上，159名团体会员代表和个人会员审议并通过《南宁市志愿者协会章程（草案）》、《南宁市志愿者协会选举办法（草案）》，选举产生协会第一届理事会理事14人以及第一届理事会会长、常务副会长等。

16日~28日 第七届全国茉莉花茶交易会、2011年中国国际茉莉花文化节在“中国茉莉之乡”横县举行。

18日~19日 第六届泛北部湾经济合作论坛在南宁举行。本届论坛继续秉承“共建中国—东盟新增长极”的宗旨，以中国—东盟自贸区建设与泛北部湾经济合作为主题，安排“泛北智库峰会—区域联通与跨境合作”、“泛北部湾金融合作峰会—跨境贸易和投资”、“泛北部湾旅游合作峰会”等3个峰会专题进行研讨。

20日 全国政协副主席、农工党中央常务副主席陈宗兴一行到南宁参观考察，感受南宁市城市建设成果。

30日 市十二届人大常委会举行第四十三次会议。会议通过有关人事任免事项，依法接受黄方方辞去市长职务、李志勇辞去市副市长职务的请求。会议依法决定任命周红波为副市长、代理市长，眭国华为副市长。

△ 南宁市开展防空警报试鸣活动，8万多市民参加疏散隐蔽演练。

9月

4日~6日 亚洲政党专题会议在南宁举行。中共中央政治局常委、国家副主席习近平向会议发来贺信。中共中央政治局常委、中央政法委书记周永康出席开幕式并发表主旨讲话。会议通过《南宁倡议》。

6日 南宁市获2014年世界体操锦标赛举办权，这是南宁市首次成功申办体操领域世界最高级别赛事。

7日 南宁市城乡居民社会养老保险工作会议召开，新增横县、宾阳县、上林县、兴宁区、江南区、青秀区、良庆区7个县(区)为新农保试点，同时启动城镇居民社会养老保险试点。

20日 广西丰林木业集团股份有限公司在上海证券交易所上市，在A股募集资金8.21亿元。

21日 市委召开全市领导干部大会，自治区党委副书记陈际瓦代表自治区党委在会上宣布中共南宁市委主要领导同志职务调整的决定：陈武同志任中共南宁市委委员、常委、书记，车荣福同志由于年龄原因，不再担任中共南宁市委委员、常委、书记职务。

22日 南宁市举行以“绿色交通·城市未来”为主题的无车日活动。

27日～29日 中国共产党南宁市第十一次代表大会在南宁人民会堂举行，选举产生新一届市委领导班子。

30日 大型电视访谈节目“8+1对话：弘扬生态文明，共建森林南宁”在南宁举行。由国家林业局副局长张永利，中国工程院院士、中国风景园林规划与设计教育家孟兆祯，市委副书记、代市长周红波，北京林业大学校长宋维明，中国生态文明研究与促进会秘书长王景福，国家林业局经济发展研究中心主任刘东生，中国人民大学党委宣传部部长、教授郑水泉，自治区林业厅总工程师蒋桂雄等领导专家组成的嘉宾团队，与担任现场主持的中央电视台主持人宋英杰举行“8+1对话”，围绕弘扬生态文明，共建森林南宁主题，进行对话和探讨。

10月

8日 南宁市举行纪念辛亥革命100周年座谈会。自治区党委常委、自治区副主席、市委书记陈武，市人大常委会主任谢寿堂，市政协主席岑可成，市委副书记、代理市长周红波等市四家班子领导，市各民主党派、工商联，市各人民团体负责人和辛亥革命先驱后裔代表等出席座谈会。

10日 《南宁市城市总体规划(2011~2020年)》(修订后)获国务院批复。到2020年，在《总体规划》确定的6559平方千米城市规划区范围内，中心城区城市人口控制在300万人以内。

10日~14日 政协第十届南宁市委员会第一次会议在南宁人民会堂、南宁饭店召开，会议选举产生新一届政协常委会领导班子。

11日 由中国国家人口和计划生育委员会与广西壮族自治区人民政府主办的中国—东盟人口与家庭发展论坛在南宁举行。

12日~16日 南宁市第十三届人民代表大会第一次会议在南宁人民会堂举行，会议选举产生新一届人大常委会领导班子，新一届市政府领导班子，法院、检察院主要领导。

14日 南宁市获全国绿化委员会、国家林业局授予的国家森林城市。目前全国仅有8个省会城市获此荣誉。

△ 南宁市首次采用的食品安全监控信息系统正式投入使用。

17日 以“新形势下的中国—东盟合作”为主题的第四届中国—东盟智库战略对话论坛在南宁举行。

20日 中共中央政治局常委、国务院总理温家宝在南宁分别会见柬埔寨首相洪森、老挝副总理宋萨瓦、越南副总理阮春福、泰国副总理吉滴叻和缅甸副总统吴丁昂敏乌。自治区党委书记郭声琨、自治区主席马飚、外交部副部长张志军、商务部国际贸易谈判代表兼副部长高虎城等会见时在座。

△ 南宁·中国—东盟国际商务区商业街落成启动仪式在商业街中心文化广场举行。

21日~26日 第八届中国—东盟博览会在南宁国际会展中心举行。中共中央政治局常委、国务院总理温家宝，第八届中国—东盟博览会主题国马来西亚总理纳吉布，柬埔寨首相洪森，缅甸副总统吴丁昂敏乌，老挝副总理宋萨瓦，泰国副总理吉滴叻，越南副总理阮春福，文莱工业和初级资源部部长叶海亚，新加坡贸工部部长林勋强，菲律宾贸工部副部长马拉雅，印度尼西亚贸易部部长助理穆赫达塔尔，自治区党委书记郭声琨，自治区主席马飚，东盟秘书长素林共同为开幕式剪彩并为中国—东盟青少年交流活动中心揭牌。第八届中国—东盟博览会主题国马来西亚国际贸易和工业部部长慕斯塔法、东盟秘书长素林共同主持开幕式。22日，第八届中国—东盟博览会举行国际、国内经济合作签约仪式。南宁市有11个招商引资项目参加签约，总投资72.38亿元。

21日 第八届中国—东盟商务与投资峰会在南宁荔园山庄举行。中共中央政治局常委、国务院总理温家宝出席开幕式并发表《深化合作　共同繁荣》的主旨演讲。本届峰会主题为深化区域合作，实现共同繁荣。

△ “大地飞歌·2011”第十三届南宁国际民歌艺术节暨第八届中国—东盟博览会开幕式晚会在广西体育中心举行。

△ 南宁市举行2011南宁投资贸易洽谈会暨重大项目签约仪式。现场签约重大项目42个，总金额482亿元。

△ 由中国国家质检总局与东盟秘书处共同举办的“第一届中国—东盟TBT合作部长会议”在南宁召开，这是中国—东盟在TBT(技术性贸易壁垒协议)合作领域的首次部长级会议。会议通过

《中国—东盟关于加强产品质量安全合作的联合声明》。

22日 2011年南宁国际民歌艺术节南宁市友好城市签约仪式在南宁饭店举行。马拉维利隆圭市、波兰格鲁琼兹市、日本秋田市、墨西哥杜兰戈市、中国的西宁市、大庆市与南宁市缔约，其中马拉维利隆圭市、波兰格鲁琼兹市、中国的西宁市和大庆市与南宁市正式签署友好城市协议。

22日~30日 南宁·东南亚国际旅游美食节在江南区邕州老街举行，设标准展位183个，举行“绿色天然食品选拔大赛”、“美食才艺达人秀”大赛、“趣味大胃王”竞技争霸赛、江南区百姓小舞台文艺演出、街舞大赛等活动。

26日 市政府与广西北部湾银行举行保障性安居工程金融合作备忘录签订仪式。

△ 广西艾滋病临床治疗中心（南宁）综合大楼奠基仪式在市第四医院举行。

29日 中国国际茉莉花文化节在由中国人类学民族学研究会、国际节庆协会（IFEA）主办的第二届中国民族节庆峰会上获中国十大最具国际影响力节庆奖。

31日 自治区党委书记、自治区人大常委会主任郭声琨，自治区主席马飚实地考察南宁五象新区开发建设，强调南宁市要把五象新区开发建设作为一号工程，提出把五象新区建设成为国内一流、世界先进、独具特色的现代化新城。

11月

2日 南宁市首届学术年会在明园饭店大礼堂举行。由市委、市政府主办，市科学技术协会承办。主题为学科发展与自主创新。东盟工程科技院院士、马来西亚拉曼大学校长、拿督蔡贤德博士；香港工程师学会理事、香港工程师学会环保分部主席乐法成博士等专家作特邀报告。

8日 南宁市召开掀起五象新区开发建设新高潮全市动员大会。市四家班子领导出席动员大会。自治区党委常委、自治区副主席、市委书记陈武作动员讲话。市长周红波对加快推进五象新区开发建设作具体部署。市委常委、常务副市长吴炜主持大会。

11日 市长周红波在市政府会见新任越南驻南宁总领事范星梅。

△ 南宁八菱科技股份有限公司在深圳证券交易所正式挂牌上市，将在A股募集资金3.20亿元。

△ 南宁市江北环城水系可利江—心圩江连通运河工程9座桥梁正式建成通车。可利江—心圩江连通运河是南宁“中国水城”建设二期工程子项目之一，运河上的9座桥梁分别是滨河路桥、科园大道桥、高新二路桥、高新三路桥、高新四路桥、高新五路桥、高新六路桥、高新七路桥和风岭路桥，按照“一桥一景”的设计理念进行桥梁装饰与景观工程建设。上述桥梁于1月开工建设，总投资1.44亿元，完成投资1.29亿元，占总投资90%，完成工程量80%。

16日 在第十三届中国国际高新技术成果交易会上，国家发展改革委联合工业和信息化部等八部门组织召开国家商务部示范城市、国家物联网云计算试点示范、国际创新能力建设授牌大会，南宁市获国家电子商务示范城市。

19日 到南宁出席贯彻落实中央民族工作会议精神经验交流会的全国政协副主席、中央统战部部长杜青林对南宁市城市建设、生态环境建设、民族文化进行考察。

21日 科技部批准南宁市为2009~2010年度全国科技进步先进市，这是南宁市十二年来连续6次获此荣誉。

24日 南宁市十三届人民政府第一次全体（扩大）会议召开。会议贯彻落实自治区第十次党代会和市委第十一次党代会精神、市十三届人大一次会议精神，研究部署新一届政府工作。市长周红波在会上作讲话。会议由市委常委、常务副市长吴炜主持。市领导吕洁、石文怀、畦国华、肖志钢、廖洪涛、魏凤君、杨民、唐轶昂参加会议。

△ 南宁市兴宁区在江苏省南京市召开的全国社会工作推进会上被民政部、中国社会工作协会授予首批全国城市社会工作示范城区。同时获得该荣誉的还有全国其他15个城区，兴宁区是自治区惟一获此荣誉的城区。

26日 2011年亚洲沙滩排球巡回赛（南宁站）在南宁国际会展中心举行。

27日 南宁至台北松山开通定期直航，南宁至台湾航线增至4条。

28日 广西出入境检验检疫局南宁保税物流中心办事处正式揭牌开检仪式在南宁保税物流中心举行。国家质检总局副局长杨刚、自治区副主席蓝天立、市长周红波等领导共同揭牌。

30日 南宁市颁布新修改的《南宁市城市居民最低生活保障办法》。

12月

1日 宾阳县中华镇蒙记村委宜村竹筒江水库义务守坝人韦曰坚在由中央文明办主办的“我推荐、我评议身边好人”活动中入选“中国好人榜”诚实守信好人候选人名单。

2日 市政府、国家开发银行广西分行、国开金融有限责任公司2011年银政合作联席会在市委、市政府会议中心举行，签署“十二五”开发性金融合作备忘录和贷款合同。

6日 市人防办在青秀区新竹小区举行自治区首支人防志愿者队伍组建仪式。该队伍有186人，成员主要为在校大学生、在职医护人员及青秀区各个街道办居民，按照既定工作方向分为防空宣传、医疗救护、后勤保障、疏散引导、抢险救灾等小组。队伍组建后将在市人防办的指导下参加专业技术培训及防空警报试鸣等相关活动，平时进行人民防空、防灾避险宣传，战时协助相关部门进行防空工作，遇到自然灾害、突发事件还可以第一时间投入抢险救灾。

△ 工商银行南宁第一金银交易中心在南宁市桃源路开业，这是广西首家由银行类金融机构开设的专业性金银交易中心。

7日 自治区党委常委、市委书记陈武主持召开南宁水系和水城建设工作专题会议。周红波、刘长林、杨维超、肖志钢、魏凤君等市领导以及有关部门负责人出席会议。

△ 南宁市举行国家电子商务示范城市暨西南特色民族药物开发国家地方联合工程研究中心揭牌仪式。

△ 南宁市首家“关爱女职工服务

站”和“女职工家居创业基地”在青秀区凤岭北社区揭牌，这也是自治区级首个示范点。

8日 “国际干细胞联合研究中心”广西基地项目在南宁高新区启动。

9日 广西药用植物园申报吉尼斯世界纪录成功，获世界最大的药用植物园吉尼斯纪录证书。其种植面积202公顷，保存药用植物品种5600多种。

△ 由自治区政府主办，市政府、自治区农业厅、商务厅、工业和信息化委、水产畜牧兽医局共同承办的第一届广西名特优农产品交易会在南宁国际会展中心开幕，主题为生态绿色美广西，加工特色好产品。

10日 2011年“中国联通”南宁国际半程马拉松比赛暨29届南宁解放日长跑活动在南宁举行。

11日 市政府召开新闻发布会，就市区部分道路实施单向交通组织暨民族大道部分路口立交建设规划初步方案公开向市民征求意见。

13日 南宁市第一届大学村官“绿城先锋”论坛在横县举行。本次论坛由市委组织部、市人力资源和社会保障局、共青团市委主办，横县县委、县政府承办。

14日 南宁市院士专家工作站授牌仪式暨左铁镛院士报告会在市委、市政府会议中心举行。

16日 南宁市启动“能帮就帮、敢做善成、温暖同行”大型主题活动，评选100名在邕务工杰出青年，并组织1000对城乡家庭手拉手结对帮扶。

17日 由南宁市主办的第15届南宁国际学生用品交易会暨2011中国·东盟(南宁)国际教育展览会获“2011年度中国十佳品牌展会项目”大奖。

20日 中央文明委在北京京西宾馆举行全国精神文明建设工作表彰大会，南宁市再度获全国文明城市。

△ 在国家卫生城镇命名表彰电视电话会议上，南宁市获国家卫生城市。

22日 南宁市在市委、市政府大院广场行“全国文明城市”、“国家卫生城市”迎匾仪式。

26日 市委、市政府追授韦曰坚同志荣誉称号命名表彰大会暨先进事迹报告会在南宁人民会堂举行，授予韦曰坚“诚信友善、能帮就帮模范”荣誉称号，并号召全市广大群众向韦曰坚学习。

27日 南宁市隆重纪念南宁市文学艺术界联合会成立60周年。自治区党委常委、市委书记陈武致信祝贺。市委常委、宣传部部长、副市长吕洁，市政协副主席汪玲出席纪念大会。

28日 南宁市在由经济日报社主办的“2011中国自主创新年会”上获2011年度中国十大低碳城市。

△ 南宁市第二届乡村社区和谐文艺大展演颁奖晚会暨汇报演出在南宁人民会堂举行。4月，南宁市第二届乡村社区和谐文艺大展演活动正式启动，在全市15个县(区、开发区)、102个乡镇、24个街道、1300多个村和300多个社区全面铺开。活动历时8个多月，经历乡村社区初赛、县(区)复赛和全市决赛3个阶段，演出2300多场，参与群众130多万人次。《瑶家欢歌唱和谐》等10个节目获得展演活动一等奖，《佛手九莲灯》等16个节目获得二等奖，《不弯腰的老师》等19个节目获三等奖，《昂喃那》等20个节目获优秀创作奖，《蓝色的朝阳沟》等6个节目获单项奖。《我有一个梦想》等18个节目获优秀辅导奖，西乡塘区等15个县(区)、开发区获优秀组织奖、组织奖。

29日 南宁市召开创建全国文明城市、国家卫生城市总结表彰暨再动员大会。自治区党委常委、市委书记陈武，市长周红波，市人大常委会主任谢寿堂，市政协主席岑可成等市四家班子领导出席会议。

△ 南宁市举行掀起五象新区开发建设新高潮暨南宁市2011年12月份重大项目开(竣)工仪式。标志着南宁市轨道交通建设工程全面启动的南宁轨道交通1号线工程全线开工，五象新区金融街、文化街、民族风情街，五象大桥等一批五象新区开发建设重大项目开工。

△ 桂南高速公路改扩建工程开工仪式分别在南宁分会场和柳州分会场同时举行。自治区、市领导李彬、周红波、石文怀在南宁分会场出席开工仪式。

30日 市政府与中国南车股份有限公司签订战略合作协议。

△ 南宁市文化产业网建成开通，为广西首家文化产业政府门户网站。

31日 南宁市婚育综合服务现场会暨江南区婚育综合服务中心启用仪式在江南区福建园社区卫生服务中心举行。

(汪 悦 罗 宁)

2011年南宁十大新闻

(由中共南宁市委宣传部、南宁市新闻工作者协会评选，2012年2月3发布)

1、2011年，南宁市“三城”同创成功，蝉联“全国文明城市”，荣获“国家卫生城市”、“国家森林城市”。

2、2011年10月31日，自治区主要领导实地考察南宁五象新区，提出把新区建设成为国内一流、世界先进、独具特色的现代化新城，再次掀起五象新区开发建设新高潮。

3、2011年，南宁市市、县(区)、乡镇、村(社区)四级领导班子换届工作圆满完成。9月27日~29日，中国共产党南宁市第十一次代表大会隆重举行，选举产生新一届市委领导班子。

4、2011年10月，国务院批复南宁市城市总体规划，到2020年，在《总体规划》确定的6559平方千米城市规划区范围内，中心城区城市人口控制在300万以内。

5、2011年12月21日，市委、市政府授予韦曰坚“诚信友善、能帮就帮模范”荣誉称号。

6、2011年3月1日，南宁市实施楼市调控新政“限购令”，实行暂时限定居民家庭购房套数政策；扎实推进保障性住房工程，至11月30日完成保障性住房39597套(户)。

7、2011年，南宁市实施贫困县义务教育学生营养改善计划，马山、隆安、上林3个贫困县农村义务教育阶段的13.4万贫困生5月3日起享受免费午餐，市财政为此投入4816万元。

8、2011年1月28日，南宁市打造中国水城的标志性项目——民歌湖建成启用，南宁首条湖底隧道——南湖隧道正式通车。

9、2011年12月，南宁市开展“能帮就帮、敢做善成、温暖同行”大型主题活动，评选100名在邕务工杰出青年，并组织一千对城乡家庭手拉手结对帮扶。

10、市委、市政府关注民生听民意，转变作风解民忧，从2011年12月11日起就市区部分道路实施单向交通组织暨民族大道部分路口立交建设规划初步方案通过各种形式向市民广泛征求意见。

(罗 宁)

责任编辑 廖胜兰

基本情况

【地理位置】 南宁市位于广西南部，东经107°45′~108°51′，北纬22°13′~23°32′之间。全市总面积22112平方千米；市区面积6479平方千米，其中建成区面积190平方千米。南宁处于粤港澳经济区、西南经济区和东盟经济区的结合部，是中国西南出海大通道的重要枢纽，也是西部各省、自治区惟一沿海的省会（首府）城市，具有承东启西，连南接北的区位优势。以南宁为中心的公路网四通八达，国道、省道把南宁与自治区各市相连，构成广西公路网的主骨架；形成以公路为骨干，铁路、水运和航空共同组成的综合运输网络。高速公路可直达柳州、桂林、北海、百色、玉林、友谊关等地。水路沿江而上可达龙州、百色，直入云南；顺流而下可达贵港、梧州、广州、深圳、香港和澳门。民用航空国内航线通达国内各主要大中城市，国际航线可直达泰国、新加坡、马来西亚、印度尼西亚、越南、柬埔寨等东盟国家。经过南宁的铁路有湘桂线、南防线、南昆线，纵横贯通的铁路网可直达全国各大中城市。（李鸿宽）

【建置沿革】 南宁古属百越之地。秦始皇帝三十三年（前214年），秦统一岭南地区，设南海、桂林、象郡，南宁属桂林郡辖地。汉高祖元年至元鼎元年（前206~前116年）为南越国地，元鼎六年（前111年）属郁林郡领方县地。三国时，属吴国辖地，属广州郁林郡临浦县地，一直延续到西晋。东晋大兴元年（318年），从郁林郡析出晋兴郡，隶属广州，治所晋兴县，晋兴县成为南宁的第一个地名。隋开皇十八年（598年），改晋兴县为宣化县，治所宣化城（今南宁市区）。唐武德四年（621年），以宣化县地设南晋州，领宣化一县；五年，宣化县分出宣化、武缘（今武鸣县）、朗宁、晋兴、横山5个县，隶属南晋州；贞观六年（632年），南晋州改称邕州，为邕州都督府，这是南宁成为桂西南地区行政中心的开始，也是南宁简称“邕”之始（“邕”字来自唐《元和郡县志》“因州西南邕溪水为名”的记述）；天宝元年（742年）改邕州为朗宁郡；乾元元年（758年）复为邕州，撤销朗宁郡建制，由州领县；咸通三年（862年），邕州属岭南西道，治所宣化县，这是南宁相当于今省级政权治所开始。元至元十六年（1279年），改邕州为邕州路，辖宣化县、武缘县，置邕州路总管府，兼左右两江溪峒镇抚，隶属湖广行中书省；泰定元年（1324年）九月，为庆南疆绥服，邕州路改称南宁路（取南疆安宁之意），宣化县隶属南宁路，南宁得名始于此；至正二十三年（1363年），湖广行中书省分置广西行中书省，南宁路隶属广西行中书省。明洪武元年（1368年）废南宁路，置南宁府，宣化县隶属南宁府，治所在今南宁城。清朝承袭明朝建置，清朝初年，南宁府隶属广西省，宣化县隶属南宁府，府、县治均在今南宁市。

民国元年（1912年）7月，废宣化县并南宁府，同年10月，广西军政府从桂林迁至南宁，南宁成为广西省会；2年6月，废府留县，南宁府改为南宁县，同时置邕南道，领邕宁、武鸣、扶南（今属扶绥县）、那马（今属马山县）、上思、横、宾阳、永淳（今属横县）、上林、隆安10个县，归德（今属柳江县）、果化（今属平果县）、土忠（今属扶绥县）3个土州，都阳（今属都安县）、安定（今属都安县）、白山（今属马山县）、古零（今属马山县）、兴隆（今属东兰县）、旧城（今属平果县）、定罗（今属马山县）、迁隆峒（今属宁明县）8个土司，治所均在今南宁市；3年6月，为避云南省的南宁县同名而改名邕宁县。同年置南宁道，领邕宁、永淳、横、宾阳、上林、武鸣、隆山（今属马山县）、那马、都安、果德（今属平果县）、隆安、扶南、绥渌（今属扶绥县）、上思14个县和定罗土司；15年废道，由省直接领县；18年7月设南宁市政府，与邕宁县合署办公，同年11月，撤市建制；19年置南宁民团区，23年置南宁行政监督区，24年置第九区，均领邕宁、宾阳、横、永淳、扶南、绥渌、同正（今属扶绥县）、隆安、上思9个县；25年10月，广西省会从南宁迁至桂林；29年置南宁行政监督区（又叫第九区）；31年4月，将第八区（武鸣）、第九区合并称第四行政区，治所南宁，领邕宁、永淳、横、宾阳、上林、武鸣、隆山、都安、那马、平治（治今平果县）、果德、隆安、同正、扶南、绥渌、上思16个县；38年10月，广西省会再次从桂林迁至南宁。

1949年12月4日，南宁解放。1950年1月，南宁建市。同年2月8日，广西省人民政府成立，确定南宁市为省会。1952年12月，南宁亦为桂西壮族自治区（1956年改为桂西壮族自治州）驻地。1958年3月，广西壮族自治区成立，南宁市为首府。

（梁新莲）

【土地资源】 2011年，南宁市行政区域土地总面积221.12万公顷。其中：耕地面积69.19万公顷，林地面积97.62万公顷，建设用地（城镇、村级工矿用地、交通运输用地）14.29万公顷，水域10.86万公顷，其他用地29.16万公顷。市区土地总面积64.47万公顷。其中：耕地面积21.29万公顷，林地面积25.58万公顷，建设用地（城镇、村级工矿用地、交通运输用地）5.74万公顷，水域3.73万公顷，其他用地8.13万公顷。

【矿产资源】 2011年，南宁市已勘察发现矿产资源63种，主要有：能源矿产褐煤、无烟煤、石煤、地热（热矿水）；黑色金

2011年南宁市地类面积结构

单位：万公顷

地类 行政区域	总计	耕地	林地	建设用地	水域	其他用地
市本级	64.47	21.29	25.58	5.74	3.73	8.13
市辖六县	156.65	47.90	72.04	8.55	7.13	21.03
总计	221.12	69.19	97.62	14.29	10.86	29.16
所占比例(%)	100	31.29	44.15	6.46	4.91	13.19

属矿产铁、锰、钒、钛；有色金属矿产铜、铅、锌、铝土矿、镍、钴、钨、铋、钼、锑；贵金属矿产金、银；化工原料非金属矿产有磷、硫铁矿、芒硝、砷、泥炭、重晶石；冶金辅助原料非金属矿产萤石、耐火黏土；建材和其他非金属矿产压电水晶、熔炼水晶、滑石、叶蜡石、石膏、水泥用石灰岩、建筑石料用灰岩、高岭土、膨润土、陶粒用黏土、瓦砖用黏土、玻璃用砂岩、水泥配料用砂岩、粉石英、水泥配料用黏土、瓦砖用页岩、水泥配料用页岩、饰面用花岗岩、建筑用花岗岩、方角石、硅灰岩、建筑用砂(河砂)；水汽矿产矿泉水等。优势矿产有钨、银、钒、铜、金、石灰岩、花岗岩、耐火黏土、滑石、水晶、砂岩。平势矿产有煤、锰、铝、铅、锌、硫、铁矿、膨润土、高岭土、石膏。探明矿床590处，其中大型矿床9处、中型矿床9处、小型矿床557处。从业人员1万；年产矿石2000万吨；矿业产值5.33亿元(不含矿业冶炼加工)。

（谭世明）

【植物资源】 南宁市地处亚热带南缘，北回归线从北部武鸣县、上林县、马山县及大明山穿过，地形多样，有平原、盆地、丘陵、山地，以平原和丘陵为主。良好的水、热条件孕育着丰富的植物资源。2011年，全市有维管束植物209科、764属、3000余种。其中：蕨类植物42科、84属、250种；裸子植物7科、9属、18种；被子植物160科、671属、1755种。乔木树有600种以上，以壳斗科、茶科、杜鹃花科、樟科、胡桃科、木兰科、大戟科为优势。国家公布保护的一、二级野生植物主要分布在广西大明山国家级自然保护区、广西龙山自治区级自然保护区、广西龙虎山自治区级自然保护区、广西三十六弄—陇均自治区级自然保护区、广西弄拉自治区级自然保护区。2007年，在龙虎山自然保护区首次发现中国特有植物，被《中国物种红皮名录》收录的极危树种——龙州锥。

【动物资源】 2011年，南宁市自然分布的野生脊椎动物有31目90科208属272种，其中两栖类19种，主要有大鲵、棘胸蛙、虎纹蛙、泽蛙、大绿蛙、斑腿树蛙等；爬行类42种，主要有蟒蛇、山瑞鳖、大壁虎、大头平胸龟、乌龟、百花锦蛇、金环蛇、银环蛇、眼镜王蛇、五步蛇、滑鼠蛇等；鸟类151种，主要有原鸡、林三趾鹑、凤头鹃隼、雀雕、猛隼、小鸦鹃、草鸮、长尾阔嘴鸟等；哺乳类60种，主要有黑叶猴、猕猴、小灵猫、大灵猫、林麝、苏门羚、黑熊、穿山甲等。国家公布保护的一、二级野生动物主要分布在广西大明山国家级自然保护区、广西龙山自治区级自然保护区、广西龙虎山自治区级自然保护区、广西三十六弄—陇均自治区级自然保护区、广西弄拉自治区级自然保护区、西津湖水库。

（林志武）

【水资源】 南宁市水资源较为丰富，多年平均降雨量在1241~1753毫米之间，其中市区为1310毫米，上林县为1753.20毫米。市辖区河系发达，河流众多，流域集水面积在200平方千米以上的河流有郁江、右江、左江、武鸣河、八尺江、清水河、良凤江、香山河、东班江、沙江、镇龙江等39条。市内最大的河流是郁江，流过南宁市区、邕宁、横县。右江的下游经过隆安县，在南宁市宋村与左江汇合形成郁江。郁江（南宁水文站）年平均天然径流量375.10亿立方米。溶岩地区地下伏流发育，地下水资源丰富，根据地下水调查和分析，南宁市辖区多年平均地下水量模数为每平方千米11.10万立方米，多年平均浅层地下水资源补给量为25亿立方米。市辖区多年平均水资源总量约139.90亿立方米（区域水资源总量是指当地年内降水量形成的地表、地下水总量，不含过境水量）。2011年，郁江（南宁水文站）天然径流量251.90亿立方米，比多年平均值偏少32.70%。全市水资源总量约111.80亿立方米，区域内的左江、右江、郁江水质尚好，大部分河段的水质符合饮水用水标准；部分小支流由于受沿河工矿企业的排污影响，河水受污染较重。全市有大、中、小型水库779座，其中库容1亿立方米以上的大型水库5座、1千万立方米以上的中型水库25座、小型水库749座，总库容38亿立方米左右。水库的水质基本符合饮水用水标准。全市人均拥有可利用水量约8000立方米，全国人均水量仅为2200立方米。丰富的水资源为南宁市工、农业生产和人民生活提供保障，但由于降水和河川径流的时空分布不均匀，并非所有的水资源都能利用，一些地区仍然水、旱灾害频繁，农业产量不稳定，水资源供需矛盾日益突出。

（黄召生）

【气　候】 2011年，南宁市年平均气温21.1℃，较常年偏低0.4℃；年平均降水量1410.90毫米，偏多0.20%，属正常年景；平均日照时数1537小时，较常年偏少1.20%，属正常年份。4月~9月汛期全市平均总降雨量886毫米，比常年偏少2成，属略少年景。影响南宁市的热带气旋比常年偏晚，受1108号热带风暴“洛坦”、1117号台风“纳沙”、1119号强热带风暴“尼格”3个热带气旋影响，后两个台风有利于水库蓄水和缓解全市的旱情，但也造成部分地区出现洪涝。全市低温阴雨总日数偏多，结束期偏迟；初次寒露风开始日期较常年偏早、影响程度偏重。主要天气气候事件有：暴雨洪涝、热带气旋、干旱等。

（江　雪）

【水　文】

降　水　2011年1月~3月，南宁市江河主要控制水文站的降水量与历年均值比较属正常年景。汛期雨季来临时间出现较晚，结束时间推迟至10月上旬。4月~9月，市辖区主要江河各水文站降水量在424.40~962.50毫米，汛期降水总量与历年同期相比，除南宁站外，其余各站降水量均小于多年同期均值，属枯水年景；郁江南宁站增加1.50%，左江龙州站、崇左站、明江宁明站、黑水河新和站、右江隆安站、清水河邹圩站分别偏少27.10%、32.60%、26.10%、19.90%、

24.20%、41.20%。整个汛期，发生一场全流域性的两个台风连续影响的强降雨过程，大范围强降雨少，发生局地暴雨普遍。10月中旬至年末，大部分水文站降水量与多年平均值相当，属平水年景。入汛后，洪水出现较晚，结束时间推迟至10月上旬。洪水场次偏少，洪水水位偏低，变幅相对较小。整个汛期各江河仅有一场高洪峰以上洪水，清水河发生超警戒水位洪水2次，明江、镇龙江发生超警戒水位以上洪水1次，其他河段均未达到警戒水位。最大洪水起涨出现在9月底，洪峰几乎都在10月上旬出现，因受到两个台风的相继影响，明江和左江主要水文站、右江以及郁江水文站基本都形成复式峰。10月中旬至年末，郁江以上流域降水量接近多年平均值，各江河水位均在低洪以下。郁江（南宁水文站）12月31日24时水位为63.13米。

水　质　2011年，按照《国家地表水环境质量标准》（GB3838-2002），对归春河硕龙河段监测12次，其中二至三类水质11次，四类水质1次；对水口河水口桥河段监测12次，其中三类水质9次，四类水质3次；对龙州站河段监测12次，三类水质10次，四类水质2次；对崇左站河段监测12次，均为二至三类水质；对南宁站河段监测12次，其中三类水质10次、四类水质2次；对右江下颜河段监测12次，其中二至三类水质9次，四类水质3次；对郁江蒲庙河段监测12次，三类水质7次，四类水质5次；对豹子头河段监测6次，均为三至四类水质；对邕江河南水厂河段监测12次，三类水质7次，其余为四类水质；对六景河段监测6次，均为三类水质。在所监测的跨市界河段中，清水河廖平断面监测11次，其中三类水质7次，四类水质4次；左江智信断面监测10次，其中三类水质9次，四类水质1次；明江在妙断面全年水质均为二至三类；乔建河平良断面监测11次，其中三类水质8次，四类水质3次。监测河段主要污染（超标）物为粪大肠菌群、铁、氨氮、溶解氧等。造成水质超标的主要原因是由于非汛期降水量普遍偏少，河流流量偏少，致使河流的纳污容量很小，点源污染容易使河流的水质变劣。（黄召生）

【人　口】 2011年，南宁市户籍总数214.58万户，总人口711.49万，比上年增加4.12万，增长0.58%。其中：市辖区人口272.82万，增加2.08万，增长0.77%；非农业人口192.94万，增加9636人，增长0.50%；农业人口518.55万，增加3.15万。全市人口出生率为5.66‰，降低1.33个千分点；人口死亡率1.88‰，增加0.34个千分点；人口自然增长率3.79‰，回落1.66个千分点。（李鸿宽）

【行政区划】 2011年，南宁市行政区划

2011年南宁市县（区）、乡镇（街道）情况

县　区	乡镇（街道）数				乡镇	街道
	镇	乡	民族乡	街　道		
兴宁区	3			2	三塘镇、五塘镇、昆仑镇	朝阳、民生
江南区	4			4	吴圩镇、苏圩镇、延安镇、江西镇	江南、福建园、那洪、沙井
青秀区	4			5	伶俐镇、长塘镇、刘圩镇、南阳镇	建政、新竹、中山、津头、南湖
西乡塘区	3			10	坛洛镇、金陵镇、双定镇	西乡塘、衡阳、北湖、安吉、安宁、新阳、华强、上尧、石埠、心圩
邕宁区	3	2			蒲庙镇、那楼镇、新江镇、百济乡、中和乡	
良庆区	5			1	良庆镇、那马镇、那陈镇、大塘镇、南晓镇	大沙田
武鸣县	13				城厢镇、太平镇、双桥镇、宁武镇、锣圩镇、仙湖镇、府城镇、罗波镇、陆斡镇、两江镇、甘圩镇、灵马镇、马头镇	
横　县	14	3			横州镇、石塘镇、云表镇、马岭镇、百合镇、那阳镇、峦城镇、六景镇、陶圩镇、校椅镇、新福镇、莲塘镇、南乡镇、平马镇、镇龙乡、马山乡、平朗乡	
宾阳县	15	1			芦圩镇、思陇镇、新桥镇、新圩镇、邹圩镇、大桥镇、和吉镇、洋桥镇、武陵镇、中华镇、古辣镇、露圩镇、甘棠镇、黎塘镇、王灵镇、陈平乡	
上林县	7	3	1		大丰镇、巷贤镇、白圩镇、三里镇、明亮镇、乔贤镇、西燕镇、澄泰乡、木山乡、塘红乡、镇圩瑶族乡	
马山县	7	2	2		白山镇、周鹿镇、百龙滩镇、古零镇、金钗镇、永州镇、林圩镇、乔利乡、加方乡、古寨瑶族乡、里当瑶族乡	
隆安县	6	4			城厢镇、乔建镇、那桐镇、雁江镇、丁当镇、南圩镇、都结乡、布泉乡、屏山乡、古潭乡	

（胡小民）

为兴宁区、江南区、青秀区、西乡塘区、邕宁区、良庆区和武鸣县、横县、宾阳县、上林县、马山县、隆安县12个县（区），共84个镇、15个乡、3个民族乡、22个街道。

【民　族】 南宁市是一个以壮族为主体、多民族聚居的首府城市。居住着壮、汉、瑶、苗、仫佬、侗、回、满、毛南、土家、布依、水、黎、京、彝、蒙古、白、朝鲜、傈僳、畲、仡佬、傣、哈尼、鄂温克、高山、藏、土、锡伯、纳西、拉祜、羌、维吾尔、达斡尔、景颇、佤、普米、布朗、基诺、东乡、裕固、哈萨克、保安、柯尔克孜、阿昌、赫哲、俄罗斯、怒、塔塔尔、鄂伦春、德昂等50个民族。其中人口总数超过1000人的依次为壮、汉、瑶、苗、仫佬、侗、回、满、毛南、土家、布依等11个民族。壮族是世代居住在本地的土著民族；汉族为秦汉以后陆续迁入；回族为元朝以后迁入；瑶族和苗族大多为清代以后迁入；其余民族多于解放后尤其是改革开放以后陆续从全国各地迁入。2011年，全市总人口711.49万人，其中少数民族人口412.58万人，占总人口的57.99%，少数民族人口总数居全国五个少数民族自治区首府城市之首。市区少数民族人口占总人口的比例为58.14%，各城区少数民族人口占总人口比重的排序为：邕宁区（94.76%）、良庆区（89.69%）、兴宁区（63.40%）、江南区（50.82%）、青秀区（47.40%）、西乡塘区（42.57%）；各县少数民族人口占总人口的比例为57.90%，少数民族人口占总人口比重的排序为：隆安县（96.86%）、武鸣县（86.78%）、马山县（82.67%）、上林县（84.68%）、横县（38.68%）、宾阳县（20.29%）。汉族在各地均有分布，以宾阳县、横县和除邕宁区、良庆区以外的城区较为集中；瑶族主要聚居在马山县和上林县；苗族在各地均有分布，以城区较为集中；回族、满族、侗族等其他少数民族主要居住在城区；全市有3个民族乡，分别为马山县古寨瑶族乡、里当瑶族乡和上林县镇圩瑶族乡。

【语言文字】 2011年，居住在南宁市的49个少数民族中，除回族、满族已全部转用汉语外，其他少数民族都保留有自己的语言，部分少数民族保留有自己的传统文字。普通话和规范汉字为公务用语用字，国家机关工作人员、教师从业人员实施普通话水平测试。全市推广普通话和推行规范汉字，公共服务行业基本以普通话为服务用语。

汉语方言　主要有白话（粤语）、平话、桂柳话（西南官话）和普通话等4种。近郊农村汉族普遍使用平话，城区内汉族多使用普通话和白话，部分使用桂柳话（西南官话）。中心城区贸易及社会交往的汉语方言以南宁白话和普通话为主。

壮　语　壮语是壮族主要的语言交际工具，使用较为广泛的区域为武鸣县、横县、上林县、马山县、隆安县、邕宁区、良庆区，以及西乡塘区、兴宁区、江南区、青秀区的边远乡镇。壮语分为南部方言区和北部方言区，大致以邕江为界，并向西北伸展连接右江，江的南部地区属南部方言区，江的北部地区属北部方言区，俗称“南壮”和“北壮”。南宁壮语分属“南壮”和“北壮”两大方言及其接合区，即邕江、右江以北为壮族北部方言的邕北土语区，以南为壮族南部方言的邕南左江土语区。北部方言区的壮话与武鸣壮话大同小异；南部方言区的壮话与邕宁壮话基本相同。壮语南部方言和北部方言语法结构、基本词汇大致相似，而语音差异则比较明显。如南部方言有一套送气的清音声母ph、th、kh等，北部方言一般无送气声母；此外，北部方言有独立的r声类（有多种方音变体，多数地方读Y），而南部方言多无此独立声类。在词汇方面，南部方言区的壮语与北部方言区的壮语大约有30%~40%的词汇不同，在语法上也存在一些差异。南宁市壮族聚居的村庄、圩镇，日常交际用语为当地壮语方言，壮族聚居的县城及乡镇行政驻地集市贸易的主要用语为当地壮语方言，其周边及杂居的汉族居民多数也兼通壮语。由于壮、汉民族长期和睦相处，普通话的推广使用，广播、电视的普及和覆盖面的日益扩大，南宁市城乡壮族兼通普通话或白话的现象也较为普遍。

壮　文　古壮字和壮语拼音文字的简称。古壮字也叫土俗字，壮语称为Sawndip，萌芽于秦汉时期，产生于唐代，是由壮族一些受汉文化教育的文人（包括巫师）借助汉字或汉字的偏旁部首创造的，其构字方式大体有形声字（即利用汉字的偏旁部首和意符组合而成的字）、会意字（即利用汉字本体的意义，加上一些特殊的符号，或者是以两个以上的汉字合并而成的字）、借汉字（即直接借用汉字音或义，借音是借用汉字的正者或谐音记录壮语字，一经借用，其原来汉语语义不复存在，表示的是壮语语义；另一种是既借音又借义的字）、象形字（即依物赋形，依事描样，以简单而富有概括力的笔画，勾画出物体的基本形象的字）。古壮字兴于唐宋，盛于明清，民间普遍用于记录或书写神话、故事、传说、歌谣、谚语、剧本、楹联、碑刻、药方、家谱、家族、契约、讼诉、经文、记财等。目前，南宁市各县（区）的壮族地区民间仍流传有使用古壮字记录、抄录的山歌唱本和师公唱本，大部分的民间老艺人、师公（师公戏）传承人在抄录、创作唱本时也仍然在使用古壮字和沿用古壮字的创字方法。壮文拼音文字是以拉丁字母为基础拼音创制的文字，1957年经政务院批准并公布实施，共有28个字母，并以z、J、x、q、h等字母分别作第二、三、四、五、六调的调号标注于字尾，20世纪50年代中后期，开始在壮族地区推行使用壮文拼音文字。“文革”期间壮文推行工作中断十余年。1980年5月，自治区党委和政府决定在壮族地区恢复使用壮文。1981年9月起，壮文开始陆续进入壮族地区的小学进行壮汉双语教学试点实验。2004年，市政府颁布实施《南宁市社会用字管理暂行规定》，明确壮文的使用纳入社会用字管理范畴，党政机关、社会团体、企事业单位名称牌匾、公章大都使用壮、汉两种文字，公共场所设置的部分挂牌、路牌、标志牌也按规定同时标注有壮文拼音文字。

瑶　语　主要属汉藏语系苗瑶语族苗语支或瑶语支，也有一些属壮侗语族（瑶族居住地广阔，支系繁多，各语支差异颇大，所以不同语支的瑶族之间语言不通）。由于瑶族长期与壮族、汉族杂居，共同相处，交往密切，故受其民族语言影响较深。瑶语中借入了大量的汉语、壮语词。居住在马山县、上林县一带的瑶族和宾阳县、隆安县的瑶族大都兼通壮语，他们以瑶语、壮语为日常语言交际工具。居住在城区的瑶族兼通汉语，也有部分使用瑶语作为日常语言交际工具。

（刘建安）

【华　侨】 2011年，南宁市有归侨侨眷11万人，其中归侨2.02万人，主要是20世纪六七十年代从印度尼西亚、越南等国家回国定居。南宁市旅居海外的华侨、华人约9万人，主要分布在越南、菲律宾、马来西亚、泰国、缅甸、新加坡、印度尼西亚、美国、英国、加拿大、澳大利亚、危地马拉、德国、巴西、智利、新西兰、瓦努阿图、瑞士等35个国家和地区。从事的职业包括商贸、教育、科研、文化等。此外,南宁市有4个华侨农林场,人口4.30万,其中归侨侨眷1.10万人,总面积222平方千米,主要安置印度尼西亚、越南等东南亚国家归难侨。（何　俊）

【宗　教】 2011年,南宁市有佛教、伊斯兰教、天主教、基督教4种宗教,经政府批准开放的宗教活动场所44处,分布在除隆安县外的兴宁、青秀、江南、西乡塘、邕宁、良庆区及武鸣、横县、宾阳、上林、马山县。宗教教职人员122人,信教群众近20万人。成立有市佛教协会、市伊斯兰教协会、市天主教爱国会、市基督教"三自"(自治、自养、自律)爱国运动委员会、市基督教协会5个市级宗教团体。各宗教团体协助中国共产党和政府贯彻执行宗教法规和方针政策,坚持独立自主自办的原则,团结广大信教群众,爱国爱教,遵循国家有关法律法规和教义教规,过着正常宗教生活。（宁远飞）

【自然灾害】

低温阴雨　2011年春,受上年冬至以来长期低温阴雨天气影响农作物生长缓慢甚至因寒冻死,给南宁市冬种春收生产造成极大影响。2月~4月中旬降雨量比历年同期偏多2成,受灾农作物在10万公顷以上,成灾也在2万公顷以上。大量越冬作物不同程度减产并推迟上市,香蕉、木薯、马铃薯、火龙果、番茄、辣椒等受影响最大,导致春节前后菜价较高。低温阴雨还影响春种作物的成熟上市,瓜豆类蔬菜比正常年份推迟一个月才成熟上市,早稻播插秧也比正常年份慢一个农事季节,对全市粮食生产产生重大影响。

台风和寒露风　9月30日~10月7日,受第17号台风"纳沙"和第19号强热带风暴"尼格"影响,全市普降暴雨、大暴雨和特大暴雨,部分县(区)比历年同期降雨量偏多3倍,出现旱涝急速逆转局面。至10月7日,一周内的降雨量已达到全年近半,其中宾阳县最大降雨量达469毫米,大大超出缓解干旱的需要。同时出现寒露风和≤22℃的连续低温天气,南宁市东部和南部县(区)出现7至8级阵风、9级的大风,大部分农作物倒伏、被淹、遇寒,大片水稻、蔬菜被洪水淹没,大部分县(区)农业生产遭受不同程度损失。截至10月6日12点,全市农作物受灾面积10.76万公顷,受灾农作物主要为甘蔗、水稻、玉米、香蕉等作物,农作物绝收面积0.32万公顷。受影响较大的农作物主要是甘蔗和香蕉,甘蔗受台风影响倒伏共计5.37万公顷,占总面积34.40%。香蕉被台风吹倒或截断造成绝收0.13万公顷,占香蕉面积3.76%,受灾损失约1.13万元。

病虫害　2011年,南宁市农作物主要有害生物总体发生程度为中等偏轻,发生总面积116.87万公顷,其中水稻病虫害发生面积为53.47万公顷,玉米病虫害发生面积为6.73万公顷,甘蔗病虫害发生面积为19.07万公顷,蔬菜病虫害发生面积18.40万公顷,农田鼠害发生面积17.07万公顷。（梁克非　黄树生）

经济与社会发展

【经济发展概况】 2011年,南宁市深入贯彻落实科学发展观,着力实施转方式、调结构、扩内需、惠民生、促和谐战略。以深入开展"三个年"(项目建设年、发展环境建设年、党组织建设年)主题活动和打好"五场攻坚战"(工业经济振兴、五象新区开发、产业园区建设、交通基础设施完善、打造"中国水城"攻坚战)为抓手,全面实现"三个两千亿元、一个一千亿元"(生产总值、全社会固定资产投资、全部工业总产值超过2000亿元,社会消费品零售总额超过1000亿元)目标,经济持续较快发展,全年生产总值2211.51亿元,比上年增长13.50%,增速连续10年保持两位数。第一产业增加值306.31亿元,增长5.70%。第二产业增加值846.34亿元,增长19.70%。其中工业增加值629.33亿元,增长20%;工业对经济增长的贡献率为39.90%,增加9.80个百分点,拉动经济增长5.40个百分点,成为经济发展的最大推动力。第三产业增加值1058.85亿元,增长11.10%。经济结构继续调整并进一步优化。"壮二提三强一"(壮大第二产业,提高第三产业,增强第一产业)战略深入实施,现代产业体系加快构建,三次产业结构由上年的13.58:36.21(工业26.87):50.21调整为13.85:38.27(工业28.46):47.88,由于工业强劲增长的拉动,第二产业比重比上年提高2.06个百分点,其中工业比重提高1.59个百分点。经济发展质量提高。财政收入快速增长,财政收入363.52亿元,增长20.82%。主要工业行业盈利情况良好,35个工业行业大类中有30个行业盈利,其中16个行业盈利增长超过1倍;工业企业效益大幅上升,规模以上工业企业利润98.40亿元,增长57.87%。经济发展方式加快转变。新一代信息技术、生物、新能源、新材料、节能环保、先进装备制造等战略性新兴产业加快发展,富士康南宁科技园高新区项目建成投产,南南铝年产20万吨大规格高性能铝合金板带型材等重大项目开工建设,南宁国家高技术生物产业基地建设取得新进展。自主创新能力建设稳步推进,开展国家创新型试点城市、国家科技进步示范市建设,取得科技成果1231项,获自治区级科技奖22项;通过市级以上鉴定的科技成果77项,其中获国内领先水平34项、国内先进水平39项、自治区内领先水平4项;西南特色民族药物开发国家地方联合工程研究中心被列为国家级创新平台。南宁市获国家森林城市、中国十大低碳城市。

工业经济发展迈上新台阶　全部工业总产值2008.23亿元,增长38.41%。其中规模以上工业总产值1744.20亿元,增长42.84%,增速由上年排在自治区末位上升至第五位。重点产业增速较高,农产品加工、机械制造、铝加工、生物工程与制药、电子信息、化工、建材、造纸8个重点产业规模以上工业总产值增速高于全市。工业企业规模不断壮大,产值超过1亿元的企业403家,新增104家。其中,规模以上工业企业900家,新增52家。工业园区建设发展成效显著,园区基础设施加快完善,产业聚集度进一步提高。园区工业总产值1095亿元,占全市54.53%,提高4.44个百分点,增长45.61%,增速高于全市7.20个百分点。建筑业增加值217.02亿元,增长18.80%。具有资质的建筑施工企业施工产值608.53亿元,增长30.47%。

固定投资持续快速增长　全社会固定资产投资2003.68亿元,增长37.05%。其中,固定资产投资1950.86亿元,增长37.55%。固定资产投资中,基本建设投资847.68亿元,增长31.26%;更新改造投资495.44亿元,增长34.93%;房地产开发投资377.16亿元,增长18.79%。

服务业、商贸业持续发展 南宁·中国—东盟国际商务区商业街、金桥农产品批发市场一期等重点项目建成开业,批发和零售业增加值195.25亿元,增长13.80%。住宿和餐饮业增加值77.37亿元,增长9.60%。社会消费品零售总额1073.15亿元,在自治区的比重比上年提高0.45个百分点,增长18.46%。物流业加快发展,海吉星农产品国际物流中心一期等重点项目建成开业,南宁保税物流中心封关运行并加快向综合保税区过渡,华南城、华润万象城等重点项目加快建设。金融业继续发展,增加值149.70亿元,增长6.20%。驻南宁市银行类金融机构、保险公司、证券营业部、小额贷款公司共130家,新增36家;获经营性许可证的融资性担保公司80家;年末金融机构存款余额4728.14亿元,比年初增长17.92%;贷款余额4845.07亿元,增长16.93%。交通运输、仓储和邮政业稳定增长,增加值99.32亿元,增长10.10%。旅游业继续快速发展,接待旅游总人数4398.35万人次,旅游总收入312.40亿元,增长31.32%。

房地产业继续发展 受国家调控政策、市场变化等因素影响,房地产业增加值小幅度增长,增加值125.35亿元,增长4.60%。商品房销售面积、销售额、销售价格均小幅度增长,增长幅度分别为4.50%、8.11%、3.45%。商品房销售面积、销售额增长幅度分别比上年提高13.22个百分点、5个百分点,商品房销售价格增长幅度降低9.51个百分点。

农业平稳发展 农林牧渔业总产值507.17亿元,增长5.96%。农业产业化加快发展,市级以上农业产业化重点龙头企业110家,新增8家。种植业方面,大宗品种粮食、蔬菜、水果、甘蔗、木薯、木材产量分别增长1.39%、4.83%、15.20%、1.88%、2.31%、30.75%。养殖业方面,肉类、禽蛋、牛奶、水产品产量分别增长2.05%、16.91%、8.44%、7.21%。

对外经济继续发展 进出口贸易总额25.10亿美元,增长13.90%。摆脱增长速度一度下降的不利局面,出口贸易额16.62亿美元,增长4.79%。外商直接投资(商务部口径)3.73亿美元,增长13.05%,居自治区前列。

区域经济合作不断加强 中国—东盟博览会、中国—东盟商务与投资峰会召开期间,南宁市签约内外资合作项目106个,引进资金622.71亿元。积极落实桂川、桂琼、桂粤、桂闽合作框架协议。

城乡居民收入持续增加 城镇居民人均可支配收入2万元,增长10.94%。得益于农产品价格上涨幅度较大的因素,农村居民人均纯收入5848元,增长16.84%,增速高于城镇居民人均可支配收入5.90个百分点。

【经济体制改革】 2011年,南宁市经济体制改革取得新成效。国有企业改革继续深化,首次引入社会稳定风险评估机制,企业监事会制度进一步建立健全,列入自治区国有企业改革计划的5家国有企业中,市伞厂完成职工分流安置,市基础工程公司由市城市建设集团托管,市装饰涂料厂完成产权变更登记手续。投资体制改革不断深化,融资平台转型取得成效。10家市本级融资平台公司中,南宁建宁水务投资集团等7家公司完成融资平台类贷款划转为一般公司类贷款工作。融资渠道进一步拓宽,通过BT(建设—移交)模式建设城市建设项目的工作继续推进,中信信托债权转让产品等融资方式进入探索阶段。企业上市和发行债券工作积极推进,国海证券、丰林木业、八菱科技成功上市。财政体制改革持续深化,探索建立市本级部门项目支出预算事前评审机制。统筹城乡综合配套改革逐步推进,确定兴宁、良庆2个城区及青秀区的伶俐镇和长塘镇、江南区的江西镇和吴圩镇(2011年1月交给南宁经济技术开发区托管)、西乡塘区的金陵镇、邕宁区的蒲庙镇6个镇作为试验区先行先试,出台《关于统筹城乡改革推进城乡一体化发展的实施意见》、《南宁市统筹城乡综合配套改革实施方案》及土地、规划等重点领域的改革配套文件。医药卫生体制改革继续开展,188家公立基层医疗卫生机构全部实施国家基本药物制度。启动扩权强县改革,自治区直管县财政管理方式改革后市对县的资金支持办法开始实施。集体林权制度改革基本完成并通过自治区验收,确权发证率94.20%,确权到户率89.00%,商品林均山到户率85.80%,生态公益林均山到户率67.50%。

【经济结构调整】 2011年,南宁市开展经济结构调整,经济结构出现新变化。三次产业结构由上年的13.58∶36.21∶50.21调整为13.85∶38.27∶47.88。国家各项支农惠农政策进一步落实到位、新一轮价格周期变化等因素推动农产品价格上升,第一产业增加值增长速度比上年提高0.10个百分点,与近几年来一般的普遍现象不同,第一产业增加值在生产总值中的比重不降,反而上升0.27个百分点。由于工业强劲增长的拉动,工业产品价格明显提高,再加上建筑业增加值增长速度较高,第二产业增加值增长速度比上年提高2.20个百分点,第二产业增加值比重比上年提高2.06个百分点,其中工业增加值比重提高1.59个百分点。第三产业发展延续近年来速度减慢的势头,增长速度继续降低,第三产业增加值增长速度比上年降低2.80个百分点,比重降低2.33个百分点。第三产业中的主要产业所占

2月28日,南宁市2月份重大项目开(竣)工仪式举行 市投资促进局提供

比重出现新的变化，批发和零售业增加值占生产总值8.83%，比重降低0.25个百分点；占第三产业增加值18.44%，比重降低0.35个百分点。金融业增加值占生产总值的6.77%，比重降低0.61个百分点；占第三产业增加值14.14%，比重降低0.57个百分点。房地产业增加值占生产总值的5.67%，比重降低0.54个百分点；占第三产业增加值11.84%，比重降低0.54个百分点。

【经济发展质量效益】 2011年，南宁市经济发展的质量和效益较好。财政收入363.52亿元，比上年增收62.65亿元，增长20.82%。其中，一般预算收入186.29亿元，完成调整预算（按自治区政府下达的收入任务调整的预算）的101.31%，增收30.20亿元，增长19.34%；上划中央税金收入136.94亿元，完成预算的100.26%，增收26.53亿元，增长24.02%；上划自治区税金收入40.29亿元，完成预算的91.95%，增收5.92亿元，增长17.24%。在一般预算收入中，税金收入133.51亿元，完成预算的99.34%，增收23.51亿元，增长21.37%。其中，增值税收入10.74亿元，增长12.90%；营业税收入37.67亿元，增长12.61%；企业所得税收入19.09亿元，增长46.90%；个人所得税收入6.26亿元，增长15.67%；城市维护建设税收入11.23亿元，增长27.54%；房产税收入4.81亿元，增长33.65%；印花税收入2.70亿元，增长10.60%；城镇土地使用税收入2.40亿元，增长18.01%；土地增值税收入13.38亿元，增长47.62%；车船税收入1.58亿元，增长25.09%；耕地占用税收入7.79亿元，增长30.04%；契税收入15.40亿元，增长2.46%。非税收入52.79亿元，完成预算的106.66%，增收6.69亿元，增长14.50%。工业企业效益较好。工业企业效益指数为294.80%，比上年提高19.93个百分点；工业企业效益大幅度上升，规模以上工业企业利润98.40亿元，增长57.87%；主要工业行业盈利情况良好，35个工业行业大类中有30个行业盈利，其中16个行业盈利增长超过1倍。

【县域经济发展】 2011年，南宁市县域经济持续发展。武鸣、横县、宾阳、上林、马山、隆安6个县各项经济指标共完成生产总值635.56亿元，平均增长16.30%，增长速度比全市高2.80个百分点；财政收入40.98亿元，平均增长24.56%，比全市增长速度高3.74个百分点；规模以上工业总产值537.70亿元，平均增长55.57%，比全市增长速度高12.73个百分点；农林牧渔业总产值322.45亿元，平均增长5.98%，比全市增长速度高0.03个百分点；全社会固定资产投资607.52亿元，平均增长46.53%，比全市增长速度高9.48个百分点；社会消费品零售总额180.80亿元，平均增长17.75%，比全市增长速度低0.71个百分点；农村居民人均纯收入平均5679元，平均增长18.45%，比全市增长速度高1.61个百分点。农村道路、水利、用电、用水、通信等方面环境不断完善。六景工业园区等县域工业园区建设发展较快，六县规模以上工业总产值增长对全市规模以上工业总产值增长贡献率为31.40%。县域文化旅游活动异彩纷呈，武鸣“三月三”歌圩暨骆越文化旅游节、横县中国国际茉莉花文化节、宾阳炮龙节、上林生态旅游养生节、马山文化旅游美食节、隆安“四月八”农具节等文化旅游活动影响力日渐扩大。

【非公有经济发展】 2011年，南宁市非公有经济继续发展。全社会固定资产投资中，私营个体投资增长33.72%，其他经济投资增长64.13%，明显高于国有经济投资增长16.45%的增速。外商直接投资（商务部口径）增长13.05%。因受国际经济形势影响，新签利用外资合同57个，下降21.92%；外商直接投资合同利用外资额3.84亿美元，下降45.72%。有“三资”（在中国境内设立的中外合资经营企业、中外合作经营企业、外商独资经营企业）企业804家，增长7.63%（建成投产企业499家，增长3.96%）。促进非公有经济发展的体制机制进一步完善。《南宁市促进非公有经济发展方案》实施，非公有企业投资项目进展情况报告制度和支持非公有企业开展投资活动的市级部门协调联动机制建立并开展相关工作，南宁市列入自治区第一批鼓励和引导民间投资的50个项目积极实施，计划总投资347.83亿元，其中32个项目完成年度投资计划，超额完成自治区下达的目标。5个非公有企业投资项目参加自治区投资项目推介签约会，签约11.42亿元。

【节能减排】 2011年，南宁市工业节能技术改造、可再生能源建筑示范及工业污染治理项目建设全面推进，一批落后产能被淘汰。实施工业节能技术改造项目36个，可节能7.26万吨标准煤；国家可再生能源建筑应用示范城市建设加快推进，建设示范项目24个，建筑面积148.84万平方米；完成工业污染治理项目47个，化学需氧量、二氧化硫、氨氮、氮氧化物排放分别减少1.22万吨、118吨、72吨、81吨；炼钢、炼铁、水泥、造纸落后产能分别淘汰62万吨、1万吨、56万吨、1.50万吨，超额完成自治区下达的任务；率先完成自治区下达的50万只高效照明产品推广任务，每年可分别减少二氧化碳、二氧化硫排放2.50万吨、270吨。规模以上万元工业增加值能源消耗比上年下降6.79%。循环经济发展取得新进展。水煤浆技术继续推广应用，新能源研究开发应用持续开展。12家企业通过自治区强制性清洁生产审核验收。13家糖厂开展循环经济实施情况现场评估和考核。积极实施《铝加工、建材（新型干法旋窑水泥）企业开展循环经济实施方案》，华润水泥（南宁）有限公司被列为自治区循环经济发展工作试点单位。

【社会发展概况】 2011年，南宁市在经济持续较快发展的同时，社会发展协调推进，连续第六次获全国科技进步先进市，连续第五次获全国“双拥”模范城，连续第二次获全国文明城市，获国家卫生城市等称号。

教育　教育得到优先发展。学前教育三年行动计划全面实施，建设公办普惠性幼儿园15所，新建、改建、扩建并投入使用幼儿园55所。学前三年毛入园率72.90%，居自治区第一，比上年提高2.90个百分点。义务教育工作继续加强，中小学布局结构调整规划工作基本完成，中小学基础设施继续建设，凤翔小学等投资项目建成投入使用，中小学校舍安全工程继续建设，九年义务教育巩固率93%，提高8个百分点；投入财政资金4791万元，为上林、马山、隆安3个国家级扶贫开发重点县义务教育阶段公办学校13.40万名学生免费提供营养午餐。普通高中内涵建设得到加强，市第八中学相思湖校区等项目继续建设，高中阶段毛入学率89%，率先在自治区普及高中阶段教育。市第一职业学校五象校区等投资项目基本建成，完成职业教育攻坚任务，南宁市获自治区职业教育攻坚先进市。邕江大学新校区加快建成并投入使用，专科升本科逐步开展。

科学技术　科学技术工作积极开展。国家创新型试点城市和国家科技进步示范市建设全面铺开，实施国家、自治区和南宁市创新计划项目340个，推进国家科技进步示范市重点示范建设项目10个。实施民生科技发展计划项目54个，中药民族药资源保护和中药民族药新产品开发与产业化、食品安全公共安全防灾减灾环保关键技术研究开发等方面项目得到重点扶持培育。针对制糖、造纸、化工、金属加工、淀粉、酒精等高能耗、高污染产业存在的问题，引进推广应用节能减排新技术10项，建设节能减排技术集成应用示范企业10家。建设新农村科技示范村18个，培训农民6.80万人次。

医疗卫生　医疗卫生全面发展。以医药卫生体制改革推动医疗卫生发展，基本药物制度初步建立，城乡医药卫生服务体系不断完善。一批公共卫生设施继续建设，市第五医院门诊综合楼竣工，市第一医院新门诊综合楼等项目续建，广西艾滋病治疗关怀中心(南宁)等项目完成前期工作，全市1384个行政村卫生室全部建成。重点推进的新型农村合作医疗保险等7项为民办实事医疗卫生项目实施情况良好。市中医院通过自治区等级医院评审验收，填补南宁市没有三级甲等中医医院的空白。国家妇幼保健重大公共卫生服务项目积极实施，市妇幼保健院通过自治区三级甲等专科医院综合评审。全市无重大传染病爆发流行。

文化　文化加快发展，南宁孔庙一期、63个村级公共服务中心等项目建成开放，市民族艺术基地等项目开工建设，广西文化艺术中心、市综合档案馆(含方志馆)等项目开展前期工作。文化惠民工程"百戏下乡"、扶持百支村屯社区文艺队、农村电影放映工程等工作积极开展，乡村社区和谐文艺大展演等活动精彩纷呈，农村电影公益放映1.70万场。"2011·大地飞歌民歌大赛"首次成功举办。文艺精品创作成果丰硕，新编粤剧《江姐》成功上演，新编大型粤剧《海棠亭》获第十二届中国戏剧节优秀剧目奖和优秀演员奖。文化遗产保护工作稳步推进。新闻出版行业监管规范有序，文化市场繁荣活跃。

体育　全民健身活动深入开展，竞技体育实力明显增强，体育产业化效益明显，体育对外交流充满活力，第七届南宁国际龙舟邀请赛成功举办，成功申办2014年世界体操锦标赛。李宁体育园建成对外开放，广西体育中心二期工程完成场馆土建部分施工任务，市体育学校建设开展项目前期工作。

人口和计划生育　人口和计划生育综合改革稳步推进，流动人口基本公共服务均等化水平逐步提高，诚信计划生育工作覆盖83.11%的村(居)委会，人口自然增长率8.33‰。

社会保障　社会保障水平进一步提高。基本养老保险参保人数62.21万，基本医疗保险参保人数165.93万，工伤保险参保人数42.92万，失业保险参保人数40.40万，生育保险参保人数41.02万，分别比上年增加3.60万、9.82万、7.11万、1.40万、4.74万；城镇基本医疗保险参保率97.80%，新型农村合作医疗保险参保率94.40%。

就业　就业人数稳定增长。加大创建国家级创业型城市工作力度。加大失业人员培训力度，定期举办失业人员再就业政策知识讲座，重点开展烹饪制作、电工技术、汽车维修、物业管理等专业培训，失业人员参加职业培训5795人。抓好农村劳动力转移就业培训，开展订单式、菜单式等培训，送服务进村，进行现场授课、技术示范。城镇新增就业7.77万人，城镇登记失业率3.48%。城镇下岗和就业困难人员2.40万人再就业。新增农村劳动力转移就业9.60万人。

保障性安居工程　保障性安居工程建设取得新进展。通过容积率调整、先行供地以及利用单位自有用地、空置工业用地、仓储划拨用地建设保障性住房的方式加快落实建设用地。创新建设模式，鼓励社会资金参与保障性住房建设。凤岭北路南面二期廉租房、凤岭北路南面三期公租房、西乡塘区保障性住房等一批保障性住房项目开工建设。保障性安居工程建设完成自治区下达给南宁市任务的108.43%，新开工建设保障性住房33087套，新增廉租住房货币补贴6510户。

扶贫开发　实施贫困地区基础设施建设、以工代赈和易地扶贫搬迁工程，建设村屯道路96条、132.80千米，家庭水柜759座，小型集中供水工程86处，第三批整村推进贫困村扶贫开发工作通过自治区验收，贫困地区生产生活条件进一步改善。产业扶贫取得明显效果，投入产业化扶贫资金2500多万元，建成2000公顷中药材种植、333.33公顷百香果种植、200公顷桑菇配套种植、5000头生猪养殖与10万羽家禽养殖基地4个产业化建设示范基地，促进贫困地区产业发展和农民增收。

【经济社会发展的困难与问题】　2011年，南宁市经济社会发展面临的困难与问题：一是在国内外经济增长乏力的大环境下，经济增长速度有所降低。生产总值比上年增长13.50%，增长速度降低0.70个百分点。主要受经济增长速度放慢等因素的影响，财政收入增长速度降低9.31个百分点；城镇居民人均可支配收入剔除价格因素增长幅度实际低于10%。二是第三产业增加值增长速度明显降低，增长速度降低2.80个百分点。由于第三产业增加值增长速度明显降低，直接导致与上年相比第三产业增加值在生产总值中的比重下降2.33个百分点。三是经济增长的拉动力不足。全社会固定资产投资增长速度降低5.01个百分点，房地产开发投资增长速度降低21.25个百分点；社会消费品零售总额增长速度降低1.54个百分点，由于居民消费价格总水平上涨幅度高3.20个百分点，表明消费增势不够强劲；出口贸易额仅增长4.79%。四是转变经济发展方式、调整经济结构、节能减排任务艰巨。技术创新能力仍显不足，战略性新兴产业、高新技术产业、高附加值产品发展不够快，产业升级不够快，产业、企业及技术、产品竞争力不够强，资源环境压力大。万元生产总值能源消耗下降2.70%，未能达到自治区下达给南宁市"十二五"下降15%(折算为年均下降3.20%)的目标要求。五是征地拆迁、资金、电力、劳动力等瓶颈因素对经济发展的影响仍比较大。征地拆迁完成量不高影响建设用地供应总量，造成部分投资项目无法按计划开工，因征地拆迁未能如期开工的重大投资项目17个，计划总投资106.14亿元，年度计划投资28.63亿元。6月后，因停电导致1900多家工业企业一度停产，其中规模以上工业企业停产202家，半停产431家，停限负荷占规模以上工业企业总负荷的65%。六是居民消费价格总水平上涨幅度较大，严重影响城乡居民尤其是低收入阶层的生活。居民消费价格总水平上涨5.70%，是近年来较高的上涨幅度，且上涨幅度高的类别集中在与人民群众日常生活密切相关的食品等消费领域。在构成居民消费价格的八大类商品和服务价格中，呈“七升一降”的格局。七是就业、社会保障、住房、教育、医疗等公共服务与保障方面还存在需要下大力气解决的问题。结构性就业问题比较突出，近年毕业的高等学校毕业生、年龄偏大的灵活就业人员和下岗失业人员、农村剩余劳动力就业难度较大。社会保障覆盖面不够大、社会保障标准不够高、社会保障涉及不同对象享受待遇不够公平的矛盾仍然比较突出。商品房价格偏高、保障性住房不能满足需求等问题社会反映较多。教育、医疗价格偏高、不够公平、服务水平不够高等问题不同程度存在。八是影响社会稳定的因素增多，社会管理难度增大。市民群众对社会治安状况不满意、征地拆迁经济补偿纠纷等问题仍比较多。

固定资产投资

【概　况】 2011年，南宁市全社会固定资产投资继续快速增长。连续第三年开展“项目建设年”活动，组织专门机构，策划、组织投资项目及筹措、落实建设资金，解决投资项目审批、土地、资金、征地拆迁、规划调整等方面的难题，通过经常召开投资项目集中审批对接协调会和每月组织投资项目开竣工活动等方式，加快推进投资项目实施。全社会固定资产投资2003.68亿元，比上年增长37.05%，占自治区的19.75%。全社会固定资产投资中，固定资产投资1950.86亿元，增长37.55%。其中：基本建设投资847.68亿元，增长31.26%；更新改造投资495.44亿元，增长34.93%；房地产开发投资377.16亿元，增长18.79%。固定资产投资中的基本建设投资、更新改造投资、房地产开发投资三大方面的较大幅度增长支撑全社会固定资产投资的持续快速增长。全社会固定资产投资中，国有及国有控股投资813.53亿元，增长21.14%。其中，城市建设投资203.42亿元，增长15.58%。固定资产投资施工项目比上年增加。施工项目7524个，增长49.73%；其中投资额5000万元以上项目1116个，增长24%（投资额1亿元以上项目397个，增长10.58%）。其中，新开工项目6393个，增长71.76%；其中投资额5000万元以上项目562个，增长43%（投资额1亿元以上项目105个，增长5%）；续建项目1131个，下降13.20%；其中投资额5000万元以上项目554个，增长9.27%（投资额1亿元以上项目292个，增长12.74%）；竣工投产项目5657个，增长57.10%，其中投资额5000万元以上项目343个、增长22.06%（投资额1亿元以上项目58个，增长7.41%）。

【“项目建设年”活动】 2011年，南宁市连续第三年开展“项目建设年”活动。全市性的投资项目开竣工活动每月均组织举办，共举办12次。开竣工的重大投资项目814个，计划总投资1538.66亿元。其中：开工项目526个，总投资1201.22亿元；竣工项目288个，总投资337.44亿元。涉及产业、基础设施、社会公益等领域，开工项目主要有富士康南宁科技园一期、五菱桂花年产2万辆专用车辆搬迁改造、华南城分布式能源、南宁火车东站综合交通枢纽一期工程等，竣工投产项目主要有五象大道延长线、李宁体育园、国泰粮食年产30万吨粮油食品精深加工搬迁技术改造一期工程等。

自治区层面统筹推进重大项目　列入自治区层面统筹推进前期工作、新开工、续建、竣工投产的重大投资项目86个，完成投资207.60亿元，完成任务107.27%。其中，新开工项目19个，主要有南宁城市轨道交通1号线、合众能源年产10万吨生物柴油生产线、南宁港中心城港区牛湾作业区一期工程、南宁港六景港区六景转运站作业区、南宁港八联联营厂作业区、广发重工整体搬迁改造、南宁博物馆、富士康南宁科技园一期标准厂房及配套设施等；竣工投产或部分竣工投产项目16个，主要有五象大道延长线、千年健药业民族药生产、珠江啤酒年产20万吨啤酒生产线、邕江大学新校区、九州通医药现代医药物流加工等。

“双百”项目　100个重点建设项目开工79个，完工4个，完成投资249.26亿元，完成任务90.79%，完成计划进度比上年提高8.06个百分点。100个重点前期工作项目立项（备案）82个，批复（核准）可行性研究报告56个，批复初步设计37个，审批规划方案60个，预审用地材料61个，审批环境影响评估报告47个。

“五场攻坚战”项目　工业经济振兴攻坚战成效显著。完成投资104.35亿元，完成任务117.19%。劲达兴纸浆年产9.80万吨桑纸浆生产线、永凯糖纸年产9.50万吨漂白蔗渣浆生产线等项目投产。五象新区开发完成投资69.54亿元，完成任务115.90%。“六馆三街”（六馆：建成投入使用的广西城市规划展示馆，建设中的广西美术馆，新开工建设的广西铜鼓博物馆和拟规划建设的广西书法艺术馆、广西阳太阳艺术馆、广西壮锦馆。三街：金融街、文化街、民族风情街）、中国—东盟国际物流基地、总部基地等板块加快建设，广西文化产业城、广西体育产业城、龙象谷等板块加快规划等前期工作。玉洞冷库部分建成并投入使用，青啤·海尔总部大厦新开工建设，广西体育中心二期、滨水公园、南宁博物馆等项目加快推进。产业园区建设攻坚战取得新突破。产业园区工业总产值1095亿元，完成任务109.50%；基础设施建设投资89.15亿元，建设工业标准厂房51.70万平方米。南宁高新技术产业开发区、南宁经济技术开发区、南宁—东盟经济开发区规模以上工业总产值725.42亿元，增长55.92%。南宁—东盟经济开发区申报升格为国家级开发区的材料上报国务院。交通基础设施完善攻坚战稳步推进。受铁路建设项目大幅度下调投资计划的影响，完成投资238.07亿元，完成任务84.20%，一批民航、铁路、航运、公路、城市公共交通项目在建。打造“中国水城”攻坚战继续建设。完成投资35.78亿元，完成任务97.21%。“一江两湖”水上旅游航线开通，民歌湖酒吧街对外营业。

基础设施项目　城市建设方面，完成投资174.27亿元，完成任务72.90%。五象新区核心区、总部基地、龙岗新区、蟠龙片区、中国—东盟国际物流基地路网项目加快建设，凤岭片区、相思湖新区道路及配套设施进一步完善；玉洞大道（银海大道—平乐大道）、五象大道延长线、凤岭南路（会展路—青山路口）、桂雅路—翡翠园2号路隧道等重要道路桥梁项目基本建成通车；东盟—国际果蔬贸易中心河道及护岸工程、江南污水处理厂二期等项目竣工；邕武路扩建（快环—高速环）、武鸣城市大道等主要城市道路续建；白沙—亭江立交桥、富士康南宁科技园沙井项目周边道路及配套设施在建。民航、铁路、航运、公路和能源设施建设方面，机场新航站楼及云桂铁路、柳南

客运专线、南广快速铁路南宁段、广西沿海铁路扩能南宁至钦州段和黎塘至钦州段等项目进入正常施工阶段，完成投资114亿元；航运建设大部分项目完成前期工作，老口航运枢纽工程续建，南宁港一期工程开工建设；外环高速公路改扩建、柳南高速公路扩建、六景至钦州港高速公路正在建设，武鸣县绕城一级公路基本建成，忻城周安—宾阳新桥二级公路、南宁—扶绥二级公路等项目在建；南宁电厂一期1号机组竣工投产，华电华南城分布式能源项目开工建设，南宁高新技术产业开发区分布式能源、华电邕宁燃气热电项目开展前期工作。南宁城市轨道交通1号线全线开工。

工业投资项目　工业投资524.04亿元，增长48.15%。富士康南宁科技园高新园区项目竣工投产、沙井项目建设快速推进，珠江啤酒年产20万吨啤酒生产线、国泰粮油食品、平铝电线电缆、安宁淀粉年产600万立方米沼气纯化生物燃气示范工程等一批带动力强的重大项目竣工投产，合众能源年产10万吨生物柴油、南南铝年产20万吨大规格高性能铝合金板带型材生产线等重大项目开工或续建。

商贸物流投资项目　南宁保税物流中心封关运行并加快向综合保税区过渡，南宁·中国—东盟国际商务区商业街、金桥农产品批发市场一期、海吉星农产品国际物流中心一期等建成开业，华南城、华润万象城等加快建设，南宁中央直属储备糖库等项目完成前期工作。

生态建设和"中国绿城"建设、"中国水城"打造项目　建成机动车排气环保监测示范站2个，"绿满八桂"造林绿化工程任务全面完成，青秀山营造林、青秀山生态保护工程等项目加快建设，青秀湖、相思湖公园建成启用，民歌湖—竹排江—南湖景观工程建成。

【县(区)、开发区投资】　2011年，南宁市县(区)、开发区全社会固定资产投资情况：武鸣县178.52亿元(包括武鸣县本级的105.41亿元和南宁—东盟经济开发区的73.11亿元)，比上年增长45.11%；横县161.81亿元，增长47.08%；宾阳县133亿元，增长45.93%；上林县33.86亿元，增长39.40%；马山县41.16亿元，增长46.29%；隆安县59.17亿元，增长41.17%。青秀区383.68亿元，增长40.09%；兴宁区113.55亿元，增长41.62%；西乡塘区129.86亿元，增长49.36%；江南区84.73亿元，增长50.73%；良庆区127.12亿元，增长41.11%；邕宁区39.74亿元，增长57.31%。南宁高新技术产业开发区151.56亿元，增长38.81%；南宁经济技术开发区117.47亿元，增长45.84%；南宁—东盟经济开发区73.11亿元，增长46.43%；南宁相思湖新区38.77亿元，增长39.04%；南宁青秀山风景区5.75亿元，下降51.69%。

【投资结构】　2011年，南宁市固定资产投资结构出现新变化。在全社会固定资产投资总额中，第一产业投资39.60亿元，增长89.15%，占全社会固定资产投资1.98%，所占比重比上年上升0.56个百分点。第二产业投资549.74亿元，增长50.83%，占全社会固定资产投资27.44%，上升2.84个百分点；其中工业投资524.04亿元，增长48.15%，占全社会固定资产投资26.15%，上升2.28个百分点。第三产业投资1414.35亿元，增长31.37%，占全社会固定资产投资70.59%，下降3.39个百分点。其中，商业投资126.12亿元，增长58.12%，占全社会固定资产投资6.29%，上升0.90个百分点；房地产投资535.23亿元，增长24.15%，占全社会固定资产投资的26.71%，下降3.61个百分点，反映出国家房地产宏观调控政策的实施效果明显。房地产投资中，住宅投资342.85亿元，增长17.88%，增长速度降低8.49个百分点，占全社会固定资产投资17.11%，下降3.75个百分点；廉租房投资1.14亿元，下降38.17%；经济适用房投资10亿元，增长25.38%。投资热点仍然主要集中在基础设施、制造业、社会事业等领域。全社会固定资产投资中，按投资构成划分：建筑工程1106.06亿元，增长26.84%，占55.20%；安装工程106.35亿元，增长62.32%，占5.31%；设备、工具、器具购置457.75亿元，增长69.29%，占22.85%。按经济类型划分：国有经济投资686.30亿元，增长16.46%，占34.25%；集体经济投资44.35亿元，增长84.70%，占2.21%；私营个体投资496.98亿元，增长32.22%，占24.80%；其他经济投资776.06亿元，增长64.13%，占38.73%。按投资性质划分：固定资产投资1950.86亿元，占97.36%；其他投资52.82亿元，占2.64%。固定资产投资中，基本建设投资847.68亿元，占全社会固定资产投资的42.31%；更新改造投资495.44亿元，占24.73%(工业技术改造投资419.61亿元，占20.94%)；房地产开发投资377.16亿元，占18.82%。按社会行业划分：农林牧渔业投资39.60亿元，增长89.15%，占1.98%；采矿业投资28.24亿元，增长38.85%，占1.41%；制造业投资424.46亿元，增长61.76%，占21.18%；电力、燃气及水的生产和供应业投资71.33亿元，增长0.49%，占3.56%；建筑业投资25.70亿元，增长139.11%，占1.28%；交通运输、仓储及邮政业投资228.50亿元，增长17.14%，占11.40%；信息传输、计算机服务和软件业投资46.66亿元，增长55.32%，占2.33%；批发和零售业投资87.28亿元，增长54.46%，占4.36%；住宿和餐饮业投资38.84亿元，增长67%，占1.94%；金融业投资10.94亿元，下降17.82%，占0.55%；房地产业投资535.23亿元，增长24.15%，占26.71%；租赁和商务服务业投资58.04亿元，增长364.98%，占2.90%；科学研究、技术服务和地质勘察业投资14.26亿元，增长164.88%，占0.71%；水利、环境和公共设施管理业投资233.64亿元，增长18.30%，占11.66%；居民服务和其他服务业投资7.35亿元，增长463.49%，占0.37%；教育投资57.03亿元，增长26.05%，占2.85%；卫生、社会保障和社会福利业投资22.93亿元，增长35.76%，占1.14%；文化、体育和娱乐业投资37.61亿元，增长68.83%，占1.88%；公共管理和社会组织投资36.05亿元，增长37.45%，占1.80%。

【投资资金来源】　2011年，南宁市全社会固定资产投资资金来源总计2289.24亿元，比上年增长30.28%。其中，上年末结余资金161.30亿元，增长50.16%，占资金来源的7.05%；本年资金来源2127.94亿元，增长28.99%，占92.95%。本年资金来源中，按来源渠道划分为：国家预算内资金59.55亿元，下降15.77%，占本年资金来源2.80%；国内贷款211.35亿元，下降6.18%，占9.93%；债券11.65亿元，下降13.50%，占0.55%；利用外资5.37亿元，下降49.91%，占0.25%(外商直接投资4.46亿元，下降55.64%，占0.21%)；自筹资金1455.72亿元，增长54.42%，占68.41%(中央系统单位自筹47.18亿元，增长9.63%，占2.22%；自治区自筹25.36亿元，增长23.09%，占1.19%；市自筹81.60亿元，增长84.66%，占3.83%；县自筹100.13亿元，增长47.16%，占4.71%；企、事业单位自筹1174.12亿元，增长60.28%，占55.18%)；其他资金来源384.30亿元，下降0.65%，占18.06%(集资31.09亿元，增长17.53%，占1.46%；定金及预付款143.33亿元，增长15.93%，占6.74%)。

【非国有经济投资】 2011年，南宁市非国有经济投资非常活跃，投资额超速增长。随着非公有经济的持续快速发展，进一步激发了非国有经济的投资活力。全市非国有经济投资1317.39亿元，比上年增长62.57%，比重为65.75%，上升11.11个百分点；私营个体投资496.98亿元，增长32.22%，比重为24.8%，降低1.81个百分点；其他经济投资776.06亿元，增长64.13%，比重为38.73%，提高6.82个百分点。

【基本建设投资】 2011年，南宁市基本建设投资在全社会固定资产投资中的比重较大，增长速度比较快，是全社会固定资产投资快速增长的主要推动力。基本建设投资847.68亿元，占全社会固定资产投资的42.31%，比上年增长31.26%。基本建设投资中，国有及国有控股投资602.69亿元，增长17.83%(城市建设投资191.63亿元，增长15.42%)。基本建设投资中，按产业分，第一产业投资25.03亿元，增长92.63%；第二产业投资81.83亿元，增长7.11%(工业投资74.12亿元，增长6.18%)；第三产业投资740.82亿元，增长33.14%(商业投资74.34亿元，增长80.74%；房地产投资81.58亿元，增长40.10%)。按构成分，建筑工程560.72亿元，增长32.62%；安装工程39.10亿元，增长90.03%；设备、工具、器具购置80.81亿元，增长35.15%。施工项目4203个，增长59.45%；其中投资额5000万元以上项目723个，增长24.44%(投资额1亿元以上项目288个，增长12.06%)。施工项目中，新开工项目3424个，增长97.58%；其中投资额5000万元以上项目326个，增长50.23%(投资额1亿元以上项目64个，下降5.88%)。续建项目779个，下降13.73%；其中投资额5000万元以上项目397个，增长9.07%(投资额1亿元以上项目224个，增长18.52%)。竣工投产项目2910个，增长72.09%；其中投资额5000万元以上项目176个，增长16.56%(投资额1亿元以上项目29个，下降14.71%)。

【更新改造投资】 2011年，南宁市更新改造投资在全社会固定资产投资中的比重较大，增长速度比较快，是全社会固定资产投资快速增长的重要推动力。更新改造投资495.44亿元，比上年增长34.93%。更新改造投资中，国有及国有控股投资130.01亿元，增长38.99%(城市建设投资3.78亿元，下降9.96%)；按产业分，第一产业投资3.84亿元，增长124.11%；第二产业投资424.39亿元，增长54.90%(工业投资419.61亿元，增长54.65%)；第三产业投资67.22亿元，下降26.55%(商业投资12.11亿元，下降53.35%；房地产投资6.40亿元，增长74.91%)。按构成分，建筑工程196.59亿元，增长39.43%；安装工程45.53亿元，增长47.68%；设备、工具、器具购置211.56亿元，增长27.72%。施工项目2068个，增长11.66%；其中投资额5000万元以上项目386个，增长26.56%(投资额1亿元以上项目109个，增长9%)。施工项目中，新开工项目1740个，增长16.78%；其中投资额5000万元以上项目233个，增长40.36%(投资额1亿元以上项目41个，增长32.26%)；续建项目328个，下降9.39%；其中投资额5000万元以上项目153个，增长10.07%(投资额1亿元以上项目68个，下降1.45%)。竣工投产项目1549个，增长8.55%；其中投资额5000万元以上项目165个，增长28.91%(投资额1亿元以上项目29个，增长45%)。

【房地产开发投资】 2011年，南宁市房地产开发投资在国内外经济增长速度放慢、国家实行严厉的房地产宏观调控政策的情况下，增长幅度显著降低。房地产开发投资377.16亿元，比上年增长18.79%，增长幅度比上年降低21.15个百分点。其中，住宅投资263.37亿元，增长15.45%，降低28.51个百分点。住宅投资中，经济适用房投资8.70亿元，增长55.32%，反映了在国家房地产宏观调控政策下压缩普通商品房投资、扩大经济适用房投资。办公楼投资10.82亿元，增长58.70%；商业营业用房投资28.35亿元，增长12.51%；其他投资74.61亿元，增长30.08%。自年初累计资金来源870.69亿元，增长53.01%；其中本年资金来源704.56亿元，增长43.27%。本年资金来源中，按来源渠道划分：国内贷款131.38亿元，增长71.91%；利用外资0.06亿元，下降98.68%；自筹资金223.17亿元，增长66.39%(企、事业单位自有资金175.68亿元，增长77.17%)；其他资金349.95亿元，增长26.49%(定金及预付款192.75亿元，增长55.91%)。

(杨华伟)

招商引资

【概 况】 2011年，南宁市以选商择资、招大引强为中心，抓好重大项目和总部经济的招商。引进世界500强企业3家：总投资3500万美元的食品包装行业企业美国沙伯特公司项目；总投资折合人民币9亿元的全球销量最多的啤酒酿造商百威英博啤酒集团项目；注册资本1亿美元的富士康集团项目。总部经济招商起步效果好，领取总部企业认定申请表的企业46家，累计申报90家，市政府已审批认定总部企业15家。广西新宝通投资控股有限公司、金川集团、广西旅游投资有限公司、广西南城百货等4家企业已正式通过土地招拍挂方式取得土地并入驻五象新区总部基地。“两会一节”期间，签约招商引资内外资投资项目106个，总投资625.17亿元，引进资金622.71亿元。中国工程院院士袁隆平首次应邀参会并在南宁建设袁隆平东盟水稻中心，富士康集团有限公司、百威英博啤酒集团、西门子(中国)有限公司、欧尚(中国)投资有限公司等世界500强企业应邀前来参会。参会的世界500强企业和央企是历年来最多。联想集团、苏宁电器、新疆广汇集团、新凯汽车集团、猫扑网等国内一线知名企业及行业龙头企业也来参会。全年实际到位市外境内资金657.30亿元，比上年增长24.98%。其中，实际到位自治区外境内资金593.63亿元，增长75.72%。直接利用外资(广西全口径)4.29亿美元，增长19.13%；其中，直接利用外资(商务部口径)3.73亿美元，增长13.05%。列入自治区级大兑现项目122个，其中，内资项目108个，外资项目14个。内资大兑现项目的履约率、开竣工率、资金到位率分别为100%、97.22%、67.36%；外资大兑现项目的履约率、开竣工率、资金到位率分别为100%、100%、75.71%。南宁市获2011年招商引资特别贡献奖(内外资合计到位资金总量位居自治区第一)、招商引资利用外资先进单位(外资到位资金总量位居自治区第一)和招商引资项目大兑现工作先进单位。宾阳县、武鸣县、兴宁区、西乡塘区获自治区招商引资项目大兑现工作示范县区；南宁高新技术产业开发区、南宁—东盟经济开发区、南宁经济技术开发区、广西良庆开发区、隆安华侨管理区获自治区招商引资项目大兑现工作示范园区;广西金鲤水泥有限公司、华润置地(南宁)有限公司获年度自治区招商引资项目大兑现工作示范企业。

【国内招商引资】 2011年,南宁市继续强化珠江三角洲重点招商区域和提升长江三角洲及渤海湾潜力招商区域的招商力度。以项目对接洽谈为媒介和重点,策划、组织开展"请进来"和"走出去"招商活动。

"走出去"招商 3月,全国人大、政协"两会"期间,副市长唐铁昂率队赴北京参加广西促进民营投资项目发布会并开展项目对接活动。南宁高新技术产业开发区分别与联想控股集团全资子公司——北京融科智地房地产股份有限公司、北京金奔腾汽车科技有限公司签订总额55亿元的两个科技合作协议。4月,招商专题小分队赴上海开展生物医药、机电等专题招商推介活动,举办南宁市(上海)投资环境推介会,并拜访上海广西商会、上海长宁区商务委、日本日立造船株式会社上海代表处、上海南洋电机有限公司等公司和商协会机构。5月,由部分县(区)、开发区及市属相关部门组成的招商小分队,赴浙江杭州、宁波等地开展招商推介活动,举办以高新技术、生物制药为专题的投资环境暨重大招商项目推介会(座谈会)2场,杭州甲骨文科技有限公司、淘宝网、浙江浙商投资研究会、旺旺集团等100多家来自杭州、宁波的高新技术、生物制药行业知名企业、商协会机构参加推介会。6月,副市长唐铁昂率领总部经济招商小分队赴上海、北京、深圳等总部经济发达地区进行专题招商活动,拜访中国联通、阳光保险集团等大型央企,加强与央企、大型国有控股企业和有实力的民营企业的项目对接,鼓励其到南宁市设立全球总部、全国总部或区域性总部。8月,市投资促进局牵头组成25人小分队赴广州、佛山开展外资内招系列招商推介活动,走访(佛山)世纪互联集团、捷普电子(广州)有限公司等5家知名外资企业,举办外商投资合作交流会2场。9月,招商小分队赴北京、天津开展外资专题招商推介活动,举办投资环境推介会2场,包括北京外商投资企业协会、法国巴黎工商会北京代表处、澳大利亚国际商会AITA、俄罗斯俄华战略合作协会、中国美国商会等60多家来自北京及周边地区的知名企业、商协会机构和日本瑞穗实业银行、韩国SK集团等50多家来自天津的知名企业、商协会等机构参加推介会。11月,市投资促进局等相关部门一行10人赴珠海对接日本Mektron株式会社柔性印刷线路板生产项目。12月,市招商小分队赴北京开展项目对接活动,重点拜访推进千橡互动集团猫扑网总部项目、东方园林股份公司园林景观工程项目、北京龙祺正和数字体验广场项目等在谈项目。

"请进来"招商 南宁市先后邀请和接待宝洁公司、捷普公司、百威公司、微软(中国)有限公司、IBM公司软件集团、韩国现代集团、三星(中国)公司、中铁二十二局、联想企业考察团、中国联通、中电集团、伊利集团、金川集团等企业近800人到南宁市考察。4月,"九城市民建企业家南宁行"投资环境推介暨项目洽谈会在广西沃顿国际大酒店举行,来自天津、广州、杭州、大连、昆明、贵阳、南昌、合肥、南宁等城市的民建市委会主委或副主委及企业家约120人及南宁市县(区)、开发区投资组(招商)促进部门的负责人约30人参加会议。6月,2011中国国际商务文化节暨第二届中国(南宁)国际时尚博览会项目签约仪式在南宁国际会议展览中心举行,签订瑞士名爵表等时尚品牌落户南宁项目9个,签订投资合作项目7个,总投资11.55亿元。11月,世界500强暨跨国公司考察团八桂行活动在南宁举办,120多名世界500强暨跨国公司负责人在南宁市考察五象新区、广西规划展示馆、南宁保税物流中心、华南城、南宁高新技术开发区。

联动招商 南宁市引导县域招商部门及企业参加全国各类招商推介活动,实施市县联动招商,做到对县域在资金、项目、人才等方面给予最大的扶持,共同举办招商推介活动。年初,在宾阳县、武鸣县举办炮龙节、"三月三"歌圩节活动期间,市投资促进局分别与宾阳县、武鸣县联合举办投资环境推介会暨项目签约仪式,组织各地商协会及企业家到县域投资考察,引导外来企业到县域投资发展。

7月7日,境外机构和企业代表到南宁保税物流中心考察 市投资促进局提供

【国(境)外招商引资】 2011年,南宁市针对高新技术、生物制药、铝加工、IT等产业,组织多个专题招商小分队分别赴东盟国家、美国、加拿大,德国、荷兰、奥地利、日本、韩国等国家和中国香港、台湾地区开展招商活动。

港澳台及新加坡招商 4月,市经贸代表团赴台湾开展经贸活动,先后参观考察已在南宁市投资的富士康企业台湾总部、台湾统一企业集团等企业,并举办南宁—台北企业恳谈会。11月,南宁市组团赴香港、澳门、新加坡进行科技馆项目考察及港澳产业转移重点项目专题招商引资活动。在香港、澳门、新加坡各举办1场说明会或企业家座谈会,开展承接港澳产业转移重点项目专题招商。

文莱、柬埔寨及缅甸招商 9月,组

团赴文莱、柬埔寨、缅甸进行商贸、物流项目专题招商引资活动。在文莱、柬埔寨、缅甸的重要中心城市各举办1场专题推介会或企业家座谈会；拜访文莱工业和初级资源部、柬埔寨商业部、柬埔寨发展理事会、缅甸商务部等政府机构；拜访文莱—中国友好协会、柬埔寨总商会、缅甸联邦工商会等商协会，邀请客商组团来邕投资考察和洽谈项目；拜会亚洲台湾商会联合总会在以上三国的台湾商会，洽谈“亚洲台商总会广西总部”项目，交流项目选址建议；拜会柬埔寨兴旺国际贸易股份有限公司、柬埔寨运德国际旅游有限公司，推进兴宁区物流和旅游合作项目等。

日本、韩国招商　9月，组团赴日本、韩国进行北部湾经济区重点产业园区暨承接日本灾后产业转移专题招商活动。出访期间，在日本东京、韩国首尔举行推介会和座谈会，走访世界500强企业双日株式会社、王子制纸、日本经营管理教育协会、山九株式会社、川崎工业区，参观荏原城市垃圾处理厂，拜访秋田市政府，走访秋田酒类制造株式会社、秋田海陆运送株式会社、NLT technologies 公司、秋田商工会，韩国SK公司、韩国利通株式等商协会及企业。了解日本企业灾后投资动向，为政府招商引资提供决策参谋。11月，日本冲绳200多人大型经贸代表团到南宁考察。南宁市举办投资座谈会并组织各县(区)、开发区负责人参加。代表团参观考察了南南铝业、会展中心、富安居等。日本内阁府冲绳事务局经济产业部在南宁市举办日本环保新技术、新产品推介会，南宁市环保企业共30多人参加。

荷兰、德国及奥地利招商　11月，组团赴荷兰、德国及奥地利进行生物制药、铝加工和商贸项目专题招商引资活动。与荷兰中国商会、德国经贸促进会及奥地利奥中国际经济贸易促进会联合各举办南宁投资项目推介会1场，重点推介生物制药、铝加工和商贸等项目；拜访及考察荷兰中国商会、阿姆斯特丹工商会、阿姆斯特丹工业园区、联合利华总部，中国贸促会驻德国办事处、南宁市总商会驻德国联络处、德国黑森州经济部、德国赢创集团、勃林格殷格翰公司，联合国工发组织总部、奥地利联邦商会、奥地利奥中国际贸易促进会等；进一步对接和洽谈德中经贸促进会的Matteri AG（马特伊公司）拟在南宁投资2亿欧元的“德国啤酒文化城”项目事宜。

印度尼西亚、马来西亚及新加坡招商　11月，组团赴印度尼西亚、马来西亚、新加坡进行物流、商贸、金融等项目专题招商引资活动。拜会印度尼西亚贸易部、更明朗集团；拜访印度尼西亚—中国经济社会与文化合作协会，洽谈南宁国际清真大饭店项目；拜访印中—中小企业商会，对接筹备推介会；举办南宁市投资环境(雅加达)暨重点招商项目推介会；拜访印尼金光集团、马来西亚中国经济贸易总商会，对接筹备推介会。在吉隆坡举行南宁市投资环境(吉隆坡)暨重点招商项目推介会；拜访马中友好协会、和昌父子集团、诚兴农业有限公司；拜会新加坡国际企业发展局、新加坡制造商联合会，对接筹备推介会；举办南宁市投资环境(新加坡)暨重点招商项目推介会；拜访新加坡荣宝华私营控股有限公司，争取企业增资扩股；拜访YCH集团，对接物流项目；拜访雅诗阁公司，对接都市综合体项目。

印度、泰国及越南招商　11月，组团赴印度、泰国、越南进行IT、工艺品加工及商贸项目专题招商引资活动。拜会TALON ENTERPRISES公司、印度华人商会、BFL公司。在泰国，考察当地城市建设发展情况及华泰同益环保技术有限公司、泰联淀粉有限公司、泰华房地产开发有限公司、泰国正大集团、泰国大华国际贸易有限公司等；拜会泰国东盟商务协会、泰国商业部、泰国工商总会、南泰有限公司、中华总商会，并举办专题推介会。在越南，考察当地城市建设发展情况，拜会越南清化进农公司；拜会越南科信得意咨询服务有限公司，举行专题推介会；在越南胡志明市，拜会中国驻胡志明市总领馆及政府有关部门、广西同乡会会长及参观考察越香工业园区。

（刁义雄　彭立斌　黄为谦）

【项目大兑现】　2011年，南宁市跟踪的重大项目主要有：美国宝洁、美国微软、韩国三星、韩国SK、法国城、联想科技城、中国电子、袁隆平广西种业基地、江苏雨润、大连万达及一批总部基地。其中中国联通南宁项目、微软南宁、阳光保险基地、喜来登超五星级酒店、华为数字5个项目已列入市政府领导跟踪推进。8月，举行贯彻落实自治区招商引资项目大兑现“三千行动”(组织千人大走访，推进千个大项目，促进千亿大投资）暨南宁市“三百行动”(组织百人大走访，推进百个大项目，促进百亿大投资)启动仪式，要求全市各级各部门，按照“三个一”(一个项目、一名领导和一个协调服务小组)的服务机制，对122个自治区大兑现项目和市级、县级重点推进的大兑现项目进行走访、全程跟踪服务。在走访过程中，各县(区)、开发区要做到定人员、定项目、定投资，使每一个项目有专人走访，每一次走访有工作推进、有情况反馈，每一个阶段有投资兑现。年内，列入自治区级大兑现项目有122个，其中内资项目108个，外资项目14个。内资大兑现项目的履约率、开竣工率、资金到位率分别为100%、97.22%、67.36%；外资大兑现项目的履约率、开竣工率、资金到位率分别为100%、100%、75.71%，均超过自治区大兑现项目合同履约率95%、开竣工率61%、资金到位率41%的要求。　（吕昭民）

【投资服务】　2011年，市投资促进局为中国电子科技开发公司、泰国联合甘蔗收割机公司、西班牙佳利中国出口公司、国电电力公司、美国泰坦食品公司、印尼金光集团华丰食品公司等39家企业提供有关投资政策、法规以及如何申办外来投资企业等方面的咨询服务。建立重大招商引资项目的“绿色通道”，对符合进入绿色通道的重点企业和重大招商项目，从项目引进、项目落地、项目审批、项目开工建设全过程实行特事特办，确保重大招商项目无障碍进入和实施；指导和协助审核保利城、华丰食品、天健·商务大厦、天健·国际公馆、天健·世纪花园、龙光世纪城市综合体等项目申报绿色通道审批程序。为外来投资者提供代办服务，协助外商投资企业广西泰坦食品有限公司、广西特斯勒能源有限公司、华丰(广西)食品有限公司、广西桂台钢铁物流有限公司、广西格力电器有限公司、广西新宝通投资有限公司草拟企业合同、章程、项目建议书、项目申请报告以及项目可行性研究报告等；协助外商投资企业广西特斯勒能源设备有限公司、广西桂台物流有限公司、广西新宝通投资有限公司办理批文、证书、营业执照；协调工商部门核准华丰(广西)食品有限公司、南宁希梯必商贸有限公司名称；协调银行为南宁市天健房地产公司开具银行资信证明；协调市环保局办理南宁五矿水厂日供水10万吨改扩建环保意见书事宜；协调市食品药品监督局为港资企业南宁健康之友医疗器械有限公司办理医疗器械经营许可证；协调解决外资企业南宁达庆水上娱乐有限公司经济赔偿事宜。协助广西豪景地产公司草拟《关于请予协调迁移巷口西侧变压器、高压电杆的申请报告》；协助解决外来投资企业在生产经营过程中遇到的困难和问题。（黄振卿）

区域经济合作

【概　况】 2011年，南宁市充分利用中国—东盟博览会、中国—东盟商务与投资峰会窗口和合作平台作用，扩大区域经贸合作。中国—东盟博览会、中国—东盟商务与投资峰会期间，南宁市与外地签约利用内外资项目106个，计划引进资金622.71亿元。落实桂川、桂琼、桂粤、桂闽合作框架协议，扩大科技、旅游等领域的合作。认定11家企业为南宁市总部企业，总部经济加快发展。深入推进以东盟国家为重点的对外开放合作，成功举办中国—东盟城市森林论坛，缔结国际友好城市2个、国内友好城市2个。加强与港澳台、珠江三角洲、长江三角洲地区的经济合作，承接东部产业转移取得新进展。进一步深化与北海、钦州、防城港的合作，南宁作为广西北部湾经济区核心城市的辐射带动作用持续增强。强化科学招商理念，注重招大引强，成功引进百威啤酒、沙伯特公司、三一重工等世界、国内500强企业项目。全年实际到位内资657.30亿元，比上年增长25%。（杨华伟）

【泛北部湾经济区区域经济合作】 2011年，南宁市进一步巩固东盟与港澳台地区作为最重要的外资来源地的优势地位，先后组团赴文莱、柬埔寨、缅甸进行商贸、物流项目专题招商引资活动；赴印度尼西亚、马来西亚、新加坡进行物流、商贸、金融等项目专题招商引资活动；赴印度、泰国、越南进行IT、工艺品加工及商贸项目专题招商引资活动；赴香港、澳门、新加坡进行科技馆项目考察及港澳产业转移重点项目专题招商引资活动；赴台湾开展经贸活动，先后参观考察已在南宁市投资的富士康企业台湾总部、台湾统一企业集团等知名企业，并举办南宁—台北企业恳谈会。

【泛珠三角区域经济合作】 2011年，南宁市推进与泛珠江三角洲区域各省的经济交流与合作，加强对泛珠三角地区的电子信息支柱产业、装备制造业以及生物医药、新材料新能源、精细化工产业的招商，利用泛珠三角区域经贸合作洽谈会暨市长论坛、广州博览会、福州海峡两岸经贸交易会等国内区域间重大展会活动平台，组织项目推介和洽谈活动。5月，由市政府副秘书长舒善隆带队，组织市直属部门及县（区）、开发区等单位负责人前往福州市参加第十三届海峡两岸经贸交易会。举办“南宁—福州投资洽谈会”，洽谈对接纺织、轻工机械，电子信息，生物制药等行业合作项目。8月，组成市长论坛代表团赴成都市参加第七届泛珠三角省会城市市长论坛，副市长唐铁昂代表市政府在论坛上作题为《大力推进新型城市化　建设区域性国际城市》的主题发言；由副市长杨民带队，组织市直属部门及县（区）、开发区的招商部门的负责人参加2011广州博览会，南宁市10家企业参展，展销名特优产品，开设南宁市形象展区，展示全市近年来社会经济发展情况；组织举办外商投资合作专题交流会，期间，市直属部门及各县（区）、开发区走访广州市政府相关部门、商协会及有实力的知名企业约50家，洽谈对接有投资意向项目20个；组织市招商团队赴广州、深圳、东莞、佛山开展外商专题招商活动，举办外商专题推介会4场，向外资企业推介南宁市投资环境和合作项目，参会外资企业200多家，意向投资项目12个。9月8日~11日，组织市代表团参加在厦门市举行的第十四届中国国际投资贸易洽谈会。9月20日~24日，组成51人的市经贸代表团参加在南昌市举办的第七届泛珠三角区域合作与发展论坛暨经贸洽谈会。

【西南与南贵昆经济区域合作】 2011年，南宁市加强西南和南贵昆经济区域合作，参加城市间的经贸和会展活动。4月，组织招商小分队赴西安参加第十四届中国东西部合作与投资贸易洽谈会。5月，副市长唐铁昂带队，组织市投资促进局、商务局、南宁高新技术产业开发区、武鸣县、宾阳县负责人参加在重庆市举办的第十三届中国（重庆）国际投资暨全球采购会。6月，组织招商小分队赴西宁市参加2011中国·青海绿色经济投资贸易洽谈会；组织市代表团赴四川省绵阳市参加西南经济区市长联席会第十九届会议。9月，组织招商小分队赴乌鲁木齐市参加首届中国—亚欧博览会，向国内外企业宣传推介南宁投资环境和发展优势，促进双方互动交流；加强两市政府层面的沟通交流，扩大两地经济社会各领域的交流与合作。

【国内友城缔结】 2011年，第八届中国—东盟博览会期间，市政府分别与大庆市政府共同签署《南宁—大庆缔结友好城市协议书》、与西宁市政府共同签署《南宁—西宁缔结友好城市协议书》，标志着南宁市与西宁市、大庆市正式缔结为友好关系城市，双方将在工业、农业、城市建设、科技、文化、旅游等各领域开展多层次、多形式的交流与合作。（黄为谦　张雪松）

群众性精神文明建设

【概　况】 2011年，南宁市以迎接全国文明城市复查测评为重点，深入开展“发展环境建设年”活动；以解决存在的突出问题为切入点，开展投资、政务、法治、市场、人文、生活、社会、生态等“八大环境”建设。整治公共环境，维护良好公共秩序，广泛开展群众性精神文明创建，通过全国文明城市复查测评，实现全国文明城市“二连冠”目标。开展讲文明树新风、文明交通行动、“书香绿城”、中华经典诵读等活动，推动公民思想道德建设。表彰南宁市第一届道德模范、第一届美德少年，开展“我评议、我推荐身边好人”活动，举办“道德模范故事汇”、“道德模范基层巡讲”、“身边好人网络访谈”及节日慰问道德模范等活动，营造崇尚、争当、学习、宣传道德模范的社会氛围。开展关心关爱志愿服务、义务植树志愿服务、创建文明城市志愿服务、大型活动志愿服务等活动，成立南宁市志愿者协会。继续开展文明县（区）、文明单位、文明社区、文明村镇创建和军（警）民共建活动，开展“和谐建设在基层”、“负责任地做产品”、“种文化”、创建文明集市、整治农村“六乱”（柴草乱垛、粪土乱堆、垃圾乱倒、污水乱泼、禽畜乱跑、乱贴乱画）行动等主题活动，丰富群众性创建活动的内涵，提升创建水平。作为全国文明城市的前置条件，南宁市组织开展未成年人思想道德建设测评迎检，与全国文明城市复评迎检同部署、同推进、同落实。开展“童心向党”系列主题活动和“做一个有道德的人”、“洒扫应对”主题活动，引导未成年人参与道德实践。开展“春风护苗”专项行动、中小学校园周边环境整治行动，强力净化社会文化环境。推进“乡村学校少年宫”、“西部开发助学工程”、“绿色电脑进西部”等为民办实事项目。加强南宁文明网建设，加入中国文明网联盟网站，发展建立网络文明传播志愿者队伍，网络主题宣传活动，加大网上文明宣传力度。

【文明城市复评迎检】 2011年，中共中央精神文明建设委员会办公室开展第三批全国文明城市测评，南宁市作为第二批全国文明城市参加复查测评。市委、市政府确定实现全国文明城市“二连冠”的工作目标，围绕《全国文明城市测评体系》的标准和要求，全面开展全国文明城市复评迎检。调整充实首府南宁创建全国文明城市总指挥部，市委书记、市长、市人大常委会主任、市政协主席担任总指挥长，邀请自治区党委、自治区政府副秘书长，区党委宣传部、区文明办、区直属机关工委、区高校工委相关领导任副总指挥。制定《首府南宁2011年创建全国文明城市实施方案》、《全国文明城市测评体系责任分解表》，组织各工作部门、各县（区）、开发区签订《首府南宁迎接全国文明城市复评工作目标责任书》，实行目标责任制。6月9日，市委、市政府召开首府南宁精神文明建设表彰暨创建全国文明城市推进大会，自治区党委常委、市委书记车荣福在会上作重要讲话。全市全面加强交通秩序、市政设施维护、集贸市场环境、“五小行业”（小餐饮店、小浴室、小网吧、小歌舞厅、小旅馆）经营秩序、市容环境、文化市场的重点整治，开展市领导带队专项检查、重点项目重点督查、创城办日常检查指导、“窗口服务行业”专项检查、社会宣传环境布置专项督查等一系列检查督查活动，印发创城督办函124件，发送“创城动态”手机简讯182条，确保各项整治迎检工作落到实处。开展市民建言献策、“万名干部进社区”、文明交通志愿服务月、市容环境整治志愿服务月等主题活动，广泛发布创城公益广告、宣传标语，发布创城手机公益短信，制作发放创城宣传品、宣传资料，开展创城宣讲活动、举办创城专题文艺演出等宣传活动，组织新闻媒体开设“文明南宁　森林南宁　卫生南宁”专版、专栏，推出创城百姓系列访谈，摄制《文明大家谈》系列报道节目，深入报道南宁市创城复评迎检，提高市民的知晓率。8月21日~25日，全国文明城市测评组对南宁市进行测评。12月20日，中央文明委在北京召开全国精神文明建设表彰大会，南宁市经复查确认继续保留全国文明城市称号。12月22日，南宁市举行迎匾仪式，庆祝实现全国文明城市“二连冠”。

【讲文明树新风活动】 2011年，南宁市围绕纪念中国共产党成立90周年、辛亥革命100周年，广泛开展讲文明树新风活动，加强公民思想道德建设，提升市民文明素质。实施“文明交通行动计划”，组织开展“文明交通大宣传、大劝导、大整治”、“告别陋习　文明出行”义务劝导、“文明交通志愿服务月”等活动，组织志愿者在主要交通路口宣传交通法规和安全常识，协助交警维护交通秩序，劝导不文明交通行为。交通运输管理部门在公交、出租车、长途客运、货运等行业开展“文明行车、和谐交通”优质服务竞赛，加强驾驶员的教育培训，治理交通运输行业不文明行为。开展“文明交通进企业”、“文明交通进校园”、“文明交通行动”文化下乡和“出行文明”宣传日、“排队推动日”等活动，广泛宣传交通法规，提高公众文明交通意识。9月20日，举办公民道德宣传日活动，围绕“做文明有礼的南宁人”、“负责任地做产品”、“文明交通”、“诚信计生”、“百城万店无假货”、“食品药品安全”等内容，在万达商业广场开展“文明南宁，从我做起”主题宣传活动。

【道德模范学习宣传】 2011年3月5日，市委、市政府举行颁奖典礼，表彰获市第一届道德模范13人、道德模范提名奖39人和美德少年100人。典礼采用电视晚会形式，南宁电视台为每位道德模范制作专题短片，对典礼盛况进行全程录播，并安排重要时段播放，《南宁日报》、《南宁晚报》联版刊登道德模范先进事迹。4月18日，南宁市承办2场由中央文明办、中国文联举办的“道德模范故事汇”基层巡演活动，全市干部群众代表等近3000人

3月5日，市委、市政府在南宁人民会堂举行颁奖典礼，表彰南宁市第一届道德模范、道德模范提名奖和美德少年　周家志　摄

到场观看演出。8月中旬，广西“道德模范故事汇”基层巡演活动在南宁市各大社区、学校举行，以独具壮乡特色的艺术形式表现道德模范事迹。“南宁文明网”制作“我身边的南宁好人”网络访谈栏目，邀请道德模范和“身边好人”代表周小容、李祥军、刘小坚、丁祖兰等参加在线访谈活动。各县(区)、各部门广泛开展“我评议、我推荐身边好人”活动，年内，全市向中国文明网主办的“中国好人”投票评选活动推荐“身边好人”25名，其中刘小坚、马大保、农喜耀、覃朝缘、韦曰坚等5人荣登中国好人榜。

【志愿服务活动】 2011年，市文明委在元旦春节期间组织开展“红红火火过大年”主题志愿服务活动，组织动员全市各行各业的志愿者以扶老助残、文体娱乐、环境秩序、平安健康为重点，走进乡村、社区、福利院，走进群众家中，开展多种形式的志愿服务活动。1月24日晚，市慈善总会举办爱心慈善晚会，为2011年“爱心年夜饭”募集善款6万余元。1月25日，市文明办组织由公务员、医务工作者、科技工作者、法律工作者、艺术工作者、企业员工等80多名志愿者组成的志愿服务队到西乡塘区北湖安居小区开展“送温暖、送欢乐、送平安、送健康志愿服务进社区”活动，为社区居民义诊、送春联、政策咨询、安全知识宣传、表演文艺节目，市红十字会和市慈善总会给社区的20户空巢老人和困难家庭赠送年货。3月5日，市文明委在金湖广场举行志愿服务月启动仪式，现场开展义务献血和骨髓、器官捐献宣传志愿服务活动，3500名志愿者参加活动，312人参加无偿献血，献血量9.36万毫升，康福交通有限公司志愿者为献血者提供免费送回家服务。同时，团市委组织青年志愿者开展“志愿始于足下”徒步活动，以“中国水城”规划目标为主线，沿途宣传志愿服务理念，开展“感恩母亲河”邕江两岸垃圾清理志愿服务行动。工商、税务、土地、规划等部门组织开展访基层、送真情志愿服务活动，组织志愿者深入企业，现场办公，为企业提供法律法规咨询、答疑解惑，解决企业实际困难，到“结对共建”点开展走访慰问困难群众活动。市图书馆、南宁少儿图书馆组织志愿者送书下乡，为农民群众送去6000册科普教育书籍。3月志愿服务月期间，各县(区)在中心广场、主要街道、社区，开展“学雷锋便民服务一条街”、“能帮就帮，服务‘三农’春风行动”、“走进社区、走进村屯关爱空巢老人行动”、“修筑水利志愿服务我行动”、“城乡清洁整治志愿行动”等各类志愿服务活动，全市有近10万志愿者参加各类志愿服务活动。6月8日，市文明委在南宁高新技术产业开发区举办关爱农民工志愿服务启动仪式，在全市组织开展以技能培训、权益维护、情感关怀、文化服务、素质提升等为主要内容的“关爱农民工”志愿服务活动，社会各界募捐志愿服务活动基金120万元。“两会一节”期间，以文明南宁，微笑绿城为主题开展志愿服务活动，招募志愿者4670人，参加语言翻译、公共秩序维护、现场服务等服务活动。

9月8日，南宁市举办“我们的节日·中秋诵明月”经典诵读活动　　劳世青提供

【市志愿者协会成立】 2011年，南宁市拓展志愿者注册平台，5月25日，市志愿者注册系统开始试运行，在市委办公厅、市人大办公厅、市政府办公厅、市政协办公厅同时举行市直机关公务员注册志愿者活动，现场有1300多名公务员注册为志愿者。6月，市人大常委会审议通过《南宁市志愿服务条例》，7月1日正式实施。8月，筹备成立南宁市志愿者协会，发展团体会员143个，个人会员16人。

【“我们的节日”主题活动】 2011年1月10日，由中央文明办、中央电视台、市政府联合举办的《我们的节日·春节》“激情广场”专题歌会在南湖广场进行，市艺术剧院、广西民族大学、南宁职业技术学院、衡阳路小学以及南宁市志愿者合唱团、中老年合唱团和各城区的社区群众合唱团参加演出。春节、元宵节期间，全市广泛开展“送温暖”志愿服务、城乡环境卫生整治、文化科技卫生“三下乡”、科教法律文体卫生“四进社区”等活动和丰富多彩的民俗文化节庆活动。清明节期间，开展“我们的节日·清明节——缅怀先烈先贤，传承民族精神”主题活动，广大干部群众和中小学生以祭扫烈士碑、烈士墓，参观革命纪念馆，重走革命路，诵读爱国经典诗文，参加“网上祭英烈”活动等形式，缅怀革命先烈，传承民族精神。端午节期间，开展龙舟竞渡、包粽子比赛等民俗文化活动。七夕节期间，以“爱情忠贞、家庭幸福、社会和谐”为主题开展青年联谊、情诗朗诵大赛、金婚送祝福等活动。中秋节期间，开展以“欢庆·和谐·团圆”为主题的节日民俗活动和文化娱乐活动，开展慰问道德模范及身边好人、中秋网上寄语、“能帮就帮·欢度中秋”志愿服务、中小学生“中秋诵明月”经典诵读等活动。9月8日晚，市文明委在民族广场举行“我们的节日·中秋——团圆庆佳节　经典诵中秋”晚会，展示基层单位开展经典诵读活动的成果。重阳节期间，开展七彩夕阳“敬老月”活动，组织各单位慰问特困、高龄、独居老人和“百岁老人”以及老年服务机构，开展敬老助老志愿服务；开展爬山登高、趣味运动会等活动，活跃老年人节日文化生活。

【文明县(区)单位村镇社区创建】 2011年，南宁市继续深入开展文明县(区)、文明单位、文明社区、文明村镇创建和军(警)民共建活动。1月19日~24日，市文明委组织开展市第七轮（2009~2011年度）创建文明县(区)活动第二年(2010年)测评。组织自治区级文明村镇、文明单位申报全国文明村镇、文明单位。横县校椅镇龙省村、青秀区长塘镇定西村加踏坡自然村2个村被评为第三批全国文明村；兴宁区朝阳街道望州南社区、广西电网公司南宁供电局、广西石化高级技工学校、上林县国家税务局等4个单位被评为第三批全国文明单位。组织开展窗口服务行业创城达标竞赛测评活动，对32个行业所属58个单位的388个实测点进行交叉测评，通报表彰测评成绩前10名的行业是：供电(责任单位：南宁供电局)、国税(责任单位：市国税局)、地税(责任单位：市地税局)、自来水(责任单位：南宁建宁水务集团有限责任公司)、海事(责任单位：南宁海事局)、派出所(责任单位：市公安局)、交警(责任单位：市公安局)、“110”(责任单位：市公安局)、应急联动(责任单位：市城市应急联动中心)、高速公路(责任单位：南宁高速公路运营有限公司)。市委、市政府通报表彰第二十五批文明单位23个、文明村镇7个，第十批文明社区3个；2010年度军(警)民共建先进单位10对、标兵单位3对。

【未成年人思想道德建设】 2011年4月12日，南宁市召开未成年人思想道德建设工作经验交流会，表彰全市2008~2010年未成年人思想道德建设工作先进集体和个人，青秀区、隆安县、武鸣县、兴宁区被授予未成年人思想道德建设工作先进县(区)，50个单位(集体)、100名个人分别被授予先进单位(集体)和先进个人。年内，开展一系列道德教育实践和文化活动。根据5月中央文明办专职副主任王世明在南宁调研时交办的课题，开展“洒扫应对”主题教育活动，确定63所学校作为示范点先行开展。从两个环节入手，按学龄段设置“洒扫应对”社会实践课程。从日常起居入手，开展“日行洒扫”系列活动，加强中小学生生活能力、劳动技能锻炼，使他们养成爱劳动的习惯；从待人接物入手，开展文明礼仪教育活动，教育中小学生知晓礼节礼仪，养成谦恭待人的观念。开展“童谣唱给太阳听”优秀童谣儿歌传唱、“童心向党——做一个有道德的人”征文、“童心向党——八桂画童”、“童心向党——在党旗下成长”歌咏等系列主题活动，强化未成年人对社会主义核心价值体系的认同，增强爱党、爱国、爱社会主义的情感。评选表彰南宁市第一届美德少年100人，开展“学模范、见行动，人人争做美德好少年”活动，号召广大未成年人向美德少年学习。组织未成年人过好“我们的节日”，春节、元宵节开展创编“节日小报”、拍摄“节日照片”、画“节日图画”、写“节日体会”等活动。清明节开展“缅怀革命先烈、传承优秀传统”主题活动，4月2日，组织中小学生在南湖公园李明瑞、韦拔群革命烈士纪念碑前举办主题祭扫仪式，开展“网上祭英烈”活动。中秋节举办“我们的节日·中秋诵明月”经典诵读活动。继续开展“未成年人流动剧场”暨优秀少儿剧目进校园活动，采取政府购买服务形式，组织广西桂剧团、广西木偶剧团创作、编排优秀少儿文艺作品到中小学校进行公益性巡演，全年演出120场，受益学生15万多人。强力净化社会文化环境，春节期间开展“春风护苗”打击“黑网吧”专项行动，遏制“黑网吧”向农村蔓延。4月，开展全面净化社会文化环境集中整治行动。7月，开展全市中小学校园周边环境整治行动。

【乡村学校少年宫建设】 2011年，南宁市实施为未成年人办实事项目。重点建设首批乡村学校少年宫25个，市财政投入25万元，为每个“乡村学校少年宫”购买一批图书。9月28日，在西乡塘区金陵镇中心学校举办中央专项彩票公益金支持乡村学校少年宫项目广西启动仪式，全市有6所学校争取到该项目建设公益金。实施城乡风貌改造三期工程“乡村学校少年宫”建设，为宾阳县黎塘镇试验小学、隆安县那桐镇定江村小学、横县校椅镇石井村中心学校申请配套经费共6万元，用于购买文体设施、教学器材。

（劳世青）

2011年政治机构党派团体市直属事业单位及领导人

中共南宁市委员会

书　　记：车荣福　2008.05~2011.09
陈　武　2011.09~
副 书 记：黄方方　2008.05~2011.08
周红波　2009.11~
刘长林　2009.12~
常　　委：翟宗华　2008.08~2011.09
杨文件　2011.09~
周家斌　2008.10~2011.09
朱育兆　2009.11~
邓金玉（女）　2009.04~
林山青　2010.10~
雷应敏　2008.11~
吴　炜　2009.11~
吕　洁（女）　2010.01~
胡建华　2004.11~2011.08
杨维超　2011.09~
容康社　2011.09~
尹　纯（挂职）　2009.11~2010.12
范　力（挂职）　2009.12~2011.01
秘 书 长：吴　炜　2009.11~2011.10
杨维超　2011.10~

市人民代表大会常务委员会

主　　任：谢寿堂　2006.09~
副 主 任：刘南生　2003.10~2011.05
卢丽芬（女）　2000.09~2011.10
赖贵寿　2006.02~
邓其新　2006.02~
袁曼虹（女）　2011.10~
温守荣　2011.10~
刘　雄　2010.02~
阮兆丰　2011.10~

秘 书 长：周如斯　2006.09~

市人民政府

市　　长：黄方方　2008.06~2011.10
周红波　2011.10~
2011.08~2011.10
（副市长、代理市长）
副 市 长：周家斌　2008.10~2011.10
吴　炜　2011.10~
吕　洁（女）　2010.02~
石文怀　2009.11~
眭国华（女）　2011.08~
温守荣　2007.08~2011.10
李志勇　2009.11~2011.08
肖志钢　2010.01~
廖洪涛　2011.10~
魏凤君　2011.10~
杨　民（挂职）　2011.05~
唐轶昂（女，挂职）2010.12~
尹　纯（挂职）　2009.12~
2010.12
范　力（挂职）　2010.01~
2011.01
秘 书 长：阮兆丰　2009.02~2011.11
刘志烈　2011.11~

政协南宁市委员会

主　　席：岑可成　2010.02~
副 主 席：张国环　2004.02~
唐济武　2006.09~2011.10
崔建国　2011.10~
李秋明　2004.02~2011.04
梁峰林　2006.02~
卫自光　2010.10~
袁曼虹（女）　2006.09~
2011.10
黎四龙　2009.02~
李　勤　2010.02~
汪　玲（女）　2010.10~
黄均宁　2010.10~
秘 书 长：侯小兵　2006.09~2011.10
储朝晖　2011.10~

市中级人民法院

党组书记：周　腾　2009.12~
院　　长：周　腾　2010.02~

市人民检察院

党组书记：黄建波　2009.12~
检 察 长：黄建波　2010.02~

中共南宁市纪律检查委员会

书　　记：邓金玉（女）　2009.04~

南宁警备区

司 令 员：李　政　2010.02~
政治委员：翟宗华　2006.05~2011.04
杨文件　2011.04~

中共南宁市委办公厅

秘 书 长：吴　炜　2009.11~2011.10
杨维超　2011.10~

中共南宁市委组织部

部　　长：雷应敏　2008.11~

中共南宁市委老干部局

局　　长：赵红明　2009.11~

中共南宁市委宣传部

部　　长：吕　洁（女）　2010.01~

中共南宁市委统战部

部　　长：胡建华　2006.09~2011.10
容康社　2011.10~

中共南宁市委政法委员会

书　　记：朱育兆　2009.10~

中共南宁市委政策研究室

主　　任：李海光　2009.11~

市机构编制委员会办公室

主　　任：马筱敏（女）　2010.01~

市直属机关工作委员会

书　　记：吴　炜　2009.11~2011.10
杨维超　2011.10~

市人大常委会办公厅

秘 书 长：周如斯　2006.09~

市人大常委会调查研究室

主　　任：施扬汉　2006.09~2010.12
韦景峻　2011.05~

市人大常委会选举联络工作委员会

主　　任：崔桂静（女）2006.09~

市人大常委会法制工作委员会

主　　任：徐晓光　2010.03~

市人大法制委员会

主任委员：钟建国　2010.02~

市人大内务司法委员会

主任委员：马金安　2006.09~2011.10
周向华　2011.10~

市人大财政经济委员会

主任委员：连精昌　2006.09~2011.10
张　彬　2011.10~

市人大农业委员会

主任委员：卢学智　2006.09~2011.10
周裕平　2011.10~

市人大城乡建设环境保护委员会

主任委员：周志波　2006.09~2011.02
陈建学　2011.02~

市人大教育科学文化卫生委员会

主任委员：周凯声　2006.09~2011.05
井穗军　2011.10~

市人大民族华侨外事宗教委员会

主任委员：梁秀霞（女）　2006.09~
2011.10

　　　　余桂华　2011.10~

市人民政府办公厅

秘 书 长：阮兆丰　2009.02~2011.11
　　　　　刘志烈　2011.11~

市大型活动办公室

主　　任：方　仲（女）　2009.11~

市发展和改革委员会

党组书记：农　冰　2010.04~
主　　任：农　冰　2010.05~

市工业和信息化委员会

党组书记：陈世平　2010.01~
主　　任：陈世平　2010.01~

市教育局

党委书记：夏建军　2001.11~
局　　长：夏建军　2003.09~2010.12
　　　　　施日全　2010.12~

市科学技术局（市知识产权局）

党组书记：傅隆政　2003.08~2011.02
　　　　　覃永武　2011.02~
局　　长：傅隆政　2003.09~2011.03
　　　　　覃永武　2011.03~

市民族事务委员会

党组书记：苏志刚　2009.02~
主　　任：苏志刚　2009.02~

市公安局

党委书记：廖洪涛　2009.11~
局　　长：廖洪涛　2009.11~

市监察局

局　　长：余仲远　2010.12~

市民政局

党组书记：苏绍荣　2009.03~
局　　长：苏绍荣　2009.03~

市司法局

党组书记：蓝树源　2010.04~
局　　长：蓝树源　2010.05~

市财政局

党组书记：刘志烈　2009.02~2011.09
　　　　　李　宁（女）　2011.09~
局　　长：刘志烈　2009.02~2011.11
　　　　　李　宁（女）　2011.11~

市人力资源和社会保障局

党组书记：马南萍（女）　2010.06~2011.02
　　　　　张自英（女）　2011.02~
局　　长：马南萍（女）　2010.01~2011.03
　　　　　张自英（女）　2011.03~

市国土资源局

党组书记：谭玫瑰　2009.02~
局　　长：谭玫瑰　2009.02~

市环境保护局

党组书记：杨　敏（女）　2010.04~2011.02
　　　　　黄建宁（女）　2011.02~
局　　长：杨　敏（女）　2010.05~2011.03
　　　　　黄建宁（女）　2011.03~

市城乡建设委员会

党组书记：高　新　2010.01~2011.09
　　　　　郭维宁　2011.09~
主　　任：高　新　2010.01~2011.11
　　　　　郭维宁　2011.11~

市规划管理局

党组书记：封　宁　2007.06~
局　　长：封　宁　2007.06~

市城市管理局（市城市管理综合行政执法局）

党组书记：杨玉山　2009.12~
局　　长：杨玉山　2010.01~

市住房保障和房产管理局（首府南宁住房制度改革委员会办公室）

党组书记：冯炳浩　2010.01~
局　　长：冯炳浩　2010.01~

市园林管理局

党组书记：邓国付　2006.09~2011.07
　　　　　蓝　岚（女）　2011.07~
局　　长：邓国付　2006.09~2011.09
　　　　　梁　展　2011.09~

市交通运输局

党组书记：李　耕　2010.01~
局　　长：李　耕　2010.01~

市水利局

党组书记：叶　盛　2009.11~
局　　长：叶　盛　2009.12~

市农业局

党组书记：唐波文　2006.06~
局　　长：唐波文　2006.09~

市水产畜牧兽医局

党组书记：梁兆强　2010.11~
局　　长：梁兆强　2007.06~

市林业局

党组书记：陈咸华　2009.12~
局　　长：陈咸华　2010.01~

市商务局（市口岸办公室）

党组书记：周异助　2009.02~
局　　长：周异助　2009.02~

市文化新闻出版局

党组书记：蒙文虎　2010.12~
局　　长：蒙文虎　2010.12~

市卫生局

党委书记：汤晓斌　2006.09~

局　　长：汤晓斌　2006.09~

市食品药品监督管理局

党组书记：黄明瑞　2010.10~

局　　长：彭　明　2010.01~

市人口和计划生育委员会

党组书记：黄　海　2004.07~2011.07

　　　　　谢宗务　2011.07~

主　　任：黄　海　2004.07~2011.09

　　　　　谢宗务　2011.09~

市审计局

党组书记：边作新　2009.08~

局　　长：边作新　2009.09~

市广播电影电视局

党组书记：魏永泉　2010.01~

局　　长：魏永泉　2010.01~

市体育局

党组书记：井穗军　2001.1~2011.07

　　　　　陆兴南　2011.07~

局　　长：梁桦中　2010.01~

市安全生产监督管理局（市煤矿安全监督局、市安全生产委员会办公室）

党组书记：夏　成　2010.12~

局　　长：夏　成　2010.12~

市统计局

党组书记：黄南方　2010.12~

局　　长：黄南方　2010.12~

市旅游局

党组书记：黄永久　2009.11~

局　　长：黄永久　2009.12~

市粮食局

党组书记：覃善开　2010.12~

局　　长：覃善开　2010.12~

市投资促进局

党组书记：李伟时　2010.01~

局　　长：李伟时　2010.01~

市外事侨务办公室

党组书记：邓卫民　2011.11~

主　　任：黄菊如（女）　2010.01~2011.03

　　　　　邓卫民　2011.03~

市法制办公室

党组书记：范卫东　2006.09~

主　　任：范卫东　2006.09~

市人民防空办公室

党组书记：邱全芳　2006.08~

主　　任：邱全芳　2006.09~

市扶贫开发办公室

党组书记：覃思源　2010.01~

主　　任：覃思源　2010.01~

市城乡数字化建设办公室

党组书记：钱　健　2010.01~2011.05

　　　　　胡书文　2011.07~

主　　任：钱　健　2010.01~2011.07

　　　　　胡书文　2011.09~

市委、市人民政府信访局

党组书记：李宝臣　2009.02~

局　　长：李宝臣　2009.02~

市人民政府国有资产监督管理委员会

党委书记：林国开　2004.07~2011.12

　　　　　傅隆政　2011.12~

主　　任：林国开　2004.07~2011.03

　　　　　傅隆政　2011.03~

南宁高新技术产业开发区管理委员会

党工委书记：李晓东　2006.09~

主　　任：李晓东　2006.09~

南宁经济技术开发区管理委员会

党工委书记：韦志鹏　2009.12~

主　　任：韦志鹏　2009.12~

南宁—东盟经济开发区管理委员会（南宁华侨投资区管理委员会）

党工委书记：李　斌　2006.09~2011.02

　　　　　　胡志崇　2011.02~

主　　任：李　斌　2006.09~2011.03

　　　　　　胡志崇　2011.03~

南宁青秀山风景名胜旅游区管理委员会

党工委书记：文光琪　2006.09~2011.07

　　　　　　李伟进　2011.07~

主　　任：文光琪　2006.09~2011.08

　　　　　　李伟进　2011.08~

南宁市相思湖新区管理委员会

党工委书记：胡书文　2006.09~2011.07

　　　　　　黄　海　2011.07

主　　任：胡书文　2006.09~2011.08

　　　　　　黄　海　2011.08~

南宁市北部湾（广西）经济区规划建设管理委员会办公室（南宁五象新区开发建设指挥部、南宁保税物流中心管理委员会）

党组书记：肖志钢　2009.05~2011.11

　　　　　吴　炜　2011.11~

主　　任（指挥长）：肖志钢　2009.03~2011.11

　　　　　　　　　　吴　炜　2011.11~

市固定资产投资工作领导小组办公室

主　　任：周家斌　2010.03~2011.11

　　　　　魏凤君　2011.11~

市铁路建设办公室

主　　任：石文怀　2010.11~

市政协办公厅

秘 书 长：侯小兵　2006.09~2011.10

储朝晖　2011.10~

市政协研究室

主　　任：曾志杰　2010.10~

市政协选举联络工作办公室

主　　任：韩艳斌（女）　2010.10~

市政协提案委员会

主　　任：梁晓明　1998.07~2011.11
杨　利　2011.11~

市政协经济委员会

主　　任：古培康　2006.09~

市政协文史学习委员会

主　　任：刘银宾　2006.09~2011.11
甘英姿（女）　2011.11~

市政协教科文卫体委员会

主　　任：陆益斌　2006.09~

市政协海外联谊民族宗教委员会

主　　任：阳伟红（女）　2006.09~2011.11
黄美芬（女）　2011.11~

市政协人口资源环境与城乡建设委员会

主　　任：郑本炼　2006.09~2011.11
黎敏生　2011.11~

市政协社会法制委员会

主　　任：咸建媛（女）　2002.11~2011.11
陈　芳（女）　2011.11~

市总工会

党组书记：伦　建　2009.08~
主　　席：梁峰林　2009.08~

市妇女联合会

党组书记：陈　尧（女）　2010.01~
主　　席：陈　尧（女）　2010.02~

共青团南宁市委员会

党组书记：邓娟娟（女）　2009.11~
书　　记：邓娟娟（女）　2009.12~

市科学技术协会

党组书记：王　洲　2010.04~
主　　席：王　洲　2010.06~

市归国华侨联合会

党组书记：陈丕效　2010.01~
主　　席：蒋晓筠（女）　2010.03~

市残疾人联合会

党组书记：李永华（女）　2009.02~
理 事 长：李永华（女）　2009.02~

市文学艺术界联合会

党组书记：张耀民　2009.07~
主　　席：鲁　利　2009.08~

市社会科学界联合会

党组书记：谭耀山　2006；06~
主　　席：谭耀山　2006.08~

中国国际贸易促进委员会南宁市支会

会　　长：谭　漓（女）　2010.01~
党组书记：谭　漓（女）　2010.07~

市红十字会

会　　长：车荣福　2010.03~2011.09
吕　洁（女）　2010.03~

中国国民党革命委员会南宁市委员会

主任委员：唐济武　2000.01~2011.05
黎　琳（女）　2011.05~

中国民主同盟南宁市委员会

主任委员：崔建国　2000.04~

中国民主促进会南宁市委员会

主任委员：黄均宁　2009.08~

中国民主建国会南宁市委员会

主任委员：卢秋凌（女）　2009.09~

中国农工民主党南宁市委员会

主任委员：袁曼虹（女）　2001.06~

中国致公党南宁市委员会

主任委员：张　渊　2006.09~

九三学社南宁市委员会

主任委员：邓明政　2006.08~

市工商业联合会

党组书记：黄秋娣（女）　2007.11~
主　　席：黎四龙　2006.10~

市委党校

校　　长：刘长林（兼）　2009.12~
常务副校长：李忠南　2009.03~

市档案局（市档案馆）

党组书记：廖茂隆　2009.02~
局长（馆长）：廖茂隆　2009.02~

市委党史研究室

主　　任：李刘科　2010.10~

南宁日报社

党组书记：梁繁峰　2006.06~
社　　长：梁繁峰　2005.01~
总　编辑：梁繁峰　2005.01~2011.01
程小华　2011.01~

市委、市人民政府接待办公室

主　　任：谢宗务　2006.08~2011.07

市人民政府发展研究中心

党组书记：黄寿疆　2010.12~
主　　任：黄寿疆　2010.11~

市农业机械化管理中心（市农业机械化管理局）
党组书记：李天绍　2001.11~
主任（局长）：李天绍　2001.11~

市地震局
党组书记：蒋维松　2004.07~2011.07
　　　　　邓国付　2011.07~
局　　长：蒋维松　2004.04~2011.08
　　　　　邓国付　2011.08~

市城市应急联动中心
党组书记：黄展邦　2009.05~
主　　任：黄展邦　2009.05~

市市直机关后勤服务中心（市机关事务管理局）
党组书记：蒙祝宁　2010.12~
主任（局长）：蒙祝宁　2010.12~

南宁住房公积金管理中心
党组书记：杨国球　2004.07~2011.02
　　　　　王林一　2011.02~
主　　任：杨国球　2003.10~2011.03
　　　　　王林一　2011.03~

市人民政府地方志编纂办公室
党组书记：王德宾　2010.10~
主　　任：王德宾　2010.11~

市二轻集体工业联社
党组书记：王　湧　2010.01~2011.07
　　　　　陈聘聪　2011.07~
主　　任：王　湧　2010.01~2011.08
　　　　　陈聘聪　2011.08~

市社会科学院
党组书记：韦振豪　2010.10~
院　　长：胡建华　2010.12~

市广东商业街、香港商业街、澳门商业街、中国—东盟国际商务区建设管理办公室
主　　任：郭维宁　2007.08~2011.06
　　　　　高　泉　2011.06~

南宁昆仑关战役遗址保护管理委员会（南宁昆仑关旅游风景区管理委员会）
党组书记：方建诠　2006.06~2011.02
　　　　　何尚汉　2011.02~
主　　任：方建诠　2006.03~2011.03
　　　　　何尚汉　2011.03~

南宁市水库移民管理局
党组书记：邓健民　2010.03~
局　　长：邓健民　2009.03~

南宁职业技术学院
党委书记：朱朝霞（女）　2007.04~2011.08
院　　长：陈建新　2003.05~

市政府集中采购中心
主　　任：陆　勤（女）　2005.03~

广西大明山国家级自然保护区管理局（南宁大明山风景旅游区管理委员会）
党委书记：罗世敏　2005.06~
局　　长：罗世敏　2005.06~
主　　任：罗世敏　2006.03~

市城市内河管理处（市“中国水城”建设工作指挥部办公室）
主　　任：朱　沫　2010.12~

市供销合作联社
党组书记：龚山峰　2010.10~
主　　任：何达生　2004.08~2011.03
　　　　　龚山峰　2011.03~

中共武鸣县委员会
书　　记：杨维超　2009.03~2011.05
　　　　　黄国健　2011.05~

武鸣县人大常委会
主　　任：潘祖乐　2006.09~

武鸣县人民政府
县　　长：宋日正　2009.06~

政协武鸣县委员会
主　　席：李　宁　2006.09~2011.08
　　　　　黄隆鸣　2011.08~

中共横县委员会
书　　记：林山青　2010.12~

横县人大常委会
主　　任：陈保金　2002.11~2011.08
　　　　　蒋小旗　2011.08~

横县人民政府
县　　长：黄国健　2008.01~2011.08
　　　　　唐小若　2011.08~

政协横县委员会
主　　席：梁达溪　2002.11~2011.08
　　　　　陈保金　2011.08~

中共宾阳县委员会
书　　记：周红波　2009.11~2011.05
　　　　　黄　宁　2011.05~

宾阳县人大常委会
主　　任：覃作福　2006.09~

宾阳县人民政府
县　　长：张先进　2010.03~

政协宾阳县委员会
主　　席：胡乃高　2006.09~2011.08
　　　　　张昭华　2011.08~

中共上林县委员会
书　　记：苏德明　2009.01~2010.12
　　　　　尹建华　2011.02~

上林县人大常委会
主　　任：陆　康　1999.01~2011.03
　　　　　麻宏明　2011.03~

上林县人民政府

县　　长：尹建华　2006.09~2011.08

　　　　　孙志强　2011.08~

政协上林县委员会

主　　席：韦日兴　2002.11~2011.08

　　　　　吴伟山　2011.08~

中共马山县委员会

书　　记：李　兵　2009.11~

马山县人大常委会

主　　任：杨盛稳　2006.09~2011.08

　　　　　谢显术　2011.08~

马山县人民政府

县　　长：黄丽娟（女）　2010.03~2011.08

　　　　　杨　敏（女）　2011.08~

政协马山县委员会

主　　席：林永立　2006.09~

中共隆安县委员会

书　　记：李振林　2009.11~

隆安县人大常委会

主　　任：韦才团　2006.09~2011.08

　　　　　刘文式　2011.08~

隆安县人民政府

县　　长：陈　竑　2010.01~

政协隆安县委员会

主　　席：隆成碧　2006.09~2011.08

　　　　　廖永新　2011.08~

中共兴宁区委员会

书　　记：刘为民　2010.01~

兴宁区人大常委会

主　　任：罗思义　2006.09~

兴宁区人民政府

区　　长：高　虹（女）　2010.02~

政协兴宁区委员会

主　　席：李乃玲　2005.04~2011.08

　　　　　韦敏杰　2011.08~

中共江南区委员会

书　　记：魏凤君　2005.03~2011.05

　　　　　马南萍（女）　2011.05~

江南区人大常委会

主　　任：黄　英（女）　2010.03~

江南区人民政府

区　　长：黄建宁（女）　2004.02~2011.08

　　　　　甘　诚　2011.08~

政协江南区委员会

主　　席：潘长能　2009.03~

中共青秀区委员会

书　　记：赵禹鹏　2009.04~

青秀区人大常委会

主　　任：黄素萍（女）　2005.04~2011.08

　　　　　李柏林　2011.08~

青秀区人民政府

区　　长：王永超　2010.03~2011.08

　　　　　钱　健　2011.08~

政协青秀区委员会

主　　席：张宝昌　2005.04~

中共西乡塘区委员会

书　　记：黄　宁　2010.01~2011.05

　　　　　黄润斌　2011.05~

西乡塘区人大常委会

主　　任：黄福仁　2005.04~2010.03

　　　　　梁英浩　2010.03~

西乡塘区人民政府

区　　长：廖伟福　2009.01~

政协西乡塘区委员会

主　　席：谢坪芝（女）　2005.04~

中共邕宁区委员会

书　　记：容康社　2009.11~2011.05

　　　　　王永超　2011.05~

邕宁区人大常委会

主　　任：许文贤　2005.04~2011.08

　　　　　磨瑛津（女）　2011.08~

邕宁区人民政府

区　　长：蓝建东　2010.03~

政协邕宁区委员会

主　　席：黄济法　2005.04~2011.08

　　　　　农建进　2011.08~

中共良庆区委员会

书　　记：储朝晖　2007.08~2011.02

　　　　　李　斌　2011.02~

良庆区人大常委会

主　　任：郑国健　2005.04~

市良庆区人民政府

区　　长：孙志强　2006.09~2011.08

　　　　　黄奕信　2011.08~

政协良庆区委员会

主　　席：任宁生　2005.04~2011.08

　　　　　刘长南　2011.08~

（黄伟昌　李　科）

责任编辑　周　红

中国—东盟博览会·峰会·民歌节

第八届
中国—东盟博览会

【概　况】 2011年10月21日~26日，第八届中国—东盟博览会在南宁市举办。由中国商务部、东盟国家经贸主管部门和东盟秘书处共同主办，广西壮族自治区人民政府承办。10月21日上午，在南宁国际会展中心朱槿花厅举行开幕式。中共中央政治局常委、国务院总理温家宝，马来西亚总理纳吉布，柬埔寨首相洪森，缅甸副总统吴丁昂敏乌，老挝副总理宋萨瓦，泰国副总理吉滴呐，越南副总理阮春福，中国和东盟国家的部长级官员、商协会会长，世界知名企业家、区域经济研究专家，参展参会客商代表及自治区有关领导共1000多人出席开幕式。开幕仪式由本届中国—东盟博览会主题国马来西亚国际贸易和工业部部长慕斯塔法、东盟秘书长素林共同主持。马来西亚总理纳吉布、自治区主席马飚、中国商务部国际贸易谈判代表兼副部长高虎城分别致辞。剪彩仪式开始前播放短片，回顾中国与东盟友好交往的历史，展示中国与东盟友好合作的丰硕成果。温家宝宣布：第八届中国—东盟博览会开幕！温家宝、纳吉布、洪森、吴丁昂敏乌、宋萨瓦、吉滴呐、阮春福等中国和东盟国家领导人，以及文莱工业和初级资源部部长叶海亚，新加坡贸工部部长林勋强，菲律宾贸工部副部长珍艾达·马拉雅，印度尼西亚贸易部部长政策事务特别助理穆赫达尔，东盟秘书长素林，中国商务部国际贸易谈判代表兼副部长高虎城，自治区党委书记、人大常委会主任郭声琨等共同为第八届中国—东盟博览会开幕剪彩，并为“中国—东盟青少年交流活动中心”揭牌。开幕式前，各国领导人还一道观看中国—东盟建立对话关系20周年成就展、中国—东盟博览会成果展和主题墙，并在题词本上分别用本国文字为中国—东盟博览会题写会名及寄语。开幕式结束后，中国和东盟各国政要分别巡视第八届中国—东盟博览会展馆。

本届博览会由马来西亚出任主题国，重点主题为环保合作。设商品贸易、投资合作、服务贸易、先进技术、“魅力之城”5个专题。设展位4700个。参展企业2300家，比上届增长4.60%。部长级贵宾240人(创历史新高)，客商5.06万人(增长3.26%)参展参会。商品贸易额18.07亿美元；签订国际经济合作项目105个、总投资74.20亿美元，签订国内经济合作项目102个、总投资731.10亿元。会期前后，举办中国—东盟环保合作论坛、第一届中国—东盟TBT(标准、技术法规和合格评定的英文简称)合作部长会议、第三届中国—东盟金融合作与发展领袖论坛、中国—东盟太阳能政策对话与技术洽谈会、中国—东盟药品安全论坛、第四届中国—东盟智库战略对话、中国—东盟人口与家庭发展论坛、2011中国—东盟文化产业论坛、中国—东盟出版博览会、中国—东盟城市森林论坛、中国—东盟物流合作论坛、中国—东盟旅游促进减贫研讨会、2011中国—东盟传统医药高峰论坛暨传统医药展、亚洲及大洋洲地区大众体育合作发展论坛暨中国—东盟大众体育合作发展论坛等14个相关会议和交流活动。10月26日，博览会专门设公众开放日。博览会期间还举办南宁国际民歌艺术节、高尔夫球精英赛、“网球之友”联谊活动、中国—东盟媒体汽车拉力赛、国际商务书画展等文化交流活动。有275家媒体1738名记者到会采访，中外媒体累计发稿8300多篇；网络播发相关新闻(含转载)16万篇，图片3.18万幅，视频415个，网页记录380多万条。

10月26日下午，在南宁荔园山庄举行第八届中国—东盟博览会高官会议暨第九届中国—东盟博览会魅力之城专题展区抽签仪式。同日下午，中国东盟博览会、中国—东盟商务与投资峰会组委会在南宁荔园山庄举行闭幕式暨新闻发布会。自治区党委常委、自治区常务副主席李金早，中国和东盟10国共办方代表，东盟秘书处代表，广西“两会”(中国—东盟博览会和商务与投资峰会）指挥中心领导，以及参加本届“两会”的中外记者200多人出席。闭幕式由东盟秘书处代表蓬猜主持。李金早、蓬猜分别颁发博览会组委会评出的本届博览会各个奖项。马来西亚获主题国纪念奖；东盟秘书处获重大贡献及支持奖；老挝、新加坡、泰国获最佳行业组织奖；文莱、缅甸、越南获最佳品牌展示奖；中国、马来西亚、越南、泰国获最佳采购商组织奖；马来西亚、印度尼西亚、柬埔寨、中国获最佳参展商组织奖；菲律宾、泰国、缅甸获最佳投资合作推介奖；文莱、柬埔寨、印度尼西亚、老挝、菲律宾、新加坡、中国获最佳魅力之城展示奖。海南省代表本届魅力之城与下届魅力之城代表广州市举行交接仪式；本届主题国马来西亚向下届主题国缅甸移交主题国标志。公布第九届中国—东盟博览会各国“魅力之城”专题展区位置顺序为：菲律宾、文莱、新加坡、中国、柬埔寨、缅甸、越南、印度尼西亚、老挝、泰国。之后，举行新闻发布会。由中国商务部外贸发展局副局长贾国勇主持。中国—东盟博览会秘书处秘书长郑军健代表“两会”组委会发布本届盛会成果和下届博览会工作的考虑，并宣布：第八届中国—东盟博览会、商务与投资峰会胜利闭幕！

【专题展览】 2011年10月21日~26日，第八届中国—东盟博览会在南宁国际会展中心（主会场）和广西展览馆（分会场）、南宁华南城会展中心（分会场）举办商品贸易、投资合作、服务贸易、先进技术、“魅力之城”5个专题展览。参展企业2300家，参展商9936人，设展位4700个。商品贸易专题展分别设在南宁国际会展中心室内4号~16号展厅、室外展场和广西展览馆、华南城会展中心。内容包括东盟商品、台港澳（台湾、香港、澳门）产品、机械设备、建筑材料、电子电气、电力与新能源设备、工程机械与运输车辆（室外展场）和农业展（分会场广西展览馆）、轻工展（分会场南宁华南城会展中心）。投资合作专题展设在南宁国际会展中心室内1号展厅。主要展示中国企业“走出去”到东盟国家开展投资和国际经济合作内容，涉及机械、电子、冶金工程、路桥建设、水电等行业。服务贸易专题展设在南宁国际会展中心室内2号展厅。展示中国与东盟国家金融、旅游服务内容。先进技术专题展设在南宁国际会展中心室内3号展厅。分农业先进技术和高新技术2个板块，集中展示中国和东盟国家推荐的企业及项目。“魅力之城”专题展设在南宁国际会展中心室内2号展厅。综合展示中国和东盟10国代表性城市在贸易、投资、科技文化、旅游等方面的发展和商机。分别为：印度尼西亚西巴布亚省、柬埔寨拉达那基里省、越南会安市、文莱斯里巴加湾市、中国海南省、马来西亚柔佛州、老挝占巴塞省、新加坡新加坡城、泰国孔敬、菲律宾普林塞萨港、缅甸内比都。本届博览会展览规模扩大，参展企业更多，首次增设轻工展。东盟及区域外国家参展更加踊跃，共办特色更加鲜明，展会专业化程度进一步提高。国内企业参展空前高涨，博览会在区域内、外的市场吸引力进一步增强。国内企业申请展位数超过计划数的30.20%。台北世界贸易中心首次组织台湾企业整体参展。日本也首次组织企业整体参展。东盟国家企业重复参展率较高。

【经贸活动】 2011年10月21日~26日，在南宁市举办的第八届中国—东盟博览会经贸成果取得新突破。参展企业2300家，参展参会客商5.06万人。采购团组有70多个，多于往届。东盟采购商团组数比上届增加20%以上。博览会期间举行多场政商高端对接活动，直接带动企业与商家的合作；举办推介会、说明会等多种形式的活动，取得更多的实效。商品贸易额18.07亿美元，增长5.06%。签订国际经济合作项目105个，总投资74.20亿美元，增长10.86%，其中中国企业“走出去”项目52个、总投资26.50亿美元、增长37.80%。签订国内经济合作项目102个，总投资731.10亿元，增长8.39%。

南宁市在组织参加第八届中国—东盟博览会及所举办的项目集中签约仪式、说明会、推介会等相关投资促进活动的同时，还举办南宁市投资贸易洽谈会暨重大项目签约仪式、重大项目开（竣）工仪式等内容丰富的经贸活动；武鸣县、宾阳县、上林县、隆安县、江南区、邕宁区、良庆区、西乡塘区、南宁高新技术产业开发区分别举办投资环境推介会和项目签约仪式等活动，务实推动经贸合作发展。期间，南宁市招商引资内、外资签约项目106个，总投资625.17亿元，引进资金622.71亿元，其中合同项目98个、总投资415.25亿元、引进资金412.79亿元。签订商品（产品）购销合同356份，总金额173.99亿元，增长13.34%。全市开、竣工重大项目107个，总投资187.85亿元。其中：开工项目67个，总投资77.70亿元；竣工项目40个，总投资110.15亿元。

【中国—东盟博览会高官会议】 2011年10月21日~26日下午，第八届中国—东盟博览会高官会议暨第九届中国—东盟博览会“魅力之城”专题展区抽签仪式在南宁荔园山庄举行。中国、文莱、柬埔寨、印度尼西亚、老挝、马来西亚、缅甸、菲律宾、新加坡、泰国、越南和东盟秘书处的代表出席。会议由中国商务部亚洲司处长许启崧、东盟秘书处高级官员蓬猜共同主持。中国—东盟博览会秘书处秘书长郑军健在总结总体情况时指出，本届博览会规格高，高层会晤和政商互动交流活动更加丰富务实；开幕式、展馆布置和城市宣传氛围营造更加盛大、恢宏、热烈；展会内容、活动安排等方面根据今年的特殊背景进行了创新，更加科学、更有实效；参展参会企业规模空前，会场活动安全有序、顺畅，接待和服务在保障安全的基础上更加快捷便利。许启崧对办好第九届中国—东盟博览会提出6点建议：一是进一步做好邀请各有关国家领导人出席博览会的工作，促进共办共赢；二是进一步完善多部门支持和参与办会的长效机制，提高共办效果；三是进一步加强对本国参展参会企业的政策扶持，把博览会打造成本国企业开拓国际市场的重要平台；四是进一步完善投资促进工作机制，把博览会打造成中国企业“走出去”投资东盟的最佳平台；五是进一步做好中国—东盟博览会的宣传推介，提高品牌影响力；六是进一步做好日常贸易投资促进工作，延伸博览会平台作用。与会东盟各国高官在发言中对第八届中国—东盟博览会和中国—东盟商务与投资峰会的成功举办给予高度评价。会议确定第九届中国—东盟博览会的重点主题为科技合作，缅甸将出任主题国。通过抽签，确定第九届中国—东盟博览会11个国家“魅力之城”展区位置排序。

第八届中国—东盟商务与投资峰会

【概　况】 2011年10月21日~22日，第八届中国—东盟商务与投资峰会在南宁市举办。由中国商务部、中国国际贸易促进委员会、自治区政府主办，东盟秘书处、东盟工商会、中国—东盟商务理事会和东盟10国国家工商会协办，中国—东盟商务与投资峰会秘书处承办。主题为深化区域合作，实现共同繁荣。10月21日上午，在南宁荔园山庄国际会议中心举行开幕式。中共中央政治局常委、国务院总理温家宝，马来西亚总理纳吉布，柬埔寨首相洪森，缅甸副总统吴丁昂敏乌，老挝副总理宋萨瓦，泰国副总理吉滴呐，越南副总理阮春福，文莱工业和初级资源部部长叶海亚，新加坡贸工部部长林勋强，菲律宾贸工部副部长珍艾达·马拉雅，印度尼西亚贸易部部长政策事务特别助理穆赫达尔，东盟秘书长素林，中国国际贸易促进委员会会长万季飞，中国商务部国际贸易谈判代表兼副部长高虎城，自治区主席马飚；东盟各国代表团团长和成员，各商协会负责人，企业界人士；中国国家有关部委负责人，各省、市、自治区代表团主要成员，企业界负责人；有关研究单位、院校的专家、学者，企业界代表，新闻媒体记者等约1500人出席。开幕式由自治区党委书记、人大常委会主任郭声琨主持。温家宝总理在发表题为《深化合作 共同繁荣》的主旨演讲时指出，中国—东盟经贸合作正处于历史上最活跃、最富有成效的时期，要重点办好几件大事：第一，共同建设好自贸区。将在南宁建设中国—东盟商品交易中心，作为双方产品的展示交易平台和商贸物流基地。第二，大力推进互联互通。第三，扩大双方投资合作。第四，深化区域经济合作。第五，拓展人文领域的交流。巩固同东盟面向和平与繁荣的战略伙伴关系，推进互利互惠的全方位合作，是中国政府坚定不移的外交政策。我们愿同东盟各国一道，努力开创中国—东盟互利合作，共同繁荣的美好明天。洪森首相在发表演讲时表示，中国经济的强劲增长使得亚洲地区不仅成为世界经济增长的中心，同时也成为世界经济复苏的区域性引擎。我们会致力于加强柬埔寨与中国，以及东盟与中国的密切关系，使我们成为真正的经济、贸易、投资、政治、安全领域的战略伙伴。万季飞会长在致辞中说，我们愿意与东盟各国工商界的朋友一起，不断为深化中国与东盟的务实合作打造新的平台，提供更有效的服务。

2011年5月30日~6月1日，在南宁国际会展中心举办2011年中国—东盟矿业合作论坛暨推介展示会；10月20日~23日，在广西科技馆举办中国(南宁)国际商务书画展；10月21日下午，在广西人民会堂举行马来西亚国家领导人与中国企业CEO圆桌对话会；10月22日上午，在明园新都酒店举行商务早餐会；同日上午，在南宁华南城会展中心举办中国—东盟商会领袖论坛暨中国—东盟商品交易中心启动仪式；中午，在颐和新园大酒店举行中国—东盟商会领袖商务午餐会；下午，在广西人民会堂举办中国—东盟电信高峰论坛。至此，第八届中国—东盟商务与投资峰会各项议程圆满结束。

【圆桌对话会】 2011年10月21日下午，马来西亚国家领导人与中国企业CEO圆桌对话会在广西人民会堂举行。由中国商务部、马来西亚国际贸易与工业部、中国国际贸易促进委员会主办，自治区政府协办，中国—东盟商务与投资峰会秘书处和马来西亚投资发展局承办。马来西亚总理纳吉布，马来西亚国际贸易与工业部部长慕斯塔法，马来西亚能源、绿色科技与水务部部长陈华贵，马来西亚驻华大使萨鲁汀，中国国际贸易促进委员会会长万季飞，中国商务部国际贸易谈判代表兼副部长高虎城，自治区党委常委、宣传部部长沈北海，马来西亚政府代表团成员，中国、马来西亚工商组织负责人和政府官员，以及企业家、专家学者等300多人出席。对话会由慕斯塔法部长主持。万季飞在致开幕词时表示，衷心地希望两国政府为中马两国的企业在政策、机制、环境等方面创造更加有利的条件，帮助企业更好地把握机会，开展合作，实现互利共赢。沈北海在致欢迎辞中说，今天的圆桌对话会将会为下一步各国以及广大的企业家、投资家创造务实合作注入新的动力，带来更加丰硕的成果。纳吉布总理在讲话中对中马经贸合作的快速发展作了高度评价，并认为，在世界经济处于非常不确定状态下，马来西亚要进一步加强与中国合作。强调马中战略伙伴关系是非常密切的，马来西亚政府欢迎并全力支持中国企业到马投资兴业。随后，纳吉布总理就中马双方部分重大合作项目与中国机械进出口总公司、北京控股集团有限公司、中国水利电力对外公司、华为技术有限公司、中国机械设备进出口总公司的负责人进行坦诚友好的对话。对话会上，中国技术进出口总公司和马来西亚捷硕集团、中国机械设备进出口总公司和马来西亚KLS能源公司、华泰企业集团和马来西亚宝腾汽车集团、厦门金龙汽车集团有限公司和马来西亚联合巴士服务有限公司举行合作项目签约仪式，合同金额30亿美元。高虎城在致闭幕辞时表示，中马两国经贸前景十分广阔，相信在两国领导人的关心和双方企业的共同努力下，两国经贸合作一定会向互利共赢、共同发展的目标不断迈进。对话会于当天下午结束。

【中国—东盟商会领袖论坛】 2011年10月22日上午，中国—东盟商会领袖论坛暨中国—东盟商品交易中心启动仪式在南宁华南城会展中心举行。由中国国际贸易促进委员会、中国国际商会、自治区政府主办。中国和东盟国家的政府官员、工商界领袖、企业家、专家学者约200人出席。分两节进行。第一节为启动仪式，由中国—东盟商务与投资峰会秘书处秘书长黄永强主持。中国国际贸易促进委员会会长万季飞，东盟秘书处秘书长素林，自治区党委常委、自治区副主席、南宁市委书记陈武，华南城控股有限公司执行董事许扬分别致辞。约100家东盟各国的商家在现场签署入驻中国—东盟商品交易中心协议。万季飞、素林、陈武、许扬共同为中国—东盟商品交易中心揭牌。陈武宣布：中国—东盟商品交易中心正式启动。

第二节为商会领袖论坛，由马来西亚前驻WTO(世界贸易组织)总代表苏帕曼主持。马来西亚国家工商会副会长钟廷森、香港工业总会名誉会长孙启烈、文莱国家工商会副会长卡玛鲁丁、柬埔寨总商会秘书长阮明德、老挝国家工商会副会长萨南、新加坡中华总商会秘书长林三顺、菲华新联公会会长王书侯、越南工商会副会长范家足、中国钦州市市长肖莺子等分别发表演讲。钟廷森表示，希望中国今后的投资也要关注东盟各个国家的成长。孙启烈认为，本次盛会将为公司企业提供一个直面世界各地买家的绝佳平台。卡玛鲁丁强调，我们能够与中国正常进行并扩大贸易合作。阮明德指出，比起欧盟和北美自贸区，中国—东盟自贸区论其价值毫不逊色，论其人口规模略胜一筹。萨南认为，本届峰会为进一步加强中国和东盟，特别是中国和老挝的密切合作铺平了道路。林三顺表示，将向新加坡商家与各界大力推介华南城，落实中国—东盟的商品交易平台。王书侯强调，加强菲律宾与广西之间的经贸合作，将使双方进入一个共同繁荣的新阶段。范家足表示，相信我们可以一起加强和拓展双方在经贸、投资、科技等领域的合作，实现东盟和中国之间的可持续发展。肖莺子认为，这一次的商会领袖论坛，对服务我们区域经济发展和繁荣将起到非常重要的推动作用。中国—东盟商务理事会中方秘书长许宁宁在总结发言中强调，只有加强我们双方的经济合作，才能获得新的发展。论坛于当天上午结束。

【中国—东盟电信高峰论坛】 2011年10月22日下午，在广西人民会堂举行。由中国商务部、中国国际贸易促进委员会、自治区政府、中国联合网络通信集团有限公司主办。中国和东盟国家的政府官员、电信运营及设备制造企业代表、企业家、专家学者等约200人出席。主题为提升中国—东盟区域内信息领域合作，更好地服务中国—东盟自贸区。论坛由自治区工业与信息化委员会主任束华主持。中国工业和信息化部副部长尚冰、自治区副主席杨道喜分别致辞。尚冰提出4点建议：第一，加强信息通信基础设施的互联互通。第二，加强信息技术应用的交流与合作。第三，加强新一代信息技术领域的交流与合作。第四，持续开展网络安全领域的合作。杨道喜表示，希望各方抓住中国—东盟自由贸易区加快发展的机遇，推动中国和东盟各国电信合作迈上新台阶，实现新跨越！中国联合网络通信有限公司副总裁韩志刚、缅甸联邦通信邮政与电报部邮政电信总局董事长Mr.Eaik Di Hia、印度尼西亚Matrix公司董事长Pangestu Tjuhendra、泰国True Move公司国际业务总裁Supoj Mahapan分别发表演讲。韩志刚认为，中国联通南宁区域性国际通信业务出入口以及相关国际通信基础设施的启用，将造福中国—东盟自由贸易区内的19亿人口。Mr.Eaik Di Hia建议所有的成员国和有关公司应共同努力，加强信息领域的合作，更好地服务中国—东盟自贸区。Pangestu Tjuhendra提出，Matrix公司是电信领军企业的首选合作伙伴。Supoj Mahapan认为，泰国仍然是一个发展中国家，因此互联网以及个人电脑普及率随着社会发展仍不断增长。论坛还举行中国联通公司与缅甸邮政电信总局、老挝ETL公司、 Unitel公司、越南移动公司合作项目签约仪式，以及中国联通南宁区域性国际通信业务出入口、中国联通南宁国际直达数据专用通道、中国联通东盟国际漫游创新平台启用仪式。论坛于当天下午结束。

南宁国际民歌艺术节

【概　况】 2011年，第八届中国—东盟博览会、第八届中国—东盟商务与投资峰会举办期间及其前后，由市政府主办的南宁国际民歌艺术节及“大地飞歌·2011”民歌大赛在南宁市和自治区部分城市举行。4月~12月，举办第二届南宁市乡村社区和谐文艺大展演；5月~9月，举办“大地飞歌·2011”民歌大赛；10月21日晚，举办“大地飞歌·2011”第十三届南宁国际民歌艺术节暨第八届中国—东盟博览会开幕晚会；10月22日~30日，举办2011南宁·东南亚国际旅游美食节；10月22日~23日，举办“绿城歌台”群众文化活动；10月22日晚，举办外国艺术家专场演出。本届南宁国际民歌艺术节持续时间更长，群众参与面更广，节味更浓，进一步彰显民歌节的民族性、国际性、现代性、艺术性和群众性。

【大地飞歌·2011】 2011年10月21日晚，“大地飞歌·2011”第十三届南宁国际民歌艺术节暨第八届中国—东盟博览会开幕晚会在广西体育中心举行。由市政府主办。老挝副总理宋萨瓦、越南副总理阮春福，文莱工业和初级资源部部长叶海亚、新加坡贸工部部长林勋强、东盟秘书长素林，中央、国家机关有关部门负责人，东盟各国代表团，各省（自治区、市）代表团，参加第八届中国—东盟博览会、第八届中国—东盟商务与投资峰会、第十三届南宁国际民歌艺术节的部分代表、重要客商、参展商，自治区和南宁市有关领导出席。观众近4万人。自治区党委常委、自治区副主席、南宁市委书记陈武通过视频宣布：第十三南宁国际民歌艺术节暨第八届中国—东盟博览会晚会开幕！市长周红波代表南宁市民，通过视频向中外嘉宾和各界朋友表示欢迎！

晚会以“水”为主题，分序《水从天上来》、上篇《水之美》、中篇《水之情》、下篇《水之梦》、尾声《奔流向大海》5个部分。著名导演章东新任总导演，中央电视台主持人周涛、张泽群和广西电视台的高枫、邓璐共同主持。以中国—东盟青少年共饮一江水仪式拉开晚会序幕。吴彤、宁可和李宇春分别演唱《天下黄河九十九道弯》、《康定情歌》等歌曲。萨顶顶一曲《自由行走的花》唱开上篇《水之美》。王丽达、胡夏分别表演《山歌好比春江水》、《我唱刘三姐的歌》等民歌联唱。田亮的《亮出精彩》唱响中篇《水之情》。陈奕迅（中国香港）、廖鸿飞、方妮、郭珍妮、潘龙海、杨光春、娟妮组合、Garou（加拿大）、金培达、曹芙嘉分别演唱《好久不见》、《孤单》等歌曲。光良的《童话》唱开了下篇《水之梦》。凤凰传奇演唱《月亮之上》等歌曲，信（中国台湾）演唱歌曲串烧《远得要命的爱情》等作品。韩庚的《女皇》唱响尾声《奔流向大海》。晚会在孙维良、五洲唱响乐团、哈嘹组合演唱主题歌《大地飞歌》的歌声中结束。美国纽约芭蕾舞团、广州歌舞团、北京杂技团、金城女子合唱团、广西艺术学院舞蹈学院、广西民族大学艺术系、南宁市艺术剧院、广西幼儿师范高等专科学校等中外文艺团体及院校约800名演员参与演出。主创人员150人。

【绿城歌台】 2011年10月22日~23日，南宁国际民歌艺术节“绿城歌台”群众文化活动在南宁市举行。由南宁国际民歌艺术节组委会主办。分别在市内和各县（区）的广场、公园、企业设置歌台15个。美国、文莱、俄罗斯、奥地利、印度、阿根廷等14个国家的100多名外国艺术家，与南宁市业余艺术表演团队的演员一道，在各歌台演出15场。马来西亚的《故曲》、奥地利的《农夫之乐》、新加坡的《山丹丹花开红艳艳》、美国的《壮乡梦缘》等节目，既有异国民族特色，又有与中国元素的融合，充满艺术创意和美感；市群众艺术馆的《壮乡情》、马山县的《阿妹今天要出嫁》、邕宁区的《激情八音》、兴宁区的《刘三姐戏媒》、青秀区的《粽子飘香》等节目充分展现传统民族文化和民族风情。此次歌台活动在保持广泛的参与性和娱乐性的同时，整合资源，通过与本地特色元素相结合进行创新。西乡塘区歌台与香蕉文化旅游美食节相结合、邕宁区歌台与八音节相结合、各歌台本地节目与外国艺术家表演相结合，使中外民歌艺术与群众贴得更近。期间，有观众30多万人次到现场参与活动。

【2011南宁·东南亚国际旅游美食节】 2011年10月22日～30日，在南宁市江南区邕州老街举办，由市政府主办。10月22日上午，举行开幕式，自治区相关部门和南宁市有关领导，广西烹饪协会负责人及旅游美食节组委会成员、合作伙伴与特邀企业代表、市民代表等出席，市政府副秘书长黄菊如主持。市委常委、政法委书记朱育兆，自治区商务厅纪检组长张留现，广西烹饪协会会长黄桂辛分别致辞，并与其他领导一起为本届美食节之最——“南宁美食小吃拼盘”剪彩。小吃拼盘长12米，宽4米，将历届美食节创下美食“吉尼斯纪录”的小吃全部融汇其中，包括粽子、卷肠粉、糍粑、马蹄糕、五色饭等，配用南宁市花——朱槿花与本地青草点缀装饰而成。当天，有上万人到场观赏并分享小吃拼盘。

本届旅游美食节以品美食、观美景、赏文化为主题。设中华民族特色美食展区、东南亚美食精品展区、现代餐饮原料（农副产品）展区、南宁市12县（区）绿色天然食品特色展区、餐饮品牌企业展区，共210个标准展位。除泰国、澳门的专业展团和餐厅展示系列东南亚美食外，还有国际美食风味，并集中呈现最新发展变化中的广西各地美食精品。期间，现场主题展示、舞台展示、节庆时尚趣味等各类主题活动多达几十场。举办东南亚风情演出、“绿色天然食品选拔大赛”、“美食才艺达人秀”大赛、“趣味大胃王”竞技争霸赛、江南区百姓小舞台文艺演出、街舞大赛等，促进节庆文化、旅游文化和本土民俗文化的传播。约有37万人次到现场参与旅游美食节的活动，总销售额1850多万元。

其他重要活动

【2011中国—东盟环保合作论坛】 2011年10月22日在南宁市举办。由中国环境保护部、自治区政府共同主办。主题为创新与绿色发展。中国环保部副部长李干杰、自治区副主席林念修、自治区政协副主席李彬、东盟秘书处副秘书长米斯然·卡尔梅、亚洲开发银行副行长宾度·洛哈尼，联合国有关机构高级代表，中国与东盟各国政府机构、企业、协会的代表220多人出席。30多位嘉宾分别致辞、发言和演讲。李干杰指出，推动区域经济社会环境相互协调融合，实现区域可持续发展，一直是中国—东盟对话与合作的主旋律。米斯然·卡尔梅强调，双方都希望能够实现在这个地区的创新与绿色的发展。宾度·洛哈尼提出，在未来是否能够提高我们的长期竞争力，实际上很大程度依赖于目前我们对资源使用的方式。林念修表示，我们愿意在构建中国与东盟环境和发展对话及交流机制、不断深化双边合作、推动区域环境保护和绿色发展等方面发挥更加积极的作用，做出更大的贡献。论坛取得多项成果：达成创新是绿色发展的核心，加强绿色技术创新与产业合作是实现绿色发展的重要支撑、国家政策是绿色发展的基石、加强国家间的合作是绿色发展的必由之路等共识；启动中国—东盟绿色使者计划；初步建立中国—东盟环保产业合作网络；为中国—东盟环保合作机构在中国的建立做好铺垫。期间，举办中国—东盟环境保护合作图片展和广西环境保护成就图片展。

【第一届中国—东盟TBT合作部长会议】 2011年10月22日在南宁市举行。由中国国家质检总局与东盟秘书处主办。主题为产品质量与安全。东盟各国和东盟秘书处TBT（标准、技术法规和合格评定的英文简称）工作主管部门的领导和官员，中国政府有关部门的领导和官员，中国国家质检总局直属的泛珠江三角洲地区、与东盟贸易密切相关的各直属检验检疫局和自治区质监局负责人80多人出席。会议由中国国家质检总局局长支树平和马来西亚科技创新部部长翁凯里共同主持。中国国家质检总局局长支树平、东盟秘书处秘书长素林、自治区政协主席马铁山分别致辞。支树平强调，中国与东盟加强在质检领域的合作，是中国—东盟友好合作和战略伙伴关系的重要组成部分，是中国与东盟这一世界上最大的发展中国家间自贸区健康发展的重要保障之一。素林表示，希望双方以正式建立TBT领域和部长级会议机制为契机，共同努力解决保证产品质量安全方面所面临的问题。马铁山指出，中国与东盟各成员国有必要就各自的技术法规、标准与合格评定程序进行交流与合作，推动中国—东盟自由贸易区的健康发展。各国代表分别介绍本国TBT管理的基本情况，并围绕会议主题进行广泛交流讨论。会议审议通过《中国—东盟关于加强产品质量安全合作的联合声明》（即《南宁联合声明》）。明确加强产品质量安全合作的重要性和必要性；同意采取联合行动，加强在产品质量安全领域的合作。会议审议批准《TBT备忘录执行计划2012—2013》，明确今后两年在信息通报、人员互访、合作研究、能力建设和机制建设方面的重点工作，主要目标及完成时限。此次会议标志着中国—东盟TBT合作部长级磋商合作机制正式建立，对全面开启中国—东盟在标准、技术法规、检验监管、认证认可等合格评定领域的合作具有里程碑式的重要意义。

【第三届中国—东盟金融合作与发展领袖论坛】 2011年10月22日～23日在南宁市举办。由中国人民银行、中国银行业监督管理委员会、中国证券监督管理委员会、中国保险监督管理委员会和自治区政府共同主办。主题为务实与创新，中国—东盟区域经济发展的金融合作及财政合作。设“中国—东盟经济技术合作的金融与财政支持”、“区域内货币结算与中国—东盟自由贸易区的金融合作及财务合作”、“金融合作与区域经济发展”、“企业融资上市与区域多元化资本市场发展”、“中国—东盟自由贸易区经济金融发展的相关政策与服务支撑”等议题。中国和东盟国家金融主管部门领导，中国和东盟国家及欧美亚太地区的国际金融、财会机构高层管理人员，国内、外金融、财政等领域的知名专家、学者，企业界代表等300多人出席。自治区党委常委、自治区常务副主席李金早在致辞中指出，金融是现代经济的核心，进一步深化双方金融合作既是促进区域经贸合作的需要，也是区域金融业自身发展的需要。中国人民银行行长助理金琦，中国银行业监督管理委员会副主席蔡鄂生，中国证券监督管理委员会主席助理姜洋，中国保险监督管理管理委员会纪委书记陈新权，马来亚银行大中华及东北亚行政总裁、香港分行总经理张贵兴分别发表主旨演讲。此届论坛呈现5个亮点：品牌效应进一步增强；进一步突出“走出去”内容，更加注重务实性和服务性；突出前瞻性，搭建中国—东盟专业互动平台；继续利用金融论坛专业宣传渠道，不断扩大论坛影响力；连续两届实现市场化运作。主要成果有：形成中国—东盟金融合作发展机制研究成果；不断深化政银、银企及金融机构间的交往；进一步提高中国—东盟博览会及广西的知名度、美誉度和对外开放度。

【中国—东盟太阳能政策对话与技术洽谈会】 2011年10月21日在南宁市举行。由中国科技部、东盟科学技术委员会共同主办，主题为太阳能政策与太阳能产业发展。中国、印度尼西亚、柬埔寨、老挝、马来西亚、越南、新加坡、泰国的政府官员、专家、学者和企业家100多人出席。自治区科技厅副厅长粟定成、中国科技部国际合作司亚非处处长徐捷分别致辞。会议代表纷纷发表演讲，就中国与东盟成员国太阳能政策、太阳能技术与产品需求对接，以及产业合作等方面的问题进行深入交流和合作探讨。通过沟通，使各方更好地了解中国和东盟国家太阳能政策发展方向及技术需要状况，把握太阳能产业发展的热点与趋势，促进企业融入中国—东盟太阳能市场，推动中国—东盟太阳能产业的快速发展。

【2011中国—东盟药品安全论坛】 2011年10月21日~22日在南宁市举办。由中国国家食品药品监督管理局、自治区政府主办。主题为加强交流，保障安全，共谋发展——中国—东盟自贸区发展形势下的药品安全合作。东盟各国药品监督管理局局长或分管部门行政官员，中国国家食品药品监督管理局领导及相关司局负责人，各省、自治区、直辖市食品药品管理局领导，参展企业高级管理人员代表，自治区政府及相关部门领导约200人出席。自治区副主席李康出席并致辞。中国和东盟各国药品监督管理部门负责人分别发表演讲，就各国药品法律体系和药品监管体制、体系及监管机制，建立中国、东盟药品监管机构之间的经常性联系，中国—东盟药品安全合作机制等相关问题进行交流和探讨。出席论坛代表还商定高峰论坛组织方式、下一次高峰论坛的主题及相关活动内容。

【第四届中国—东盟智库战略对话】 2011年10月17日~18日在南宁市举行。由中国社会科学院国际研究学部、广西社会科学院、广西国际博览事务局、广西北部湾发展研究院联合主办。主题为新形势下的中国—东盟合作。中国、柬埔寨、老挝、菲律宾、越南、泰国、新加坡、马来西亚、美国的专家、学者和嘉宾，以及自治区有关领导100多人出席。自治区人大常委会副主任刘新文，柬埔寨皇家科学院副院长宋春奔，中国社科院国际研究学部主任张蕴岭，广西社科院院长、广西北部湾发展研究院院长吕余生，广西国际博览事务局副局长宫起君分别致辞。与会人员研讨“中国—东盟建立对话关系20周年回顾与展望”议题时认为，双方在经贸、投资、农业等20多个领域开展务实合作，建成全球覆盖人口最多、区域最广的自贸区；双方定能合力应对世界经济可能发生的动荡，构筑中国—东盟友好关系的未来。研讨“中国—东盟自由贸易区建成后双边经贸合作的推进”议题时认为，中国—东盟自由贸易区建成后，极大地促进双边贸易的发展，对中国—东盟起到很大的推动作用。研讨“广西在中国—东盟合作中的作用”议题时认为，广西应充分发挥参与东盟国家区域经济的分工优势，抓住中国—东盟自由贸易区建成后的发展机遇，加强边境经济合作区、保税物流园区、出口加工区等的建设，加快与东盟国家的互联互通，扩大与周边东盟国家的经济贸易合作。

【中国—东盟人口与家庭发展论坛】 2011年10月11日~12日在南宁市举办。由中国国家人口和计划生育委员会、自治区政府联合主办。主题为人口与家庭发展。中国、东盟国家政府部门，相关国际机构、非政府组织，部分驻华使、领馆代表，国内、外专家和人口与计划生育工作者130多人出席。10月11日上午，举行开幕式。由自治区政府副主席李康主持。中国国家人口和计划生育委员会主任李斌、自治区主席马飚、缅甸移民与人口部部长吴钦伊、印度尼西亚人口和计划生育委员会主任苏吉瑞·塞亚瑞夫、老挝卫生部副部长因拉文·凯博潘、柬埔寨卫生部副部长坦沃乘、国际计生联总干事特沃德斯·梅莱斯、人口与发展南南合作组织执行主任哈利·乔瑟里、联合国人口基金驻华代表处代理代表玛丽安分别致辞。期间，与会人员围绕主题及“统筹解决人口问题与可持续发展”、“全球化城镇化背景下的家庭、健康与福利”、“增进人口与家庭发展领域的交流合作”专题，通过主旨发言、经验介绍、点评讨论等形式进行研讨交流。与会人员还现场考察崇左市扶绥县渠黎镇碧譬村、南宁市青秀区凤岭北社区、广西民族博物馆和广西药用植物园。主要成果有：搭建各国交流共享经验智慧的平台；形成关注人口与家庭发展的共识；加强人员与家庭发展领域的合作；进一步提升广西的国际形象。

【2011中国—东盟文化产业论坛】 2011年10月19日~20日在南宁市举办。由中国文化部、中国国家文物局、自治区政府主办。主题为博物馆运营管理与博物馆文化产品创意开发。中国、东盟10国、东盟秘书处的文化官员，中国和东盟各国的博物馆馆长、专家，日本国立民族学博物馆专家及列席人员约200人出席。中国文化部党组成员、国家文物局局长单霁翔，东盟秘书处文化官员阿利夫·毛拉纳，自治区副主席李康分别致辞。与会嘉宾围绕主题以及“经济全球化、文化产业发展背景下的博物馆运营管理”、“博物馆文化产品创新开发”和“促进国际间博物馆合作交流”等议题进行深入探讨与交流。中国国家文物局局长单霁翔作题为《全球化视野下的博物馆运营管理》的主旨报告；自治区文化厅厅长余益中作题为《加快建设，提升管理，努力搭建与东盟博物馆合作交流平台》的主题发言；东盟秘书处文化官员，部分东盟国家代表及部分国内省、市博物馆馆长分别作专题发言。期间，与会嘉宾参观博物馆文化创意产品展、缅甸文化展和中国—东盟出版合作成果展；实地考察柳州博物馆、柳

州工业博物馆等。

【2011中国—东盟出版博览会】 2011年10月22日~24日在南宁市举办。由中国国家新闻出版总署、自治区政府共同主办。主题为书香传友谊,和谐共发展。中国和东盟各国的相关官员,东盟各国出版文化界的代表,中国出版集团、北大方正电子有限公司等11家出版发行集团、5家数字出版企业的代表及其他有关出版发行文化机构的代表500多人参加。10月22日上午,在广西民族博物馆举行开幕式。中国国家新闻出版总署副署长邬书林,自治区党委常委、宣传部部长沈北海,自治区副主席李康,缅甸信息部副部长苏温等领导和参会嘉宾出席。邬书林、沈北海和苏温分别致辞。展出中国和东盟国家的精品图书1万多种。期间,举办中国—东盟出版合作签约仪式、中国—东盟出版论坛、数字出版论坛、中国—东盟出版合作成果展、《新越汉词典》首发式、媒体见面会、著名作家专题讲座及签名售书、中国—东盟青少年读书节等系列活动。中国和东盟出版界达成版权贸易、合作出版、战略合作协议12项。最重要的成果是邬书林、沈北海、李康与东盟各国出版文化代表团团长和出版发行协会代表举行高层会晤,达成中国—东盟出版界合作《南宁共识》。主要内容有:各方要利用中国—东盟出版博览会平台加强出版交流,推动在版权贸易、出版物进出口、读者阅读交流等方面的合作;鼓励用本国语言介绍、翻译、出版各方优秀文学作品等书籍;鼓励和组织本国出版机构参加每年在中国及东盟国家举办的国际书展;建立出版交流与合作的长效机制。

【中国—东盟城市森林论坛】 2011年10月22日~23日在南宁市举行。由中国国家林业局、自治区政府主办。主题为中国—东盟共同推动森林城市、低碳城市、宜居城市建设。中国和东盟国家林业部门官员,城市市长代表,专家、学者,自治区和南宁市有关领导200多人出席。论坛旨在加快推进中国—东盟自由贸易区和广西北部湾经济区的建设,进一步发展中国与东盟睦邻友好关系,加强林业应对气候变化的合作。期间,中国和东盟国家林业部门官员、城市市长代表、专家代表,自治区有关领导分别发表致辞和演讲,就如何进一步加强中国与东盟国家林业及应对气候变化合作,推动森林城市、低碳城市和宜居城市建设,实现城市可持续发展等内容进行广泛深入探讨与交流。论坛通过《中国—东盟城市森林论坛南宁宣言》。《宣言》认为,城市森林是城市文明发达的重要标志,是城市可持续发展的重要基础,是城市居民健康幸福的重要保障。《宣言》呼吁,把城市森林建设列入城市发展的重要内容,要科学建设城市森林,要充分利用城市森林。论坛上,中国国家林业局有关负责人宣读《全国绿化委员会　国家林业局关于授予广西壮族自治区南宁市"国家森林城市"称号的决定》。

【中国—东盟物流合作论坛】 2011年10月22日在南宁市举行。由中国物流与采购联合会、中国—东盟商务理事会、自治区政府主办。主题为中国—东盟自由贸易区内产业、物流与文化互动发展。中国和东盟相关机构的领导、嘉宾,有关专家、学者,企业界代表,自治区有关领导约400人出席。自治区政协副主席林国强致辞。中国—东盟商务理事会中方常务副秘书长许宁宁、中国物流与采购联合会副会长蔡进、北京交通大学物流研究院副院长王耀球、新加坡物流管理学院中国区教务主任杨喜春、广西物流与采购联合会会长张福利等分别发表演讲。期间,与会嘉宾围绕主题进行广泛探讨和交流。提出中国—东盟物流合作战略,协调各方共同建立中国—东盟物流体系,整合中国—东盟各国的通关、物流服务和配套服务资源,减少各国通关贸易差异对跨国贸易的影响,提高企业贸易便利化程度等意见和建议。举办防城港投资项目推介会。

【中国—东盟旅游促进减贫研讨会】 2011年11月1日~3日在南宁市举行。由中华全国工商业联合会、大湄公河次区域工商论坛联合主办。主题为旅游让生活更美好。中国、越南、老挝、缅甸、柬埔寨、泰国、新加坡、文莱、马来西亚、印度尼西亚等国政府旅游和扶贫部门官员,商会、旅游企业的代表,相关专家、学者110多人出席。中华全国工商联常务副主席孙安民,自治区副主席杨道喜,大湄公河次区域工商论坛秘书长、亚太经合组织工商理事会副主席、东盟旅游协会副主席、老挝国家商会副主席欧迪特·苏旺那旺等分别致辞。与会的19位嘉宾代表发言,就区域内民间资产如何进入旅游业、旅游业如何促进减贫、如何发挥商会组织推进旅游减贫中的作用等相关问题进行深入探讨和交流。研讨会设有开幕式、专题研讨会、圆桌研讨会等活动;安排国外嘉宾到南宁花花大世界园林产业示范园考察,组织国内企业赴崇左市、百色市开展"旅游投资减贫老区行"活动。主要成果有:以沟通为纽带,提高推动旅游促进减贫工作的认识;思想开放,观点鲜明,集思广益;在推动大湄公河次区域国家旅游促进减贫工作中充分发挥大湄公河次区域工商论坛的作用。

【2011中国—东盟传统医药高峰论坛】 2011年12月8日~9日,2011中国—东盟传统医药高峰论坛暨传统医药展在南宁市举行。由中国国家中医药管理局和国家民族事务委员会、自治区政府共同主办。主题为传统医药创新发展。中国、东盟国家、俄罗斯、东盟秘书处、中国香港等18个国家、地区和组织的官员、专家、学者、行业及企业代表500多人出席。中国卫生部副部长、国家中医药管理局局长王国强,中国国家民委副主任丹珠昂奔,自治区副主席李康,东盟秘书处副秘书长米斯然·卡梅,柬埔寨卫生部国务秘书欧库·摩娜分别致辞。论坛设6个专题会场,14位嘉宾作主旨发言,47位传统医药专家发表演讲。与会人员围绕主题及中国—东盟传统医药交流合作机制、传统医药教育与科技合作,传统医药理论传承与创新、传统医药外治法应用、药用资源可持续利用和传统医药产业发展等专题内容进行研讨与交流,探索构建中国—东盟传统医药信息交流平台,并在传统医药方面建立中国与东盟有关机构的合作关系。期间,举办中国—东盟传统医药展。集中展示中医药和东盟各国传统医药在医疗、教育、科研、产业、文化、保健等领域的优秀成果,交流介绍各国传统医药的发展历史、最新成就及发展趋势。组织与会代表参观传统医药展、中医药文化书画摄影展,考察广西药用植

物园、南宁市有关医疗机构和社区卫生服务中心。

【2011亚洲及大洋洲地区大众体育合作发展论坛】 2011年11月21日~23日，2011亚洲及大洋洲地区大众体育合作发展论坛暨中国—东盟大众体育合作发展论坛在南宁市举行。由中国国家体育总局、自治区政府、亚洲及大洋洲地区大众体育协会主办。主题为大众体育、健康和谐、合作发展。中国、东盟国家，亚洲及大洋洲地区大众体育协会等国家、地区和组织的官员、专家、学者300多人出席。中国国家体育总局副局长、亚洲及大洋洲地区大众体育协会主席冯建中，自治区副主席李康分别致辞。与会部分官员、专家、学者分别作27个演讲和发言，围绕主题以及亚太地区、中国及东盟国家大众体育发展的历史与缘由、现状与特色、策略与重点，亚太地区、中国及东盟国家大众体育国际交流合作的历史、现状、趋势、资源与条件、途径与机制，大众体育合作与交流对推动区域经济合作与发展、促进地区稳定与和谐的作用，亚太地区、中国及东盟国家学校体育、社区体育、民族传统体育相关研究等议题进行广泛交流和研讨。论坛与会代表共同发表《南宁宣言》。指出，发展大众体育事业和体育文化产业，对于丰富人们的精神文化生活，形成健康文明的生活方式，提高大众的身体素质，健康水平和生活质量，促进人的全面发展具有积极意义；有利于促进各国和地区经济、社会、文化的协调发展，是建设和谐地区的必然要求，也是各国各地区经济和社会共同发展的重要环节。

服务保障

【概　况】 2011年，南宁市各级各部门各单位精心组织，统筹安排，扎实完成第八届中国—东盟博览会、第八届中国——东盟商务与投资峰会和第十三届南宁国际民歌艺术节（简称“两会一节”）的各项服务。一是突出组织领导，完善工作机制；二是提升城市管理水平，打造整洁优美的市容环境；三是全方位开展宣传工作，不断提高“两会一节”知名度；四是全面加强安全保障工作，确保活动顺利开展；五是提升服务水平，增强保障能力。

【基础配套设施与市容环境改善】 2011年，南宁市深入实施“城乡清洁工程”，营造洁、齐、美的市容环境。查处“五乱”（垃圾乱丢、摊点乱摆、工地乱象、广告乱贴、车辆乱停）行为5.86万起，重点抓好白沙大道、民族大道、竹溪大道等精品线路、主要会展场所及接待宾馆周边的市容保障；组织开展查处泥头车、摊点乱摆、违章乱建等专项整治行动6次。对60栋楼宇进行亮化维修，其中部分楼宇实施增亮计划；对五象大道照明设施进行抢修，修复故障点60个，更换灯泡200只，开关40只，修复电缆2300米，恢复五象大道路灯设施的正常照明功能。完成精品线路和主要场所保障范围内的水泥砼、沥青砼路面维修4200平方米，人行道阶砖维修6350平方米、更换路缘石665米，清淘沙井1634座，疏通管道1660米，检查维修进水井186座，检查、更换井盖169块。使用水车538辆（次）完成33条道路路树冲洗，补种道路绿化苗木约5万株。

【会展中心与体育中心场馆服务保障】 2011年，南宁市有关机构做好南宁国际会展中心设备设施的检查、维修、改造、保养及强制性检测，确保设备在展会期间能正常运行。完成标准展位搭建1312个，各类功能服务区21个，各类指示牌76个，按时交付使用。展会期间，每2个展馆安排1个馆长进驻现场，统筹各专业人员全面做好参展商、施工单位的布展管理和咨询工作。完成40场各类会议现场服务和设备调控。做好广西体育中心场地管理、调配物资，为“大地飞歌·2011”晚会提供场地物资支持。为各部门安排办公用房43间，铺设保护板面积4487平方米，拆装座椅3865张，配置安装安检设施所需防雨大帐篷86顶；完成贵宾休息室布置；组织60人的保安队伍全天候看护值守场地，组织200人的清洁队伍完成500亩活动场地的保洁。组织170名技术人员对晚会需投入运行使用的16类设备设施全面巡检，为晚会顺利进行提供保障。

【安全保卫】 2011年，南宁市派出警力1.70万人，安全保卫执勤动用总警力27万人次，完成“两会一节”176场次活动及19个涉及活动场点的332项安全保卫任务。通过落实多项措施，达到“绝对安全、万无一失”的要求。一是动员社会各界力量大力支持，构建“全员安保”。二是构建“水、陆、空、网”的立体化、全方位安全保卫体系。三是充分发挥高新技术装备在安全保卫中的作用，打造“大集成、大范围、大容量、大应用”的安全保卫指挥平台，构建信息化安保、数字化安保和远程化安保。四是打造民生安保，做到各项措施在确保安全的前提下尽可能便民利民。五是源头预防与重点管控相结合，加强维护稳定控制。在全市范围组织开展矛盾纠纷“大排查”活动，对发现的各类矛盾纠纷和不稳定因素及时进行调处和稳控，确保社会政治稳定。

【安全生产监督管理】 2011年，南宁市有关机构推进服务“两会一节”安全生产监督管理，确保“两会一节”期间安全稳定。做好重点场所安全监管，对施工单位有关资质、技术图纸及特种作业人员进行严格审查，从源头上把好安全关，并加强现场的安全监控，全过程实施临时搭建设施的跟踪管理。开展安全综合大检查，“两会一节”举办前，对南宁国际会展中心等重要活动场所和全市16家接待宾馆、饭店的安全生产管理情况进行检查，及时消除安全隐患。组织开展重点行业和领域安全生产大检查，各县（区）安监部门对危险化学品、烟花爆竹、非煤矿山等行业进行安全大检查，对重大危险源进行重点监控，强化特殊时期的安全监管。

【卫生防疫】 2011年，南宁市有关机构全力以赴做好医疗卫生保障，确保“两会一节”期间不出现重大传染病疫情及食物中毒事件，各类人员伤病情况得到及时有效处置。对重点场所和接待宾馆、饭店进行卫生质量监测，做好传染病疫情报告，有效应对突发卫生事件。加强公共卫生整治，发动执法人员1900人次，车辆260辆次，监督检查经营性公共场所1200家次、生活饮用水经营单位120家次。派出139个现场应急医疗保障组、331名医护人员和128辆次救护车，应急处置各种伤病演员、嘉宾、工作人员及群众1500多人次，有力保障参加“两会一节”活动人员的健康安全。同时，通过完善保障机制，更加稳妥地开展现场医疗保障。

【食品安全】 2011年，南宁市有关机构合理安排，采取措施，落实责任，圆满完成“两会一节”食品安全保障。对18家重点接待宾馆、饭店派出监督人员实行驻点监督，对食品采购、供餐菜谱、加工制作全程监督，消除餐饮服务食品安全隐患。对博览会、“大地飞歌·2011”晚会等活动现场快餐供应单位的食品加工制作、配送及销售进行全程监督。出动监督人员114人次，车辆61辆次。对供餐单位配送的6.37万份快餐进行监测，对2726份超过规定使用期限的快餐盒饭进行监督销毁。对2011南宁·东南亚国际旅游美食节等美食展会，严格审查办理《餐饮服务许可证》(临时)236份，并派出执法人员189人次进行现场巡回监督，对不符合安全的食品原料及成品及时销毁。

【交通运输保障】 2011年，南宁市有关机构精心组织，切实为“两会一节”提供完善的交通运输保障服务。优化和完善公交线网布局，增加公交车运力投放，在“两会一节”举办前新购置200辆公交车并办好手续全部投入运营，使公交线网更好地覆盖全市各大宾馆和活动场所。全力做好“大地飞歌·2011”晚会等重要活动及重点场馆交通运输保障，新增临时公交专线11条，延伸公交线路5条，运送观众10多万人次。对从业人员进行素质教育和培训，强化公交、出租车监管。开展培训20多场，培训从业人员8000多人；出动检查人员1500多人次开展20多次路检活动，查处和纠正各种不规范经营的公交、出租车100多辆次。征集车辆205辆，租用大、中型客车92辆，满足各项活动的接待用车需求。

【通信保障服务】 2011年，南宁市有关机构落实各项任务，圆满完成“两会一节”通信保障。编程和发放800兆对讲机732部，为各部门开展现场通信指挥提供便捷高效的服务。协调各通信运营商成立应急通信保障小组，出动各种通信保障车辆340多辆次，派出通信保障专业人员1000多人次，全力保障各活动现场手机(小灵通)通信，信号覆盖率100%。组织运营商在“大地飞歌·2011”晚会现场接入50M光纤、提供40个RJ45网络接口，开通3条ISDN线路、4条2M带宽的ADSL专线、6路电话线路，确保电视、视频、网络现场和电台直播顺利完成。指派专人负责自治区“两会”(中国—东盟博览会、中国—东盟商务与投资峰会)指挥中心短信群发系统维护工作，确保“两会”信息24小时均能畅通、快捷发布。

【供电与供水保障】 2011年，南宁市有关机构周密安排，抓好落实，圆满完成“两会一节”期间的安全供电与供水保障任务。对供电、供水设备和管线进行全面检修，对重点设备安置场点定期进行巡视，并安排24小时现场值班。供电部门出动保供电人员1000多人次，保供电车辆数百辆次，完成130项活动的现场保供电，实现保供电期间南宁市供电线路的“零跳闸”。供水部门组织500多人次对重点区域及周边线路的给、排水设施及市政消防栓进行全面安全检查和维护。同时，落实专人24小时对荔园山庄等重要活动场所进行重点盯防，通过调整管道阀门、安装临时管道加压泵、连通青环路与荔滨大道供水管等多种方式，增强供水保障能力。

【气象服务】 2011年，南宁市气象部门针对“两会一节”活动需求，严密监测天气变化，主动、及时地提供各类气象服务资料，为“两会一节”做好气象保障。8月，引进短时临近预报系统，检修设备设施，做好技术、装备的准备。9月，针对系列活动特点，制订方案和应急预案，成立工作机构，购置服务产品。充分利用各种手段，及时提供各类气象预报信息。采用连续滚动无缝隙的预报形式，并对重点时段加密监测，作出准确、精细、无缝隙的天气预报。通过传真、短信、电子邮件等及时将气象信息提供给“两会一节”相关部门。10月9日起，提供逐日滚动的未来3天天气预报；10月21日~26日，每3小时提供1次天气预报，并随时提供短时和临近预报。为“两会一节”指挥中心提供23场次专题气象服务资料。同时，对接待宾馆、活动场馆的防雷设备进行检查，确保防雷安全；落实责任，强化措施，切实消除施放气球活动可能引发的事故隐患。

【精神文明创建】 2011年，南宁市有关机构在“两会一节”期间，全面推广经公开征集选定的“心在，爱在，我们在”服务主题口号和“能帮就帮，我是南宁青年志愿者”志愿者心手礼，广泛播放志愿者公益宣传片，营造争当志愿者的良好氛围。组织4520名志愿者参与语言翻译、后勤保障等“两会一节”志愿服务。组织1200名团员青年志愿者组成城市志愿服务队，在全市设置14个“城市志愿者服务站”，组织1100名志愿者在市区24个主要交通路口开展“文明始于足下”志愿者文明劝导行动；组织455名窗口行业、青年文明号团员青年开展“文明窗口微笑服务”活动。协调通信运营商群发创文明城市公益宣传短信2950万条，大兴文明礼仪之风。开展“文明南宁，从我做起”主题宣传活动，进一步提高市民素质和城市文明程度。

【宣传服务】 2011年“两会一节”筹办和举办期间，南宁市全方位开展宣传，提高“两会一节”知名度。组织市属媒体加大宣传力度，形成长期、广泛、持续、热烈的宣传氛围；协调中央及境外驻广西主要媒体、自治区媒体报道“两会一节”盛况；发放《南宁概览·2011》和南宁形象宣传片等8600份；大规模开展网络宣传，营造良好的网络舆论氛围；集中力量做好“大地飞歌·2011”晚会直播。在重要节点、城市广场、精品线路设置景观小品造型、公益宣传广告、宣传标语等，在壮锦大道穿插悬挂主题国马来西亚和“两会一节”宣传POP旗；协调在公交车、出租汽车张贴“两会一节”的公益宣传广告；在全市各大客运站、各大星级宾馆摆放“两会一节”宣传资料；在市区道路大型电子显示屏等滚动播放“两会一节”宣传标语及宣传片；组织布置20多个品种360万盆鲜花，制作150多个园林花卉景点，营造热烈、浓厚、喜庆的节日氛围。

(龙　树)

责任编辑　李志楠

南宁与东盟

政治交往

【东盟与南宁友好互访】

新加坡　2011年1月4日，副市长李志勇在市政府会见新加坡驻广州总领事馆商务处商务领事、新加坡国际企业发展局中国司华南区副司长饶忠明一行，双方就推进南宁企业与新加坡企业间的经贸合作和友好往来进行交流。10月21日，市委副书记刘长林在市委、市政府会见室会见新加坡贸易与工业部政务部长张思乐率领的新加坡贸工部代表团一行。

印度尼西亚　2月18日，市长黄方方会见印度尼西亚驻华大使易慕龙，双方就两市在经贸、旅游、文教等方面的合作进行交流。7月6日，黄方方会见印度尼西亚驻华大使易慕龙、印度尼西亚投资协调部副部长天巴·胡塔皮亚一行。10月21日，市委副书记刘长林会见印度尼西亚驻华大使易慕龙一行。

缅甸　7月29日，市长黄方方会见缅甸外交部副部长吴貌敏率领的缅甸代表团一行。双方进行友好会谈，并就缅甸派驻代表进驻中国—东盟商务区缅甸联络部有关问题进行商谈。

老挝　10月21日，是老挝占巴塞省与南宁市正式结为友好城市一周年纪念日。20日，市人大常委会主任谢寿堂会见老挝占巴塞省代表团一行5人，双方就进一步加强占巴塞省和南宁市的友好交流交换意见。

泰国　3月1日，副市长唐铁昂会见泰国泰华农民银行执行副总裁陈博文一行，双方就在南宁设立泰华农业银行分支机构一事进行交流。4月25日，唐铁昂会见泰国孔敬市副市长欧娜农·沙汪甘

2011年南宁市对东盟进出口200万美元以上商品情况

单位：万美元

出口商品	金额	进口商品	金额
柴油货车	2109	褐煤	6594
硝酸铵	2057	木薯淀粉	4801
拖拉机的零件、附件	1163	其他煤	4729
铝合金制品	900	石油沥青	4727
多磷酸	854	冶炼钢铁产生的熔渣、浮渣、氧化皮等废料	2456
棉布	787	用作处理器及控制器的集成电路	1045
三氯异氰尿酸	748	木薯干	1035
化工产品	618	镍矿砂及其精矿	995
铝制结构体及部件	617	扬声器	674
氢氧化铝	545	传声器零件	666
制糖机器	525	烟煤	637
化纤制狭幅机织物	512	滚珠轴承	327
蔬菜	498	鲜火龙果	300
钛白粉	482	红木原木	273
聚氯乙烯浸涂的纺织物	437	集成电路	269
聚氨基甲酸酯浸涂的纺织物	412	压燃式活塞	275
固液分离机	409	以橡胶或塑料为基本成分的粘合剂	268
钢铁结构体及部件	393	自动数据处理设备的零件、附件	225
伞骨	357	不饱和无环一元羧酸等及其衍生物	224
松香和树脂酸衍生物	330	松香	218
减震器	320	热交换装置	209
纸或纸板的制造机器	308	硫酸二钠	209
货车零附件	298	紧凑型热阴极荧光灯	205

一行，双方就教育、艺术等方面进行友好交流。

越南　11月11日，市长周红波在市政府会见新任越南驻南宁总领事范星梅。

经济交往

【南宁产品出口东盟】　2011年，南宁市对东盟国家出口3.10亿美元。其中：越南1.99亿美元，泰国3775万美元，马来西亚2668万美元，印度尼西亚2306万美元，菲律宾975万美元，新加坡753万美元，柬埔寨265万美元，缅甸189万美元，老挝92万美元，文莱5万美元。主要出口商品为柴油货车、硝酸铵、拖拉机零附件、铝合金制品、多磷酸、棉布、三氯异氰尿酸、化工产品、铝制结构体及部件、氢氧化铝、制糖机器、化纤制狭幅机织物等。

【组团参加2011年广西（印度尼西亚）商品博览会】　2011年5月19日~21日，广西（印度尼西亚）商品博览会在印度尼西亚雅加达国际展览中心举行。南宁市有13家企业25人参加博览会，参展的展品主要有机械、电子设备、化工厂产品、食品和日用品等产品。南宁市企业意向成交额671.40万美元，合同成交额42.40万美元。

【组团参加2011年广西（马来西亚）商品博览会】　2011年5月26日~28日，广西（马来西亚）商品博览会在吉隆坡国际会议展览中心举行。南宁市有16家企业39人参加博览会，参展的展品主要有汽车故障诊断仪、拖拉机、三氯异氰尿酸（TCCA）、聚氯化铝（PAC）、咖啡机、农药等产品。南宁市企业意向成交额876万美元，合同成交额293.20万美元。

（梁　明　冯立芳　石敏洁）

【南宁企业产品进入东盟】　2011年，南宁壮宁资产经营有限公司下辖企业加强与东盟各国的经济往来。

南宁五菱桂花车辆有限公司　向越南、缅甸、马来西亚和泰国等东盟国家出口金额1050万美元，其中越南市场占80%左右。出口主导产品为重型汽车和手扶拖拉机，其中重型车出口金额580万美元、手扶拖拉机出口金额260万美元。根据当地市场需求出口甘蔗机械产品，出口金额30万美元。

南宁南机动力有限公司　生产的高峰牌柴油机系列产品深受越南、柬埔寨等东南亚客户青睐，创汇295万美元，收汇240万美元。

南宁化工集团有限公司　生产的聚合氯化铝产品对东盟地区出口额累计1315万美元。出口主导产品为消毒剂三氯异氰尿酸（TCCA）和水处理剂聚合氯化铝（PAC），产品占印度尼西亚三氯异氰尿酸产品市场销售份额65%以上，占越南三氯异氰尿酸产品市场销售份额近50%。

南宁广发重工集团有限公司　主要将水电设备、矿山设备和水泥厂等设备推向东盟大市场。向越南、印度尼西亚等国出口水电设备，合同金额人民币1986.44万元，折合310.38万美元；向越南、印度尼西亚、马来西亚出口矿山设备合同金额人民币1250.20万元，折合195.34万美元；向缅甸出口水泥厂设备合同金额人民币223.50万元，折合36.49万美元。向东盟地区国家出口总金额人民币3460.14万元，折合542.20万美元。

南宁凤凰纸业有限责任公司　与新加坡、越南、菲律宾等东盟国家有出口业

2011年东盟各国企业在南宁投资主要情况

单位：万美元

国别及企业名称	行业	主要经营范围	投资者名称	投资总额	注册资本	外商出资额	实际利用外资
新加坡				18928	16770	8243	5442
阳光新业地产股份有限公司	房地产	房地产开发经营	Reco Shine Pte Ltd	11260	11260	3280	2073
广西巨星科技有限公司	制造业	未曝光彩色胶卷和未曝光彩色感光相纸的生产和销售	Feng San PTE Ltd	2500	1400	1300	780
南宁荣宝昌房地产有限公司	房地产	房地产开发经营，市场开发、经营和宾馆业经营管理	荣宝华控股私营有限公司	622	622	622	622
南宁康福交通有限公司	制造业	城市出租车客运业务	康福德高（中国）私人有限公司	600	400	320	480
荣宝华（南宁）建设发展有限公司	建筑业	平整土地、筑路、造桥、排水道、房屋土建等	荣宝华控股私营有限公司	420	210	210	210
广西南宁大地物业发展有限公司	房地产	房地产开发经营等	新加坡维新海外私营有限公司	354	248	248	248
南宁百利物业开发有限公司	房地产	成片土地开发、物业管理	百利控股（私人）有限公司等	300	210	210	210
益嘉信（广西）置业有限公司	房地产	房地产开发、经营及租赁咨询服务	益嘉诚集团有限公司	280	200	170	207
南宁丰大塑料制品有限公司	制造业	生产销售塑料管材、管件及其塑料制品	新加坡丰达资源私人有限公司	180	126	64	64
南宁开通塑管有限公司	制造业	生产销售工程塑料、通用塑料	新加坡丰达资源私人有限公司	151	151	42	42

续表

国别及企业名称	行业	主要经营范围	投资者名称	投资总额	注册资本	外商出资额	实际利用外资
广西巨星医疗器械有限公司	制造业	医用干式胶片的加工生产与销售	丰山私人有限公司	150	105	105	105
南宁市江景房地产开发有限公司	房地产业	普通住宅开发建设经营	陈新养等	142	100	100	100
广西屏山旅游开发有限公司	商务服务业	旅游景区景点的开发、建设、经营等	陈昆明	100	70	70	
南宁康福德高汽车租赁有限公司	商贸业	汽车出租租赁业务;汽车零配件等的零售	康福德高（中国)私人有限公司	93	66	60	62
南宁达庆水上娱乐有限责任公司	娱乐业	水上列车游湖观景,风味小吃制售及提供相关服务	联源行国际（新加坡)私人有限公司	69	53	53	52
佛山市顺德区宏伟装饰材料有限公司	制造业	加工、生产水晶、石英石地砖及水晶工艺品	李万	30	22	22	
广西南宁恒康黑色食品有限公司	制造业	生产、销售经营各类的健康食品、速溶冲剂及饮料	新加坡恒毅食品私人有限公司	21	15	9	
南宁东诚制衣有限公司	制造业	生产销售服装、鞋子、帽子、袋子、床上用品、家居布艺、彩旗和刺绣品	吴桂萍	20	15	7	10
广西广和印刷实业有限公司	制造业	电脑照排,书籍,报刊印刷,装订	新加坡明立出版私人有限公司	18	18	9	
广西新升彩印有限公司	制造业	彩色印刷系列制品的生产,加工,销售业务	新加坡新城有限公司	12	9	3	3
南宁柯斯顿佳芳生物科技有限公司	制造业	销售植物助长剂、废水处理液系列产品及售后服务	梁家莱	11	11	11	3
南宁坤峰行商贸有限公司	商贸业	粗锡和其他有色金属等的进口及批发;木材的进口;精锡、建筑用石的出口	李栋香等	9	6	6	6
南宁碧湾商贸有限公司	商　业	服装鞋帽、皮具、化妆品、照相器材、办公用品、工艺饰品、咖啡、红酒、茶叶和日用品的批发	ONG CHIN TIN @ WOO YONG FATT	22	16	16	16
广西新佳城贸易有限公司	商　业	锰及有色金属铜、铅、锌、铝;建筑材料、装饰材料、机电机械、五金交电的批发销售	蒋兆祥	166	121	60	60
南宁好族意咨询有限公司	其　他	企业经营管理、信息技术及中国民族语言文化的咨询服务	陈金峰	3	3	3	3
南宁丙林渔业养殖开发有限公司	农　业	鱼虾养殖、开发	程帅文	2	2	2	2
广西新雅城商贸有限公司	批发零售业	建筑工程机械、建筑装饰材料等的批发及进出口业务	LEE HOCK BENG	177	177	177	83
南宁瑰宝文化交流有限公司	商务服务业	商务信息、市场信息、企业管理咨询服务等	PEHE JEROME JEAN REN	1	1	1	1
广西三品王餐饮管理有限公司	餐饮业	餐饮企业管理；餐饮企业咨询;餐饮服务、配送及销售	Jollibee Worldwide Pte. Ltd.	217	155	85	
南宁祥顺龙商贸有限公司	批发零售业	建材、五金、交电、木地板、瓷砖、机电、建筑机械、矿产品的批发	蒙世民	928	928	928	
广西康能生物科技有限公司	批发零售业	预包装食品的技术研发和销售	CAPITAL GROUP PTE.Ltd.	70	50	50	

续表

国别及企业名称	行业	主要经营范围	投资者名称	投资总额	注册资本	外商出资额	实际利用外资
马来西亚				79776	28850	28790	14842
和昌(广西)化工有限公司	制造业	生产、销售无水硫酸钠、硫酸钾、日用洗涤用品、纯碱、普通货物运输	和昌父子有限公司	8789	2930	2930	1730
广西佰富罐头食品有限公司	制造业	食品的研发	詹友和	1000	500	500	
南宁诚兴农业科技有限责任公司	农业	生产与销售鸡蛋、肉鸡及有机肥料、有机瓜果蔬菜、绿色食品等	诚兴农业有限公司	1210	1150	1150	1018
南宁通发机动车综合服务有限公司	商贸服务业	驾驶员培训,车辆维修保养,机动车检测等	马来西亚吉利资源有限公司	125	88	29	
广西邕宁金泉食品有限公司	制造业	加工销售果蔬及其制品等	马来西亚摩登食品工业有限公司	108	76	76	71
广西南宁林宝成功建材有限公司	制造业	生产销售混凝土砌块系列建材	林宝成功有限公司	42	30	30	
南宁甲必丹餐饮有限公司	餐饮业	中西式餐饮、酒吧、风味食品的加工销售	克里斯托福林连财	29	29	29	27
南宁拉沙玛娜餐饮娱乐有限公司	餐饮业	餐饮、酒吧、KTV、桑拿、保健推拿	CHRISTOPHER LIM LEAN CHAI 等	18	13	12	
南宁市特浓商贸有限公司	商贸服务业	饼干、点心、糖果等休闲食品和饮料的批发及进出口业务	LIM SIM SOON	7	5	5	5
大马食品工业(南宁)有限公司	商贸服务业	水产、肉类、豆、蔬果、粮食、功能饮料等及农副土特产品的加工生产销售	马来西亚大洲国际贸易有限公司	6	4	4	
南宁爵格服装有限责任公司	制造业	零售国内、国外品牌服装	何华舜等	5	4	4	1
广西阳鹿高速公路有限公司	交通运输业	高速公路投资建设、养护管理	马来西亚 MTD CAPITAL BHD 公司	68250	23887	23887	11856
南宁东佳沙巴商贸有限责任公司	批发零售业	机电产品等批发和进出口贸易	LOKEOW CHONG	7	7	7	7
广西中新仓储有限公司	重化	生产、销售、仓储高级沥青和各类润滑油	浩瀚石油有限公司	180	127	127	127
越南				64	64	33	13
广西南宁市新明星机电有限公司	制造业	机电产品等的制造与销售	越南中部食品公司	50	50	20	
南宁越美商贸有限公司	商贸业	木制品、机电产品、百货等的批发及进出口	越南越庄进出口股份公司	10	10	10	10
南宁科信得意咨询服务有限公司	商务服务业	国际经济、科技、环保信息咨询服务	范国江等	1	1	1	1
南宁市健高高尔夫俱乐部有限公司	文化娱乐业	高尔夫练习球馆的经营	王石勇	3	3	2	2
泰国				3409	1967	1427	1377
南宁正大畜牧有限公司	饲料加工	配合饲料、浓缩饲料的制造、销售等	正大(中国)投资有限公司	1332	677	398	398
南宁泰联淀粉有限公司	制造业	生产和销售饲料添加剂及变性淀粉	Mr.Charn Taemkong-ka 等	1000	600	600	600
广西泰华房地产开发有限公司	房地产业	普通住宅开发、建设和销售	大华国际贸易有限公司	248	186	56	99
广西南泰房地产开发有限公司	房地产业	房地产开发建设经营	南泰有限公司	124	99	51	

续表

国别及企业名称	行业	主要经营范围	投资者名称	投资总额	注册资本	外商出资额	实际利用外资
广西泰商商贸有限公司	商贸业	日用百货、五金交电、化妆品、农副土特产等的批发、代理、进出口	封祖超	62	62	50	
广西华泰同益环保技术有限公司	技术服务业	环境污染治理及监测技术服务、环保设备产品的进出口贸易	帕力米尔产品有限责任公司	44	44	17	19
广西正大畜禽有限公司	畜牧业	生产销售种蛋、鸡苗、肉鸡;生产销售种猪,猪苗和肉猪;提供养殖技术管理服务	正大畜牧投资(北京)有限公司	599	299	255	261
印度尼西亚				2523	1351	1160	575
广西金印房地产有限公司	房地产	普通住宅的开发建设、经营	CANDRASETIAWAN LILY 等	2000	1000	1000	500
广西中雅房地产开发中心	房地产	房地产开发经营	印尼万隆李其源	337	169	84	
广西长城房地产开发有限公司	房地产	住宅、商用楼、写字楼等房地产的开发、建设与销售	PT.Gemilang Energindo Sentosa	124	124	31	32
南宁市星昌仓储有限责任公司	仓储业	仓储	ARIFIN PAPARANG	40	40	40	40
广西南宁圣杰威达瓷业有限公司	制造业	陶瓷制品,玻璃制品,陶瓷用花纸的生产经营销售	杨如胜	12	11	3	3
南宁市哈利亚商贸有限公司	批发零售业	铝矿、锰矿、农副土特产品、手工艺品的批发等	李可沃	10	7	2	
柬埔寨				187	131	38	66
广西中柬丰裕房地产开发有限公司	房地产	普通住宅的开发、建设和销售	CAMBODIA OVERSEA CHINA INVESTMENT CO.,Ltd	177	124	31	66
南宁市和兴站商贸有限公司	批发零售业	日用百货、工艺礼品等进出口贸易	姚琼	10	7	7	
菲律宾				665	665	665	
广西菲龙房地产开发有限公司	房地产	房地产开发经营	菲律宾——南宁联合有限公司	665	665	665	
文莱				249	180	169	121
南宁汶中房地产开发有限公司	房地产业	房地产开发建设经营	洪瑞泉等	229	160	160	112
南宁国联木业有限公司	制造业	生产销售镜框及工艺美术品	GLOBAL CONNECTION Ltd.	14	14	3	3
南宁汶中物业管理有限公司	房地产业	物业管理服务	洪瑞泉等	6	6	6	6
缅甸				167	129	32	33
广西中缅房地产开发有限公司	房地产业	普通住宅、商铺、写字楼的开发建设、经营	缅甸金地东亚开发有限公司	167	129	32	33

(李　兴　何伟洁)

务，主要出口卷筒纸、小盘纸、擦手纸、软抽面巾纸、钱夹式手帕纸、卫生纸原纸等。各类纸产品出口东盟37.81吨，创汇6.23万美元。（莫智兴）

【东盟旅游开发】

旅游交通开发 2011年，市旅游局分别与东方航空云南分公司就南宁—新加坡、南宁—吉隆坡航线，与四川航空公司就南宁—胡志明、南宁—雅加达等航线复航进行对接和洽谈，争取自治区机场管理集团等部门支持，以上4条航线于9月前复航。

旅游推介 市旅游局邀请新加坡国家电视台及新加坡曾兄弟旅行社旅游团队到南宁进行系列旅游节目拍摄及旅游活动；同时组织旅游企业参加由印度尼西亚驻华大使馆与南宁市政府共同举办的印度尼西亚文化、旅游、投资交流活动，具体承办印度尼西亚—南宁旅游洽谈会；接待柬埔寨驻中国大使馆商务参赞吴金云一行。10月，举办2011南宁国际友城交流与合作年会，与东盟友好城市开展一系列旅游、人才培养等方面的交流与合作活动。（张　旭）

文化交往

【南宁设东盟留学生奖学金】 2011年5月13日，市政府出台《东盟国家留学生奖学金管理办法》，决定设立东盟国家留学生奖学金，奖励在南宁市普通高中就读的、来自东盟国家中与南宁市建立友好城市或者友好交往城市的优秀留学生，办法9月1日起施行。该办法规定，具有东盟国家国籍、持有东盟国家护照，对华友好，承认一个中国的原则；遵守中国的宪法、法律、法规，遵守就读学校的规章制度，表现良好；学习态度端正，勤奋刻苦，学习成绩优良，身体健康的东盟国家留学生，都可以申请奖学金。东盟国家留学生奖学金分A、B两个等级，各等级奖学金发放人数由市政府根据当年在南宁市普通高中就读的，来自东盟国家中与南宁市建立友好城市或者友好交往城市的留学生人数确定。A级奖学金评选人数每年不超过10名；B级奖学金评选人数每年不超过20名。A级奖学金为15000元/年·生，主要用于支付学生在校期间的学费、住宿费以及生活费；B级奖学金为7300元/年·生，主要用于支付学生在校期间的学费和住宿费。申请人在如实填写相关材料之后，每年3月31日前向所在学校提出申请。南宁市教育部门将根据获奖学金的学生名单和等级，于每年8月31日前向各相关普通高中核发奖学金。奖学金中的学费和住宿费部分支付给东盟国家留学生所在学校，生活费部分由学校按月发放给获奖留学生。获奖学金的东盟国家留学生，休学期间停止发放奖学金，复学后可以向评审委员会申请恢复发放。每年6月30日前，评审委员会还将对已发放奖学金的学生进行综合评审，经评审合格的东盟国家留学生，可以继续享受奖学金，不合格的，则从下一学年起取消奖学金。

【中泰夏令营互访】 2011年4月23日，泰国孔敬市中学生夏令营开营仪式在市沛鸿民族中学举行。来自泰国的师生在市沛鸿民族中学老师的指导下进行一周的中国传统文化学习。7月24日~29日，南宁市代表团赴友好城市泰国孔敬市开展“孔敬之旅”夏令营活动。市沛鸿民族中学校领导、市外侨办工作人员以及市沛鸿民族中学、市十四中、市十八中的16名学生代表组成代表团出访。

【南宁新闻代表团出访东盟国家】 2011年2月23日~3月6日，市委宣传部、市外事侨务办公室、市新闻工作者协会、市新闻媒体成员组成继2010年出访日本熊本县、宇城市及韩国果川市首个新闻代表团之后的第二个新闻代表团，赴新加坡、马来西亚和泰国，对国际友好城市——马来西亚怡保市、泰国孔敬市进行交流和采访。2月23日，由广西海外交流协会、自治区侨务办公室、市政府组织的广西文化艺术团对新加坡、马来西亚和泰国部分城市华人进行新春慰问演出。首场“春满乡情晚会”在新加坡宗乡会馆联合总会大礼堂演出。代表团作为广西文化艺术代表团的一个组成部分，参与在新加坡、马来西亚吉隆坡以及泰国曼谷、合艾等地的慰问演出活动，与当地华人华侨、企业家代表进行交流并采访其中一些代表。怡保市市长罗西迪、孔敬市市长吴国荣会见代表团一行，并接受南宁媒体的专访。南宁新闻代表团通过发放宣传片、信息资料、接受采访等方式，向国际友城进一步宣传、推介南宁。

【“印尼文化之夜”晚会】 2011年7月6日，由印度尼西亚驻华大使馆、南宁市政府主办，旨在增进广西人民、南宁人民对印尼文化和旅游资源了解的“印尼文化之夜”晚会在南宁国际会展中心上演，来自中国、印度尼西亚及东盟各国的宾客相聚一堂，共叙友谊，共谋发展。自治区副主席高雄、自治区政协副主席蒋培兰、市长黄方方、副市长杨民、市政协副主席黎四龙出席晚会。印度尼西亚驻华大使易慕龙、印度尼西亚投资协调部副部长天巴·胡塔皮亚以及印度尼西亚驻广州领事馆、印度尼西亚驻香港领事馆官员等出席晚会。

【南宁市第一职业技术学校赴新加坡培训】 2011年8月，市第一职业技术学校(简称南宁一职高)组织骨干教师和中层管理人员43人，赴新加坡接受“办学理念与教学管理”培训。南宁一职高教职工先后造访南洋理工大学、南洋理工学院、共和理工学院，进行为期12天的交流学习。新加坡的先进教学设备、规范教学管理、独特办学特色给参训人员留下深刻印象。

【新加坡专家来邕主讲“非遗”的传承与保护】 2011年11月25日，一场名为“非物质文化遗产的传承保护与戏剧的发展和创新”的学术讲座在市图书馆多功能厅举行。新加坡戏曲学院院长、新加坡维多利亚舞蹈学院荣誉院长、亚太网艺主席蔡曙鹏博士担任讲座主讲。讲座集中讨论非物质文化遗产中的民间舞蹈与传统戏剧两大门类。针对当前非物质文化遗产保护和传承面临着传承人断代、外来元素入侵使得传统因素淡化、项目代表性传承人认定制度出现偏差等问题，主讲人提出创新院团管理机制、创新优质资源的整合、创新社会合作乃至国际合作的模式等解决方法。

（汪　悦）

责任编辑　廖胜兰

党政机关

中共南宁市委员会

重要会议

【中国共产党南宁市第十届委员会全体会议】 2011年，召开5次。

第十四次全体会议 1月11日~12日在市委、市政府会议中心召开，会期一天半。市委委员、候补委员出席会议；市纪委常委，不是市委委员的在职厅级中共党员领导干部，不是市委委员的中共党员领导干部，市政府顾问，市四家班子正、副秘书长，市长助理，各县（区）党政主要领导，市委和市级国家机关各部委办局、各开发区、各人民团体、市直各企事业单位党政主要领导，市人大和市政协各专委以及市人大常委会和市政协各办事机构正职领导，市级各双管单位1名主要领导列席会议。大会传达学习中央和自治区经济工作会议精神；听取市委常委会2010年工作报告；研究部署2011年全市经济社会发展工作；审议通过《中国共产党南宁市第十届委员会第十四次全体会议公报》。

第十五次全体会议 2月27日上午在市委、市政府会议中心召开，会期半天。市委委员、候补委员出席会议。根据市委实行全委会投票表决重要领导干部任用制度的决定和全委会票决办法的规定，市委委员对部分重要岗位正职领导干部建议人选进行票决。

第十六次全体会议 6月2日上午在市委、市政府会议中心召开，会期半天。市委委员出席会议；市纪委委员、不是市委委员和市纪委委员的部分在职厅级中共党员领导干部（市人大常委会副主任、市政府副市长、市政协副主席、市中级法院院长、市检察院检察长）、不是市委委员和市纪委委员的各县（区）党政主要领导列席会议。大会对新一届县（区）党政正职领导建议人选进行投票表决；审议通过《中国共产党南宁市第十届委员会第十六次全体会议关于召开中国共产党南宁市第十一次代表大会的决议》。

第十七次全体会议 8月29日下午在市委、市政府会议中心召开，会期半天。市委委员出席会议。大会根据自治区党委《关于做好自治区第十次党代会代表选举工作的通知》精神和市委十届十六次全会决议，圈选出席自治区第十次党代会代表候选人预备人选；表决通过《中国共产党南宁市第十届委员会第十七次全体会议关于延期召开中国共产党南宁市第十一次代表大会的决议》；投票表决部分市直机关正职领导干部建议人选。

第十八次全体会议 9月24日下午在市委、市政府会议中心召开，会期半天。市委委员出席会议。大会听取市委副书记、代理市长周红波所作的关于中国共产党南宁市第十届委员会工作报告起草情况的说明；听取市委副书记刘长林所作的中国共产党南宁市第十一次代表大会筹备工作情况报告；审议通过《中国共产党南宁市第十届委员会工作报告（审议稿）》、《中国共产党南宁市第十一次代表大会关于中国共产党南宁市第十届委员会工作报告的决议（草案）》、《中国共产党南宁市第十届纪律检查委员会工作报告（审议稿）》、《中国共产党南宁市第十一次代表大会关于中国共产党南宁市第十届纪律检查委员会工作报告的决议（草案）》、《中国共产党南宁市第十一次代表大会代表资格审查委员会关于代表资格审查的报告（草案）》、《关于南宁市党费收缴、使用和管理情况的报告（草案）》、《中国共产党南宁市第十届委员会第十八次全体会议关于召开中国共产党南宁市第十一次代表大会的决议（草案）》；审议通过中国共产党南宁市第十一次代表大会议程和日程安排表（草案）、大会选举办法及各个建议名单（草案）。

【中国共产党南宁市第十一次代表大会】 2011年9月26日~29日，在南宁人民会堂、荔园山庄会议中心召开。全市出席市第十一次党代会的490名代表中，各级领导干部322名，占65.71%；专业技术人员108名，占22.04%；各条战线先进模范人物48名，占9.80%；解放军、武警部队代表8名，占1.63%；离退休干部5名，占1.02%；妇女代表144名，占29.39%；少数民族代表259名，占52.86%；大专以上文化程度的482名，占98.37%；50岁以下代表405名，占82.65%；35岁以下代表54名，占11.02%。大会高度评价第十届市委的工作，一致赞同报告对南宁市过去五年成就的评价与总结、赞同报告提出的今后五年工作的总体要求和奋斗目标；大会通过《中国共产党南宁市第十一次代表大会关于中国共产党南宁市第十届委员会报告的决议》、《中国共产党南宁市第十一次代表大会关于中国共产党南宁市纪律检查委员会工作报告的决议》；对中国共产党南宁市纪律检查委员会的工作表示满意。大会民主选举产生中国共产党南宁市第十一届委员会、中国共产党南宁市纪律检查委员会。

【中国共产党南宁市第十一届委员会全体会议】 2011年，召开3次。

第一次全体会议 9月29日下午在市委、市政府会议中心召开，会期半天。市委委员、候补委员出席会议。大会选举中国共产党南宁市第十一届委员会常务委员会委员和书记、副书记；通过《中国共产党南宁市第十一届纪律检查委员会第一次全体会议选举结果的报告》。

第二次全体会议 11月3日上午在

市委、市政府会议中心召开，会期半天。市委委员、候补委员出席会议。全委会委员对部分重要岗位正职领导干部建议人选进行票决。

第三次全体会议　12月30日上午在市委、市政府会议中心召开，会期一天。市委委员、候补委员出席会议；市纪委常委，不是市委委员、候补委员的在职厅级中共党员领导干部，不是市委委员、候补委员的中共党员领导干部，市四家班子正、副秘书长，各县(区)党政主要领导，市委和市级国家机关各部委办局、各开发区、各人民团体、市直各企事业单位主要领导，市人大和市政协各专委以及市人大常委会和市政协各办事机构正职领导，市级各双管单位主要领导列席会议。大会传达学习中央和自治区经济工作会议精神，听取市委常委会2011年工作报告；研究部署2012年全市经济社会发展工作；审议通过《中国共产党南宁市第十一届委员会第三次全体会议公报》。

重要决策

【深入开展“三个年”活动　全力打好五场攻坚战】　2011年，市委、市政府决定深入开展项目建设年、发展环境建设年、党组织建设年“三个年”主题活动、全力打好工业经济振兴、五象新区开发、产业园区建设、交通基础设施完善、打造“中国水城”五场攻坚战。

主要成效：一是综合经济实力跃上新台阶。全年实现生产总值2211.51亿元，比上年增长13.50%；全社会固定资产投资2003.68亿元，增长37.05%；全部工业总产值2008.23亿元，增长38.41%；社会消费品零售总额1069亿元，增长18%，实现年初确定的“三个2000亿元、一个1000亿元”目标。财政收入363.52亿元，增长20.82%；城镇居民人均可支配收入突破1万元，增长10.90%；农民人均纯收入5856元，增长17%，各项指标均保持较高增速。二是产业结构调整迈出新步伐。深入实施“壮二提三强一”(着力壮大第二产业发展规模，提高第三产业发展水平，增强第一产业发展能力)战略，加快构建现代产业体系，大力发展县域经济，努力在转变发展方式中壮大经济规模、提升经济效益，三次产业结构由上年的13.58:36.21:50.21调整为13.85:38.27:47.88，其中第二产业比重提高2.06个百分点，产业结构进一步优化。三是城市建设管理水平跃上新台阶。以拓展城市空间、完善城市功能、改善城市环境为重点，推进铁路、公路、桥梁、港口、机场、轨道交通等城市基础设施建设；掀起五象新区开发建设新高潮。“中国绿城”和“中国水城”建设取得新成效，获国家森林城市、2011年度中国十大低碳城市，城市综合管理水平进一步提升，综合承载能力进一步增强。四是改革开放实现新突破。统筹城乡综合配套改革工作扎实推进，国企改革、医药卫生体制改革、科技教育文化体制改革、农村综合改革、集体林权制度改革等深入推进。深化多区域、宽领域的开放合作，承接产业转移。举办亚洲政党专题会议、第八届中国—东盟博览会、第八届中国—东盟商务与投资峰会和第十三届南宁国际民歌艺术节等重大国际活动。五是民生建设取得新成效。坚持把保障和改善民生摆在优先发展位置，全年民生领域累计投入占财政一般预算支出的45%以上，实现城镇新增就业8.50万人，为民办实事项目基本完成。养老、失业、医疗、工伤、生育保险等社会保障工作扎实开展。六是社会各项事业取得新进步。教育、科技、文化、卫生、体育、扶贫、计划生育等事业加快推进，群众性精神文明创建活动深入开展，实现全国文明城市“二连冠”，获“国家卫生城市”称号，发展环境进一步改善。七是社会管理科学化水平实现新提高。加强和创新社会管理，深入推进社会矛盾化解，建立重大事项社会稳定风险评估机制，强力推进信访积案和执行积案清理化解工作，完善矛盾纠纷排查调处工作体系，社会保持和谐稳定。八是党的建设取得新进展。精心组织庆祝建党90周年各项纪念活动，进一步激发广大党员干部爱党爱国、干事创业的热情；继续推进“党组织建设年”和创先争优活动，进一步加强市委常委班子自身建设，不断加强基层组织建设；召开市第十一次党代会、市十三届人大一次会议、市政协十届一次会议，完成各级换届工作；切实抓好党风廉政建设，各级班子和党员干部推进科学发展的能力进一步提升；加强民主法治建设，支持人大、政协开展工作，充分发挥各民主党派、工商联、无党派人士以及人民团体的作用，调动各方面的积极性。

【完善“城乡清洁工程”长效机制】　2011年1月6日，市委、市政府通过关于进一步完善“城乡清洁工程”长效机制的意见。

总体目标：构建符合市情、满足南宁市城乡环境发展实际需要、结构合理、功能齐全、关系协调、程序严密、动态开放、长期有效的“城乡清洁工程”长效机制；城乡环境卫生和容貌秩序及行政管理机构日益健全，形成责权利相一致、奖惩与监督落实到位的运作机制；行政执法工作日益规范、高效，干部作风明显改善，各级政府的公共服务和公共管理水平显著提高；城乡居民个人思想道德素质、文明卫生素质明显提高，力争获得“国家卫生城市”称号；生态建设和环境治理不断加强，“中国绿城”品牌进一步提升，“中国水城”建设初显成效，生态环境质量保持全国领先水平；城乡协调发展的新格局逐步形成，城市的综合服务功能和承载能力明显提升，把南宁市建设成为功能完善、环境优美、生态良好、适宜创业、适宜居住的现代宜居城市。

工作目标：完善城乡环境卫生管理长效机制、市容市貌综合整治长效机制、数字化城市管理长效机制、施工工地管理长效机制、城乡交通管理长效机制、集贸市场管理长效机制、园林绿化设施建设管理长效机制、城市河道综合整治长效机制等。

工作任务：完善“城乡清洁工程”组织保障机制、投入保障机制、绩效目标管理和考核评估机制、协调机制、巡查和监督机制、奖惩机制、常态化的宣传教育机制、法制保障机制。

【加快会展业发展】　2011年3月2日，市委、市政府通过关于加快会展业发展的意见。

重要意义：会展业是新兴的服务业，主要是通过举办各种形式的会议和展览等活动，带来直接或间接的经济效益和社会效益。随着经济全球化、区域一体化的不断推进，会展业已成为衡量一个城市国际化程度和经济社会发展水平的重要标志之一，是一个城市活力和竞争力的重要体现。加快南宁市会展业发展，有利于汇聚信息交流、技术交流和人才交流，扩大商品贸易、技术引进、吸引投资、促进国内外经济文化合作与交流；有利于带动旅游、餐饮、住宿、交通、商贸、物流、广告等相关产业的发展，形成工业、农业与服务业协调发展格局，推进经济发展方式转变；有利于塑造南宁城市品牌，展示城市形象，提升城市知名度和影响力；有利于加快融入全球经济一体化，参与中国—东盟自由贸易区等多区域合作，推动区域性国际城市建设。

主要目标：以中国—东盟博览会、中国—东盟商务与投资峰会、泛北部湾经济合作论坛等品牌展览和会议为依托，以推进会展项目品牌化、运作国际化、服务专业化为手段，培育和引进一系列具有影响力的品牌展览，举办商务、金融、文化、科技、外事等各类会议（论坛），努力将南宁打造成为会展经济区域性核心区。2011年~2015年，争取每年举办大型会展活动100个以上，引进知名品牌会展1个~2个，打造本地知名会展品牌1个~2个。到2015年，培育具有较大影响的本地会展品牌5个以上，大型会展集团企业3家以上，全市专业会展企业20家以上；每年举办各类大型展览达到120个，展览面积达到150万平方米，举办大中型权威性的论坛、会议40场以上。

工作任务：加强规划和加大扶持会展企业，壮大会展市场主体；引进开发会展项目，提升会展品牌化水平；完善会展配套设施建设，提高服务设施集约化水平；加大政策扶持力度，强化会展业激励机制。

【加快推进城市轨道交通建设】 2011年6月28日，市委、市政府通过关于加快推进城市轨道交通建设的意见。

重要意义：加快城市轨道交通建设，有利于方便市民出行，缓解中心城区交通压力，提高城市道路通行效率，是推进优先发展公交，构建现代公共交通系统的客观需要；有利于优化城市空间和形态布局，促进城市有序扩展，是加快把中心城市建设成为超大城市的必然要求；有利于进一步完善城市功能，增强城市综合承载能力，是建设区域性国际城市和广西“首善之区”的重大举措。

主要目标：近期目标，到2015年建成一号线一期和二号线工程，形成城市轨道交通“十”字形基本骨架网；中期目标，到2020年完成1条~2条辅助线路建设，形成城市轨道交通骨干线网。远期目标，2020年后，修建其他线路，扩大城市轨道交通线网的覆盖面，形成较完善的轨道交通线网。

工作任务：建立健全城市轨道交通建设管理体制和工作机制；加强城市轨道交通建设的规划控制和资源综合开发力度；加强城市轨道交通建设资金筹措和管理；加强城市轨道交通建设组织协调管理。

【加快水利改革发展】 2011年8月24日，市委、市政府通过关于加快水利改革发展的意见。

主要目标：力争通过5至10年的努力，到2015年，市区主城区防洪标准达到200年一遇以上，武鸣县、横县、上林县、马山县、隆安县等达到20年一遇以上。完成病险水库除险加固500座，全面解决173.34万人农村饮水安全问题。新增恢复改善农田有效灌溉面积5万公顷以上，农田灌溉水有效利用系数提高到0.5以上。全市主要江河水功能区水质达标率达93%，城市、县城供水水源地水质达标率分别达98%和90%，农村供水水源地水质达标率达83%，农村生活饮用水卫生合格率达90%，重点区域水土流失得到有效治理。到2020年，从根本上扭转水利建设明显滞后和保障能力相对薄弱的局面，建成与小康社会相匹配的现代水利基础设施，主要城镇的防洪能力明显增强，工业化、城镇化和农业现代化发展的水资源供给基本满足，农村饮水安全得到全面保障，水利工程良性运行机制基本形成，水利现代化程度明显提高，水利社会管理和公共服务水平显著提升，水利法规体系进一步健全，水利科技创新能力和信息化水平进一步提高。基本建成标准较高、协调配套的防洪减灾体系，优化配置、高效利用的水资源保障体系，严格管理、生态健康的水保护体系，依法行政、管理规范的社会服务体系，综合配套、保障有力的政策法规体系等五大体系，实现水利与经济社会、资源环境的协调发展。

工作任务：全面加强综合水利工程建设；加强水利投入和政策扶持；实行最严格的水资源管理制度；改革创新水利发展体制机制。

【统筹城乡改革推进城乡一体化发展】 2011年9月16日，市委、市政府通过关于统筹城乡改革推进城乡一体化发展的实施意见。

总体要求：深入贯彻落实科学发展观，按照加快构建区域性国际城市和广西“首善之区”、实现首府现代化建设新跨越的要求，坚持以“全域南宁”谋划城乡发展，构建统筹城乡发展的政策框架和制度体系，建立健全城乡协调发展的体制机制，统筹城乡发展规划、土地利用、产业发展、基础设施和公共服务设施建设、生态环境保护建设、就业和社会保障、社会事业发展，加快社会主义新农村建设，推动先进生产要素向农村流动、基础设施向农村延伸、公共服务向农村覆盖、现代文明向农村传播，促进农业稳定发展，农民持续增收，农村和谐繁荣，建设农民幸福生活的美好家园，实现城乡发展更加繁荣、更加协调、更加充满生机和活力，成为自治区统筹城乡改革发展示范区。

主要目标：近期（2011年~2013年），重点推进统筹城乡改革试点工作，探索城乡一体化发展的有效路径和方法。到2013年，试点区域的城乡一体化发展规划体系基本建立，镇村规划编制基本完成并组织实施；特色产业进一步发展壮大；土地管理制度改革逐步开展，土地流转市场初步建立，土地流转加快，土地适度规模经营稳步推进；城乡统一的社会保障制度和城乡劳动者平等就业制度初步形成；城乡公共服务发展一体化取得新进展，农村基础设施建设有效推进，生产生活条件进一步改善。试点区域统筹城乡发展的体制机制初步建立，城乡居民收入差距扩大的趋势初步扭转。中期（2014年~2015年），统筹城乡改革试点工作和面上工作同步推进，初步形成城乡一体化发展的新格局。到2015年，现代农业体系建设取得较大进展，城乡产业实现联动发展；城乡土地基本实现统筹利用；城乡居民户籍分割状况基本消除；城乡基本公共服务均等化加快推进；覆盖城乡居民的就业和社会保障体系初步建立；农村基础设施建设明显改善，村容村貌更加整洁，城乡生态环境保护得到加强。全市统筹城乡发展的体制机制初步建立，城乡差距不断缩小，全市城镇化率达到58%，城乡居民收入差距扩大的趋势得到扭转。远期（2016年~2020年），在全市范围内深入推进统筹城乡改革，基本形成城乡经济社会发展一体化新格局。到2020年，全市统筹城乡发展的政策框架和制度体系更加健全；现代农业产业体系基本建立，城乡产业实现协调发展；城乡基本公共服务实现基本均衡；覆盖城乡居民的就业和社会保障体系基本建立，功能逐步完善；城乡基础设施网络体系更加完善，村庄有序发展局面基本形成；农村人居环境明显改观，城市绿色生态屏障有效加强，自然生态资源保护、开发、利用更加合理有序。全市统筹城乡发展的体制机制基本健全完善，全市城镇化率达到68%，城乡居民收入差距明显缩小。

重点任务：统筹城乡规划管理、城乡土地利用、城乡产业发展；统筹推进小城镇建设、户籍制度改革；统筹城乡基础设施建设与管理、城乡生态环境建设和保护、城乡就业创业制度、城乡社会保障体系；构建城乡统筹的公共服务体系；完善城乡统筹的财政金融服务体系；推进城乡行政管理体制改革；完善农村基层民主治理和农村社会管理机制。

【五象新区开发建设】 2011年11月16日，市委、市政府作出关于掀起五象新区开发建设新高潮的决定。

工作目标：五象新区开发建设要按照"一年新面貌、五年新突破、十年新跨越"的要求，统筹安排，分步实施，有序推进。一年新面貌：到2012年，新区开发建设呈现新面貌，核心区建设加快，其他区域开发建设稳步推进。新区主干路网基本形成，跨江大桥建设加快推进，南北互通进一步加强；广西城市规划建设展示馆、广西美术馆、广西铜鼓博物馆"三馆"主体建设基本完成，金融街、文化街、民族风情街"三街"建设稳步实施，总部基地建设顺利推进，南宁保税物流中心稳步向综合保税区过渡，广西文化产业城、广西体育产业城、健康产业城、龙象谷等项目顺利启动；工业园区、商业商务服务区、生态休闲区等其他功能区建设步伐加快，完成一批重点项目的开发建设及社会服务体系等配套建设，基础设施更加完善、城市功能逐步配套、产业发展加快。五年新突破：到2015年，新区开发建设实现新突破，核心区形成规模，七大板块功能区建设实质推进。新区基础设施和公共服务设施框架基本形成，"三馆三街"全面建成，中国—东盟国际物流基地建设取得突破性进展，广西文化产业城、广西体育产业城、总部基地初具规模，健康产业城、龙象谷等开发建设初具雏形，工业园区、商业商务服务区、生态休闲区等其他功能区基本框架逐步形成，加快形成基础设施比较完善、服务功能比较健全、产业优势突出、环境整洁优美、现代气息浓厚、国际风貌凸显的宜居新区。十年新跨越：到2020年，新区开发建设实现新跨越，七大板块功能区基本建成，形成现代化国际化新区风貌。新区逐步成为南宁构建区域性商贸物流基地、先进制造业基地和金融中心、信息交流中心的重要支撑，成为南宁市建设内陆开放型经济战略高地的重要平台，成为面向东盟文化交流展示合作的重要枢纽和泛北部湾新兴总部基地，成为具有秀丽岭南风光、浓郁民族风情、鲜明时代风貌，国内一流、世界先进、独具特色的现代化新城。

工作任务：加快推进功能区建设；加快基础设施和公共服务设施建设；突出抓好重大项目；加大招商引资力度；做好征地拆迁安置工作；推进新区各项社会事业协调发展。

【向韦曰坚学习】 2011年12月21日，市委、市政府作出关于开展向韦曰坚学习活动的决定。决定在全市各级党组织和广大党员干部群众中广泛深入开展向韦曰坚学习活动，要学习韦曰坚以诚为本、有诺必践的诚信精神；与人为善，能帮就帮的关爱精神；脚踏实地，一心为公的奉献精神。市委、市政府号召全市广大市民群众要学习韦曰坚的先进事迹，以韦曰坚为榜样，诚实守信，有诺必践，能帮就帮，助人为乐，以诚实守信为做人做事原则，以"能帮就帮、敢做善成"城市精神为行动指引，以科学发展观统领经济社会发展全局，努力做好当前的各项工作，为加快建设区域性国际城市和广西"首善之区"，实现首府现代化建设新跨越而努力奋斗。

重要活动

【"兴水利、大种树、优生态、强基础、惠民生、促发展"主题活动】 2011年1月24日，市委、市政府决定开展"兴水利、大种树、优生态、强基础、惠民生、促发展"主题活动。围绕恢复有效灌溉面积有新增长和农业产业结构调整，建设生态文明示范区，做好"水文章"和"绿文章"，着力提升城市"绿城"、"水城"的生态双城综合形象，创建国家森林城市，构筑山、水、绿、城、人和谐共处的宜居环境。组织各级领导干部参加兴修水利和植树绿化劳动；引导受益农民群众积极参与兴修水利和植树绿化劳动，为转变农业经济增长方式出谋献策。年内，全市干部职工参加冬修水利劳动1.34万人，其中市级干部职工1140人、县(区)级干部职工3065人、乡镇级干部职工9210人，带动农民群众52万人，清淤渠道2150千米；恢复灌溉面积8666.67公顷。组织各有关单位、部门、群众324.20万人参加义务植树活动，完成义务植树1211.69万株。

【民族团结进步创建活动】 2011年3月7日，市委、市政府决定在全市进一步开展民族团结进步创建活动。要求全市各级各部门要深入开展民族团结宣传教育活动，抓好民族政策法律法规的贯彻落实；深入开展民族团结"心连心"活动，促进各民族的相互理解和信任；深入开展民族团结"暖人心"工程，积极为少数民族群众和民族地区群众多办实事好事；加强城市民族工作，加大对少数民族流动人员的服务、引导和管理工作；加强民族团结创先争优工作，深入开展民族团结进步创建"五比五争"活动(比稳定发展，争当民族团结进步模范乡镇、街道；比重视支持，争当民族团结进步模范单位、企业；比团结和谐，争当民族团结进步模范村、社区；比文明守法，争当民族团结进步模范家庭；比互助友爱，争当民族团结进步模范个人)；建立和完善民族关系监测评价处置机制，不断巩固和发展民族关系；正确协调民族关系，维护民族团结；加强人才队伍建设，加大少数民族干部培养选拔力度；加大民贸民品优惠政策贯彻力度。"民族团结宣传月"期间，南宁市组织市区户外大型电子屏幕和滚动播放电子横幅等广告媒介滚动播放民族团结宣传标语，依托绿城党旗红，市、县(区)政务网站等平台发送民族团结主题公益宣传短信46万条；各县(区)设宣传点，现场提供咨询服务，接待群众现场咨询2000多人次；发放各类宣传品及宣传资料7万多份；悬挂宣传横幅161条，张贴宣传标语、海报6000多张，制作宣传栏、墙报及板报300多块(张)；举行民族团结宣传专场文艺演出60场次；举办民族团结心连心座谈会、专题讲座、培训18场次；开展民族知识竞赛、中小学民族团结主题征文比赛3次；组织民族团结题材电影下乡、民族团结专题片播放130场次。此外，邀请国家民委副主任吴仕民11月17日上午在市委、市政府会议中心为市领导干部作《当代中国民族问题的观察与思考》的民族理论与民族政策专题时代前沿知识讲座。讲座设一个主会场和13个分会场，全市各级领导干部2000多人参加。通过每年举办"民族团结宣传月"活动，将民族理论和民族政策纳入各级党委中心组的学习内容，在各级党校、市属大中专院校和新录(聘)用公务员、事业单位工作人员培训中开设党的民族理论和民族政策、民族法律法规课程,市属新闻媒体开设民族团结进步创建活动宣传专栏,推动民族团结宣传教育进课堂、进教材、进头脑,推进民族团结教育进机关、进社区、进企业、进乡镇(村屯)。(吴文婷　黄　河)

组　织

【概　况】 2011年,南宁市有基层党组织14848个。其中:基层党委468个,党总支部1188个,党支部13192个;地方党委13个,党组242个,工委52个。全市党员24.44万名。其中:女党员6.52万名,占26.60%;少数民族党员12.80万名,占52.40%;离退休党员5.14万名,占21%。新发展党员6345人。其中:女党员2598人,占40.90%;少数民族党员3326人,占52.40%。

【市县乡村四级领导班子换届】 2011年,南宁市市、县(区)、乡镇、村(社区)四级领导班子集中换届,涉及全市12个县(区)、102个乡镇、1394个村、350个社区。市委组织部将严肃换届纪律与换届工作同谋划、同部署、同推进,紧扣"和谐换届"主题,推出"七个一"学习教育举措,编印《严肃换届纪律保证换届风清气正学习资料》3.50万册,刊发换届工作信息720多篇(条),发送换届纪律短信40多万条,实现换届纪律学习宣传全覆盖,营造风清气正的换届环境。换届后,县(区)党委班子平均年龄42.10岁,比上届降低0.30岁;大学本科以上学历占99.20%,其中研究生占41.70%。乡镇党委班子平均年龄为36.80岁,较换届前降低1.90岁;研究生学历占6.88%,大学学历占69.43%。新一届村"两委"(村党支部委员会、村民委员会)中,高中以上文化程度占56.68%,提高4.01%;大专以上文化程度占5.31%,提高2.43%;农村致富能人、外出务工经商返乡人员、大学生村官等优秀人才占43.10%,提高1.40%。新一届社区"两委"中,大专以上文化程度占44.99%,提高6.67%。

【领导干部选拔任用】 2011年,南宁市委根据领导班子建设和工作的需要,按照《党政领导干部选拔任用工作条例》的规定,科学调配、选好配强各级领导班子。全年调整充实处级干部1362名,提拔365名,交流331名,改任非领导职务106名,退休67名,试用期满转正184名。在各级领导班子的年龄结构梯次配备中,不搞年龄"一刀切",全年提拔的处级干部中,40岁以下占16.70%,40岁~50岁占59.70%,50岁以上占24%;加大市直机关各部门之间的干部交流力度,交流处级干部331名。扩大党内民主,召开2次市委常委会和5次市委全委会,票决产生142名处级职位拟任人选,其中,市委常委会差额票决提拔24名处级领导干部。加大竞争性选拔干部力度,拿出25个市管国有企业正副职和市直单位副处级岗位进行公开推荐和差额选拔。成立市领导人才考试与测评工作办公室,组织14个批次的竞争性选拔干部考试测评。实施"双培双挂工程"和"机关博士挂职锻炼计划",选派17名博士到县(区)挂职2年,选派211名"双百"干部进行挂职锻炼;实施年轻干部成长工程,先后选派720多名优秀科级干部赴国内知名高校参加培训,选派392名优秀年轻干部到经济部门、重点项目和乡镇(街道)挂职锻炼。做好团职军转干部安置,通过公开选岗方式完成78名团职军转干部安置。继续实施"推优育才"工程,分两批统筹组织779个科级领导职位开展交流任职和竞争上岗,其中69个科级领导职位在全市范围内开展跨区域跨部门交流任职和竞争上岗;在市直单位全面推行中层领导干部竞争上岗。

【干部教育培训】 2011年,南宁市根据中共中央《2010—2020年干部教育培训改革纲要》要求,挖掘特色培训课程,从关心干部的学习、思想、心理、能力等各个方面着手,创新培训模式,投入培训经费约2000万元,在市内、自治区内外举办各类培训班3200多期,培训41.40万人次。启动换届后新任领导干部培训工作,设计"反面案例警示,现身说法告诫,基地教育震慑"模式,强化领导干部的党性和廉政教育,培训新提拔县处级领导400多人、乡镇(街道)党委(党工委)书记120多人。按照"干什么学什么、缺什么补什么"的原则,先后举办党务工作专题、中国水城规划与管理专题、信息化建设与发展培训专题、城乡统筹专题等培训班,并结合市、县、乡镇、村(社区)换届具体情况,分层次分类别举办换届工作专题培训班33期,培训5300多人次。整合干部教育培训资源,通过邀请30多位国内知名专家学者到南宁授课,培训13万人次;选送1200多位领导干部、企业经营管理人员到清华大学、北京大学等国内知名院校进行高层次培训。突出分类培训和课程设计的针对性、实效性,加大课程改革开发力度,建立竞争性、开放式的课程开发机制,在自治区首次面向社会公开选聘开发干部教育培训课程项目,吸引50个团队200多名专家报名参加,成功公开招标具有本地特色的精品课程项目10个。

【人才工作】 2011年,南宁市坚持党管人才原则,深入实施"人才强市"战略,全面加强人才工作。制定和实施《南宁市中长期人才发展规划纲要》等重要人才工作政策文件10个,人才强市规划支撑体系基本形成。探索实施人才工作目标管理责任制,把人才工作成效作为衡量领导班子和领导干部工作实绩和奖惩的重要依据。举办"2011年南宁—东盟人才活动月"活动,加强与东盟国家人才交流合作,打造面向东盟的区域性国际人才高地,创建人才实践基地23个。做好中央院士专家咨询服务团到南宁市开展咨询服务活动,承办第十四届全国高校博士后管理工作研究会年会。与清华大学、浙江大学、北京外国语大学在南宁市共建研究生社会实践基地,清华大学首批派出43名博士研究生到南宁市开展社会实践活动,为南宁市经济社会发展建言献策。全年引进(含柔性引进)高层次人才263人次,全市各类人才队伍素质进一步提升,作用发挥更加明显。

【基层组织建设】 2011年,南宁市全面推进"党组织建设年"活动,不断增强基层党组织凝聚力、影响力和战斗力。以建党90周年为契机,评选表彰一批先进基层党组织、优秀共产党员、优秀党务工作者。全市推荐评选全国先进基层党组织1个,自治区先进党组织13个;自治区优秀共产党员11名,自治区优秀党务工作者6名,自治区"二十佳"村党组织书记2名;市先进基层党组织100个,市优秀共产党员100名,市优秀党务工作者50名,市"十佳"村党组织书记10名。以"绿城党旗红"党建信息平台为重点,在全市范围内全面推行网上接转党组织关系,提高党务工作效率,开展网上发展党员试点,推行流动党员教育服务管理、直通各级党委网上咨询、党员邮局、党员博客等系统功能,提升党建工作信息化水平。全年平台发布新闻信息1.94万条，发表博文2176篇，解答和办理党员咨询事项1239件（次）、信息223条，开通党员邮局768个，通过网上开展组织生活会议557次。中共中央政治局常委、中央纪律检查委员会书记贺国强视察“绿城党旗红”党建信息平台，对平台建设应用给予充分的肯定。

农村党建　举办村干部岗前培训班和推荐乡镇党委书记参加全国、自治区培训班。组织推荐5批102名乡镇党委书记参加自治区轮训，600名村（含乡镇社区）党组织书记、村（居）委会主任参加南宁市培训。开展农村党员集中培训1800多班次，培训农村党员7.68万人次；举办各类专题专项培训2000多期，培训农村党支部书记和村委会主任、农村党员骨干、农村实用人才8.35万人次。选派新农村建设指导员2972名，组成工作队12个，工作组102个，深入到各个行政村、社区开展帮扶、指导和服务。选聘125名高校优秀毕业生到村任职，组建59人的大学生村官导师队伍，推行“3+1”结对帮带制度，落实1名乡镇领导干部、1名村级主要干部、1名上届村官与1名大学生村官进行结对帮扶和跟踪培养，成立自治区首个“大学生村官微支部”，召开主题为“敬业守责敢做善成　干事创业兴村富民”的市第一届大学生村官“绿城先锋”论坛。打造横县朝南村、武鸣下渌村等一批优秀农村党建示范点，巩固和提升县（区）的党建示范点建设，抓好“党建示范带”的规划和打造。建设“农事村办”服务中心70个，村级“农事村办”服务站395个。

社区党建　启动“社区党建阵地建设工程”，市财政专门拨付1000万元解决社区办公用房问题，全市新增社区办公服务用房面积1.50万平方米，4个街道、130个社区设立综合服务平台或党群服务厅（站），“1+3+X”（建设1个服务主阵地：即1个街道或社区党群服务大厅；配套建立3个党群服务平台：即1个党群学习教育室、1个党群文体活动室、1个党群卫生保健室；根据不同社区的实际情况建立“X”个街道、社区服务设施：如爱心超市、心理咨询站、科普实践室、居家养老服务站等）模式设置的社区突破100个，基层党建阵地的硬件档次与服务功能整体提升。社区党建工作协调机制进一步健全，首次组织评选全市街道社区党建工作十大品牌，“片区红色之家”等社区党建工作品牌初具规模，楼宇党建等区域一体的社区党建工作模式日渐成熟，在职党员进社区“双重管理、双岗服务、双向反馈”活动深入推进，初步形成条块结合、资源共享、优势互补、共驻共建的城市社区党建工作新格局。启动新一轮大规模党员志愿者服务行动，全市注册党员志愿者12.30万、占全市党员总数52%，爱心小分队1568支，设立便民服务点1213个，应急服务岗483个，规模化、组织化、全城化的党员志愿者示范城初具雏形。“党员志愿者示范城”创建工作在全国创新论坛上作典型发言，在自治区组织部长会议上获自治区组织工作创新成果十佳奖第一名。

非公有制经济组织和新社会组织党建　建立健全非公有制经济组织和新社会组织党组织，落实“4个100%”的目标要求（规模以上非公有制企业100%建立党组织、符合组建党组织条件的非公有制经济组织和新社会组织100%建立党组织、还未组建党组织的非公有制经济组织和新社会组织100%选派党建指导员、已经建立党组织的非公有制经济组织和新社会组织100%建立工会、共青团和妇联组织），创新组建模式，扩大党组织覆盖面，增强党组织影响力。至年末，全市累计组建非公有制经济组织党组织2112个，其中规模以上企业749个、新社会组织党组织380个，党组织覆盖率分别提高12%、7%。

机关党建　开展“绿城党旗红　先锋促发展”、“党员奉献·能帮就帮”、“结对共建，先锋同行”等主题活动，开展党情党史教育。全年有432个机关党组织、8150名党员参加“结对共建、先锋同行”活动，建立结对共建联系点428个，为群众办好事、实事3.12万件，投入帮扶资金752.69万元。推进市城乡建设委员会、市粮食局、市国税局等10个机关党委（党总支、党支部）党建示范点工作，打造机关党建工作品牌。指导机关、事业单位换届选举，完成25个任期届满党组织换届，指导市第三运输公司党总支部等试点单位通过“公推直选”办法完成换届。选举产生出席市第十一次党代会代表81名。

【组织部门自身建设】　2011年，全市组织系统围绕巩固提高组织工作满意度这条主线，以建设“首善组工”为目标，努力建设首府模范部门，组织开展首届“首府身边优秀组织人事干部”评选活动，对30个组织工作先进单位和50名“首府身边优秀组织人事干部”进行表彰。在首次自治区组织工作评比表彰中，市委组织部被评为自治区组织工作先进单位、自治区组织系统网络宣传先进单位。实施素质提升工程，举办“绿城组工大讲坛”4期，邀请专家学者进行授课，培训组工干部2000多人次；依托清华大学、北京大学等名校培训资源，选派120多名机关和县（区）组织人事干部分3批参加业务培训。首次推行基层党组织和党员公开承诺制度，落实责任，确保组织工作满意度的巩固提升。建立和巩固组织部门联系基层制度，分批组织干部职工蹲点帮扶，启动组工干部“面对面心贴心，知民情汇民意”主题实践活动，干部分批次深入武鸣县两江镇、横县云表镇、宾阳县黎塘镇开展主题实践活动。推进优秀组工文化建设，成功举办“绿城党旗红——南宁组工风采文艺晚会”，出版《与阳光同行——南宁市干部人事制度改革案例汇编》等“绿城党旗红”系列丛书7大类、1.40万多册，完成全市组织工作重点调研课题105个，举办组织工作新闻发布会6场。

（市委组织部编写组）

宣　　传

【理论武装】

学习型党组织建设　2011年，南宁市建立健全学习的组织管理制度，制定《中共南宁市委中心组学习制度》、《南宁市党员干部职工学习制度》、《南宁市干部教育培训制度》、《南宁市基层党组织领导班子学习制度》、《南宁市领导干部调研制度》等5项制度，对党员干部的学习时间、学习内容、学习方式方法、学习要求、学习考核以及加强组织领导等方面作出具体的规定。建立健全学习考核评价制度，把建设学习型党组织纳入领导干部综合评价体系和领导班子建设目标管理体系，作为党员干部提拔使用的考核内容。各级各部门通过举办“时代前沿知识讲座”、“书香绿城”读书月暨“中华经典诵读”等活动，打造“社区党员学习吧”、“国防教育一条街”等学习阵地，开展学习型机关、学习型企业、学习型学校、学习型社区、学习型村镇、学习型单位和学习型班组创建活动。

理论学习　市委中心组充分发挥示

范带头作用，先后召开集中学习会8次。组织举办专题理论培训班2期，对各级党委（党组）学习秘书进行培训。组织全市党员干部深入学习党的十七届五中、六中全会精神，胡锦涛总书记在庆祝中国共产党成立90周年大会上的讲话精神，全国、自治区和南宁市“两会”精神，国家、自治区和南宁市“十二五”规划，加强社会管理和创新，中国革命史和中共党史，“科教兴国”和“人才强国”战略思想等多项学习内容，以及中共中央政治局常委、十一届全国人大常委会委员长吴邦国、中共中央政治局常委、国务院总理温家宝等领导在广西考察工作时的重要讲话精神等内容，向基层党员干部群众赠送学习参考用书3000多册，并组织督查组到到部分县（区）、市直单位检查理论学习督查情况。

理论研究 组织发动各级领导干部、理论工作者、签约理论专家和社科理论特约研究员，围绕学习贯彻党的十七大和十七届五中、六中全会精神、纪念中国共产党成立90周年、市委市政府的重大工作部署，围绕干部群众普遍关心的热点、难点问题和现实问题，加强理论研究，推出一批有理论深度、有参考价值的研究成果。市四家班子领导以及各级各部门领导干部在《广西日报》、《南宁日报》发表多篇理论文章。其中第一届签约理论专家队伍和社科理论特约研究员队伍发表理论文章28篇。举办纪念中国共产党成立90周年理论研讨会，收到论文260多篇，评选出优秀论文40篇。加强理论队伍建设，完成签约理论专家队伍和社科理论特约研究员队伍的换届。

理论宣传 协调指导《南宁日报》、《创新》、《南宁社会科学》、《中共南宁市委党校学报》等本市报刊杂志开设理论专栏宣传马克思主义中国化最新理论成果与南宁的生动实践，《南宁日报》论坛版共刊发理论文章173篇。组建市宣讲团深入机关、乡镇、企业、社区、农村，围绕全国“两会”精神和“十二五”规划，庆祝中国共产党成立90周年、党的十七届六中全会精神、《从怎么看到怎么办·理论热点面对面2011》等开展宣讲活动170多场，参加学习的干部4万多人次。编辑出版《南宁宣传》供全市干部群众免费交流阅读。

【舆论宣传】 2011年，市委宣传部组织重点宣传战役，重点宣传报道市委换届和南宁市第十一次党代会、人大换届选举工作和市十二届人大九次会议、市第十三届人大第一次会议、市政协第九届六次会议、2011年市、县、乡领导班子及各村（社区）“两委”集中换届等重要会议。集中力量对“三个年”主题活动、打好五场攻坚战进行宣传，刊播相关稿件400多篇（幅），其中《南宁日报》推出重大项目专版50余个，南宁新闻网开设专题网页，南宁电视台组织“喜看南宁新变化”大型系列活动。重点做好“两会一节”的宣传报道。市属媒体开设“喜迎两会一节”、“服务两会一节”、“两会一节后续报道”等专栏，刊播稿件图片3600多篇（幅）。《广西日报》等自治区主要媒体刊发相关活动稿件380多篇（幅）。广西电视台、广西人民广播电台、南宁人民广播电台、南宁电视台、南宁新闻网对中国—东盟博览会开幕式、2011南宁国际民歌艺术节开幕式晚会和外国艺术家专场演出等活动进行现场直播（录播）。南宁人民广播电台通过和北京音乐台合作，全国卫星音乐广播协作网的26个省、市、区电台进行同步直播，覆盖人口5.50亿。集中做好全面推进五象新区建设的宣传报道，市属媒体刊播260多篇（幅），日报、晚报刊发专版10余个，电台、电视台刊播专题10多个。策划组织“创先争优　全民行动　能帮就帮　敢做善成”典型报道的宣传。开辟“纪念中国共产党成立90周年”专栏，对市各界开展的庆祝活动进行报道，并转载刊播新华社、中央人民广播电台、中央电视台播发的“伟大历程”、“红旗飘飘”、“双百人物中的共产党员”专栏。深入宣传解读“十二五”规划纲要，市属媒体统一开设“展望南宁十二五”专栏，刊发相关稿件近200篇（幅）。宣传2011中国国际商务文化节暨第二届中国（南宁）国际时尚博览会、创建国家卫生城市、巩固文明城创建成果和迎检复评、创建国家森林城市、中国—东盟森林论坛、创建国家环保模范城市、南宁市在广西北部湾经济区开放开发五周年以来发挥核心城市作用的成效、“大地飞歌·2011”民歌大赛、水利改革及水利工作的报道。

【新闻管理】 2011年，南宁市坚持新闻通气会制度，建立每月新闻宣传重点工作会议制度。举办专题培训班2期，提高全市新闻工作者的政治素质和业务水平。开展“杜绝虚假报道、增强社会责任、加强新闻职业道德建设”专项教育活动，全市举行各种形式学习培训活动180多场次，撰写体会文章320多篇，查找虚假报道案例120多起，并组织开展全市新闻工作者集体宣誓承诺仪式。评选2010南宁十大新闻事件。开展2011年南宁市优秀新闻工作者和第四届南宁新闻奖的评选，并在南宁市庆祝第十二个中国记者节活动上表彰20名市优秀新闻工作者和2010年8月1日至2011年7月31日期间自治区和南宁市媒体报道南宁的优秀作品108件。举办第三届市新闻工作者运动会，市委宣传部、市广播电影电视局、市文化新闻出版局和市属新闻单位、广西

7月，青秀区新竹社区以文艺表演的形式学习贯彻胡锦涛总书记“七一”重要讲话精神　廖秋云　摄

师范学院新闻传播学院、《红豆》杂志社等12个单位400多名新闻工作者参加比赛。继续开展新闻战线"走基层、转作风、改文风"活动，组织全市新闻单位500多名新闻从业人员对口建立237个基层联系点，先后组织530多人次深入基层联系点，开设专栏，刊播报道近400篇(幅)。

【社会宣传】 2011年，市委宣传部围绕全市重大活动组织社会宣传和氛围营造。在迎接全国文明城市复评中，组织发布大型户外公益广告200块、阅报栏灯箱广告60面、公交车候车亭灯箱广告牌175块、路名牌灯箱广告牌160块、宣传标语236条、POP宣传旗2296杆；组织协调在市区所有经营性质的报刊亭、公共汽车(2542辆)、出租车的车内、前挡风玻璃张贴创城宣传标语，公交车的音像播放设备播放创城宣传标语内容；全市各大星级酒店宾馆的服务大堂、客房和餐厅都制作摆放创城宣传牌；相关窗口单位、道路大型LED电子显示屏、市区主要道路阅报栏LED电子屏以及楼宇电视滚动播发创建全国文明城市复查迎检宣传标语及宣传片9.88万条次(3月1日~8月25日)；协调中国移动、中国联通和中国电信三家通信运营商群发创文明城市公益宣传短信2950万条。在国家森林城市测评迎检中，组织发布大型户外公益广告牌24杆、过街天桥护栏外立面广告牌8座，在白沙大道等7条路段悬挂灯杆POP广告旗，在全市23块大型户外LED电子屏滚动播放宣传标语，设置景观小品造型2组。在"两会一节"期间，在主要活动场地、精品线路、重要节点及城市广场等地方设置"两会一节"景观小品造型80组，大型户外公益宣传广告101块、横幅1500多条、空飘气球66个、宣传标语620条、POP宣传旗3159杆，在全市2800辆公交车和5100辆出租汽车上挡风玻璃上张贴"两会一节"的公益宣传广告条幅，布置鲜花20多个品种360万盆，制作150多个园林花卉景点，在市区道路大型LED电子显示屏、市区主要道路阅报栏LED电子屏以及楼宇电视滚动播发宣传标语及宣传片达4.78万条次（9月20日至10月26日）。配合亚洲政党主题会议，自治区第十次党代会，2011年泛北论坛，市第十一次党代会以及市、县、乡三级人大换届选举，第七届中国水城"中国联通杯"南宁国际龙舟邀请赛，计划生育，消防安全、禁毒、防艾、打击传销等宣传在全市投放大量公益宣传广告。全年审批、办理各种社会宣传活动135次。

【对外宣传】 2011年，市委宣传部围绕市委、市政府重大决策和工作部署，策划新闻发布选题；起草并以市委办、市政府办名义下发《2011年南宁市新闻发布计划》、《南宁市突发事件新闻报道指导意见》(试行)等制度文件，规范新闻发布流程。举办市新闻发言人与突发事件应急处理高级研修班，提高新闻发言人基本素质及应对公共危机的能力。在南宁宣传网、南宁政务信息网开设"新闻发布"专题，对重要的新闻发布会以图文的形式进行网络直播；加强对全市新闻发布的指导，提升新闻发布质量。全市组织召开新闻发布会90多场(含县、区)，参与记者人数950多人次。做好重大活动和城市形象宣传。全国"两会"期间，协调中央各媒体推出宣传报道南宁的稿件20多篇(幅)。"两会一节"期间，分别在《光明日报》、《香港文汇报》、马来西亚《南洋商报》等10多家中央和境外媒体，以及《中国东盟博览会会刊》推出宣传南宁的专版、专栏近20版(期)；在中央电视台综艺频道全天重要时段《星光大道》、《我要上春晚》、《非常6+1》、《巅峰音乐汇》、《欢乐英雄》等栏目投放南宁城市形象宣传片。组建南宁合唱团进京参加中央电视台综合频道纪实娱乐、公益励志节目《梦想合唱团》，展示南宁良好的城市形象和"能帮就帮，敢做善成"城市精神。与广西电视台合作制作18集民歌节系列音乐电视专题片《明星耀绿城》，并在广西电视台卫星频道以及国际和公共频道、南宁电视台同期播出，宣传民歌节和南宁。制作外宣品《南宁概览·2011》向各单位发放8000套。发起南宁、柳州、桂林、北海联合召开城市外宣第一次协作会议，与唐山、桂林、北海等城市设立城市形象宣传片互播平台，开展城市形象宣传片互播。开展文化交流。春节期间，与马来西亚家娱频道、泰国中央中文电视台联合举办《春天的旋律·2011》中马泰跨国连线春节晚会；中秋节期间举办"2011月圆南宁·国际狂欢夜"晚会。8月，组织文化、招商、新闻等部门赴马来西亚举办"风情南宁文化周"对外文化交流活动，通过举办新闻发布、文艺演出、书画展、投资推介等活动展示南宁文化魅力。打造四个外宣平台。推进中国—东盟(南宁)新闻文化传播中心办公大楼建设，为驻邕的中央、香港及自治区新闻媒体提供集中办公场所；召开对外新闻宣传报道选题会和中央及境外驻桂媒体联席会，搭建与中央各媒体联系合作的平台；建设"百姓外宣"平台，逐步建立"市直机关—各县(区)—乡镇、街道办事处—社区、村"四级"百姓外宣"素材收集网络，向中央媒体推荐宣传策划线索70个，典型人物素材15个；建设外联工作平台，通过在网络平台内多个模块设置和运用，实现外联工作的系统化、科学化。

【网络宣传】 2011年，南宁市在市委宣传部成立市互联网新闻传播研究中心，加强网络传播。市委宣传部组织网络主要媒体围绕重大活动宣传南宁，发稿近2

8月19日，南宁市在马来西亚举办"风情南宁文化周"。图为开幕式文艺晚会现场

冯林林提供

万篇，其中新华网发稿3680篇、人民网发稿3522篇、中国网发稿3560篇、新浪网发稿2863篇、凤凰网发稿2438篇。全国“两会”期间，网上宣传南宁信息共计发稿1289篇幅，点击量597.60万人次。其中：人民网发文字稿件110篇，图片18幅，点击量33万人次，人民网对市长黄方方的专访稿件《全国人大代表、广西南宁市市长黄方方谈“文明交通”》网上点击量近15万；中国网发稿274篇，点击量29.60万人次；新浪网发稿328篇，点击量37.20万人次；凤凰网开设《全国“两会”南宁大看台》专题，设6个栏目，发稿96篇，点击量近400万人次；中新网发稿40篇，图片30幅，点击量80万人次；南宁新闻网发稿313篇，图片80幅，点击量17.80万人次。“七一”期间，在凤凰网、人民网、中国网、新浪网开设《庆祝中国共产党成立90周年·辉煌历程　聚焦南宁》网络推广专题，6月11日~7月10日，人民网南宁频道点击量达555.90万，中国网南宁频道点击量达48.30万。新华网、凤凰网、中国新闻网、中国日报网关于南宁庆祝中国共产党成立90周年宣传的新闻点击量均超过40万。2011中国国际商务文化节暨第二届中国（南宁）国际时尚博览会期间，协调人民网南宁频道、中国网南宁城市频道、新浪网南宁频道、中国经济网南宁频道、南宁新闻网及南宁政务信息网等6家网站在首页开设2011中国国际商务文化节暨第二届中国（南宁）国际时尚博览会宣传专题，统一链接时博会官网。“两会一节”期间，组织40家媒体参与直播，首次采用微电台直播、微博直播和网络视频直播相结合的方式，对晚会进行全方位宣传。全国620多个网站、论坛发布南宁国际民歌艺术节相关新闻报道、帖文9000多条，浏览人数近100万人次。开展网络问政信息发布，做好市领导对人民网《地方领导留言板》网友留言的回复，全年市委书记回复留言约171条，市长回复留言214条，畅通市民与领导网络沟通的渠道。

【文化南宁建设】

文化规划和精品创作　2011年，南宁市基本完成《南宁市“十二五”文化发展规划》编制。使用首次设立的宣传文化发展专项资金扶持文化项目11个。抓好文艺精品创作，新编历史粤剧《海棠亭》获第十二届中国戏剧节优秀剧目奖，主演黄俊成获优秀表演奖；市广电局参与拍摄的33集电视连续剧《春暖花开》入选中共中央宣传部、广播电影电视总局推荐的庆祝中国共产党成立90周年优秀电视剧展播剧目；编排大型粤剧《江姐》重新演绎红色经典；大型壮族舞剧《妈勒访天边》获邀赴美国、加拿大演出；大型壮族歌舞剧《百鸟衣》剧本论证修改基本完成。举行南宁市第五届签约作家签约仪式，签约作家10名。举办首府知名文艺家走进“中国水城”大型采风活动。

公共文化服务体系　做好为民办实事项目“文化惠民工程”。全市63个村级公共服务中心建设项目全部完工。“扶持百个村屯文艺队”演出3309场，完成任务119%。“送百戏下乡”完成演出102场，完成全年任务。南宁孔庙免费开放，试运营接待各类观众52多万人次。列入历史文化保护工程的南宁商会旧址维修工程、北帝庙维修工程基本完成，那莲戏台文物维修主体工程完工。开展非物质文化遗产项目和传承人的申报，壮族会鼓的韦建廷等12人获自治区第三批非物质文化遗产项目代表性传承人，壮族会鼓等11个项目进入国家级非物质文化遗产名录项目预备推荐项目。编纂《南宁市非物质文化遗产名录图典》。

文化产业　重大文化建设项目进展顺利，南宁孔庙启动迁建项目二期工程；南宁市民族艺术基地、南宁博物馆开工建设。与自治区对接开展五象新区广西文化产业城前期工作，协调梅帅元实景演出基地项目尽快落地南宁五象新区。推进文化产业园、文化产业示范基地建设，举办第三届唐人文化旅游节，开通南宁市文化产业网站。

文化体制改革　在自治区率先挂牌成立市文化市场综合执法支队，市、县（区）两级全面完成文化市场综合执法改革各项任务。逐步建立信息通报、联席会议、联合执法、行政执法与刑事司法相衔接等文化市场综合执法长效机制。全市受理“12318”文化市场举报电话277件，交办各城区277件，办结率100%。探索市国有文艺院团改革路子和市书画院市场化运作方式。

群众文化活动　组织开展2011年“展望十二五新蓝图，建设基层和谐文化”新春文化活动，重点举办2011年新年广场音乐会、欢度元宵佳节大型广场舞会和迎新年——南宁画家画南宁写生展等大型群众文化活动，全市在活动月中举办各类群众性文化活动1000多场次，参与群众200多万人次。组织全市出版发行单位深入基层开展文化惠民活动，春节期间送出图书品种5万多个，优秀图书和精品图书80多万册。开展“千团万场”群众文化系列活动。举办“华联杯”南宁市青春艺术大赛、2011年南宁市少年儿童艺术节等各类群众文化活动3000多场。推进市群众艺术馆、市图书馆、市少儿图书馆免费开放，“绿城讲坛”文化品牌开展各类讲座50多场、听众1.10万人次。

【先进典型选树】　2011年，南宁市开展“创先争优、全民行动、能帮就帮、敢做善成”十大先进集体和十大典型人物评选活动。上半年在市属媒体全面推出“对党忠诚不二、为民奉献一生”的吴富让系列

12月28日，南宁市第二届乡村社区和谐文艺大展演颁奖晚会在南宁人民会堂举行　陈峰　摄

报道，市委追授吴富让为南宁市优秀共产党员。推出用生命践行承诺、为保护村民生命财产安全而以身殉职的自然村干部韦曰坚先进典型。新华社、人民网、《广西日报》、《南国早报》、《当代生活报》等中央、自治区、南宁市媒体相继对其先进事迹进行报道；12月，韦曰坚获中央文明办评选的“中国好人榜诚实守信好人”；市委、市政府授予韦曰坚“诚信友善　能帮就帮模范”称号，并印发《中共南宁市委　南宁市人民政府关于开展向韦曰坚同志学习的决定》；12月26日，在南宁人民会堂举行“诚信友善　能帮就帮”“中国好人”——韦曰坚先进事迹报告会，市各级领导干部及首府各界群众1500人参加。至年末，市典型人物库累计收录先进典型人物(集体)60个。

【爱国主义与国防教育】　2011年，南宁市以“历史的选择”为主题，开展市第十八届青少年爱国主义读书教育活动，有60多万学生参加。选拔选手参加全国、自治区爱国主义读书教育活动，有60名学生、18名教师获全国性奖励。其中：获得全国演讲、讲故事比赛二等奖2个、三等奖2个；获全国征文比赛小学组一等奖1个、三等奖1个，中学组一等奖1个；获得春苗网知识竞赛小学组优秀奖1个；市教育局、横县、青秀区、西乡塘区读书活动组委会获全国组织特等奖；南宁市组委会获全国、自治区组织特等奖。组织举行纪念辛亥革命100周年影视放映和收看活动。做好市爱国主义教育基地的申报，邓颖超纪念馆正式挂牌成为自治区爱国主义教育基地。开展“爱国卫国　爱军尚武——中华经典大家读”活动，发放读本3500册。9月17日，组织各县(区)开展第十一个全民国防教育日活动，干部、职工和学生近3000人次参观《筑起永固的长城——广西国防教育图片展》。

【庆祝中国共产党成立90周年活动】2011年，市委宣传部组织、部署南宁市庆祝中国共产党成立90周年活动。开展全市重点庆祝活动18场、市直单位和县(区)、开发区组织的庆祝活动211场、配合自治区开展活动近10场。其中：“绿城红歌献给党”合唱比赛开展合唱活动1230多场、参与群众10多万人次；“党在我心中——广西纪念中国共产党成立90周年征文比赛”活动，收到征文近300篇；纪念中国共产党成立90周年党史知识竞赛增订中宣部《党建》近6000册，发放党史知识竞赛试题近2万份；在全市21个党委系统开展“永远跟您走——南宁市纪念中国共产党成立90周年演讲大赛”，选拔出选手边雪参加自治区总决赛获第一名。　（杨　强）

统战工作

【经济统战】　2011年，中共南宁市委统一战线工作部组织非公有制经济人士围绕南宁市实施“十二五”规划开展建言献策活动，开展非公有制经济企业调研活动2次。研究制定《南宁市开展联系帮扶民营企业活动的实施方案》报市委，对市民营企业、骨干企业和成长型企业实行挂钩服务，对经营困难企业、弱势企业实行挂钩帮扶。在全市开展2011年度民营企业满意度测评，参与测评企业720家，其中规模以上企业360家，对贯彻落实民营经济政策措施、服务民营企业态度、办事公开与办事效率、协调帮助企业解决问题、民营经济投资发展环境5个方面的评价满意率分别为97.05%、96.43%、96.91%、96.96%、96.38%。市级统战部门调解企业矛盾、困难5件，县(区)调解32件。加强与北部湾银行、兴业银行、民生银行等多家银行的联系，通过开展中小企业贷款需求申报、组织企业与银行的融资恳谈会，为市中小企业融资8300元资金。利用海外联谊会、市总商会驻海外联络处等资源，搭好招商引资平台；加强与各级工商联联系，共同组织重点民营企业开展招商引资活动，实际到位资金36亿元。

【文化统战】　2011年，市委统战部组织各民主党派开展以“同心·文化统战进农村”等为主题的科技、文化、卫生“三下乡”活动12次，捐赠价值203万元的各种书籍、文体用品和物品，举办文艺演出10场。发挥民主党派演出队的作用，深入农村、社区开展文艺演出，丰富基层群众的业余文化生活。利用统战系统文化基地平台，南宁同心书画院组织书画院画家到部队、社区、企业、乡村开展送春联、联欢、笔会等活动8次。

【多党合作】　2011年，南宁市继续贯彻落实党委重大课题邀请民主党派、无党派人士、工商联调研制度，确定9个重点调研课题由各民主党派市委会、市工商联以及无党派人士联络组分头进行调研，汇总形成2011年度重点课题调研成果汇编。各民主党派市委会、市工商联以及无党派人士根据市委中心工作和各党派自身特色，就保障和改善民生等社会热点和难点问题，通过考察调研、专题研讨等形式完成调研文章123篇；通过“直通车”、“绿色通道”向市委、市政府报送信息90条，其中得到市委、市政府领导批示18条；通过市人大、政协“两会”参政议政平台，提交议案103件、提案346件，大会发言8件，获表彰提案18件。

【非公有制经济人士培训】　2011年，市委统战部在市社会主义学院举办南宁市非公有制经济人士读书班，对来自房地产、百货零售批发、餐饮、医药等行业的50名非公有制经济代表人士进行为期3天的集中培训。推荐10名非公有制经济代表人士到自治区社会主义学院学习。经市委同意与新加坡南洋理工大学商学院开展培训合作，确定40名非公经济人士赴境外培训内容及行程。组织市非公有制经济人士开展学习杨善洲先进事迹活动，参加社会主义核心价值体系先进事迹报告会，并购买《社会主义核心价值体系通俗读本》70本发放给其中的代表人士。

【党外代表人士队伍培训】　2011年，市委统战部继续加强党外代表人士队伍培训。指导县(区)开展党外干部培训，各县(区)举办期培训班12期，培训400人次。在市社会主义学院组织举办全市党外年轻科级干部培训班、市民主党派及无党派人士骨干培训班、市非公有制经济人士读书班等主体班3个，培训145人；并组织民主党派及无党派人士骨干培训班学员赴上海复旦大学进行7天的异地培训。选派学员参加上级部门举办的培训班，选送36名学员参加自治区社会主义学院、自治区党校9个班次的培训。加大民主党派成员和无党派代表人士的政治安排力度。至年末，民主党派成员和无党派代表人士担任市人大常委会副主任1人，市政协副主席4人；县(区)人大常委会副主任13人，县(区)政协副主席24人；在市人大专委任职1人，市政协专委任职4人。

【港澳台工作】　2011年，市委统战部以

1月7日，市委统战部举办"一千个母亲，一千个春天"爱心慈善晚会

市委统战部提供

经贸文体交流活动为切入点推进对台工作，以在台湾召开的2011年桂台经贸文化合作论坛为契机，主动邀请台湾岛内政界、商界的知名人士及重要台商来南宁参观考察。接待来邕台商团组40多个、800多人次。加强对香港南宁市同乡联谊会、澳门南宁市同乡联谊会的指导和管理，引导和发动海外爱心人士参与南宁市的致富思源、回馈社会感恩行动，在"一千个母亲，一千个春天"爱心慈善活动中，发动海外爱心人士捐款78万多元，帮助贫困家庭390户。继续推进市总商会驻海外联络处工作，以密切协作，促进多区域交流合作与发展为主题，召开市总商会驻海外联络处主任第二次联席会；分别与市投资促进局、各城区工商联、行业商会、异地商会及工商联会员联系，通过发函、下发通知等形式，收集2011年南宁市招商引资项目资料及各企业外贸业务信息；做好市总商会—泰国穆韩分会经贸配对会工作，筹划南宁—费城高端项目配对会、市总商会驻英国曼彻斯特联络处—南宁海外项目配对会、市总商会驻德国莱比锡联络处—南宁海外项目配对会等项目配对会。加强与港澳台及海外理事的交流交往，开展海外联谊活动。举办香港南宁市同乡联谊会、澳门南宁市同乡联谊会理事南宁行活动，邀请海外人士考察南宁市投资环境，参观南宁市水城建设等。"两会一节"期间，邀请45名海外嘉宾参会。第24届世界客属恳亲会活动在广西举行期间，邀请海外客家人代表和客家社团到南宁，与市海外联谊会进行交流座谈。

【新的社会阶层人士工作】 2011年，市委统战部进一步调动新的社会阶层人士参与会务管理的积极性，新的社会阶层联谊会建立会费管理制度及联谊会会长例会制度。以市、县、乡三级换届为契机，加强新的社会阶层人士联谊会理事的政治安排，为新的社会阶层人士搭建参政议政平台，引导新的社会阶层人士开展"三个一百"工程（计划在3至5年内分别从新的社会阶层人士中推荐担任乡村学校校长助理100人、担任村委会主任助理100人、担任居委会主任助理100人），推荐300名新的社会阶层人士分别担任小学校长、村委会主任、居委会主任助理。

（市委统战部）

市直机关党的建设

【概　况】 2011年，中共南宁市直属机关工作委员会直接管辖机关党组织100个，其中机关党委45个、党总支17个、党支部38个；间接管辖党组织904个，其中党委15个、党总支31个、党支部758个。党员16780名，其中在职党员12406名、离退休党员4374名。机关工会工委辖机关工会组织115个，会员9944名；机关妇工委辖机关妇女组织100个；团工委辖机关团组织52个，团员1215名。6月24日，召开市直机关纪念建党90周年暨表彰先进基层党组织大会，表彰先进基层党组织90个、优秀共产党员160名、优秀党务工作者80名，组织340名新党员集中举行入党宣誓活动。

【思想建设】 2011年，市直工委抓实党组织中心组理论学习，制定《市直机关工委中心组2011年理论学习安排》，组织机关党员领导干部学习中心组理论专题6个。全市机关党组织有20多个组织本单位党员赴百色、田东开展红色教育活动，7000多名党员参加全国党史知识竞赛，市直机关各党组织开展党史专题讲座200多场次，听讲座2万多人次，撰写理论文章100多篇。以提高能力和素质为重点，举办"领导干部时代前沿知识讲座"5期，先后邀请国内相关领域的专家学者就"十二五"期间经济社会发展趋势和政策分析、城乡统筹、创新发展与世界前沿、民族理论与民族政策、国际形势和军事特点等国内国际热点问题进行讲学，全市副处级以上干部和市直机关党组织专职副书记听讲座5000多人次。举办市直机关党务干部（组织委员）培训班、学习党的"十七届五中全会精神"、中共中央总书记胡锦涛纪念建党90周年讲话精神、党建工作信息员培训班、党内统计干部培训班等机关党务干部培训班6个，市直机关党务干部1000多人次参培训。深入推进学习型党组织建设，6月3日召开市直机关推进学习型党组织建设经验现场交流会，表彰市中级法院政治部、市纪委纪检监察室、市党史研究室党支部等"十佳"学习型党组织10个和"百佳"学习型党员100名。为525名处级以上领导干部购买学习用书。加强宣传舆论阵地建设，出版《南宁机关党建》杂志4期，规范南宁机关党建网站管理，完善网站、网页建设。

【组织建设】 2011年，市直工委抓好领导干部双重组织生活、民主生活会、民主评议党员、三会一课、党务公开等各项组织制度的落实。加大党费收缴力度，全年收缴党费433万元。抽查565个机关党支部"三会一课"制度落实情况。加强队伍建设，全市新配备机关党组织专职副书记15名，25个任期届满党组织完成换届，全年发展新党员250名，审批预备党员转正287名。丰富党员培训方式和组织活动方式，建立机关党建网络平台，在线开展党务指导、服务，组织市直机关196名党务干部开展“红色之旅”教育活动。5月19日~23日，举办市直属机关入党积极分子培训班，对367名入党积极分子采用全封闭、闭卷考试方式进行培训。组织开展党内互助金捐赠活动，市直机关各党组织捐赠党内互助金25万多元，全年慰问困难党员和老党员1164名，发放慰问金59.30万元、慰问品价值1万多元，发放党内互助金11万元。9月24日，召开市直属机关党代表会议，选举产生81名市直属机关出席市第十一次党代会代表；推荐提名66名自治区第十次党代会代表预备人选和45名自治区出席党的十八大代表预备人选。

【“结对共建　先锋同行”活动】 2011年，市直机关各党组织深入开展“结对共建　先锋同行”活动，基层党组织432个、党员8150名参加。建立结对共建联系点428个，开展联谊活动294次、服务活动381次，慰问党员1724名、慰问群众1663名、慰问金91.82万元，为群众办好事实事3.12万件、投入帮扶资金752.69万元。

【党风廉政建设】 2011年，市直工委加强对机关党员干部的教育。市直各单位组织党员干部观看警示电教片1.90万多人次，到市党性党风党纪教育基地接受警示教育7000多人次，机关党员干部参加《廉政准则》测试8262人。对市直属机关单位反腐倡廉制度建设情况进行专项检查，清理制度2712项，废止制度141项，修订完善制度926项，新建制度596项。全年办结群众来信来访5件次，办结率100%。制定2011年度市直机关绩效考评细则，完成对市直机关100个党组织党建工作考核和89个单位绩效考评数据采集。

【机关精神文明建设】 2011年，市直机关组织干部职工3000多人次参加文明交通月志愿服务、机关党员进社区服务、市直机关党员奉献日等“深入优化发展环境　推进全国文明城市创建”活动。市直机关各党组织开展“能帮就帮·慈善一日捐”活动和机关公务员志愿者注册活动，“慈善一日捐”捐款100多万元，4000多名机关公务员进行志愿者注册。组织开展“市直机关迎新春游园活动”、“寻爱之旅”单身职工联谊活动、市直机关“民族团结杯”健身趣味运动会、市直机关气排球比赛等文体活动。

【机关群团工作】 2011年，市直机关工委加强机关工会、妇女、共青团等群团组织建设，有30个工会组织、15个机关妇委会、14个单位的团组织完成换届选举，新增工会组织15个，新发展会员249名，新成立机关妇委会5个、机关团支部2个。市直机关各群团组织注重职工维权服务，积极为职工办理医疗互助保险、妇女“安康”保险、生育保险，单位参保率100%。组织开展以心系职工情，温暖进万家为主题的“送温暖”活动、“金秋助学”活动、“关爱农民工子女”青年志愿者活动、“爱心妈妈”志愿者服务等活动。慰问困难职工1147人，发放慰问款物折合74.63万元；资助贫困大学新生16人，资助金额4万多元；“关爱农民工志愿服务活动”捐款3万多元，爱心妈妈捐款6万多元。

（蓝　迅）

政策研究

【概　况】 2011年，中共南宁市委政策研究室贯彻落实科学发展观，紧扣市委、市政府深入开展“三个主题年”活动和打好“五场攻坚战”等中心工作，主动服务市委、市政府重大决策和基层群众，完成市委、市政府交办的各项任务。完成重大课题和专题调研15篇，得到市委主要领导或分管领导批示6篇；起草重大政策文件12份，出台实施6份；起草完成市委第十一次党代会报告，参与起草市委领导讲话稿及接受重要媒体采访背景材料7篇，完成市委交办的其他重要文稿4篇；出版发行《南宁工作研究》6期，印发《决策参考》12期，编印《南宁市重大政策文件选编（2009~2010）》；向市委信息科报送信息21篇。

【课题研究与专题调研】 2011年，市委政研室围绕经济社会发展的突出问题、热点问题、难点问题开展课题研究或专题调研，为市委提供有价值的决策依据和建议。在课题研究方面，着眼于为推动科学发展提供前瞻性决策参考，完成《南宁市推进农民工融入城市研究》、《科技创新引领经济社会发展对策研究》、《加快南宁城市轨道交通开发建设研究》等课题研究并入编《南宁经济社会发展蓝皮书（2012）》；完成《南宁市农村公路养护体制改革研究》、《建设更高水平生态宜居城市若干重点问题研究》课题研究。在专题调研方面，着眼于破解经济社会发展的热点难点问题，牵头组织市相关部门开展“推进开发区与城区协调发展、共同发展”、“加快推进相思湖湿地公园建设”、“加快南宁市轨道交通建设”、“加快服务外包产业发展”、“推进文化大发展大繁荣”、“加快推进城镇化跨越发展”、“发挥科技支撑引领作用，推动南宁经济又好又快发展”等专题调研，调研报告直接得到转化和应用。其中《加快推进相思湖湿地公园建设　提升相思湖片区发展品质》、《推进开发区与所在城区协调发展、共同发展专题调研》、《发展先进文化　提升文化影响，建设具有重要影响力的区域文化中心和文化交流枢纽》、《关于赴昆明深圳考察学习轨道交通建设的报告》和《发挥科技支撑引领作用　推动南宁经济又好又快发展》等调研报告得到市委主要领导或分管领导的批示，印送市委常委审阅，《关于赴昆明深圳考察学习轨道交通建设的报告》和《发挥科技支撑引领作用　推动南宁经济又好又快发展》调研报告成果转化为市委、市政府政策文件。完成《加快服务外包产业发展　提升城市经济实力和国际影响力》等专题调研报告，并上报市委、市政府。

【政策文件研究起草】 2011年，市委政研室牵头研究起草一批对全市工作具有指导作用的政策性文件，推动市委、市政府重大战略决策的实施。其中印发实施的市委、市政府重要文件6份：《中共南宁市委　南宁市人民政府关于加快会展业发展的意见》、《南宁市支持会展业发展补助资金使用管理暂行办法》、《中共南宁市委　南宁市人民政府关于统筹城乡改革推进城乡一体化发展的实施意见》、《中共南宁市委　南宁市人民政府关于加快推进城市轨道交通建设的若干意见》、《中共南宁市委　南宁市人民政府关于掀起五象新区开发建设新高潮的决定》、《南宁市加快五象新区开发建设的工作方案》。报市委、市政府审议的文件4份：《中共南宁市委　南宁市人民政府关于发挥科技引领支撑作用　促进全市经济又好又快发展的意见》、《南宁市人民政府关于加快推进科技创新的若干政策措施》、《南宁市人民政府关于加强农村公路管理养护的实施意见》、《中共南宁市委　南宁市人民政府关于加快推进我市城镇化跨越发展的若干意见》。完成贯彻党的十七届六中全会精神的指导性文件以及《中共南宁市委　南宁市人民政府关于进一步加快文化产业发展的实施意见》等文件初稿的起草。

【重要综合文稿起草】 2011年，市委政研室牵头起草一批市委、市政府重要综合文稿，包括市委第十一次党代会报告、市委领导重要讲话稿、接受重要媒体采访背景材料和相关宣传材料的起草。完成南宁市刊发在《中国经济年鉴》上的宣传材料——《南宁加快建设面向中国—东盟开放合作的区域性国际城市》，为宣传南宁、提升南宁知名度和影响力发挥作用。完成市委交办的其他重要文稿起草，包括《中共南宁市委关于落实自治区党委第四巡视组巡视反馈意见和建议的整改方案》及责任分解表、《关于接待自治区第十次党代会报告起草调研组来南宁调研的工作方案》。参与起草自治区第十次党代会报告起草专题调研南宁市汇报材料，会同相关部门拟写2011年度南宁市绩效考评总结材料等。还为自治区和市直相关部门牵头起草的20多份政策文件征求意见稿提出修改意见和建议。

（韦　忠）

机构编制

【概　况】 2011年，南宁市完成政府机构改革方案的组织实施和政府工作部门"三定"（定机构、定编制、定职能）的审定，推进政府职能转变和管理创新。组织实施乡镇机构改革，全面开展和完成市、县（区）、乡镇三级机构改革评估，从评估情况看，市、县（区）、乡镇政府机构改革方案得到较好的落实，市、县（区）、乡镇政府各工作部门执行"三定"规定，各部门运行顺畅协调，达到预期目的。组织开展事业单位清理规范，对事业单位的名称、机构规格、内设机构、经费形式以及承担的职责任务、编制使用情况等进行清理。启动事业单位分类改革。强化机构编制管理，召开市机构编制委员会委员会议4次，审议机构编制事项130项。

【乡镇机构改革与评估】 2011年，南宁市出台《中共南宁市委南宁市人民政府关于南宁市实施深化乡镇机构改革的意见》，主要内容：一是转变乡镇政府职能。重点履行好促进经济发展、增加农民收入，强化公共服务、着力改善民生，加强社会管理、维护农村稳定，推进基层民主、促进农村和谐四个方面的基本职能。二是规范县（区）与乡镇之间的权责关系。规定凡法律、法规和政策规定由县（区）政府工作部门承担的职责，不得转嫁到乡镇政府承担。三是规范乡镇机关、事业单位的设置。乡镇党政机构原则上统一设置综合性办公室5个：党政办公室、社会事务办公室、经济发展办公室（挂"安全生产管理办公室"牌子）、人口和计划生育工作办公室、社会治安综合治理办公室；设立为社会提供公益服务或乡镇政府行使职责提供支持的事业机构8个，在机构限额内，原则上统一设置事业单位7个：农业服务中心、社会保障服务中心、文化体育和广播影视站、规划建设管理站、人口和计划生育服务所、财政所、林业站。因地制宜设置的事业机构1个，具体由县（区）党委、政府根据工作需要和乡镇实际确定。四是严格控制人员编制。五是探索为民服务新机制。全市102个乡镇在规定的时限内按时完成改革任务，并向自治区上报改革评估报告。

【房屋征收与补偿管理体制调整】 2011年，南宁市根据《国有土地上房屋征收与补偿条例》，明确国有土地上房屋征收和补偿工作实行市和城区两级征收主体的管理体制，调整市城乡建委及其所属市房屋拆迁管理办公室和城区、开发区国有土地上房屋征收和补偿工作机构、职能、内设机构和人员编制。将市房屋拆迁管理办公室更名为市国有土地房屋征收补偿办公室，将各城区、开发区房屋拆迁管理机构统一更名为"XXX区房屋征收补偿和征地拆迁办公室"，并相应调整业务范围，推进征地拆迁由"行政拆迁"向"司法拆迁"的转变。

【市与城区权责关系理顺】 2011年，市机构编制委员会办公室按照自治区关于理顺市与城区权责关系的文件精神，牵头会同财政、人力资源和社会保障、发展与改革、国土、城乡建设、城市管理、教育、卫生等部门进一步梳理涉及城市建设管理的100多项事权，并提出调整下放城区的意见建议。市委办公厅印发《关于进一步明确市与城区部分管理权限的通知》。年内，市委确定下放的涉及12个部门25项管理权限全部调整到位，主要涉及：1. 市国土资源局提出下放的部分土地储备管理权限，耕地保护责任目标履行情况自查，征地拆迁信访事项的处置权、答复权，征地拆迁的协调权、补偿认定权、补偿审核权。2.市城乡建设委员会提出下放的部分旧城改造管理权限，城市房屋拆迁信访接待、答复工作。3.市规划管理局提出下放的市城市总体规划区范围以外小城镇建设配套费收取使用权。4.市住房保障和房产管理局提出下放的由城区负责辖区内房屋安全管理日常工作，由城区负责住房保障对象资格初审、受理保障对象违规行为的调查以及住房保障对象资格年审的职责，由城区负责集体土地上的房屋登记的受理、初审，代为颁发房屋权属证书、房地产交易及住宅租赁管理的职责。5.市民政局提出下放的城镇复员士官安置和退伍义务兵安置、退役士兵自谋职业审批权（不含退役士兵异地安置）。6.市交通运输局提出下放的除邕江水域范围内、市总体规划范围内水域、市饮用水源地范围内水域以外的营业性水路运输（含乡镇渡船）部分经营许可和行政执法权，三类机动车维修及摩托车维修经营许可权限。7.市卫生局提出下放的社区卫生服务站的审批、监管权。8.市统计局提出下放的核准统计管理登记，私营企业（含改制企业）的劳动工资统计管理。9.市商务局提出下放的乡镇、村屯一级家畜定点屠宰场（点）的屠宰活动监督管理行政执法权，《酒类零售许可证》和酒类流通日常监督管理的行政执法权。10.市林业局提出下放的除自治区林业行政主管部门负责的胶合板、纤维板、刨花板等木材经营加工项目审批和地级市林业行政主管部门负责的旋（刨）切单板、木片、细木工板等木材经营加工项目审批以外的城区内其他木材经营加工项目的审批权。11.市编办提出下放的在市下达的机构设置限额和编制总量内，城区下属副科级（不含副科级）以下机构设置，由城区按照机构编制管理程序和权限规定审批；在市下达的编制总量内，机关、参照公务员法管理事业单位和其他事业单位之间人员平行或顺向流动的编制使用事项，由城区按照机构编制管理程序和权限规定审批。12.市人力资源和社会保障局提出下放的设立以初级技能为培养目标的民办职业培训学校的审批权；设立民办职业中介机构审批权；办理《就业失业登记证》；负责城区所辖用人单位及其他各类企业（不含市属国家机关、事业单位、社会团体、国有及国有控股企业、民办非企业单位、职业中介、技能鉴定机构，三资企业，外地在市区从事建筑施工的企业，外地驻邕办事机构）的劳动保障监察工作管理职责；由城区政府通过购买服务的方式负责城区所属中小学学生及学龄前儿童和不属于城镇职工基本医疗保险制度覆盖范围的非从业城镇成年居民的基本医疗保险参保业务，包括：负责审核参保资料、负责办理参保登记手续、负责办理缴费手续、负责医保IC卡领取及发放。

【教育教学机构编制】 2011年，南宁市结合市本级、各城区、开发区上报的中小学教职工编制核定方案、教职工编制使用等实际情况，将自治区核定南宁市的5.34万名中小学教职工编制全部分配下达到全市2262所中小学校；落实学校布局调整涉及的机构编制。核定新建或扩建的市凤翔路小学、南宁经济技术开发区普罗旺斯小学、天桃实验学校荣和校区、华强路小学澳华花园校区等学校所需教职工编制控制数共338名，基本满足新建扩建学校教育教学需要。配合开展中小学教职工编制标准修订，根据自治区编办的部署要求，市编办牵头会同北海市、钦州市、防城港市、百色市、崇左市编办对中小学教职工编制标准进行重新修订，向自治区编办上报《中小学教职工编制标准修订调研报告》、《广西壮族自治区中小学教职工编制标准实施办法修订意见》等文稿，为自治区修改完善中小学教职工编制标准提供决策参考。

【医疗卫生机构编制】 2011年，南宁市根据自治区编委《关于增加南宁市基层医疗卫生机构事业编制总量控制数的批复》精神，对基层医疗卫生机构人员编制进行核定，将增加的3042名基层医疗卫生机构事业编制数分解下达到各县（区）、开发区；增强艾滋病预治力量，落实艾滋病防治机构编制，增加市、县（区）各级疾病预防控制中心事业编制194名，用于配备市、县（区）艾滋病防治专业技术人员；配合做好公立医院改革试点有关机构编制工作，市编办会同自治区和县机构编制部门深入公立医院改革试点县武鸣县调研，就公立医院改革涉及的机构编制问题提出解决的意见建议。

【食品安全监管机构编制】 2011年，南宁市结合履行食品安全职责的实际需要，设立市食品安全委员会办公室，为市食品安全委员会的办事机构，办公室设在市食品药品监督管理局，具体负责市食品安全委员会的日常工作。将市卫生局负责的“食品安全综合协调”、“组织查处食品安全重大事故”和“统一发布重大食品安全信息”三项行政综合协调职责划入市食品安全委员会办公室。根据中央和自治区有关进一步加强“瘦肉精”监管的文件精神，结合实际，进一步明确市农业局、市水产畜牧兽医局、市卫生局、市食品药品监督管理局、市商务局等部门在生猪养殖、收购、贩运、屠宰、集贸市场销售及餐饮消费等关键环节的监管职能。

【文化市场综合执法改革】 2011年，南宁市对文化市场综合执法机构、编制、履行职责等情况进行全面调查，根据存在的问题，研究制订《南宁市文化市场综合执法改革实施方案》。按照“统一领导、统一协调、统一执法”的要求，推进市、县（区）两级文化市场综合执法改革，整合现有的文化（文物）、广播影视、新闻出版等有关行政执法队伍，组建文化市场综合执法机构，实行统一执法。市本级重新明确市文化市场综合执法支队具体负责对本行政区域文化市场实行综合执法。兴宁区、江南区、青秀区、西乡塘区将文化市场综合执法稽查队（文化广播电视站、文化馆）调整设置为文化市场综合执法大队；邕宁区、良庆区将广播电视站（文化市场综合稽查队）调整设置为文化市场综合执法大队。武鸣县将县社会文化管理委员会办公室（县文化市场稽查大队）、县广播电视稽查队的机构和职能进行整合，组建成立县文化市场综合执法大队；将县新闻出版管理办公室（县“扫黄打非”办公室）和县文物管理所的行政执法职能划给县文化市场综合执法大队。横县将县文化市场稽查大队更名为横县文化市场综合执法大队。宾阳县将县文化市场管理办公室（文化市场稽查队）更名为宾阳县文化市场综合执法大队。上林县将县文化市场管理办公室（县文化稽查大队）和相关部门的行政执法机构进行归并，组建上林县文化市场综合执法大队。马山县将县文化市场管理办公室（县文化稽查大队）更名为县文化市场综合执法大队。隆安县将县文化市场和新闻出版版权管理办公室（县文化市场稽查大队）更名为隆安县文化市场综合执法大队，并重新明确业务范围、经费形式、机构规格、人员编制等。8月30日，全市文化市场综合执法改革涉及有关机构编制调整全部完成。

【机构编制资源盘活】 2011年，南宁市根据社会发展需要，适时对事业单位机构编制进行调整，发挥编制使用效益。批复设立南宁高新技术产业开发区疾病预防控制中心（南宁高新技术产业开发区卫生监督所）、南宁经济技术开发区普罗旺斯小学、市凤翔路小学、市江南公园、市互联网新闻传播研究中心、各县食品药品监督所、市水利水电工程质量与安全监督站、南宁经济技术开发区新型农村合作医疗管理中心、市交通运输信息管理中心、市城市规划展示馆、马山县港航管理所、武鸣县机关事务管理局（武鸣县机关后勤服务中心）、隆安县机关事务管理局（武鸣县机关后勤服务中心）、南宁高新技术产业开发区统计中心、南宁经济技术开发区统计中心、南宁—东盟经济开发区（南宁华侨投资区）统计中心、横县那阳工业集中区管理办公室、上林县墙体材料改革办公室、隆安县照明管理所、隆安县土地开垦整理中心和兴宁区、江南区、青秀区、西乡塘区文化馆（广播影视站）等28个事业单位；分别调整市人力资源服务管理办公室等119个事业单位涉及的机构称谓、业务范围、规格、经费管理形式、内设机构、人员编制和领导职数。同意市检察院内设机构职务犯罪预防科更名为职务犯罪预防局，同意市辖六县六城区检察院内设机构增设职务犯罪预防局。调整增加武鸣县、马山县公安系统政法专项编制。

【机构编制实名制管理】 2011年，南宁市开展机构编制实名制数据库建设，在全市推广使用机构编制实名制软件2016套，对市、县(区)机关事业单位的单位名称、机构性质、机构规格、内设机构、经费来源、人员编制、领导职数、实有人员等信息进行电脑录入。基本完成各级机关及事业单位机构编制信息库建设，实现机构编制和人员信息的实时查询、动态统计和分析，形成机构编制与实有机构、人员相对应的机构编制实名制管理格局。

【事业单位法人登记管理】 2011年，南宁市依法开展事业单位法人登记管理。全年对市本级378个事业单位进行年检，年检合格率100%。办理事业单位设立登记16个、变更登记110个、注销登记6个。

(黄振生　路　焕)

老干部工作

【概　况】 2011年，南宁市有离休干部1138名。其中：市区(含六城区、中国东盟经济园区)813名，武鸣县74名，横县67名，宾阳县59名，上林县42名，马山县60名，隆安县23名；行政机关340名，事业单位290名，企业单位508名；享受正副省级单项医疗待遇2名，正副厅(局)级(含享受)54名，正副处(县)级(含享受)837名，享受正副乡(科)级待遇233名，享受其他待遇12名；第二次国内革命战争时期入伍1名，抗日战争时期入伍113名，解放战争时期入伍1024名；70岁~79岁110名，80岁~89岁908名，90岁以上120名。市委老干部局通过宣讲会、报告会、辅导会、支部学习会等形式，组织离退休干部开展政治理论学习；坚持组织部分副厅级以上离休干部阅文；给老干部订阅党报党刊，做到离休干部人手一份报纸、一份杂志，发放中共中央组织部老干部局印发的《离退休干部党支部学习参考》3期1000多份。加强老干部工作调研，形成《加强新形势下离退休干部党支部建设的调研和思考》、《对加强老干部工作队伍自身建设的思考》、《南宁市离休干部门诊药品处方限额情况调研报告》等调研文章。市委老干局获中共中央组织部、人力资源和社会保障部授予全国老干部工作先进集体。

【老干部文体活动】 2011年1月，南宁市举办全市离退休干部春节电影招待会，3000多名老同志观看；举办全市离退休干部迎春游园活动，1500多名老干部参加猜谜语、钓鱼等活动。3月，举办全市离退休干部麻将比赛，有50个队400多名老同志参加。6月，组织全市离退休干部开展纪念中国共产党成立90周年系列文体活动：在老干部活动中心举办“南宁市离退休老干部纪念中国共产党成立90周年书画摄影展”，展出作品200多幅，老同志4000多人次前往观展；举办全市离退休干部纪念建党90周年电影招待会，3000多名老干部观看重点献礼影片——《建党伟业》；组织文艺节目参加自治区离退休干部纪念中国共产党成立90周年“颂歌献给党”文艺汇演；组织老干部纪念“建党90周年”暨老干部90华诞祝寿座谈会等。9月，举办全市离退休干部国庆暨纪念辛亥革命100周年电影招待会，近3000多名离退休干部观看电影《辛亥革命》。12月，举办全市离退休干部门球比赛，28个代表队300多名老同志参加。此外，市老干部活动中心组织开展健身、棋牌、桌球、乒乓球、门球、跳舞等活动，参加活动的老干部达14万人次；承办中国门球赛冠军邀请赛广西赛区“南宁杯”冠亚军决赛和广西第七届老干部门球赛。市老年大学开设10个系28个专业72个班，老年学员2500多人。全市各级各单位根据老干部的爱好和特点，组织开展各种文体活动，全年参加各类文体活动的老干部60多万人次。

【老干部慰问】 2011年元旦、春节期间，南宁市四家班子领导分别走访慰问曾任过南宁市领导的自治区副省级以上离退休老领导和自治区正省级离退休老领导15名，登门慰问第二次国内革命战争时期入伍的老红军、老干部和市四家班子离退休老领导50名，到自治区、市各医院看望因病住院的老干部和处级退休干部500多名；组织登门慰问困难离休干部、离休干部遗孀19人。“七一”前夕，市财政专项拨付慰问金140多万元，对全市建国前参加革命工作的1220多名老干部进行慰问，其中，车荣福、黄方方、谢寿堂、岑可成等市四家班子领导带队登门慰问厅级离休老干部11名。全年为二战时期入伍的老干部、老红军和90岁以上离休干部、80岁以上的市、县四家班子离退休老领导进行生日祝寿1500多人；到医院看望住院老干部1200多人，登门看望老干部1750多人次。

【老干部医疗保健】 2011年，南宁市组织全市1000多名离休干部、市四家班子退休老领导进行健康体检，并逐步建立健康档案，建立和完善离休干部的疾病预防机制。离休干部医疗参保实现全覆盖，至11月，市属离休干部参保人数1047名，参保率100%，人均参保统筹金额每年2.68万元，人均医疗费用支出8万元；县(区)级人均医疗费用支出5万元，支出保

1月20日，南宁市离退休干部迎春游园活动在市老干部活动中心举行

黄　飚　摄

障水平居自治区前列。

【为老干部办实事】 2011年，南宁市委老干部局协调有关部门、单位积极为老干部办好事实事58件。主要有：继续完善和加强"援通呼叫系统"建设，受理老干部紧急呼叫140人次，家政及咨询服务呼叫433人次；登门慰问45名未移交城区服务管理的市属非国有或非国有控股企业离休干部，解决37名离休干部移交城区服务管理问题；协助市财政审核补助发放市属149家企业436名离休干部的生活补贴2400万元；协调市属非国有或非国有控股企业287名离休干部的统筹外经费（含特需经费、春节慰问费、健康疗养费）从2011年起列入年度预算由市财政给予解决，市财政已追加拨款14万多元，保证市属非国有或非国有控股企业离休干部本年度的特需经费；协调市属企业离休干部春节慰问金、市属改制企业离休干部的特需经费和两年一次健康疗养费等统筹外经费由市财政统一支付；以建党90周年为契机，落实市级财政支持专项慰问金经费140多万元；协调解决4名离休干部或离休干部遗孀的医药费补助共23万多元；协调解决港航运输公司12名离休干部住房面积不达标的住房补贴问题，发放住房补贴5万多元；协调解决3名离休干部参加医疗保险统筹、春节慰问金发放等问题；协调落实因长期生活完全不能自理的160多名离休干部每月发放护理费600元等。此外，投资18万多元对老干部活动中心和老年大学34件（套）健身器材进行全面维修保养、翻新及部分更新，更新活动室空调8台，新建车棚200平方米，更新老年保健知识宣传长廊150平方米，完善室外门球场的配套设施等。继续在全市老干部工作系统开展建设"亲情服务体系"专题活动，建立老干部工作亲情服务联系点制度。全年走访慰问老干部3000多人次，探望病号1800多人次，接待老干部来访500多人次、电话咨询1000多个，处理来信27件。

（黄　飚　陈夏明）

党校工作

【概　况】 2011年，中共南宁市委党校（南宁市经济干部学院、南宁市行政学院、南宁市社会主义学院）实行校务委员会领导体制，设办公室、组织人事科、财务科、教务科、科研科、学员工作科、信息技术科、离退休人员工作科、基础理论教研室、党史党建教研室、管理学教研室、经济学教研室、法学教研室、行政学教研室、统战理论教研室、图书馆、后勤服务中心17个科（室）和机关党委。在编人员133人，其中具有中级以上专业技术职务任职资格33人。制定《中共南宁市委党校首次专业技术岗位设置管理实施办法》，推进学校首次岗位设置管理，完成首次定岗。

【教育培训】 2011年，市委党校根据市委和《南宁市2011年干部教育"十二大工程"重点培训项目表》的具体要求，完成县处级领导干部任职培训班、中青年干部培训班、科级少数民族干部培训班、党外科级年轻干部培训班、市直机关党务干部学习十七届五中全会精神培训班、领导干部"十二五"规划专题研讨班、三级党校校长培训班、社会工作专题培训班、企业自主创新与管理人才研修班等主体班培训36期。培训内容涵盖党政干部培养、党建党务、企业经营管理和专业技术等。全年举办培训班180期，培训11.85万人次，其中举办新任县处级领导干部、优秀年轻干部、党外人士科级年轻干部、少数民族干部等主体班36期，培训2.09万人次；计划外培训班、会议144期，参加9.75万人次。市委党校确定2011年为"教学改革年"，坚持以党性锻炼为根本，以能力建设为核心，以满足需求为导向，推进教学改革。全年有《南宁市民族团结的实践与探索》、《城市物流基地开发运营理论实践》、《如何提高领导干部科学决策能力和执行力》、《突发事件应急处置》、《依法行政情景模拟》、《和谐社会建设理论》等11个教学项目进入主体班课程安排。投入资金15万元对205教室进行装修和多媒体系统改造，提升项目制教学专用教室的服务功能。加大邀请国内著名专家学者和市直部门领导到校讲课的力度，先后邀请国家发改委、清华大学、国防大学、中央党校、上海商学院、复旦大学的13名专家学者及市直部门领导到党校授课。

【科研工作】 2011年，市委党校科研工作继续围绕重大理论与实际问题，以市情课题为重点展开深入研究。针对市"十二五"规划开局之年和经济发展的热点难点问题，围绕市委、市政府的中心工作拟定选题，立项校级课题45个，内容涉及市经济发展、新农村建设、文化产业发展、人才环境、社会保障、人口素质提升和社区建设等方面，通过评审验收43个。完成2010年申报的广西党校系统重点课题《南宁市学习型党组织建设的理论研究与实践探索》和《南宁市物流园区建设和运作模式分析》研究，并通过自治区党校评审验收。组织申报自治区党校重点课题3个，获立项并完成课题前期准备工作。全校教职工公开发表论文53篇，其中：省级25篇、市级28篇；获奖65个，其中省级29个、市级37个。在广西党校系统第十一次优秀科研成果评奖中获一等奖1个，二等奖10个，三等奖7个，优秀奖4个；在南宁市第十一次社会科学研究优秀成果评审中获二等奖1个，三等奖3个，优秀奖4个。3月，将2010年校级课题成果结集为《南宁市市情研究报告》出版。5月，《南宁市县乡党校改革之路》一书由广西人民出版社公开出版发行。

（市委党校办公室）

南宁市人民代表大会

重要会议

【市第十二届人民代表大会第九次会议】 2011年2月22日~26日，在南宁人民会堂举行。22日上午开幕，应出席代表503人，实到代表443人。南宁市选出的自治区十一届人大代表，不是市人大代表的市委常委，市政府副市长、市长助理、秘书长；市委、市人大常委会、市政府副秘书长，市委各部、委、办、局主要负责人，市人大及其常委会各部门处级干部，市政府各委、办、局主要负责人，市中级法院副院长，市检察院副检察长，市各人民团体主要负责人，市级双管及有关单位主要负责人186人列席；出席市政协九届六次会议的委员列席。大会主席团由68人组成。主席团第一次会议推定车荣福、谢寿堂、刘长林、周红波、翟宗华、朱育兆、胡建华、邓金玉(女)、林山青、雷应敏、吴炜、刘南生、卢丽芬(女,壮族)、赖贵寿、邓其新(回族)、卫自光、刘雄(壮族)为大会主席团常务主席。大会秘书长由刘南生兼任。会议听取和审议市政府工作报告;审查和批准市国民经济和社会发展第十二个五年规划纲要;审查和批准关于市2010年国民经济和社会发展计划执行情况与2011年国民经济和社会发展计划;审查和批准市和市本级2010年预算执行情况与2011年预算;听取和审议市人大常委会工作报告、市中级法院工作报告、市检察院工作报告;审议市第十二届人民代表大会城乡建设环境保护委员会主任委员人选。期间,代表提出议案、意见和建议93件;市长及有关部门负责人听取代表的意见和建议,分别到各代表团听取意见。会议以电子表决的方式,表决通过关于市政府工作报告的决议、关于市国民经济和社会发展第十二个五年规划纲要的决议、关于市2010年国民经济和社会发展计划执行情况与2011年国民经济和社会发展计划的决议、关于市与市本级2010年预算执行情况和2011年预算的决议、关于市人大常委会工作报告的决议、关于市中级法院工作报告的决议、关于市检察院工作报告的决议。表决通过陈建学为市十二届人民代表大会城乡建设环境保护委员会主任委员。自治区党委常委、市委书记车荣福在闭幕式上讲话。

【市第十三届人民代表大会第一次会议】 2011年10月12日~16日,在南宁人民会堂举行。12日上午开幕,应出席代表494人,实到代表483人。自治区党委组织部部务委员、南宁市“两会”督导组组长张显出席大会,不是市第十三届人大代表的市十二届人大常委会组成人员,副市长,市委、市人大常委会、市政府副秘书长,市委各部、委、办、局主要负责人,市人大各专委、常委会各部门副处级以上干部,市人民政府各委、办、局主要负责人,市中级法院副院长,市检察院副检察长,市各人民团体主要负责人,市级双管单位及其他有关单位主要负责人153人列席;出席市政协十届一次会议全体委员列席。大会主席团由66人组成。主席团第一次会议推定陈武(壮族)、谢寿堂、周红波、刘长林、赖贵寿、邓其新(回族)、袁曼虹(女)、温守荣、刘雄(壮族)、阮兆丰为大会主席团常务主席。大会秘书长由赖贵寿兼任。会议听取和审议市政府工作报告、市人大常委会工作报告、市中级法院工作报告、市检察院工作报告;表决通过关于市政府工作报告的决议、关于市人大常委会工作报告的决议、关于市中级法院工作报告的决议、关于市检察院工作报告的决议和关于设立市第十三届人民代表大会专门委员会的决定、关于代表提出议案的截止时间的决定、关于代表联合提名候选人截止时间的决定、通过议案审查委员会主任委员、副主任委员、委员名单和总监票人、监票人名单。大会采取无记名投票的方式,选举谢寿堂为市第十三届人大常委会主任,赖贵寿、邓其新(回族)、袁曼虹(女)、温守荣、刘雄(壮族)、阮兆丰为副主任,周如斯为秘书长,井穗军等33人为委员;周红波为南宁市市长,吴炜、吕洁(女)、石文怀、眭国华(女)、肖志钢、廖洪涛、魏凤君为副市长;周腾为市中级法院院长;黄建波(壮族)为市检察院检察长。表决通过十三届人大法制委员会、内务司法委员会、财政经济委员会、农业委员会、城乡建设环境保护委员会、教育科学文化卫生委员会、民族华侨外事宗教委员会组成人员名单。自治区党委常委、自治区副主席、市委书记陈武,市第十三届人大常委会主任谢寿堂和新当选的南宁市市长周红波分别在闭幕会上讲话。

【市第十二届人民代表大会常务委员会会议】 2011年,召开会议8次。

第39次会议 2月11日~12日在市人大常委会会议厅召开。市人大常委会主任谢寿堂主持会议。审议市国民经济发展第十二个五年规划纲要草案;听取和审议市政府关于执行市人大常委会有关决议、决定和办理市人大常委会审议意见的情况报告;审议市人大常委会工作报告草案和市人大常委会2011年工作要点草案;听取市人大常委会代表资格审查委员会关于市第十二届人民代表大会个别代表的代表资格审查情况的报告、市人大常委会办公厅关于市第十二届人大九次会议筹备工作情况的报告,审议通过代表资格审查情况的报告、市第十二届人大九次会议议程草案、市第十二届人大九次会议主席团和秘书长名单草案;会议作出关于接受周志波辞去市第十二届人民代表大会城乡建设环境保护委员会主任委员职务和辞去市人大常委会委员职务的请求的决定;通过有关人事任免事项。

第40次会议 3月25日在市人大常委会会议厅召开。市人大常委会主任谢寿堂主持。会议听取和审议市政府今年市农业生产安排和当前春耕生产情况的报告和市人大常委会调查组的调查报告。作出关于今年市农业生产安排和抓好当前春耕生产的决议;通过有关人事任免事项。

第41会议 5月18日~20日在市人大常委会会议厅召开。市人大常委会主任谢寿堂主持。会议听取和审议市人大有关专门委员会关于市十二届人大九次会议第1、5、8、9、10、43、52、53、62、63、68、90号12件代表议案的审查结果报告,并对这12件代表议案分别作出相应的决定或处理意见;分别听取和审议市政府关于南宁市公证工作情况的报告、关于南宁市餐厨垃圾集中处理工作情况的报告、关于南宁市住宅小区配套教育设施建设工作情况的报告,以及市人大内务司法委员会、城乡建设环境保护委员会、教育科学文化卫生委员会的调查报告;审议《南宁市城市园林绿化条例(修正草案)》、《南宁市爱国卫生管理条例(草案)》、《南宁市燃气管理条例(修正草案)》等3部法规草案。审议通过市人大常委会关于设立市选举工作办公室的决定、关于市第十三届人民代表大会代表名额和选举时间的决定;听取和审议通过市人大常委会代表资格审查委员会关于市第十二届人民代表大会个别代表资格审查情况的报告;会议作出关于通过《南宁市城市绿化条例》的决定;关于接受刘南生辞去市人大常委会副主任职务的请求的决定;关于接受周凯声辞去市第十二届人民代表大会教育科学文化卫生委员会主任委员职务和辞去市第十二届人大常委会委员职务的请求的决定;关于接受李国忠辞去副市长职务的决定。通过有关人事任免事项。

第42次会议 7月20日~22日在市人

大常委会会议厅召开。市人大常委会主任谢寿堂主持。听取和审议市政府关于南宁市2011年上半年国民经济和社会发展计划执行情况的报告、关于南宁市2011年上半年预算执行情况的报告、2010年南宁市本级决算草案的报告、2010年南宁市本级预算执行和其他财政收入情况审计工作报告、以及市人大财政经济委员会关于2010年南宁市本级决算草案的审查报告；听取和审议市政府关于南宁市生活和建筑垃圾实施密封化运输工作完成情况的报告、关于《中华人民共和国农民专业合作社法》实施情况的报告以及市人大城乡建设环境保护济委员会的专题调查报告、市人大常委会执法检查组的检查报告；听取和审议市政府《关于提请审议南宁市与波兰格鲁琼兹市建立友好城市关系的议案》、《关于提请审议南宁市与俄罗斯奥廖尔州建立友好州市关系的议案》、《关于提请审议南宁市与马拉维首都利隆圭市建立友好城市关系的议案》和市人大民族华侨外事宗教委员会的审议结果报告；审议《南宁市献血条例(修订草案)》、《南宁市公共餐饮具卫生管理条例(草案)》；听取和审议市人大常委会主任会议关于提请审议南宁市第十二届人大常委会代表资格审查委员会主任委员人选的议案。会议作出关于批准2010年南宁市本级决算的决议、关于批准南宁市与波兰格鲁琼兹市建立友好城市关系的决定、关于批准南宁市与俄罗斯奥廖尔州建立友好州市关系的决定、关于批准南宁市与马拉维首都利隆圭市建立友好城市关系的决定、关于通过《南宁市献血条例》的决定；任命刘雄为市第十二届人大常委会代表资格审查委员会主任委员，通过其他人事任免事项。

第43次会议　8月30日在市人大常委会会议厅召开。市人大常委会主任谢寿堂主持。会议接受黄方方辞去市长职务、李志勇辞去副市长职务的请求；任命周红波为副市长、代理市长，任命眭国华(女)为副市长。通过有关人事任免事项。

第44次会议　9月6日~7日在市人大常委会会议厅召开。市人大常委会主任谢寿堂主持。听取和审议市政府关于《中华人民共和国安全生产法》、《建筑工程安全生产管理条例》实施情况的报告和市人大常委会执法检查组的检查报告；审议市政府《关于提请审议原广西高法旧址片区骑楼城旧改项目规划设计方案的议案》；听取和审议市第十二届人大常委会代表资格审查委员会关于南宁市第十三届人民代表大会的代表资格审查报告；审议自治区、市两级人大代表2011年年中专题调研各调研组的调研报告（书面）；作出关于批准原广西高法旧址片区骑楼城旧改项目规划设计方案的决定，关于接受周家斌辞去副市长职务的请求的决定。通过有关人事任免事项。

第45次会议　9月22日在市人大常委会会议厅召开。市人大常委会主任谢寿堂主持。审议并通过关于召开市第十三届人民代表大会第一次会议的决定、市第十三届人民代表大会第一次会议列席人员的决定。

第46次会议　10月9日~10日在市人大常委会会议厅召开。市人大常委会主任谢寿堂主持。听取关于市第十三届人民代表大会第一次会议筹备工作情况的报告、审议通过市第十三届人民代表大会第一次会议议程(草案)、主席团和秘书长名单(草案)、议案审查委员会主任委员、副主任委员、委员名单(草案)；市第十二届人大常委会工作报告（草案)；听取和审议市政府关于市第十二届人大九次会议代表建议、批评和意见办理工作情况的报告、市中级法院关于市第十二届人大九次会议代表建议、批评和意见办理工作情况的报告，以及市人大常委会选举联络工作委员会关于市第十二届人大九次会议代表建议、批评和意见办理工作情况的报告；审议通过市人大常委会代表资格审查委员会关于市第十三届人民代表大会个别代表资格审查情况的报告；补选周红波代市长为自治区第十一届人大代表；通过有关人事任免事项。

【市第十三届人民代表大会常务委员会会议】　2011年，召开会议2次。

第1次会议　10月16日在市人大常委会会议厅召开。市人大常委会主任谢寿堂主持。会议是在市第十三届人民代表大会第一次会议闭幕当天下午召开，主要组织新一届常委会组成人员学习履职知识。审议并通过关于设立市第十三届人大常委会代表资格审查委员会的决定。

第2次会议　11月14日~16日在市人大常委会会议厅召开。市人大常委会主任谢寿堂主持。听取和审议市政府关于实施病险水库除险加固工作情况的报告、关于南宁市执行国务院《全面推行依法行政实施纲要》、《关于加强市县政府依法行政的决定》、《加强法治政府建设的意见》情况的报告、关于2011年市本级预算调整方案(草案)的报告、关于法制宣传教育第五个五年规划实施情况和在全市公民中开展法制宣传教育第六个五年规划实施意见的报告，以及市人大常委会专项工作评议调查组的调查报告、市人大法制委的调查报告、市人大财经委关于2011年市本级预算调整方案（草案)的审查报告；听取市人大常委会地方性法规行政强制专项清理工作领导小组关于南宁市地方性法规中有关行政强制规定专项清理工作的报告；审议市政府关于提请审议废止《南宁市社会医疗机构管理条例》、修改《南宁市殡葬管理条例》等14件地方性法规的议案；市人大常委会主任会议关于提请审议修改《南宁市中小学幼儿园用地保护条例》、《南宁市城市供水条例》等2件地方性法规的议案；审议《南宁市城乡规划管理》、《南宁市爱国卫生管理条例》2个法规草案。作出关于市政府实施病险水库除险加固工作专项评议的决议、关于进一步加强法制宣传教育的决议、关于批准2011年市本级预算调整方案的决定、关于废止《南宁市社会医疗机构管理条例》的决定、关于修改《南宁市市政设施管理条例》等15件地方性法规的决定、关于通过《南宁市爱国卫生管理条例》的决定。通过有关人事任免事项。

重大活动

【执法检查】　2011年，南宁市人大常委会组织开展执法检查3次。

《农民专业合作社法》实施检查　6月22日~24日，市人大常委会副主任赖贵寿带领执法检查组，对南宁市贯彻实施《农民专业合作社法》的情况进行执法检查。检查组听取市政府、市农业局、水利局、林业局、农机局、水产畜牧兽医局、财政局、供销社以及兴宁区、江南区、横县政府的情况汇报，深入江南区苏圩镇那海村毛村坡专业合作社、馨芸养蛇专业合作社，兴宁区五塘镇沙平村卓太养猪专业合作社、三塘镇那况村荣环美食用菌专业合作社，横县校椅镇上壬水村农机专业合作社、马岭镇清泉村林业专业合作社进行实地检查。检查组认为市政府和各县（区）有关部门贯彻执行农民专业合作社法，加强领导、深入宣传，在稳定完善农村家庭承包经营的基础上，按照“自愿、互利”和“民办、民管、民受益”的原则，积极鼓励引导、多方帮助支持农民发展专业合作社；2010年，市政府出台《关于加快发展农民专业合作社的意见》，市、县（区）财政每年安排专项资金用于推动农民专业合作社发展，提升农业产业化水平，推动农村土地流转的发展，农民素质和组织化程度得到进一步提高，促进农业增效、农民增收、农村发展。但存在一些地方的领导干部思想认识还不到位，对法律宣传工作不够深入；农民专业合作社发展还存在着总量少、规模较小，发展不平衡，辐射带动能力不强，生产经营抵御风险能力较弱；大多数合作社经济实力不强，制度不健全，运作不规范、缺乏农业科技人才、农产品附加值低等问题。检查组提出改进意见和建议，并将检查情况向市十二届人大常委会第42次会议报告。

《安全生产法》实施检查　8月9日~12日，南宁市人大常委会副主任赖贵寿带领执法检查组，对贯彻实施《安全生产法》的情况进行检查。执法检查组听取市政府、市工信委、交通运输局、城乡建委、公安交警支队、公安消防支队、质量技术监督局、应急联动中心等部门关于贯彻落实《安全生产法》情况的汇报，并深入到武鸣县、上林县、兴宁区、南宁—东盟经济开发区进行实地检查。检查组认为南宁市各级政府及有关部门和各生产经营单位高度重视，在宣传安全生产法律法规、建立安全生产责任、完善安全生产设施、加强安全监督检查等方面做了大量扎实有效工作，特别是坚持把安全生产工作纳入经济社会发展总体布局，做到同步规划、同步部署、同步推进；实行“一岗两责”制度，构建职责分明的安全生产责任体系；出台30多个规范性文件和政府规章，推动安全生产“关口前移，重心下移”；保持全市经济社会持续、健康、快速发展，确保历届“中国—东盟博览会”和重大节日期间“大事不出、中事不出、小事少出”目标的实现。但存在事故总量仍然偏大，安全生产基础仍然薄弱，安全生产执法监管仍然脆弱，安全生产科技和信息化水平仍然落后等问题。检查组提出改进意见和建议，并将检查情况向市十二届人大常委会第44次会议报告。

《建设工程安全生产管理条例》实施检查　8月17日~19日，南宁市人大常委会副主任卫自光带领执法检查组，对贯彻实施《建设工程安全生产管理条例》的情况进行检查。检查组听取市政府、市城乡建委、住房保障局、交通局、水利局、安监局等有关职能部门关于贯彻实施《条例》的情况汇报，并组织座谈会听取广西一建、广西市政工程集团公司、南宁昊冠住宅建筑公司等部分基层单位的意见和建议，实地视察市区的广源·国际社区和南湖名都广场两个建设工程项目，还前往隆安县、宾阳县，听取县政府关于贯彻《条例》的工作汇报，实地视察建设工程项目5个。检查组认为全市各级政府和建设、交通、水利、安监等相关部门，以贯彻落实《条例》为抓手，认真履行建设工程安全监管职责，通过积极开展建设工程安全生产宣传、教育，认真落实建设工程各方主体安全生产责任制度，不断建立健全建设工程安全生产的监管机制、体制，加强建设工程安全生产检查执法力度，做到防治结合，使全市建设工程安全生产工作扎实有效地推进。但存在政府管理部门现有的建筑工程安全监管人员及设备设施跟不上城市建设发展的需要，有些工程监理单位和人员未按规范要求履行职责，建筑施工企业安全生产责任还未完全落实到位，一些建筑施工企业施工人员素质偏低，现有的法律法规对建设工程安全生产管理可操作性不够强等问题。检查组提出改进意见和建议，并将检查情况向市十二届人大常委会第44次会议报告。

【代表视察】　2011年12月12日~16日，南宁市人大常委会组织全国、自治区、市三级人大代表对南宁市的重大建设项目和“一府两院”（市政府、市中级法院、市检察院）工作开展年终联合视察。视察团团长由市人大常委会主任谢寿堂担任，副团长由副主任赖贵寿、邓其新、袁曼虹、温守荣、刘雄、阮兆丰担任；参加视察的全国、自治区、市人大代表362人，分7个视察组开展视察活动。各视察组听取“一府两院”2011年工作汇报以及为民办实事的情况汇报，分别深入各建设项目进行视察，对视察情况作出视察报告，向市十三届人大常委会第3次会议作书面报告。

第一视察组　在市人大常委会主任主任谢寿堂带领下，召开汇报会4个，小组会2次，视察隆安华侨管理区基础设施建设项目二期工程、宝塔医药产业园基础设施建设一期工程、广西规划展示馆、广西美术馆、广西体育中心二期工程、南宁博物馆、邕江大学、柳沙江南小学、保税物流中心、柳沙江南1号回建点、龙岗片区路网项目、五象新区总部基地路网工程、五象大道西延长线、广西日星化工有限公司有色金属技改扩能项目、康师傅项目、娃哈哈项目、金凯标准厂房、北部湾科技园总部基地项目一期等24个项目，多层次、多角度了解市重大项目建设和为民办实事情况，对存在问题提出改进工作的意见和建议。

第二视察组　在市人大常委会副主任赖贵寿带领下，深入到宾阳县、西乡塘区、高新区进行视察，听取县（区）政府、管委会关于经济社会发展情况汇报，实地视察当地重大项目建设和为民办实事项目落实情况。同时对存在问题提出改进工作的意见和建议。

第三视察组　在市人大常委会副主任邓其新带领下，深入横县、兴宁区，听取县（区）政府的有关工作情况汇报，实地察看兴宁区家园小区工地、南宁市花鸟市场、广西金鲤水泥公司横县干法转窑水泥生产线带纯低温余热发电项目、国电南宁电厂、广西劲达兴纸业有限公司浆纸等项目的建设，望州南社区居委会办公用房、六景镇政府干部周转房、横州镇清江村委梁村公共服务中心的建设情况，较为全面地了解有关建设项目的进展情况及存在的问题，对存在问题提出改进工作的意见和建议。

第四视察组　在市人大常委会副主任袁曼虹带领下，对全市教育、文化、卫生、体育等方面的为民办实事项目及重大项目建设情况进行视察。视察组听取市教育局、文化局、卫生局、体育局项目建设情况报告，深入邕宁区中和乡那例村、那楼镇那务村、百济乡红星村、龙岗片区等对文化惠民工程和邕宁高中龙岗校区项目进行实地视察。并对存在问题提出改进工作的意见和建议。

第五视察组　在市人大常委会副主任温守荣带领下，听取市发展改革委、水利局、林业局、水库移民局、中国水城建设办公室和上林县、良庆区政府的汇报。实地视察良庆区南晓中学人饮工程项目、大塘镇太安村沼气池建设项目、那马镇子伟村通道绿化项目，上林县镇圩瑶族乡东罗村北凌庄生态家园建设项目、排红村北怀庄人饮工程建设项目、东罗村那拉庄通屯路建设项目、古登村沼气池建设项目，忻城周安至宾阳新桥二级公路建设项目，老口航运枢纽工程、心圩江环境综合治理工程、可利江环境综合治理工程、邕宁区防洪工程等工程项目的实施情况。并对存在问题提出改进工作的意见和建议。

第六视察组　在市人大常委会副主任刘雄的带领下，围绕市政府为民办实事有关内务司法方面的项目和部分重点建设项目进行视察。相继深入马山县、青秀区及市公安局交通警察支队、民政局、残疾人联合会、中级法院、检察院、城市轨道交通建设指挥部，就城市畅通工程、农村五保村和社区居家养老建设、城乡低保和五保户供养、为民办实事项目落实、贫困残疾人家庭无障碍设施改造和“阳光家园”计划、轨道交通东站建设、法院和检察院“两房”建设等情况进行视察。并对存在问题提出改进工作的意见和建议。

第七视察组　在市人大常委会副主任阮兆丰的带领下，听取市城乡建委、住房保障和房产管理局、城市管理局、园林局等单位和武鸣县政府关于重点工程项目和为民办实事项目完成情况的汇报。实地视察南宁吴圩国际机场新航站区工程、南宁华南城、凤凰江沙井大道河道整治工程、江南区富乐新城拆迁安置小区工程、年产20万吨大规格高性能铝合金板带型材生产项目、武鸣县绕城公路、八桂绿城富康园公租房项目等16项重点工程和为民办实事工程。并对存在问题提出改进意见和建议。

【病险水库除险加固工作专项评议】　2011年10月28日，南宁市人大常委会召开市政府实施病险水库除险加固工作专项评议动员会，调查组组长、市人大常委会副主任温守荣对专项评议进行动员和部署。10月下旬至11月上旬，调查组听取市水利局、发展改革委、财政局等部门关于南宁市病险水库除险加固工作情况汇报，深入武鸣县甘圩镇那望水库、仙湖镇仙湖水库，横县平马镇东方红水库、横州镇北滩水库，西乡塘区双定镇义梅水库进行实地视察，召开座谈会，听取县（区）政府开展病险水库除险加固工作的情况汇报，听取部分市人大代表、干部群众代表意见和建议，并进行问卷调查。11月14日，市第十三届人大常委会2次会议听取市政府关于南宁市病险水库除险加固工作情况报告和市人大常委会调查组的调查报告后，进行评议，并作出《关于市人民政府实施病险水库除险加固工作专项评议的决议》。

【专题调研】　2011年，南宁市人大常委会向“一府两院”提交专项调研报告13份，梳理出困扰项目建设的突出问题67个，提出解决问题的意见和建议109条。7月27日至8月2日，市人大常委会组织自治区、市两级人大代表分成6个小组对重点项目工程建设进展情况进行专题调研，各调研组作出调研报告，并提交常委会第44次会议审议。有关专门委员会还对南宁市公证、餐厨垃圾集中处理、住宅小区配套教育设施建设工、生活和建筑垃圾实施密封化运输、社区戒毒和流动人口管理进行专题调研，向常委会会议作出调查报告，并提交“一府两院”，为“一府两院”改进工作提出解决问题的意见和建议。

【换届选举】　2011年，南宁市三级人大及其常委会任期届满，市人大常委会按照中央、自治区党委和市委关于换届工作的部署和要求，做好换届选举。市人大常委会第41次会议作出关于设立选举工作办公室的决定，加强对选举工作的组织领导，扎实推进各项工作。全市举办换届选举工作人员培训班1659期，培训10.54万多人次。县(区)、乡镇代表选举的选民参选率分别为96.69%、97.03%，选举成功率100%，依法选举出新一届市人大代表494人。市、县(区)、乡镇都成功召开新一届人民代表大会第一次会议，依法选举产生本级国家机关领导人员，完成换届选举。

【代表议案与建议办理】　2011年，市十二届人大九次会议10人以上代表联名提出议案93件，其中决定将12件交有关专门委员会闭会后调查和审议，经市人大常委会审议作出决定的代表议案有10件，分别为：《关于促进教育公平，推动我市基础教育均衡发展的议案》（第1号）、《关于在我市推行生活垃圾分类的议案》（第5号）、《关于在我市推行生活垃圾分类收集改进垃圾消纳方式的议案》（第9号）、《关于启动生活垃圾分类处理工作的议案》（第52号）、《关于在南宁市实行垃圾分类收集、处理的议案》（第62号）、《关于建设我市邕江两岸滨水公园和绿化景观带的议案》（第8号）、《关于将农村公路纳入养护范围的议案》（第43号）、《关于加强农村公路的投资、建设和管理养护的议案》（第53号）、《关于加快扬美古镇保护与旅游开发步伐的议案》（第68号）、《关于加快推进加油站网络建设的议案》（第90号）。市十二届人大九次会议上和会后提交建议207件（会议期间提出建议192件，含议案转建议83件；闭会期间提出建议15件）。代表提出的建议已经全部办理并答复代表。从办理结果来看，代表建议所提问题得到解决或基本解决的有37件，占总数18%；正在解决或已列入计划逐步解决133件，占64%；正在办理6件，占3%；因目前条件限制或暂时难以解决的所提问题31件，占15%。至9月30日，收回代表建议办理情况意见表251份，代表对办理结果表示满意的有202份，基本满意44份，不满意3份。

【人事任免】　2011年，市人大常委会依法任免国家机关工作人员138人次（任命98人，免职40人）。其中：人大机关17人次（任命9人，接受辞职6人，免职2人）；政府系统61人次（任命50人，接受辞职4人，免职7人）；法院系统14人次（任命6人，免职8人，）；检察系统46人次（任命33人，批准辞职5人，免职8人）。组织选举和补选3名市人大代表，通过2名市人大代表的辞职请求。

（黄世邕）

2011年市人大常委会任免人员情况

时　间	会　议	姓　名	任、免、辞职务
2月11日	第39次会议	周志波	辞市第十二届人民代表大会城乡建设环境保护委员会主任委员、常委会委员
		黄朝科(壮族)	批准任市西乡塘区检察院检察长
		韦耀华(壮族)	免市检察院检察员
3月25日	第40次会议	覃永武(壮族)	任市科学技术局局长
		张自英(女)	任市人力资源和社会保障局局长
		黄建宁(女)	任市环境保护局局长
		邓卫民	任市外事侨务办公室主任
		傅隆政	免市科学技术局局长职务
		马南萍(女)	免市人力资源和社会保障局局长
		杨　敏(女)	免市环境保护局局长
		黄菊如(女,壮族)	免市外事侨务办公室主任
5月20日	第41次会议	刘南生	辞市第十二届人民代表大会常务委员会副主任、代表资格审查委员会主任委员终止
		周凯声	辞市第十二届人民代表大会教育科学文化卫生委员会主任委员、常委会委员
		李国忠	辞市政府副市长
		杨　民	任市政府副市长
		庞　华(女)	任市人大常委会副秘书长
		田家全	任市人大常委会副秘书长
		梁　鸿(壮族)	任市人大常委会副秘书长
		韦景峻(壮族)	任市人大常委会调查研究室主任
		周裕平	任市第十二届人民代表大会农业委员会副主任委员
		陆沾鹏(壮族)	任市人大常委会调查研究室副主任
		苏永革(壮族)	任市中级法院审判委员会委员、审判员
		潘荣斌(瑶族)	任市中级法院审判委员会委员、审判员
		王怀明	免市中级法院审判委员会委员
		莫大我(壮族)	免市中级法院审判委员会委员
		吴凤鸣	免市中级法院审判员
		孙华生	任市检察院检察委员会委员、检察员
		贾健勇	任市检察院检察委员会委员、检察员
		唐武英(壮族)	任市茅桥地区检察院副检察长、检察委员会委员、检察员
		李大运(壮族)	免市检察院检察员
		刘列格	免市检察院检察员
		冷　君	免市检察院检察员
7月22日	第42次会议	刘　雄(壮族)	任市十二届人大常委会代表资格审查委员会主任委员
		滕云茂(壮族)	任市人大常委会副秘书长
		樊胜坚(壮族)	任市人大常委会法制工作委员会副主任
		钱　健	免市城乡数字化建设办公室主任
		施小申	免市中级法院审判员、审判委员会委员
		陈国庆	批准辞市青秀区检察院检察长
		孙华生	批准辞宾阳县检察院检察长
		贾健勇	批准辞隆安县检察院检察长
		唐武英(壮族)	批准辞马山县检察院检察长
		郭　魏	批准辞市兴宁区检察院检察长
8月30日	第43次会议	黄方方(壮族)	辞市政府市长
		李志勇	辞市政府副市长
		周红波	任市政府副市长、代理市长
		眭国华(女)	任市政府副市长

续表

时 间	会 议	姓 名	任、免、辞职务
9月7日	第44次会议	周家斌	辞市政府副市长
		梁 展(壮族)	任市园林管理局局长
		谢宗务	任市人口和计划生育委员会主任
		胡书文(壮族)	任市城乡数字化建设办公室主任
		邓国付(壮族)	免市园林管理局局长
		黄 海	免市人口和计划生育委员会主任
		施善兵(壮族)	任市中级法院审判委员会委员
		王 莹(女)	任市中级法院审判委员会委员
		黄飞雁(女)	任市中级法院审判委员会委员
		蒋志文	任市中级法院审判委员会委员
		李 秋	免市中级法院审判委员会委员
		李 燕(女)	免市中级法院审判委员会委员
		蒋贤争	免市中级法院审判委员会委员
		吴孟栓	任市检察院副检察长、检察委员会委员、检察员
		韦 穆(壮族)	批准任武鸣县检察院检察长
		王少华	批准任横县检察院检察长
		黎民诚(壮族)	批准任宾阳县检察院检察长
		姜学庆	批准任上林县检察院检察长
		李 栋	批准任马山县检察院检察长
		马 闯(壮族)	批准任隆安县检察院检察长
		王运华	批准任市兴宁区检察院检察长
		林 中	批准任市江南区检察院检察长
		郭 魏	批准任市青秀区检察院检察长
		黄朝科(壮族)	批准任市西乡塘区检察院检察长
		玉明建(壮族)	批准任市邕宁区检察院检察长
		黄 伟(壮族)	批准任市良庆区检察院检察长
		林世雄	免市检察院副检察长、检察委员会委员、检察员
		李晓西	免市茅桥地区检察院副检察长
10月10日	第46次会议	欧维明	免市人大常委会副秘书长
		郭学群	免市人大常委会副秘书长
		何晓莹(女)	任市检察院检察员
		孙海涛	任市检察院检察员
		周 培	任市检察院检察员
		何 芳(女,壮族)	任市检察院检察员
		华 健	任市检察院检察员
		蔡 娟(女)	任市检察院检察员
		张天文	任市检察院检察员
		蒋森林	任市检察院检察员
		韦家锋(壮族)	任市检察院检察员
		江 波(女)	任市检察院检察员
		欧向前(壮族)	任市检察院检察员
		黄东华(女,壮族)	任市检察院检察员
		卓瑞琼(女,壮族)	任市检察院检察员
		陆爱荣(女,壮族)	任市茅桥地区检察院检察员
		刘声剑	任市茅桥地区检察院检察员
		吴倩筠(女)	任市茅桥地区检察院检察员

续表

时　间	会　议	姓　名	任、免、辞职务
10月10日	第46次会议	邓　眉(女)	任市茅桥地区检察院检察员
		兰志才(壮族)	免市检察院副检察长、检察委员会委员、检察员
		李荣爱(壮族)	免市检察院检察员
		唐武英(壮族)	免市茅桥地区检察院副检察长
11月16日	第十三届人大常委会第2次会议	刘志烈(壮族)	任市政府秘书长
		农　冰(壮族)	任市发展和改革委员会主任
		陈世平	任市工业和信息化委员会主任
		施日全(壮族)	任市教育局局长
		覃永武(壮族)	任市科学技术局局长
		苏志刚(壮族)	任市民族事务委员会主任
		廖洪涛	任市公安局局长
		佘仲远	任市监察局局长
		苏绍荣	任市民政局局长
		蓝树源(壮族)	任市司法局局长
		李　宁(女)	任市财政局局长
		张自英(女)	任市人力资源和社会保障局局长
		黄建宁(女)	任市环境保护局局长
		郭维宁	任市城乡建设委员会主任
		封　宁	任市规划管理局局长
		杨玉山	任市城市管理局局长
		冯炳浩	任市住房保障和房产管理局局长
		梁　展(壮族)	任市园林管理局局长
		李　耕	任市交通运输局局长
		叶　盛	任市水利局局长
		唐波文(壮族)	任市农业局局长
		陈咸华	任市林业局局长
		周异助(壮族)	任市商务局局长
		蒙文虎	任市文化新闻出版局局长
		汤晓斌	任市卫生局局长
		彭　明	任市食品药品监督管理局局长
		谢宗务	任市人口和计划生育委员会主任
		边作新	任市审计局局长
		魏永泉	任市广播电影电视局局长
		梁桦中	任市体育局局长
		夏　成	任市安全生产监督管理局局长
		黄南方(壮族)	任市统计局局长
		黄永久	任市旅游局局长
		覃善开(壮族)	任市粮食局局长
		李伟时	任市投资促进局局长
		邓卫民	任市外事侨务办公室主任
		范卫东	任市法制办公室主任
		邱全芳	任市人民防空办公室主任
		章思源(壮族)	任市扶贫开发办公室主任
		胡书文(壮族)	任市城乡数字化建设办公室主任
		黄忠益(瑶族)	免市中级法院审判员

南宁市人民政府

重要会议

【市十二届人民政府第五次全体（扩大）会议】 2011年2月16日在市委、市政府会议中心召开。会议讨论通过拟提请市十二届人民代表大会第九次会议审议的《南宁市国民经济和社会发展第十二个五年规划纲要（草案）》、《政府工作报告》。会议认为，“十一五”期间全市经济社会保持又好又快发展，成绩显著。地区生产总值、农林牧渔业总产值、全部工业总产值、财政收入、全社会固定资产投资、社会消费品零售总额、出口总额等18个指标实现翻一番以上；广西首善地位和城市首位度不断提升。会议强调，2011年全市经济社会发展的总体要求是：以推动科学发展、加快发展、率先发展、和谐发展为主题，以加快转变经济发展方式为主线，着力调结构、扩内需、惠民生、促和谐，深入开展“项目建设年”、“发展环境建设年”、“党组织建设年”三个主题活动，继续打好五场攻坚战，保持经济社会又好又快发展势头，实现“十二五”良好开局。会议明确，为完成《政府工作报告》提出的预期目标，要抓好九个方面工作：一是务实推进“项目建设年”和“发展环境建设年”活动，保持投资对经济增长的强劲拉动；二是务实推进五场攻坚战，确保重点领域发展取得新突破；三是务实推进服务业发展，进一步扩大消费需求；四是务实推进“三农”（农业、农村、农民）工作，加快建设农村美好新家园；五是务实推进城建和节能减排工作，加快建设现代生态宜居城市；六是务实推进民生工作，加快建设社会和谐稳定模范市；七是务实推进文教体卫等工作，加快提升城市文化软实力；八是务实推进开放合作，加快发展开放型经济；九是务实推进改革创新，加快完善科学发展体制机制。

【市十二届人民政府第六次全体（扩大）会议】 2011年10月8日在市委、市政府会议中心召开。会议讨论通过拟提请市第十三届人民代表大会第一次会议审议的《政府工作报告》。会议强调，在新的发展阶段，各级各部门各单位要统筹处理好长远目标和近期工作、经济社会发展与利益合理分配、城乡统筹协调发展、人与自然和谐发展四种关系，切实增强执行能力、创新工作方法、提高行政效能、坚持勤政廉洁，狠抓项目、基础设施和城市建设、产业发展、城乡统筹发展、民计民生五项工作重点，抓好落实目标任务，确保各项工作顺利完成。

【市十三届人民政府第一次全体（扩大）会议】 2011年11月16日在市委、市政府会议中心召开。会议认真贯彻落实自治区第十次党代会和市第十一次党代会精神及市十三届人大一次会议精神，研究部署新一届政府工作。会议强调，站在新起点，新一届政府要珍惜南宁发展的大好局面，正确认识面临的困难和挑战，抢抓加快发展的机遇，进一步增强推动首府现代化建设新跨越的责任感和使命感；面对新任务，把项目建设作为强大支撑，把转方式调结构作为重要战略，把统筹城乡发展作为有效途径，把加强城市规划建设管理作为有力保障，把加强生态文明建设作为重要着力点，把坚持开放合作作为重要平台，把加强和创新社会管理作为重要抓手，进一步落实首府现代化建设新跨越的措施和要求；为实现新目标，解放思想、强化素质、求真务实、树立形象，进一步提高服务首府现代化建设新跨越的能力和水平。

【政府常务会议】 2011年，市政府召开常务会议28次，审议议题247个，确定事项247项；听取专题汇报1次。主要内容有：审定《南宁市人民政府2011年政府立法工作计划》、《南宁市政府系统网络热点信息处置暂行办法》、《南宁市城市管理相对集中行政处罚实施办法》、《南宁市关于推进可再生能源建筑应用的实施意见》、《南宁市开展增强公共信息服务能力建设工作方案》、《南宁市安全生产目标管理奖惩考核暂行办法》、《关于南宁—东盟经济开发区升级为国家级开发区的请示》、《南宁市全面推进依法行政建设法治政府五年规划（2011~2015年）》、《南宁市城市居民低收入家庭收入核对暂行办法》、《南宁市贯彻国家、自治区中长期教育改革和发展规划纲要实施方案(2010~2020年)》、《南宁市国有划拨土地使用权出租收益金收取标准》、废止市政府及市政府办公厅部分规范性文件问题、《南宁市进一步加快保障性安居工程建设若干规定》、《南宁市房地产市场调控工作约谈问责制度》、《南宁市轨道交通工程施工图变更管理办法》、《南宁市人民政府关于将部分城市管理行政处罚权划归城市管理综合行政执法机关行使的通知》、《南宁市人民政府关于加强民办幼儿园管理工作的意见》、《南宁市人民政府关于加快普及学前教育的实施意见》、《南宁市九年义务教育适龄儿童少年入学办法》、《南宁市城市社区卫生服务机构设置规划(2011~2015年)》、《南宁市集体林权制度配套改革实施方案》、《南宁市发展总部经济专项资金管理暂行办法》、《南宁市“十二五”住房保障规划》、《南宁“十二五”口岸发展规划》、《南宁市政府投资工程预选承包管理办法》、《南宁市政府投资工程合理定价评审抽取定标法办法》、《南宁国家高技术生物产业基地综合实施园区布局规划(2010~2020年)》、《南宁国家高技术生物产业基地生物能源核心区规划（2010~2020年）》、《南宁国家高技术生物产业基地生物医药核心区规划(2010~2020年)》、《全市进一步推进食品安全整治行动工作方案》、《南宁市安全生产“十二五”规划》、《南宁市鼓励高新技术企业进入代办股份转让系统的暂行办法》，《南宁市加快旅游业发展的若干规定》、《南宁市城市智能交通系统建设工程“十二五”规划》、《南宁市工业用地公开出让管理若干规定》、《南宁市推进餐厨废弃物资源化利用和无害化处理试点城市建设实施方案》、《南宁市防范和打击非法集资宣传教育规划纲要(2011~2015年)》、《南宁市中小企业信用担保资金管理暂行办法》，《南宁市创新计划(2011~2015年)实施方案》，《南宁市关于统筹城乡改革促进土地管理工作的实施意见（试行）》、《南宁市“十二五”菜篮子产业发展规划》、《南宁市关于统筹城乡改革推进城乡商品市场体系一体化的实施意见》、《南宁市档案事业发展“十二五”规划》、《南宁市进一步加强消防工作的意见》、《南宁市民办教育管理办法》、《建立社会救助和保障标准与物价上涨挂钩联动机制实施方案》、《南宁市工业和信息化发展“十二五”规划》、《南宁市城市居民最低生活保障办法》，《南宁市突发事件应急体系建设“十二五”规划》、《南宁市专利申请和发明专利授权资助及专利贡献奖励实施暂行办法》、《南宁市“十二五”循环经济发展规划》、《南宁市少数民族事业发展“十二五”规划》、《南宁市环境保护“十二五”规划》，《南宁市关于统筹城乡改革推进城乡社会保障一体化发展的实施办法》、《南宁市政府信息公开制度（试行）》等一系列政府信息公开工作制度、《南宁市“十二五”低碳经济发展规划》、《南宁市城乡医疗救助办法》、《南宁市人力资源和社会保障发展“十二五”规划》和《南宁市劳动用工备案管理办法》等。

审议《关于加快推进城市轨道交通建设的若干意见》、《关于统筹城乡改革推进城乡一体化发展的实施意见》、2011年《政府工作报告》、2011年南宁市20项为民办实事工程、《南宁市2010年国民经济和社会发展计划执行情况与2011年国民经济和社会发展计划草案报告》、《南宁市全市与市本级2010年预算执行情况和2011年预算草案的报告》、《南宁市统筹城乡综合配套改革实施方案》、《南宁市重大行政决策实施后评估办法（草案）》、《南宁市2011年经济发展主要目标责任分解表》、《南宁市2011年全社会固定资产投资目标部门责任分解表（按行业）》、《2011年南宁市投资促进工作和活动指导意见》、《南宁综合保税区开发建设工作方案》、《首府南宁2011年创建全国文明城市实施方案》、《南宁市中小学校布局调整规划与实施方案（2010~2020年）》、《南宁市“十二五”城乡风貌改造规划》、《南宁市农业产业化市级重点龙头企业申报认定和运行监测管理办法》、《南宁市铁路项目建设土地出资初步方案》、《南宁市人民政府关于进一步明确市区经营性土地出让收益分配有关问题的通知》、《南宁市教育体制改革五项任务和教育发展十大工程总体方案（2011~2015年）》、《中共南宁市委　南宁市人民政府关于坚决制止和查处违法用地违法建设的决定》、《南宁市推进城镇化跨越发展工作方案》、《南宁市防震减灾第十二个五年规划》、《南宁市文化市场综合执法改革实施方案》、《中共南宁市委南宁市人民政府关于加快水利改革发展的实施意见》、《南宁市饮食服务业环境保护管理办法（草案）》、《南宁市轨道交通一号线沿途车站名称命名方案》、《“发展社区教育　促进学习型城市建设”实施方案》、《南宁市教育事业“十二五”发展规划》、《南宁市“十二五”科学技术发展规划》、《南宁市调整部分城区街道（镇）行政区划方案》、《南宁市成立决策咨询委员会工作方案》、《南宁市城乡规划管理条例（修订草案）》、《关于进一步加快农业产业化发展的决定》、《关于开展“十二五”招商引资项目大兑现工作的实施方案》、市地方性法规中有关行政强制规定清理结果问题、《南宁·中国—东盟国际商务区商务联络部（办事处）管理暂行规定》、《南宁市公路水路和城市公共交通“十二五”发展规划》、《南宁市“十二五”文化发展规划》、《关于在全市公民中开展法制宣传教育的第六个五年规划》、《南宁市五象新区土地收购储备初步计划》、《南宁市五象新区双百项目（百项重点基础设施项目、百项重点产业项目）实施方案》、《西大明山自然保护区（隆安县）面积和界线确定方案》和《南宁市人民政府关于优先发展城市公共交通的意见》等。

讨论南宁公交驾驶员缺口问题、《南宁市人民政府关于南宁市推广应用水煤浆实施意见》、《南宁市人民政府办公厅关于南宁市扶持中小企业信用担保机构发展的意见》、《南宁市乡镇圩亭市场三年改造提升实施方案》、国有土地上房屋征收与补偿新旧政策衔接问题、出台南宁保税物流中心优惠政策问题、《南宁市城市建筑垃圾管理办法（修订草案）》、《南宁市城市管理“十二五”发展规划》等。

【市政府工作会】 2011年，市政府召开工作会21次，研究议题87个，确定事项87项；听取专题汇报11次。主要是：审定《南宁市2011年珠江禁渔期制度实施方案》、广西郁江老口航运枢纽工程CDM（清洁发展机制）开发问题、《南宁市人民政府应急指挥中心建设方案》、《南宁市人民政府关于进一步加强我市旧城区改建工作的意见》、将南宁市2011年旧城区改建项目计划（第一批）列入市国民经济与社会发展年度计划的问题、《大王滩水库水面综合整治方案》，聘请立法咨询员问题、《关于加快推进南宁市再生资源回收利用体系建设试点工作方案》、《南宁市城市管理综合行政执法考核办法》、《南宁市进一步加强城市生活垃圾处理工作实施方案》、建设中国—东盟（南宁）文化新闻传播中心问题、南宁市粮食仓储设施建设问题、《关于在工程建设活动中加强地质灾害防治管理的通知》、《南宁市2012年城市建设项目投资计划（第一期）》和《南宁市国有土地上房屋征收与补偿暂行办法》等。

审议《关于南宁市部分道路实施单向交通组织的工作方案》、《关于全面完成2011年度南宁市保障性安居工程建设目标任务的实施方案》、《2011年南宁市防震减灾工作实施方案》、《限价销售猪肉、食用油和平价粮油方案》、《关于设立城市轨道交通建设发展专项资金的通知》、《南宁市市区划拨土地使用权价款最低标准规定》、《南宁市分担铁路建设项目地方配套资金的筹融资方案》和讨论南宁市城建项目资金筹措有关问题等。

听取南宁·中国—东盟国际商务区12国园区商业街扶持政策编制工作汇报、全市保障性安居工程建设工作汇报、南宁市消防工作汇报、2010年市民环保满意率下降有关问题的汇报、南宁市中心城区农贸市场调研情况的汇报和南宁市公共服务呼叫中心运行情况汇报等。

【市长例会】 2011年，市政府召开市长例会13次，研究政府工作13次；研究议题1个，确定事项1项；听取专题汇报2次。审定《南宁市蔬菜应急采购调运专项资金管理暂行办法》；听取市水利工作汇报、贯彻落实自治区五象新区规划建设暨文化产业城体育产业城现场办公会精神工作建议的汇报等；学习《中共中央　国务院关于加快水利改革发展的决定》。

【市科学技术表彰奖励大会】 2011年1月12日在市委、市政府会议中心召开。大会对在创建“全国科技进步先进市”和“国家科技进步示范市”工作中作出突出贡献的10个先进单位，148名先进个人、获“2010年度南宁市科学技术进步奖”的39项科技成果、5名获“2010年度南宁市科技种养大王”和15名获“2010年度南宁市种养能手”称号的个人进行表彰奖励。会议强调，2010年南宁市科技工作成绩显著，被确定为“国家创新型试点城市”和“建设创新型国家十大发展模式贡献城市”；2011年全市科技工作要开创新局面，深入推进“国家科技进步示范市”建设和实施人才战略，认真抓好“国家创新型试点城市”建设，促进科技成果转化、提高自主创新能力和发展民生科技，要营造有利于科技创新的良好环境。

【城市交通综合治理工作会议】 2011年1月15日在市政府19楼会议室召开。会议对公安交警、交通、规划、建设、城管、财政、发改等部门提交的调研成果和措施建议进行研究，分析市交通拥堵症结，研究、部署交通综合整治工作。会议明确，为缓解局部路段和高峰时段交通压力，一是从规划建设管理着手，研究制定城市交通拥堵标本兼治的政策、规划、计划、方案和措施。二是启动“南宁市综合治理城市交通拥堵行动月”专项行动。突出加强快速环道交通管理、规范货运车辆管理、缩短交通事故现场车辆滞留时间、严厉整治“三车”(摩托车、运营人力三轮车、运营残疾人专用车)、制止出租车随意停车上下客、严管机动车停放、暂停审批占道施工作业等。三是解决市公安局交警支队警力不足的问题。四是调研论证开展城市主干道禁止左转弯试点,在合理保留车辆进出口的前提下,对民族大道沿线路口禁止机动车左转弯,提高民族大道行车速度和通行效率。五是加强全市路网建设的统筹规划,集中建设改造一批小街小巷,纳入2011年为民办实事项目。六是市直相关部门协调配合,突出解决市区停车难的问题。七是优化公交站点布局,避免公交站点设计过于靠近路口。八是对城市重要的主干道和关键路段要实施特别严格管理,设立道路交通“严管街”,发挥城市交通管理示范效应。

【全市教育工作会议】 2011年3月2日在市委、市政府会议中心召开。会议传达贯彻2011年全国、自治区教育工作会议精神,总结南宁市“十一五”教育工作,谋划和部署“十二五”教育改革发展。会议要求,2011年南宁市要确保小学适龄儿童入学率达到99%以上,初中适龄少年入学率达98%以上,小学、初中辍学率分别控制在1%和3%以内,义务教育巩固率在90%以上。扎实推进职业教育攻坚,加快发展普通高中教育,抓好学校布局调整改革试点,加快推进城区中小学校项目建设,强力推进小区配套学校建设工作,加强教师队伍建设,推进体制机制改革,全力维护学校安全稳定。会议强调,各级各部门要把教育摆在优先发展的战略地位,科学谋划,优化资源配置,尤其是对学前教育、义务教育、高中阶段教育和学校布局结构调整进行科学规划。管好用好教育经费,强化督查,确保各项任务得到落实。

【全市水利工作会议】 2011年3月3日在市委、市政府会议中心召开。会议学习贯彻全国、自治区农村、水利工作会议精神,全面回顾过去五年全市水利工作。“十一五”时期,全市完成水利投资46.13亿元,新建成防洪堤6.80千米,实施265座病险水库除险加固,解决131.91万农村人口饮水安全问题;加大农田水利基础设施建设,实施渠道防渗1410.22千米,新增灌溉面积4580公顷、恢复有效灌溉面积1.37万公顷,改善灌溉面积6.86万公顷,灌区灌溉有效利用系数提高到0.42。会议明确2011年水利建设主要工作目标任务,计划总投资12.48亿元,实施病险水库除险加固100座,其中年内完成70座;解决27万农村人口饮水安全问题;完成渠道防渗500千米,新增、恢复、改善灌溉面积9466.67公顷;开工建设中小河流治理项目6个,其中年内完成3个;治理水土流失面积20平方千米;继续推进建设邕宁区防洪堤工程、石埠堤防洪工程建设;实施其他小型农田水利工程建设90个。12个县(区)向市政府递交2011年南宁市水利建设任务责任状。

【全市保障性安居工程工作会议】 2011年4月14日在市委、市政府会议中心召开。会议总结2010年全市保障性安居工程完成情况,全面部署2011年各项工作任务。会议认为,2010年南宁市保障性安居工程建设任务圆满完成,处于自治区的领先地位。2011年自治区政府下达南宁市保障性安居工程建设任务总量为3.65万套,新开工3万套。会议明确,全市将不断完善多层次住房保障体系,大力发展公共租赁住房,继续建设廉租住房,合理控制经济适用住房供应规模,适当推出限价商品房,加快推进棚户区和直管公房改造,加大拆迁安置房和农村危房改造力度。重点抓好四项保障措施:一是抓好项目土地供应;二是抓好资金筹措;三是抓好工程质量;四是抓好后期使用管理。会议强调,保障性安居工程建设规模增大,必须按照“目标、任务、资金、责任”四到位的总体要求,做好项目落实、政府投入力度、满足土地供应需求、项目规划设计等前期工作,确保工程建设顺利推进;强化项目监管,确保保障性安居工程规范管理运营,让社会信服,让群众满意;强化组织领导,严格落实责任,各县(区)、各责任单位要立即成立相应的工作机构,负责组织落实安居工程建设的各项工作,把推进保障性安居工程建设作为政府“一把手工程”,坚决抓好落实。会议还对上年市住房保障工作先进单位、集体和个人进行表彰。市政府与各县(区)、开发区和有关部门签订2011年度保障性安居工程责任状。

【全市环保工作会议】 2011年4月29日在市委、市政府会议中心召开。会议回顾全市“十一五”环保工作,对“十二五”环保工作进行部署。会议认为,“十一五”以来,南宁市城市空气质量优良率一直保持在95%以上;南宁市水环境功能区按国家重点城市定量考核标准水质达标率均保持100%;全面完成各城区噪声达标区创建工作,市区噪声达标区覆盖率达到95%。会议指出,“十二五”南宁市环保工作的主要目标是:到2015年,生态文明示范区建设取得初步成效,主要污染物排放总量明显减少,环境质量保持良好,环保能力建设达到国家标准要求,环境保护优化经济发展作用更加明显,化学需氧量、二氧化硫、氨氮、氮氧化物排放总量控制在国家和自治区下达的指标范围内,力争使“中国绿城”“中国水城”双品牌形象更加突出,建成国家环境保护模范城市,基本实现生态城市建设目标,力争率先建成广西生态文明示范区。“十二五”时期南宁市环保工作计划实施11类122个建设项目,总投资439.47亿元。

重大决定

【稳定消费价格总水平】 2011年1月4日,市政府出台《稳定消费价格总水平保障群众基本生活实施意见》。内容包括:1.统一思想,提高认识,加强对稳定消费价格总水平、保障群众基本生活工作的领导。2.大力发展农业生产,认真落实中央和自治区扶持发展农业生产的各项政策措施,切实抓好粮食、蔬菜、生猪等商品的生产。3.有关职能部门各司其责,稳定市场供应。4.切实做好煤电油气运协调工作,确保冬春季能源供应;保障城乡居民生活和企业正常生产的电力供应,不得随意拉闸限电。5.规范收费行为,降低农产品流通成本。6.加强对粮、油、肉、禽、蛋、奶、蔬菜、水果、瓶装液化石油气等居民生活必需品的产销、供求和价格变动监测、预警预报和信息发布。7.要采取切实措施,以经济、法律手段及必要的行政手段,进一步建立和完善价格调控机制。8.继续抓好粮、油、肉、禽、蛋、奶等食品的市场监督检查和市场巡查,严厉打击捏造散布涨价信息、相互串通、哄抬价格、囤积居奇等价格违法行为。9.建立城市居民消费价格总水平及主要食品价格月度通报制度。10.审慎出台政府调价项目,在2011年春节前原则上不审批新的政府调价项目。11.加大清费降价工作力度。12.建立和完善社会救助和保障标准与物价上涨挂钩的联动机制。13.正确引导社会舆论，对恶意炒作，误导群众的行为要进行严肃处理并公开曝光；及时向社会宣传各级政府宏观调控的政策措施和成效，把握舆论导向，引导居民理性消费，避免盲目抢购、囤积等消费行为。

【市国民经济和社会发展第十二个五年规划纲要】 2011年5月23日，市政府出台《南宁市国民经济和社会发展第十二个五年规划纲要》。

总体要求：高举中国特色社会主义伟大旗帜，以邓小平理论和“三个代表”重要思想为指导，深入贯彻落实科学发展观，全面贯彻党的十七大、十七届五中全会，自治区党委九届十三次全会以及市委十届十二次全会的精神，顺应全市各族人民过上更好生活新期待，以推动科学发展、加快发展、率先发展、和谐发展为主题，以加快转变经济发展方式为主线，深入实施西部大开发战略和“富民强桂”战略，加快推进工业化、城镇化、信息化、市场化、国际化，更加注重深化开放合作、加快构筑内陆开放型经济战略高地，更加注重打造“三基地三中心”（区域性物流基地、商贸基地、加工制造基地，国际综合交通枢纽中心、信息中心、金融中心）、加快构建现代产业体系，更加注重完善基础设施和改善生态环境、加快建设现代宜居城市，更加注重统筹城乡发展、加快推进城乡一体化进程，更加注重保障和改善民生、加快促进基本公共服务均等化，努力保持经济长期平稳较快发展和社会和谐稳定，加快建设区域性国际城市和广西“首善之区”，为在自治区率先实现全面建设小康社会目标奠定坚实的基础。

发展目标：经过“十二五”时期的持续快速发展，南宁市综合实力将显著增强，城市综合竞争力明显提高，经济总量占自治区的比重继续提升，“三基地三中心”建设成效更加显著，区域中心城市地位更加凸显，中国—东盟合作交流平台更加完善，中国绿城、中国水城城市形象更加突出，城市更加宜居，社会更加和谐，开放型经济战略高地架构基本确立，区域性国际城市和广西“首善之区”中期目标基本实现，在自治区率先实现全面建设小康社会目标的基础更加坚实。

主要内容：构筑内陆开放型经济战略高地；构建现代产业体系；完善现代化基础设施；加快城乡协调发展；创建生态文明示范区；建设创新型南宁；提升文化软实力；加强保障和改善民生；促进社会和谐稳定；深化体制改革。

【市政府重大行政决策程序规定】 2011年8月12日，市政府出台《南宁市政府重大行政决策程序规定》。内容包括：市、县、区人民政府的重大行政决策程序，适用本规定；重大行政决策应当遵循科学、民主和合法的原则，实行公众参与、专家咨询、风险评估、合法性审查和集体决定相结合的行政决策制度；政府重大行政决策定义；规定适用范围；决策程序；决策事项、决策结果应当依法公开；在作出事关经济社会发展和人民群众切身利益的重大决策前，决策起草部门应当对决策事项的现状、存在问题进行调查研究，全面、准确掌握决策所需的有关情况，并对决策的合法性、必要性、可行性及决策对社会稳定的影响等方面作出风险评估；制定决策应当广泛听取意见，遵循一般程序；在作出决策前应采取直接面向社会公众公开听取、收集行政管理相对人和社会公众意见和建议的活动；法律、法规、规章规定应当听证的决策，及涉及重大公共利益、群众切身利益的决策应当召开听证会；对涉及经济社会发展全局、影响经济社会长远发展和社会稳定的决策事项以及专业性较强、技术含量高的决策事项应当咨询专家意见；决策草案提请政府审议前，应当经决策起草部门的法制机构进行合法性审查，并经决策起草部门领导集体讨论通过；决策草案应当经政府全体会议或者常务会议审议决定，不得以传阅会签或者个别征求意见等形式代替集体议事和会议表决；公民、法人或者其他社会组织有权监督决策的制定和执行工作，可以向政府、决策起草部门、决策执行部门提出意见或者建议；决策责任追究适用情况等。

【五象新区双百项目建设】 2011年12月19日，市政府出台《南宁市五象新区双百项目建设工作方案》。

目标：按照“一年新面貌、五年新突破、十年新跨越”的总体要求，高起点规划，高标准建设，高强度投入，通过全面加快“双百重点项目”实施，大力推进各功能区建设，完善基础设施，发展新兴产业，建设以文化产业为引领、打造文化体育产业和总部经济为主导、现代服务业和先进制造业快速协调发展的现代生态宜居新区。在确保2011年五象新区开发攻坚战投资完成60亿元目标的基础上，2012年五象新区“双百重点项目”建设全面启动，基础设施项目建设按计划实施，中国—东盟国际物流基地、总部基地、“三馆三街”（广西城市规划展示馆，广西美术馆、广西铜鼓博物馆，金融街、文化街、民族风情街）建设顺利推进，新区主干路网基本形成，广西文化产业城、广西体育产业城、龙象谷、台湾健康产业城等顺利启动，核心区建设加快，其他区域开发建设稳步实施。到2015年，新区基础设施基本完善，产业发展基础初步形成；核心区形成规模，“三馆三街”全面建成，广西体育产业城、广西文化产业城、龙象谷、台湾健康产业城、总部基地、中国—东盟国际物流基地等重点板块建设深入推进并取得实质性进展，初步形成发展规模，新区开发建设实现新突破。到2020年，五象新区交通、文化、体育、教育、医疗、金融、购物等方面设施基本完善，七大板块基本建成，形成功能完善、设施一流、生态良好、特色鲜明、功能突出、魅力彰显的现代化新区，实现再造一个新南宁的目标。

任务：百项重点基础设施项目方面，总投资1190亿元，主要实施主干道路、重要次干路、跨江桥梁等总投资超亿元的重大市政基础设施项目和急需重点推进的重大教育、卫生项目建设；百项重点产业项目方面，总投资1600亿元，主要结合七大重点板块和蟠龙片区、龙岗片区、玉洞片区发展，重点推进对新区开发建设具有重大意义、总投资超亿元的文化体育产业、总部经济、现代服务业和先进制造业重大项目。

措施：一是加强组织领导，建立完善工作协调机制。充分发挥五象新区开发建设指挥部的协调功能，进一步完善五象新区建设的自治区、南宁市两级工作协调机制；实行市领导联系工作机制，对新区“双百重点项目”，分别落实市四家班子领导及“两院”、公安局主要领导对口联系和牵头推进。二是明确任务，落实工作责任。将“双百重点项目”分解落实到各单位，各主管部门和项目业主明确目标、明确责任要求，狠抓工作落实。三是尽快完善规划，加强各类规划衔接。坚持科学发展、解放思想、更新观念、统筹协调、人与自然和谐、全面开放的原则，做好交通、新区地下管网、重大基础设施和公共服务设施、七大板块等各专项规划。四是加大资金投入，创新筹融资机制。加大市财政投入力度，设立五象新区建设发展专项资金，市本级财政预算安排的城市建设资金要重点向新区基础设施重点项目倾斜;深化银政企合作,深入研究融资平台公司实现良性发展问题,促进平台公司"有良好现金流,有有效资产抵押",争取银行对融资平台公司和"双百重点项目"的信贷投入;积极探索市场化直接融资渠道,推进BT、BOT等多种方式融资;积极引进社会资金参与新区建设,鼓励和引导民间资本参与新区基础设施、基础产业、社会事业项目及其他公益性项目的开发建设。五是破解征地拆迁难题,确保项目有序推进。将用地指标倾斜安排在五象新区,力争优先将更多新区项目纳入自治区层面统筹推进重大项目、重大民生工程。坚持"先安置后征地拆迁"的政策原则,创新五象新区安置新模式,引入商业开发,突破回建房和三产用地建设难点;做好征地拆迁及群众思想工作,组织好被征地(失地)群众参加基本养老保险,妥善处理历史遗留问题和债权债务问题、被征地农民的临时周转过渡等问题。加大对违法建设的打击力度,实现制止违建、抢建工作常态化、制度化。六是全力以赴,加快项目前期工作。优化和加快"双百重点项目"审批程序,加快项目审批;落实"双百重点项目"前期工作责任制。七是加强招商引资,促进项目落地。突出五象新区重点招商区域,主攻相关重点产业和重大项目,充分发挥"两会一节"等各种平台作用,根据七大重点板块功能区分,围绕主导产业大力开展招商引资,培育和发展相关产业,加快引进文化体育产业等相关产业项目,形成集群效应;尽快吸引各类总部企业入驻,发挥区位优势,承接产业转移;深化区域合作内涵,全面加强与"北钦防"为重点的区内合作,全面提高区域合作成效,加快向南发展;加快办理项目落地有关前期手续,解决不同性质项目供地有关程序问题,促进项目尽快落地。八是强化绩效考核,加大督查力度。将五象新区"双百重点项目"年度目标和工作开展情况纳入年度绩效考核范围,建立定期检查、通报、督办制度,做到全程跟踪,有奖有罚。

【南宁市循环经济发展"十二五"规划】 12月19日,市政府出台《南宁市循环经济发展"十二五"规划》。

原则:坚持重点突破与整体推进相结合的原则;坚持开发节约并重,节约优先的原则;经济、社会和生态效益相结合的原则;政策引导与市场主导相结合的原则;科技创新与制度创新相结合的原则。

目标:力争到2015年,建立起循环型农业、工业、服务业产业体系,再生资源回收体系得到完善,生态环境得到明显改善,资源产出指标、资源消耗指标、资源与废物综合利用指标、"三废"减排指标在2010年基础上实现重大进展,公众节约意识、发展循环经济、建设节约型社会的自觉性进一步提高,把南宁建设成为国内发展循环经济的市级示范区和建设循环型社会的创新城市。

任务:发展以循环型种植业、循环型林业、循环型畜牧业、循环型水产业、循环型农产品加工业、农村可再生能源利用、农村循环型社区建设为主要内容的循环型农业;建设以推进清洁生产和工业废物综合利用、促进产业融合和产业链构建、发展循环型新兴产业、发展循环型产业园区为主要内容的循环型工业;加强以创建国家环保模范城市和生态文明示范区、发展循环型城市、发展循环型物流业、发展生态旅游业、发展循环型现代商贸业、餐饮住宿业、加快循环经济网络信息系统建设、完善环保产业服务体系为主要内容的循环型社会体系建设。

重大活动

【国家电子商务示范城市暨西南特色民族药物开发国家地方联合工程研究中心揭牌仪式】 2011年12月7日,在市委、市政府会议中心举行。市长周红波、自治区发展和改革委党组书记章远新为南宁市"国家电子商务示范城市"揭牌;常务副市长吴炜、自治区发改委副主任潘文峰为"西南特色民族药物开发国家地方联合工程研究中心"揭牌。南宁成为全国首批21个"国家电子商务示范城市"之一,是自治区惟一获得该称号的城市;"西南特色民族药物开发国家地方联合工程研究中心"是目前中国西南民族药物开发惟一一个国家级研究平台,也是南宁首个医药类国家级工程研究中心。

【"全国文明城市"二连冠暨获"国家卫生城市"迎匾仪式】 2011年12月22日在市委、市政府大院广场举行。自治区党委常委、市委书记陈武,市长周红波出席仪式并作讲话。市委副书记刘长林主持迎匾仪式。市四家班子主要领导,各城区、开发区领导,创城指挥部负责人和各成员单位代表,环卫清洁工人、志愿者代表等共同迎匾。"全国文明城市"是全国城市综合荣誉的最高奖项。

【20件为民办实事项目实施】 2011年,南宁市把为民办20件实事列为重点项目,跟踪督办,明确职责,抓好落实,完成75个子项目的工作任务。1. 扩大城镇职工、城镇居民基本医疗保险覆盖面,城镇居民、城镇职工基本医疗保险的参保人数分别为95.18万人、71万人,参保率分别为93.17%、99.16%,参加城镇居民基本医疗保险人员的补助标准提高到年人均200元。新型农村合作医疗保险参合人数486.64万人,参合率94.42%,补助标准每人每年200元。实施基本公共卫生服务项目,为城乡居民免费提供建立居民健康档案、健康教育、预防接种、传染病防治、儿童保健、孕产妇保健、老年人保健、慢性病管理、重性精神疾病管理等九类基

12月7日,市长周红波(左)、自治区发改委党组书记章远新(右)为南宁市"国家电子商务示范城市"揭牌 周 旋提供

本公共卫生服务，人均基本公共卫生服务经费标准提高到25元。实施艾滋病防治攻坚工程，累计接诊孕产妇10.54万人，检出艾滋病阳性产妇117人，全部享受部分住院费用减免待遇，13人申请艾滋病职业暴露专项资金，接受艾滋病抗体筛查检测的收教人员79人，检出阳性病例1例；有8家医疗单位通过自治区卫生厅艾滋病检测筛查实验室资格评审，并批准正式运行。实施地中海贫血防治工程。救助贫困危重孕产妇741人。救助贫困肺结核患者1665人，完成任务111%，所有项目病人均享受市政府提供的免费检查和治疗，病人二月末好转率95.60%。2.进一步扩大城镇基本养老保险覆盖面，全市新增城镇基本养老保险人员6.38万人，完成任务303.73%；新增工伤保险人员8.54万人，完成任务170.86%。将符合条件的老工伤人员按规定全部纳入工伤保险统筹管理，已登记录入的老工伤人员910人，纳入工伤保险统筹管理573人。实施武鸣县农村新型社会养老保险试点工作。城市低保月人均补助标准提高到197元，农村低保月人均补助标准提高到77元。全市建成62个农村五保村。12月13日，全市六城区社会保险经办分支机构已经对外办公。各县职工失业保险待遇已提高到市级水平。完成在7个社区居家养老服务站建立"社区日间照料中心"任务，其中新建3个，改扩建4个。3.补助县(区)300万元实施城镇保障性安居改造。实施农村危房改造三期工程，投资5.44亿元完成农村危房改造1.50万户。为100万户农户提供农房政策性保险保障。新开工廉租房建设3130套，开工率104.33%，其中106套已交付使用；续建廉租住房3192套，开工率102.97%；实施廉租住房保障3.15万户，完成任务126.16%；公共租赁房开工建设4598套，完成任务114.95%；续建开工公共租赁房1550套，开工率100%。4.安排义务教育经费投入3.06亿元，全市九年义务教育巩固率93%，比上年提高8个百分点。完成2010年度中小学校舍安全工程中央和自治区资金项目151个。2011年度中小学校舍安全工程中央和自治区资金安排续建项目142个，目前除个别项目因无法安置学生而无法实施加固外，已开工项目104个。发放全市农村义务教育阶段经济困难寄宿生生活补助1.27亿元。安排专项经费4816.67万元，为上林县、马山县、隆安县义务教育阶段公办学校13.40万名学生提供免费营养午餐。为普通高中学生免除学费1497.76万元、3.27万人次。免除符合条件学生学费2043.06万元、2.15万人次。给具有中等职业学校全日制正式学籍的在校一、二年级所有农村户籍学生和县镇非农户口学生及城市家庭经济困难学生发放助学金3782.25万元、18万人次。资助中等职业学校特定专业学生第三学年生活费、发放春季学期特定专业第三年生活费171.45万元、2286人。落实自治区中等职业教育奖学金政策，发放奖学金217.40万元、1087人。资助考上大学的困难新生路费和短期生活费144.30万元、3342人。资助家庭经济困难的大、中、小学生1200万元、1.30万人。投资2725万元，完成各县(区)、开发区公办幼儿园建设。5.完成全市63个村级公共服务中心建设项目，完成率100%。全市投入经费311.30万元，送电影到乡村1.73万场，完成任务103%，观众364.04万人次。投入经费238万元，扶持村屯、社区文艺队演出3333场，完成任务120%。全市完成演出102场，完成任务100%，观众10.36万人次。6.完成32个乡镇建成区的绿化，完成率100%，绿化面积48.23公顷，种植绿化大苗4.37万株；50个村屯绿化完工53个，种植绿化大苗2.91万株，面积43.79公顷。通道绿化落实土地131.30千米，完成任务100%，完成绿化131.30千米，完成任务100%。投资4940.20万元，完成沼气池建设1.04万座，完工率100%。基本建成开放体育休闲公园、凤岭儿童公园、五象新区滨江公园、青秀湖公园；启动建设邕江滨水公园二期、安吉花卉公园二期、江南公园、青秀山森林植物园。7.全市已办理补贴农民购机1.85万台，完成任务154.26%；受益农户1.73万户，完成任务173.08%；使用各级农机购置补贴资金7217.59万元，完成任务128.89%，占自治区计划任务97.15%。3月25日，全市农资综合补贴资金兑付率100%，补贴到户率100%。农村"一事一议"各级财政奖补总金额1.08亿元已下达各县(区)。完成土地整治项目3个，农业综合开发土地治理项目3个。安排3000万元，完成241个水利项目前期工作，完成任务101.70%。贫困村、革命老区通屯水泥道路竣工62条、68.21千米。马山县2个民族乡农村基础设施建设完成投资6362.45万元，完成通村四级水泥路28.20千米、通屯水泥路175.38千米、人饮工程28个、生态家园4个。上林县(含民族乡)农村基础设施建设项目竣工152个，竣工率83.98%，累计完成投资5630.63万元，完成总投资90.14%。8.解决农村饮水困难和安全工程项目开工343个，建成工程343个，受益人口26.54万。9.投资2260.20万元，实施水库移民新村建设项目41个，受益群众2321户、9424人。10.投资188.28万元，安装40套健身路径器材。11.设置"创业街"6条。全年新增就业7.77万人，完成任务110.94%。12.完成6个城区的30条小街小巷进行改造。完成12条城市道路无障碍设施改造和完善。8座土建环卫公厕、10座生态环保型移动公厕建成投入使用。13.建设50座人行过街天桥主体工程。10个便民候车亭项目全部建成投入使用。新开行市区公交线路2条，优化调整公交线路32条，新增扩大公交服务范围的公交站点36个。新购公交车200辆全部到位并投入线路营运。清障专项作业车14辆全部采购到位并投入使用。埌东中心商业区滨湖迎宾路口等5个路口增设交通信号灯已经投入试运行。15.全部完成50个农家店建设改造任务。完成2个"万村千乡市场工程"配送中心工程建设。16.完成改造5个生猪定点屠宰厂(场)，实行病害猪无害化处理，给予屠宰环节病害猪货主损失补贴和定点屠宰厂(场)无害化处理费用补贴11.74万元。17.全市建设保障性蔬菜基地26.67公顷基本完成，25个标准化健康养殖基地项目建设任务已完成。5个新建和改造的农贸市场全部完工，并通过验收。18.完成30个面积在80平方米以下的社区居委会办公用房新建或改造的任务。6个城区12个乡镇卫生院职工周转房项目已全部开工。选定12个乡镇各建1栋干部周转住房，每套约60平方米。为全市102个乡镇购置森林防火应急装备。19.完成2300名"阳光家园"计划残疾人托养服务任务，完成率100%。完成384户贫困残疾人家庭进行无障碍改造。20.完成89条公交线路共520辆公共汽车车载视频监视设备安装。社会治安电子视频监控系统完成系统平台、视频专网及各监控中心的建设，完成前端高清摄像头1700个点的立杆工作，实现视频图像开通2068路，全面完成前端建设任务。

(刘志烈　蔡志忠　伍光清　黄琳　陈思亮)

人　事

【公务员管理】 2011年，南宁市报考公务员(选调生)总人数1.97万人，参加笔试1.66万人，获面试资格1573人，参加面试

1488人，录用公务员(选调生)526人。在自治区率先使用“半军事化、封闭式管理方式”开展公务员初任培训。继续做好公务员登记，办理政府序列公务员及参照单位工作人员登记431人。审核使用竞争上岗职数591个，依托“推优育才”工程，拿出27个科级岗位开展跨区域、跨部门交流竞岗，进一步加大干部交流锻炼力度。办理2010年度市直行政机关及参公单位公务员年度考核备案113家单位、8489人。公务员网络培训全面铺开。全市各级行政机关和政府序列参照公务员法管理单位1179家、2.29万人参加培训，参训率100%。健全公务员激励机制，办理参加全国、自治区及南宁市的各项评选表彰活动35项，推荐参评集体178个，个人634人。办理市直行政机关及参公单位由年度考核优秀产生的奖励事项98家单位，记三等功306人，嘉奖1168人。

【事业单位人事制度改革】 2011年，南宁市纳入事业单位岗位设置管理和实施聘用制度的单位3927家，核准2023家事业单位的岗位设置方案，其中：市属事业单位258家，占总数95.90%；县(区)事业单位1765家，占54.20%。完成岗位设置认定的市属事业单位75家，县(区)事业单位862家。推行聘用制度单位3617家，占全市事业单位总数98.90%，签订聘用合同9.19万人，占事业单位在职在编职工总数97.50%。

【新世纪学术与技术带头人】 2011年，南宁市加强高层次专业技术人才队伍建设，提升专业技术人才素质和能力，围绕“十二五”重点学科、重点行业、重点产业，完成新世纪学术和技术带头人培养项目评审32个。开展第七批新世纪学术和技术带头人选拔，选拔推荐98名人选提交市培养新世纪学术和技术带头人工作领导小组审定。

【专业技术队伍建设】 2011年，南宁市给予32个人才小高地项目，32个新世纪学术和技术带头人培养项目，108个专业化领军人才、急需紧缺人才、县域经济人才培养项目资助资金1000万元。新增博士后科研工作站1个；新世纪学术和技术带头人以及人才小高地重点培养对象中各有1名被评为国务院特别津贴专家；南南铝申请的航空航天、轨道交通铝合金材料与加工特聘专家岗位入选自治区第一批特聘专家岗位。资助项目获市科技进步一等奖1个，二等奖3个，三等奖9个；获自治区科技进步二等奖、三等奖各1个。

【职称评审与改革】 2011年，南宁市加强职称信息化建设，初、中、高三级职称评审实现信息化。开展职称服务4.63万多人次，培训各类人才5200多人次。全市完成全国职称外语等级考试、全国经济专业技术资格考试、二级建造师执业资格考试、专业技术人员计算机应用能力考试以及各类执(职)业资格考试及知识产权考试等32项，参加考试8.45万多人次。

【工资与福利制度改革】 2011年，南宁市审批完成机关公务员晋升级别工资1109人；机关公务员、工人晋升级别工资档次363人；事业单位工作人员增加薪级工资2.82万人；机关公务员晋升职务工资290人；人员调动工资核定202人；大中专毕业生转正定级325人；正常退休1097人，公务员提前退休25人，因病提前退休24人；遗属生活困难补助16人。

【人才小高地建设】 2011年，南宁市启动第三批人才小高地的申报和评审，接受8家单位提出的申报，涵盖化工、造纸、水电、农业、机械、环保、教育等市重点发展行业。经市人才小高建设工作领导小组审议，市政府批准成立市环保设备研发人才、市高等职业教育人才、市安全优质蔬菜产业人才、市制糖和造纸技术研发中心人才4个人才小高地。向自治区推荐市级人才小高地2个，经自治区党委办公厅、自治区政府办公厅批复，市灵长类动物人类疾病模型与生物医药市级人才小高地申报的广西老年疾病与长寿研究人才小高地被批准为自治区第四批人才小高地。全市人才小高地16个，其中自治区级人才小高地3个，市级人才小高地13个。

【人才智力引进】 2011年，南宁市围绕机械制造、精细化工、铝加工、医药、电子和生物工程等重点行业和产业，积极引进国外专家智力，组织17家单位申报聘请国家级引进国外智力项目19个，获批12个，完成项目实施12个，全年引进国(境)外专家28人。加强横县科技情报所和南南铝箔有限责任公司两个引智成果示范推广基地单位的建设。完成实施市公安局交警支队“南宁市交通系统管理优化研究”等3个项目。全年办结各类引智行政许可269项，其中，《外国专家来华工作许可》申请80项，《外国专家证》申请188项，受理《聘请外国专家单位资格认可》申请1项。办结率100%。

【人才市场建设】 2011年，南宁人才市场完成与南宁人力资源市场网络信息资源的整合，提升南宁市公共就业服务信息化水平。南宁人才市场举办各类专场招聘会167场，参加招聘的单位6995家次，其中，现场招聘单位4204家次，网上招聘单位2243家次；提供各类工作岗位28.10万个，其中，现场招聘岗位18.11万个，网上招聘岗位8.20万个；入场求职9.78万人次。发展企业会员88家，现有会员单位133家；新增各类人才4.41万人，现有人才总数40.11万人。

【人事代理】 2011年，南宁人才市场新增代理单位37家，新增代理186人，累计代理单位866家，代理人员9747人；新增个人人事代理6503人，累计代理个人5.10万人；新接收、入库人事档案1.26万册，累计10.48万册；办理企业人才引进156人；办理户口落户1147人。

【毕业生就业指导】 2011年，南宁人才市场依托建立的23家高校就业服务站，开展就业政策宣传、就业指导讲座、人事代理等进校园服务69场次，服务大学生7000多人次。办理毕业生报到8154人，办理毕业生人事代理5838人，办理毕业生转正定级3017人；协办校园招聘会23场，组织155家单位参加招聘，提供岗位3000多个。举办毕业生招聘会10场。

【军转干部安置】 2011年，南宁市完成自治区下达的安置军转干部任务382名。通过“双向选择”和指令安置，在全自治区范围内实现“两个率先”(率先拉开工作序幕，率先完成安置任务)并抓好自主择业军转干部服务管理，企业军转干部稳定工作和企业军转干部解困政策的落实。

【首批特聘专家选聘】 2011年，南宁市积极探索建立南宁市特聘专家制度，出台《关于选聘首批南宁市特聘专家的工作方案》、《南宁市特聘专家岗位设置评审办法》、《南宁市特聘专家评审工作手册》等文件，根据市重点产业、重大项目、重要科研创新平台和优势企事业单位的发展需要，设立“南宁市特聘专家”岗位，面向国内外公开选聘高层次拔尖人才，带动培养一批科研技术人才。有13家单位申报设置18个特聘专家岗位。

（农 健）

民政工作

【概 况】 2011年，南宁市民政局牵头组织实施提高城乡低保补助标准，建设五保村62个、社区日间照料中心7个、乡镇干部周转房12个、社区居委会办公用房30个，开展市政府为民办实事项目5项。在全市民政系统开展实施“五个民政建设年”活动(基础建设年、项目建设年、信息建设年、法制建设年、规范管理建设年)，解决基层民政工作人员不足、经费紧缺、交通工具和办公设施不足等问题，全年实施项目86个，计划投资7945万元，完成投资7537.90万元。南宁市获国家民政部命名为首批“全国地名公共服务示范市”;南宁市和兴宁区、青秀区、西乡塘区、宾阳县分别被自治区民政厅评为“五个民政建设年”活动先进市、先进县(区)。

（李群峰）

【地名管理】 2011年，南宁市继续深入实施地名法规建设、地名规划、地名标志设置、地名信息化服务四项地名公共服务工程专项事务，着重做好地名命名、更名和路牌维护及地名数字化。新命名青湖路、广文巷、紫云巷3条路名。市区新设置补缺路牌122座，清洁维护路牌395座(次)。升级更新“南宁地名网”系统和数据，提升网站公共服务功能。

【救灾救济】 2011年，南宁市受年初低温冰冻灾害，主汛期的风雹洪涝灾害，8至9月底的干旱，国庆节期间的台风灾害等自然灾害影响，全市受灾人口203.69万，倒塌居民住房1580户、2976间，损坏2885间。各级民政部门做好救灾救济，落实救灾值班制度，收集上报灾情，深入灾区组织转移安置受灾群众，查灾核灾，做好灾民生活救助，保障灾民的基本生活。投入各类救灾款物折合3023.43万元，救助灾民和困难群众16.86万人，转移安置受灾群众8724人；投入倒房重建补助资金629.30万元，办理因灾倒房理赔1909件，获保险赔付500.92万元；第一批247户倒房重建年内全部建成入住，第二批453户在建；自治区民政厅给全市每个县(区)配备的一艘冲锋舟12艘、每个乡镇一辆救灾摩托车101辆发放到县（区）民政部门、各乡镇。开展“全国综合减灾示范社区”创建，兴宁区五村岭社区、青秀区平湖社区、江南区二桥西社区、横县城北社区4个社区，被国家减灾委、民政部评为全国综合减灾示范社区。

（申广富）

【优抚安置】 2011年7月19日，南宁市印发实施《南宁市一至六级残疾军人医疗保障暂行办法》、《南宁市优抚对象医疗保障办法》，标志着南宁市优抚对象特别是一至六级残疾军人医疗保障规范化、法制化迈上新台阶。完成县(区)级以上烈士纪念管理保护单位433个零散烈士墓的普查和资料录入。全市各级民政部门认真开展节假日慰问重点优抚对象活动，全年慰问优抚对象、困难参战民兵5151人，慰问金167.53万元；慰问品6000份。慰问四级以上伤残军人33人，慰问金、慰问品折合2.31万元；慰问光荣院7个，慰问金7万元。8月，根据民政部统一部署，国家对部分1954年11月1日试行义务兵役制后至《退役士兵安置条例》实施前入伍，到2011年12月31日年龄满60周岁未享受到国家定期抚恤补助的农村籍退役士兵，按每服一年义务兵役(不满一年的按一年计算)、每人每月发放10元补助(以此类推，按服役年限累加)，完成符合条件的9650人汇总上报。全面落实各项优抚政策。全市发放城镇义务兵优待金981人、148.40万元；发放农村义务兵优待金2551人、808.80万元；发放在乡复员军人定补金3317人、1596.20万元；发放带病回乡退伍军人定补金226人、70.20万元；发放“三属”(烈属、因公牺牲军人遗属、病故军人遗属)定抚金629人、356.40万元；发放残疾军人定抚金1582人、1498万元；发放参战、参核退役人员定补金8389人、2214万元；发放参战民兵生活困难补助金2.13万人、1792万元。（韦 琨）

【城乡低保】 2011年，南宁市完善城乡居民最低生活保障制度，出台《南宁市社会救助和保障保障标准与物价上涨挂钩联动机制实施方案》、《南宁市城市居民低收入家庭收入核对暂行办法》，修改完善《南宁市城市居民最低生活保障办法》。把提高城乡居民最低生活补助标准纳入市政府为民办实事项目，4月1日起，城市低保对象月人均补助标准从173元提高至180元；农村低保对象月人均补助标准从57元提高至65元。全市发放金额9926万元，有50.38万人次享受城市低保，每人月均补助197元；发放金额1.42亿元，有183.65万人次享受农村低保，每人月均补助77元。为解决物价上涨给困难群众生活造成的困难，8月~12月，给全市城市低保对象每人每月发放15元、农村低保对象每人每月发放12元的临时物价补贴。春节期间，分别给城市、农村低保对象每人发放150元、100元的生活补贴。

（林源林）

【殡葬服务与管理】 2011年，南宁市按照国家和自治区有关做好清明节工作暨开展“行风建设月”活动的部署，着重抓好清明节期间的安全保障，倡导文明、安全、低碳、环保的祭扫方式；推进市殡仪馆服务区改造建设工程项目，积极争取项目建设所需资金满足前期建设需要；按经营性公墓管理的有关规定，全市3个新申办的经营性公墓先后取自治区民政厅批准，已开展筹建。全市火化尸体1.76万具，公墓销售1330穴。（郑晓红）

2011年南宁市区路名命名情况

城　区	标准名称	起　止	长(米)	宽(米)	命名时间
青秀区	青湖路	西起竹溪大道，东至会展路，沿路为“青秀湖”	1200	10	2011.09
青秀区	广文巷	西起金湖路南至金浦路	300	10	2011.02
青秀区	紫云巷	南起民族大道，北至白云路(中鼎与德瑞花园中间)	150	10	2011.10

民族事务

【概 况】 2011年，南宁市编制完成《南宁市少数民族事业“十二五”专项规划》。5月~7月，举办“永远跟党走——党的民族政策在民族乡的实践”系列活动，展示马山县古寨瑶族乡、里当瑶族乡和上林县镇圩瑶族乡3个民族乡“十一五”时期经济和社会发展情况。继续做好民族关系监测评价处置机制建设试点，在自治区民族事务委员会支持下，委托天津工业大学研发民族关系监测评价处置管理系统软件，建立以信息资源集成为基础的统计、分析、评价、监测、预警和决策咨询系统，以了解民族关系状况，掌握民族关系动态及其发展变化趋势。7月，被国家民委列为少数民族流动人口服务管理体系建设试点城市之一。年内，公民民族成分变更审批项目进驻服务中心综合窗口集中办理，办理公民民族成分变更审核事项800人次，提供咨询1500多人次。完成“十二五”南宁市少数民族事业发展规划、城市民族工作立法、进一步落实民贸县和民品企业优惠政策、民族文化工作以及民族事务服务体系社会管理创新课题等多项民族工作专题调研。市民族事务委员会被国家民委、人力资源和社会保障部评为全国民委系统先进集体。

【民族团结宣传月活动】 2011年9月17日~10月17日，南宁市开展以创先争优，促进民族团结、共同发展，创建全国民族团结模范城市为主题的民族团结宣传月活动，组织民族团结宣传教育进社区、进校园、进企业、进军营及“民族团结心连心”活动周等九大系列活动。9月17日上午，在金湖广场举行民族团结宣传月暨民族法制宣传教育第六个五年规划实施启动仪式。出席仪式的自治区党委宣传部、统战部、民委及市领导为民族团结宣传小分队授旗，为民族团结宣传教育进学校示范点、民族团结教育进企业试点单位、少数民族流动人员服务站(点)和创业孵化站授牌，并向社区赠送民族法制宣传资料。市直有关部门现场向广大市民提供民族法律法规和民族政策咨询。期间，全市组织市区户外大型电子屏幕和滚动播放电子横幅等广告媒介播放民族团结宣传标语；依托绿城党旗红及市、县(区)政务网站等信息平台发送民族团结主题公益宣传短信46万条；各县(区)设置宣传点现场提供咨询服务，接待群众2000多人次；发放各类宣传品及宣传资料7万多份；悬挂宣传横幅161条，张贴宣传标语、海报6000多张，制作宣传栏、墙报及板报300多块(张)；举行民族团结宣传专场文艺演出60场次；举办民族团结心连心座谈会、专题讲座、培训18场次；开展民族知识竞赛、中小学民族团结主题征文比赛3次；组织民族团结题材电影下乡、民族团结专题片播放130场次。通过绿城党旗红信息平台、党员干部现代远程教育平台、南宁人民广播电台“百名科长上热线”直播节目宣传民族理论、政策及法律法规。

【“民族团结南宁行”新闻采访报道活动】 2011年5月21日~26日，由国家民委文化宣传司、市委对外宣传办公室(市政府新闻办)、市民委联合组织的“民族团结南宁行”新闻采访团在南宁进行集中采访报道活动，国家民委所属中国民族报社、民族画报社、中国民族杂志社和《人民日报》、新华社、《光明日报》等部分中央驻桂媒体、自治区及南宁市属媒体等20家新闻单位参与。期间，市长黄方方就南宁市建设区域性国际城市和广西“首善之区”新定位，首府南宁少数民族事业“十一五”总体发展成就及“十二五”专项规划等问题接受新闻采访团专访；市委常委、组织部部长雷应敏向采访团介绍南宁市少数民族干部队伍建设培养使用情况。市民委、市发改委、市财政局、市文化新闻出版局有关领导先后就相关南宁市民族工作情况接受采访。各家新闻媒体先后到市少数民族流动人员服务中心、西乡塘区中华中路社区、良庆区银海社区、市沛鸿民族中学、市发改委、市财政局、市文化新闻出版局及武鸣、马山、上林3县乡镇、村屯、学校等单位采访报道。电视台、电台、报纸、网络等新闻媒体刊登(播)相关新闻60多篇次。

【少数民族流动人员服务体系完善】 2011年，南宁市加强指导少数民族流动人员较多，民族工作任务较重的社区成立少数民族流动人员服务站，做好服务管理工作。逐步理顺市民委、市少数民族流动人员服务中心、10个社区少数民族流动人员服务站的关系。打造民族工作干部骨干服务队伍、社区“民族之家”服务队伍、少数民族联谊会会员服务队伍、民族工作信息员、民族关系协调员和民族工作专家顾问队伍、志愿者服务队伍。重点整合推进外来少数民族流动人员经商就业、住房租赁、子女入学、法律援助、困难补助、清真食品等六大服务内容。完善“13456”立体服务平台建设，“13456”服务平台成为南宁市协调民族关系、增进民族感情、化解民族矛盾的重要载体，被国家民委确定为“南宁模式”民族事务服务体系，与北京牛街模式、上海模式、广东模式、武汉模式并列为全国五大民族事务服务体系。6月，国家民委将市民委确定为全国少数民族流动人员服务管理体系试点单位之一，“南宁模式”民族事务服务体系得到国家民委专家肯定并向全国进行经验推广。

【市少数民族流动人员服务中心建设】 2011年，南宁市根据人事变动情况及时调整市少数民族流动人员服务中心组织机构，在火车站、安吉客运站设立服务中心的大型公益广告宣传牌，在10个社区少数民族流动人员服务站基础上增设兴宁区法律援助服务中心等服务站（点）8个，建立少数民族流动人员创业街4条、少数民族流动人员创业孵化站6个，为来邕少数民族流动人员提供职业介绍、政策咨询、房屋商铺租赁信息、劳动纠纷调处、免费或低偿法律援助、联谊、捐款慰问、志愿者上门等各项服务。全年服务中心及其下设服务站(点)为少数民族流动人员提供就业帮助2.40万人次，解决住(租)房问题4万多人次，举办各类联谊活动29次，提供法律咨询162人次，提供法律援助11人次，培训78人次，解决20多名流动人员困难学子入学问题。

【首府民族关系协调工作机制】 2011年初，南宁市与内蒙古呼和浩特、宁夏银川、新疆乌鲁木齐、西藏拉萨4个少数民族自治区首府城市就共同建立少数民族地区首府城市社会和谐稳定工作区域合作机制达成共识，即建立情报信息资源共享机制、不定期协作交流制度，加大因民族问题引发的影响社会稳定的突出问题的调处力度，建立健全互访机制等。3月，南宁市与呼和浩特、银川、乌鲁木齐、拉萨等4个首府城市共同签订“建立少数民族地区首府城市社会和谐稳定工作区域合作机制”备忘录。9月，市民委组织市流动人口办、市城市管理局和西部少数民族流动人口相对较多的城区政府分管领导及基层社区干部代表，赴在邕务工经商的西部少数民族流动人员主要输出地新疆维吾尔自治区和田地区、甘肃省临夏回族自治州、宁夏回族自治区吴忠市，考察三地民族工作及少数民族流动人员服务管理有关情况，交流两地少数民族流动人员服务管理工作经验，并与和田地区、临夏回族自治州、吴忠市民族工作部门签订“建立少数民族流动人员服务管理异地协作机制”备忘录，走访部分在邕务工经商的少数民族流动人员代表家庭，并与当地民族工作部门签署协议，推动民族事务管理创新发展。

【民族乡农村基础设施建设】 2011年，市委、市政府继续将民族乡农村基础设施建设项目列为为民办实事项目，市本级财政安排资金7180万元用于马山县古寨瑶族乡、里当瑶族乡和上林县镇圩瑶族乡3个民族乡改善农村基础设施，修建通村水泥道路10条、43.50千米，修建屯级水泥道路135条、215千米，修建人饮安全工程44个，村屯便桥3座58延米，乡文化活动中心1个，建设生态家园项目8个，惠及民族乡少数民族群众6万多人。

【民族专项资金管理】 2011年，南宁市落实国家、自治区级、市本级民族专项资金877万元，实施项目123个。其中：国家级少数民族发展资金341万元，项目26个；自治区级少数民族发展资金149万元，项目18个；自治区级民族工作经费87万元，项目13个；市本级少数民族发展资金300万元，项目66个。完成人饮水工程16个，受益群众1.26万人；维修村屯砂石道路6条、20.60千米，受益群众1.03万人；硬化村屯道路27条、15.62千米，受益群众2.42万人。市民委还会同市红十字会争取中国红十字基金会安排100万元在3个民族乡实施人畜饮水项目8个。

【民贸民品优惠政策贯彻落实】 2011年。市民委领导多次深入各县（区）和各有关民贸民品企业进行调研指导，了解企业生产经营情况以及在落实优惠政策中存在的困难和问题，协调财政、人民银行和各商业银行落实好有关优惠政策，继续指导隆安、上林、马山3县抓好民贸优惠政策的贯彻落实。获得市财政安排200万元支持民贸民品生产发展。全市民贸民品企业获流动资金优惠利率贷款余额14.16亿元，获中央财政贷款贴息4009.94万元，获自治区民贸民品正常流动资金贷款贴息1.30亿元，进入全国贯彻落实民贸民品生产优惠政策先进城市行列，获贴息企业从20家增加至40多家，首创民贸企业认定和落实民贸优惠政策工作经验在自治区推广。年内，有2家企业获国家给予的无偿生产补助资金100万元，4家企业获技改贷款贴息91万元。广西金花茶业有限公司被国家民委、财政部等部门确定为全国边销茶定点生产企业，是全国40家定点企业之一，实现南宁市边销茶定点生产企业零的突破。做好“十二五”时期全国民品定点企业调整申报相关准备，储备约60家企业以申报全国定点民品企业。

【民族教育】 2011年，南宁市贯彻落实新修订的《南宁市民族教育条例》、特困少数民族优秀学生入学专项补助政策。全市有73名大学生、73名高中生获2011年度广西特困少数民族优秀学生入学专项经费补助29.20万元，其中大学生入学补助每人3000元、高中生入学补助每人1000元。全市有武鸣高中、宾阳中学、市沛鸿民族中学、市第三职业高级中学、马山县中学、隆安县中学、上林县民族中学、马山县民族中学、隆安县民族中学9个学校开设有自治区级寄宿制民族高中班和民族初中班，在校生民族高中（职高）生1500人，民族初中生750人；每人每年享受生活补助费600元。从2011年开始设立市少数民族教育专项补助资金，安排少数民族教育补助资金项目45个，资金200万元，帮助解决民族教育特殊困难和问题。

【少数民族体育】 2011年，南宁市有市四十一中学（高脚竞速、抢花炮）、市沛鸿民族中学（毽球、射弩）、武鸣县民族中学（投绣球）等市级民族体育训练基地3个。10月28日，市民委会同教育局、体育局举办市第四届中小学生少数民族传统体育运动会，有来自南宁市54所学校10个少数民族的1100多名运动员、教练员参加绣球、毽球、毽子、板鞋、大象拔河五大类等八个小项目的比赛。 （刘建安）

外　　事

【概　况】 2011年，南宁市新缔结国际友好城市2对，分别为波兰格鲁琼兹市和马拉维利隆圭市，国际友好城市总数19对。与墨西哥杜兰戈市共同签署建立友好城市关系意向书；与日本秋田市共同签署《经贸合作备忘录》。审核审批因公出国（境）团组175批、703人次；出具来访批件12批、82人次，签发邀请确认函156批、225人次；接待主要来自美国、日本、印度尼西亚、新加坡、加拿大、马来西亚、澳大利亚、韩国、越南、泰国、缅甸、法国、英国、柬埔寨、老挝、德国等国家的重要外事来访团组104批、3718人次。因专业设置原因，由南宁市全额资助的6名缅甸、3名柬埔寨优秀青年学员9月由广西民族大学转入广西大学进行为期4年的农业专业知识的学习深造。南宁市外事侨务办公室增挂南宁市港澳事务办公室牌子，通过日常外事接待活动扩大交流和对外宣传，进一步扩大对外交往，深化对外交流与合作。市外侨办牵头筹办南宁市友城签约仪式，中外友人共植友谊树活动、2011南宁国际交流与合作研讨会、武鸣灵水——“相聚绿城，共谋发展”中外嘉宾大联欢活动、西班牙北京同乡会捐资助学活动、2011南宁国际民歌艺术节国（境）外嘉宾招待宴会、南宁外商看南宁活动、驻邕领馆“领馆日”活动及驻邕领事机构迎春茶话会等涉外活动；

10月22日，南宁市——波兰格鲁琼兹市缔结为友好城市签约仪式在南宁举行
周　旋提供

完成在南宁市举办的多个大型国际活动的外宾邀请、活动策划、礼宾安排、翻译接待等，主要包括2011中国国际商务文化节暨中国(南宁)国际时尚博览会、亚洲政党专题会议、第八届中国—东盟博览会和中国—东盟商务与投资峰会、第十三届南宁国际民歌艺术节、印尼之夜、中外友人狂欢夜、亚洲沙滩排球巡回赛、国际半程马拉松赛、国际围棋赛、国际桥牌赛等国际体育赛事、中国—东盟城市森林论坛专题论坛、首届中泰橡胶产业发展合作研讨会等活动。

【国外友好城市交往】 2011年1月3日~12日、12月23日~31日，第二、三届韩国果川市青少年语言研修活动顺利开展。由果川市厅公务员带队，果川高中及果川中央高中的学生、老师组成代表团到南宁市十四中学与同学们结对子，开展为期10天的同学习、同用餐、同参加主题班会和互相学习交往用语、生活用语等实用的中文课程、中文学习及中国文化体验活动，学习太极拳、剪窗花、朗诵中国古诗、学跳壮族舞蹈等传统文化课程。春节期间，应友城澳大利亚班达伯格市政府的邀请，以市委副秘书长黄宗成为团长的南宁市友好代表团赴班达伯格市进行访问，并参加该市举办的2011年中国春节庆祝活动，南宁市友好代表团随团演员为当地市民献上杂技节目4个，代表团还举行献出爱心—中国特色春节礼品义卖活动，并把义卖所得全部捐献给班达伯格市作为灾后重建。10月，班达伯格市市长洛林·派芬奇一行访问南宁，参加“两会一节”活动，并就开展两市旅游交流与合作进行磋商。4月23日，泰国孔敬市中学生夏令营开营仪式在市沛鸿民族中学举行。来自泰国的师生在市沛鸿民族中学老师的指导下学习中国的传统文化，观看广西民族风情表演，游览南宁市的风景名胜，与中国学生同吃同住，体验生活。7月24日~29日，南宁市组织市沛鸿民族中学、市十四中、市十八中的16名学生代表赴泰国孔敬市开展“孔敬之旅”夏令营活动。

【国际交往】 2011年1月30日，南宁市邀请和组织驻邕领事官员参加南宁孔庙迁建落成仪式暨祭孔大典活动。柬埔寨驻南宁总领事英洪、越南驻南宁总领事阮英勇、缅甸驻南宁总领事敏隋、老挝驻南宁总领事印塔布李、泰国驻南宁代总领事赖森彛等领事官员参加活动。6月，市长黄方方为团长的南宁市代表团访问柬埔寨、泰国、马来西亚、文莱等国，先后拜访了柬埔寨金边市政府、泰国孔敬府政府、孔敬市政府、马来西亚广西总会、文莱—中国友好协会及中国驻文莱大使等。在访问友好城市泰国孔敬市期间，孔敬市副市长亲自到机场迎接代表团，还组织百余名侨团代表召开欢迎会。市长黄方方与孔敬市市长批拉蓬·帕塔那批拉德在孔敬市中心共同种植友谊树。8月16日，邀请和接待多哥驻华大使、摩洛哥驻华使馆文化参赞以及外国驻南宁总领事馆官员共18人参加横县茉莉花茶交易会和文化节。10月18日，邀请外国驻南宁领事机构总领事参加南宁中国—东盟国际商务区商业街落成启用活动暨东南亚特色商品旅游美食展开幕式。10月11日，邀请外国驻南宁领事机构领事馆官员参加南宁—东盟经济技术开发区美食节。

南宁市国际友好城市

城市名称		结好时间
冈比亚班珠尔市	Banjul, Gambia	1987年6月22日
澳大利亚班达伯市	Bundaberg, Australia	1998年5月12日
美国普罗沃市	Provo, U.S.A.	2000年9月27日
奥地利克拉根福市	Klagenfurt, Austria	2002年6月13日
泰国孔敬市	Khon Kaen, Thailand	2002年8月25日
韩国果川市	Gwacheon, Korea	2005年4月18日
英国诺斯利市	Knowsley, UK	2005年8月16日
越南海防市	Hai Phong, Vietnam	2006年3月23日
菲律宾达沃市	Davao,the Philippines	2007年9月3日
柬埔寨西哈努克市	Sihanoukville, Cambodia	2007年10月30日
智利伊基克市	Iquique, Chile	2008年2月20日
法国马恩河谷省	Val de Marne, france	2008年10月23日
印度尼西亚茂物市	BogorRegency, Indonesia	2008年12月17日
缅甸仰光市	Yangon City,Myanmar	2009年10月20日
美国商业市	Commerce City, USA	2009年10月21日
加拿大维多利亚市	Vitoria City, Canada	2010年7月9日
老挝占巴塞省	Champasak,Lao People´sDemocratic Republic	2010年10月21日
波兰格鲁琼兹市	Grudziadz, Poland	2011年10月22日
马拉维利隆圭市	Lilongwe, Malawi	2011年10月22日

【“两会一节”外事侨务活动】 2011年，市外侨办在“两会一节”期间，接待外宾39批、278人；安排市领导会见重要外宾24场次，宴请重要外宾17场次；举办大型外事活动5场；签署友好城市关系协议书2份，签署建立友好城市关系意向书和经贸合作备忘录各1份；派出各类翻译183人次；接待外宾在南宁市参观考察67批次。

【商务旅行卡申办】 2011年，市外侨办将APEC商务旅行卡申办作为践行“外事为民”理念，服务企业“走出去”的重要措施予以推进。通过网站、简报、全市因公出国(境)业务专办员培训班等形式，推广APEC商务旅行卡知识，扩大企业、社会认知度；通过走访企业，召开企业座谈会等形式，推动市外向型企业申办旅行卡。还筛选出一批有实力、信誉好、有需求的外向型企业作为重点推进对象，提高APEC商务旅行卡申办率。全年为市民营企业人员申办商务旅行卡18张。

（何　俊）

信访工作

【概　况】 2011年，南宁市各县(区)信访信息系统应用率、录入率100%。市信访信息系统推广应用走在自治区前列。市信访局增设复查复核科，增加1名科级领导职数。受理群众来信、来访、来电4.75万件、5.36万人次，比上年分别下降20.40%、16.82%。其中：来信4095件，下降21.33%；接待来访2214批、8310人次，分别上升5.48%、35.50%。全年处置5人以上集体来访450批、7639人次；市长公开电话受理市民有效来电4.12万个，下降20.40%；办理上级机关和市领导批示交办信访案件124件，到期办结103件，到期办结率100%；受理复查复核案件21件，到期办结16件，到期办结率100%。组织22批88人分别驻京、驻自治区信访分流接待中心开展工作，劝返和处置群众到自治区集体上访87批、842人次；进京上访91批、227人243人次，其中劝返接回进京非正常上访60批、97人113人次，分别下降29.40%、35.30%、30.20%。市信访局获2009~2011年度创建全国文明城市工作先进集体、2011年首府南宁市创建国家卫生城市先进单位。

【信访处理】 2011年7月1日，南宁市扩大"信访绿色邮政"受理范围，信访人通过市内(所辖区域)各邮政营业网点、信箱(筒)投寄给各级党政领导、信访部门的平信，只要在信封正面右上角上注明"人民来信"字样，就可免费邮寄，邮资由辖区财政统一支付。市信访局全年受理群众来信4095件。其中：传统来信2433件，比上年下降32.21%；重信859件，下降28.83%；网上信访1662件，上升2.85%；联名信322件、16046人次，分别下降49.21%、61.55%。传统信件自立案152件，占初信总量9.70%；网上信访自立案779件，占46.87%，平均自立案39.57%，到期结案率100%。办理群众致自治区党委书记郭声琨信件177件，其中转办169件，自立案25件，交办8件，到期全部办结；办理群众致原自治区党委常委、市委书记车荣福，自治区党委常委、市委书记陈武来信173件，其中呈报7件，报送信息18条，自立案38件，到期全部办结。

【市长热线工作】 2011年，南宁市以市长公开电话开通10周年为契机，建立健全市长公开电话五级[市、县(区)、开发区、乡镇(街道)、社区(村居委)]服务网络机制，下发《南宁市市长公开电话网络单位工作目标考评细则》，加强督查督办，建立市长公开电话工作联席会议制度，提高工作实效性。接听市民来电8.32万个，受理有效来电4.12万个，立案交办5876件；市政府公共服务呼叫中心，接听市民来电2.44万个，受理有效来电2.09万个。

【信访接待】

公开大接访暨与民沟通日活动 2011年，南宁市组织开展"公开大接访暨与民沟通日"活动4次，各县(区)、市直部门参加活动的干部8815人次，接待群众2863批、6831人次，受理群众反映信访事项3331件，当场解决或答复2127件，当场办结率63.85%，其余问题事后立案交办督办，到期结案率90%以上。

市领导接待日活动 南宁市有12名市领导参加市领导接待日活动，接待群众来访34批、113人次，作出批示35件。

县(区)领导公开接访 各县(区)委书记、县(区)长158人次(其他处级领导干部3212人次)，接待来访群众1615批、1.17万人次，解决问题647件。

律师参与信访接访 有232名律师参加接待来访群众173批、183人次，妥善处理涉法信访问题。

【信访积案化解活动】 2011年，市信访局通过清理、化解、终结等程序，完成国家信访局交办11件，自治区信访局交办36件信访积案化解。全市使用信访救助金140.22万元，其中市直部门使用信访救助金62.17万元，县(区)使用信访救助金78.05万元；解决梁宗辉、刘全彦、陆振香等信访问题。 (周国安)

南宁市荣誉市民名单(共74人)

李元骏(美国)、李林建华(美国)、阿黛勒·弗里曼(澳大利亚)、列兰·盖米特(美国)、艾力希·林德纳(奥地利)、刘德华(泰国)、李启鸿(英国)、赖炳荣(马来西亚)、高淑卿(马来西亚)、孔庆平(中国香港)、柯来发(中国(马来西亚华侨))、岛袋盛义(日本)、刘展图(新西兰)、萧炎坤(中国香港)、黄永江(越南)、郑可扬(马来西亚)、王远秋(中国(加拿大华侨))、黑井哲司(日本)、陈宇龄(中国香港)、梁秉群(泰国)、杨晓明(加拿大)、陈亭平(越南)、黄伟民(越南)、周世进(中国台湾)、沈希光(加拿大)、赖庆堂(中国台湾)、杨锦旋(英国)、荣守宇(加拿大)、廖少彬(加拿大)、何艾文(英国)、西泽俊平(日本)、夏赋良(德国)、冼致欣(中国香港)、邱宏钢(中国香港)、陈平和(中国香港)、约翰·沙奇(美国)、帕特·沙奇(美国)、龙翔(美国)、白丽珠(美国)、梅思德(美国)、黄梅彪(中国香港)、陈信男(中国台湾)、戴保清(中国香港)、刘一川(中国香港)、张德正(泰国)、陈梁悦明(中国香港)、邓洁彬(美国)、罗盛宗(中国澳门)、苏千墅(中国香港)、蔡友铭(新加坡)、森崎雅典(日本)、弗兰索瓦兹?毕诺(法国)、滕翊彪(澳大利亚)、顾安帝(美国)、黄守仁(中国台湾)、何世钰(中国香港)、乔立嵩(美国)、洪瑞泉(文莱)、何玉棠(中国澳门)、余仁国(韩国)、何震发(印度尼西亚)、崔栋烈(韩国)、龙凤翔(澳大利亚)、邱爱华(法国)、陈炳强(中国香港)、安娜·卡朱穆罗·蒂贝琼卡(坦桑尼亚)、洛林·派芬奇(澳大利亚)、李晓明(加拿大)、赵曾学韫(中国香港)、郭栋强(中国香港)、庞奈(英国)、陈明谦(英国)、王东圭(韩国)、戴国光(马来西亚)。

政务服务

【概　况】 2011年，南宁市推进政务服务政务公开向乡镇(街道)基层延伸。至年末，全市有73个乡镇(街道)建立并启用政务服务中心，占乡镇(街道)约60.30%。其中，武鸣县、马山县、兴宁区、江南区、西乡塘区、良庆区的乡镇(街道)已经全部建立政务服务中心。有49个部门(含自治区直部门6个)在市政务服务中心设立办事窗口，有工作人员180人，受理行政审批事项622项。市本级具有行政审批职能的部门有46个，行政审批事项598项，其中：许可事项314项，非许可事项284项。市本级进驻市政务服务中心的部门有43个，纳入政务服务中心受理的行政审批事项有513项，其中：许可事项263项，非许可事项240项。12月20日，市政务服务五象新区分中心启用，为市政务服务中心的延伸机构，设在广西体育中心C区，面积近2000平方米，首批进驻单位21个，受理的事项及相关要求与市政务服务中心对应单位窗口一致。市政务服务中心收费窗口依法代财政收费6.10亿元，各办事窗口办理行政审批事项约35万件，发出的批文和证照有效率100%，群众满意率99%以上。

【政务公开】 2011年，市政务服务中心管理办公室承担市政务公开政府信息公开具体工作，负责推进、指导、协调、监督和考核全市政府信息公开。全年主动公开信息2.70万条，通过直接和间接（网络、传真、信函等）形式收到公开有关政府信息的申请30件，按照规定审查后全部予以答复。完善“一中心两馆”（市政务服务中心、档案馆和图书馆）政府信息公开查阅点场所硬件设施，健全工作制度，规范查阅点管理，及时公开政府信息。编写《南宁市2011年政府信息公开工作年度报告》在《南宁日报》、市政府门户网站和自治区政府信息公开统一平台上全文发布。全年召开现场工作会3次，对各县（区）、开发区、市直部门“一服务两公开”（政务服务、政务公开、政府信息公开）进行业务指导；举办“两公开”工作培训班5期，培训各县（区）、开发区、市直相关部门工作人员280人次。（政务办）

机关事务管理

【概　况】 2011年，市机构编制委员会同意将市直机关后勤服务中心更名为市机关事务管理局，同时对外加挂市直机关后勤服务中心牌子。主要负责全市公共机构节能工作及市委、市人大、市政府、市政协办公区和宿舍区的水电、绿化、环境卫生、基建维修、安全保卫、社会综合治理、机关食堂、会场管理和服务。全年完成市委市政府大院无负压节水改造工程，市政府大楼地下室防风管改造和消防整改工程；引进特色盆景和补种部分花卉植物，调整规划绿化美化布局，不断改善办公区和宿舍区条件；全面推进市四家班子危旧房改造，完成淡村路4号市政府宿舍危旧房改造立项；协调南宁新闻中心大楼办公用房调整和分配；10月接管市人大食堂，并承担十三届人大一次会议工作人员的膳食供应任务，筹建市委市政府第二机关食堂；全面推进和完善市四家班子后勤工作物业社会化管理，保障各项后勤服务到位，维护办公区和宿舍区正常工作、生活秩序。对市机关车队和市直机关保育院进行业务指导和人事管理。市机关车队及下属企业总经营收入比上年增长10%。市直属机关保育院参加全国“啦啦操”南宁站比赛和市“朱槿杯”舞蹈大赛均获一等奖；参加广西基础教育科研基地经验交流会，被授予“广西基础教育科研基地”。

【市四家班子后勤服务保障】 2011年，市机关事务管理局加强机关办公大院环境打造。联系广西盆景艺术家协会，引进具有艺术特色和观赏价值的盆景装点和布置市委、市政府、市政协办公大院；组织3.50万盆鲜花和绿色植物装点办公区和宿舍区，规划布局，重新设计并补种部分花卉植物美化绿化各办公区环境；完成“两会一节”及其他重大活动摆花任务。加大设备维护管理力度，加强水电管网、空调等设施的维保检修，派出检修人员90余人次，完成市四家班子宿舍区各种修缮20多项，维修空调12台。协调做好南宁新闻中心大楼办公用房分配使用的相关工作，结合调研摸底情况，制定分配和装修方案，完成房屋补漏13处，楼面维修15处，广场地面等维修5处。协调赔付出租房违约金，协助妥善安排19个单位（部门）办公用房。做好重大会议、活动服务，为市四家班子和市级各单位提供大小会议服务200多场次，接待参加会议人员6万多人次。强化安全防范意识，组织开展安全知识和消防设施操作培训，组织各单位消防员进行消防演练，提高安全防范意识；完善消防安全设施设备，对办公大楼消防系统前端报警及监控设施设备进行升级更新，更换消防灭火器具等；节假日和重大活动期间安排值班人员，确保全年无安全事故发生。

【公共机构节能】 2011年，市机关事务管理局修订完善《南宁市公共机构节能工作联络员（统计员）制度》、《南宁市公共机构节能工作联络员管理办法》、《南宁市公共机构能源消耗统计工作制度》。开展全市公共机构信息普查，完成2920多家公共机构能源使用情况摸底和汇总上报。举办节能知识培训班2期，培训节能联络员、能耗统计员200多人。开展节电限电监督检查，对部分县（区）和30多家市直机关单位的节能工作进行检查，并派出专项督查组对全市用能较大的26个单位和部门进行督查，对水电油等能耗主要指标消耗较大的6家单位发出整改通知书，帮助制定和落实整改措施。年内先后4次派出工作组到各单位现场督查节能目标完成情况和工作措施落实情况，发现问题当场提出整改意见。推进节能项目建设，市委、市政府办公大院公共机构能耗监测平台的建设进入招投标阶段；协调组织对市直机关分体空调安装1700台空调节能器，严格控制温度并限时运行；开工建设市一医院的新建门诊综合楼的源热泵热水系统；完成市二中、市第六职业技术学校和市盲人按摩康复理疗中心的地源热泵热水空调系统、市职业技术学院的太阳能空气能热水系统建设。

【公共机构节能宣传】 2011年，市机关事务管理局以节能我行动、低碳新生活为主题，组织开展形式多样的节能宣传活动。开展节能宣传周活动，印制发放宣传画册3000多套，在各办公大院、学校、单位、街道悬挂横幅300多条，设置体验日告示牌1000多个。组织“低碳体验日”活动，全市公共机构3000多个、机关干部职工近10万名参加体验，当天全市节约用电4万多度，节约用水2.80万吨，停开车辆1900多辆，节约用油6000多升。启动本级公共机构废旧节能灯管回收试点工作，至年末，废旧灯具回收点从启动时的4个增加至30个，回收废旧灯管2000多支；制作“十一五”公共机构节能减排成果展板报1200多个。（农江琳）

政府集中采购

【概　况】 2011年，南宁市政府集中采购中心进一步加强制度建设，规范政府采购行为，出台《评审专家组成抽取管理办法》、《采购项目办理情况告知办法》等规定，增加政府采购的透明度，提高服务质量；印制《政府采购项目办理指南》，按照工程、货物、服务类项目和协议供货以及定点采购项目等分门别类，方便采购人、供应商操作；与市财政局联合印发《南宁市财政局南宁市政府集中采购中心关于2011~2012年度市政府投资工程20万元~200万元（含200万元）电缆管道施工及电气设备安装工程实行定点管理工作的通知》等定点管理有关文件5份，明确协议供货、定点采购项目的办理、支付程序及相关要求，规范协议供货、定点采购项目招标采购。

【重点项目采购】 2011年，市政府采购中心完成五象新区开发、“中国水城”建设、交通基础设施和城市轨道交通建设、为民办实事工程、服务“两会一节”等一大批重点建设项目的招标采购。主要有广西郁江老口枢纽工程招标项目，包括一期围堰、一期左岸、右岸主体工程施工、监理等5个项目,采购预算12.54亿元;昆仑大道北面、蓉茉大道保障性住房施工、监理,西乡塘、兴宁区拆迁安置小区,“环卫公寓”公共租赁住房电梯,市区道路人行过街设施二期工程等一批为民办实事项目,其中保障性安居工程项目采购预算金额16.20亿元。此外,还有南湖—竹排冲水系环境综合整治、大学路可利江桥改建、五象大道延长线及附属工程施工等建设项目。

【项目采购】 2011年,市政府采购中心办理采购项目3298个,采购预算金额83.30亿元,成交金额70.57亿元,节约金额12.73亿元,节约率15.29%,成交金额比上年增长38.62%。按采购内容分类,货物类采购项目372个,采购预算金额10.61亿元,成交金额8.55亿元,节约资金2.06亿元,节约率19.44%;工程类采购项目117个,采购预算金额67.24亿元,成交金额57.25亿元,节约资金9.99亿元,节约率14.86%;服务类采购项目118个,采购预算金额1.87亿元,成交金额1.61亿元,节约资金2643.40万元,节约率14.11%;定点施工采购项目249个,采购预算金额2.49亿元,成交金额2.18亿元,节约资金3063.43万元,节约率12.32%;定点监理采购项目162个,采购预算金额2683万元,成交金额2161.23万元,节约资金521.77万元,节约率19.45%;定点标志标线采购项目52个,采购预算金额4629.23万元,成交金额4155.30万元,节约资金473.93万元,节约率10.24%;办公设备协议采购采购项目2184个,采购预算金额3499.64万元,成交金额3409.07万元,节约资金90.57万元,节约率2.59%;部分小电器网上采购项目44个,采购预算金额88.39万元,成交金额80.57万元,节约资金7.82万元,节约率8.85%。按采购方式划分,公开招标项目817个,采购预算金额81.46亿元,成交金额68.90亿元,节约资金12.56亿元,节约率15.41%;竞争性谈判项目184个,采购预算金额8405.74万元,成交金额7180.06万元,节约资金1225.68万元,节约率14.58%;询价采购项目36个,采购预算金额1817.74万元,成交金额1435.29万元,节约资金382.45万元,节约率21.04%;单一来源采购项目33个,采购预算金额4597.63万元,成交金额4538.96万元,节约资金58.67万元,节约率1.28%;其他方式招标采购项目2228个,采购预算金额3588.03万元,成交金额3489.64万元,节约资金98.39万元,节约率2.74%。

【合同见证】 2011年,市政府采购中心加强对政府采购合同签订、履约和验收的规范管理。在合同签订上,严格按照采购文件要求,及时向中标供应商发出中标通知书,明确中标金额、签订合同时间及相关要求,为采购单位与供应商签订合同做好基础工作;在处理违约问题上,如发生供应商中标后弃标、采购单位或供应商拒绝签订合同等现象,主动联系双方,加强沟通交流,认真开展协调,妥善处理存在问题。完成政府采购工程、货物、服务类项目合同见证561个,其中工程项目合同见证114个、货物类项目335个、服务类项目112个。完成定点委托合同见证424个,其中施工定点合同244个、监理定点合同140个、交通标线标志隔离设施定点合同28个、电缆管道和电气设备项目合同12个。

【采购方式创新】 2011年,市政府采购中心通过创新采购方式,拓宽采购途径,探索政府采购的新路子、新方法。会同自治区采购中心组织完成自治区、市两级第六期办公通用设备定点协议供货商招标采购,确定中标厂家149家,协议供货商145家,协议供货品目25个,比上年增加9个,新增路由器、交换机、防火墙、碎纸机等定点供货产品。组织完成市本级预算单位2011~2012年正版通用软件(含操作系统、办公系统、杀毒软件)协议采购项目,明确规定单次采购预算金额在120万元(含120万元)以下的,均到协议采购成交供应商处进行采购,进一步规范正版化软件政府采购行为,减少采购环节,提高采购效率,填补服务类正版化软件采购的空白。 (农丕提)

中国人民政治协商会议南宁市委员会

重要会议

【政协第九届南宁市委员会第六次会议】 2011年2月20日~25日在南宁人民会堂、南宁饭店举行。市政协委员446人出席。自治区党委常委、市委书记车荣福,市委副书记、市长黄方方等市四家班子领导出席开幕大会和闭幕大会。自治区党委常委、市委书记车荣福在开幕大会上作重要讲话。市委、市政府领导和有关部门负责人参加联组、小组讨论和听取大会发言。委员们赞同市委副书记、市长黄方方所作的政府工作报告和《南宁市国民经济和社会发展第十二个五年规划纲要》(草案)。赞同市中级法院工作报告、市检察院工作报告以及其他报告。会议审议通过市政协主席岑可成代表常务委员会所作的工作报告、市政协副主席崔建国代表常务委员会所作的提案工作情况报告。期间,委员们围绕南宁市“十二五”规划纲要草案、今年的目标任务和重点工作,就加快转变经济发展方式和保持经济平稳较快发展、保障和改善民生、维护社会和谐稳定、深化改革、扩大开放、加强环境保护、力争在自治区率先建设生态文明示范区等重大问题建言献策。

举行全体会议3次,列席市十二届人大九次会议;分22个讨论小组开展讨论4次,编印会议简报4期;收到委员提案383件,立案379件;大会发言材料19份,有16位委员分别代表各民主党派、有关人民团体、专门委员会或个人在会上作发言。

【政协第九届南宁市委员会常务委员会】 2011年,召开5次。

第二十八次会议 2月24日在市政协多功能厅召开。听取大会秘书处材料组综合汇报各小组讨论情况;听取大会秘书处材料组汇报委员分组审议常委会工作报告决议(草案)、大会政治决议(草案)情况;听取大会秘书处提案组汇报委员分组审议提案工作报告决议(草案)情况;审议“三个”决议(草案)。

第二十九次会议 5月16日在市政协多功能厅召开。听取市发展与改革委员会主任农冰解读《南宁市国民经济和社会发展第十二个五年规划纲要》;与会人员视察市重点建设项目南南铝业和相思湖公园;增补储朝晖、马招云为政协南宁市第九届委员会委员,同意市政协九届委员会副主席李秋明的辞职请求,同意马招云、唐凯、刘燕萍任市政协九届委员会副秘书长。

第三十次会议 8月25日在市政协多功能厅召开。市委常委、市委宣传部部长、副市长吕洁到会通报上半年全市经济社会发展情况和下半年主要工作计划。市中级法院院长周腾、市检察院检察长黄建波到会分别通报上半年有关工作情况及下半年工作计划。听取各视察小组关于上半年市政协常委和部分委员视察情况汇报。市政协秘书长侯小兵书面通报第九届委员会常务委员会第二十六次会议以来的主要工作情况。市政协办公厅和各专门委员会书面汇报上半年工作情况及下半年工作计划。审议通过《<南宁市政协提案工作条例>修订案》（草案）。

第三十一次会议　9月26日在市政协多功能厅召开。审议通过关于召开市政协十届一次会议决定（草案）；协商决定市政协十届委员会委员名额、委员人选和界别设置；市政协主席岑可成讲话。

第三十二次会议　9月30日在市政协多功能厅召开。审议通过政协第九届南宁市委员会常务委员会工作报告（草案）等政协第十届南宁市委员会第一次会议有关文件材料；市政协主席岑可成讲话。

【政协第十届南宁市委员会第一次会议】2011年10月10日~14日，在南宁人民会堂、南宁饭店召开。市政协委员462人出席。听取和审议政协第九届南宁市委员会常务委员会工作报告、政协第九届南宁市委员会常务委员会关于提案工作情况的报告；列席南宁市第十三届人民代表大会第一次会议；选举产生政协第十届南宁市委员会主席、副主席、秘书长和常务委员；审议通过市政协提案审查委员会关于十届一次会议提案审查情况报告、政协会议第十届委员会第一次会议各项决议，自治区党委常委、自治区副主席市委书记陈武，市人大常委会主任谢寿堂，市委副书记、代理市长周红波等市四家班子领导出席开幕大会和闭幕大会。自治区党委常委、自治区副主席、市委书记陈武在开幕大会上作重要讲话。会议期间，市委、市政府领导同志和有关部门负责同志参加联组、小组讨论；举行全体会议3次，列席市十三届人大一次会议；分成22个小组集中讨论4次，编印会议简报5期；收到委员提案270件，立案267件。

【政协第十届南宁市委员会常务委员会】2011年，召开2次。

第一次常委会议　11月14日在市政协多功能厅召开。审议通过政协第十届南宁市委员会常务委员会关于设置专门委员会的决定，政协第十届南宁市委员会副秘书长任命名单和政协第十届南宁市委员会各专门委员会主任、副主任任命名单；学习贯彻中共十七届六中全会和中共南宁市第十一次代表大会精神；市政协主席岑可成对加强常委会、专委会建设和市政协当前的各项工作作了全面部署。

第二次常委会议　12月31日在市政协多功能厅召开。听取市政府领导通报南宁市2011年经济社会发展情况及2012年主要工作思路；市纪委通报2011年工作情况和反腐倡廉建设情况；市中级法院和市检察院分别通报2011年工作情况；各视察小组汇报2011年下半年常委及部分委员视察情况；市政协办公厅、专委会、研究室、选联办书面汇报2011年工作情况及2012年工作思路；市政协主席岑可成讲话。

重大活动

【概　况】2011年，市政协利用全体会议、常委会议和主席会议等形式，就事关全市改革发展稳定的全局性工作进行协商，为各民主党派、工商联和无党派人士参政议政搭建平台。指导县（区）政协做好换届选举工作。实施委员阅读工程，为委员购买总价值20多万元的《政协委员书架》系列丛书，组织委员学习中国特色社会主义理论体系、党的路线方针政策、人民政协和统战理论。健全完善社情民意信息工作机制，利用会议、视察、调研和群众来信来访、基层走访等方式，广集社情民意，反映群众的呼声和愿望。全年收集民意信息200多条，编发《社情民意》、《政协信息》43期，市委、市政府领导对《关于整治停车场乱收费现象的建议》、《关于促进南宁市公立医院快速发展的建议》等重要社情民意信息作出批示，并批转市政府有关职能部门办理。继续实施“同心育才”工程。自2010年工程启动以来，收到企业及政协委员、社会友好人士捐资1190万元，资助80名学生免费就读高中，17名学生就读职业技术学校；投资20万元援建一个藏书1.50万册的“同心书屋”。

【协商监督】2011年，市政协组织委员对《劳动争议调解仲裁法》的贯彻实施和保护劳动者的合法权益进行专项视察、协商讨论，对创建“一级规范化检察室”的工作提出意见和建议；旁听法院审理案件，对刑事审判工作和推进司法公开、公正进行咨询建言。组织特邀监督员参与执法检查、行风评议、案件审查、听证会旁听等活动。换届后，选派一批工作经验丰富、参政议政热情高的市政协委员担任市长热线办公室和消防支队等单位的监督员、监察员，做好市政府第六届特邀监察员的推荐。

【调研视察】2011年，市政协围绕市委、市政府加快转变经济发展方式、深化改革、扩大开放、提升现代化建设水平等决策部署，就城市建设、创新社会管理、文化建设、扶贫开发、“中国水城”建设、食品安全问题、为民办实事项目等内容，组织委员开展调研视察活动，形成《关于提高我市污泥污染防治水平的建议》、《加

8月15日，市政协·碧园“同心育才”工程暨欢送新生入学仪式在上林县镇圩瑶族乡举行　张颢匀　摄

强和创新社会管理，切实维护外来务工人员合法权益的建议》等调研报告9篇；《关于南宁市文化遗产保护与利用工作情况的视察报告》、《南宁市城市建设与管理工作视察报告》等视察报告14篇，市委、市政府主要领导对视察报告作了批示。

【提案工作】 2011年，市政协加大提案征集力度，通过新闻媒体、南宁政务信息网向市民征集提案线索，扩大提案线索征集面。加大提案交办力度，召开提案交办会，提高认识，统一要求，为按时按质完成提案办理奠定基础。加大提案督办力度，采取重点提案报送市委、市政府领导批阅，市政协领导牵头督办、提案委会同市委、市政府督查室定期督办等方式，推动提案办理从"重答复"向"重落实"转变。开展优秀提案工作办理先进单位、先进个人评选表彰活动，调动承办单位办理提案的积极性。全年征集到政协委员提案666件，立案658件，立案率98.70%，办复率100%，满意率98.85%。

【文史资料征集】 2011年，市政协将文史工作社会化，主动上门向政协委员、文史工作者和文史研究爱好者收集文史资料，整理《邕州马退山茅亭记》等有关南宁的文章83篇、《安辑岭表事平罢归》等有关南宁的诗歌141篇，形成文稿约100万字；牵头组织开展纪念辛亥革命100周年系列活动，向各方征集并整理有关辛亥革命在南宁的文史资料6篇；与自治区政协文史委员会、广西社会科学院共同主办"陆荣廷与广西近代化"学术研讨会，收集到有关资料12篇。

（卢远新）

纪律检查与行政监察

【概　况】 2011年，南宁市有县（区）纪委监察局12个，县（区）直属单位有纪检监察机构135个，有5个县纪委监察局实行派出纪工委、监察分局20个。市直单位有纪检监察机构85个。其中：市纪委派驻纪检组38个，派出纪工委5个；市直单位纪工委2个、内设纪委（纪检组）13个、纪检机构15个；市管企业纪委12个，有监察室（纪检监察室）37个。全市乡镇设纪委102个，街道都设纪工委22个。全市有专职纪检监察干部823人，其中：女干部233人；研究生学历119人，大学学历464人，大专学历233人；35岁以下182人。各县（区）纪委监察局领导班子有8人（含党外副局长1人），监察局局长都由纪委副书记兼任；市直部门共有纪检组长、纪委书记、纪工委书记82人，监察室主任35人；102个乡镇纪委书记和22个街道纪工委书记全部由同级党委委员和党工委副书记兼任。年内，市纪委监察局获《中国纪检监察报》先进通联站，自治区纪检监察系统集体二等功、纠风工作先进集体、反腐倡廉宣传教育先进集体、纪检监察系统查办案件工作一等奖；受到中央纪委监察部嘉奖1人，获自治区政府记个人一等功1人，获自治区纪委监察厅记个人二等功7个，被市委、市政府表彰30多人次。

【领导干部廉洁自律】 2011年，南宁市开展公务用车突出问题专项治理，对全市3041个党政机关、企事业单位进行检查，对严重违规的车辆进行处理。开展庆典、研讨会、论坛过多过滥问题专项治理，取消活动34个，节约经费1418.80万元。开展选人用人不正之风专项治理，组成督查组7个，对12个县（区）、118个市直单位贯彻执行干部选拔任用四项政策法规进行监督检查。加强对市、县、乡三级执行中央、自治区党委换届工作纪律情况的监督检查，确保换届风清气正。继续深入开展工程建设领域突出问题专项治理，排查投资规模在200万元以上的项目1673个，发现问题564个，整改完成509个，立案97件，处分58人。进一步完善"重点项目督查管理专项考评系统"，抓好工程建设领域项目信息和信用综合检索平台建设。推进统一公共资源监管信息平台建设，构建治理工程建设领域突出问题长效机制。继续深入开展"小金库"专项治理，通过全面复查、重点抽查，新发现"小金库"8个，涉及金额134万元。深入开展制止党政干部公款出国（境）旅游专项治理，严格控制公款出国（境）规模，全市党政干部因公出国（境）人数减少118人。

【损害群众利益的不正之风查处与纠正】 2011年，南宁市开展"护农保春耕"农资打假专项整治行动，立案查处制售假冒伪劣农资案件8件。开展强农惠农资金专项清理检查，纠正和整改违规问题涉及金额184万元。开展打击违法添加非食用物质和滥用食品添加剂专项督查，查出涉嫌违法使用食品添加剂的餐饮单位13家。纠正医药购销和医疗服务中的不正之风，查出问题23个，处分23人。继续推进"安康工程"示范药店创建活动，建成运行"安心工程电子监察系统"，对救灾救济款物的数量和流向实行全程监控。严格执行救灾救济款物限时拨付、公示、备案和使用管理制度。加强对社保基金、扶贫资金、住房公积金、新农合基金、移民资金管理使用情况的监管，在自治区率先构建"安心工程"的医疗救助与"安保工程"的医保、新农合"一站式"即时结报平台。纠正和查处"安保工程"违纪违规问题51个，处分20人。开展对中小学校教育乱收费、乱补课、乱办班等情况的专项检查，清退教育违规收费102.44万元，被追究责任15人。开展对上林、马山、隆安3县义务教育学生营养改善试点工作专项检查，确保义务教育阶段公办学校13.40万名学生享受免费营养午餐政策落实到位；严肃查处保障性工程建设和征地拆迁工作中的违纪违法行为。继续办好电台"政风行风热线"栏目，开展"百名科长上热线"活动，全年有79个单位、245名科长（副科长）上线，接听群众电话1221个，答复率100%；继续办好电视台"政风行风面对面"节目，全年播出42集，办复问题297个。在互联网上开通使用"群众满意度评价网"，搭建群众与政府沟通的平台，全年收到群众向政府有关部门咨询、建议、投诉信息988件次，处理回复率100%。在该网上开展民主评议政风行风活动，有13万多网民点击参与评议并提出意见和建议。

【违纪违法案件查办】 2011年，南宁市各级纪检监察部门受理群众信访3434件（次），初核线索656件，新立案365件，结案313件，给予党纪政纪处分299人，移送司法机关处理47人，挽回直接经济损失882.77万元。严格依纪依法、安全文明办案，少用慎用"两规"，不断完善信访举报、案件监督、案件审理、申诉复查复议等工作机制，及时为受到失实举报的205名党员干部澄清是非，对129名轻微违纪行为的干部给予适当处理。加强案件剖析和情况通报，利用典型案件深入开展警示教育活动，提高查办案件的综合效果。

【党员干部作风建设】 2011年，南宁市通过绩效综合管理信息平台，对全市114个被考评单位完成工作情况的过程进行管理和监督，并组织察访核验。健全作风效能投诉处理机制，严格落实首问负责制、限时办结制和责任追究制，在市、县（区）政务服务中心建立行政效能投诉室，受理作风效能投诉128件，办结118件，9人因行政不作为、慢作为、乱作为被追究责任。推进"两集中、一充分"（所有职能部门的所有审批事项统一到政务服务中心集中受理、办理，所有行政事业性收费统一到政务服务中心收费窗口集中缴纳，统一接受政务服务中心管理办公室的监管，纳入电子监察系统的监督。各部门行政审批权限相对集中到政务服务中心，向办事受理窗口充分授权的原则）工作，实现市、县、乡三级联网、联动、联审，审批效率有新提高。扎实推进农村、国有企业、中小学校、城市社区、公用事业单位和新经济新社会组织党员干部党风廉政建设，深化"农事村办"，完善便民服务网络，全市102个乡镇、22个街道全部建立便民服务中心，63%以上行政村（社区）建立便民服务点。

【行政执法监察】 2011年，南宁市纪检监察部门对五象新区开发建设、中国水城、南宁市轨道交通工程、为民办实事项目、"两会一节"等重点投资项目、重大活动开展专项督查，检查项目1725个，发现、纠正问题103个。加强对土地使用权招拍挂和出让工作的监督检查，查处违法违规用地1019宗，打掉非法采矿点389个，封堵小煤窑73个，给予党纪政纪处分14人。深入开展整治违法排污企业专项行动，检查企业3846家，重点开展对大王滩水系、南湖—竹排冲水系、六县污水处理厂等重大环境综合治理建设项目的监督检查。开展对道路交通、危险化学品等重点领域的专项整治和隐患排查，查处安全生产责任事故18起，给予党纪政纪处分12人。

【党内监督】 2011年，南宁市重点抓好党内监督各项制度的落实，全市有3827名领导干部报告个人有关事项，市、县纪委负责人同下级党政主要负责人谈话1076人次、领导干部任前廉政谈话4797人次、诫勉谈话52人次，领导干部述职述廉1.07万人次。开展《廉政准则》贯彻执行情况的专项督查，加大领导干部廉政审核力度，市本级对1099名拟提拔交流的领导干部、318个领导班子及其成员、540名各类评优评先个人进行廉政审核。探索廉政风险防控管理，南宁供电局的成功经验得到自治区纪委主要领导的肯定，并作出批示要求在自治区国有企业中推广。市发改委、市财政局、市国土局、市交通运输局、市城乡建委5家试点单位查找出廉政风险点1747个，制定防控措施1948条。推进隆安县、青秀区党委权力公开透明运行试点，政务公开、政府信息公开、村务公开、厂务公开和公用事业单位办事公开进一步完善。

【党风廉政建设责任制落实】 2011年，南宁市各级党委、政府坚持党委统一领导、党政齐抓共管，职能部门认真抓好职责范围内的党风廉政建设，反腐败领导体制和工作机制不断完善。年初，12个县（区）党委书记向市委书记递交《党风廉政建设责任状》，5个开发区、88个市直部门主要领导也向市委、市政府分管领导递交《党风廉政建设责任状》，切实担负起反腐倡廉建设的领导责任。开通运行"党风廉政建设责任制考评系统"，将全市反腐倡廉建设工作任务细化、量化为100多项指标录入系统，构建党风廉政建设和反腐败工作信息数据库，市纪委实时在线监控各责任单位指标任务的完成情况，实现落实反腐倡廉建设工作的过程管理。率先在自治区制定《党风廉政建设责任制检查考核办法（试行）》、《党风廉政建设检查考核结果运用制度（试行）》、《关于召开党风廉政建设工作专题研究会议制度（试行）》等3项制度，为贯彻落实党风廉政建设责任制提供制度保证。年末，由市委专职副书记、5位市委常委带队，抽调105名干部，成立6个核查组，集中5天时间深入各县（区）、开发区和市直有关单位，对年初签订责任状的8个方面17项重点内容进行全面考核，将考核结果作为评价各级领导干部绩效的重要指标和出具廉政鉴定的重要依据。坚持党政领导班子及其成员落实党风廉政建设责任制报告制度，全年有142个处级领导班子，1185名领导干部报告落实责任制情况。加大责任追究力度，全年有17名领导干部因违反责任制规定受到责任追究。

【纪检监察干部队伍建设】 2011年，南宁市以换届为契机选好配齐配强纪委领导班子，市、县、乡新一届纪委领导班子结构更加合理，综合实力整体提高。12个县（区）新当选的纪委书记全部具有大学本科以上学历，其中具有研究生学历6名，平均年龄42.30岁；102个乡（镇）新当选的纪委书记全部具有大学本科以上学历，平均年龄35.80岁。举办纪检监察干部业务培训班14期，培训1700人次；组织61名纪检监察干部到上级纪委、国内高等院校学习培训。强化纪检监察机关的整体功能，全市各级纪检监察机关通过竞争上岗选拔任用干部18名，轮岗交流干部180名。加强对市直部门派驻机构的联系和指导，实行市纪委常委联系派驻机构制度。年内，6个县纪委监察局都实行派出纪工委、监察分局，派出纪工委、监察分局24个，新增编制93名，制定纪工委、监察分局《业务工作管理暂行办法》、《述职述廉制度》等12项配套管理制度。对纪检监察干部严格要求、严格管理，涌现出张富安、邱卫新、李丽华等先进典型。

【中共南宁市第十一届纪律检查委员会第一次全体会议】 2011年9月29日下午在市委、市政府会议中心召开，出席会议的市纪委委员38人。邓金玉受中国共产党南宁市第十一次代表大会主席团委托主持会议；全会以无记名投票的方式，选举产生中国共产党南宁市第十一届纪律检查委员会书记、副书记和常务委员会委员。邓金玉、余仲远、张富安、尹士申、韦好鹏、卢志勇、李跃军、雷沛进、赵博如当选为市第十一届纪律检查委员会常务委员会委员，邓金玉当选为市纪委书记，余仲远、张富安、尹士申当选为市纪委副书记。会上，新当选的市纪委书记邓金玉作讲话。

（市纪委、监察局编写组）

民主党派与工商联

中国国民党革命委员会南宁市委员会

【概　况】 2011年，中国国民党革命委员会南宁市委员会有青秀区、江南区、兴宁区、西乡塘区城区总支部4个，支部18个，党员362人（新发展18人）。其中：具有高、中级专业技术职务任职资格210人，占58%；经济界126人，占34.80%；科技、教育界85人，占23.40%；医卫界60人，占16.50%；行政机关52人，占14%；其他39人，占10.70%。党员中任民革中央委员1人，民革广西区委会副主任委员1人；自治区人大代表1人，市人大代表4人，城区人大代表3人；自治区政协委员2人（常委1人），市政协委员15人（常委3人），城区政协委员25人（常委6人）；担任青秀区副区长1人，江南区副区长1人，市科协副主席1人；受聘担任自治区、南宁市、城区及有关单位特邀监察员、执法监督员、行风评议员10人。编印会刊《南宁民革》4期，《港澳台参考》内部学习资料4期。民革市委会机关支部获民革中央授予全国“学习践行社会主义核心价值体系先进组织”称号，民革市委会机关被民革中央评为民革全国机关工作先进集体。5月27日~28日，中国国民党革命委员会南宁市第十二次代表大会在市政协多功能厅召开；出席大会代表91人；选举产生民革南宁市第十二届委员会，委员21人，常委9人，主任委员黎琳，副主任委员班桂新、夏洋、陈莉；任命陈洁为秘书长。

【参政议政】 2011年，民革市委会领导多次参加中共南宁市委、市政府召开的协商会、座谈会、情况通报会、提案工作征求意见会，就南宁市的一些重大决策、工作部署、人事任免事项进行协商、讨论充分发表意见和建议，不少意见和建议得到中共市委、市政府的重视和采纳。民革党员中的人大代表、政协委员在市人大、政协“两会”期间，向大会提交建议提案43件，政协大会发言提案1件，集体提案7件，政协委员个人提案36件，其中，大会发言材料《充分利用中国—东盟关税大幅降低的机遇大力促进南宁市对外贸易发展》得到中共市委、市政府重视。集体提案《关于加强南宁市大王滩水库整治的建议》、《加强水源林保护力度，建设生态文明家园》，个人提案《关于优化城市空间结构，充分有效地利用地下空间的建议》和《关于建立物业管理行业信用监管体系，加强对物业服务企业和人员的监管的建议》被评为市政协优秀提案。民革市委调动党员参政议政积极性，围绕南宁市“十二五”规划和南宁市中心工作开展调研，撰写提案，建言献策。市委会主委唐济武牵头开展市政协重点提案《关于加强扶持个私劳动者协会健康发展》调研，市委会承接中共市委下达的《关于南宁市生物多样性保护情况的调研》、《关于南宁市农村土地流转情况的调研》重点课题调研2个，为中共市委、市政府就市生态文明建设、发展特色农业提供参考。协助民革广西区委会在南宁市开展《广西农产品流通体系建设研究》课题调研。年内，民革市委会加强宣传工作，发出报道60多篇，其中民革中央网站、民革广西区网站、南宁市政务信息网采用53篇，《广西民革》采用23篇，各级统战、政协杂志采用26篇，《团结报》采用3篇。民革市委会被民革中央授予民革全国参政议政先进集体。

【社会服务】 2011年，民革市委会组织党员参加中共市委统战部组织的科技、文化、卫生“三下乡”活动，先后到隆安县进行“文化统战”文艺演出和帮扶捐助活动。参与市政协“童心育才”工程活动。联系社会各界人士筹资捐款，筹集资金1000万元。主委黎琳两次深入西乡塘区华强、北湖街道办为基层干部做心理辅导讲座；副主委夏洋带领南宁民革党员中的医疗专家参加自治区直机关工委在巴马县举办的“结对共建、为民服务、创新争优、和谐同心”主题实践系列活动；党员黄新宁到亭子社区卫生服务中心为群众做慢性支气管炎防治知识讲座；党员舒志华在“母亲节”之际，为江南区亭洪社区、尧头岭社区的12位贫困母亲送去爱心款1万元；党员蒋三努参加广西律师普法进校园活动，首创律师为师生做模拟法庭表演，为50名贫困生捐赠书包等学习用品。

【纪念辛亥革命100周年活动】 2011年，民革市委会开展纪念辛亥革命100周年活动。举办庆国庆暨纪念辛亥革命100周年茶话会、邀请民革广西区委会副主委梁崎峰、著名专家学者廖井丹教授给党员进行纪念辛亥革命100周年专题辅导讲座，重温辛亥革命光荣历史。开展“观故居，悼先烈，走多党合作之路”活动，先后参观滕冲滇缅抗战博物馆、国殇墓园，苍梧李济深故居，梧州孙中山纪念馆等。组织党员参加中共自治区委纪念辛亥革命100周年重要活动之一现代桂剧《何香凝》观演活动、开展《建党伟业》、《辛亥革命》观影活动、征文活动、书画展活动，走近辛亥革命的历史，理解辛亥革命的内涵。 （雷协培）

中国民主同盟南宁市委员会

【概　况】 2011年，中国民主同盟南宁市委员会辖兴宁区、江南区、青秀区、西乡塘区、邕宁区总支部5个，支部29个，小组1个。盟员587人（新发展18人）。其中：从事高等教育17人，普通教育377人，科技、文化、卫生99人，其他行业94人。盟员中有全国人大代表1人，自治区人大代表2人，市人大代表7人，县（区）人大代表5人；自治区政协委员2人，市政协委员18人（副主席1人），县（区）政协委员35人（副主席1人、常委9人）；受聘担任自治区、南宁市、城区政府及有关单位特邀监察员、执法监督员、行风评议员16人。进一步完善民盟市委会网站建设，年内网上发稿241篇。编印内部刊物《南宁盟讯》2期，编印《南宁民盟六十年》、《民盟桂豫湘滇省会城市书画巡展作品集》、《南宁民盟六十年图片集》等。民盟市委会获“全国‘十一五’期间各民主党派工商联无党派人士为全面建设小康社会做贡献先进集体”、获民盟中央授予社会服务工作特别奖。1月5日~6日，中国民主同盟南宁市第十三次代表大会在南宁饭店召开，出席大会代表115人，选举产生民盟南宁市第十三届委员会，崔建国当选为主任委员，潘永钟、谢桂荃、林海当选为副主任委员。

【参政议政】 2011年，民盟南宁市委会领导多次参加中共南宁市委、市政府、市政协召开的协商会、座谈会、情况通报会、提案工作征求意见会等，就南宁市的“十二五”规划编制等重大决策、工作部署、人事任免事项进行协商、讨论、发表意见和建议。在市十二届人大九次会议上，盟员人大代表向大会提交《关于加快南宁市公办幼儿园发展的几点建议的议案》等议案、意见、建议7件，其中，《建议在城市建立宠物尸体无害化处理机构》、《建议在公共场所设立哺乳室》2件得到媒体重点报道。在市政协九届六次会议上，民盟市委会提交集体提案7件、大会发言材料2份；盟员政协委员提交个人提案40件。10月，市人大、政协“两会”上，民盟盟员人大代表、政协委员提交集体提案1件，个人提案19件。完成中共南宁市委《大力促进南宁市学前教育发展的对策建议》重点课题调研，形成调研报告报送中共南宁市委；完成广西民盟参政议政重点课题《农村教师培训存在的问题及建议》的调研，以及《关于南宁市第二（备用）水源开发与保护的思路与对策》、

《大力加强南宁市农村教师培训的思路和对策》课题调研，并形成调研报告。

【社会服务】 2011年，民盟市委会组织书法家27人次、美发师18人次，分别到广西军区东葛路干休所、横县、望州南社区、百会社区等开展“迎新春、送春联”、美发等为民服务活动，为群众写春联2000多幅、美发100多人，南宁电视台《新闻在线》等节目对活动进行报道。各总支、支部也积极开展为民服务活动，民盟市委和西乡塘总支部组织40多名志愿者到望州南小区，开展理发、义诊、测血压、法律咨询等便民服务；民盟西乡塘区综合二支部与市红十字会医院临床一支部联合到西乡塘区双定镇、金陵镇刚德村小学开展体检义诊、法律咨询活动，受益群众、学生200多人次。

【农村教育烛光行动】 2011年，民盟市委继续推进“农村教育烛光行动”。3月、5月，民盟中央副主席李重庵两次到南宁，深入那楼中学和英华学校，专题调研南宁市开展“烛光行动”情况，并召开农村教育烛光行动(南宁)座谈会，探讨南宁经验。在中共市委统战部的支持下，民盟市委向邕宁区7所农村学校推荐7位社会新阶层人士作为校长助理人选，20位盟内外教育工作者及社会爱心人士受聘为民盟市委“烛光行动”志愿者；开展邕宁区农村教师培训活动，邀请专家为200余名教师做专题讲座；引进北京四中网校与那楼中学正式签订远程教育定点合作协议，向132名基地教师、108名“烛光行动”志愿者和盟内教师无偿开通网校应用端口，北京四中网校南宁分校多次派专家赴那楼中学开展教师培训，9月，自治区民盟、市民盟在那楼中学联合举办“农村教育烛光行动”讲学支教活动。

(覃紫斌)

中国民主建国会南宁市委员会

【概　况】 2011年，中国民主建国会南宁市委员会有直属、青秀区、兴宁区、西乡塘区和江南区总支部5个，支部17个，会员431人(新发展10人)，其中具有高、中级专业技术职务任职资格的262人、占60.78%。在职会员296人，其中，公有经济界53人，新的社会阶层141人，其他102人。会员任民建广西区委委员7人；全国人大代表1人，自治区人大代表1人，市人大代表7人，城区人大代表6人(副主任2人)；自治区政协委员5人，市政协委员16人(常委4人)，城区政协委员27人(副主席1人，常委4人)。受聘担任自治区、南宁市、各城区及相关单位特邀监察员、执法监督员、行风评议员6人。编印会刊《南宁民建》5期，与市政协人资环建委合编出版《团结合作　奋发有为——联合调研成果汇编》一书。1月8日~9日，中国民主建国会南宁市第十一次代表大会在凤凰宾馆召开，出席大会代表90人；选举产生民建南宁市第十一届委员会，25名委员当选，卢秋凌当选为主任委员，梁明志、杨屹、秦枫当选为副主任委员，任命陈芸芸为秘书长。3月，完成基层组织5个总支部、17个支部的换届。6月，获民建中央授予“民建全国社会服务工作先进集体”。

5月14日，南宁民盟“农村教育烛光行动”志愿者大会暨邕宁区农村教师培训活动在那楼中学举行　　民盟市委会提供

【参政议政】 2011年2月，在南宁市第十二届人大第九次会议和政协南宁市九届六次会议上，民建市委会提交集体提案12件，内容涉及解决中低收入家庭住房困难、筹集公共租赁房建设资金、利用“零关税”优势加快水果产业发展以及充分利用民间资本促进南宁市经济加快发展等建议，作题为《关于加快推进公共租赁房建设，解决“夹心层”住房困难的建议》的大会发言。民建界别的政协委员提交提案20件，内容涉及城市建设、环境保护、民生改善等人民群众普遍关心的问题。5名担任人大代表的民建会员提交议案、意见、建议案17件，其中，由罗山宁代表领衔提交的议案、意见、建议案11件，《关于建设我市邕江两岸滨水公园和绿化景观带的议案》、《关于在我市推行生活垃圾分类收集改进垃圾消纳方式的议案》、《关于尽快落实南宁市资源循环利用产业园用地的议案》3件议案被大会定为闭会后交由有关专门委员会进行审议。卢秋凌代表等提交的《关于加大力度支持南宁市城市再生资源回收体系建设的建议》等14件议案作为建议、批评和意见处理。市委会完成中共南宁市委重点课题《南宁市创新社会管理机制研究》调研，形成调研报告，在向中共市委做专题汇报中得到市委领导的高度肯定。市委会注重发挥基层组织参政议政的作用，调动议政调研专委成员和基层调研骨干的积极性，参与民建广西区委课题招投标，参与投标课题12个，中标3个，并被民建广西区委转化为集体提案，在自治区政协会议上提交并作大会发言。市委会调研成果《南宁市保障性住房政策研究》、《南宁市住房“夹心层”解困路径探索》2个课题获得南宁市第十一届社会科学研究优秀成果奖。市委会利用“信息直通车”、“绿色信封”渠道反映社情民意类信息40条，其中《南宁统战信息》采用30条、中共市委办公厅信息刊物采用10条。市级以上媒体公开宣传报道民建市委会活动25篇次。

【社会服务】

“民建讲坛”服务企业　2011年4月，民建市委会主办“相聚南宁　共享机遇”东盟自贸区发展前景及当前的主要合作领域等主题演讲、南宁及北部湾城市投资环境推介、项目实地参观考察等形式，帮助各省市企业家更多了解南宁的区位优势和发展前景，东盟自贸区发展前景及当前的主要合作领域等主题演讲、南宁及北部湾城市投资环境推介、项目实地参观考察等形式，帮助各省市企业家更多了解南宁的区位优势和发展前景，增强外地企业家来邕、来桂投资兴业的吸引力。6月，市委会与市工信息委中小企业服务中心合作，联合举行民建建华课堂、育林计划“企业精确管理”专题讲座。全年开展“民建讲坛”系列讲座，培训会员和社会各界企业管理人员1000多人次。先后邀请市科技局、市城乡数字化建设办公室、市工信委、市司法局、市国土资源局、市商务局等政府职能部门与民建会员召开政企交流座谈会，帮助企业家解决生产经营中碰到的问题，把服务企业年活动落到实处。

“思源工程”服务社会　市委会通过民建“思源工程”引导会员开展各种扶贫公益活动，捐款捐物总价值290多万元。1月，市委会联合会员企业事业红食品有限责任公司和宝资通联行，慰问民建困难老会员，到上林县塘红乡龙祥村开展迎春送温暖活动。6月，民建企业家秦枫、罗诗明分别向广西中华职业教育社捐资100万元，蔡家雄向民建“思源工程”生态教育移民扬帆班认捐30万元。8月，市委会在广西体育中心二期项目工地举行“民建思源工程·事业红公司中秋慰问五象新区重点项目建设工人”爱心公益活动，南宁事业红食品有限公司捐赠月饼4000份慰问一线工人。“民建思源工程”还分别慰问西乡塘区新阳街道困难家庭243户及青秀区长塘镇天堂村小学师生和贫困家庭人员300人。

法律援助进社区　12月，为贯彻落实“同心思想”，推进“和谐统战”进社区的政治交接教育实践基地建设，市委会联合市司法局在青秀区埌西社区举行“同心和谐·法律服务、法律援助进社区”主题活动，开展法律咨询、法律宣传、文艺演出等活动，并正式启动民建律师团法律服务、法律援助埌西工作站。

（黄凤敏）

中国民主促进会南宁市委员会

【概　况】2011年，中国民主促进会南宁市委员会新成立良庆区总支部，有兴宁区、青秀区、江南区、西乡塘区、邕宁区、良庆区总支部6个，支部39个；会员467人（新发展22人），其中：教育界321人，科技、卫生、文化出版等界别41人，经济界42人，人大、政府、政协、党派机关团体45人，法律界6人，其他12人；具有高、中级专业技术职务任职资格406人。会员中自治区人大代表1人，市人大代表8人，县（区）人大代表4人（副主任1人）；自治区政协委员1人，市政协委员21人（副主席1人、常委3人），城区政协委员27人（常委7人）；全国优秀教师1人，自治区特级教师5人；自治区劳动模范1人，市劳动模范2人；南宁市专业技术拔尖人才1人。受聘担任自治区、市、城区政府和其他部门的各种特约监察员24人。担任政府部门副处级实职和事业单位副处级实职6人。编印会刊《南宁民进》4期。年内，首次举办“2011年南宁民进十大会务要闻”评选活动；开展树立和践行社会主义核心价值体系及创建民进全国先进机关活动，市委会获“民进全国机关建设工作先进单位”称号；8个基层组织获广西民进基层组织重点建设先进支部、2个基层组织获特色支部称号；夏发娥等25名会员获广西民进“双岗建功”优秀会员。1月12日~13日，中国民主促进会南宁市第十次代表大会在市政协多功能厅召开，参加大会的代表95人；选举产生民进南宁市第十届委员会委员25人，常务委员9人，主任委员黄均宁，副主任委员李华汉、陈蓉、覃树楠；任命刘瀚钟为秘书长。

【参政议政】2011年，民进市委会履行参政议政和民主监督职责，围绕中心工作建言献策。市委会领导参加中共南宁市委、市人大、市政府、市政协及纪检、监察等有关部门召开的民主协商会、专题汇报会、情况通报会、党代会工作报告征求意见会、政府工作报告征求意见会、党外人士座谈会及调研视察等活动，就涉及自治区、南宁市经济社会及各项事业发展的重大问题提出意见和建议。组织会员中的人大代表、政协委员参加人大和政协会议。在市政协九届六次全会和十届一次全会上，市委会提交提案47件，其中集体提案12件，个人提案35件。市委会把推动南宁市文化发展作为参政议政的重点，提交的12件集体提案中，涉及文化建设的提案6件，其中《打造文化品牌建设“中国—东盟国际艺术之城”》的集体提案在市政协九届六次全会上发言，得到市领导肯定。市委会依据会员熊鹏提交的素材修改整理的《关于建设南宁市文化交易市场的建议》获市政协九届六次全会优秀集体提案；会员夏发娥撰写的《关于建议南宁市加快城市特色街区建设，提升城市文化品位的建议》获优秀个人提案。完成中共市委重点课题《加强城市品牌建设　提升南宁城市形象》调研，形成调研报告提交中共市委及统战部。开展广西生物质能源产业发展等专项调研活动，与民进广西区委会经济工委联合组成调研组深入武鸣县开展调研，综合各方面意见和建议，向民进广西区委会上报《加快广西生物质能源产业发展》、《关于启动将城市公共交通车辆改造使用生物燃气试点的建议》及《关于继续在我区推广使用车用乙醇汽油的建议》等3件调研成果，其中《加快广西生物质能源产业发展》的调研报告被民进广西区委会选为2011年自治区政协十届五次会议大会书面发言；《关于启动将城市公共交通车辆改造使用生物燃气试点的建议》的调研报告，作为民进广西区委会提交自治区政协会议的集体提案之一，《南国早报》等媒体对其进行报道。市委会还将调研成果结合南宁实际，转化为市政协大会发言及集体提案，提交市政协十届二次会议；配合民进中央及全国人大常委会副委员长、民进中央主席严隽琪等就民办教育专题到广西东方外国语学院、南宁英华学校开展调研。市委会按照“一总支部一调研，一支部一建议，一会员一信息”要求，指导基层组织开展调研。各总支部和工委就10个课题开展专项调研，提交调研成果15件。重视收集社情民意，做好信息反映。市委会通过“信息直通车”及“绿色通道”报送信息、反映社情民意23条，其中会员何玲等提交的《关于取消广西科技馆馆前场地停车的建议》、《关于稳定民心，治理哄抢食盐的建议》、《关于尽快解决蔬菜滞销和市场菜价贵矛盾的建议》等5条信息获市领导批示并得到落实解决。向民进广西区委会、中共市委统战部推荐论文27篇，李孔敏撰写的《新的社会阶层统战工作机制现状及对策研究》入选中共自治区党委统战部《经济统战理论研讨会论文集》，市委会提交的《打造基地“三位一体”平台推进政治交接教育实践活动深入开展》等12篇文章入选南宁市统一战线《同心同行携手共进》一书。

【社会服务】 2011年，民进市委会以服务社会管理创新为重点，以服务构建和谐社区为抓手，开展社会服务。继续开展服务五象新区教育发展系列帮扶活动，市委会与良庆区召开推进五象新区教育发展座谈会，研究落实年度服务教育发展目标和任务；组织教育专家为城区各学科中心组成员、所有初中学校骨干教师上示范课及开展教学研讨活动；在“南宁民进名师讲堂”中开设“中考快车”内容，为城区初中教师举办各类备考策略辅导讲座8场次；开设“校长对话”专题，组织名校校长与城区各中学校长就如何提高学校教学管理水平展开交流与探讨；关注民办教育，组织名师到城区民办学校上示范课、开展集中研讨活动。11月30日，召开同心·服务五象新区教育发展暨民进南宁市良庆区总支部成立大会，回顾和总结两年来市委会服务五象新区教育发展情况和取得的成绩，对下一步服务工作提出要求，推动服务五象新区教育工作持续发展。完善政治交接教育实践基地建设工作机制，立足基地，围绕加强和创新社会管理、和谐社区建设等主题，开展服务活动。9月，联合江南区总支部和五一支部开展“携手同行·关爱地贫儿童进社区”公益活动；参与市统战系统赴隆安县都结乡开展的“同心·文化统战进农村”活动；与民进广西区委会联合组织民进南宁二中支部和三中支部的教育专家赴上思中学开展教学帮扶活动。兴宁区总支部到五塘镇永宁小学开展“六一”慰问活动；良庆区直属支部联合良庆区工商联及民营企业家到良庆区大塘镇敬老院开展慰问活动；邕宁区总支部参与城区统一战线“和谐三下乡”活动；律师直属支部结对资助农村贫困女童，发动会员为隆安县贫困学生捐款等。 （刘瀚钟）

中国农工民主党南宁市委员会

【概 况】 2011年，中国农工民主党南宁市委员会辖青秀区、兴宁区、江南区、西乡塘区总支4个，支部30个；党员494人（新发展25人）。其中：医卫界266人，教育界78人，科技界19人，文化出版界9人，财税界37人，法律界4人；国有经济23人，非公经济6人，机关42人，其他10人；高、中级专业技术职务任职资格386人。党员中任农工党广西区委委员5人（常委1人）；自治区人大代表3人，市人大代表8人（副主任1人），城区人大代表6人（副主任2人、常委3人）；自治区政协委员3人（常委1人），市政协委员22人（常委3人），城区政协委员32人（副主席1人、常委7人）。在政府部门担任处级领导干部5人。编印内刊《南宁农工》4期，出版宣传板报4期。市委会被农工党中央评为“开展树立和践行社会主义核心价值体系活动先进市级组织”。1月9日~10日，中国农工民主党南宁市第十一次代表大会在市政协多功能厅召开，出席大会代表104人，选举产生农工党南宁市第十一届委员会，袁曼虹当选为主任委员，委员黄建顺、方海宁、黄宗贵当选为副主任。

【参政议政】 2011年，农工党南宁市委会领导多次参加中共南宁市委、市政府、市政协、市委统战部以及各对口联系单位召开的协商会、座谈会、情况通报会、提案工作征求意见会、调研课题讨论会等会议，就南宁市的重大决策、工作部署、人事任免事项进行协商、讨论发表意见和建议。市委会及党员中的各级人大代表、政协委员在市人大、政协“两会”上提交各级议案、提案、意见、建议131件。在市政协九届六次会议上，市委会作题为《关于加快我市建成区新区义务教育阶段学校建设的建议》大会发言，并提交《关于南宁市艾滋病预防与控制工作的建议》等集体提案8件。在市政协十届一次会议上，提交《关于加快建设南宁金融后台服务中心基地的建议》、《关于在我市中小学校开展民歌教育形成特色教育品牌的建议》集体提案2件。被市政协列为重点督办提案的有：《关于加快南宁市建成区新区义务教育阶段学校建设的建议》、《关于南宁市艾滋病预防与控制工作的建议》。被评为市政协优秀集体提案的有：《关于加强南宁市新型农村社会养老保险工作的建议》、《关于加快南宁市建成区新区义务教育阶段学校建设的建议》、《关于加快南宁市艾滋病预防与控制工作的建议》、《再次建议妥善解决南宁市国企办幼儿园退休教师待遇问题的提案》等4件。被评为优秀委员提案的有：《关于加强未成年人性道德教育的建议》、《关于加大从基层和企事业单位选拔公务员力度的建议》、《关于在我市农村开展巡回医疗服务工作的建议》、《进一步加快市公交车及出租车油改气项目建设的建议》等4件。年内，市委会完成中共市委《关于南宁市食品安全监管情况的调查》课题报告，参与市政协教科文卫体委员会组织的《关于南宁市外来务工人员子女教育问题的调查》课题调研。各专委会完成并提交的课题有：《关于进一步推进学前教育发展的建议》、《关于增强我市农村基层卫生服务能力的建议》、《关于加大对我市就业困难人员就业帮扶力度的建议》、《南宁市职业妇女心理健康状况探略》、《关于加快建设南宁金融后台服务中心基地的建议》、《农工党南宁市委会老年党员状况调查》等6件。组织开展年度统战理论研究活动，收到论文34篇，选送参加上级部门评审22篇，获农工党广西区委统战理论研究一等奖1篇，三等奖1篇，优秀奖4篇；市委会被农工党广西区委授予统战理论研究工作先进单位。市委会收到社情民意信息来稿58篇，上报中共南宁市委、市政府、市政协等有关部门48篇。其中，《关于进一步加强水源林保护，禁止在水源地周边种植速丰林的建议》被全国政协采用；《关于进一步整合利用户外电子屏的建议》得到自治区党委常委、市委书记陈武批示；《关于采取综合措施确保南宁市公立医院快速发展的建议》、《关于尽快建立南宁市爱国卫生运动长效管理机制的建议》得到副市长吕洁批示。

【社会服务】 2011年，农工党南宁市委会组织各专委会结合自身特色和优势，开展社会服务活动。文教委到马山县林圩镇中心小学开展扶贫助教活动，成立“希望书室”并捐赠图书3000多册；医药委在友爱广场、江南区沙井镇开展义诊咨询活动2次；经科委到金太阳老年公寓开展慰问和义诊活动，到马山县林圩镇中心小学开展海洋生物科普展；中青联组织成员到凤凰谷开展联谊活动；老龄委组织开展重阳节活动等。市委会动员党员参与到各种帮扶活动，党员周建伟向农工党广西区委会捐款1.76万元，用于援建田东县朔良镇卫生院；党员黄洋联系新华书店，向马山县林圩镇中心小学捐赠图书3000多册；党员黄佳琳、王世雄等向困难老人捐助营养品、生活物资等。6月9日，市委会在百会社区开展第四届“中国环境与健康宣传周”活动，进行内科、外科、中医科、骨科、五官科等项目的医疗义诊，受益群众近百人。11月9日，市委会联合经科委、文教委到马山县林圩镇中心小学开展第二十三届“国际科学与和平周”活动，开设眼科知识讲座、儿科、皮肤科、内科、外科、眼科义诊和海洋生物展示等活动。（扈　倩）

中国致公党南宁市委员会

【概　况】 2011年，中国致公党南宁市委员会有兴宁区、江南区、西乡塘区、青秀区、邕宁区总支部5个，各总支辖支部2个，此外还有良庆区、武侨直属支部2个，共12个支部。党员347人（新发展17人）。其中：中级以上专业技术职务任职资格287人，占党员总数82.70%；侨海关系（含港澳台属）223人，占64.30%；大学以上学历230人，占66.30%；科技、教育界106人，党政机关88人，经济界81人，医卫界58人，文化出版界4人，其他界别19人。党员中任致公党广西区委委员3人（常委1人）；自治区人大代表1人，市人大代表8人，县（区）人大代表9人（副主任1人、常委2人）；自治区政协委员3人（常委2人），市政协委员14人（副主席1人、常委2人）；县（区）政协委员32人（副主席2人、常委8人）；在政府、民主党派、人民团体任副处级以上实职10人，受聘担任自治区、市、城区政府及有关单位特邀监察员、执法监督员、行风评议员7人。编印会刊《南宁致公》4期，内部学习资料《社会主义核心价值体系学与行事迹报告集》1本。副主委董俊荣获致公党中央授予“开展树立和践行社会主义核心价值体系，推进基层组织建设活动先进个人”；陈维宁获致公党中央授予宣传思想工作先进个人。1月7日，中国致公党南宁市第八次代表大会在市政协多功能厅召开，出席大会代表93人，选举产生致公党南宁市第八届委员会，张渊当选为主任委员，卢小宁、董俊荣、凌玫当选为副主任委员。

【参政议政】 2011年，致公党南宁市委会领导多次参加中共南宁市委、市政府、市政协召开的征求意见会、座谈会、情况通报会、协商会，就南宁市的一些重大决策、工作部署、人事任免事项发表意见和建议。在市政协九届六次和十届一次全会上，致公党市委会向大会提交大会发言材料1份，集体提案17件。其中，《关于解决城乡幼儿“入园难”问题的建议》提案得到上级领导的重视和社会各界的关注，《南宁日报》南宁“两会”专题报道对此进行采访刊登；《关于大力培育上市公司推动广西资本市场良性循环的建议》被评为市政协九届六次会议优秀提案；《加快广西动漫产业发展的建议》、《关于大力培育上市公司推动广西资本市场良性循环的建议》获自治区政协十届四次会立案。市政协委员在两次全会上提交涉及商贸、城建、科技、教育、医药卫生5大类提案23件，全部获立案。市委会完成重点课题《大力发展南宁市服务外包产业的对策建议》调研，提出的意见和建议得到市委、市政府主要领导的肯定以及相关部门的采纳。为致公党广西区委会选送调研材料6份，其中有4份作为大会发言和提案材料提交自治区人大、政协“两会”。年内，市委会收到基层组织调研材料6份；利用“信息直通车”和“绿色通道”向中共南宁市委、市政府提出重要社情民意、意见建议9件；向致公党中央、致公党广西区委、市政协、中共南宁市委统战部及有关部门报送信息55条。其中，青秀总支陶小兰的《关于加快南宁市区应急避难疏散场所规划与建设的建议》被市政协《社情民意》采用；青秀总支詹向青的《关于尽快完善我市城市道路维修和交通设施损坏修复机制的建议》、《重视本土人才培养开发的建议》被市委《信息通报》采用。组织党员参加致公党广西区委和中共南宁市委统战部举办的统战理论研讨征文活动，推荐论文17篇，获统战理论论文评比三等奖1篇。

【社会服务】 2011年，致公党南宁市委会围绕“爱侨护侨”主题开展一系列为民服务活动。1月13日，市委会到社会服务基地“和谐侨区共建活动园”—南宁华侨投资区团结农场开展帮扶活动，同时，启动树立和践行社会主义核心价值体系“爱侨护侨”捐赠活动，市委会捐赠价值3000元的彩电、音响等设备，党员捐赠价值万元的篮球架等体育设施和科技书籍。4月14日，市委会与市外侨办在西乡塘秀安社区开展“爱侨护侨”活动，来自市二医院、市七医院、市中医院的致公党党员为社区居民进行义诊，受益群众120人次。8月5日~10日，配合邕宁区政府开展创建“全国白内障无障碍城区”活动的宣传，致公党邕宁总支和邕宁区人民医院的医护人员组成联合工作队，分别到中和乡、那楼镇开展医疗下乡义诊和健康知识宣传等社会服务活动，为300多名群众提供医疗服务，被确诊为白内障病人42人、54例，白内障术后病人26人、32例，有听力残疾者3人。（文　涛）

4月14日，致公党市委会与市外侨办在西乡塘秀安社区开展“爱侨护侨”义诊活动　　致公党市委会提供

九三学社南宁市委员会

【概　况】 2011年，九三学社南宁市委员会有基层委员会2个、支社9个，在册社员278人（新发展19人），其中：工程技术

界117人、医药卫生界63人、政府机关33人、教育界21人、财政经济15人、农林12人、党派机关9人、科学研究2人、法律2人、其他4人；具有中、高级以上专业技术职务任职资格267人。社员中有全国人大代表1人，自治区人大代表1人，市人大代表7人，城区人大代表4人（副主任1人）；自治区政协委员5人，市政协委员15人（常委3人），城区政协委员22人（常委4人）；受聘担任市政府特邀监察员、执法监察员、行风评议员5人，聘为市检察院人民监督员2人，特邀监察员2人，聘为市中级法院监督员1人，市公安局义务监督员1人，市城市管理局、教育局政风行风评议员2人。编印社讯《南宁九三》5期。1月7日~8日，九三学社南宁市第七次代表大会在市政协多功能厅召开；出席大会代表75人；选举产生九三学社南宁市第七届委员会委员，邓明政当选主任委员，蔡海潮、汤卓、廖建山当选副主任委员。

【参政议政】 2011年，九三学社市委会利用自身的特点和优势，关注民生，努力建言献策，开展多形式、多层次、多领域的参政议政和民主监督，各级人大代表、政协委员围绕社会发展热点难点问题，提交议案、建议、提案70余件，并向2名全国人大代表提供5件建议素材。在市政协优秀提案表彰会上，社市委《加强我市机动车尾气污染防治工作的建议》等7件提案获优秀提案奖。年内，社市委承接中共市委“关于解决南宁市交通拥堵问题”重点课题调研任务，分别到市规划局、市交警支队等单位了解南宁市目前的交通规划和交通管理问题现状，对解决南宁市交通拥堵问题提出合理化建议、意见，完成课题报告的撰写上报。在中共市委听取调研成果汇报中，社市委重点课题调研报告获得市主要领导肯定。参与南宁市“十二五”规划工作，参加市委征求民主党派对党代会工作报告意见会，提出多项建设性意见和建议，受到市委、市政府的重视并采纳。组织社员15篇论文参加中共市委统战部举办的统战理论研讨征文活动，获二等奖2篇、三等奖2篇。利用“信息直通车”、“绿色通道”等多种便捷载体，报送社情民意信息，全年被中央统战部、中共自治区党委、九三学社广西区委、中共市委、市政府采用70多条，《关于尽快进行南宁市地下空间立法及规划的建议》等2件社情民意信息得到市主要领导批示办理。担任市政府特邀监察员及各类监督员的13位社员能认真履行职能，实施民主监督，为政府职能部门改进工作作风，加强廉政建设，为公检法机关执法公平公正，提高工作效率提出整改建议。

【社会服务】 2011年，九三学社市委会不断创新工作方式方法，组织、参与送医送药下乡、科技帮扶和扶贫助学活动9次。完成唐历村人饮工程外管铺设，解决村民饮水安全难题；帮扶唐历村弘扬传统文化，向该村捐赠2000元“三月三”村庆活动款，并组织两个舞蹈参与村庆文艺演出；“六一”节前夕，联合社广西区委向唐历村委、唐历小学捐赠价值1.50万元的电脑10台，书籍、玩具一批；帮助唐历村搞好基层党组织建设，为其“七一”活动出谋划策，协助村委做好换届工作；联合广西凯威电力通信安装工程公司到西乡塘陈东村看望和慰问生活困难的孤寡老人100多位，发放春节慰问品，并为老人们检查身体；向横县飞龙乡中心小学捐赠价值5万元的款物，扶持学校改善食堂条件；组织医疗和农业专家前往武鸣县马头镇、宾阳县新圩镇开展送医送药、送科技下乡和“科技和平周”活动。参加统战系统到隆安县都结乡开展的送医送药、科技、法律咨询活动，排练舞蹈参加“同心文化”进农村文艺演出；常委梁鸿等资助25个贫困学生生活费。支持西乡塘区基层委员会在西乡塘区西乡塘街道办事处大学东社区挂牌建立政治交接教育实践基地，开展送医药送科技及体察民情的调研活动；组织社员向社区红色之家捐赠价值5000元的油、米、面条等食品；到社区开展送医送药义诊活动及健康知识讲座；重阳节前夕基层委领导班子成员到社区慰问老年困难户。

（刘潇潇）

南宁市工商业联合会

【概　况】 南宁市工商业联合会（南宁市总商会）有县（区）商会12个，乡镇商会102个，行业商会9个，直属异地商会10个；会员1.41万名，其中：企业会员2692户，团体会员83个，个人会员1.13万名（原工商业者老会员488名）。其中：自治区人大代表4人，市人大代表30人，县（区）人大代表25人；自治区政协委员11人，市政协委员60人，县（区）政协委员305人。

【参政议政】 2011年，市工商联参与市政府工作报告草案的讨论，提出意见和建议。在市政协九届六次大会上，市工商联作《关于加大服务非公有制企业力度的建议》的大会发言，并提交《关于加大服务非公有制企业力度的建议》、《关于解决中小企业融资难问题的建议》和《关于争取在土地管理方面进行改革的建议》集体提案3件，其中《关于加大服务非公有制企业力度的建议》的集体提案被评为市政协九届六次会议优秀提案。在市政协十届一次会议上，市工商联提交《关于重视和加快民营企业项目用地审批的建议》和《关于因势利导调控企业生产运营成本的建议》集体提案2件。年内，市工商联各级人大代表、政协委员提交议案15件，提案153件。开展中小企业综合性、规模民营企业、销售总额1亿元以上非公有制企业、食品工业、循环经济、民营企业贯彻落实自治区政府进一步促进民营经济发展的若干措施、《国务院关于鼓励和引导民间投资健康发展的若干意见》落实情况、关于解决南宁市企业用工难问题的建议等多个专题调研活动，调研报告报送自治区、南宁市等职能部门。其中，“关于解决南宁市企业用工难问题的建议”作为市工商联2012年政协大会的集体提案内容。参与完成《2010年南宁市非公有制经济发展报告》的编写。

【招商引资】 2011年，市工商联先后随南宁市党政代表团赴福州、广州、深圳、济南、青岛、烟台、厦门、东莞等地开展招商引资活动，邀请当地企业参加南宁市在上述城市举办的投资环境推介会。先后组织会员企业参加中西百货贸易协会代表团座谈会、越南广宁商贸旅游投资促进研讨会、广东惠州投资环境暨惠州产品（南宁）展销会、印尼投资与文化旅游促进推介会等商贸活动。继续推进成立南宁市总商会驻国外联络处的工作，委托有关人员筹备成立奥地利克恩顿州克拉根福市联络处，使市总商会委托筹备的驻海外联络处达15个。至年末，市总商会正式挂牌成立海外联络处6个。通过海外联络处，先后接待美国费城、泰国曼谷、德国莱比锡、英国曼彻斯特等地客商到南宁市进行商务考察。做好第八届中国—东盟博览会相关工作，邀请国内外客商27名参加博览会，参观考察南宁市的投资环境。为会员办理专业观众证和嘉宾证456份，组织非公经济人士参加博览会举办的推介会、研讨会5场，组织会员企业参加博览会轻工产品展。博览会期间，召开市总商会驻外联络处主任第二次联席会。市工商联机关全年引进合同内资1.20亿元、实际到位8000万元。

【服务会员】 2011年，市工商联为会员提供维权服务，与市国税局、市地税局联合成立南宁民营企业纳税人权益维护中心；与广西东方意远律师事务所签订“法律共建协议”，借助律师事务所力量为会员企业提供法律咨询和维权服务。为维威制药、百洋集团等会员企业提供维权服务5次。为会员提供融资服务，先后与民生银行、浦发银行、工商银行举办多场银企座谈会。11月18日，与工行广西分行营业部签订战略合作协议，协定未来五年，工行广西分行营业部将为市工商联会员提供不少于80亿元的授信额度。签约当天，工行广西分行营业部与市工商联10家会员企业签订27亿元的贷款意向书，并向市工商联系统13个商会意向授信35亿元。先后召开南宁市非公经济联席会议领导小组第三次、第四次会议，分别邀请市工信委、市金融办和市科技局、南宁高新技术产业开发区管委会在会上介绍南宁市扶持中小企业发展资金申请办法、小额贷款担保申请办法、市科技创新专项资金申请办法，以及高新区对科技企业的扶持政策等。先后组织800多名非公经济人士参加私募股权投资助力广西企业腾飞合作论坛、第八期广西非公有制企业成长讲座、千家中小企业成长培训班、助企工程第六期广西论坛、企业精确管理培训班、非公有制经济人士素质提升班等培训班学习，进一步提升非公经济人士的综合素质。为非公经济人士申报专业技术职称提供材料审核服务4037人次。

【光彩事业】 2011年，市工商联引导和发动非公经济人士为“一千个母亲，一千个春天”慈善募捐活动捐款260多万元，为全市“时尚·爱”公益行动慈善晚会和关爱农民工志愿服务慈善募捐活动捐款33.19万元，为上林县明亮镇万古村新农村建设捐款7万元。组织496家会员企业参加市民营企业招聘周活动，为求职者提供就业岗位2.42万个。组织56家企业参加广西知名(民营)企业与职业院校毕业生双选专场会，为求职者提供就业岗位5239个。 （李增群）

华侨与台湾事务

华侨事务

【概　况】 2011年，南宁市外事侨务办公室以服务大局为主线，发挥侨务资源优势，为承接东部产业转移、推动产业集聚发展和提升城市影响力服务；以改革创新为动力，指导和协调华侨农林场改革发展，稳步推进华侨农林场体制改革、基础设施建设、土地确权、社会保障、职工培训就业、文化建设及产业结构调整等工作；以服务归侨侨眷为根本开展各项工作，社区侨务工作、依法护侨力度、侨务对外外宣传和为侨界服务的水平等取得新突破。根据武鸣县和浪湾华侨农场归侨侨眷较多、居住相对集中，侨力资源丰富、涉外面广及基础设施配套、功能齐全等特点，在武鸣县外事侨务办公室和隆安浪湾华侨管理区共同举办“侨法宣传角”和“侨之家”挂牌启动仪式，并选聘社区侨务协管员1名。11月，市外侨办在南宁职业技术学院举行“南宁市华文教育基地”授牌仪式，推动南宁市在海外华侨华人青少年中开展中华文化传播与宣传教育。

【华侨农林场工作】 2011年，南宁市积极稳妥地推进华侨农林场改革发展。2月，市政府召开全市华侨农林场改革发展工作会议，总结2010年全市华侨农林场改革发展工作情况，对2011年推进全市华侨农林场改革发展工作进行部署；召开专题会议研究解决武鸣县白合华侨农场和邕宁区五合华侨林场的体制改革。年内，市外侨办领导多次率队深入4个华侨农林场，指导和解决华侨农林场在推进农场改革发展中遇到的问题；协调市发改委、财政局等有关部门，为华侨农林场基础设施项目建设安排350万元资金。

【为侨服务】 2011年，市委、市政府将特困归侨侨眷慰问纳入全市慰问总体方案，开展为侨服务活动。2月初，由市领导带队，市侨务部门领导参加，分成4个组深入南宁华侨投资区、隆安浪湾华侨农场、西乡塘区和江南区对部分特困归侨侨眷进行走访慰问。宾阳、隆安、武鸣、西乡塘、江南等县（区）也根据实际开展为侨送温暖活动。市外侨办领导、工作人员专程赴医院看望慰问因重病住院的西乡塘区越南归侨劳勤勇。年内，全市涉侨部门走访慰问特困归侨侨眷659人(户)，发放慰问品、慰问金折合25.32万元。组织开展归侨子女助学励志座谈会，给6名归侨子女发放一次性奖学金3000元；宾阳县、武鸣县和南宁华侨投资区等单位根据实际，为考上大学的归侨子女发放助学金。全市为考上大学的归侨子女发放助学金2.30万元。组织开展捐资助学活动。“两会一节”期间，西班牙北京同乡会再次来到马山县开展捐资助学活动，捐献5万元资助马山县周鹿镇三星小学贫困学生100名。这是西班牙北京同乡会自2007年以来连续5年到南宁市开展捐资助学活动。7月，市外侨办举办“寻梦之旅”暨2011年南宁市归侨侨眷子女夏令营活动，65名归侨侨眷子女参加。开展为侨资企业服务活动。市外侨办领导多次率队到广西安得塑业有限公司、乐林林业开发有限公司等企业进行调研，了解企业实际经营情况，解决企业遇到的实际问题和困难，鼓励企业依托华侨管理区的优势走出发展的新路子。市政府召集市工业和信息化委员会、西乡塘区政府、市国土资源局等部门专题研究，市外侨办协助有关单位妥善处理中美商贸促进会广西南宁航盛新型建材有限公司项目用地的问题。8月，市外侨办领导率领事科、出国管理科和侨务政策科的工作人员上线倾听群众呼声，为群众答疑解惑，回答群众咨询8人次，答复率100%。全年受理来信12件，接待来访103人次，办结率100%。

【侨务引智引资】 2011年，南宁市各级侨务部门发挥侨的优势，多渠道开展引智引资。8月，市外侨办领导组织相关人员参加南宁市在广州市召开的外商投资合作交流会活动期间，分别登门拜访佛山市外侨办和5家外资企业、广州市天河区侨商会5家华商企业。9日，市外侨办与宾阳县政府、市外商投资企业协会联合举办“南宁外商看南宁”活动，组织在邕侨商前往宾阳县进行实地考察，副市长唐铁昂、市外侨办领导及侨商22人参加。

【海外联谊】 2011年，市侨务部门加强对外交流与合作，拓宽海外联谊渠道。10

月下旬，由市外侨办与武鸣县政府共同主办的“相聚绿城，共谋发展”中外嘉宾大联欢活动在武鸣县举行，来自英国、澳大利亚、美国、日本、韩国等外国城市代表团150人参加活动。与市教育局、市青少年活动中心等单位合作，向自治区侨务办公室选送1名优秀教师和6名品学兼优的中小学学生参加由国务院侨办组织的在老挝举办的“中华文化大乐园”活动。配合自治区侨办举办2011年度“中国寻根之旅”夏令营活动；在市委党校举办“印尼青少年夏令营”活动，43名华裔青少年参加活动。（何　俊）

台湾事务

【概　况】 2011年，南宁市外事侨务办公室组团和协助办理自治区各赴台团组68个、259人；接待来邕台商团组40个、890人次。先后有台资企业富士康、康师傅、统一集团开工或投产。台湾东森电视公司、台湾中天电视、台湾《中国时报》、《工商时报》、《联合报》、《经济日报》、台湾《商业周刊》、《远见》杂志等台湾媒体先后多次报道南宁的经济社会发展情况、名胜古迹、风土人情、投资环境和邕台经贸合作发展情况。协调处理涉台投诉纠纷31件，结案率98%。

【邕台经贸合作】 2011年，南宁市外事侨务办公室组织5个经贸考察团到台湾开展经贸考察活动；邀请台商200多名参与市招商引资小分队在福建、江苏、广东等地开展的特色招商活动。4月21日~30日，以市长黄方方为团长、副书记刘长林为副团长，由市相关单位和企业领导44人组成的市经贸代表团，专程赴台参加2011年桂台经贸文化合作论坛与系列经贸交流和访问活动。期间，市长黄方方参加自治区论坛大会及重要参访活动8场次，陪同自治区主席马飚拜会中国国民党荣誉主席吴伯雄、台湾知名人士王金平、台湾工业总会理事长陈武雄、鸿海集团董事长郭台铭、花莲县县长傅崐萁等台湾知名人士，会见中国国民党副主席蒋孝严、林丰正，桃园县县长吴志扬，台湾议会议长刘炳伟，花莲县议长杨文值等10多名台湾政、商界知名人士。南宁市分别在台北和花莲举办南宁—台北企业恳谈会、南宁—花莲农业恳谈会，与台湾企业家代表、农渔会领导、乡镇负责人200多名进行交流。在花莲县签署《南宁市政府办公厅、花莲县政府秘书长室交流合作会谈纪要》，完成60万元的花莲农产品采购任务。推动富士康项目加快发展，并对康师傅、统一集团、蓝天电脑、五明国际物流等项目在南宁落户和在谈的台资项目达成新共识。年内，统一、康师傅、富士康项目落户并开工或投产。中国国民党荣誉主席吴伯雄为南宁市昆仑关战役旧址题字“英烈千秋”。

【维护台商合法权益】 2011年，市外侨办先后建立涉台突发事件应急预案、重大台资项目联席会议制度。协调有关部门解决统一企业用电难、麦斯鞋业用工难、嘉大混凝土有限公司搬迁和景皇公司房产预售证办理等问题15个；协调解决多年投诉的房产纠纷积案1件；引导南宁市台商投资企业协会做好服务社会和扶贫济困。全年市台协为南宁市特困学生、特困家庭、孤寡老人和困难台商捐献资金及物品20多万元。

【邕台交流交往】 2011年，市外侨办根据不断发展变化的新形势，确立加强高层交流，深化市县合作，促进经贸发展的新思路，主动邀请台湾岛内政界、商界的知名人士及重要台商来南宁参观考察。1月5日，中国国民党中央评议委员会主席、台湾圆山饭店董事长黄大洲及香港神州国际投资（集团）有限公司董事长郑则铭一行来南宁考察访问。3月24日，台湾花卉苗木协会会长、彰化县原副县长谢章捷率台湾代表团一行20多人到南宁市就台湾彰化与南宁在园林花卉方面的合作进行交流。4月1日，中国国民党荣誉主席吴伯雄一行到南宁考察访问，就台湾与广西、南宁的合作如何向更深层次、更广领域拓展达成新共识。6月14日~15日，中国国民党中央委员、联强国际投资集团总裁室中国运筹投资首席代表、上海台商协会副会长海中天一行，实地考察江南区、南宁经济技术开发区、五象新区等投资环境，有意向在南宁投资规划建设5C科技总部暨现代化运筹中心。7月2日~3日，台湾花莲县县长傅崐萁一行到南宁参观考察百洋集团、皇氏乳业公司和培力药业集团及昆仑关战役旧址。7月4日，台湾花莲县及其12个乡镇妇女会组成的妇女代表团118人到南宁参观访问。7月5日，台湾花莲县议会议长杨文值一行到南宁参观考察。7月10日，中国国民党副主席林丰正一行考察南宁，就进一步加强南宁与台湾经贸文化交流合作、实现互利互惠发展等双方共同关心的事项进行友好交谈。7月25日，台湾花莲县少数民族参访团一行81人到南宁市参观访问。8月14日，台湾大高雄记者公会大陆文化经贸团一行到横县参观考察茉莉花茶产业以及横县投资发展环境。8月26日，台湾花莲县文艺界参访团一行33人，参观考察昆仑关战役遗址。9月9日~10日，台湾花莲少数民族代表团团长曾玉霞率花莲的百名少数民族少年儿童代表团来到南宁市东葛路小学，与南宁的小朋友开展以"桂台手拉手，童心创未来"为主题的桂台少年儿童圆梦中秋联欢活动。9月21日，台湾电子工业考察团一行来南宁，就双方今后在电子工业方面的合作发展进行沟通和交流；“两会一节”期间，亚洲台商总会、台北世贸中心、台湾新北市、台湾媒体、五明国际5个嘉宾代表团70多人来南宁参加盛会。10月30日，台湾花莲县县长傅崐萁一行来南宁就推进南宁—台湾健康产业城等双方合作项目建设进行深入交流，市政府与台湾荣亮实业股份有限公司签署“南宁—台湾健康产业城项目战略合作框架协议”。全年南宁市因公赴台团组57个、229人，非公职人员赴台团组11个、30人。

【对台宣传与涉台教育】 2011年，市外侨办加强对台宣传与涉台教育工作，广西电视台、《南宁日报》等自治区、市级新闻媒体就南宁市对台工作进行宣传报道。先后有台湾东森电视公司、台湾中天电视、台湾《中国时报》、《工商时报》、《联合报》、《经济日报》、台湾《商业周刊》、《远见》杂志等台湾媒体对南宁的经济社会发展情况、邕台经贸合作发展情况、名胜古迹、风土人情及投资环境等进行全方位的宣传报道，扩大和提升南宁在岛内的知名度。按照对台宣传的规定及要求，南宁市坚持对赴台人员进行行前思想教育，组织赴台人员学习党的对台方针政策，提高赴台人员的思想政治素质。年内，举办赴台人员行前教育培训班6期，培训200多人。市外侨办根据新形势下对台工作的新情况、新特点，开展调查研究，做好涉台信息报送工作，全年上报各类信息100多条次、编印《南宁对台工作》12期、编印《辉煌十一五——南宁市对台工作成就》宣传画册500本，提升首府南宁对台工作的影响力。

（刘冬年）

责任编辑　周　红

人民团体

南宁市总工会

【概　况】 2011年，南宁市总工会辖县(区、开发区)总工会13个，工会工作委员会4个，驻会产业工会2个，乡镇、街道总工会33个，乡镇、街道工会工作委员会92个，基层工会1.45万个；工会会员97.36万。市总工会以健全完善职工社会化维权帮扶网络为载体，团结动员广大职工在重点工程建设领域广泛开展“当好主力军、建功‘十二五’”主题劳动竞赛，发展和谐劳动关系、加强工会自身建设，实施固本强基工程、职工素质工程、建功立业工程、依法维权工程、送温暖帮扶工程、财务管理和经费审查工程等工程。获自治区工会年度重点工作目标考核特等奖，获“十一五”时期社会主义劳动竞赛先进组织单位、全国总工会职工书屋建设先进单位，创建技术标兵创新工作室获2011年度自治区工会优秀创新成果奖。市总工会困难职工帮扶中心被再次授予全国工会帮扶工作先进集体。

【组织建设】 2011年，市总工会加大工会干部协管力度，配齐、配强各级工会领导班子。创新建立职业化工会工作者队伍，全市聘任职业化工会工作者45人。做好工会干部调训，调训参加全国总工会举办的各类培训班15期，培训18人；参加自治区总工会组织的各类工会业务培训班15期，培训258人次；参加市委、市政府各类学习培训班23期，培训386人次；由县(区、开发区)等各级工会组织的工会干部培训班280期，培训7560人次。进一步加强乡镇(街道)工会、村(社区)工会及非公企业工会等“小三级”工会组织网络建设，构建城乡一体化的工会组织体系。推进区域性、行业性工会建设，重点加强中小型企业工会联合会组建，全市建立各类区域性、行业性工会联合会160个，覆盖企业8964家；新建基层工会组织8182个，发展工会会员8.30万。

【技术创新】 2011年，市总工会建立合理化建议征集平台，组织职工开展各项职工科技和经济技术创新活动。全市职工开展技术攻关、技术革新970项，节约资金5038万元；推广先进操作法230项，产生经济效益1794万元；提出合理化建议1.37万项，实施8186项，取得经济效益5611万元；创造发明167项，取得专利86项。创建以技师试点的劳动模范创新工作室12个和以技术标兵牵头的技术标兵创新工作室8个，推广普及先进的创新理念、技术和方法。

【评先活动】 2012年，市总工会组织评选表彰市级劳动模范75人、先进单位100个、先进集体200个、先进生产(工作)者25人；全国五一劳动奖状单位1个、全国五一劳动奖章5名、全国“工人先锋号”4个；广西五一劳动奖状5个、广西五一劳动奖章8名、广西“工人先锋号”5个。在南宁市重点项目工程工地开展“党员先锋号”、“工人先锋号”、“青年文明号”三号联创和党建、工建、团建“三联建”创建活动。实行党组织、工会组织、共青团组织同时组建、同时挂牌、同时规范。

【劳动竞赛】 2011年，市总工会制定实施《南宁市总工会2011－2015年劳动竞赛规划》，推动劳动竞赛从国有企业向各类非公有制企业和机关、事业单位延伸，从一线职工向经营者、技术人员和管理人员拓展，从技术技能竞赛为主向制度创新、管理创新转变。全市有1.20万家企事业单位开展劳动竞赛，参赛职工50多万人；组织全市1.20万家企业开展“安康杯”竞赛活动，参赛职工50多万人，评选出2010年度市级“安康杯”优胜企业、优胜班组、优秀组织单位、优秀组织个人各50个。创造直接或间接经济效益25.90亿元，涌现出各级先进单位100多个、先进集体300个。

【职业技能大赛】 2011年，市总工会与市委宣传部、市劳动和社会保障局等单位共同举办南宁市职工职业技能大赛。比赛涵盖建筑、园艺、食品、机械、交通、物流、文秘、摄影、化妆等9个领域11个竞赛工种；参赛单位1910家，参加各级各类比赛的职工16万人；5月~12月，经过1130多场次的比赛，483人进入市级决赛；评选出技术能手68人、优秀选手415人、直接晋升高级工52人、破格申报技师31人，团体奖29个、优秀组织单位7个。

【社会化维权】 2011年，市总工会继续加强市、县(区)、乡镇(街道)三级困难职工帮扶维权网络建设，进一步推进工会帮扶网络向企业和乡镇、街道(社区)及工业园区延伸，完善县级工会帮扶中心，新建乡镇街道(社区)、工业园区工会帮扶工作站(点)30家。建立与政府有关部门的协调、会商、转办机制，健全帮扶工作联动机制，实行即时帮扶、跨区域协作帮扶，增强困难职工帮扶中心的综合功能。设立心理咨询窗口，对困难职工及农民工开展心理疏导。接待受理信访、上访、12351维权热线等事项428件，涉及5816人，其中集体上访39件，信访案件办结率100%。帮助职工(农民工)追索拖欠经济补偿金、赔偿金、抚恤金和股权转让金119.12万元。

【“送温暖”活动】 2011年，市总工会继续深入实施“送温暖工程”。各级工会发放“送温暖”慰问款物折合700.03万元，慰问企业1343家，其中困难企业388家；走访慰问职工1.86万人，其中困难职工6673人、困难劳模211人、农民工1574人、节日期间坚守工作岗位的职工1032人次。帮助农民工平安返乡包车84辆，运送4478人次，为农民工返乡争取经济补贴17.86万元。各级工会资助困难职工子女上学719人，发放资助金138.15万元。其中：大专以上587人，发放资助金125.69万元；高中阶段122人，发放资助金11.27万元；小学和初中阶段10人，发放资助金1.19万元。资助困难农民工子女168人，发放资助金29.40万元。

【就业服务】 2011年，市总工会与市人才市场、人力资源市场建立联网招聘信息发布系统，实现人才、劳动用工信息与工会帮扶网络联动服务，全年有1020家企业通过就业信息联动系统发布岗位信息8868条。会同有关部门组织开展“就业援助周”、“春风送岗位”、“民营企业招聘周”系列活动，举办各类招聘会89场，进场招聘企业超过3000家，提供就业岗位8.90万个，进场求职的返乡农民工4.89万人次，达成用工意向2.28万人。开展技能培训促就业活动，培训下岗失业人员、农民工和困难职工家庭高校毕业生6401人，其中职业技能培训5163人、创业培训475人、家政服务培训763人。

【职工帮扶】 2011年，全市工会各级帮扶中心接待信访、求助2675件、帮扶职工1.67万人次。开展职工互助保障，完成职工互助保障计划23.60万份，上缴保障金728.58万元，给付269例，发放给付金530.60万元；慰问46人，慰问金2.30万元。受理工会创业小额贴息贷款申请77人，发放贷款38人161万元，预计贴息资金22.30万元，直接或间接带动就业241人。其中发放农民工贷款29笔，121万元；困难职工贷款5笔，25万元；下岗失业职工贷款3笔，10万元；创业大学生贷款1笔，5万元。全年发放劳模慰问金30多万元，发放劳模津贴220万元；帮助30户困难劳模改善居住环境；向1120名劳模赠送重大疾病互助保险健康卡；组织1126名劳模进行体检；帮助24名劳模参加进修学习，提升学历。

【职工民主管理】 2011年，市总工会创新职工民主管理制度，重点树立南宁供电局、建宁水务集团公司等典型，推进企业履行社会责任向职代会报告制度，促进企业认真履行社会责任。加强区域性、行业性职代会制度建设，继续完善厂务公开民主管理责任追究、巡视巡查制度。进一步推动职工董事、职工监事制度建设。国有、集体及其控股企业职代会和厂务公开民主管理制度建制率100%，非公企业职代会、厂务公开民主管理制度建制率95%；区域性、行业性职代会覆盖企业8264家，涉及职工94.30万人。

【工资集体协商】 2011年，市总工会制定《2011~2013年深入推进工资集体协商工作规划》，帮助、指导企业进一步完善工资分配共同决定、职工工资正常增长和支付保障机制，促进职工劳动报酬与企业劳动生产率同步提高。全市签订集体合同1857份，覆盖企业5379家，涉及职工38.70万人；签订工资专项集体合同1838份，覆盖企业5278家，涉及职工38.20万人。

【技能培训基地建设】 2011年，市总工会在县（区）、开发区新建成职工技能培训基地18个。全市建立农民工流动夜校23所，职工技能培训基地61个，其中全国工会职工就业技能培训示范基地1个、广西工会职工就业培训基地13个。筹集培训经费273万元，各类技能培训基地培训职工、农民工55万人次，其中技术工人1.28万人。开展农民工援助行动，利用乡镇、街道各类培训机构，对返乡农民工、失地农民实施就业创业培训；会同劳动部门和行业、企业联合对已就业的农民工进行岗位技能培训，帮助他们获得相应技术等级证书，通过培训获职业技能等级证书2060人。

【安全生产】 2011年，市总工会开展“安康杯”安全生产劳动竞赛，参与安全生产检查64次，全市各基层工会组织参与事故隐患排查和职业危害整改意见1.07万条，依法参加全市各类伤亡事故调查处理46起。与市人力资源和社会保障局、安全生产监督管理局、市卫生局联合下发《关于全面推广“工会参与职业病防治工作模式”的通知》、《南宁市2011年度签订劳动安全卫生专项集体合同任务目标分解表》、《劳动安全卫生专项集体合同》等文件，与自治区总干校联合召开“全市工会劳动保护工作会议”和举办劳动保护工作培训班。检查指导各级工会参与职业病防治工作模式试点90个，推进企业签订劳动安全卫生专项集体合同90份，按时完成合同签订目标任务。

【职工书屋】 2011年，市总工会进一步加强“职工书屋”标准化、规范化、制度化建设，新建全国级职工书屋2家，自治区级职工书屋7家，市级职工书屋196家。

【职工文化活动】 2011年，市总工会举办第七届农民工文化艺术节，为农民工送文化、送电影、送图书、送法律。举办职工文化进广场、进社区、进企业、进工地活动36场，宣传廉政建设、计划生育、预防艾滋病和禁毒知识。组织开展志愿者文明交通行动计划、做文明有礼南宁人等社会志愿服务活动。开展劳动模范林、工人先锋林建设，建立劳动模范林示范基地1个，工人先锋林示范基地12个，植树170万棵。承办第六届广西职工文化艺术节和第四届广西职工体育运动会。

（郑中国）

共青团南宁市委员会

【概　况】 2011年，南宁市有基层团委546个、基层团工委31个、团总支436个、团支部7166个；专职团干1409人，团员33.69万人。共青团南宁市委员会推进永远跟党走主题教育行动、南宁青年就业创业行动、南宁青年志愿者行动，实施服务“三年五战”生力军工程、青少年维权工程和强基固本团建工程。团市委获2011年广西共青团工作一等奖、2011年广西共青团创新奖、首府南宁创建国家卫生城市先进单位。

【青少年思想道德建设】 2011年，团市委组织全市团员、青少年以青春的足迹为主题，以理论讲座、成就展览、报告会、知识竞赛、演讲会等方式开展爱国主义、集体主义、社会主义宣传教育和主题实践活动，开展老团员重温入团誓词和新团员集体宣誓、祖国在我心中、争当光荣的共青团员等活动。将庆五四、六一与纪念建党90周年结合，开展我们都是接班人——广西少先队喜迎中国共产党成立90周年六一主题队会（南宁主会场）、我与祖国共奋进、红领巾心向党、争当四好少年、祖国发展我成长等活动。与南宁日报社合作开展小记者报道团活动，吸引小记者3000多名，以专题专版的形式进行报道。

【青年志愿者行动】

志愿者工作体制机制建设　2011年，团市委加强南宁市青年志愿者网站建设，完善志愿服务需求信息发布和服务提供对接平台，鼓励志愿服务队凭借自身资源优势，主动承接志愿服务项目，以项目化管理推动志愿服务品牌化；构建具有绿城特色的南宁青年志愿者文化体系，开展志愿者激励徽章、志愿者服务主题口号、志愿者手礼和南宁青年志愿者宣传片的征集和设计，以共同的文化诉求来联结志愿者，“两会一节”期间，推广“心在，爱在，我们在”服务主题口号和“能帮就帮，我是南宁青年志愿者”志愿者手礼；播放南宁青年志愿者宣传。

志愿者服务大型赛会　团市委先后从驻邕高校和各行业组织招募志愿者1.38万名，为第七届国际龙舟赛、第二届中国国际时尚博览会、南宁市纪念“六·五”世界环境日暨创建国家环保模范城宣传活动启动仪式、2011年南宁慈善日“能帮就帮·慈善一日捐”启动仪式等大型活动，提供会场布置、礼仪服务、引领观众、翻译接待等志愿服务约12万人次。配合有关部门，围绕南宁市创建全国文明城市、国家卫生城市、国家森林城市，组织志愿者开展义务宣传、城市清洁、文明劝导等服务3万人次。

关爱农民工子女服务行动　团市委以青年志愿者协会为合作平台，先后在中国电信南宁分公司、广西科技馆等单位和部门建立关爱农民工子女志愿服务基地，为农民工子女提升综合素质提供空间和平台。深化“志愿者邕城书屋”建设。4月16日，联合区少儿图书馆、南宁雅博三才书店、新华书店、乐享杂志等企业，开展“阅读之美　分享之乐”图书募捐和义卖活动，筹集到书籍和其他学习物资2.40万册（件）；先后在12县（区）建设书屋43个，服务外来务工人员子女约1万名。与广西大学文学院星火志愿服务队共同开发“美的分享”志愿服务项目，以书屋为服务平台，以文学作品欣赏、戏剧表演互动、影像启蒙、传统文化体验等为服务内容，帮助农民工子女丰富业余生活，拓宽视野。“四点半课堂”活动在江南区铺开，覆盖其辖区所有城中村和农民工子弟学校。以农民工子女和社区闲散青少年为重点，加强关注和帮扶，动员高校志愿者团队积极参与关爱农民工子女志愿服务行动。全市有志愿者专业队伍276个、志愿者4万多名参与关爱农民工子女结对服务活动，与283所学校结对，涉及农民工子女8.50万人。

【青年就业创业】

青年就业创业服务　2011年5月，团市委联合市人力资源和社会保障局，建立市、县（区）、乡镇三级青年就业创业服务中心，为青年就业创业提供服务。6月22日，与市人力资源和社会保障局等市直部门共同举行2011年南宁市“邕城创业行”主题活动周启动仪式暨高校毕业生创业项目推介会，组织10位创业明星代表进行创业展示并与广大毕业生面对面交流，推荐发展前景好的创业项目300个。拓展服务青年就业创业的方式和渠道，通过上级划拨，财政支持，社会动员等方式，多渠道筹集资金建设青年创业成才图书室96个。举办五四青年专场招聘会，组织用人单位、企业100家，为青年提供就业岗位3000多个。

青年创业信贷扶持计划　7月20日，团市委指导宾阳县成功申报为自治区级团银合作示范区创建单位，争取农信社贷款授信额度5000万元。建立党委、政府及社会资源“三位一体”的贴息担保体系及“团银林”联合管理长效机制，创新小额信贷担保方式。6月17日，团市委与市林业局、南宁农信社共同探索林权证抵押贷款模式，出台《关于实施林权抵押小额信贷的意见》，指导全市推广林权抵押小额信贷工作；强化团银人才交流合作，推进团银双岗双责制度，聘请县（区）金融机构分管领导兼任团委顾问12名，聘任金融机构信贷主管担任乡镇团委兼职副书记868名，选拔县（区）团委副书记兼任银行主任（行长）助理12名。全市各级团组织举办金融知识培训37期，培训农村团干部2412人、农村青年7160人。帮助3323名青年争取创业贷款8307.50万元。

就业创业服务基地　团市委与高新区、经开区等单位合作，重点建设南宁市高新区大学生创业基地、江南区白沙大道青年就业创业见习一条街、西乡塘区唐人文化园青年创意创业基地、青秀区青年IT创业见习基地等青年创业孵化扶持基地。6月，开展青年就业创业见习基地专场招聘会、“见习岗位进校园、进社区”活动，并借助网络、小型见面会、大型对接会等载体，加强见习基地对接，提高见习就业率。年内，新建青年就业创业见习基地67个，落实见习岗位1258个。

就业创业技能培训　团市委依托专业培训机构开展SYB（创办你的企业）创业培训3期，免费培训创业青年125人，建立学员档案库，采取“培训+分享+跟踪指导+创业资金扶持”的可持续服务方式，加大对创业青年的扶持力度；6月，启动青年就业创业大讲坛活动，邀请创业导师深入大中专院校、社区为高校毕业生和社区青年开展就业创业培训系列讲座，联合广西城市网合作举办南宁青年创业者公益讲坛为应届毕业生和创业青年5000名搭建与知名企业家面对面学习借鉴、交流的互动平台。推进南宁市青年上山下乡创业计划，与人社、农业、科技、扶贫等部门合作，指导各县（区）开展农村青年转移就业技能培训36期，培训农村青年1.61万人；订单技能培训青年农民工2850人。

【青少年维权工程】

“共青团与人大、政协代表面对面”活动　2011年，团市委围绕新生代农民工及其子女的社会融入和新生代农民工的精神文化生活等主题，通过发放调查问卷、组织集体访谈、实地走访调研等方式，了解掌握新生代农民工生存现状，邀请人大代表、政协委员、新生代农民工及其子女代表等参加“共青团与人大代表、政协委员面对面特别对话”座谈会，围绕调研中发现的问题和建议展开讨论，形成“关注新生代农民工及其子女的社会融入问题”的建议和提案提交两会。

12355青少年服务台　12355青少年服务台通过电话问答、网络交流、面对面咨询解答和深入学校、社区、招聘会等方式，为青少年提供法律援助、心理疏导、网瘾戒除、青春期教育、就业辅导等服务1636人次。全年受理来电来访1347人次，以专业化的服务为广大青少年疏通心结、处理投诉、化解矛盾。进一步丰富“12355陪伴·成长”讲坛的形式和内容，举办讲坛20场。实施南宁市12355心灵成长体验计划，发挥12355专家志愿者的专业力量，对学生进行自我意识、潜能开发等方面的心理素质训练。5月26日，启动“轻松备考12355与你同行”——南宁共青团12355阳光行动，为考生和家长设计减压课程，帮助考生克服考前焦虑心理。

预防未成年人犯罪　团市委实施

"为了明天——预防青少年违法犯罪工程",健全青少年信息调查机制、青少年违法犯罪三色预警机制和青少年跟踪帮教机制,把具有共青团特色的维权中心、12355服务台和青少年事务社会工作纳入到预防青少年违法犯罪体系中,根据全市重点青少年分布情况和未成年人犯罪的特点及趋势,将工作视野落到青少年成长各阶段的发展需要上,早介入、重预防,主动走进青少年,举办12355"陪伴·成长"家庭教育系列讲坛79场次,流动少年宫、四点半课堂等活动49期,为青少年3万多名提供法律援助等多项综合性服务。全年发放法制宣传单3000多份、禁毒宣传单2000多张、手册600多份。

青少年事务社会工作　南宁市青少年事务社会工作接触试点城区有青少年1.36万人,掌握重点青少年1037人,开展个案工作270个、服务1625人次,小组工作323场次,社区工作84场次。组织社区青少年近万名参与有益的活动,其中重点服务"三失"(失学、失业、失管)青少年254人,刑事解教青少年96人;协助青少年复学163人,推荐学历培训212人次,推荐技能培训136人次,推荐就业176人。以上专业案例结案率90%,案主情况改善率95%以上。

【强基固本团建工程】

"两新"组织团建　2011年,团市委将共青团组织根本任务与企业生产经营相融合,结合商业模式组建商业街网络团支部、行业协会团支部、流动青年团支部、商圈楼宇团委、社区联合团委等,开展创建"两新"(新经济组织和新社会组织)团组织,新建非公企业团组织339个,新社会组织团组织162个。

务工青年群体团建　5月、12月,团市委依托广西人在上海联谊会、市政府驻北京办事处分别成立共青团南宁市驻上海市工作委员会、共青团南宁市驻北京市工作委员会。7月,指导南宁市驻上海市团工委赴隆安县屏山乡初级中学开展第一期"情系家乡"沪桂学子返乡支教活动。年内,新建各级驻外团组织367个。

基层组织格局创新　团市委与市委组织部联合在全市乡镇、街道推进组织格局创新,从机关事业单位工作人员、农村致富能人和产业带头人、大学生村官、青年志愿者、非公有制企业和社会组织管理人员、青年社团骨干、优秀青年农民工等人员中选拔兼职团干部,为121个乡镇、街道配备编制外副书记593名,配备率100%。组织指导县(区)、乡镇团组织集中换届,下发《关于县(区)、乡镇两级团委换届工作的实施方案》、《关于对全市县(区)、乡镇(街道)、村(社区)三级团组织换届工作进行督导的方案》,派出12个督导组对各县(区)三级团组织换届进行督导。

"党团双挂工程"　自2010年11月起,在广西共青团系统中率先实施"党团双挂工程",至2011年选派69名干部在挂任县(区)、乡镇党政职务的同时挂任团内职务。安排12名高校团干部到各县(区)挂任团委副书记,制订《高校共青团干部到南宁市县区团委挂职工作实施方案》、《高校共青团干部到南宁市县区团委挂职工作季度联席会议制度》、《关于加强南宁市高校团干部到县级团委挂职管理工作的若干制度》等相关制度。2011年,高校挂职干部举办培训、座谈会23次,挖掘基层典型20个,推动组织格局创新41个。

【希望工程】

希望厨房　2011年4月,南宁市委、市政府决定在马山、上林、隆安3个贫困县的义务教育学生中开展免费午餐工程。团市委与市希望办拓宽资助和服务渠道,引导更多的社会力量加入和支持免费午餐工程。9月2日,中国青基会、九阳集团、中国社会福利教育基金会免费午餐基金等社会团体和团市委签订资助协议,在马山县林圩镇做全国免费午餐和希望厨房的样板工程,为该镇23所中小学校捐赠配备现代化厨房设备(九阳希望厨房),并为该镇每个义务教育的孩子在原来市政府免费午餐2.50元的基础上再增加1元。全年筹集希望厨房款80万元,免费午餐资金200万元。由此走出一条政府主导、公益跟进、企业参与、多方合力的义务教育学生营养午餐"马山模式"。

圆梦行动　团市委继续开展希望工程圆梦行动,宣传党和政府对家庭经济困难学生新的扶助政策、寻访帮助优秀贫困生,反映家庭经济困难大学新生的生活状况,展示其自强不息、励志成才的精神风貌。先后得到南宁市烟草专卖局、南宁跨世纪大酒店、广西汽车经销商协会、盛天集团、湖南中烟公司、茅台习酒公司等企业和个人响应,开展爱心义卖、名家书画作品义卖和爱心人士(企业)慰问贫寒学子等形式多样的募捐活动,市级筹资113万元,帮助贫困学生223名(根据捐方的意愿,每个受助学生获3000元~8000元不等)。县(区)希望工程机构联动开展圆梦行动,筹资143.32万元,帮助贫困学生596名。8月26日,举行"希望之光"大型公益电视晚会。

援建校舍　团市委继续募集社会捐款援建希望小学。争取到广西汇东发展有限公司250万元及其在建筑设计、施工以及建材等方面的无偿援助用于捐建横县平马镇丁村小学,筹资50万元援建隆安县城厢镇敏阳真龙希望小学,筹资40万元援建马山县周鹿镇周水希望小学。6月~12月,希望工程办公室启动希望工程快乐体育园地项目,筹资74万元,在宾阳、横县、隆安3个县捐建37所学校快乐体育园地;通过中国青基会、乔丹体育用品有限公司以及首府高校为学校培训体育教师。

【"学党史、知党情、跟党走"系列主题教育活动】　2011年,团市委围绕建党90周年、辛亥革命100周年、南宁共青团组织成立85周年,组织全市广大青少年认真学习贯彻胡锦涛总书记在庆祝中国共产党成立90周年大会上的重要讲话精神。4月~7月,开展"学党史、知党情、跟党走"系列主题教育活动;6月13日,参加绿城红歌献给党合唱比赛。全市各级团组织开展红歌大家唱、诵读红色经典、演讲比赛等活动460场;6月27日,举办"创先争优,青年争先"主题演讲比赛;6月~7月,开展"永远跟党走·青年争先锋"党史知识竞赛。

【"青春引擎"全员培训】　2011年,团市委继续贯彻团区委的部署,推进南宁市农村团干部"青春引擎"全员培训计划,对全市1395个行政村团(总)支部书记进行全员培训;出台《南宁市农村团干部"青春引擎"全员培训计划实施方案》,下发《关于划拨村团(总)支部书记"青春引擎"全员培训专项资金的通知》;落实培训经费62.06万元,其中自治区拨款27.58万元、南宁市配套13.79万元、县(区)、开发区配套20.69万元。实施分级全员培训,举办南宁市新农村建设示范村团干部"青春引擎"培训班,培训市级新农村建设示范村团支部书记111人;县(区)、开发区举办农村团干部"青春引擎"培训班19期，培训团干5000人次，人均受训30小时。

【温暖同行系列活动】 2011年12月至2012年春节期间，团市委开展"能帮就帮 敢做善成 温暖同行"——南宁市服务千名务工青年春节主题服务系列活动。表彰在邕杰出（优秀）务工青年100名，其中杰出务工青年20名、优秀务工青年80名。通过"老乡，我帮你回家"活动，组织各级团组织和社会各界力量为1200名南宁市优秀或困难务工青年每人赠送返乡车票1张；组织南宁市在粤优秀或困难外出务工青年250名免费乘坐专列返乡过年；组织南宁市在粤外出务工青年的子女20名免费乘坐专机到广东与春节无法回家过年的父母团聚。通过"温暖3+1 城乡一家亲"活动，以组织招募千家城市爱心家庭与千个农村经济困难家庭手拉手温暖帮扶的方式，城市家庭一家3口结对1名农村留守儿童，为农村留守孩子赠送运动服1套、《新华字典》1本，实现城乡家庭结对1162对，募集到运动服、冬衣2540多件，《新华词典》1500多本，总价值30万元。其中南宁市百名在邕杰出（优秀）务工青年评选颁奖典礼列入市委领导2012年春节慰问活动。

【团纪念馆新修缮开放】 2011年11月6日，团市委在机关大院举行"南宁共青团纪念馆"重新修缮开馆仪式。修缮后的纪念馆分战斗的青春、建设的青春、改革的青春、青春的记忆4个部分展出。此次修缮收集增补部分史料，完善南宁共青团历史资料，向社会征集部分共青团文物，包括获奖锦旗、参会使用过的餐具、书包等。纪念馆增设"青春的记忆"主题版块，真实记录各时期、各阶段、各阶层南宁青年的精神风貌、工作热情与时代发展主流。展厅运用现代光电多媒体手法，再现南宁共青团85年的发展历程。利用网上团建信息平台，开设网上纪念馆，采用360度全景展示的方法重现旧馆布局及陈列内容；以3D模拟的方式真实展示新馆全景；增设虚拟翻书台展示系统，扩展纪念馆的存贮空间。 （田峻闻）

南宁市百名在邕杰出（优秀）务工青年评选颁奖典礼于2012年1月12日举行

田峻闻提供

南宁市妇女联合会

【概 况】 2011年，南宁市妇女联合会辖县（区）妇联12个，开发区妇联（妇委会）4个，乡镇（街道）妇联123个，社区妇联336个，村妇代会1395个，县级以上党政机关、科教文卫等事业单位妇委会449个，成立妇联团体会员的县（区）以上各类女性联谊会、协会27个；"两新"组织（新经济组织和新社会组织）妇联组织1088个，非公有制经济组织妇委会57个，妇女联谊会、协会127个，工会女职工组织8182个；有市、县（区）、乡镇（街道）专职妇联干部176名。开展城乡妇女岗位建功评比表彰活动，授予53个单位南宁市巾帼文明岗称号、表彰巾帼建功标兵33名、巾帼建功活动先进工作者20名。4月~10月，开展自查自纠，组织2001—2010年妇女儿童规划的终期监测评估，收集整理十年"纲要（规划）"数据和档案，撰写《南宁市实施妇女儿童发展规划评估报告》，召开终期评估汇报会。加大"春蕾计划"的实施力度，继续资助贫困中小学女生167人，新增51人，累计帮助贫困女生218人完成学业。市妇联获全国实施妇女儿童发展纲要先进集体、2006-2010年自治区法制宣传教育先进单位、南宁市禁毒先进单位三等功、2008-2010年未成人思想道德建设先进集体。

【创先争优活动】 2011年，市妇联与南宁市创先争优办联合下发《关于在推进党群共建创先争优活动中进一步巩固深化"妇女之家"建设的意见》，把村、社区"妇女之家"建设引向深入，全市1692个村（社区）全部成立妇女之家，组织妇女开展活动1574次。开展"妇女需求调查月"活动，围绕农村留守妇女儿童等重点开展专题调研。

【基层妇女组织建设】 2011年，市妇联编印《南宁市农村妇女参政议政工作手册》，下发《关于做好村（社区）妇联组织换届工作的实施意见》、《关于新形势下加强妇女参与村（社区）"两委"工作的实施意见》两个文件；组织召开市妇联十二届八次执委会、专题党组会议和全市推进农村妇女参政议政工作动员大会；到基层开展调研和指导，不定期下发工作情况通报，组织妇代会主任参加李嘉诚项目培训班。99.50%的村配备女委员，村妇代会主任（社区妇联主席）进入村"两委"率为99.07%。

【妇女干部队伍建设】 2011年6月15日~21日，全市161名村"两委"女性正副职干部到广西大学、广西农业职业技术学校进行为期5天的集中培训；6月下旬，市妇联联合市委组织部在复旦大学、市委党校举办为期15天的第2期南宁市县处级女领导干部领导力提升高级研修班、2011年南宁市科级女干部管理培训班；6月~12月，争取自治区、市两级党费和财政核拨23.47万元专项资金开展基层妇女干部大培训，指导县（区）各级妇联举办妇联干部培训班23期，培训妇联干部700多人。争取全国妇联项目支持，获得并实施全国妇联/李嘉诚基金会村"两委"女干部培训试点项目。

【全市妇女第十三次代表大会】 2011年

12月20日~22日，南宁市妇女第十三次代表大会在南宁人民会堂召开，参会妇女代表504名。期间，全体代表以无记名投票的方式，差额选举产生由55名委员组成的南宁市妇联第十三届执委会；选举产生新一届市妇联主席、副主席，陈尧当选为十三届妇联主席，邓洪涛、谭靖、苏黔玲当选为副主席。

【妇女儿童权益维护】 2011年3月，市妇联以温暖你我她、维权服务进万家为主题，开展系列法制宣传活动。1日~8日，联合《南宁晚报》开通为期一周的三八维权专栏，每天推出讨论主题，倡导尊重妇女、儿童优先的文明理念。3日，启动"以案说法话维权"庭审观摩活动，组织进城务工妇女150人到基层法院观摩劳动争议案件庭审。27日，与法院联合启动"反对家庭暴力　共建幸福家园"大型法律宣传咨询活动，现场解答维权咨询1000余人（次），发放宣传资料8600多份。3月~4月，组织妇女儿童维权服务志愿团成员，到县（区）开展14期法律宣传咨询活动，向6000名妇女群众传授法律知识，并发动全市5.30万名妇女参加"学习贯彻妇女法律法规　推进平安和谐南宁建设"妇女法律法规知识竞赛活动，获优秀奖226人。继续在公、检、法、司等部门开展新一轮"妇女儿童维权岗"创建申报。9月28日，举办全市妇女儿童维权岗培训班，培训县（区）妇联干部、法官、检察官、律师近100人。开展"大排查、大接访、大调处"活动，做好个案维权，协调处理M教授以治病为名对某女实施性侵犯等一批领导批示、市民关注的案件，切实维护妇女儿童合法权益。全市妇联系统接待来电、来访、来信1003件次，案件调处率98%。

【妇女小额信贷】 2011年，市妇联协同金融机构向5334名妇女发放小额担保贷款2.61亿元，发放贷款贴息资金300.05万元，扶持妇女发展种植、养殖、加工、商业、服务等短、平、快项目5228个，带动1.60万名妇女重获就业机会。争取自治区妇女发展资金30万元，推荐有诚信、发展好的女企业家项目作为发放发展资金对象，帮助其再创业，实现扩大再生产。

【春风行动】 2011年2月10日~4月30日，市妇联联合市人力资源和社会保障局、市总工会在全市组织开展以搭建劳务对接平台、帮助妇女尽早实现就业为主题的"春风行动"活动，配合有关部门组织招聘会56场，发放"春风卡"等宣传资料8.53万份，为农村女性劳动者6.10万人提供免费职业介绍，帮助农村女性劳动者1.20万人达成就业意向，组织妇女劳务输出3553人。

【妇女就业培训】 2011年，市妇联发挥全市农村妇女培训学校、创业孵化基地、创业就业定点培训机构等403所培训机构的作用，举办家政服务员、育婴员等各类培训班334期，培训返乡女农民、下岗女职工、有创业意向的妇女2.27万人，参加培训的妇女90%以上掌握1~2门实用技术，培训后有1175名妇女找到新的就业岗位。开展女大学生导师行动，依托全市14家国家级"女大学生创业实践基地"，为女大学生提供就业创业实践岗位772个，涉及专业59个，组织408名女大学生参加实践活动，有256名成功创业就业。5月，开展"南宁市妇女就业创业定点培训机构"认定命名，新授予南宁市魁维亚职业培训学校为南宁市妇女就业创业定点培训机构。

【巾帼致富行动】 2011年，南宁市各级妇联发动农村妇女发展优势品牌项目。全市25.22万名妇女参加"蚕娘兴业"活动，种桑277.13平方千米，养蚕99.30万张，种桑养蚕收入超万元的有1.98万户；1254户妇女参加"渔娘庭院兴业"活动，养殖各类渔业产量2735吨，产值3717.30万元。各级妇联加大"妇"字号龙头企业、科技示范基地和以妇女为主的农村经济合作组织（协会）的培育力度。发展妇女新会员，引导妇女参与农业产业化经营，全市建立以妇女为主的经济合作组织203个、2.17万人。

【"巾帼示范村"创建】 2011年，市妇联开展"巾帼示范村"、"千村联百岗"创建活动，指导县（区）妇联、各级巾帼文明岗开展各具特色的岗村共建、岗内活动、岗岗联动活动，全市有"巾帼文明岗"88个、2.28万人（次）参与岗岗联动活动，结对岗和岗员为结对村建设投入资金19.30万元，捐衣物2332件，办实事111件。

【"绿城巾帼家政技能大比拼"活动】 2011年5月17日，自治区妇联、自治区科技厅、市妇联、市科技局、市人社局等单位在南宁市金湖广场联合开展"巾帼创新业　建功十二五"家政技能竞赛暨科普知识进家庭活动，12个县（区）、部分家政培训、服务机构15个代表队，106名选手参加家政技能竞赛。比赛产生一等奖6个，二等奖8个，三等奖10个。

【女性创业之旅】 2011年，市妇联带领女企业家继续开展"女性创业之旅"活动，组织广大女企业家参加"新观念、新思维、新发展卓越领导风采论坛"、广西女性人才座谈会、"助企工程第六期广西论坛"，组织开展"2011女性风采展示晚会"、"捐一本书献一份爱心"等活动。发动女企业家参加公益活动，由南宁市女企业家协会设立的"能帮就帮扶助金"出资24.01万元为马山县龙头小学修建蓄水池和学生食堂；为武鸣县甘圩小学留守儿童捐款送物；为巴马县农村修路；为贫困女大学生赞助学费和生活费。

【"植百年巾帼树　造家庭幸福林"主题活动】 2011年3月2日，由自治区妇联，市委、市政府共同组织的"植百年巾帼树　造家庭幸福林"活动在南宁市凤岭儿童公园举行，自治区、南宁市各机关单位妇女干部职工600多名参加活动。组织动员全市15.50万名妇女参与"绿满南宁"造林绿化工程活动，义务植树70.82万株；在公共绿地、"巾帼示范村"、女能人示范基地等建巾帼林27个，造林372.60公顷。

【庆祝三八妇女节系列活动】 2011年3月5日，市妇联举办南宁市各界妇女纪念三八国际劳动妇女节101周年茶话会，全市各界妇女代表及受到命名和表彰的"巾帼文明岗"、"巾帼建功"标兵、市妇女儿童维权岗、优秀维权志愿者代表350人参加，市委副书记刘长林出席并讲话。3月20日，围绕"巾帼创新业，建功'十二五'"主题，举办南宁市处级女领导干部和女企业家联谊活动及女性"四支队伍"交流活动；4月~8月，组织广大妇女群众积极参与"学习党的历史展示巾帼风采"党史知识网络竞赛活动、纪念中国共产党成立90周年第二届广西女性书画摄影手工艺作品展、"读红色经典，品家庭书香"家庭读书征文比赛、读书讲座和摄影展示活动。

【志愿帮扶活动】 2011年5月，市妇联下发《关于组织实施巾帼志愿服务行动计划的通知》;27日，在青秀区大板二社区举行以争做巾帼志愿者、能帮就帮促和谐为主题的社区巾帼志愿服务行动启动仪式,向社会招募志愿者。以救助弱势群体为使命,真情关爱,开展“迎新春,送温暖”慰问活动,组织慰问困难“三八”红旗手和妇女干部360人,慰问金4万元。1月24日，联合慈善总会开展慈善晚会募集公益金,给特困妇女300多人送去慰问金10万元,向30名单亲特困母亲和156户特困家庭开展赠送爱心年夜饭活动。关注单亲特困母亲，配合市委统战部大力实施“一千个母亲,一千个春天”思源感恩、扶贫济困行动，给全市1000名贫困母亲每人送去慰问金2000元。1月30日,联合电视台开展“爱心改变命运·关爱女性”活动,向1000名妇女赠送“健康大礼包”。与《南宁晚报》联合开展“让爱动起来”活动,慰问走访单亲母亲30名,引导其战胜困难、奋发进取。举办“感恩母亲　促进就业”2011母亲专场招聘会,组织企业59家为701名母亲提供就业岗位1600多个。发动爱心企业为南宁市单亲特困母亲设立的“单亲特困母亲救助金”捐资,在大理白族村酒店向特困单亲母亲30名发放救助金1.50万元。　（李永清）

南宁市文学艺术界联合会

【概　况】2011年，南宁市文学艺术界联合会辖《红豆》杂志社、南宁文学院2个事业单位及作家协会、戏剧曲艺家协会、音乐家协会、舞蹈家协会、美术家协会、书法家协会、摄影家协会、广播电影电视艺术家协会及民间文艺家协会、文艺理论家协会10个。会员2085人,其中全国、自治区各专业协会会员分别为70人、531人。新增“文学艺术研究室”内设机构1个。举办全市文联系统贯彻党的十七届六中全会精神学习班，邀请广西文联主席潘琦作《文化发展面临的形势和任务》的报告；举办文艺知识系列讲座9场,研讨会4次,笔会6次,个人画展1次。组织人员到青秀区、邕宁区、隆安县、宾阳县、马山县等地进行调研6次、36人次,撰写调研文章5篇。“文艺三进”(书法、美术、摄影、文学等进乡镇、进学校、进社区)活动形成长效机制,组织辅导讲座30次。

【特色主题活动】

庆祝建党90周年系列文艺活动　2011年,市文联举办“纪念中国共产党成立90周年诗歌创作、朗诵大奖赛”、“光辉历程——南宁市庆祝中国共产党成立90周年”美术书法摄影作品展、“创作、制作、出版《创先争优颂旗帜——献给党的歌》歌曲CD专辑重点活动。5月~7月,举行诗歌创作大赛和“信仰·力量”诗歌朗诵会,收到来自全国10个省、市、自治区,300多位作者的稿件1000多篇,评出一等奖2个,二等奖4个,三等奖8个。6月27日晚，南宁市庆祝建党90周年诗歌朗诵会在南宁电视台8号演播厅举行,之后多次在自治区、市电视台播出;举办美术书法摄影作品展览，征集到社会各界人士作品760幅,其中书法220幅、美术140幅、摄影400幅,选出其中253幅作品进行展出。7月1日，庆祝建党90周年的美书摄作品展在广西科技馆开幕，自治区文联副主席赵如锋、市人大常委会副主任卫自光等领导出席开幕式;开展《创先争优颂旗帜—献给党的歌》组歌创作活动,征集到歌词90多首,挑选出其中16首进行谱曲,邀请知名歌手演唱录制。9月28日,《创先争优颂旗帜——献给党的歌》歌曲CD专辑正式出版发行，并举办专辑首发座谈会。这是自治区第一张创先争优活动主题歌曲专辑。

书法艺术节暨千人书法现场表演活动　11月12日,为配合“全国第十届书法篆刻作品展览”开幕式在南宁市举行,由市文联承办的广西首届书法艺术节启动仪式暨千人书法现场表演活动在金湖广场举行。中国书法家协会主席张海、副主席赵长青、自治区政协副主席蒋济雄、自治区高级法院院长罗殿龙，自治区文联主席潘琦、党组书记韦守德、副主席赵如锋,副市长杨民等领导、近百位广西知名书法家和900多名书法爱好者同时泼墨挥毫。

水城建设采风　市文联组织自治区、市文艺家6批次、100多人到南湖、竹排冲、民歌湖、相思湖、可利江和南宁保税物流中心、高新区富士康企业园区等地创作采风。文艺家们创作歌曲、散文、诗歌、美术、摄影等文艺作品100多篇,作品在《广西日报》、广西新闻网、《南宁日报》、《南宁晚报》、南宁新闻网等媒体刊登,推出第一首歌颂打造“中国水城”南宁的歌曲《水城是我家》。

绿城书籍首发座谈会　市文联编纂的《青秀山的传说》(2011年3月)、《从北部湾驶向世界》(2011年3月)正式出版发行,市文联先后于5月、7月举办书籍首发式和座谈会，邀请参与编撰工作的老中青艺术家共同探讨宣传、歌颂南宁市各方面建设的文艺作品对经济社会发展的推动作用。向广西图书馆、广西大学图书馆、南宁市图书馆、南宁市新华书店等赠送书籍500册。

【首府群体文艺品牌】

“绿城翰墨”书法创作小组　2011年6月4日，市书协成立由40多位书法家组成的“绿城翰墨”书法创作小组,开展作

11月12日,广西首届书法艺术节启动仪式暨千人书法现场表演现场

龙丽娜提供

品点评和研讨活动。成员作品在全国最高书法赛事——“全国第十届书法篆刻作品展览”中获奖，南宁市书法家入展5人，其中市书协会员4人，市书协会员唐礼武、潘文志获优秀提名作品奖，梁春、潘继坦的作品入展，实现南宁市书法作品在全国最高书法赛事中“零”获奖的突破，并在自治区各城市中获奖、入展人数最多。

“绿城玫瑰”作家群　3月8日，市作家协会新打造的文学品牌“绿城玫瑰”作家群成立，“绿城玫瑰”是对南宁女子作家群体的称谓，成员为市作协20多名女会员。年内，其成员以独特的视角出版文学专著11部。

签约作家　市文联根据市委宣传部通知要求及《南宁市签约作家管理办法》有关规定，通过个人申请、协会推荐、专家评审提出建议人选和上级部门审核等，完成在全市范围内招聘第五届签约作家。8月24日，市委宣传部与10名第五届签约作家正式签约。

《红豆》杂志　《红豆》杂志社发扬首府惟一纯文学期刊优势，每期均推出南宁、广西作家作品，推出“广西散文十人、广西诗歌十家”两个专号，并就广西散文诗歌的现状、发展和创作经验进行探讨和交流。2011年，按期出版杂志12期，发表原创文学作品200多万字。有40多篇（首）作品被《小说选刊》、《新华文摘》、《中华文学选刊》等国家级刊物转载或编入各种年选。

【对外文化交流】　2011年4月24日~29日，市摄影家协会参加广西文艺家代表团赴台湾花莲县、高雄市采风创作活动，与台湾艺术家举行书美摄作品联展。7月29日~8月3日，市文联组织4位艺术家的书法美术摄影作品30幅，参加海口市全国十大城市大型美术书法摄影邀请展，以《试论摄影书画艺术在城市旅游发展中的重要作用》为题作交流发言。8月，组织艺术家4名参加“风情东南亚——南宁文化周”，赴马来西亚展出南宁市艺术家书法美术摄影作品80幅，与吉隆坡和怡宝两市的艺术家们即兴挥毫，相互交流。8月25日~27日，接待台湾花莲县文艺家广西参访团，安排其参观昆仑关战役遗址、举行广西·花莲文艺家座谈笔会、互赠佳作。10月，市戏剧曲艺家协会与市粤剧团参加2011澳门文化艺术交流活动；12月，邀请新加坡戏曲学院院长蔡曙鹏到南宁开展学术交流活动，讲述“非物质文化传承与戏剧的发展和创新”。

【文化惠民活动】

送欢乐下基层　2011年春节期间，市文联组织文艺家近300人次分别到市人民公园、北湖安居小区、兴宁区清真寺、唐人文化园，西乡塘区金陵镇、陈东村，隆安县都结乡，横县六景镇，青秀区长塘镇那曾村等33个乡镇、社区，开展“送欢乐下基层”活动，为民众义务书写春联1.39万对；绘素描肖像100多幅；现场给基层孤寡老人、五保户、70岁以上老党员拍半身标准照，冲晒寄送10寸照片50多张。

“牵手同行、共享和谐”活动　年内，市文联为江南区农民工子弟学校赠送《新华字典》500本价值近万元；市广播电影电视艺术家协会4次组织人员到福利幼儿园等单位进行体验、授课、报道，为智障儿童送去学习用品；市音乐家协会、市美术家协会和市舞蹈家协会的文艺家长期为基层业余团队进行创作和辅导，“南国之光”残疾人艺术团、鸽子组合、绿城盲人“光明画派”成为南宁市群众艺术品牌，受社会广泛关注。

基层文艺活动　4月26日~28日，市文联与市文化新闻出版局、市图书馆共同举办“绿城讲坛”，组织各文艺门类专家举行艺术创作讲演5场；5月26日~28日，与相关部门合作举办第三届“爱牙杯”儿童钢琴比赛，来自自治区16个市、县668名儿童参赛；5月27日，与市青少年活动中心联合主办南宁市首届绿城十佳小乐手器乐比赛和南宁市第二届绿城十大少儿歌手歌唱比赛；6月28日，与企业联合举办南宁市民间文艺节目大展演，有7个县（区）民间文艺家200余人参加演出；11月27日，与团市委联合主办第二届“朱槿花杯”南宁市舞蹈大赛，来自各城区35个学校的选手570名参赛；12月3日，与企业联合主办“我梦想，我歌唱”南宁市第二届绿城十大歌手歌唱大赛，吸引选手300多名。（龙莉娜）

南宁市归国华侨联合会

【概　况】　2011年，南宁市有归侨、侨眷约12万人，其中新老归侨约2万人，与世界50多个国家和地区的华侨华人及其社团保持联系；在海外的南宁籍华侨华人9万多人，分布于世界35个国家和地区；南宁市归国华侨联合会有武鸣县、邕宁区和南宁—东盟经济开发区（武鸣华侨农场）县级侨联组织3个，华侨农林场侨联4个，企业侨联3个，联谊（校友）会和市侨联“侨心”艺术团、南宁华商会等团体会员12个。12月，南宁市第一家社区侨联——西乡塘区北湖南路社区侨联成立。市侨联按照《中国侨联章程》的规定，履行思想教育、为经济建设服务、参政议政、法律宣传和教育、海外联谊、爱国主义教育和精神文明建设、自身建设等职能。组织开展老归侨生活情况、归侨侨眷就业再就业和华商企业用工情况调研。与南宁—东盟经济开发区管委会共同举办南宁市侨界庆祝中国共产党成立90周年——“红歌献党　和谐侨区”文艺晚会，举行南宁市侨界纪念辛亥革命100周年座谈会。加强对侨联直属社团组织的管理及业务指导，指导邕宁区侨联召开侨代会、部分任期届满的联谊（校友）会进行换届。超额完成招商引资5000万的任务，实际到位外资8000万元。

【海内外联谊】

来访接待　2011年，市侨联接待海内外来访50多批、400多人次。“两会一节”期间，邀请包括美国美华银行公会理事长何兴华，加拿大华商联合会主席、福州柏瑞集团董事长林金龙等在内的来自美国、加拿大、新加坡、缅甸和香港等5个国家和地区的境外嘉宾客商14人以及专业观众14人来邕参加“两会一节”，并做好服务。借助嘉宾的牵线，使美国加州州政府参议员巴勃贺夫、蒙特利公园市市长刘达强等分别向南宁市政府和市长周红波发来祝贺“两会一节”的隆重举办的贺信。

组团出访　市侨联组团或随团出访4次。组织五年来第一次境外组团——由市侨联领导带队，部分县（区）与基层侨联领导参加的代表团出访港、澳，拜访市侨联部分港澳顾问；市侨联主席蒋晓筠随自治区侨联代表团出访美国、加拿大，拜会两国重要的侨社团、侨领和市侨联顾问；市侨联领导带领机关干部、县（区）侨联领导参加第十五届全国省会城市暨部分大中城市侨联工作经验交流会；市侨联领导带领部分市侨联委员、华商会会员、各县(区)侨联工作负责人到云南边境开展联谊，拜访云南省德宏州等地侨联。

【依法护侨】 2011年，市侨联注重做好侨界群众的信访工作，接待来信来访10多件，处理率100%，满意率95%以上。未发生群体性上访或事件。浪湾华侨农场侨联会同农场养老保险所，为归侨侨眷孤寡老人、下岗职工、因病因灾致困的贫困户397户、1396人办理城镇居民最低生活保障金。

开展律师轮值制度 试行开展律师轮值义务咨询活动，每月由1名领导和1名律师在市侨联值班，为归侨侨眷和海外侨胞提供法律咨询和服务。多次为归侨侨眷提供诸如历史侨房纠纷、侨房拆迁、经济合同纠纷等法律咨询和法律服务活动。

举办侨法宣传活动日 7月23日，武鸣县侨联在“武鸣县归侨之家”举办侨法宣传活动日。武鸣县侨联向归侨侨眷解答侨务政策法规方面的问题，详细介绍《中华人民共和国归侨侨眷权益保护法》及其实施办法、办理“三侨”学生升学加分、华侨回国落户等群众关注的政策，发放《归侨侨眷权益保护法》100多册。

【为侨服务】 2011年，各级侨联积极开展“献爱心、送温暖”活动。春节期间，市侨联与市涉侨部门慰问困难归侨侨眷530多户，送去慰问金品16万多元，花生油、米等慰问品。在广西华侨爱心基金会的支持下，市侨联为武鸣华侨投资区、隆安浪湾华侨管理区的10名困难归侨子女学生发放助学金2.60万元。全年慰问生活贫困、因病住院等归侨侨眷20多人次7000多元。加拿大华侨廖少彬为武鸣县归侨活动中心捐资5000元，台式电脑2台。经南宁—东盟经济开发区侨联牵线，广西华侨爱心基金会分别向该开发区辖区内的武帽小学、茶叶公司捐赠1.20万多元的体育器材。

【参政议政】 2011年，市侨联继续贯彻落实《中国侨联关于进一步加强侨联参政议政工作的意见》，强化侨联组织参政议政、维护侨益职能。在“两会”上，侨联界各级政协委员、归侨侨眷各级人大代表共提交议案、提案21件。向各城区推荐政协委员建议人选10多人，向市委推荐侨联界别政协委员建议人选9人，备用人选6人，并组织新当选的侨界人大代表、政协委员举办培训班，邀请市政协提案委的领导授课。

【南宁华商会成立】 2011年6月21日，市侨联举行南宁华商会成立大会。华商会成立后，按照服务会员、贡献社会的宗旨开展工作。吸纳新会员10多人。全年组织华商开展联谊活动3次；接待境内外社团、企业4次；组织开展“走进华商企业”调研活动以及华商企业用工情况调查并致力推动商会在项目经营方面开展调查研究。

【承办广西九市侨联联谊交流会暨发展华商经济研讨会】 2011年12月15日，由市侨联承办的广西九市侨联联谊交流会暨发展华商经济研讨会在南宁召开。南宁、柳州、桂林、梧州、北海、钦州、防城港、玉林、崇左9个城市侨联代表、华商代表及南宁市各县(区)侨联组织负责人等100多人参加会议，市四家班子各一名领导和自治区侨联领导到会指导，市委常委、统战部部长容康社作讲话并宴请与会代表。通过会议交流与组织学习考察，九市侨联对如何进一步服务华商经济发展、如何加强联系与合作等方面达成共识。 (廖嗣松)

南宁市科学技术协会

【概　况】 2011年，南宁市科学技术协会设办公室、科普部、学会部、青教部，在职人员28人，辖市科学技术咨询服务中心(事业单位)。所属基层科协组织有县(区)科协12个，市级学会、协会44个，企事业科协34个，科普教育基地13个，科普示范学校70个，青少年科学工作室44个(含社区青少年科学工作室)，青少年创新实践工作站10个。创建科普示范县(区)4个，科普示范社区46个，科普示范乡镇28个，科普示范街道11个，壁挂式科技馆3个，科学素质建设示范村108个。年内，市科协获全区科普工作先进单位、第二十六届全国青少年科技创新大赛基层赛事优秀组织奖、2011年广西青少年科技创新大赛优秀组织奖、2011年全区青少年“爱科学月”活动先进集体、2011年广西“十月科普大行动”先进集体、2011年广西青少年科技教育工作先进集体、2011年南宁市创建全国卫生城先进单位、2009~2011年度南宁市创建全国文明城先进单位、2009—2010年南宁市实施全民科学素质工作先进单位。

【科普活动】

南宁市百名专家进百村(社区)服务活动 2011年，市科协联合市委组织部、市科技局、市农业局、市司法局，聘请广西大学等单位的驻邕科技专家学者185名，组建南宁市科普专家服务团，深入农村和社区开展科普志愿服务活动，服务范围涵盖理、工、农、医各学科，在南宁市各县(区)举办百名专家进百村(社区)服务活动103场次。

“十月科普大行动” 9月27日，由市委组织部、市委宣传部、市文明办、市科技局、市科协，隆安县委、县政府共同主办的2011年南宁市“十月科普大行动”启动仪式在隆安县举行。活动以“关注公众安全健康　建设和谐生态社会”为主题，开展一系列与群众密切相关的科普活动。科普集市包括科普展品、健康、法律、食品安全、防震减灾等的宣传；农业集市，包括新品种、农资、农机、种苗等宣传推广；特种养殖集市，重点推广龟鳖、竹鼠、蛇、蝎子等特种产品的养殖。新农产品、特种养殖、健康咨询等展位受到群众欢迎。活动当天有350名（包括自治区、市、县)科技人员参加启动仪式并开展科技服务，发放各类科普宣传资料1.50万多份，现场接受群众咨询近600人次，接诊300多人次，发放计生用品1000多套，参与活动群众约1.28万人。南宁市十月科普大行动启动后，各县(区)先后成立十月科普大行动组委会，并开展农民培训，法律、卫生、科技进社区等活动。全市在活动期间发放科普宣传资料7万多份，向农村、社区赠送书籍1万多册，参与活动的科技工作者2000多人次，受益群众20万多人次。

“科普惠农兴村计划”项目申报 市科协根据中国科协、财政部《“科普惠农兴村计划”实施方案》精神，指导各县(区)科协、协会、基地推荐符合条件的单位及个人。宾阳县洋桥镇蓬塘村甘蔗协会、武鸣县双桥镇下渌村水果蔬菜行业协会、广西绿环现代养殖有限公司科普示范基地、武鸣县吴香妹分获全国“科普惠农兴村”计划的先进单位、先进个人，获奖资金共65万元。隆安县无公害蔬菜协会、青秀区伶俐镇天草杂交柑协会、上林县白圩镇覃排社区马安庄网箱养鱼协会、武鸣县农技协联合会竹鼠养殖示范基地、兴宁区五塘镇国翠农业科普示范基地和马山县蓝莉芬分获广西“科普惠农兴村计划”先进单位、先进个人，获奖资金共42万元。

创建“会员收入超亿元农村专业技术协会” 市科协开展南宁市“会员收入超亿元农村专业技术协会”创建工作。通过创建会员总收入超过亿元的农村专业技术协会，在全市农技协组织中树立典型，引导规范协会向品牌化、规模化发展。宾阳县黎塘莲藕专业技术协会、横县桑蚕蘑菇行业协会、武鸣县桂科养猪技术协会、宾阳县黎塘汇农萝卜协会等被评为第一批南宁市“会员收入超亿元农村专业技术协会”。

【学术交流活动】

院士专题报告会 2011年，市科协先后举办“科学工程与数字城市”崔俊芝院士报告会、“城市公共空间的设计”邹德慈院士报告会、“气象灾害防御与气候变化”韦力行专家报告会、“自主创新与知识产权”中国科协书记处书记张勤报告会、“循环经济与城市矿产”左铁镛院士专题报告会，在邕科技工作者2000多名参加。

南宁市首届学术年会 11月2日，由市委、市政府主办，市科协承办的南宁市首届学术年会在南宁明园饭店大礼堂开幕，自治区科协副主席谢林城、副市长眭国华出席，市政府副秘书长黄菊如主持会议，市委组织部、市科协、市卫生局、市水利局、市环保局、市气象局、南化公司等单位领导，市属各学会、协会会员，高校师生，科研院所科技人员，以及2009-2010年度南宁市自然科学优秀学术论文申报者等300多人参加会议。开幕式结束后，邀请东盟工程科技院院士、马来西亚大学校长、拿督蔡贤德博士，香港工程师学会理事、香港工程师学会环保分部主席乐法成博士做特邀报告；并结合南宁市政府举办的2009-2010年优秀学术论文评选活动，交流最新科研成果，探讨各领域学科的发展状况、应用前景。此外，还举办“创新医学与健康同行”、“建设宜居生态城市·创建环境保护模范城”、“合理开发气候资·建设人与气候和谐发展的生态绿城”、“创新水利工作思路·为南宁市水利改革与发展服务”、“倡导绿色化工·让化工造福人类社会”等5个分论坛；促成马来西亚拉曼大学与邕江大学、广西中医学院、广西贺州学院3所院校之间的合作。

2009-2010年度南宁市自然科学优秀学术论文评选 市科协在全市范围内开展2009-2010年度南宁市自然科学优秀学术论文评选，申报范围为自然科学或自然科学与社会科学、人文科学交叉的学科领域的学术性成果。副市长眭国华担任南宁市自然科学优秀学术论文评审委员会主任。3月，评审委员会办公室下发《关于开展2009-2010年度南宁市自然科学优秀学术论文征集工作的通知》，并在《南宁日报》上刊登征文启事。收到申报论文284篇，内容涉及医疗、化工、环境、气象、农业等18个专业。评出获奖论文154篇，其中一等奖8个、二等奖36个、三等奖110个。

【青少年科技教育】

青少年科技创新大赛活动 2011年，市科协组织开展“创新、体验、成长”青少年科技创新大赛活动，参赛中小学师生30多万人次，制作各类科技作品6万件。11月1日~9日，在南宁市图书馆举办2011年南宁市青少年科技创新大赛作品评比、展览，到12县(区)选送的参赛作品1200件，评出获奖作品660件。组织南宁市入围选手参加2011年广西青少年科技创新大赛和全国青少年科技创新大赛，83个参赛作品在广西青少年科技创新大赛上全部获奖，其中一等奖35个、二等奖27个、三等奖21个；优秀科技辅导员3名；求知计划优秀教师1名；市科协等6个单位被评为优秀组织奖单位。南宁市有16件作品在第二十六届全国青少年科技创新大赛上获奖，其中一等奖5个、二等奖6个、三等奖5个。

参与第十一届“明天小小科学家”评选 市科协推荐南宁市中学生参与中国科协、国家教育部和香港周凯旋基金会联合开展的第十一届“明天小小科学家”评选，南宁二中吴天昊获三等奖，是自治区惟一获奖的选手，填补两年来自治区在该项目上的空白。

“快乐科普校园行”活动 市科协与文明办、教育局、科技局联合在全市各县(区)、学校开展“大手拉小手，科普报告希望行”、“珍爱生命之水”——2011年青少年科学调查体验活动和“科技馆活动进校园”的“快乐科普校园行”等活动。5月26日，联合广西科技馆、广西青少年科技中心、南宁市教育局四单位在南宁沛鸿民族中学桃源校区主办“珍爱生命之水——2011年青少年科学调查体验活动”广西活动启动仪式，近千名学生参与《生命之水的知识与智慧》科普报告、“节水系列科学实验”、科普大篷车进校园、学校10年来对南湖水质调查研究成果展示等丰富多彩的科普体验活动及“珍爱生命之水”倡议签名。期间，向县(区)、学校发放《“珍爱生命之水”——2011年青少年科学调查体验活动》手册250册。

参加首届全国青少年科学影像节活动 市科协创新青少年科普活动形式，组织各中小学参与首届全国青少年科学影像节活动。选送的青少年科学DV作品有15件获奖，其中特等奖1个、一等奖2个、二等奖6个、三等奖6个，科普动漫作品有6件获奖。

创建南宁市青少年科学工作室 市科协按1:1配套的方式，支持县(区)经费22万元，在南宁市部分中小学创建第三批学校青少年科学工作室10个，完善青少年科普工作室1个。

【科技培训】

南宁市科技辅导员培训班 2011年1月7日、1月11日~14日，市科协分别组织入围决赛青少年创新项目、科技实践活动指导老师，科技辅导员创新项目选手和部分拟建第三批青少年科学工作室的中小学校分管领导、科技辅导员、县(区)科协、教育局领导及有关人员进行培训。培训主要内容为决赛要求；如何做好决赛前的准备；如何应对决赛中出现的问题；解答参加培训老师提出的问题；青少年科技创新项目申报及实施；青少年科学工作室的建设；参观南宁和柳州市部分青少年科学工作室。先后培训科技辅导员、校级领导、科技教育工作者70多名。

创新方法进企业活动 市科协借助各单位、部门所联系的人力资源，在单位或部门召开业务会议期间，举办萃智理论培训班，服务企业、服务科技工作者。9月2日，在市工信委举办技术创新和两化融合培训班，开设萃智理论讲座，培训企业分管技术创新、两化融合的高层管理人员和项目负责人员200多人。11月21日，在广西高新技术企业协会举办广西高新技术企业专题培训班，开设萃智理论讲座，培训自治区高新技术企业科研人员200多人。

南宁市乡土人才大培训 10月31日，市科协联合市委组织部、市人才工作协调小组在宾阳县举办2011南宁·东盟人才活动月系列活动之一，“2011年南宁市乡土人才大培训”启动仪式，来自各县（区）农技协负责人及协会会员、乡土人才约150人参训。培训课邀请高新区涉农企业介绍农产品收购及深加工的标准，农技协如何与企业合作，以及为农民提供服务的内容。培训后，组织参观科学素质建设示范村。全年举办乡土人才培训班103期。

【科技创新活动】

院士专家工作站试点　2011年，市科协以《南宁市院士专家工作站建设管理暂行办法》为依据，深入企业开展调研，引导符合条件的企业创建院士专家工作站。12月9日，在市委、市政府会议中心举行广西南南铝加工有限公司院士专家工作站授牌仪式，市委副书记、市长周红波为工作站授牌。广西南南铝加工有限公司院士专家工作站是南宁市首家院士专家工作站，首批进站专家包括中国工程院院士左铁镛、才鸿年、王国栋，国家973项目首席科学家、中南大学教授张新明等12名专家、院士。

企业“讲理想、比贡献”活动　市科协联合市发改委、市国资委、市工信委、市科技局下发《南宁市2011年度企业“讲理想、比贡献”活动工作要点》，在企业开展“讲理想、比贡献”活动，以提高企业自主创新能力为主题，以院士专家工作站建设、创新方法进企业巡讲、加强科协组织建设、表彰活动优秀项目为重点。收到广西地凯科技有限公司、南宁五菱桂花车辆有限公司等单位申报的《太阳能光伏防雷汇流箱研发和生产项目》、《4GZ-9型甘蔗割铺机的技术改进项目》等项目73个，涉及技术改造、技术革新、新产品开发、科技成果转化等。组织专家评选出优秀项目55个并表彰。

【建设“科技工作者之家”】　2011年1月19日，市科协主办“2011年首府科技界迎春茶话会”。9月7日，与自治区科协合办“2011年首府科技界中秋联欢会”，搭建科技工作者交流平台。自治区、市四家班子领导均出席活动。年内，促成南宁市振宁资产经营有限公司科协、百洋水产集团股份有限公司科协、广西宏智科技股份有限公司科协、市四医院、市一医院、市二医院、市妇幼保健站等10家企事业科协组织成立，进一步扩大科协基础组织的覆盖面。推荐优秀青年科技工作者参评广西青年科技奖和中国青年科技奖，南宁邦尔克生物技术有限责任公司蒙健宗获第十二届中国青年科　技奖。

【南宁市科技馆项目建设】　2011年，南宁市科技馆项目除科学会堂外，建筑主体基本完成，总投资1.88亿元，完成投资7530万元。4月24日~30日，经市政府批准，由市科协牵头，组织市发改委、市财政局、市编办等部门相关领导和工作人员，对北京、上海、武汉、合肥、广西科技馆等地科技馆进行实地考察调研，形成《南宁市科技馆机构设置和展教运行管理工作调研情况的报告》，得到市政府领导批示。面向全国征集南宁市科技馆科普展教规划、展品设计方案30多个，筛选整理后，向市政府呈报南宁市科技馆科普展教项目建议书。　（黄丹阳）

南宁市社会科学界联合会

【概　况】　2011年，南宁市社会科学界联合会有学会13个、研究会10个、协会6个，团体会员28个，个人会员70多万人。组织全市社科界开展各类研讨会105次、学术交流活动117次，召开各种形式的座谈会、报告会、讲座以及培训班1650次（期），参加人数40万人。组织参加市外学术活动、学术交流组织社科专家、学者完成课题或专题研究750个，在各级刊物上发表论文507篇（国家级102篇，省部级140篇，地市级265篇）。组织召开全国性理论研讨会1次，收到科研申报项目93个，立项资助31个，专家学者200多名参加科研。至年末，项目基本通过评审验收。与市妇联合作完成《农村留守妇女儿童调查报告》，并形成专题报告呈报给市委、市政府；草拟《南宁市社会科学研究特别优秀成果收购办法》；出版《南宁市毕业生就业研究》和《南疆城市工业化发展模式初探——南宁市从工业园区到工业带的工业发展方式转型战略研究》。与到访的柳州市、广州市、石家庄市、云南文山州等地的社科联进行交流。组织机关党员到共建村开展志愿者服务活动，建立帮扶对象8对，结对帮扶组织1个，开展咨询服务活动3次。

【会员管理与服务】　2011年，市社科联印发《2011年学会管理考评细则》给学会、协会、研究会。与民政部门协调，配合做好社团清理和年检换证，督促所属学会进行年审，帮助各学会理顺年检中遇到的问题；指导、协助南宁市审计学会开展换届。继续为南宁市企业家协会协调工作经费补助10万元。组织学会、协会、研究会参加由中央治理“小金库”工作领导小组办公室联合《人民日报》等10家媒体举办“防治‘小金库’知识有奖竞答”活动，市社科联机关干部职工和所属20个学会、协会、研究会全部参与活动，收到答题卡90多份。加强与邕江大学联系、调研，建议在邕江大学成立学术研究会。

【社会科学普及活动】　2011年11月，市社科联组织各学会、协会、研究会在友爱广场开展惠民广场科普活动，制作板报30多块展摆宣传，组织近40位专家现场提供咨询服务，编写印发资料1万多份，知识涵盖教育、住房保障、劳动保障、法律法规、心理咨询、健康养生、老年保健、东盟知识、税务、会计、知识产权等内容。在市企业家协会和市教育学会开展分基地建设，与市教育学会分基地一起开展科普进校园活动，邀请专家到南宁市三中开展讲座，参与学生1000人。推动大型惠民科普活动“南宁讲坛”工作，与市财政局进行协调，确保经费落实。编辑出版《南宁社会科学》4期、《学会动态》6期、《专家建议》4期。

【第十一次社科优秀成果评奖活动】　2011年5月~12月，市社科联开展南宁市第十一次社科优秀成果评奖活动，在《南宁日报》和社科联网站发布评奖公告，收到申报成果144项，评出一等奖5个（研究报告类4项、论文类1项）、二等奖21个（研究报告类11项，论文类10项）、三等奖27个（研究报告类15项、论文类12项）、优秀奖30个（研究报告类10项、论文类20项）。

【东盟经济发展研讨会】　2011年10月21日~24日，市社科联承办“2011年全国省（区）、市社科联中国—东盟博览会观摩会暨中国—东盟经济发展研讨会”，来自全国各省（区）、市社科联及区内各高校社科联的领导、专家、学者和东盟国家留学生代表150多人参加，南宁市政协副主席崔建国出席会议并讲话。会议收到论文96篇，评出获奖论文68篇，其中一等奖37个、二等奖31个。会议对获奖论文进行表彰。南宁电视台新闻节目、《南宁日报》、红豆网、凤凰网等媒体对会议作报道。　（李国燕）

中国国际贸易促进委员会南宁市支会

【概　况】 2011年，中国国际贸易促进委员会南宁市支会和南宁国际商会两块牌子一套人马，有商会会员单位86家。全年接待来自美国、加拿大、法国、英国、德国、荷兰、比利时、新加坡、马来西亚、泰国、柬埔寨、印度尼西亚等国家的商务代表团及客商36批次、280多人以及北京、杭州、成都、威海、海口、临沂等城市贸促会60多人的来访；举办、参加经贸洽谈及展览会10多场；为企业会员组织经贸、法律等专业知识培训3期；新发展企业会员9家；编印“南宁贸促信息”2160多份，升级和更新南宁贸促信息网，为企业提供经贸合作、产品供需、会展信息等1000多条。

【经贸活动】 服务2011中国国际商务文化节暨中国（南宁）国际时尚博览会。2011年，市贸促会作为博览会组委会客商邀请的牵头单位，具体负责国内外客商邀请、接待的统筹和安排，协助组委会邀请重要嘉宾415人、参展客商4350人、采购商6591人、组织观众14.26万人。协调办理贵宾证、嘉宾证、记者证、工作人员证件440份。

服务中国—东盟博览会　第八届中国—东盟博览会期间，市贸促会组织40多家企业参展，接待国内外客商50多人次。组织英国、荷兰、韩国等国家的客商参加隆安县投资环境暨项目推介会；组织德国代表团与市卫生局、南宁唯美成套设备有限公司、广西金百大科技有限公司等南宁企业代表分别举行项目合作及进出口合作的洽谈会2场。

举办开拓南美市场情况介绍会　3月5日，市贸促会在南宁桃源饭店举办“开拓南美市场情况介绍会”，特邀在南美经商多年的巴拉圭中国商会副会长、南宁国际商会顾问邱鲍杰现场介绍南美国家的自然资源、投资环境及市场发展等情况，有70多家企业的代表参加。会后，有1家会员企业赴智利设立贸易公司。

举办“能效建筑设计与技术论坛”　4月30日，市贸促会与美国驻广州总领事馆商务处、市规划局、市城乡建设委员会、市房产管理局联合举办“能效建筑设计与技术论坛—超节能XIR技术系统分析与应用”。论坛旨在促进南宁建筑节能专家与美国专家在节能与未来可持续发展方面的合作，共同倡导通过绿色建筑与材料实现自然生态的可持续性。美国韶华科技全球销售总裁戴义生、深圳建筑科学院院长叶青、广东省建筑研究院副院长杨仕超、中国建筑科学院著名资深幕墙结构专家赵西安分别在论坛上作主题演讲，有120多家房地产业、建筑设计和环境保护等相关领域具有代表性的企业行业的200多名代表参加。

【对外联系与交流】

接待来访　2011年1月13日~15日，接待美国TSK建筑师事务所总裁威顿·金西、所长罗伯特·博伊尔、美国驻广州总领事馆商务处高级商务主任王碧林一行8人；19日，接待英国越南华侨联谊会会长杨文明、加拿大温哥华河内华侨联谊会会长李宝昌率领来自美国、英国、加拿大等地的华侨代表团一行13人；24日，接待德国意博展览公司常务副总经理、南宁国际商会顾问王韵静一行5人。3月22日，接待世界海外韩人贸易协会烟台支会副会长李永哲一行4人；31日，市贸促会、南宁国际商会会长谭漓在广西沃顿国际大酒店会见莅邕考察访问的美国驻广州总领事馆新任商务领事黄德昌及美国驻广州总领事馆商务主任刘贤明、王碧林一行6人。4月15日，接待计划在南宁投资设立韩国工业园的中韩贸易促进协会咸基禾副会长一行3人；20日，接待由成都市贸促会党组秘书林昌围率领的考察组一行6人。5月3日~8日，接待由印尼印—中中小企业商会秘书长陈□率领的经贸文化代表团15人；21日，接待著名爱国华侨领袖陈嘉庚的长孙、新加坡华德集团公司董事长、南宁国际商会顾问陈立人及弘域石油（香港）有限公司董事长江崖、总经理江岱一行3人。6月4日~6日，接待由德中经贸文化促进会莫桂莲副会长率领的德国投资考察代表团一行5人；17日，接待前来出席2011年中国国际商务文化节暨中国（南宁）国际时尚博览会的中国贸促会展览部部长顾超一行，威海市贸促会副会长姜建政一行，海口市贸促会展览部部长郑传达一行，美国驻广州总领馆商务领事黄德昌、助理黄文俊一行，大韩贸易投资振兴公社广州馆馆长玉永在一行，德中经贸文化促进会副会长莫桂莲一行，韩国海外韩人贸易协会会长申成万一行，联合国工业发展组织华南投资促进中心主任邬剑波一行，马来西亚光华日报社主任周圣栋等中外嘉宾25人。8月5日，接待由泰国城乡发展基金会蒙蒂·素帕蓬主席率领的访问考察团一行6人，签订《合作发展协议》。10月18日，接待柬埔寨兴旺国际贸易公司总经理李业翰一行；20日~25日，接待前来参加两会一节的荷兰中国商会会长张巧忠率领的荷兰代表团一行6人，印尼印中—中小企业商会执行会长刘新华、秘书长陈竞、世界韩人贸易协会副会长金姬玉、南宁筹备会执行副会长金美善及山东临沂市贸促会党组书记张玫率领的山东临沂市贸促会会长代表团一行12人，新加坡肯波利特董事长蔡友铭、法国马恩河谷省经济开发委员会总裁约艾尔·盖索、中国事务主管陆琳琳、德国德中经贸文化促进会副会长莫桂莲率领的德国代表团一行5人。11月4日，接待比利时法兰德斯清洁技术协会的陆映延一行2人。

对外交流　1月10日，市贸促会在南宁饭店举办2011年迎春联谊会，广西贸促会、自治区有关单位、南宁市有关领导，老挝、柬埔寨王国、缅甸联邦、泰国等国驻南宁总领事馆领事以及南宁国际商会顾问代表、市直有关单位、在邕商协会、会员企业代表和新闻媒体记者等160多人参加；13日~15日，派员参加在杭州举办的“第七届中国会展经济国际合作论坛”。3月24日，“越南广宁—中国广西投资促进及合作发展论坛”在南宁国际会展中心举行，应越南驻南宁总领事馆的邀请，南宁国际商会组织会员企业25家的代表40多名参加；25日，由越南工业贸易部贸易促进局进出口促进中心、广西中国—东盟经济文化促进会、南宁越中会展商务有限公司主办、市贸促会协办的“2011中国—越南淀粉酒精产业供需商机论坛暨双向采购对接会”在南宁举行，中国企业68家、越南企业41家参会，会上达成16套淀粉、酒精、环保设备的意向合作，达成采购约5.60万吨淀粉意向。4月16日，由市贸促会组织会员企业代表16人出席在缅甸驻南宁总领事馆举办的“缅甸新年泼水节”活动，拜会缅甸驻南宁总领事吴敏隋；20日~25日，组团前往东莞市参加“2011东莞台湾名品博览会”。5月18日，组织部分南宁市企业赴大连市参加2011中国大连进出口商品交易会暨大连国际工业博览会。6月23日~

29日，2011泰国购物嘉年华暨首届泰国商品节在广西华润万家超市举行，市贸促会应邀派员出席活动启动仪式。7月6日，印度尼西亚投资旅游及文化促进论坛在南宁国际会展中心举行，市贸促会组织广西北辰文化发展有限责任公司等10多家会员企业的20多名代表出席该活动。8月15日~24日，泰国东北三府商务部门与泰国驻南宁总领事馆在南宁举办"桂泰经贸洽谈会"，市贸促会组织会员企业代表30多人参加洽谈会，就泰国大米、木薯淀粉、手工艺产品、有机农产品、橡胶及橡胶制品、旅游、物流、汽车及配件等方面的贸易、投资合作进行洽谈；27日，组织企业会员代表30多人出席在南宁国际会展中心举行的国际蒙山同乡会暨蒙山招商引资项目推介会。9月15日，与广西山东商会、广西福建商会、南宁台商投资协会、南宁外商投资协会、南宁企业家协会及成都、福州、泉州、吴川、玉林、北流、平南等部分省市级驻邕商协会在桃源饭店召开异地商协会秘书长工作座谈会；16日~18日，"活力澳门推广周"首次在南宁举行，市贸促会组织南宁本地企业代表30多家参观展览会和商贸对接洽谈会及广西——葡语国家投资营商环境推介会；22日~30日，派员参加在北京、天津、深圳、东莞举办的南宁市投资环境及外资重点招商项目推介会，邀请巴黎工商会、澳大利亚国际商会、荷兰中国商会、巴中工商会、英国国能尚华新能源集团公司等一大批驻华商协会、京津地区知名外资企业以及中国台湾、港澳地区的客商分别参加推介并洽谈合作。10月21日~22日，应组委会邀请派员参加中国-东盟商务与投资峰会开幕式及其商务早餐会、商务领袖峰会。11月23日~12月4日，市贸促会副会长姚师中率南宁市招商代表团访问德国、荷兰和奥地利3国，开展重点项目招商引资和投资促进活动。出访期间，代表团在鹿特丹、科隆和维也纳分别举办南宁市投资环境说明会，拜会阿姆斯特丹工商会、荷兰中国商会、德中文化经贸促进会、德中投资发展公司等商协会和企业30多家。11月，副会长盘业斌随市招商代表团赴印尼、马来西亚、新加坡开展招商及经贸活动，拜访印度尼西亚印—中中小企业商会、新加坡制造联合商会，并举办经贸合作洽谈会。12月23日，南宁市贸促会在南宁饭店举行开拓国际市场经验交流暨2012年迎春联谊会，广西贸促会、自治区有关单位、南宁市有关领导，老挝、柬埔寨王国、缅甸联邦、泰国等国驻南宁总领事馆领事以及南宁市直机关有关部门、驻邕商协会代表，南宁国际商会会员企业代表，新闻媒体记者等180多人出席。

【会员单位管理及服务】 2011年3月12日，市贸促会调研组前往横县花都茉莉花茶专业合作社进行调研，收集该社产品的相关资料，并发给东盟、欧美及南美的南宁国际商会顾问以及山东济南、威海、日照等地的兄弟贸促会，帮助企业发布产品信息，寻找开拓销售市场。3月~4月，对南宁贸促信息网进行改版，增设"国际商会"独立板块，便于商会信息的汇总、发布以及会员企业风采展示；分类别设置友情链接栏与南宁国际商会副会长、理事单位直接链接，逐渐增加与国内外商协会的链接，实现信息的共享；增加产品供求信息；增设"交流互动"板块，对访问网站人员常见的问题给予回答，加强和访客的交流。5月20日，在南鹰宾馆举办"企业战略与执行力及最新税务知识"讲座，40多家会员企业的管理人员100多人参加。7月15日，在桃源饭店会议厅联合举办"南宁国际商会—民生银行南宁分行服务企业融资恳谈会"，帮助会员企业解决融资难问题，40多家会员企业的70多名代表参加。8月11日~13日，派调研小组到广西桂泰投资有限公司、广西盛唐科技有限公司、广西北辰文化发展有限责任公司以及位于南宁黎塘镇的广西南宁市飞力电瓶有限责任公司、南宁双健医疗器械有限责任公司以及六景工业园区的广西东润食品有限责任公司进行调研，分别与企业负责人进行座谈，重点了解用工、土地、水电、薪酬、市场等情况，并对企业发展、企业经营、加强和改善服务等进行调研，征询会员意见和要求；26日，南宁国际商会一届三次理事会在泰国驻中国商务联络中心召开，商会各副会长、理事成员单位代表35人出席，会议增选李显昭、韦少良为南宁国际商会理事、副会长，聘请莫桂莲、张巧忠、董浩铭等3人为顾问；30日，组织部分本地企业及律师参加广西贸促会举办的"2011涉外商事法律服务培训班"。培训主要内容有介绍国际商事仲裁及其发展趋势、贸仲的仲裁服务、贸仲仲裁规则与仲裁实务、贸仲仲裁程序、仲裁条款的谈判技巧，结合经典案例向学员普及仲裁条款的谈判技巧等。8月31日~9月2日，派5人小组分别走访南宁农工商集团、南宁天测科技有限公司、南宁怡凯进出口贸易有限公司及南宁卓立学校等企业，并与企业负责人进行座谈。

（彭国光）

南宁市残疾人联合会

【概　况】 2011年，南宁市有乡镇街道残联组织124个，残疾人49.66万人。南宁市残疾人联合会以推进残疾人社会保障体系和服务体系建设、开展"助困扶残工程"为民办实事项目为契机，开展残疾人康复、教育、就业、托养、文化体育等工作，获全国残疾人工作先进单位、2011年度全国"两刊"(《中国残疾人》、《三月风》)宣传工作先进单位。至年末，发放中华人民共和国第二代残疾人证12.89万本，残疾人持证率28.60%。启动新一轮(2011~2015)全国残疾人状况监测，宾阳县、马山县、江南区被列为监测县(区)。挂牌成立南宁市残疾人法律援助受理点。

【助困扶残工程】 2011年，南宁市继续推进"助困扶残工程"为民办实事项目，其中"阳光家园"计划和"无障碍进家庭"两个项目分别要求完成智力、精神和重度残疾人托养服务2300人、贫困残疾人家庭无障碍设施改造350户，投入资金624万元，其中自治区财政补助230万元、市财政配套安排230万元、县(区)、开发区财政配套安排164万元。"阳光家园计划"实际完成托养服务2300人，其中居家托养2233人、日间照料37人、机构托养30人。所有开展托养服务的残疾人均落实有监护人；各县(区)、开发区与所有托养服务的残疾人或其家属(监护人)均签订托养服务协议。"残疾人家庭无障碍改造"项目投入资金140万元，平均每户补助4000元，完成贫困残疾人家庭无障碍改造384户，超额完成34户。

【"党员扶残温暖同行"工程】 2011年，市残联继续开展"党员扶残温暖同行"工程，任务数增加到1700户。组织发动每个村党支部扶持1户以上有劳动能力和就业愿望、并具有可行性项目的贫困残疾人家庭，帮助扶持对象掌握1~2门致富实用技术。确定1名~2名党员经济能人作为结对帮扶人，帮助贫困残疾家庭解决生产经营中遇到的困难和问题。投入经费170万元，完成结对帮扶1700户，实现党建带动残建，结对帮扶贫困残疾人，让贫困残疾人脱贫致富的目标。

【第二十一次“全国助残日”活动】 2011年，市残联以“改善残疾人民生　保障残疾人权益”为主题，开展助残日系列活动。5月10日，市群众艺术馆挂牌成立南宁市残疾人文艺培训基地；在南宁职业技术学院艺术工程学院举办由残疾人黄友演讲的“自强不息、点亮人生”演讲会。15日，举行“南宁市残疾人技能培训基地”揭牌仪式暨“特殊艺术　走进校园”文艺演出活动，组织爱心企业、爱心人士在活动现场向南宁市特教学校捐献20万多元的爱心款物。5月11日、13日、14日、14日~16日分别举办“党员扶残　温暖同行”座谈会、“助残维权　保障权益”培训会、“社区协管员和阳光班学员专题讲座”、“提高素质　服务基层”残疾人工作者业务培训会4场。

【残疾人康复】 2011年，市残联继续实施百万贫困白内障患者复明工程项目、白内障常规项目和国际CBM防盲项目等三项白内障资助复明项目，将三者结合，统一筛查，同时实施，完成复明手术3580例。继续开展全国白内障无障碍县(区)创建工作和“人人享有康复服务”推进活动。马山、上林、邕宁、良庆4个县(区)申报创建全国白内障无障碍县(区)，隆安县、青秀区被确定为推进实现“人人享有康复服务”目标重点县(区)。组织市级检查组对创建全国白内障无障碍县(区)工作进行初检验收。配合自治区做好农村贫困脑瘫儿童筛查，完成农村贫困脑瘫儿童情况筛查100多名。开展残童康复训练687名。为2684名贫困患者提供常规门诊免费服药补助，每人每年450元，共120.78万元；为贫困精神病患者住院医疗救助58名，每人3600元，共20.88万元。智力残疾人托养104名，每人补助2000元，共20.80万元；贫困精神病人托养40名，每人补助5000元，共20万元。

【残疾人就业】 2011年1月，市残联联合人力资源和社会保障部门开展以“家庭贫困的未就业高校残疾人毕业生、残疾登记失业人员、家庭贫困和一户多残家庭中的残疾人”为援助对象的“就业援助月”活动，全市入户家访15户，发放政策宣传材料1205份，帮助援助对象实现就业56人；协调工商、税务、城管等职能部门，为残疾人个体就业提供政策、场地、资金等方面服务，扶持残疾人个体老板25人。对全市522名个体就业和自主创业人员进行养老保险补贴，安置残疾人就业427名。助残日期间分别在南宁职业技术学院、南宁市盲人按摩康复理疗中心、南宁市职业技术培训中心、南宁市盲聋哑学校挂牌成立残疾人职业技能培训基地4个，开展残疾人职业技能培训，参加培训1210人，其中城镇常规技能培训182人、农村种养技能培训841人、汽车驾驶员培训187人。继续实施《长江高科技助残就业项目》(2007~2011)，培训项目五年累计受益残疾人928人，开发动员用工单位152家，实现就业397人。在全市范围内首次实现“税费同票”，并在自治区率先开通残疾人就业保障金网上申报，对残疾人就业保障金的审核、申报、入库、票据实现一条龙规范化服务。对5953个各类企业和其他经济组织进行年审，通过地税代收方式征缴残疾人就业保障金4594万元。

【残疾人宣传】 2011年，市残联开展第二届残疾人文化活动周活动。7月15日，在青秀区大阪二社区举行主题为特殊艺术，走进社区的南宁市第二届残疾人文化活动周活动。社区居民、辖区残疾人、社区工作者近500人参加活动并观看演出。组队参加第四届自治区特教学校学生文艺汇演。选送上报文艺节目15个，其中获奖作品11个，市残联获优秀组织奖。年内，在新闻媒体刊播南宁市残疾人工作的新闻稿件235篇次。

【残疾人体育】 2011年6月25日~7月4日，市残联选送南宁市残疾人运动员邝万俊（南宁市培智学校学生、智力残四级）前往希腊雅典参加第十三届世界夏季特殊奥林匹克运动会，在4100米田径接力赛中获得金牌1枚。做好全国第八届残疾人运动会参赛工作，南宁市有12名残疾人运动员入选自治区代表团，参加田径、游泳、乒乓球、羽毛球4个项目比赛，获金牌1枚、银牌3枚、铜牌6枚。6月13日，在市体育运动学校举行“南宁市残疾人体育训练基地”成立挂牌仪式。组队参加自治区第二届残联系统运动会，获团体总分第二名及体育道德风尚奖，获金牌4枚、银牌1枚。

【残疾人扶贫与生活保障】 2011年，市残联协调有关部门对符合条件的城乡贫困残疾人全部纳入最低生活保障范围，对农村贫困残疾人做到应保尽保应救济尽救济。创建残疾人扶贫基地，下拨扶贫经费120万元。完成农村贫困残疾人危房改造的核查、统计，上报自治区残联891户。协助做好《南宁市城镇居民基本医疗保险试点工作》、《全额资助农村残疾人参加新型农村合作医疗》的各项工作。督促协助武鸣县做好开展推进农村残疾人参加农村养老保险试点。组织开展春节慰问贫困残疾人及基层残疾人工作者活动，慰问贫困残疾人4773户，送去慰问金、慰问品折合118万元。

【残疾人教育】 2011年，市残联借助国家“两免一补”政策的落实，进一步解决适龄残疾儿童少年上学难问题。开展爱心助学活动，做好残疾人义务教育阶段助学补助经费的申报及下拨，自治区下拨助学款19.74万元，为南宁市987名特教学校学生每人提供助学补助经费200元。组织开展六一慰问残疾儿童活动，对7所特教学校11个特教班的1872名残疾儿童进行慰问，发放慰问金9.36万元；在助残日期间发动企业捐款捐物(教学设备)26万元。完成自治区残疾人远程开放教育招生，录取残疾人学员60人。与南宁职业技术学院合作，牵头创建广西残疾人高等职业教育学院，于2011年“全国助残日”当天举行广西残疾人高等职业教育学院成立挂牌仪式，首创全国高职高专残疾人全日制教育。在各县(区)开展参加高考的残疾学生调查，协助做好残疾学生考录工作，为考入大中专院校的残疾考生21人、在校就读的特殊教育高中班残疾学生70人发放助学金15.05万元。

【基层残疾人组织建设】 2011年，南宁市所辖12个县(区)残联均为计划单列、正科级单位，有机关编制46名、事业编制21名，实有工作人员98人(专职理事长、副理事长28人)；124个乡镇(街道)全部成立残联，有在编专职理事长14人，兼职理事长109人，残疾人专职委员165名；所辖村(社区)全部成立残疾人协会，配备残疾人专职委员1810名。市残联协助部分县(区)党委完成县(区)残联领导班子人选的选拔任用；落实并提高村(社区)

残疾人专职委员工作补贴标准；指导南宁经开区管委会完成成立残联组织的各项筹备工作。6月14日~16日，举办全市基层残疾人组织综合业务培训班，培训300人。按照中残联《基层残疾人组织规范化建设验收标准》，12个县（区）全部达标；社区残疾人工作网络化在江南区基本实现；有1名残疾人专职委员被评为全国优秀社区残疾人工作专职委员。

【盲人按摩行业管理】 2011年，南宁市有在册盲人按摩机构42家，新申请办理《从业许可证》的盲人按摩机构3家，从业人员225人。市残联对已领取2010《从业许可证》的盲人按摩机构进行年审，通过年审39家；开展盲人按摩职业技能培训，培训盲人143人，其中盲人初级按摩师75人、盲人电脑培训68人；下拨经费2.40万元对健生、壮乡2家盲人按摩院进行资金扶持，用于对按摩院设施、设备的改造；并订制按摩床单500套免费发放至市各盲人按摩院。国际“盲人节”期间，盲人按摩指导中心与市人力资源和社会保障局共同举办2011年盲人保健按摩技能竞赛，来自各县（区）盲人按摩院的14支队伍42名盲人按摩师参赛。

【残疾人车辆管理】 2011年，城区残联对每个残疾人进行法律知识教育，举办培训班9期，培训500人次。市残联继续帮助残疾人学习汽车驾驶技术，在市本级给予900元/人补助的基础上，向自治区残联争取补贴和优惠。年内，培训合格170人，已购车残疾人15人；实施残疾人机动轮椅车燃油补贴，为1018辆残疾人机动轮椅车（不含6县）发放燃油补贴款26.47万元。 （袁建萍）

南宁市红十字会

【概 况】 2011年，南宁市红十字会辖县（区）红十字会12个，红十字会基层组织411个，会员3.81万，志愿者5507人。市红十字会组织全市红十字会系统开展组织建设年、实力建设年、能力建设年“三个建设年”和打好全面铺开基层红十字组织建设攻坚战、打好开拓社会募捐渠道攻坚战、打好开创应急救护培训工作局面攻坚战、打好完成援助项目建设攻坚战、打好完成备灾中心工程建设攻坚战“五场攻坚战”。组织开展基层红十字会干部培训班5期，培训400多人次；组织开展基层红十字组织交流培训班暨项目现场观摩会7次，参加人员220多人次。全年接受社会各界捐赠款物592.62万元；组织开展“红十字博爱送万家”等多种慰问活动，发放慰问款物折合73.50万元，慰问群众1775户、7120人；2010年援助的1025.94万元，103个项目全部竣工。年内，市红十字会继续加强理顺县（区）红十字会管理体制，邕宁区红十字会配备专职副会长；武鸣县、青秀区、邕宁区红十字会召开会员代表大会进行换届选举；兴宁区红十字会召开理事会更换理事。

【人道主义传播】 2011年，市红十字会利用网络、新闻媒体等媒介宣传红十字工作，每次举办红十字重大活动，主动与广西电视台、南宁电视台、《南宁日报》、《南宁晚报》、《南国早报》等媒体加强联系，邀请媒体参加并报道活动。3月31日，市红十字会在《南宁日报》统一专版公布2010年援助的项目，主动接受社会监督，增强救灾资金使用的透明度。4月，市红十字会在中国红十字会总会《红十字力量》杂志上刊登援建汶川地震灾区纪实。5月7日，以携手人道促和谐，志愿服务为民生为主题，市红十字会与中共青秀区委、青秀区政府在南宁市金湖广场共同主办的纪念第64个“五·八”世界红十字日暨青秀区每月“博爱一元捐”启动仪式，并举行捐款活动。自治区医院红十字会、广西中医学院第一附属医院红十字会、广西医科大第一附属医院、市第一医院、广西中医一附院、南宁协和医院等医疗单位设点为市民进行免费义诊和咨询，青秀区红十字会、金湖社区设点对每月“博爱一元捐”活动进行宣传，并接收市民捐款。8日，市红十字会组织兴宁区红十字会、青秀区红十字会、西乡塘区红十字会红十字志愿服务队参加自治区红十字会举办的“五·八”世界红十字日纪念活动，并前往南宁市大板二区、朝阳社区等地开展应急救护培训宣传活动，普及公众现场自救互救和紧急避险知识。

【社会募捐】 2011年，市红十字会加强社会募捐，拓宽筹资渠道，探索“博爱一元捐”和设立冠名基金等多种方式筹集善款，打造红十字募捐品牌。累计接受捐赠款物折合592.62万元，其中捐款145.76万元、物品价值446.86万元。南宁温州商会捐款50万元用于慰问孤寡老人、残疾人、孤儿、瑶族山区贫困学生；广西中恒集团捐赠价值215万元的药品为全市边远乡村患病困难群众提供无偿帮助；贝因美集团通过中国红十字基金会幸福天使基金向南宁市捐赠100万元奶粉；市公安局交警支队、广西超大安吉汽车销售有限公司共捐款10万元援助马山县乔利乡东良村小学；市交通运输局发动行业企业为明天学校和孤儿捐款21.71万元；南宁事业红食品公司向市红十字会捐赠价值63.80万元月饼用于慰问五象新区建设工人和青秀区、西乡塘区困难群众和师生。5月8日，市红十字会联合2011中国国际商务文化节暨第二届中国（南宁）国际时尚博览会组委会发动“时尚·爱”公益行动，并设立市红十字会第一个冠名救助基金“时尚·爱”地贫救助基金，用于救助南宁市户籍、家庭经济困难的重型β地中海贫血患者，接收社会各界捐款75.95万元。

【人道救助】 2011年，市红十字会发放各种慰问救助款物折合73.50万元，受益群众1775户、7120人。

“红十字博爱送万家”活动　元旦、春节期间，市红十字会组织开展“红十字博爱送万家”活动，给困难群众和贫困家庭送去棉被、棉衣、食用油、糖饼等慰问品和慰问金，慰问350户。慰问党建结对联系点和新农村建设扶持点困难党员和群众55户，发放慰问金1.90万元，发放慰问品价值1.50万元。到崇左市慰问麻风病患者，慰问患者家庭44户。

“爱心慰问·情暖绿城”大型慈善活动　1月6日，市红十字会与市政协、市投资促进局和南宁温州商会在南宁市金湖广场共同开展“爱心慰问·情暖绿城”大型慈善活动，慰问全市困难群众、贫困家庭和上林县、马山县民族地区的困难群众学生1000名。

援助项目建设　市红十字会加强2010年援助项目的督查，加快推进援助项目建设，2010年援助的1025.94万元、103个项目全部竣工。加强向上级红十字会请示汇报，并通过多种渠道筹措资金，继续开展项目建设。扶持宾阳县古辣镇南阳村水塔工程建设20万元；扶持马山县金钗镇龙印村道路、人饮、学校建设28万元；争取中国红十字基金会援助资金105万元扶持上林县白圩镇登山村、隆安县城厢镇良二村等饮水工程项目，解决群众饮水难问题。

助医助学活动 市红十字会推进“博爱救心”和“小天使基金”救助行动，救助贫困家庭先天性心脏病患儿和白血病患儿，救助贫困家庭先天性心脏病患儿22人、白血病患儿27人。给予上林县何建军的患脑瘫小孩资助1万元，患地中海贫血的5岁儿童杨翼资助2万元。广西客家商会通过市红十字会给予患白血病的王瑞金资助5万元。开展“助学行动”，对四川地震灾区在邕困难大学生15名进行生活救助，发放助学金5.40万元。

【无偿献血与造血干细胞捐赠】 2011年，市红十字会加强与首府南宁献血办、南宁中心血站以及卫生医疗单位的联系、配合，积极参与首府公务员献血月活动，组织红十字志愿者宣传发动，广泛动员社会各界参与无偿献血，发动群众无偿献血16.26万毫升。市红十字会依靠无偿献血工作平台继续开展造血干细胞志愿者招募，完成造血干细胞信息采集入库2187人份，超额完成广西红十字会下达的信息采集入库任务。

【应急救护培训】 2011年，市红十字会联合市委组织部、市人力资源和社会保障局、市公务员局共同举办市直机关工作人员应急救护知识培训班20期，培训市直机关工作人员1042人次；参训人员经过应急救护考试合格后，统一颁发《红十字会现场救护资格证》。各县(区)红十字会也开展应急救护知识进单位、进社区、进学校工作，普及培训应急救护知识和救护防病知识2.90万人次。9月21日~22日，市红十字会组织代表队参加广西红十字会系统首届红十字应急救护技能大赛获一等奖。 (温从进)

南宁市关心下一代工作委员会

【概　况】 2011年，南宁市有关心下一代工作委员会组织3586个。其中：县(区)乡镇、街道323个，社区(村委)1665个，大中专、中小学和幼儿园1488个，机关、企事业310个。全市各级关工委成员1.90万人，“志愿服务团”志愿者3.20万人。开展创“五好”(领导班子建设好、“五老”队伍作用好、制度健全执行好、开展活动效果好、积极探索创新好)关工委工作，各级工委组织网络建设得到加强。横县、马山县、宾阳县、武鸣县、隆安县、上林县、邕宁区、青秀区、江南区、西乡塘区获2011年度全国关心下一代宣传工作先进单位。

【未成年人思想道德建设】 2011年，南宁市各级关工委组织开展“学党史、颂党恩、跟党走”主题教育活动。4月30日，自治区关工委、市关工委在南宁民族广场举行“学党史、颂党恩、跟党走”启动仪式，市二中、南宁技工学校600多名师生参加，自治区、市新闻媒体作现场报导。6月1日，市关工委与广西跳豆音乐资源文化传播有限公司在自治区人大会堂举办“童心向党庆‘六一’，放声高歌迎未来”大型公益音乐会。8月16日~17日，市关工委在南宁翔云大酒店举办学习《胡锦涛同志在庆祝中国共产党成立90周年重要讲话》学习班，邀请自治区党校教授凌海金作辅导报告。年内，动员“五老”(老干部、老战士、老专家、老劳模、老教师)深入社区、学校、村屯、宣讲国情党史；依托“关工委思想道德教育讲师团”、“革命传统教育宣讲团”等“五老”志愿服务团，以“四点半钟课堂”、“校外教育中心”、“家长学校”、“专家与家长面对面咨询”等形式，引导青少年践行社会主义道德观；开展“永远跟党走”暑假爱国主义教育活动。加强“五老”志愿者网吧监督员的队伍建设；市、县(区)两级关工委组织1617名“五老”志愿者参加网吧义务监督员队伍，采取“疏堵结合”的方法加强对监督的动态管理。协助公安等部门监督、检查网吧788次。宾阳县古辣镇关工委整治黑网吧的经验在中国关工委网站和《中国火炬》杂志上登载。全市各级关工委进行爱国主义教育报告会1791场，听众119.40万人次；思想道德教育4771场，听众256.20万人次；法制教育1954场，听众117.40万人次。

【家庭教育】 2011年，市关工委、市电台联合举办的“空中家长学校”，每周星期日晚20点~21点，由家庭教育专家在电台播音室开设家庭教育讲座，全年播出50课时。每季度选定1个城区开展“专家与家长”面对面咨询活动。组织自治区、市家庭教育专家现场回答家长们提出有关如何教育、培养孩子疑难问题、怎样养成孩子良好习惯、怎样塑造孩子健康人格等家庭教育问题。“空中家长学校”教师还应广大家长要求走进教室。5月24日，自治区妇联、自治区关工委、南宁市妇联、南宁市关工委在西乡塘区秀灵学校联合举办“争做合格家长，培养合格人才”家庭教育大讲堂八桂行启动仪式并为南宁市家庭教育指导中心揭牌，市关工委成为指导中心主要成员单位。11月9日，与市妇联、南宁金德教育咨询有限公司在南宁剧场联合举办《如何培育优秀孩子》家庭教育大型公益报告会，邀请国内著名亲子教育专家董进宇主讲。青秀区关工委与南宁市民族教育发展基金会对城区90多所民办幼儿园进行调研，组织幼教专家对所有民办幼儿园进行培训探索幼儿教育新路子。

【合众助学】 2011年，市关工委与合众人寿保险股份有限公司广西分公司联合主办的“能帮就帮，合众助学”大型公益活动先后在南宁市的隆安县、马山县以及三江、都安、田东、大新、象州、巴马、宁明等地，开展助学活动13次，给予贫困学童631名每人500元助学金的帮助，资助金37.77万元；参与活动的爱心人士1350人，捐建“合众公益图书室”2个，价值4万多元图书。此外，捐赠一批体育器材、书包、字典、电脑等，价值7万多元。助学金及物品累计48万多元。开展农村留守儿童的教育、帮扶，市、县(区)各级关工委参与实践“三情促和谐，关爱连万家”活动。市关工委联合市教育局、教育基金会、中华浩德国际基金会在横县、宾阳、武鸣、上林、马山、隆安等县启动中华浩德国际基金会南宁助学项目，在6个县资助孤儿2000名，每人每月100元，每人每年1200元，直至满18周岁，共资助金额240万元。各级关工委选派“五老”志愿者担任代理监护人，负责关爱和监护。与中华思源工程扶贫基金会扬帆基金、南宁电台联合举办的大型关爱儿童行动“爱的小橘灯，点亮新希望”，以“为贫困地区的儿童捐赠书本、学习用品、建设音乐教室、提供志愿服务”为形式，旨在让更多人了解目前贫困乡村教育状况，并通过明星的影响力唤起社会各界的爱心。全年为县(区)贫困地区10多所学校送去数万册学习用书和价值10多万元学习用品。 (雷　纪)

责任编辑　廖胜兰

政法

综述

【概况】 2011年，南宁市政法部门围绕公共安全、权益保障、社会公平正义问题，深化社会矛盾化解、社会管理创新、公正廉洁执法三项重点工作，深入实施政法民生工程，没有发生在全国、自治区具有重大影响的案(事)件，实现大事不出、中事不出、小事少出的目标。全市政法系统集体和个人获国家级奖的8个、获自治区级奖102个，立一等功25个、二等功113个、三等功1210个。南宁市获2006~2010年全国、自治区法制宣传教育先进城市。

【服务经济社会发展】 2011年，市政法部门发挥执法司法职能，依法调整各类经济关系，妥善调解经济纷争，严厉打击经济犯罪，维护良好市场经济秩序。市委政法委成立服务“三个年”活动办公室，协调落实法制环境、社会环境、重点项目建设各项工作措施，为项目建设提供法制保障。公安机关加大打击经济犯罪力度，破获各类经济案件544件，追缴涉案款物折合962.50万元，挽回经济损失1540多万元。检察机关搭建检企“直通车”，快捕快诉涉企案件，查处“三农”(农业、农村、农民)问题、建设领域、商业贿赂等涉及民生民利的犯罪案件146件、197人。审判机关民商事案件调解、撤诉结案1.30万件，调撤率52.27%；开展反规避执行专项活动，执结案件3304件，标的34.32亿元。司法行政机关组织律师走访企业，参与政府信访接待，提供法律咨询服务7600多人次。武警部队参与打黑除恶、解救人质、重大临时活动勤务安保及城市联巡联勤253件、1.56万人次；消防部队完成应急处置、抢险救灾等任务，接火警、救援报警1993件，抢救被困人员1073人，抢救财产价值3186.30万元，保护财产价值3亿多元。

【维护社会稳定】 2011年，南宁市党政主要领导履行维稳第一责任。全市六县六区和66个市直重点部门与市委、市政府签订《维护社会稳定工作目标管理责任书》。建立矛盾纠纷滚动式排查调处机制，开展重点矛盾纠纷调处攻坚活动，调结市级重点矛盾纠纷19件；化解中央交办涉法涉诉信访积案58件，化解率100%；调结民间纠纷4.91万件，成功率97%。出台《关于开展重大事项社会稳定风险评估工作的意见》，开展涉及项目建设、征地拆迁、清理违章占地、拆除违章建筑等重大事项风险评估27个。加强群体性事件应急处置。完善市、县(区)两级应急处置一体化指挥机制，修订各类预案275个，妥善化解和处置各类群体性事件。强化情报信息搜集研判，建成全国首个具有信息收集、形势研判、预案自动生成、联动指挥等功能的维稳信息系统，开通12个县(区)视频会议网络。坚持“零报告”和重大涉稳信息提示通报制度，收集各县（区)、部门报送的涉稳情报信息1805条，有效处理预警性信息487条，实现“五个确保”(确保中外国家领导人及重要贵宾的绝对安全，确保重要来宾住地和集体活动期间的安全，确保各项活动安全顺利进行，确保活动期间社会治安大局稳定，确保与会宾客和群众的生命财产安全)和“五个不发生”(不发生敌对分子滋事捣乱事件，不发生暴力恐怖袭击事件和重大恶性刑事案件，不发生重大群体性事件，不发生大规模集体上访和其他赴邕进京滋事事件，不发生群死群伤重大治安灾害和生产安全事故)目标。

【严厉打击违法犯罪】 2011年，市政法部门坚持严厉打击各种刑事犯罪活动，开展打黑除恶、打击“两抢一盗”(抢劫、抢夺、盗窃)、清网行动、打拐反拐以及打击毒品犯罪等专项活动。公安机关立刑事案件4.95万件，破案1.94万件；检察机关批准逮捕4198件、6314人，提起公诉4291件、6528人；审判机关审结刑事案件4508件、7226人，判处5年以上有期徒刑直至死刑879人，重刑率15.91%。组织开展社会治安整治“春季攻势”、“鹰眼”行动、“春雷”行动、打击假冒伪劣产品“亮剑”行动、打击收取保护费专项行动、“昆仑”行动、打击传销等全市统一查禁行动69次，查处治安案件13.24万件，查处违法人员2.64万人。

【社会管理创新】 2011年，市委、市政府出台《关于推进社会建设加强和创新社会管理的意见》，加强和创新社会管理。加强实有人口服务管理。建立流动人口服务管理中心38个，开展“南宁是我家，和谐你我他”、设立新市民综合服务中心，推进流动人口基本公共服务均等化，解决流动人口就业、居住、就医、子女入学困难。至年末，全市登记在册流动人口125.57万，登记在册出租屋25.86万户，代征出租屋税2998万元。加强重点人群管理。开展创建刑释解教人员安置帮教示范市活动，建成安置帮教基地18个，接收帮教刑释解教人员2622人，帮教率99.10%；安置2536人，安置率96.70%，重新犯罪率0.19%。建立社区戒毒和社区康复工作站66个，通过GPS(全球定位系统)定位技术实现对社区矫正对象的有效管理、教育和治疗。全市接收社区矫正对象724人，解除矫正176人。确定曾经或可能肇事肇祸精神病（含高风险等级）人员715人。全市建立各类人民调解组织1963个，其中乡镇调委会102个、街道调委会21个、村(社区)调委会1707个、企事业调委会116个、区域性行业性调委会20个、其他调委会4个，配备调解员1.56万人，调解民间纠纷5.07万件，成功4.91万件，调解率100%，调解成功率97%；防止民间纠纷引起自杀案件141件、278人，防止民间纠纷转化为刑事案件371件、1.08万人，防止群体性上访693件、3.62万人，防止群体性械斗608件、5.65万人。依托广西佳利工贸有限公司建设社会管理创新综合性基地，建立12355青少年阳光驿站。推进复合型警务工作站建设。建立城区复合型警务工作站16个，配备移动警务车6辆，实现全天候防范机制，有效压缩街面犯罪空间，建成运行的警务站辖区案件比上年下降50.90%。

【基层基础建设】 2011年，南宁市继续加强政法基层基础工作。成立打击“两抢一盗”专业队伍，充实治安巡防专业队伍3000人，建立农村综治维稳助理员队伍2015人，建立政法系统通信员、网络评论员队伍200人；市法学会有会员234名、法学专家库成员33人。加强基础设施建设，投入1.85亿元建设高清视频监控探头2000多个，在全市500辆公共汽车安装视频监控探头，“城中村”安装视频监控探头1000多个，推进武警部队执勤、训练、文体、生活“四项设施”，以及派出所规范化、政法部门办公场所等项目建设。健全基层组织。全市124个乡镇(街道)全部建立综治信访维稳中心，102个乡镇设立乡镇综治机构，编制254名，副科级以上领导职数121名，全部配备综治办专职副主任和专职干事，实现机构落实、编制落实、人员落实。至年末，全市有平安乡镇(街道)124个，占总数100%；平安村1388个，占99.40%；平安社区339个，占99%；平安单位3021个，占88.87%。

【“大比武、大培训、大调研”活动】 2011年，市政法部门开展“大比武、大培训、大调研”活动，政法队伍综合素质进一步提升，战斗力和凝聚力进一步增强，执法公信力进一步提高。开展大比武活动。法院系统组织开展庭审驾驭能力竞赛、裁判文书制作能力竞赛、书记员业务技能竞赛、司法警察业务技能竞争“大比武”活动；检察机关举办全市“十佳公诉人”、“十大精品案件”评比、检察业务技能竞赛等多项岗位练兵、业务竞赛活动；公安机关开展计算机应用比赛、交通警察岗位竞赛、“战训合一、轮训轮值”等活动；司法行政机关开展律师基本功大比武、优秀公证案例卷宗评比、调解技能大比武等活动。开展大培训活动。市委政法委举办全市政法系统领导干部培训班、政法文化论坛、政法系统领导干部高级研修班等，培训2000多人次；法院系统举办培训班96期，培训1.21万人次；检察系统举办培训班69期，培训8198人次；公安系统举办培训班79期，培训1.35万人次；司法行政系统举办培训班146期，培训8822人次；市国家安全局举办培训班13期，培训270人次。开展大调研活动。完成各类调研文章、学术论文等665篇，评选出优秀调研成果70篇。其中，《关于解决“出嫁女”问题的调研报告》在中央政法委《调研报告》第四十期全文刊发全国有关单位，回良玉副总理作批示；《关于提升我市城中村社会管理科学化水平的调研报告》，自治区领导作批示。

【政法民生工程】 2011年，市政法部门深入推进7项政法民生工程。1.社会治安混乱地区综合整治工程。组织社会治安重点地区排查工作组1719个，整治治安重点地区35个，打掉卖淫嫖娼窝点322个，整治涉黄场所168家。查破“4·21”特大非法制售盗版、淫秽音像制品案，涉案金额1200多万元。国家新闻出版总署副署长蒋建国批示将此案列为“广西经验”。2.打黑除恶工程。全市打掉涉恶势力犯罪团伙94个、533人，一审判决505人。3.基层治安防控网工程。建设高清视频监控探头2000多个，安装公共汽车视频监控探头500辆，“城中村”安装视频监控探头1000多个。4.社会禁毒工程。破获毒品案件5620件，缴获各种毒品167.60千克，抓获毒品违法犯罪嫌疑人5773人，逮捕939人。对吸毒人员实行强制隔离戒毒1339人，社区戒毒1327人。破获公安部“2011-193”目标专案、自治区公安厅“2011-006”毒品目标专案等。5.法律援助工程。全市新增法律援助受理点30个，开展法律援助活动30次，办理各类法律援助案件2020件，比上年上升62%。6.预防青少年违法犯罪工程。建立和完善青少年维权中心、12355青少年服务台、青少年事务社区服务中心3个工作平台，累计开展一对一服务475人次，回访、QQ客服及日常工作等服务924人次，面询服务31人次，服务热线接到咨询电话601个。7.政法队伍建设工程。举办南宁政法文化论坛3期，全市副处级以上干部和近万名政法干警参会。开展创先争优活动，评选表彰先进基层党组织25个，优秀党务工作者25名，优秀党员干警50名。

【南宁市维稳信息系统】 由市委维护稳定工作领导小组办公室和南宁易联在线公司联合研究开发，分两期建设，总投资1300多万元。2010年7月开工建设。一期工程为维稳信息六大系统建设，分为维稳工作网络系统、维稳工作办公系统、维稳基础工作系统、维稳情报信息系统、维稳联动指挥系统和维稳分析研判系统，集办公会议应用、维稳基础工作、情报信息管理、维稳联动指挥、维稳工作分析研究等功能为一体。维稳工作网络系统由1个维稳数据中心和52个办公终端节点组成，全市12个县（区）、7个开发区和33个市直重点单位，实现维稳工作智能通讯网络连接，形成平时支持普通行政办公、视频会议，应急处置时支持即时指挥调度的高科技智能网络。2011年1月1日，一期工程建成并投入使用，收集各县区、部门报送的涉稳情报信息1805条，有效处理预警性信息487条，成功防范化解不稳定因素和苗头426件，中央维稳办两次以《维稳工作简报》形式对南宁市维稳信息化建设的先进经验进行交流推广。

【社会稳定风险评估】 2011年，市委、市政府出台《关于开展重大事项社会稳定风险评估工作的意见》，把涉及群众切身利益的社会保障和社会管理等重大决策，群众普遍关心的民生问题规范性文件制定或修改，有可能对群众生产生活造成影响的资源利用、环境保护工程及城乡发展规划和重点工程建设，关系到产权转让、职工身份转换、用工安置等重大利益格局调整的国有、集体企业及事业单位的改革改制，诸多利益群体或较大利益群体的行业管理政策调整、建设规划调整、教育卫生网点调整等工作纳入风险评估的范围，全面推行社会稳定风险评估机制，从源头上预防化解不稳定问题。年内，各县(区)、开发区对27项涉及项目建设、征地拆迁、清理违章占地、拆除违章建筑等重大事项开展社会稳定风险评估，未发生影响社会稳定的问题。

【政法宣传】 2011年，市政法部门坚持正确的舆论导向，加强宣传主阵地建设。出台《南宁市委政法委、市综治委关于进一步加强政法综治宣传工作的意见》等5个文件。全市政法机关在国家级新闻媒体、网站发表稿件431篇，在自治区级新闻媒体、网站发表稿件548篇，在市级新闻媒体、网站发表稿件1022篇。开展平安建设集中宣传月。组织开展“以群众满意为标准，深入平安南宁建设”集中宣传活动33次，向全市群众发送宣传平安建设内容的手机短信5620万条，发放《平安南宁宣传手册》31万册，制作平安建设宣传栏2300多个，悬挂标语2万余条，在自治区、市级新闻媒体发通讯稿100余篇，在市、县级电视台、电台播出专题节目13档，开办宣传专栏（专版）13版。推进网络宣传工作。2010年3月，在自治区率先开通政法类专业网站——南宁法制网。年内，网站点击率2000多万人次，每天在线6000人以上，日均更新稿件100多条，发表原创文章5389篇、编稿9945篇、政法新闻稿1.70万篇。（韦　健）

地方立法

【概　况】 2011年，市人民代表大会常务委员会审议地方性法规6件（初次审议1件、继续审议5件）；审议修改15件，废止1件。审议通过上报自治区人大常委会审批3件，获批准并公告实施5件，废止8件，修改5件。修改地方性法规15件，废止1件。完成《南宁高新技术产业开发区管理规定（修订）》、《南宁市科学技术进步若干规定》、《南宁市历史传统街区保护管理条例（修订）》、《南宁市停车场管理条例》、《南宁市大王滩水库管理条例》、《南宁市公园管理条例》、《南宁市邕江河段水体污染防治条例（修订）》、《南宁市住宅小区配套设施建设管理条例》等地方性法规立法调研项目8个。

【法规颁布】 2011年，南宁市颁布施行地方性法规5件。其中：《南宁市城市桥梁管理条例》于1月15日经自治区十一届人大常委会第19次会议批准，2月17日市十二届人大常委会第34号公告颁布，3月1日起施行；《南宁市展会管理条例》于4月1日经自治区十一届人大常委会第20次会议批准，5月10日市十二届人大常委会第36号公告颁布，6月1日起施行；《南宁市志愿服务条例》于5月26日经自治区十一届人大常委会第21次会议批准，市十二届人大常委会第39号公告颁布，7月1日起施行；《南宁市特种行业治安管理条例》于9月23日经自治区十一届人大常委会第23次会议批准，12月9日市十三届人大常委会第1号公告颁布，2012年1月1日起施行；《南宁市城市绿化条例》于11月24日经自治区十一届人大常委会第25次会议批准，12月23日市十三届人大常委会第2号公告颁布，2012年1月1日起施行，1997年颁布施行的《南宁市城市园林绿化条例》同时废止。

【法规修改废止】 2011年9月~11月，根据全国、自治区人大常委会的部署，对南宁市现行地方性法规有关行政强制规定的37件法规进行专项清理。11月16日，市十三届人大常委会第2次会议通过关于修改《南宁市市政设施管理条例》、《南宁市征用集体土地条例》、《南宁市城市规划管理条例》、《南宁市城市节约用水管理条例》、《南宁市环境噪声污染防治条例》、《南宁市殡葬管理条例》、《南宁市城市供水条例》、《南宁市历史传统街区保护管理条例》、《南宁市河道与堤防建设管理条例》、《南宁市户外广告设置管理条例》、《南宁市中小学幼儿园用地保护条例》、《南宁市出租汽车客运管理条例》、《南宁市饮用水水源保护条例》、《南宁市城乡容貌和环境卫生管理条例》、《南宁市城市桥梁管理条例》15件法规中25项行政强制规定的决定和关于废止《南宁市社会医疗机构管理条例》的决定，并报请自治区人大常委会审批。2012年3月23日，自治区十一届人大常委会第27次会议批准上述法规修改、废止决定。（黄世邕）

政府法制

【概　况】 2011年，南宁市法制工作办公室以建立并实施依法行政的各项重要制度为重点，加快创新推进全市依法行政步伐。落实政府常务会议听取依法行政汇报制度，提请市政府召开常务会议专题研究、部署全市依法行政工作2次。报请市政府出台《南宁市全面推进依法行政建设法治政府五年规划（2011~2015年）》，作为2011~2015年南宁市法治政府建设的指导性文件。强化依法行政的监督考核，组织编印《2010年度南宁市人民政府依法行政报告图册》，配合市人大常委会对市政府开展依法行政工作年度专项监督检查；完善并下发南宁市2011年度依法行政考核标准，加强对各县（区）、开发区、政府部门依法行政考核迎检工作的指导；组织开展2011年度全市依法行政考核，评出优秀单位42个、良好单位19个。突出做好行政机关工作人员特别是领导干部的依法行政能力建设，在中国政法大学举办南宁市领导干部依法行政专题研讨班，提请市政府聘请中国政法大学终身教授应松年、副校长马怀德为南宁市法治政府建设顾问，并邀请两位顾问为市政府常务会议学法讲座授课。加强对全市依法行政的统筹指导，组织开展各县（区）、开发区依法行政调研，办领导应邀到青秀区、兴宁区、邕宁区、良庆区、江南区、高新区、经开区等县（区）、开发区以及市财政、工信、人社、国土、住房、城管、信访等部门讲授依法行政知识，帮助基层解决依法行政的难题。市政府2010年度依法行政考核得分在自治区各市、自治区直属各单位中排名第一，南宁市、宾阳县分获自治区依法行政

8月12日，市政府聘请中国政法大学副校长马怀德（左）为“南宁市法治政府建设顾问”　黄　玲提供

先进市、县。

【政府立法】 2011年，市法制办根据自治区人大常委会的立法计划，组织开展自治区人大常委会立法项目《广西南宁青秀山保护条例》、《广西南宁五象岭保护条例》的起草和修改；报请市政府提请市人大常委会审议《南宁市燃气管理条例》、《南宁市城乡规划管理条例》2件地方性法规草案；配合市人大常委会做好《南宁市特种行业管理条例》、《南宁市公共食(饮)具卫生管理条例》、《南宁市献血条例》、《南宁市城市绿化条例》的审议和修改；组织审查修改并经市政府审议出台《南宁市停车场管理办法》、《南宁市公共用品清洗消毒卫生管理办法》、《南宁市城市管理相对集中行政处罚实施办法》、《南宁市荣誉市民称号管理办法》、《南宁市饮食服务业环境保护管理办法》5件政府规章；组织审查修改《南宁市建筑垃圾管理办法（修订)》、《南宁市已购公有住房上市交易暂行办法（修订)》、《南宁市重大事故隐患整治监督管理规定》、《南宁住房公积金管理办法》4件政府规章草案。组织召开全市立法工作会议2次、立法听证会1次、立法论证会7次，组织开展《南宁市机动车排气污染防治管理暂行规定》、《南宁市建设工程施工现场管理若干规定》等立法后评估。

【政策审议】 2011年，市法制办加强规范性文件管理，履行合法性审查职能，审查规范性文件300多件次。加强规范性文件备案，实行定期查阅市政府规范性文件制度，报请自治区政府和市人大常委会备案规范性文件39件，对县(区)政府、市政府部门报送备案的规范性文件出具备案审查意见19件。组织起草并经市委、市政府审议出台关于清理整治违法用地违法建设文件，保障城市规划严格实施。组织起草并经市政府审议出台《南宁市政府重大行政决策程序规定》和《南宁市重大行政决策实施后评估办法》，建立重大行政决策听取意见、专家论证、风险评估、合法性审查、集体讨论决定等制度，推进行政决策科学化、民主化、法制化。

【文件清理】 2011年，市法制办报请市政府废止《南宁市城市房屋拆迁管理实施办法(试行)》，根据新出台的《中华人民共和国行政强制法》、《国有土地上房屋征收与补偿条例》的要求，以及国务院关于清理将政府采购与自主创新政策相挂钩的文件精神，组织开展法规、规章和规范性文件的清理，建议废止地方性法规1件、政府规章1件、规范性文件2件；建议修改地方性法规14件、政府规章1件、规范性文件3件。

【行政执法监督】 2011年，市法制办组织各县(区)、各部门通过广场宣传、板报宣传等方式开展《广西壮族自治区行政执法监督办法》实施一周年宣传活动，通过网站、板报向社会公布行政执法投诉举报的电话、邮箱和通讯地址。贯彻落实行政执法责任制，组织各县（区)、开发区及各部门开展清理执法主体、梳理执法职权和依据、分解执法责任。组织全市108人参加培训考试申领《行政执法督察证》，确保行政执法监督职责的正确履行。对计生、城管、环保、物价、食品药品管理等重点执法领域和行业进行专项执法监督检查。开展行政执法案卷评查，抽查行政执法案卷1713份（行政处罚案卷958份，行政许可案卷623份，其他类型行政执法案卷132份)；经评查，市全面推进依法行政工作领导小组办公室评比出案件办理实体和程序合法、适用法律正确、执法文书规范、案卷立案归档工作优秀的“南宁市行政执法案卷十佳单位”10个，引导行政执法机关依法公正文明执法。继续改革行政执法人员资格培训和考试，在市委党校举办全市行政执法人员培训班，组织全市1520人参加自治区行政执法人员资格考试和续职考试，合格率92%，合格率为自治区第一。深化行政审批制度改革，开展由高新区、经开区、东盟经开区管委会行政审批事项的清理确认工作；推进城市管理、邕江河道、文化市场等综合执法体制改革，理顺综合执法关系。

【行政复议应诉】 2011年，市政府行政复议办公室接待来访群众1670人次，收到行政复议申请170件。其中：受理161件，不予受理3件，告知申请人向有管辖权的复议机关申请6件。审结行政复议案件139件(含上年结转的案件)。其中：市政府作出维持决定114件，撤销决定4件，终止决定21件。复议案件注重实地调查、公开听证，组织下乡实地调查21次，现场召开行政复议听证会6次，在市政府行政复议庭召开听证会5次。组织调解、和解结案20件，有效促进案件定纠止争。行政复议规范化建设进一步完善，继续推行行政复议便民卡制度，组织建立行政复议案件不予受理报备等制度；指导良庆区、青秀区、横县建立健全行政复议庭，良庆区加强行政复议庭软件建设，青秀区于7月在建政街道办事处建立行政复议庭。落实与法院和信访部门的联席会议制度，组织召开与市中级法院、市信访局的联席会议，加强与法院、信访部门的良性互动。积极探索符合南宁市实际的行政复议委员会议决机制和行政大调解机制。开展行政应诉，直接出庭和协助、指导市政府部门出庭应诉24次，维护和保障政府的合法权益。

【政府法律事务】 2011年，市法制办为政府的行政合同、重大投资、征地拆迁等出具书面法律意见150件次，主要负责人列席市委常委会和市政府常务会议相关议题的讨论，组织人员参与市委、市政府召开的协调会议、工作会议以及部门召开的涉法事务会议100多次，提出可行性建议和意见。到良庆区举办征地拆迁土地权属纠纷调处工作培训班，为五象新区开发建设解决用地瓶颈问题。

【仲裁指导】 2011年，市法制办推进南宁仲裁委员会秘书处规范化建设，促成南宁仲裁委员会秘书处确定为参照公务员管理事业单位。推进南宁仲裁委员会建设仲裁中心、工商联仲裁中心2个仲裁分支机构建设，提升分支机构办案能力。组织完善新一届仲裁委员会委员换届的筹备工作，加强南宁仲裁委员会网站的宣传力度。受理仲裁案件217件，标的1.63亿元。

（黄　玲）

审　判

【概　况】 2011年，南宁市中级人民法院辖基层法院12个、法庭17个；在编人员248人，其中法官197人。全市法院系统有在编人员1276人，其中法官871人。市两级法院共受理各类案件(含一审、二审、再审、执行、国家赔偿、减刑和假释案件）40175件，审（执）结38916件，结案率96.87%。其中：市中级法院受理案件11057件，审(执)结10737件；基层法院受理案件29118件，审(执)结28179件。加强司法联动，与人民调解组织、行政机关和其他调解组织的衔接和配合，在各法院和派出法庭设立人民调解工作机构35

个；在公安交警部门设立交通巡回法庭12个；在公安派出所设立联合调解室10个；与妇联组织在法院设立妇女儿童维权岗20个；与市工商联建立民营企业法律风险防范机制，共同化解矛盾纠纷。全市法院有17个（次）集体和11人次受到省部级以上表彰奖励。其中，江南区法院被评为全国法院党建工作先进集体、全国法院文化建设示范单位，西乡塘区法院被评为全国三八红旗集体，市中级法院研究室被评为全国法院先进集体。兴宁区法院法官陈玉萍，西乡塘区法院法官梁娴分别被评为全国优秀法官、全国法院办案标兵。

【刑事审判】 2011年，市两级法院贯彻宽严相济刑事政策，开展打黑除恶、禁毒、打击拐卖妇女儿童、打击传销等专项活动，严厉打击严重危害社会治安和严重影响人民群众安全感的刑事犯罪，维护国家安全和社会稳定。依法审理被告人廖福东等16人黑社会性质犯罪案，谭汝喜、林传溪等6人拐卖妇女儿童犯罪案，肖卫等38人传销犯罪案等一批大案要案。受理刑事案件4540件、7307人，审结4508件、7226人。其中：一审审结4113件、6402人，二审审结395件、824人。判决发生法律效力5546人，其中判处5年以上有期徒刑直至死刑879人，重刑率15.91%。市中级法院受理刑事案件605件、1312人，审结592件、1269人。主要案件类型：故意杀人、故意伤害、绑架、强奸等暴力犯罪案件644件、929人，抢劫、抢夺、盗窃等多发性犯罪1786件、2992人，毒品、赌博633件、812人，走私、合同诈骗等犯罪26件、43人，贪污、受贿、挪用公款和渎职等职务犯罪94件、131人。同时，继续推行量刑规范化改革，通过将量刑环节纳入法庭审理程序，促进量刑公开和均衡，提高服判息诉率，受到中央政法委量刑规范化督察组和最高人民法院的肯定。健全未成年人犯罪案件审判制度，引入合适成年人和心理辅导员参与诉讼，对犯罪未成年人进行教育、感化和挽救。建立青少年法制教育基地，开展送法进校园活动，受教育学生10万余人。

【民商事审判】 2011年，市两级法院服务经济发展大局，发挥民商事审判职能作用，化解社会矛盾，调节经济关系，促进社会和谐。受理民商事案件25873件，审结24729件（一审21280件、二审3449件），标的39.73亿元。主要案件类型：农村土地承包合同纠纷等涉农纠纷案件55件，劳动争议1074件，房地产纠纷1687件，金融、借款纠纷2895件，婚姻家庭4418件，知识产权168件，涉外民商事88件。全市一审民商事案件调撤率58.63%。市中级法院受理民商事案件3956件，审结3705件（一审256件、二审3449件），成功调解南宁市金沙湾花园73户业主诉开发商商品房买卖合同纠纷案、彪马（PUMA）股份公司诉20家企业商标专用权纠纷案等群体性纠纷案件。

【行政审判与国家赔偿】 2011年，市两级法院受理行政案件435件，审结422件。其中：一审253件，判决维持行政机关处理决定51件、撤销行政机关处理决定39件、行政赔偿调解7件、撤诉67件、驳回诉讼请求60件、驳回起诉23件、其他6件；二审169件，维持108件、改判2件、发回重审1件、撤诉10件、驳回33件、其他15件。审查非诉讼行政案件438件，准予执行399件，不准予执行39件。受理国家赔偿案件12件，审结12件。市中级法院受理行政案件192件，审结191件。其中：一审22件，撤销一审法院裁判2件，驳回诉讼请求7件，驳回起诉6件，撤诉7件；二审168件，判决维持行政机关处理决定108件、改判2件、驳回33件、撤诉10件、其他15件。

【审判监督】 2011年，市两级法院受理再审案件150件，审结138件。其中：维持原判38件，改判26件，发回重审11件，调解53件，撤诉3件，其他7件。市中级法院受理再审案件111件，审结107件。其中：维持24件，改判17件，发回重审11件，调解49件，撤诉2件，其他4件。

【案件执行】 2011年，市两级法院对执行体制机制进行改革与创新，提高执行效率和效果。建立自治区法院系统首个执行指挥中心，逐步完善执行联动威慑机制，扩充联动成员单位，共享资讯，统一指挥，形成破解“执行难”的强大合力；通过开展“反规避执行”专项活动，召开债务人大会、举行新闻发布会、曝光被执行人名单、限制出境、限制高消费等措施，促使被执行人履行债务；建章立制理顺审执关系，加强审执配合制约，规范执行行为。受理执行案件3360件，执结3304件，标的34.32亿元，结案率98.33%。其中市中级法院受理执行案件382件，执结333件，标的30.82亿元，结案率87.17%。

【诉讼机制建设】 2011年，市两级法院结合审判工作实际，推进便民利民诉讼机制建设。推行小额民事案件速裁机制，对于案件事实清楚、法律关系单一、争议标的在5万元以下的民事案件，适用民事简化程序审理，审理期限一个月，实行一裁终局；推行轻微刑事案件快速审理方式，对于案情简单、事实清楚、证据确实充分、被告人认罪的轻微刑事案件，简化审判流程快速审理，案件的平均审理期限缩短到10天以内；全面推进阳光司法工作，实行庭审公开，全市有660件案件实行网络庭审直播；对减刑案件进行公开开庭审理，对申诉和申请再审案件全面实行听证审查；实行裁判文书上网公开管理制度；推行审判白皮书制度，市中级法院向社会发布《2010年南宁市行政案件司法审查情况报告》、《南宁法院知识产权司法保护状况（2007~2011年）》白皮书。

【南宁审判史迹陈列馆建成开放】 2011年7月，南宁审判史迹陈列馆在市中级法院建成并向社会开放。位于竹溪大道市中级法院审判综合大楼一楼西区，陈列馆面积630平方米，由中国法文化、历代南宁地方政权更迭演变概况和南宁市人民法院发展历程3个展区组成，至年末，有3000人参观。

【案件选介】

肖某等38人传销犯罪案 2006年起，被告人肖某、付某某、梅某某等38人在广西玉林、北海、南宁以参加连锁销售、资本运作组织为名，通过不断介绍他人加入，形成上下线层级网络关系，要求参加者交纳人民币3800元~6.98万元不等的费用，并从中按不同比例予以分成，以此获得非法收益的方式进行传销活动，涉案金额656万余元。2010年12月20日，青秀区检察院向青秀区法院提起公诉；12月29日，青秀区法院立案受理。2011年3月14日，青秀区法院开庭审理；4月27日，青秀区法院作出一审判决，以组织、领导传销活动罪判处被告人肖某、付某某、梅某某等38人有期徒刑1年6个月至3年，并处罚金30万元~100万元。宣判后，付某某、田某、高某某、张某某4人提起上诉，青秀区检察院提出抗诉。6月20日市中级法院二审开庭审理，9月6日作出二审判决，认为肖某等16人在传销组织中，不仅起到发起人、决策人、操纵人或在传销活动中担负策划、指挥、布置、协调等关键作用，而且进行传销活动的交易金额巨大，并均分别发展众多下线，应认定组织、领导传销活动情节严重，撤销对肖某等16人的一审判决，以组织、领导传销活动罪判处被告人肖某等16人有期徒刑5年至8年，并处罚金100万元~200万元。

陈文成诉南宁隆万盛土产有限公司金融不良债权追偿纠纷案 1996年7月12日，南宁隆万盛土产有限公司向中国农业银行南宁市分行营业部借款385万元，1998年12月17日、1998年3月31日，隆万盛公司又分别向中国工商银行南宁分行借款200万元。1998年12月10日，中国农业银行南宁地区分行将隆万盛公司的385万元债权划转让给中国工商银行广西区分行营业部。2005年7月，中国工商银行广西区分行将上述债权转让给中国长城资产管理公司南宁办事处。2006年12月26日，长城公司南宁办事处将其拥有对隆万盛公司的债权转让给陈文成。陈文成受让该债权后，经多次催还，隆万盛公司未履行还款义务。陈文成遂起诉要求隆万盛公司偿还债款。2010年1月13日市中院受理此案，3月31日公开开庭审理。由于案件涉及隆万盛公司243名职工的生活保障。法院组织当事人多次调解，各方于2011年4月15日达成调解协议，隆万盛公司向南宁市崇业金属回收公司(诉讼中，陈文成将债权转让给民营企业崇业公司)分期支付900万元，陈文成、崇业公司均放弃其余债权的请求。

(傅朝霞)

检 察

【概 况】 2011年，南宁市人民检察院辖12个县(区)检察院和1个派出机关茅桥地区人民检察院。市两级检察机关在编人员795人（其中检察干部769人)，具有检察员以上人员440人，助理检察员108人；市检察院在编人员160人(其中检察干部153人)，检察员以上人员100人，助理检察员14人。市两级检察机关强化法律监督，推进社会矛盾化解、社会管理创新、公正廉洁执法，加强检察文化建设，提升检察工作水平。依法打击暴力犯罪、黑恶势力犯罪和黄赌毒犯罪，受理审查逮捕各类刑事案件4758件、7444人，批准或决定逮捕4198件、6314人。履行审查起诉职能，受理审查起诉刑事案件4629件、7000人，提起公诉4291件、6528人。建立一审判决两级检察院同步审查机制，加强监督职务犯罪案件裁判；重点查办大案要案，立案侦查贪污贿赂等职务犯罪案件100件、146人，其中大案84件、要案12件。坚持源头治本预防职务犯罪，开展预防调查200次，向各级党委、政府及相关部门提出检察预防建议290件；受理并答复行贿犯罪档案查询7516次。加强诉讼监督，开展“刑事立案法律监督”、“刑事审判法律监督”专项活动，监督公安机关依法立案91件、177人；对公安机关侦查的案件，决定不批准逮捕1102人、不起诉142人；纠正公安机关遗漏报请批捕554人、遗漏移送起诉196人，发出《纠正违法通知书》41件；加强对审判委员会决定案件的法律监督，向法院提出刑事抗诉20件。出席法院减刑、假释案件开庭审理237件、237人；强化民事审判和行政诉讼活动的法律监督，重点监督涉及国家、社会公共利益和民生利益案件，提出抗诉15件、提出再审检察建议2件，提请抗诉49件。年内，获最高人民检察院表彰单位(集体)8个，获自治区级表彰先进单位(集体)19个、先进个人28人；集体立二等功4个，个人立一等功3个、二等功19个。其中，江南区检察院被最高检察院授予全国先进基层检察院、市检察院被最高检察院授予全国检察机关基层检察院建设组织奖、茅桥地区检察院被最高检察院授予全国监所派出检察院先进集体。

【刑事检察】 2011年，市两级检察机关加强刑事诉讼法律监督，通过开展“刑事立案法律监督”、“刑事审判法律监督”等专项活动，纠正诉讼违法行为，维护司法公正。对公安机关应当立案而不立案的案件，要求公安机关说明不立案理由83件，公安机关主动立案89件、175人；纠正公安机关不应当立案而立案153人。完善立案监督案件的跟踪监督机制，监督立案后批准逮捕74件、148人，起诉66件、108人；法院判决98人，其中判处10年以上有期徒刑3人，判处3年以上10年以下有期徒刑22人，判处3年以下有期徒刑56人，判处管制、拘役、单处附加刑、免刑17人。重点监督侦查取证及采取、执行、变更、撤销强制措施过程中的违法行为，提出书面纠正侦查违法行为28件。不批准逮捕犯罪嫌疑人1105人，其中涉嫌犯罪但无逮捕必要366人、犯罪证据不足通知补充侦查581人、不构成犯罪158人。纠正公安机关提请逮捕遗漏犯罪嫌疑人554人。办理羁押期限延长审批48件、92人，不批准延长羁押期限4人。审查公安机关侦查案件不起诉87件、142人，其中犯罪情节轻微依法不需判处刑罚或免除刑罚102人、证据不足37人。纠正公安机关移送审查起诉遗漏犯罪嫌疑人196人。向公安机关发出纠正违法通知书41件。向法院提出刑事抗诉20件，法院审结20件，其中改判14件、维持原判4件、发回重审2件。推行刑事案件不抗诉不起诉答疑说理操作，不抗诉、不起诉答疑说理26件，当事人息诉罢访25件。

【监所检察】 2011年，市两级检察机关履行监所检察职责，维护监管秩序，促进监管场所文明执法建设。市检察机关对18个监管场所实行巡回检察6个、派驻检察12个。依法保障被监管人员权利，检察并确认被监管人正常死亡25人、非正常死亡2人，经发出检察建议，有14名监管责任人员被追究党纪或政纪责任。专项检察监管场所械具使用和实施禁闭情况，清理出非制式械具60副，发现监管单位对监管人员使用非制式械具63人、违反程序使用械具3人、违反程序禁闭1人、使用械具审批程序不规范36人，督促监管单位整改。落实羁押期限提示、提前告知和挂牌催办督办制度，重点检察监督法院二审案件羁押期限，无超期羁押发生；检察纠正久押不决案件7件、17人。检察罪犯减刑、假释、暂予监外执行的提请和决定、裁定，劳教人员减期、所外执行呈报和决定，均未发现违法违纪情况。对法院开庭审理减刑、假释案237件，派员出庭履职。提出纠正刑罚执行和监管活动违法89件，均得到纠正。检察罪犯监外执行情况，发现和纠正监外执行违法违规情况48人。对监管活动严重违法行为或者重大事故隐患提出检察建议，监管单位整改53件。单独安全检察563次，联合安全检查365次，发现并建议消除事故隐患73处。全市12个派驻监所检察室，经自治区检察院和最高检察院考核验收，茅桥地区检察院驻南宁监狱检察室、驻南宁市第一看守所检察室被评为一级规范化检察室，其余10个派驻检察室被评为二级规范化检察室。

【控告申诉检察】 2011年，市两级检察机关以解决群众反映强烈的问题为出发点和落脚点，加强涉检信访排查化解。建立“一站式”受理接待中心，畅通群众控告申诉渠道，引导群众依法理性表达诉求。举行“公开大接访暨与民沟通日”活动4次；下访巡访听取民意36次；处理重大集体访、过激访14件次。兴宁区检察院在五塘镇设置检察室，江南区检察院互联网开通“检察长网络访谈”，方便群众表达诉求。市检察院邀请法律专家、群众代表参加申诉案件公开论证会，由当事人及其代理人、案件承办人和受邀代表分析论证案件，接受社会监督。抽选130件案件参加全国政法机关“百万案件评查”活动，未发现错案和瑕疵。受理来信1047件、来访827件；其中控告申诉1245件，举报线索629件。检察长接待来访群众132人，接待案件73件，批办59件，办结35件。受理刑事申诉案106件，立案复查90件，办结78件（其中维持原决定32件、改变原决定2件、不予抗诉37件、提出抗诉意见7件）；办结的刑事申诉案中，对不服法院判决的刑事申诉案提出抗诉3件、提出检察建议2件，法院改判2件；对不服检察机关处理决定的申诉案，决定纠正2件。受理刑事赔偿申请11件，立案审查10件，审结8件。审结的案件作出赔偿决定5件，支付赔偿金10.88万元；决定不予赔偿3件；受理申请赔偿决定复议5件，审结维持原决定3件。给予13名刑事被害人实施救助，发放救助金3.40万元；奖励举报人46人，发放奖金2.15万元。2月，最高检察院决定保留市检察院、青秀区检察院全国检察机关文明接待示范窗口称号，保留马山县检察院、武鸣县检察院全国检察机关文明接待室称号；授予江南区检察院全国检察机关文明接待室。

【民事行政检察】 2011年，市两级检察机关履行法律监督职能，推进民事行政检察发展。加强民事行政申诉案件审查，通过检察院与法院联席会议机制，阐明抗诉理由，争取法院对检察机关抗诉的理解。开展公益诉讼、执行监督、执行和解等新型民事行政检察，办理纠正诉讼活动违法30件，督促起诉、支持起诉41件，抗诉环节和解成功10件，协助法院调解成功381件。加强申诉案件的息诉文书说理，息诉209件，和解结案10件。受理民事行政申诉案件371件，立案审查151件；审结121件，其中提出抗诉15件、提出再审检察建议2件、不抗诉6件、终止审查10件；提出抗诉的案件，法院审结61件（含上年积存），其中维持原判3件、改判8件、调解47件、撤销原判发回重审3件。提请抗诉49件，法院再审审结13件，其中维持原判6件、改判4件、撤销原判发回重审1件、调解2件。

【贪污贿赂案件查办】 2011年，市两级检察机关坚持反腐败领导体制和工作格局，突出查办群众反映强烈、党委政府高度关注、涉及民生民利的热点、重点领域职务犯罪大案要案。转变办案模式，着重强化对基层检察院的个案指导，发现和深挖职务犯罪窝案、串案，立案侦查房地产、医药购销等领域国家工作人员商业贿赂犯罪案件70件。开展查办农机补贴和粮食补贴领域贪污贿赂犯罪的专项行动，立案侦查粮食补贴领域贪污贿赂犯罪案6件、16人，其中大案5件、15人；立案侦查农机补贴领域贪污贿赂犯罪案15件、15人。全市立案侦查贪污贿赂案100件、146人，其中大案84件，立案侦查要案12人。侦结125件、180人，移送起诉102件、153人，移送不起诉4件、6人，撤案19件、21人，未结案20件。决定起诉97件、134人，不起诉43人。贪污贿赂等职务犯罪案件被告人被法院判决有罪85人，挽回经济损失1810.53万元。

【渎职侵权案件查处】 2011年，市两级检察机关落实全国、自治区人大常委会审议渎职侵权检察工作报告的意见，以开展专项工作为契机，查处渎职侵权犯罪。开展严肃查办危害民生民利渎职侵权专项工作，立查发生在农机管理、粮食补贴、新农合医保、退耕还林等涉及民生领域的渎职侵权犯罪案件34件、34人。配合自治区检察院在南宁市做好“法治与责任——全国检察机关惩治和预防渎职侵权犯罪展览”广西巡展。坚持参与重大责任事故调查，受邀参加重大事故责任调查17件。受理渎职侵权犯罪线索66件，初查案件44人，立案37件、37人（其中重大特大案件15件），侦查终结36件、36人，移送起诉31件、31人，移送不诉4件、4人，撤销案件12件、12人（含上年积存），决定起诉18件、18人。

【审查逮捕】 2011年，市两级检察机关坚持“严打”方针，打击黑恶势力犯罪、严重暴力犯罪、多发性侵财犯罪和毒品犯罪，维护社会和谐稳定。批准逮捕涉黑涉恶犯罪嫌疑人20人，批准逮捕故意杀人、放火、爆炸、强奸、绑架、抢劫921人，批准逮捕故意伤害692人，批准逮捕抢劫、抢夺、盗窃2892人。坚持宽严相济、打击少数教育团结多数的政策，对因家庭邻里纠纷引发的轻微犯罪案件及初犯、偶犯、过失犯和老年、未成年犯罪嫌疑人，依法从宽处理，慎用逮捕措施。适时提前介入侦查，引导侦查取证，缩短审查批捕办案周期；健全不批准逮捕说理工作制度，增强执法理性与透明度；落实审查逮捕阶段讯问犯罪嫌疑人的要求，纠正侦查机关违法违纪现象。受理审查逮捕4758件、7444人，批准逮捕4198件、6314人，不批捕1105人；逮捕后撤案3人；逮捕后不起诉102人，其中法定不起诉1人，存疑不起诉29人，酌定不起诉72人。

【审查起诉】 2011年，市两级检察机关重点办理危害国家安全犯罪，黑恶势力犯罪，严重暴力犯罪，抢劫、抢夺、盗窃等多发性侵财犯罪案件，以及组织领导传销活动、集资诈骗、非法吸收公众存款等涉众型经济犯罪案件。起诉非法集资、金融诈骗、传销、走私等严重经济犯罪嫌疑人169人。提高案件审查效率，运用轻微刑事案件快速办理机制处理524件，每案平均用时5.90天；建议法院适用简易程序审理轻微刑事案、未成年人刑事案1663件。推进社会矛盾化解，建立检察与调解对接机制，运用刑事和解方法处理62件、76人，其中退回公安机关撤案4人、不起诉32人、建议法院从轻处罚40人。落实“教育、感化、挽救”方针和“教育为主、惩罚为辅”政策，区别对待未成年人犯罪，受理审查起诉未成年人犯罪案336件、700人，不起诉7人，向法院提出从轻处罚375人（其中建议适用缓刑33人）。受理各类刑事案件4629件、7000人（公安机关侦查4480件、6801人，检察机关侦查149件、199人）；审结4409件、6722人，其中提起公诉4291件、6528人。撤回起诉4件、6人。

【职务犯罪预防】 2011年，市两级检察机关立足检察职能，突出重点，坚持标本兼治，加强源头预防的体制机制建设，个案预防与综合预防并举，创新开展职务犯罪预防。开展预防质量效果检查，解决影响预防质量和效果的突出问题，健全预防考核评价体系。建立职务犯罪预防年度报告制度，向市委常委会作2011年度预防职务犯罪综合报告；该报告被评为广西十佳预防年度报告。坚持源头治本，发挥侦、防一体化机制作用，向各级党委、政府及相关部门提出检察预防建议290件。其中马山县检察院关于加强农村危房改造工程职务犯罪预防的检察建议被最高检察院评为全国十佳检察建议。协办“全区检察机关预防职务犯罪展览”南宁巡回展，受教育2万人。西乡塘区检察院与城区国税局建立自治区首个全天候可移动数字化警示教育示范基地。全市开展预防调查174件，发现职务犯罪线索并立案侦查48件；分析职务犯罪案例185件，向相关单位提出个案预防检察建议254件，被采纳227件；开展警示宣传教育1854次、预防咨询1815次；受理并答复行贿犯罪档案查询7576次，经查询发现有犯罪记录5人次。

【推行人民监督员制度】 2011年，南宁市人民监督员制度进入推行阶段，由市检察院统一管理人民监督员选任、安排和服务人民监督员监督案件，改变试点阶段由市检察院和县(区)检察院各自管理和运作的格局。6月1日，市检察院将所辖县(区)检察院人民监督员刘瀚钟、周曼丽等98人确认为市检察院人民监督员，任期5年。至年末，有人民监督员113人；市两级检察机关应交由人民监督员监督的职务犯罪案62件(拟撤案31件，拟不起诉31件)，上年积存5件；人民监督员监督评议结案63件(含上年积存，其中拟撤案31件、拟不起诉32件)，同意检察机关拟处理意见63件。

【未成年人案件检察】 2011年，市两级检察机关在刑事检察环节对涉罪未成年人实行“少捕慎诉”。对未成年犯罪嫌疑人批捕682人、不批捕114人，起诉711人(含上年积存)、不起诉113人；与成年人分案起诉43件，向法院提出未成年犯罪嫌疑人适用缓刑33人；帮教回访考察未成年犯罪嫌疑人17人。9月，市检察院成立未成年人检察工作领导小组和工作机构，召开南宁市第一次未成年人检察工作会议，推进未成年人检察的组织机构专门化和业务操作专业化。

【公诉案件选介】

卢某、黄某某强迫交易案 2008年4月，武鸣县宁武镇农民卢某、黄某某等人为谋取私利，纠集100人手持砍刀、钢管等凶器，到武鸣县宁武镇梁新村“巴莲山”石场，以其先开采矿山为由，对正在组织工人开矿的石场老板黄某实施人身威胁，使石场无法经营。随后，石场老板黄某被迫与卢某等人谈判，卢某等人借机提出占有石场30%的干股；石场老板黄某不同意，石场因而不能开工。2009年4月，石场老板黄某被迫以23万元的价格将石场转让给卢某、黄某某指定的人，卢某、黄某某等人从中获得石场30%的干股。卢某、黄某某等人还共谋通过垄断武鸣县宁武镇雄孟村、英烈村木薯市场牟取暴利。2009年~2010年木薯榨季，卢某、黄某某等人合租雄孟村、英烈村的18个地磅，其中以威胁手段，强迫陆某、农某分别以7500元、2万元低价出租给他们。此外，卢某、黄某某等人于2004年12月在南宁华侨投资区新丰华美食店将1人砍成重伤；2006年11月在武鸣县宁武国防路口将1人殴打致轻伤；2010年2月，故意毁坏武鸣县宁武镇卢某的摩托车等物品，造成直接经济损失3182元。2010年6月22日，黄某某被公安机关逮捕；11月4日，卢某被公安机关逮捕。2011年2月11日，武鸣县检察院提起公诉。9月1日，武鸣县法院判决卢某犯故意伤害罪、强迫交易罪、故意毁坏财物罪，判处有期徒刑8年6个月，并处罚金2万元；判决黄某某犯故意伤害罪、强迫交易罪，判处有期徒刑8年，并处罚金2万元。卢某、黄某某提出上诉。12月15日，市中院维持武鸣县法院判决对卢某的判决，改判黄某某有期徒刑7年，并处罚金2万元。

(蒙 旗)

9月27日，最高人民检察院检察官刘雅清(左三)、检察理论研究所研究员但伟(左四)到会指导宾阳县检察院未成年人检察工作座谈会 市检察院提供

公 安

【概 况】 2011年，南宁市有县级以上公安机关18个，其中市公安局1个、城区(开发区)公安分局10个、县公安局6个、森林公安分局1个；派出所190个；在编民警7524人。各级公安机关围绕增强人民群众安全感和满意度的要求，增强公安工作主动性、创造性，提高公安队伍的凝聚力、战斗力，为促进首府经济社会快速发展、实现“十二五”良好开局创造安全稳定的社会环境。集体立三等功221个，个人立三等功959个；81个集体、2476名民警分别获集体、个人嘉奖。

【指挥中心】 2011年，市公安局指挥中心推进110接处警执法规范化建设，以强化实战型指挥中心、提高接处警快速反应能力和社会联动应急能力为重点，加强业务能力和队伍建设，提高人民群众安全感和满意度。110报警服务台受理有效接警40.58万件，处警24.24万件。其中：刑事案件5.28万件，治安案件5.49万件，涉稳事件1758件，其他事件13.29万件。122报警服务台受理有效接警11.40万件；119报警服务台受理有效接警5056件。救助群众4.43万人次。

【刑事案件侦查】 2011年，市公安局坚持规范化管理，加强刑侦队伍建设，不断推进侦查方式的转变，开展命案侦破、打黑除恶、打击“两抢一盗”、打击电信诈骗、打击拐卖妇女儿童和“清网追逃”专项斗争。刑事案件立案4.95万件，破案1.94万件，比上年分别下降13.26%、16.14%；逮捕6422人，劳动教养508人，刑事拘留7564人，分别上升1.69%、38.42%、下降4.13%。

5月30日，市公安局巡警支队110警务大队新型警务启动仪式举行　　周家志　摄

“命案侦破”专项斗争　落实侦破命案长效机制，并把“命案必防”作为拓展和延伸“命案必破”理念的有效手段，先后破获自治区公安厅督办的“1·22”西乡塘四死一伤命案、“6·1”南湖故意杀人案、“9·13”南湖抢劫杀人案等大案要案，并协助贺州市公安局侦破“5·2”特大杀人案。全年立命案现案129件，破案121件，破案率93.80%，立案率、破案率比上年分别下降18.87%、提高0.72%。

“打黑除恶”专项斗争　持续深入开展打黑除恶专项行动，上报自治区打黑除恶专项斗争领导小组办公室“恶势力”犯罪团伙战果94个，破案557件，一审判决505人（10月，一审审判南宁市异地办理来宾市武宣县廖福东黑社会性质案）；自治区打黑办认定恶势力团伙战果64个，超额完成全年打黑任务。此外，核查全国、自治区打黑办转发群众举报线索共12条，线索办结率85%，工作绩效和综合考评列自治区第一。

打击“两抢一盗”专项斗争　以打击盗抢等多发性犯罪作为回应群众新期待、增强群众安全感的重要举措，开展打击盗抢机动车专项行动、打击“两抢一盗”违法犯罪灭鼠行动等专项行动，严厉打击盗窃、抢劫和抢夺犯罪活动。共立“两抢一盗”案件4.07万件，比上年下降15.14%，其中抢劫案下降15%、抢夺案下降10.22%、盗窃案下降15.94%。3月~12月31日，破获各类刑事案件1.50万件，刑事拘留3567人，逮捕4535人，劳动教养341人，打掉犯罪团伙646个，收缴财物折合1489.62万元。市区“两抢两盗”接报警数量环比下降1.79%。

打击电信诈骗专项斗争　7月18日，市公安局刑侦支队打击电信诈骗犯罪专业队（十大队）正式成立。至年末共打掉电信诈骗窝点11个（QQ诈骗窝点9个，电信网络诈骗窝点2个）；抓获涉嫌诈骗犯罪嫌疑人50人；破获诈骗案件70件，缴获各类电脑、银行卡、上网卡等作案工具一批；协助全国各地公安机关抓获网上逃犯6人，获取证据材料87份。

打击拐卖妇女儿童专项斗争　开展大排查，全面推动拐卖案件如实立案，强化大案攻坚，健全和落实侦办拐卖案件责任制。借助媒体宣传平台，形成强大的反拐氛围。6月1日，市公安局在滨湖小学开展安全防范走进校园“护蕾”活动，参加人员400人，通过互动节目向小学生现场解说如何预防拐卖以及不法分子拐卖儿童的手段。全年立涉拐案件99件，破案23件，解救被拐妇女28人、被拐儿童15人，抓获犯罪嫌疑人25人。

“清网行动”专项斗争　打破常规追逃观念，树立“有逃必立，立逃必追，措施并举，活用信息”的追逃工作新思路，加大网上追逃力度，全面落实追逃责任制，深挖追逃潜力提高抓逃成功率，开展追逃专项督察“清网行动”专项行动。抓获网上逃犯3137人，比上年上升17%，其中外省逃犯654人，自治区外市逃犯283人，超额完成自治区公安厅下达的全年指标任务，“清网行动”获自治区一等奖。

【经济犯罪侦查】　2011年，市公安局开展打击知识产权制售伪劣商品犯罪“亮剑”、银行卡犯罪“天网·2011”、假币违法犯罪、发票违法犯罪及传销违法犯罪等专项行动，强化专项整治和侦查破案，维护首府市场经济秩序的稳定。立经济案件769件，涉案金额2.20亿元；破案544件，抓获犯罪嫌疑人1579人，刑事拘留994人，逮捕125人，起诉95人，追缴涉案款物折合962.50万元，挽回经济损失1540万元。其中，开展打击传销集中整治行动421次，立案279件，破案（含上年积案）319件，捣毁传销窝点453个，刑事拘留815人；打击侵犯知识产权和制售伪劣商品犯罪“亮剑”专项行动，立案289件，破案278件，抓获犯罪嫌疑人295人，捣毁生产窝点577个，打掉团伙54个，抓获逃犯20人，涉案金额1.50亿多元；立假币案9件，破案6件，抓获犯罪嫌疑人22人，刑事拘留17人，收缴假人民币174.41万元、假美元3.81万元；立假发票案9件，破案9件，抓获犯罪嫌疑人21人，刑事拘留19人，捣毁窝点22个，缴获假发票665.48亿份，可填开金额260.20亿元；立涉及银行卡犯罪案93件，破案46件，收缴涉案卡947张，抓获犯罪嫌疑人86人，刑事拘留35人，涉案金额5467.60万元，挽回经济损失70.43万元，抓获逃犯33人。

【经济文化保卫】　2011年，市公安局组织开展经济文化保卫，确保企业、事业单位内部治安秩序稳定。搜集各类信息380条，其中整理上报重要信息218条，妥善处理单位内部不安定事端或苗头性事件42件；组织开展和参与亚洲政党专题会议、自治区和南宁市人大、政协“两会”、“两会一节”等重要活动安全保卫工作370多次；到南宁市招生考试院、南宁凤凰纸厂等600多个（次）单位内部开展治安保卫监督、检查和指导，并与部分单位开展警企共建活动；办理金融单位信用卡恶意透支案31件，追回透支款30余万元，协助外省公安机关查询案件10件，累计查询银行卡账户250份，安全评估和检查验收金融营业网点969个、离行式自助银行91个、离行式ATM单机365台、金库25个、押运公司1个；组织开展全市范围单位内部安全大检查4次，检查单位480个（次）、重点要害部位1160处，查出各种治安稳患334处，帮助整改296处，下发《责令限期整改治安隐患通知书》16份，整改意见48条。全市单位内部未发生影响社会稳定的群体事件和重特大刑事案件。

【社会治安防控体系】　2011年，市公安局加强治安系统信息化建设，推进广西警务综合信息平台应用，培训民警7000多人，启用治安管理防范子系统31个，新增采录的治安管理防范信息322.95亿条，采录信息质量合格率99%以上；推进执法规范化建设，完成办案区和接待服务区的执法场所标准化改造，提高执法办案工作能力。加强娱乐场所治安管理，从源头上防范和打击娱乐场所违法犯罪活动，对6家存在安全隐患的娱乐场进行约谈，约谈业主372人次，签订《安全承诺书》62份，下发宣传资料1972份，“黄、赌”案件比上年下降25%。开展“三电”（电力、电信、广播电视设施违法犯罪）集中整治，检查废旧金属收购站点1145家，限期整改40家，停业整顿15家，取缔无证营业6家，收缴被盗电缆230米。推进城区复合型警务机制改革，探索建立以指挥中心为龙头，巡警支队为专业打击力量，警务站为载体，派出所组织社区群防群治为辅的“打防控”一体化长效机制，进一步整合力量，在街面设立24小时警务站，提高见警率，有效打击现行街面犯罪，建成并投入使用警务工作站22个。全年受理治安案件13.14万件，查处13.24万件（含上年积案），查处违法人员2.64万人，比上年分别上升29.25%、31.03%、下降7.97%。

【巡逻防范】 2011年，市公安局发挥巡警职能作用，科学安排勤务，最大限度地把警力摆到街面上，加强繁华商业区、公交车站、客运站、公园、广场等人员密集场所及案件多发部位、时段的巡逻防范，加强对社会面的控制。巡警支队投入“网格化”巡防警力3.95万人次，接指挥中心处警1820件，路面巡警盘查可疑人员5.15万人次，检查车辆3.37万辆次，接群众报警求助3364件；破获刑事案件503件，查处治安案件160件，抓获犯罪嫌疑人2666人，打击处理498人（逮捕472人、劳动教养26人），抓获“网上逃犯”34人，追回被盗汽车22辆，查获涉嫌盗抢摩托车127辆、管制刀具295把、违法枪支4支，缴获毒品4437.57克。

【禁毒斗争】 2011年，市公安局继续推进新一轮禁毒人民战争，开展春季破案攻势、整治涉毒娱乐场所、公路查毒、打击外流贩毒等禁毒严打整治行动。全市开展统一整治娱乐场所行动19次，清查公共娱乐场所4385家（次），抓获吸食毒品违法人员352人。“6·26”国际禁毒日前后，举行万名禁毒志愿者进社区启动仪式，开展禁毒板报比赛、禁毒宣传咨询等各项禁毒宣传活动，全市悬挂禁毒横幅96幅，展示禁毒挂图5000幅，印发禁毒宣传资料4万份，通过电视、广播等新闻媒介播放禁毒宣传片100天，发表宣传禁毒文章1000多篇，并在公安禁毒网站发表禁毒文章1900多篇。查破毒品案件5620件（毒品刑事案件1009件、毒品治安案件4611件）。其中：重特大毒品案件301件，一般贩毒案件708件，其他案件4611件。缴获各种毒品167.60千克、各种枪支7支、军用子弹28发、各种刀具362把；抓获毒品违法犯罪嫌疑人5773人，逮捕939人；对吸毒人员实行强制隔离戒毒1339人，社区戒毒1327人。

【出入境管理】 2011年，市公安局出入境管理支队坚持以人为本、服务为先的理念，出台以改进证件签发管理为重点的19条便民利民和“马上办”服务新举措。接待办证群众19.11万人次，其中审批签发居民因私护照申请5.85万人次、内地居民来往港澳地区12.56万人次、大陆居民来往台湾地区7029人次。审批签发台湾居民签证107人、同胞证30本，接待境外人员7700多人次，办理外国人签证1734人次、外国人居留许可2738人次、出境通行证65人次、外国人入出境证18本。侦办妨害国（边）境管理犯罪案件19件，查处“三非”外国人237人次，其中非法入境169人、非法居留68人次，遣送出境169人次。

【人口管理】 2011年，市公安局审批各类户口准迁手续2.22万人，其中市外人员购房、投资纳税、受聘人员批准迁入1.84万人，受理工作调动、随迁家属、大学毕业生改派等3802人；办理第二代居民身份证44.74万张。对暂住人口、出租屋开展清查7次，出动警力7290人次，清查出租屋1.05万户、房屋1.47万间，检查流动人口20.27万人次，查验《暂住证》12.95万本，发放宣传资料15万份，查处治安案件3287件，处理各类人员5152人（其中刑事拘留243人，逮捕8人，教养2人，治安处罚4882人）。抓获在逃人员17人。开展外国人居住管理，全市登记在册外国人4196人，查获“三非”越南妇女739人。至年末，全市有常住人口711.49万，其中男371.93万，女339.56万。

【交通安全管理】 2011年，市公安局交通警察支队贯彻市政府制定的《2011年南宁市综合治理城市交通拥堵工作方案》，开展综合治理城市交通拥堵行动月活动，制定发布整治拥堵通告，多方面推进“治堵”。采取严管重罚违法交通行为，完善交通安全设施、调整优化信号灯配时、加强一线警力疏导指挥、快速处理轻微事故等10项措施，有效缓解市区道路拥堵现象；加强城市快速环路通行秩序管理，采取在交通高峰时段货车限行、设置小汽车专用道，对部分车辆实行禁止通行的办法，提高快速环道通行效率；加强“严管街”的交通安全秩序综合治理，将朝阳路全段和8千米长的民族大道列为“严管街”，将“严管街”打造成为全市交通管理的“示范路”和“样板路”。加强为民办实事项目道路畅通工程建设，购置道路清障车6辆，在埌东片区5个路口增设交通信号灯，道路交通安全设施与道路基础设施同步规划、建设、验收。首批交通协管员375人正式上岗，缓解警力不足压力。全市共施划交通标线7.90万平方米，设置交通标志365套，增设信号灯4座、龙门架10座、弹性柱349根、防撞桶49个，翻新、更换、增设护栏1.50万米。推动创建“平安畅通县（区）”活动，开展道路交通安全隐患排查治理，排查四级道路交通安全隐患点105处，整改103处。严查严处交通违法行为，开展预防摩托车交通事故、酒后驾驶违法行为、“三超一疲劳”（超速、超员、超载和疲劳驾驶）违法行为和校车交通安全等专项整治行动，有效遏制重大、特大交通事故发生。处理交通违法行为66.82万起，扣留机动车6.15万辆，行政拘留68人。实施“文明交通行动计划”，开展“畅行中国—文明交通在行动”百城百台大联播活动，分别在广西电视台、南宁电视台、南宁电台开通“民警看交通”、“首府交通聚焦”、“小黑说交通”等栏目，先后在新浪网，腾讯网等知名网站开通“南宁车管”、“南宁路况”等南宁交通官方微博，搭建与网民即时沟通平台。组织开展各种交通安全宣传活动1356场（次），在电视台、电台、报刊和网络等媒体策划、制作宣传节目370多期，在中央媒体报刊发稿126篇，自治区（省）级报刊发稿2527篇，市级报刊发稿846篇，印发宣传资料30多万份。在自治区文明交通行动计划考核评价和自治区道路交通安全宣传教育工作考评活动中，南宁市均排名自治区第一；南宁市多元动态交通信息融合与交通信息实时诱导发布系统获南宁市2011年度科学技术进步二等奖。

开通"网上车管所"，实现对机动车和驾驶证信息查询、业务办理咨询、驾驶人和机动车公告信息提醒等信息查询功能，以及科目一网上模拟考试、预约驾驶人考试等服务功能；率先在自治区建成启用机动车查验远程监控中心，对全市11个机动车检测机构实时监督；新建机动车驾驶人员考试远程中心，推行在互联网上公布考场情况的"水晶驾考"，在全市各车管工作站及驾驶人考场内安装"全球眼"摄像监控设备78套，全方位接受社会监督。完善"966122"车管服务热线，开通运货车辆网上通行证审批系统，使群众"足不出户"即可申办货车区城通行证。车管所办理机动车业务74万宗，驾驶证业务47.81万宗。至年末，全市机动车保有量137.77万辆（汽车53.85万辆、摩托车83.56万辆、其他车辆3586辆），驾驶人员128.29万（汽车驾驶员86.88万、摩托车驾驶员41.41万）。全市道路交通事故立案879件，死亡401人，受伤1064人，直接财产损失388.21万元。办理道路交通刑事案件105件，刑拘犯罪嫌疑人90人，逮捕70人。

【消防管理】 2011年，市公安局消防支队（武警南宁市消防支队）提请市政府召开消防安全工作会议10次，部署开展"清剿火患"战役及重大节日、火灾多发期全市消防安全大检查8次，与各县（区）政府、35个职能部门签订《南宁市深化消防安全"五大"活动开展清剿火患战役告知书》，明确消防工作宣传、监督、检查、管理、队伍建设和应急等方面职能与任务。打造以消防"铁军"为重点的部队正规化管理，细化灭火救援、部队管理等岗位工作标准12个，支队领导与班级战斗员逐级签订《安全工作责任状》580份。加强消防基础建设，消防综合训练基地32.40公顷用地获政府批准，新建（改建、扩建）消防站8个，购置消防车33辆及其他灭火抢险救援、个人防护装备、地震救援装备一批。抓好"全员练兵"、"实战练兵"、"素质练兵"，制定预案1982份，组织官兵熟悉道路332条，水源3416处，重点单位1756个；开展体能训练12项、基础技能训练28项、特勤业务训练11项、攻坚技能训练10项；组织机关、中队、市区执勤中队等单位消防员516人进行打造消防铁军全员练兵大比武。组织各单位开展实战演练1890次，出动官兵3.74万人次，车辆6678辆。采取随机拉动、临时设情等方式组织典型灾害事故实战拉动演练12次。成功举行公安、消防、地震、供水、供电、环境、卫生、管道燃气等29个单位2000多人参加的综合演练1次；在石油化工单位、油库等开展石油化工测试、灭火实战演练30多次。加大消防宣传力度，发消防宣传短信200万条，发放消防宣传挂图5.60万份、宣传资料23万份，开展消防宣传活动56次，受教育人员6万多人。全年接火警、救援报警1993起（其中火灾462起，抢险救援1569起），出动警车3079辆次、警力1.74万人次，抢救被困人员1073人，抢救财产价值3186.30万元，保护财产价值3亿多元；发生火灾462起，死亡5人，受伤3人，直接财产损失1762万元。实行消防检查制度，检查单位2.64万个，发现隐患2.50万处，督促整改2.34万处，发出《责令改正通知书》1.10万份，实施消防行政处罚453起，责令"三停"（停产、停业、停止使用）场所126家，行政拘留209人，罚款629.62万元；依法临时查封场所348家，提请市政府对20家重大火灾隐患单位实施挂牌督办。

2011年南宁市特大道路交通事故情况

时　间	地　点	原　因	伤　亡	经济损失
2月10日	邕灵二级公路由中和往刘圩苏坡路段	强行超车	死亡4人	6000元
3月4日	隆安县雁江镇西宁水库路段国道324线1785公里+900米处	车辆失控	死亡4人	10万元
3月11日	兰海高速往南宁方向1955公里+200米处	操作不当	死亡4人，重伤2人，轻伤22人	33万元
3月27日	南宁市青秀区厢竹大道7号TT国际小区前	车辆失控越过对向车道	死亡3人，轻伤2人	5万元
4月3日	兰海高速公路南宁段1903公里+300米处	车辆爆胎致使车辆翻车	死亡3人，伤7人	3万元
5月3日	南宁市良庆区环城高速公路19公里应急车道内	高速公路逆行拦截行驶的车辆	死亡3人，伤5人	10万元
7月31日	南宁市国道线隆安县路段324线1759公里+100米处	操作不当	死亡3人，伤13人	3万元
10月12日	宾阳039县道甘棠镇往露圩镇02公里+760米处	违法占道停车	死亡4人，伤1人	5000元
11月8日	宾阳县国道322线780公里+500米处	酒后（醉酒）驾驶、无证驾驶、占道行驶	死亡3人，伤1人	1万元
11月10日	南宁市国道322线835公里+110米处	酒后（醉酒）驾驶、占道行驶	死亡8人，伤3人	7万元

【警用航空】 2011年，市公安局警务航空队贯彻公安部《2011年全国警用航空工作要点》精神，推进警航基地建设、制度落实、安全教育、飞行训练、岗位练兵等各项工作。组织训练485架次，总飞行时间180小时，先后完成端午节"国际龙舟赛"、"两会一节"、南宁国际半程马拉松比赛、"邕城2011处置恐怖袭击事件"等安保任务11次，空中巡逻监控飞行任务演练3次。

【基层警务建设】 2011年，市公安局管辖的派出所被公安部评审认定为一级公安派出所26个，被自治区公安厅评审认定为二级派出所47个，被市公安局评审认定为三级派出所117个。制定《南宁市公安派出所治安纠纷限时调解工作制度》，全市公安派出所调解矛盾纠纷7368件，成功调解民事纠纷6330件。建立帮教小组1.16万个，帮教力量3.22万人，列为帮教对象1.16万人。提供打击对象82人，侦查线索455条，破案219件。

【案例选介】

"2011-193"特大贩毒案专案 2011

年3月，市公安局禁毒支队获取线索，有一名叫“洪哥”的男子曾多次组织人员从中缅边境贩运毒品到南宁市贩卖。该团伙涉及人员多，贩毒数量巨大，活动范围广，属于跨国跨省贩毒。接此报告后，市公安局禁毒支队成立专案组，研究制定侦查方案，开展侦查监控，收集分析该团伙信息资料10多万份，掌握该团伙大量的贩毒事实。11月26日，成功捣毁公安部“2011-193”目标专案——以“洪哥”为首的，多次组织人员从缅甸偷渡走私毒品入境，运输毒品到南宁市贩卖的特大跨境贩毒团伙案件，抓获贩毒嫌疑人张某某等贩毒团伙成员8人；缴获毒品4082.60克，其中冰毒片剂（麻古）3706.86克、海洛因375.14克；扣押运毒小轿车2辆。经审讯，犯罪嫌疑人对自己的贩毒事实供认不讳。8名贩毒团伙成员被刑事拘留。

（黎柱 李金 李泽泰 杨梅）

司法行政

【概　况】 2011年，南宁市司法行政机关有市司法局1个、县（区）司法局12个、乡镇（街道）司法所124个，在职人员501人；法律援助机构14个，律师事务所94家，执业律师915人，担任法律顾问628家；公证处9家、执业公证员36人；基层法律服务机构51个、基层法律工作者333人；各类人民调解组织1963个，其中乡镇调委会103个、街道调委会21个、村（社区）调委会1726个、企事业调委会100个、区域性行业性调委会10个、其他调委会4个，调解员1.69万人；司法鉴定机构7家、司法鉴定人员72人。全市司法行政工作重点推进社会矛盾化解、社会管理创新、公正廉洁执法“三项重点”工作。完成“五五”普法依法治理各项任务，规划启动“六五”普法教育；推进司法行政业务用房建设，全市有6个司法行政业务用房项目提出立项申请，其中3个项目通过市发改委评审，2个项目获2012年中央预算内投资补助，下达中央投资1059万元。发挥司法行政职能作用，加强人民调解，预防、排查和调解民间纠纷5.48万件；开展刑释解教人员安置帮教和社区矫正，创建自治区刑释解教人员安置帮教工作示范市；组织律师、公证员、基层法律服务工作者、司法鉴定人员提供法律服务，办理各类案件8032件，避免或挽回经济损失4.29亿元；实施法律援助民生工程，推行便民服务，办理各类法律援助案件2174件，“12348”法律援助电话解答咨询7623人次，接待群众来访8644人次。组织年度国家司法考试，南宁考区报名考试4061人，合格1501人。开展干部培训、创先争优、“党组织建设年”活动，全市司法行政系统有2人立二等功；4个单位、13人立三等功；南宁市司法局被评为全国司法所建设工作先进单位，武鸣县双桥镇司法所被评为全国模范司法所，隆安县城厢镇司法所被评为全国先进司法所，市司法局社区矫正科科长邓琼冬、宾阳县司法局局长陆军天、良庆区大塘镇司法所所长黄英武、兴宁区五塘镇司法所所长腾志毅4人受到国家司法部表彰。

【法制宣传教育】 2011年，南宁市组织各级、各部门、各单位以“六五”普法启动为契机，开展“法律进机关、进学校、进企业、进乡村、进社区、进单位”系列法制宣传教育主题活动1186次。编印免费下发农民、居民、学生法律系列丛书和法制宣传挂图6万多册；做好“六五”普法规划草拟、审批、审议等工作，市委、市政府转发市委宣传部、市司法局《关于在全体公民中开展第六个五年法制宣传教育规划》，协调市人大常委会作出《关于进一步加强法制宣传教育的决议》，落实“政府有规划、党委有决定、人大有决议”的要求；按照“六五”普法规划的部署，重点开展各级领导干部、公务员、企业经营管理人员、青少年、农民学法用法。全市举办各级领导干部、公务员法制讲座110期，听众1.07万人次，普法辅导员培训班513期，培训3137人；企业经营管理人员法制培训班200期，培训3774人；法制副校长培训班38期，培训1152人，法制副校长给中小学生上法制课778次、55.10万人；村支部、村委会干部法律知识培训班506期，培训2.29万人。加强市领导干部学法用法联系点软硬件建设，为武鸣县下渌村、青秀区独屹村、邕宁区公曹村、良庆区南荣村等联系点配发电视机、电脑、扩音器、书柜等设备，并做到制度统一上墙，为推进农村学法用法奠定基础。

【人民调解】 2011年，南宁市司法行政系统坚持把预防和化解社会矛盾纠纷作为维护社会稳定的前端性工作，发挥人民调解的前沿协调处置作用，不断完善人民调解组织网络体系，以村（居）支部、村（居）委会换届为契机，调整村（居）人民调解委员会和人民调解员，重新对现任人民调解员进行审核、登记、备案和颁证。在全市各乡镇、街道、村（社区）和企事业单位、各行业建立各类人民调解组织1963个。其中：乡镇调委会102个，街道调委会21个，村（社区）调委会1707个，企事业调委会116个，区域性行业性调委会20个，其他调委会4个；规范化调委会1380个，占全市调委会总数70%。配备调解员1.56万人。落实人民调解工作经费，市、县（区）司法行政机关指导人民调解工作列入财政预算，落实经费65.87万元，有8个县（区）落实人民调解委员会工作经费16.74万元、7个县（区）落实人民调解员补助经费49.94万元。开展创建人民调解示范县（区）活动，确定宾阳县、兴宁区为人民调解示范县（区）。加大矛盾纠纷排查调处力度，在做好常见性、多发性矛

12月2日，市司法局举办2011年南宁市村（社区）调委会主任培训班，各县（区）的社区、村调委会主任300人参加　　曾永超　摄

盾纠纷排查化解的基础上，化解多年积累群众反映强烈、社会影响大的矛盾纠纷以及党委、政府交办的矛盾纠纷。排查民间纠纷280万次，调解民间纠纷5.48万件，成功5.31万件，调解率100%，成功率97%，防止民间纠纷引起自杀案件141件、278人，防止民间纠纷转化为刑事案件371件、1.08万人，防止群体性上访693件、3.62万人，防止群体性械斗608件、5.65万人。

【行业性人民调委会建设】 2011年，市司法局加大行业性人民调解委员会建设力度，与市卫生局共同成立自治区首家医疗纠纷人民调解委员会——南宁市医疗纠纷人民调解委员会，负责受理南宁市辖区医患纠纷，在职人员57人（专职7人、兼职50人），调解患疗纠纷11件，调解成功8件。同时，建立自治区第一家商会人民调解组织——南宁市闽商人民调解委员会，在职人员20人，填补南宁市非公有制经济领域人民调解的空白。

【刑释解教人员安置帮教】 2011年，南宁市、县（区）两级成立安置帮教工作领导小组13个、乡镇（街道）安置帮教工作站124个、村（居）委会安置帮教工作小组1129个。加强安置帮教基地建设，扩大就业帮扶，全市有18家企业与司法行政部门签订《共建安置帮教协议》，建成集教育、培训、就业、住宿为一体的覆盖城乡、市县（区）两级的安置帮教基地20个，可一次性容纳安置帮教、矫正对象2000人；与8所监狱、劳教所签订《安置帮教工作协议》；把安置帮教工作经费纳入各级财政预算，全市投入经费1000多万元；建立无缝对接工作机制，不定期与监狱、劳教所联合开展“社会帮教进监所”活动；建立跟踪帮教长效机制，全市500多名党政领导干部与刑释解教人员结成对子；加强安置帮教宣传，编印《南宁市刑释解教人员回归指南》3000多册，免费分发给刑释解教人员。接收并纳入安置帮教管理的刑释人员2622人，安置2536人，安置率96.70%，帮教率99.10%，重新犯罪率0.19%。

【社区矫正】 2011年，南宁市社区矫正工作全面启动，12个县（区）成立领导小组和办公室，县（区）司法局配备专职工作人员2人、乡镇街道确定专职社区矫正工作者1人。与市人力资源和社会保障局联合下发《关于开发123个公益性岗位用于社区矫正和刑释解教安置帮扶工作的通知》，为全市124个乡镇（街道）司法所各配置1名公益性岗位人员开展社区矫正工作，市、县（区）、乡镇（街道）三级社区矫正工作者队伍初步形成。市财政划拨经费5万元，为社区矫正工作的前期启动提供保障；制定《南宁市社区矫正对象接收制度》等规章制度10个，规范社区矫正宣告书等规范性文书34个，建立社区工作台账14种，组织编印《南宁市社区矫正工作手册》800册，指导社区矫正规范化建设；各司法所按规范化要求开展摸底调查，建立一人一档社区矫正人员信息档案；建立会议制度，形成协作机制。全市累计接收并登记造册社区矫正对象724人，解除矫正176人，在册的社区矫正对象548人，矫正期间未发生重新犯罪行为。

【公证事务】 2011年，全市有桂南、德芳、邕江、武鸣、横县、宾阳、马山、上林、隆安9个公证处，公证员36人。公证工作以桂南公证处为龙头，在自治区率先开展“公证服务走入百家企业”活动。先后为广西路桥总公司、广西交通科学研究院等20家自治区重点企业开辟公证服务绿色通道，订立《公证服务协议书》，明确企业申办公证事项享受优先受理、优先审查、优先审批、优先出证的便利。办理各类公证13434件（经济1244件、民事5948件、涉外5653件、涉港澳台589件），业务收费470万元。其中为自治区内各企事业单位办理委托、资信、招投标等公证事项600余件，标的400多亿元。

【律师事务】 2011年，南宁市有律师事务所94个，执业律师915人。按照“律师事务所建在哪里，党组织就要覆盖到哪里，党的工作就要开展到哪里”的要求，采取单独建、联合建等形式，加大律师行业党组织建设力度。南宁市律师协会党总支有党支部15个，党员律师145人，向79家无党组织的律师事务所选派党建工作指导员，实现党的组织和党的工作对律师行业的全覆盖。依托市律师协会网站，设立“南宁市律师协会网上党校”，为自治区律师行业首家“网上党校”。开展“经济发展·法律服务在行动”活动，组织律师与南宁—东盟经济开发区联合开展走访企业法律服务活动，提供法律咨询、法律援助和项目投资决策参考依据，为扩大南宁企业与东盟各国的贸易规模提供法律服务保障。接待来访群众110批、154人次，担任法律顾问628家，办理各类案件8032件，避免或挽回经济损失4.29亿元。

【法律援助】 2011年，南宁市有市、县（区）法律援助机构14个，在职人员60人；在开发区、乡镇（街道）、村（社区）、社团组织等设立法律援助工作站（联络点）1499个；法律援助机构接待来访咨询8644人次，办理各类法律援助案件2174件，其中刑事案件808件、民事案件1366件，办案量比上年增长75%；12348法律援助电话解答咨询7623人次。

【法律援助便民措施】 2011年，市司法局提高法律援助服务水平，制订便民措施6项，为更多弱势群体提供法律援助。完善“12348”法律援助热线平台，实现免费法律咨询和法律援助的无缝对接，建立“12348”舆情研判和信息报送制度。建立健全法律援助便民服务窗口，在全市新增法律援助受理点31个，拓宽法律援助申请渠道，将法律援助受理窗口前移，方便群众就近申请。降低法律援助门槛。市区、县法律援助标准分别放宽至申请人月收入1000元、800元，对于交通肇事、医疗事故、人身损害赔偿等特殊案件，以及涉及残疾人、未成年人、老年人、妇女权益案件，可视情况再度适当放宽申请人的困难标准；对于群体性、有重大影响和涉及地方稳定的案件，可不考虑困难标准或案件范围而直接受理。推行异地协助办案机制，降低群众办案成本。强化部门联动，在法院、检察院的服务大厅开设法律援助宣传和预申请服务。加强宣传检查，提高办案质量，运用南宁市党员干部现代远程教育网络开展“法律援助进万村”活动，依托新农村指导员和大学生“村官”，逐步在全市行政村建立联络点，宣传和推进法律援助，将便民服务网络向农村延伸。

【司法鉴定】 2011年，南宁市有司法鉴定机构7家，其中法医类、物证类司法鉴定机构5家，建筑类司法鉴定机构2家，司法鉴定人员72人。办理司法鉴定业务3554件，其中公检法部门委托3051件、律师事务所委托25件、个人委托478件；法医临床鉴定197件、物证鉴定225件、毒物鉴定2065件、精神病鉴定645件，痕迹鉴定422件；涉及民事诉讼的鉴定172件、刑事诉讼892件，采信率100%。

（曾永超）

责任编辑　梁笑飞

中国人民解放军广西南宁警备区

【概 况】 2011年，中国人民解放军广西南宁警备区贯彻落实中央军委、解放军总部和广州、广西两级军区的指示精神，以推进部队建设科学发展为主题，以加快转变战斗力生成模式为主线，以深化改革为动力，坚持抓首位保方向，抓中心谋打赢，抓班子强素质，抓管理促稳定，抓基层打基础，完成以军事斗争准备为龙头各项任务，部队和民兵预备役全面建设取得新的发展。警备区被广西军区评为安全“四无”单位，江南区、马山县人民武装部被广西军区评为先进团级单位党委、全面建设先进团级单位，横县武装部被广西军区评为2008~2010年抓建基层先进单位，上林县、武鸣县武装部被广西军区评为密码使用管理先进单位，警备区司令部建设被广州军区司令部评为优秀等级，警备区政治部被广西军区评为“十一五”时期计划生育工作先进单位。受军以上单位表彰32人，立三等功6人，23名战士被评为优秀士兵。

【思想政治建设】 2011年，警备区坚持从创新理论武装入手，采取“严格学习制度，突出主要内容，抓住重点对象，落实关键环节”的方式，抓好国防和军队建设主题主线重大战略思想、胡锦涛“七一”重要讲话、十七届六中全会精神专题学习，并注重运用理论学习成果指导解决部队建设面临的重点难点问题，团以上党委机关理论武装持续深化。依照“师团联动、同步展开、统分结合、按级负责、分步实施”的方法，组织培育当代革命军人核心价值观主题教育，将培育融入纪念建党90周年系列活动中，激发官兵贯彻主题主线、履行使命的政治热情。集中开展“加强党性修养、锤炼思想作风”教育整顿和专项整治活动，通过抓思想正导向、抓制度促规范、抓领导带部属、抓机关带部队、抓整改保实效，广大党员干部依法履职用权、严格按章办事的自觉性得到增强。抓好“反渗透、反心战、反策反、反窃密”专题教育和形势政策宣传教育，筑牢部队拒腐防变的思想根基。

【战备训练】 2011年，警备区按照“基于威胁、基于任务、基于能力”的要求，推进军事斗争准备由应急备战向长期准备转变，应急应战能力进一步提高。开展战备形势教育，严格落实各级各类值班，狠抓重大节假日和特殊敏感时期的战备防护。组织对各类作战方案计划和应急处置预案进行修订完善与对接，调整加强应急作战指挥机构建设，补充完善警备区本级作战室、指挥器材室、战备资料库、战备图库的战备物资器材。抓好首长机关和民兵军事训练，先后举办人武专武干部业务培训、冲锋舟操作骨干集训，组织江南区、西乡塘区、青秀区民兵高炮分队和部分人武专武干部分别参加自治区高炮实弹射击和军事科目比武竞赛，均取得较好成绩。警备区首长机关参加广西军区组织的年终军事训练考核，总分在10个内地军分区（警备区）排名第一。

【部队管理】 2011年，警备区各级坚持把从严治军作为部队一项经常性、基础性、全局性的工作，狠抓部队教育管理。以学习贯彻新条令为抓手，统一组织开展“学条令用条令”和“严禁私自开车、严禁酒后开车、严禁打牌赌博、严禁进入不健康场所、严禁违规上国际互联网”活动，广大官兵条令法规意识明显增强。坚持从严治理机关，集中组织开展“学条令、严军纪、正秩序、树形象”作风纪律教育整顿和军容风纪专项治理，机关战备、训练、工作、生活秩序进一步规范。突出重大安全问题防范，狠抓安全隐患排查整治，突出经常性安全防范，注重安全基

南宁警备区官兵在民生路步行街巡逻执勤　　南宁警备区提供

础设施建设，保持部队安全稳定。维护社会稳定，协助地方有关部门妥善处理上访事件15件。

【民兵预备役】 2011年，警备区按照“平时服务、急时应急、战时应战”的目标要求，做好民兵预备役工作。结合年度民兵整组，调整充实各种动员任务分队和市级应急专业队伍，补充完善民兵重点应急营和抗洪抢险分队的装备器材，应急应战力量体系不断健全。搞好高校应届毕业生入伍预征，完成年度新兵征集和专业士官直招任务。指导市人防、交通战备、经济动员等专业办公室，抓好防空警报试鸣暨人员疏散演练、水上运输分队快速动员集结演练和后勤保障专项潜力调查等工作落实。组织民兵预备役人员2万余人次参与地方经济社会建设，完成抢险救灾、应急维稳、重大活动安保，以及神舟八号与天宫一号交会对接备勤等任务，得到总部、两级军区和地方各级党委、政府的肯定。

【城市警备纠察】 2011年，警备区严格按照《警备条令》规定，加强警备分队自身建设，定期组织警备业务和法规知识学习，不断提高执法能力和业务素质。开展联防联治，坚持每半年组织驻军和地方有关部门召开一次警备工作联席会议，分析工作形势，通报军人、军车遵章守纪情况，提出工作要求。加强检查纠察，坚持每日上路执勤，节假日和敏感时期加大检查纠察密度和扩大检查区域。特别是结合南宁市举办“两会一节”等重大活动，组织协调驻邕部队开展军容风纪大检查和打击假冒军车等专项治理活动。先后开展军地联合执法3次、专项整治外出军人军车遵章守纪行动2次，出动纠察勤务820余次，检查纠正违章违纪外出军人76人次，查扣假冒军车70余辆，缴获假冒军车号牌130余副，调解处理军警民纠纷17起，查处假冒军人5人，集中公开销毁处理假冒军车14辆，维护军队形象和军人的合法权益。

【拥政爱民】 2011年，警备区采取领导机关援建一个行政村，各团级单位援建一个村民小组的方式参加扶贫帮困和新农村建设，14个团级单位联系社会主义新农村联系点11个，扶贫点3个，协调投入资金55万余元，联系致富项目20多个，直接受益群众2.80万余人。联系14所驻地学校、投入经费14万余元进行援建助学，为结对学校购置图书5000余册，篮球、羽毛球拍、乒乓球拍等文体活动器材200余套，改善教学环境，丰富师生课余文化生活。承担抢险救灾任务，先后出动官兵和民兵预备役人员1.80万余人次，车辆1130多辆次，冲锋舟30多艘次，抗击多次台风带来的洪涝灾害，缓解灾情。参与“绿城南宁”绿化活动，参加“百里环城森林生态圈”和“城乡清洁工程”建设，先后植树1000余株，清理垃圾2万多立方米。

【综合保障】 2011年，警备区开展治理“小金库” 和打击发票违法犯罪活动，修改完善警备区各项财务管理规定，加大对资金使用的安全管理，警备区所属单位家底经费全部达标。实施大宗物资招标采购、零星物资定点采购新模式，实现物资采购经费节约13%的目标。基础设施不断完善，警备区本级完成机关营区环境整治和生活区配电房改造，金牛桥干休所营院整治，友爱路干休所完成综合楼主体工程建设，上林县、邕宁区武装部新营院建设稳步推进。结合民兵武器装备仓库正规化建设达标试点，投入410万元，对警备区本级民兵武器装备仓库进行综合整治，新建、改建部分物防设施，新安装指纹巡更、防侵入红外线报警、墙体震动报警和视频监控等先进技防设施。升级改造六县民兵武器装备仓库的信息化监控系统，实现与警备区机关的互联互通，试点成果得到总部和两级军区首长的一致好评。警备区本级、马山县和江南区民兵武器装备仓库被广州军区评为首批正规化建设达标单位。

南宁警备区领导人

司令员	江裕卓	大校
政治委员	杨文件	大校
副司令员	江 湛	大校
副司令员兼参谋长	黄其冠	大校
政治部主任	吴双喜	大校
后勤部部长	黎 林	上校

（杨爱平）

中国人民武装警察部队南宁市支队

【概 况】 2011年，中国人民武装警察部队南宁市支队坚持以国防和军队建设主题主线为统揽，以建设现代化武警为引领，以高标准实现“两个确保”、奋力争创先进支队为目标，突出一手抓党委机关风气建设，一手抓经常性基础性工作落实，既重视硬件建设上层次，更重视软件建设有水平，高标准实现“两个确保”。支队2011年被总队表彰为基层建设先进支队，司令部、政治部、后勤部三大部门被评为机关建设先进部。

【思想政治建设】 2011年，支队严格按照“三个确保、三个紧贴”的要求，着力打好思想政治工作主动仗。坚持把持续深入培育当代革命军人核心价值观作为基础工程、灵魂工程、战略工程来抓紧抓实，官兵“精气神”建设得到有效加强。开展“在党旗下成长”读书和“党旗在警营飘扬” 书画摄影展评等庆祝建党90周年系列主题文化活动，部队士气得到有力鼓舞。开展经常性思想工作，组织开展“五个一遍”、“深知兵、真爱兵”和心理、法律、卫生服务到基层活动，官兵思想稳定。严密组织任务中政治工作，发挥任务中政治工作作战功能。

【执勤与训练】 2011年，支队严格依照“以人为本、信息主导、正规执勤、确保安全”执勤思路，坚持把中心工作作为“饭碗工程” 来抓。注重把经常性执勤做扎实，执勤秩序得到规范；注重把经常性训练抓严格，官兵军事素质得到提升，在总队组织的军事尖子竞赛中，获团体总分第一名；注重把执勤设施抓配套，执勤隐患得到有效治理；注重把建设现代化武警起步工作做到位。贯彻落实武警总部推进现代化建设工作会议精神，开展人装结合训练，加大战斗力建设。协调联络，打通信息闭塞的瓶颈，率先与南宁市已建成的城市道路监控信息系统实现资源共享，提高部队遂行多样化任务能力。支队先后派出兵力，完成“两会”期间现场警卫和机动备勤任务；完成春节焰火燃放核心区安全警戒任务和春节期间城市武装巡逻任务；配合市公安局完成代号分别为“昆仑一号”、“昆仑三号”的打黑除恶任务；完成“第六届泛北部湾经济合作论坛”现场机动备勤、亚洲政党专题会议安全保卫、“两会一节” 重要警卫和自治区第十次党代会安全保卫任务。

10月21日,"大地飞歌·2011"第十三届南宁国际民歌艺术节暨第八届中国—东盟博览会开幕晚会举行,武警南宁市支队官兵担负执勤任务　　王壁宏　摄

【部队安全管理】 2011年,支队落实依法从严治警指示要求,组织"条令学习和安全教育月"活动,严格按条令条例和规章制度规范部队秩序,"官兵按条令办事、干部按条令带兵、机关按条令指导、部队按条令运转"的格局基本形成。建立健全"周五双六"安全工作机制、"五个一遍"活动常态化措施,修订完善严守纪律"双十条"和《安全隐患报告监督奖惩措施》。组织"三查一除"和"查思想、查纪律、排隐患、保安全"教育整顿活动,坚持每季度组织安全隐患鉴定和排查治理,严格制度、严守纪律、根治侥幸,不断夯实部队安全发展根基。

【基层建设】 2011年,支队严格贯彻《纲要》、《三十条》,坚持全面建整体上。注重建强支部,分期分批逐个党支部考察帮建,深入开展"双争"和"创先争优"活动,评比表彰"红旗单位"、"红星个人",激发内在动力。注重改进作风解难帮困。连续6年每年投入200余万元为基层和官兵办10件实事,发展不平衡的问题得到较好解决。1个大队被总队表彰为先进大队、1个中队为基层建设标兵中队、6个中队为基层建设先进中队、1个中队荣立集体三等功。

【后勤保障】 2011年,支队适应遂行多样化任务的需要,加强后勤队伍建设,后勤队伍经常性业务能力得到提高,参加总队后勤业务比武获得6个单项第一和团体第一名。加强经费管理,严格执行公务卡结算制度,管理效益明显提高,所属单位均达到规定家底限额标准。注重提高遂行多样化任务中的保障能力,重大任务后勤保障到位。机关新址建设有序推进。支队被总队表彰为车辆管理先进单位。

武警南宁市支队领导人

职务	姓名	警衔
支队长	陈　冬(副师)	大校
第一政治委员	廖洪涛(兼) (南宁市副市长、公安局长)	二级警监
政治委员	龙文成(副师) (2011年12月调离)	大校
	崔洪玮(副师) (2011年12月上任)	上校
副支队长	张孝春(正团)	上校
副政治委员	黄　□(正团)	上校
参谋长	成建勋(正团)	中校
政治部主任	徐茂林(正团)	上校
后勤部部长	彭寄清(副团)	中校

(张戈峰)

人民防空

【概　况】 2011年,南宁市人民防空办公室贯彻落实《中华人民共和国人民防空法》和第六次全国人民防空会议及自治区、全市人防会议精神,坚持长期准备、重点建设、平战结合的方针,以抓好结合民用建筑修建防空地下室和完善指挥工程为重点开展人防工程建设;以防灾、防涝为重点开展人防工程维护;以落实制度和设备维护为重点抓好通信警报建设;以提高工事战备效益、社会效益和经济效益为重点开展平战结合工作;以普及人防知识、增强市民和学生人防意识为重点开展人防宣传教育,被国家人防办评为全国人防宣传教育先进单位。在10月召开的广州军区第七次人民防空会议上,南宁市被评为广州军区人民防空先进城市;市人防办被评为广州军区人民防空先进单位,年终被自治区人防办评为年度人防目标考核达标先进单位。

【人防工程建设与维护】 2011年,市人防办结合开展"项目建设年"活动,受理行政许可事项317项,非行政许可事项38项,办结率100%,服务对象满意率100%,没有责任投诉。开展防空地下室结建审批项目49个,批准人防工程易地建设审批项目163个,人防工程竣工备案39个。组织编制《南宁市2010-2020城区人防工程建设规划》通过专家评审并报送上级有关部门备案。在人防工程建设过程中,推广、应用人防工程信息管理系统,按要求收集、整理、归档各种工程建设档案,"行政审批和工程档案管理系统"完成政府采购。参与市轨道交通项目前期工作,派员参加外出考察,并开展相关项目的咨询和审核。加强对人防工程内部防护设施的维护,对各种设备运行使用情况进行检查维修。坚持每月进行一次常规检查、每季进行一次重点检查、半年进行一次全面检查、每逢天气突变和重大节假日加强检查的制度。完善维护检查的记录、备案制度。对容易遭到洪水侵袭威胁的人防地下工事采取加固措施;对部分工事漏水、裂缝进行封堵、维修;对过期的消防器材及时更换;对一些可能发生事故隐患的因素及时检查、整改,确保全市人防工事的安全使用。

【通信警报建设】

通信值勤　2011年,市人防办根据国家人防办和广州军区要求,坚持每天24小时战备值班制度,值班员做到处置情况及时,交接班有记录,未出现误班、误事情况。

专业训练　按照《人防通信训练大纲》和自治区人防办下达的训练指标,组织专业学习和训练。组织人防应急机动指挥车组人员开展技术训练,按照40%比例组织医疗救护、通信、运输、防化和抢险抢修专业分队共602人在岗训练。11月上旬，组织2011年南宁市人防首长机关城市防空袭网上演练，参演92人，市人防指挥部通过文电系统下发演练文书260份，各县(区)人防分指挥部上报作业文书120份。

防空警报建设　市人防办建成无线集成通信网络、卫星和3G(第三代移动通信技术)通信网络，对相关人员进行业务培训。组织力量对地下指挥所，兴宁区、青秀区警报控制中心设施设备和线路进行维护，对全市警报器进行检查维护，完成电动警报器调整和新增15台电声警报器及六县各新增1台电动警报器安装、调试，使全市防空警报处于良好技术状态，确保8月30日全市防空警报成功试鸣。

【人防指挥建设】　2011年，市人防办把人口疏散基地数质量建设作为疏散基地建设的重点，要求每个城区和对口县完成10个点以上的战时人口疏散基地建设。11月，统一组织兴宁区、江南区、青秀区、西乡塘区64个街道办事处、社区1658人分别到武鸣、横县、宾阳、上林、隆安县人口疏散接收点开展战时人口疏散演练活动，练指挥、练程序、练方法、练保障，演练活动顺利完成。

【机关准军事化建设】　2011年，市人防办按市委、市政府要求对办机关进行机构改革，调整机构设置，交流干部，明确科室职能，理顺工作关系。通过修订和完善各种规章制度，规范机关和所辖单位的行为和办事程序，加强制度建设。派干部到市委党校、有关院校培训，加强职工在职培训，确保人人都能胜任本职工作。

【平战结合】　2011年，南宁市人防平战结合以市直管人防工程开发利用为重点，以平战管理处、新华公司为依托，加大管理力度，通过调整思路、拓宽利用渠道，完善规章制度，实行量化管理，提高服务水平等措施，获取开发利用效益。平战结合收入1200多万元，完成任务105%。

【执法监察】　2011年，市人防办依据国家《人民防空行政执法规定》和《自治区人民防空行政执法办法》，健全执法制度，落实执法责任制，规范执法行为。执法人员深入各个工地、工事，依法行政，未发生错案投诉现象。组织市人防执法队伍深入人防工程项目建设现场监督检查136次，参加331人次，发现问题及时纠正。

【人防宣传教育】　2011年，市人防办加强人防门户网站日常维护管理，更新网站信息。根据自治区人防办统一部署，南宁人防网络宣传在原有网站基础上增开市人防机构微博宣传。南宁人防微博平台对外发布有效人防信息近400条，被关注转载信息100余条。为搞好人防宣传进学校、进党校、进社区，市人防办通过开办“人防与社区居民”专题讲座及人防知识挂图巡展等方式在各县(区)居民中进行宣传。市108所初中开设人防知识教育课程，按计划完成初中生人防知识教育3.80万人，并与市教育局联合举办《人防在我心中》征文比赛。对青秀区开展人防知识教育社区宣传进行检查指导，联系并组织有关学校师生及社区群众参观南宁人防教育展示厅，参观3000多人次。

8月19日，2011年南宁市防空警报试鸣暨人员疏散演练培训会在市人防办会议室召开　　市人防办提供

【防空警报试鸣与演习】　2011年8月30日，是南宁市第十二次警报试鸣日。全市成立试鸣演练指挥部1个、分指挥部12个，自治区、南宁市党政军有关领导以及市国防动员委员会成员单位在市指挥所通过会议视频系统观摩试鸣和演练活动。各县(区)党政军主要领导分别率所在区域人员在分指挥部组织指挥试鸣和演练活动。参加演练组织指挥的各级党、政、军领导和有关人员276人，参演8.10万人，市各中、小学校结合防空警报试鸣组织学生和教职员工进行疏散隐蔽演练，参演单位86个、参演9.80万多人，累计参加防空疏散隐蔽17.90万人次。

【纪念《人民防空法》颁布十五周年宣传活动】　2011年，市人防办以《中华人民共和国人民防空法》实施十五周年为契机，开展系列人防宣传活动。摄制《前进中的南宁人防》3分钟宣传片，在自治区人防教育展示厅、南宁电视台影视频道、新闻频道及户外大型LED广告屏幕进行轮番播放。围绕年内“8·30”防空警报试鸣演练活动，在全市范围内开展电视、报刊及移动通讯信息预告宣传；防空警报试鸣活动当天发放宣传资料8万册。组织市人防办有关干部从8月29日起连续三天上线南宁电台“政风行风”热线栏目。利用南宁人防教育展示厅开展南宁人防建设成就图片展，参观3000多人。集中在人流密集的新华街、朝阳花园等重点人防工程门口外悬挂人防标语、口号，摆放宣传展板。在新华街朝阳花园路段组织开展人防宣传一条街活动，摆放人防宣传展板64块，发放人防宣传资料3万份，开展法律法规和人防知识咨询问答。10月下旬连续10天在南宁电视台播放人防专题片和人防公益广告，在市中心电子显示屏播放人防专题片和人防公益广告。　（陈　琼）

责任编辑　李敬江

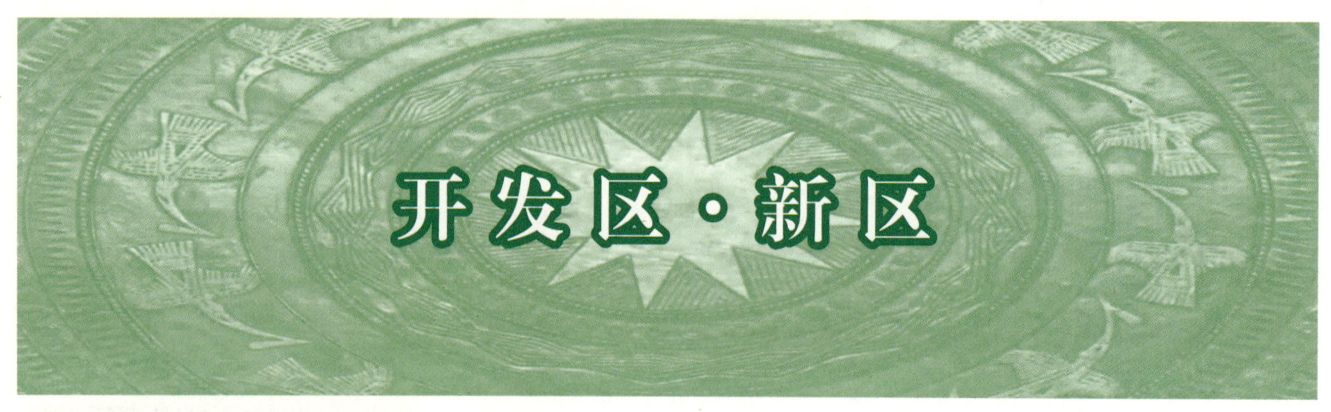

综　述

【概　况】 2011年，南宁市重点推进产业园区建设攻坚战，按照“抓住重点、突出特色、错位发展、形成产业”的要求，实行园区分类指导和重点培育，进一步加快产业布局优化和产业集聚。有开发区（含工业园区、工业集中区）18家。其中：国家级开发区有南宁高新技术产业开发区、南宁经济技术开发区2家；自治区级开发区有南宁—东盟经济开发区、广西良庆经济开发区、南宁六景工业园区、南宁江南工业园区和南宁仙葫经济开发区5家；享受自治区级经济开发区政策的有隆安华侨管理区1家；县（区）工业集中区有宾阳黎塘、宾阳芦圩、隆安宝塔、南宁伊岭、上林象山、马山苏博、横县那阳、兴宁三塘、邕宁东部和西乡塘工业集中区10家。工业集中区被确认为自治区A类产业园区11家，B类产业园区1家。全市工业园区规划面积715平方千米（含托管区），开发面积78.79平方千米。工业园区主要沿邕江两岸及交通干道分布，中心城区外的工业园区结合重点镇布局，主要分布在城市的南部、北部和西部；每个县（区）均有1个工业集中区，基本形成比较合理的工业园区布局体系。至年末，入园企业8409家，其中亿元产值企业238家；规模以上企业实现产值1050亿元，占全市规模以上企业总产值60.20%；工业项目投资282.80亿元，占全市工业总投资53.97%。相思湖新区由开发建设转入提升发展阶段，五象新区建设被市委、市政府列为南宁市“一号工程”，新区建设进一步加快。（梁一家）

【产业园区建设攻坚战实施】 2011年，南宁市出台《南宁市2011年产业园区建设攻坚战实施方案》，把产业园区作为对外开放和产业发展的主要载体，在政策、资金方面支持园区建设，全面推进“产业园区建设攻坚战”的开展，产业园区工业产值增速居全市前列，聚集效应、规模效应逐步显现，实现工业总产值1095亿元，比上年增长45.61%，占全市工业总产值54.75%，提高4.63个百分点；工业增加值403亿元，增长35.32%；税收54.50亿元，增长21.86%。南宁高新技术产业开发区、南宁经济技术开发区和南宁—东盟经济开发区规模以上工业企业实现工业总产值725.42亿元，增长55.92%，占全市园区工业总产值66.43%，提高7.15个百分点。其中：南宁高新技术产业开发区工业总产值395.91亿元，增长57.59%；南宁经济技术开发区工业总产值234.34亿元，增长56.66%（含吴圩镇基数）；南宁—东盟经济开发区工业总产值95.17亿元，增长47.66%。引进富士康、双汇等带动作用强的龙头项目，建成投产富士康、珠江啤酒、劲达兴浆纸、永凯浆纸等重大项目，为现代工业发展壮大奠定坚实基础。印发《中共南宁市委办公厅　南宁市人民政府办公厅关于印发〈关于对安宁街道（办事处）、吴圩镇实行代管工作方案〉的通知》，城区与开发区签署代管委托书，顺利完成开发区对安宁街道、吴圩镇的代管交接。高新区规划面积从26.40平方千米增加到79.14平方千米（含高峰林场），经开区规划控制面积从110平方千米增加到504平方千米，园区发展获得更广阔的空间。争取并落实自治区财政、市财政对园区标准厂房建设补贴925万元，争取自治区产业园区基础设施建设专项扶持资金300万元落实到江南工业园区。通过落实政策，产业园区建设攻坚战五项指标（产业园区全部工业总产值、园区基础设施投资、工业项目投资额、建设工业标准厂房、工业用地储备）任务均提前一个月完成。实现工业总产值1095亿元，增长45.61%，完成任务109.50%；基础设施投资89.15亿元，增长4.37%，完成任务111.43%；工业项目总投资282.80亿元，增长39.73%，完成任务112.22%；建设工业标准厂房51.70万平方米，完成建设任务40万平方米的129.25%；工业用地储备695.89公顷，完成任务139.18%。南宁高新技术产业开发区、南宁经济技术开发区、广西良庆经济开发区获“广西工业总产值超百亿园区”。

【开发区建设】 2011年，南宁市根据《市委、市政府关于进一步加快开发区（工业园区）发展的决定》，坚持特色发展、产业配套原则，加快推进高新区电子信息产业园、光电科技产业园和生物制药产业园，经开区北部湾科技园、六景工业园区化工产业园、江南工业园铝加工产业园等特色园区建设。其中高新区生物制药产业园一期基本建成，面积1.03平方千米，二期开工建设主干路网；富士康南宁科技园高新园区项目正式投产，以富士康为主导的信息产业园开工建设。广西良庆经济开发区有色金属加工产业园的广西南国有色金属有限公司年产16万吨锌基合金项目、江南铝加工产业园的年产20万吨大规模高性能铝板带型材项目全面展开建设。邕宁八鲤工业集中区南宁机械制造产业园区为南宁广发重工集团整体搬迁和三一重工、五菱桂花等项目入驻完善条件。南宁经济技术开发区北部湾科技园、空港经济园和南宁六景工业园区化工产业园区等特色园区建设加快推进。至年末，高新区生物医药产业园、电子信息产业园实现工业产值240多亿元，比上年增长45.76%，占高新区规模以上企业总产值60%；南宁—东盟经济开发区农副产品加工、轻纺加工产业园规模以上工业总产值35.28亿元，增长

67.92%，占南宁—东盟经济开发区规模以上企业总产值37%。（彭远利）

南宁高新技术产业开发区

【概 况】2011年4月1日，南宁高新技术产业开发区代管安宁街道（办事处），规划面积由26.40平方千米增至72.40平方千米。至年末，驻区企业5674家，其中规模以上企业197家（新增13家），亿元产值企业113家（新增40家）。高新区政策区实现营业总收入785.13亿元，工业总产值657.04亿元；科技工业园实现工业产值407.50亿元，规模以上工业总产值395.91亿元。全社会固定资产投资151.56亿元，其中工业投资58.49亿元、技改投资63.35亿元。社会消费品零售总额43.60亿元。进出口总额7.91亿美元，其中出口总额5.11亿美元。财政收入20.91亿元。亿元以上工业企业实现产值343.86亿元，其中丰达电机公司产值超20亿元、富桂精密工业公司产值超10亿元。生物工程与制药、电子信息、汽车配件与机电制造3个特色主导产业拥有规模以上工业企业131家，实现产值308.81亿元，占园区经济总量78%。

【投资环境建设】2011年，高新区建设高低压配电、供水、路灯、智能通讯、临时水电等工程项目35个，总投资1.47亿元，其中竣工项目26个、在建项目9个。建成通车市政道路4.41千米，在建道路6.73千米，累计投资7618万元。完成富士康B厂区建设，建筑面积3.20万平方米，总投资9600万元；改造富士康A厂区，建筑面积7.40万平方米，总投资9900万元；开工建设中国—东盟总部基地五期，建筑面积21万平方米，总投资5.60亿元，第一阶段完成基坑护壁桩施工，累计投资3000万元（含土地款）。完成建设用地报批218.02公顷，获安排使用新增建设用地指标204.85公顷；征地25.98公顷，拆迁面积3.20万平方米。发挥财政引导性资金的作用，入股广西北部湾银行2000万元，入股南方担保公司2000万元，投入3000万元风险补偿金参与广西中小企业信用担保公司三级共建体系建设，建成总资产30亿元的建设性投融资平台、总投资1亿元的担保及风险投资平台、总投资7000万元的股东权益融资平台；推进“新三板”（园区非上市公司股份转让系统）各项工作，出台《关于鼓励企业改制并进入代办股份转让系统挂牌的暂行办法》，鼓励符合条件的企业进入非上市公司进行股权交易融资平台；引进中信证券在高新区设立营业部，与国海证券、华泰联合证券、申银万国证券等券商建立战略合作关系；积极探索风险投资和私募股权投资，帮助企业进行股份制改造，引导企业进入资本市场融资，通过多元化融资渠道，融资12.70亿元。其中：银行信贷融资6亿元，证券市场融资3.20亿元，担保融资3.50亿元。重点做好生产型企业普工招聘，举办招聘会46场，招聘工人3000多人。

3月10日，南宁高新区—国海证券战略合作备忘录签约暨南宁高新区首批拟挂牌“新三板”企业股改启动签约仪式举行　　高新区管委会提供

【项目建设】2011年，高新区在建项目567个，其中新开工项目445个、竣工项目309个。承担自治区层面统筹推进重大项目2个。玉柴工程研究院南宁基地项目被列入自治区层面统筹推进重大项目、南宁市百项重点建设项目，累计完成投资1.71亿元；九州通现代医药物流中心项目占地3.33公顷，一期建筑面积3.20万平方米，投资3000万元，10月18日一期工程竣工并投入使用。南宁市百项重点建设项目4个，累计完成投资16.53亿元，占工业投资27.95%。由富士康集团投资的南宁富桂精密工业有限公司网络通讯产品项目和南宁富泰宏精密工业有限公司第三代移动通讯系统手机及网卡项目，完成投资15.90亿元；南宁—东盟企业总部基地五期项目完成投资2.01亿元，占地4.14公顷，总建筑面积21万平方米。

【招商引资】2011年，高新区引进企业310家，注册资金13.81亿元。其中：生产型企业45家，注册资金在1000万元以上的企业51家；新批“三资”（中外合资经营、中外合作经营、外商独资经营）企业6家。引进合同外资1.15亿美元，实际到位（广西全口径）5060万美元，直接利用（商务部口径）4170万美元；实际到位内资55.33亿元，其中自治区外到位内资49.73亿元。完成15个购地项目的前期工作，总投资47亿元；完成开竣工重点项目29个，总投资54亿元，项目履约率100%、开竣工率100%、资金到位率80.72%。引进大项目有：富士康科技集团网络事业群南宁高新园区项目，注册资金1亿美元，计划总投资18亿元；中恒集团生物医药生产基地，计划总投资20亿元；弘信物流公司白糖供应链基地及饮料生产基地工程，计划总投资5亿元；北京金奔腾汽车科技有限公司国际先进汽车电子技术设备生产研发基地，计划总投资5亿元；国际干细胞联合研究中心广西基地，计划总投资2亿元。

【产业孵化】 2011年，高新区孵化器基础设施建设加快。创业中心孵化大楼、软件产业基地、生物工程中心3个项目启动，占地26.67公顷，建筑面积90万平方米，计划投资36亿元，完成投资3000万元。建筑设计、生物工程中心项目开工面积3.60万平方米。生物技术中心公共技术服务平台新安装高效液相、紫外分光、500升多功能提取罐和浓缩设备，增加中试车间100平方米。南宁软件与信息服务外包平台和3G移动终端软件开发平台实验室建成并通过验收，其中软件与信息服务外包平台基本实现南宁市软件资源共享，为南宁市的软件产业国际化提供海内外商业运营窗口；3G移动终端软件开发平台实验室为广西16家企业32名技术骨干提供基础培训。大学生创业基地扩建面积8000平方米，引入、孵化企业13家。至年末，在孵企业136家，新增孵化企业60家，新增孵化项目60个，引进广西桂测科技有限公司、广西昊神生物科技有限公司、南宁珞德信息技术有限公司等留学人员企业10家。有南宁高伏电力科技有限公司、南宁道和环保科技有限公司、广西南宁硕博塔亚热带水果科技有限公司等15家公司毕业。组织南宁高伏电力科技有限公司、广西春茂电气自动化有限公司、南宁西岸枫谷数据科技有限公司等10家企业申报高新技术企业。南宁软件与信息服务外包平台建设项目获科技部火炬计划立项资助45万元；创业中心申报省级创新能力建设项目获立项资助70万元；南宁国家火炬计划软件产业基地3G移动终端软件开发公共实验室建设项目获自治区科技厅立项资助20万元。

【科技创新】 2011年，高新区建成国际认证实验室1家，国家认可实验室4家，自治区千亿元产业建设试点工程技术研究中心3家。新增高新技术企业14家，累计73家；新增自治区级工程技术研究中心2家，累计16家；新增自治区级企业技术中心2家，累计21家；新增自治区创新型企业2家，累计14家；新增市级工程技术研究中心4家，累计16家。高新区企业获国家级科技项目立项28个、自治区级科技项目立项18个、市级科技项目立项140个，获扶持资金6530万元。管委会财政配套扶持技术创新项目43个，扶持金额1055万元；奖励企业自主知识产权113项，奖励339万元，奖励新认定高新技术企业320万元。完成市级以上科技部门鉴定的科技成果17项，获自治区技术发明奖2个、自治区科技进步奖7个(其中二等奖2个)、自治区新产品优秀成果奖3个、市科技进步奖11个(其中一等奖2个)。南宁生物工程技术中心公共技术服务平台入场中试、小试企业15家，项目23个，其中国家中小企业创新基金项目2个，自治区、市立项项目10个。3G移动终端软件开发平台实验室建成Android、Iphone、LINUX、J2ME、Windows mobile和Symbian6个开发平台，获省级创新能力建设项目立项，立项金额90万元。与广西大学、广西科学院开展战略合作，设立专项资金200万元，支持广西大学科研成果在高新区转化，与广西科学院共建、共享国家重点实验室和科研成果，积极探索“校区一体化”产学研合作新模式。大学生创业基地引入广西南宁碧欧生物科技有限公司、南宁奥列生物技术开发有限公司等企业13家，在孵企业南宁同展拓电子科技有限公司“无线输液系统”列入2011年自治区科技厅广西千亿元产业重大攻关课题、南宁市科技局科技攻关课题和自治区卫生厅重点科研课题。

【富士康集团投产】 2011年1月12日，富士康集团在南宁市登记注册南宁富桂精密工业有限公司和南宁市富泰宏精密工业有限公司，位于高新区科技工业园区，计划投资18亿元，主要生产平板电脑、智能手机、GPS、高端路由器、高端交换机网卡等电子产品。2月开工建设项目配套设施，6月18日投产，完成投资13.24亿元。其中：完成A厂区南宁—东盟总部基地三期1号~6号厂房7.10万平方米的厂房改造、装修和配套设施安装；完成B厂区新建2.50万平方米厂房、5000平方米配套设施并交付生产使用；完成3.50万平方米、590套职工宿舍的改造建设。 (谭梅庭)

南宁经济技术开发区

【概　况】 2011年3月31日，南宁经济技术开发区代管吴圩镇，占地504平方千米，辖区人口15.29万。实行“三园两区”管理模式，东面为金凯工业园，西侧为银凯工业园，南端为空港经济区，中部为北部湾科技园和中央商住区，各园区功能互补，规划建设为以第二产业为主，多产业协调发展的现代化综合性新城区，逐步形成新能源、新材料、节能环保、机电制造、电子等主导产业，推动造纸、食品等传统产业升级的产业集群和发展模式。6月28日，经开区质监分局成立。至年末，驻区企业2354家，其中规模以上工业企业90家（新增2家），亿元产值企业42家（新增11家）。实现地区生产总值99.51亿元；工业总产值240.30亿元，其中规模以上工业总产值234.34亿元；亿元产值企业实现工业产值211.26亿元；全社会固定资产投资117.47亿元，社会消费品零售总额34.95亿元，出口6930万美元，财政收入13.20亿元。

【投资环境建设】 2011年，经开区实施基础设施建设大会战，基础设施建设投资27.80亿元，续建、新建标准厂房50万平方米，竣工20万平方米，可用标准厂房总面积36万平方米。完善金凯和银凯工业园区、白沙商住区、北部湾科技园区的路网，打通那历路等6条“断头路”，开工建设金阳路等道路9条，建成通车道路25千米。7月28日，北部湾科技园总部基地一期项目开工建设，总投资50亿元，占地18.40公顷，总建筑面积71.50万平方米，由9个单体建筑组成，最高单体建筑51层；金凯、银凯工业园区管线迁改工程及供水、供电、通讯设施建设等项目进展顺利。6月，辖区首家按照国际五星级标准建设的南宁荣荣大酒店开业。开工建设公租房项目4个，公租房802套。投资100万元并与广西石化技校建立战略合作关系，为园区企业培养和输送各类技能人才。3月23日，启用新的政务服务中心，建筑面积4100平方米，总投资800万元，设有工位40多个，集各项行政审批职能于一体。加强机关行政效能建设，推行和完善管委会领导现场办公、管委会领导联系项目、机关干部下企业等服务机制和措施，重点帮助企业解决项目报建报批手续办理、建设资金短缺、招工及项目建设过程中遇到的困难和问题，推动项目开工和建成投产。

吴圩机场扩建工程征地拆迁三产回建配套一体化项目　位于吴圩光明小学旁，占地26.67公顷，建筑面积46.28万平方米，计划总投资10.18亿元。8月30日，开工建设。项目建成后，可安置937户、4000人。

金凯南公共租赁房项目　9月25日开工建设，计划总投资1.60亿元，占地1.25公顷，总建筑面积4.40万平方米，其中规划公共租赁住房总建筑面积约3.67万平方米，食堂、活动用房规划建筑面积7400多平方米。

五象大道延长线全线通车　2010年7月五象大道延长线开工建设，2011年10月18日全线通车，起点为壮锦大道，终点止于五象大道与银海大道交叉路口，全长4.88千米，道路宽度68米，其中经开区段长4.40千米、良庆区段长0.48千米。建设内容包括：道路工程、排水工程、桥涵工程、照明工程、绿化工程、交通工程、地下管线等，总投资10.15亿元。

丽汇科技工业园标准厂房竣工　位于经开区银凯工业园，占地3.78公顷，建筑面积7.57万平方米。其中，厂房区有一类工业标准厂房5栋，办公楼1栋，职工宿舍2栋，配有食堂、地下室和停车场等附属配套设施。2010年6月开工建设，2011年10月竣工。

【项目建设】　2011年，经开区新开工工业项目78个，总投资46.80亿元；在建工业项目95个，总投资74亿元；竣工工业项目68个，总投资22.12亿元。

广西盛虎金属制品有限公司　位于经开区银凯工业园。由日本泰格株式会社投资，主要生产螺杆、五金件、塑料制品等建筑材料。投资建设年产1800吨塑料制品和1.32万吨金属制品的生产线，总投资280亿日元（折合2亿元人民币）。11月3日开业。

【招商引资】　2011年，经开区转变招商方式，推进全员招商，形成“人人都是引资者，个个都是招商员”的氛围。引进项目156个，总投资86亿元。在谈和储备项目60多个，总投资140多亿元。实际到位内资59亿元；新批合同外资1.10亿美元，实际到位外资4637万美元；引进娃哈哈饮料生产基地等重点项目以及兴南城物流、九牧王商贸、嘉路人力资源等税源型项目，新增税源2亿多元。

【土地征管】　2011年，经开区加大整治违法占地、违法建设力度，坚持“有违必拆，有乱必治”，以综合执法代替单一执法，以主动执法代替被动执法，保持依法“清违”的高压态势。组织“清违”行动20次，累计清理非法占地约233.33公顷，拆除违法建（构）筑物约58万平方米，批捕犯罪嫌疑人9人，在全市率先完成土地卫片执法拆违任务。征地533.33公顷，其中吴圩机场扩建项目交付用地359.33公顷、云桂铁路项目113.27公顷。9月，南宁市依法“清违”现场会议在经开区召开，将经开区的经验向全市推广。

【普罗旺斯小学落成启用】　位于白沙大道普罗旺斯小区内。2010年10月开工建设，2011年8月29日建成启用，总投资1800多万元。占地1.67公顷，校舍建筑面积1万多平方米，设有标准教室36间，可容纳1700多名学生就学。秋季学期开设班级19个，招收学生800多人。学校配备有多媒体教室、语音室、计算机室、音乐教室、美术教室、自然科学实验室、图书阅览室等功能室，各教室均配有多媒体教学设备，各专用教室均按省一类标准配备。室外配备200米塑胶环形跑道运动场、风雨操场、室内多功能球馆、4个篮球场、羽毛球场等体育运动设施和1个植物园。　（苏致诚）

10月18日，五象大道延长线通车　　苏致诚提供

南宁—东盟经济开发区

【概　况】　南宁—东盟经济开发区辖区面积180平方千米，人口6万，是全国归侨侨眷最集中的聚居地之一，先后安置印度尼西亚、越南、柬埔寨、老挝、缅甸、泰国、马来西亚、新加坡、菲律宾等东南亚9个国家的归难侨1.20万人，现有归侨侨眷7000多人。实行三块牌子（南宁—东盟经济开发区、南宁华侨投资区、武鸣华侨农场）一套人马管理模式，行使市级经济社会管理职能。2011年，驻区企业243家，其中规模以上企业58家（新增1家）、亿元产值工业企业25家（新增8家）、投资额超亿元企业39家。完成地区生产总值29.91亿元；工业总产值98.25亿元，其中规模以上工业总产值95.17亿元；全社会固定资产投资73.11亿元，其中技改投资42亿元；社会消费品零售总额1.96亿元；出口总额3579万美元；财政收入2.85亿元。

【投资环境建设】　2011年，南宁—东盟经济开发区深入开展“发展环境建设年”活动，进一步营造宜工宜商宜居投资环境。一是完善开发区城市规划。完成《广西北部湾经济区南宁—东盟经济开发区总体规划（2010－2030）》、《南宁—东盟经济开发区核心区控制性详细规划》，启动实施“造城运动”，全面开展水系规划、城市设计等。二是完善基础配套设施和企业发展配套。基础建设投资12.90亿元，修建排水管网33.40千米、道路6.23千米、路灯亮化4.60千米、道路绿化40千米，种植树木12.80万株。成立企业服务中心，建立网上审批平台，搭建服务企业新渠道；建成启用开发区办公自动化系统，中心区互联网络实现全覆盖；开通开发区至南宁免费直通车和“招手即停”城市小巴士。三是完善城市生活配套，加快推进公共租赁住房、星级宾馆、客运站、综合市场、职教基地、房地产、休闲度假中心等配套工程。其中:华侨城项目完成项目补偿费及土地购置费投资1.07亿元;公共租赁住房实际开工2353套，棚户区改造新开工1508套，廉租住房新增发放租赁补贴113户;房地产在建项目8个，总投资约15亿元，完成投资7.20亿元;四星级宾馆项目完成投资500万元；综合市场项目，总投资4000万元，12月建成并投入运营;大帽山城市广场、小帽山美食广场，完成投资820万元；客运站项目完成投资1922万元，主体工程竣工；铜锣湾国际休闲度假中心项目完成投资240万元;标准厂房项目开工建设11个，竣工8个，建筑面积13.47万平方米，累计完成投资6400万元。四是实施民生保障工程，新型农村合作医疗保险覆盖开发区下辖农场所有生产队。组织586人次参加再就业培训班，组织300多名意向创业人员参加创业培训班;新增青年创业见习基地5个，新增私营企业20家、个体工商户78户。累计发放最低生活保障、特困群众救助以及救灾救济资金400多万元。全面落实支农惠农政策，争取获得农业基础设施、水库除险加固等项目扶持资金3000多万元;申请良种补贴面积约2000公顷；发放种粮补贴、家电下乡等支农惠农资金500多万元。

5月，广西珠江啤酒有限公司首期年产20万吨啤酒项目在南宁—东盟经济开发区正式投产。图为公司啤酒生产线 周家志 摄

【招商引资】 2011年，南宁—东盟经济开发区实际到位内资49.53亿元；合同引进外资9459万美元，实际到位外资2843万美元，直接利用外资2843万美元。引进内蒙古伊利实业集团股份有限公司伊利华南冷饮生产基地项目、百威英博啤酒投资(中国)有限公司一期年产25万吨啤酒生产基地项目、沙伯特(亚洲)有限公司环保餐饮包装、餐具生产与销售项目等项目45个，总投资48.98亿元。其中:内资企业41家，外商独资企业4家。超千万元企业43家，超五千万元企业23家，投资超亿元项目14个;世界500强企业2家、外资项目4个。当年签约、当年开工建设项目25个，占当年落户企业55.60%，总投资11.93亿元。至年末，跟踪在谈重大项目10多个，总投资约15亿元。

【项目建设】 2011年，南宁—东盟经济开发区深入开展“项目建设年”活动，不断完善项目服务推进机制，加快推进项目建设步伐。成立项目前期工作办公室和固定资产投资办公室，分别负责项目策划包装、设计等前期工作和固定资产投资，确保分解下达的项目投资任务得到落实。实施“资金筹措、征地拆迁、土地报批”三大攻坚，突破项目建设瓶颈问题。提高财政资金使用效益，加强跟踪落实银行贷款，争取上级各类扶持资金，筹措资金7亿多元，到位资金3.50亿元。实施征地拆迁大攻坚，完成30个项目的征地，总征用面积166.67公顷，拆迁面积约2.50万平方米。盘活农场零星建设用地及国有企业改制存量用地，清理闲置违约项目用地，获批新增建设用地170多公顷。重点推进项目64个，总投资62.20亿元。其中:开工项目38个，投资31.50亿元;竣工项目41个，投资23亿多元。列入自治区、南宁市大兑现的内外资项目7个，投资23.03亿元，合同履约率100%，开竣工率100%，资金到位率92.12%。列入自治区层面统筹推进重大项目2个，完成投资1.47亿元；列入南宁市层面统筹推进项目4个，完成投资5.02亿元。举办南宁市重大项目集中开竣工仪式3次，集中开竣工工业项目22个。至年末，在建项目46个(工业项目40个、交通运输项目1个、城市基础设施1个、旅游项目3个、其他项目1个)，总投资52.49亿元。广西珠江啤酒生产项目由广西珠江啤酒有限公司投资建设，注册资本3000万元。项目分两期实施，占地20公顷，总建筑面积16.10万平方米，项目全部建成投产后年销售收入8亿元，税收2400万元。首期年产20万千升啤酒项目，总投资5.25亿元，固定资产投资5亿元，经营范围为啤酒生产与销售，5月正式投产。

【产业发展】 2011年，南宁—东盟经济开发区重点发展、培育食品加工、轻纺制鞋、生物制药、电子机械、家具制造等产业。食品加工产业企业37家，其中投产企业29家，在建、待建企业8家;在建项目有伊利、双汇、华丰等，总投资约35亿元;规模以上企业17家，实现产值22.49亿元，占工业总产值22.89%。轻纺制鞋产业企业12家，其中投产企业7家，在建、待建企业5家;规模以上企业3家，实现产值4.47亿元，占工业总产值4.60%。生物制药(化工)企业20家，其中投产企业13家，在建、待建企业7家；在建项目有禾力药业、丽原生物等，总投资5亿多元;规模以上企业13家，实现产值20.28亿元，占工业总产值20.64%，其中制药业规模以上企业4家，实现产值5.70亿元，占工业总产值5.80%。电子机械产业企业31家，其中投产企业15家，在建、待建企业16家;规模以上企业15家，实现产值34.44亿元，占工业总产值35%;在谈、在建项目有诚发农机、大青山制糖机械等，总投资约20亿元。家具制造产业企业40家，其中投产企业24家，在建、待建企业16家;规模以上企业5家，实现产值5.17亿元，占工业总产值5.26%。纸品及其他产业企业84家，其中投产企业62家，在建、待建企业22家;规模以上企业5家，实现产值8.32亿元，占工业总产值8.47%。

【农业发展】 2011年，南宁—东盟经济开发区农作物种植面积8333.33公顷，其中甘蔗800公顷、木薯1333.33公顷、粮食作物1466.67公顷、蔬菜866.67公顷、水果3133.33公顷。秋冬植蔬菜73.33公顷、晚稻秋收面积200公顷，玉米200公顷。引进、建设反季节蔬菜大棚基地——博元公司蔬菜基地，列入南宁市为民办实事项目“菜篮子”工程建设内容，总投资1500万元。新开发双季葡萄、四季蜜芒、有机蔬菜基地建设等农业产业化项目3个，种植面积66.67公顷。加快发展现代农业，进一步巩固农业基础地位，实现农业总产值4.10亿元。夯实农业发展基础，落实支农惠农资金234.61万元，安排实施农业项目11个，总投资5400万元，涉及村屯道路、水利灌溉、农业综合开发等。加快调整农业产业结构，新建农业大棚800个，累计4000多个，实现总产值3200万元；农业示范基地规模不断扩大，2000公顷香蕉产业园项目总产量9万吨，平均每公顷45吨，产值1.80亿元，利润3600万元；农副产品加工业企业17家，产值22.40亿元。完成造林面积60公顷，采伐林木蓄积1.27万立方米，面积163.47公顷。组织开展对国土卫片范围内24家企业（木材加工厂）违法建筑依法强制拆除，复耕复绿土地56.27公顷。其中耕地面积28.65公顷、林地20.13公顷、园地4.31公顷、其他用地3.18公顷。造林绿化总投资800多万元，主要是增种乔木和小苗（指灌木及胸径6厘米以下的小乔木），其中乔木种植1.80万株、小苗种植11万株。道路绿化40多千米。

【华侨农场综合改革】 2011年，南宁—东盟经济开发区通过“以房换房”方式引导农场职工向开发区中心集中居住，并给予就业保障和社会保障，改善职工居民居住条件，开工建设华侨城项目，总投资12亿元，华侨城项目补偿费及土地购置费完成投资1.07亿元；通过回租方式推动农场土地承包经营权流转，由开发区国有平台公司统一集中经营，促进土地集约节约经营和农业产业化、规模化经营，新开发农业产业化项目8个；实施城乡建设用地增减挂钩，节约集约利用建设用地，通过自治区国土资源厅评审50.12公顷，上报市级评审46.41公顷。

（张向新）

广西良庆经济开发区

【概　况】 2011年，广西良庆经济开发区规划面积262.84平方千米，辖区面积55平方千米。驻区企业339家，其中规模以上企业50家（新增4家）、年产值超亿元企业24家（新增3家）。工业总产值136.88亿元，其中规模以上工业总产值127.23亿元、亿元以上工业企业产值114.49亿元。全社会固定资产投资101.76亿元；出口总额9.21亿元；财政收入1.67亿元。12月，自治区加快工业园区发展工作领导小组办公室授予广西工业总产值超百亿元园区，自治区招商引资项目大兑现工作领导小组授予自治区招商引资项目大兑现工作示范园区。

【产业发展】 2011年，良庆经开区依托南宁保税物流中心，加快产业结构调整，重点发展轻工业、制药、有色金属深加工、机械制造、建材、饲料6个主导产业。轻工业主要以日用品生产、包装印刷、制衣等企业为主。引进龙昌日用品工业（南宁）有限公司、南宁嘉道包装有限公司、南宁华威制衣有限公司等规模以上企业13家，完成工业总产值7.34亿元，占开发区规模企业总产值5.74%，比上年增长31.07%；完成税收710.37万元，占开发区税收比重4.25%，下降8.43%。有色金属深加工业主要以氧化锑及关联产品生产企业为主。引进广西松日有色金属有限公司、广西华锑化工有限公司、广西日星金属化工有限公司规模以上企业3家，完成工业总产值37.04亿元，占28.96%，增长164.95%；完成税收2483.85万元，占14.87%，增长50.06%。建材业主要以钢材深加工、林产品加工、水泥制品生产、建材化工产品生产企业为主。引进广西丰林木业集团股份有限公司、市蓝天钢管厂、市嘉大混凝土有限公司等规模以上企业11家，完成工业总产值16.14亿元，占12.62%，增长32.95%；完成税收4967.90万元，占29.75%，增长29.28%。制药业主要以中成药提取、中药深加工、西药生产企业为主。引进广西千珍制药有限公司、广西万寿堂药业有限公司、广西昌弘制药有限公司等规模以上企业8家，完成工业总产值13.89亿元，占10.86%，增长11.48%；完成税收1385.35万元，占8.30%，增长50.61%。机械制造业主要以糖机设备生产、汽车零部件生产企业为主。引进广西盛誉糖机制造有限责任公司、广西凯源铁塔有限公司等规模以上企业7家，完成工业总产值14.80亿元，占11.57%，增长49.34%；完成税收1808.69万元，占10.83%，增长53.03%。饲料业主要以饲料生产企业为主。引进南宁正大畜牧有限公司、广西南宁百洋饲料集团有限公司、南宁鸿牌饲料科技有限公司等规模以上企业8家，完成工业总产值38.67亿元，占30.24%，增长23.31%；完成税收2260.75万元，占13.54%，增长5.75%。

【投资环境建设】 2011年，良庆开发区以“经济要发展，规划和基础设施建设先行”思想为指导，开展各项基础工作特别是园区基础设施建设及规划编制，园区的发展环境进一步优化。完成基础设施建设投资8.05亿元。由开发区（庆海公司）负责的基建项目有15个。其中：玉洞片区1号路累计投入1100多万元，B标段路基基础工程基本完成；玉洞片区21号路完成项目前期工作；其他13个项目开展前期工作，总投资13.70亿元。开展规划编制，完成良庆片区土地利用总体规划的编制及报审工作，并取得批复；完成良庆区玉洞片区控制详细规划、中国—东盟国际物流基地及平乐西片区竖向规划、那马镇和太安龙象工业集中区土地利用总体规划文本的编制。太安龙象工业集中区开发建设一期控制性详细规划（面积约5平方千米）获市政府批准，完成分区规划和环评审批。

【招商引资】 2011年，良庆开发区积极引进项目，拓展发展空间。组织16个项目的材料上报城区政府和市北部湾办公室，其中14个项目获得批准同意入区、计划总投资35.10亿元，2个项目获立项批复，3个项目初步选址。引进中闽钢材市场管理公司东盟—北部湾钢材交易中心（计划投资10亿元），广西苏氏集团公司苏氏科技工业园（计划投资3.50亿元），广西柳州医药公司现代医药物流中心（计划投资2亿元）等项目。通过“零地招商”方式引进北部湾港务集团泛海有限公司、广西城投浩晨有限公司等企业落户开发区注册纳税，培育新的税收增长点。上述2家企业在第四季度上缴税收3000多万元。盘活闲置土地11.47公顷，利用盘活的空闲土地、厂房引进广西源源钢结构有限公司钢结构加工销售、南宁保利美圣诞工艺制品有限公司圣诞树加工销售等8个项目。引进合同内资32.21亿元，实际到位35.25亿元；直接利用外资3107万美元。

【项目建设】 2011年，良庆开发区服务建设项目13个，其中新建项目2个、续建项目5个、落地未开工建设项目6个。为市鼎宏投资公司大型综合性车厢加工制造项目、市诚通管材公司年产150万吨新型管材建设工程项目完善用地手续，协助凯源铁塔公司电力塔、范记食品公司糕点产品生产等4个项目办理《建设工程施工许可证》等。推进南宁品真科技公司临床医学检验设备及器械开发制造、广西中凯钢材交易市场公司良庆区钢铁物流配送中心、广西方舟投资置业公司良庆区建材综合城等6个项目（计划总投资28.20亿元）的筹建。统筹推进工业技改项目40个，累计完成投资21.55亿元。

【扶持培育企业】 2011年，良庆开发区加大龙头企业扶持力度，加快企业发展步伐。湖南正虹科技公司南宁分公司、南宁盟达电子科技公司、广西方略药业集团公司3家企业新进入亿元企业行列，26家亿元企业实现产值114.49亿元，占规模以上工业总产值比重的89.53%。其中，日星金属化工公司、正大畜牧公司产值超过10亿元，鸿牌饲料公司、百洋水产公司产值超过5亿元。协助条件成熟的企业上市融资，促进企业做大做强。9月28日，广西丰林木业有限公司成功上市，开发区上市公司实现零的突破。实施“中小企业成长工程”，确定南宁保利美圣诞树工艺制品公司、广西源源钢结构公司等17家规模以下或新投产的企业作为重点服务对象。盟达电子科技公司、板大木业公司等4家企业新进入规模以上企业行列，进一步增强园区的发展后劲。（乐情温）

南宁六景工业园区

【概　况】 2011年，南宁六景工业园区以列入北部湾经济区重点产业园区为契机，坚持“创新立园、项目兴园、产业强园”的原则，围绕“构筑大平台，集聚大产业，引进大项目，培育大企业”的战略，重点发展化工、制浆、造纸、茧丝绸加工及农副产品加工等产业。驻区企业62家，其中规模以上工业企业28家（新增4家），亿元产值企业13家（新增1家）。地区生产总值32.16亿元；工业总产值64.56亿元，其中规模以上工业总产值63.89亿元；亿元企业实现产值55.59亿元，占规模以上工业总产值87.01%。全社会固定资产投资57.45亿元；财政收入1.17亿元。

7月27日，广西北部湾经济区管委会、南宁市政府、横县政府组织召开《南宁六景工业园区控制性详细规划》评审会，原则同意并通过《规划》　　六景工业园区管委会提供

【投资环境建设】 2011年，六景工业园区管委会坚持规划先行、适度超前的原则，加快园区道路、供排水、供电、服务配套等基础设施建设，提高园区承载力和配套服务能力。完成基础设施建设投资5亿元，园区一期规划范围实现“四横四纵”道路的全面贯通，建成并投入使用的市政道路有纬二路、纬四路、纬七路、纬八路4条主干道和经一路、经二路、经三路、北经一路4条辅道，总里程22千米，建成横跨甘棠河桥梁2座，路灯、绿化、管道铺设等工程配套到位；建成并投产日供水1.50万吨的水厂、日处理污水2万吨的污水处理厂，建成雨水、污水管网30千米；建成35千伏变电站、110千伏变电站、220千伏变电站各1座。12月，一期规模为266万千瓦机组的南宁电厂竣工投产；六景客货运输中心、南宁港六景港区开展工程施工。在资金筹措方面，探索采用BT、BOT等项目建设模式，以市场运作的方式，拓展投融资渠道，多方筹措建设资金。立项建设六景工业园区休闲广场、企业服务中心、福景房地产开发、三星级宾馆等项目，推动园区现代服务业发展。

【项目建设】 2011年，六景工业园区管委会开展“项目建设年”活动，完善“干部在一线工作，决策在一线落实，问题在一线解决”的“三个一线”工作机制，成立以管委会领导为组长、全体干部职工参加的重大项目建设推进小组、招商服务小组，职工干部挂点服务企业小组并实行组长负责制，协助推进重点项目建设。每个重点项目均明确第一责任人和责任领导，制定切实可行的跟踪服务计划和阶段性目标。至年末，驻园企业62家（新增企业3家），新引进项目4个，意向总投资74.95万元，在建项目29个，开展前期工作项目9个，投产企业40家。推进南电、南化、劲达兴、永凯、固废、南宁港六景港区、天利恒等自治区统筹推进的重大项目建设。6月，总投资2.16亿元，占地20公顷，设计规模综合处理危险废物4万吨的广西固体废物综合利用处置中心项目建成投入使用；12月，一期投资45亿元的国电南宁电厂项目第一台机组、广西劲达兴纸业有限公司年产20万吨铜版纸项目、广西永凯集团年产9.5万吨漂白蔗渣浆项目和永凯码头项目竣工投产。

【招商引资】 2011年，六景工业园区累计签订项目投资合同66个，合同投资350多亿元，建成投产企业40家，在建项目29个，开展前期工作项目9个。引进项目涉及农产品加工、茧丝绸加工、钢结构制造、饲料生产、制浆造纸、电力、化工等产业。完成招商引资项目4个，引进合同内资78.37亿元，实际到位29.38亿元。

（李清俏）

南宁江南工业园区

【概　况】 2011年，南宁江南工业园区规划总面积41.03平方千米，其中沙井分区31.97平方千米、富宁经济园7.90平方千米、石柱岭铝加工产业园1.16平方千米。驻区企业92家，其中规模以上工业企业32家，亿元产值工业企业14家。工业总产值51.59亿元，其中规模以上工业总产值50.01亿元；全社会固定资产投资56.49亿元。

【投资环境建设】 2011年，江南工业园区加强投资软环境建设。进一步树立"亲商、扶商、富商、安商"的思想，为项目提供全托、保姆式服务，树立"便捷高效、文明周到、透明公开、廉洁勤政"的服务宗旨。以路网建设为引导，不断完善园区配套基础设施建设。基础设施建设投资3.79亿元，竣工通车道路项目2个，新开工和续建道路、河道等项目11个，累计建设长度13千米；开展7条道路和3座立交桥的设计等前期准备工作。

【招商引资】 2011年，江南工业园区依托园区开发、会展和节庆活动，充分利用北部湾开放开发和中国—东盟博览会等平台，主动承接国内外产业转移。富士康南宁科技园和华电分布式能源项目入园建设。同时，推进以商招商、项目招商和产业招商，依托南宁华南城项目的辐射带动作用，引进上海喜盈门国际家居连锁企业、中国兽霸集团等商家。实际到位内资6.50亿元；实际到位外资350万美元。

【项目建设】 2011年，江南工业园区重点推进自治区、南宁市重点项目建设5个，进一步形成产业集群，逐步凸显园区功能。

年产20万吨大规格高性能铝合金板带型材项目　位于石柱岭铝加工产业园。占地87.39公顷，总投资48.20亿元。主要生产铝合金中厚板、深加工铝带、大型挤压型材和精深加工产品。2010年8月开工；完成投资19.76亿元，累计完成投资23.56亿元。

富士康南宁科技园项目　位于沙井分区。占地约197.67公顷，总建筑面积约146.30万平方米，总投资63.40亿元。主要生产电子书、智能手机、GPS、高端路由器、高端交换机网卡等高端电子产品。6月18日，开工建设厂房、附房、员工宿舍楼和项目周边的路网等，完成投资13.95亿元。

南宁华南城项目　位于沙井分区。占地227.07公顷，总建筑面积488万平方米，总投资120亿元。项目主要由纺织服装、皮革皮具、化工塑胶、印刷纸品包装、五金工具机电配件、建材装饰、电子电器、医药与器械、日常用品等工业原料及相关产品专业物流市场、配套设施组成。至年末，3个交易广场封顶并进行装修，1个交易广场开工建设，完成投资13.58亿元，累计完成投资22.50亿元。

广西海吉星农产品国际物流中心项目　位于富宁经济园。占地40.40公顷，总建筑面积52万平方米，总投资13.40亿元。以集散交易、物流仓储、商业服务3个板块为主，拟建成国际化、现代化、多功能的大型农产品物流中心。6月20日，一期水果批发市场正式投入运营。

华电分布式能源项目　位于沙井分区。拟建设3台60兆瓦的燃气—蒸汽联合循环机组，总投资8.50亿元。10月18日开工建设，完成投资1亿元。

（南宁江南工业园区管委会）

南宁仙葫经济开发区

【概　况】 2011年，南宁仙葫经济开发区辖区面积75平方千米，重点开发面积11.30平方千米。辖社区5个，人口约7万，有行政、工业、第三产业等大型单位96家。驻区企业160家，其中规模以上工业企业9家（新增1家），亿元产值工业企业1家。技工贸总收入12.20亿元；工业总产值13.60亿元，其中规模以上工业总产值8.39亿元；全社会固定资产投资55.20亿元，社会消费品零售总额3.26亿元，财政收入2.40亿元。

【基础设施建设】 2011年，仙葫开发区累计完成基础设施建设投资30亿元，建设主干道19.70千米、附属支干道路69条，其中贯穿东西方向的仙葫大道宽55米、长11.50千米。基础设施建设投资4600万元，其中环葫东路西一里、秀岛路北段道路、丽春路道路，莫村四队安置小区北边半幅路4项工程完成投资600多万元。

【招商引资】 2011年，仙葫开发区完善招商引资工作机制，制作开发区规划沙盘，安装招商宣传LED（发光二极管）屏，为招商中心增配5名具有英语、中文、土地管理、工程造价等专业知识的专职工作人员，提高招商工作效率。协议总投资41.60亿元，实际到位9.23亿元。

【项目建设】 2011年，仙葫开发区全面推进征地拆迁，为重点项目落地奠定良好的基础。开展广西中医学院仙葫校区、广西政法学院、屯里动车所等21个项目的征地拆迁任务，需征地面积380.78公顷。完成征收集体土地约72公顷（其中学校教学用地项目45.97公顷、铁路建设项目17.07公顷、置换用地项目8.58公顷）；临时租用集体土地11.65公顷；完成住宅房屋拆迁4213.08平方米，房屋和养殖房等地上附着物拆迁约18.05万平方米。10月18日，自治区重点建设项目——广西国泰粮食集团有限公司30万吨粮油食品精深加工搬迁技改一期工程开工建设，成为城区最大的工业项目、是自治区最大的大米加工企业。广西农冠粮油有限公司项目4公顷，莺歌商贸物流项目25.80公顷，华润、建业、盛鸿3个混凝土搬迁技改项目8公顷用地均获得规划定点。加大对大宗消费品项目和品牌商贸的引进力度。12月18日，东风日产广缘仙葫店开业；投资7500万元的蓉茉商业综合中心项目完成招投标；金胤地产、联发地产、佳园地产等先后推出新楼盘。

（顾　威）

南宁市相思湖新区

【概　况】 2011年，南宁市相思湖新区由开发建设阶段进入提升发展阶段，以城市规划为龙头，做好规划调整；以项目建设为目标，突破征地拆迁瓶颈；以"中国水城"建设为核心，推进生态文明示范城市建设；以城市管理为延伸，推进城乡清洁工程；以大学园区为基础，加快中高职教育园区建设；以招商引资为生命，狠抓筹融资和财税收入；以路网建设为主线，抓好城市基础设施建设，推进生态文明和谐新区建设。全社会固定资产投资

38.80亿元，财政收入2.36亿元；征地面积257.87公顷，出让面积12.06公顷，土地成交额9.82亿元。

【投资环境建设】 2011年，相思湖新区坚持实施开放带动战略，改善和优化投资环境，构筑"诚信廉洁、公正公平、优质高效、文明和谐"的投资环境。提高组织工作满意度，实现"阳光人事"。坚持"凡进必考"的原则，招考公务员2名，引进选调生1名，通过"推优育才"工程竞争上岗选拔财政局局长1名；选派新农村指导员1人；选派挂职干部2名；交流调整干部职工7人；通过公开招考为新区招聘工作人员19名。以回应群众期待，解决群众诉求为主题开展谈心谈话活动，收集、处理干部群众关心的实际问题和建议76条。提高干部职工的业务素质和政治思想素质，组织各类学习培训20期，培训2500人次，学习覆盖面100%。设立国土规划监察大队，专项负责辖区土地和城乡规划管理，遏制并纠正违法用地违法建设行为。基础设施建设不断完善，交通基础设施建设项目22个，总投资52.35亿元；市级市政交通建设项目19个，总投资50亿元；市级市政公用工程代建项目18个，总投资11.38亿。年内完成投资1.32亿元，开工、续建道路10条，种植大树3020株。

【项目建设】

"中国水城"项目 2011年，相思湖新区"中国水城"攻坚战完成投资4.43亿元。可利江—心圩江连通运河完成投资1.85亿元，河道整治完成，桥梁竣工9座；可利江环境综合整治一期工程完成投资4200万元，河道主体工程竣工，建成污水管网23.80千米，补水泵站完成进、出可利江补水管，完成泵房主体建设及设备安装；可利江环境综合整治景观工程（二期）完成投资5100万元，完成1区、4区主体工程建设；石埠河生态环境综合整治工程完成投资5070万元，Ⅰ标完成1千米堤防填筑，石灵河泵站基本完工，Ⅱ标完成5千米堤防填筑，永安泵、抱村泵站安装设备预埋件；西明江生态环境整治工程完成投资7800万元，蓄水矮坝土方工程挖方4万立方米。

高教职教园区项目 完成投资10.30亿元。广西民族大学西校区相思湖学院建成投入使用，国际教育综合楼竣工验收；南宁职业技术学院14号学生宿舍楼竣工验收；广西财经学院教学组团工程封顶，南宁高级技工学校商务实训楼、电子实训楼项目封顶；广西工商职业技术学院、广西艺术学院建筑主体施工；广西银行学校、南宁市卫生学校、广西体育高等专科学校完成征地工作；广西农业职业技术学院、广西建设职业技术学院、广西华侨学校等相思湖校区开展征地拆迁工作。

经营性房地产项目 完成投资4.91亿元，在建房地产6家，房地产面积82.95万平方米；竣工面积20万平方米。其中西建水岸华府、桂成相思湖园竣工验收并陆续交房，昌泰清华园交付使用面积5.20万平方米，同人学府大道、骋望怡□湾部分主体工程完成封顶，骋望·剑桥郡开工奠基。

【招商引资】 2011年，相思湖新区成功出让西庄路南侧、西宁路东侧房地产开发用地和大学西路以北、罗文大道以西的加油站等项目用地，重点引进产业关联度高、带动作用强的项目，实现税源培植多元化。通过实施"走出去"战略开展招商活动，招商范围进一步扩展，重点招商项目得到广泛关注。"两会一节"期间，密集约谈国内外企业8家，重点宣传推介项目6个，接待国内外客商65人次，签约项目4个，签约内资8.99亿元、外资6.56亿美元。至年末，实际到位内资12.23亿元。（唐欣也）

南宁五象新区

【概　况】 2011年，南宁五象新区开发建设以拓展新区功能为重点，重点推进自治区重大公益项目、蟠龙片区、总部基地、南宁保税物流中心、龙岗片区的建设，主要是路网及公共基础设施建设，新区开发建设"大工地"场面已然形成。开发攻坚战建设项目169个，累计完成投资69.54亿元。10月31日，自治区党委书记、自治区人大常委会主任郭声琨，自治区主席马飚等领导在五象新区召开现场办公会，就加快五象新区规划建设进行专题研究部署。11月8日，市委、市政府召开南宁市掀起五象新区开发建设新高潮动员大会，把五象新区建设列为南宁市的"一号工程"。南宁市陆续出台《关于掀起五象新区开发建设新高潮决定》、《南宁五象新区开发建设工作实施方案》、五象新区组织指挥机构及"双百"项目(百项重点基础设施项目、百项重点产业项目)建设计划等文件，加快推进新区概念性总体规划修编以及新区控规、专项规划编制，保障新区开发建设。

【基础设施建设】 2011年，五象新区路网建设覆盖面积60平方千米，初步形成"三纵三横"("三纵"为银海大道、平乐大道、龙岗大道；"三横"为堤园路、五象大道、玉洞大道)的路网格局。总部基地、蟠龙片区、中国—东盟国际物流基地、龙岗片区等各片区路网工程基本形成：总部基地规划建设道路13条，开工建设道路12条，道路基本完成路基土石方工程、排水管施工、沥青路面铺设等7条；蟠龙片区路网工程19条，开工建设道路14条；龙岗片区路网开工建设道路15条。广西体育中心(二期)、五象新区滨江公园等重大公益性项目建设加快推进，市青少年活动中心、市中心图书馆、市档案馆(含方志馆)等项目开展前期工作；新建、扩建中小学校12所，开工建设小学7所，其中柳沙江南小学于9月建成并投入使用；7月10日，邕江大学新校区完成整体搬迁，主体建筑竣工并投入使用33栋，建筑面积41.43万平方米。

【项目建设】 2011年，五象新区重大公益性项目建设加快推进。广西规划馆于11月8日建成启用，占地8.13公顷，建筑面积4.23万平方米；广西美术馆于11月完成主体结构工程；广西铜鼓博物馆于10月18日开工建设。12月，"三街"(金融街、文化街、民族风情街)项目举行开工仪式。总部基地建设加快推进，青啤·海尔总部基地、中国移动信息枢纽中心、南宁海关报关中心、中新社广西外宣基地、南城百货总部大厦等进驻总部基地项目相继启动。

【南宁保税物流中心运营】 2011年，南宁保税物流中心办理报关单3689份，货值2.39亿美元，进出口货运量32.52万吨。办理保税物流业务报关单938票，总重量2.11万吨，货值1.07亿美元。建成1、2、3、4号冷库，货物吞吐量6.22万吨，储存货物种类30多种。在招商引资方面，与20多家企业正式签订合作协议，企业入驻办公12家。12月，《南宁综合保税区建设工作方案》获市政府常务会通过，进一步推进南宁保税物流中心向综合保税区转型升级。

（南宁五象新区开发建设指挥部）

责任编辑 梁笑飞

城市建设与管理

城市重点工程建设

【概　况】 2011年，南宁市城市建设计划三批安排建设项目368个、前期工作项目245个及清欠还款专项，计划总投资1602.12亿元，年度计划投资328.38亿元。其中：建设项目年度投资239.07亿元，前期工作项目年度投资4.14亿元，清欠还款专项年度投资85.17亿元。建设项目涵盖五象新区、道路、轨道交通、桥梁、廉租房、公共租赁房及经济适用住房、拆迁回建及安置房、水环境及内涝整治、公共建筑、市政配套设施、风景旅游和园林绿化等方面。全年开工项目238个，建成投入使用42个，完成投资250.03亿元。其中：建设项目174.27亿元，前期工作项目7.85亿元，清欠还款专项67.91亿元。

【建设项目】

五象新区项目　2011年，建设项目62个，年度计划投资56.65亿元，完成投资43.85亿元。开工项目有邕江大学南侧路（龙岗片区2号路延长线—龙岗大道）、龙岗南片区路网工程、龙岗片区2号路延长线（五象大道—玉洞大道）、物流基地1号路延长线（30号路—3号路）、玉洞片区1号路等43个，其中完工的项目有五象大道（银海大道—八尺江）1个。

道路项目　共174个，年度计划投资66.82亿元，完成投资49亿元。开工项目有亭洪路延长线（壮锦大道—规划七路）、五一路（凌铁大桥—富宁立交）、安吉北延长线、凤岭南路（青山路—青秀路、青环路—开泰路）、凤岭片区储备用地场地平整及周边道路工程、翡翠园南侧路、长湖东路（凤翔路—月湾路）等103个。完工并投入使用的有鲁班南路（大学路—江北大道）、青山路南湖连接线、星湖路道路改造（一期）工程、黄茅坪水库北侧道路（会展路—竹溪大道）、桂雅路—翡翠园2号路隧道及道路工程26个。

轨道交通项目　共4个，年度计划投资10.99亿元，完成投资3.30亿元。续建和在建项目分别有市轨道交通1号线大学—明秀路口综合交通工程（试验站）、南宁东站综合交通枢纽工程（试验站）、心圩江站工程、南湖站工程。6月15日《南宁市轨道交通1号线一期工程可行性研究报告》通过国家发改委审批，12月29日全线开工建设。

桥梁项目　共10个，年度计划投资5.55亿元，完成投资2.10亿元。五象大桥已开工建设；白沙—亭江立交桥11月30日开工，完成临时设施搭建、围挡及所有桩基；大学路可利江桥改建工程、科德路跨心圩江桥等开工建设。

廉租房、公共租赁房与经济适用住房项目　共20个，年度计划投资12.82亿元，完成投资10.59亿元。开工项目有边阳街高层廉租住房项目、邕宁区廉租住房项目、凤岭北路南面廉租住房一期和二期工程、“环卫公寓”公共租赁住房建设工程、富宁新兴苑、凤岭在水一方、昌泰清华园等16个，年内无完工项目。

拆迁回建及安置房项目　共9个，年度计划投资7.06亿元，完成投资4.27亿元。开工项目有江南区富乐新城拆迁安置小区、凤岭佳园拆迁安置小区、兴宁区拆迁安置小区家园小区（二期）、林里桥拆迁安置回建小区、西乡塘区拆迁安置小区金水湾花园（一期）、江南堤路园农民回建房6个，年内无完工项目。

水环境及内涝整治项目　共29个，年度计划投资39.12亿元，完成投资35.53亿元。开工项目有心圩江环境综合治理一期和二期工程、可利江环境综合整治工程（一期）、邕宁区防洪工程（一期）、青秀湖公园西段工程（原黄茅坪水库西段环境整治和园林景观工程）等18个。完工东盟—国际果蔬贸易中心河道及护岸工程1个。

公共建筑项目　共7个，年度计划投资3.04亿元，完成投资3.23亿元。开工项目有新民族影城、市妇女儿童活动中心项目、市城建档案馆、市规划展示馆、南宁领馆区服务中心楼加层扩建工程、南宁国际会展中心场馆专业大修更新改造6个，年内无完工项目。

市政配套设施项目　共37个，年度计划投资14.46亿元，完成投资16.26亿元。开工项目有江北片污水管网建设工程、三塘污水处理厂工程、埌东污水处理厂三期工程、沙井大道、富宁大道污水管网和沙井污水泵站及给水管道工程等28个。其中，江南污水处理厂二期工程、市城市智能交通系统完善二期工程、固定式电子警察系统升级完善项目、市区水泥混凝土道路路面伸缩缝及裂缝治理工程、明秀铁路立交桥内涝整治工程等12个项目完工并投入使用。

风景旅游与园林绿化项目　共15个，年度计划投资6.53亿元，完成投资6.26亿元。开工项目有凤岭儿童公园、青秀山营造林工程、青秀山生态保护一期工程、昆仑关景区南北门区工程、邕江滨水公园二期工程等12个。完成“绿满八桂”种大树工程、2011年“两会一节”广场花卉景点工程2个。（刘　倩）

“中国水城”建设

【概　况】 2011年，南宁市“中国水城”攻坚战以打造“两江八湖”（竹排江、可心江，南湖、民歌湖、茅桥东湖、茅桥西湖、青秀湖、相思湖、可利湖、明月湖）为重点，实施建设项目45个（续建项目16个，新建项目7个，前期工作项目22个），至年末，累计完成投资35.78亿元，完成任务

97.15%。其中:16个续建项目完成投资19.77亿元,完成任务108.69%;7个新建项目完成投资14.94亿元,完成任务82.24%;22个前期工作项目完成投资1.06亿元,完成任务240.43%。

【"南竹水系"景观建设】 2011年,南湖—竹排江—民歌湖项目建成启用后,按照建设"水城精品工程"的目标要求,完成两岸园林绿化,灯光亮化,小品、亭台、雕塑设置,游船码头建设,连通渠艺术壁画雕刻安装,酒吧街地下演艺厅外立面装修及停车场、库建设等完善提升工程,"一江两湖"(竹排江、南湖、民歌湖)景观基本完整展现并开通水上旅游航线,"五一"期间正式对外开放。民歌湖的重要组成部分——现代艺术酒吧街于"两会一节"期间试营业,成为市民群众都市消费的新去处。 (志 晴)

【相思湖公园建成】 南宁相思湖公园作为南宁市打造"中国水城"建设项目之一,北起天雹水库南宁外环高速路处,南止于江北大道,东至相思湖东路,西至相思湖西路,由北向南呈带状形分布。概算总投资18亿元,建设内容包括河道整治工程、生态恢复工程及景观工程。自2007年6月启动相思湖环境综合整治工程,至2011年累计完成投资7.87亿元,完成相思湖环境综合整治一期工程,占总投资43.72%。4月,公园林源野趣(怡情区)、田园技歌(乡情区)、东盟花园(友情区)、相思湖花园(爱情区)四个部分的主体初步成型,怡情区的相思湖湿地公园,种植有芦苇、花叶芦竹、睡莲等12种水生植物,有秋枫、香樟、菩提榕、鸡蛋花、孤尾椰等126个种类的陆地植物,水质达到景观水质C类,吸引大批鹭鸟到此栖息,形成城市西郊的自然生态保护区。该公园的小广场、凉亭、观景台、景观石等同时完工,并开园迎客。 (陈 琳)

【其他水城重点工程建设】 老口航运枢纽工程是广西内河高等级航道"十二五"建设的重点工程,也是南宁市打造"中国水城"的重点项目之一,建成后将实现自流补水,改善市区的水环境。2011年3月24日启动工程建设,至年末完成进场道路、临时围堰、坝区征地等,并开工建设坝区两岸主体工程。可心江河道主体已进入整改验收阶段,江上9座桥梁工程于10月底全部建成通车。列入自治区级年度绩效考评指标的茅桥东、西湖工程于年内开工。

【水质改善】 2011年,南宁市通过内河清淤、临时截污等措施,改善水系河湖的水质。基本建成的民歌湖—竹排江沿线,由于上、下游尚未完成实施改造,沿线污水直接排入,主要通过设置污水口挡板,在河道中设置拦挡格栅等措施改善沿线水质。江北片区的污水管网呈现众多断头管、污水管与规划不符无法接入、移交管理缺失等问题,市"中国水城"建设工作指挥部办公室通过实地核查调研,并根据实施的轻重缓急,制定分期实施方案报市政府审批,已将该片区污水管网建设完善项目列入2012年城建计划实施。完成朝阳溪、亭子冲、凤凰江等内河部分淤塞河段的清淤,保证内河的运行畅通。

【水城建设管理】 2011年,南宁市定期召开水城建设工作例会和专题研究会186次,研究解决问题600多个。落实征地拆迁领导挂点制度,通过现场调查、专题协调等形式配合城区推进征地拆迁。组织召开征地拆迁工作专题协调会30多次、协调解决问题100多个。实行目标绩效管理,强化项目督查问责。将目标任务细分为3月底、5月1日、7月1日、10月1日和年底前5个节点分步完成,明确各节点的具体任务、完成目标,要求业主分解落实责任,制订工作计划上墙公布,并成立5个督查小组经常性地深入项目工地,对各项目完成落实情况进行督促检查;7月,执行月度考核督查制度,根据项目业主填报的月度工作计划,逐月进行督查考核。加大宣传,提高水城享誉度。通过春节喜游水城、首府文艺家走进水城讴歌水城、水城·龙舟赛、"喜看水城"社区行等活动宣传"中国水城"建设。策划举办主题宣传活动29次,组织新闻媒体刊发报道318篇,编发工作简报60期,编印《水城信息早报》140期,接待各级党政代表团、各界人士代表74批次4200多人次,发放水城宣传册5000多册。水城各河湖公园接待游客超过50万人次,其中"五一"、"十一"、"两会一节"期间游客人数约10万人次,乘坐游船游览"一江两湖"的群众约5000人次。

民歌湖天天演舞台一瞥 市水城办提供

轨道交通建设

【概 况】 2011年1月5日~8日,南宁市召开南宁轨道交通2号线工程可行性研究报告及1号线一期工程总体设计专家评审会。4月10日,大学—明秀路口综合交通工程主体结构顺利封顶,标志着南宁轨道试验段主要施工节点任务完成。5月13日,市民政局组织1号线25个沿线车站名称的命名。5月27日,南宁东站综合交通枢纽一期工程——轨道交通换乘站工程正式开工建设。6月15日,《南宁市轨道交通1号线一期工程可行性研究报告》获国家发展和改革委员会批复。12月29日,南宁轨道交通1号线工程全线开工。11月9日~10日,第八届城市轨道交通自动售检票系统技术应用研讨会暨AFC专业产品展示会在南宁召开。

【轨道交通换乘站开工建设】 南宁东站综合交通枢纽工程为自治区重大项目,总投资60.70亿元,位于青秀区凤岭北片区。2011年5月27日,南宁东站综合交通枢纽一期工程——轨道交通换乘站开工建设。该项目的实施实现铁路与轨道交通两种交通方式的无缝衔接和功能的互补。轨道交通换乘站为地下四层车站,地下一层为地下空间商业层,二层为地下空间疏散大厅,三层作为轨道交通站厅层，四层为轨道交通站台层；旅客出站后通过地下廊道及疏散厅与轨道实现零距离换乘。车站总建筑面积6.88万平方米，总长643米（西端折返线249米、标准段254米、东端渡线140米），标准段宽45.10米，工程概算6.10亿元，施工工期471天。

【轨道交通1号线全线开工】 2011年12月29日，南宁轨道交通1号线工程全线开工仪式在滨湖广场举行，轨道交通建设工程全面启动。轨道交通1号线工程是连接南宁东西方向的骨干线，长约32.10千米，总投资198.89亿元，全线采用地下敷设方式。作为城市轨道交通线网规划中的骨干线路，1号线是覆盖中心城区东西方向的主要客流走廊，衔接主要客流集散点和对外交通枢纽。途经大学路、朝阳路、民族大道等路线，连接西乡塘客运站、火车站、朝阳广场、东盟商务区、埌东客运站等大型客流集散点。设石埠站—南职院站—鹏飞路站—西乡塘客运站—民族大学站—清川站—动物园站—鲁班路站—广西大学站—白苍岭站—火车站—朝阳广场站—新民路站—民族广场站—麻村站—南湖站—金湖广场站—会展中心站—万象城站—东盟商务区站—凤岭站—埌东客运站—百花岭站—佛子岭站—火车东站共25个站点。其中广西大学站、火车东站已进入相关市政配套设施建设。（志　晴）

市政公用基础设施建设

【概　况】 2011年，南宁市继续围绕开展“项目建设年、发展环境建设年、党组织建设年”和深入开展“工业经济振兴攻坚战、交通基础设施攻坚战、打造‘中国水城’攻坚战”活动，抓住项目建设这个中心环节，进一步推进城市建设。全年安排以城市基础设施建设为主的项目613个，施工项目7524个，比上年增长49.70%，其中12大类建设项目（含续建和新建项目）368个。全年完成投资250.15亿元，其中建设项目完成投资174.38亿元。五象新区开发建设完成投资69.50亿元，前期工作项目完成7.85亿元。

【五象新区开发建设】 2011年，南宁市继续推进五象新区建设，计划建设项目169个，投资60亿元，年内完成全部建设项目。五象新区23平方千米的核心区已初具规模，新区路网实现建设覆盖面积60平方千米，“三纵三横”（“三纵”为银海大道、平乐大道、龙岗大道；“三横”为江南大道、五象大道、玉洞大道）路网框架基本贯通；总部基地规划建设道路13条，蟠龙片区规划建设道路19条，龙岗片区规划建设道路19条，年内全部开工建设，部分道路已基本成型。中国—东盟国际物流基地路网部分道路已竣工，博艺路延长线工程5月27日开工建设，五象大桥12月29日动工建设。新区整体的路网建设覆盖面积120平方千米。同时，新区以重大公益性项目和中小学校建设为重点，加快推进配套设施项目建设。广西体育中心（二期）、五象新区滨江公园等重大公益性项目加紧推进建设，市青少年活动中心、市中心图书馆、市综合档案馆（含市方志馆）等项目全力推进，网球中心的室外网球练习场已完工，网球馆、游泳跳水馆和体育馆的主体工程已封顶。此外，五象新区新建、扩建的中小学校12所，开工建设小学7所，其中柳沙江南小学已投入使用；五象污水处理厂（一期）、五象供水加压站、220千伏良庆区送变电工程、五象（良庆）变110千伏配套送出工程、110千伏龙岗送变电工程等供水、供电设施在建设中；派出所、司法所、加油站、燃气站等相关的配套服务设施在规划布局建设中。五象新区重大公益性建设项目——广西建设规划展示馆12月初建成使用，中国西部省份最大的美术馆——广西美术馆10月30日封顶，广西铜鼓博物馆10月18日开工建设；新区建设中的“三街”——文化街、金融街和民俗风情街均开工建设，计划用3年时间建成投入使用。1月13日，市城乡建设委员会服务五象新区工作站挂牌运行，这在南宁市历年建设新区中尚属首次。

【交通基础设施建设】 2011年，南宁市深入开展交通基础设施完善工程攻坚战，完成投资238.10亿元。南宁铁路枢纽加快建设，城市轨道交通取得阶段性的进展，吴圩国际机场新航站楼、南宁至贵港Ⅱ级航道、南宁航道一期工程等重大项目开工建设。对一批干道进行扩建和延伸，公路客运场站、立交桥、人行天桥和一批干道的桥梁进行拓宽改造，完善交通路网，提高整体交通功能。

白沙—亭江立交桥建设　11月20日动工建设。是一座大型的跨线式分离式立交桥。立交桥上跨亭江路，立交范围内白沙大道路线长850米，其中跨线桥长375米，采用两幅桥建设方案，每幅桥13.25米，双向6车道。工程包括道路、桥梁、排水、绿化和照明等，总投资7712万元。预计2012年5月建成。

南宁机场扩建工程　12月初进入实质性全面施工阶段。南宁机场扩建工程项目需征地348.94万平方米，配套安置用地与产业用地需征地55.27万平方米，征地404.21万平方米；拆迁面积21万平方米，安置人口2100人。至年末，完成征地299.73万平方米，拆迁2.50万平方米，安置人口2100人。总投资68.88亿元，其中机场主体工程61亿元。建设内容包括新建3200米的平行滑行道1条，并在滑行道两端东侧分别建设第二平行滑道段；新建50个机位的停机坪；新建18.38万平方米的航站楼及消防、供电、供水、制冷和道路等配套公用设施。项目建成后，每年可满足旅客吞吐量1600万人次，货邮吞吐量16.40万吨，飞机起降量13.76万架次。

可利江桥改建　9月10日动工改建，工期1年。包括拆除旧桥，并在原地重建一座新桥，总投资9898万元。新建的可利江桥为钢筋混凝板拱桥，全长174米，桥面宽52.60米，桥头两端引道改建长380米，为双向6车道，道路技术等级为城市主干道Ⅰ级，行车速度为每小时50千米，抗震按6度设防。至年末，水中桥墩工程已建出水面。

【干线道路建设】 2011年，南宁市把城市道路的新建、扩建和继续打通“断头路”，延伸主次干道当作为民办实事的主要项目，全年用在交通基础设施建设及道路新建、扩建和改造投资280亿元。

民主路改造　9月扩建改造工程动工。列入年内改造计划的是从园湖路口至思贤路口的路段，长350米，宽40米，双向6车道。建设内容包括路面工程、排水工程（雨水），交通工程、照明工程、景观绿化工程，相应拓宽各车道，将原来侧分带与人行道之间的慢车道改为混合车道。当月工程完工。

新村大道江南延长线建设　3月24日，江南区沙井片区新村大道江南延长线（江南堤路园—南宁火车站南站北侧路线）正式开工建设，总投资5.60亿元。北起于新村大桥引桥，南止于南宁火车站北侧路，建设全长4.92千米。至年末，完成同乐路至火车站南站北侧路段1810米、道路红线宽度60米建设。

北湖北路延长线建设 5月18日开工建设。2008年7月局部路段曾动工修建，但未形成实质性的全面破土动工。北湖北路延长线南起手扶拖拉机厂，线路先南北走向，到西津村后改为东西走向，西至安吉大道—南武二级公路口。其中与南宁重型机械厂专用铁路设置为平面交叉，跨越朝阳溪上游，设置连续空心板桥1座。建设规模为城市次干路Ⅰ级，全长4696米，双向4车道，采用水泥混凝土路面，设计年限为30年，总投资3.20亿元。12月建成通车。

【公益与文化传承设施建设】 2011年，南宁市继续将公益与文化传承设施建设当作为民办实事的重点项目，着力推进城市公益性的公园和文化传承设施建设。贤宾湖公园初步建成并开园。该园的前身是市玻璃厂原厂址，是南宁打造中国水城“八十湖”景观工程之一的人工湖，总用地面积2.96万平方米，其中水域面积1.20万平方米，湖区平均宽度150米。2月27日邕江滨水公园二期工程开工建设。位于南宁市东区东部的柳沙半岛南岸，是邕江南岸堤路园建设的重要地段，总面积14.07万平方米，总投资4812.45万元。分为上、下游两部分，上游与一期工程的西面相连接，北靠自治区党校，南临邕江，东起自治区党校规划路，西至柳沙路口，全长920米，宽72米~95米；下游与一期工程东面相连接，北靠青秀山，南临邕江，东起南宁汽车连部队，西至南宁大桥，全长960米，宽53米~155米。定位为滨水带状公园，设置游览、休憩、服务性建筑物等各种功能设施，游人容量为1.34万人。12月基本完工。3月7日南宁孔庙迁建二期工程开工建设，主体工程主要包括明伦堂、尊经阁、敬一亭的建设，以及隔扇制作安装、无障碍设施的建设等，年内全部建成并对外开放。

建筑管理

【概　况】 2011年，南宁市建筑市场管理不断完善，行政效能建设不断加强。受理行政审批事项6758项，其中受理报建备案562项，核发建筑工程施工许可证460本，建筑面积1236.60万平方米，造价219.60亿元，协调解决工程款1.10亿元；办理工程报监单体730个，建筑面积1245.90万平方米，造价235.95亿元。存入安全文明措施费3.87亿元；签定远程视频监控协议书133份；办理起重机械设备安装登记备案991台，使用登记备案982台，拆卸登记备案577台；办理工程竣工验收备案715项，建筑面积612.69万平方米，造价81.08亿元。受理建筑施工企业、建筑劳务企业、工程监理企业、工程质量检测机构资质申报1693家次，比上年增长62.94%；完成工程项目建筑劳务分包合同备案444个，其中备案各工种班组长1420人，劳务作业人员2.01万人，总建筑面积118.15万平方米，造价224.60亿元。

【建筑市场秩序整治】 2011年，南宁市建筑工程管理部门对全市所有在建工程进行拉网式检查，重点对施工现场主体结构安全和重大危险源的监管，及时消除质量安全隐患。严厉打击工程建设领域违法违规行为，加大对不履行质量安全管理主体责任的企业和个人的处罚整治力度。下发《执法检查责令整改通知书》915份、《执法检查责令停工整改通知书》37份、《当场处罚决定书》482份，《催办函》61份，上报《违法情况报告》67份，进入一般程序案件49个。受理工程质量投诉75起，安全生产、文明施工投诉91起，建材质量投诉3起，办结率100%。加强对保障性安居工程现场施工质量的监管，加大对涉及结构安全使用功能、关键部位的主体结构质量和钢筋、混凝土构件等建筑材料的随机监督取样、封样和抽测。对190个工程项目、23家预拌混凝土生产企业和13家混凝土预制构件企业进行监督抽检，抽检各类建设工程材料1780组（批次），其中钢筋1362组（批次）、防水材料6组、砌块41组、水泥67组、砂石122组、预应力混凝土管桩24根、预制构件（含钢筋混凝土排水管、路缘石、透水砖、流水板和井盖）32个（组）、排气道4组、沥青混凝土芯样22组、混凝土强试块2组，混凝土配合比复配57组等。对不合格产品发出《退场告知书》65份。对35个保障性住房工程项目所进场的钢筋进行监督封样抽检，抽检钢筋1362组，对不合格的221组钢筋进行退场处理。检查排气烟道工程21个，抽检排气道4组，对5个不符合要求的工程项目按规定进行处理。

【建设工程招投标管理】 2011年，南宁市建设工程招标投标管理部门建立健全招投标法规体系，完成南宁市实施国有投资工程预选承包商制度及合理定价评审随机抽取定标法等系列管理办法。探索实践电子招投标业务，选取试运行项目在市建设交易中心开标、评标，中标结果预公示。对现场质量安全和履约等诚信行为进行评价，并把结果运用到招投标评标中，制定实施诚信综合评价体系方案。办理单项工程交易682项，造价280.74亿元，比上年增加21.70%。

【墙体材料改革】 2011年，南宁市进一步补充完善可再生能源建筑应用的实施意见和补助资金管理办法，分批开展可再生能源建筑应用示范项目的申报、评审，完成4批示范项目申报评审31项，建筑面积245.46万平方米，折合应用面积194.30万平方米，确认可再生能源补助资金2900万元；对已进行可再生能源应用的项目加强监督管理，以点带面推进规范化应用，完成市第六职业技术学校、锦华大酒店、振宁鲁班幼儿园、喜相逢大酒店4个可再生能源应用项目验收。推进绿色建筑推广应用。至年末，华蓝奕园、裕丰英伦、广西建设规划展示馆、市科技馆、南宁建科苑危旧房改住房、华润幸福里、广西美术馆7个项目通过自治区绿色制造技术标准化技术委员会的设计评价标识。加大淘汰落后砖瓦工艺设备（窑炉）力度，摸清24门及以下砖瓦窑和开口窑企业基本情况，并上报自治区墙改办。推进新农村危房改造推广应用新型墙材，全市农村危房改造试点工程推广应用新型墙体材料1099户，按每户1000元的补贴标准，除个别县，均拨付到各县（区）财政专户，并督促县（区）做好补贴发放。开展绿色建筑和可再生能源人才培训，培训业务骨干500人。全市完成建筑节能12.10万吨标煤，征收墙改专项基金1.30亿元，核退1883万元。完成砖瓦及混凝土砌块工艺设备登记备案116家，墙材企业资质年审141家，新办新型墙体材料企业10家；建筑节能材料和产品备案34项，建筑节能资材核验项目443个，建筑节能专项检查项目358个，新墙材应用情况现场核查项目135个。

【建设立法与监察】 2011年，南宁市城乡建设主管部门完成地方性法规《南宁市燃气管理条例(修订草案)》的立法调研、草案起草，经征求社会意见并提交市人大审议;《南宁市建设工程质量和安全生产管理条例》立法调研;《南宁市建筑材料管理办法》草案编制;《南宁市建筑安装工程社会保障费筹集管理办法》立法调研及调研报告上报。审查报备《南宁市国有土地上房屋征收管理暂行办法》等5件代市政府草拟的规范性文件，以及《关于加强我市建设工程勘察质量管理的通知》等6件下发的规范性文件。立案调查建设违法违规案件205件，发出行政处罚告知书87份；行政处罚决定498件，其中当场处罚案件430件、一般程序案件68件。继续开展对历年来执行案件的追缴，通过行政执法联动机制督促受罚单位履行行政处罚决定，上缴罚没款330万元。针对部分市政工程未办理质量监督手续、未领取施工许可证擅自开工建设的违法行为立案调查130件，对房地产项目未依法办理手续的违法行为立案调查18件，对施工过程中违反施工技术标准或不按图施工的违法行为调查15件，查处违反招投标法定程序、文明施工相关规定和不当施工挖破燃气管道的违法行为201件。加大群众关心的难点、热点问题的执法力度，群众投诉、举报回复率100%，案件办结率100%，无行政诉讼败诉和被行政复议撤销、变更以及责令履行的案件。

【工程造价管理】 2011年，南宁市建设工程造价管理部门完成南宁市造价成果文件网上报送的资质审查与开通，审查开通造价咨询企业62家，网上审核招标控制价25份、合同价1份、竣工结算价3份;实收纸质招标控制价42份、合同价61份、竣工结算价3份。做好城市住宅建筑工程造价和信息测算的发布，每月完成1个典型工程造价经济指标的收集、整理和发布工作，分别按1月、3月、6月、9月信息价做好住宅楼、综合楼、标准厂房等10个各种类型的工程造价季度指数测算、编制和发布，为政府进行固定资产投资决策提供依据。履行造价纠纷调解及建设仲裁的职能，工程造价纠纷仲裁开庭3次，仲裁结案2件。对南宁至武鸣的城市大道、南宁孔庙迁建工程、广西体育中心、墙改实验楼工程等13个项目工程预算、结算等造价纠纷进行调处，调处工程(或参与调处)造价累计11.60亿元。参与市政府投资的竹排冲综合整治，可利江、青秀湖等一批重点工程项目苗木采购询价，参加市第二中学新校区、广西体育中心等12个重点工程项目协调、审核，总造价17亿元。

【从业人员培训】 2011年，南宁市建设行政主管部门和建筑管理部门根据建筑企业实际，采取集中培训和上门培训的方式，提升行业从业人员的整体素质。开展施工管理人员安全继续教育培训19期，培训5.17万人;开展建筑质量、安全防灾防损教育培训415期，培训5.17万人。依托农民工夜校、网校等平台举办职业技能岗位培训19期，免费对农民工进行建筑知识、务工常识、维权知识等方面培训，培训8325人。

村镇建设

【基础设施建设】 2011年，南宁市完成村镇公共基础设施投资9.86亿元，建成一批道路、桥梁、供水、排水和园林绿化等基础设施。

县(区)道路与桥梁工程　横县龙池湖整治及环湖道路新建、马山县通屯道路新建、隆安县那桐镇莫河大桥扩建、宾阳县县城路面维修、上林县中山桥和武鸣县仙湖镇四育村燕尾桥建设、兴宁区昆仑大道南侧政府储备地块1号~6号道路、江南区南扶二级公路、良庆区通屯道路、西乡塘区北湖北路延长线等交通设施项目建设，完成投资6.80亿元。

供排水工程建设　马山县周鹿镇供水扩建工程、隆安县欧亚村人饮工程、宾阳县县城污水管网工程、上林县县城区供水管网改造工程、武鸣县村屯人饮工程、横县旧城区道路改造给排水工程、良庆区村屯人饮工程、西乡塘区北湖北路延长线配套管网建设等项目，完成投资2.10亿元。

县城垃圾处理工程　武鸣县、横县、宾阳县、隆安县、上林县、马山县县城垃圾处理场、垃圾中转站、公厕、垃圾池等项目，完成投资0.80亿元。

县城与村镇园林绿化工程　宾阳县城、上林县城西小区堤路园景观、武鸣县府城镇永共村、西乡塘区金陵镇、江南区延安镇街道、良庆区村屯、兴宁区法院等绿化工程项目，完成投资0.13亿元。

其他设施项目　马山县城学校教学楼及宿舍楼、隆安县城路灯建设、上林县城公共租赁房工程、武鸣县甘圩那望水库除险加固工程、横县县城特教学校建设项目、良庆区村屯戏台等项目建设，完成投资1.80亿元。

【城乡风貌改造】 2011年，南宁市城乡建设和规划管理部门指导各县(区)开展城乡风貌改造三期工程和特色名镇名村建设，按计划完成年度建设任务：房屋外立面改造项目竣工6266户，竣工率100%;综合整治项目完成9个村屯的规划编制，建成篮球场2个、村屯远教站点6个、村级远教示范点1个、村级卫生室5个、村级计生服务室23个、新农文化书屋23个、农家书屋4个、村屯垃圾池18个;完成村屯信息化改造项目3个、乡镇敬老院维修项目4个、五保村维修项目6个、屯级道路硬化项目6个、村屯绿化项目31个。所有自治区下达的综合整治项目建设全部完成，到位资金1.27亿元。其中：自治区补助3139.80万元，市本级配套6495.50万元，县级配套3108.90万元；完成投资1.29亿元。名镇名村建设完成投资4093万元，占年度计划总投资112%。其中:宾阳县黎塘镇完成投资2097万元，占计划总投资110.40%；横县石井村完成投资1001万元，占计划总投资117.70%;隆安县定江村项目完成投资995万元，占计划总投资109.30%。结合城乡风貌改造三期工程，市、县财政出资80.64万元，培训农村建设工程抹灰工、砌筑工、钢筋工等施工工匠1600人。

【农村危房改造试点工程】 2011年，南宁市农村危房改造试点工程开工1.51万户，网上录入农户档案信息和网上显示已竣工农户1.51万户，全部按计划竣工。全市到位补助资金2.41亿元，到位率100%。其中:中央补助资金9030万元，自治区补助资金9079.50万元，市县配套资金5970.55万元;完成投资5.44亿元。4个市财政投资为主的农民拆迁安置房小区和2个利用社会资金投资建设的小区，完成投资7.32亿元，其中五象新区拆迁安置回建小区1号项目、林里桥拆迁安置小区

项目完成投资额分别占年度计划投资的110%、103%。完成林里桥拆迁安置小区项目用地“招拍挂”工作。（陈　琳）

城市规划

【概　况】 2011年，南宁市规划管理局加强规划管理、统筹城乡发展，促进城市转型；优化城市空间和功能，加快现代生态宜居城市建设；稳步推进重点项目，实现城市建设新跨越。编制完成规划项目28个，涉及总体规划、专项规划、控制性详细规划、城市设计等板块。完成《南宁市城市总体规划（2011—2020）》、《南宁市大沙田湖片区概念性总体规划》、《南宁市五象岭森林公园总体规划》等总体规划编制；开展《南宁市空港新城概念性总体规划》、《综合保税物流园区总体规划》等总体规划编制；完成《南宁市邕江沿岸开发保护综合规划》、《朝阳商圈改造与更新综合规划》、《南宁市古城—星湖片区城市设计》、《南宁市近期建设规划》、《南宁市工业布局规划》、《南宁市城市标准断面研究》、《南宁市文化设施布局规划》、《南宁市绿线规划》、《蟠龙组团西片区城市设计》9项专项规划编制；完成《八尺江流域发展控制规划》、《大沙田片区控规》等控制性详细规划编制；开展《综合保税物流园区控制性详细规划》的编制。按照建设“中国水城”的要求，做好水环境项目的持续推进，完成《南宁“中国水城”建设规划(2010—2020)》、《南宁市城市内河水系整治控制规划(2010—2020)》、《南宁市综合交通年度报告(2010年)》、《南宁市五象新区道路竖向规划研究》、《南宁市停放车专项规划修编》等专项规划的报批；完成《南宁火车东站综合交通枢纽规划》、《南宁市火车站综合交通枢纽规划方案设计》、《南宁市青秀区(中心城区)10kV配网管线控制规划(2010—2020)》、《南宁市良庆区(中心城区)10kV配网管线控制规划(2010—2020)》、《南宁市城市快速路系统规划(2009—2020)》的编制。做好为民办实事项目的规划服务。完成5座人行天桥和20条支路的规划选址和审批协调，一批南宁电网建设项目、加油站等项目的规划协调；完成年度城建计划包括道路、桥梁、出入口、电力、管线等建设项目861个；完成柳沙大桥、青山大桥、英华大桥、长湖路—长堽路立交桥、长堽路—凤凰岭路立交桥等10座跨江桥梁和城市立交桥工程方案的规划审批。完成各城区大部分保障性安居工程用地选址并核发项目用地手续16份，用地面积约133.30公顷。核发教育用地批复10份，上报市政府及核发用地蓝线图教育用地材料14份，核发教育用地面积110.78公顷。完成兴宁区、西乡塘区、江南区、良庆区、邕宁区、仙葫开发区涉及农民产业回建用地项目33份。完成自治区、市级的重大项目用地规划选址17个。成功举办“2011南宁绿色建筑与技术高峰论坛”。

【南宁市城市总体规划(2011—2020)】 由市政府委托清华规划设计院、市城市规划设计院从2004年开始进行编制，2011年10月10日通过国务院审批。1.城市性质：广西壮族自治区的首府、北部湾经济区的中心城市、中国西南地区连接出海通道的综合交通枢纽。2.城市职能：作为广西壮族自治区首府承担政治、经济、文化与信息中心职能；作为面向中国与东盟合作的区域性中心城市，区域性物流基地、商贸基地和加工制造业基地，以及区域性信息中心、交通中心和金融中心，承担区域现代服务中心与科技创新基地的职能；承担西南出海大通道的交通枢纽职能。3.发展目标：加强区域协调与合作，进一步强化南宁市作为广西壮族自治区首府的中心职能，发挥多区域合作的国际通道、交流桥梁和合作平台作用，建设具有秀丽岭南风光、浓郁民族风情、鲜明时代风貌的现代化宜居生态园林城市。4.城市规模：人口规模，市域总人口2020年控制在780万~800万左右，年平均增长8万~9万人；中心城人口2020年控制在300万人以内；城镇化水平，2020年城镇人口470万~505万，城镇化水平60%~65%。用地规模，2020年中心城建设用地规模控制在300平方千米，人均控制在100平方米。5.城市发展方向与总体布局：以邕江为轴线，西建东扩，完善江北，提升江南，重点向南。在空间结构和用地布局上，重点落实开发建设五象新区。中心城突出“一轴两带多中心”的发展模式，逐步形成沿邕江两岸串珠式展开、沿其支流纵深发展的城市布局形态。

【南宁市城市近期建设规划(2011—2015)】 市规划局委托市城市规划设计院2009年12月开始编制，2011年12月获市政府批复。规划期限：2011年~2015年。人口与用地规模：到2015年，城市人口规模约260万，幅值255万~265万；中心城区城市建设用地规模控制在265平方千米左右，人均城市建设用地指标控制102平方米左右。城市近期重点发展方向：以邕江为轴线，两翼拓展，实施南向发展战略，重点建设五象新区；向南提升邕江南岸区域，重点加快建设五象新区；向东完善凤岭片区、仙葫片区，加快建设龙岗片区；向西加快相思湖新区建设。规划目标：打造“中国绿城”、“中国水城”品牌，全面提升城市人居环境质量；调整城市空间结构，引导城市健康有序的发展；确立城市建设标准，塑造特色鲜明的城市形象；提高城市竞争能力，保证稳定的城市用地供给。

【自治区重大公益性项目控制性详细规划】 市规划局委托广西城乡规划设计院于2010年4月开始编制，2011年7月获市政府批复。1.规划范围及规模：北至五象岭第五峰，东以平乐大道为界，南至玉洞大道，西到江北大道延长线，规划总用地面积549.22公顷。其中：五象岭森林公园82.42公顷，规划建设用地466.80公顷。该区规划人口容量约2万。2.规划目标：将建设成为一个以公益性项目为核心，集文化交流、行政办公、商贸、旅游休闲、居住等功能为一体的综合性新区；是服务东盟、广西的行政文化中心区；是体现南宁山水特色的景观风貌示范区。3.规划结构：“一园、一轴、多组团”。一园即在中轴线上结合现状丘陵和山谷地营造的由湖面、带形水系和大面积绿地构成的具有观赏性与休憩功能的基地绿心——中央公园；一轴即位于场地中部、贯穿南北的绿化景观主轴，轴向为南偏东15°；多组团即围绕中央公园，依托主要场馆形成的功能组团，从北到南、从西至东分别为自治区行政中心、商务办公组团、文化组团、南宁市公益性项目组团、金融组团、民俗组团和商住组团。4.道路系统：规划形成“三横两纵”道路网结构，道路结合地形采用方格网与自由式相结合布局方式。“三横”即包括玉洞大道在内的三条东西向主干路，"两纵"即包括平乐大道在内的两条南北向主干路。

【五象新区玉洞片区控制性详细规划】市规划局委托广西城乡规划设计院2010年10月修编，2011年7月完成并批复实施。原控规划确定的规划布局、道路网格局与周边规划出现一些冲突，在一定程度上影响规划的执行及实施。功能定位：南宁市五象新区的副中心，集行政办公、商贸、居住、工业功能为一体的综合宜居新区。规模：居住用地面积611.80公顷，人口容量26.50万。规划范围总用地面积1665.50公顷。规划结构："一心一带三轴六区"。一心即区级的配套服务中心，位于玉洞片区的东北部，良庆河的两岸，集中布置行政办公、商业金融、文化等服务功能；一带即以良庆河形成的滨水景观带；三轴即规划依托城市一级主干路形成3条城市景观发展轴线。六区即规划将玉洞分区共划分为6个功能区，包括一个行政商务核心区、一个工业区及4个居住区。

【龙岗片区控制性详细规划】市规划局委托市城市规划设计院2010年5月对原规划进行修编，2011年7月获市政府批复。规划力求在发展定位、发展规模、空间布局、道路交通规划、公共服务设施规划、生态资源保护、市政基础设施规划等方面进行完善和深化，指导龙岗片区的开发建设，提高土地使用的社会、经济、环境等效益，满足土地综合开发和规划管理的需要。1.规划范围：北部和东部紧邻邕江，南部至规划玉洞大道延长线，西侧与现状环城高速公路接壤。总用地规模2699.24公顷。其中：在南宁城市总体规划范围内的用地面积2108.86公顷，超出城市总体规划范围外的城市发展备用地面积590.38公顷。2.功能定位：南宁市的区级商贸中心，兼具综合居住、行政办公、商业服务、教育科研、特色休闲等多种功能于一体，具有良好人居环境的城市新区。3.规划结构：规划形成"一园、一带、两心、三轴、四区"的功能结构形态。一园即龟山公园；一带即规划区内沿邕江、八尺江形成的滨水景观带；两心即靠近规划区北部的行政商贸办公中心和规划区中部的商业服务副中心；三轴即沿五象大道、规划六号路形成的东西向的城市发展轴和沿龙岗大道南北向的城市发展轴；四区即结合主要道路划分和不同用地功能安排，形成商贸办公居住综合区、综合居住区、科教及综合居住区和铁路站场区4个不同分区。

【市高速公路东环改快速路工程规划研究】市规划局委托市城市规划设计院2010年12月编制，2011年获市政府批复。1.线路改造研究范围：涵盖现状的高速公路东环东段与南段，其中东段北至安吉收费站，南至那马收费站；南段西至银海大道，东至现东环东段，总长约44千米。交通分析研究范围：涵盖新高环以内的地区，总面积900平方千米，远景人口500万~550万。2.规划年限：规划研究年限至2030年（中心城人口规模420万）；弹性研究年限至2040年（外东环建设成熟期，人口500万~550万）。3.规划目标：交通目标为"快速、高容量"主要联络通道，道路主线设计车速为每小时100千米，车道为双向6车道以上。管理目标为提高东环道路的交通管理水平，将东环建成一条高度智能化的"高科技大道"。生态目标为：城市绿色、生态的通道。4.道路衔接方案：东环高速公路改城市快速路后，东环快速路全线有17座互通立交（不含东环北段分叉线与安吉大道相交节点），互通立交平均间距为2.76千米，其中能与周边城市道路相衔接的有15座（那马北互通立交与安吉互通立交仅能实现东环快速路与新高速公路的衔接，故不计入）。这15座互通立交衔接的主要是实现组团联系的城市快速路和城市主干路，包括邕武路、中兴大道、昆仑大道、凤凰岭路、凤岭北路、民族大道、凤岭南路、五象大道、玉洞大道、15号路、7号路、平乐大道、银海大道、玉洞收费口连接线等。

【城建档案管理】2011年，市规划局完成档案新编号、盖号4.93万卷，正侧面粘贴3.56万卷，整理移交市政、开工档案约6000卷，档案目录录入5.48万卷；完成馆藏档案扫描4.50万卷，原邕宁县接收档案扫描8000卷，完成任务112%。接收南宁市264个工程项目竣工档案3.40万卷，开具移交工程竣工档案证明225份；接收整理上架原邕宁县城建档案10.14万卷，完成档案接收率90%，上架率70%。接收并整理上架各类档案15.60万卷（原邕宁县城建档案约10万卷）。接收中国联通南宁分公司等单位移交的地下管线工程竣工档案15项。接待建设单位或个人查阅档案3548人次，调阅利用2386卷。继续开展"城市记忆"影像资料建库以及2011年重要建设项目跟踪拍摄收集工作，把声像拍摄收集工作延伸至市辖县（区），跟踪拍摄40多个重要建设项目、20个"城市记忆"影像资料，完成18个视频短片及2个专题片制作。馆藏档案的规范化率由上年的30%提高到70%，文件级目录数据库覆盖面85%。

【项目审批】2011年，市规划局核发规划设计文件929份，核发总平规划408份；受理建设用地规划选址申请材料560份，上报市土地储备经营管理委员会审批的规划选址材料380份，面积约4772.37公顷；核发建设用地规划许可证133份，审批建设用地约644.11公顷；核发用地批复331份，审批建设用地约3576.46公顷；发放一般蓝线图231份，面积约1679.55公顷；发放储备蓝线84份，面积约1330.63公顷；发放交易蓝线88份，面积约625.37公顷；审核分局上报《私人建设用地规划许可证》245份。核发《建设工程规划许可证》1195份（公建），总建筑面积1757.87万平方米，总投资约269.49亿元；核发建设工程竣工验收合格证424份，总建筑面积299.32万平方米，投资总额约31.35亿元；各分局核发建设工程规划许可证1358份（私宅）。完成建筑设计技术审查方案170个，建筑面积1755万平方米。受理道路、桥梁、出入口、电力、管线等建设项目802个，办结率100%。完成保障性住房项目建设工程审批195份，总建筑面积352.65万平方米，总投资70亿元。代政府收取城建配套费1.75亿元，收缴违法建设罚没款394万元。

【违法案件处理】2011年，市规划局依法立案违法建设597件，发出规划检查通知书146份、停工通知书19份，下达行政处罚告知书566份、行政处罚决定书536份。完成大队案件讨论会21次，讨论处理违法案件558件次。完成局执法案件讨论会13次，讨论处理违法案件240件次；收缴违法建设罚没款526.44万元。完成执法案件归档整理533份。受理各类公建批后跟踪项目1000多项。跟踪检查项目745项（383件），验灰线453项，验基础224项，竣工验收330项，在建批后管理巡查745次。对各城区发出《关于请按职责制止、拆除违法建设的函》122份、复函23份，结案转城区拆除的72件。审核各类规划监察执法文书3633份，其中《责令停止违法建设行为通知书》502份、《限期拆除告知书》197份、《限期拆除决定书》165份、《责令限期依法接受处理的公告》2769份。

【信息化建设】 2011年，市规划局完成路网修正调整181次、更新规划成果数据1380条、更新地形图1335幅，完成控规数据入库2065条以及业务审批数据入库2.64万条等基础资料数据库更新维护。完成技术指标核算48个、525.85万平方米，日照分析项目32个、231.95万平方米，日照校核项目168个、2079.03万平方米以及三维建模项目11个、80.06万平方米。核放路网图9676份、规划公示牌362个。重点建设图文一体化系统规划业务批后管理子系统(四期)项目、城市空间数据库项目、市民互动平台新增布点及系统升级。完成1985年~2011年用地数据库的用地红线数据的录入，用地批复蓝线的入库及市政数据库。“城市空间数据库”(一期)项目通过验收，并完成培训推广；完成“南宁市城市规划市民互动平台”版本的更新，获市科技进步三等奖。完成“城市形态控制与规划方案比较评估系统”的调研并进入系统完善阶段。

【信访与提案办理】 2011年，市规划局接收办理各类来文4671件，办理各级人大议案、政协委员提案117份。其中，承办市政协九届六次会议委员提案62件，承办市人大十二届九次会议代表议案11件，回复满意率100%。受理投诉423件，办理率98.80%；收到信访件279件、市民网上互动信件129件、局长信箱信件81件；收到市民电话投诉违法案件132件，市长热线投诉89件，网上信访投诉12件，网上舆情投诉7件；接待群众来访投诉20件，市长接待日投诉2次，纪检投诉1次，接待热点投诉事件记者采访3次。

乡镇规划

【概　况】 2011年，市规划管理局计划指导开展的乡镇总体规划修编20个（不包括历年安排但尚未完成修编的邕宁区那楼镇、新江镇、中和镇、百济乡，兴宁区三塘镇5个乡镇）。其中：完成批复乡镇15个，分别是隆安县屏山乡、布泉乡、都结乡、古谭乡，宾阳县新圩镇、洋桥镇、中华镇、王灵镇、陈平乡，武鸣县灵马镇、马头镇、太平镇、仙湖镇，上林县澄泰乡、镇圩瑶族乡；通过技术审查正在报批乡镇5个，分别为宾阳县黎塘镇，马山县林圩镇、百龙滩镇、里当乡、乔利乡。在986个行政村村庄规划中，地形图测量全部完成；完成规划编制926个，其中完成公示459个、通过村委审议409个、获审批467个。完成市辖6个县的县域镇村体系规划编制，《南宁市历史文化聚落保护利用规划》的编制。宾阳县黎塘镇、横县校椅镇石井村、隆安县那桐镇定江村被列为自治区级特色名镇名村。推进城乡规划一体化，开展南宁市城乡一体化总体规划编制。完成《南宁市新农村住宅设计竞赛获奖方案图集》汇编。

1月29日，南宁城市规划市民互动平台启动仪式在市规划局举行

凌杰涛　摄

【兴宁区三塘镇总体规划（2010~2030）】 兴宁区政府委托广西华蓝设计(集团)有限公司于2008年编制，2011年4月获市政府批复实施。1.城镇性质：三塘镇域发展中心，以生态居住、旅游休闲为主，集物流工业、商务办公等功能于一体的南宁市休闲商务区新区。2.城镇规模：人口规模，近期至2015年，镇区人口6万；中期至2020年，人口8.50万；远期至2030年，人口16万。3.用地规模：近期至2015年，城镇建设用地面积7.33平方千米，人均城镇建设用地面积122.13平方米；中期至2020年，城镇建设用地10.19平方千米，人均城镇建设用地119.90平方米；远期至2030年，城镇建设用地19.09平方千米，人均城镇建设用地119.30平方米。4.功能结构与用地布局：近期沿昆仑大道向南、向北发展，与南宁市区、青秀区的发展进行对接；远期向纵深拓展，需特别注重对水系等生态景观良好地段的保护，加强对重大基础设施走廊的控制与保护。规划形成“一轴四心，多带七片”的空间结构。一轴：昆仑大道为发展轴；四心：三塘主中心、北部片区副中心、九曲湾农场副中心、四塘社区副中心；多带：沿水系、主要山体、纵向快速路形成多条生态隔离带；七片：三塘核心片区、九曲湾农场片区、物流片区、工业综合片区、镇北生态居住片区、镇西生态居住片区、四塘片区。

【邕宁区新江镇总体规划(2010—2030)】 邕宁区政府委托市城市规划设计院编制，2011年获市政府批复实施。1.规划期限：近期为2010年~2015年；远期为2016年~2030年。镇域范围总面积165平方千米。2.镇区性质：全镇的政治、经济、文化中心，邕宁区南部重要的现代生态农业基地和都市副食品农业基地，重点培植十里养殖长廊，适当发展农产品深加工等行业。镇区现状建设总用地面积60.51公顷，人均用地87.70平方米，规划至2015年镇区建设用地159.32公顷，人均用地99.58平方米，到2030年镇区建设用地295.16公顷，人均用地98.39平方米。3.镇村空间布局结构：考虑现有基础与开发潜力，以镇区发展为主，兼顾各村的开发利益。建立以新江镇区为龙头，通过南北发展主轴线串联镇域中心村，形成“两轴、两片”的空间发展格局。两轴：邕宁—钦州三级公路为镇域发展主轴、团阳村—新乐村的村道为镇域发展次轴。两片：东部片区和西部片区。4.人口发展规模：近期至2015年镇区总人口1.60万；远期至2030年镇区总人口3万。

【隆安县布泉乡总体规划（2010—2030）】隆安县政府2010年9月委托广西城乡规划设计院编制，2011年获市政府批复实施。规划期限：近期至2015年，远期至2030年。乡域规划总面积约173.40平方千米，乡驻地规划总用地面积63.59公顷。至2015年乡域总人口2.70万，乡驻地人口0.34万；至2030年乡域总人口3.30万，乡驻地人口0.56万。城镇性质：以旅游业为主，风景优美的生态旅游集贸型城镇。用地规模：至2015年乡驻地人均建设用地87.97平方米，建设用地29.91公顷；2030年乡驻地人均建设用地92.88平方米，建设用地52.94公顷。空间结构与功能分区：规划乡驻地主要向东北面、南面及西北面发展，在结构上强调功能分区合理和明确，形成布局合理、功能明确的有机整体。总体布局大致形成“一区两心三带”的规划结构形态。一区：整个城镇集中发展片区；两心：行政旅游商业中心及乡驻地级服务中心；三带：由乡驻地集中发展片区向三个方向延伸发展带。

（刘晓丽　李　强　黄　影　王鸿维　邓曙光　庞育殃　马　莉　莫艳华　周　慧）

勘　测

【概　况】2011年，南宁市勘测院更名为南宁市勘察测绘地理信息院。完成工程项目2930个，收入超6000万元。勘测成果合格率100%，勘测资料归档率100%，勘测产品数字化成图率100%。承担测量工程项目2626个，比上年增长20%。“NNCORS（南宁市全球导航卫星连续运行参考站网络系统）建设及区域测绘应用研究”项目获国家测绘地理信息局颁发2011年测绘科技进步三等奖；“广西贺州市基础地形图测绘”项目获中国测绘学会颁发2011年全国优秀测绘工程银奖；“南宁市轨道交通一号线地形图测量”项目获中国测绘学会颁发2011年全国优秀测绘工程铜奖；“南宁市城市轨道交通1、2号线控制测量”项目获中国城市规划协会颁发优秀工程勘察铜奖。

【基础测绘】2011年，市勘察测绘院主要采用航空摄影测量和遥感的方法更新大比例尺的地形图和影像图。完成市域30平方千米1:2000地形图，120平方千米1:500及1:1000、市区1824平方千米航摄、正射影像图及数字高程模型的制作。

【地理信息数据生产】2011年，市勘察测绘院利用各种比例尺、多源空间数据，融合“4D”（数字线化图、数字高程模型、数字正射影像图、数字栅格地图）产品与“3S”（全球定位系统、地理信息系统、遥感技术）技术，建立专业地理信息系统。为城市建设提供城市基础空间地理数据、专题空间数据、空间地理数据等。完成220平方千米1:500、417平方千米1:1000基础地理信息数据库建设，200平方千米2.5维地图制作，8万个地名地址兴趣点采集入库，市住房信息系统地理信息基础数据制作；开通公众版地理信息公共服务平台“城市智讯”网站、“12319”数字城管便民服务系统、“数字华强”管理信息系统；完成《南宁市区正射影像挂图》、2011年版南宁市六城区地图、南宁市六县六城区地图、南宁市中心城区图的编制。

【工程地质勘察】2011年，市勘察测绘院工程勘察专业完成承接工程勘察项目173个，地质灾害危险性评估项目26个，工程物探项目6个，基坑监测项目1个；产值超过2000万元，人均完成值超过80万元。（莫惠荃）

国土资源管理

【概　况】2011年，南宁市国土资源局审查上报用地面积5220公顷，获批3244公顷。完成建设用地供应总量2636公顷，市本级供应土地量1705公顷。全市住房用地供应245公顷，其中保障性住房、棚改房和中小套型商品房用地供应208公顷。完成土地收购储备639公顷，国有建设用地使用权“招拍挂”公开出让41期，成交宗地41宗，面积416.73公顷，其中经营性用地139.53公顷、工业用地277.20公顷，成交额75.68亿元。完成土地出让金到账149.25亿元。完成征地3516公顷，拆迁323.09万平方米。落实耕地占补指标1282公顷。盘活存量土地1652公顷。立案查处土地违法案件354件，拆除违章建筑149.94万平方米，收缴罚没款1000万元。全市耕地保有量64.18万公顷，基本农田保护面积53.10万公顷。继续推进国土资源节约集约用地管理，推选宾阳县、武鸣县、南宁经济技术开发区作为试点。研究探索国土资源节约集约合理开发利用的新机制。完成调处国土纠纷案件11件。

【国土规划】2011年，南宁市102个乡镇的土地利用规划有98个获自治区政府和市政府批复，良庆区的那马镇、南晓镇、那陈镇、大塘镇因涉及广西龙象谷建设项目，暂缓审批。南宁市加强土地利用计划台账的建立、更新和管理，按时上报土地利用计划指标使用进度统计报表，进行动态实时跟踪，特别是对市级审批农用地转用且不涉及土地征收的批次（项目），将批复文件上报自治区国土资源厅备案，确保土地利用管理的规范性。全年审查项目用地1438宗，其中，建设项目用地预审485宗（批复384宗，转报审批45宗，退件36宗，正在办理20宗），规划选址定点审查239宗。答复来文、来函700多件。

【建设用地报批】2011年，市国土局审查上报项目121个，用地面积5219.54公顷，获上级国土部门批复3243.65公顷，其中中心城市建设用地上报1495.26公顷，重点确保基础设施、民生工程、保障性住房以及部分重点工业项目的用地需求。单独选址项目上报16个，用地面积2093.94公顷；获批复7个，面积1017.12公顷。城镇建设用地上报104个，用地面积1630.62公顷；获用地批复50个，面积731.27公顷。盘活存量建设用地1388.36公顷。上报区位调整批次用地14个，面积309.83公顷；获批复9个，面积283.62公顷。8月25日，《南宁市试行土地“征转分离”实施方案》获自治区国土资源厅批复。

【土地公开出让】2011年，市国土局组织国有建设用地使用权“招拍挂”公开出让活动41期，成交总面积416.73公顷。其中商服用地“招拍挂”出让经营性土地43宗，成交面积139.53公顷，成交额60.94亿元。成交经营性用地中，住宅用地20宗，面积49.73公顷；旧城改造项目用地7宗，面积26.60公顷；商服用地16宗，成交面积62公顷。工业、仓储“招拍挂”出让土地51宗，成交面积277.20公顷，成交金额14.74亿元；组织采矿权公开出让活动4期。出让砖瓦用页岩石矿、道砟用变质长石石英砂岩矿项目8个，出让矿产资源1622.87万吨(可采储量)。

【土地资金管理】 2011年，市国土局开出缴款通知书292份，开具非税收入一般缴款书861份。土地出让金到账149.25亿元，超额完成137.45亿元的目标任务，其中划拨土地成本取得收入5.57亿元，协议出让土地收入4.47亿元，“招拍挂”出让土地收入109.19亿元，变更(含划拨补办出让、调整土地使用条件)收入27.47亿元，土地滞纳金收入1.07亿元，以往年度补缴土地出让金1.47亿元（银行历年挂账清算)。南宁市上缴自治区金库新增建设用地有偿使用费9.01亿元，耕地开垦费、征地管理费1.09亿元。完成全市征收补偿费支付5.49亿元。支付铁路专项资金给各城区、县线路征地拆迁款7.92亿元。征收入库土地违约金5789.70万元；征收划拨土地使用权出租收益金3085.94万元；收取新菜地开发建设基金1339.32万元，缴入市财政局专户449.40万元；协助市地方税务部门征收耕地占用税、契税、印花税等款8.62亿元。

【征地拆迁】 2011年，国土资源部再次将南宁市列为全国开展新一轮征地制度改革试点城市。市政府与各县(区)签订2011年度征地拆迁责任状，明确各县、城区征地目标。规范征地统计结算。有效处置在征地过程中园林绿化苗木和种植大棚的补偿问题。市国土局会同市固定资产投资办、财政局、城乡建设委员会等单位，组成3个调研组，分赴4个城区、3个开发区和南宁市建设投资集团等国有城建企业，就征地拆迁开展专题调研，为政策修订和领导决策提供参考。分批组织业务骨干到各城区、开发区举办业务培训班，就征地拆迁形势、政策法规适用、补偿安置认定等内容开展业务培训。到各县(区)协调指导工作144次，解决工作难题56个。完成征地面积3516.45公顷，其中市本级完成2162.24公顷；六县及东盟经济开发区完成1354.24公顷。完成拆迁面积323.09万平方米。其中，市本级完成319.46万平方米；六县3.63万平方米。年度自治区统筹推进重大项目征地拆迁4190.21公顷，完成率80.22%。下达征地委托重大项目69个，全部完成征地项目27个，面积959.40公顷；部分完成征地项目42个，面积3231.42公顷。

【耕地保护】 2011年7月15日，市政府与自治区政府签订的耕地保护责任状确定年度耕地保护目标是：耕地面积不少于62.50万公顷，基本农田保护面积52.62万公顷。市政府下达给各县(区)政府耕地保有量面积64.18万公顷，基本农田保护面积53.10万公顷。按照“分级建库、分级管理、统筹协调、确保重点”的原则，做好实际新增耕地储备库的管理。对国家和自治区统筹推进的重大建设项目，向自治区国土资源厅申请调剂自治区新增耕地指标用于项目占用耕地补充，确保项目建设报批。获自治区调剂调拨新增耕地指标1609.73公顷，超额完成使用自治区耕地指标1061公顷的任务。市国土局上报110个批次建设项目涉及占用1331.43公顷耕地占补指标（使用市本级新增耕地指标708.51公顷)。上报建设项目均以“占一补一”、“先补后占”形式在耕地占补平衡动态监管系统中进行挂钩，确保全市耕保总量不减少。自治区下达给南宁市年度补充耕地任务指标总量1820公顷(义务量1700公顷，任务量120公顷)，南宁市完成补充耕地义务量1796.89公顷，任务量350.54公顷。将15个重点乡镇基本农田划定初步成果上报自治区国土资源厅。列入广西桂中农村土地整治重大工程项目的宾阳县大桥镇罗江村土地整治等17个项目，7月22日第一批9个项目获自治区国土资源厅批复，10月15日开工建设；8月第二批8个项目实施大石山区土地整理(隆安县10个，马山县10个)，全部竣工并通过自治区国土厅验收。

【土地开垦整理】 2011年，市国土局获自治区国土资源厅批准立项的土地开垦项目283个，面积2014.40公顷，预计新增耕地面积2014.40公顷；批准立项土地整治项目13个，面积7109.66公顷，预计新增耕地面积199.90公顷，项目预算总投资2.67亿元。获自治区国土资源厅确认的土地开垦项目117个，面积2271.97公顷，确认新增耕地面积1796.89公顷；通过竣工验收土地整治项目15个，面积6146.66公顷，新增耕地面积350.54公顷。正在实施的土地开垦项目131个(市本级112个，六县19个)，面积3815.55公顷，预计新增耕地面积3393.04公顷；事实土地整治项目85个，面积4.12万公顷，预计新增耕地面积1515.80公顷，预算总投资13.40亿元。

【地籍管理】 2011年，市国土局完成日常土地登记6622宗，完成核发他项权利证书土地登记1330宗，非核发证书类土地登记2151宗。合法土地证书土地登记中，从权属性质看，集体土地所有权17宗，集体土地使用权294宗，国有土地使用权2830宗；从登记类型看，总登记174宗，初始登记751宗，变更登记1820宗，竣工换证396宗。合法他证权利证书土地登记中，土地抵押登记1330宗，涉及抵押面积1089公顷，抵押金额226亿元。非核发证书类土地登记中，完成土地证书延期登记768宗，查封登记1027宗，解封登记152宗，注销登记204宗。完成公有住房土地登记2.29万宗，组织实施农村宅基地测绘面积141平方千米，能用于权属调查的数据有176村，面积95.52平方千米，通过检查的数据有129村，面积71.62平方千米。有19个国土所，1个分局签领169个村(社区)、91平方千米的工作底图，完成权属调查成果提交56个村，面积8.15平方千米。完成240.77平方千米的城镇土地调查，基本查清内部土地权属和利用现状。建立以GIS平台为基础的集图形、地类、面积为一体的城镇土地调查数据库及管理系统，8月6日，该项成果通过自治区第二次土地调查领导小组办公室检查验收。完成6180个监测图斑的报批，其中青秀区1087个、兴宁区1293个、江南区1154个、西乡塘区1039个，良庆区765个、邕宁区842个。

【土地储备】 2011年，市国土局完成收储土地面积638.67公顷，完成任务100.84%。支付征地拆迁安置补偿费和土地收购补偿费30多亿元。移交市土地交易中心储备用地项目39个，面积341.52公顷，已出让项目20个，成交面积98.39公顷，成交额28.25亿元。融资筹措资金44.18亿元，完成任务160.65%。根据市财政部门下达的政府储备土地出租租金征收计划200万元目标，完成出租土地17宗，面积17.05公顷，铺面25间，承租户21户，收取租金306.93万元，全额上缴财政。

【矿产资源管理】 2011年，市国土局有偿出让采矿权138宗，收取采矿权价款2244.81万元。其中有偿出让（延续和变更）129宗，收取价款1564.11万元；挂牌出让9宗，收取价款680.70万元。市本级出让（新立、延续和变更）采矿权75宗，收取采矿权价款1394.36万元。参加年检矿山393个，占应检矿山93.35%，其中自治区发证的矿山抽检合格率86.21%，市级发证的抽检合格率70.58%，县级发证的抽检合格率87.94%。通过采矿权年检，依法追缴矿产资源补偿费7.14万元，追缴采矿权使用费0.55万元。责令26个年检不合格的矿山限期进行整改，注销采矿许可证28本。南宁市列入2011年整合任务的矿区10个，完成整合矿区6个，颁发采矿许可证。完成矿产资源储量登记87宗，矿产资源储量备案98宗，开发利用方案审查备案20宗，年度储量年报审查备案16宗。

【土地矿产执法监察】 2011年，市国土局组织完成全市7838个图斑（矿产卫片图斑10个）核查任务，并做好违法、违规用地、用矿的查处整改。全市土地卫片图斑经分割合并成2529宗地，其中军用地块12宗，面积26.68公顷；合法用地303宗，面积2239.68公顷（耕地853.37公顷）；临时用地53宗，面积263.33公顷；实地伪变化988宗，面积796.28公顷；违法用地1019宗，面积826.96公顷（耕地307.87公顷）。整改后，违法占用耕地面积占新增建设用地占用耕地面积比例为6.22%，较整改前下降13.51个百分点，通过国土资源部检查验收。清查农村村民“一户一宅”违法占地建住宅471宗，面积44.26公顷，涉及耕地23.35公顷。各县（区）、开发区对符合补办用地条件的，组织农用地转用申报材料，通过区位调整落实用地指标完善用地手续；对不符合补办用地条件的，由各乡镇、街道办事处与村民签订整改协议。查处非立案拆除整改复耕复绿318宗，其中农村村民“一户多宅”34宗，面积354.14公顷（耕地107.96公顷）。已整改294宗，整改土地面积321.18公顷，拆除违法建筑物135万平方米；复耕117宗，土地面积211.82公顷，其中耕地76.88公顷。立案查处违法用地230件，结案230件。立案查处落实到位156件，罚款1845.36万元，没收违法建筑物91.12万平方米，拆除违法建筑物4.39万平方米，复耕耕地面积5.38公顷。申请法院执行122件，依法追究责任14人，移送司法机关追究刑事责任4人。依法完善用地报批34宗，依法申请补办农田用地转用审批手续，涉及土地面积214.20公顷，其中耕地118公顷。对7个违法矿产卫片图斑非法盗采矿点进行闭坑、回填、复耕。出动执法人员巡查2.09万人次，发现并制止土地违法1026宗，涉及土地面积57.23公顷，其中耕地5.68公顷；拆除违法占地建（构）筑物230.90万平方米，涉及违法占用土地174.13公顷。出动打击非法采矿执法人员3379人次，封填煤窑526井次，遣散违法人员993人，查扣挖掘机、推土机和各种运输车辆156台（辆），收缴土地闲置费48.67万元。组织各县（区）、开发区开展违法违规用地专项清理，发现1662宗违法违规用地，面积373.70公顷，涉及耕地144.28公顷，各县（区）、开发区制定整改方案，对违法违规用地逐宗整改落实到位。

【地质灾害防治与环境保护】 2011年6月24日，《南宁市地质灾害防治规划（2011—2020年）》获自治区国土资源厅批复。市国土局审查批复武鸣、横县、宾阳、上林、马山5县的地质灾害防治规划。全市建立553个地质灾害易发区和907个地质灾害隐患点群测群防体系。派出专业应急队伍对会展路边坡滑坡，望州路北一里微波站宿舍区西侧崩塌、青环路靠南宁大桥处滑坡、凤岭南路滑坡进行应急处置，防止灾害扩大和漫延。筹集资金对重要隐患点实施工程治理。审查批复《矿山地质环境治理恢复方案》147份，收取矿山地质环境治理恢复保证金1065.07万元。申请国家、自治区补助资金930万元对横县金矿莲塘铜矿区，上林县明亮镇塘马锰矿区，马山县大塘锰矿区等3处国营废弃矿山的地质环境恢复治理。年检探矿权164宗。

【国土资源信息化管理】 2011年，市国土局结合已有数据成果实际情况，采用二元双三次回归模型建立1954北京坐标系、1980西安坐标系、200国家大地坐标系之间的坐标转化模型，完成动态转化系统软件的设计与开发，实现所有测绘成果的不同坐标系间坐标的动态转换。建立南宁市高精度GPS控制网并精化区域似大地水准面，形成由大地基准、高程基准等组成的南宁市现代测绘基准体系。完成南宁市大比例尺地形图一体化动态管理，通过数字地形图数据管理的时态GIS模型及时将数据的动态更新。完成市中心区2.03公顷和周边60平方千米乡镇的数据整理；78个街道和周边60平方千米范围内24个乡镇3万多宗地的图型整理、拓扑处理基本属性录入、提取相应电子档案；市区城镇土地调查数据库入库，数据检查汇总，8月6日通过自治区国土资源厅验收。对南宁市第一次土地利用现状调查成果中提取的耕地数据相叠加分析，提取新增不稳定耕地数据，其中市本级1.62万公顷。完成2500宗历史登记宗地数据的收集、扫描、图形定位与矢量化、属性录入入库；青秀区长塘镇、邕宁区蒲庙镇、良庆区良庆镇3个重点乡镇和隆安县城厢镇的基本农田划定项目的调查底图制作、外业调查、数据整理录入、数据统计、建库。完成公有住房和商品房土地登记2.29万宗；市农村宅基地110平方千米地形测量和90平方千米农村宅基地权属调查；南湖片区和柳沙半岛片区20平方千米城镇地籍调查。完成日常业务2.86万宗，其中个人住房制证2.22万宗、办结其他测绘业务6376宗。

【依法行政】 2011年，市国土局配合市法制办起草违法用地违章建设系列政策；配合市发展和改革委员会对统筹城乡管理、扩权强县政策、农村公共基础设施建设管理体制及村民自建情况、新能源新产业政策进行调研；对地下空间用地审批和土地登记进行研究。组织《南宁市收回国有土地使用权管理暂行办法》的修订和《南宁市征收集体土地及房屋拆迁补偿安置办法》修改。办理行政诉讼案33件，其中代市政府应诉9件、作为被告的案件24件，全部胜诉。办理行政复议23件，其中被复议案件16件，作为复议机关案件7件。（谭世明）

房产管理

【概　况】 2011年，南宁市住房保障和房产管理局创新服务管理，办结各类登记业务27.47宗。从社会引进资金1334万元支持直管公房门牌维修改造工程。全市12个项目获自治区优秀小区（大厦）。研发房地产市场信息系统，推动市县房产统一数据库建设。研究建立“地—楼—房”数据库，实现房地产市场监管、住房保障、物业管理“以图管房”的工作目标。抓好白蚁防治，被授予全国白蚁防治标准化技术委员会会员单位。

【产权产籍办理】 2011年，南宁市房屋产权交易中心加强房产办证大厅建设，新增预告登记、在建工程抵押、建立登记簿、房产经纪经营业务等业务；拓宽房屋登记范围，统一集体土地上房屋登记，制定《关于推进集体土地上房屋登记工作的实施方案》，进行房产档案的整理和移交，并开展集体土地上房屋登记工作调研；开展市场运作房屋权属登记，开始受理建立楼盘表的市场运作房权属登记申请，受理3个单位480宗登记申请。加强沟通协调，做好市场运作房办证涉及税费征收等问题的协调处理。设置绿色通道，对市保障性住房项目、重点建设项目、重大招商引资项目、为民办实事项目提供上门服务、跟踪服务、预约服务和优先办结服务。

【直管公房经营管理】 2011年，市房产管理部门维修改造门牌116个，累计投入837.26万元；开展售后直管公房维修，核拨使用专项维修资金20.47万元；配合旧城改造涉及直管公房拆迁项目2个、门牌37个。

【物业服务管理】 2011年，市房产管理部门下发《南宁市业主大会和业主委员会指导规则》，规范物业管理用房。开展物业管理用房审核备案，审核物业管理用房资料177份。指导协会做好前期物业管理招投标，办理前期物业管理招标备案45份，中标备案38份；开展物业服务企业资质审核，办理资质审核资料376份。开展以评促建活动，评选出2010年度南宁市城市物业管理优秀小区（大厦、工业区）15个。开展物业服务企业资质监督大检查，检查企业430家，对不合格的企业下达整改通知。联合城区开展物业服务市场专项检查，抽查企业193家，下达整改通知21份。

【物业专项维修资金管理】 2011年，南宁市归集物业专项维修资金5.41亿元，建筑面积993万平方米，物业专项维修资金累计12.32亿元（不含已核退差额款1.21亿元），面积2369万平方米。依法审批维修资金使用申请，拨付怡心园、汇东国际、青湖中心、蓝山上城等项目11个，物业专项维修资金24.77万元。完善物业专项维修资金相关政策法规，研究拆迁安置房、市场运作房以及集资房的首期物业专项维修资金的归集，制定相应的交存业务流程；拟定《南宁市物业专项维修资金存储利息计算方法》；调研旧物业项目维修资金使用和管理等，完善物业专项维修资金归集和使用管理。

【房屋安全监管】 2011年，市房产管理部门完成房屋安全鉴定342栋，建筑面积33.80万平方米；完成工程建筑设计和加固维修设计21项，建筑面积1.06万平方米。开拓房屋安全监管新领域，为玉林市高速公路施工引起的46栋房屋、河池市压路机施工震动引起的16栋房屋以及崇左市危旧房改造3栋房屋提供技术力量支持。加强房屋安全鉴定研究，向全国房屋安全管理与鉴定论坛投稿技术论文6篇。

【房产信息服务】 2011年，南宁市加快房产信息化建设步伐，建设市个人住房信息系统。实现对个人住房状况的查询，开通与银行机构、市中级法院的试行联网查询服务，与住建部全国数据分中心数据同步。完成六县房产档案数字化，6月实现市、县（区）联网，10月完成与国家住建部联网，建立覆盖六县六城区数据及网络服务中心。开展市级房产数据和房产测绘数据迁移。取得六城区1400平方千米的基础图层数据。以政务网站为平台，实时公布南宁市房地产市场动态；以业务系统为平台，通过网签系统严格落实住房限购措施，将南宁市划分为26个片区、43个地段对商品住房申请预售时进行价格调控；强化市场监测分析，完善房地产市场10天一报、月报、季报、年报制度。

【白蚁防治】 2011年，市房产管理局白蚁防治所承接全市新建房屋白蚁预防工程项目309个、建筑面积1174.90万平方米；竣工验收新建预防工程224个、完成施工面积972.80万平方米。承担全球环境基金（GEF）资助、世界银行和国家环保部履约办执行的“中国白蚁防治氯丹灭蚁灵替代示范项目”通过验收。参与制定国家技术标准《白蚁防治工程基本术语标准》、《房屋白蚁预防技术规程》、《全国白蚁防治行业达标单位考评办法》等；参与制定《中国白蚁防治行业“十二五”发展规划纲要》。编印《广西城市房屋白蚁防治政策法规及行业管理资料汇编》，为白蚁防治单位提供政策参考依据。制作《南宁市城区白蚁危害分布图》，将南宁市区域面积划分为42个板块，划分白蚁轻度、中度、重度、严重危害区4个等级，便于白蚁防治工作者及广大市民查看及明确市内白蚁危害的分布情况。

房地产市场

【概　况】 2011年，南宁市房地产市场保持平稳发展态势，住房价格过快上涨势头得到遏制，投资投机性需求得到抑制，房地产市场没有出现大起大落现象。有开发项目的房地产开发企业400多家，服务管理项目的物业服务企业500多家，中介服务企业190多家。市房产管理部门办理房地产企业资质初审618宗，编制建设条件意见书85份，办理房地产开发项目建设进度备案37宗，办理房地产开发项目交付使用备案43宗。房地产企业上缴地方税收40.69亿元，占地方税收28.47%。

【商品房市场运行】 2011年，南宁市新建商品住房成交面积465.95万平方米，比上年下降10.26%，增幅比限购前的1月~2月下降131.82个百分点；每平方米成交均价5386.67元，增长2.82%，增幅比限购前1月~2月下降7.66个百分点；二手住房成交面积122.16万平方米，下降22.14%，增幅比限购前1月~2月下降51.17个百分点；每平方米成交均价3975.93元，增长8.67%，增幅比限购前1月~2月下降9.93个百分点。

（肖　垚）

【房地产开发】 2011年，南宁市房地产开发投资377.16亿元，比上年增长18.79%，增长幅度降低21.15个百分点。土地购置面积和成交价款仍大幅增长。购置土地面积249.23万平方米，增长31.46%；土地成交价款84.78亿元，增长101.56%。商品房屋施工量较快增长，竣工量略微下降。商品房屋施工面积3608.46万平方米，增长14.64%；其中住宅施工面积2661.53万平方米，增长11.88%。住宅施工面积中，经济适用房施工面积179.77万平方米，增长33.30%。商品房屋当年新开工面积857.62万平方米，下降

11.36%；其中住宅新开工面积614.43万平方米，下降19.97%。住宅新开工面积中，经济适用房新开工面积46.04万平方米，增长30.44%。商品房屋竣工面积512.45万平方米，下降1.34%，其中住宅竣工面积408.49万平方米，下降5.73%；住宅竣工面积中，经济适用房竣工面积60.28万平方米，增长328.95%。竣工商品房屋价值88.62亿元，增长20.88%。商品房销售面积、销售收入均小幅度增长。商品房销售面积696.48万平方米，增长4.50%。商品房销售额370.63亿元，增长8.11%。商品房销售价格略有上涨，每平方米平均销售价格5321元，增长3.45%；其中住宅每平方米平均销售价格5133元，增长3.66%，上涨幅度降低7.38个百分点。（杨华伟）

旧城改造

【概　况】 2011年，南宁市完成组织前期调查旧房改造单位面积61.50万平方米；挂牌出让五里亭一二街片区旧改项目和北际路二轻构件厂片区旧城改造项目2个，合同引进资金86亿元，实际到位3.80亿元，完成投资30.40亿元；全年新增拆迁旧改项目6个，分别为东沟岭一组团二期、大学东路162号旧改、北湖路11-1号原柠檬酸厂旧改、市客车厂宿舍片区危旧房改造拆迁项目（华东路宿舍区、望州路宿舍区）、五里亭一二街片区一期和北际路二轻构件厂片区项目一期。台湾街、酱料厂片区、原市委党校片区（香樟林）等多个续建项目正在推进中。至年末，已竣工旧改项目10个，面积22.15万平方米，总投资26.94亿元；在建旧改项目27个，总占地面积143.58万平方米，拆迁面积62.30万平方米，累计完成投资57.73亿元。

华南城项目　南宁华南城位于江南区沙井大道，总建筑面积488万平方米，总投资120亿元。项目分两期建设。一期项目建筑面积230万平方米，2009年10月18日开工建设。至2011年末完成投资40亿元，已完成市政道路和相关配套设施建设。同时，年内开工建设2、3、4号物流广场A栋，总建筑面积55万平方米；已完成2、3号物流广场A栋大部分工程量，46万平方米的配套住宅项目部分封顶。2、3号广场的招商量已超过实际铺位供应量，并有一批东盟和自治区外客商预约登记。

中华路片区项目　11月7日，南宁市中华路片区旧城改造项目正式动工。中华路片区旧城改造项目位于中华路、华强路、华西路、中华三支路围合区域，毗邻火车站，地处传统的三华批发商圈，占地面积8.95公顷。“大和平·华西商业城”项目是中华路片区旧城改造项目的重点工程，规划总建筑面积60万平方米，总投资30多亿元。项目计划分两期进行建设，其中开工建设的一期工程预计2013年交付使用。

【城中村改造】 2011年，完成南宁市城中村改造摸底调查，确定江南区白沙村、西乡塘区陈东村、南宁经济开发区亭子十一组和兴宁区鸡村作为市区城中村改造试点。确定高速环道内的城中村改造点66个、园艺场3个，农业人口17.08万，住户4.90万户，现有房屋总面积1262.50万平方米，改造范围主要是快速环道以内的50个村庄，计划2012年完成。

【拆迁补偿新规】 2011年3月，南宁市出台《南宁市房屋拆迁补偿安置意见》，对房屋搬迁奖励、货币补偿、安置补偿、住宅房屋最低补偿单价等问题做出新规定。规定在期限内签协议交房屋最高奖励1万元。具体为：房屋分户估价报告送达之日起15日，奖励1万元；房屋分户估价报告送达之日起第16日至第30日，奖励6000元；房屋分户估价报告送达之日起第31日至第60日内，奖励3000元。对放弃购买安置小区房屋货币补偿上浮10%。住宅拆迁实行货币补偿可一次性获补助费；无产权的房屋无规划土地建设批准手续不予补偿；改变用途房屋按最高评估价格70%的补偿；改变结构房屋经批准改变按变更后房屋给予补偿等的规定。

【房屋征收（拆迁）】 2011年，南宁市出台《国有土地上房屋征收与补偿条例》，创新管理模式，推进旧城改造。发放拆迁许可15个，发布拆迁公告17份，办理拆迁延期证120份，指导选取估价机构8次，完成拆迁项目验收12个，核算征收（拆迁）项目拆迁补偿安置费用和核准回迁安置房12个，出具各种证明41份。完成对2个拆迁企业法人代表和单位地址变更的初审，征收（拆迁）面积30.58万平方米，拆迁1641户、单位53个；举行行政裁决受理前听证会6次、52户，审核行政裁决申请材料54份，受理42份；组织拆迁当事人召开协调会39次，经协调有5户被拆迁户与拆迁人达成协议自动搬迁；对申请人提交的裁决证据进行核查和现场核实32次，纠正或补正证据材料34份；行政裁决23份，行政复议答复1份，申请司法强拆3户。（陈　琳）

住房保障

【概　况】 2011年，南宁市加大保障性安居工程建设力度，率先在广西搭建包括廉租住房、经济适用住房、公共租赁住房、城市和国有工矿棚户区改造、限价普通商品房、农村危房改造、危旧房改房改造、拆迁安置房在内的多层次住房保障体系基本框架。解决11万多户中、低收入家庭住房困难问题，是自治区保障类型最全、保障覆盖面最大的城市。建成保障性安居工程3.96万套。完成市本级廉租住房资格申请审核28批次，新增廉租住房租赁补贴6510户，发放租赁住房补贴3633.38万元；新增廉租住房实物配租736户，累计3.23万户。

【保障性住房建设】 2011年，南宁市（含县）开工建设保障性住房项目80多个，新开工各类保障性住房3.96万套，平均开工率108.43%（含租赁补贴）。其中：廉租住房开工建设9446套，完成任务104.96%；公共租赁住房开工建设1.05万套，完成任务104.92%；经济适用住房开工建设4401套，完成任务156.06%；限价商品住房开工建设4734套，完成任务（含危旧房改住房改造）100.72%；棚户区改造实施改造4014套，完成任务114.69%；廉租住房租赁补贴新增6510户，完成任务100.15%。

【保障性住房管理】 2011年，南宁市加快经济适用住房申购资料的复审，复审、公示经济适用住房申购家庭8644户；组织经济适用住房开盘27次，安排符合购买资格的申购户到中房碧翠园、昌泰清华园、昌泰金华园、澳华花园、康岭花城项目参加购房，销售经济适用住房6322套；审核申请领取经济适用住房货币补贴143人，实际领取140人，发放补贴783.03万元。建立廉租住房抽查和年审制度，对已取得保障资格的家庭，不定期进行抽查，对获得廉租住房保障满1年的保障家庭，开展年审，抽查500户，年审7522户，清退不符合保障条件的家庭358户。

对经济适用住房使用情况进行监督检查,处理不符合购房家庭361户。制定经济适用住房回购程序,开展经济适用住房回购。规范拆迁安置房销售管理,指导审核城区拆迁安置房销售方案,审核4个方案报政府。做好经济适用住房超标差价款结算审核,办理收退差价款缴存约480万元。做好每季度廉租住房保障工作经费核拨,核拨给城区、开发区经费46.60万元。

【住房补贴与住房资金管理】 2011年,南宁市房产管理部门继续协调和指导房改工作,指导80家单位出售公有住房448套,面积1.90万平方米,售房款1411.58万元;指导34家单位出售全额集资房540套,面积4.38万平方米,售房款5118.55万元;审批职工集资建房款回拨1.07亿元;审核发放住房补贴单位35家、4012人,发放一次性补贴金额2013万元;归集房改资金(含售房款、维修资金)2100万元,审核回拨房改资金(含售房款、维修资金)2446万元。(肖 垚)

住房公积金管理

【概 况】 2011年,南宁市累计归集住房公积金178.16亿元;参加缴存职工44万人。发放住房公积金个人贷款11.21亿元,比上年下降16.75%。支取住房公积金16.71亿元,增长12.10%。实现住房公积金增值收益1.72亿元,增长9.77%。提取廉租住房建设补充资金1.40亿元。开展县域住房公积金联名卡业务,全市累计发放住房公积金联名卡28.60万张。启动住房公积金提取“冲还贷”项目;开展防范处置骗提骗贷专项执法活动;定期对受托银行承办住房公积金业务服务质量进行考核。

【公积金归集】 2011年,南宁市新增归集住房公积金31.77亿元,比上年增长9.29%。新增建立住房公积金单位514家,新增缴存人数3.60万人。全市住房公积金覆盖面101.49%(自治区监管处在2005年核定南宁市应缴人数43.73万至今未变)。

【公积金贷款】 2011年,南宁市调整住房公积金贷款政策,发挥政策优势,与房产土地登记管理部门沟通联系,主动预约上门服务,简化手续,提高工作效率。全年向5775户职工发放住房公积金贷款11.21亿元,比上年下降16.75%;累计发放住房公积金贷款余额53.41亿元。

【公积金支取】 2011年,南宁市规范住房公积金提取使用,开展骗提住房公积金防范及处置。向房产、税务及建设部门学习辨别相关证明材料的真伪;开展提取专管员防范骗提培训活动,对前两年的提取材料调查核查,经核实为骗提公积金的职工,发送退款通知书,责令职工在规定的期限内全额退还已骗提的住房公积金。与市监察局、市纠风办联合下文《关于加强住房公积金提取管理有关事项的通知》,骗提现象得到遏制。制定《职工重大疾病提取住房公积金内部操作细则》、《职工享受最低生活保障提取住房公积金内部操作细则》,成立住房公积金特殊提取业务审批小组。年内全市提取住房公积金16.71亿元,比上年增长12.10%。至年末,全市累计提取住房公积金88.80亿元。

【公积金额度设定】 2011年,南宁市住房公积金缴存按“控高保低”设定。市属单位住房公积金缴存比例为12%。根据2010年南宁市辖区内在岗职工年平均工资3.70万元,设定2011年单位和个人月住房公积金缴存额上限均为1111元,合计不高于2222元。根据国务院《住房公积金管理条例》住房公积金最低缴存比例为5%的规定和南宁市2010年职工最低工资820元的标准,设定单位和职工住房公积金月缴存额下限均为41元,合计不低于82元。(马 剑)

4月27日,南宁住房公积金管理中心金穗联名卡发卡仪式在宾阳县举行,标志着南宁市县域住房公积金联名卡业务全面展开　　南宁住房公积金管理中心提供

城市防洪

【概 况】 南宁市邕江防洪排涝工程管理处获自治区公务员局批准为参照公务员法管理单位。根据有关法律和政策的规定,管理处下属企业市建筑金属门窗厂和市邕江防洪排涝工程管理处综合厂2011年12月10日起合并办公,合并后的企业更名为南宁市建筑金属门窗厂。完成《邕江防洪工程大事记》和《邕江防洪40年》画册的编纂出版。

【防洪业务培训】 2011年,市邕江防洪排涝管理处加强对防洪专业组人员、泵站班组人员、机电特殊工程人员和新进人员业务培训,先后举办泵站自动化操作、电工进网操作、新进人员、泵站运行、防汛调度、机长培训等培训班8期,培训420人次;组织相关人员外出培训10期,培训70多人次;协助自治区、市防汛办举办冲锋舟培训班2期,培训120人次。

【河道管理】 2011年,市邕江防洪排涝管理处加强河道堤防管理和执法。投入河道堤防日常巡查2560人次,处理和纠正发生在堤防河道滩涂上的违法、违章行为18起,发放违章通知书9份,拆除违章建筑物多批。开展临河工程建设项目的审查,全年完成临河项目审批12项。严厅打击非法采砂行为。协助市采砂办开展集中执法行动27次，抓扣非法偷采砂船16艘，驱逐非法滞留采砂船39艘。

【防洪工程建设】 2011年，市邕江防洪排涝管理处完成防洪设施完善及维修、防洪设备完善及更新改造、二桥北下游塌岸处理、亭江泵站扩建工程前期工作等9项城市防洪体系建设项目，完成投资1836万元，完成任务102%。做好江南堤路园项目沙江排涝泵站工程收尾整改和竣工验收各项准备工作，泵站的6台机组在防洪中全部投入试运行，运行状况良好。

【设施维修与保养】 2011年，市邕江防洪排涝管理处精心维护检测各种防洪设施设备，加强对防洪设施、设备定期检查、养护。完成大坑一泵站电气设备回装和供电、心圩江泵站（二期）工程3台机组设备安装；检测维护变压器设备80台次、高低压配电屏498面次；完成泵站、防洪闸电气设备绝缘检测138台次和11座泵站高压设备的预防性实验；割除堤坡、护岸、泵站院内杂草1万平方米；清洗泵站进水口拦污栅55扇，清洗面积4878平方米；完成中山壁画平台、心圩江泵站排水闸出水口等处的清淤，面积1.57万平方米。观测堤防和泵站垂直沉降、水平位移45千米，观测沉降点172个，位移观测点97个，并整理编印成册，为防汛工作提供科学依据。

【防洪排涝】 2011年，市邕江防洪排涝管理处修订和完善年度邕江防洪工作预案，及时落实防洪抢险物资和抢险队伍，开展防汛安全检查和设施设备检修养护。针对历年防汛工作的特点，从3月开始反复进行防洪检查，全年开展多层次、多形式的防汛检查约30次。加强防汛自动化和信息化建设。竹排冲二泵站自动化改造建设项目通过竣工验收，并在10月的防洪排涝中投入使用。安装和调测水文GPRS滚动预报警综合系统遥测站点设备9个，保养检修摄像监控点设备67个；更新改造电控沙盘模型扩建工程项目和计算机网络机房。10月，受第17号强台风“纳沙”和第19号热带风暴“尼格”的影响城区和左江、右江流域普降暴雨、大暴雨。10月8日，邕江大坑口外江出现超设防水位。为确保邕江安全度汛，市邕江防洪排涝管理处全体人员从9月30日至10月10日实行全天24小时防洪排涝值班，各防洪专业组和排涝泵站工作人员做好防洪排涝；16座排涝泵站投入运行，累计运行机组345台次，总抽排水量2325万立方米；关闭防洪闸16座、交通闸2座、穿堤管15处，确保邕江安全行洪。

（吴明全）

公共事业

【概　况】 2011年，南宁市完成售水量2.75亿立方米，比上年增加236万立方米；污水处理量1.85亿立方米，增加4301万立方米，实现工业总产值6亿元，与上年基本持平；实现销售收入6亿元，完成任务100.54%，增加1.12万元，增幅1.91%。销售液化石油气8.93万吨，增长3.69%。至年末，累计拥有燃气用户21.89万，增长27%；在用公福及商业用户856家，增长6%；在用工业用户5家，增加2家。加强燃气业管理，对76个燃气储配站、44个燃气管道小区进行检查，对存在安全隐患的下发整改通知书，整改率96%。

【供水与污水处理设施建设】 2011年，南宁市提高城市供水能力，以保障不断拓展的城区和不断增长的城区人口和工业的用水。对原有的部分水厂进行扩建；完成埌东加压站、中尧水厂送水泵房、邕宁水厂清水泉取水泵、东盟分公司取水泵房、东盟分公司加氯系统、陈村水厂滤池连通管、西郊水厂工艺管道等供水设施技改项目，均投入使用。新建一批污水处理厂，不断完善排水管网，提高城市污水处理率。

陈村水厂二期扩建　工程设计日供水能力10万立方米。2月初开始施工建设，年内完成全部主体工程以及滤池、清水池、平流沉淀池、网络絮凝池的外墙装饰、工艺管道安装等工程，完成投资4100万元，并进行通水试运行。

污水处理设施建设　江南污水处理厂二期日处理污水能力24万立方米，其土建工程、工艺管道铺设、设备安装均全部完工，完成投资1.16亿元；□东污水处理厂三期日处理污水能力10万立方米，其土建工程、工艺管道铺设、设备安装均完工，完成投资8500万元；三塘污水处理厂一期日处理污水能力6万立方米，完成大部分钢筋混凝土扩展基础、浆砌片石挡墙、土方开挖等工作量，完成投资2700万元；五象污水处理厂一期日处理污水能力5万立方米，完成部分土方开挖和填筑，以及浆砌片石、进水泵房土方、浇注混凝土等工程，完成投资3200万元。

【管道燃气设施建设】 南宁市累计敷设市政燃气主干管391千米、小区埋地管540千米、小区户外管1713千米。有安吉和三塘两个气源厂，150立方米LNG（液化天然气）真空粉末罐8个，LNG气化能力每小时2万标准立方米。2011年，管道燃气部门组织编制南宁市燃气高压管网输配系统规划方案，经市规划部门组织有关部门和专家评审，上报市政府获准通过后，开展环境评估、地质灾害评价、项目核准、方案设计等工作，为接收西气东输二线引入的天然气做好准备。

【燃气服务管理】 2011年，南宁市燃气管理部门与18家燃气企业签定安全供气目标管理责任书，将目标责任落实到每个经营者；签定管理职工的网点安全生产分区管理责任书、管道燃气工程督察监护岗位责任书，加强对全市各燃气供应网点和管道燃气工程的安全监管。在经营管理方面，继续打击燃气市场违法经营行为，对涉嫌无证燃气供应网点进行执法检查35次，出动人员175人次，检查违法经营网点96个，对其中确存在违法经营行为的45个站点进行执法，暂扣钢瓶521个，消除安全隐患。燃气管理部门联合安全监督、工商部门对违规购买掺混二甲醚的液化石油气出售的供应点进行专项整治，对1家企业进行立案查处。继续做好管道燃气工程建设的监管，与管道燃气安装施工单位在施工前签定《管道燃气设施相邻施工技术交底书》、《燃气管网相邻施工监护协议》，使施工中发生受外力破坏燃气管道的现象减少。

【城市节约用水】 2011年，南宁市继续做好计划供水、节水管理，将全市所有月用水量在1000立方米以上的用水户纳入计划管理范围。开展节水器具进社区活动，安排3万元资金给天桃、北宁、民主路及大板一区4个社区免费发放900件节水型小龙头。继续开展创建节水型城市，加大节水宣传力度，利用全国城市节水宣传周开展定期及日常节水宣传活动，发放节水资料5万份。市区纳入计划用水单

位2408家，全年计划供水量2.11亿立方米，城市计划用水率96.60%，累计节水2878.04万立方米。（陈　琳）

市政市容管理

【城乡清洁工程】 2011年，南宁市实施"城乡清洁工程"，不断拓展"城乡清洁工程"的广度和深度，围绕全市开展创建国家卫生城市和全国文明城市复评目标，指导、协调全市各县(区)、开发区、市直各职能部门开展"创城"、"创卫"工作。全年查处各类违章行为111.59万起，其中摊点乱摆(含跨门槛经营)行为29.85万起、车辆乱停放行为5.95万起、垃圾乱扔行为5.86万起、广告乱贴行69.41万起、工地乱象行为5162起；下发督办函237份，督察问题2862个。市城市管理综合行政执法支队出动执法人员8000人次，执法车3100辆次，检查发现各类影响市容的问题4800起(个)，调查、教育各类违章行为2000起。组织开展联合执法整治泥头车、"环境风貌整治月"活动。年内，南宁市实现"全国文明城市"二连冠，获国家卫生城市。

【建筑垃圾机械化密闭运输】 2011年，南宁市在推行建筑垃圾密闭化运输的基础上，加大工作力度，制订《关于运输企业从事城市建筑垃圾运输暂行规定》等9个政府规章，明确要求从7月1日起实行建筑垃圾机械化密闭运输管理。1月，市政府发布《南宁市人民政府关于加强建筑垃圾管理通告》；5月1日，《南宁市城市建筑垃圾管理办法》正式施行；6月11日，市城管局正式发布《建筑垃圾机械密闭运输办理指南》和《南宁市建筑垃圾运输服务告知书》；7月1日，全面启动建筑垃圾机械化密闭运输。在全市范围内开展泥头车专项联合执法整治行动，严厉打击泥头车超载、超高运输、车轮带泥、运输撒漏等违章行为，从源头上控制泥头车违章运输、任意抛撒等突出问题。全年查处违章运输建筑渣土5000多起。

【"创业街"和"跳蚤市场"设置】 2011年，南宁市继上年在6个城区开辟首批"创业街"8条、"跳蚤市场"10个后，继续推进"创业街"和"跳蚤市场"的设置，在全市开辟定时定点临时摆卖摊区42个("创业街"6条、"跳蚤市场"36个)，设置摊位3668个，实现由城市"管理者"到"服务者"的转变。其中青秀区双拥路辅道"创业街"(广西医科大学护理学院至广西医科大学口腔医院段)、兴宁区长□路燕子岭"创业街"、江南区石柱岭二路"创业街"、西乡塘区遇安街"创业街"、邕宁区八尺江路"创业街"、良庆区前进路"创业街"设置摊点279个，投资89.73万元。《新华每日电讯》等全国20多家媒体及广播电台就此进行刊载介绍。

【数字城管】 2011年，南宁市继续推进数字城管系统升级，数字化城管向县域延伸，强化数字城管协调、案件处置回访、信息通报和案件处置跟踪督办等机制。至年末，数字城管立案城市管理案件43.29万件，其中由监督中心监督员发现、上报案件40.51万件，占立案总数93.50%，其他案件信息由领导批示、市民投诉、媒体曝光发现。办结城市管理案件41.61万件，结案率96.10%。"12319"城市管理服务热线接到市民来电2.28万个。其中：反映城市管理问题1.15万个、咨询城市管理问题1.13万个。

【市政公用基础设施维护】 2011年，南宁市完成道路维修11.85万平方米，其中沥青砼路面维修8.82万平方米，水泥砼路面维修2.25万平方米，完成任务111.94%；人行道维修5.35万平方米，完成任务116.39%；下水道疏通104.76千米，完成任务116.40%；清掏沙井6.36万井次，完成任务102%。维修桥梁55座，维修改造城市家具423张。

【垃圾处理】 2011年，南宁市处理生活垃圾57.90万吨，其中：城南垃圾处理场处理56.30万吨、石西垃圾处理场处理1.60万吨；日均处理1733吨。处置建筑垃圾361.34万吨，外运处置医疗废弃物3751.13吨，粪便处理1250吨。完成建筑垃圾处置费征收1373万元，生活垃圾处理费征收5176万元。9月，南宁市静脉产业园建设正式启动，解决城市"垃圾围城"现象。10月17日，市政府投入8000万元采购219辆大型环卫车辆投入使用，市区主要道路机械化清扫率从20%提升至80%。

【照明设施维护】 2011年，南宁市路灯管理部门维修路灯8350盏次，景观灯7618盏次。路灯亮灯率98.30%；重大活动期间，重要路段亮灯率99.50%；设备完好率95%以上。

【桥梁管理】 2011年，南宁市桥梁管理部门征收路桥费1033万元；整治摊点乱摆卖跨门槛行为4621起，处理突发事件1起，清理非法小广告1.54万条，清理乱停放车辆1.29万辆，劝走桥区睡觉人员及流浪汉900人次；协助交警处理损坏交通设施案件90余起，查处违章行为21起，罚没金额2.34万元；解释答疑730人次，追缴路桥费1.04万元；查处冒用、伪造、套用通行假年票案件584件，票证金额31.07万元，结案率100%。

【广场管理】 2011年，南宁市城市广场管理处对市内广场换花10次，换种鲜花28万盆，补种灌木22万袋；定期对乔木灌木进行修枝剪形和施肥，修剪灌木25万平方米；各广场每季度打草1次，每月乔木勾干、枯枝1次，发挥广场服务功能，做好活动保障工作，配合举办公益活动130场(次)，接待国内外参观团和外地宾客71个(批)。

【内涝防治】 2011年，市城管局开展大型年度防内涝演练活动2次，提高防内涝抢险队伍的应急抢险能力，市区易涝点从上年的25个下降至13个。指导、协调全市各责任单位有效应对6月25日、9月30日至10月5日两次强降雨天气对市区造成的影响。

【户外广告管理】 2011年，市城管局拆除各类违章户外广告设施414处，面积3.99万平方米。其中：劝说当事人自行拆除违章广告设施166处，面积1.74万平方米；组织强制拆除行动77次，拆除违章广告设施248处，面积2.25万平方米。完成重大活动社会氛围营造14项。完成民族广场大型电子屏的建设。

【城市管理宣传】 2011年，南宁市继续开展"3.19城市管理公众参与日"活动，向市民展示城市管理文化、城市管理设备、城市管理工作特点，拓宽市民与政府职能部门联系互动渠道，激发广大市民自觉转化角色，变"部门城管"为"社会城管"，逐步实现城市专业管理与群众管理相结合。7月，在全国首创与新华社广西分社签署《合作备忘录》，确立战略合作伙伴关系。据新华社广西分社统计，年内，全国各新闻媒体发表、转载南宁市城管系统新闻稿件1900篇。（蒋舒建）

责任编辑　周　红

环境保护·园林绿化

环境保护

【概　况】2011年，南宁市有各级环保机构38个，其中市级环保机构7个、县级环保机构30个，编制436名，实有423人。市环保局推进五象新区生态保护、生态环境建设，制定为五象新区开发建设环保服务八大措施，建立五象新区发展建设环保服务中心。在自治区率先建立环境监察巡视制度和环境监察工作考评制度。受理环境污染投诉信息1.14万件次，投诉量比上年下降4.67%。邕江饮用水源保护、机动车尾气、市区扬尘污染、工地噪声污染等涉及民生方面存在的突出环境问题得到较好解决。强化重金属污染防治取得阶段性成效。推行强制性清洁生产审核，全年完成9家重污染企业的强制性清洁生产审核，并通过自治区验收。全市环境质量保持较好水平，市区环境空气优良率96.16%，地表水源水质达标率100%。南宁市在自治区城市环境综合整治定量考核中名列第三。

【大气环境质量】2011年，南宁市区环境空气优良天数351天，占全年天数96.16%。其中:空气质量为优的141天，占38.63%;为良的210天，占57.53%;轻微污染13天、轻度污染1天，占3.84%。全年API（空气污染指数）值在14~163范围。市区环境空气中二氧化硫、二氧化氮、可吸入颗粒物年平均浓度分别为每立方米0.026、0.033、0.073毫克，均达到国家二级（一般居住区空气质量）标准水平。二氧化硫比上年下降7.10%，二氧化氮、可吸入颗粒物分别上升10%、5.80%。一氧化碳日平均浓度每立方米0.607毫克~2.277毫克，优于国家一级标准;年平均浓度为每立方米1.136毫克，与上年基本持平。臭氧小时平均浓度每立方米0.002毫克~0.170毫克，优于国家二级标准;年平均浓度为每立方米0.046毫克，上升9.52%。武鸣、横县、宾阳、上林、马山、隆安6县县城二氧化硫、二氧化氮、可吸入颗粒物的年（日）平均值均达到或优于国家二级标准。

南宁市区酸雨频率为1.40%，比上年降低26.60个百分点，为本市1983年开展降水监测以来的历史最低值；降水平均pH值6.33，比上年明显好转并达到正常水平，为开展降水监测以来首次高于酸雨划分标准限值（pH<5.6）的历史最高水平。武鸣县、宾阳县、隆安县均未出现酸雨，保持未受酸雨污染的良好环境；横县、上林县酸雨频率分别为7.70%、1.50%，分别下降3.90个百分点、2.60个百分点。

【水环境质量】

主要江河水质　2011年，南宁市主要对境内的左江、右江、邕江、郁江和武鸣河5条河流8个断面进行监测。按全年监测平均值评价，满足国家地表水标准二、三类水质要求的断面比例分别为75%、25%。其中左江上中、右江雁江、邕江上游老口、武鸣河叮当、郁江六景、南岸断面水质为优，均符合二类水质标准；邕江中下游的水塘江、蒲庙断面水质良好，满足三类水质标准。国家和自治区级对南宁城市环境综合整治定量考核的所有8个监测断面水功能区水质达标率均为100%。南宁市入境的左江上中（崇左—南宁交接断面）、右江雁江（百色—南宁交接断面）以及出境的郁江南岸（南宁—贵港交接断面）总体均优于三类水质的交接要求。

饮用水源水质　通过市集中式饮用水源水质月报方式监测6个水源。其中5个为邕江地表水源，自上游至下游的位置顺序依次为：三津、陈村、西郊、中尧、河南水源地；另1个是邕宁区清水泉地下水源。按照“十一五”考核体系不计粪大肠菌群指标评价全市饮用水源水质达标率96.38%。其中，地表水源水质达标率100%，清水泉水源地主要受总大肠菌群指标超标影响。武鸣、横县、宾阳、上林、马山、隆安6县县城饮用水源地水质主要指标达标率均为100%。

邕江支流水质　主要监测18条主要城市内河水质，其中八尺江属中度污染，马巢河、可利江、凤凰江、心圩江、二坑、朝阳溪、亭子冲、竹排冲、水塘江、那平江、良庆河、楞塘冲、石埠河、大岸冲、石灵河、西明河和四塘江等17条内河均属重度污染。影响水质的主要污染指标为氨氮、五日生化需氧量、总磷、挥发酚和化学需氧量。

主要湖泊与水库水质　对南湖水质类别评价为五类，综合营养状态指数为62.10，属中度富营养状态，主要影响指标为总氮和总磷；综合营养状态指数比上年略有上升。民歌湖、相思湖水质类别评价均为劣五类，综合营养状态指数分别为77.40、75.00，属重度富营养状态，主要影响指标亦为总氮和总磷。仙湖水库水质评价为三类，天雹、老虎岭、大王滩水库水质评价为四类，龙潭、峙村河水库水质类别评价为劣五类，主要影响指标为总氮。按综合营养状态指数评价，除龙潭水库为轻度富营养状态外，其余5个水库均为正常的中营养状态；综合营养状态指数老虎岭水库有所下降，大王滩、仙湖、龙潭、天雹、峙村河水库则有不同程度上升。

地下水水质　南宁市地下水质良好

南宁市主要湖泊、水库水质综合营养状态指数情况

点位名称	2011 年		2010 年	
	综合营养状态指数数	级 别	综合营养状态指数	级 别
南湖	62.10	中度富营养	60.00	轻度富营养
民歌湖	77.40	重度富营养		
相思湖	75.00	重度富营养		
大王滩水库	49.00	中营养	48.30	中营养
仙湖水库	41.00	中营养	39.10	中营养
龙潭水库	51.60	轻度富营养	50.30	轻度富营养
天雹水库	39.60	中营养	35.80	中营养
老虎岭水库	45.10	中营养	45.70	中营养
峙村河水库	47.40	中营养	40.60	中营养

级占62.50%，分布面积约28.50平方千米；较差级占37.50%，分布面积约121.50平方千米。地下水总污染指数3.51，比上年下降0.65，总体污染程度有所减轻。水质主要影响指标为铁和锰，主要由于南宁市盆地第四系土壤中的铁、锰含量偏高，在酸雨侵蚀下溶解入地下水中造成。

【声环境质量】

城市区域声环境　2011年，南宁市区域环境噪声平均值53.60分贝，比上年下降0.80分贝。城市区域声环境质量总体达到国家考核指标要求，属较好水平。城市声源构成仍以社会生活噪声和交通噪声为主，两者占全市声源构成88.40%。武鸣、横县、宾阳、上林、马山、隆安6县县城区域环境噪声53.80分贝~55.50分贝，均达到小于60.00分贝的国家考核要求；县城道路交通噪声65.50分贝~69.00分贝，均达到小于70.00分贝的国家考核要求。

城市道路交通声环境　南宁市道路交通噪声平均值69.50分贝，比上年上升0.40分贝；监测路段超标率42.80%，上升12.80个百分点。道路交通声环境质量总体达到国家考核指标要求，属于较高水平。

城市功能区声环境　南宁市城市功能区噪声达标率为72.60%，比上年上升9.50%。其中：昼间噪声达标率94.20%，上升36.90%；夜间噪声达标率29.50%，下降44.20%。各类功能区按年均值评价，昼间噪声均达标；夜间噪声除1类功能区达标外，其余各类功能区均有不同程度超标。1类、2类功能区昼间和夜间噪声比上年有不同程度升高变差；3类功能区昼间和夜间噪声明显下降好转；4类功能区昼间噪声略有升高，但夜间噪声有所下降好转。

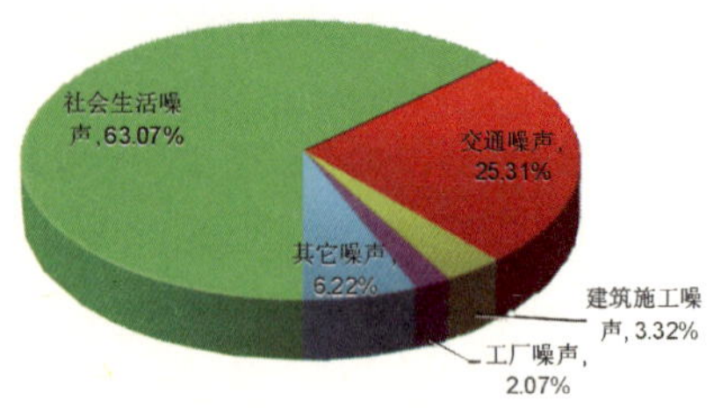

2011年南宁市城市区域环境噪声声源构成情况

【辐射环境质量】

电离辐射环境质量　2011年，南宁市区γ(伽玛)辐射空气吸收剂量率(扣除宇宙射线响应值)无异常变化，年平均值为每小时41纳戈瑞；市内29个监测点年均值为每小时28纳戈瑞~62纳戈瑞。

电磁辐射环境质量　南宁市区环境电磁辐射平均电场强度为每米0.81伏，平均功率密度每平方米0.002瓦。市区10个监测点位的环境电磁辐射综合场强监测值和功率密度均低于《电磁辐射防护规定》(GB8702-88)中公众照射导出限值。

【核与辐射安全监督管理】　2011年，南宁市开展核与辐射安全监管能力建设，强化全市核与辐射安全监管，组织开展对59家核技术应用单位的监督检查，全年未发生放射源丢失、被盗、失控等辐射事故。现有核技术应用单位84家，密闭源366枚，非密封源32项，全年送贮闲置放射源18枚；有16万居里辐照装置1家；有三类射线装置使用单位215家，三类射线装置380台套，已核发辐射安全许可证198家。加强对移动通讯基站电磁辐射管理及污染纠纷调查处理，处理群众投诉20多起。

【环境监测】　2011年，市环境保护监测站以开展"行风建设年、质量保证年"为重心，狠抓节能减排、监督性监测、应急监测、核辐射监测等重点工作。以建设先进环境监测预警体系为目标，不断提升环境监测整体实力，提高环境监测制度化、规范化和现代化水平，全年完成各项监测获监测数据11.50万个。

【污染物排放】

废水污染物排放　2011年，南宁市废水排放总量3.96亿吨，其中工业废水排放量1.79亿吨、生活污水排放量2.17亿吨，所占比重分别为45.26%、54.74%。废

南宁市城市区域、道路交通噪声监测情况

单位：分贝

年度	区域环境噪声均值	道路交通噪声均值
2010 年	54.40	69.10
2011 年	53.60	69.50
变幅	-0.80	0.40
国家考核标准	≤60	≤70

南宁市城市功能区噪声监测情况

单位：分贝

功能区类型	1 类区			2 类区			3 类区			4 类区		
	昼间	夜间	昼夜	昼间	夜间	昼夜	昼间	夜间	昼夜	昼间	夜间	昼夜
2010 年	45.80	42.10	49.10	56.50	51.40	58.90	60.90	60.90	66.90	68.30	64.00	71.10
2011 年	46.40	42.30	49.50	56.60	52.20	59.40	60.20	57.60	64.30	68.40	63.50	70.90
变幅	0.60	0.20	0.40	0.10	0.80	0.50	-0.70	-3.30	-2.60	0.10	-0.50	-0.20
国家标准	≤55	≤45		≤60	≤50		≤65	≤55		≤70	≤55	

水中化学需氧量(COD)排放量13.69万吨,其中工业废水中排放3.12万吨,生活污水中排放6.71万吨,农业原排放3.80万吨,集中式(生活垃圾处理场)排放0.06万吨;废水中氨氮排放量1.50万吨,其中工业废水中排放0.14万吨,生活污水中排放0.91万吨,农业原排放0.45万吨,集中式(生活垃圾处理场)排放45.57吨。重点调查工业废水排放污染物中,化学需氧量排放量的87.80%来源于农副食品加工业和造纸及纸制品业。氨氮排放量的72.84%来源于氮肥制造、造纸及纸制品业、淀粉制造以及皮革加工。

废气污染物排放 南宁市工业废气排放总量1248.14亿立方米。全市废气排放主要污染物中,二氧化硫(SO_2)排放量4.17万吨,其中工业排放3.35万吨,生活排放0.82万吨;氮氧化物排放量为6.38万吨,其中工业排放2.52万吨,生活排放0.10万吨,机动车排放3.76万吨;烟(粉)尘排放量3.53万吨,其中工业排放2.67万吨,生活来源排放0.46万吨,机动车排放0.40万吨。重点调查工业废气排放污染物中,二氧化硫排放量的86.73%来源于淀粉制造、造纸及纸制品业、制糖、火力发电、其他基础化学原料制造、酒精制造等行业;86.66%的氮氧化物来源于水泥制造、造纸及纸制品制造、制糖、火力发电等行业;69.58%的烟(粉)尘排放量来源于水泥制造、制糖、非木竹浆制造以及淀粉制造等行业。

工业固体废物排放 南宁市一般工业固体废物产生量348.67万吨,其中综合利用量315.58万吨(综合利用往年贮存量3.37万吨),处置量12.85万吨,贮存量为22.61万吨,排放量为0。全市工业固体废物处置利用率94.20%。工业污染物中,全市重点调查工业固体废物产生量的64.51%来源于制糖业、水泥制造业、啤酒制造业、矿开采行业。

城市生活垃圾处理 南宁市生活垃圾无害化处理设施体系更加完善,生活垃圾做到日产日清,全年处理垃圾65.05万吨,日平均清运1782吨,城市生活垃圾无害化处理率继续保持100%。

医疗废弃物集中处置 南宁市有集中收集处置医疗垃圾的医疗机构880家(点),与上年持平,覆盖面达到市辖6县;收运医疗废弃物4168吨,日均收运11.42吨,所收运的医疗垃圾全部规范集中转移处置,集中处置率100%。

工业危险废物排放 南宁市加强对危险废物的环境管理,落实危险废物管理的台账登记、转移联单、管理计划等各项制度。全市工业危险废物产生量1690吨,综合利用量1449吨,处置量258吨,处置利用率100%。

【环境污染事件】 2011年,南宁市发生环境污染事件11起,其中交通事故引发的环境事件5起,安全生产事故引发次生环境事件2起,其他引发的环境事件4起。按《国家突发环境污染事件应急预案》程度分级,均属一般事件。

【主要污染物减排】

污染物减排完成情况 2011年,自治区政府办公厅印发《关于印发2011年度广西主要污染物总量减排计划的通知》,下达南宁市减排项目47个。其中,城镇和工业园区污水处理厂项目6个,工业企业污染治理项目37个,结构调整淘汰关停项目4个。6月1日,市政府下发《关于下达2011年主要污染物总量减排计划的通知》,将这47个项目列入2011年全市减排计划并落实责任部门和责任人。12月,47个减排项目中有污水处理厂6家、工业企业污染治理项目37家全部完成工程建设并通过验收,4家结构调整淘汰关停项目已关闭。四项主要减排指标中,完成化学需氧量减排量0.87万吨,完成氨氮减排量66.16吨,完成二氧化硫减排158吨,完成氮氧化物削减量109.40吨。

主要措施 市环保局继续实行季节性生产审批制度,规范季节性生产环境保护秩序、确保季节性生产企业污染防治设施正常运行并通过国家减排核查。对全市所有制糖、淀粉、酒精企业季节性生产情况进行核查。重点督查污水处理厂运行管理。以信息通报的形式将污水处理厂存在的问题和由此可能引起的严重后果上报市委、市政府,对南宁绿城水务股份公司下达《关于对市辖5县污水处理厂存在问题进行整改的督办函》,与市城乡建委多次组织开展管网建设督查。11月,基本解决污水处理厂运行问题,12月完成验收。推动造纸企业排放提标深度处理。组织开展全市造纸企业环境污染专项整治工作,全市大型制浆造纸企业通过改造工艺,增设新治理措施等实现达标排放。开展畜禽养殖业治污试点。将广西畜牧研究所柯莉莱原种猪有限责任公司大型沼气工程列为规模化养殖业治污试点,通过强化畜禽清污分流,畜禽排泄物农业综合利用,沼气回收能源,水液厌氧好氧达标农灌或者排放,初步实现节能减排效果。开展机动车排气污染防治前期工作。完成市区2个机动车排气污染检测示范站的建设,并组织编制《南宁市机动车简易工况监测系统建设规划》,制定《南宁市机动车排气污染防治工作方案》;成立南宁市机动车排气污染管理中心,编制11名。

强化制浆造纸废水治理 根据自治区环保厅、自治区工信委《关于进一步加强制浆造纸企业废水污染治理和环境监管工作的通知》要求,市环保局于2011年6月制定技术改选方案和实施进度计划,并与市工信委联合印发《南宁市制浆造纸企业废水污染治理实施方案》,成立工作领导小组,从项目源头审批、污染减排、环境监管、政策引导等各个方面推进企业开展提高水污染物排放标准工作。9月,对国控重点源制浆造纸企业和造纸企业相对集中的横县、宾阳两县进行现场检查。10月,再次对制浆造纸企业达标情况开展专项检查。12月,完成全市5家国控重点源制浆造纸企业和79家制浆造纸企业的技术改造。

重金属污染防治 市环保局启动"十二五"重金属综合污染防治规划的编制,制定2011年度重金属污染防治实施方案,结合重金属执法专项检查,完成涉重金属企业的现场调查及补充监测和汞排放污染源现状评估调查。组织开展全市重金属专项执法检查,对检查发现的问题要求企业立即制定措施、限期完成整改。同时做好对宾阳制革业整治的督促指导,指导宾阳制革业申报国家、自治区重金属污染防治专项资金,制定整改方案,指导和帮助宾阳县做好后续整改。

【环境监察】 2011年,南宁市在环保专项行动中,出动1.09万人次,检查企业4291家(次),立案处罚128件,结案105件;挂牌督办项目18个,完成整改验收17个,其中1个正在实施关闭。继续强化对国控重点污染源和工程减排项目的现场执法监管,保障全年污染减排目标任务顺利完成。市环保部门按照工作部署完成重金属汞污染调查评估,组织开展大规模重金属专项检查2次,继续推进市辖各县县城污水处理厂完善配套管网建设，强化对重点企业燃煤锅炉污染治理设施的监管，巩固污染减排成效。继续开展市区扬尘污染联防联控专项整治，与市城乡建委、市城管局等部门开展市区扬尘污染防控联合执法10多次，创建市区扬尘污染防控工作机制并2次启动空气污染预警应急处置工作机制。采取多种措施进行建筑施工噪声污染整治，中、高考期间，南宁市噪声扰民投诉量比上年下降66%。在全年重大节假日以及汛期、枯水期、榨季等重点监管时期，市环境监察支队做好环境安全隐患排查，严防突发环境污染事件，开展专项执法检查20次，基本覆盖全市重点行业企业，解决各类环境问题。加强环境应急管理，召开市环保局应急管理工作研讨会，成立8个环境应急响应小组，强化工作分工，规范应急响应程序，完善应急管理工作机制。举办全市环保系统应急管理培训班，并组织人员参加市应急办组织的各种应急管理培训。组织开展突发环境事件应急处置演练，提高应对突发环境事件的能力。妥善处置环境突发事件，全年没有次生二次污染事件发生。

【自然生态环境】 2011年，南宁市有自然保护区7个，其中国家级1个、自治区级5个、市级1个。自然保护区面积5.17万公顷，占全市总面积2.33%；有森林公园16个，面积1.16万公顷。全市森林面积98.54万公顷，森林覆盖率47.10%。

【生态南宁建设】 2011年，市环保局推进生态城市建设。明确生态文明示范区建设各项工作牵头单位，落实责任分工，分阶段、分步骤、分指标推进。市辖6县全面开展生态县规划实施；12个县（区）开展生态乡镇规划编制、论证并通过当地政府批准组织实施。大力开展生态乡镇和生态村建设，马山县白山镇和隆安县那桐镇定江村等3个镇、23个村获自治区级生态乡镇、生态村命名。在南宁—东盟经济开发区、六景工业园区开展生态工业示范园区创建。

【环境法制】 2011年，南宁市颁布实施《南宁市饮食服务业环境保护管理办法》，开展《南宁市邕江河段水体污染防治条例》修订、《南宁市环境噪声污染防治条例实施细则》立法调研和环境保护行政执法案卷评查。全年各级环保部门实施环境行政处罚案件300件，行政诉讼案发生。

【建设项目环境管理】 2011年，市环保局按照国家、自治区环保部门关于分类管理、分级审批制度的要求开展项目环评审批，把好环保准入关口，无越权、降级、拆分环评审批等情况发生。全市完成建设项目环保审批1751项。为提交自治区环保厅审批的28个重大项目出具环保初审意见，主要有：南宁广发重工集团有限公司整体搬迁改造项目；八桂绿城富康园公租房项目（配套服务富士康南宁科技园项目沙井园区）、南宁五象新区核心区道路、白沙—壮锦立交桥工程等。并配合自治区环保厅上报国家环保部完成南宁吴圩国际机场新航站区及配套设施建设工程环境影响报告书的批复。对具备环保审批条件的项目完成相关审批，其中列入“南宁市项目建设年活动”的重点项目中有15个项目完成环保审批，投资2210亿元；重点建设项目90个，重点前期工作项目30个，中直、区直重点建设项目36个。列入自治区层面统筹推进（新开工）的40个重大项目中有26个项目完成环保审批，对应投资388亿元。列入自治区层面统筹推进（前期工作）的4个重大项目中有3个项目完成环保审批。

在加强建设项目环保“三同时”（同时设计、同时施工、同时投产使用）和竣工环保验收方面，严把项目验收关，做好上级环保部门审批项目报告表类项目的竣工验收核查，清理投产未办理环保验收手续的项目。全市完成建设项目试生产核查87项，完成环保验收882项；配合自治区环保厅出具上级环保部门审批项目验收、试生产核查意见15项。

【信访与提案办理】 2011年，市环保局办理各级人大建议、政协提案19件，全部按期办结；受理群众投诉环境污染信息1.14万件次，处理率100%，比上年下降3.90%，首次实现信访投诉量下降目标。其中12369环保举报投诉热线投诉信息1.10万件次，书面答复市长热线12345转办案件275件次，群众来访22批，直接来信、部门转办信函86件，对部门转办信函64件进行书面复函。处理各网站咨询投诉信息，其中：市数字化城市管理系统169件次，网上信访40件次，市机关绩效综合平台13件次，政民互动129件次；市环保局网站市民心声238件次。全部给予回复。

【排污申报登记与收费】 2011年，全市申报登记水污染物排放企业243家，申报登记大气污染物排放企业716家，申报登记固废污染物排放企业95家，申报登记建筑噪声污染物排放企业188家；全市各级环境保护主管部门核准颁发排污许可证1530份；征收排污费3458.22万元。

【环保科研】

环保科研课题　2011年，市环保科研所开展课题研究16项，完成《南宁市环境保护“十二五”规划》、《南宁市环境保护“十一五”规划终期评估》、《南宁市单位GDP碳排放研究》、《南宁市节能减排“十二五”规划》、《南宁市城市区域环境噪声标准适用区域划分》、《南宁市汞污染排放源现状调查评估》、《南宁市2011年度重金属污染综合防治实施方案》、《南宁市南宁东站综合交通枢纽综合评价及可持续发展研究》、《南宁市畜禽养殖废弃物调查与生态管理研究》、《“中国水城”水环境保护研究》、《上林县环境保护“十二五”规划》科研课题。开展《南宁市农村环境污染现状调查和对策研究》、《南宁市产业发展与节能减排影响研究》、《南宁市重金属污染防治“十二五”规划》、《横县城镇及乡镇饮用水源保护区划分》、《南宁市心圩江水体治理技术方案研究》等课题的研究。课题《木薯废渣烘干装置及制薪棒制炭装置》获国家知识产权局颁发实用新型专利证书。《南宁市建设生态文明城市研究》获市第十一届社会科学研究优秀成果一等奖，《南宁市环保产业现状及发展研究》获二等奖。《废水氮减排的控制要素研究》获2011年度广西自然科学优秀论文三等奖、市自然科学优秀论文一等奖；《南宁市造纸及纸制品行业碳排放量研究》、《清洁生产在造纸行业上的应用》论文获市自然科学优秀论文三等奖。《广西地区CO_2(二氧化碳）排放量变化趋势及驱动因素分析》获广西环境科学学会2011年学术年会优秀论文一等奖,《木薯渣燃料资源化开发初探》、《木薯废渣生物质能源利用研究》获三等奖。

环境影响评估评价　2011年，市环保科研所评估中心完成技术评估项目103个,总投资414.30亿元。其中:财政性投资项目73个,总投资231.50亿元;非财政性投资项目30个，总投资182.80亿元。全年完成新建、扩建、改建项目环境影响评价报告书(表)43份。完成《南宁市邕宁东部工业区总体规划环境影响报告书》、《南宁市工业和信息化发展“十二五”规划》、《南宁市区域性加工制造基地建设规划(2009~2020)》等规划环评报告6个。完成南湖—竹排冲水系环境综合整治工程、南宁东站综合交通枢纽一期工程、南宁市昆仑大道北面廉租住房及公共租赁住房工程等重点项目前期环保技术咨询服务。

【环境宣传教育】　2011年，南宁市围绕环境保护中心工作开展各项环境宣传教育活动。组织新闻媒体加大对污染减排、环保专项行动系列主题宣传报道力度。在市主要新闻媒体、民族广场电子显示屏、进入市区主要路口电子显示屏等刊播市区环境空气日报和预报,宣传12369环保热线。开展纪念“六·五”世界环境日、6月环境宣传月活动,6月1日,市政府在市新闻中心举行南宁市环境质量状况新闻发布会,新华社、《人民日报》、《中国环境报》、《广西日报》、广西电视台、《南宁日报》、南宁电视台等20多家主流媒体参加。6月3日,由市委、市政府主办,举行2011年南宁市纪念“六·五”世界环境日暨创建国家环保模范城宣传活动。6月,《南宁日报》刊登2011年南宁市环境质量状况公报;编印《南宁市创建国家环保模范城100问》和有关宣传资料5万份;举办创建国家环保模范城市征文比赛和“小手拉大手”创建国家环保模范城知识问答赛、开展环保宣传板报巡回展等。各县(区)结合实际开展形式多样的环保宣传活动。继续深化绿色环保系列创建活动,举办2011年绿色环保系列创建骨干培训班,命名表彰“绿色学校、幼儿园”22所、“绿色环保医院”3家、“绿色机关”7个、市绿色环保系列创建活动先进个人32名。

【环境教育馆建设】　2011年，市环保局对位于竹溪路33号环保综合楼二楼的市环境教育馆进行更新改造，投入170万元,12月竣工。更新改造后的市环境教育馆面积800余平方米，是一座集声、光、电、像及图文为一体,融入更多环保元素的绿色环保宣传教育场所。展馆主要分图片展示区、模型区、演播区、互动区、触摸屏演示区、生态园区等6个区域。图片展示区分为“领导关怀篇”、“环保成就篇”、“环保历程篇”、“环保科普篇”、“环境警示篇”、“合作交流篇”、“未来展望篇”等7个篇章,通过图文并茂的方式,展示“十一五”时期南宁市在生态建设和环境保护方面所取得的成就。

【环境信息建设】　2011年，南宁市加强网络安全防范措施，完善网络安全体系建设,做好网络安全保密检查,维护网络系统正常运行。开展市环保局内网、外网分离建设。加强上外网计算机管理,杜绝外网办公现象,采用固定计算机IP地址、并将IP地址与MAC（硬件）地址绑定技术,严格防控计算机访问互联网行为,有效保障南宁市环境信息安全。开展环保系统数据、视频、语音广域网(南宁市部分)的运行与维护。做好污染源在线监控环境信息传输能力技术支持。全年完成市委、市政府下达给的政务信息任务,向环保部和自治区环保厅报送政务信息。

加强市环保局网站建设，对网站进行全面改版和升级。市环保局网站更新信息8774条,访问量、点击数分别为31万人次、62.91万人次。在中国优秀政府网站推荐及综合影响力评估中获2011年度“中国政府网站优秀奖”。根据公众环境研究中心(IPE)与美国自然资源保护委员会(NRDC)联合发布的“113个城市污染源监管信息公开状况”评价结果报告,南宁市2011年PITI指数（污染源监管信息公开指数）总分55.80分，比上年上升18.90分,在自治区4个环保重点城市中位居第一,在113城市中排在第25名,位列10个进步最快的城市之一。为环境管理提供信息技术支持与服务。完成“12369环保投诉综合平台”的改版、开发及应用。按要求推进“国家环境信息与统计能力建设项目”建设。开展“基于GIS的邕江水污染预警系统研究”课题研究。

（市环保局）

园林绿化

【概　况】　2011年，南宁市园林系统各单位承担城建项目26个（其中分业主项目3个),完成总投资5.05亿元。完成一批城市增绿、景观提升、绿色惠民、花卉美化、环境整治等工程,完成固定资产投资12.04亿元,比上年增长25.04%。新增公园绿地面积440.39公顷，增种树木20.13万株,建成区绿地面积扩大到9765公顷。全市建成区绿地率、绿化覆盖率、人均公园绿地面积分别为36.09%、41.25%、11.56平方米,“中国绿城”城市品牌进一步提升。

【“中国绿城”建设】

为民办实事建设工程　体育休闲公园、凤岭儿童公园、青秀湖公园、邕江滨水公园二期、江南公园、安吉花卉公园二期6个项目列入2011年市政府为民办实事项目。其中基本建成开放的体育休闲公园、凤岭儿童公园和青秀湖公园,完成投资1.22亿元,占年度任务77.62%。启动建设邕江滨水公园二期、江南公园、安吉花卉公园二期,完成投资1.03亿元,其中邕江滨水公园二期工程完成年度投资任务,江南公园、安吉花卉公园二期完成大部分土地征地及工程前期工作，基本具备开工条件。

绿化景观工程　基本完成相思湖、明月湖、竹排江绿化工程，完成投资4243.11万元，增种大规格树木775株、竹子5.65万株(丛),初步形成“岸绿、景美”的城市核心水系绿化景观。其中:可利江生态环境综合整治项目绿化提升工程种植大树269棵，增加投资2206.33万元;南湖竹排冲水系环境综合整治项目园林绿化工程种植乔木5965株(其中682株大树为政府采购)、丛生竹1510丛、散生竹6.97万株、灌木1.58万株,地被草皮水生植物及屋顶绿化面积8.26万平方米,建成5亭1廊景观亭廊,增加投资2499.19万元;心圩江环境综合整治项目园林绿化工程种植乔木5220株(其中大乔木540株)、丛生竹97丛、灌木9846株、棕榈类585株、地被4.85万平方米、草皮14.93万平方米,建成停车场1个,公厕、管理用房、廊亭等建筑物17栋,增加投资2206.33万元。

道路绿化建设工程　完成投资4810万元，推进五象新区平乐大道、银海大道、玉洞大道以及南宁—武鸣出城道路等城市主干道绿化建设，种植绿化树木4.85万株，新增道路绿地面积31.98万平方米。

花卉生产和布置　生产盆花578万盆，完成春节、2011年中国国际商务文化节暨中国（南宁）国际时尚博览会、第六届泛北部湾经济合作论坛、国庆节、“两会一节”等重大节庆花卉布置348万盆。完成“鲜花下地”项目花卉生产和布置种植230万盆，设计和布置各色园林小品240个，为节庆活动营造优美的环境和喜庆气氛。

【街道绿化建设养护】　2011年，市园林部门以生态优先为着眼点，加快建设生态型园林绿化，在快速环道、民族大道延长线、机场高速路等道路绿地增种大量乔木，形成绿色廊道；重点推进五象新区平乐大道、银海大道、玉洞大道以及南宁—武鸣出城道路等城市主干道绿化建设。做好道路、绿地的养护管理，提升道路绿化景观，补种乔木451株，孤植灌木1.39万株，片植灌木2.71万平方米、草本地被5.63万平方米、草皮1.03万平方米。针对朝阳路、大学路、民族大道等路段黄土裸露严重的地点进行局部整治，投入165万元。配合开展创建国家卫生城市迎检，对街道绿地进行灭鼠、堵鼠洞、治理黄土裸露及清理卫生死角等。对部分路段绿化养护采取面向社会招投标运作方式，实行绿地社会化运作3处，绿地实施情况良好；根据实际情况制定《南宁市街道绿地开花植物养护技术规范》，对市区一些常见的开花植物，如朱槿、三角梅、红绒球等品种，针对性地制定养护规范，有效地指导日常养护生产，确保开花植物适时开花。继续推广使用植物生长调节剂，在街道绿化养护工作中广泛用于福建茶、朱槿等植物品种，对控制植物生长，减少修剪量，促进开花。

【公园建设】　2011年，市园林管理局建成开放青秀湖公园；完成邕江滨水公园二期工程下游段景观绿化建设；基本完成凤岭儿童公园建筑主体及绿化建设；启动石门森林公园、青秀山森林植物园、五象新区堤园路滨江公园建设和人民公园烈士碑维修改造工程；六城区各新建一个以上游园绿地；推进体育休闲公园二期、花卉公园二期、江南公园、越秀路生态公园、市区精品景点建设项目、四季花园、长湖东路南侧绿地绿化工程、柳沙公园、江滨休闲公园三期等项目前期工作；增种大规格树木775株、竹子5.65万株（丛），种植绿化树木14.95万株，新增公园绿地348.07公顷。

【公园管理】　2011年，市园林管理局结合园林系统实际情况，继续开展“三优一满意”（优美环境、优良秩序、优质服务和游客满意）公园创建，加强对公园的管理，做好绿化植物的养护和基础设施建设、维护，保持园内环境卫生和水面的清洁，进一步提升公园服务和管理水平。

南湖公园　继续开展创建国家卫生城市、“三优一满意”公园活动，狠抓安全生产和社会综治管理，营造平安、和谐的公园环境。完成青秀湖公园西段工程，完成投资3172.96万元，完成任务117.52%；完成首届广西园博会南宁园等工程建设；完成花卉生产布置任务78.10万盆。

人民公园　完成预算外收入1048万元。完成烈士碑维修改造项目立项，计划投资370.31万元，完成275.56万元，完成73%。加快白龙塘水质治理以及公园基础设施完善工程项目的推进，2个项目被列入南宁市2012年城建计划中的公园基础设施工程。5月，推行环卫市场化运作。完成湖心亭、王莲池、榕荫广场码头的藤本植物种植以及绿化带约1500米仿木护栏建设。配合做好公园所辖的园湖路花卉市场搬迁，使花鸟市场700多户、园湖路50户业主平稳搬迁。

动物园　实现预算外收入1.20亿元，比上年增长58.80%；入园人数186万人次，增长27.40%。投资4500万元对园区进行改造，建成加勒比水世界沙滩扩建项目，扩建面积200多平方米，整体营造出别具风格的加勒比海风情景观，新增“加勒比海舞台剧”表演；建成猛兽馆、灵长类馆、浣熊馆、主题乐园三期工程（包括跳楼机、豪华转马、儿童城堡等）并正式向游客开放；新建动物幼儿园、海兽馆、水世界接待大厅，不断增加游园内涵，完善服务功能；完成新灵长类馆、浣熊馆、新猛兽馆、育幼馆的建设和配套绿化工作，对熊园进行改造；园内摆放孔雀草、菊花、一串红等花卉10种1.10万盆；种（移）乔木31种513株、灌木31种9113盆、荫生地被植物21种1320平方米，铺种草皮1.15万平方米，新引进攀援植物锦屏藤355株。

金花茶公园　举办迎春茶花展、“玉兔腾瑞　金花呈祥”中秋灯会等大型公益活动11次，入园游客量237万人次。全年投入建设资金125万元，实施多项景观建设改造及设施维护工程。对公园水环境进行治理、建成“金茶映月”长廊1座、桥梁2座，初步建成阳性茶花区，开展园内黄土裸露地整治，进行园林和服务设施维修改造，基因库安装喷雾设备覆盖面积7000平方米，扩大金花茶规模化生产；重新规划北门道路系统，使北门区域功能明确，更方便市民出入；开展楹联文化建设，大力实施文化建园、特色建园，举办公园楹联文化现场会，弘扬中华传统文化。5月，获自治区党委宣传部、自治区科技厅等部门联合授予“广西区青少年科技教育基地”；开展“科普欢乐游”、“十月科普大行动”取得成功，入园参观、体验、实践科普活动的师生2万余名。

狮山公园　公园二期工程后期工作总投资约2300万元，建设内容有园林建筑、园林景观、高压配电、低压配电、污水处理系统、供水恒压系统建设等6个标段，其中园林建筑主体全部完成，园林景观部分完成95%工程量。高压配电、低压配电、污水处理系统、供水恒压系统项目竣工。公园基础设施建设方面，年度投资13.40万元，增设石凳、花岗岩指示牌、导游图、不锈钢导游图、安全警示牌等，营造更为舒适优美的游园环境。园区绿化改造方面，投入改造资金10万元，对新建公园道路两侧、园内黄土裸露地进行绿化改造，完成改造面积8345平方米，其中铺种草皮1002平方米，种植色块植物7343平方米。

滨江公园　对园内照明、康体设施园容园貌等进行维修和改造；补植黄金榕、白蝴蝶、鹅掌柴等地被灌木1500多平方米，草坪500多平方米；投资6万多元，新建便民售货亭和维修翻新售货亭。在休闲公园西区进行电缆改造、翻新电箱、维修路灯园灯等，消除沿江船民用电线路对公园设施、树木及游客安全隐患。在公园范围内开展灭“四害”工作6次，全年清运垃圾200多车，冲洗园区道路、广场、绿地淤泥合计1000多立方米，发放南宁市城市绿化条例500多份。

石门森林公园　修剪草坪8.25万平方米、绿篱2.36万平方米、明湖环湖行道树木864株，孤植灌木1.30万株，进行病虫害化学防治6次，对园内乔灌木、草坪施肥4次，确保公园植被长势良好，绿化景观效果突出。结合创建全国卫生城市和迎接“全国文明城市公共文明指数测评”复检工作，加强环境卫生管理。全年开展灭“四害”药物防林下杂草清理2次，每次清理杂草面积约25.46公顷，清理园内卫生死角95处，清理垃圾12吨，清理积水排水沟5处。全年完成花卉生产23.10万盆，其中完成服务重大节庆活动花卉生产17.30万盆，种植花卉5.80万盆。

新秀公园　完成预算外收入60万元，投入园林建设40万元。利用原有塘泥进行堆坡造岛，围土造湿地，共造小岛5座，并在岛上种上乔(灌)木80株，铺设草皮2200平方米，葵湖小岛及驳岸周边种植16个品种4000株水生植物，使整个葵湖显现出自然生态的园林景观。完成葵湖区、南北主干道两侧园路卵石铺装710米，树底平台青石板铺装243平方米，修筑周边花带15米。对黄土裸露区域进行整治，共铺草皮1000平方米，对瀑布广场及北门区南洋杉坡黄土裸露部分进行硬化，铺设地台2000多平方米。完成植物调整60株；新植造型乔木垂叶榕70株。完成模纹造型色块种植3万株(袋)。完成盆花生产24个品种20.95万盆，完成元旦、春节、五一、国庆、“两会一节”等节日的花卉下地种植及布置任务。完成袋苗生产4万袋。增建游船码头1座，游船20艘，更换儿童游乐项目6个。

安吉花卉公园(原河北苗圃)　完成公园一期项目的续建及部分公园道路、游步道、广场铺装、路灯安装、弱电电缆、安防广播、雕塑小品、健身器材的安装；景观绿化部分种植乔木1849株、灌木5280株，片植地被1.03万平方米，铺植草皮7.48万平方米。景观绿化部分基本完成并已初具景观效果。做好公园二期前期准备工作，于2012年5月签订15.61公顷集体用地征地拆迁协议，地上附着物拆迁工作基本完成。

邕江滨水公园　公园二期工程2011年2月开工建设，至年末，基本完成下游段及上游段已拆迁部分的施工，完成投资2015万元，完成年度投资任务。9月，公园绿化养护、安全保卫、环境保洁三项业务社会化管理完成服务工作移交手续。年内，开展鲜花下地美化园区工作，在荔红亭鲜花下地2万盆，在雅乐迎宾广场及南宁大桥附近鲜花下地5.42万盆，精选孔雀草、石竹、一串红、红菊等颜色鲜艳的当季鲜花，营造优美游园环境。对岩石花卉区、重要景点补种月季、美国槐、美丽针葵、红铁、毛杜鹃、月季1500株，确保园区鲜花四季常开。

邕江滨水公园雅乐亭　　市园林局提供

凤岭儿童公园　公园项目建设完成投资9815.20万元，完成任务111.54%。其中土建一期工程完成940.44万元，土建二期工程完成5556.33万元，其他配套项目完成3318.43万元。完成公园一期基础设施新增工程及部分零星收尾工程，公园东侧月湾路塌方路段的边坡整治完工，确保公园环园路得以全线贯通。园林绿化方面完成环园路两侧绿化配置、云景边坡绿化整治、沙漠之旅、停车场等几个主要景点的绿化，累计完成种植大树139株、乔木4914株、灌木2.09万株，铺种地被及草皮14.50万平方米，布置景石1006吨。全年完成场地平整850平方米，基础开挖6.70万立方米，砖砌体4797立方米；浇筑混凝土4598立方米，现浇混凝土钢筋780吨，内外墙抹灰1.19万平方米；完成艺术地坪9600平方米、扶壁式挡墙2511立方米；铺设管网25.75万米、旋转楼梯397平方米、漂流溪750平方米、水景池500平方米。电力工程方面，开挖管沟2500米、箱变基础70.56立方米，安装变压器6台、高压柜12台、低压柜18台、箱变4台及敷设电缆管线4220米。安装主题雕塑16组、墙体艺术彩绘2幅、艺术栏杆350米。

体育休闲公园　安置大门区门柱2根、抱鼓石2座、围棋桌5张、围棋凳18张、全民运动景墙浮雕30幅。茶室工程完成楼面封顶和室内土方回填。停车场建设和园内主干道铺细沥进入收尾阶段。完成体育场馆及配套设施建设前期工作投资额138.51万元。协调绿化施工单位做好公园植物浇水、除草、病虫害防治等工作。在园区内种植乔木110棵，施肥2次。完成市园林系统服务国庆节、“两会一节”花卉生产孔雀草1万盆、万寿菊5000盆、穗冠2万盆和牵牛1.44万盆4个品种共计3万余盆的任务。

【苗圃建设】　2011年，南宁市有苗圃8个，包括金花茶公园苗圃、人民公园苗圃、南湖公园苗圃、绿化处苗圃、江滨公园苗圃、南宁花花大世界园林示范苗圃、林业中心苗圃和烈士陵园苗圃。生产绿地总面积384.27公顷。

金花茶公园苗圃　屯里苗圃及武鸣花花大世界基地苗木存圃3.36万株，全年产袋苗15万袋，生产金花茶1.70万株，扦插繁殖越南抱茎茶2000株、嫁接大型杜鹃红山茶4株，接穗1600个。投入100万元启动三塘镇9.38公顷新苗圃的建设。全年生产花卉127.20万盆，其中鲜花下地69.60万盆，花卉生产和布置35.90万盆。

花花大世界园林示范苗圃　实现经济收入4861.73万元，比上年增长114.66%。其中：旅游收入1082.13万元，工程收入2353.23万元，绿化苗木及花卉生产收入1055.37万元，经济动物养殖收入371万元。全年生产袋苗91万株、地被51万株、容器苗1.54万株，开展黑熊养殖，同时利用资源积极开展旅游经营开发。园容园貌改造方面，对园区新办公楼、桃花岛、水源林边坡、金花茶、天福湖湖心岛、敢桑紫荆大道以及熊山大草坪大规模种植乔（灌）木，新种木芙蓉1.20万多株、大规模树种859株、苗木1万多株。全年新种沿阶草、风雨兰、龟背竹、黄金榕球、棕竹等荫生地被植物共28万多株。全年完成花卉生产和布置189万盆，服务中国国际商务文化暨南宁国际时尚博览会、泛北部湾经济合作论坛、中国国际商务文化节暨南宁国际时尚博览会、“两会一节”和园区各大节日的花卉布置任务。

市绿化处苗圃　引进苗木新品种和新技术，进行科学化、现代化管理，提高苗木出产率。全年出圃乔木1.77万株、孤植灌木1773株、袋苗3.48万袋、棕榈科苗木548株，对外销售收入236.90万元。

狮山公园苗圃　生产盆花86.90万盆，完成任务144%。完成春节、第六届泛北部湾经济合作论坛、第二届中国（南宁）时尚博览会、国庆节、“两会一节”花卉布置任务。繁殖竹子27个品种5715株，完成任务285.75%。

江滨公园苗圃　完成盆花生产8.60万盆。其中服务重大节日花卉布置4.60万盆，鲜花下地4万盆。

人民公园苗圃　完成花卉生产56.30万盆，其中阴生植物3300盆、肉质植物1000盆、水生植物950盆、袋苗4.60万袋。

【义务植树】　2011年2月9日，自治区党政军领导，自治区绿化委员会领导成员，中直、区直机关单位干部，驻邕部队、武警官兵，南宁市四家班子领导以及首府绿化委员会成员单位代表，青秀区、青秀山风景区管委会班子成员，市林业和园林部门干部职工共1000多人参加植树活动，种植人面果、小叶榕、大叶榕、扁桃、木棉等景观树种2000多株，面积20.10公顷。3月2日，自治区妇联、自治区绿化委联合主办，市园林局承办2011年广西“植百年巾帼树　造家庭幸福林”活动，卢丽芬、唐轶昂、袁曼虹、舒善隆等南宁市领导及区直、市直机关妇女干部职工600多人参加活动，种植兰花楹、砂糖椰子、美丽异木棉等绿化树种800株。

【古树名木保护】　2011年，首府绿化办启动全市古树名木普查工作，下拨近10万元补贴经费到各城区、开发区，督促各城区（开发区）对管辖区域内古树名木进行重点排查，实施救治、生境改造、整枝修剪、树洞修补、树体支撑、引气生根、病虫害防治、复壮等，提高古树抵御恶劣天气的能力。

【种植树木工程】　2011年，市园林系统以生态优先为指导，突出“绿量”，开展扩“荫”增“绿”工程。实施“绿满南宁”工程种植20万株大树、邕江两岸绿化、机场高速路两侧绿化工程等，在邕江两岸部分岸线、城市公园、重要道路节点、广场、单位庭院、通道两旁大种树、种大树。完成投资5991万元，完成包括邕江滨水公园二期和五象滨江公园在内的邕江两岸绿化10.96千米，面积52.95公顷，种植树木2.09万株；完成机场高速路两侧路网外简单绿化，增种、补种树木16.60千米，绿化面积32.78公顷，种植树木1.90万株。

【园林法制建设】

《南宁市城市绿化条例》颁布　2011年，《南宁市城市绿化条例》经南宁市第十二届人大常委会第四十一次会议审议通过，自治区第十一届人大常委会第二十五次会议批准颁布，2012年1月1日起施行。条例补充完善了绿色图章管理、绿线管理、绿化工程质量监督等制度，为南宁城市绿化管理提供法律依据。

城市园林绿化行政执法　市园林局坚持文明执法、柔性化执法，实行教育引导与处罚相结合，有效预防城市园林绿化违规、违章行为，破坏城市园林绿化的违章案件明显下降。调查处理单位庭院、居住内绿化违法案件18件，作出行政处罚决定1件；协助城市管理综合执法部门调查处理道路绿化违章案件5件。

【表彰奖励】　2011年，市园林管理局代表南宁市参加第一届广西园林园艺博览会。会上，以“绿水情韵　魅力邕城”为主题的南宁园获造园艺术大奖（最高奖）、展园建设组织银奖；城镇园林绿化成就展获一等奖；20件插花艺术参赛作品获奖19件，其中获一等奖8个；在盆景艺术展赛作品获一等奖1个、获二等奖3个、获三等奖6个。市园林管理局规划建设科、南湖园林建设工程有限责任公司获先进集体。

【安全生产】　2011年，市园林管理局与各基层单位签订目标责任书，将安全生产及社会治安综合治理的具体任务、阶段性目标分解细化，围绕安全责任、重在落实活动主题，开展安全生产月活动，开展“安全生产年”专项行动及安全生产隐患排查治理专项整治行动，组织开展园林系统安全生产大演练1次，在春节、清明、五一、中秋、国庆和“两会一节”等重大活动和节日期间，组织安全生产大检查7次，确保各项重大活动和节日的安全稳定。

【社会治安综合治理】　2011年，市园林局将社会治安综合治理工作纳入年度绩效考评内容，开展以建设“平安南宁”为重点的综治工作，严格实行重大活动期间和节假日值班制度，确保综治信息畅通；坚持每月对基层单位进行全面排查1次，对排查出的问题登记上报，梳理归类，明确专人，限时调处；完善信访制度，对群众来信、来访做到件件有着落，事事有回音；建立治安联防队7个，有联防队员543名，采取定点盘查、流动巡逻、重点防范等措施全面开展基层群防群治。无重大安全事故，无严重社会治安事件，无越级上访和群体上访事件。

（伍进军）

责任编辑　梁　坤

国有资产监管与运营

国有资产监督管理

【概　况】 2011年，南宁市国有资产监督管理委员会履行出资人职责，调整国有经济布局和结构，继续深化国有企业改革，完善国资国企监管体制建设，加强和改进党的建设，实现国有经济稳步增长和国有资产的保值增值。市国资委监管企业全年实现销售(营业)收入226.05亿元，比上年增长26.29%；实现工业总产值107.01亿元，增长11.31%；实现利润15.54亿元，增长43.96%；税金21.93亿元，增长54.27%；上缴非税收入14.43亿元。税金、上缴非税收入合计36.36亿元，对市本级财政收入贡献率占一成。

【国资国企改革与发展】 2011年，全市国资国企系统围绕企业改革与发展任务，调整国有经济布局，优化资产配置，企业重组和改革并举，融资及招商引资并重，不断提升国有企业经济实力。

市国资委首次在市管企业间进行横向重组，将南宁华宏水泥公司整合并入南宁城建集团公司，实现城建类企业和工业企业的产业互补；委托南宁城建集团公司管理市基础工程总公司，实现城建类企业的资源整合。加快向产业投资公司划入产业类企业股权工作，完成广西北部湾银行1.75%股权、南宁化学制药公司9.53%股权、南方担保公司7.34%股权划转手续，南化股份公司1.90%股权划转已上报自治区国资委审批。南宁农工商集团公司、市军粮供应站探索军粮供应站和三塘粮油管理所、沙井粮油管理所等5家粮食企业合并经营新思路，制定工作方案。在内部重组整合的同时，监管企业开展对外合作重组。南宁广发重工集团公司、南宁凤凰纸业公司分别引入中国建材集团、中国纸业公司开展合作重组，制定方案并协商接洽；南宁沛宁公司盘活所接收的改制企业非经营性资产，与中石油广西分公司共同出资0.79亿元组建合资公司，开展油、电、气一体化加油站业务；南宁产业投资公司组建创业投资基金，吸引社会资本参与南宁市产业引导及扶持。

市国资委联合招商证券启动29家监管企业融资规划与国资整合专题调研，编制融资规划及资产资源整合方案，整合增强企业融资能力，解决企业融资困难及平台公司良性发展问题。牵头起草《市级投融资平台融资监管及绩效考核暂行办法》，探索对投融资平台监管及绩效考核的有效方式。

全市国资国企系统拓展融资渠道，全年累计融资106亿元。南宁建宁水务集团公司“南宁市水环境综合整治(一期)工程项目”获中国农业发展银行贷款44.65亿元；南宁产业投资公司、南南铝加工公司利用银团贷款方式获国家开发银行贷款25亿元；市交通水利投资公司郁江老口航运枢纽工程获国家开发银行贷款17.15亿元，交通部专项补助0.80亿元。南宁百货实现自1996年上市以来首次资本市场再融资，定向增发8000万股募集资金6.65亿元用于完善商业网点布局；南宁糖业定向增发3200万股募集资金5.12亿元获中国证监会核准，可择机发行筹集资金用于原料基地建设及技改项目建设。南宁威宁公司获广西农信社、建设银行贷款6.50亿元，到位资金5.10亿元用于邕江大学新校区建设。全年招商引资实际到位内资8.45亿元，直接利用外资580万美元，完成市政府下达的招商引资任务。

采取股份制改革、委托管理、产权划拨、分流安置职工等方式，基本完成列入自治区改革计划的中房集团南宁公司、市基础工程总公司、市装饰涂料厂、市伞厂等5家国有企业改革。在企业改革中首次引入社会稳定风险评估机制，对市机械厂、中房集团南宁公司因企业改革可能带来的社会影响先行评估。继续推进困难国有企业职工分流安置，基本完成南宁壮宁砂石公司、市民政企业总公司等8家企业职工分流安置，至年末，累计分流安置27家困难国有企业在职、退休人员近2600人，发放安置费1.79亿元，市本级困难国有企业职工分流安置基本完成。按照市政府“先安置职工、再处置资产”的决定，对广西赖氨酸厂职工进行身份甄别、欠债核实，并制定及修改完善职工安置方案7次，推进广西赖氨酸厂下放南宁市管理后的相关工作。市水泥厂破产职工安置方案获职工大会通过，相关工作有序开展。

【开展“项目建设年”和“五场攻坚战”活动】 2011年，全市国资国企系统大力推进“项目建设年”、打好“五场攻坚战”活动，一批重点建设项目取得阶段性成果。

产业项目建设　围绕市委、市政府“项目建设年”及工业振兴攻坚战部署，以铝加工、机械装备与制造、化工、轻纺、造纸为重点发展方向，推进重大项目建设。南宁产业投资公司年度累计向南南铝加工20万吨大规格高性能铝合金板带型材项目注资10.60亿元，并联合南南铝加工公司申请并获国家开发银行贷款25亿元，保障项目建设资金需求。大型材挤压车间钢结构安装工程完成总工程量96%，熔铸车间完成工程进度80%，科研楼主体工程全部完工并验收，110KV变电站完成工程进度70%。广发重工搬迁改造项目一期完成17.47公顷用地报建，土地平整完成总工程量56%。绿洲化工年产30万吨氯碱项目用地平整完成40%,生产区及办公区总图设计及报建扎实推进,项目完成固定资产投资1.10亿元,完成合同采购3.50亿元。南宁锦虹棉纺织公司搬迁改造完成项目投资1.50亿元,项目一、二分厂竣工验收,二分厂部分设备进行试运行,三分厂完成主体建设,公司年产4200万米高档家纺、服装面料项目通过专家评审,项目节能评估已备案。南宁凤凰纸业公司年产3万吨高级生活用纸项目获国家发改委项目确认书,完成投资1亿多元。南宁五菱桂花车辆公司年产2万辆中重型专用车搬迁改造项目顺利开工,项目用地平整积极推进。南宁壮宁公司下属南机动力公司环卫机械研发成功电动扫地机、垃圾压缩转运箱投向市场。

城市建设项目　市国资委加强对城市建设项目的督促、协调和服务力度,简化审批手续;联系市财政、国土等部门,筹措、拨付项目建设资金,与县(区)政府、市有关部委办局协调沟通,解决项目推进中遇到的困难和问题。南宁城建集团公司、建宁水务集团公司、南宁交通水利投资有限责任公司、南宁威宁资产经营有限责任公司、南宁五象新区建设投资有限责任公司等监管企业参与各项攻坚战,全年承担建设项目297个,累计完成固定资产投资107.38亿元,完成征地467公顷。郁江老口航运枢纽工程进入招投标和施工阶段;五象新区总部基地路网及核心区路网建设全面铺开;玉洞大道、平乐大道、蟠龙片区路网工程、南宁博物馆工程超额完成投资任务;南湖—竹排冲水系及二坑溪环境综合整治工程稳步推进;民歌湖工程进入收尾和完善提升阶段,酒吧街顺利开业、地下停车场投入使用;广西体育中心二期项目顺利实现主体结构封顶;富士康科技园区项目完成年度投资计划的1.50倍;大型粮食交易市场方案上报市政府审批,前期工作有序推进。

【国资法规建设】 2011年,市国资委进一步完善国资国企监管制度体系,针对当前国资监管存在的问题,开展规范性文件执行情况调查,落实规范性文件制定计划,出台《国有企业产权代表报告制度》、《监管企业监事会工作报告制度暂行办法》,联合市财政局颁布《市属国有企业收益收缴管理暂行办法》,充实市国资监管制度体系。

【产权与收益管理】 2011年,市国资委创新开展产权与收益管理,实施《国有企业产权代表报告制度(试行)》,向南宁壮宁公司、沛宁公司、百货大楼公司试点派出国有产权代表,为自治区首创。作为全市试点,在监管企业中全面收取2010年度国有资本收益,核定18家企业应上缴收益0.81亿元。开展已改制企业非经营性资产移交及管理专项检查,清查出国有性质土地及房屋面积2.18万平方米,并对非经营性资产移交和管理工作提出指导意见。完成南宁壮宁公司、沛宁公司、化工集团公司等7家企业资本调整,解决企业实收资本和工商登记注册资本不一致问题。

【财务监督与考核评价】 2011年,市国资委进一步完善财务监督和考核评价体系,根据目标管理和考核指标"少而精、分类考核、短板考核、对标考核"原则,结合企业财务决算报告,对各企业完成考核指标情况逐一进行核实计算,科学确定企业负责人的考核级次。将考核结果与企业负责人薪酬挂钩,完善激励约束机制。健全与企业法人治理结构相适应的考核评价机制,实现董事会企业与非董事会企业业绩考核的有效衔接和合理平衡。以企业工资总额管理工作为抓手,确保各企业完成指标与职工工资保持合理增减比例。核定27家监管企业领导人员职务消费预算,规范监管企业领导人员职务消费行为。

【国企法制建设】 2011年,市国资委组织开展企业法务工作调研和督导,对企业法律风险现状、企业法律事务机构建设、企业法律顾问制度建设、监管法规执行情况等进行调查摸底,推进法务机构和工作机制建设。提出企业法制建设2011~2013年工作目标,推动企业建立法律顾问参与经营决策会议、对外合作会谈、会审合同条文、会签合同、会诊纠纷的"五会制"法律监督制度,完善企业法律风险防范机制。

【国企监事会工作】 2011年,市国资委开展对企业监事会和内部审计调研及督导检查,提出创新和改进企业监事会监督指导意见,实现指导服务与监督检查的有机结合。加强经济责任审计,完成7家企业法定代表人任期经济责任审计,指导中房南宁公司、南宁城建集团公司等对所属10家企业开展经济责任审计。加强对经济责任审计所反映问题整改落实的跟踪督促,将任期经济责任审计整改情况集中检查改为逐家动态专项检查,掌握30多家企业整改落实情况,确保整改到位。

【国企党建工作】 2011年,市国资委积极开展创先争优和"党组织建设年"活动,进一步加强企业党建。加强工作指导,明确创先争优要点,实施"结对共建、党群共建、承诺联评、典型示范、绩效考评"五大行动,激励基层党组织和广大党

12月29日,南宁轨道交通一号线工程全线开工仪式举行　　市国资委提供

员围绕生产经营目标和企业改革发展中心工作，攻坚克难、创先争优。营造活动氛围，宣传国资国企系统活动进展及先进做法，以巩固提升首府组织工作满意度为主线，查找难点与不足。以迎接建党90周年为契机，开展纪念建党90周年系列活动，将创先争优活动推向深入。在针对基层党组织开展的各类评比中，监管企业有2个组织（个人）获自治区级表彰，11个组织（个人）获市级表彰。

基层党组织建设稳步推进。以开展党组织建设年活动为主线，抓好基层党组织建设和宣传思想政治工作两个重点，根据企业生产经营实际，着眼于抓基层打基础，增强党建工作实效。开展自治区、南宁市及市国资委党代会代表的选举，推选参加各级党代会候选人预备人选。强化党建目标管理，修改完善党建目标管理考评细则，开展监管企业2010年度党建工作考评，激发基层党建活力，提升企业党建工作水平。指导企业党组织换届选举，在广西华宏水泥股份有限公司、市房产业开发总公司、市南方融资性担保有限公司、市能源开发总公司开展基层党组织“公推直选”试点；完成9家企业党组织、两委委员换届。完善党员日常管理，推行发展党员票决制，培训入党积极分子，发展党员434名。

【国企人才工作】 2011年，市国资委加强对企业领导班子管理和人才队伍的建设和管理。做好企业领导班子考核调整，改进考核形式，分别采取企业党组织自评、考核组考核等形式，从生产经营、经济效益、社会效益、党组织建设、精神文明建设等方面，对34家企业、196名班子成员进行年度考核。根据日常管理情况和考核结论，加大对企业领导班子调整力度，增强领导班子战斗力，完成17家企业33名领导班子成员的调整充实及南宁糖业等6家企业的董事会、监事会换届、充实等工作。探索市场经济条件下企业领导班子管理的有效途径，配合市委组织部面向全市各级党政机关、人民团体、事业单位和国有企业开展14家市管企业领导职位的公推公选，取得较好效果和社会反响。

【国企党风廉政建设】 2011年，市国资委重视抓好反腐倡廉宣传教育，开展《廉政准则》学习宣传、“清廉务实 执政为民”主题教育及廉政文化进企业活动，提升廉政意识。狠抓专项治理，深化“小金库”专项治理，对包括子公司、授权企业在内的225家单位进行复查，对工程建设领域突出问题专项治理中发现的问题进行整改，配合市治理工程建设领域突出问题专项工作领导小组办公室在建设工程交易中心推进统一公共资源交易市场建设，试点开展运用电子系统对项目开评标开展专项督查，促进“三重一大”决策制度、《廉政准则》在企业基层的贯彻落实。查办违法违纪案件，全年收到群众举报45件，受理24件，初核24件，完成调查18件，正在调查6件，责成企业立案查处1件，党纪处分1人。

【国企社会责任】 2011年，全市国资国企系统履行国企社会责任，参与社会公益事业。监管企业为关爱农民工、关爱地中海贫血人群、帮扶救困等活动捐款捐物达370万元。支持失业人员和返乡农民工就业，南方担保公司积极发放小额贷款，提供创业资金扶持。南宁城建集团公司、市交通水利投资有限责任公司、中房南宁公司、市房产业开发总公司、市地产业开发总公司等累计完成保障房建设130.50万平方米（1.68万套），占全市总量56.10%。南宁绿城水务公司下半年调低城市居民生活用水价格0.1元，免收2个月污水处理费，总额近3700万元。南宁储备粮公司、农工商集团公司向市场投放平价粮油近3400吨，南宁威宁公司下调所属38个农贸市场5300多个摊位租金。南宁军粮供应站在加工、调整、储存、供应各环节上狠抓质量管理，确保部队吃上放心粮。南宁公交总公司全年完成客运量5.05亿人次，行驶里程1.39亿千米，免收残疾人及70岁以上老年人乘车费3800万元。 （莫智兴）

南宁振宁资产经营有限责任公司

【概　况】 2011年，南宁振宁资产经营有限责任公司拥有子公司5家，授权企业4家（新增3家为市包装装潢研究所、南宁化学医药供销公司、市第一轻工业局供销公司），参股企业5家。公司总资产29.91亿元，负债总额21.85亿元，所有者权益8.06亿元，资产负债率73%。主要经营国有资产投资参股、产权经营、房地产开发、物业管理、租赁业务、国内贸易和咨询服务等。全年完成工业总产值16.56亿元，销售收入18.67亿元，实现利润2281.60万元，固定资产投资3.01亿元，招商引资5187万元。无死亡和重特大安全事故发生。

【项目建设】 2011年，振宁公司面对主业原材料价格大幅波动降价和年内较长时间限电等困难，推进以南宁锦虹棉纺织有限责任公司易地搬迁建设项目等建设。南宁锦虹棉纺织有限责任公司易地搬迁建设项目全年完成技改投资1.31亿元，累计完成技改投资5.40亿元。8月，棉纺织产业链年产4200万米高档家纺、服装面料项目通过专家评审，市国资委同意立项。10月11日，市国资委下文批复同意振宁科工贸园项目。商贸拓展新业务项目实现贸易业务零的突破，完成收入6339万元。完成2家天鹅牌电动车店面（南棉店、北湖店）开业，年内生产电动自行车600辆，销售150辆，实现收入30万元。

【经营管理】 2011年，振宁公司加强企业管理，将工作思路从面上管理方式转变到以经济效益为主上来；将经济效益、目标任务与工资挂钩，推进绩效工资考核制度，实现经济效益持续稳定增长。工业投资实现产值16.56亿元，销售收入15.36亿元；房地产开发销售收入2.41亿元，完成销售回款2.68亿元；商贸流通经营收入3750万元，实现贸易业务6339万元；物业管理收入2086万元，比上年增长16.08%，物业创收300万元，物业服务收费率98%。

【企业改革】 2011年，振宁公司制定《振宁公司总部人员聘用管理暂行办法》，对公司总部中层管理人员实行竞聘上岗。各子公司根据《振宁公司总部人员聘用管理暂行办法》精神，进行人事制度改革。公司总部将全部中层经营管理人员岗位（中层正职12个、副职15个）拿出来在全体员工中进行竞聘，实行民主评议、竞争上岗。开发公司通过竞聘上岗，管理人员平均年龄由竞聘前的38岁下降到竞聘后的36岁，专业技术人员和干部得到合理整合。商贸公司通过竞聘上岗，进行机构人员调整、充实，组建贸易部，提高工作效率和经营管理水平。物业公司通过人事制度改革，充实物业管理岗位，形成良性机制。　（黄正斌）

南宁壮宁资产经营有限责任公司

【概　况】 2011年，南宁壮宁资产经营有限责任公司下属企业15家。其中：控股企业8家（比去年减少1家：南宁康诺生化制药有限责任公司），参股企业4家（比去年增加1家：南宁康诺生化制药有限责任公司），授权企业3家（比去年减少2家：市水泥厂、市皮鞋厂）。至年末，总资产14.72亿元，净资产7.39亿元；固定资产投资8011万元；从业人员1968人；完成工业总产值10.14亿元，营业收入10.39亿元。

【企业改革】 2011年，壮宁公司继续推进企业破产、歇业和兼并重组。年内，继续指导市水泥厂破产、市伞厂歇业和市皮鞋厂关闭工作，引入战略合作伙伴广西丰业投资有限公司合作重组南宁康诺生化制药有限责任公司。1月11日，市中级法院裁定市水泥厂依法破产；市伞厂大部分机器设备及存货已处置，歇业工作基本完成；市皮鞋厂关闭基本完成，企业注销；南宁康诺生化制药有限责任公司完成重组，壮宁公司、广西丰业投资有限公司双方出资如期到位，合资公司于8月办理注册登记，重组后的南宁康诺生化制药有限责任公司控股股东由原来的壮宁公司变更为广西丰业投资有限公司。上述4家企业的职工安置，均按政策落实。

【产品出口】 2011年，壮宁公司所属企业产品出口总额1835万美元，主要出口越南、柬埔寨、缅甸、马来西亚、泰国等东盟国家。其中：广西桂花机械进出口有限责任公司出口总额1050万美元，出口产品主要为重型汽车、手扶拖拉机，出口额分别为580万美元、260万美元；广西玉柴专用汽车有限公司出口工程车、环卫等产品，出口额490万美元；南宁南机动力有限公司出口高峰牌柴油机系列产品，出口额295万美元。

【项目投资】 2011年，壮宁公司积极推进项目建设，取得突破性进展。占地面积约4.30公顷的农产品冷藏加工项目，总投资2.49亿元，完成设计，准备开工建设。占地约6.67公顷的南宁康诺生化制药有限责任公司重组搬迁改造项目，总投资3亿元；占地约2公顷的南宁同达盛混凝土有限公司搬迁改造项目，总投资1300万元。以上两个项目均与南宁经济技术开发区签订入区协议，并办理土地购置手续。10月18日，南宁五菱桂花车辆有限公司年产2万辆专用汽车技改项目举行开工仪式，占地36.13公顷，总投资7.76亿元。

（唐逢志）

南宁沛宁资产经营有限责任公司

【概　况】 2011年，南宁沛宁资产经营有限责任公司有授权企业43家（比去年减少2家：市油毡厂、市基础工程总公司，新增7家：南宁地区机电设备总公司、市住宅建设投资有限责任公司、南宁地区生产资料总公司、南宁地区物资贸易中心、南宁地区金属回收总公司、南宁地区矿业公司、南宁地区运输贸易总公司）。公司总资产8.02亿元，营业收入3.27亿，上缴税金2176万元。

【企业改革】 2011年，沛宁公司继续推进特困企业改革改制。完成市油毡厂改制，企业名称改为南宁广林市场开发有限责任公司，企业性质由国有独资变为多元投资主体的有限责任公司。南宁华园建安公司改制进入企业审计评估阶段。指导市装饰涂料厂改制，根据企业意愿并经市国资委、市政府同意，按照《公司法》改制为国有独资公司，完成相关资料上报，开始审计评估。市基础工程总公司实施托管，本着保留资质和利于今后企业脱困原则，沛宁公司尊重企业意见，推动市国资委将企业交由南宁城建集团公司托管，为妥善安置企业职工走出一条新路子。

推行“壳企业”管理模式　创新“壳企业”管理模式，将已经完成职工分流安置后的“壳企业”实行集中管理，挖掘“壳企业”可用资源。在授权企业中搭建“壳企业”托管平台，以南宁市住宅建设投资有限责任公司为托管方，管理“壳企业”的资产、物业等，按照沛宁公司委托事项，开展托管业务。

职工分流安置　按照市国资委安排，启动市房产建设开发公司、市对外经济开发总公司、南宁地区矿业公司、市机电设备股份公司、市民政企业总公司经理部职工分流安置，落实特困企业职工分流安置费。全年支付职工各项安置费1.07亿元，发放人数1058人。

企业吸收合并　吸收合并南宁商业装饰公司，该公司因旧城改造面临整体拆迁和人员分流问题，沛宁公司从国有资产保值增值和妥善安置职工，壮大本部规模等方面考虑，征求双方员工意见，经友好协商，报市国资委同意，9月吸收合并市商业装饰有限责任公司。继续推进南宁银河有限责任公司吸收合并市南地电影公司，方案经市国资委批准，重组吸收工作按程序推进。

【项目合作】 2011年，根据《南宁市人民政府与中国石油广西销售公司战略合作框架协议》精神，沛宁公司与中国石油广西销售公司商洽，达成共同出资组建广西中油宁祥石油有限公司协议。6月，签订《合作框架协议书》，公司经营项目：负责新建、收购或租赁经营南宁市行政区内加油站，油、气的批发和零售等业务。项目合作双方在“第八届中国—东盟博览会南宁市重大项目签约仪式”上正式签约。以南宁国际经济技术合作公司资质作为沛宁公司对外合作平台，对东盟国家开展业务。同马来西亚有关公司签订500万美元观赏鱼贸易代理合同。

【国有资产接收】 2011年，根据市国资委授权，沛宁公司接收市住宅建设投资有限责任公司、市金属回收公司国有产权；调查市对外经济开发总公司剩余资产情况；清理南宁地区机电设备总公司、南宁地区物资贸易中心在开展破产清算工作中发生的破产费费用、债务清偿费遗留问题。接收广西区医疗器械研究所、南宁地区经济技术协作公司、南宁地区乡镇企业供销公司3家“壳企业”资产、档案、证照、印章；理清市工业供销总公司持有的33万国有法人股权；核查并接收市市政工程总公司改制漏报资产简易住宅楼3处，收回拆迁补偿款30万元。

【尚沃古玩城开发】 尚沃古玩城是沛宁公司所属企业市新阳造纸厂与广西尚沃置业有限责任公司合作开发的项目，地址在新阳路北三路18号市新阳造纸厂内，占地1.20公顷，总建筑面积3.37万平方米。2011年，项目投资1360万，主要经营玉石、翡翠、瓷器、陶器、青铜器、字画、高档红木家具、花鸟市场等。

（龙文原　卢永恒）

南宁威宁资产经营有限责任公司

【概　况】 2011年，南宁威宁资产经营有限责任公司以完成固定资产投资任务和提高资产运营效益为目标，稳步推进广西体育中心、邕江大学新校区等自治区、南宁市重点项目建设，构建社会公共设施投融资平台。有控股公司、授权管理单位及参股公司17家（比上年减少1家：南宁威宁物业管理有限公司和南宁威宁租赁实业有限公司合并为南宁威宁租赁物业服务有限责任公司；新增4家：南宁威宁商贸有限公司、南宁威宁文化体育发展有限公司、南宁富民置业有限责任公司、南宁市桂泥矿产公司）。实现主营业务收入4.05亿元，利润5904万元，完成固定资产投资14.52亿元，招商引资实际到位7653万元，总资产51.28亿元。

【行政事业性国有资产管理】 2011年，威宁公司不断优化行政事业性国有资产管理模式，加强阳光威宁租赁平台建设，全年举办国有商铺竞租15场、土地竞租5场，有121间商铺、14宗土地成功竞租。实现资产租赁收入2900万元，比上年增长11%。继续做好资产确权等相关工作，全年新接收房产面积599平方米，完成土地变更手续面积170平方米，完成住宅产权变更手续8套，合计面积361.39平方米；完成市群众艺术馆及4个门牌号房产、土地确权、分割手续。继续推进行政事业单位办公用房租赁制度的建立，调剂安置8家单位办公用房；配合市有关部门完成民生路3-3号等7个门牌号房屋拆迁。

【重大工程建设】 2011年，威宁公司作为项目业主，按期完成邕江大学新校区项目一期项目工程建设、广西规划展示馆（南宁厅）布展。8月，广西体育中心二期项目体育馆、游泳跳水馆、网球中心主体结构封顶，室外地下停车场于8月29日通过竣工验收，10月12日正式投入使用。12月28日，市规划展示馆主体结构封顶。广西体育中心三期、广西文化艺术中心、市行政审批中心、市城建档案馆、市政综合维护基地、市综合档案馆（含市方志馆）、市中心图书馆、市青少活动中心、南宁顶蛳山贝丘遗址博物馆等项目前期工作进展顺利。

【资产盘活与开发】 2011年，威宁公司对江北大道2.80公顷土地等5处资产进行项目开发测算，开展项目招商，启动公共租赁住房建设、南宁东盟国际服装城项目、中国东盟体育产业园研究策划；威宁大厦项目完成招商引资，并开工建设；防城港威宁商厦项目顺利签订《项目合作合同》，并开展项目报建等工作。参与市直相关单位开展危旧房改造；清退“办管脱钩”遗留的市场集资款，清退金额6036万元；推进市场盘活开发，飞凤—联发等商业街项目建设取得明显进展；完成和平商场、交易场等4个市场土地“变性”申报手续；有条不紊推进市场中心公司化改革；加强南宁·乡村大世界经营管理，完善景区旅游设施，打造农业休闲特色产品，获国家4A级景区。

【自营项目开发】 2011年，威宁公司及时调整南宁奥园房地产项目销售策略，实现销售总面积3.71万平方米；合作开发汇东星城项目实现销售面积2146平方米；推进科瑞·江韵房地产项目开发前期工作；与广西梦之岛合作开发创新大楼项目建设如期完成并正式开业运行，并筹划二期商住开发；金桥农产品批发市场项目一期建设完成并开业经营，二期项目开工建设，建成后将拥有仓储、交易、配送等完善的配套服务功能。

【广西体育中心运营管理】 2011年，威宁公司加大广西体育中心运营模式研究，引进形式多样的商业文化活动，为2011年南宁国际民歌艺术节开幕晚会提供场地支持和设备设施保障；引进张学友1/2世纪巡回演唱会、广西（南宁）汽车博览会、“黄海汽车杯”广西媒体《城市赛道》挑战赛、首届南宁·东盟青年足球交流会、2011年南宁市第二届户外技能公开赛等大型商业活动。利用已建成的场馆开发经营汽车文化广场、攀岩、体育训练等项目，推动广西体育中心运营。以完善的办公设施吸引五象新区建设指挥部和南宁政务服务五象新区分中心落户体育中心办公。引进广西永恒投资有限公司进驻广西体育中心经营婚纱摄影、品牌餐饮等，以点带面拉动体育中心商业环境建设。

（罗春玉　黄　俊）

责任编辑　李敬江

10月10日，自治区党委常委、自治区副主席、南宁市委书记陈武（前左二），代理市长周红波（二排右三）听取威宁公司总经理刘江汇报广西体育中心二期建设情况

威宁公司提供

工 业

综 述

【概 况】 2011年，南宁市工业和信息化委员会设办公室（行政审批办公室）、政策法规科、综合科、规划科、科技科、投资和技术改造科、经济运行科、中小企业发展科、节能与循环经济科、能源科（市国防科学技术工业办公室）、重工业科（市汽车工业办公室、市履行《禁止化学武器公约》工作办公室）、轻工业科（市茧丝绸协调办公室）、食品医药工业科、工业园区科、信息产业科、重大项目科、糖业发展科、人事科、教育培训科（市职工教育办公室）19个职能科室，在编在职人员86人；下辖市散装水泥办公室、市中小企业服务中心、市节能监察中心3个二层机构。

南宁市工业系统实施“工业强市战略”，全力打好“工业经济振兴”和“产业园区建设”两场攻坚战，把做大做强做优工业作为全市转变经济发展方式、调整经济结构、增强可持续发展能力的核心战略和主导方向，以“战略性主导产业培育工程”、“战略性新兴产业培育工程”、“工业扶优扶强工程”、“亿元工业企业建设工程”为抓手，推进重大项目建设，培育壮大强优企业，加快重点产业发展，加强经济运行协调，加快工业园区建设，推进工业节能降耗，加强技术创新和信息化建设，克服下半年电力供应紧张对工业实施限停电带来的冲击，工业经济增速持续高位运行，超额完成全年各项工业发展目标任务，实现“十二五”良好开局。全部工业总产值首次突破2000亿元，达到2008.23亿元，比上年增长38.40%；全部工业增加值占GDP比重28.46%，提高1.58个百分点，工业对GDP的贡献率39.90%，提高7.62个百分点，拉动GDP5.40个百分点。工业投资总量、增速分别居自治区第一位、第二位，制造业投资、技术改造投资总量分别居自治区第一位、第二位。工业投资、技术改造投资、制造业投资分别为48.15%、34.93%、61.66%。工业招商顺利引进富士康集团，并实现当年开工当年投产，康师傅、双汇、统一、王老吉等国内外知名企业落户南宁，扭转南宁市没有知名大企业大项目的历史；三次产业结构由上年的13.58:36.21:50.21调整为13.80:38.30:47.90，二产比重提高2.09个百分点，产业结构进一步优化。农产品加工、机械装备与制造、铝加工、生物工程与制药、电子信息、化工、建材、造纸八大重点产业实现规模以上工业总产值1560.51亿元，占全市规模以上工业总产值的89.47%，提高0.75个百分点。产业园区实现工业总产值1095亿元，增长45.61%，占全市工业总产值54.75%，提高4.56个百分点；完成南宁高新技术产业开发区、南宁经济技术开发区分别代管安宁街道和吴圩镇的拓展工作；六县实现规模以上工业总产值442.54亿元，平均增长59.11%，高于全市平均水平16.27个百分点，占全市工业总产值的25.37%，提高2.59个百分点。六县对全市规模以上工业增长的贡献率31.43%，拉动全市规模以上工业总产值增长13.46个百分点。工业总产值超亿元的企业403家（增加104家），其中产值20亿元以上的企业5家、10亿~20亿元的企业15家、5亿~10亿元的企业47家。亿元企业实现工业总产值1463.51亿元，占全市规模以上工业总产值83.91%；平均增速43.36%，高于全市平均水平0.52个百分点。节能减排降耗获得新成效，规模以上万元工业增加值能耗为0.8275吨标准煤，降低6.79%；年耗能1万吨标准煤以上的52家重点监控企业节约标准煤11.35万吨；淘汰落后产能炼钢炼铁63万吨、水泥56万吨、造纸1.50万吨；企业经济效益取得新提升，35个行业大类中，有34个行业实现盈利，其中30个行业盈利实现正增长。轻工业实现利润总额54.85亿元，增长56.58%；重工业实现利润43.55亿元，增长59.53%。南宁市获2011年广西工业产业发展奖一等奖；获自治区工业节能目标评价考核排名第一，被评为自治区淘汰落后产能先进单位。

位于南宁—东盟经济开发区的南宁统一企业有限公司生产线　　市工信委提供

【工业主要经济指标】 2011年，南宁市有规模以上工业企业900家。按企业规模划分：大中型企业104家，小型企业796家；按企业经济类型划分：国有企业49家，集体企业9家，股份制企业649家，外商及港澳台商投资企业85家，其他企业108家；按轻重工业划分：轻工业企业466家，重工业企业434家。实现工业总产值2008.23亿元，比上年增长38.41%；规模以上工业总产值1725.29亿元，增长34.22%。实现工业增加值629.33亿元，增长20.30%；规模以上工业企业实现工业增加值490.08亿元，增长23.57%。主营业务收入1624.08亿元，增长32.40%；利税总额257.66亿元，增长34.12%（利润154.53亿元，增长37.28%）。规模以上工业企业从业人员平均20.11万人；工业经济效益综合指数281.24%，提高26.11个百分点；总资产贡献率21.66%，提高0.90个百分点；资本保值增值率135.90%，提高13.94个百分点；资产负债率52.27%，下降2.97个百分点；流动资产周转率3.01次，减慢0.04次；成本费用利润率10.76%，提高0.24个百分点；全员劳动生产率200196元，提高14.08个百分点；产品销售率93.66%，下降0.50个百分点。

【工业经济振兴攻坚战实施】 2011年，南宁市继续实施“工业经济振兴攻坚战”，以转变经济发展方式和调整产业结构为主线，以“战略性主导产业培育工程”、“战略性新兴产业培育工程”、“工业扶优扶强工程”、“亿元工业企业建设工程”和“中小企业成长计划”为抓手，加大对工业发展的扶持力度，加快重点产业集群发展，打造特色园区，努力做大工业经济总量。选择确定30个投资亿元以上项目，作为“工业经济振兴攻坚战”市级领导层面重点推进项目；选择100个重点新开工项目和50个重点续建项目作为市级部门层面重点推进的项目，集中服务资源，确保各项重大项目尽快实施。富士康南宁科技园高新区项目、珠江啤酒、南南铝加工年产20万吨铝合金板带型材项目、南宁电厂、劲达兴浆纸项目等大项目投产或部分投产。实施重点产业培育，打造百亿产业集群，推动铝加工、机械装备制造等战略性主导产业发展，加快20万吨大规格高性能铝板带型材项目、八鲤机械产业园、广发重工集团有限公司整体搬迁改造等项目的建设，铝加工产业实现工业总产值89.30亿元，比上年增长36.75%；机械装备制造产业实现工业总产值303.01亿元，增长47.88%。推动电子信息等战略性新兴产业发展，以富士康南宁科技园为代表的电子信息产业培育取得突破，实现工业总产值74.53亿元，增长63.55%，成为增长最快的产业。改造提升农产品加工、建材、造纸等传统优势产业，推动珠江啤酒、金鲤水泥、锦龙建材、劲达兴纸业、永凯糖纸公司等项目投产，农产品加工产业实现工业总产值607.19亿元，增长45.33%；造纸产业实现工业总产值95.12亿元，增长53.94%；建材产业实现工业总产值112.92亿元，增长28.46%，成为南宁市第4个超百亿元产业。实施工业扶优扶强工程，市政府出台《南宁市强优工业企业（集团）奖励办法》，激励企业做大做强做优，培育更多大企业大集团；推进工业亿元企业建设工程，选择主营业务收入8000万元左右的成长型中小企业作为培育对象，在技术改造贴息、技术创新补助、融资推介、电力保障等方面给予优先扶持，促进成长型中小企业快速成为亿元以上企业；实施中小企业培育工程，列入南宁市中小企业成长工程实施计划企业216家，其中列入自治区层面培育的中小企业157家。推进“两化”（信息化和工业化）深度融合，提升企业创新能力，完成技术创新及“两化”融合项目330个，技术创新投资10.43亿元，认定工业新产品119个，评定为广西名牌产品27个，评定为广西著名商标52个；加快推进技术创新体系建设，新认定市级企业技术中心4家，认定自治区级企业技术中心5家。强化企业融资服务，加强中小企业融资政策扶持，分别安排担保机构、小企业贷款风险补偿专项资金314.93万元、28.72万元；拓宽贷款平台合作伙伴范围，新增与建行、交行、自治区中小企业融资性担保公司合作，举办银企座谈会（推介会）6期，向金融机构和担保机构推荐中小企业融资项目378个；加强中小企业信用体系建设，做好推荐诚信中小企业工作，确定98家企业为第三批向金融机构推荐符合诚信条件的中小企业，完成67家中小企业的信用评级。

（王 艳）

南南铝业股份有限公司一瞥　　市工信委提供

【产业园区建设攻坚战实施】 2011年，南宁市出台《南宁市2011年产业园区建设攻坚战实施方案》，把产业园区作为对外开放和产业发展的主要载体，在政策、资金方面支持园区建设，全面推进“产业园区建设攻坚战”的开展，产业园区的工业产值增速居全市前列，聚集效应、规模效应逐步显现，实现工业总产值1095亿元，比上年增长45.61%，占全市工业总产值54.75%，提高4.63个百分点；工业增加值403亿元，增长35.32%；实现税收54.50亿元，增长21.86%。南宁高新技术产业开发区、南宁经济技术开发区和南宁—东盟经济开发区规模以上工业企业实现工业总产值725.42亿元，增长55.92%，占全市园区工业总产值66.43%，提高7.15个百分点。其中：南宁高新技术产业开发区实现工业总产值395.91亿元，增长57.59%；南宁经济技术开发区实现工业总产值234.34亿元，增长56.66%（含吴圩镇基数）；南宁—东盟经济开发区实现工业总产值95.17亿元，增长47.66%。引进富士康、双汇等带动作用强的龙头项目，建成投产富士康、珠江啤酒、劲达兴浆纸、永凯浆纸等重大项目，为现代工业发展壮大奠定坚实基础。制定印发《中共南宁市委办公厅 南宁市人民政府办公厅关于印发〈关于对安宁街道（办事处）、吴圩镇实行代管工作方案〉的通知》，城区与开发区签署代管委托书，顺利完成开发区对安宁街道、吴圩镇的代管交接。高新区规划面积从26.40平方千米增加至79.14平方千米(含高峰林场)，经开区规划控制面积从110平方千米增加至504平方千米，园区发展有了更广阔的空间。争取并落实自治区财政和市本级财政对园区标准厂房建设补贴925万元，争取自治区产业园区基础设施建设专项扶持资金300万元落实到江南工业园区。通过落实政策，产业园区建设攻坚战五项指标(产业园区全部工业总产值、园区基础设施投资、工业项目投资总额、建设工业标准厂房、工业用地储备)任务均提前一个月完成。实现工业总产值1095亿元，增长45.61%，完成任务109.50%；完成基础设施投资89.15亿元，增长4.37%，完成任务111.43%；完成工业项目投资总额282.80亿元，增长39.73%，完成任务112.22%；完成建设工业标准厂房51.70万平方米，完成任务129.25%；完成工业用地储备695.89公顷，完成任务139.18%。产业园区成为南宁市工业发展的主力军。南宁高新技术产业开发区、南宁经济技术开发区、广西良庆经济开发区分获广西工业总产值超百亿园区。

(彭远利)

【战略性主导产业培育工程实施】 2011年，南宁市继续实施战略性主导产业培育工程，以市产业投资公司为投资平台，投资建设南南铝加工有限公司年产20万吨大规格高性能铝合金板带型材、南宁广发重工集团有限公司整体搬迁改造等项目，推进铝加工、机械装备制造产业结构调整和优化升级，培育形成战略性主导产业。3月24日，总投资35亿元的南宁广发重工集团有限公司整体搬迁改造项目开工建设，至年末，完成投资3.39亿元。10月18日，总投资7.76亿元的南宁五菱桂花车辆有限公司年产2万辆专用车搬迁改造项目开工建设，项目进入土地平整阶段。至年末，总投资48.20亿元的南南铝加工有限公司年产20万吨大规格高性能铝合金板带型材项目土建工程正在实施，部分主要设备已进入安装阶段，完成投资23.60亿元。

(张　伟)

【战略性新兴产业培育工程实施】 2011年，南宁市实施战略性新兴产业培育工程，发展电子信息产业、生物工程与制药、新能源产业、节能与环保产业、新材料产业等。以铝加工为主的新材料产业完成投资35.42亿元，比上年增长146.07%，占全市工业投资6.76%；电子信息产业完成投资26.21亿元，增长219.64%，占5%；生物工程与制药产业完成投资19.91亿元，增长2.67%，占3.80%。重点推进的新兴产业项目——富士康南宁科技园项目(沙井)一期厂区4栋主厂房已封顶3栋；配套一期员工宿舍封顶6栋；项目周边基础设施配套工程同步建设。

(李小航)

【亿元工业企业建设工程实施】 2011年，南宁市继续实施亿元工业企业建设工程，选择销售收入在8000万元以上的重点企业和产值增速较快的新兴企业进行培育发展，集中优势资源，在技改贴息、技术创新补助、融资推介、土地供给等方面给予优先倾斜和扶持；建立和完善市四家班子领导定点联系重点企业制度，对亿元强优企业实行服务工作“全覆盖”，千方百计帮助企业协调解决征地、拆迁、融资、煤电油运等方面的困难和问题。重点支持120多家企业进入亿元企业行列。至年末，产值超亿元企业有403家，超额完成全年330家的目标任务，比上年增加104家，占规模以上工业企业的44.78%。其中：50亿元以上企业2家，20亿~50亿元企业3家，10亿~20亿元企业15家，5亿~10亿元企业47家；1亿~5亿元企业336家。亿元企业完成工业总产值1463.51亿元，占全市规模以上工业总产值的83.91%；平均增速43.36%，高于全市平均0.52个百分点，拉动规模以上工业总产值增长36.25个百分点。

(农　滔)

【工业项目建设工程实施】 2011年，南宁市继续深入开展“项目建设年”活动，选择确定100个重点新开工项目和50个重点续建项目列入“工业项目建设工程”计划，作为市级层面重点推进的工业项目，集中服务资源促进项目加快实施。至年底，全市“工业项目建设工程”完成投资163.78亿元，累计完成投资304.80亿元。富士康南宁科技园高新园区、广西珠江啤酒有限公司首期年产20万千升啤酒、广西皇氏乳业新增9万吨水牛奶及乳制品生产线技术改造等带动力强的大项目已经竣工投产或部分投产；富士康南宁科技园区(沙井)、广西南南铝加工公司年产20万吨大规格高性能铝合金板带型材、南宁广发重工集团有限公司整体搬迁改造、南宁双汇食品有限公司肉制品生产等大项目也在加快建设。

(曾小妮)

【技术创新与两化融合】 2011年，南宁市工业企业完成技术创新项目330个，比上年增加14个，完成技术开发总投入10.43亿元；认定为南宁市工业新产品119个。以企业技术中心建设为着力点，引导企业有效发挥自主创新主体作用，加快推进技术创新体系建设。新认定市级企业技术中心4家，累计市级企业技术中心36家；新认定自治区级企业技术中心5家，累计自治区级企业技术中心44家，总数居自治区之首。广西地凯科技有限公

6月18日，富士康南宁科技园高新园区项目正式投产。图为厂区大门

市工信委提供

司雷电防护产品检测中心通过中国合格评定国家认可委员会(CNAS)实验室认可,成为南宁市继培力(南宁)药业有限公司、广西中烟工业有限责任公司、南宁八菱科技股份有限公司之后第四家通过CNAS认可实验室的企业。

技术创新　重点围绕战略性主导产业和战略性新兴产业开展新技术、新产品开发,引进消化国内外先进技术。组织企业申报财政创新资金扶持,有广西华锑科技有限公司技术中心创新能力提升建设等21个项目获自治区工业创新发展资金扶持,补助金额2760万元,为历年来南宁市获自治区创新资金扶持力度最大的一年;安排市本级财政技术创新扶持项目计划43个,补助资金1175万元,进一步提高全市工业装备技术水平和技术创新能力。

两化融合　重点在信息化与设计、制造技术融合,信息化与企业经营、管理融合,信息技术与服务业融合3个方面推进两化融合项目建设,实施两化融合试点工程。共组织实施两化融合项目56个,其中广西超大运输集团有限责任公司、广西德意数码股份有限公司的物联网建设项目获国家物联网发展专项资金支持400万元;南宁糖业股份有限公司"GPS糖料蔗砍运管理系统"、广西汇华食品有限责任公司"肉鸡产品安全追溯管理系统二期项目"等8个项目获自治区两化融合资金支持235万元;广西皇氏乳业服务平台信息化系统建设等21项重点两化融合项目获市本级两化融合项目计划立项,获市财政资金支持430万元。全市有17家企业评为广西信息化示范企业,有61家企业评为广西信息化应用企业。

(曾启娟　马祥琼)

【中小企业扶持】 2011年,南宁市根据自治区《关于印发广西千家中小企业成长工程推进方案的通知》和《关于中小企业十百千万工程实施方案》精神,研究制定《南宁市中小企业成长工程实施方案》、《南宁市贯彻落实全区中小企业"十百千万"工程实施方案》,提出3年内促进中小企业成长壮大的目标任务、资金支持等具体措施,推动和培育中小企业成长为规模以上企业和亿元企业,加快中小企业创业创新、转型升级、信息化建设和打造百亿元产业集群。年内,全市列入中小企业成长工程实施计划企业216家,其中列入自治区层面培育的中小企业157家。规模以上工业中小企业完成总产值1671.40亿元,比上年增长43.83%,占全市规模以上工业总产值的95.83%。加强中小企业融资政策扶持,分别核拨担保机构、金融机构小企业贷款风险补偿专项资金314.93万元、28.72万元。做好中小企业申报国家、自治区中小企业发展资金项目工作,获国家和自治区中小企业发展专项资金扶持3772万元。强化"两台一会"(市中小企业服务中心为融资平台、市企业信用协会为推介平台、市南方融资性担保公司为担保平台)贷款平台支撑作用,以"两台一会"贷款平台在与国家开发银行广西分行良好合作基础上,新增与建设银行广西分行、交通银行

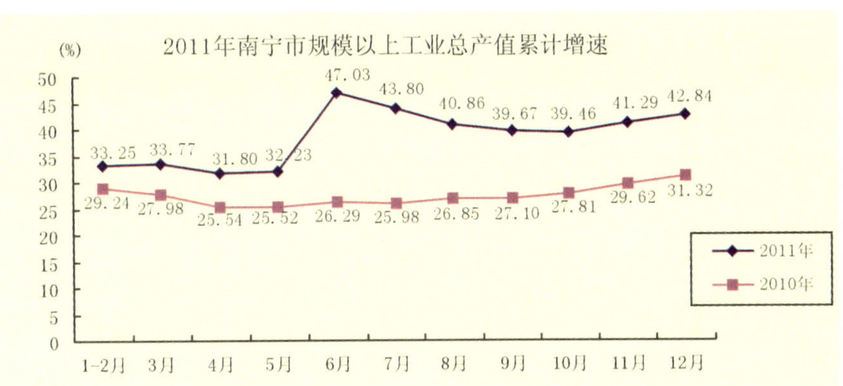

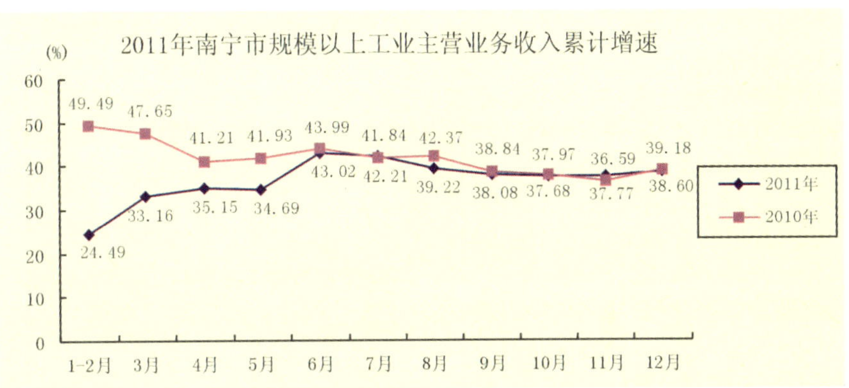

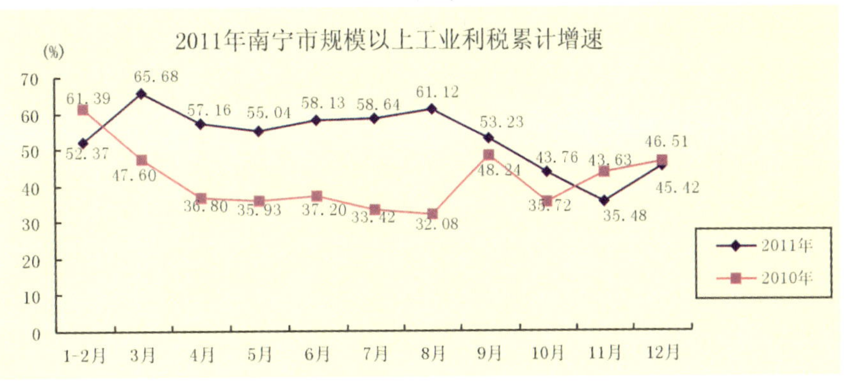

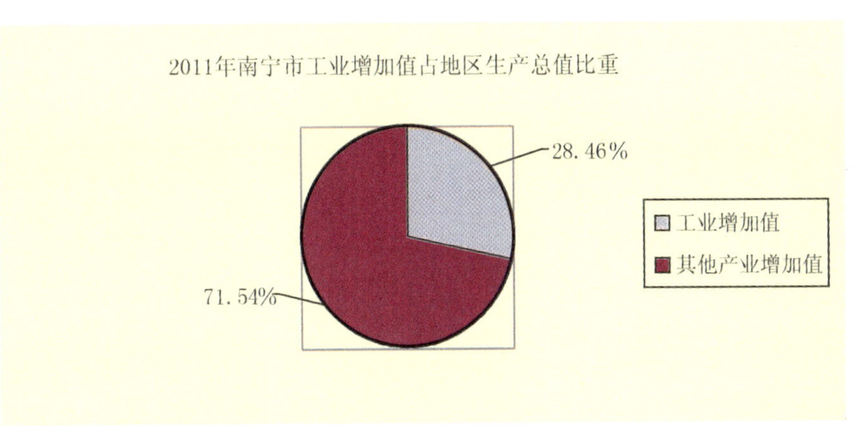

南宁分行、自治区中小企业融资性担保公司合作，拓宽贷款平台合作伙伴范围，完善项目申报、组织评审、风险控制、贷后管理等各项制度，促进贷款平台健康发展。举办银企座谈会（推介会）6期，向金融机构和担保机构推荐中小企业融资项目378个。贷款平台配套资金新增5000万元，总额1亿元，撬动10亿元的贷款规模。“两台一会”发放中小企业贷款12.36亿元，用款企业136家，贷款余额9.76亿元，其中工业企业占90%以上。加强中小企业信用体系建设，做好推荐诚信中小企业工作，经人民银行南宁市中心支行、自治区工信委审核，确定98家企业为第三批向金融机构推荐符合诚信条件的中小企业。首次启动中小企业信用评级，完成中小企业信用评级67家，确定南宁市信用评级A级以上中小企业36家。

（莫逸云）

【工业节能降耗】 2011年，南宁市规模以上工业总产值1744.20亿元，比上年增长42.84%，综合能源消费量385.09万吨标准煤，增长15.18%，产值单耗0.2209吨标准煤万元，下降19.17%；规模以上工业增加值532.88亿元，增长23.57%，万元增加值单耗0.8275吨标准煤，下降6.79%；全市年耗能1万吨标准煤以上的重点耗能企业52家，能源消费总量272.69万吨标准煤，增加9.54%，实现工业总产值297.30亿元（现价），增长18.96%，万元工业总产值能耗0.9172吨标准煤，下降7.92%，累计节能12.09万吨标准煤，超额完成自治区下达南宁市规模以上万元工业增加值能耗下降3.80%、52家重点耗能企业累计节能10.90万吨标准煤的年度工业节能目标任务。

（胡　强）

【工业招商引资】 2011年，南宁市策划和组织五象新区总部基地专题招商活动，围绕世界500强、国内500强、跨国公司、央企和行业龙头企业相对集中的北京、上海、广州和深圳等城市，加快五象新区总部基地招商，吸引国内外大型企业集团在南宁市设立区域性总部，以总部经济建设带动工业经济发展。组织广西建工集团建筑机械制造有限责任公司、市鼎天机械制造有限责任公司等12家企业参加第十二届中国西部国际装备制造业博览会和赴广州、深圳、杭州、福州等地举办的南宁市投资环境及投资项目推介会活动。组织企业参加广州博览会、福州海峡两岸经贸交流会、杭州西湖国际博览会等，借助展会平台，展示南宁市独特的产业优势，以推动经贸合作与发展。协助广东惠州市工信局在南宁市举办惠州投资环境暨广东惠州产品（南宁）展销会和江苏省工信委在南宁市举办的江苏产品万里行南宁展销会。各工业园区（开发区）围绕农产品加工、机械与装备制造、铝加工、化工、建材、造纸、生物工程与制药、电子信息等八大支柱及新兴产业，以发展产业集群、引进配套生产企业、延伸产业链为核心，进行重点招商。工业园区签订工业投资项目合同195个，合同投资总额372.15亿元，比上年增长83.09%，实际到位282.80亿元，增长39.73%。

（朱丹江）

【“十二五”工业规划与研究】 2011年，市工信委编制完成《南宁市工业和信息化发展“十二五”规划》及为“十二五”规划提供前期基础的有关重点产业发展、工业发展要素及环境承载能力等15个课题研究。11月4日，《南宁市工业和信息化发展“十二五”规划》获市十三届人民政府第二次常务会审议通过并正式印发。规划总结分析南宁市“十一五”工业和信息化发展，结合具体实际，提出“十二五”时期南宁市工业和信息化发展的总体思路和发展目标，明确未来五年南宁市重点发展的产业和产业发展重点，落实工业发展和信息化建设的重点任务，研究实施规划的支撑体系建设要求和对策措施，制订“十二五”时期重点建设项目和重点培育企业计划。规划提出，“十二五”时期南宁市工业和信息化发展以科学发展为主题，以“转方式、调结构、提速度、上水平”为主线，加快工业转型升级，着力调整优化产业结构，突出发展先进制造业，培育发展战略性新兴产业，改造提升传统优势产业，不断优化工业布局，做大做强做优工业，着力构建区域性先进制造业基地和区域性信息交流中心。到“十二五”期末，全市工业总产值比“十一五”时期翻一番以上，达到3600亿元，年均增长19%；工业增加值突破1000亿元，达到1150亿元，年均增长19%，占全市生产总值的比例达到32%；产业结构更趋优化，产业规模不断壮大，铝加工、电子信息、机械装备制造业的战略地位不断加

2011年南宁市工业主要产品产量情况

产品名称	计量单位	产量	比上年增长(%)
饲料	吨	3192100	-7.41
成品糖	吨	1085256	6.53
罐头	吨	108892	-15.27
啤酒	千升	206647	80.63
软饮料	吨	801821	68.47
卷烟	万支	3731689	2.77
纱	吨	31929	-4.91
蚕丝	吨	5162	25.50
人造板	立方米	3087089	66.30
纸浆(原生浆及废纸浆)	吨	551238	26.75
机制纸及纸板(外购原纸加工除外)	吨	878136	30.10
纸制品	吨	260025	12.41
烧碱(折100%)	吨	159497	-14.22
中成药	吨	34069	-49.89
水泥	吨	10842613	-8.63
商品混凝土	立方米	10781151	12.72
平板玻璃	重量箱	3273828	-36.87
铝材	吨	70568	14.51
起重机	吨	149914	26.60
小型拖拉机	台	171112	30.13
电力电缆	千米	1103526	41.02
发电机组(发电设备)	千瓦	155475	-55.77

2011年南宁市工业名优产品名录

序号	企业名称	产品名称	商标	备注
1	南宁糖业股份有限公司	白糖	明阳牌	中国名牌
2	南宁糖业股份有限公司	白糖	云鸥牌	中国名牌
3	南宁锦虹棉纺织有限责任公司	纯棉纱线系列	锦虹纺织	广西名牌
4	广西纵览线缆集团有限公司	电缆	纵缆牌	广西名牌
5	广西纵览线缆集团有限公司	聚氯乙烯绝缘电缆电线	纵缆牌	广西名牌
6	市家友电线电缆厂	聚氯乙烯绝缘电缆	家友牌	广西名牌
7	广西阳工电线电缆有限公司	电线	阳工牌	广西名牌
8	广西网联电线电缆有限公司	聚氯乙烯绝缘电线	网联牌	广西名牌
9	市南昌电缆有限责任公司	电线	南慧牌	广西名牌
10	广西佳利工贸有限公司	PE、PVC-U、PP-R管材管件	八桂牌	广西名牌
11	广西壮族自治区黎塘工业瓷厂	坐便器、蹲便器、小便器、洗面器	美洁牌	广西名牌
12	广西亚欧瓷业有限公司	瓷质抛光砖	亚欧之星	广西名牌
13	市威威海建筑门窗有限公司	未增塑聚氯乙烯(PVC-U)型材	国凯牌	广西名牌
14	南宁亚多制漆有限公司	水性涂料	亚多牌	广西名牌
15	广西农垦茶业集团有限公司	绿茶	大明山牌	广西名牌
16	广西华锑科技有限公司	三氧化二锑	BRIGHTSUN牌	广西名牌
17	广西南南铝箔有限责任公司	铝及铝合金板带箔系列	南南牌	广西名牌
18	南宁化工集团有限公司	聚氯化铝	绿洲牌	广西名牌
19	南南铝业股份有限公司	铝合金建筑型材	南南牌	广西名牌
20	南宁五菱桂花车辆有限公司	耕整机	桂花牌	广西名牌
21	南宁五菱桂花车辆有限公司	手扶拖拉机	桂花牌	广西名牌
22	南宁八菱科技股份有限公司	汽车散热器	八菱牌	广西名牌
23	广西丰林木业集团股份有限公司	中密度纤维板	丰林牌	广西名牌
24	广西高峰人造板有限公司	中密度纤维板	高林牌	广西名牌
25	南宁糖业股份有限公司	漂白蔗渣浆	八鲤牌	广西名牌
26	南宁糖业股份有限公司	书写纸	美时牌	广西名牌
27	广西舒雅护理用品有限公司	(日、夜)用卫生巾	舒雅牌	广西名牌
28	南宁侨虹新材料有限责任公司	无尘纸	侨虹牌	广西名牌
29	南宁美时纸业有限责任公司	食品包装纸	美时牌	广西名牌
30	南宁大大饲料有限公司	配合饲料	禾田牌	广西名牌
31	市储备粮管理有限责任公司	大米	桂井牌	广西名牌
32	南宁糖业股份有限公司东江糖厂	白砂糖	古府牌	广西名牌
33	南宁糖业股份有限公司香山糖厂	白砂糖	大明山牌	广西名牌
34	南宁糖业股份有限公司明阳糖厂	白砂糖	明阳牌	广西名牌
35	南宁糖业股份有限公司伶俐糖厂	白砂糖	云鸥牌	广西名牌
36	广西四合工贸有限责任公司	普通硅酸盐水泥	天荣牌	广西名牌
37	广西华宏水泥股份有限公司	普通硅酸盐水泥	古庙牌	广西名牌
38	广西华润红水河水泥有限公司	普通硅酸盐水泥	红水河牌	广西名牌
39	广西永凯糖业有限责任公司	白砂糖	翠蕊牌	广西名牌
40	广西辽大饲料集团有限公司	猪配合饲料	辽大牌	广西名牌
41	广西南宁燎旺车灯有限责任公司	车灯	瞭望牌	广西名牌
42	广西金花茶业有限公司	花茶	金花牌	广西名牌
43	广西国泰粮食集团有限公司	大米	农乐牌	广西名牌

（曾启娟）

强，向先进制造业方向迈进成效显著；食品、化工、建材、造纸、纺织服装与皮革等资源加工型传统优势产业不断优化提升，产业实现由初级加工向精深加工发展转变；生物、新能源、新材料等战略性新兴产业得到培育发展，初步形成产业规模和竞争优势。 （牙肖珊）

【特色园区建设】 2011年，南宁市产业园区根据《市委、市政府关于进一步加快开发区（工业园区）发展的决定》，坚持特色发展、产业配套原则，通过开展产业园区建设攻坚战，推进特色产业园区建设，加强园区产业分工协作，延伸产业链条，提升产业集聚度，重点推进重大项目的建设和投产。各个特色园区正在加快成长，其中高新区生物制药产业园一期基本建成，面积1.03平方千米，二期已开工建设主干路网；富士康南宁科技园高新园区项目正式投产，以富士康为主导的信息产业园已开工建设。广西良庆经济开发区有色金属加工产业园正在建设广西南国有色金属有限公司年产16万吨锌基合金项目。江南铝加工产业园的年产20万吨大规模高性能铝板带型材项目各项建设全面展开。邕宁八鲤工业集中区南宁机械制造产业园区正在为南宁广发重工集团整体搬迁和三一重工、五菱桂花等项目入驻完善条件。南宁经济技术开发区北部湾科技园、空港经济园和南宁六景工业园区化工产业园区等特色园区建设正在加快推进。南宁高新技术产业开发区生物医药产业园、电子信息产业园实现产值超过240亿元，比上年增长45.76%，占高新区规模工业总产值的60%；南宁—东盟经济开发区随着南宁麦斯鞋业、楠熙鞋业、贯铨鞋业等13家轻纺制鞋企业和广西珠江啤酒、统一等食品企业正式投产，特色产业规模日益增强，农副产品加工、轻纺加工产业园规模以上工业实现工业总产值35.28亿元，增长67.92%，占南宁—东盟经济开发区规模以上工业总产值37%；江南铝加工产业园完成工业总产值22.84亿元，增长9.75%。 （彭远利）

食品工业

【概　况】 2011年，南宁市有食品工业规模以上企业231家。其中：农副食品加工153家、食品制造38家、饮料制造38家、烟草制品2家。全部从业人员平均人数4.77万人。已形成乳制品、罐头、饮料、烟草、酿酒、制糖等子行业较为齐全、具有一定规模的工业体系。主要产品有：乳制品、罐头、碳酸饮料、卷烟、啤酒、机制糖、饲料等。生产成品糖108.53万吨，比上年增长6.53%；卷烟373.17亿支，增长2.77%；乳制品9.76万吨，增长27.30%；软饮料80.18万吨，增长68.47%；啤酒20.66万千升，增长80.63%；饲料398.99万吨，增长17.41%；小麦粉9.89万吨，下降7.60%；罐头10.89万吨，下降15.27%。规模以上食品工业企业实现工业总产值516.46亿元，增长39.75%；主营业务收入490.93亿元，增长32.02%；利税总额91.10亿元，增长32.86%（利润34.71亿元，增长43.11%）。农副食品加工业实现工业产值340.59亿元，增长41.69%；主营业务收入301.78亿元，增长30.28%；利税总额29.33亿元，增长44.29%（利润18.54亿元，增长45.71%）；从业人员平均人数2.89万人。食品制造业实现工业产值58.27亿元，增长54%；主营业务收入55.65亿元，增长67.52%；利税总额5.49亿元，增长82.36%（利润3.69亿元，增长75.30%）；从业人员平均人数7600人。饮料制造业实现工业产值60.50亿元，增长38.97%；主营业务收入64.42亿元，增长33.24%；利税总额8.18亿元，增长43.75%（利润5.10亿元，增长39.90%）；从业人员平均人数9600人。烟草制品业实现工业产值57.10亿元，增长19.41%；主营业务收入69.09亿元，增长17.74%；利税总额48.10亿元，增长21.64%（利润7.38亿元，增长27.68%）；从业人员平均人数1600人。

至年末，食品工业累计获广西著名商标的有：广西永凯糖纸集团有限责任公司（宾阳）的"翠蕊CUIRUI"白砂糖、广西万利来工贸有限责任公司的"万利来WANLILAI"水果罐头、果酱，广西石乳茶业有限公司的"石乳"茶叶、广西银雪面粉有限责任公司（宾阳）的"黎雪LIX-UE"面粉、面条，广西中烟工业有限责任公司的"真龙"香烟，广西高源淀粉有限公司（武鸣）的"高源"食用淀粉、南宁糖业股份有限公司（武鸣）的"古府GUFU"白砂糖、赤砂糖，广西富丰集团有限公司的"富丰"猪饲料，广西春江食品有限公司的"春江"鸭，横县冠桂糖业有限公司的"俊牌HT"白糖、红糖，广西康佳龙饲料集团有限公司的"红心"饲料。

【项目建设与技术改造】 2011年，南宁市食品工业完成技术改造投资125.59亿元，比上年增长70.34%，占全市工业技术改造投资23.97%。投资亿元以上项目有：投资5.16亿元的广西珠江啤酒有限公司首期年产20万升啤酒（续建项目，5月27日投产）；投资4.89亿元的南宁娃哈哈恒枫饮料有限公司年产24000万瓶果蔬饮料、含乳蛋白饮料、茶饮料、咖啡饮料生产基地；投资3.20亿元的广西皇氏甲天下乳业股份有限公司新增9万吨水牛奶及乳制品生产线技改；投资3.10亿元的广西国泰粮食集团有限公司粮油食品精深加工搬迁技改（续建项目）；投资2.50亿元的广西永凯糖业有限责任公司宾阳黎塘分公司日榨1万吨原料蔗制糖生产线搬迁技改；投资2.20亿元的南宁统一企业有限公司饮料生产；投资2亿元的南宁双汇食品有限公司肉制品生产；投资1.50亿元的

位于南宁—东盟经济开发区的南宁麦斯鞋业有限公司　　市工信委提供

南宁顶津食品有限公司康师傅饮料系列产品生产；投资1.50亿元的广西集盛食品有限公司年产6万吨蘑菇工业化生产基地技改。投资亿元以下3000万元以上项目有：投资8000万元的市富士来食品有限公司食品加工生产基地；投资6215万元的广西辽大饲料集团有限公司饲料生产、粮食储运；投资5000万元的广西普生三凤乳业有限公司乳制品建设；投资4980万元的广西南宁澳宁食品有限公司食品加工；投资4000万元的市至臻商贸有限责任公司王老吉盒装凉茶生产基地；投资3800万元的南宁童乐乳业有限责任公司日处理120吨生鲜乳加工生产线及配套奶源基地扩建；投资3500万元的广西华港农牧发展有限公司饲料厂整体搬迁改造；投资3000万元的市晋江福源食品有限公司盼盼糕点、薯片生产线；投资3000万元的广西穗达米业有限公司年产3万吨精米加工；投资3000万元的广西上林县狮螺宝光精米有限公司日加工150吨优质米扩建技改；投资3000万元的广西茉莉芬芳茶业股份有限公司年产10000吨茉莉花茶、10吨茉莉香精香料生产；投资3000万元的广西南山白毛茶业有限公司南山白毛茶综合开发；投资3000万元的广西五丰粮食集团有限公司黎塘粮食产业园。年内，总投资5亿元的弘信南宁可口可乐白糖供应链及饮料生产基地项目、总投资4亿元的伊利集团南宁冷饮加工项目开工建设。

【技术创新与产品开发】 2011年，南宁市食品工业列入市技术创新项目计划的有：广西恩度高科技股份有限公司年产32吨冻干罗汉果加工技术研发与产业化（冻干罗汉果填补国内空白，质量达到国内领先水平，并申请发明专利），市凯龙油脂有限责任公司基于片状茶麸浸出的研究开发及产业化生产，广西邕宁金泉食品有限公司无硫淮山深加工及产业关键技术研究，南宁青岛啤酒有限公司年产2万吨茉莉花啤酒研制及产业化生产，广西武鸣广发淀粉有限公司的复合变性淀粉生产技术研究及产业化。认定为市级工业新产品的有：广西恩度高科技股份有限公司的冻干荔枝、冻干香菇，南宁富莱欣生物科技有限公司的五谷精粮（方便食品）、苓志胶囊、螺旋藻南瓜粉、香杞维C咀嚼片、维C海洋鱼皮胶原肽口服液、蜂胶软胶囊、珠润美颜胶囊、破壁灵芝孢子粉胶囊、褪黑素片、大豆磷脂软胶囊等14种保健食品，广西石埠乳业有限责任公司的罗汉果饮料（246毫升/盒），广西皇氏甲天下乳业股份有限公司的超高温水牛奶。 （刘巧稚）

机械工业

【概 况】 2011年，南宁市规模以上机械工业主要有金属制品业、通用设备制造业、专用设备制造业、交通运输设备制造业、电力机械及器材制造业、仪器仪表及文化办公用机械制造业6大类共154家企业。其中：金属制品29家，通用设备制造19家，专用设备制造42家，交通运输设备制造18家，电气机械及器材制造38家，仪器仪表及文化办公用机械制造业8家。全部从业人员2.48万人。有亿元以上产值企业65家。其中：金属制品14家，通用设备制造3家，专用设备制造13家，交通运输设备制造9家，电气机械及器材制造23家，仪器仪表及文化办公用机械制造3家。主要产品涉及改装汽车、手扶拖拉机、摩托车及零配件、柴油机、矿山机械、建筑机械、水泥生产设备、制糖成套设备、水轮发电机组、导线、搅拌机、印刷机、减速机、压缩式垃圾专用运输车、压缩式垃圾中转站、垃圾处理设备、电动机、各种仪器仪表设备、汽车零部件等。主要产品产量：采矿设备7977吨、起重设备11.84万吨、改装汽车4187辆、摩托车15.09万台、小型拖拉机13.15万台、变压器24.20万千伏安、电力线缆78.25万千米。机械工业企业实现工业总产值303亿元，比上年增长47.83%，占全市规模以上工业企业工业总产值17.40%。其中：金属制品业64.90亿元，占全部机械工业企业工业总产值21.42%；通用设备制造业23.60亿元，占7.79%；专用设备制造业55.40亿元，占18.28%；交通运输设备制造业42.40亿元，占14%；电气机械及器材制造业109.80亿元，占36.23%；仪器仪表及文化、办公用机械制造业6.82亿元，占2.25%。主营业务收入268亿元，占全市规模以上工业企业16.80%，增长46.92%。其中：金属制品业46.80亿元，占全部机械工业17.46%；通用设备制造业22.14亿元，占8.26%；专用设备制造业54亿元，占20.15%；交通运输设备制造业38.44亿元，占14.34%；电气机械及器材制造业99.90亿元，占37.27%；仪器仪表及文化、办公用机械制造业6.70亿元，占2.50%。实现税金7.07亿元，增长88.18%；利润15.41亿元，增长116.17%。盈利企业136家，亏损企业18家，亏损面12.76%。资产总计203亿元，增长82.20%。

【技术改造】 2011年，南宁市机械装备制造业技术改造投资项目335个，完成投资80.06亿元，累计完成投资101.30亿元。其中，新投产项目184个，完成投资38.25亿元，累计完成投资48.49亿元。年度实际完成投资额前5位的项目有：南宁广发重工集团有限公司整体搬迁技术改造，完成投资3.39亿元；广西广缆科技有限公司的上海浦东电缆南宁生产基地，完成投资1.94亿元；广西玉柴机器股份有限公司工程研究院南宁基地建设，完成投资1.71亿元；广西凯威铁塔有限公司钢构及单管塔生产，完成投资1.67亿元；广西三维

广西皇氏甲天下乳业股份有限公司瓶装鲜牛奶生产线　　市工信委提供

铁路轨道制造有限公司的铁路轨枕及配件生产线二期技术改造,完成投资1.50亿元。当年投产的项目184个,其中固定资产投资累计总额前5位的项目有:广西广缆科技有限公司的上海浦东电缆南宁生产基地,完成投资1.94亿元;广西动力源工贸有限公司汽车保养设备生产,完成投资2亿元;广西三维铁路轨道制造有限公司铁路轨枕及配件生产线二期技术改造,完成投资1.50亿元;广西三维铁路轨道制造有限公司铁路轨道及配件制造,完成投资1.50亿元;南宁燎旺车灯有限公司年产100万套车灯搬迁改造,完成投资1.01亿元。

【技术创新与产品开发】 2011年,南宁市新立项的机械工业技术创新项目35个。其中:自治区级技术创新立项18个,投资6422万元;市级技术创新立项17个,投资1.04亿元。主要有:广西地凯防雷工程有限公司光伏发电系统防雷设备及并网逆变设备研发生产,投资2850万元;南南铝业股份有限公司嵌片式大功率铝合金散热器产品研发,投资2000万元;广西玉柴专用汽车有限公司YCNH3166型垃圾压缩转运站设备及系列产品研发和产业化,投资780万元;南宁银杉电线电缆有限责任公司HVCRC——碳纤维复合芯架空导线,投资600万元;南宁南特变压器制造有限公司S13-M.RL系列立体三角形卷铁芯新型节能、环保电力变压器,投资600万元。完成技术创新项目98个。主要项目有:市共利钢管制造有限责任公司螺旋钢管多点式辊轮自动成型;广西金太阳锅炉有限公司四回程环保蒸汽锅炉;南宁燎旺车灯有限责任公司C118后组合灯具开发;广西阳工电线电缆有限公司母线槽生产线技术改造;广西地凯科技有限公司国家实验室技术中心建设;广西南轻车桥汽配有限公司汽车配件生产线等。完成新产品开发15个。主要有:广西博世科环保科技股份有限公司上流式多相废水处理氧化塔、BSC型二氧化氯制备系统2个新产品;南宁一举医疗电子有限公司医用诊断x射线高频高压发生器等5个新产品;广西地凯科技有限公司有线电视信号电涌保护器等4个新产品;广西银钢南益制造有限公司NS175ZH型正三轮摩托车等2个新产品;市德泰电梯制造有限公司高效率节能型曳引式电梯新产品;广西大圆机械设备有限责任公司F-160型沸腾式除髓机新产品。 (农　刚)

化学工业

【概　况】 2011年,南宁市有规模以上化工企业130家。其中:化学原料及化学制品制造79家,塑料制品45家,橡胶制品4家,石油化工2家。全行业规模以上企业资产总计172.64亿元,比上年增长76.55%。全部从业人员平均人数2.20万人。主要产品产量:塑料制品36.46万吨、烧碱15.95万吨、聚氯乙烯树脂5.70万吨、润滑油0.85万吨、化学肥料12.86万吨、合成氨16.37万吨、盐酸9.06万吨、硫酸6.09万吨、化学农药4.59万吨。实现规模以上工业总产值211.80亿元,增长41.02%,占全市规模以上工业总产值12.14%,下降0.16个百分点。其中:化学原料及化学制品制造142.15亿元,增长33.70%;塑料制品65.71亿元,增长65.68%;橡胶制品1.23亿元,下降21.98%;石油加工、炼焦及核燃料加工2.71亿元,增长2.83%。实现现价工业增加值58.44亿元,增长21.44%,占10.97%,提高0.09个百分点。主营业务收入196.31亿元,增长46.07%,占12.30%。实现税金5.41亿元,增长125.24%;利润10.72亿元,增长64.40%,占10.90%。有亿元以上产值企业56家,增加16家(化学原料及化学制品制造36家,增加10家;塑料制品18家,增加6家;石油加工、炼焦及核燃料加工2家,持平),实现工业总产值173.28亿元,增长47.90%,占全行业规模以上工业总产值81.80%。亏损企业15家,亏损面11.54%,亏损总额1.94亿元。

【技术改造】 2011年,南宁市化学工业企业技术改造投资项目235个,其中新建项目200个,续建项目35个,计划总投资82.39亿元,年度完成投资46亿元,累计完成总投资65.57亿元。完成投资前5位的项目有:南宁绿洲化工有限责任公司聚氯乙烯生产项目及烧碱生产,完成投资10.41亿元;广西合众能源股份有限公司年产10万吨生物柴油,完成投资1.06亿元;武鸣氮肥厂年产10万吨合成氨生产线技术改造,完成投资9500万元;南宁飞日润滑油有限公司年产6万吨润滑油综合产能技术改造,完成投资8880万元;广西农垦糖业集团良圻生物科技有限公司年产2万吨木糖、木糖醇联产2000吨阿拉伯糖,完成投资7500万元。投产的项目160个,投产项目累计完成投资29亿元。累计投资额前5位的项目有:广西横县六景工业园投资发展有限公司南化项目用地平整工程,完成投资1.28亿元;武鸣氮肥厂年产10万吨合成氨生产线技术改造,完成投资9500万元;市中凯塑业有限公司塑料异型材生产线厂房建设及设备,完成投资9319万元;广西雄塑科技发展有限公司年产3万吨塑料管材,完成投资9000万元;南宁飞日润滑油有限公司年产6万吨润滑油综合产能技术改造,完成投资8880万元。

【技术创新与产品开发】 2011年,南宁市化学工业企业有国家级重点试验室1家(明阳生化公司非粮生物质酶解国家重点实验室),自治区级企业技术中心8家,市级企业技术中心2家。列入自治区技术创新项目立项6个,总投资2160万元;市技术创新项目立项4个,总投资5880万元。主要有:广西田园生化股份有

南宁化工股份有限公司现代化生产区　　市工信委提供

限公司投资5000万元的技术中心创新能力建设；南宁飞日润滑油有限公司投资900万元的茶油环境友好润滑油基础油改性研究；启仲化工（广西）有限公司投资500万元的大型汽配注塑件生产中熔体流动性改善之专用润滑剂；广西易多收生物科技有限公司投资250万元的环保低毒型甘蔗地除草剂开发等。完成技术创新项目51个。主要有：广西化工研究院投资1200万元的剑麻麻膏有效成分提取关键技术；南宁化工股份有限公司投资1040万元的聚氯乙烯生产采用盐酸脱析新技术回收氯化氢气体；启仲化工（广西）有限公司投资800万元的汽配注塑件生产中熔体流动性润滑剂项目；广西金雨伞防水装饰有限公司投资713万元的地下工程用CPS复合防水材料的开发及产业化；和昌（广西）化工有限公司投资700万元的硫酸钠功能性新材料中试生产装置等。评为市工业新产品的有南宁飞日润滑油有限公司制糖业通用型32#高压抗磨液压油、绿色多效有色金属切削油和通用型可降解铝材机械加工中心润滑剂等3个，广西田园生化股份有限公司15%络氨铜水剂、32%阿维·毒死蜱乳液、0.11%苄嘧·苯噻酰颗粒等8个。

（文剑昭）

建材工业

【概　况】 2011年，南宁市有规模以上建材工业企业78家。全部从业人员平均人数1.79万人。主要产品涉及水泥、水泥制品、平板玻璃、镀膜玻璃、玻璃纤维、砖、砂、石材、粘土矿、排水管、水泥压力管、水泥电杆、水泥枕轨、商品混凝土、建筑陶瓷、高温耐火材料等。主要产品产能：水泥1560万吨/年、平板玻璃506万重量箱/年。主要产品产量：水泥1084.26万吨，比上年下降8.63%；硅酸盐水泥熟料902万吨，增长17.30%；商品混凝土1078.12万立方米，增长12.72%；瓷质砖5950万平方米，下降26.50%；平板玻璃327.38万重量箱，下降36.87%；钢化玻璃84万平方米，增长57.20%；卫生陶瓷制品371.50万件，下降4.37%；沥青和改性沥青防水卷材370万平方米，增长26.10%。实现工业总产值112.90亿元，增长28.46%，占全市规模以上工业总产值6.47%。其中：非金属矿物制品业工业总产值108.58亿元，增长27.79%；非金属矿采选业完成工业总产值4.33亿元，增长47.98%。工业增加值38.24亿元，增长27.30%，占全市规模以上工业增加值7.18%。主营业务收入102.57亿元，增长21%。其中：非金属矿物制品业主营业务收入98.92亿元，增长20%；非金属矿采选业主营业务收入3.64亿元，增长41%。实现税金5.09亿元，利润8.06亿元。有亿元以上产值企业39家。亏损企业18家，亏损面23.08%；亏损总额0.67亿元。资产总计97.55亿元，增长25%。

【技术改造】 2011年，南宁市建材工业实施技术改造项目379个，计划总投资89.33亿元，年度计划投资62.97亿元，完成投资58.78亿元，占全市工业技术改造投资14个百分点。新投产项目276个，年度完成投资35.77亿元，累计完成投资39.90亿元。主要项目有：广西盛天水泥制品有限公司预拌砂浆，完成投资1.06亿元；广西慧锦建材有限公司仓库建设及设备生产，完成投资7583万元；广西华美企业管理有限公司年产50万立方米环保节能新型建材，完成投资6000万元；中铁二十二局集团第二工程有限公司梁场厂房及生产线建设工程，完成投资5600万元；广西浙义建筑材料有限公司厂房建设，完成投资5500万元。

【技术创新】 2011年，南宁市建材工业完成技术创新项目13个。其中：新产品开发9个；新技术开发4个。广西武鸣启行陶瓷有限公司的金属釉高档仿古瓷砖系列产品开发项目分别列入自治区、市级技术创新项目立项，总投资1000万元。

【散装水泥生产与应用】 2011年，南宁市有水泥企业29家，其中年供应能力20万吨以上大中型水泥企业9家，完成散装水泥供应量475.87万吨，比上年增长21.25%；散装水泥专项资金征收1702万元，增长12.86%。

（农　刚　张　婕）

铝加工业

【概　况】 2011年，南宁市有规模以上铝加工业企业18家。其中：电解铝生产企业1家；铝板带箔及铝型材生产企业3家；电线电缆生产企业12家；工业铝制品加工生产企业2家。资产总额53.80亿元。主要产品为铝型材、电线电缆、日用铝制品、包装等4大类。南南铝业股份公司的“南南”商标为中国驰名商标。“南南”、“银杉”、“家友”、“纵览”、“国凯”、“阳工”等商标为广西著名商标。广西纵览线缆集团、广西阳工电线电缆公司、广西网联电线电缆公司、南宁市南昌电缆公司、南南铝箔有限责任公司、南南铝业股份有限公司生产的聚氯乙烯绝缘电缆电线、铝及铝合金板带箔系列产品等为广西名牌产品。主要产品产量：电力电缆110.35万千米，比上年增长41.02%；电解铝7126吨，增长3.44%；铝材7.06万吨，增长14.51%。规模以上工业企业实现工业总

南南铝业股份有限公司生产线　　市工信委提供

产值89.30亿元，增长36.75%，占全市规模以上工业总产值5.12%。其中：电线电缆企业总产值62.97亿元，增长42.18%；铝生产和深加工企业总产值26.33亿元，增长21.45%。主营业务收入80.52亿元，增长34.38%。实现税金1.10亿元，增长50.90%；利润2.50亿元，增长28.90%。有亿元以上产值企业13家；亿元企业实现工业总产值77.99亿元。

【项目建设与技术改造】 2011年，南宁市铝加工业投资项目27个（新建12个，续建15个），计划总投资64.96亿元，完成投资27.16亿元，占全市工业投资5.18%；累计完成投资38.49亿元。年度完成投资前5位的项目有：广西南南铝加工有限公司年产20万吨大规格高性能铝合金板带型材，完成投资19.77亿元；广西广缆科技有限公司上海浦东电缆南宁生产基地，完成投资1.94亿元；广西万乡河贸易发展有限公司特种电线、电缆及机电生产与销售项目建设，完成投资8745万元；南南铝业股份有限公司年产2万吨着色电泳铝材自动化生产线技术升级改造，完成投资4950万元；市南邕电线电缆厂新建厂房及购买设备，完成投资4780万元。南南铝加工有限公司年产20万吨大规格高性能铝合金板带型材项目是市重点推进的工业重大项目之一，计划总投资48.20亿元，主要建设熔铸、热轧、冷轧、精整、挤压以及深加工等主要车间及公辅配套设施。项目建成投产后，可形成年产20万吨大规格高性能铝合金板带型材生产能力。其中，高性能板材7万吨；深加工铝带10万吨；大型挤压型材3万吨。至年末，项目年度完成投资20.22亿元，累计完成投资23.19亿元，完成计划投资48.12%。投产项目11个，累计完成投资7.31亿元。主要有：广西广缆科技有限公司上海浦东电缆南宁生产基地，完成投资3.01亿元；广西南南铝箔有限责任公司完成投资1.11亿元；广西平铝（集团）有限公司电线、电缆项目二期生产线，完成投资9800万元；广西南慧电缆有限公司电力电缆生产完成投资7535万元；市南邕电线电缆厂新建厂房、购买设备，完成投资4780万元。

【技术创新与产品开发】 2011年，南宁市铝加工企业有国家认可试验室1家（南宁八菱科技股份有限公司测试中心）；自治区千亿元产业研发中心1家（南南铝业股份有限公司广西铝产品加工研发中心），自治区级企业技术中心3家（南南铝业有限公司技术中心、南宁银杉电线电缆有限责任公司技术中心、南宁八菱科技股份有限公司技术中心）。列入自治区技术创新立项项目1个，总投资600万元；市技术创新立项项目2个，总投资2600万元。主要有：南南铝业股份有限公司投资2000万元的嵌片式大功率铝合金散热器产品研发；南宁银杉电线电缆有限责任公司投资600万元的HVCRC——碳纤维复合芯架空导线。完成技术创新项目9个。主要有：南南铝业股份有限公司模具制造关键技术及高档铝合金家电零组件新产品开发等项目4个，总投资2585万元；广西纵览线缆集团有限公司无鲁低烟阻燃A类耐火电线电缆等项目3个，总投资1600万元；广西阳工电线电缆有限公司母线槽生产线技术改造项目，投资额1000万元；市桂南电线电缆厂特种电线电缆开发和生产项目，投资额450万元。评为市工业新产品的有南南铝业股份有限公司的HCK018、HCK019、HCK003、HCK004、HCK006、HCK007、HCK020系列把手等7个产品。

（文剑昭）

造纸工业

【概　况】 2011年，南宁市有规模以上制浆造纸及纸制品工业企业61家，比上年减少40家（2011年因国家统计方法制度改革，提高规模以上企业统计标准而减少）。全部从业人员平均人数1.18万人，增长28.69%。主要产品有纸浆、印刷书写用纸、新闻纸、涂布印刷用纸、卫生纸、卫生用纸原纸、瓦楞纸箱及纸制品等。主要产品产量：纸浆55.12万吨，增长26.75%；机制纸及纸板87.81万吨，增长30.10%；纸制品26万吨，增长12.41%。实现工业总产值95.12亿元，增长53.94%。其中，纸浆制造工业总产值25.88亿元，增长50.09%；造纸工业总产值43.47亿元，增长49.69%；纸制品工业总产值25.77亿元，增长66.20%。工业增加值28.20亿元，增加37.17%。主营业务收入72.67亿元，增长59.24%；实现税金1.23亿元，增长2.40%；利润2.15亿元，增长66.30%。有亿元以上产值企业23家。亏损企业14家，减少4家，亏损面22.95%。

【技术改造】 2011年，南宁市造纸工业完成技术改造项目74个（新开工61个，重点续建13个），总投资38.50亿元，完成投资14.20亿元，占全市工业投资2.71%。列入市工业项目建设工程重点工业项目的有：广西南宁凤凰纸业有限公司投资8000万元年产3万吨高级生活用纸技术改造、广西全鸿纸业有限公司投资1亿元的年产10万吨高级生活用纸、广西永凯糖纸集团有限责任公司投资2.10亿元的年产9.50万吨漂白蔗渣浆和年产20万吨高档文化用纸、金红叶纸业（南宁）有限公司投资2120万元的生活用纸及纸制品生产与销售等。

【技术创新与产品开发】 2011年，南宁

广西南宁凤凰纸业有限公司高级生活用纸车间　　市工信委提供

市造纸产业完成技术创新项目3个(南宁糖业股份有限公司蒲庙造纸厂蔗渣浆二氧化氯漂白新工艺技术改造工程，广西华劲集团股份有限公司南宁纸业分公司竹木浆混合漂白、磨浆关键技术，2号链条炉改造为生物质燃料炉工程)。完成新产品项目2个（南宁糖业股份有限公司文件夹用纸项目、南宁金浪浆业有限公司桉木化学机械浆项目)。

(朱政军)

电子信息产业

【概 况】 2011年，南宁市电子信息产业主营业务收入首次突破100亿元大关，达到110亿元(电子信息制造业实现收入73亿元，软件业实现收入37亿元)。其中：规模以上通信设备、计算机及其他电子设备制造业企业20家。全部从业人员平均人数2.33万人。实现工业总产值(现价)74.53亿元，增长63.55%；主营业务收入72.89亿元，增长72.92%；税金1.10亿元，增长157.23%；利润5.38亿元，增长63.54%。有亿元以上产值企业14家，其中产值超过10亿元企业2家。丰达电机(南宁)有限公司工业总产值突破20亿元大关，成为全市最大的电子产品制造企业。主要企业有：丰达电机(南宁)有限公司、南宁富桂精密工业有限公司、南宁富宁精密电子有限公司、广西领华数码科技有限公司、胜美达电机(广西)有限公司等。主要产品有：手机、GPS接收机、耳机、电子元器件、LED光电子器件、电子主板。软件产业新增软件企业27家，通过自治区工信委认定的软件企业100家，占自治区工信委认定的软件企业总数三分之二。主营业务收入37亿元。新增通过自治区登记的软件产品29个，其中获市新产品认定15个。主要软件企业有：南宁银河南方软件有限公司、广西天锋通讯科技有限公司、广西德意数码股份有限公司、南宁超创信息工程有限公司、广西综讯科技有限公司、广西昊华科技股份有限公司、广西天道信息技术有限公司、广西宏智科技有限公司。产品主要以应用软件为主，包括系统集成、税控系统、智能车牌识别系统、城市应急联动系统、现代通信技术、软件中间构件、海量图文数据处理系统等。

【技术改造与项目建设】 2011年，南宁市电子信息产业技术改造项目134个，完成投资42.33亿元，占全市技术改造投资8.54%。其中：通信设备、计算机及其他电子设备制造业技术改造项目44个，完成投资22.05亿元；信息传输、计算机服务和软件业技术改造项目90个，完成投资20.28亿元。由城建集团有限公司和富士康集团有限公司共同建设的富士康南宁科技园一期项目进展顺利，完成投资8.62亿元。富士康南宁科技园高新园区项目(包括网络通讯项目、第三代移动通讯系统手机及网卡项目和生产基地厂房建设、改造工程)部分投产(6月18日正式投产)，完成投资7.19亿元。广西电视信息网络股份有限公司的广西电视信息网络改扩建项目，完成投资2.89亿元。深圳鲁粤盛科技有限公司的年产3亿只扬声器项目，完成投资5899万元。市鼎光电子有限责任公司的LED显示板和LED照明灯研发制造中心，完成投资5261万元。广西领华数码科技有限公司的领华数码科技园厂房及配套工程，完成投资5000万元。中国移动通信集团广西分公司的广西移动通信信息产业园项目，完成投资4836万元。

丰达机电(南宁)有限公司生产线　　市工信委提供

【技术创新】 2011年，南宁市电子信息产业获国家物联网发展专项资金支持项目有广西超大运输集团有限责任公司“整合物联网技术的云服务平台在物流行业的应用与推广”、广西德意数码股份有限公司“制造业物联感知系统产业化”2个，金额400万元。广西麦德罗威智能有限公司承担建设的基于物联网的网控色码直读水表及远传抄表控表系统获国家火炬计划项目立项。有22个项目获广西信息服务业发展专项资金支持540万元(自治区财政资金补助)。有11个项目获市信息产业项目计划立项，获市财政资金补助300万元。广西申能达智能技术有限公司的一体化冷热联供机组研制和广西水利经济研究会、南宁广通数字技术有限公司的非堰槽式明渠流量计在线监测系统研制与应用2个项目获广西科学技术进步奖三等奖。广西申能达智能技术有限公司的一体化冷热联供机组研制和广西明昇科技有限公司、广西区标准技术研究院的产品质量与食品安全技术标准服务平台2个项目获市科学技术进步奖二等奖。广西南宁精祥仪表有限责任公司的液压挖掘机功率优化系统，广西德意数码股份有限公司的基于Portal全景虚拟现实的网上综合办税系统，市规划信息技术中心、广西创翔科技有限公司的南宁市城市规划市民互动平台3个项目获市科学技术进步奖三等奖。昊华物联网物流管理平台软件、联正达报表管理套件软件、面馆社交游戏软件、平方活动组织管理系统软件等15个软件产品获认定为市工业新产品。(马祥琼)

生物工程与制药工业

【概 况】 2011年，南宁市列入统计口径的生物与制药生产工业企业有47家。全部从业人员平均人数9400人。生产中成药3.41万吨，比上年减少49.89%；化学药品原药3551吨,增长16.16%。规模以上医药工业企业实现工业总产值66.64亿元,增长33.65%,占全市工业总产值3.82%。其中:化学药品原药制造业3.05亿元,增长52.23%;化学药品制剂制造业6.46亿元,增长44.34%;中药饮片加工业11.62亿元,增长45.14%;中成药制造业30.89亿元,增长23.48%;生物、生化制品制造业5.22亿元,增长34.27%;卫生材料及医药用品制造业3.95亿元,增长33.27%;兽用药品制造业5.44亿元,增长55.34%。主营业务收入60.98亿元,增长37.75%;利税总额8.78亿元,增长92.27%(利润6.36亿元,增长120.28%)。

年内,南宁市加强制药产业链研究,科学制定规划,推动医药产业形成以现代中医药产业为龙头、民族药和化学药为两翼、现代生物制药为辅助的全面发展格局。规划宝塔生物医药产业园作为基地生物医药产业核心区,打造全新的政府、产业、金融三螺旋结构的管理运营示范模式,引进现代生物制药项目,推进广西最具民族特色的壮药标准化和规模化发展。

【技术改造】 2011年,南宁市生物工程与制药工业完成技术改造投资19.91亿元,比上年增长2.67%,占全市工业技术改造投资3.80%。主要有:广西千年健药业有限公司投资3.30亿元的年产3000吨中药、民族药饮片,1000吨天然药物、提取物,1500吨特色民族药制剂项目;广西武鸣县安宁淀粉有限责任公司投资8500万元的生产生物燃气产业化示范工程;广西双健科技有限公司投资6000万元的医疗器械生产项目;广西南宁德致药业有限公司投资3580万元的年产800吨金银花凉茶生产线扩建项目。列入市工业项目建设工程重点项目有:广西英美特医疗设备有限公司的新型血液透析(滤过)机等医疗设备生产;广西桂西制药有限公司的生产厂房建设;广西丽原生物股份有限公司的兽用生物制品GMP厂整体搬迁;广西双健科技有限公司的医疗器械生产。

【技术创新与产品开发】 2011年,南宁市生物工程与制药工业主要技术创新项目有:广西北斗星动物保健品有限公司的新兽药20毫升盐酸头孢噻呋注射液产业化生产(项目产品2010年获国家农业部颁发的四类新兽药注册证书);广西威利方舟科技有限公司CLMRIS-I闭环肌松注射系统产业化生产;广西盈康药业有限责任公司维C银翘片二次开发研究;广西万通制药有限公司贯防感冒片质量标准与产业化提升;广西新晶科技有限公司药用微分子右旋糖酐的研制;广西万德药业股份有限公司糖皮质激素类缩酮物的制备方法研究;广西古方药业有限公司民族药滇桂艾纳香泡腾片的研发。新产品开发主要有:广西博科药业有限公司的益肾健骨胶囊、排毒清脂片、博科牌中元胶囊;广西古方药业有限公司的前列泰颗粒、尿路通胶囊、肝速康片、积雪苷胶囊等。广西桂西制药有限公司的“桂西”、广西健丰药业有限公司(武鸣)的“健丰”,广西圣保堂药业有限公司的“圣保堂”,广西南宁百会药业集团有限公司的“百会”商标获广西著名商标。

(刘巧稚)

广西丽原生物股份有限公司的兽用生物制品GMP厂整体搬迁项目

市工信委提供

制糖工业

【概　况】 2011年,南宁市有糖厂17家(国有及国有控股糖厂7家,民营投资及控股糖厂10家),分属6家制糖企业公司(集团)。17家糖厂日榨蔗能力9.89万吨(国有及国有控股5.18万吨,民营投资及控股4.71万吨)。其中:南宁糖业股份有限公司4家糖厂日榨蔗能力3.48万吨(明阳糖厂1.40万吨、伶俐糖厂6800吨、香山糖厂8000吨、东江糖厂6000吨);广西农垦糖业集团2家公司日榨能力1.20万吨(金光制糖有限公司8000吨,良圻制糖有限公司4000吨);广西华盛集团廖平糖业有限责任公司糖厂日榨能力5000吨;广西永凯糖纸集团有限责任公司2家分公司日榨能力1.40万吨(宾阳大桥分公司1.20万吨、宾阳黎塘分公司2000吨);广西南华糖业集团3家公司日榨能力1.36万吨(隆安南华糖业有限责任公司那桐糖厂4000吨、南圩糖厂4000吨,上林南华糖业有限责任公司4000吨,马山南华糖业有限责任公司1600吨);广西东糖集团3家公司日榨能力1.95万吨(广西南宁东糖新凯糖业有限公司5000吨,横县冠桂糖业有限公司谢圩分公司4000吨、石塘分公司4000吨,南宁良庆冠桂糖业有限公司6500吨)。主要产品有白砂糖、赤砂糖、酒精、蔗渣浆、机制纸、纤维板、碎粒板、复合肥等。2010年~2011年榨季,从2010年11月4日南宁糖业股份有限公司明阳糖厂开机生产,至2011年4月7日广西农垦糖业集团良圻制糖有限公司停机,共155日,比上榨季多3日。

全市原料蔗种植面积14.94万公顷。蔗区分布在12个县(区)和南宁经济技术开发区、南宁—东盟经济开发区、金光农场及廖平糖厂陶邓蔗区,种蔗乡镇107个,种蔗农户29.49万户、141.54万人。种植品种主要有:粤糖93/159、粤糖00/236、桂糖02/467、桂糖02/281、桂柳03/1137等,高产高糖新良种面积占全市原料蔗种植总面积95.32%。全榨季入厂原料蔗827.39万吨,比上年减少3.70万吨。平均工业单产每公顷55.65吨,甘蔗平均含糖

南宁糖业股份有限公司全景　　市工信委提供

份14.19%。平均甘蔗成本每吨536.27元，增加181.88元，增长51.32%，成本增加的主要原因是人工费用、农资费用的增加。平均甘蔗价款每吨495.69元，增加175.07元，增长54.60%。

全市榨蔗量827.39万吨，减少3.70万吨，减幅0.45%。机制糖产量102.51万吨，减少3.65万吨，减幅3.44%。其中：白砂糖100.51万吨，减少1.25万吨，减幅1.23%；赤砂糖2万吨，减少2.40万吨，减幅54.55%。平均混合产糖率12.39%，降低0.38%。等折吨糖耗蔗8.07吨，增加0.24吨。白砂糖单位产品生产成本每吨4353.86元，增加1336.71元，增长44.30%；白砂糖单位含税成本每吨6063.92元，增加1807.45元，增长42.46%；成本增加的主要原因是原料蔗收购价格比上榨季大幅提高以及煤电油运费用相应增加。白砂糖不含税销售成本每吨4995.95元，增加1452.36元，增幅40.99%；含税平均售价每吨7095.2元，增加2356.45元，增幅49.73%。平均百吨蔗耗标煤4.73吨，增加0.39吨，增幅8.98%。吨蔗耗电量35.16千瓦时，增加0.06千瓦时，增长0.17%。

受益于国际、国内食糖经济有利形势及自然灾害造成食糖产品的减产，全榨季南宁市食糖价格每吨保持在7000元左右持续高位运行，没有大起大落的波动，糖业经济运行态势良好，整体效益较上榨季有较大的增长。制糖企业实现工业总产值70.81亿元，增加22.05亿元，增长45.22%；工业增加值22.40亿元，增加6.01亿元，增长36.67%；工业销售产值71.46亿元，增加22.11亿元，增长44.82%；利税总额16.36亿元，增加6.26亿元，增长61.97%（利润11.71亿元，增加5.02亿元，增长75.04%）。

2011年，第23届全国糖业产品质量评比中，南宁糖业股份有限公司明阳糖厂“明阳”牌白砂糖、东江糖厂“古府”牌白砂糖、香山糖厂“大明山”牌白砂糖、伶俐糖厂“云鸥”牌白砂糖，横县冠桂糖业有限公司谢圩分公司“俊牌”白砂糖，南宁良庆冠桂糖业有限公司“唐牌”白砂糖，南宁糖业股份有限公司蒲庙造纸厂“八鲤”牌食用酒精，广西永凯糖纸集团有限责任公司宾阳大桥分公司“翠蕊”牌食用酒精均在产品质量优秀榜上名列前茅，其中“明阳”牌、“云鸥”牌一级白砂糖分别获亚法一级白砂糖和碳法一级白砂糖质量评比第一名，“八鲤”牌食用酒精获酒精质量评比第一名。在全国糖业质量评比中，“明阳”牌一级白砂糖连续第九年获亚法糖质量评比第一名，“云鸥”牌一级白砂糖连续第六年获碳法糖质量评比第一名，“八鲤”牌食用酒精连续第七年获酒精质量评比第一名。

【糖料蔗收购价格】 2010年~2011年榨季，南宁市糖料蔗收购价格继续采取蔗糖价格挂钩联动、二次结算的管理方式，执行自治区统一的糖料蔗收购首付价和二次结算价格标准。糖料蔗普通品种收购首付价每吨350元（不含税费）与制糖企业一级白砂糖平均含税销售价格每吨4800元实行挂钩联动，食糖销售价格超过每吨4800元的部分，在糖料蔗收购首付价的基础上，蔗糖挂钩联动价格按6%的联动系数进行二次结算。糖料蔗品种实行优质加价、劣质减价政策，在普通品种糖料蔗收购首付价的基础上，粤糖93/159、粤糖00/236、桂糖02/467、赣蔗18号优良品种糖料蔗每吨加价20元，劣质、淘汰品种糖料蔗每吨减价20元和110元。各制糖企业要在糖料蔗进厂1个月内按收购首付价和良种加价给蔗农兑付蔗款。2010年12月10日，对榨季中的糖料蔗收购价格实行提前联动，统一按一级白砂糖含税销售价每吨5800元对应普通糖料蔗收购价格每吨410元进行提前挂钩联动；2011年3月1日，在榨季中对糖料蔗收

2010年～2011年榨季南宁市制糖企业实现利税前10位情况

企业名称	销售产值（万元）	工业总产值（万元）	利税总额（万元）
南宁糖业股份有限公司	283729	286779	61980
广西永凯糖纸集团有限责任公司宾阳大桥分公司	51924	54196	14967
隆安南华糖业有限责任公司	36998	35444	11932
南宁良庆冠桂糖业有限公司	37763	37763	10685
广西农垦糖业集团良圻制糖有限公司	37744	37744	10637
广西农垦糖业集团金光制糖有限公司	43485	39465	10527
广西南宁东糖新凯糖业有限公司	39019	39019	10327
横县冠桂糖业有限公司	95234	95447	9877
广西华盛集团廖平糖业有限责任公司糖厂	35459	35459	9316
上林南华糖业有限责任公司	32456	27867	7551

购价格再次实行提前联动，统一按一级白砂糖含税销售价每吨7000元对应普通糖料蔗收购价格每吨482元进行提前挂钩联动;2011年10月12日,对榨季糖料蔗收购价格进行核算，确定全市二次结算价格标准为一级白砂糖平均销售价格每吨7163.42元,各制糖企业在每吨482元普通糖料蔗提前联动价基础上再以每吨9.81元普通糖料蔗与糖料蔗生产者进行蔗价款二次结算，即全榨季普通糖料蔗收购价每吨491.81元,二次结算的兑付蔗款要求在2011年10月31日前兑付完成。

【技术改造】 2011年，南宁市制糖工业技术改造项目有37个，年内全部投产项目28个,完成技术改造投资13.12亿元。主要项目有：广西永凯糖纸集团有限责任公司宾阳黎塘分公司日处理甘蔗1万吨生产线技术改造,总投资4.24亿元,当年完成投资1.91亿元;广西永凯糖纸集团有限责任公司宾阳黎塘分公司年产30万吨精制糖,总投资2.81亿元,完成投资1.20亿元；横县冠桂糖业有限公司谢圩分公司日榨6000吨技术改造，总投资1.43亿元,完成投资1.13亿元;横县冠桂糖业有限公司石塘分公司日榨5000吨技术改造工程,总投资1.12亿元,完成投资5780万元；广西农垦糖业集团良圻生物科技有限公司年产2万吨木糖、木糖醇联产2000吨阿拉伯糖,总投资2.46亿元,完成投资7500万元；广西农垦糖业集团金光制糖有限公司生产线改造，完成投资8217万元(12月投产);广西农垦糖业集团股份有限公司甘蔗机械化收获示范，完成投资3400万元(11月投产);广西隆安南华糖业有限责任公司南圩糖厂技术改造,完成投资3500万元(12月投产);南宁糖业股份有限公司明阳糖厂技术改造,完成投资2749万元(10月投产)。

【技术创新与产品开发】 2011年，南宁市制糖工业企业主要技术创新和产品开发项目有：广西新晶科技有限公司药用微分子右旋糖酐的研制项目，广西永凯糖纸集团宾阳黎塘分公司年产30万吨精制糖项目，南宁糖业股份有限公司GPS糖料蔗砍运管理系统项目，南宁糖业股份有限公司蒲庙造纸厂蔗渣浆二氧化氯漂白新工艺技改工程，上林南华糖业有限责任公司应用信息化采集系统项目，广西禾力药业有限公司基于甘蔗资源多廿醇片的临床研究项目，广西机械工业研究院成品糖质量快速检测分类系统研发与应用项目。

【国内首创以甘蔗渣为原料专业生产功能糖和稀有糖项目落户南宁】 2011年3月25日，由广西农垦糖业集团股份有限公司及其下属的良圻制糖有限公司、山东瑞德化工商贸有限公司共同出资建设的广西农垦糖业集团良圻生物科技有限公司年产2万吨木糖、木糖醇联产2000吨L-阿拉伯糖项目在良圻举行开工奠基仪式。该项目是国家“十二五”规划示范项目,建设工期1年,计划总投资1.80亿元。项目以甘蔗渣为原料，采用现代生化工程和SUNCIE、SMB等先进生产技术联产功能糖醇和稀有糖等产品；依靠现代科学技术，将传统制糖业转变为资源综合利用型现代工业循环经济生态产业链，以上游生产过程中产生的低价值副产物作为下游高附加值产品的优势原料,实现资源综合利用和优化配置，促进循环经济的发展。项目建成投产后,广西农垦糖业集团良圻生物科技有限公司成为国内首创以甘蔗渣为原料专业生产功能糖和稀有糖的企业，成为国内具有区域经济特色的产业实体，对延伸南宁市制糖产业链,提高蔗渣综合利用率和附加值,将南宁市制糖产业的资源优势进一步转变为经济优势和产业优势具有积极的推动作用。 (唐亚亚)

纺织工业

【概　况】 2011年，南宁市有规模以上纺织工业企业25家，全部从业人员平均人数8600人。实现工业总产值35.15亿元,比上年增长35.30%；工业增加值9.24亿元,增长18.95%。其中:纺织生产企业18家,全部从业人员平均人数7100人,实现工业总产值32.07亿元、增长35.01%,工业增加值7.38亿元、增长20.83%;纺织服装、鞋、帽制造业企业7家,全部从业人员平均人数1500人，实现工业总产值3.08亿元、增长38.47%,工业增加值1.87亿元、增长11.89%。主要产品产量:纱3.19万吨,下降4.91%;布1057万米,增长40.19%;蚕丝5162吨,增长25.50%;蚕丝及交织机织物393万米,增长96.30%;蚕丝被10万床。主营业务收入33.13亿元,增长33.53%;实现利润1.45亿元，增长183.09%；实现税金0.79亿元,增长26.06%;有亿元以上产值企业10家(增加4家);亿元企业实现工业总产值28.89亿元，占全市纺织工业总产值90.08%。

【技术改造与项目建设】 2011年，南宁市纺织工业完成技术改造投资9.66亿元,比上年增长99.96%；完成工业投资10.50亿元,增长92.54%。主要有:南宁锦虹棉纺织有限责任公司异地搬迁建设技术改造;广西丝绸集团有限公司年产800吨高品位出口桑蚕丝生产基地和80万件出口丝绸服装生产；横县桂华茧丝绸有限公司年产700吨生丝设备更新及实验室建设技术改造；广西桂合缫丝有限公司新上18组缫丝生产线及配套设施。

【技术创新与产品开发】 2011年，南宁纺织工业有自治区级技术中心3个:南宁锦虹棉纺织有限责任公司技术中心、横县桂华茧丝绸有限责任公司技术中心、广西百大丝绸集团有限公司技术中心。主要技术创新项目有：南宁锦虹棉纺织

上林县大染坊茧丝绸有限公司生产车间　　市工信委提供

有限责任公司技术中心技术创新能力建设；广西上林大染坊茧丝绸有限公司应用纳米纤维开发低碳丝绸面料；广西锦虹怡凯家纺有限公司异彩真丝家用纺织品的开发。南宁锦虹棉纺织有限责任公司技术中心新产品研发保持较强实力，年内，通过市级新产品认证的产品有：精梳棉与天丝G100混纺18.3号赛络纺纱、精梳棉与天丝G100混纺36.6号赛络纺纱、纯涤纶59.1号尘笼式集聚纺纱、纯涤纶18.5号尘笼式集聚纺纱、粘胶19.7号尘笼式紧密纺纱、粘胶14.8号尘笼式紧密纺纱、竹纤维14.8号尘笼式紧密纺纱、粘胶19.7号尘笼式竹节紧密纺纱、涤纶33.7号尘笼式竹节紧密纺纱、阳离子涤纶/粘胶(70/30)26.8号尘笼式竹节紧密纺纱。

（谭颜言）

印刷工业

【概　况】 2011年，南宁市有规模以上印刷工业企业32家，比上年减少11家。全部从业人员4100人。实现工业总产值29.83亿元，增长48.62%；工业增加值10.21亿元，增长32.54%；主营业务收入28.75亿元，增长59.34%；实现利润2.87亿元，增长140.38%；实现税金1.12亿元，增长169.38%。有亿元以上产值企业10家，增加6家。市上英印刷有限责任公司、广西汇工印业有限公司、广西南宁迪美包装制品有限公司3家亿元企业工业总产值增长幅度超1倍。亏损企业4家，减少5家，亏损面12.50%。

【技术改造】 2011年，南宁市印刷工业加快企业的技术设备更新步伐，通过搬迁改造、技术改造、引进国内外先进的全自动生产线和全自动电脑彩色印刷机及其配套设施，扩大生产能力，提高产品质量，不断推进绿色印刷工程，减少污染源，杜绝有毒有害事故发生，增强印刷企业的竞争力。完成技术改造项目43个(新开41个，续建2个)，总投资10.45亿元，年度完成投资8.80亿元，比上年增长131.58%，。列入市“工业项目建设工程”重点工业项目的有：市上英印刷有限责任公司总投资1.20亿元的海德堡四色系列彩色印刷搬迁改造、市万豪佳鑫纸业有限责任公司总投资8500万元的高端彩印包装生产与销售、南宁鲜迪印业有限公司铝箔复合材高速印刷生产线扩建3个。完成投资5000万元以上的项目有：市上英印刷有限责任公司海德堡四色系列彩色印刷包装生产基地、东莞徐记食品有限公司南宁分公司高速包装自动化生产线、市万豪佳鑫纸业有限责任公司高端彩印包装生产与销售等3个。完成投资3000万元以上的有：市美鸿印刷有限公司海德堡印刷机&多功能贴面机&直接出版机、广西潘多拉科工贸有限公司年产500万平方米彩印制品生产、市聚江印刷厂扩建厂房及设备购置、南宁鲜迪印业有限公司铝箔复合材高速印刷生产线扩建等4个。完成投资1000万元以上的有南宁日恒升印务有限责任公司日本小森对开印刷机购置安装等18个。

（朱政军）

卷烟工业

【概　况】 2011年7月，广西中烟工业有限责任公司南宁卷烟分厂、柳州卷烟分厂更名为广西中烟工业有限责任公司南宁卷烟厂、柳州卷烟厂。8月，成立广西烟草工业教育培训中心。至年末，广西中烟工业有限责任公司内设22个部室、中心，下设广西中烟工业有限责任公司南宁卷烟厂、柳州卷烟厂2家卷烟生产点和广西真龙实业有限责任公司、广西真龙物流有限责任公司2家全资子公司及广西真龙彩印包装有限公司、广西甲天下水松纸有限公司2家控股子公司。全部从业人员3377人（在岗员工2844人，其他533人）。总资产103.56亿元，固定资产净值42.08亿元，流动资产61.48亿元，资产负债率13.74%。卷烟销售收入139.24亿元，比上年增长17.74%；利税总额97.51亿元，增长19.35%（利润15.04亿元，增长18.52%）。公司获全国总工会颁发的全国五一劳动奖状，获中国烟草总公司2011年全国卷烟销售工作三等奖，被中国质量协会授予全国QC小组活动优秀企业；被自治区精神文明建设委员会授予和谐企业。公司工会获全国总工会颁发的全国模范职工之家。

【卷烟生产经营】 2011年，广西中烟工业有限责任公司生产卷烟741.50亿支(148.30万箱)，比上年增长3.49%，其中合作生产卷烟355亿支（71万箱），增长19.93%。按类别分：生产一类烟9.09亿支(1.82万箱)，增长53.55%；二类烟58.70亿支（11.74万箱），增长124.04%；三类烟338.23亿支(67.64万箱)，增长17.12%；四类烟222.98亿支(44.60万箱)，下降9.18%；五类烟112.50亿支（22.50万箱），下降25.02%。销售卷烟737.76亿支（147.55万箱)，增长2.29%。万支卷烟生产综合能耗3.13千克标准煤、水0.10吨、电6.86千瓦时；万支卷烟平均消耗烟叶7.15千克、滤棒1914支、盘纸620米。卷烟产品(自主品牌)有“真龙”、“甲天下”2个品牌共23个规格。全年“真龙”系列卷烟生产161.63亿支(32.33万箱)，增长33.81%；销售158.15亿支(31.63万箱)，增长30.12%，其中自治区内销售100.58亿支(20.12万箱)。“甲天下”系列卷烟生产224.87亿支（44.97万箱)，销售224.62亿支(44.92万箱)。其中，自治区内销售200.55亿支（40.11万箱)；自治区外销售24.07亿支(4.81万箱)。年内，“真龙”品牌市场覆盖面迅速扩大，其中“真龙”(海韵)在自治区内销售占同价位市场的60%。“真龙”(巴马天成)在新技术、新材料的应用上和吸味风格的塑造上，坚持走差异化道路，是国内第一款原生态卷烟。

【原料保障】 2011年，广西中烟工业有限责任公司围绕“真龙”品牌特色风格需要，以“真龙”品牌需求为导向，继续采取“早计划、早衔接、早调拨；加工快、调运快、入库快”策略，深度参与烟叶基地建设，持续跟踪基地烟叶质量变化情况，从

市上英印刷有限责任公司生产厂房　　市工信委提供

烟叶外观质量、物理特性、化学成分、感观质量及工业可用性等5个方面开展年度基地质量评价，提出烟叶生产建议和改进措施。进一步深化"产、学、研、企"四位一体的项目联合攻关模式，投入基地科研经费2580万元，与云南、贵州等基地及科研院所共同完成"罗平基地单元优化结构专项技术研究与推广"及"烟叶采、运、烤一体化系列装置的设计与应用"等12个科研合作项目各项研究计划，促进基地烟叶生产技术水平和烟叶质量的提高，优质原料保障能力大幅提升。全年采购自主品牌烟叶71.76万担，其中烟叶中部烟和上等烟比例分别比上年提高8%和10%；采购进口烟叶1.86万担，增加0.67万担。推进精细化、差异化仓储管理，年度烟叶总损耗率4.27%，库存烟叶质量下降比例降低4.11%。

【技术改造】 2011年，广西中烟工业有限责任公司运用PMIS项目管理系统，围绕项目投资控制、进度控制、质量控制3个核心，抓住项目管理的启动、计划、执行、控制、收尾五大过程，将项目的投资、计划、进度、招标、合同等管理过程规范化，优化技改业务实施流程，提高技改及投资的效率和规范程度，提升技改及投资工作的执行力。实施技术改造项目32个(续建12个，新建20个)，完成投资4.19亿元。重点工程项目包括：南宁制造部"十二五"技术改造，年内完成新建制丝工房、动力中心的土建主体施工；广西中烟工业有限责任公司柳州卷烟厂"双喜"卷烟品牌专用生产线技术改造，6月获得国家烟草专卖局审批通过，并完成项目总体规划及设计招标；柳州卷烟厂新建1140千克小时干冰膨胀烟丝生产线，9月通过生产验证，开始进入试生产阶段；柳州卷烟厂太阳能光伏发电，6月底设备开始进场安装，年底开始试运行发电。

【科技创新】 2011年，广西中烟工业有限责任公司开展项目研究50多个，其中承担《烟草农药中重金属限量要求》、《烟草及烟草制品 重金属限量要求》2个行业标准制修订；《中药方剂组分配伍添加剂在卷烟中的应用及相应增香减害卷烟开发》获中国烟草总公司面上项目立项；《全二维气相色谱-飞行时间质谱在香精香料质量控制中的应用研究》等5个项目获广西科学研究与技术开发计划项目立项；《生物添加剂降低卷烟烟气中有害成分的研究及应用》和《烟用中药添加剂的开发》经自治区科技厅验收评审通过。开发推出"真龙"(巴马天成)卷烟品牌，通过运用博士后工作站最新研究成果火麻油提取液、纳米玉米颗粒等，将广西长寿之乡巴马的原生态自然资源应用到卷烟中，在满足消费者对卷烟吸食需求的同时，倡导绿色生态理念；完成"真龙"(甲天下)和"真龙"(馨云)等各具特色的新产品开发；完成"真龙"(珍品)、"真龙"(佳韵)、"真龙"(轩云)、"真龙"(天翔)等老产品改造。申报并获国家专利局全部受理专利21个。其中：发明专利10个；实用新型专利11个。《一种顺逆可变涡流风冷式叶丝冷却槽》等13个专利获得授权，包括《一种玫瑰花香型烟用添加剂及其在卷烟中的应用》等2项发明专利和《树型结构自动化集成系统》等11项实用新型专利。

【多元化经营】 2011年，广西中烟工业有限责任公司对所属企业在"组织建设、制度建设、机制运行、经营绩效"4个方面进行管控，强化多元化企业为主业服务的意识。健全制度，规范管理，下发《多元化企业会计核算办法》，在多元化企业的会计核算软件推行NC5.0财务系统，统一多元化企业会计报表，规范会计核算及财务报告，提升预算管理水平。整合存量资产，优化资源配置，吸收合并北海真龙国际大酒店，将其全部权益合并到广西中烟公司的本级，由真龙实业公司成立子公司北海真龙大酒店有限责任公司，对原真龙酒店的部分资产进行承租并对外经营。整合物流中心的各种资源，成立广西真龙物流有限责任公司。至年末，公司多元化控股企业有4家，分别为广西真龙彩印包装有限公司、广西真龙实业有限责任公司、广西甲天下水松纸有限公司、广西真龙物流有限责任公司(前3家为卷烟辅料生产企业)。实现销售收入9.34亿元，利税总额2.77亿元(利润2.17亿元)。

【企业管理】 2011年，广西中烟工业有限责任公司构建以"4444"管控模式(第一个"4"是指技术中心、市场中心、原料物资中心、制造中心"四大中心"施行非独立法人实体运作。第二个"4"是指以公司职代会暨工作会、纪检监察会、党组理论中心组学习会、总经理办公会"四种会议"安排布置协调和监督各项工作。第三个"4"是指将公司非四大中心以外部门工作分割成"四大模块"专权专职专责管理。第四个"4"是指以行政督查、经济运行督查、安全督查和党纪政纪督查"四项督查"保障公司各项决策部署的落实贯彻，提升执行力)为基础，以"四化"(系统化、模板化、数据化、标准化)标杆管理为方法，以质量管理体系领先的"四标"(质量、环境、职业健康与安全管理)体系为重点，创新激励机制。设备大修采取一进一出的方式，将设备交由厂家维修的同时，把大修好的周转设备直接提供给公司，节省每组设备3个月的返厂大修周

9月，广西中烟工业有限责任公司新建1140千克小时干冰膨胀烟丝生产线项目通过生产验证，开始试生产 广西中烟公司提供

期，最大限度降低设备大修对年度卷烟产能的影响；采取设备现场维修，技术人员全程跟踪学习方式，提升维修人员的综合技能水平。获广西设备协会授予第七届广西设备管理优秀单位。加强审计监督管理，应用内控测评、分析性复核、效益分析与评价等审计方法，通过专项审计，开展财务收支专项审计管理、工程建设项目审计管理、合同管理、价格管理、招投标管理等，完成工程项目预算、各类经济合同审计等项目1853个（次），涉及金额35.68亿元，审减298万元，提出审核意见220条。推行公司全面审计，自查阶段涉及公司部门及下属多元化企业21个，复查阶段从各部室抽调36人，脱产组成审计复查工作组开展审计，审计检查面100%，发现问题17类，涉及金额1.40亿元。开展电气安全、特种设备、防火等专项检查，查出隐患80多个，存在问题按要求落实整改。完成7个生产安全类突发事故应急预案和30多个部门级（车间、仓库级）应急预案和现场处置方案的制订。加强安全知识教育培训，邀请安监、消防专家及交通警察到公司举办两期安全论坛；结合“119”消防安全日活动，组织公司办公大楼消防应急疏散演练。开展员工教育培训，针对不同类别的人才，实施不同的培训项目，重点开展适应性和提高性培训，举办市场营销、产品设计开发、两烟生产技术与工艺、企业管理方法、体系运行、设备管理、财会审计、信息技术和生产一线员工技能培训等培训班260期，培训员工7300多人次（送外地培训1300多人次；自办班75期，培训员工6000多人次）。

【信息化建设】 2011年，广西中烟工业有限责任公司完成全面预算项目二期的实施并进入试运行阶段；完成资金监管系统相关硬件环境的搭建及系统部署并进入试运行阶段；完成工商卷烟物流在途信息系统、烟草行业调控信息支持系统等国家烟草专卖局统一推广的项目；《行业卷烟生产经营数据统计应用》项目的推广与应用为“卷烟上水平”提供权威了信息支撑；完成烟叶预测和烟叶仓库物资管理系统研发；分CA认证体系、网络安全产品、服务器3个步骤实施的网络安全建设项目基本完成；卷烟产品协同研发管理平台（PDM）已完成综合管理、分析管理、原料管理、产品研发、辅助设计、综合数据、系统管理、信息集成九大子系统功能模块的设计开发。获国家商务部、工业和信息化部等共同颁发的“十一五”两化融合典范企业。

【企业公益事业】 2011年，广西中烟工业有限责任公司捐款876万元，用于社会各项公益活动。其中：捐款12.70万元，支援柳州市大年乡林浪村新农村建设；捐赠扶贫款175万元，扶持云南、贵州省贫困户烟叶种植；捐赠10万元，扶持东兰县田间道路建设；捐赠5万元，支持南宁市石埠街道永安村电路建设；投入12万元，为广西贫困地区农村基层党支部订阅《中办通讯》2000份；向广西残疾人福利基金会、南宁市西乡塘区残疾人联合会捐赠1.30万元；向开展以“飘动的红丝带——遏制艾滋，履行承诺”为主题的系列宣传活动捐款10万元；出资500万元，在广西援建真龙希望小学10所；启用第六次真龙教育基金50万元，资助在校品学兼优的家庭经济困难学生100名；开展第七届真龙金秋助学活动，资助家庭经济困难大学新生100名，金额50万元；捐资50万元，援建云南省保山太平中学教学楼。

【广西中烟工业有限责任公司南宁卷烟厂】 2011年7月，广西中烟工业有限责任公司南宁卷烟分厂更名为广西中烟工业有限责任公司南宁卷烟厂。年末，从业人员1277人（在岗员工982人，其他人员295人）；有技师42人，高级技师5人。企业占地面积13.71公顷，有4500千克小时、1000千克小时的叶丝生产线各1条，1500千克小时的梗丝生产线1条，卷接机组20台套，包装机组21台套，滤棒成型机8组，堆垛机10台，自动巡航小车6组，机械手2组。全年生产卷烟373.17亿支（74.63万箱），比上年增长2.77%。其中：一类烟9.09亿支（1.82万箱），增长53.55%；二类烟2.85亿支（0.57万箱）；三类烟70.23亿支（14.04万箱）；四类烟193.21亿支（38.64万箱），增长0.41%；五类烟97.79亿支（19.56万箱），下降13.69%。万支卷烟生产综合能耗2.95千克标煤；万支卷烟平均消耗烟

2011年广西中烟工业有限责任公司南宁卷烟厂在产卷烟品牌

品牌	规格	焦油量	卷烟等级、类型
真龙（共17个规格）	真龙(巴马天成)	6毫克/支	一类烟、烤烟型 （2011年新开发产品）
	真龙(盛世)	7毫克/支	一类烟、烤烟型
	真龙(金韵)	12毫克/支	一类烟、烤烟型
	真龙(禅韵)	11毫克/支	一类烟、烤烟型
	真龙(神韵)	12毫克/支	一类烟、烤烟型
	真龙(海韵)	12毫克/支	一类烟、烤烟型
	真龙(鸿韵)	12毫克/支	一类烟、烤烟型
	真龙(灵韵)	12毫克/支	一类烟、烤烟型
	真龙(佳韵)	12毫克/支	一类烟、烤烟型
	真龙(馨云)	8毫克/支	二类烟、烤烟型(2011年新开发产品)
	真龙(轩云)	12毫克/支	二类烟、烤烟型
	真龙(祥云)	12毫克/支	三类烟、烤烟型
	真龙(珍品)	12毫克/支	三类烟、烤烟型
	真龙(甲天下)	8毫克/支	三类烟、烤烟型(2011年新开发产品)
	真龙(天翔)	12毫克/支	三类烟、烤烟型
	真龙(软娇子)	12毫克/支	三类烟、烤烟型
	真龙(娇子)	12毫克/支	四类烟、烤烟型

叶6.98千克、盘纸606.28米、滤棒2027.91支。加强制度建设，修订完善《南宁卷烟厂各部门管理职能》，实现与公司“4444”管理模式的无缝对接；修订完成《南宁卷烟厂厂长奖励管理办法》，依靠创新解决管理难点和弱项。导入《卷烟工业企业安全现状评价准则》，建立安全管理组织机构和安全管理制度；加大安全检查考核力度，安全隐患整改率100%，特种作业上岗证有效率100%；新职工及转岗职工三级安全培训率100%，有毒有害废弃物回收处理率100%。企业获第四届广西企业管理现代化成果“全面提升核心制造能力的对标管理”一等奖、第十八届国家级管理创新“全面提升核心制造能力的对标管理”二等奖。（周丽霞）

供电业

【概　况】 南宁供电局是中国南方电网公司直辖、广西电网公司所属特大型供电企业。2011年，管辖南宁市六县六城区以及百色市平果县的电网运行和电力供应。至年末，局内设职能部室15个、专业管理所（中心）9个，设有供电分局5个，管辖县级供电企业8个；在职职工1916人。有客户62.68万户，客户容量1573.84万千伏安。固定资产原值90.51亿元、净值58.68亿元。有500千伏变电站1座，220千伏变电站15座，110千伏变电站48座，35千伏变电站9座。网内输电线路总长3286.10千米，配电线路总长3750千米。输电变压器总容量965万千伏安，配电变压器总容量54.80万千伏安。完成供电量150.67亿千瓦时，比上年增长7.68%；售电量143.91亿千瓦时，增长8.20%。综合电压合格率99.89%，提高0.22个百分点；城市供电可靠率99.95%，提高0.02个百分点；综合线损率4.49%，下降0.45个百分点。客户年平均停电时间11.48小时每户（剔除限电）。实现主营业务收入66.64亿元。年内，南宁供电局获全国文明单位、全国电力行业用户满意服务企业、自治区和谐单位、自治区用户满意企业。青秀分局应急抢修中心获全国工人先锋号；调度中心地调班获全国青年安全生产示范岗；江南分局江西营业所获南方电网公司工人先锋号。

【电网规划与建设】 2011年，南宁供电局在广西率先签订“十二五”电网发展战略合作框架协议，与政府部门的合作内容从电网建设延伸至规划，电压等级从高压延伸至中低压，并将该合作模式延伸至县级政府。市各级各部门配合，多次组织召开电网建设专题协调会，五一至凌铁线路工程等多年未能解决的问题取得突破性进展。完成“十二五”配网规划修编，重点加强10千伏及以下中低压配网的分析研究，及时完成发展变化较快地区规划项目的调整。与市规划部门合作完成青秀、五象新区电力管线专项规划。电力管沟设计、建设与城市规划道路同步推进，将4.82亿元电力管沟投资纳入到道路工程予以解决。加大110千伏及以下配网的建设力度，投资规模达到电网建设投资的70%以上，逐步扭转配网建设滞后的局面。开展越秀“3C”示范站的设计研究，拉开南宁绿色电网建设的帷幕。主网开工建设110千伏清川送变电、东江送变电、永新送变电、长堽（中心）送变电、伶俐送变电、良庆变电站配套送出、淳州（六景）变电站配套送出、220千伏横县变电站扩建、220千伏屯亮—青秀线路9个送变电工程，投产110千伏蒙村送变电、安吉送变电、新旺送变电、永吉送变电、亭江（白沙）送变电、110千伏五一—友谊线路、淳州（六景）变电站配套送出7个送变电工程。新增变电容量35万千伏安，线路23.88千米。配网新建电缆线路139.09千米，新建、改造架空线路236.03千米、低压线路626.19千米，新建开关站85座、柱上开关188台，新增台区12个、变压器151台，新增配电容量5.41万千伏安。县级配网项目投产93个，新增变电容量1.56万千伏安、线路92千米。年度主网及配网计划投资7.88亿元，完成投资7.99亿元，完成101.40%。其中：110千伏及以上主电网项目计划投资4.89亿元，完成投资5.10亿元；城市配网项目计划投资2.43亿元，完成投资2.33亿元；县级配电网项目计划投资5690万元，完成投资5563万元。

【创新管理】 2011年，南宁供电局重视管理和技术创新，在2008年启动创建国内先进水平供电局工作，提出“13579”（以提高供电可靠率为总抓手，围绕实现管理好、服务好、形象好“三个好”总体目标，提升电网运营、精细化管理、员工队伍、优质服务、应对重大自然灾害及突发事件“五大核心能力”，建立执行战略、企业组织、动作流程、绩效管理、内控和风险管理、信息支撑、企业文化“七大管理体系”，重点建设九个业务职能模块）的工作思路，“三抓三要”（抓电网发展，抓强化管理，抓技术进步；所有影响可靠率的工作都要进行可靠性指标考核，所有停电工作都要进行综合平衡转供电，所有具备条件的都要进行带电作业）工作法的基础上，年内修编完善《青秀分局创建标杆分局工作方案》，成立12个专题攻关小组开展专题攻关，并成立优质服务等10个专题攻关小组、评审小组，形成“攻关—试点—推广”的模式；围绕五大核心指标建立“大管理”模式，建立了7个一级指标、34个二级指标。将风险管理的理念引入工程基建、营销服务、财务管理、廉政建设等11个领域，构建全面风险管理体系，通过广西电网公司中期评审；《阀式可控电抗器控制系统》实用型技术专利获国家认证；变电一所承担的《特高频和超声波局部放电综合检测技术应用研究》、《电容型设备带电测试技术推广应用研究》科技项目，分别于12月18日、28日通过广西电网公司的评审。变电管理二所《傻瓜式助磁法测试大型变压器低压绕组技术的应用》获广西电网公司青工“五小”成果一等奖。年度五小成果（小发明、小创造、小革新、小设计、小建议）、QC课题研究成果62项，其中获国家级奖4个，获广西及电网公司级奖17个；“廉洁风险防控体系研究”在广西电网公司年度管理论坛获三等奖。研发的基于CATV客户端智能化用电系统已在试点应用，电力“一卡通”项目通过评审并获推广应用。

【供电保障】 2011年，南宁供电局修编完善全年保供电工作计划及方案，落实保供电工作预案，建立局、专业、场所三级保障组织，构建“统一指挥、分层管理”的指挥管理架构。发布“两会一节”保供电重要场所、发电车（机）维护情况跟踪、保供电配电线路维护跟踪等16张表单并滚动更新，实现闭环管理。加强电网及输变配电设备的运行管理，合理安排运行方式，供电设备的预防性试验、定检及消缺工作提前完成。修订完善保供电方案7个、重要场所保供电方案24个，保供电期间事故预案89个。明确各保供电岗位执行标准，在保供电值守岗位推行巡视记录卡和应急操作卡，实现应急预案实用化、巡视要求表单化和保供电岗位工作规范化。制定“两会一节”保供电信息汇报制度，强化用户侧设备检查和隐患治理，保障设备安全。推行输电线路防外力破坏属地化管理；推行保供场所分点承包机制，城西、江南分局跨区域负责青秀分局82个接待宾馆等一般场所保供电，形成全局一盘棋的保供电格局。全年完成“两会一节”、“亚洲政党论坛”等一级及以上保供电任务224项，保供电162日，实现零事故、零差错、零投诉。

【用电管理】 2011年，南宁供电局密切跟踪南宁市重大产业布局，主动上门为重点项目提供电力服务。对业务流程进行剖析与优化，开展业务提速活动，整个业扩办理时间比原来提速10%以上，促进项目早建成、早投产。建立健全市场跟踪、分析和负荷预测组织保障体系，实时关注重点行业、重要用户负荷变化。利用电力连通上下游产业的优势，搭建市场信息桥梁，重点保障其用电需求。关注电力供需形势，把握市场变化，提高预测准确率。1月~12月平均预测准确率98.06%，预测准确率位居广西各供电局前列。安排资金1203万元进行“卡脖子”台区、线路改造58项。年内增加客户6.94万户，增加容量100.98万千伏安。年末累计各类用电总户62.68万户，累计客户设备装见容量1573.84万千伏安。强化计量装置检定的监督考核，确保电能计量装置检定质量，5月，通过自治区质量技术监督局对电能计量机构授权检查现场评审。

【电费电价管理】 2011年，南宁供电局根据自治区政府办公厅《关于印发保障电力供应临时调节措施的通知》、《广西壮族自治区物价局关于征收临时电力价格调节基金的通知》和《广西壮族自治区物价局关于贯彻实施电力价格调节基金筹集使用管理办法有关问题的通知》，对自治区内的所有大工业、非普工业和商业用电类别的用户（居民生活、农业、学校、医院、党政机关和军队用电中的动力用电除外），分两个阶段随电费征收电力价格调节基金，即从2011年9月1日至2011年11月30日按0.0556元每千瓦时征收电力价格调节基金，从2011年12月1日至2012年2月28日按0.0189元每千瓦时征收电力价格调节基金。根据《广西壮族自治区物价局关于价格调节基金有关问题的通知》、《广西壮族自治区物价局关于2011年12月我区电价执行问题的通知》、《广西壮族自治区物价局关于调整广西电价有关问题的通知》，从2011年12月1日起，广西销售电价平均提高3.53分每千瓦时，除居民生活和农业生产以外的其他用电征收可再生能源电价附加标准由原来的0.40分每千瓦时提高至0.80分。根据《广西壮族自治区物价局关于延长居民生活用电丰水期电价的通知》，对广西14个地级市城区范围内执行居民生活用电电价的用户在2011年11月~12月延长执行丰水期电价。继续开展银行代扣、电费充值卡等低碳、环保业务，确保客户用电交费省心、放心。

【营销稽查】 2011年，南宁供电局按专业对口管理原则，梳理营销业务工作标准，固化业扩报装、电费抄核收、计量管理、用电检查5大专业稽查工作表单，实现稽查工作流程化、规范化和表单化。查出违约、窃电、不规范样本216起，补收电量414.47万千瓦时，补收电费286.21万元、违约使用电费118.23万元。

倡导“绿色交费”。2012年1月18日，南宁供电局在青秀营业厅举办“绿色交费我最行”2011年度抽奖活动 纪 钦提供

【安全生产】 2011年，南宁供电局围绕安全生产目标，层层落实责任制，逐级签订安全生产责任书1969份。加强员工安全知识与技能培训，培训7864人次。推进基层安全生产风险管理体系建设，完善管理标准70个，打造标杆班组13个。以风险管控为主线、风险预控闭环管理为核心，分层分级分专业落实人身、电网、设备风险管控措施，有效控制中、高级作业风险1753项，有效减少电网重过载主变50%、线路27%，化解Ⅴ级及以上电网风险35次。加强用户用电管理，对141户特级、一级重要客户开展安全检查，完成“两会一节”保供电任务。完善应急预案，确保“纳沙”、“尼格”强台风期间主电网安全稳定运行。建立反违章常态工作机制，查处违章行为123起，发出《安全监督通知书》80份，取消3个承包商及53名施工人员的入网施工资格。开展“安全生产基层基础年”活动，深化“安全生产年”成果，开展“安全月”、隐患排查、“啄木鸟”等活动，发现并整改问题16个，收集“啄木鸟”建议287条。全年没有发生一般及以上电网事故，没有发生较大及以上设备事故，没有发生恶性误操作事故；实现3个百日长周期，连续安全生产2402日，为历史最高纪录。

【供电服务】 2011年，南宁供电局密切关注35千伏及以上直供大客户用电需求，主动做好大客户用电报装受理、答复、中间检查、竣工验收和投产送电等服务，主动协调解决大客户用电工程实施过程中各种困难和问题，促进一大批35千伏及以上直供大客户用电工程建设的顺利开展。共受理南宁锦虹棉纺织有限责任公司异地搬迁技术改造项目、广西金鲤水泥有限公司、广西武鸣锦龙水泥建材有限公司、广西南南铝加工有限公司20万吨铝合金板带型材项目、南宁轨道交通一、二号线工程项目、富士康南宁科技园项目、华电南宁新能源有限公司制冷站项目、南宁广发重工整体搬迁技改项目、广西郁江老口航运枢纽工程项目、中铝广西分公司电解铝二期项目等12个国家和自治区、南宁市的重大工程项目的用电报装业务，报装容量共500多兆伏安。至年末，完成35千伏及以上直供大客户供电方案答复10个、审核35千伏及以上直供大客户设计文件20项，其中完成投产送电1项,在供电服务受理过程中共跨部门协调并解决客户问题23个,业务受理均实现零超时服务。客户服务呼叫中心通过抓管理、抓培训、抓文化、抓技术,提升服务管理水平,全年话务总量78.97万人次,其中人工受理话务量29.10万人次;受理故障报修1.90万起;发送电费、停电等电力短信298万条。故障处理满意率、投诉办结率、投诉回访满意率以及电话调查满意率均为100%。出动为民服务分队2134人次,走进社区、农村、学校开展便民宣传活动88次,到城区政府、企业、社区、医院走访557户次、现场座谈130户次,发放宣传资料2.91万份,召开客户座谈会6次,帮助客户解决实际困难,争取客户理解和支持。在2011年南宁市窗口服务行业创城达标竞赛中,再次名列32个行业58个测评单位榜首。

(柳 红)

市二轻联社领导到市手表厂调研 梁荃启提供

二轻集体工业

【概 况】 2011年,南宁市二轻集体工业联社(简称"市二轻联社")管理的集体所有制工业企业有市手表厂、南宁汽车配件总厂、市制鞋厂3家;成员单位有32个,其中隶属联社管理的城区联社1个,市属县级联社6个,改制后组织关系转入属地城区党委管理的集体企业25家。纳入联社管理的企业只有市手表厂生产经营正常。

【企业改革改制】 2011年,市二轻集体工业联社继续帮助联社成员单位和联社3家直属集体企业做好协调服务和改制工作。5月,指导南宁汽车配件总厂实现改制。南宁汽车配件总厂自2002年初停产以来,企业历史欠债达亿元,职工生活贫困,改制难度很大。市二轻联社把该厂的改制作为工作重点,安排专人跟踪推进,在各方的努力协调下,5月,该厂与南宁隆阳置业有限公司达成兼并协议。南宁隆阳置业有限公司以承担债务的方式兼并南宁汽车配件总厂,落实该厂297名职工医保、社保和经济补偿金2000多万元。其中,市二轻联社根据该厂厂区面积较大、地理位置优越的条件,帮助企业与兼并方沟通,最终获得以每年2450元的标准向在职职工兑现经济补偿金(超出安置国有企业职工补偿1450元年的标准近1倍),并额外给职工每人追加生活补助费3万元,解除劳动关系的企业职工全部进入失业保险所,实现了职工利益的最大化。市制鞋厂是南宁市特困大集体企业。该厂占地面积0.93公顷,在职职工101人,退休人员219人。自1996年5月停产以来,内外债累计4500多万元,由于改制成本过高,企业各项工作一直处于停滞状态,加上该厂对自身家底不清和对有关改制政策不了解,在洽谈兼并时要求补偿金过高并附带多项条件,造成改制工作半途而废。针对该企业情况,市二轻联社加强对企业改制工作的指导力度,通过现场办公等形式,促进市制鞋厂与兼并方逐渐形成共识,特别是对如何解决和安置33名危房职工住户且影响兼并和职工共同利益的问题上取得一致意见,使一度陷入僵局的兼并工作有了跨跃性进展。至年末,广西华宁投资有限公司等两家公司达成初步意向,双方联合以承担债务式兼并南宁市制鞋厂,并提出兼并方案,后续工作正在进行中。市手表厂是全国现有不多的手表厂之一(全国目前有手表企业6家),曾创南宁市、广西产品名牌,年生产能力100万只,目前外来加工(订单)生产兴旺,效益佳,发展前景依然看好。但该企业没有进行改制,仍然是传统的集体企业,没有改制的原因是该厂于1987年至1992年期间受到原一轻局指定,为市自行车总厂担保贷款负连带责任,偿还债务约7000万元。近年来经市二轻联社多次协调,最终由市振宁公司出资1500万元向长城资产公司购买了市手表厂的债务,基本解除了企业发展的后顾之忧。市二轻联社从发展的忧患意识着眼,力保重启市手表厂的改制之门,正与市手表厂酝酿研讨担保还贷的解决问题和公司制改制问题。

【市手表厂生产经营】 2011年,市手表厂积极应对由于欧债危机蔓延及全球经济萎缩等不利的国际国内经济因素的影响,根据钟表市场销售行情的变化及企业实际和客户对手表品种多样化的需求,及时调整产品结构,创新产品样式;调整销售对策和工作方法,深化改革,攻坚克难,企业生产和销售取得较好成绩,完成手表机芯产量93万只,实现工业总产值4136万元,比上年增长50.29%;税金903.77万元,增长45.87%;利润852.87万元,增长70.99%。获自治区2011年优秀劳动关系和谐企业。 (梁荃启)

饲料工业

【概 况】 2011年,南宁市饲料工业持续稳步发展,产品结构得到进一步调整,饲料产品质量稳步提升,科技含量不断提高。至年末,饲料生产获证企业有186家。其中:配合、浓缩料企业114家;添加剂预混料企业72家。主要分布在江南区、西乡塘区、兴宁区、良庆区和隆安县,从业人员近1.20万人。产业逐渐形成包括饲

2011年南宁市主要饲料加工企业情况

企业名称	主要产品	产量(吨)	工业总产值(万元)	销售收入(万元)	从业人员
广西双胞胎饲料有限公司	配合、浓缩饲料	446165	161889	180199	400
南宁漓源粮油饲料有限公司	配合、浓缩饲料	518469	145404	149524	291
广西南宁百洋饲料集团有限公司	配合、浓缩饲料	117600	65874	64274	190
广西辽大饲料集团有限公司	配合、浓缩饲料	103333	49795	50128	151
南宁正大畜牧有限公司	配合、浓缩饲料	138196	41791	41791	226
市华港农牧发展有限公司	配合、浓缩、预混饲料	145717	38771	38771	145
广西富丰集团有限公司	配合、浓缩饲料	131379	35763	35088	160
南宁通威饲料有限公司	配合、浓缩饲料	94264	31353	31353	89
市广东温氏畜禽有限公司	配合、浓缩饲料	101210	29369	29369	234
南宁东方红饲料有限公司	配合、浓缩饲料	59794	26709	26709	99
市中良神邦饲料有限责任公司	配合、浓缩饲料	60761	25498	25498	110
南宁湘大骆驼饲料有限公司	配合、浓缩饲料	77453	25362	25203	163
广西汇杰科技饲料有限公司(艾格菲)	配合、浓缩饲料	31203	24962	24962	90
南宁大大饲料有限公司	配合、浓缩饲料	72776	20670	22569	107
广西南宁康佳龙饲料有限公司	配合、浓缩、预混饲料	62214	21494	21777	123

料原料、饲料加工、饲料机械、饲料添加剂以及饲料支持服务体系在内的门类比较齐全、功能比较完备的产业体系。全年饲料生产总量389.50万吨，比上年增长23.71%。其中：配合饲料367.14万吨，占总产量94.26%；浓缩饲料17.76万吨，占总产量4.56%；添加剂预混合饲料4.60万吨，占总产量1.18%。实现工业总产值148亿元，增长65.36%，在全市工业门类位居前列。亿元以上产值企业有32家。饲料产品和原料抽样检测样品686份，检测合格率96.77%。

【饲料安全监管】 2011年，南宁市开展以“保障饲料安全，推进健康养殖”为主题的饲料质量安全执法行动，加大饲料管理执法力度，组织力量到江南、良庆、兴宁和隆安等县(区)饲料生产、经营企业进行质量安全检查，县(区)也加强对饲料生产、经营企业质量安全日常监管。出动车辆600辆次，执法人员1330人次，检查饲料生产企业365家次、经营企业1180家、畜禽养殖场(户)135家，印发《饲料和饲料添加剂管理条例》8000多份。查处饲料生产和经营企业违法行为21起，立案3起，罚款1.70万元。 (张　超)

民政工业

【概　况】 2011年，南宁市有民政福利企业25家，从业人员1248人，其中残疾职工521人。民政福利企业贯彻落实全市经济工作会议精神，不断深化企业改革，加强内部管理，开展技术创新和技术改造，组织新产品开发；充分发挥福利企业的优势，开拓市场，大部分企业都实现年度生产经营目标。完成工业总产值11.77亿元，销售收入11.93亿元，利税总额2412.46万元。 (陆丽霞)

2011年南宁市主要民政企业情况

企业名称	主要产品	工业总产值(万元)	利税总额(万元)	从业人员(人)
广西佳利工贸有限公司	PV塑胶水管、PVC塑胶电力套管、PVC塑胶燃气管道等	11529	341	52
市五龙车桥有限公司	农用车车桥、传动变速箱、农用车零配件等	8016	288	75
市家友电线电缆厂	电线电缆	3510	138	102

责任编辑　孙贵寿

农　业

综　述

【概　况】 2011年，南宁市实现农林牧渔业总产值507.16亿元。其中：农业产值259.83亿元，比上年增长5.59%；林业产值25.85亿元，增长22.27%；畜牧业产值179.70亿元，增长4.24%；渔业产值20.67亿元，增长7.20%；农业服务业产值21.10亿元，增长5.35%。农林牧渔业的比重分别为：农业51.23%，下降1.14个百分点；林业5.10%，提高0.45个百分点；畜牧业35.43%，提高1.30个百分点；渔业4.08%，下降0.12个百分点；农业服务业4.16%，下降0.49个百分点。

农作物种植面积93.25万公顷。其中：粮食种植面积44.10万公顷，增加0.23万公顷，增长0.52%；经济作物种植面积27.20万公顷，增加0.09万公顷，增长0.31%（甘蔗种植面积16.23万公顷、油料种植面积4.40万公顷）；其他农作物种植面积21.95万公顷，增加0.67万公顷，增长3.15%（蔬菜种植面积17.09万公顷，增加0.49万公顷，增长2.96%）。经济作物（含其他农作物）种植面积占农作物总种植面积52.71%，提高0.26个百分点。粮食作物和经济作物的种植面积比例为1:1.11。

粮食总产量207.06万吨；蔬菜产量362.19万吨；水果产量142.03万吨；甘蔗产量1063.66万吨；花生产量11.69万吨；木薯产量58.09万吨。肉类产量61.96万吨，其中猪肉产量35.85万吨，全年生猪出栏488.92万头，生猪存栏385.80万头；禽蛋产量2.68万吨；牛奶产量5.15万吨；水产品产量20.57万吨。

农村用电量8亿千瓦时，化肥使用量（折纯）43.97万吨。有效灌溉面积23.96万公顷。1395个行政村，通汽车1394个；通电话1393个；通自来水1274个。

农民人均纯收入5848元，增收843元，增长16.84%。农村居民人均生活消费支出4913元，增长47.32%，农村居民恩格尔系数为48.72%。

2011年9月，南宁市在自治区率先开通土地流转信息平台。年内，落实2010年全市土地流转项目补贴，农户承包地流转面积4.27万公顷，全市农村土地流转总面积位居自治区第一。

【为民办实事项目】 2011年，市政府把菜篮子工程建设列入2011年为民办实事项目。内容包括：南宁市建设常年保障性蔬菜基地建设266.67公顷，建设保障性标准化、生态化规模养殖基地25个；强化重大动物疫病防控和加大农产品质量安全监管力度，全市全年计划开展产地、市场上市蔬菜等农产品农药残留监测150万批次，合格率95%以上；开展动物产品药物残留监测2.47万批次（“瘦肉精”快速检测1.64万份、莱克多巴胺快速检测0.66万份），合格率98%以上。至年末，南宁市2011年蔬菜农药残留监测合格率99.70%。此外，自治区政府继续将超级稻推广项目列入2011年为民办实事项目，南宁市推广任务10.40万公顷，完成10.52万公顷。

【农产品质量安全】 2011年，南宁市进一步开展农产品质量安全整治，严把农业投入品、生产基地管理、市场准入三道关口，开展高毒高残留农药专项整治、农产品质量安全监测、蔬菜产品质量安全市场准入、服务中国—东盟博览会及南宁国际民歌艺术节等重大活动接待宾馆饭店果蔬农残检测。对产地、农贸批零市场上市的1566万批次蔬菜、水果、粮油等农产品开展农药残留监测，平均合格率99.70%，没收销毁农药残留超标蔬菜约54吨。

【农业执法】 2011年，南宁市继续实施“种子市场监管年”和“农药市场监管年”

蔬菜质量安全检测　　杜　勇　摄

活动。开展种子市场检查65次，其中联合检查6次；出动执法人员153人次，执法车30辆（次），检查种子经营企业165家，查出涉及经营劣种子、未审先推、未按规定建立经营档案等违法经营案件9件，对种子经营者不规范行为发出责令整改通知书15份。结合“打假护农保春耕”、“放心农资下乡进村”活动，对南宁农业科技市场、广西农业科技市场等2个农资专业市场和六城区的乡镇农资经营门店进行全面检查。开展高毒高残留农药专项整治，加强农产品质量安全监管。出动执法监管人员3.71万人次，检查企业1.10万家次，整顿市场1357个次，捣毁制假窝点13个，查处案件388件，查处农资产品1.02万吨，货值279.72万元，挽回经济损失279.72万元。受理群众投诉举报12件，立案处理4件，调解4件。

【农业产销对接】

产销对接　2011年，南宁市结合农产品产销形势，通过打造大宗农产品产销对接平台、开展农超（社超）对接、农批对接、建立专供基地，举办首届农产品交易会，在上海的超市举办专场促销活动等举措，针对农产品流通和产销对接开展招商引资。4月，举办2011年南宁—台北企业恳谈会。5月，举办南宁市农产品产销对接会，达成签约12个，金额8886万元，购销农产品5.19万吨。6月，参加2011年南北农业合作对接大会，达成签约3项，金额7500万元。10月，参加2011年中国—东盟博览会经贸活动，达成西安北城农产品专供基地及配送中心建设项目签约，金额3000万元。12月，在上海农业展览馆举办“2011·广西名特优新农产品上海展销会”，签订农产品购销合同3个，金额1.60亿元。年内，南宁市农业新签约项目4个，合同引进资金1.70亿元，实际到位1.60亿元。

西葫芦促销　4月，南宁市西葫芦陆续上市，在15日前后达到高峰。由于上市时间集中、量大难销，价格由上年同期的1.60元~2.00元/千克跌至0.10元~0.14元/千克，待销西葫芦有1万多吨。市财政拨出专款20万元对种植农户给予补贴，与需求量大的部门和收购大户联系促成收购，财政对收购客商给予每车补助300元的运输补贴，在大型农贸市场设立直销点，发布供应信息，号召市民购买。4月底，西葫芦收购价格从0.12元/千克回升到0.60元/千克，内销爱心西葫芦65吨，市内4个直销点直销110吨，外销3825吨；市场正常流通销售6000多吨，全市西葫芦销售基本结束。

香蕉专场促销　8月25日，上海果品有限公司、上海吉买盛购物中心有限公司广西香蕉专供基地挂牌、揭牌成立；12月下旬，在上海吉买盛购物中心及下属的29家超市门店开展“广西南宁市香蕉专供基地促销周”活动，投入香蕉60吨。

【农业抗灾】

低温阴雨　2010年冬至2011年春，低温阴雨天气使农作物生长缓慢甚至因寒冻死，给南宁市冬种春收生产造成极大影响。2011年2月~4月，降雨量比历年同期偏多2成，受灾农作物在10万多公顷，成灾2万多公顷。大量越冬作物不同程度减产并推迟上市，香蕉、木薯、马铃薯、火龙果、番茄、辣椒等受影响最大，导致2011年春节前后菜价较高，其中，番茄4.00元~5.00元/千克、菜心7.00元~8.00元/千克、生春菜4.00元~5.00元/千克。低温阴雨还影响春种作物的成熟上市，瓜豆类蔬菜比正常年份推迟2个月，早稻播插秧也比正常年份慢一个农事季节，对全市粮食生产产生重大影响。南宁市结合自治区“兴农富民春季大行动”，加强与水利、气象、农机等部门的联系，组织农业专家和技术人员深入基层，大力推广防寒旱播育秧和无纺布育秧，提高秧龄弹性和秧苗素质，帮助农民抓住气温回升时机，加快春播春插进度，确保早稻生产不误农时，4月15日早稻插秧基本结束。

台风和寒露风　9月30日~10月7日，受第17号台风“纳沙”和第19号强热带风暴“尼格”影响，全市普降暴雨、大暴雨和特大暴雨，部分县（区）比历年同期降雨量偏多3倍，出现旱涝急速逆转局面。一周内的降雨量已达到全年近半，其中宾阳县最大降雨量469毫米。同时出现寒露风和≤22℃的连续低温天气，南宁市东部和南部县（区）出现7级~8级、阵风9级的大风，大部分农作物倒伏、被淹、遇寒，大片水稻、蔬菜被洪水淹没，大部分县（区）农业生产遭受不同程度损失。至10月6日，南宁市县（区）农作物受灾面积10.76万公顷，受灾农作物主要为甘蔗、水稻、玉米、香蕉等，农作物绝收面积0.32万公顷。受影响较大的农作物主要是甘蔗和香蕉。甘蔗受台风影响倒伏5.37万公顷，占34.40%；香蕉被台风吹倒或截断造成绝收0.13万公顷，占3.76%，受灾损失约1.13亿元。市农业局第一时间向上级汇报灾情，坚持24小时值班制度，请求市政府紧急下拨农业生产救灾专项经费300万元用于灾后生产物资补贴，帮助和指导农民开展生产自救，部署灾后农作物病虫害防治、防寒防冻和晚稻防寒露风，组织扩大秋冬种作物面积争取减少损失。

【兴农富民春季大行动】　2011年3月~5月，南宁市开展“兴农富民春季大行动”，组织工作队147个，工作队员1.11万人，深入村屯3222个，举办培训会910场次，提供咨询、培训农民16.92万人次，发放资料64.17万份，赠送支农物资164.29万吨、金额147.06万元，帮助农民办实事2078件，受益农民304.70万人次。

【第一届广西名特优农产品交易会】　2011年12月9日~15日在南宁国际会展中心举行。展区面积1.07万平方米，设标准展位510个，参展企业近1000家。市级以上农业产业化龙头企业264家，参展产品2787个、5052吨，涵盖粮、油、果、蔬、茶、畜、禽、蛋、奶、水产等广西名特优农产品，99.90%的产品经过深加工、分级、包装；经过有机、绿色、无公害和国家地理标志等认证产品389个，囊括当季出产的广西有机、绿色、无公害和国家地理标志等认证产品，市级优质名牌产品458个。交易会吸引30多万市民、自治区内外采购商1225名入场洽谈，现场销售收入1.74亿元，签订销售合同金额48亿元，意向合同金额72.50亿元，总销售49.25万吨。（梁克非）

【农民增收】　2011年，南宁市农民人均纯收入5856元，呈现“务工收入占人均年收入一半、务农收入占农林水产事务总收入一半”的特点。市农业局针对不同地域农村居民总结出促进农民增收的5种模式：第一种是特色农业产业化增收模式。一是规模农业增收模式，对于农业基础好的乡镇，促进农业生产经营专业化、标准化、规模化、集约化，重点发展水稻、甜玉米、甘蔗、水果、蔬菜、桑蚕、食用菌等产业化种植。二是特色农业开发增收模式，对于地处南宁市山区的县，立足于山地优势农业资源，以企业和合作经济组织为龙头，发展特色种植业。第二种是城郊或郊县副食品生产增收模式，对于南宁市郊区、郊县和县郊的乡镇，引导其发挥离市区近、交通便利的地理优势，发展蔬菜、水果等副食品生产，依托商贸物流拉动农民增收。第三种是个体私营经济增收模式，对于发达乡镇，立足工、商、服务业的良好基础，发展个体经营乡镇企业，依托村企互动帮助农民增收。第四种是贫困地区劳务输出增收模式，对于马山县、隆安县、上林县的“老、少、山、穷”乡镇，以农村劳动力转移、异地安置为主要手段，通过亲友带携、中介辅助、政府组织引导等方式实现增收。第五种是统筹城乡发展增收模式，以社会条件好、经济基础厚实、区域优势突出的乡镇为基点，发展物流、电子、金融等现代产业，促进农业产业升级、农民非农就业增收。

【社会主义新农村建设与休闲农业】 2011年，南宁市以打造新农村示范村为切入点，以“休闲农业推进年”为载体，加快休闲农业建设步伐。打造休闲农业示范村8个，投入资金3891.30万元，建设一批借助特色农业和自然生态环境资源，结合农林渔牧生产经营和农村文化，实现农业的单一生产功能向多功能拓展的新农村。发展休闲农业和乡村旅游，打造休闲农业节会和农村旅游精品线路，开展村屯城乡风貌改造45个；开展特色生态(农业)型名镇名村建设，其中名镇1个，名村2个。西乡塘区香蕉旅游美食节获广西休闲农业十佳名节；横县“金妹大头菜”获广西休闲农业十佳名品。兴宁区“乡村大世界”被评为全国休闲农业示范点。（市农业局年鉴编写小组）

农业产业化

【概　况】 2011年，南宁市投入农业产业化专项扶持资金3000万元，安排各类农业产业化经营项目144个。其中，扶持资金30万元以上的重点项目43个，扶持资金30万元以下的普通项目100个，其他项目1个。农业产业化经营项目重点扶持市级以上农业产业化重点龙头企业、农民专业合作社和从事特色农业开发其他农业产业化龙头企业，通过建立合理的利益联结机制，在优质粮食、特色蔬菜、桑蚕、水果、茶叶、食用菌、花卉、畜禽、优势水产品、非粮生物质能源、中药材等领域建设规模化标准化基地。

（刘永秀　廖　芹）

【农业龙头企业】 2011年，南宁市有农业产业化重点龙头企业110家，其中国家级10家、自治区级30家。农业产业化重点龙头企业涵盖粮油、蔗糖、果蔬、茧丝绸、茶叶、非粮生物质能源、乳品、畜禽、水产、中药材、花卉苗木、林浆纸等农业产业，直接带动农户75万户；年销售收入270多亿元，占全市农产品加工企业销售收入的45%，其中亿元以上46家，10亿元以上6家。（刘永秀　吕校成）

【农民专业合作社】 2011年，南宁市有注册登记的农民专业合作社1151家，总出资11.81亿元。农民专业合作社直接带动农户7.20万户，辐射带动农户12.30万户。农民专业合作社组织销售农产品总值9.84亿元，购买农业生产投入品总值2.16亿元，培训成员8.90万人次。拥有注册商标的合作社36家，创办加工实体的合作社18家。

（刘永秀　陆爱洪）

【产业联结机制】 2011年，南宁市有农业产业化组织5465个，其中，龙头企业带动型183个，中介组织带动型924个。在各类产业化组织与农户的联结机制中，合同方式317个，合作方式668个，股份合作方式157个，其他方式4323个。农户与龙头企业之间的利益联结方式进一步规范，在合同关系中，订单关系115个，占36%，订单总额49亿元，订单成交额40亿元，履约率81.60%。

（刘永秀　廖　芹）

农业科技

【概　况】 2011年，南宁市开展各类科技培训，培训农民21.30万人，农村中专人才招生1046人，培训新一届村两委800人。科技推广，引进、试验新品种76个，农作物间套种、“三免”(水稻免耕抛秧、玉米免耕栽培、冬季马铃薯稻草覆盖免耕栽培)、“三避”(避雨、避寒、避晒)、滴灌、喷灌等农业实用技术得到大面积应用，推广病虫害综合防治技术，总体防效90%以上。新建水果标准化基地10个、桑蚕生产综合技术应用示范基地10个、桑蚕防病优茧示范基地5个，创建国家香蕉标准果园2个。通过实施新一轮“菜篮子”工程，认定无公害蔬菜基地500公顷。组织鉴定科技项目5个、实施2011年科技项目7个，做好2012年科技项目申报。完成首批特聘专家岗位评审，推荐百洋水产集团股份有限公司、广西田园生化股份有限公司为首批特聘专家岗位设置单位。获市科技局科技项目立项3个，申报南宁市科技项目进步奖3个。（梁克非）

【种子工程】 2011年，南宁市品种区域试验走上科学化、规范化和标准化道路；种子质量监控手段、监控水平和监控能力，农作物良种繁育能力，果树种苗繁育能力明显提高。在横县莲塘镇组织实施“看禾选种、助农增收”项目，展示示范面积44万平方米；参展的早造种子企业19家，水稻新品种55个，其中超级稻新品种16个；参展的晚造种子企业14家，水稻新品种53个，其中超级稻新品种17个。一批丰产性、适应性和综合性状表现优秀的水稻新品种得到展示和认可，主要品种有桂红一号、Y两优香2号、云光16号、科德优838等。（罗昭越）

【病虫害防治】 2011年，南宁市农作物主要有害生物总体发生程度为中等偏轻，发生面积116.87万公顷。其中：水稻病虫害发生面积53.47万公顷，玉米病虫害发生面积6.73万公顷，甘蔗病虫害发生面积19.07万公顷，蔬菜病虫害发生面积18.40万公顷，农田鼠害发生面积17.07万公顷。实施防治面积112.13万公顷，挽回粮食作物损失51万吨，挽回经济作物损失186万吨，总体防效90.70%。进一步推动专业化机防队伍的发展，发放应急防控药剂4.20吨，扶持全市73支重大病虫应急防治专业化队伍开展统防统治，实施防控示范面积累计2.19万公顷。继续加强病虫害绿色防控技术的普及与推广，发放绿色防控物资1.60万套（件），诱虫板1.50万张，性诱剂0.12吨，实施绿色植保防控技术示范面积0.17万公顷。实施植物产地检疫0.13万公顷，涉及种子240万千克，苗木92.60万株；签发调运检疫0.88万批次，其中种子304.23万千克，苗木303.4万株，农产品类5253万千克。

（黄树生）

【农业技术培训】 2011年，南宁市争取中央财政248.64万元，组织武鸣县、宾阳县、上林县实施农村劳动力培训阳光工程培训，培训6400人。组织开展新一届村

"两委"干部和经济社会组织负责人专项培训，培训新农村建设示范村党组织书记400人，培训农村新经济社会组织负责人100人，培训种植大户300人。农村中等专业实用人才招生1046人。围绕重点产业开展农民实用技术培训，培训农民21.30万人次，完成任务106.50%。开展新型农民科技教育培训"三进村"工作，举办培训班3052期，培训教师进村5925人次；人才培养进村培训21.43万人次；媒体资源进村播放526场次，观看16.30万人次；赠送科技书籍14.70万册，发放明白纸46.70万份。利用全国、广西、南宁科技周活动、科技"三下乡"、科普日等活动，通过举办农业科技大集、科技讲座、科技培训班开展科技入户活动。组织"百名顶尖农业人才支撑工程"的专家教授到横县、武鸣县、邕宁区等，针对当地的优势主导产业开展指导。结合2011年全国科技活动周，组织8名农业专家到武鸣县罗圩镇开展科技下乡活动，发放科普知识材料2000余份，接受群众咨询55人次。参加2011年科普活动及赠书仪式，发放科普书籍400册，接受群众咨询61人次。参加2011年广西防灾减灾知识竞赛和宣传活动，发放农业防灾减灾知识宣传资料1500余份，接受群众咨询32人次。开展种桑养蚕稳产增产技术培训、绿色种植、安全食用——蔬菜新技术新品种科普大篷车展示、水果高产栽培新技术培训、超级稻培训技术培训等活动，展示和推广科技成果。组织桑蚕、土壤肥料、病虫害防治、栽培技术等方面专家80多人次，通过举办农业科技大集、科技讲座、科技培训班，接受农民群众咨询3.30万人次，向农民发放农业科学种养、生活知识资料2.90万份。

【沃土工程】 2011年，南宁市继续实施以提高耕地综合生产能力和肥料利用率为目标的沃土工程。从培育和营造农田生态条件入手，实行土、肥、水先进实用技术并举，以增加使用有机肥、提高肥料利用效率、综合改良中低产土壤、发展节水农业、防止土壤退化和污染为手段，重点推广测土配方施肥、有机肥资源的综合利用、绿肥种植、改土培肥、农化抗旱、喷灌、滴灌等沃土工程技术措施，提高土壤的供肥、保肥、保水、抗旱能力，创建安全、肥沃、协调的土壤环境条件。完成测土配方施肥41.44万公顷，其中水稻20.58万公顷、玉米6.36万公顷、甘蔗7.64万公顷。经测产验收，水稻测土配方施肥平均产量5758.50千克/公顷，比对照区平均增产375千克/公顷，增产率6.97%；玉米测土配方施肥平均产量5980.50千克/公顷，比对照区平均增产373.50千克/公顷，增产率6.66%。项目实施过程中采集、化验土壤样品5410个、植株样品436个，完成"3414"（"3414"类试验是指研究氮、磷、钾"3"个营养元素肥效的试验，每个元素设置"4"个研究水平，设"14"个小区）等各类肥料试验347个，建立中心示范点339个，示范面积3.20万公顷。

【中低产田改造】 2011年，南宁市中低产田面积25.55万公顷，占耕地总面积60.50%，主要分为七种类型：干旱灌溉型、渍潜稻田型、盐碱耕地型、坡地梯改型、渍涝排水型、障碍层次型、瘠薄培肥型。采取的改良措施主要有：增施有机肥、秸秆还田、冬种绿肥、配方施肥、深耕深松、聚垄耕作、开沟治潜、节水灌溉、坡改梯、地膜覆盖等。实施中低产田改良面积4.63万公顷，其中瘠薄培肥型改良2.60万公顷、干旱灌溉型改良1.16万公顷、渍潜稻田型改良0.82万公顷。

【蔬菜新品种研发与试验】 2011年，南宁市开发的优质农产品主要品种有："甜脆1号"豇豆，主要在兴宁区的五塘镇、良庆区的那马镇种植，公顷单产52.50吨~67.50吨，推广面积200公顷，产值约1440万元；桂蔬一号黑皮冬瓜，主要在良庆区南晓镇团东村种植，爬地栽培一般公顷单产60吨~75吨，搭架栽培公顷单产90吨~10.50吨，推广种植面积333.33公顷（早、晚造），产值约3600万元；"白蓝"大白菜，在邕宁区、良庆区推广种植，公顷单产52.50吨左右，推广种植面积100公顷，产值约525万元；"南藕一号"早藕，主要在马山县古零镇等地推广种植，公顷单产52.50吨左右，推广种植面积666.67公顷，产值约2100万元；"皇轨" 水果黄瓜，主要在有设施农业的西乡塘区、南宁市蔬菜研究所试验基地，公顷单产60吨，推广面积6.67公顷，产值约160万元。

【超级稻种植推广】 2011年，南宁市推广种植超级稻10.52万公顷，其中早稻5.04万公顷，中稻0.05万公顷，晚稻5.43万公顷。

【免耕抛秧技术推广】 2011年，南宁市推广水稻免耕抛秧技术6.11万公顷；推广玉米免耕技术面积2.97万公顷，其中春玉米免耕2.32万公顷，秋玉米免耕0.65万公顷。

【间套种技术推广】 2011年，南宁市推广间套种技术5.09万公顷，主要以甘蔗、木薯、玉米、果树等为主栽品种进行间套种，其中套种西（甜）瓜1.29万公顷，套种花生1.08万公顷，套种大豆0.49万公顷。

【蔬菜基地建设】 2011年，市政府出台《南宁市新菜地开发建设基金征收使用管理暂行办法》，把保障性蔬菜基地列入2011年市政府为民办实事项目。市财政投入建设资金2175万元，扶持兴宁区、青秀区、江南区、西乡塘区、邕宁区、良庆区、武鸣县及南宁—东盟经济开发区各建设1个保障性蔬菜生产基地，全市建设9个保障性蔬菜生产基地，面积436.67公顷，建成自动喷灌、滴灌、雾化灌溉面积153.30公顷，育苗及栽培大棚6.33公顷，打机井6口，建蓄水池14个容量2400立方米，抽水站12个，铺设输水管道2.64万米，加固山塘大坝3处，建三面光渠道2.59万米，平整、修建机耕道21千米，在33.33公顷基地安装诱虫设施。 （黄兰芳）

【桑蚕新品种与养蚕技术推广】 2011年，南宁市结合桑蚕标准化项目的实施，继续推广桂桑优12号、桂桑优62号、特优二号等桑树新品种及两广二号、桂蚕一号、桂蚕二号等蚕新品种；进一步推广小蚕共育和方格蔟等省力化养蚕技术，全市小蚕共育率近75%，方格蔟应用率54%。 （宋桂荣）

粮食种植业

【粮食生产】 2011年，南宁市用科技和管理手段推进粮食标准化生产、产业化经营，努力提高粮食单产水平和粮食自给率，实施粮食自给工程。重点抓好超级稻推广种植，创新间套种栽培模式，重点推广莲藕套种超级稻、香芋套种超级稻、甘蔗间套种大豆（玉米）、玉米套种大豆等栽培模式，抓好高产创建示范、测土配方施肥、水稻旱育及抛栽技术、病虫害综合防治技术、水稻机收及秸秆还田技术等良种良法推广。粮食种植面积44.10万公顷，公顷单产4695.15千克，总产量207.06万吨。开展超级稻增粮增收行动计划，在武鸣、横县、宾阳、青秀、邕宁、良庆等县（区）实施万亩粮食高产创建示范片建设。超级稻推广面积10.52万公顷。比上年增加1.64万公顷，累计可新增粮食1881万千克。实现粮食生产七年连续增产，面积和总产量均居自治区第一。推广种植优质稻，推广应用"稻—灯—鸭"、"稻—灯—鱼（蛙）"生态模式和有机稻生产技术，培育粮食生产专业合作社和粮食加工龙头企业，培育和打造"绿色优质谷"、"优质有机米"品牌，提高种粮效益和产业化经营水平及加工能力。南宁市优质稻生产基地主要分布在武鸣、上林、青秀等县（区）。水稻种植面积1.93万公顷，总产量147万吨，优质稻占水稻种植面积的90%以上，共1.74万公顷，保持面积、产量自治区第一；粮食加工转化率45%以上，保持自治区领先水平。

【玉米生产】　2011年，南宁市创建玉米万亩高产示范片，推广作物秸秆覆盖地表技术、地膜覆盖技术、玉米免耕栽培技术、玉米水肥一体化等技术；推广间套种主要模式为玉米套种大豆、玉米套种木薯、玉米套种花生。玉米生产主推正大619、正大818、迪卡007、亚航639等高产多抗杂交种。全市玉米种植面积10.93万公顷，单产4693.80千克/公顷，总产量51.30万吨。

【豆类生产】　2011年，南宁市豆类种植面积2.46万公顷，比上年减少0.27%；单产1531.65千克/公顷，增加10.91%；总产量3.76万吨，增加10.61%。

【薯类生产】　2011年，南宁市薯类种植面积1.74万公顷，比上年减少1.21%；单产2803.5千克/公顷，增加38.76%；总产量4.88万吨，增加37.08%。

【油料生产】　2011年，南宁市油料作物种植面积4.40万公顷，其中花生种植面积4.18万公顷，油料总产量11.75万吨；油料面积和总产量居自治区第一位。推广花生高产栽培、垄作双行加地膜覆盖栽培、花生测土配方施肥、花生平衡施肥等良种良法技术，花生良种覆盖率80%以上，推广品种有桂花17号、梧油7号、粤油79、中花4号。（市农业局年鉴编写小组）

经济作物种植业

【木薯生产】　2011年，南宁市木薯种植面积5.70万公顷，总产量58.09万吨（干片），面积和总产量稳居自治区第一位。主产区为武鸣县、隆安县、西乡塘区。武鸣县木薯种植面积2.84万公顷、产量31.03万吨，分别占全市50%、53%，是全国最大的木薯生产基地县。春季受长期低温天气影响，木薯种茎受冷冻危害严重。经组织薯种调运，基本解决木薯缺种问题，木薯种植面积比上年略增。木薯主要品种为华南205、南植199。在武鸣县实施木薯标准化示范基地建设项目，进行木薯新品种品比展示，示范推广节水治旱栽培、机械收获等先进技术，建立标准化的高产优质示范基地。推广深耕深松、合理密植、地膜覆盖、测土配方施肥和病虫害综合防治等高产节本增效技术。重点推广地膜木薯间套种西（甜）瓜、南瓜、花生等"三避"和间套种技术，木薯种植效益大幅度提高。全市有规模以上木薯淀粉生产企业58家，年产木薯淀粉92.77万吨，可生产酒精企业12家。木薯收购干片价格平均1300元/吨，比上年降低30%以上，农民收入减少。

【茶叶生产】　2011年，南宁市茶园面积1.88万公顷，采摘面积0.19万公顷。茶叶总产量3144吨，其中绿毛茶2937吨，占茶叶总量90%以上；红毛茶118吨。茶叶生产主要集中在横县、武鸣县、上林县，其中横县茶园面积0.16万公顷，茶叶产量2364吨，面积和总产量分别占全市的85%、75%。在横县那阳镇建设南山白毛茶标准化生产示范基地100公顷，推广标准化茶园栽培、水肥一体化、病虫害物理防治、茶苗无性繁殖技术及优质茶加工技术。

【茉莉花生产】　2011年，南宁市茉莉花种植面积4052公顷，总产量5.82万吨，产量排全国第一位。横县为茉莉花主产区，是全国最大的茉莉花和茉莉花茶生产基地。全市有50公顷基地获有机茉莉花生产基地认证。年内，横县的国家茉莉花生产标准化示范区建设项目通过验收。全市有花茶加工企业100多家，主要品牌有"金花"、"郁江"、"石乳"、"南方"等。8月16日~17日，第七届全国茉莉花茶交易会、2011年中国国际茉莉花文化节在横县举办。

【西（甜）瓜生产】　2011年，南宁市西（甜）瓜种植面积3.96万公顷，总产量96.80万吨，其中西瓜面积3.51万公顷、产量88.80万吨。主产区为江南区、兴宁区、良庆区、西乡塘区、邕宁区、青秀区、横县、武鸣县。江南区苏圩镇和南宁经济技术开发区吴圩镇，是全国大型的西瓜供应基地之一。西瓜主要品种为小麒麟、黑美人、广西三号、蜜童等；甜瓜主要品种为金玉、农田2号等。全市90%以上的西瓜采用地膜覆盖等"三避"技术和嫁接栽培技术，重点推广膜下滴灌等先进技术和间套种栽培模式。受低温阴雨寡照天气影响，春种西（甜）瓜生产进度推迟，北运外销丧失时间差优势，春种甜瓜平均价格1.00元~1.70元/千克，西瓜平均价格0.80元~1.00元/千克，比上年下降40%左右。通过各级部门采取产销对接、农超对接、加大宣传等举措，春种西（甜）瓜整体销售平稳，西（甜）瓜产值8.70亿元，增长2.40%。

（兰张红）

【桑蚕生产】　2011年，南宁市桑园面积2.92万公顷，桑蚕茧总产量7.31万吨。全市养蚕农户约19万户，84个乡镇，1672个村。主要蚕区分布在横县、宾阳县、上林县、邕宁区、武鸣县。尽管受春茧前期低温阴冷、秋季干旱等不良气候及茧丝市场行情波动的影响，桑蚕生产仍保持稳定态势，全市累计发放蚕种202万张；鲜茧收购价一直维持在30元/千克以上，平均价格35.08元/千克，蚕茧产值25.60亿元。全市有茧丝加工企业17家，桑蚕专业合作组织50个，蚕种生产场（站）5家，年产一代杂交种43.50万张。武鸣县引进首家丝绸加工企业并投产。全市年加工干茧能力1.60万吨，生丝产量近4000吨，缫丝工业产值11亿元。（宋桂荣）

【水果生产】　2011年，南宁市实施"优果工程"和"三年强蕉"行动，推进无公害标准化生产进程，加快无公害规模化基地建设，推动特色水果产业优化升级，提高水果产品知名度和附加值。全市水果面积9.57万公顷，总产量142.03万吨，产值33.80亿元。

香蕉生产　香蕉种植面积3.28万公顷，占全市水果面积34.27%，总产量

100.44万吨，占70.72%，产值23.60亿元，占69.82%。以西乡塘区、隆安县、武鸣县为中心的香蕉优势产业带进一步加强。全市香蕉面积、总产量均列自治区第一。

龙眼荔枝生产　以提高龙眼、荔枝单位面积产量和果品质量为主攻方向，龙眼面积1.92万公顷、总产量4.74万吨，荔枝面积1.24万公顷、总产量4.74万吨，主产区为武鸣县、横县、良庆区、邕宁区等。

柑橘生产　柑橘面积0.53万公顷、总产量12.03万吨，主产区为武鸣县、隆安县、良庆区等。

【蔬菜生产】　2011年，南宁市进一步实施菜篮子工程建设，投入3500万元用于扶持保障性蔬菜基地建设、秋冬菜生产示范基地建设及蔬菜质量安全监测，调整蔬菜种植结构，发展近郊常年蔬菜生产和秋冬季蔬菜生产。全市蔬菜种植面积17.08万公顷，总产量362.20万吨；秋冬菜种植面积9.67万公顷，产量205万吨；蔬菜产量排自治区第一，实现产值55.50亿元。蔬菜生产成为农业主导产业之一。

【食用菌生产】　2011年，南宁市食用菌种植面积1460万平方米，总产量11.60万吨，产值7亿元。食用菌种植品种规模最大的是双孢蘑菇，面积1322万平方米，占91%，其他品种生产面积分别为平菇45万平方米、凤尾菇31万平方米、秀珍菇19万平方米、鸡脚菇6万平方米、金福菇、金针菇、茶薪菇各5万平方米。全市有种菇农户4万多户；规模食用菌加工企业4家，年加工食用菌3万吨。横县是南宁市食用菌生产大县，食用菌种植面积占全市82.70%。

【糖料蔗生产】　2011年，南宁市糖料蔗种植面积15.82万公顷，总产量1013.10万吨；糖料蔗面积、总产量排自治区第三。武鸣县、横县、宾阳县、邕宁区4个县（区）纳入国家糖料蔗基地建设项目，总投资625万元，其中中央预算投资500万元、各县（区）及项目业主配套投资125万元。

（黄兰芳）

2011年南宁市获广西有机食品及企业名录

生产单位	产品名称	证书编号	批准产量(吨)
广西莫老爷食品有限公司	油茶籽	COFCC-R-2003-007-Y	1000.00
广西莫老爷食品有限公司	油茶籽油	COFCC-R-2003-007	300.00
广西石乳茶业有限公司	茶　叶	COFCC-R-0509-0054	500.00
南宁市储备粮管理有限责任公司	大　米	COFCC-R-1002-0007	11.10

2011年广西南宁绿色食品企业名录

生产单位	产品名称	绿色食品编号	批准产量(吨)
广西农垦糖业集团金光制糖有限公司	白砂糖	LB-12-1005202615A	68840
广西金穗农业投资有限责任公司	香　蕉	LB-18-1006201859A	7511000
南宁糖业股份有限公司	白砂糖	LB-12-1007202016A	123700
南宁糖业股份有限公司	白砂糖	LB-12-1007202017A	212520
南宁糖业股份有限公司	白砂糖	LB-12-1007202018A	91250
南宁糖业股份有限公司	白砂糖	LB-12-1007202019A	114793
广西石乳茶业有限公司	茉莉花茶	LB-44-1109203381A	50
广西金茶王油脂有限公司	油茶籽油	LB-10-1107201878A	385
广西现代农业科技示范园	农科院葡萄	LB-18-1105203218A	600
广西桂洁农业开发有限公司	香　蕉	LB-18-1111203947A	9900
广西横县西津矿泉水有限公司	饮用矿泉水	LB-38-1103200858A	5000
广西桃花岛现代农业科技有限公司	黄　瓜	LB-15-1204200676A	100
广西桃花岛现代农业科技有限公司	大白菜	LB-15-1204200677A	150
广西桃花岛现代农业科技有限公司	豇　豆	LB-15-1204200678A	100
广西桃花岛现代农业科技有限公司	辣　椒	LB-15-1204200679A	100
广西桃花现代农业科科技有限公司	苦　瓜	LB-15-1204200680A	90
广西桃花岛现代农业科技有限公司	豌　豆	LB-15-1204200681A	60
广西桃花岛现代农业科技有限公司	淮　山	LB-15-1204200682A	120
广西桃花岛现代农业科技有限公司	芥　菜	LB-15-1204200683A	80
广西桃花岛现代农业剥技有限公司	竹　笋	LB-15-1204200684A	190
广西桃花岛现代农业科技有限公司	菜　心	LB-15-1204200685A	70
广西农垦糖业集团良圻制糖有限公司	白砂糖	LB-12-1203200854A	60000

2011年南宁种植业无公害农产品产地认定情况

产品名称	产地名称	规模(公顷)
稻谷	广西宾阳县无公害稻谷生产基地	8070.00
稻谷	南宁市邕宁区优质谷生产基地	4211.30
稻谷	南宁市兴宁区优质谷生产基地	969.70
稻谷	南宁市江南区优质谷生产基地	804.00
稻谷	南宁市青秀区优质谷生产基地	1751.60
优质谷	南宁市良庆区优质谷生产基地	1999.30
板栗、蕉类、荔枝、龙眼、柑橙	隆安县水果生产基地	9874.50
叶菜、瓜菜、块根、块茎类、茄果类、菜豆类、莲藕	宾阳县蔬菜生产基地	5667.00
荔枝、龙眼、柿子、香蕉、李	横县水果生产基地	9070.00
稻谷	横县优质稻生产基地	27483.67
西甜瓜	广西南宁华侨投资区无公害西甜瓜产地	17.60
龙眼、荔枝、柑橘、葡萄	南宁市青秀区无公害水果生产基地	362.00
结球甘蓝、东升南瓜、香芋、西红柿	南宁市青秀区无公害蔬菜生产基地	170.00
蔬菜	南宁市绿大洲农业开发有限责任公司蔬菜生产基地	6.67
胡萝卜、辣椒和西瓜	广西无公害王灵农场蔬菜产地	189.70
荔枝	广西无公害南宁市良庆区南晓镇荔枝产地	800.00
稻谷	广西无公害南宁市青秀区稻谷生产基地	560.00
瓜类、叶菜类、四季豆	隆安县雁江镇福颜村蔬菜生产基地	140.00
四季豆、黄瓜、辣椒、甜玉米、紫糯玉米、香葱	南宁市江南区江西镇蔬菜基地	1400.00
稻谷、玉米	武鸣县粮食生产基地	13760.40
菠萝	南宁市良庆区菠萝生产基地	1176.70
叶菜、瓜类、豆类、茄果类、根茎类	南宁市良庆区蔬菜生产基地	1866.00
菜心、白菜、芥菜、芥蓝、茄瓜、苦瓜、蒲瓜、豆角、辣椒	南宁市金陵镇三联村蔬菜生产基地	200.00
叶菜、豆角、瓜类	南宁市邕宁区蔬菜生产基地	1077.00
叶菜类、瓜类蔬菜、豆类和西瓜	南宁市兴宁区五塘镇蔬菜(西瓜)生产基地	843.67
叶菜、豇豆、瓜类	南宁市江南区蔬菜生产基地	2593.00
大白菜、瓜类、豆角、茄子	南宁市良庆区蔬菜生产基地	837.00
西瓜	南宁市江南区西瓜生产基地	5726.65
四季豆、毛节瓜、野菜、甜瓜等	南宁市蔬菜研究所蔬菜生产基地	3.33
叶菜、瓜类、豆类	南宁市兴宁区三塘镇蔬菜(西瓜)生产基地	783.67
龙眼	武鸣县龙眼生产基地	5000.00
稻谷	广西无公害上林县稻谷产地	6487.00
茄果类、白菜类、瓜类、豆类、芥菜	武鸣县双桥镇蔬菜生产基地	500.00
油梨	广西无公害宾阳县廖平油梨示范园	53.00

(周冠群)

水产业

【概　况】 2011年，南宁市水产养殖面积2.77万公顷，比上年增长0.97%。其中：池塘养殖面积1.11万公顷，增长2.59%；山塘、水库养殖面积1.49万公顷，增长0.09%；河沟养殖面积1543公顷，减少0.58%；其他养殖面积101公顷，减少22.31%。全市淡水产品产量20.55万吨，增长7.21%，居自治区内陆城市第一；淡水捕捞产量1.64万吨，养殖产量18.92万吨，分别增长1.14%、7.77%。年内，中央、自治区和市财政安排1515万元用于扶持渔业基础设施标准化建设，改造养殖基地7.33平方千米。全年全市庭院养殖产量1118吨，其中龟产量194吨，鳖产量603吨，蛙产量319吨。审核渔船2479艘，功率2.71万千瓦。其中：捕捞渔船2446艘，功率2.66万千瓦；养殖渔船33艘，功率469.44千瓦。获中央财政2010年度渔业用油油价补贴资金2520.18万元。

【产业化生产】 2011年，南宁市罗非鱼产量4.56万吨。南宁百洋罗非鱼加工厂加工罗非鱼原料鱼4万吨，创汇4400万美元。1月~6月，全市交售到罗非鱼加工厂的罗非鱼原料鱼3300吨，获自治区淡季补助扶持资金49.50万元。

【渔政管理】 2011年，南宁市完成渔船检验2535艘，与渔民签订《渔民人身平安互助保险》2535份，渔民参保率100%。调查处理渔业污染事故12起，挽回经济损失400多万元。

【首次珠江禁渔期】 2011年，为中国实施珠江禁渔期制度的第一年，4月1日~5月31日禁止在珠江水系捕鱼。期间，南宁市发放各种宣传资料1300多份，出动执法车辆109辆次，执法渔政船、艇135艘次，执法人员850人次，航程2650千米，检查渔业船舶112艘次，拆毁迷魂阵等违禁网阵57处，拆毁河面围栏圈占（"铺网排"作业方式遗留的漂浮围栏）78处，没收、现场销毁违禁作业网具43张。

【鱼类养殖受灾】 2011年1月，南宁市出现持续低温寒冷天气，受强冷空气影响，陆续出现罗非鱼、白鲳、土鲮鱼等品种的鱼被冻死情况。至2月22日，全市受灾面积23.50平方千米，损失各种鱼类3681吨，直接经济损失3357.96万元。

畜牧业

【概 况】 2011年，南宁市肉类产量62.03万吨，禽蛋产量2.67万吨，牛奶产量5.15万吨，生猪出栏488.92万头，家禽出栏1.38亿羽，牛出栏21.50万头，羊出栏20.88万头；生猪存栏368.73万头，家禽存栏5233.25万羽。畜牧业产值179.50亿元；牧业贡献农民人均收入1958.17元，创造纯收入666.90元。新增农民专业合作社20家。

【养殖业产业结构调整】 2011年，南宁市养殖业以农业产业化龙头企业"公司+基地+农户"为主要发展模式。17家畜禽规模场被列为国家农业部畜禽标准化示范场；南宁市柯新源、永新、桂宁种猪场3家入围全国37家生猪核心育种场。良种化培育有良凤花鸡、金陵黄鸡、金陵麻鸡等3个配套系通过国家审定，获畜禽新品种（配套系）证书。立足农业大循环，鼓励引导种养结合、生态养殖、林下养殖等生态循环经济方式，建设一批生态型、环保型、健康型、节约型、安全型畜禽养殖场。生猪、家禽、奶牛标准化规模场（小区）出栏量分别为65%、90%、95%；肉牛、羊的比重明显增加。加大设施化投入，转变养殖方式，发展生态标准化养殖。南宁市广东温氏畜禽有限公司在邕宁区、青秀区发展"倍增计划"养殖，加大资金投入，设施改造，技术支持，实现合作农户的效率倍增与效益倍增。在广西华兴食品有限公司家禽加工食品厂、广西德隆禽业有限责任公司、广西助农畜牧科技有限公司的带动下，旱鸭养殖在横县、青秀区、邕宁区快速发展。

【畜产品加工】 2011年，南宁市养殖业着力开发市场旺销的肉类系列加工食品。在加工上形成广西富丰集团有限公司、广西南宁百洋食品有限公司、广西皇氏甲天下乳业股份有限公司、广西汇华食品有限公司等一批食品加工龙头企业。在连接市场上出现以广西凤翔集团畜禽食品有限公司为代表的集生产、加工销售为一体的龙头企业。全市养殖产品规模化加工产值10多亿元，其中乳业加工产值7亿多元。皇氏乳业乳品产销量5万吨，产值4.60亿元。

【生态循环养殖】 2011年，南宁市发展和推广生态循环养殖模式，规模猪、牛养殖场绝大部分都建有沼气池等粪污处理设施。建设生猪标准化规模养殖场（小区）52个，畜禽标准化规模示范场8家。建设沼气池3万多立方米、化粪池5万立方米。发展种养结合、发酵床及林下养殖等多种形式的生态循环养殖，建设生态规模场54家。

【生猪养殖】 2011年，南宁市生猪出栏488.92万头，生猪存栏368.73万头，产值90亿元。推进生猪规模场标准化改造，在全市生猪规模场推行品种良种化、养殖设施化、生产规模化、防疫制度化、粪污处理无害化和监管常态化，完成计划建设项目54个，完成投资3503.41万元。新建粪便污水处理沼气池5700立方米、化粪池5420立方米、消毒池（房）1535平方米，猪舍标准化改造7.15万平方米。生猪良种补贴项目供应良种补贴猪精62万瓶，项目实施配种能繁母猪24.80万胎次，受益农户10.31万户。全市生猪养殖实现结构调整，规模养殖场和规模养殖户增加到30%、61%。万头猪场有46家，出栏300头以上规模场962家，生猪出栏100头以上规模场7566家。

【家禽养殖】 2011年，南宁市家禽出栏1.38亿羽，家禽存栏5233.25万羽，产值62亿元。价格比上年稳中有升，效益提高。家禽生产结构调整快速发展，凤鸣农牧有限公司建设全自动化笼养肉鸡舍封闭场50栋，年出栏200万羽健康肉鸡；富凤农牧公司新建存栏50万套种鸡场。全市现有"公司+农户"标准化规模养殖小区500多个。南宁市广东温氏畜禽有限公司、南宁市金陵种鸡场、南宁正大集团养殖公司、广西富丰集团、广西玉林市巨东种养有限公司、广西助农畜牧科技有限公司等专业养禽龙头企业，带动养殖农户1.50万户，年养殖出栏肉鸡8000多万羽，占总量90%左右。家禽加工企业有华兴、汇华、杨翔等。

【草食动物养殖】 2011年，南宁市草食动物养殖得到快速发展。黑山羊圈养技术在隆安县、武鸣县得到发展。年内，南宁市羊出栏20.88万头，牛出栏21.07万头，牛奶产量21.50万吨。横县校椅镇利用当地秸秆资源，新建大型奶牛养殖场和山羊养殖场。草食动物生产及市场供应稳定，活牛收购价格23元/千克左右，山羊收购价格26元/千克左右；牛肉、羊肉价格比上年有较大提高。肉兔养殖以兴宁区、横县、上林县、宾阳县为重点；鸽子养殖以江南区、良庆区为重点。

【畜禽免疫】 2011年，南宁市采取春秋两季集中免疫结合常年补针的模式，强化重大动物疫病强制免疫。期间，全市各种重大动物疫病免疫率100%。其中：口蹄疫免疫生猪347.51万头，牛77.06万头，羊17.22万只；猪瘟免疫生猪351.90万头，高致病性猪蓝耳病免疫生猪309.18万头；禽流感免疫鸡4449.25万羽、鸭999.57万羽、鹅27.55万羽、其他家禽24.24万羽；鸡新城疫免疫鸡4342.38万羽。全年发放猪口蹄疫疫苗1653万毫升，牛羊O-I型口蹄疫双价苗281.50万毫升，猪瘟疫苗1050.40万头份，高致病性猪蓝耳病疫苗583.54万毫升（头份），禽流感疫苗7670.55万毫升，新城疫疫苗1947万羽份；发放各类消毒药12.84吨；动物免疫档案2.52万本，免疫证0.74万本。全市动物疫情平稳，未发生重大动物疫情。

【免疫效果监测】 2011年，南宁市坚持常年监测与春秋防（春季、秋季重大动物疫病防控工作）集中监测相结合的方式，对各大型养殖企业和规模养殖场开展常年监测，对农村散养户则集中在春秋防后开展监测。通过收集数据整理分析，对免疫抗体不合格的规模养殖场及村（屯），派调查组现场查找原因，并指导开展重免和补免。完成高致病性禽流感免疫抗体检测6万羽份，口蹄疫免疫抗体检测0.46万头份，猪瘟免疫抗体检测0.30万头份，新城疫免疫抗体检测4.10万羽份，高致病性猪蓝耳病免疫抗体检测0.22万头份。期间，各项免疫抗体合格率70%以上，其中春防验收抽查抗体合格率96.90%。

【动物疫病监测】 2011年，南宁市开展动物疫病的监测预警，利用采样送检或自检的办法，建立监测数据库，规范监测档案，分析监测数据，为重大动物疫病防控和疫情预报预警提供科学依据。其中高致病性禽流感、新城疫监测在定点活禽市场及全市各农贸市场采集棉拭子和血清样品450份、组织脏器200份；口蹄疫、猪瘟、高致病性猪蓝耳病监测在全市各重点屠宰场采集猪、牛血清各240份，猪、牛、羊组织样品240份，未监测出重大动物疫病。

【人畜共患病监测】 2011年，南宁市奶牛“两病”（布鲁氏菌病、结核病）监测采取“对新建场和检出阳性的场，每半年监测一次；对以往监测结果阴性的场，一年集中监测一次”的办法，完成奶牛养殖场（小区）及个体养殖户奶牛结核病监测3255头份、布鲁氏菌病监测3373头份，对检出阳性奶牛2头按有关规定扑杀并进行无害化处理。狂犬病监测采集犬、猫脑组织及血清样品302份送检；耕牛血吸虫病监测耕牛767头；猪链球菌病监测在重点生猪屠宰加工厂采集屠宰猪扁桃体、淋巴结100份送检；屠宰生猪旋毛虫感染状况专项监测在重点屠宰加工厂采集猪膈肌样品200头份，未检出阳性样品。

【动物检疫】 2011年，南宁市建立动物检疫申报点225个，完善信息公开制度，规范产地检疫程序和操作，要求畜禽产品只能到检疫申报点或检疫点检疫。全市动物产地检疫开展面100%，报检检疫率100%；产地检疫生猪268.89万头、牛8.15万头、羊2.45万头、家禽5003.44万羽、其他家畜0.50万头；检出并无害化处理病害家畜33头、家禽2129羽。加强生猪屠宰检疫管理，严格执行动物屠宰检疫申报制度，在市区江南、五丰、邕宾3个定点屠宰厂试点使用“广西动物检疫证章使用监督管理系统”，率先实现屠宰厂“电子出证”，推进动物及动物产品追溯系统建设。全市屠宰检疫生猪185.53万头，牛、羊10.58万头，家禽38.16万羽，其他家畜0.43万头（只），检出并无害化处理病害家畜453头。

【动物防疫条件审查】 2011年，南宁市加强养殖场（小区）、屠宰厂等有关场所动物防疫条件的审查及监督管理，制定并实施《南宁市动物防疫条件审查发证工作程序》；分别组建市、县（区）动物防疫条件现场审查专家库；加强对养殖、屠宰等有关场所从业人员的宣传教育，加强对动物防疫条件现场审查专家库成员的培训。全市审核发放《动物防疫条件合格证》97本。

【“瘦肉精”、饲料专项整治】 2011年，南宁市开展为期一年的“瘦肉精”专项整治行动，加大对养殖、收购贩运、屠宰等环节活畜的质量安全监督抽查力度，全年在养殖、屠宰环节采样监测“瘦肉精”3.23万批次。其中：对进入定点屠宰场的生猪采样检测盐酸克伦特罗1.72万批次，莱克多巴胺0.80万批次；对规模养殖场的生猪采样检测盐酸克伦特罗0.34万批次，莱克多巴胺0.38万批次，未检出阳性样品。加大对饲料及饲料添加剂的抽检范围和频次，强化养殖业主和饲料兽药生产经营业主的安全生产责任意识，严厉打击养殖过程中添加瘦肉精、苏丹红等违禁药物的违法行为。检查生产经营企业1919家，出动执法人员5715人次，整治重点区域52个；发放宣传材料3.07万份，通过媒体宣传13次；指导培训299场次，培训4849人次；监测场所1987个，抽检样品3.06万个，合格率100%。

【生鲜乳违禁物质问题专项治理】 2011年，南宁市对生鲜乳收购站（点）进行专项检查40次，对全市核发《生鲜乳收购许可证》的生鲜乳收购站16个和核发《准运证》的生鲜乳运输车辆22辆进行监督检查，重新审核换证。协助自治区完成农业部的17个生鲜乳样品采样；完成自治区91个生鲜乳兽药残留样品和产品质量安全的采样送检；完成市本级例行采样104个、快速检测277份。以上检测结果均为阴性。

【兽药质量安全专项治理】 2011年，南宁市出动执法人员1285人次，检查兽药生产经营企业、医疗机构及养殖场2672家，整顿重点区域17个，取缔无证经营企业2家，查处问题40起，立案17件，查获假劣兽药产品注射剂2.66万支/瓶、其他产品6023千克，货值金额32.90万元，罚没金额1.39万元。1月，在武鸣县捣毁制售假兽药窝点1个，涉案金额33万元，将案件移交公安机关处理。

【水产品质量安全专项治理】 2011年，南宁市加强水产品质量安全管理，重点开展水产品禁用药物和物质问题专项治理。检查生产经营企业191家，出动执法人员368人次，发放宣传材料876份，指导培训12场次，培训85人次，监测场所93个，抽检795批次，合格率99.25%。

【新技术新品种推广】 2011年，南宁市推广水产畜牧新品种、新技术，促进水产畜牧结构调整。推广宝路罗非鱼养殖面积2平方千米~3.33平方千米；杂交鲟鱼养殖面积1万平方米；推广花鳗养殖10万尾、黄金兔养殖5500只、野猪养殖1万头（年内出栏5400头）、种鸽15万多对（年内出栏153万对）、黑豚1.52万只、竹鼠3.50万只。罗非鱼深水井塘中塘养殖技术推广面积53.33万平方米；罗非鱼地网捕捞养殖技术4平方千米；生猪生物发酵床养殖技术面积5万平方米，存栏生猪3万头，出栏6万头；奶水牛性控中试技术，完成配种母牛2000头，产母犊率80%以上；山羊圈养配套技术，山羊圈养2025户，圈养8.30万只。年内，出口型罗非鱼标准化养殖技术研究及示范推广、罗非鱼苗种规模化越冬技术研究与示范推广分获南宁市2011年度科技进步一等奖、三等奖。

（市水产畜牧兽医局编写组）

农业综合开发

【概 况】 2011年，南宁市筹集和安排农业综合开发资金2.18亿元。农业综合开发项目201个，获各级财政资金1.82亿元。其中：中央财政6306万元，自治区财政2628万元，市财政8551万元，县（区）财政配套742万元。按项目类别分，产业化经营项目173个,土地治理项目28个。

【中央立项农业综合开发项目】 2011年,南宁市获国家农业综合开发土地治理项目12个。其中:中低产田改造项目7个,涉及西乡塘、邕宁、横县、宾阳、上林等7个县(区),总投资3680万元(中央财政资金2300万元,自治区财政920万元,市、县财政230万元,自筹230万元);高标准农田建设示范工程项目3个,涉及武鸣县、宾阳县、隆安县,总投资4800万元(中央财政资金3000万元,自治区财政1400万元,市、县财政100万元,自筹300万元);中型灌区节水配套改造续建项目1个,即横县六蓝水库中型灌区节水配套改造,总投资1000万元(中央财政资金500万元,自治区财政200万元,市、县财政50万元,自筹250万元);农民专业合作社土地治理试点项目1个,涉及上林县,总投资160万元(中央财政资金100万元,自治区财政40万元,市、县财政10万元,自筹10万元)。获国家产业化项目3个,其中:中央财政贷款贴息项目2个,涉及横县的广西集盛食品有限公司、广西农垦糖业集团良圻制糖有限公司,贴息总额236万元;国家产业化经营财政补助农民专业合作社项目1个,涉及横县马岭万隆果蔬种植专业合作社,投资300.60万元(中央财政资金70万元、自治区财政28万元、县财政7万元、自筹195.60万元)。获国家产业化部门项目1个,涉及兴宁区桂福园公司玉米原种扩繁基地,投资202万元(中央财政100万元,自治区财政40万元,城区配套10万元,自筹52万元)。

【市级立项农业综合开发项目】 2011年,南宁市市级立项农业综合开发土地治理项目11个,涉及西乡塘区、邕宁区、江南区、良庆区、宾阳县、横县、上林县、马山县、隆安县9个县(区),总投资5482.75万元,其中市财政投入4720万元、县(区)配套335万元、自筹427.75万元。市级立项产业化经营项目173个,市财政投入3485万元,财政资金扶持内容主要为农业龙头企业建设规模化标准化基地建设、农产品流通、加工和农民专业合作社产业化项目。

【项目验收】 2011年,南宁市按照《国家农业综合开发资金和项目管理办法》和《国家农业综合开发竣工项目验收考核评分试行标准》对2010年度各级立项的农业综合开发项目进行竣工验收考评。检查验收结果:南宁市2010年各级农业综合开发项目实施情况良好,各项建设任务和主要技术经济指标基本完成,资金管理和使用较为规范,工程质量和管护达到有关要求,成效显著。没有发现县级财政配套资金不足额到位、没有滞留财政有偿资金,也没有挤占、挪用项目资金现象,但工程施工和项目实施进度缓慢、不按时竣工结算的比较普遍,尾欠工程较多。

【项目管理】 2011年,南宁市推行农业综合开发土地治理项目法人责任制、招投标制、工程监理制、资金和项目公示制。县(区)农发办作为农业综合开发项目的法人,负责项目的管理。对土地治理项目的主要单项工程的勘察设计、施工、主要设备和材料的采购,实行公开招标。监理由市农发办统一公开招标。武鸣、邕宁、隆安、横县、宾阳、上林、西乡塘7个县(区)是国家农业综合开发项目县(区),其他非国家项目县(区)长期得不到上级的扶持,市级的土地治理项目向这些非国家项目县(区)倾斜,安排市级土地治理项目11个。市级产业化资金重点培育优势产业和特色经济,支持发展优质稻、糖料蔗、果蔬、桑蚕、商品林、畜禽、牛奶、罗非鱼等10个优势特色产业,培育壮大一批成长性好、带动力强的产业化龙头企业,建设一批规模较大、具有区域特色的农业产业基地,发展订单农业。

【资金管理】 2011年,南宁市县(区)农发办设立农业综合开发资金财政专户,指定专人管理,专账核算,专款专用。项目实施完成并通过验收以后,按照规定的程序和手续办理报账和资金结算。无偿资金实行县级财政报账制。执行限时办结制度,国家和自治区财政资金到达市农发专户之日起,10个工作日内拨给项目实施的县(区)财政农发专户,市级项目的财政资金是自批复之起5个工作日内拨出。项目建设完工后,经验收合格办理竣工手续,依照审计报告、监理报告和其他相关资料进行工程资金结算,按规定提取工程管护资金,明确工程管护主体,办理移交手续。管护主体建立运行管护制度,明确职责,管好用好建成项目,确保长期发挥效益。

【项目成果】 2011年,南宁市土地治理的中低产田改造项目注重农田基础设施建设和农业生产条件的改善,产业化经营项目侧重优势特色农产品的培植、加工。国家农业综合开发土地治理项目在南宁市建成后,武鸣、横县、宾阳、上林、隆安、邕宁、西乡塘7个县(区)改造中低产田1920公顷,高标准农田建设1366.67公顷,中型灌区节水配套改造面积666.67公顷。项目建成后,预计新增总产值9213万元,增加农民收入1437万元。市级立项的土地治理项目完成后,可以为西乡塘、邕宁、江南、良庆、宾阳、横县、上林、马山、隆安9个县(区)改造中低产田2833.33公顷,项目建成后,预计新增种植业总产值5624万元,增加农民收入1171万元。市级农业产业化项目资金主要是引导和扶持农业产业化龙头企业,采取"公司+基地+农户"模式,立足本地资源和比较优势,培育优势产业和特色经济,重点培植发展优质谷、糖料蔗、果蔬、桑蚕、木薯、商品林、花卉、畜禽、牛奶、罗非鱼等农业优势产业。 (李燕妮)

扶贫开发

【概 况】 2011年,南宁市扶贫开发继续以国家扶贫开发重点县和贫困村为重点,围绕"行路难、饮水难、增收难、上学难"等贫困地区群众迫切需要解决的问题,实施整村推进贫困村扶贫开发,抓好基础设施建设、产业化扶贫、扶贫培训。全市投入财政扶贫资金1.14亿元,其中贫困地区基础设施建设7387万元、产业化扶贫2022万元、扶贫培训444.83万元。自治区确定南宁市"十二五"整村推进贫困村224个,其中首批村108个(纳入国家规划的贫困村39个)、第二批村116个。全市有农村贫困人口99.23万。

【扶贫建设项目实施】

自治区2011年第一批贫困地区基础设施建设项目 7月,由市扶贫办、市财政局下达各县(区)。项目建设主要包括:村级(通屯)道路138条,165.38千米;独立桥13座,181.50米;小码头1处。总投资3813.11万元(自治区财政3196万元、县(区)配套160.88万元、群众自筹456.23万元)。至年末,完成项目建设,受益群众8.55万人。

自治区2011年第二批贫困地区基础设施建设项目 10月,市扶贫办、市财政局下达各县(区)。项目建设主要包括:村级(通屯)道路74条,71.57千米;独立桥4座,127米;人饮工程11处。总投资1812.71

万元（中央和自治区财政1501万元、县（区）配套42.10万元、群众自筹269.61万元）。要求2012年6月末前完成。

南宁市2011年市本级财政农村基础设施建设工程贫困村和革命老区通屯道路项目　为市政府2011年20件为民办实事项目之一。8月，由市发改委下达各县（区）。项目建设主要包括通屯道路62条，68.21千米。总投资1875万元（市财政1500万元、县（区）配套187.50万元、群众自筹187.50万元）。至年末，完成项目建设。

跨地区异地安置移民村屯基础设施建设项目　2010年自治区安排南宁市跨地区异地安置村屯建设资金59万元，实施项目8个。至年末，完成项目建设。

贫困村重点产业开发项目　由自治区下达南宁市。8月，市扶贫办、市财政局下达各县（区），要求2012年6月末前完成。总投资1723万元（自治区财政922万元、地方配套资金43万元，群众自筹资金758万元）。实施子项目24个（种植业17个、养殖业7个），项目覆盖195个贫困村0.88万农户。至年末，完成项目建设任务80%。马山县百香果种植示范基地列入自治区"十二五""十百千"产业化扶贫示范工程，获自治区产业化扶贫资金300万元。市财政投入产业化扶贫资金800万元，完成产业化扶贫项目4个：在隆安、马山、上林、邕宁等县（区）发展中药材种植20平方千米；在全市贫困村发展百香果种植示范基地3.33平方千米；在上林、横县、宾阳等县贫困村发展桑菇配套种植基地2平方千米；在全市贫困村发展养猪5000头、养殖家禽10万羽。

【扶贫贴息贷款项目实施】

扶贫贴息到户贷款项目　2011年，南宁市在马山县、隆安县、上林县、武鸣县、横县及邕宁区、良庆区、西乡塘区、江南区实施。贷款1.06亿元，有1.20万农户获贷款；贷款期限1年，年贴息率5%。

扶贫龙头企业贴息贷款项目　南宁市有11家扶贫龙头企业获扶贫贴息贷款，获贷款1.38亿元，带动10万多农户发展生产；贷款期限1年，年贴息率3%。

【扶贫培训】

农民农业实用技术培训　2011年，南宁市和县（区）扶贫部门以第三批整村推进贫困村群众为主要对象，采取农户课堂培训、异地培训和现场培训等方式，根据生产发展、农民需求和农时需求，举办农业实用技术培训班120期，培训农民1.41万人次，发放培训资料3.30万份。

贫困劳动力转移就业职业技能培训　市扶贫部门指导南宁市中等职业技术学校、广西高级技工学校、南宁运德汽车运输职业学校和马山县职业学校、上林县职业学校等扶贫培训基地开展劳动力转移就业培训，培训2910人，其中转移就业培训1109人、学历班920人、大石山区贫困村屯特困生881人。

贫困村"两委"干部培训　市扶贫部门组织贫困村"两委"干部培训班3期，对第三批整村推进贫困村的278名"两委"干部进行扶贫项目管理、产业开发、扶贫培训、扶贫资金管理等方面培训。

【定点帮扶贫困村】　2011年，南宁市安排250个市直机关、企事业单位和驻邕部队定点帮扶224个贫困村。自治区、市直单位（企业、部队）派驻南宁市贫困村的干部933人次，驻村工作队队员到贫困村开展工作4028人次；投入帮扶资金2273万元，其中基础设施建设1527万元、产业开发项目783万元、教育165万元、文化活动130万元、医疗卫生158万元、基层组织建设108万元、培训3514万元。

（覃春兰）

农业机械化

【概　况】　2011年，南宁市有市、县（区）农业机械化管理局（中心）13个，在职人员189人。南宁市农业机械化管理局辖市农机安全监理所、市农业机械化技术学校、市农业机械化技术推广服务站、市农业机耕队、市农机化服务公司、南宁丰腾农机有限责任公司、南宁奔腾农机有限责任公司。全市有农机机构49个，在岗职工427人。江南区农业机耕队整体划拨到南宁经济技术开发区，不再归属农机部门。年内，市农机局获全国农机技能竞赛广西选拔赛三等奖；武鸣县宁武镇唐村李柏壮获全国农机技能竞赛广西选拔赛第一名；黄天华、莫清贵、陈汉东获全国农机技能竞赛广西选拔赛优秀教员；李柏壮获农业部颁2011年全国拖拉机作业技能竞赛优秀选手。

全市农机总动力411.99万千瓦，有各类拖拉机15.82万台。其中大中型拖拉机5878台，水稻联合收割机2461台，水稻插秧机2221台，甘蔗收获类机械4694台，木薯收获机械机70台，中拖配套农具9603台，小型拖拉机配套农具11.07万台，农用排灌机械12.20万台。完成农机作业总值47.20亿元，机耕面积6262平方千米，机种面积858.80平方千米，机收面积2093.87平方千米；农业生产耕、种、收综合机械化水平37.40%。其中：水稻耕种收综合机械化水平57.60%，甘蔗耕种收综合机械化水平42.32%。农机作业服务纯收入11.80亿元。

【农机技术推广】　2011年，南宁市推广甘蔗装车机械、甘蔗收获类机械、玉米脱

8月16日，金光农场甘蔗种植机作业演示现场　　陆凤婵　摄

粒机、喷雾喷粉机等20种先进适用农机具6200台。筹办自治区甘蔗生产机械化现场会2个。全市建立甘蔗生产机械化示范片10个，面积2.77平方千米，推广甘蔗种植行距1.00米~1.20米的面积66.67平方千米。水稻生产机械化示范片28个，面积4.50平方千米。木薯生产机械化示范片1个，面积13.33公顷。

甘蔗生产机械化技术示范区建设 南宁市承担自治区农机局下达甘蔗生产全程机械化示范区建设项目，示范区在武鸣县宁武镇雄孟村，核心示范试验区13.33公顷。进行75.13公顷甘蔗生产全程机械化机械种植与人工种植对比试验。带动推广机械种植2.35平方千米，机械收获1.17平方千米。召开机种、中耕培土、机械植保、机械收获等现场演示会6次。在示范区中开展甘蔗收获机械不同机型、不同品种、不同地形、不同作业组合等进行生产率、含杂率、损失率、扣杂率、作业成本，2010—2011榨季机收的地块进行破头率、出苗率的测定，90厘米、110厘米、130厘米的三种种植行距、机械种植与人工种植的试验，甘蔗培土和人畜力培土对比试验等试验测定。2月25日、12月16日，自治区农机局在武鸣县宁武镇雄孟村甘蔗生产全程机械化示范区、仙湖镇苏梁村分别召开自治区甘蔗生产全程机械化现场演示会、甘蔗生产机械化现场观摩会。

【国家购机补贴】 2011年，南宁市委、市政府把农机购置补贴工作列入为民办实事项目。市农机局、财政局联合召开2011年南宁市农业机械购置补贴工作会议进行部署；在乡镇签发《农业机械购置补贴报名表》，接受报名申请、审核公示；对部分机具报名人数多于补贴指标的，通过抽签或申请购机人认同的方式确定补贴对象。实行“主要领导负总责、分管领导负全责、工作人员直接负责”的责任机制；借助各种媒体宣传农机购置补贴政策，张贴农机购置补贴政策和补贴信息，受理农民申请农机购置补贴手续全部进入当地县（区）政务中心办理，公开监督投诉举报电话；实行农机购置补贴“阳光操作”；严格执行农机购置补贴国家和自治区有关规定，做到“不向农民收费，不向农机生产企业收费，不向补贴产品经销企业收费，不以工作经费不足为由向企业及农民收费”。完成投入各级农机购置补贴资金7353.07万元，占市政府为民办实事项目之投入各级农机购机补贴资金计划5600万元任务的13.13%。其中：国家补贴资金6797.47万元，自治区补贴资金387.63万元，市补贴资金159.40万元，县（区）补贴资金8.58万元。补贴农民购置各类农机具1.85万台，其中：大中型拖拉机860台（履带式44台），手拖7416台，方拖1262台，耕整机1073台，微耕机2542台，水稻联合收割机487台（半喂入163台），水稻插秧机386台（乘座式6台），甘蔗割铺机922台，甘蔗剥叶机141台，甘蔗装载机109台，甘蔗种植机7台，木薯收获机38台，其他旋耕机、铧犁、畜牧水产养殖机械、培土机、排灌机械、农产品加工机械等机具3279台。受益农户1.73万户，拉动农民投入约1.70亿元。

【农机安全管理】 2011年，南宁市继续开展农机安全生产年活动，以平安农机创建活动为主线，农机安全生产继续保持平稳态势。市政府与各县（区）政府签订农机安全生产目标管理责任状，各县（区）政府与乡镇政府签订农机安全生产责任状，农机监理部门与农机手签订责任书2.75万份。印发宣传资料14万多份，召开机手会议162次，参加会议的机手2万人次，发短信息宣传10万条，互联网宣传报道121次，出动宣传车下乡巡回宣传1291车次，悬挂宣传横幅636条，张贴宣传标语2.10万张，出版宣传板报48版。完成拖拉机年检3.20万台。加强执法监控，农机死亡事故为零。统一开展农机安全生产检查行动5次，出动农机检查人员6939人次，检查各类拖拉机2.31万台次，处理违法行为2063台次，暂扣拖拉机169辆、行驶证136本，补办拖拉机上牌328台，补办拖拉机年检542台，强制机手学习考证317人。至年末，完成创建“平安农机”示范县（区）4个，“平安农机”示范乡镇26个，“平安农机”示范村232个，“平安农机”示范户2500户。11月29日，市农机局和上林县政府在上林县大丰镇组织开展2011年南宁市农机事故应急救援预案演练。6月~10月在全市开展拖拉机、联合收割机大普查及以提高登记注册率、检验率和驾驶人持证率为重点的拖拉机、联合收割机牌证管理专项整治活动。10月，南宁市有拖拉机7.08万台（大中型拖拉机2931台、多功能拖拉机2.32万台、小型方向盘式拖拉机5273台、手扶式拖拉机3.31万台、微型拖拉机6379台），联合收割机1188台（方向盘式联合收割机14台、操纵杆式联合收割机1101悬挂式联合收割机73台）；拖拉机驾驶员3.20万人，联合收割机驾驶员180人。

【农机教育培训】 2011年，南宁市召开甘蔗生产机械化现场会20次，培训群众3706人次；在春耕、双抢期间举办机插秧育秧现场技术培训15次，培训育秧、机插秧技术员3731人；召开木薯生产机械化技术现场会2次，培训群众200人次。4月13日~6月16日，市农机局派员分赴武鸣县、西乡塘区、江南区、良庆区的7个乡镇开展农机化技术下乡巡回演（展示）宣传培训活动，接受农民技术咨询培训2800人次。全年培训3.35万人次，其中培训拖拉机驾驶员4051人，培训村“两委”干部100人次，培训农机化管理人员222人次、农机技术人员768人次、新购农机农民3678人次、其他技术培训2.47万人次。

【农机服务】 2011年，南宁市投入农业生产的拖拉机28.39万台次，实际下田作业的拖拉机17万台次，投入作业的插秧机4172台次，机耕面积6542.87平方千米（水稻机犁耙面积2552.73平方千米，甘蔗机耕面积666.20平方千米），蔗地深耕面积520.93平方千米，其他旱地作物机耕面积1336.67平方千米，水稻机械插秧面积498.07平方千米；农业生产资料和农产品运输1.10亿吨千米，农机作业值8亿元。组织农机干部技术人员下乡指导和组织农机投入抗灾救灾2.10万人次，指导农民检修农机具13.50万台套，投入抗灾救灾动力机械8.80万台套，抗旱抽水浇灌面积1119.33平方千米，抢修救灾农机具7221台套。投入作业的水稻联合收割机（含外地机具，其中引进外省联合收割机924台）3585台，机收水稻面积1729.20平方千米，跨区机收水稻面积253平方千米；投入作业的动力脱粒机9.54万台，动力机脱粒面积182平方千米；组织跨区机收服务队48个，机械灌溉作业面积1119.13平方千米，投入抗灾救灾动力机械12.85万台套。

【产品质量监督管理】 2011年3月28日~30日，市农机局和广西农机鉴定站开展春季农机打假联合行动。3月28日，举办农机产品质量监督检查人员进行业务培训班，培训农机执法人员17人。3月29日~30日，检查市区内农机生产、销售企业，检查农机生产企业10家，农机销售企业21家；检查深耕犁、旋耕机、水稻联合收割机、耕整机、轮式拖拉、插秧机、甘蔗装载机、柴油机、甘蔗提升机、水泵、甘蔗收联合收割机、粉碎机、小型多功能拖拉机等13个品种1284台（套），价值898.80万元。检查中发现3家企业的手扶拖拉机上使用的推广鉴定证章超出有效期，少数产品的三包手册不符合要求，82台产品不符合要求，价值41.48万元。开展农机执法检查活动30次，出动执法车辆191辆次，出动检查人员653人次，挂横幅和贴宣传标语249条，印发识别农机假冒伪劣产品宣传资料1.77万份，检查农机产品经销企业266家、农机生产企业56家、农机产品13个品种1284台(套)，价值898.80万元。查获无标识或标识不合格要求农机产品192台(件)，价值43.58万元，责令企业进行整改。（陆凤婵）

农工商企业

【概　况】 2011年，南宁农工商集团有限责任公司有广西北湖工业投资有限公司、广西秀宁房地产有限公司、南宁壮业房地产有限责任公司、广西云景房地产开发公司、南宁市照辉房地产开发公司、广西居得安房地产投资有限责任公司、广西联创房地产开发公司、南宁市石埠实业有限责任公司、南宁市路东养猪场、南宁市柳沙企业有限责任公司、南宁市金谷隆粮油购销有限责任公司、南宁市名优果业中心等全资子公司、参股子公司、授权管理单位12家，受市政府委托代管集体性质的园艺场2个(南宁市三屋园艺场、南宁市罗文坡园艺场)。是集农业、工业、商业为一体的大型综合性企业集团。生产经营涉及农业综合开发、建筑材料、家具、房地产开发、农贸市场、房屋租赁、商铺、酒店、城市道路施工等。集团公司以加快转变经济发展方式为主线，突出抓好产业提升、项目建设、招商引资等工作重点。与高新区合作，高标准、高起点、严要求，规划做好北湖工业集中区。“熙和缘老年公寓”项目净用地5万平方米，拟开发建设包含有医疗大楼、康健中心、星级养老院等功能。9月，与合作方广西汇川投资有限公司进行项目签约，完成规划定点立项、勘探测量，并开始进行征地。修订《南宁农工商集团有限责任公司发展战略与规划(2011—2015)》。全年完成工农业总产值4.20亿元，比上年同期增长3%；完成营业收入3.30亿元；实现利润9195万元，增长10%；完成固定资产投资6.40亿元，增长13.59%；完成招商引资到位资金2.90亿元，增长19.22%；完成粮食购销总量8500吨；总资产30.50亿元。年内，获广西优秀企业。

【生产经营管理】 2011年，集团公司按照市委、市政府和市国资委布置，深入开展“项目建设年”、“发展环境建设年”、“党组织建设年”主题活动，进一步明确转变经济发展方式为主体，坚持改革创新，抓住机遇，优化产业结构，继续保持各产业平稳较快发展。三产物业经营：加强招商租赁管理，扩大资产经营思路，提高现有物业的出租率，抓好与租户间的各项协调服务，做好规范管理，提高租赁档次。租赁面积13.37万平方米，出租率99.68%，收取租金1552万元。房地产开发：红星住宅小区已经竣工并交付使用；东方皇城项目期即将竣工；广西云景房地产开发公司美泉1612项目，完成建筑面积5.80万平方米；柳沙江南一号回建点累计投入资金2亿元，柳沙教育综合楼已破土动工。工业集中区开发：充分发挥北湖工业集中区的区位、政策等优势，突出强化服务意识，配合城区政府、规划设计单位制定北湖工业集中区启动区详细性规划方案，并结合北湖管理区的实际，积极申报三产用地和工业用地；配合城区政府做好太华医药项目征地拆迁。农业综合开发：农业是集团公司的基础产业，通过加大资金投入、科技推广、基础设施建设、宣传培训等手段，大力发展优质高效特色农业。全年水果产量4900吨；牛奶产量6400吨，增长25%；肉类产量7000吨；绿化苗木出圃662万株。

【招商引资与项目建设】 2011年“两会一节”期间，集团公司罗文“轻轨时代”项目作为南宁市重点项目在中国—东盟商务与投资峰会上签约，合同引进资金2.20亿元。年内，红星住宅小区竣工并交付使用；罗文农贸市场主体基本竣工；东方皇城项目一期即将竣工；在建项目有美泉1612项目、柳沙江南一号回建点、柳沙教育综合楼；报建项目有“爵士城”、罗文“照辉西庭”、红星高坡5.33公顷五星级酒店、罗文“轻轨时代”、熙和缘老年公寓、南宁市文化艺术创作中心。

【企业改制】 2011年，集团公司完成下属单位南宁市扶贫开发中心职工分流安置费用的审核、上报；探索金谷隆公司下属困难企业南宁市西乡塘粮油贸易中心脱困的新思路，通过招商引资合作开发商业服务用地项目解决脱困问题；柳沙企业公司加快股份制改制工作，吸取外省在征地拆迁安置和股份制改造的成功经验，规范产业用地的项目开发和经营管理，以发展企业经济，解决失地居民的就业和生活保障问题。（欧宗殿）

林　业

【概　况】 2011年南宁市植树造林1.46万公顷(荒山荒地造林1.07万公顷、迹地更新3738公顷、低改167公顷)，森林覆盖率47.10%。全市活立木蓄积量3430万立方米。全民义务植树1211.70万株，新育苗面积44公顷。新建沼气池1.04万座，累计建成49.34万座。全市完成固定资产投资66.48亿元；完成林业总产值273.16亿元，其中第一产业产值63.27亿元，第二产业产值197.48亿元，第三产业产值12.41亿元；商品木材生产204万立方米；列入国家级森林生态效益补偿资金面积33.81万公顷。（韦丽峰）

【植树造林】 2011年，南宁市完成人工新造林1.46万公顷（荒山1.07万公顷、迹地更新3738公顷、低改167公顷)，其中速丰林1.38万公顷；完成2003年度退耕地造林阶段验收0.47万公顷、退耕地造林补植补造及验收76.50公顷；完成马山县国家级石漠化治理工程封山育林2873公顷；全民义务植树1211.70万株；新育苗面积44公顷；中幼林抚育面积3.74万公顷；完成通道绿化119.54千米，绿化村屯53个、乡镇建成区32个。（杜晓珍）

【国有林场】 2011年，南宁市有国有林场9个，分别为南宁市丁当林场、横县石塘林场、横县镇龙林场、宾阳县黎塘林场、上林县龙山林场、马山县永州林场、武鸣县朝燕林场、隆安县礼智林场和良庆区南州林场，总面积4.36万公顷，其中林地3.99万公顷，占91.50%；活立木蓄积量207.89万立方米。荒山造林面积218公顷，迹地更新1004公顷，幼林抚育面积2464公顷，成林抚育面积2054公顷；木材产量9.95万立方米，松脂产量675吨，八角产量12吨，玉桂产量7吨，松香产量1.65万吨，木片产量5.39万立方米，实现林业总产值3.99亿元。（杜晓珍）

【林地管理】 2011年，南宁市实行林地定额管理，自治区下达南宁市定额300公顷。国家林业局、自治区林业厅审批、审核南宁市工程建设征占用林地74宗，征占用林地面积1349.58公顷。其中：临时用地5宗、88.77公顷，直接为林业生产服务设施用地2宗、49.70公顷，长期用地67宗、1211.11公顷。（梁开毅）

【自然保护区】 2011年，南宁市有森林类型自然保护区6个，总面积5.16万公顷，分别为广西大明山国家级自然保护区、广西龙虎山自治区级自然保护区、广西龙山自治区级自然保护区、广西三十六弄—陇均自治区级自然保护区、广西弄拉自治区级自然保护区和南宁市良庆区那兰鹭鸟市级保护区。5月，南宁市林业局野生动植物保护与自然保护区管理科成立。重点推进江南区苏圩镇石山苏铁、马山县金钗猕猴、马山县百龙滩猕猴、隆安县布泉乡黑叶猴和蚬木分布区4个市级保护区建设，争取到项目经费60万元，用于开展自然保护区的科学考察和总体规划；推进弄拉自然保护区调整规划。隆安县屏山乡逐劳屯黑叶猴的保护工作基本落实，年初有7只，年末发展至9只。西大明山自然保护区（隆安县）界线划定和面积确认基本完成，方案于12月底经市政府常务会讨论并修改完善报自治区林业厅审定。（梁月芳）

【森林保护】 2011年，南宁市立涉林案件803件。其中：刑事案件188件，破111件（盗伐林木案件17件、滥伐林木案件62件、火灾案件16件、非法收购运输出售珍贵濒危野生动物案件8件、其他森林案件8件）；抓获犯罪嫌疑人174人，抓获网逃人员32人；刑事拘留102人，批准逮捕82人；移送起诉63人，直接起诉46人。查处林业行政案件1012件，查处违法人员1012人，治安拘留1人；罚款301人，罚没收入370万余元；林政罚款及木材变价款348万余元，育林基金21.90万元，补种树木12人，其他处罚92人，警告教育607人。（吴全阳 韦 宁）

【野生动物保护】 2011年，南宁市核发《陆生野生动物驯养繁殖许可证》繁殖场72家，主要养殖虎纹蛙、竹鼠、野猪、食蟹猴、蛇、山鸡、蓝孔雀等；核发《陆生野生动物经营利用许可证》91家。新发陆生野生动物驯养繁殖证6本，其中蛇场2本、竹鼠2本、七彩山鸡2本；换证7本。加大宣传力度，开展3次市电视台、2次市广播电台、5次市报刊等专题宣传活动，发放宣传资料2万份；在城区（开发区）小学开展保护野生动植物征文比赛活动。开展打击破坏野生动植物专项检查18次，检查非法出售野生动物市场、地域80多处，清理野生动物加工经营场所270余处。查获野生动物5300余只（头、条），收缴象牙、犀牛角、熊掌、红豆杉等国家保护野生动植物制品200余件，挽回经济损失400余万元。

【湿地保护】 2011年，南宁市组织开展第二次湿地调查。横县、宾阳县列为自治区第二次湿地调查的先行试点单位。8月，全面铺开南宁市第二次湿地资源调查，至年末，全市完成湿地调查外业工作及内业统计，数据报自治区审定。（梁月芳）

【山林纠纷调处】 2011年，南宁市山林权属纠纷个案存量653件，其中跨市46件，跨县（区）45件，县（区）内562件。全年调结山林权属纠纷案件522件，调结率80%，调处率100%，解决面积61.40平方千米，挽回经济损失720万元。接访因山林权属纠纷案件的群众1904人次，劝化械斗苗头31次，劝阻进京赴邕上访33次，受理来访信函45件。（农俊林）

【森林防火】 2011年，南宁市发生林火36起，其中一般森林火灾8起；较大森林火灾28起；无重、特大森林火灾和人员伤亡事故发生。火场总面积694.21公顷，受害森林面积109.62公顷，受害率0.15‰。出动灭火车473辆次，出动扑火人数4190人，查清起火原因36起，查清率100%，已处理火灾案件28件，处理率77%。出动宣传车822辆次，印发各种宣传资料52.15万份；举办培训班129期。投入森林防火经费3955.74万元，其中市本级财政安排426.60万元，列入财政预算开支71.60万元；安排处置森林火灾应急预案演练活动45万元；拨专项经费270万元为全市102个乡镇半专业森林消防队购置装备和安装林火监控系统；在防火高危时段追加防火经费40万元。（曾 奇）

【森林病虫害防治】 2011年，南宁市有森防检疫站8个，其中武鸣县、宾阳县、马山县、横县为国家级中心测报点；从事森防工作的人员54人，专职检疫员31名，兼职检疫员19名，基层测报员229人。林业有害生物发生总面积32.17平方千米，成灾面积66万平方米，主要发生种类为松毛虫、桉袋蛾、油桐尺蠖、桉树枝瘿姬小蜂、桉树青枯病。松毛虫发生面积13.17平方千米，成灾面积23.33万平方米，成灾分布在宾阳县甘棠镇、武陵镇、露圩镇；桉袋蛾发生面积5.63平方千米，未成灾；油桐尺蠖发生面积3.10平方千米，未成灾；桉树枝瘿姬小蜂发生面积2.66平方千米，成灾面积12.67万平方米，成灾分布在武鸣县锣圩镇、灵马镇；桉树青枯病发生面积1.71平方千米，成灾面积6.67万平方米，成灾分布在马山县林圩镇；其他病虫害（白蚁等）发生面积2.49平方千米，成灾面积23.33万平方米，成灾分布在武鸣县太平镇、马头乡。全年投入林业有害生物防治经费75.7万元，实施防治作业面积36.69平方千米，实际防治面积18.28平方千米，预防面积18.41平方千米。5月、9月，分别开展松材线虫病和松墨天牛监测普查，调查监测松林面积4545.87平方千米；调查发现各种原因导致枯死的松木2192株，经对其中197株抽取442个样本进行检验，均未发现有松材线虫。实施木材调运检疫499万立方米，复检木材2566立方米；种苗调运检疫333万株，实施种苗产地检疫1.98平方千米，复检苗木5万株。协助广西森林病虫害防治站开发“林业有害生物GIS信息管理系统”，武鸣县作为自治区具有森林资源二类调查“三维”空间数据县，被广西森林病虫害防治站列为广西林业有害生物GIS信息管理系统应用开发试点县之一。（雷秀峰）

【林业产业】 2011年，南宁市有木材经营加工单位(个人)及其他林业企业3512家(经营销售企业988家、生产加工企业2524家)。在生产加工企业中:人造板加工企业252家,锯材、木片、旋切单板加工企业1676家,木、竹家具加工企业399家,其他木、竹制品加工企业176家,林化产品加工企业18家(松香厂16家、栲胶厂2家),制浆造纸业3家。全市林业总产值273.20亿元。其中:第一产业产值63.30亿元,第二产业产值197.50亿元(加工业产值78.20亿元、造纸业产值63.70亿元、其他产值55.60亿元),第三产业产值12.40亿元。有工业总产值上亿元的企业8家。其中:南宁凤凰纸业有限公司生产纸浆13.49万吨,年产值7.76亿元,销售收入6.26亿元,税金5426万元,利润2349万元,从业人数1141人;广西丰林木业集团股份有限公司(原广西丰林木业林业开发有限公司)于9月29日在上海证券交易所正式上市,成为南宁市第一家林业企业上市公司,股票代码为601996,其南宁厂2011年生产中密度纤维板17万立方米,年产值2.40亿元,销售收入2.40亿元,税金1853万元,利润6076万元,从业人数371人;广西高峰人造板有限公司于6月30日重组并入广西华峰林业股份有限公司,生产中密度纤维板17.33万立方米,年产值2.64亿元,年销售收入2.07亿元,税金1382万元,利润981万元,从业人数245人;广西华劲纸业集团南宁纸业分公司生产竹浆造纸5.70万吨,产值3.20亿元,销售收入3.10亿元,税金3260万元,利润4300万元,从业人数1345人;南宁利通树脂有限公司生产歧化松香1065.24万吨,年产值3.13亿元,年销售收入2.19亿元,年税金542.30万元,利润866万元,从业人数46人;国营武鸣县朝燕林场生产松香1.40万吨,松节油1500吨,加工单板4658立方米,木片3000吨,年总产值2.36亿元,年销售收入3.21亿元,税金448万元,利润199.20万元,从业人数281人;广西全通投资集团主营业务收入2.14亿元,税金105万元,利润1326万元,从业人数475人,生产胶合板1.50万立方米,胶合板年产值2500亿元;广西东正集团广西东林木业有限公司生产中密度纤维板8万立方米,年产值1.80亿元,销售收入1亿元,税金900万元,利润722万元,从业人数360人。

(韦丽娟)

【农村能源建设】 2011年,农村沼气池建设项目列入自治区、南宁市为民办实事项目。新建农村沼气池1.04万座,完成投资4940.20万元,其中中央投资2080万元、自治区林业部门468万元、市财政208万元、县(区)财政投资129万元、农民自筹2055.20万元。至年末,累计建成农村户用沼气池49.34万座,适宜建池农户入户率69.40%。每年可减少二氧化碳排放755万吨,减少甲烷排放0.61万吨,节约薪柴98.70万吨,保护林地658平方千米。

(张海琳)

【国家森林城市创建】 南宁市创建国家森林城市始于2005年。到2011年,南宁市财政累计投入35亿多元,社会多渠道投入19.45亿元实施以"五大森林工程"为主的森林城市建设。南宁市森林覆盖率、城市建成区绿化覆盖率、绿地率、人均公园绿地面积等各项指标均达到国家森林城市评定标准。9月26日~29日,国家森林城市考评验收组对南宁市创建国家森林城市进行考评验收。10月14日,全国绿化委员会、国家林业局决定授予南宁市国家森林城市。10月21日~23日,由国家林业局、自治区政府主办,市政府、自治区林业厅承办的中国—东盟城市森林论坛在南宁召开。邀请到东盟国家嘉宾30人,其中部长级林业官员3名,国内嘉宾214人。时任国家林业局党组副书记、副局长赵树丛,国家林业局党组成员、中央纪委驻局纪检组组长陈述贤,自治区党委常委车荣福、自治区副主席陈章良,市长周红波,自治区林业厅厅长陈秋华出席开幕式。通过《中国—东盟城市森林论坛南宁宣言》。

【集体林权制度改革】 2011年,南宁市集体林权制度改革勘界8708.80平方千米,完成97.40%;发证8346.13平方千米,确权发证率93.30%;确权到户率89%、商品林均山到户率85.80%。根据自治区下达的任务,南宁市确权发证率、确权到户率、商品林均山到户率、生态公益林均山到户率4项硬指标全部达标。7月,宾阳县、西乡塘区、兴宁区和江南区通过自治区第一批主体改革检查验收。10月9日,横县、上林县、马山县、隆安县、邕宁区、青秀区和良庆区等依次接受自治区主体改革检查验收组验收。至年末,12个县(区)全部通过自治区验收,改革基本完成。

(韦丽峰)

南宁市国家级保护陆生野生植物名录

南宁市植物资源有200多科,800多属,约2000余种。属国家一级保护的珍稀濒危物种有钟萼木、石山苏铁,属国家二级保护的有桫椤、金毛狗、白豆杉、樟树、任豆、红椿、海南椴、翅荚木、金丝李、马蹄参、格木、蚬木、福建柏、紫荆木、观光木、白豆杉、蝴蝶果、蒜头果、马蹄参等。此外,还发现了大明山常山(绣球花科)、大明山稠(壳斗科)、武鸣杜鹃、大明松等新物种。

南宁市国家级保护陆生野生动物名录

南宁市陆生野生动物种类有42科,65属83种,其中属国家一级保护的物种有黑叶猴、熊猴、蟒、林麝、金钱豹,属国家二级保护的物种有猕猴、苏门羚、河麂、斑林狸、穿山甲、大灵猫、小灵猫、黑熊、原鸡、白鹇、海南虎斑鳽、褐翅鸦鹃、小鸦鹃、冠斑犀鸟、黑翅鸢、黑冠鹃隼、灰背隼、红隼、猛隼、燕隼、游隼、斑头鸺鹠、领鸺鹠、戴胜、雀鹰、苍鹰、凤头蜂鹰、赤腹鹰、日本松雀鹰、松雀鹰、灰脸鵟、草原鵰、鹰雕、蛇雕、鹊鹞、鸳鸯、凤头鹛鹛、草鸮、红角鸮、领角鸮、黄嘴角鸮、褐鱼鸮、雕鸮、长耳鸮、长尾阔嘴鸟、蓝翅八色鸫、大壁虎、虎纹蛙、三线闭壳龟等。

(梁月芳)

水 利

【概 况】 2011年,南宁市筹措水利建设资金13.16亿元,大搞农田水利基本建设,实施病险水库除险加固动工164座,完工80座,新增解决37.03万农村人口饮水安全问题,完成渠道防渗和节水改造507.66千米,新增、恢复、改善灌溉面积180.40平方千米。推进中小河流综合治理,完成治理水土流失面积20.56平方千米,冬春水利建设完成投资8.92亿元,渠道清淤1368千米,新修建防渗渠道330千米，改善灌溉面积115.33平方千米，新增恢复灌溉面积28平方千米。7月，市委、市政府召开全市水利工作会议。

【水利工程项目建设】 2011年，南宁市水利工作主要围绕打好三场攻坚战（病险水库除险、农村人饮安全建设、渠系网络完善），推进三大工程（堤防、水土保持生态、农田水利）。全市筹措水利建设资金13.17亿元。其中，争取到上级资金9.94亿元，市本级资金1.23亿元，县（区）资金1.43亿元，群众自筹4155.01万元，其他1437.12万元。武鸣县、横县分别列入第三批中央财政小型农田水利建设重点县高效节水灌溉试点县、专项县。全年下达水利建设项目1123个，实际完成固定资产投资17.48亿元。病险水库除险加固累计动工164座，完工80座，完成投资2.41亿元。农村饮水安全工程完成501处，37.03万农村人口受益。面上小型农田水利建设项目累计完成投资507.66千米，占年度任务101.50%，新增、恢复灌溉面积45.87平方千米，改善灌溉面积134.53平方千米。列入自治区重点中小河流治理项目6个，计划总投资4283万元，项目全部开工，完成投资1645万元。年度计划治理水土流失面积20平方千米，完成20.56平方千米。市水利局负责协助南宁水利交通投资有限责任公司、南宁相思湖新区管委会等推进城市堤防工程建设。完成列入政府为民办实事项目年度农田水利项目前期工作投资计划1.03亿元，237个项目的前期准备工作。

【水土保持管理】 2011年，市水利局加强水土保持法规的学习宣传。3月1日，新的《中华人民共和国水土保持法》颁布实施。市水利局利用政风行风热线、召开座谈会、散发张贴宣传图片标语，宣传《水土保持法》，发放宣传小册子2000册，宣传物品56箱，张贴标语680条。强化水土保持“三同时”（同时设计、同时施工、同时投产）制度，加大水土保持执法检查。完成市政府组织的联合审批活动8次，现场办结审批项目30个。累计审查审批水土保持方案200多个。3月~5月，组织执法人员对南宁市周边的重点开发建设区、中国—东盟商务园区、南宁高新技术产业开发区、南宁经济技术开发区等开展开发建设项目水土保持专项执法检查，检查376次，检查各类开发建设项目342个，查处水保违法违规案件8件。组织开展北湖园艺场南宁市锦虹棉纺织有限责任公司工程项目的水土保持监测，加强建项目水土保持设施的监测；配合自治区水利厅完成联合执法检查组的水土保持执法专项检查、3个送变电工程项目水土保持设施竣工验收。征收水土保持规费335万元。督查促使开发建设项目业主投入水土保持治理资金15.57亿元，完成治理水土流失面积20.56平方千米。

【水资源管理】 2011年，市水利局不断强化水政水资源管理。配合自治区水利厅开展《广西水功能区划》修编和《广西水资源管理控制指标》的制定，基本完成《南宁市水功能区划》编制报告初稿，启动横县、宾阳、隆安3个县城镇饮用水源保护工程规划、《邕江饮用水源地达标建设方案》的编制。完成南宁市水塘江综合整治工程、南化集团有限公司搬迁项目、南宁化工股份有限公司采用环保清洁安全技术搬迁建设离子膜法烧碱及配套生产装置项目、南宁市江北引水干渠工程、市博物馆、北郊水库联网供水工程6个水资源论证项目的审查，依法对部分项目的取水许可和涉及的入河排污口进行审查审批。至年末，11个城镇污水处理工程的入河排污口全部完成入河排污口的审查。加强取水许可监督管理，推进宾阳县城和黎塘镇地下水取水在线监控建设。完成水资源费征收623万元。基本完成南宁市天雹水库水源地保护工程、宾阳县清平水库源地保护项目工程、宾阳县地下水超采治理等水资源保护项目建设任务，开展宾阳县大桥水厂、隆安县那桐水厂两个水源地保护项目的设计。

【河道采砂管理】 2011年，市水利局贯彻《南宁市人民政府办公厅关于印发南宁市邕江市区河道采砂整治长效管理工作方案的通知》，打击河道非法采砂行为。组织人员每天3班次24小时在邕江河面上值守，全方位、全时段进行执勤检查监控。进行执勤执法分工，执行分段轮值的管理办法，明确责任河段、责任人，确保执法任务落实到位。查处非法采砂船50艘，罚款36.90万元、拆除非法采砂船7艘。市水利局多次协助西乡塘区、邕宁区开展采砂执法，处罚非法采砂船9艘，罚款11.60万元。宾阳县、武鸣县、西乡塘区、邕宁区、江南区相应开展整治，打击非法采砂行为取得新成效，特别是宾阳县扣押非法挖沙的大型机械3台、拆除大型采砂船1艘。

【大王滩水库综合整治】 2011年3月，按照市政府制定的《大王滩水库养鱼网箱复核登记工作方案》，组织工作人员开展对水库水面经营项目进行调查摸底和宣传发动。期间，设立以市水利局为牵头的综合整治工作办公室，专门负责综合整治日常工作。3月24日~5月15日，对水库养鱼网箱、灯光诱捕、拦网养殖、捕鱼网袋、捕鱼网兜、库区养鸭、旅游竹排、机动船舶和入库排污口等9个项目进行登记、公示核查，有养鱼网箱1.34万箱、579户，灯光诱捕258个、79户，库叉拦网217处、182户，捕鱼网袋946只、235户，捕鱼网兜398个、111户，库区养鸭存栏75万羽、44户，旅游竹排126只、73户，机动船舶1115艘、886户。8月10日，印发《南宁市人民政府办公厅关于印发大王滩水库水面综合整治工作方案的通知》。9月7日，开展大王滩水库水面综合整治项目清理。9月14日，协议书签订、宣传工作组进驻大王滩水库，执行发放通知、宣传政策及签订协议书、验收、核对补助款等。至年末，水面经营项目（除机动船舶外）涉及的经营户934户，签订自行拆除协议874户，占93.60%；自行拆除785户，占84%；符合奖励条件679户；发放补助款751户，补助金额2552.80万元，支付工作经费102.30万元，合计开支2655.10万元；对旅游竹排、申请延迟清理网箱和违法经营户发放限期拆除通知书100份。

【南宁市第一次全国水利普查】 2011年3月18日，南宁市召开水利普查工作会议，动员和部署南宁市第一次全国水利普查清查登记阶段工作。2010年~2011年南宁市12个县（区）落实普查经费940.63万元，实际拨付到位1173.81万元，其中上级补助520万元，各级财政部门拨付653.81万元。南宁市将普查区分为12个县（区）、106个乡镇、1740个村三级。3月，选聘普查员2092名、普查指导员744名。举办市本级、县（区）级培训班60多期，完成清查登记、填表上报等专业培训，培训行政和技术负责人、业务骨干、普查员、指导员5000多人次。协调南宁电视台、《南宁日报》加大对水利普查的宣传力度；在市区主要街道、各居民社区悬挂横幅、张贴宣传画；在全市各水利普查办公室电话安装水普彩铃；在15、32、87等线路公交车车身喷绘广告；在市中心LED屏幕播放水利普查宣传短片；结合2011年“世界水日”的宣传在民族广场开展文娱演出等广场活动。3月，全市2800多名普查员和普查指导员开展清查表、台账表的发放、填表等。各级普查员通过查阅资料、现场走访调查的方式，获取清查指标数据并填写清查表，逐级审核后交由县(区)水利普查办公室审核，在清查表各项内容填写完成并审核通过后，县(区)水利普查办公室按照质量标准和工作规范进行数据审核及电脑录入，并将数据成果上报南宁市水利普查办公室。以质量控制为主线，对各县(区)由经济社会用水调查确定的所有灌区用水户、工业用水户、建筑业与第三产业用水户及河湖开发治理保护情况普查中万亩以上灌区的河湖取水口和年取水量15万立方米及以上非农业用途的河湖取水口建立全年的取用水台账。通过清查，南宁市需要建立取用水台账的调查对象2790个。6月4日，12个县(区)完成清查数据上报。6月13日，市水利普查办公室完成清查数据市级内业审核和现场抽查，将南宁市第一次全国水利普查对象清查工作报告、数据审核报告、对象清查数据汇总表和对象清查数据上报自治区水利普查办公室。6月21日、7月26日，南宁市清查数据成果分别通过自治区水利普查办公室和国务院水利普查办公室的抽查验收。市水利普查对象需要采集和标绘的空间坐标数据7944个，完成采集、标绘7387个，其中内业采集数据3712个、外业采集数据3675个，完成93%。7月~11月，完成221个水蚀野外调查单元的外业采集和内业数据处理，并上交自治区水利普查办公室。全市清查流域面积50平方千米以上河流158条，清查河湖取水口2600处、入河排污口599处、地表水源地77处、治理保护河流(河段)119处。其中，流域面积1万平方千米以上河流3条，流域面积3000平方千米以上1万平方千米以下河流2条，流域面积50平方千米以上3000平方千米以下河流153条。清查水利工程4693个、水利行业单位451个。其中：水库工程水库751座，水电站工程100个，水闸工程893座，泵站工程2191座，堤防工程443条(段)，规模以上农村供水工程315处。清查行政机关18个、事业单位245个、社会团体10个、企业158家。选取3796个经济社会用水调查对象，其中居民生活用水1200户，灌区647个，公共供水企业110家，规模化禽畜养殖场249个，工业企业759家，建筑业、第三产业831家。清查灌区4994处(跨县灌区9个)。其中200平方千米以上的灌区1处，6.67平方千米以上200平方千米以下的灌区47处，1.33平方千米以上6.67平方千米以下的灌区135处，3.33万平方米以上1.33平方千米以下的灌区4811处。清查规模以上地下水水源地4处，规模以上机电井3310眼，规模以下灌溉机电井19.49万眼。(卢明发)

【库区移民】 2011年，南宁市有大中型水库移民11.52万户，46.06万人。其中：搬迁移民6.36万户，25.41万人；淹地不搬迁移民5.16万户，20.65万人。移民分布涉及96个乡镇、478个村民委员会、3037个村民小组。8月，重新核定登记南宁市纳入大中型水库移民后期扶持政策范围的有9.59万户，39.97万人，占自治区大中型水库移民总数的24%。其中，核定登记到人36.85万人，登记到村民小组3.12万人；后期扶持方式确定为直补到人39.16万人，项目扶持7394人。督促县(区)定期开展移民矛盾纠纷排查化解活动。开展公开大接访4次，政策法规宣传活动2次；处理移民群众来信17件、来访121批、接待234人，处理自治区水库移民局转办信访件10件，来信来访处理办结率100%；没有移民非正常上访和突发集体事件发生，实现“两无”(无移民上诉、无突发群体性事件)自然村91%以上。

后期扶持政策　建立完善大中型水库移民后期扶持资金发放机制，足额发放后期扶持补助资金。全市列入大中型水库移民后期扶持人口39.97万，发放后期扶持补助金2.40亿元。

水库移民新村建设工程　自治区下达南宁市为民办实事水库移民新村建设项目139个，总投资6512万元(不含市配套100万元)，受益群众1.40万户、6.03万人。至年末，139个项目全部完工。其中，新建移民新村项目41个(列入市政府为民办实事民生工程水库移民新村建设项目)，投资2260.20万元；续建移民新村项目25个，投资1176万元；大石山区人畜饮水工程项目4个，投资116.80万元；水库移民交通道路建设项目69个，投资2959万元。

基础设施建设　除为民办实事项目外，自治区安排南宁市水库移民基础设施建设工程项目84个，总投资3111万元。全市安排2000万元投入水库移民基础设施建设项目63个，总投资2711万元(市财政2000万元、县区配套431.50万元、群众自筹279.50万元)，至年末，63个项目全部完工。

教育培训　按照“围绕主导产业、培训专业技术移民”的思路，以县、乡为基本单元开展水库移民种养技术培训。培训移民1.02万人次，完成任务101.50%；培训移民骨干124人，完成任务103.30%；培训市、县移民干部82人，完成任务114.30%。4月18日～22日、4月25日～29日，组织2批、124名水库移民骨干到桂林市恭城县黄竹岗移民培训基地进行技能培训。12月9日，南宁市在自治区移民管理系统培训工作会议上作经验交流发言。

增收工程　继续抓好自治区2010年水库移民增收工程试点项目建设。横县蘑菇种植和江南区大棚精品瓜菜种植项目取得较好经济效益。9月1日，自治区水库移民增收试点工作现场会在南宁市召开。11月，自治区下达南宁市2011年水库移民增收工程试点项目4个，总投资406.24万元，受益移民313户、889人。

安置工程　完成乐滩水电站工程建设征地移民安置实施规划报告修编、审查上报，增加投资939.05万元；完成乐滩水电站马山县库区总投资158万元的35千伏输电路变更项目实施；完成郁江老口枢纽工程移民安置、移民干部培训、包干协议的讨论修改、移民安置责任书的代拟、安置工作方案的起草等前期准备工作；完成岩滩水电站库区东兰县移民外迁宾阳县黎塘园艺场安置规划实施项目竣工初步验收；完成岩滩水电站库区移民外迁黎塘园艺场安置遗留问题处理规划项目中道路硬化工程、灌溉工程。

承办自治区水库移民系统首届运动会　5月19日~22日，自治区水库移民管理系统首届运动会在南宁举行，运动会以团结、友谊、健康、和谐为主题，设混合气排球、乒乓球、羽毛球、三人混合板鞋竞速4个大项8个小项的比赛。自治区水库移民局机关、自治区14个市的水库移民管理部门组团参赛，运动员191人(男运动员140人、女运动员51人)，市水库移民局获运动会特别贡献奖。

(章　梦)

责任编辑　廖胜兰

交通运输与邮政业

铁路运输

【概　况】 2011年，南宁市境内国家铁路有湘桂线和吉村至维罗（含南环线天潭、玉洞）、南昆线扬美至雁江，线路总长（含复线）406.15千米，营业里程298.95千米。铁路职能机构、单位有：南宁铁路局机关行政部门31个，党群部门8个，政法部门驻地在南宁2个（运输检察院、运输法院）；局机关附属单位驻地在南宁32个，局属单位驻地在南宁21个，其中运输单位10个、运输辅助单位3个、非运输单位8个。广西宁铁多元投资集团有限责任公司所属公司驻地在南宁6个。车站25个（湘桂线17个、南昆线8个），其中南宁站为特等站，南宁南站、黎塘站为一等站，其余22个站为四等站。铁路经济吸引区范围为市区和市辖宾阳、横县、隆安3县。发送旅客1084.30万人次，比上年增加79.30万人次；发送货物594.40万吨，增加13.70万吨；到达货物918.85万吨，增加93.95万吨。完成客货运输收入18.87亿元，增加0.67亿元。南宁站无路风事件发生，继续保持全国、自治区"文明单位"和铁道部文明车站称号。南宁客运段T5/6次列车继续保持全国文明单位、铁道部红旗列车等称号，2571/2572次、K21/22次、K537/538次、K949/950次列车再次被评为全路红旗列车，其中T189/190次列车首次跨入红旗列车行列。

【客货运输】 2011年，南宁站面对设备更新换型、北湖客技站新线建设、调度切割、恶劣天气干扰等特殊情况，优化装卸车组织，加强横向联系，合理运用机力，精心组织运输，统筹兼顾客货。发送旅客997.20万人次，比上年增长8.60%，其中7月份发送旅客100.48万人次，创车站单月发送旅客最高纪录。4月3日，发送旅客6.27万人次，突破2009年4月4日单日发送旅客6.15万人次的历史纪录。发送货物92.20万吨，减少18.10%。运输收入11.87亿元，增长1.60%，其中7月份完成运输收入11692.80万元，再创车站单月运输收入最高纪录。南宁客运段除担当42对图定旅客列车值乘外，还值乘桂林—武昌1966/1965次图定临客1对。担当临客697列（含旅游专列），增长87.36%；加挂扩编1.81万辆，增长24.73%；军用车396辆，增长10.92%。运送旅客4914.80万人次，增长6.50%。完成乘务工作量4.67亿辆千米，增长4.29%。车补收入1.09亿元，完成任务109.30%。健全餐营管理机制，推行"三分"管理（分方向、分等级、分系列）方式，建立与列车分类相应的质价相符、菜系相宜的饮食品种结构。加强地勤加工，减少人工支出，降低经营成本，满足不同旅客的饮食需求。完成餐营销售收入9691万元，增长8.90%。其中：餐营收入5721.80万元，增长8%；售货收入3969万元，增长12.10%。南宁车务段发送旅客388.90万人次，增长1.90%；发送货物816.90万吨，装车13.50万辆，分别完成任务105.30%、104.50%，增长2.10%、1.30%。货物到达1591.30万吨，卸车25.40万辆，分别增长9.70%、8.30%。运输收入12.60亿元，完成任务106%，增长1.20%。其中：客运收入1.60亿元、减少2.30%、货运收入11亿元，增长1.70%；保价收入990.80万元，完成任务119.40%，增长6.20%。

2011年南宁市境内火车站运输任务完成情况

车站＼项目	旅客发送量（万人）	货物发送量（万吨）	货物到达量（万吨）	运输收入（万元）
南　宁	997.20	92.20	264.95	118729.76
南宁南		268.80	399.90	47614.60
黎　塘	87.10	158.70	114.70	12560.20
六　景		19.20	29.70	2437.00
邕　宁		11.60	8.40	881.10
屯　里		3.00	66.10	360.60
长堽岭		29.20	15.50	4300.60
金鸡村			2.60	1.40
隆　安		11.70	17.00	1834.30

【机车运用与检修】 2011年，南宁机务段配属机车193台，其中电力机车149台、内燃机车44台，日均支配机车252台。担负南宁—柳州旅客列车，南宁—凭祥客、货列车，南宁—威舍客、货列车，南宁—湛江（茂名）旅客列车，柳州—湛江（茂名）旅客列车，玉林—贺州客、货列车，玉林—湛江（茂名）货物列车，田东—德保货物列车牵引任务；南宁、百色、兴义、品甸、郑屯、安龙、崇左、凭祥、黎塘、贵港、贺州等车站调车作业；中越国际客、货列车过境任务。牵引里程客运1682千米，货运1342千米。机车牵引总重728.10亿吨千

米,完成任务101.50%。机车总走行5191万千米,完成任务101.20%。货运机车445千米/台日,货运机车日产量111万吨千米/台日。技术速度49.20千米/时。平均牵引总重3191吨/列。完成电力机车中修42台、小修227台、辅修245台;内燃机车小修528台、辅修401台。机车整备6.80万(内燃5.20万、电力1.60万)台次。电力机车单耗每万吨千米108.86千瓦时,节电2130千瓦时,按价折算节约204.50万元;内燃机车燃油单耗每万吨千米23.31千克,与预算持平。生产生活用水54.60万吨,比局标下降31.30%;生产用电及各种燃料折算标准煤567.90吨,下降23.60%;化学需氧量排放量2941千克,下降46.50%;二氧化硫排放量424千克,下降38.90%。

【客车检修】 2011年,南宁车辆段新增转属客车157辆,客车保有量1652辆,其中:配属客车1563辆(空调客车1302辆,占83.30%;普通客车261辆,占16.70%);代管邮政车12辆;行李车77辆。担当南宁铁路局客车段修和43对89组图定客车以及各种军、专、特、临客车辆运用维修工。完成客车段修823辆,发电车中修19辆,分别比上年增长1.70%、26.60%。客车辅修1987辆、A1修292辆,分别完成任务107.40%、135.80%。新增图定客车1对2组。客车走行5.63亿辆千米,增长2.90%。客列检检修87.50万辆次;库列检检修26.89万辆次,增长3%;轮对修理5637条;整修客车267列4830辆。"三进列车"(进京、进沪、进穗)铁道部鉴定客车全部达到A级列车标准,全国铁路总成绩排名比上年前进三位。投入专项资金1183万元,完成867辆"服务旅客创先争优"客车专项整修任务,使客车焕然一新,眼前一亮。开行临客及旅游专列812列1.31万辆次、军运任务164列482辆。加挂客车1.83万辆次,临修客车3283辆,运用换轮2181条。运用车最高日1553辆,客车使用率94%。交车计划兑现率91%,一次交验合格率100%。

【货车检修】 2011年,南宁南车辆段担负湘桂、黔桂、焦柳、黎湛、南昆、河茂、益湛等7条干线货车检修,安全管辖里程3280千米,安全保证区段5168千米。完成路用货车厂修253辆、段修1.26万辆、辅修87辆、临修2912辆,比上年分别下降26.50%、9.50%、1072.40%、101.60%。自备车厂、段修分别完成177辆、1411辆,分别下降78%、9.70%。列检工作量累计完成24.80万列、1183.99万辆。TFDS检测累计完成6.42万列、273.67万辆。洗罐完成1412辆。国铁低摩改造完成399辆。国铁折角塞门改造完成1115辆。自备车K改完成207辆,折角塞门改造完成118辆。11月7日,通过铁道部70T级货车段修生产资质认证。扩展多种车型检修能力,9月26日、10月28日先后通过GL70、GQ70部级认证。

【工务维修】 2011年,南宁工务段管理正线838.59千米,站特线461.02千米,道岔1381组,专用线58.11千米,桥梁274座、1.60万延长米,隧道9座、4624延长米,涵渠2278座、4.86万延长米。完成线路保养371.59千米,其中优良246.26千米、合格88.42千米、合格率90.10%、比上年下降1.20%。维修道岔265组,优良194组,合格52组,合格率92.80%,下降1.50%。桥隧综合维修桥梁32座、4011.50延长米,涵渠108座、2629.40延长米,验收全部达到优良。轨检车累计检查线路1.42万千米,优良1.32万千米,优良率93.20%;合格959.75千米,合格率100%。更换钢筋混凝土枕21143根,更换失效木枕5600根,更换伤损钢轨3670根、19.95千米,更换伤损叉心269处,更换伤损尖轨215处,完成铝热焊856头。

【电务维修】 2011年,南宁电务段信号设备换算道岔数为2.30万组,管辖1613.12千米,站场146个,道岔2737组,信号机4804架,轨道电路4758个区段。天窗检修完成1.52万次,兑现工作项目2448个。完成57个站场、28个自闭区间、23个道口信号中修,工电联合整治道岔5987组等重点施工,建成31个信号标准站。年度大中修完成率100%,设备质量综合合格率98%。南宁通信段担负铁道部、铁路局长途通信网及路局行车组织指挥信息大通道、客票大通道、列车闭塞通道、列车数字调度电话、列车无线调度电话、列车无线调度命令传真等通信设备维护。完成设备(线路)6.32万皮长千米工作量(换算折合3.03万道岔千米),其中完成传输接入网设备879台、调度交换机283台及维护附属设备、列车广播、客运广播设备维护及架空明线475亘长千米;完成电话业务量17.80万次,优质率、接通率、时限率均为100%;完成电报业务量33.66万封,优质率、标准率、时限率均95%以上。完成车站电台轮修26套、机车电台轮修48套、车站数据接收解码器轮修306套、区间中继器轮修841套,设备维修计划兑现率为100%;完成入库机车无线设备检测27.60万台次,入库良好率99.80%。测试、优化车站电台93个、中继电台的频组253台、频点、发射功率、接收门限等指标。测试及调整区间光纤直放站远端机功率电平126台。测试、检查车站电台146个、区间中继器174台、光纤直放站远端机的运用状况98台及1555.56千米线路无线列调场强的覆盖情况,覆盖率99.80%。

【水电供应】 2011年,南宁供电段完成牵引供电受电量4.50亿千瓦时,供电量4.49亿千瓦时,分别比上年增长1.67%、0.52%。牵引供电损失率0.46%,增长1.35%。功率因素91%,降低1%。完成电力受电量1.59亿千瓦时、供电量1.44亿千瓦时,分别增长4.68%、4.27%。力率99.32%,增长0.28%。负荷率59.72%,减少6.75%。变压器利用率30.05%,增长1.41%。电损率9.25%,增长0.39%。供水量1856.16万吨,减少1.26%。供水损失率20.07%,增长2.18%。净水合格率、消毒水合格率均100%。扬水耗电量635.33万千瓦时,减少0.77%。水电费总收入1.47亿元,水电费回收率98%。大修、更新改造工程竣工项目61个,完成投资4506.90万元。

【物资保障】 2011年,南宁物资供应段供应物资5.67亿元,供应兑现率99%,物资质量合格率100%。物资采购节约金额2143万元,节约率5.09%。完成招标采购申请72宗,1.99亿元。供应一级道砟33.98万立方米;供应防洪石料5400立方米,其中:片石3892立方米、道砟1508立方米。按时足量储备片石、道砟碎石,对常用防洪物资下达储备计划,实行动态管理,完成防洪抢险物资供应任务。

【安全生产】 2011年,南宁铁路运输生产单位和运输辅助单位加强安全基础建设,深化安全专项整治,提升安全管理水平。除南宁南车辆段、南宁机务段、南宁工务段各发生1起一般事故外,其余单位安全生产稳定,至年末,13个单位无责任行车事故天数分别为:南宁站7142天、南宁供电段3873天、南宁车辆段3044天、南宁电务段2919天、南宁车务段2584天、南宁物资供应段1045天、南宁客运段620天、南宁南车辆段357天、南宁机务段309天、南宁林管所(11月12日从柳州迁至南宁)898天、南宁房产生活段(7月1日成立)184天、南宁通信段(12月9日成立)22天、南宁工务段11天。

【信息技术应用与开发】 2011年,南宁铁路局信息技术所完成调度、客票等90个运输生产信息系统、托管计算机和全局计算机网络设备的安全稳定运行维护。完成新线建设方案和设计审查26个、科研项目开发5个、信息系统项目改造和新建21个。完成全局计算机网络整合二期工程,143个信息点整合,改善全局运输单位的网络基础平台。

【铁路建设】

云桂铁路工程建设 新建云桂铁路东起南宁火车站,经江南区、西乡塘区、隆安、平果、田东、田阳、百色(右江区)及云南省富宁、广南、丘北、弥勒、石林,止于云南省昆明南站。2010年3月17日,铁道部、云南省、自治区《关于新建云桂铁路初步设计的批复》同意云桂铁路初步设计,初步设计批复正线长度710.27千米。其中:广西段274.70千米,云南段435.50千米;概算总额850.34亿元(静态投资746.10亿元),广西段概算总额309.85亿元(静态投资267.45亿元)。建设总工期6年,其中:百色至南宁段工期4年,2013年底建成,2014年3月开通试运营;平果至百色段工期66个月,2015年底开通运营。2011年,云桂铁路广西段完成投资34.50亿元,累计路基完成设计总量的17.80%;桥梁完成设计总量的29%;涵洞完成设计总量的32.40%;隧道完成设计总量的23.20%。完成正式用地报批。交付永久用地603.84公顷,完成任务81%;办理临时用地528.53公顷;拆迁房屋3.89万平方米,完成任务9.40%。完成征地拆迁验工计价3.28亿元。

南广铁路工程建设 2011年,南宁至广州铁路工程累计路基完成设计总量94.20%;桥梁完成设计总量92.10%;涵洞完成设计总量92%;隧道完成设计总量90.70%。四电工程中的接触网支柱、吊柱安装和信号楼施工已经展开,8个牵引变电所全部进入施工图设计阶段。

南宁铁路枢纽工程建设 南宁铁路枢纽工程建设完成投资21.04亿元,完成任务100%。开工累计完成34.04亿元,占总投资23.04%。站前工程施工图到位56册,咨询图到位83册。路基土石方开工累计完成1071.80万立方米,为工程总量2804万立方米的38.20%;桥梁开工累计完成1.64万延长米,为工程总量4.04万延长米的40.70%;涵洞开工累计完成2559横延米,为工程总量1.30万横延米的21.70%;隧道开工累计完成2184成洞米,为工程总量6538延长米的33.40%;轨道开工累计完成铺轨16.96千米,为工程总量812.56千米的2%;房建工程开始组织施工。累计完成新征用地协议签订438.77公顷,为初步设计总量898.65公顷的48.80%;交地403.94公顷,为初步设计总量898.65公顷的45%;临时用地协议签订196.86公顷,为初步设计总量350.64公顷的56.20%,交地192.86公顷,为初步设计总量350.86公顷的55%;房屋拆迁完成协议签订36.95万平方米,为初步设计总量87.44万平方米的42.30%,完成拆迁25.41万平方米,为初步设计总量87.44万平方米的29.10%。

在建中的南宁铁路枢纽花油山隧道 南宁铁路局史志办提供

南宁东客站工程建设 南宁东客站位于南宁市青秀区凤岭北侧,东距屯里站2千米,西离既有南宁站10.40千米,站区围合范围约2.80平方千米。2011年5月13日,南宁铁路局与市政府签订《南宁火车东站工程与市政工程投资、设计、施工界面划分框架协议书》。7月8日,铁道部和自治区政府联合批复南宁东站站房及相关工程补充初步设计。年内,开展前期准备工作,一是加快推进站房施工图设计进度。南宁东客站工程建设指挥部组织总体设计单位中铁二院和站房设计单位武汉市建筑设计院开展施工图设计。派专人到武汉、成都蹲点紧盯两设计院按时间节点完成各项设计。二是接受委托、协调设计、配合立项。受南宁城投公司、轨道公司委托,对地方政府投资的东站市政配套工程(高架车道、高架平台、地下换乘空间)代为建设管理。组织南宁市铁路建设办、轨道公司、城投公司召开有关协商签订设计、建设管理委托协议研讨会,就建设管理委托模式、设计委托及管理、合同价款拨付、工程竣工交验、施工和监理招标等问题进行充分商讨。三是依照法规,开展招投标。初步设计批复后,指挥部立即启动施工图审核、施工监理、桩基检测等招标,完成施工图审核、桩基检测的招标,安排审核单位、检测单位及时介入施工图设计、试验桩施工等。四是见缝插针,组织现场地质勘察。指挥部根据初步设计阶段和施工图设计阶段的不同要求,以及现场征地拆迁完成情况,在审查完勘察设计单位的勘察大纲后,提出分步实施,见缝插针地进场钻探,为初步设计和施工图设计及时提供可靠资料。协调办理既有线施工安全协议,探明地下管线的走向,避免损坏铁路设备影响行车。完成除既有线路

9月29日,南宁铁路局机关启用佛子岭路21号新址　南宁铁路局史志办提供

基上17个钻孔外的325个钻孔。

【南宁铁路局机关搬迁】 2007年11月16日柳州铁路局更名为南宁铁路局，局机关由柳州市鹅山路三区1号暂时迁至南宁市衡阳西路30号。2011年9月29日,南宁铁路局在青秀区佛子岭路21号新落成的调度大楼前举行升国旗暨揭牌仪式,标志着南宁铁路局搬迁过渡期结束。

(徐维春)

公路管理

【概　况】 2011年，南宁市公路总里程1.15万千米,比上年增加960.56千米。其中：等级公路1.02万千米（高速公路526.56千米,一级公路42.97千米,二级公路993.98千米，三级公路912.88千米,四级公路7675.98千米），等外公路1374.82千米。南宁市交通运输局负责管辖农村公路总里程8757.92千米,包括:县道养护示范路273.13千米，一般县道1125.83千米，乡道及专用道2474.35千米，村道4884.61千米。全市农村公路管理养护水平大幅提升,南宁市养护、路政管理在自治区14个地市年度任务目标考核评比中分获第一、第二名。

【农村公路建设】 2011年，自治区下达南宁市农村公路计划项目69个（包括续建项目),公路建设总里程281.67千米、桥梁574.80延米,计划总投资1.72亿元。至年末，完成县、乡联网水泥路项目1个、11.50千米,完成投资1770万元;通建制村沥青(水泥路)项目46个、215.80千米,完成投资1.14万元;渡改桥和新建桥梁项目2个、109延米,完成投资274万元;农林场总场沥青(水泥)路项目3个,共4.50千米,完成投资240万元;农林场分场沥青(水泥）路项目10个,13.59千米，完成投资115.90万元,占计划总投资25.40%;危桥改造项目1个、65.80延长米，完成投资55万元;安保工程项目2个,完成投资135万元；通建制村中央预算内投资项目3个,共16.30千米，完成投资820万元;2010年续建项目1个(伶俐大桥),桥梁400延米,完成投资2000万元。全年累计完成投资1000万元,完成任务50%。

【农村公路养护】 2011年，南宁市管辖公路实现县道养护示范路优良路率85.50%,一般县道优良路率44%,中等率23.70%；乡道优良路率32.70%，中等率19.70%;村道晴雨通车率96%;县、乡、村道绿化美化公路35条。

【路政管理】 2011年，南宁市农村公路路政管理部门开展治超工作，对辖区管养的农村公路超限车辆进行严厉打击,查处超限运输车辆1050辆，有效遏制辖区公路车辆超限运输势头，确保辖区公路安全畅通。

【安全生产与应急管理】 2011年，市交通运输局结合质量监督开展每月一次的在建项目安全例行检查，组织交通工程质量安全生产大检查5次,检查在建项目134个,出动检查人员402人次,填写安全检查记录表26份,查出一般隐患98处,整改98处,整改率100%,实现管辖公路建设工程安全生产零事故。开展6次安全生产大检查和事故隐患排查,对施工工地、辖区危险路段进行排查整改并进行公路防汛应急救援演练。结合南宁市入汛时间和特点做好防汛抗洪抢险预案，加强对在养公路特别是灾害高发路段的巡查,保持公路水路信息收集、汇总和上报渠道畅通,做到人员物资责任层层落实。

道路运输

【概　况】 2011年，南宁市有客运企业31家(不含子公司、分公司),其中一级企业3家、二级企业6家、三级企业7家、未定级15家。有营运客车4273辆,总客位数14万多个,大部分车辆为中高级客车。开通公路客运班线926条，基本涵盖自治区内各市、县及周边省(市),日均发送8500多个班次,年运送旅客9748万人次。开通南宁至香港、越南河内、岘港、下龙湾、海防等地的国际客运班线。全市建成公路客运站63个,市区长途公路客运站有□东、江南、安吉、金桥、北大5个一级站。各县城均有二级客运站，大部分乡镇有等级客运站。全市有专业道路货物运输企业400家,道路货物运输车8万多辆,从业人员近10万人,全年货运量2.14亿吨,货物周转量314.58亿吨千米。

【道路运输市场监管】 2011年，市交通运输局组织开展对客运、货运、驾培、维修、出租车行业质量信誉考核,采取措施加大对运输市场的监管力度。依法查处违法(章)营运车1.53万辆(次)。其中:非法营运残疾车(含电动三轮车、三轮摩托车)3938辆（次），二轮摩托车1514辆(次),人力三轮车(含机头人力车)17辆,面包车(含出租车)934辆(次);违章营运客车2379辆(次),货车6514辆(次);依法查处非法经营业企业(户)111家(次)。参与各城区政法委、综治委组织的“三车”综合整治执法,协助交警、城管等相关部门整治违法违规及乱停放“三车”一批。

【运政投诉】 2011年，市交通运输局运政投诉中心接到有关道路运输方面的群众投诉605件,其中立案受理482件、结案率100%。在受理立案投诉中,投诉事实成立的148件,对被投诉者,主要以教育为主;行政处罚72件。营运客车投诉率比上年下降28.80%,出租汽车投诉率下降10%,为乘客挽回经济损失10万余元,接到乘客电话表扬65人次。投诉中心新增设政策法规咨询岗,为群众来访、车主申辩提供咨询平台,处理申诉案件1775件,接待来访及咨询3700多人。

【春运道路旅客运输】 2011年春运期间,南宁市日均投入客车4200辆,发送32.71万个班次,其中:加班9697个班次,包车1025个班次;客流量760.79万人次,客运周转量12.64亿人千米,比上年分别增长6.09%、15.49%;客运收入2.62亿元,增长4.57%。

【驾驶员培训】 2011年,市驾驶员培训行业改变以往的从业资格证考试培训监管方式,采取远程监控和抽查相结合的新颖模式。各驾培机构在培训时,采取集中学习与自学相结合模式,集中学习由驾培机构组织学员开展不少于1天的集中授课,同时管理部门通过远程监控摄像头监管整个培训过程。自主学习主要采用登录网络训练平台练习的方式,学员在参加集中学习后至少登录平台练习3次,每次登录练习时间不少于2小时,并由监管部门通过训练平台进行监控,学员需完成集中学习和自学的课程后方可参加考试。通过远程监控监管培训过程,对在抽检中发现报名考试人数与实际参加培训人数不相符的培训机构,将采取停止考试两期的处分,进一步提升驾培行业管理水平。

【道路运输基础设施建设】 2011年,市交通运输局把服务人民群众安全便捷出行作为交通运输的根本要求,抢抓机遇,推进道路运输基础设施建设,不断完善农村客运网络。南宁公路主枢纽西乡塘客运站主站房及相关配套设施主体已完工,进入装修阶段,累计完成投资7210万元。2012年建成投入使用后,将实现南宁市内客运站全部外迁的新格局。六景汽车客运服务中心主站房项目已完工,正在进行装修,累计完成投资3171万元。南宁—东盟经济开发区客运站主站房项目已完工,进入装修阶段,累计完成投资2083万元。邕宁区中和乡客运站已全面完工,累计完成投资92万元;西乡塘区坛洛镇客运站、横县镇龙乡客运站及平朗乡客运站正在抓紧落实建设用地;马山县里当乡客运站进入基础施工阶段。新建成便民候车亭37个,累计完成投资148万元,优化农村客运网络,完善农民群众候车出行条件。开工建设货运南站、玉洞物流中心,累计完成投资1500万元,后续工程将陆续开工。

【道路运输安全生产】 2011年,市交通运输局继续深入开展"安全生产年"和"安全生产基层基础年"活动,推进安全生产大检查和隐患排查。组织开展行业安全生产大检查8次,出动检查人员1158人次,检查客运企业90家次,客运站30家次,危险运输企业88家次,货运企业156家次,出租车企业36家次,公交车企业12家次,综合性能检测站16家次,维修企业28家次,查出一般隐患286处,整改284处,整改率99.30%。全年发生道路运输行车事故106起,死亡139人,同比事故数持平,死亡数下降5%。

水路运输

【概　况】 2011年,南宁市有水路运输企业48家,港口(码头)64个,服务企业13家,船舶管理企业4家;运输船舶1533艘,总载重吨76.67万吨位,净载重吨70万吨位,1.03万客位,其中沿海船舶40艘、净载重吨15.45万吨位,完成全社会货运量2349万吨,比上年增长18.30%;货物周转量72亿吨千米,增长33.60%;集装箱运输量1.13万标准集装箱;完成港口吞吐量777.43万吨,增长60%。

【水路运输行业监管】 2011年,南宁市水路运输行业监管部门组织对全市水路运输服务业、港口经营业、水路运输业及所属运输船舶开展资质核查。核查水路运输企业46家,水路运输服务企业13家,船舶管理企业4家;核查各类船舶1575艘,对其中11家达不到运力要求的企业启动预警制度,限期整改。为确保国家重点项目老口枢纽工程施工安全,由市交通运输局牵头,联合市水利局、公安局、海事局、航道局等部门,对老口枢纽河段进行突击检查,并落实2人常驻老口枢纽工程,打击和遏制乱采乱挖砂石现象。开展安全稽查周活动,采取两头夹攻的方式,上游从隆安雁江至横县六景,下游从百合至六景,出动执法人员20多人,执法船2艘,打击无证经营行为。建立港口建设远程监控系统,完成广西金鲤水泥有限公司码头工程港口建设远程监控系统建立,南宁港一期工程远程监控系统列入工程建设范围。

【水路运输安全生产】 2011年,南宁市水路运输行业监管部门通过完善安全机制,健全安全管理措施,签订安全责任状,召开安全例会,结合现场督查、专项整治等活动,确保辖区安全形势持续稳定。出动执法人员2457人次,执法车513辆次,检查船舶2768多艘次,企业369多家次,渡口276处次。排查及整治安全隐患20个,发放整改通知书6份,责令停止码头违章建设工程1起。无安全生产事故发生。

【水运基础设施建设】 2011年,南宁市水运基础设施建设完成固定资产投资18.07亿元,比上年增长1.16%。其中:港口码头项目6个,完成投资3.12亿元;枢纽船闸工程2个,完成投资5.52亿元;支持保障系统完成投资3956万元;疏港交通完成投资2.33亿元;护岸绿化工程完成投资1.04亿元;船舶技术改造完成投资5.67亿元。完成中心城港区牛湾作业区二期、隆安港区宝塔作业区一期工程和青山旅游码头等3个旅游码头的测量、地质勘察。完成伶俐镇货运码头石桥作业区一期测量并开展地质勘察。完成隆安港区浪湾农场作业区一期工程前期合同签订。完成便民码头建设8座,总投资99万元,完成标准化渡船建造11艘、546客位,总投资98.60万元。完成老旧渡船改造10艘、400客位,总投资134万元。

【水路应急管理】 2011年4月,由市政府出资,市交通运输局负责筹建并管理的防汛应急拖轮交付使用。在原北大低水位码头建设拖轮防汛基地,目前基地各项管理制度已建立健全,各项工作进入常态化。开展消防救生演练和防汛应急救援演练,增强行业安全意识和防灾减灾及自救技能。

城市客运

【概　况】 2011年,南宁市有公共汽车企业6家,营运公共汽车3318(标台)辆,公共汽车营运线路139条，公交客运量6亿人次；有出租汽车企业10家，出租汽车5370辆，从业人数1.10万多人。

【公共汽车营运与管理】 2011年，市交通运输局强化公交行业监管措施，以继续创建全国文明城市和服务中国—东盟博览会为契机，组织公交行业开展以礼貌行车、树文明形象为主题的优质服务竞赛活动。组织企业采取上岗考核、培训、学习等手段，加大对驾驶员职业道德、职业纪律教育和技能培训力度，强化驾驶员严格遵守交通法规和文明行车"七项规定"意识，教育和引导司乘人员争创文明经营标兵。要求各企业严把公共汽车驾驶员的准入关，确保公共汽车驾驶员队伍整体素质提高。加强监督检查和执法力度，采取向社会公开举报电话、新闻媒体监督、广大市民投诉、组织执法人员明察暗访等方式，严厉查处不文明行车等违法违章行为。年内，市区新开行56路、70路2条公共汽车线路，并对市内16条公共汽车线路进行优化调整，节假日开设临时专线11条；增设公共汽车停靠站点36对，设置新双杆停靠站点38个，其中大学路14个、星湖路6个、南梧大道18个；新增车辆210辆，其中双层空调公共汽车10辆、无障碍公共汽车10辆、空调公共汽车80辆；实施市政府为民办实事项目，在520辆公共汽车上安装车载视频监控系统。

【出租汽车营运与管理】 2011年，全市出租汽车平均单车营运日均总里程341.12千米，有效里程235.52千米，日均营运40.63次，实载率69%。12月，南宁市出租汽车主管部门采取招投标方式，投放出租汽车指标300辆。依据《南宁市出租汽车客运管理条例》，加强对出租车企业、出租车经营行为的监督管理，组织上路检查车6000多辆次，查处违章经营和服务设施不完善车辆209辆；重点对市民反映强烈的拒载问题进行整治，通过明察暗访对23辆存在拒载行为的出租车驾驶员进行处罚。

（宋正兴　钱俐华）

民用航空

【概　况】 2011年，南宁吴圩国际机场执行航线84条（含加班包机航线），其中国内航线67条、地区航线5条、国际航线12条。保障飞机起降5.92万架次，其中运输5.87万架次，比上年分别增加6785、6849架次，增长12.95%、13.21%；完成旅客吞吐量646.40万人次，增加83.10万人次，增长14.75%，完成任务98.39%；完成货邮吞吐量6.76万吨，增加1.20万吨，增长12.57%，完成任务109.09%。机场平均放行正常率91%。

【新航线开通与市场经营】 2011年，南宁机场依托地缘优势，以市场为向导，积极落实集团公司"运力引入"战略，坚持"走出去、请进来"营销策略，挖掘市场潜能，寻求运力支持，保持航空市场持续发展态势。新增南宁—重庆—石家庄、南宁—赣州、成都—南宁—胡志明市等26条航线。恢复南宁—长沙—青岛、南宁—桂林、昆明—南宁—仰光、南宁—雅加达、南宁—首尔等5条航线。年初，天津航空增加2架飞机在机场停场过夜，停场过夜飞机由原来的6架增加到8架，加上南航7架、深航6架，全部停场过夜飞机21架。3月，南航每日改用A330宽体客机执行南宁—北京航班；华夏航空公司、河北航空公司分别于3月、5月恢复对南宁机场的运力投入。机场公司为促成石家庄—南宁航线开通，先后与天津航空、首都航空等公司接洽，并于3月份走访石家庄机场，争取石家庄市对该航线的政府补贴。5月29日，成功开通南宁—重庆—石家庄航线。4月，与山东航空洽谈，就南宁机场航班时刻进行调整。7月，走访长春机场，洽谈南宁—长春航线开通事宜。分别接待韩国真航空、马来西亚飞莹航空和台湾复兴、远东、华信航空等航空公司来访，洽谈航线开发事宜，顺利开通南宁—仁川、南宁—高雄、南宁—台中、南宁—松山、南宁—吉隆坡等航线。协助航空公司做好新航线开通的首航仪式及宣传报道。向自治区内及业内新闻媒体投送稿件，悬挂宣传横幅，在机场候机楼内电子信息屏上滚动播放新增航线航班信息。协助航空公司与各驻场单位会面，确定相关事宜；协调机场各相关部门做好与国际航班的对接。东航新增昆明—南宁—新加坡、昆明—南宁—吉隆坡航线，川航新增成都—南宁—胡志明航线及恢复南宁—雅加达航线。机场公司与有关航空公司相互配合，实现客货联动。10月20日，开通浦东—南宁—达卡货包航线，成为南宁机场首条货包航线。

【机场基本建设】 2011年，南宁机场新建过夜停车场（4号）、南北机坪值班业务用房、生活区三期业务用房，对候机楼高架桥进行改造，实现车辆分流，确保航班高峰时段道路畅通。启动现航站楼应急改扩建项目，总投资1亿元，建筑面积8500平方米，航站楼面积2.59万平方米增加至3.44万平方米，并相应增加一批配套设施设备。候机楼应急改扩建项目部分已投入使用。南宁机场新航站区及配套设施建设工程采取超常措施，争取多项特许政策支持。至年末，完成新航站区土石方挖方88万立方米。

【安全管理】 2011年，南宁机场围绕集团公司"一条主线，一个理念，三个加强，三个落实"安全工作思路，进一步夯实安全基础，健全安全管理长效机制，确保机场公司安全保障平稳有序进行，实现安全年目标。继续与各运行保障单位签定安全责任书，通过细化安全责任，量化安全指标，完善安全责任书考核标准，把安全责任落实到基层、落实到岗位、落实到个人。加强安全管理体系（SMS）风险管理，开展危险源识别，建立危险源库，对发现的危险源进行识别、评估和整改，切实治理安全隐患，提高机场安全风险控制能力。规范安全培训，制定《南宁吴圩国际机场培训工作计划》和《南宁吴圩国际机场2011年航空保安培训计划》，并按计划开展安全培训。加强安全信息管理，修订下发《南宁机场安全信息管理规定》。深入开展安全专项治理，继续推进机场标志标牌、鸟害防治、FOD防范、违规运输危险品等专项整治。加强应急处置管理，开展"2011应急救援综合演练"，提升各单位在处置航空突发事件的组织指挥、应急响应、现场处置等应用保障能力。建立健全应急联动机制、加强应急物资管理，增强机场整体应急处置能力，提升机场安全保障水平。

【服务工作】 2011年，南宁机场贯彻落实集团公司服务工作会议精神，落实服务质量管理体系，想方设法突破硬件制约，导入"无缺陷"服务理念和个性化、人性化服务意识，呈现出“全员为旅客服务，企业为社会服务”的氛围，使机场公司整体服务水平得到较大提升。年内，机场公司旅客平均满意度83.80%，航空公司满意度81.40%；好人好事250件（书面表扬153件、送锦旗8条），无民航局消费者事务中心认定的有效投诉。通过实施服务质量周报制度，收集各单位每周服务动态信息，协调解决在服务中存在的困难，切实提升机场公司动态监督和考核水平；开展QC活动，每季度组织召开一次QC成果发布会，全年发布课题26个。通过整合值机柜台资源，将值机1号、2号柜台变更为重要旅客、头等舱、公务舱、金卡、银卡专柜，并铺设红地毯、增设隔离带和醒目的指示牌等措施，提高服务效率，提升机场整体服务品质；改善候机楼二楼的交通状况。通过实施车道分流、设置安全岛、完善标牌标线等，确保候机楼二楼航班高峰期间的车辆通行能力。组织开展“美化形象”活动，推行并规范员工形象标准，提升全体员工整体素质，塑造企业形象。（劳润夏）

邮政业

【概　况】2011年，南宁市邮政局辖邮政支局243个，有员工3000多人，服务面积2.20万平方千米，服务人口704.26万，市内邮路长度3500多千米，乡村邮路1700多千米。包含南宁—北京、南宁—武昌、南宁—南昌、南宁—上海、南宁—广州、南宁—西安、南宁—昆明一级干线邮路7条，省内干线邮路18条，单程总长度1.76万千米。城市投递段道338条，单程总长度7659千米。农村投递路线376条，单程总长度1.22万千米。覆盖乡镇102个、行政村1395个。全年累计投入资金4600余万元，用于建设、改善邮政网点环境，购置邮政生产用设备。新增、更新投递汽车23辆，投递摩托车30辆，现有机动车投递段32条，投递汽车47台（含备用车），汽车投递400余户，大客户1053户，大客户汽车投递量占40%。年内，获全国通信行业用户满意企业、广西区质量管理小组活动优秀企业、“创建卫生城先进单位”、“创建文明城先进单位”、广西邮政营业投递职业技能竞赛组织奖、广西邮政职工素质建设工程优秀组织单位等。

【函件】2011年，市邮政局继续开展服务中小企业活动，收寄函件1876.29万件，其中国内1873.35万件、国际2.94万件。累计处理平信1.08亿封、挂信590万封、平刷2800万件，发行“邮乐惠”直邮广告信函26.70万份。给据函件直投妥投率97.95%，银企对账单妥收率100%，回邮率95%以上。

【包裹】2011年，市邮政局收寄包裹30.10万件，其中收寄校园包裹2.22万件、上门收寄军营包裹1900件、募集爱心包裹1671件。

【报刊】2011年，市邮政局加大终端建设，优化流程，加快报刊投递时限，扩大农家书屋报刊配送、校园报刊市场、畅销报刊等重点项目的推广，进转口报刊2900万份。

【集邮】2011年，市邮政局管理的市集邮协会有会员1700多名。在所辖范围内组织举办纪念中国共产党建党90周年、辛亥革命100周年、中国—东盟博览会等主题邮展5场。成功开发青秀区政府礼品册、广西城建规划馆开馆纪念册和“辉煌60·奋进马山”等邮品项目。

【邮政金融代理】2011年，市邮政局按照调结构、强防控、扩规模、促发展的方针，拓宽服务领域，重视邮政金融业务。代理金融储蓄净增余额15亿元，再创历史新高。发展网上银行、电话银行，代发代付业务，加大集即时转账、账户查询、消费结算于一体的“商易通”布放力度。下发《南宁邮政金融内控和案防制度》，广泛开展金融内控制度执行情况自查、金融岗位轮换和邮储网点负责人谈心活动，增强风险防范能力，为首府城乡群众提供优质便捷的金融服务。

【电子商务】2011年，市邮政局电子商务航空票务出票3万张，“自邮一族”车主俱乐部、代售汽车票、代收移动、电信话费、水费、“便民服务站”项目稳步推进。有“自邮一族”会员2180名，加盟商230家。

【速递物流】2011年，市邮政局积极开拓证件、票据、资格证等单证类快递业务。完成代理特快专递邮件85.16万件，其中国内84.28万件、国际8828件。

【分销业务】2011年，市邮政局推进渠道建设，畅通配送网络，强化农资商品监管，服务农户增产增收，提升服务“三农”水平。有“三农”服务站293个，直营网点标准店41个，加盟店178个，农资配送用汽车20辆，三轮摩托车30辆。丰富配送产品种类，开拓邮政农资“示范田”96块、“示范县”4个，全年配送化肥4000吨，农药195吨。举办农业技术知识讲座78次，发放识假辨假宣传资料2万余份，受益群众1.30万余人次。

【邮政信息化建设】2011年，市邮政局推进邮政信息化建设，完成储蓄网点加密机上线，确保储蓄网点数据信息的安全传输；完成RFID设备（国内普通邮件全程时限监控系统平信测试系统）安装调试；推进校园包裹和军包分拣前置机设备计划、调试和安装维护；培训综合档案管理系统DG2000上线，加强档案系统的稳定与安全。

【邮政网点建设】2011年，市邮政局根据网点标准化建设的要求，改造营业网点招牌、局（所）名称牌、营业时间牌和上墙制度牌，统一制作安装LED显示屏。继续完善“营投合一”机制，加快投递服务站、代投点建设，进一步满足业务发展需要。开展“业务管理规章制度执行年”、营业服务规范管理和投递服务规范管理三项达标活动，在前台窗口人员中广泛开展南宁邮政星级班组、星级服务人员评比活动，规范邮件收寄验视操作流程。全年处理总包邮件390万袋，全市出口邮件处理规格综合合格率98.50%以上，邮件传递时限综合准时率97%以上，无机要邮件总包失密丢损。处理用户来信来访来电249件，处理1.12万受理用户的投诉1789件，回复率100%，；出动检查人员4269人次，检查班组416个次，走访用户2710人次，用户满意度86.03分，全年无重大服务质量投诉，无重大安全责任事故发生，受到社会各界用户的广泛好评。（潘　玉）

责任编辑　卢景林

信息业

信息化建设

【概　况】 2011年，南宁市以区域性信息交流中心建设为目标，建设“智慧城市”，推进信息强政、信息惠民、信息惠农，加快资源整合、信息共享，提高城乡信息化水平。推进数字绩效平台、涉税信息系统等一批信息化项目建设，加快信息化大楼网络建设和应用，完成全市150多家党政、事业、国企单位接入内网、使用办公自动化系统；加强内网OA系统、政务地理信息系统等建成信息化项目的推广应用；保障全市重大活动网络和通信顺畅。实施“光网城市”工程，加速市区宽带网络建设，以光纤到楼、网线到户的方式实现用户宽带接入；加大对无线网络建设力度，继续实施“无线城市”建设工程，建立无线城市南宁门户网站，实现在市区、县城无线网络的覆盖；加快推进中国联通南宁区域性国际通信业务出入口建设，加强面向东盟的通信信息网络基础建设，提升通信信息网络能力。出台《南宁市政务网站管理暂行办法》，规范政府网站建设、运行与维护、保障。组织开展电子政务内网办公平台、政务地理信息共享服务平台、政府公共信息服务、信息系统网络安全与等级保护等信息化应用推广培训，培训400多人次。做好市政府机关办公计算机安全配置全国试点，探索政府机关办公用计算机集约化安全管理模式，加大CA认证推广提升安全应用，推广在市财政局等10家部门业务工作中应用。年内，南宁市获中国城市信息化服务创新奖、国家电子商务示范城市、第二批“三网融合”试点城市。

【区域性信息交流中心建设】 2011年，南宁市通过加快物联网、云计算等信息化新技术应用，加强信息资源共享，推动信息跨区域、跨部门交流服务，建设“智慧南宁”，加快区域性信息交流中心构建。推动“绿城党旗红”党建信息平台、党委远程教育系统应用，建立创先争优示范基地；完成数字绩效平台一、二期工程，建成党风廉政、重点项目督查管理子系统，加快公共资源交易统一监管、公务员管理等子系统二、三期系统建设；开展电子政务内外网升级，实现全市各部门OA办公自动化全覆盖；建成多语种的政府门户网站群，搭建政府信息公开的网上平台；推动市长热线平台、政民互动平台、政风行风面对面、新闻发布会网络直播建设应用，畅通政府与民众沟通的渠道。开展中国—东盟客服中心升级、启动中国—东盟物流信息中心建设，加快中国—东盟信息平台、中国—东盟交易平台等配套项目实施，加快启动新华“08”金融信息平台应用推广；推进中国联通总部基地和南宁市区域性国际通信业务出入口建设，提升中国—东盟通信网络和信息服务保障能力。加快推进应急联动系统升级、社会管理监控报警联网系统、电子视频监控系统、互联网信息监控中心等工程的建设应用，打造“平安南宁”；加快政务地理信息平台的应用升级，提升城市管理信息化水平。启动市民卡工程、社区信息化工程，推动智慧小区建设；建设“无线城市”、“光网城市”，加快推动现代仿真移动基站在五象新区的试点工程；推进“三网融合”试点、“电子商务示范城”试点建设，推进信息化在国民经济各领域的渗透，使群众共享信息化带来的品质生活；推进县域矿产资源监控系统、农产品物流交易信息平台、农产品质量安全信息监测和追溯系统建设；推进种植业生产过程、养殖业和农产品加工等产业智能化、信息化；加快面向“三农”的信息服务建设，建立健全农村综合信息服务体系，促进信息富农。

【经济和社会领域信息化】

电子政务网络　2011年，南宁市拓展升级市电子政务内、外网络平台建设，加快全市电子政务内网局域网建设，推进市电子政务内网局域网建设及内网办公平台应用。接入电子政务内网单位150家，完成内网建设方案指导、审核单位50家。推进电子政务外网升级工程。协调县（区）落实电子政务外网平台工作，完善外网平台，与自治区电子政务网络平台实现互联互通。推进电子政务网络外网与内网核心网络及互联网出口迁移，升级网络出口和骨干传输带宽。

南宁信息化大楼　1月18日，南宁信息化大楼建成启用。位于南宁市双拥路桂春路交界，2007年10月26日奠基建设，建筑面积25.54万平方米，总投资9400万元。南宁信息化大楼作为“数字南宁”、“智慧城市”及区域性信息交流中心各项信息化应用的重要基础设施，是集信息化行政管理、网络中心、服务器托管中心、数据中心、应用中心、培训中心、展示中心等于一体的信息化枢纽大厦。6月，市信息化大楼电子政务网络平台及中心机房（一期）项目建设启动，总投资327.50万，12月建成投入使用，完成电子政务网络IDC网（部分）及信息化大楼8楼过渡机房等建设。

政务网站　南宁市政府门户网站（www.nanning.gov.cn）正常运行，完成市政府门户网站日常信息和服务功能的更新与维护，建设政府网泰语版，升级完善政务网手机版。完成120个党政部门、社会团体政务网站的建设和整合，建设“三个年，五场攻坚战”等专题网站11个，全市政务网站信息更新28.48万条，增长23.34%。其中：市政府门户网站更新信息2.77万条；县（区）、开发区、各部门网站信息更新25.71万条，增长32.38%。市政府信息公开目录平台（市级）公开信息1.17万条，增长31.5%，累计公开信息5.15万条。在第五届中国政府网站国际化程度测评结果发布暨智慧城市高峰论坛获国际化程度“领先奖”，连续4年获此奖项。在省会（首府）及计划单列市的政府网站国际化程度排名中排名第4位，在全国5个自治区首府城市中排名第一，在西部12个省区市省会（首府）城市中排名第一。在第三届（2011）中国政府网站绩效评估暨第六届特色政府网站评选结果发布大会上，南宁市在全国32个省会（首府）及计划单列市中排名第15位，在5个自治区首府城市中排名第一，在西部12个省区市省会（首府）城市中排名第3位。

网络问政　开展政风行风面对面网上访谈活动，组织31个单位“政风行风面对面”活动20期，与网民实时互动交流；通过政府网站举行庆祝建党90周年纪念活动等新闻发布会网络直播16场。政民互动平台回复市民咨询投诉信件7003件，办结6818件，占97.36%；正在办理185件，占2.64%。在规定时间内信件回复率97.69%；每月平均受理584件，月平均受理量上升13.62%。

政府机关绩效管理系统　6月，市政府机关绩效管理系统绩效平台一期完成项目终验，建成部门绩效考核系统、重点项目督查管理系统、财政资金督查管理系统、领导驾驶舱（一期）、百姓满意度培育系统（一期）等5个子系统；平台一期上线以来，形成涵盖政治建设、经济建设、生态文明建设和党的建设考评内容的4713项绩效工作指标体系，分解到114个绩效考评责任单位，全市有250个重点项目纳入系统管理。促进市委、市政府中心工作的落实，转变干部工作作风，以信息化方式提升党委、政府执政能力。启动绩效平台二期建设，包括：党风廉政工作绩效管理专项考评系统、百姓满意度培育系统（二期）、公共资源交易统一监管平台、市直机关公务员绩效管理考评系统、领导驾驶舱（二期）、绩效数据中心（一期）进展等6个子系统建设。年内，党风廉政工作绩效管理专项考评系统、百姓满意度培育系统（二期）子系统投入使用。

数字城管系统优化完善　完善优化数字城管系统，提出制定数字城管系统的历史数据备份办法建议，通过建立年度数据备份制度，优化查询条件和算法，提升监督指挥子系统的处理速度、考核评价子系统的查询速度；加强对数字城管系统维护力度，处理数字城管系统故障；采购10条4M数字电路，为数字城管系统视频监控系统扩容项目提供通信支持。

OA办公系统短信平台升级改造工程　为提高短信平台性能，增加发送长短信的功能，实施OA办公系统短信平台升级改造工程。9月，项目启动实施，主要围绕改造平台与短信服务运营商接口，确保短信发送稳定性，增加短信容量，增加短信回复和管理功能。

人大、政协信息化建设　9月6日，南宁人大网建成开通。“两会”期间，会议报到系统通过无线自动核查代表信息，实现对会议报到信息同步登记，签到2468人次，提升“两会”组织效率及会议服务水平。完善政协提案系统有关功能，解决政协委员换届工作的数据整理，为政协提案提交、查询、办理、管理提供服务。

中国—东盟博览会客服中心系统搬迁工程　12月，实施中国—东盟博览会客服中心系统搬迁工程，将客服中心系统及坐席搬迁至信息化大楼3楼，工程集合客服中心的技术特点和未来方向，编制完成搬迁及升级项目建议书及初步设计方案，采用新的IP交换技术对系统进行升级，满足新形势下的服务能力要求。

社会管理监控报警联网系统　市公安局与广西电信南宁分公司签订《南宁市社会管理监控报警联网系统项目租用合同》，正式启动社会管理监控报警联网系统建设。年内，完成该系统专用网络、平台、存储中心、视频监控中心建设，建成前端监控点1120多个并投入使用。

政务地理信息共享服务平台　推进南宁市政务地理信息共享服务平台应用项目推广应用，在涉税信息管理系统、基础教育资源展示、学校选址和初中学区分布以及应急联动地图系统中得到应用。住房GIS、卫生监督平台等项目的应用等正在对接。9月24日，该平台在2011中国城市信息化发展论坛暨成果评选中获2011中国城市信息化服务创新奖；10月，该平台在2011年度中国GIS协会地理信息优秀工程评审中获银奖。

涉税信息共享系统　推进市地税局涉税信息共享系统建设。年初完成系统建设，投入使用试运行，12月通过验收。系统在地税、工商等20家单位进行应用使用，解决南宁市综合治税单位信息不共享造成的部分企业偷税、漏税的问题。

市民卡工程　启动市民卡工程，将市民卡工程作为南宁市“信息惠民”工程推进。组织咨询单位编制完成市民卡工程项目建设实施方案和项目建议书、可研报告、初步设计等前期材料。与华为公司、神州数码公司等国内知名IT企业进行沟通，探索市民卡工程的建设和运营模式；与市交通局、市卫生局等部门及金融机构进行对接和沟通，协调项目推进相关事宜。经市政府常务会议研究同意决定推进以交通一卡通、小额支付为主要内容的市民卡一期工程。

数字（CA）认证　CA证书在市卫生局、市人社局、东盟经济开发区、市委党校、市计生系统、市财政系统内进行推广使用。其中，CA证书已在全市统一使用的国库集中支付系统、非税系统、预算系统等多个财政系统中进行推广使用。

部门业务系统信息化建设　推进南宁市重点污染源自动监控系统建设二期工程、南宁保税物流中心电子信息平台二期、防汛应急指挥决策支持系统二期二阶段工程、南宁市“菜篮子”产品全程流通追溯信息处理平台、南宁市电子监察系统三期、南宁市政协委员参政议政互动平台、南宁市住房信息系统、市委网络舆情监控系统建设方案、市委办公厅政务内网信息报送系统技术方案、南宁市基层劳动就业社会保障公共服务平台、南宁市社会稳定信息网络化管理系统二期工程等20多个部门业务系统建设，为各部门提供信息化管理，提高政务信息化水平。

【“十二五”信息化规划】　2011年，按照国家、自治区、南宁市“十二五”规划总体思路，结合实际，经过广泛调研，专家咨询，征求各县（区）、部门的意见，市城乡数字化建设办公室修订完善编制完成《南宁市“十二五”信息化发展规划》，报送市工信委统一纳入《南宁市“十二五”工业和信息化发展规划》。12月12日，规划经市政府常务会议审议下发。

【农村信息化】　2011年，南宁市推进“信息惠农”工程，推动城乡协调发展，加快农村产业信息化的发展。7月，市城乡数字化办、市工信委、市农业局、市科技局、市商务局、市文化新闻出版局联合印发《南宁市农业农村信息化建设专项行动方案》，加强农业农村信息化建设指导。

青秀区投资1660万建设社区服务中心综合类信息化、智能系统;投资130万建设覆盖全城区、村卫生所的新农合医疗信息化项目;推进"智慧青秀"建设发展规划,提升城区信息化水平。兴宁区投入300万建设公安分局警务自动化管理系统、科技项目网上申报管理系统、残疾人信息管理系统。良庆区完成城区图书馆的南宁市文化信息资源共享县(区)工程建设,实现共享文化信息资源;建设城区及机要视频会议室,提升电子政务网络建设水平。江南区加强中小学校信息化建设,组建校内教学网;建立农业信息网站,搭建覆盖基层的信息服务站;引导维威制药等企业开展企业信息化改造提升。西乡塘加强与电信在数字社区的试点合作,以信息化手段提升群众生活信息服务水平。宾阳县武陵镇开展信息化助推农业产业化发展试点,开展"一村一品"、"一村多品"的新型农村信息化服务模式,促进农民增产增收,使农村信息化成为农业产业化发展的助推器。隆安县投资20万建设人口计生管理服务综合信息平台隆安县平台;支持广西四合工贸有限责任公司投资2417万应用信息化技术实现水泥生产节能减排,建成后实现综合能耗降低,企业综合效益提高15%以上。横县推进以茉莉花为代表的网上交易平台建设,带动农业产业发展。马山县推进地区综合性门户网站建设,强化旅游文化宣传。武鸣县、上林县、邕宁区等也结合自身特点,加快推进县域、农村信息化建设,缩小城乡数字化建设差距。

(冼就毅)

【南宁软件园】 位于南宁高新区科技工业园。占地29万平方米,建筑面积8.90万平方米。2011年,入驻企业422家,经认定软件企业有77家。全年新增南宁海蓝数据有限公司和广西南宁市奇网计算机有限公司2家骨干企业,国家火炬计划软件产业基地骨干企业6家。园内南宁银河南方软件有限公司、广西德意数码股份有限公司、广西桂能软件有限公司和广西南博国际信息有限公司等4家软件企业被科技部火炬中心专家组评审认定为骨干企业。软件园产品主要包括:软件及服务外包、文化创意、电子商务、系统集成、现代通信技术、软件中间构件、CAI课件、ERP、CRM、IDC、GIS等。申报"广西动漫游戏试验园区"获自治区文化厅批准;桂能软件、平方软件、奇网公司3家企业获广西动漫游戏骨干企业(动漫技术类,自治区仅6家);三原科技、奇网计算机、中盟软件、桂能软件、平方软件、海蓝数据、德意数码、珞德信息8家企业获服务外包骨干企业认定(自治区共11家);思维、状元廊2家培训机构获自治区服务外包培训机构认定(自治区仅2家)。园区有科技人才约7000人,其中硕士以上学历358人、本科4600人。建成公共软件开发平台、软件质量保证平台和软件测试共享平台,形成综合性开发实验平台,为软件企业提供专业化服务。设立专项经费扶持小高地子项目建设,扶持企业技术创新,推动软件研发人才小高地建设。新增国家级科技和产业化项目19个、新增地方级科技和产业化项目28个;新增获国家和省市级科技奖3个、新增软件著作权登记103个、授权专利数3个、软件产品登记32个。全年实现技工贸总收入39亿元,利税2.70亿元。

(蒋春敏)

通 信 业

【概 况】 2011年,南宁市有中国电信股份有限公司南宁分公司、中国移动通信集团广西有限公司南宁分公司、中国联合网络通信有限公司南宁市分公司3家电信运营商。电信南宁分公司建成3G基站150个、WLAN 221个,AP(无线局域网接入点)2001个;移动南宁分公司建成基站600个,载频9000个;联通南宁分公司建成3G基站458个、264个室内分布和WLAN站点326个。加快"无线城市"、"光网城市"建设,信息惠民初具成效;无线网络无缝覆盖,市区、县城、乡镇及农村行政村基本实现3G信号覆盖,提高城市通信信息服务质量。至年末,全市电话用户数791.79万户,比上年增长31.01%,其中,移动电话用户数683.97万户,增长15.48%;互联网用户426.27万户,增长32.11%。各电信运营商加强通信设施检查维护,扩大通信容量和覆盖区域,提高设备的负载能力和可靠性,完成泛北部湾论坛、中国—东盟博览会、中国—东盟商务与投资峰会、南宁国际半程马拉松比赛及南宁国际龙舟邀请赛等通信保障。

(黄小真)

【中国电信股份有限公司南宁分公司】

概况 2011年,中国电信股份有限公司南宁分公司下辖南宁市青秀、兴宁、邕宁良庆、西乡塘、江南5个区域分公司及武鸣、上林、宾阳、马山、横县、隆安6个县分公司。从传统基础网络运营商向现代综合信息服务提供商转变,推出一系列业务品牌,实现营业总收入15.06亿元,净利润4.49亿元。

网络建设 电信南宁分公司重点建设移动电话网络、宽带接入网、无线网络;至年末,新增宽带网络容量20.32万端口(其中DSLAM端口4.13万线、FTTB/LAN端口9.68万线、FTTH端口6.51万线),推进光网建设,宽带用户4M覆盖率达89%,其中ADSL用户41%,小区光网络覆盖率48%。在农村和城乡结合部建设接入网337个、宽带1.20万线、窄带4.10万线。5月17日,桂林至北海高速公路3G信号实现全程无缝覆盖。用户从桂林往北海途中可使用3G智能手机或手提电脑上网、处理公务及娱乐。

"宽带南宁·光网城市"工程 3月16日,电信南宁分公司启动"宽带南宁·光网城市"工程。在宽带网络全覆盖基础上,接入层宽带建设,改变目前接入方式,使骨干网带宽优势充分体现,形成骨干网与接入网相匹配的整体宽带网络。扩大农村地区宽带网络覆盖范围,推进乡镇光纤到户。工程建成后,电信南宁分公司宽带用户的接入带宽跃升10倍以上;资费将持续下降。全市将实现光纤化,核心城区实现光纤接入,最高接入带宽100M。形成卫星通信、光纤宽带、移动网络,惠及全市的信息网络。用户通过电信统一账号可以登录中国电信有线宽带、天翼3G网络以及WiFi网络,享受全地域、无缝隙的宽带接入服务和互联网应用。至年末,工程投入资金1.18亿元。

北部湾重点产业园区企业信息化建设 11月20日,电信南宁分公司与南宁—东盟经济开发区内20多家企业签订业务使用协议。以光纤+3G为切入点,将天翼3G网络与物联网技术融合,提供信息化业务,促进企业信息化建设。组织人员走访武鸣县伊岭经济开发区和东盟经济开发区的企业客户,根据开发区的中小企业信息化发展现状和产业特点,为企业定做企业信息化方案,将通信元素与产品应用有机结合,以"企业总机"、"翼机通"、"视频监控"、"旺铺助手"、"综合办公"等主要业务为突破,为企业客户提供业务应用,提高工作效率,提升企业经济效益和竞争能力。通过协同通信管理平台,向员工发布会议通知、工作提醒、召开电话会议等，提高信息化管理效率和水平。通过“翼机通”业务，企业员工通过天翼手机就可以完成上班考勤、签到，还可以当作电子钱包在企业食堂、内部小卖部进行消费，或根据权限当作钥匙进出各类办公、生产场所，实现“一机多用”。

客户服务　电信南宁分公司向社会推出“市话详单查询”、“固定电话、宽带安装预约服务”、“网上营业厅”、建立重要客户和VIP客户的服务体系”等多项措施提升客户服务水平。3月，开通8886666报装热线，实现客户足不出户就能装机，改变原有的直销服务流程。分公司加强派单管控，考核装机完成时限。加强对派出工单的跟踪管控和渠道协同，将派单率和派单成功率纳入客服人员考核。年内，10000号人工接通率一直维持在87%以上；“我的E家”业务客户满意率96%；“商务领航”业务客户满意率93%；装移机一次预约城功率79%；故障申告量同比下降32%，品牌客户故障修复及时率86.10%；客户基础资料管理100%达标；装移机用户回访满意度97%。

设立“广西国际信息交换云计算中心”　8月31日，中国电信对外发布天翼云计算战略、品牌及解决方案，于2012年推出云主机、云存储等系列天翼云计算产品；设立中国电信股份有限公司广西国际信息交换云计算中心，支撑和服务广西国际区域性信息交流中心建设。云计算战略启动后，将设立包括广西国际信息交换云计算中心在内的多个交换中心、覆盖全国的云计算数据中心，提供数百万台高性能虚拟主机的能力。只要有网络的地方就可以通过PC、手机或者各类平板电脑随时访问用户的数据。设立该中心是推进“智慧广西”建设的组成部分。

服务中国—东盟博览会　电信南宁分公司成立专项通信保障服务团队，对荔园山庄、吴圩机场、体育中心等重要场所分别制定应急通信保障预案，提高应对突发通信事件的能力。对涉及的设备和电路进行预检预修，对会展中心、荔园山庄、人民大会堂、体育中心、展览馆、华南城、机场车站等主要公共场所的无线网络信号和传输设备进行检查测试，对3G无线网络进行增设备扩容；对可能出现的互联网信息安全和突发流量等情况采取监控和应对措施，对话务高峰进行预测，调整电路和扩容设备。期间，派出300多人次参与现场保障服务，减少对客户通信造成的影响。新增全球眼监控700个，实现会展中心及周边地区的无缝视频覆盖，为指挥调度和治安防控提供24小时可视化的信息服务。开通114票务服务中心，与物流公司合作进行票务销售和配送，用户可选择到营业厅、114电话订票、物流公司送票上门的服务，享受订票购票的便利。　　（农荣生）

【中国移动通信集团广西有限公司南宁分公司】

概　况　2011年，中国移动通信集团广西有限公司南宁分公司负责经营南宁市所有中国移动通信业务，辖西区、东区、南区、邕宁、宾阳、横县、武鸣、隆安、上林、马山10个分公司，在职员工2120人；营业服务网点4624个，其中：自营服务厅157个，指定专营店561家，特约代理点3906个。运营收入增长9.71%。

业务经营　移动南宁分公司拥有“全球通”、“神州行”、“动感地带”等客户品牌的移动信息业务，与1300多家企业合作建设企业信息网。服务网号139、138、137、136、135、134、159、158、150、151、152、188、187。除提供基本话音业务外，还提供彩信、彩铃、来电提醒、随E行、飞信、手机报、GPRS、无线城市行业应用、i万家业务、无线局域网接入多项增值业务；开通24小时网上服务厅，移动客户可享受话费查询、缴费记录查询、积分查询、业务办理、短信天地、服务厅导航、手机归属地查询等服务。开展“便捷服务满意100”服务质量和满意度提升活动，提升服务厅窗口服务满意度。开展服务营销一体化标杆厅建设、导购分流外包、不满客户修复、新入网客户回访、满意度宣传、客户回馈活动等工作；坚持以考核为导向、服务监测为手段、现场辅导为内容，落实服务闭环管理，提升服务质量。

无线城市建设　移动南宁分公司协助移动广西公司与市政府会展中心签署“无线城市”应用与发展合作协议；移动南宁分公司与邕宁区、宾阳县政府签订“无线城市”战略合作框架协议；与南宁经济技术开发区签订共同建设“财智园区”战略合作框架协议；与南宁市卫生局及下属直管13家医院就无线城市信息源引入和WLAN建设项目签订战略框架合作协议。12月20日，移动南宁分公司完成对南宁公交总公司和南宁白马公交有限公司520辆公交车车载视频监控系统的验收，除本地存储视频数据，300辆公车实现基于中国移动TD技术的实时视频传输监控。是全国首个规模采用TD-SCDMA无线网络承载公交视频实时监控的城市。与多家大型医院合作开展预约诊疗，开通手机刷公交服务。年内，南宁市被集团公司评定为达标城市。

网络建设　移动南宁分公司启动南宁网络质量提升专项工作，继续无线城市网络建设布局，高校校园、酒店、医院、商务写字楼等WLAN广覆盖。新建基站600多个，新增载频9000多个，完成节庆以及“纳沙”、“尼格”台风等重要应急通信保障工作。开通“车务通”、“税务通”、“警务通”等行业信息化应用业务。开创TD-SCDMA无线技术行业应用，启动“139贴心服务工程”。

企业文化建设　移动南宁分公司开展“为民服务创先争优”活动，增强党员模范带头作用；获广西公司2011年度先进基层党组织。以“提升工作效能+提高员工满意度”为企业文化建设的目标，把班组团队建设和员工关爱作为企业文化建设落脚点，实施员工关爱工程；获集团公司2011年企业文化示范点、五一劳动奖状；获广西工会“四好”女职工组织标准化建设先进单位；西区分公司广西大学服务厅、横县分公司红楼服务厅、上林分公司塘红服务厅获南宁市“工人先锋号”。　　（黄　英）

【中国联合网络通信集团有限公司南宁市分公司】

概况　2011年，中国联合网络通信集团有限公司南宁市分公司下辖西乡塘、兴宁、青秀、江南、五象新区5个区域分公司，宾阳、武鸣、横县、马山、上林、隆安6个县分公司。

业务经营　联通南宁分公司有实体营业厅520个、二级代理点1700个、村级代办点1056个以及24小时网上营业厅。开通网上营业厅、短信营业厅、手机营业厅、自助终端、空中充值等电子渠道便捷缴费服务。有“沃·3G”、“沃·家庭”、“沃·商务”等全业务品牌，联通3G业务采用全球先进的WCDMA技术，下行速率可达14.4Mbps，上行可达5.76Mbps；支持WCDMA商用终端的款式超过2000款；开通漫游国家112个，运营商漫游服务

449家。"选3G就选沃"得到消费者的认同。提供智能抄表、销售管家、移动采编、移动办公、人员定位、订餐宝、400电话等行业应用。至年末,3G用户增长168%,宽带用户增长15.50%,2G用户稳中有升,实现主营收入增长34.40%。

网络建设　联通南宁分公司移动网完成3G基站458个、2G基站379个、室内分布264个和WLAN站点326个的建设;数据网完成20万宽带端口及集客专线1547条的建设,出口带宽由60G扩到210G,扩大网络规模;完成648个3G基站PA+扩容,确保3G领先优势。完善应急通信保障体系,完成各类保障169次;完成电梯贴牌2711部,优势网络显性化工作成效显著。移动网络宕站率降低22.72%;宕站时长降低64.13%;万户投诉率由1.89次下降到0.94次;宽带网故障修复及时率由94.21%上升到96.80%,万户投诉率由3.14次下降到2.83次,提升网络维护指标,降低客户投诉率。

客户服务　联通南宁分公司在公众服务方面,强化三级自查及第三方服务监督,促进公司一线窗口服务质量;2011年自治区用户满意度测评排名第一。以投诉促管理,采取投诉三级督办、服务短板对标、短板改进项目责任制、服务联席会、周/日通报等多种机制,使赠款争议、装移超时、窗口服务质量重点投诉问题分别下降52%、86%、13%。VIP服务方面,建立以基础服务和特色服务相结合的服务体系。全年举办俱乐部活动81场,形成主题、常态讲座、企业专场三种形式并存的3G俱乐部运营模式,树立3G玩家俱乐部品牌。机场贵宾厅开展"存费送体验卡/配件"、"沃与您欢迎一家秀"等亲情活动,VIP客户维系保有率指标在自治区名列前茅。　(陆　忠)

无线电管理

【概　况】　2011年,南宁市辖区依法设置的各类无线电台(站)1.17万个。其中:广播电台(电视台)4个;高频电台4个;甚高频、特高频电台2608个;船舶电台41个;集群基站5个,集群移动台1403个;蜂窝移动基站6599个;无线接入基站1674个;无线数据电台6个;卫星地球站7个;微波接力站253个;业余电台353个。各类无线电用户单位239个。

南宁市无线电管理处做好无线电管理基础工作,维护空中电波秩序。做好行政许可和频率占用费收取。受理吴圩国际机场、中国南方航空股份有限公司、南宁市江南区城市管理综合行政执法大队等10家单位频率台站申请,审批频率33个(组)、船舶电台呼号16个,核发电台执照99个,换发电台执照160个,注销无线电台站15个。强化基础技术设施建设。全年完成遥控站、小型站等基础设施建设投入70万元。上林、宾阳两县小型站机房的监测站投入使用;完成B级监测遥控站的机房购置工作;建设无线电科普教育活动室,位于管理处办公楼一楼大厅,面积约200平方米,是广西首家无线电科普教育活动室,将成为市民特别是中小学生普及无线电科学知识的场所,为他们提供无线电技术体验和实践的机会。全年完成遥控站、小型站等基础设施建设投入70万元。完善设备维护保养责任制,落实"设备定人、维护定期、使用定时"制度,明确重要设备使用及工作要求,对全市固定监测站2个、小型监测站4个和移动监测站2辆进行定期巡检和维护,排除故障隐患,确保技术设施处于良好状态,满足辖区无线电波监测需求。做好国电南宁发电厂等重大项目建设的频率资源保障。做好无线电频谱资源的管理,依法受理频率和各种台站的申请和审批,发放电台执照,上报各类报表,建立健全无线电频率台站数据库。防范和打击重大考试中的无线电作弊行为。为全国硕士生招生统一入学考试、职称外语等级考试、国家公务员录用考试、高考等各种考试的无线电安全保障任务15次,派出人员246人次,车辆66辆次,监测200多个小时,发现作弊信号11个,抓获作弊嫌疑人员2名,收缴作弊设备1套,实施无线电压制10起。全年办理行政许可事项58项,按承诺时限20个工作日内办结率100%,无投诉事件发生。

【无线电监测】　2011年,南宁市无线电管理处采用固定监测站和移动监测站相结合的办法开展监测。每月完成辖区内航空无线电导航和通信、对讲机频率、第三代移动通信、广播电视、2.5G频段固定业务、集群通信、点对多点微波、卫星无线电导航等重要业务和频段的监听监测,完善电磁环境监测数据库。完成国家及上级管理部门下达的各种监测任务,上报无线电频谱监测统计报告。利用固定站、小型站和移动站进行无线电监测1.91万小时,按时上报无线电频谱监测统计报告11份。全年受理干扰申诉14起,其中移动通信基站受干扰8起、800MHz集群业务受干扰3起、民航通信导航业务受干扰1起、对讲机受干扰2起。每月对设台用户无线电设备进行在用检测,核查用户频率使用情况,履行监管职能。对讲机经销商采取销售备案,对未办理设台手续的用户,发送有关法律法规宣传资料以及整改通知书,督促非法用户单位主动到管理处办理相关设台手续,提高监督检查效率。开展民航无线电导航和通信台站、公众移动基站专项核查,重点对民航广西空管分局、电信公司、移动公司、联通公司的台站进行检查,加大台站管理力度。全年进行监督核查和行政执法186人次,核查设台用户11家,核查设备140台(站);对南宁百货公司、盛天华府物业公司等18家非法设台单位进行行政执法,发出《责令改正通知书》18份,立案1件,结案1件,扣留设备1台。中国-东盟博览会期间,出动人员56人次,车辆12次,固定及移动监测360小时,排查干扰3起,确保盛会期间无线通信的安全与畅通。

【无线电管理宣传】　2011年,南宁市无线电管理处规范对业余无线电爱好者的引导,业余无线电活动依法、规范、有序开展。举办业余无线电应急通信演练活动2次,业余无线电操作证书发证仪式1次。3月20日,在市东盟美食城广场举行演练,由南宁、贵港、钦州、北海和防城港等5市管理处联合举办,来自5市的业余无线电爱好者和广西红十字会志愿者等70多人参加。通过搭建帐篷,架设户外天线和短波电台、超短波电台,与主控台进行LSB、USB、CW通联,现场拍摄数码照片,用SSTV方式向指定电台发送图片,对设置的信号源进行无线电测向等项目的比赛。新华网、《广西日报》、《南宁晚报》等多家媒体报道和转载,产生较大的社会影响。争取在南宁市设置国家级业余无线电台操作证考试的考点;为广西阳光业余无线电俱乐部提供短波无线电台的使用,增强业余无线电活动的技术能力。　(覃　巍)

责任编辑　黄小真

南宁市林业局

南宁市林业局作为南宁市林业行政主管部门，设机关办公室（行政审批办公室）、政策法规科、营林科、林政科、野保科、产业科、防火科、人事科8个科室，主要业务职能是贯彻执行国家林业工作法律法规、方针、政策，组织指导全市植树造林、国土绿化、森林经营、森林资源保护、林业产业发展等工作，依法开展有关涉林行政审批事项。

2011年，南宁市完成山上造林绿化1.46万公顷，林业总产值273.16亿元，森林覆盖率47.10%。全市林业工作取得新突破，获国家森林城市，被评为全区“绿满八桂”工程建设先进市、全区林改先进市。市林业局被评为全国造林绿化先进集体。

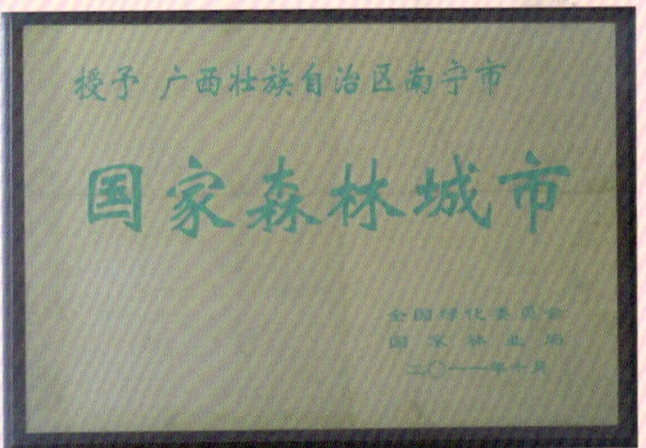

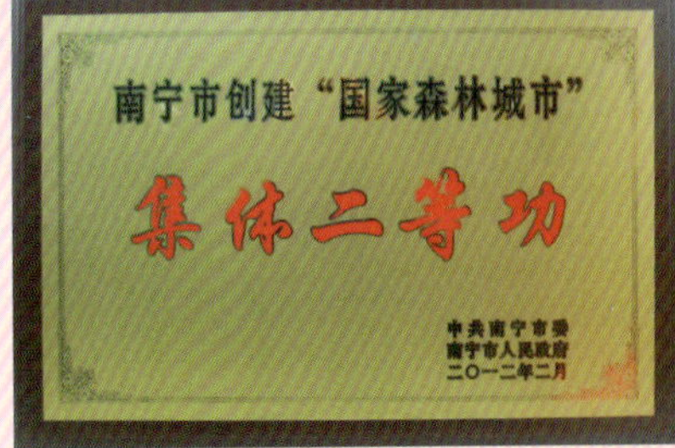

① 林下经济快速发展
② 南宁市森林公安局开展打击非法经营贩卖野生动物行动
③ 获奖牌匾

中国人民解放军广西南宁警备区

2011年，中国人民解放军广西南宁警备区大力加强部队建设，圆满完成以军事斗争准备为龙头的各项任务，部队和民兵预备役建设取得新发展。

组织开展当代革命军人核心价值观主题教育和纪念建党90周年系列活动，开展“加强党性修养、锤炼思想作风”教育整顿和专项整治活动，思想政治教育成效明显。扎实推进军事斗争准备，狠抓首长机关和民兵军事训练。举办人武专武干部业务培训、冲锋舟操作骨干集训，先后组织江南区、西乡塘区、青秀区民兵高炮分队和部分人武专武干部参加自治区高炮实弹射击和军事科目比武竞赛，取得优异成绩。后勤装备建设取得新成效，基础设施不断完善。完成机关营区环境整治和生活区配电房改造，友爱路干休所完成综合楼主体工程建设。结合民兵武器装备仓库正规化建设达标试点，对警备区本级民兵武器装备仓库进行综合整治，新建、改建部分物防设施，安装指纹巡更、防侵入红外线报警、墙体震动报警和视频监控等先进技防设施，升级改造6个县民兵武器装备仓库的信息化监控系统。

组织部队官兵和民兵预备役人员投身南宁市城乡建设。所属14个团级单位联系社会主义新农村联系点11个、扶贫点3个，协调投入资金55万余元，联系致富项目20多个，受益群众2.80万余人。联系驻地学校14所、投入经费14万余元进行援建助学，为结对学校购置图书5000余册和篮球、羽毛球拍、乒乓球拍等文体活动器材200余套。主动参与抢险救灾，先后出动官兵和民兵预备役人员1.80万人次，车辆1130台次，冲锋舟30多艘次。民兵军事训练、征兵、维权、财务管理等20多项工作先后获解放军总部、广州军区、广西军区和自治区表彰。

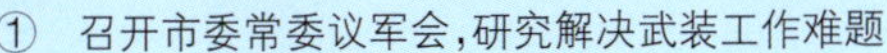

①　召开市委常委议军会，研究解决武装工作难题
②　军地各级领导深入开展征兵宣传
③　开展全民国防教育
④　组织民兵高炮分队实弹射击
⑤　全力支援驻地社会主义新农村建设
⑥　双拥共建活动
⑦　民兵应急分队苦练军事技能
⑧　军地协同演练，厉兵秣马防大汛
⑨　履行城市警备职能，严厉打击“三假”（假军人、假军车、假军办企业）
⑩　组织欢送仪式，营造“当兵光荣”氛围

中国人民武装警察部队南宁市支队

①

2011年，中国人民武装警察部队南宁市支队坚持以国防和军队建设主线为统揽，以建设现代化武警为引领，以高标准实现“两个确保”（确保以执勤处突为中心的各项任务圆满完成，确保内部高度稳定和集中统一）、争创先进支队为目标，一手抓党委机关风气建设，一手抓经常性基础性工作落实，既重视硬件建设上层次，更重视软件建设有水平，高标准实现“两个确保”。

依照“以人为本、信息主导、正规执勤、确保安全”执勤思路，坚持把中心工作作为“饭碗工程”来抓。注重把经常性训练抓严格，官兵军事素质得到提升，在总队组织的军事尖子竞赛中，获团体总分第一名。协调联络，与南宁市城市道路监控信息系统实现资源共享。先后完成“两会”期间现场警卫和机动备勤任务；配合市公安局完成代号为“昆仑一号”和“昆仑三号”的打黑除恶任务；完成“第六届泛北部湾经济合作论坛”现场机动备勤、亚洲政党专题会议安全保卫、自治区第十次党代会安全保卫任务。

深入开展“双争”（争创先进支队、争当优秀士兵）和“创先争优”活动，评比表彰“红旗单位”、“红星个人”。连续6年每年投入200余万元为基层和官兵办10件实事。1个大队被武警总队表彰为先进大队、1个中队为基层建设标兵中队、6个中队为

②

③

④

基层建设先进中队、1 个中队立集体三等功。

加强后勤队伍建设，提高后勤队伍经常性业务能力，参加总队后勤业务比武获 6 个单项第一和团体第一名。提高遂行多样化任务中的保障能力，重大任务后勤保障到位。新机关建设积极稳妥、有序推进。被总队表彰为基层建设先进支队；司令部、政治部、后勤部被评为机关建设先进部；被表彰为车辆管理先进单位。

① 2011 年 3 月 18 日，武警部队参谋长牛志忠（前中）与支队党委班子合影
② 2011 年 3 月 18 日，武警部队参谋长牛志忠（左五）莅临支队视察指导
③ 2011 年 1 月 4 日，自治区副主席高雄（左四）到武警南宁市支队慰问
④ 2011 年 1 月 27 日，自治区副主席梁胜利（右三）慰问武警南宁市支队官兵
⑤ 2011 年 3 月 5 日，武警南宁市支队与市财政局开展学雷锋活动
⑥ 2011 年 9 月 4 日，武警南宁市支队援建木坡村建设捐赠仪式举行
⑦ 2011 年 9 月，武警南宁市支队官兵担负 2011 年亚洲政党专题会议安保勤务
⑧ 2011 年 10 月，武警南宁市支队官兵担负“两会一节”任务
⑨ 2011 年 5 月 15 日，武警南宁市支队官兵参加地方打黑除恶行动
⑩ 2011 年 10 月，武警南宁市支队官兵担负抗洪抢险任务

南宁建宁水务投资集团有限责任公司

2011 年，南宁建宁水务投资集团有限责任公司不断完善水务投融资平台建设，全力打好水城、供水、污水“三大会战”，较好地完成各项工作任务，实现“十二五”的良好开局。实现营业收入 8.67 亿元，工业总产值 6.44 亿元，全社会固定资产投资 24.80 亿元。先后获全国五一劳动奖状、全国“安康杯”竞赛优胜单位、自治区先进基层党组织、自治区优秀和谐企业、南宁市先进基层党组织等称号。

完善投融资平台建设。集团公司筛选出 2011 年开工建设的水城项目，整合成“南宁市水环境综合整治（一期）工程项目”，向银行申请项目固定资产贷款并获得支持，为项目建设提供资金保障。经过深入调研、积极探索，确立水城项目等公益性项目建设采用 BT 模式（即业主投资建设——政府回购模式）。

大力实施水城、供水、污水三大会战。集团公司承担南宁市城建计划项目 37 个，累计完成投资 24.81 亿元。其中，南湖—竹排江项目一阶段工程顺利完工，民歌湖—竹排江—南湖水系贯通。1 月 28 日，民歌湖建成启用，“一江两湖”水上旅游正式开通；4 月，成立以旅游服务、游船经营、物业管理等为主的全资子公司——南宁水城旅游开发有限公司；10 月，民歌湖酒吧街开街试营业。南湖—竹排江连通水系逐渐成为水清岸绿的生态旅游区、经济繁荣的商业区、人水和谐的休闲娱乐区，成为南宁市打造“中国水城”的标志性区域。加大对供水低压区的技改投入力度，对陈村水厂二期进行扩建，完成建筑主体工程施工、工艺管道安装。不断提高供水压力，改善低压区服务，进一步拓宽供水区域和市场，完善收费、报装、抢修等程序，提升供水服务质量和水平。进一步加大节能减排力度，完成江南污水处理厂二期工程、埌东污水处理厂通水试运行。

创新企业党组织建设。集团公司深入开展“党组织建设年”、“学习型党组织”等活动，以“绿城党旗红，先锋促发展”创先争优活动为载体，开展“基层党组织示范点”、“工地党旗红”、“帮扶结对”等活动。同时，深化干部人事制度改革，抓好基层领导班子和中层干部选拔、任用，转变选拔人才观念，把选人用人视野扩展到社会，首次拿出中层领导管理岗位面向社会公开招聘，1 名优秀人才被聘任为水城旅游公司副总经理，打破过去单一选拔人才的方式。

民歌湖景色

民歌湖风光

民歌湖现代艺术酒吧街

陈村水厂二期扩建工程

三塘污水处理厂一期工程效果图

五象污水处理厂一期工程效果图

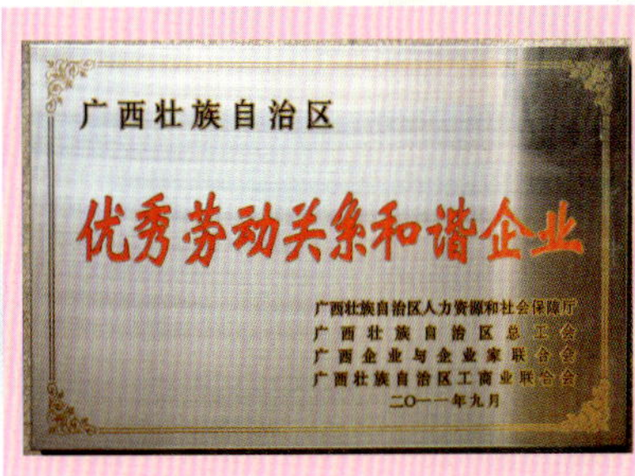

获奖牌匾

①

②

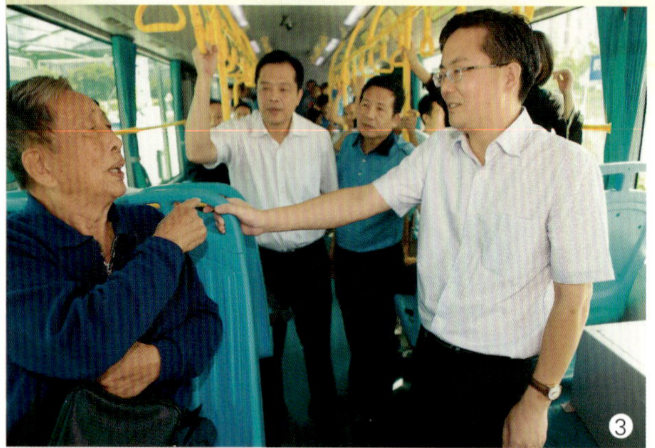
③

④

2011年，南宁市交通运输局扎实推进各项工作的开展，较好地完成市委、市政府下达的年度目标任务，交通运输对全市经济发展、保障和改善民生的贡献率显著提高。

全力推进交通基础设施建设。重点项目68个，开工50个，完成投资238.07亿元，比上年增长2.67%；公路水运交通建设完成投资92.60亿元，为年度目标100.26%。扎实推进西江黄金水道建设，完成投资18.07亿元，为年度目标101.16%；郁江老口航运枢纽工程、南宁港一期工程实质性动工，金鲤水泥码头工程基本建成。全面完成为民办实事项目，新开行公交线路2条，调整和优化公交线路16条；更新发展200辆公交车投入营运；安装验收公交车视频监控系统520辆；建成投入使用便民候车亭10个。完成固定资产投资和招商引资工作，交通运输行业全社会固定资产投资（不含铁路运输业）164.66亿元，增长64.40%，为目标任务137.20%。实际引进内资1.28亿元，为目标任务106.66%；实际利用外资400万美元，直接利用外资400万美元，为目标任务100%。

加强行业管理。建立客运站驻站稽查新模式，实现投诉处理、道路运输市场监督检查、受理群众咨询3项功能的前移；建立港口建设远程监控系统；开展交通出行调查工作，起草《南宁市优先发展城市公共交通的意见》等规范性文件，为公交优先发展提供科学决策依据；道路客运量、客运周转量、道路货运量、货运周转量分别增长10.08%、10.71%、28.76%、28.23%。水路货运量、货运周转量分别增长18.30%、33.60%。

南宁市交通运输局

港口货运吞吐量增长 60%。公路养护、路政工作在自治区评比中分获第一、第二名。

提高应急保障能力。由市政府投资近 500 万元建造的南宁市第一艘自有防汛拖轮投入使用，结束南宁市租用拖轮开展防汛工作的历史，并配套建设防洪拖轮锚泊基地；组织开展防洪拖轮应急救援演练和公路防汛应急救援演练，公路和港航管理部门抗洪抢险，处置公路、水路突发事件的能力进一步提高。

此外，结合“党组织建设年”、“发展环境建设年”、创新争优等主题活动，市交通运输局开展党风廉政建设风险防范试点、“岗位党旗红”主题实践试点、基层党组织换届选举公推直选、交通运输行业“文明交通·能帮就帮”志愿活动、交通运输行业“五个一百”优质文明竞赛等多项活动。年内获全国交通运输系统“五五普法”先进集体；局属事业单位市道路运输管理处获全国交通运输文明执法示范窗口。

⑤

⑥

⑦

⑧

① 南宁市交通运输局领导班子成员：局长李耕（中）、副局长谢宏飞（右五）、副局长李朝安（左五）、副局长蔡友清（右四）、纪检组长张海光（左四）、副局长覃阳（左三）、副局长何本鹏（左二）、总工程师梁展凡（右三）、副局长林煜宏（左一）、副调研员夏愿平（右二）、副调研员熊红春（右一）

② 2011 年 10 月 10 日，自治区交通运输厅厅长潘巍（前左二）在市交通运输局局长李耕（前左一）等陪同下，到南宁港牛湾作业区调研

③ 2011 年 9 月 22 日南宁市无车日，代理市长周红波（前右一）在市交通运输局李耕局长（后左一）陪同下乘坐公交车，用实际行动倡导绿色出行。图为周红波市长向乘客解释开展无车日活动的重要意义

④⑤ 2011 年 10 月，自治区交通运输厅厅长潘巍（图⑤左四）、市长周红波（图④前左四）、副市长石文怀（图④前左五）等领导参加南宁市交通运输工作调研座谈会

⑥ 2011 年 6 月 28 日，南宁市开展“争先创优促发展　文明服务树新风”星级服务车活动。图为活动启动仪式

⑦ 2011 年 3 月，交通运输部、自治区、南宁市领导参加西江黄金水道建设工程项目之一老口枢纽工程建设启动仪式

⑧ 2011 年 5 月 12 日，市政府委托市港航管理处筹建的防汛应急拖轮（邕汛拖 01 号）竣工下水邕江航行，该拖轮将肩负起南宁市防汛清障及各类水上突发事件应急处置

南宁市工商行政管理局

2011年，南宁市工商行政管理局根据自治区政府批准的自治区工商局新“三定”（定岗、定额、定员）和市、县（区）工商行政管理局及工商行政管理所机构改革方案精神进行职能调整和机构改革。职能调整突出流通环节食品安全监督管理、承担依法查处取缔无照经营的责任和规范、维护各类市场经营秩序的责任等“三个加强，一个强化”和7个方面的职责。工商行政管理主要职责由原来的10项增加至14项。机构改革方面，将原设城区工商分局改为城区工商行政管理局，为市工商局直属机构。市工商局辖县工商局6个，城区工商局6个，直属分局5个，经济检查支队1个；局机关设科室11个，编制1644名。

年内，市工商行政管理局监管内资企业1.28万家，外商投资企业1282家，私营企业6.47万家，个体工商户22.16万户，农民专业合作社1167个；全市累计有效注册商标1.36万件，占自治区总量35%，居自治区第一位；获“广西著名商标”17件，累计68件；查处各类商标违法案117件；监管各类商品交易市场455个，纳入信用分类监管116个；监测各类广告8.66万条，审批户外广告1003件，查处违法广告136件；发放食品流通许可证2.36万张，检测食品添加剂等样品76批次，快速检测食品样品7523批次；开展食品安全专项整治行动20多次，检查集贸市场5159个次，检查经营户15.77万户次，查处取缔无证无照经营242户，查处案件396件；建立“消费维权服务站”127个，与全市大型企业、商场建立消费纠纷快速和解“绿色通道”40条；流动维权车13辆和流动维权岗52个，全年设岗6578次，上岗执法人员1.97万人次，全系统受理消费者咨询、申诉、举报4.99万件，处置率100%，为消费者挽回经济损失300多万元；捣毁传销窝点1017个，清理遣散传销人员3665人；检查网吧经营户

1923 家次，查处违法经营网吧 14 家，查处取缔黑网吧 37 家，没收电脑 166 台；查处农资案件 197 件，案值 138.84 万元，为农民挽回经济损失 3.65 万元；查处制售假冒伪劣案件 114 件，案值 131.35 万元；查处无照经营案件 524 件；查处各类违法经营案件 1232 件，案值 714 万元。先后获全国、自治区 2006~2010 年法制宣传教育先进单位；全国工商行政管理系统打击侵犯知识产权和制售假冒伪劣商品专项行动先进集体；自治区工商系统 2010 年度服务非公经济发展星级优质服务单位等 10 个奖项。

① 2011 年 4 月 18 日，中央直属机关工委常务副书记杨衍银（前左二）到南宁市工商局调研党建工作
② 2011 年 11 月 5 日，自治区副主席高雄（左一）、自治区工商局局长朱军（右一）、南宁市副市长眭国华（左二）在市工商局局长李永干（左三）的陪同下，到东博国际五金机电城了解微型企业发展情况
③ 2011 年 11 月 21 日，国家工商总局督查组组长、消保局副局长黄建华（左一）在市工商局副局长李欣（左二）的陪同下，在华西工商所观看工作人员录入食品安全、“12315”数据纠错等信息
④ 2011 年 9 月 30 日，代理市长周红波（前右三）一行到南宁市淡村农贸市场检查国庆节、“两会一节”前夕商品供应情况
⑤ 2011 年 9 月 5 日，自治区工商局局长朱军（中）在市工商局局长李永干（右一）的陪同下到西乡塘分局调研
⑥ 2011 年 9 月 15 日，自治区工商局副局长苏建荣（右二）在南宁市淡村农贸市场检查食用油
⑦ 维护消费者合法权益
⑧ 执法人员在大型超市检查陈醋商标和生产日期标识
⑨ 执法人员检查食品标签
⑩ 执法人员在埌东六组市场检查月饼销售

南宁市工业和信息化委员会

2011 年，南宁市工业和信息化委员会贯彻落实市委、市政府决策部署，打好“工业经济振兴”、“产业园区建设”两场攻坚战，全市工业经济呈现增速持续高位运行，结构调整加速推进，质量效益显著提高，投资强度继续加大的良好发展势头，全面完成各项工业发展目标任务，实现“十二五”良好开局。

工业实现历史性突破。年内，南宁市全部工业总产值 2008.23 亿元，比上年增长 38.40%；规模以上工业总产值 1744.20 亿元，增长 42.84%；全部工业增加值 629.33 亿元，增长 20.30%，占地区生产总值 28.46%，提高 1.58 个百分点，对地区生产总值贡献率 39.90%，获“广西工业产业发展奖”一等奖。

加快转变经济发展方式。全市高耗能产业和传统产业的投资、产值比重下降，铝加工业、机械制造业、电子产业的技改投资和产值比重上升；获自治区工业节能目标评价考核第一名、自治区淘汰落后产能先进单位。

2012 年 4 月 10 日，自治区党委常委、市委书记陈武（左三）、副市长石文怀（左二）在市工信委主任陈世平（左一）的陪同下到工业园区视察

2012 年 3 月 12 日，市长周红波（左二）在市工信委主任陈世平（左三）陪同下到南宁双汇食品项目现场考察

产业结构进一步优化。产业结构调整为 13.80:38.30:47.90，二产比重提高 2.10个百分点。全市工业投资总量、增速分别位居自治区第一、第二，制造业投资、技改投资总量分别居自治区第一、第二。富士康南宁高新园区、南宁电厂、劲达兴、永凯浆纸等一批大项目集中投产试产，工业发展后劲不断增强。

工业招商引资实现新跨越。富士康、康师傅、双汇、统一、王老吉等一批国内外知名企业落户南宁，成为推动全市工业增长的重要力量。全市产值超亿元企业 403 家，增加 103 家，其中 20 亿元以上 5 家、10 亿 ~20 亿元 15 家、5 亿 ~10 亿元 47 家。全市工业园区工业产值继续保持增长，园区基础设施不断完善，产业承载力不断增强。产业园区工业总产值 1095 亿元，占全市 54.75%。六县完成规模以上工业总产值 442.54 亿元，平均增长 59.11%；对全市规模以上工业增长贡献率 31.43%，拉动全市规模以上工业总产值增长 13.46 个百分点。

企业经济效益不断攀升。全市规模以上工业经济效益综合指数 294.80%，上升 19.93 个百分点；规模以上工业销售收入 1595.74 亿元，增长 38.60%；利税总额 186.45 亿元，增长 45.42%；利润 98.40 亿元，增长 57.87%。

市工信委领导班子

2011 年 6 月 19 日，南宁市 2011 年 6 月份重大项目开（竣）工暨富士康南宁科技园高新区项目投产仪式在南宁高新区举行

广西南南铝加工有限公司铝箔产品车间

广西珠江啤酒有限公司首期年产 20 万吨啤酒车间

南宁市城乡数字

2011 年，南宁市城乡数字化建设办公室加快物联网、云计算等信息化新技术应用和发展，构建区域性信息交流中心，为建设“智慧南宁”，实现首府现代化新跨越提供信息化支撑和服务。市城乡信息化建设工作成效显著，先后获中国城市信息化服务创新奖、国家电子商务示范城市、第二批“三网融合”试点城市。

②

建设区域性国际通信业务出入口，提升面向东盟的通信信息网络能力。建设中国—东盟信息交流中心门户和数据库项目；启用南宁信息化大楼，为区域性信息交流中心建设提供保障和支撑。完成机关绩效综合管理信息平台一期、二期工程，建成党风廉政等子系统，在全国起到示范效应；升级电子政务内外网，建成覆盖全市 115 个政府部门、社会团体的政务网站群，实现全市各部门 OA 办公自动化全覆盖。启动市民卡工程，一期工程以交通为主要建设内容；升级电子视频监控系统、数字城管系统，建设应用互联网信息监控中心。加快建设农产品物流交易信息平台、农产品质量安全信息监测和追溯系统；加快面向“三农”（农业、农村、农民）的信息服务建设，建立健全农村综合信息服务体系。

建设信息化政策法规体系，草拟电子政务建设、县（区）信息化建设指导意见；出台《南宁市政务网站管理暂行办法》，确保南宁市政务网站安全、平稳运行。出台《南宁市互联网安全应急预案》，健全南宁市互联网安全应急能力，保证南宁市互联网安全运行。

③

④

化建设办公室

荣誉证书

南宁市城乡数字化建设办公室

南宁市政务地理信息共享服务平台

2011中国城市信息化服务创新奖

中国信息协会

二零一一年九月

南宁市政务地理信息共享服务平台

承建单位：北京山海经纬信息技术有限公司

2011中国GIS优秀工程

银　奖

9

① 2011 年 12 月 12 日，自治区党委常委、市委书记陈武（前左一），市长周红波（左四）陪同中央廉政准则检查组到南宁信息化大楼参观

② 2011 年 12 月 12 日，自治区党委常委、市委书记陈武（右一）、市长周红波（左一）参观南宁信息化大楼，并对南宁市信息化建设提出要求

③ 2011 年 5 月 12 日，市委副书记刘长林参加数字绩效平台群众满意度、党风廉政子系统上线仪式并致辞

④ 2011 年 8 月 18 日，副市长杨民（右四）代表市政府与华为技术有限公司签订“智慧南宁”规划建设合作备忘录

⑤ 2011 年 9 月 21 日，副市长眭国华（前左二）到南宁信息化大楼视察。图为眭国华参观“绿城党旗红”党建信息平台

⑥ 2011 年 7 月 26 日，市政府与中国移动广西有限公司签署“无线城市”应用与发展合作协议

⑦ 市城乡数字化办主任胡书文（右一）到电子政务机房检查，现场查阅数字绩效平台运行情况

⑧ 获得荣誉

南宁市散装水泥办公室

2011 年，南宁市散装水泥办公室贯彻落实科学发展观，各项工作实现稳中有进向前发展，散装水泥年供量 475.87 万吨，完成年度任务 113.30%，比上年同期增长21.25%；发散率 50.54%，超出自治区平均散装率 5.71%；散装水泥专项资金征收 1702 万元，增长 12.86%。

市散装水泥办公室的职能是发展使用散装水泥，实现水泥产业链的最大节能减排。“发散、用散”必须使人民群众“知散”。投入宣传经费 12.80 万元，制作宣传纸杯、横幅、宣传环保袋等宣传用品过万件，到建设工地、水泥企业、混泥土搅拌站、社区进行散装水泥宣传，与南宁电视台合作，在《帮得行动》、《南宁新闻》等收视率较高的节目中进行宣传报道，进一步提高水泥生产企业、水泥使用单位和居民“知散、用散、助散、推散”的意识，宣传工作效果显著。

“发散、用散”积极主动“护散”。市散装水泥办公室克服人员少任务重的困难，共出动 197 人次对 132 个工地进行散装水泥行政执法，对 11 个用散不符合规定的工地提出整改要求。拓宽建筑工地使用散装水泥方面，促进散装率的提高。

“发散、用散”必须向新领域突破。2011 年，市散装水泥办公室将预拌砂浆推广使用做为重中之重的工作来抓，投入专项扶持资金50万元，推动预拌砂浆发展进度，调动企业的积极性。年内，有两家企业完成预拌砂浆的备案工作。11月29日，第一家备案的砂浆企业与设备厂家签订设备购买合同，标志着南宁市预拌砂浆企业已经进入实体发展阶段。

“发散、用散”工作要前进，管理工作必须过硬。2011年，根据国家、自治区有关政策，结合实际，市散装水泥办公室制定《业务执法工作管理规定》、《征收工作管理规定》等11项管理制度，汇编成《南宁市散装水泥办公室工作手册》，对权力行使的方式、步骤、程序、时限等进行约束，建立健全以制度监权、按制度办事、靠制度管人的工作机制。

④

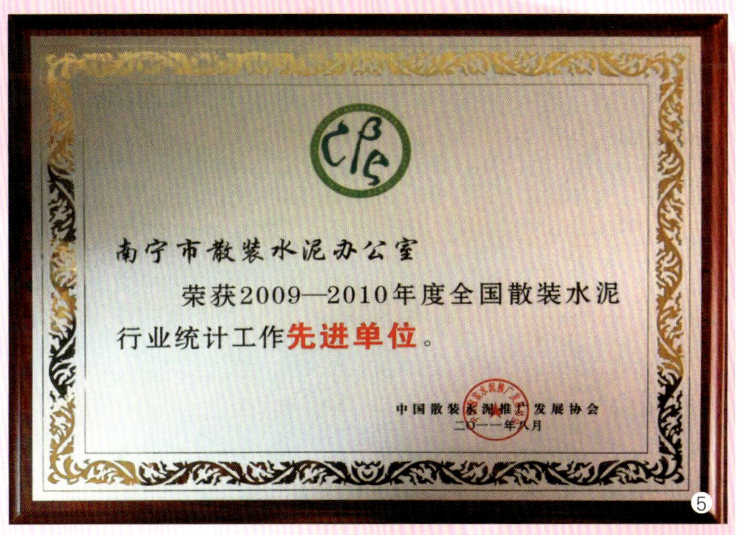
南宁市散装水泥办公室
荣获2009—2010年度全国散装水泥行业统计工作先进单位。
中国散装水泥推广发展协会
二〇一一年八月
⑤

⑥

① 2011年3月15日全市散装水泥工作会议上，市散办主任刘柏仔（右二）与广西华宏水泥有限公司代表（右一）现场签订目标管理责任书
② 2011年11月29日~30日，召开南宁市预拌砂浆专题培训会
③ 2011年7月1日，开展“庆建党90周年、重温入党誓词”活动
④ 工作人员在施工现场进行散装水泥使用情况执法检查。图为施工现场负责人介绍用散情况
⑤ 荣誉牌匾
⑥ 市散装水泥办公室管理规范、制度及散装水泥有关政策文件汇编成《工作手册》

南宁市住房保障和房产管理局

南宁市住房保障和房产管理局主要负责全市住房保障和房地产管理政策法规的制定与实施，编制住房发展规划，实施住房保障，负责房地产开发管理、房地产市场监管、房屋权属登记管理、物业服务行业监管、直管公房管理、房屋使用安全监管、落实住房制度改革等。先后被评为全国房产管理先进单位、全国建设系统精神文明建设先进单位、全国青年文明号、住房和城乡建设部授予的“为人民服务，树行业新风，文明服务示范窗口”，并多次获自治区、市级荣誉。

2011 年，市住房保障和房产管理局完成保障性安居工程任务 39596 套（户），南宁市个人住房信息系统实现“部—区—市—县”四级联网，白蚁防治氯丹灭蚁灵替代示范项目通过全国专家组验收，房产管理、房地产市场监管、房地产开发监管水平不断提高。率先在自治区搭建起一个包括廉租住房、经济适用住房、公共租赁住房、城市和国有工矿棚户区改造、限价普通商品房、农村危房改造、危旧房改房改造、拆迁安置房在内的多层次住房保障体系基本框架，累计对 12 万多户中低收入家庭实施保障，南宁成为广西保障住房类型最齐全、覆盖面最大的城市。

① 2011 年 9 月 23 日，自治区党委常委、自治区副主席、市委书记陈武（前左二）到南宁市凤岭北保障性住房项目实地检查惠民工程及为民办实事项目完成情况

② 2011 年 7 月 28 日上午，市四家班子领导出席南宁市 2011 年 7 月份重大项目开（竣）工暨西乡塘区保障性住房项目启动仪式

③ 2012 年元旦，自治区党委书记、自治区人大常委会主任郭声琨（右四）在自治区党委常委、市委书记陈武（右六），自治区住建厅党组书记、厅长严世明（右五），市长周红波（右三）、副市长魏凤君（右一）的陪同下，到凤岭北路南面保障性住房项目视察并慰问建筑工人

④ 2012 年 4 月，市住房局局长黄善武（前右三）陪同自治区住建厅党组副书记、副厅长、巡视员金昌宁（前左三）、副市长魏凤君（前左二）到廉租住房建设工地检查

⑤ 2012 年 7 月，市住房局局长黄善武（前左一）陪同国家住建部人事司副巡视员赵琦（前右一）到安吉华都项目工地检查

南宁中燃城市燃气发展有限公司

南宁中燃城市燃气发展有限公司（原南宁管道燃气有限责任公司）是中国燃气控股有限公司的全资项目公司，资产规模7亿元，建成气源厂2座，敷设燃气主干管、支管及小区户外管网2600多千米，基本覆盖南宁市城区范围；拥有管道燃气居民用户约25万户，商业及工业用户950多户。公司自投产运营以来，建立较为完备的管道燃气生产、输配、服务等设施，形成规范、有效的管理体系。遵循"用户第一，服务至上"的理念，建立客户信息管理系统及3311111客户服务专线电话，对用户实行咨询、投诉、报装、开通、安检、维护、抢修一站式服务，开设营业服务厅及燃气器具专营服务店5家，将"优质服务"、"品牌服务"贯穿于管道燃气安装、使用全过程。

今天，中国燃气进驻南宁，将为南宁的公用事业谱写新的篇章。中国燃气将携手南宁人民，共同营造和谐、环保的美丽家园。

① 南宁中燃城市燃气发展有限公司三塘气源厂
② 2010年11月18日，南宁中燃公司总经理周永革（前右二）为南南铝箔彩铝辊涂生产线投产暨南宁中燃天然气供气庆典仪式举行
③ 公司行政办公区前台
④ 南宁中燃管道天然气储罐

南宁沛宁资产经营有限责任公司

2011 年，南宁沛宁资产经营有限责任公司按照“十二五”发展规划要求，实施公司向实业转型，吸收合并南宁市商业装饰有限责任公司，实现资源整合，壮大公司本部规模。挖掘企业资源，以南宁市住宅建设投资公司为依托，搭建“壳企业”托管平台，集中管理“壳企业”；加强项目合作，与国内外企业、中央企业合作，出资 3800 万元与中石油广西分公司共同组建“广西中油宁祥石油有限公司”，进入石油销售领域开展业务。指导企业改革改制工作顺利推进，经营管理水平不断提升；资产盘活、招商引资取得新的突破。人事制度改革工作进一步深化，对所属企业领导人员进行公开选拔任用，对公司本部中层管理岗位实行竞聘上岗。稳步推进国有企业产权制度改革。企业党建、安全生产、信访维稳和精神文明建设等各项工作协调发展。

① 2011 年 10 月 21 日，沛宁公司董事长龙文原（右一）与中石油公司签订合作项目
② 2011 年 12 月 21 日，沛宁公司总经理周达（左二）与国外企业洽谈项目合作
③ 沛宁公司表彰 2006～2010 年度系统党建工作先进集体和先进个人
④ 开展员工拓展培训，增强团队精神

广西中烟工业有限责任公司

广西中烟工业有限责任公司是直属于中国烟草总公司的大型卷烟工业企业，是全国少数民族地区惟一的省级中烟公司。公司下设南宁、柳州2个非独立法人资格的卷烟厂，投资设立3家子公司和北海真龙大酒店。公司总部设在南宁。公司有固定资产121亿多元，员工2900多人。公司生产的“真龙”和“甲天下”2个品牌系列产品销往全国31个省、200多个地市，其中，“真龙”品牌获得“中国驰名商标”及“建国60周年60个广西最具影响力品牌”等称号，属于国家烟草专卖局重点鼓励发展品牌。公司拥有行业级、省级技术中心，国家博士后科研工作站和国家级实验室，通过ISO 9001（质量）、ISO 14001（环境）、OHSA 18001（职业健康安全）、ISO 10012（测量）管理体系“四标一体”认证，是6S现场管理、QC活动、知识分类编码7个行业标准的制定单位，获得“国家4A级标准化良好行为企业”认定。

2011年，公司围绕“卷烟上水平”战略方针、基本任务及“2012年工商实现税利150亿元”目标，统一思想抓机遇，聚人气和促发展，超额完成董事会和工作会确定的目标任务，实现“十二五”良好开局。卷烟生产规模超148万箱，销售收入139.24亿元，真龙品牌产销量突破30万箱，利税100.33亿元，成为自治区首家突破100亿利税的工业企业。

① 2011年4月15日，国家烟草专卖局副局长张保振（前）到广西中烟技术中心调研
② 2011年3月15日，自治区政协副主席蒋培兰（右二）到广西中烟公司调研
③ 广西中烟公司领导集体
④ 2011年4月28日，中华全国总工会授予广西中烟公司全国五一劳动奖状

中国电信股份有限公司南宁分公司

中国电信股份有限公司南宁分公司，是中国电信广西分公司的下属分支机构，是境外上市的中国电信股份有限公司的组成部分，是南宁市的主导电信运营商。主要经营固定电话、移动通信、卫星通信、互联网接入及应用等综合信息服务。拥有覆盖全市及市辖6县、通达世界各地的通信信息服务网络，建成覆盖最广的CDMA 3G网络，拥有“天翼”、“我的E家”、“商务领航”、等知名品牌，具备电信全业务、多产品融合的服务能力和渠道体系，能够满足全市客户的多种通信及信息服务需求。

2011年，公司以科学发展观为指导，贯彻落实市委、市政府以及上级公司的战略部署，进一步发挥信息化主力军作用，加大投资力度，开展“智慧城市·光网南宁”专项工程，优化信息网络，成为南宁市网络覆盖最广，业务种类最齐全，售后服务体系最完善的运营商，全面推进政府、企业、农村及社会信息化、数字化进程，为南宁市构建区域性国际大都市做出了应有的贡献。2011年12月，公司固定电话用户120万户，小灵通15万户，天翼用户70万户，有线宽带90万户。

① 2011年10月24日，国家工业和信息化部副部长尚冰（前右一）莅临中国电信南宁分公司检查指导工作

② 2012年2月9日，南宁市人民政府与中国电信广西分公司在中国电信南宁分公司举行《智慧城市·光网南宁建设暨“十二五”信息化战略合作框架协议》签约仪式。市长周红波（前右）和中国电信广西分公司总经理赵强（前左）分别代表双方签字

③ 2011年7月20日，南宁市公安局与中国电信南宁分公司共同签订“平安城市”项目协议，正式启动全高清数字化平安城市建设项目二期工程

④ 中国电信南宁分公司领导班子。总经理：陈卫红（中）；副总经理：杨召江（右二）、覃世宁（左二）、杨峰（右一）、王会贤（左一）

中国移动通信
CHINA MOBILE
移 动 信 息 专 家
无线城市，您的随身生活主页
便捷生活触手可及
无线城市
畅享移动新生活
水电查询
实时路况
预约诊疗
房屋租售
公积金查询
电影订票
无限生活
http://www.gx.10086.cn/wxcs/
http://wap.gx.10086.cn/wxcs/
无线城市
畅享移动新生活
中国移动全新打造城市生活信息门户网站——无线城市，支持手机、电脑多端登录，足不出户实现违章驾驶、实时路况、水电费、公积金等信息查询，轻松享受电影订票、预约诊疗、房产信息等便捷服务。
编辑短信“无线城市”或“wxcs”发送到10086，即可获取无线城市手机登录地址，轻轻一点，便捷生活触手可及！
全球通®
GoTone
M-ZONE
动感地带
轻松由我
神州行
移动改变生活
www.10086.CN
热线 短信
10086

中共南宁市直属机关工作委员会

2011 年，中共南宁市直属机关工作委员会直接管辖机关党组织 100 个，间接管辖党组织 904 个，党员 1.68 万名。市直机关工委坚持以党的十七大、十七届四中、五中、六中全会精神为指导，深入贯彻落实科学发展观，以加强党的执政能力建设和先进性建设为主线，全面推进机关党的思想、组织、作风和反腐倡廉建设，在创先争优活动中始终保持“走前头、作表率”。

抓实中心组和党员干部理论学习，精心组织“领导干部时代前沿知识讲座”，大规模培训机关党员，理论武装和学习型党组织建设深入推进。实施固本强基工程，全面推行机关党组织领导班子换届“公推直选”制度，基层党组织战斗堡垒作用进一步增强。开展“绿城党旗红，先锋促发展”、“岗位党旗红”、党员先锋服务和“心系百姓连万家”等创先争优主题实践活动，涌现出朱传波等 250 名自治区、市级优秀共产党员和 20 个自治区、市级先进基层党组织。组织开展纪念建党 90 周年系列活动，进一步增强机关党员“知党爱党兴党”意识。开展市直机关反腐倡廉制度建设专项检查活动和“廉政文化进机关月”活动，以强化反腐倡廉制度建设为抓手，构建机关廉政风险防范管理机制和工作体系取得新的突破。扎实做好机关思想政治工作，狠抓精神文明建设，组织开展文体活动，活跃机关业余文化生活，拓展机关党建内涵。以凝聚各方力量为重点，加强机关工会、妇女、共青团建设，群团组织成为机关创先争优生力军。年内，市直机关工委获首府南宁 2009~2011 创建全国文明城市工作先进单位、首府南宁 2011 创建全国卫生城市工作先进单位、思想政治工作十佳单位、全区社会主义新农村建设指导员工作先进后盾单位。

① 2011 年 6 月 13 日，市直机关工委组织举办市直机关“绿城红歌献给党”合唱比赛

② 2011 年 6 月 16 日，南宁市庆祝建党 90 周年暨“南宁清风”反腐倡廉书画摄影作品展开幕式在市人民会堂举行。自治区纪委副书记黄翔（右六），市委常委、纪委书记邓金玉（右七），市委常委、秘书长、市直机关工委书记吴炜（右五），市人大常委会副主任赖贵寿（右八），副市长石文怀（右四），市政协副主席李勤（右九）等自治区、市领导出席

③ 2011 年 6 月 3 日，市直机关工委组织召开市直属机关推进学习型党组织建设经验交流会，表彰“百佳学习型党组织”、“百佳学习型党员”，在机关营造“比学赶超”浓厚氛围

④ 2011 年 8 月起，市直机关工委在市直机关党组织开展“岗位党旗红”主题实践活动，市直机关广大党员“亮身份、亮承诺、亮业绩”，立足岗位创先争优，形成“一名党员一面旗，立足岗位创佳绩”局面

商业贸易

综　述

【概　况】 2011年，南宁市商务局设科室16个，下辖市商务综合行政执法支队（二层机构），在职人员117人；辖6个县、6个区经信局和4个开发区经发局，全系统在职人员412人。市商务局抓住南宁市获国家电子商务示范城市、建设流通领域现代物流示范城市的机遇，着力推进重大商贸、物流项目规划建设，南宁·中国—东盟商务区商业街落成使用，建设中国—东盟商品交易中心、大商汇建材专业市场、东盟·川桂商贸物流园专业市场、南宁华南城等重点项目，继续推进中国—东盟国际物流基地等建设；启动南宁商务公共信息服务平台和南宁加工贸易综合服务平台，开拓国内外市场，稳定出口贸易；组织扩大消费，举办第二届时尚博览会、消费购物节等展会、各种节庆活动105场，“家电下乡”、家电“以旧换新”销售额位列自治区第一；早餐示范工程、再生资源回收体系、家政服务体系等国家商贸服务试点示范项目建设加快推进。邕州海关、南宁出入境检验检疫局获国务院批准设立，水运口岸——南宁港中心城港区牛湾作业区一期工程开工建设。全市实现社会消费品零售总额1073.15亿元。市商务局获自治区商务管理工作二等奖。　（蓝剑锋）

【社会消费品零售总额】 2011年，南宁市商务系统应对国内外复杂多变的市场形势，围绕扩大内需、引导消费、繁荣市场的工作主线，一手抓市场促消费，一手抓调控保供应，化解各种不利影响，商贸流通经济运行质量全面提高，消费品市场保持平稳较快发展的良好态势，全市社会消费品零售总额历史性突破1000亿元，达到1073.15亿元，比上年增长18.46%，总量占自治区27.80%，居自治区首位，增幅高于全国平均水平1.36个百分点，实现“十二五”规划良好开局。消费品市场运行的主要特点是：

1.市场规模不断扩大，消费总量持续增加。全年平均每月实现社会消费品零售总额由上年的75.49亿元跃升至89.43亿元，消费市场规模呈现持续扩大快速发展态势。

2.各行业齐头并进，批发零售业保持领先地位。批发零售贸易业、住宿餐饮业实现销售额（营业额）2578.24亿元，增长31.80%。其中：批发零售业实现商品销售总额2452.34亿元，增长32.08%，继续保持领先地位；住宿餐饮业实现营业额125.90亿元，增长26.61%，实现平稳较快增长。

3.限额以上企业领跑消费品市场。限额以上批零贸易企业实现零售额420.56亿元，增长23.98%，增速高于全市社会消费品零售总额增速5.52个百分点，占零售总额的份额从上年的33.44%扩大至39.23%。限额以上商贸企业对推动社会消费品零售额的增长成效显著。

4.乡村市场增速高于城镇市场。随着“家电下乡”、“万村千乡”市场工程等工作的深入实施，农村消费潜力得以较快释放，农村消费市场进一步扩大。城镇市场实现社会消费品零售总额1011.39亿元，增长17.49%；乡村市场实现社会消费品零售总额61.76亿元，增长37.05%，增速高出城镇市场19.56个百分点。

5.“节会经济”带旺市场。围绕元旦、春节、五一、中秋、国庆等重大节日，全市掀起消费热潮，各大商场、超市客流量和商品销售额成倍增加，吃穿用商品旺销。2011南宁消费购物节，实现销售额5.80亿元，增长41%，创下历史新高。全市举办各种展会节庆活动105场，其中各类专业会展73场、增长5.80%。

6.消费结构升级明显加快。全市各大流通企业积极实施品牌战略，引领时尚潮流，消费结构不断升级，限额以上批发和零售业20类主要商品全面增长，其中，金银珠宝类增长58.43%，日用品类增长44.04%，石油及制品类增长36.34%，服装、鞋帽、针纺织品类增长25.18%，家用电器和音像器材类增长18.88%，汽车类增长18.07%。

7.县（区）、开发区消费协调发展。15个县（区）、开发区社会消费品零售总额增速均在17%以上，全部达到或超过全市平均水平。兴宁区、青秀区和西乡塘区实现零售总额均在200亿元以上，其中兴宁区实现零售总额247亿元，居各县（区）、开发区之首。

8. 居民消费价格指数上涨压力有所缓解。南宁市居民消费价格指数在8月达到峰值后涨幅逐月回落，上涨压力有所缓解。全年居民消费价格指数累计上涨5.70%，八大类商品和服务价格呈“七升一降”态势。其中：食品类价格领先增长，上涨12.50%；衣着类价格上涨8.80%；烟酒及用品价格上涨4.60%；医疗保健和个人用品类价格上涨2.70%；家庭设备用品及维修服务价格上涨1.40%；交通和通讯类价格上涨1.70%；居住类价格上涨1.80%；娱乐教育文化类下降0.20%。

（杨户芬　蓝剑锋）

【农贸市场建设】 2011年，南宁市安排资金600万元，建设、改造市区农贸市场5个，分别为新建塞纳维拉新街市（青秀区）、铭凯友谊农贸市场（江南区），改造那元果菜市场（邕宁区）、江滨农贸市场（青秀区）、相思湖农贸市场（相思湖新区），总面积2.12万平方米。获自治区扶持资金80万元，建设、改造乡镇农贸市场4个，分别为宾阳县黎塘镇中营农贸市场、思陇圩农贸市场，横县百合镇鳌山交易

场，隆安县南圩农贸市场，总面积5000平方米。（黄小蓉）

【酒类市场经营管理】 2011年，南宁市落实商务部《酒类流通管理办法》，履行酒类流通监督管理职责；严格执行酒类流通备案制度，在市行政审批大厅设立专门窗口，落实专人负责；将办理酒类零售备案登记证的管理职责下放城区，严格按规定办理酒类批发备案登记证。全年新办酒类批发备案登记证392本、酒类零售备案登记证602本。推行酒类流通溯源制度，引导酒类批发经营企业严格执行酒类流通随附单制度和购销台账制度，做好随附单的发放、领取、登记、保管、核销等各环节工作，严厉打击转让、买卖、租赁、涂改酒类流通随附单的非法行为，发放酒类流通随附单2997份，随附单使用率95%。开展酒类流通市场执法，严厉打击制售假冒伪劣酒类商品和无证经营酒类商品违法行为，开展酒类执法行动46次，出动执法人员442人次，查处经营户42家，暂扣各种酒类商品1.13万瓶。（黎 剑）

【成品油市场经营管理】 2011年，南宁市有成品油批发企业11座，成品油零售企业352座。其中：管理性公司10座，加油站342座（中国石油化工集团公司南宁分公司加油站166座，中国石油天然气集团公司南宁分公司加油站30座，其他国有控股成品油企业加油站24座，社会办加油站122座）。成品油销售113.24万吨（汽油46.25万吨、柴油66.99万吨），比上年增长3.46%。开展成品油执法检查58次，取缔非法加油点5个，查扣非法流动加油车2辆，对6座存在安全隐患的加油站下达整改通知书，并作出行政处罚，上缴财政罚没款1.20万元。（阳 柳 梁 槟）

【市场运行监控】 2011年，市商务局采取措施应对各类突发应急事件，加大市场运行监测力度，确保市场运行平稳。1.快速平息食盐抢购风潮，确保市场供应平稳。3月，受日本大地震及引发的海啸造成核泄漏影响，国内部分省市出现市民盲目抢购囤积食盐现象，并迅速波及南宁市，17日，市内多家商超企业、农贸市场出现食盐抢购、脱销断档情况，部分商家趁机哄抬物价，个别农贸市场摊点食盐价格抬高到每包10元。市各级商务主管部门积极应对，加强盐业公司与各大超市的产销衔接，及时组织调运，启动食盐日报监测制度，确保市场供应，迅速平息抢购风波，恢复市场正常经营秩序。2.做好农产品销售，解决农产品卖难问题。由于极端天气影响，部分农产品出现滞销价跌现象，市商务局利用商务部新农村商网信息平台发布南宁市农产品供应信息，组织全市大中型超市、市场与生产大户开展产销对接，在批发、农贸市场设立滞销农产品直销点，启动生活必需品市场监测日报制度，组织涉农部门定期会商农产品产销情况，有效解决西葫芦、黄瓜、辣椒等农产品卖难问题，全市农产品销售情况趋于平稳，价格回升，外销渠道通畅，较好地保障了农民利益，促进农民增收。3.市商务局牵头组织实施定点销售猪肉、食用油和蔬菜，平抑市场物价。8月25日~12月31日，全市累计销售限价猪肉8.24万头、6180.28吨，日均销售猪肉638头，销售食用油7.04万瓶、蔬菜416.76吨；兑付限价猪肉财政补贴2472.11万元、限价食用油财政补贴56.63万元，猪肉销售量、补贴金额均为自治区第一，对调控市场、稳定物价、保障民生等发挥了重要作用。4.加强市场运行监测，及时掌握市场动态，对全市160多家监测样本企业进行监测，坚持每季度召开分析会，全面分析全市消费品市场运行情况，预测市场走势，为市领导宏观决策提供可靠依据。5.加强猪肉储备，完成猪肉储备2000吨，其中冻猪肉250吨、生猪活体3.50万头（折合猪肉1750吨），保障了全市猪肉储备的数量充足和质量安全。（杨户芬 蓝剑锋）

【“万村千乡”市场工程实施】 2011年，南宁市实施“万村千乡”市场工程，构建农村现代流通体系，建设改造农家店70家（日用品农家店20家，农资农家店50家），配送中心4个（日用消费品配送中心2个，农资配送中心2个）。完成建设改造农家店累计1361家（日用品农家店856家，农资农家店505家），商品配送中心8个，农家店覆盖100%的乡镇、80%的村，吸纳农村富余人员就业近3000人，形成以城区店为龙头、乡镇店为骨干、村级店为基础的农村消费经营网络，农村消费环境得到改善，农民消费更方便、更放心。（黄小蓉）

【家电以旧换新政策实施】 2011年，南宁市实施家电以旧换新政策，通过备案的销售网点257个，回收网点140个；回收旧家电14.83万台，金额286万元；财政补贴兑付金额1212万元；销售新家电14.43万台，金额5.46亿元，完成自治区下达任务的287.48%。（阳 柳 刘秋勇）

【市场体系建设】 2011年，南宁市通过规划建设一批重大商贸、物流项目，引导商圈和重点区域建设，市场体系建设不断取得新成效。重点推进南宁保税物流中心、东盟·川桂商贸物流园、广西海吉星农产品国际物流中心、南宁大商汇商贸物流中心、南宁华南城、南宁金桥农产品批发市场等重大商贸物流项目建设，

5月30日，南宁商务公共信息服务平台正式开通。图为启动仪式 市商务局提供

南宁·中国—东盟商务区商业街落成启用，广西海吉星农产品国际物流中心、南宁金桥农产品批发市场、东盟·川桂商贸物流园建材专业市场等项目一期建成使用，梦之岛江南店、利客隆购物广场（科园店、佛子岭店）、南宁王府井奥特莱斯店、奥特莱斯购物广场（南方大厦）等商场、超市相继开业。市区新增商业面积60万平方米。（欧阳玮）

【南宁商务公共信息服务平台开通】2011年5月30日，南宁商务公共信息服务平台正式开通，为全市企业提供全流程电子商务服务。南宁商务公共信息服务平台运用区域电子商务平台"云计算"理念，按照"数据在中央，服务在地方"的布局，采用"政府支持、资源共享、专业服务、企业受益"的创新模式，依托中国国际电子商务中心网络运行环境和安全稳定的国家级第三方电子商务平台的统一标准，为企业提供专业化的贸易全流程服务，搭建畅通的信息渠道，帮助企业获取信息，稳定出口，扩大内需，降低贸易成本，提升国际竞争力，促进区域经济增长。

【2011中国国际商务文化节暨第二届中国（南宁）时尚博览会】2011年6月17日~20日在南宁国际会展中心举行。由商务部中国国际贸易学会、自治区商务厅、南宁市政府主办，中国国际贸易学会会展专业委员会、市商务局、市大型活动办公室、北京中瑞恒联商务会展有限公司、南宁国际会展公司承办。以"时尚之城·魅力南宁"为主题。展览面积4万多平方米（折合国际标准展位2000多个），设15个展馆，有500多个国际、国内时尚机构、企业参展参会。展品涉及名表、珠宝、名车、名酒、名茶、时尚运动、品牌服饰、时尚内衣、美容美发、休闲生活、时尚旅游等，包括瑞士豪度、江诗丹顿、名爵、百达翡丽等国际名表和中国依波、中国海鸥、上海表等民族腕表品牌；德国艾斯卡达、意大利杰尼亚等全球时装品牌；奔驰敞篷跑车和宝马6系豪华轿跑车等跑车品牌；意大利奥兰蒂尼、香港宝生珠宝等珠宝品牌；世界八大酒庄和中粮集团、天津王朝等著名红酒品牌；中国海尔、长虹、TCL等著名电器品牌。来自法国、日本、韩国、西班牙、新西兰等10多个国家的参展商团组参加。国内外宾客、市民观展20万人次。贸易成交额、协议

6月17日~20日，第二届中国（南宁）时尚博览会在南宁国际会展中心举行。图为开幕式　市商务局提供

订单金额共17.25亿元，其中签订项目16个，总投资11.55亿元（合同项目4个，金额7.15亿元；合作协议2个，金额3.90亿元；意向投资1个，金额5000万）。有10个品牌落户南宁。（蓝剑锋）

【南宁（中国—东盟）商品交易所】简称NCCE（英文名称Nanning〈China—ASEAN〉Commodity Exchange），由南宁市人民政府协助筹建，并在国家商务部备案，于2006年注册成立的大宗商品现货电子交易市场，注册资本1亿元。2007年10月开始试运行，2008年5月16日挂牌交易。主要从事工业品、农产品、能源产品、进出口商品、机械化工等大宗物资的竞价交易、信息咨询、会议会展服务，对饮食业、娱乐业、仓储物流业的投资与管理。上市交易的品种有：白糖、大豆、玉米、籼稻、豆粕、豆油、化肥、糖蜜、废钢等。计划上市交易的品种有：酒精、淀粉、电解铝、铁矿石、钢材和木材等。2011年，会员单位近1700家，交易所除在广西设立货物交收仓库外，还在东北、华北、华中、华东、华南、西南地区设立有交收仓库100多家，总库容1000多万吨，发展铁路、公路、航运等储运企业为物流会员50多家，物流配送网络遍布全国，实现"集中交易、分散交收、就近提货"的崭新物流模式。交易所在自治区交收类商品总量240多万吨，占自治区物流量12.40%，仓库利用率103%，仓储费增长15%；成交量2.50亿吨，成交额6141.42亿元。（陈　刚）

【主要商业街区】

百货、超市街区　2011年，南宁市城区百货、超市街区主要集中在朝阳商圈、埌东—凤岭商圈及民族宫商业街区，即市中心百货大楼、民族宫七星路、埌东金湖广场一带，形成南宁市服务相对完善的百货销售网络，基本满足市民对百货商品的消费需求。主要商业零售企业有南宁梦之岛百货、广州友谊商店、巴黎春天百货、南宁百货、北京华联、深圳南城百货、沃尔玛、人人乐、华润超市、利客隆超市和交易场、和平商场等，其中南宁梦之岛百货、广州友谊商店、巴黎春天百货、南宁百货等以经营高中档次百货商品为主；北京华联、深圳南城百货、沃尔玛、人人乐、华润超市等百货、超市经营中档次百货商品为主，交易场、和平商场等经营大众化百货商品为主。

美食商业街　有中山路小吃一条街、长湖路餐饮一条街、民歌湖广场酒吧一条街（10月开街营业）、青秀山东南亚美食街、东门海鲜国际美食广场、厢竹海鲜城、江北大道酒吧一条街、淡村美食城、邕州老街文化旅游美食一条街、水街特色小吃街、明秀路青岛啤酒吧一条街等。中山路小吃一条街，位于市中心朝阳商圈，北起朝阳路五岔路口，南至桃源路，长948米，是南宁传统的美食一条街，

云集南宁各老字号餐馆、饮食店,汇集南宁特色传统名小吃老友粉、八珍粉、粉饺、鸭红、海鲜烧烤、酸品、甜品等。

商业步行街　兴宁路、民生路是南宁市传统商业街。兴宁—民生路步行街范围包括兴宁路和民生路西段（当阳街至朝阳路段),两侧骑楼沿街立面具有“南洋建筑”风格,主要经营服装、餐饮、鞋帽、眼镜、箱包、工艺品等商品。

装饰材料一条街　位于人民路,从人民—解放路口至人民商厦路段两边约600米。1985年起逐步形成装饰材料一条街。

电子科技信息一条街　位于星湖路,西起七星路,东至园湖路,长1200米。是广西最大的电子信息产品集散地,主要经营电脑、服务器、交换机、打印机等一系列硬件设备以及MP3、数码相机等产品,并形成以南宁电子科技广场、永通电脑城、星湖电脑城等专业市场为核心,集计算机销售、电子产品销售及其耗材销售、网络系统集成、软件应用研究与开发、电子元器件制造为一体的电子产品制造、销售、技术服务商业街区。

通讯商品一条街　位于东葛路,长1271米。是南宁市手机及配件、电话机等通讯产品销售企业、维修店最密集的街道,汇集有王者数码通讯手机城、三明通讯广场、蜂星电讯(南宁总店)、中仁通讯、海印电器、通讯总汇南宁分场、鑫辉通讯等众多大型手机卖场。

汽车一条街　位于白沙大道,是广西规模最大的汽车销售一条街,汇集奔驰、宝马、捷豹、陆虎、丰田、本田、三菱、日产、别克、海南马自达、捷达、富康、大众等国内外著名汽车销售品牌,面向广西、辐射西南乃至周边国家越南汽车市场,建为全国16个著名汽车市场之一。

10+1商业大道　位于亭洪路,全长2860米,有39栋楼,建筑面积13万平方米,是一条具有东南亚风情特色和具备现代化商业服务配套设施的多功能商业街,集商贸、商务、物流、餐饮、文化、休闲、娱乐、旅游、运动、购物于一体。其中,10+1商业大道B、C区,占15栋楼的一、二层商铺,首层的商铺465间,经营面积2.65万平方米;二层大开间商场建筑面积2.76万平方米。以经营成品茶叶的批零为主,同时经营茶具及与茶相关的工艺品和茶叶包装设备等,是广西最大的成品茶批发零售专业市场。

唐山路“古玩街”(南宁古玩城)　创建于1992年,前身为唐山花鸟市场。位于北湖路至友爱路之间的铁路线北侧,唐山路西街。东靠北湖路,北邻唐山路,西连友爱广场,东西走向,长820米。有商铺近400间,主营古玩字画、古泉工艺、红木家私、天然奇石、古旧兵器、新旧乐器、陶艺、紫砂茗茶、根艺雕塑、陶瓷文物等。2011年4月15日18时,为支持配合湘桂铁路衡阳至南宁段扩能改造工程建设全面关闭,5月8日实施拆迁。

南宁·中国—东盟国际商务区商业街　位于南宁·中国—东盟国际商务区内的东盟各国商务联络部(办事处)基地园区,由越南园、老挝园、印尼园、文莱园、日本园、泰国园、新加坡园、缅甸园、韩国园及马来西亚园等10个国家风格的住宅和商务服务设施组成的商业建筑群。10月21日,南宁·中国—东盟国际商务区商业街落成启用仪式暨东南亚特色商品展旅游美食展在园区商业街中心广场举行,标志着南宁·中国—东盟国际商务区商业街正式建成使用,成为经营东盟10国以及日本、韩国等特色商品、餐饮、旅游及文化娱乐和开展国际商务活动的交易平台。　（蓝剑锋）

社会服务业

【概　况】　2011年,南宁市社会服务业新增企业、经营户9603家。按行业分:从事住宿和餐饮业新增企业、经营户2332家;从事卫生、社会保障和社会福利业新开业企业、经营户194家;从事文化、体育和娱乐业新开业企业、经营户273家;从事居民服务业新增企业、经营户2913家;从事租赁与商务服务新增企业、经营户2971家;从事信息传输、计算机服务与软件业新增企业、经营户248家;从事广告业新开业企业、经营户583家;从事其他服务业新开业企业、经营户89家。其中:个体经营户5418户,从业人员1.59万人;私营企业4062家,投资者8518人,雇工2.31万人;内资企业86家;外商投资企业37家。至年末,从事社会服务业的各类企业、经营户累计5.94万家。按行业分:从事住宿和餐饮业企业、经营户1.67万家;从事卫生、社会保障和社会福利业企业、经营户1584家;从事文化、体育和娱乐业企业、经营户1738家;从事居民服务与其他服务业企业、经营户2.10万家;从事租赁和商务服务业企业、经营户1.28万家;从事信息传输、计算机服务与软件业企业、经营户2858家;从事广告业企业、经营户2615家;从事其他服务业企业、经营户198家。其中:个体经营户3.91万户,从业人员9.72万人;私营企业1.77万家,投资者2.91万人,雇工5.91万人;内资企业2087家;外资企业518家。

【居民服务与其他服务业】　2011年,南宁市居民服务与其他服务业新增企业、经营户2913家。其中:个体经营户2303户,从业人员5971人;私营企业602家,投资者935人,雇工3556人;内资企业8家。至年末,居民服务与其他服务业各类企业、经营户累计2.10万家。其中:个体经营户1.76万户,从业人员3.68万人;私营企业2954家（含分支机构447家),投资者3657人,雇工8181人;内资企业385家(企业法人231家);外资企业12家(分支机构8家)。

【租赁与商务服务业】　2011年,南宁市租赁与商务服务业新增企业、经营户2971家。其中:个体经营户533户,从业人员1069人;私营企业2368家,投资者5404人,雇工1.32万人;内资企业56家;外资企业14家(分支机构7家)。至年末,租赁与商务服务业企业、经营户累计1.28万家。其中:个体经营户2789户,从业人员5553人;私营企业9104家(分支机构512家),投资者1.65万人,雇工2.96万人;内资企业793家(企业法人542家);外资企业128家(分支机构81家)。

【信息传输计算机服务与软件业】　2011年,南宁市信息传输、计算机服务与软件业新增企业、经营户248家。其中:个体经营户51户,从业人员105人;私营企业177家,投资者331人,雇工872人;内资企业6家(均为分支机构);外资企业14家(分支机构12家)。至年末,信息传输、计算机服务与软件业企业、经营户累计2858家。其中:个体经营户377户,从业人员740人;私营企业1797家(分支机构75家),投资者2866人,雇工6163人;内资企业367家(企业法人64家);外资企业317家(分支机构306家)。

【广告业】　2011年,南宁市广告业新增企业、经营户583家。其中:个体经营户39户,从业人员92人;私营企业543家,投资者1122人，雇工3070人；内资企业1家（分支机构）。至年末，广告业企业、经营户累计2615家。其中：个体经营户135户，从业人员315人；私营企业2340家（分支机构91家），投资者3650人，雇工6074人；内资企业140家（企业法人123家）。

【卫生社会保障与社会福利业】 2011年，南宁市卫生社会保障与社会福利业新增企业、经营户194家。其中：个体经营户181户，从业人员468人；私营企业10家，投资者21人，雇工67人；内资企业3家。至年末，卫生社会保障与社会福利业企业、经营户累计1584家。其中：个体经营户1511户，从业人员3562人；私营企业59家（分支机构3家），投资者101人，雇工277人；内资企业14家（企业法人10家）。

【文化体育与娱乐业】 2011年，南宁市文化体育与娱乐业新开业的企业、经营户273家。其中：个体经营户111户，从业人员494人；私营企业156家，投资者342人，雇工1005人；内资企业5家；外资企业1家（分支机构）。至年末，文化体育与娱乐业企业、经营户累计1738家。其中：个体经营户1013户，从业人员2760人；私营企业622家（分支机构35家），投资者1024人，雇工2699人；内资企业96家（企业法人61家）；外资企业7家（分支机构1家）。

【其他服务业】 2011年，南宁市从事其他服务业新增企业、经营户89家。其中：个体经营户88户，从业人员112人；私营企业1家，投资者3人，雇工8人。至年末，从事其他服务业企业、经营户累计198家。其中：个体经营户159户，从业人员377人；私营企业7家，投资者16人，雇工1498人；内资企业32家（企业法人26家）。

（李凤玲）

【拍卖业】 2011年，南宁市辖区有合法拍卖企业84家，与上年持平（新增企业5家，注销企业5家）。主要经营项目为工商行政管理、海关和司法机关等罚没的物品，以及抵债物品、生活资料、无主物品、闲置物品、积压物品、艺术品、房地产、无形资产、银行不良资产、土地使用权、生产经营权、股权等。全年拍卖企业举办拍卖743场次，成交额43.57亿元。其中：拍卖土地使用权69场次，成交额17.96亿元；房地产224场次，成交额14.96亿元；机动车57场次，成交额1359.47万元；其他393场次，成交额10.43亿元。上缴税金3805.39万元。

【典当业】 2011年，南宁市辖区有合法典当企业33家，比上年增加7家。实收资本3.77亿元，业务笔数2000笔，典当总额3.13亿元（动产9785万元、房地产1.35亿元、财产权利8067万元），典当余额2.20万元，上缴税金98.73万元。盈利19家，亏损13家，持平1家。

（丁玉林）

住宿与餐饮业

【概　况】 2011年，南宁市住宿与餐饮业新开业2332家。至年末，从事住宿与餐饮业有1.67万家（分支机构363家）。按经济性质划分：内资企业260家，私营企业865家，个体工商业户1.55万家，外商投资企业54家。从经营方式和种类看：内资企业以经营住宿业为主，占67.69%，餐饮业占32.31%；私营企业以经营餐饮为主，占75%，住宿业占25%；个体工商户以经营餐饮业为主，占98%，住宿业占2%；外商投资企业以餐饮业（国际连锁分支机构）为主，占92.59%，住宿业占7.41%。从经营场所看：内资企业、外商投资企业经营住宿业宾馆、酒店，大多按星级服务项目装修和发展；私营宾馆初具规模，服务项目和装修也逐步向星级发展；个体旅社大多利用居民住房改造而成，服务项目仅限于住宿，配以简单的服务设施，如卫浴、电视、宽带上网等，基本满足旅客入住的需要。内资企业、外商投资企业经营餐饮业是南宁市的高档次饮食消费场所，场馆厅堂装修豪华、环境优雅，食品种类繁多，中西餐结合，除午、晚餐饭市外，还开早夜茶市；私营餐饮业其餐馆以中档居多，以经营中式饭菜为主，以桂菜、粤菜、川菜和湘菜为主打风味；个体餐饮业遍布全市，经多年的整顿和规范，也做到入店经营，并讲究场馆设施的装修，昔日沿街摆桌、露天经营已不多见，经营的品种大多以满足居民需要的米粉、面包及快餐。

【连锁经营】 2011年，南宁市住宿餐饮行业的连锁经营，是依托品牌企业扩展服务和市场竞争的营运方式，严格要求按企业营运规范进行管理。有直营、加盟等形式。餐饮行业的加盟店由公司建立规范的加盟管理制度，除统一门店名称招牌外，还由公司建立中央厨房、配送中心，统一加工粉、面、汤水，由公司统一配送食品主料及主要调（配）料，烹饪工艺按标准化操作，以维护品牌价值，消费信誉和市场竞争优胜地位。至年末，南宁市餐饮业连锁经营的酒楼主要有：金大陆海鲜酒楼（有连锁店8家）、竹篱笆餐饮连锁（有连锁店8家，其中在云南省大理市1家）、广西华华火锅江湖管理有限公司“华华火锅江湖”品牌餐饮连锁体系（有连锁店15家，其中直营店8家、加盟店7家）、南宁肥仔饭店（有连锁店4家）、大惠丰饮食集团（有连锁店4家，其中在钦州市1家）、桂林肥仔风味菜馆（有连锁店3家）、诚如金餐饮连锁（有连锁店3家）、好友缘餐饮酒楼（有连锁店3家）、大英雄酒楼（有连锁店3家）、绿岛·阳光餐厅（有连锁店3家）、南宁小肥羊火锅店（有连锁店3家）等；专营面粉餐饮连锁经营的有：中外合资广西三品王餐饮管理有限公司（有直营连锁店34家）、南宁市尝不忘桂林米粉店（有连锁店45家）。住宿业连锁经营企业主要有：广西精通酒店管理有限公司（有连锁酒店8家）、广西景都酒店服务有限责任公司（有连锁酒店2家）。

（廖成琇）

【桂菜经营】 南宁市餐饮业经营的桂菜系列主要由桂北风味菜、桂东南风味菜、桂西风味菜、滨海风味菜和少数民族风味菜，以及各种风味小吃组成，从而形成桂菜微辣、带甜、有酸、新鲜的特色，风味独特，别具一格。南宁、梧州、玉林等地方风味菜讲究鲜嫩爽滑、用料多样，常以岭南瓜果入菜，如玉林三宝（牛巴、牛腩、牛肉丸）、菠萝焗饭，梧州纸包鸡，南宁腰卷、邕州鱼角、猪肚鸡，荔浦芋头鸭等；少数民族风味菜多就地取材，讲究实惠，制法独特，具有浓郁的乡土气息，如客家皇蒸鸡、壮乡田螺猪手等；桂北风味（桂林、柳州等地）品味醇厚、色泽浓重，擅长以山珍野味入菜，如桂林黄焖鸡、酿三宝等。桂菜原料采用鱼、鸡、虾、蟹、猪、牛、羊等，素料有芋头、马蹄、莲藕、竹笋等，在佐料上采用豆腐乳、辣椒酱、白酒、黄皮酱、柠檬等，烹调方式采用扣、蒸、炖、酿、焖、炒、炸，成为以清甜、鲜香、脆嫩风味特色。成菜讲究粗物细作，形量协调，香气蕴藉，色彩清丽的广西风味菜。代表菜有巴马烤整猪、苗家竹板鱼、侗乡竹笋肉、瑶山泥巴鸡、壮家粉芭肉、毛南烤香猪、京族花衣蜇皮、脆皮扣肉、脆皮狗肉、白切狗肉、纸包鸡等。以明园新都大酒店、西园饭店、荔园山庄、南宁饭店为代表的饭店、酒店经营桂菜。2008年9月23日，广西烹饪餐饮行业协会和广西市场营销协会在南宁市启动2008年“树桂菜品牌、促餐饮消费”大行动。2011年,根据自治区人民政府《关于加快我区住宿餐饮业发展的意见》，由自治区商务厅主办、广西烹饪餐饮行业协会承办的广西桂菜“三名工程”(广西桂菜名店,桂菜名菜<点>,桂菜<点>名师、大师)评定工作在南宁正式启动,6月~12月首次对桂菜名店、桂菜名菜(点)、桂菜(点)名师、大师进行评定，评定结果报自治区商务厅审核批准,并颁发牌匾和证书。经自治区商务厅审核批准：评定为广西桂菜示范店的有南宁味道制造、南宁明园饭店、南宁西园饭店、南宁凤凰宾馆、南宁银河大酒店、南宁明园皇家酒店、南宁肥仔饭店、南宁雨石阁食铺餐厅、南宁金禾宫大酒店、南宁桂林肥仔饭店10家企业;评定为广西桂菜大师有11人，评定为广西桂菜名师有9人；评定为广西桂菜名菜的有:南宁西园饭店制作的“五彩酿百合”、南宁雨石阁民生店制作的“茶香鸡”、南宁明园饭店制作的“车螺虾干桂林甜笋”、南宁味道制造制作的“侗乡酸辣鸽”、南宁金禾宫大酒店制作的“白切环江香牛肉”、南宁明园皇家酒店制作的“白雪藏龙”、南宁桂林肥仔风味餐馆制作的“葱香桂花鱼”、南宁肥仔饭店制作的“鲍汁萝卜参”、南宁银河大酒店制作的“钦州黑榄盘龙鲶”、南宁凤凰宾馆制作的“香茅吊烧鸡”、南宁甘家界柠檬鸭制作的“甘家界柠檬鸭”11道菜谱;评定为广西桂菜名点的有：南宁银河大酒店银河制作的“蛋黄酥”、南宁桂林肥仔风味餐馆制作的“肥仔小米烙”、南宁明园皇家酒店制作的“皇家至尊雪山包”、南宁金禾宫大酒店制作的“木瓜火麻爽”、南宁凤凰宾馆制作的“南瓜竽丝糕”、南宁西园饭店制作的“芒果酥”、南宁雨石阁民生店制作的“脆炸龟苓膏”、南宁水街越美粽子店制作的“艾糍粑”、南宁天天生榨米粉店制作的“牛腩生榨粉”、南宁老甘粉饺店制作的“老甘粉饺”和“老甘粉虫”、南宁味道制造制作的“家乡卤菜粉”、南宁刁家桂柳记制作的“南宁老友猪杂粉”和“柳州螺蛳粉”、南宁邕味饮食公司制作的“邕味老友干捞粉”、南宁水街越美粽子店制作的“沙堆”、南宁明园饭店制作的“凭祥紫薯包”17个品种。

(廖成琇　书　弄)

【旅游美食节】

2011南宁·东南亚国际旅游美食节　2011年10月22日~30日在南宁市江南区邕州老街举行。由市政府主办，市商务局、市旅游局、江南区政府、市礼之本广告策划有限公司承办。22日上午举行开幕式。市政府副秘书长黄菊如主持,市政法委书记朱育兆、自治区商务厅纪检组长张留现、广西烹饪协会会长黄桂辛先后致辞,并一起为现场制作的“南宁美食小吃拼盘”剪彩。“南宁美食小吃拼盘”长7米、宽3米,是将历届美食节创下美食之最的小吃全部融汇其中，包括将具有南宁美食特色的大粽、卷肠粉、糍粑、马蹄糕、五色饭等汇集其中，然后用南宁市花——朱槿花与本地青草点缀装饰制作而成。上万人到场观赏分享“南宁美食小吃拼盘”。旅游美食节主题为品美食、观美景、赏文化。设中华民族特色美食、东南亚美食精品、现代餐饮原料（农副产品)、南宁市12个县(区)绿色天然食品、餐饮品牌企业5个展区,标准展位183个、300多种美食。除吸引泰国、澳门的专业展团和餐厅前来展示系列东南亚美食外,还主推世界各地风味美食,集中展现广西各地精品美食。期间,举办绿色天然食品选拔大赛、美食才艺达人秀大赛、趣味大胃王竞技争霸赛、江南区百姓小舞台文艺演出、街舞大赛等活动。参与旅游美食节活动人数超过37万人次。

东南亚特色商品展旅游美食节　10月20日~23日在南宁·中国—东盟国际商务区商业街中心广场举行。由市政府主办,市“三街一区”办、市商务局、青秀区政府承办。设旅游美食展位80个,东南亚特色商品展位40个。美食展区展示东南亚特色糕点、南宁本地风味小吃美食小吃、台湾凤梨酥和日本料理等各地风味美食,特色商品展区展示东南亚、日本、韩国、中国港台地区的精美商品。期间，举办东南亚民族风情歌舞表演、东盟特色民族服饰模特秀等活动。参与旅游美食节活动人数5万多人次。

2011南宁—东盟经济开发区东盟风情美食节　10月14日~23日在南宁—东盟经济开发区(华侨投资区)侨区里建的小帽山美食广场举行。由南宁—东盟经济开发区(华侨投资区)主办。以“天天美食节,夜夜风情夜”为主题,以“美食盛宴、文化盛宴、旅游盛宴”为基调,以南宁—东盟经济开发区之小帽山美食广场餐饮实店为主体。具体内容包括开幕式、特色美食广场、珠江啤酒达人秀之夜晚会、南宁—东盟民间收藏品,手工制品展示、南宁—东盟大型人才交流会、房地产交易会等活动。现场展示的东南亚美食有:越南肠粉、印尼千层糕、老挝菠萝包、马来西亚烤鱼、泰国香辣鸡等东南亚原生态特色美食小吃，中国珠江啤酒免费竞饮。期间,接待游客10多万人次,营业收入100多万元。

10月20日~23日，东南亚特色商品展旅游美食节在南宁·中国—东盟国际商务区商业街中心广场举行　市商务局提供

南宁市西乡塘区香蕉文化旅游美食节　10月20日~28日在民生广场举行。由西乡塘区政府举办。设水街美食、石埠“美丽南方”以及唐人文化园3个分会场。水街美食设在民生广场亲水平台，展位200多个，现场展出水街美食、中华名吃、旅游商品等，并搭建香蕉屋、香蕉塔、吉祥物等衬托现场主题，评出西乡塘区“十大美食”：金米杂粮烩辽参、御品功夫汤、独创猪脚田螺、迎客松、食上御品汤、莲姐烤乳猪、红糟酸炒大肠、香辣鸭舌、黑砖奶茶、山椒桂鱼。在石埠“美丽南方”忠良景区举办农家美食竞技擂台、农家特色厨艺展示、百人吃扣肉大赛等活动。在沙井大道华南城的中国—东盟博览会轻工展场馆内，设台湾美食展区，展示现场制作虾仔煎、培根卷、阿里山烤肉等台湾小吃。

【传统食品】

老友面(粉)　南宁传统小吃。关于它的来历，民间众说纷纭。据说，在20世纪30年代，有一个食客经常去中山路一间小吃店就餐，久而久之，客主成了朋友。有一次，食客外感风寒卧床不起，店师傅听说后便给食客做了一碗面，放上酸笋、辣椒、豆豉、姜、葱等，食客吃完后大汗淋漓，全身感觉舒畅放松，连打一串喷嚏后风寒痊愈，高兴之下给小吃店送去“老友常来”牌匾。“老友面”从此得名。制作方法：先将精面粉加鸡蛋和面，反复搓揉，用竹杠反复压打，切成细面条，再以爆香的蒜泥、豆豉、酸辣椒、酸笋、碎牛肉、醋、骨头汤等配料与之烹煮而成。其特点是酸、辣、咸、香兼备，有祛风散寒、通窍醒食和兴奋精神的作用。主料用米粉称“老友粉”。50年代起，一直由南宁第二饮食公司主营老友面(粉)，其中以位于中山路的中山饮食店最为著名，老友面又称“中山老友面”，香港《文汇报》、广东《羊城晚报》和《南宁晚报》等媒体曾对其作专题介绍。该公司制作的老友面1997年12月在首届全国烹饪协会举办的中华名小吃比赛中被认定为“中华名小吃”，同年在广西传统美食比赛中被评为广西大众化优良风味小吃。2008年11月，南宁老友粉被列入第二批自治区级非物质文化遗产名录。南宁市制作经营正宗老友面(粉)的饮食店有南宁亚光实业总公司大同饮食店、共一饮食店、共东饮食店、杏花村饮食店、建政饮食店、亭子饮食店等。

米　粉　南宁传统食品。清末民初，粤商来邕兴办餐饮业时从广东引进，称沙河粉。此前，本地虽有民间蒸制，但质量不及沙河粉。制作方法：选用大米淘净浸透加水磨浆，掺入用开水冲兑的适量熟浆拌匀（或用适量米饭与米一同磨浆），放入金属托盘（米浆以仅铺过盘底），蒸成薄片，折叠切成条，叫做切粉；在舀米浆入托盘后加入碎肉、葱花、香菇末、碎虾米等配料，蒸煮后卷成筒状称卷筒粉，在梧州及广东一带叫肠粉；将用布滤干成粉团的米浆煮至五成熟，放在石臼中舂成软硬适度有韧性的稠浆（现代多用机械搅拌），用粉榨器就着沸水锅压榨入锅煮熟成线的叫生榨粉，因从桂林引进，又称桂林米粉。切粉、生榨粉在食用时用沸水烫热加入骨头汤称汤粉，配以肉类的称肉粉，不配肉称素粉。肉粉又依据不同肉类称为猪肉粉、牛肉粉、鸡肉粉、牛腩粉、鸡杂粉、杂烩粉。用油炒的称炒粉，配以叉烧、卤水相拌的称干捞粉。

干捞粉　南宁传统小吃。兴于清末民初。因其食用时不加入汤水仅以叉烧、卤水凉拌而得名。制作方法：取切粉置于捞篱内放入开水锅中氽一下，装碗后加入叉烧或牛锅烧、焯过水的绿豆芽、炸黄豆(或炸花生仁)，淋上用10多种配料熬成的酸甜卤水及少许熟花生油拌匀即可食用。味道鲜美、清滑可口。

炖　粉　两广传统小吃。南宁流行于水上居民和沿江居民间。制作方法：将大米淘净，兑水磨成米浆，分成几盆调入可食用的红、黄色素，用浅陶盆置锅中分层勺入米浆，先蒸一层原色米浆，待第一层蒸熟后，再依次分别加入黄色、红色米浆，反复依次加入各色米浆，每层约0.20厘米厚直至蒸满盆，在面上洒入些碎肉、花生碎、葱花之类，称夹层炖粉糕。如在蒸煮各色米浆至中间层加入绿豆沙再依次加入各色米浆蒸煮，则称夹心绿豆炖粉糕。中间加入芋头碎粒，则称芋头炖粉糕。色泽美观、软滑可口、老少皆宜。

宾阳酸粉　宾阳传统小吃。制作方法：精选上好的晚稻大米，经24小时浸泡并淘洗，用土制的石磨磨浆。经过7天时间反复的漂浆，漂浆期间要根据气温的不同进行不定时换水。蒸制时采用大锴木盖浮托蒸法蒸米粉，蒸熟一条折叠一条并抹上一层花生油。配菜有叉烧、炸波肉、炸牛肉巴、炸灌风肠、炸花生或黄豆和腌制的新鲜黄瓜。调味品主要是将陈皮、八角、葱条等10多种香料用纱布包好，加水、盐、蚝油、味精等加温煮制卤水。再用糖、盐、米醋调制糖醋至酸甜适口。切好米粉放在碗内，将切好的叉烧等配料平摊在米粉上，再放些鲜红的生辣椒和蒜茸、香菜，浇上卤水及糖醋，加些花生油即成。爽滑可口、酸甜适中、柔嫩香脆。

凉　粉　南宁传统消暑小吃。制作方法：将凉粉果中的白色粉粒加工榨出液体，加热冷却后形成晶莹透明的晶体，将熬过的红糖水加入，捣碎晶体作凉拌吃。清凉甜爽。

粉　虫　南宁传统小吃。始于清代。制作方法：用黏米洗净浸透、磨成稀稠适宜的米浆，滤成湿粉团置锅内煮至半熟，起锅揉搓至软硬适度有韧性的粉团，然后搓成条状，扯下小段在专用竹箕背搓几下，成虫状，置于蒸笼蒸熟。如搓粉时加入少许可食用色素，如花米红、姜黄等，则做出的粉虫色彩好看又诱食欲。配以猪肉、牛肉或杂烩做成“炒粉虫”、“粉虫汤”。形似虫草，食之韧软。

粉　饺　南宁传统小吃。清末民初已面市。南宁解放前，以“粉角九”的粉饺最出名。制作方法：选用黏米浸透磨成稀稠适度的米浆，滤成湿粉团置沸水中煮至半熟，加入适量薯粉(生粉)，将粉团反复搓揉至有韧性，搓成条状擀成薄片饺皮，包入拌食盐、香油、味精、五香粉的碎猪肉、虾米、香菇、马蹄或凉薯末合成的馅心，置托盒蒸熟。食用时配以黄皮酱、海鲜酱、豉熟油及少许葱花、芫荽之类的佐料。饺皮韧软、爽滑，馅料鲜甜味美。

粉　利　南宁季节性传统食品。始于明末清初。民间以其寓意“吉利”，故在冬至、春节期间最为旺销。制作方法：将浸透的大米加水磨成浆，滤成湿米粉，搓揉成团，放入沸水锅蒸至半熟，置于案板揉搓至有韧性，搓成直径4.50厘米的圆条状，切成段，置笼屉蒸熟。蒸熟的粉利须入水保存，以防干裂。食用时切成片，配以各种肉类制成“炒粉利”、“粉利汤”，亦可打火锅“烫粉利”。粉韧爽口，味道鲜美。

油炸粽　南宁传统小吃。始于清末民初。尤以亭子雷四婆的油炸粽最出名。制作方法：将糯米淘洗净浸透，捞起沥干，取100克~150克糯米，少许绿豆，用粽叶包成长12厘米、宽7厘米、厚5厘米扁形粽子，置锅中煮熟，然后捞起晾干，剥去粽叶，放到烧滚约180度的油锅内炸至外皮色泽金黄即可。外皮酥脆、色泽金黄、内部松软、香脆可口。

蕉叶糍　南宁传统小吃。相传始于宋朝。民间多在中元节制作。制作方法：选用糯米淘净浸透磨浆，用布袋滤干成湿粉团，经搓揉捏成长条状，用经热水烫软洗干净并刷上食油的芭蕉叶把粉团包好，置蒸笼蒸约20分钟即可食用。可制成咸甜两种。做甜味的方法是：将糖煮成浓浆，加入猪油与湿米粉搓匀；咸味的即在湿粉中加入些许盐搓匀，或包入炒干的横县头菜末、碎猪肉、花生之类的咸馅。蕉叶清香、糍粑软韧、清甜可口。

艾　糍　南宁市传统小吃。也称艾粑粑，一般多在清明前制作。民间有“吃了野艾糍，春耕倍添劲”的说法。艾糍是由艾草或白头翁草做出而成，艾草容易找，常长在田边或房前屋后的空地上。用白头翁草做出来的艾糍，颜色比艾草做的浅，味道更为清香、有韧性。制作方法：摘下野生的艾叶或白头翁草嫩叶部分备用，并在果园里摘下新鲜的柚子叶或芭蕉叶后，剪成巴掌大小洗净(再放些油入热水中煮更好)待用；将嫩艾叶用石灰和水泡浸两三天以去污（白头翁草洗净即可)，然后洗净捞起剁碎(越碎越好)，加入赤砂糖和水，煮艾叶或白头翁草碎成糊，将其和入糯米粉中，艾糍外衣即成；将炒花生舂碎后拌入赤砂糖和炒过的白芝麻(味甜而不腻且香)作馅；将馅包入已和好的艾叶糊的面团中（像包汤圆一样)，压扁即给每个包好的艾糍附上一小片柚子叶或芭蕉叶，环状放入蒸笼蒸15~20分钟即可食用。艾草味辛，气味特别，具有较多功效，被称为“医草”。《本草纲目》记载：艾草性味苦、辛、温，入脾、肝、肾。艾以叶入药，性温、味苦、无毒、纯阳之性、通十二经，具回阳、理气血、逐湿寒、止血安胎等功效。因此常吃艾糍，有利健康，尤其适合女性食用。白头翁草具有清热凉血、解毒的功效，且气味比艾草清香，用白头翁做的艾糍，适合肠胃湿热的人食用。

凉　粽　中国传统夏令小吃。古称角黍，《初学记》引晋周处《风土记》载：“仲夏端午，烹鹜角黍。”“进筒粽，一名角黍，一名粽。”《续齐谐记》载：“屈原五月五日自投汨罗而死，楚人哀之，每逢至日，以竹筒贮米，投水祭之。”说明最迟在晋代，民间已有端午节包角黍之俗。大约在清代传入南宁一带并从角锥体改为圆柱体，从角黍改称凉粽。现仍流传于南宁市各地。制作方法：将糯米浸透，拌入少许枧水，用几张竹叶包成条状，用细线捆扎牢，置沸水锅煮熟。食用时除去竹叶，蘸以糖浆。粽身晶透，入口脆滑有竹叶清香。

猪肉绿豆粽　南宁传统风味食品。始于唐宋时期。制作方法：将去皮肥猪肉洗净切条，加入佐料腌制半天待用；绿豆磨碎淘洗去皮，选用大糯米淘净沥干，将粽叶若干张摊开，放上适量糯米，在中间开一沟，放入绿豆和一条经腌制猪肉，再加一次绿豆，加一次糯米覆盖好豆、肉，然后包起，中部微突隆，用粽绳扎牢，置沸水锅中煮半天左右即可。其特点是软、沙、香。民间在春节吃的粽子称大粽，品种多，一般每个重0.25千克，大的重达几千克甚至十几千克，称枕头粽；品种根据所包裹配料的不同，有板栗肉粽、绿豆肉粽、饭豆肉粽、猪脚粽、虾米粽、蟹肉粽、腊肠粽、牛肉粽等。

五色糯米饭　壮族传统食品。南宁流传“壮家五色饭”的传说。传说壮族小姑娘小莲与妈妈相依为命。一天，妈妈摔断了腿，不能劳动。小莲给妈妈煮好饭菜才上山放羊。但小莲出去后饭菜被猴子吃掉了。怎样才能防止猴子偷吃饭菜呢？小莲上山采集枫树叶、黄花草、红蓝草等几种植物，捣烂后和白米蒸煮，制成红、黄、蓝、紫、黑五色饭。猴子再来就不敢吃了。壮家人因此爱上五色饭。每年农历三月初三，每家都蒸五色糯米饭。制作方法：分别将旱米果、香饭花或姜葱、枫叶或枫树皮、红蓝草捣烂加水加热制成大红色、黄色、黑色和紫红色液体，将糯米分别浸泡在各色液体中，待米粒通体染上颜色后滗去余汁，分别入甑蒸煮，出甑后再将各色熟饭放入大铁锅中搅匀，便呈黑、红、黄、紫、白5种色彩。饭色油光鲜亮，互不沾染。饭质嫩软，气味清香。

黄花饭　南宁壮族食俗。一般在农历二三月，特别是二月初二春社节祭社时制作。制作方法：先将黄花树的黄花置锅中加水煮沸，水变黄水，滤去渣，留水蒸饭，便得黄花饭。此时天气回暖，细菌繁殖，易得病，吃黄花饭，对预防肠胃疾病有一定作用。

豆蓉糯饭　南宁传统食品。民国初年，南宁早市常见卖糯米饭的小摊设在街头，供人们“食过早”(即吃早餐)。制作方法：摊档主将大口陶盆放在箩中，盆内盛满糯米饭，饭旁放着绿豆蓉；不论冬夏，盆底均置一炭炉，盆上放着一钵油炸糯米锅巴，另一钵则放着一块块卤熟的半肥瘦肉或腊肠。出售时档主用双手将糯饭捏好，夹入绿豆蓉、油炸锅巴或猪肉或腊肠在糯饭中间，捏成饼状，沾上香酥芝麻、葱花、生晒豉油，放在一块清洁的荷叶上，顾客即可拿着食用。味清淡可口，柔软香甜，油而不腻，可谓色香味俱全。

瓦煲饭　南宁传统食品。传说由广东传入，但已形成南宁特色。制作方法：选优质米入沙煲，采用转炉煮饭，炉的一半有火，一半无火。先用猛火烧沸，然后转到无火焗饭。由于瓦煲较厚受热散热较慢，受热均匀，故煮出来的饭不硬、不烂、不焦，饭香纯正。焗饭时，将配好佐料的肉类菜蔬，铺陈于饭面，饭熟菜熟，味道鲜美。有香菇瘦肉饭、鱿鱼猪肉饭、猪肝饭、排骨饭、腊味饭、虾仁米饭等10余种，饭热菜香。

卷筒粉　南宁风味小吃。制作方法：用上等的白米经浸泡淘洗磨成浆，将米浆放入托盘摊匀，撒上半肥瘦碎猪肉、上好的大头菜末、花生末、葱等佐料蒸熟，出托时卷成圆筒状。入口柔韧、香滑、清爽。

八仙粉　南宁风味小吃。制作方法：选用带有韧性的新鲜切粉，煮粉前先在热锅里盛入大半碗猪骨熬成的上汤，汤沸后放入鱼饺、肉片、熟鹌鹑蛋、香菇、黄花菜、鱿鱼、鸡肉丝、瘦猪肉片、鱼片、新鲜嫩蔬菜等各两三件，猛火煮沸片刻，再倒入200克切粉，待锅中汤水再沸后加少许香葱、香油、盐、味精等调味，即可装碗食用。配料多、营养丰富、合理搭配、粉韧爽口、味道鲜美。

八宝饭　南宁风味小吃。制作方法：选用优质的香糯浸洗后用竹箕滤干水，置蒸笼或饭甑蒸熟，倒在盘里加些猪油、白糖拌匀，然后将少许蜜枣、杏仁、莲子、冬瓜糖、桂圆肉、葡萄干、蜜饯等干果放入碗内摆好，再将一些干果拌入饭中，盛入碗里压实，中间压成窝状，放些豆蓉馅，再用糯饭盖住压平，重新置蒸笼内蒸三四十分钟即可。食用时把碗里的八宝饭扣于碟中，浇上少许用糖和菱粉调制的芡汁，饭软味甜，食而不腻。

酿苦瓜　南宁特色家常菜。制作方法：选用中粗直的青嫩苦瓜，洗净切成每节2寸长的瓜筒，掏出瓜瓤，将猪肉与花生仁剁成肉泥，与浸透的糯米、盐、猪油、香葱、香料拌匀作馅，填入瓜筒中，置锅中蒸熟即可上碟食用。既有苦瓜的清香，又有肉馅的鲜美，味道甘甜可口。

炒田螺　两广传统风味小吃。流行于南宁城乡。制作方法：将田螺置清水盘中养数日，常换水，让田螺吐尽泥污，然后洗净外壳的泥苔，用刀敲碎螺尾顶尖，剥去螺盖后入锅，加入少许食油、盐、姜、酒等配料爆炒片刻，以除去腥味，再加些水煮至熟透，最后加入紫苏、假蒌、香葱、蒜苗、酸笋、啤酒及适量油、盐调味拌匀，便可上桌食用。多在夜市小吃档供应，食客享用时用口吸吮，嗞嗞有声，别有情趣，民间谓之吮田螺。螺肉滑脆，汤味鲜美，诱人食欲，并有滋阴降火的功效。

粥　品　南宁传统食品。南宁人喜欢吃粥，而料粥相传于清末民初从下江（梧州以下）引进。过去，常有商人用小船游弋在河面上兜售用河鲜为主料烹制的粥品，称“艇仔粥”。在市面上则以“谟觞粥”店最出名。制作方法：选用上好大米，明炉微火煮至米烂待用。食用时可根据口味，明火现煮配制成猪肉粥、牛肉粥、鸡肉粥、鱼片粥、猪杂粥、鸡杂粥、皮蛋瘦肉粥、三鲜粥、猪红粥等，上碗时加入姜丝、葱花、胡椒粉即成为美味粥品。粥品稠滑、味道鲜美。

鱼　扣　邕宁区蒲庙镇那路村一道传统的特色菜肴。制作方法：选择500克左右的鲮鱼做原料。将活鱼洗净，去头、去皮，取鱼肉，把鱼肉剁成泥（也可用绞肉机绞）后，倒入盆里摔打20分钟（以把一小块鱼泥投入水中能浮上来即可），然后加入适量的食盐、胡椒粉，拌均匀后待用（用作包鱼扣的皮）。接着制作鱼扣的馅。鱼扣的馅使用瘦猪肉、虾米、香菇、马蹄、花生、芝麻、头菜、葱等8种材料。把花生、芝麻用文火炒香，把其他馅料剁碎，加入适量的生粉和少许鱼肉泥（使蒸熟的鱼扣切开时馅不容易散开）及舂碎的花生、芝麻，搅拌均匀后即成鱼扣馅，把馅包入先前制作好的鱼肉泥中即制成鱼扣（包好的鱼扣形状像只大包子），再把鱼扣放入烧开的锅里煮30分钟，待鱼扣从锅底浮到水面即可捞起，趁热滴上几滴老抽抹匀，冷却后，将鱼扣放入油锅里炸至表面金黄后捞起冷却，切成片状装盘，再放入蒸笼蒸20分钟即可以上桌（蒸得越软越好吃）。因鱼扣采用鱼做主料，有着“年年有余”的寓意，又因它的形状是圆形的，有“团团圆圆”的象征，是该村逢年过节必备的菜肴。

脆皮扣　良庆区、邕宁区一带的特色菜肴。制作方法：选上好皮薄的五花肉1000克，清洗干净，改刀切成500克一块的大块，取干净的锅，放入改刀后的五花肉，加入冷水，放入姜块葱条和酒，猛火烧开，改小火煮20分钟，捞出放在盘中，然后在肉皮上均匀地抹上盐和大红浙醋；取炒锅，垫上锅箅，将抹好醋的肉皮向下放到锅中箅子上。然后倒入花生油，至泡到猪皮但不超过猪皮为好，盖上锅盖，大火烧制，待油发出爆炸声后，关至中小火，炸40分钟，待皮炸到金黄时即可捞出。脆而有韧性，肥而不腻，遇汤皮亦不变软。

高峰柠檬鸭　起源于武鸣县一带的一道特色菜，尤以武鸣县高峰境内酒家饭店最优故得名。制作方法：将鸭宰后洗净、去内脏切成块，入锅用猛火炒至六成热，再将切成丝的酸辣椒、酸姜、酸柠檬、醋藠头、酸梅、生姜、蒜泥等佐料入锅同炒，拌匀后改文火焖至八成熟后加入豆瓣酱同炒至熟透，淋上适量香油即可出锅上碟。味道酸辣适度，肉质鲜嫩入味爽口。

横县鱼生　横县传统食俗。制作方法：将1.50千克~2.50千克重的活鲩鱼杀死去皮，把鱼两侧面的肉削除出来，用卫生纸包好吸干水分，将鱼肉切成“双飞”薄片，摆在盘里。然后用冷开水将生姜、紫苏、鱼腥草、柠檬叶、大头菜、洋葱等佐料洗干净，甩干水分后切成细丝，指天椒、蒜瓣、酸藠头等切成片。将酱油、花生油、酸醋、胡椒粉等放入小碗搅匀作调料。食用时各取少许青料、姜丝、花生米和酸藠头，连同蘸了调料的鱼生片一起吃。其特点是味鲜可口。卫生部门检查发现，鱼生片有生虫，食者易患肝吸虫病，提倡不食鱼生。但横县不少群众食鱼生已成习惯。

酸　肉　南宁壮族传统食品。流行于隆安县邕天（南宁至天等）公路南面的都结、同乐、普权、新风、达利、平养、平荣、荣朋等村屯壮族聚居区。制作方法：把猪肉（最好是五花肉）的皮面置锅中煮成金黄色，加入蒸熟的玉米粉（小米粉更好）、精熟盐（每千克猪肉掺60克~70克以不太咸为宜），经反复搓揉，至肉变软后置瓷罐中密封，两个星期后肉即变酸，便可吃用。开罐后，要在三五天内吃完，否则时间长了，酸肉会变质生虫。放装罐时，用小罐为好，也可用小食品袋来装，装量以一餐吃完为宜，用绳子绑好袋口密封。可把若干袋一起放进一个大罐里腌制，吃用时按量取出即可。酸肉有两种吃法：一是切片后即吃，这种吃法能保持原味，稍酸，多吃不腻；二是把黄豆或玉米炒熟和酸肉一起吃，这种吃法香味可口，食欲倍增。用酸肉下酒或佐玉米粥，风味独特。一般家庭逢年过节时宰一头肥猪，把猪肉全部腌酸，作为常备肉食。如有贵客光临，就用酸肉来招待。

羊　酱　又叫“羊精”、“羊瘪”。马山县东部山区瑶族的一道特色菜肴。制作方法：羊杀好后，将羊的一段细嫩的小肠割下，分绑两头，入锅用油煎至小肠爆裂、黄熟，内溶物溢出后，加水煮10分钟，将小肠捞起滴水沥干，切成小块，再放入锅中，配以适量的羊血和剁碎的羊肉、羊杂以及盐、姜、辣椒等佐料制成。羊酱汤，汤色幽绿，其味甘苦。因羊吃百草，小肠内溶物为羊分解草料后尚未吸收的养分，据说有健胃的功效，民间称之为医治疾病的“百草药”、“长寿药”。

羊　红　传说此菜肴为环大明山地区周边各土司的宴席菜。制作方法：用刚宰杀的黑山羊鲜血和炒好的羊内脏（俗称“羊下水”、“羊杂”），加上香菜、花生等佐料制成，装盘后样子像一盘红“豆腐”，味鲜美异常。

清水羊肉汤　马山特色菜。制作方法：将黑山羊羊肉砍块，放入有清水的锅中烧开去除血水，沥水后用清水洗净，再倒进放有枸杞、花菇、红枣、生姜等开沸的锅中煮熟后，蘸料汁即可吃。蘸料配方是羊肉店独特配制的秘方、并以新鲜香椿嫩芽为主料，使蘸料具有山野清香的风味。肉香浓郁，无膻味。

腊　肉　南宁传统风味食品。制作方法：冬天腊月时人们把买来的猪肉搓适量的盐放在盘里腌到二月，用菜叶清洗除去肉表里油腻盐质，然后串挂起来，风干即成腊肉。人们选择腊月做腊肉是因为天气比较寒冷干燥，猪肉不易变质腐烂。

糯米血肠　壮族普遍喜爱的传统食品，壮语称为“楞棒”。制作方法：把蒸到半熟的大米或糯米趁热拌上鲜猪血以及各种香料，紧紧灌入洗干净的猪肠内封口蒸熟即成。食用时可切成片，或用油煎炸，或用甑蒸热。色泽油亮，异香扑鼻，味道鲜美，脍炙人口。　（书　弄）

茶　业

【概　况】 2011年，南宁市有10+1商业大道茶叶批发市场、横县西南茶城2个成品茶叶批发零售专业市场。主要经营名优绿茶、茉莉花茶、六堡茶、普洱茶、黑茶和全国各地的著名紫砂制品乃至东南亚锡制品、瓷器和玻璃器皿等茶具以及茶床、茶台等木制根雕工艺品。

【10+1商业大道茶叶批发市场】 又称广西南宁茶叶批发市场，位于亭洪路10+1商业大道B、C区，占15栋楼的一、二层商铺，其中首层经营与茶叶有关商品的商铺465间，经营面积2.65万平方米；二层大开间商场建筑面积2.76万平方米。是自治区最大的成品茶批发零售专业市场，以经营成品茶叶的批零为主，兼经营茶具及与茶相关的工艺品和茶叶包装设备等。市场汇集茶叶六大系列近百个品种，包括中国茶王—大红袍、福建安溪铁观音茶、云南普洱茶、浙江龙井茶、台湾红茶、乌龙茶、信阳毛尖、湖南黑茶和广西本地的六堡茶、横县茉莉花茶、凌云白毫茶、昭平将军峰茶、西山茶、三江茶、灵山茶、西林茶、覃塘毛尖茶及越南茶、斯里兰卡红茶等，以及来自全国各地的著名紫砂制品乃至东南亚锡制品、瓷器、玻璃器皿等茶具和茶床、茶台等木制根雕工艺品。2011年，有茶叶经营户420户；全年茶叶成交量612吨，成交额1.59亿元。

【横县西南茶城】 又称横县城北市场，位于"中国茉莉之乡"——横县县城。是目前国内最大的花茶专业市场。由茉莉花交易市场、原料茶市场和成品茶市场组成，占地3.80万平方米，建筑面积1.90万平方米。茉莉花交易市场于1993年6月开市，占地1.20万平方米，有摊位120个，经纪人200多名。该市场主要用于交易新鲜的茉莉花、玉兰花，交易期为每年的4月~10月。2011年，成交量2.68万吨，成交额3.02亿元；平均价10.13元/千克，与上年持平；日最高成交量308吨，最高成交价22元/千克。原料茶市场建成于1997年5月，占地1.30万平方米，有店铺118间，经营户300多户，主要进行绿茶茶坯交易，为横县茉莉花茶加工基地供应花茶茶坯，茶叶品种繁多。2011年茶叶买卖成交量2.10万吨，成交额5.85亿元。成品茶市场于2004年9月3日开业，占地1.30万平方米，有门店84间，市场内有来自福建、云南、贵州、湖北、浙江等全国各地的原产地茶商入场经营，直销横县茉莉花茶、安溪铁观音、云南普洱茶和全国各地名茶。

【第七届全国茉莉花茶交易会·2011年中国国际茉莉花文化节】 2011年8月16日~17日在横县中国茉莉花茶交易中心举行。由中国茶叶流通协会、自治区林业厅、市政府主办，中国花卉协会支持，横县县政府、中国花卉协会花文化专业委员会承办。这届全国茉莉花茶交易会、中国国际茉莉花文化节以"标准化·国际化"为主题，开展茉莉花产业"五中心一平台"（中国茉莉花茶交易中心、中国茉莉花（茶）产品质量监督检验中心、中国茉莉花电子商务平台网上信息中心、中国与东盟茉莉花（茶）业合作与发展平台）建设观摩，中国茉莉花茶·茶产发展论坛暨全国茉莉花茶产销形势分析会，2011年中国国际茉莉花音乐节、焰火晚会，投资贸易洽谈会、"中国—东盟"茉莉花与茶叶商品联合展销，"花海·茉莉之旅——横县行"旅游观光等系列主题活动。应邀前来参加第七届全国茉莉花茶交易会、2011年中国国际茉莉花文化节的东盟驻南宁领事官员，国内外知名专家学者，中国流通协会、中国花卉协会的领导，自治区、南宁市和南宁市各县（区）的领导，国内茶叶主产、主销区的领导，国内外茶商代表、加工企业经营者和横县各界群众参加开幕式。中央电视台、新华社、《人民日报》、《广西日报》、广西电视台等67家新闻媒体123名记者到会采访报道。茉莉花与茶叶商品联合展销吸引东盟国家、自治区外、县内148家客商参展。期间，茶叶及茶相关商品产销额4.32亿元；招商引资项目集中签约项目23个，总投资67.43亿元。美食汽车商品展销设美食、汽车、商品展位383个，其中美食展销售额80多万元；汽车销售实际成交85辆，交易额843万元；小商品交易额400多万元。

【2011年全国优质茉莉花茶优质产品评比】 2011年8月12日~13日在横县举行。由中国茶叶流通协会、自治区林业厅、市政府主办，中国花卉协会支持，横县县政府等承办。设金奖10个，银奖20个，铜奖30个。参加评比茶样有102种，分别来自广西、福建、四川、云南等主要花茶产区。评审以《茶叶感官审评国家标准GB/T23776-2009》为主要依据，从外形、香气、滋味、汤色、叶底5个方面对参赛茶样进行综合评定。评选结果：横县外贸茶厂的金奖雪芽茶、福州福民茶叶有限公司的国色耳环茶、福建省满园春茶业有限公司的金奖玉芽茶等10种茉莉花茶获金奖，横县长城茶厂的毛尖茶、横县桔扬茶业有限公司的一级茉莉绿茶、北京元顺达商贸责任有限公司的茉莉碧螺春茶等20种茉莉花茶获银奖，福州福民茶叶有限公司的国色玉螺茶、横县四通茶厂的香雪峰茶、山西省介休市银益茶庄的女儿环茶等30种茉莉花茶获铜奖。

（书　弄）

8月16日～17日，第七届全国茉莉花茶交易会、2011年中国国际茉莉花文化节在横县举行　周家志　摄

肉食品商业

【生猪屠宰管理】 2011年，市商务局继续将市区生猪定点屠宰厂（场）的屠宰活动监督管理行政执法权下放给市商务综合行政执法支队，委托其对市区生猪定点屠宰厂（场）进行监督和检查，对市区生猪私屠滥宰违法行为进行查处；并充分发挥市肉类食品协会作用，加强行业自律。加强生猪定点屠宰厂（场）的规范管理和监管，督促屠宰企业落实各项肉品质量安全管理制度，强化台账登记和管理；加强对进厂（场）屠宰生猪的检疫和肉品品质检验；与屠宰企业签订猪肉质量安全责任状，落实肉品质量安全责任；加强对生猪定点屠宰企业的监督检查，全年检查屠宰厂（场）911个次。以高新技术产业开发区、江南区、兴宁区、西乡塘区为重点区域，采取日常监管与联合执法相结合及排查、巡查、突击检查、循环检查、重点打击、强制拆除等多种方式，严厉打击生猪私屠滥宰违法行为，出动执法人员1.35万人次，查获私宰生猪及生猪产品108吨，其中无害化处理病害肉、淘汰种猪肉64吨，强制拆除违章建筑生猪私宰窝点14个。8月31日，发布《南宁市商务局打击生猪私屠滥宰举报奖励办法》。《办法》规定，举报和提供生猪私屠滥宰线索，经商务主管部门查证核实，举报人每次最高可获奖励3000元。

【生猪屠宰加工业】 2011年，南宁市有依法设定的生猪定点屠宰厂（场、点）158家，其中机械化生猪屠宰厂（场）66家、半机械化生猪屠宰场40家；从业人员1380人。全市生猪进点屠宰量201.07万头，比上年下降3.69%。其中：城区生猪进点屠宰量113.29万头，下降4.50%；六县生猪进点屠宰量87.78万头，下降2.63%。供应市中心区猪肉的大中型机械化生猪屠宰厂有南宁五丰联合食品有限公司肉类加工分公司、市江南肉类联合加工厂，日宰生猪分别为1000头、900头左右；供应市中心区猪肉的小型生猪定点屠宰场有邕宾、谢树河、城关、大沙田、仙葫5家生猪定点屠宰场。继续把生猪定点屠宰厂（场）的技术改造列入为民办实事项目，投入资金62.60万元（市财政扶持25万元、企业投入37.60万元），完成生猪定点屠宰厂（场）技术改造5家。 （黎　剑）

食盐商业

【概　况】 2011年，南宁盐业分公司（广西南宁盐务管理局）设沙井配送中心，下辖黎塘盐业支公司，在职人员57人。主要从事盐品购、销经营活动，负责南宁市和武鸣、横县、宾阳、上林、马山、隆安、扶绥（崇左市辖县）7个县的食用碘盐和各类食品加工用盐、小工业用盐的供应和管理。主要经营“桂山”牌精制盐、日晒精盐、海晶盐和腌制用盐等，还开发和销售钙、锌、硒强化营养盐，低钠营养盐以及沐浴盐、浴足盐、洗涤盐等多品种盐。盐品购进6.01万吨、销售5.82万吨，其中多品种盐销售6868吨。销售收入9235.57万元。

【终端配送网络建设】 2011年，南宁盐业分公司按照《广西盐业公司食盐零售终端网络建设实施意见》的要求，开展自营网点的设点布网，结合实际拟定《自营网点管理实施方案》，在邕宁、武鸣、扶绥、横县、宾阳、上林、马山、隆安等县（区）设立自营网点8个，每个自营网点负责销售区的盐品销售配送及市场管理，保证销售区内食盐价格稳定。并对原有网点进行优化整合，确定销售区内一级配送点991个、二级配送点119个。一级配送点和二级配送点（超市）配送率均100%。终端配送，根据实际安排公司自有配送车3辆，负责市区终端客户直接食用盐的配送；8个自营网点各安排电动三轮车1辆，负责各自营网点的食盐配送。

【盐政管理】 2011年，南宁盐业分公司（广西南宁盐务管理局）加强与公安、检察、工商、质检、卫生、疾控等机关和部门的联系，加大对农贸市场、副食品批发市场的监管力度，建立与有关部门之间的沟通协作机制；加强对市场监督管理，组织开展春季、夏季、秋季、冬季4次专项整治行动，查处私盐案17件，查获私盐、假冒食盐140.66吨，罚款3.87万元。2月20日，在西乡塘区安吉林村查处英文版假冒50千克大包装盐38吨；3月22日，端掉藏匿于江南区沙井街道南乡村内的一个食盐制假窝点，查获假盐60.97吨。

【食盐抢购风波平息】 2011年3月17日，受日本大地震及引发的海啸造成核泄漏影响，国内部分省市出现市民盲目抢购囤积食盐现象，并迅速波及南宁市。南宁市出现食盐抢购风潮后，南宁盐业分公司启动应急预案，组织机械化包装组24小时连续生产，生产班次由“两班倒”改为“三班倒”，并借用、租用社会车辆，实行24小时连续配送不间断，至18日15时，向市场供应食用盐3000多吨，基本保证各大商店、超市、连锁店的食盐供应，稳定食盐市场秩序。同时，配合市政府和政府相关部门做好协调工作，接受中央电视台等多家媒体的采访，澄清不实信息和传言，经过共同努力，仅用31个小时就平息食盐抢购风波。被中国盐业总公司评为平息3·16全国食盐抢购风潮先进单位。 （崔玉善）

烟草商业

【概　况】 2011年，南宁市烟草专卖局（公司）下辖青秀、西乡塘、兴宁、江南、邕宁、良庆6个城区烟草专卖局（营销部）和武鸣、横县、宾阳、上林、马山、隆安6个县烟草专卖局（营销部），从业人员983人。总资产14.02亿元。销售卷烟24.51万箱（122.55亿支），实现利税9.54亿元。

【营销网络建设】 2011年，市烟草专卖局（公司）注重营销方式的创新，探索终端建设和创新营销管理方法，培育重点品牌，推动市场营销上水平；创造性地提出“单元”管理思路，实现“单元”管理与精准营销、“135”工作法（以“平等互利、长期合作、共同发展”的新型客我关系为一条主线，围绕“客户、品牌、市场”三个要点，纵向排列工作步骤，横向划分工作单元，按照分析、计划、实施、评估和改进五个步骤进行工作）的有机结合，为开展市场分析、品牌培育、精准营销、客户服务等工作提供科学有效的方法，在青秀区烟草专卖局开展试点实践，召开推广现场会，全面展示实践工作取得的成效。推进“网上订货、网上营销、网上配货、网上结算”，加快传统商业向现代流通转变，网上订货客户1.53万户，占客户总数54.40%，成功发展网上结算客户和网上配货试点客户，广泛开展网上品牌宣传、积分激励等营销活动，“四网合一”工作走在自治区同行前列。坚持把品牌培育放在突出位置，加强品牌整合，全年退出

12月30日，市烟草专卖局(公司)在青秀区召开终端建设暨单元管理推广现场会

李昱贤提供

南宁市场的规格卷烟51个，新增牌号规格向国家烟草专卖局品牌发展方向靠拢，从年初45个牌号179个规格整合为41个牌号164个规格，保持合理的品牌架构。创新品牌培育方式，深化工商协同，组织开展知名品牌和一、二类烟培育，实现结构的有序提升，一、二类烟销售3.42万箱，占总销量14.08%，比上年提高4.49个百分点；全国销量排名前十大品牌卷烟销售9.02万箱，增长23.40%。地产“真龙”牌卷烟销售，8元以上“真龙”牌卷烟实现销量1.66万箱，增加8802箱，增长113.43%；10元“真龙”牌卷烟成为南宁市场同价位卷烟的第一大品牌。投资700多万元，完成两条分拣线的技术改造，新增分拣线1条，建成异型烟打码线与条烟库系统，实现两班制向一班制的转变，单班分拣能力由原来的每小时2.30万条提高到4.20万条，生产效率提高82.30%，降低员工的劳动强度，实现分拣成本控制的精细化管理。

【专卖市场管理】 2011年，市烟草专卖局争取地方政府支持，逐级签订责任状，建立公安、工商、烟草等部门联合进行卷烟市场清理整顿长效机制，先后开展“元旦、春节”、“春雷”和“中秋、国庆”等专项清理整顿行动，打击销售非法卷烟，整治无证经营行为，净化市场环境。查处涉烟违法案件4188件，其中案值超5万元的案件31件、涉案金额超100万元的案件5件、案值超100万元的网络涉烟案件2件；查获非法卷烟1548.33箱、烟叶烟丝27.62吨，移送公安机关追究刑事46人。良庆区烟草专卖局通过建立“中越泰”土特产店档案，强化线索分析和监控，破获“9·01”案件，涉案金额180万元；宾阳县烟草专卖局查获“7·14”案件，涉案金额200万元。

【公益活动】 2011年，市烟草专卖局(公司)向社会捐资163.50万元。其中：向西乡塘区石埠街道石西村捐赠5万元，作为开展“整村推进”扶贫项目帮扶活动的启动资金；为宾阳县和吉镇转产烟农提供110万元扶持资金和转产技术；向市希望工程“大学生圆梦”计划捐资15万元，资助50名贫困大学生；向广西经济管理干部学院捐赠10万元，用于改善办学条件；向西乡塘区石埠街道石西村小学捐资3.50万元，建设教师周转房；向隆安县龙民村希望小学捐款20万元。 (黄建超)

石油商业

中国石油化工股份有限公司广西南宁石油分公司

【概　况】 中国石油化工股份有限公司广西南宁石油分公司隶属于中国石化广西石油分公司，原辖南宁市、崇左市的14个县级公司，2011年3月因结构调整，崇左市及其辖区县级公司从南宁公司划出，成立中石化崇左石油分公司。分立后，中石化南宁石油分公司下辖武鸣、横县、宾阳、上林、马山、隆安6个县级石油分公司，是南宁市及所辖各县成品油主渠道供应的国有控股大型企业。主要经营汽油、柴油、润滑油，以及以便利店的形式经营的日用百货、食品、卷烟等。在营加油站156座，在用油库2座(均可通过西南管线下载油品)。至年末，公司在岗员工1468人，总资产11.02亿元；成品油销售70.24万吨，销售收入54.84亿元，利税总额2.54亿元(税金1.30亿元)。公司名列2011年广西企业100强第21位，获2011年广西优秀劳动关系和谐企业。

【成品油市场供应】 2011年，中石化南宁石油分公司开展“经营创效年”、“优质服务年”、为民服务创先争优等活动，拓量创效，推进网建发展，加强安全质量工作，强化管理，把握成品油市场商机，着力抓好IC卡营销、自助加油推广，挖潜整合资源，推行优质服务示范站，开展服务竞赛，加快加油站改造和关停歇业站复业，提高经营和创效能力。打造重点主力站，实施差异化营销；开展有针对性、有特色的国省道大站营销，引导客户自助加油。在自治区率先推行自助站试点，打造自助站营销环境和服务规范，投入营运全自助加油站14座，半自助加油站52座。在成品油销售价格上，严格按照国家发改委规定的成品油批发零售价格供应，维护市场秩序。全年成品油批发零售价格调价3次，时间分别为2月20日、4月7日、10月9日。至年末，每升油品零售价格为E90号汽油6.84元、E93号汽油7.33元、E97号汽油7.92元、0号柴油7.12元。成品油总销量70.24万吨。

【加油站网点与油库建设】 2011年，中石化南宁石油分公司推进“网建成效年”活动，抓好网建发展，提高目标定位，加快项目的落实推进，不断完善加油站的服务功能和消费环境。新发展加油站15座，其中新建续建完工3座、收购(租赁)3座、在建9座。完成15座加油站形象改造。12月，中石化北海—南宁—百色成品油管道工程配套油库（屯里）项目竣工投产，改造后屯里油库总库容10.20万立方米，扩容近1.5倍。

【中石化加油IC卡发行】 2011年，中石化南宁石油分公司推进加油卡进社区、进4S店、进车展，与保险公司合作交叉营销，开展充值送保险和优惠返利等活动；同时进一步完善联网站点设备设施和服务，至年末，有中石化IC卡联网加油站154座，发卡充值点78个，其中实现24小时发卡充值点32个。全年发行IC卡15.30万张，持卡消费比例23.47%。

【非油品业务】 2011年，中石化南宁石油分公司不断完善非油品经营，通过完善各项管理制度，加快便利店建设，消除配送瓶颈，创新营销模式，提升促销手段等措施，推进非油品业务发展，全年开业便利店139家。

【经营管理】 2011年，中石化南宁石油分公司持续推进内部改革，深化内控管理，强化监管，提高风险控制能力，促进各项业务的规范化开展；强化资金和资产管理，防范资金风险，提高资产运营效益，实现加油站货款全部由银行上门收款或公安押运，缓解了加油站现金货款缴存安全的压力；推进企业信息化建设，上线运行市场信息监测系统、合同管理信息系统，提升OA、加油卡等系统功能；完善薪酬分配方案，健全员工个人绩效和企业绩效持续提升机制，激励员工提高专业水平，促进岗位成才；开展全员竞聘和调整用工结构，畅通人才成长通道，抓好重点项目培训，组织开展技术比武和技能鉴定工作，提高员工素质。落实安全生产责任制，强化检查督查和安全教育，抓好安全质量管理，实现总体安全平稳，成品油出库和销售质量合格率100%。深化“我要安全”主题活动，抓好查找身边薄弱环节、全员HSE（英文缩写，即健康、安全、环境）观察活动、安全零报告制度以及未遂事件分析共享等工作，加强安全风险防控，全面开展隐患排查、治理，投入整改资金、维修资金约1000万元，确保库站在生产运营中出现的问题及隐患得到有效排除；落实库、站治安防范工作，为库站加装红外线报警系统42套，为90家加油站的210个油罐安装防盗计量锁，完善防恐、防盗抢设备设施。开展作业场所危害因素检测和员工职业健康体检，建立员工职业卫生档案。

（陈启慧）

药品商业

【概　况】 2011年，南宁市辖区有药品经营法人批发企业119家，非法人批发企业16家；药品零售企业1818家，其中药品零售连锁企业（总部）30家。在药品零售企业中，药品零售连锁门店1068家，其中城区831家，六县237家（武鸣78家，横县22家，宾阳25家，上林30家，马山45家，隆安37家）；药品零售店750家，其中城区210家，六县540家（武鸣83家，横县166家，宾阳166家，上林48家，马山35家，隆安42家）。医疗器械经营企业1099家。

【药品安全管理】 2011年，市食品药品监督管理局强化药品流通环节监管，严格审批，严查执业药师、药师等质量管理人员兼职行为，查处存在提供虚假材料行为的药品经营企业18家；加强日常监管，开展专项检查和打击非药品冒充药品专项行动，检查企业231家；加大对基本药物流通环节监管，强化对基本药物配送企业、基本药物零售企业检查。

医疗机构制剂配制和药品使用监管　全市获得《医疗机构制剂许可证》的医疗机构有4家，对获取《制剂许可证》的医疗机构监督检查率100%，除个别制剂室存在配制记录中个别工序未进行物料平衡计算、地漏无水封、个别设备未及时校验等情况外，均能按《医疗机构制剂配制质量管理规范》的要求配制制剂，成品均检验合格后使用。对存在问题的医疗机构制剂室，当场要求其进行整改，进一步规范医疗机构制剂的配制过程。开展对26家二、三级医疗机构用药的监督检查，检查内容包括药房、药库日常管理情况和中药饮片日常管理使用情况。检查发现上述医疗机构都能从正规渠道购进药品、中药饮片提供合法票据；绝大部分医疗机构能按规定条件储存药品，麻醉药品和精神药品按规定进行管理。

国家基本药物目录品种监管　全市有国家基本药物生产企业26家（正常生产的有23家）。开展基本药物生产企业专项检查，经抽查企业所生产的基本药物品种，23家基本药物生产企业均能按药品GMP要求生产，批生产记录基本齐全、规范，成品均经检验合格后放行销售，保证所生产的基本药物质量。全市26家基本药物生产企业全部获得电子密钥，正常生产的23家基本药物生产企业，除广西昌弘制药有限公司、培力（南宁）药业有限公司、广西锦莹药业有限公司的基本药物品种长期停产外，其余20家企业生产的基本药物全部实施电子监管。

药品营销人员登记备案　继续做好药品营销人员诚信备案登记管理，实现对药品营销人员的网上查询、核对，确保药品从正规渠道购进，进一步规范药品购销行为。全年受理各药品营销人员诚信备案登记560多人次。

药品从业人员教育培训　举办药品从业人员培训班6期，培训1048人，其中通过考试并获得药品从业人员上岗证984人，通过率94%。

【药品进口备案】 2011年，市食品药品监督管理局口岸办办理药品进口备案12批次。其中：中药材350吨，货值7万美元；原料药6.43吨，货值143万美元。

【药品市场专项整治】 2011年，市食品药品监督管理局加大药品行政执法与刑事执法相衔接的有效合力，组织开展查处制售假劣药品违法行为，打击地下非法销售药品窝点和以“义诊”名义无证经营药品行为。出动执法人员980人次，车辆220辆次，检查涉药单位250多家次，捣毁地下非法经营药品窝点17个，立案查处违法经营、使用药品、医疗器械案件65件，涉案金额198万多元，处罚没款216.49万元，没收违法所得58.87万元。

（蒙　萌）

粮食流通

【概　况】 2011年，南宁市归口粮食部门管理的独立核算的国有粮食企业有91家，从业人员1193人；国有粮食企业有粮食仓库995间，有效仓容35.75万吨，总资产10.04亿元，总负债8.98亿元，资产负债率89.45%。国有粮食企业全年总购进粮食19.48万吨(混合粮,下同),销售粮食20.81万吨,年末粮食库存15.91万吨;实现粮油商品(产品)销售收入6.14亿元,利润1080万元。全市非国有粮食经营(含加工)企业有763家,纳入粮食局日常统计范围的有155家,占非国有粮食经营企业总数的20.31%;粮食总购进量33.63万吨,销售量32.42万吨,年末粮食库存1.85万吨。粮食转化企业1006家,其中饲料生产企业324家,养殖用粮企业9家,工业转化用粮企业243家(酒精生产企业15家,制酒企业228家),食品及副食品酿造企业383家,其他转化用粮企业46家,已纳入日常统计范围的重点粮食转化企业148家(饲料生产企业42家,养殖用粮企业5家,酒精生产企业5家,制酒企业34家,食品及副食品酿造企业59家),占转化企业总数14.71%;粮食转化企业粮食总购进量239.26万吨,粮食转化量235.74万吨,年末粮食库存16.08万吨。全市粮食总量供求平衡,粮食市场基本稳定。10月,市储备粮管理有限责任公司生产的“桂井”牌贺穗大米和有机大米两个粮油新产品在浙江宁波举办的第十一届中国国际粮油产品及设备技术展览会上获金奖。11月,市粮食流通监督检查支队挂牌运行。年内,市粮食局获国家粮食局授予全国粮食流通监督检查示范单位;被自治区党委、自治区政府、广西军区授予爱国拥军模范单位;被自治区文明委命名为第一批自治区和谐单位。

【粮食安全保障】 2011年,市粮食局做好粮源的筹措、调拨、运输、加工和供应,增加市场粮食投放量,适时轮换销售储备粮,平抑市场粮价,通过加强粮食的内购外采,满足市场需求,保障粮食安全。全市国有粮食企业和重点非国有粮食经营企业、重点转化用粮企业总购进粮食292.71万吨,销售粮食288.97万吨,粮食实现总量、购销、品种供求平衡,保证市场供应和粮食价格基本稳定。加强市本级储备成品粮、成品食用油储备安全管理;完成自治区政府新增加给南宁市储备粮储存任务,增强粮食安全保障的物质基础。开展粮食仓储设施建设年活动,实施粮食流通基础设施建设项目25个,总投资6318.89万元,实际完成投资1493.39万元,设计新建粮食仓容6.40万吨;维修改造粮食仓容8.47万吨,重点解决粮仓隔热、防潮、密闭性能,安装电子测温、环流熏蒸、机械通风设备等,保证储粮安全,科学保粮率98.30%。配合自治区开展粮食库存检查。3月下旬至4月中旬,根据自治区粮食局《关于开展2011年全区粮食库存检查工作的通知》要求,制定《南宁市2011年粮食库检查工作实施方案》,市粮食局组织6个工作组督查指导各县(区)粮食企业开展库存检查,抽调人员240人次对粮食库存进行检查,采用测量计算法、抽包检斤法、直接称重法,检查粮食企业25家,库点81个,仓库751间,对2011年3月末全市库存的17.63万吨粮食进行全面核实,检查结论:全市粮食库存账实相符,账账相符;库存粮食品质、卫生状况良好;储备粮轮换均按有关部门批文进行,账务处理规范;政策性粮食补贴申报、拨付使用符合规定;粮食信贷资金流向清楚,库贷挂钩一致;仓储管理规范,无发热粮、霉变粮及严重虫粮、高水分粮等情况,粮情稳定,储存安全。配合开展全国食用植物油库存检查。根据《国家发展和改革委员会、国家粮食局、财政部、中国农业发展银行关于开展全国食用植物油库存检查工作的通知》和《广西壮族自治区粮食局、发展和改革委员会、财政厅、中国农业发展银行广西分行关于开展全区食用植物油库存检查工作的通知》要求,市政府组织市粮食局、市发展和改革委员会、市财政局、中国农业发展银行南宁分行制定《2011年南宁市食用植物油库存检查库工作实施方案》,成立市食用植物油库存检查工作领导小组,组织开展对辖区内国有及国有控股的企业食用植物油库存进行专项检查。5月26日~6月10日,组织190名技术人员,按照全国油脂库存检查工作规程和操作规范,对地方储备油库存的数量、质量、储存安全,以及存储政策性油脂企业的费用补贴、信贷资金,商品油的数量、质量及库存管理等情况进行全面检查,截至5月25日统计时点,市辖区内油脂总库存量5717吨。经过对全市油脂库存进行全面普查和自治区复查认定:南宁市辖区内油脂企业的油脂库存数与保管账、统计账、会计账相符,库存数量真实准确;辖区内油脂品质良好,库存油脂质量合格率、品质宜存率均符合要求;辖区内地方储备油脂的轮换均按上级相关部门批文进行,轮入油脂的生产年限和质量符合要求;辖区内油脂企业占用农业发展银行的信贷资金流向清楚,库贷挂钩一致,没有挪用农发行贷款现象;辖区内申报油脂财政补贴款项计算合理,依据正确,数据真实,没有发现套取财政补贴资金现象。开展秋季粮油安全大普查。10月中旬至11月中旬,组织383名粮油专业技术人员在全市开展拉网式的秋季粮油安全大普查,检查粮食储备库、粮所(站、点)93个,仓库992间,粮食仓容30.97万吨,检查库存粮食22.45万吨,油脂674吨。全市粮食部门的库存粮油实现“一符四无”(账实相符、无虫、无霉变、无鼠雀、无事故)的粮食储备库、粮所(站、点)达到100%。武鸣县、宾阳县、横县、上林县、隆安县、马山县粮食局和邕宁区、江南区粮食局、市储备粮管理有限责任公司、市金谷隆粮油购销有限责任公司、市军粮供应站、市鑫恒运粮油购销有限责任公司、市绿萃粮油食品厂实现“一符四无”粮仓县(区)、企业。

【粮食直接补贴政策实施】 2011年,自治区政府下达南宁市对种粮农民实行直接补贴与储备粮订单收购挂钩的收购任务12.25万吨。其中:武鸣县1.65万吨、横县2.70万吨、宾阳县3.50万吨、上林县2.35万吨、隆安县0.55万吨、邕宁区1.50万吨。收购任务由县(区)政府分解到乡镇,乡镇政府再分解到村,由村委会根据农户的种粮面积、粮食产量、商品量等情况,将订单计划分配落实到农户。落实到农户的粮食数量一般每户在500千克以上,对有订单计划的村屯单户售粮不足500千克的,允许周边户联合推选一户代表与村委会签订售粮计划,并在售粮计划上明确各单户售粮数量,一般每个联合户不宜超过5户。粮食直接补贴标准:对列入直补订单收购计划的粮食(不分品种),在自治区公布的收购价格的基础上,统一按每千克0.24元进行补贴,售粮农户的粮食直补资金由乡镇财政所通过农补网“一折通”直接兑付给农户。收购的粮食品种为普通稻(包括普通早、中、晚籼稻)、专用稻(指珍桂稻品种)、优质稻(包括早、晚籼优质稻)。至年末,粮食部门收购农民订单粮食11.88万吨,完成任务96.98%。10.70万户签订粮食直补订单收购合同的农民获得国家粮食直接补贴款2768万元。

【粮食产业化经营】 2011年，南宁市粮食企业发展粮食产业化经营，开展粮油精加工、深加工，实施创品牌战略，通过创名优品牌来提高企业经济效益。参与粮食产业化经营种植面积10.21万公顷（“订单”面积2.56万公顷），收购优质稻9.25万吨，加工销售优质米5.60万吨。市储备粮管理有限责任公司采取“公司+科研+基地+农户”的经营模式，实行产、供、销、加工的粮食产业化经营链，继续与自治区农科院水稻研究所合作，投入科研经费10万元，开展“桂井09香”、“桂井1号”、“桂井丝苗”等品种种植试验和推广，在青秀区建立13.50公顷优质稻种子基地，在武鸣县、青秀区、良庆区、西乡塘区建立绿色食品优质稻基地666.07公顷，在横县和来宾市象州县建立有机稻种植基地35公顷，通过打造优质稻产、供、销、加的粮食产业化经营链，所生产、加工的“桂井”牌系列优质米市场销路好，实现利润920万元；市军粮供应站通过开展粮油科技创新，加工生产“万田”牌系列优质粮油销售，实现利润39万元。县（区）国有粮食购销企业通过粮食产业化经营，以市场为导向，实行粮食生产、收购、加工、销售一体化的产业链，均实现盈利。其中，武鸣县国有粮食购销企业实现利润58万元，上林县国有粮食购销企业实现利润65万元，隆安县国有粮食购销企业实现利润33万元，横县国有粮食购销企业实现利润10万元。

【政府平价粮油销售】 2011年，根据《自治区人民政府办公厅关于印发确保实现全区价格总水平预期目标工作方案的通知》，针对南宁市上半年物价过快上涨的状况，为确保全市全年居民消费价格水平涨幅控制在5%左右的目标，市政府决定实行临时粮油价格干预措施，动用自治区、市储备粮油，从8月开始按照自治区指定的地点，在市区的麻村农贸市场、淡村农贸市场、水街农贸市场、北湖农贸市场、和平农贸市场（邕宁区）、大沙田祥荣农贸市场6个农贸市场内设立平价粮油销售网点，籼稻米按低于市场平均价15%左右的价格销售，食用植物油按低于市场平均价20%左右的价格销售，增加粮油市场投放量，抑制粮油价格过快上涨的势头。为加大市场粮油价格调控力度，扩大市民受益面，10月，市政府在自治区指定的平价粮油销售网点的基础上增加埌东农贸市场、白苍岭粮油批发市场、兴宁区四塘农贸市场、广西军粮配送中心云景直销店4个销售网点。平价粮油销售方式实行“五统一”，即统一供应时间，每天上午9时至下午5时30分为集中销售时间，连续5个月（8月~12月）；统一销售价格，按照自治区定点限量限价销售大米价格每千克3.48元、花生油每千克18元、大豆油每千克10元供应；统一限购数量，居民每人每次购买量大米不超过10千克、食用植物油1.8升；统一粮油质量标准，销售的稻米和食用植物油都有QS质量认证，达到国家质量标准；统一持证上岗，接受社会监督。为确保自治区、市政府采取临时价格干预措施落到实处，市粮食局成立政府粮油平价销售、稳定市场粮价工作领导小组，制定《南宁市储备粮油平价销售工作方案》、《南宁市粮食局粮油平价销售稳定市场粮价实施办法》、《南宁市储备粮油平价销售秩序维护工作预案》、《南宁市储备粮油平价销售工作计划安排》等方案，分配和落实任务，明确各单位各部门的责任，对储备粮油出库、定点加工、销售方式及原则作统一要求，同时，成立综合协调、加工运输、销售、应急、督查5个工作小组，从组织领导上给予保障。销售期间，居民购买平价粮油井然有序，供应正常，无抢购现象发生。至年末，市区销售政府平价大米1454.70吨、食用植物油229.70吨，实现南宁市年度粮油市场价格涨幅控制在5%左右的目标。

【“放心粮油”工程实施】 2011年，按照自治区政府办公厅《关于实施“放心粮油”工程的意见》，为保证市场粮油质量安全，南宁市把“放心粮油工程”作为民心工程来抓，投入资金165万元，实施“放心粮油”工程试点，在市、县（区）粮食集贸市场建设“放心粮油”示范店31个。按照“统筹协调、分开作业、一步到位”的原则，明确装修要求、资金额度、完成时限、验收标准。在“放心粮油”经营网络中引入连锁经营机制，实行统一店名标识、统一经营方针、统一采购配送、统一规范服务、统一质量承诺的“五统一”标准，做到同步经营管理、共创共享品牌、连锁配送商品。严把粮油产品质量准入关，实现粮油质量放心、计量放心、价格放心、卫生放心、服务放心的“五放心”。

【粮食专项执法检查】 2011年，市粮食局组织开展国家政策性粮食竞价销售出库监督、粮食收购资格、储备粮直补订单收购政策落实情况、国家粮油库存、社会粮食供需平衡调查和社会粮食流通统计执法、粮油质量安全专项检查。加强粮食质量源头管理，投入10.50万元，组织50名粮油科技人员到六县六城区的66个乡镇，对当年收购的粮食样品125份进行抽样检验，把好粮食质量安全第一关。加强对粮食收购市场监管，将全市343家具备粮食收购资格的经营企业名单在《南宁日报》上予以公告，让全社会参与监督，举报无证收购粮食的行为。全年开展粮食流通监督检查423次，出动行政执法人员1796人次，检查粮食经营企业1551家，查处涉粮案件114件，其中责令改正97件、警告11件、移交有关部门处理1件、进入经济处罚程序的案件3件、暂停粮食收购资格1件、取消粮食收购资格1件。

（陆兆强）

供销合作社

【概　况】 2011年，南宁市供销合作联社设机关党委、理事会办公室（保卫科）、监事会办公室、人事教育科、综合业务科、财会审计科、社有资产运营管理科和纪检监察室8个科室，辖武鸣县、横县、宾阳县、上林县、马山县、隆安县和邕宁区、良庆区供销合作联社，有市桂果香果品有限公司、南宁冠昌资产经营有限责任公司、市国欢日用杂品有限公司、市鸣欢烟花爆竹有限公司、市冠腾综合贸易公司、市万拓再生资源有限责任公司、市农业生产资料公司、市供达贸易有限责任公司、市土产公司、市第二日用杂品公司、市第二物资回收公司等直属企业11家,县级社属企业31家,基层供销合作社89家。全系统在职干部职工2695人,其中市供销社28人。全年完成商品总购进29.98亿元,比上年增长14.43%,其中农副产品购进3.79亿元,增长34.88%;商品总销售34.45亿元,增长15.76%,其中销售化肥60.05万吨,增长16.76%。实现利润703万元,增长14.68%。规范建设各类农民专业合作社65个。市供销社获自治区供销合作社系统综合业绩考核评比特等奖。

【综合改革】 2011年,市供销社以"一网三社"(新农村现代流通服务网络、基层供销社、农民专业合作社、农村社区综合服务社)建设为工作着力点,全面加快乡镇基层供销社改造重组步伐,完成基层供销社改造重组18个。至年末,全系统基本完成所有乡镇基层供销社的改造重组任务。协调处理城区基层供销社办理关于用国有划拨土地通过出让收益支付企业改制过程中职工安置费用的问题,转发《南宁市人民政府关于南宁市基层供销社利用原国有划拨土地出让收益解决企业改制过程中职工安置费用的批复》的通知和下发《关于做好全市基层供销社原国有划拨土地评估工作的通知》,要求各基层供销社在2011年6月底完成土地评估。南阳、刘圩、伶俐3个基层供销社已完成土地评估,其他基层供销社由于权属资料不完全,土地权属争议较大,暂时没有实质性进展。

【农资商品供应】 2011年,市供销社系统发挥农资商品供应主渠道作用,把农资商品组织供应作为一项重要任务来抓,筹措资金,组织货源,做好淡季储备,保证了农业生产用肥、用药、用膜的需求。配合有关部门开展农资商品打假行动,指导系统内的农资市场和各个农资经营单位依法经营。全年销售化肥60.05万吨,比上年增长16.76%;农膜3689吨;农药9797吨,增长176.96%。

【农副产品购销】 2011年,市供销社系统以专业合作社(协会)为载体,组织开展农副产品购销,共收购马铃薯、木薯、辣椒等农产品3.79亿元,较好地帮助当地农民解决卖难问题,促进农民增收。市五里亭蔬菜批发市场通过加强经营管理,完善市场各类硬件设施,提升服务水平,发挥农业产业化龙头企业和农副产品交易市场的销售平台作用,市场交易额34.69亿元。

【再生资源回收】 2011年,市供销社直属的万拓再生资源有限责任公司有回收市场3个,按照年度工作计划,公司落实各部门的任务目标及考核办法,与部门签订任务目标责任书。各部门根据自身特点,利用所属经营场地、网点开展购销,回收废旧物资2331万元,比上年下降0.10%。公司专门组织40多人开展家电以旧换新回收业务,回收旧家电约5万台。

【"新网工程"项目建设】 2011年,市供销社加快推进"新网工程"项目建设,强化经营网络的"双向流通"功能,加快经营网络改造升级,提高网络运营质量;依托供销社传统特色经营,打造农资现代经营、农副产品购销、日用消费品现代经营、再生资源回收利用、特殊商品(即烟花爆竹)现代经营五大网络,围绕统一采购、统一价格、统一标识、统一配送、统一核算、统一管理等"六统一",抓好区域性物流配送中心,县乡超市与村屯农家店连锁经营网络。投入"新网工程"建设资金4561万元,其中财政资金469万元(中央149万元、自治区120万元、市本级200万元),自筹资金4092万元。完成改造建设百货超市16家、物流配送中心8家、专业市场6个、农家店180家,改造面积5.08万平方米,市联社连续第二年获自治区供销社系统"新网工程"建设考核评比特等奖。发挥乡镇超市和村级农家店的网络优势,抓好传统经营业务,方便和丰富农村节日市场,保障市场供应,实现日用消费品销售13.68亿元,比上年增长29.80%。

【农业产业化经营】 2011年,市供销社系统规范各类农民专业合作社建设,清理运行不正常的专业合作社。至年底,累计成立专业合作社65个。以专业合作社为载体,参与和推进农业产业化经营,创办各类商品生产示范基地,带动入社农户调整产业结构,种植优质高效的经济作物,通过农民专业合作社(协会)巩固和创办优质杂交水稻、桑苗、马铃薯、辣椒、西红柿、金银花、板栗和木薯等示范种植基地23个,示范种植面积约5500公顷,入社农户1.24万户,带动农户13.50万户,帮助农民实现收入39.89亿元。

【烟花爆竹经营管理】 2011年,市供销社坚持把安全生产放在首位,推进企业安全管理标准化建设。市供销社直属的鸣欢烟花爆竹公司以"新网工程"建设为契机,建网络占市场,投资23万元用于仓库硬软件设施及各城区、乡镇网点改造建设,形成以烟花爆竹储存仓库为配送中心,在各城区、乡镇建立配送联系点,以点带面、上下连锁联通的服务体系。至年底,市供销社系统建有鸣欢烟花爆竹公司和横县、宾阳、隆安4家烟花爆竹配送中心。全年烟花爆竹销售2672万元,比上年增长59.05%。

【社有资产管理】 2011年,市供销社认真分析形势变化及社属企业的发展实际,进一步加强对社属企业的指导和管理。召开市联社常务理事会对市联社控股、参股企业预决算及工作安排进行审议,并对当年的发展目标提出更高的要求,增强企业的紧迫感和使命感,加快发展步伐;进一步贯彻落实和完善《南宁市供销合作联社社有资产监督管理实施办法》,规范企业行为,按公司法的要求强化企业管理,确保社有资产的保值增值;指导市农业生产资料公司完成改制。市联社直属企业共盈利739万元,比上年下降19%,上交税费1011万元。

(蓝　蔚)

物 流 业

【概　况】 2011年,南宁市大力发展现代物流业,加快推进中国—东盟国际物流基地建设，打造全国性物流节点城市，以获得全国流通领域现代物流示范城市为契机，制定和出台《南宁市流通领域现代物流示范城市建设实施方案》，成立南宁市流通领域现代物流示范城市建设工作领导小组；完成《南宁市商贸物流发展“十二五”规划》编制。全年货运总量2.43亿吨，比上年增长26.89%。其中：铁路货运量609.80万吨、增长3.21%；公路货运量2.14亿吨、增长28.76%，货物周转量314.58亿吨千米、增长28.23%；水运货运量2349万吨、增长18.29%，货物周转量72亿吨千米、增长33.60%；航空货运量3.70万吨，增长19.35%。

【物流园区】 2011年，南宁市加快实施《南宁市区域性国际物流基地建设规划（2008—2020年）》，物流园区和一批重大商贸物流项目建设全面推进。其中，国药控股广西有限公司物流中心、九州通现代医药物流中心项目分别于3月、4月竣工并正式投入运营；广西海吉星农产品国际物流中心一期项目于6月20日正式开业；大嘉汇·东盟国际建材城9月正式营业；南宁金桥农产品批发市场一期项目年底竣工并于2012年1月1日开园营业，二期配套的冷库及仓储项目于2011年8月开工建设；南宁华南城项目建成面积100万平方米。

中国—东盟国际物流基地　位于良庆区。规划用地29.11平方千米，规划为综合型物流园区。已入园的重点建设项目有南宁保税物流中心、南宁国际综合物流园、中国—东盟钢铁物流配送中心，其中南宁保税物流中心项目于2009年末建成，2010年7月26日封关运营。南宁国际综合物流园的南宁玉洞冷库，一期3万吨现代化多温1号、2号冷库，3号、4号5万吨低温冷库于2010年相继投入运营。园区还引进广西方舟建材综合城、南宁（南宁—东盟）医药物流中心、南宁生产资料物流中心、中国东盟啤酒文化街、南宁大型粮食交易市场、南宁中央直属储备糖库、南宁玉洞交通物流中心、东盟—北部湾钢材交易市场等项目。

安吉综合物流园　位于南宁市高新三支路以东，安源东路以北，北湖北路延长线以西，环城高速公路以南，总面积5.33平方千米，占规划建设用地面积40%。规划为贸易服务型和货运服务型物流园区。至年末，有超过200家各类物流企业入驻园区，其中吉运物流中心内有物流企业120多家。园内重点建设项目有南宁大商汇商贸物流中心，项目占地面积73.75公顷，总投资25亿元，已完成投资13亿元，由全国500强企业之一的新希望集团投资兴建，集商品交易、现代物流、展览展示、电子商务、办公居住、文化娱乐等功能为一体，建成的6万平方米国际建材城一期已全部完成招商并交付使用，引进国际国内陶瓷卫浴品牌商户130多家，2010年5月28日开业；项目配套的10万平方米国际住区全部建筑主体封顶；国际建材城二期6万平方米陶瓷卫浴区已建设完成；单体建筑面积16.60万平方米的大商汇国际家居博览中心项目6月18日开工建设。园区还引进广西东盟工业产品贸易中心（已完成征地）、广西工业器材物流（正在征地中）、市农副产品物流中心等项目。

江南综合物流园　位于江南区江南街道及沙井街道片区，规划用地5.40平方千米，以各类大型专业批发市场、运输配送、代理分销、连锁配送为优势业务的组合式物流园区，集合仓储、运输、第三方物流等企业。园内重点建设项目有南宁华南城和广西海吉星农产品国际物流中心。南宁华南城规划用地227.07公顷，总建筑面积488万平方米，总投资120亿元，分两期建设，建成后将成为一座集交易、展示、资讯交流、仓储、配送、货运以及金融结算等功能于一体的世界工业原料及商品交易中心，2011年已建成面积100万平方米，在建57万平方米，举办2011年中国—东盟博览会轻工产品展览会，为中国东盟自由贸易区搭建一个集展示、交易于一体的国际化轻工业平台，年内中国—东盟商品交易中心落户南宁华南城。广西海吉星农产品国际物流中心规划用地37.88公顷，总投资13.40亿元，总建筑面积约52万平方米，建成后将由集散交易、物流仓储、商业服务三大功能区组成，成为经营品种包括食糖、茧丝绸、粮油、水果、蔬菜、副食品、花卉等商品，集批发交易、加工、配送、进出口贸易及电子商务为一体的大型物流中心，项目一期于2010年8月建成，2011年6月20日正式开业。

金桥综合物流园　位于兴宁区，占地面积扩展为10平方千米，东至三塘镇，西至快速环道，南至三塘总部基地，北至邕武路。设计建设成为建材、汽车、农产品、副食品、医药、电子电器、日用品、花卉、旅游产品等产品（商品）贸易集散地，提供仓储、加工、分拣、包装、运输、配送等综合物流服务，配套建设商住项目。至年底，已有金源国际汽车城、东盟—川桂物流园、南宁金桥农产品批发市场、广西快环建材装饰市场、青啤—海尔东盟物流园、玉柴南宁国际物流中心等物流项

10月22日～26日，2011年中国—东盟博览会轻工产品展览会在南宁华南城举行　周家志　摄

目落户园区。东盟—川桂物流园占地28.67公顷，计划总投资9.50亿元，完成投资7.50亿元，酒店用品市场一、二期、小商品市场、大嘉汇·美博城、儿童用品批发城、大嘉汇·东盟国际建材城建成营业，配套建设商业住宅；已有600多家酒店用品生产知名厂商、经销商和300多家经营全国一、二线家居建材品牌的商家进驻市场。南宁金桥农产品批发市场计划总投资12.30亿元，完成投资9亿元，项目一期占地面积14.19公顷，2011年7月10日试业，建设有综合交易大楼、信息网络中心、办公楼。二期项目规划建设冷库、交易大棚、检测中心等。年内，南宁花鸟市场、南宁市长旺建材装饰市场等专业批发市场建成开业；青啤—海尔东盟物流园、玉柴南宁国际物流中心、苏宁电器南宁配送中心、王者手机配送中心、玉柴发动机配送中心、格力空调配送中心、世源冷气配送中心等入园物流项目正在办理土地出让手续。

【南宁保税物流中心】 位于南宁市南面，五象新区西南端。距市中心22千米，距南宁吴圩国际机场30千米。是南宁市中国—东盟国际物流基地的核心建设项目。南宁保税物流中心依托南宁及自治区内外大型产业基地的保税物流服务需求，建设"无水港"口岸港区延伸沿海港口功能，联系西南地区和东南亚地区，成为广西北部湾经济区保税物流体系的核心枢纽和连接海港、空港和边境口岸的大型物流商贸基地。2011年，建成保税仓库面积3.04万平方米、堆场面积5.90万平方米(保税区堆场2.86万平方米、集装箱堆场3.04万平方米)、查验仓库2400平方米(以上各数为重新核定数)；集装箱堆场安装有40.50吨龙门吊2台。与20多家企业签订合作协议，出租保税仓库面积6348平方米、办公场所1361平方米、现场业务受理柜台6个。2011年，有24万瓶澳大利亚葡萄酒、1000吨越南原浆纸、6000吨农用物资、价值300多万元的台湾统一集团进口设备及价值2.80亿美元的南南铝业集团大型铝加工生产线部件等大批量货物进入南宁保税物流中心。全年受理进出口报关单3689票，进出口货物量32.52万吨，货物总价值2.39亿美元，累计入库税款2.40亿元(人民币)。其中：保税物流业务报关单938票，比上年的77票增加861票，增长12.19倍；总货值1.07亿美元，增长4.19倍；总重量2.11万吨，增长5.87倍；保税仓储货运量8728.69吨，增长5.46倍。办理业务的企业153家。

【现代物流主要企业】

广西超大运输有限责任公司 由市第二运输总公司和市中转联运公司于2000年10月合并组建成的民营运输企业，是自治区惟一一家同时获国家客运一级、货运一级资质的道路运输企业。公司凭借资质运输企业的优势和品牌影响力，通过强强联合、资产重组、购并等措施，在发展客、货运输主导产业的同时，发展多种经营。2011年，公司总资产20亿元，拥有分、子公司60多家，控股广西防城港超大运输有限责任公司、广西梧州超大金晖汽车运输有限公司等大型运输企业，参股广西东兴万通国际物流有限责任公司、广西运宁汽车运输站场有限公司等运输企业。在职人员8132人(驻邕单位在职人员1396人)。业务以客、货运输为主，有客运(普通客运、快速客运、旅游客运、国际运输、公交、出租车客运)、货运(货运业务、信息服务、国际货代、货物配载、零担快运、集装箱运输、危险品货物运输、装卸搬运、仓储、物流配送)，兼营汽车销售、汽车维修、汽车租赁、机动车驾驶员培训、宾馆、广告等。有一级客运站4家，二级客运站8家，农村客运站26家；各类营运车辆5770辆，其中客车2482辆，货车2677辆，吨位1.97万吨。建有南宁公路货运西站(该站是全国45个公路主枢纽规划建设的特大型公路货运站之一)、绍毅综合货运站、五村岭综合货运站场、沙井物流市场、田东物流园区、隆安物流仓库基地等8个货运物流站场及物流基地，业务网络覆盖广西，通达全国各省。全年货运量382万吨。

广西运德汽车运输集团有限公司 前身是成立于1952年的国营南宁汽车运输总公司，2002年改制为民营企业并称现名。具有交通部一级客运资质，系国家大型二类企业。2005年、2007年、2010年分别成功收购北海汽车运输总公司、北海市客运中心，梧州龙船冲客运中心。投资控股越南山德汽车联营公司、柬埔寨运德国际旅游有限公司、香港运德运贸有限公司、澳门运德运贸有限公司后，已拓展成为横跨南宁、北海、崇左、梧州4市13县，延伸到越南、柬埔寨和香港、澳门的大型跨境跨国运输集团。2011年，公司总资产21亿元，下辖汽车客货服务总站27家和直属单位35个，有A级汽车检测站5家，甲类保修厂6家，乙类保修厂14家；独资经营广西运德集团北海汽车运输有限公司、北海和信客运中心有限公司，控股广西运德集团南宁凤之岭汽车运输有限公司等企业33家，参股经营广西通港旅运有限公司、桂龙国际运输有限责任公司7家企业。在职人员5893人。业务经

南宁保税物流中心集装箱堆场　　市商务局提供

广西运德汽车运输集团有限公司物流车队　　　　市商务局提供

营有跨国客货运输、国内道路客运、旅游客运、城市公交、的士出租,各类货物运输,大型仓储、装卸、物流配载信息,运输服务、国际货运代理、人身意外保险代理、机动车辆保险代理、货物运输保险代理,各类汽车、摩托车施救、检测、修理,汽车、燃油料、零配件销售,汽车技术培训,商贸,旅游,宾馆餐饮,广告、装潢,房地产开发、物业管理等。有各类营运客货车2372辆,其中客车2080辆(以豪华大巴及舒适型卧铺车为主),货车292辆(以大型载重车及零担快车为主)。零担运输网络辐射华南及中南各省市,并办理中转28个省市的零担业务和货物快递业务。全年货运量85.10万吨。

南宁国际综合物流园有限公司　2008年12月成立,注册资本1亿元。是广西北部湾国际港务集团有限公司(自治区直属国企,简称北港集团)的全资子公司,以物流设施的投资、开发和经营管理为主营业务,出资建设并独立运营的南宁国际综合物流园,陆续开展了保税物流、冷链物流、商贸物流及金融物流等多个领域的仓储物流业务,成为北港集团打造广西"无水港"和冷链物流基地之一。其中,南宁保税物流中心2009年底建成,并于2010年7月26日封关运营。2011年,玉洞冷库1号~4号独立的钢构框架式冷库相继竣工并投入使用,仓储能力6万吨;正在建设的单层食品级配送仓库(5号)和混凝土多层冷库(6号),设计面积18万立方米,库容6万吨。中国—东盟商品展示中心占地2.13公顷(展示大楼占地4320平方米,建筑面积3.60万平方米),有800个车位的停车场,配套五星级酒店和高档写字楼,集商品展示、电子商务、融资质押、代购代销、信息平台、商务咨询等业务于一体。展示中心已全面开展招商入驻工作。

广西海吉星农产品国际物流有限公司　深圳市农产品股份有限公司(简称农产品公司,股票代码:000061)控股组建,2008年9月19日成立,注册资金1.50亿元。由该公司投资兴建的广西海吉星农产品国际物流中心位于南宁市江南工业园区内,占地37.88公顷,建筑面积52万平方米,总投资13.40亿元。分集散交易、物流仓储、商业服务三大功能区,包括水果、蔬菜、粮油、副食品、花卉、食糖、蚕丝等品种,集批发交易、加工、配送、进出口贸易及电子商务为一体大型物流中心。物流中心一期占地12.50公顷,2010年8月建成,2011年6月正式营业,至年末交易量近38万吨,交易额21亿元,其销售除满足南宁市场需求外,已辐射百色、玉林、钦州、北海、防城港等周边市县,远销广东、贵州和越南。一期项目同时启动按国家级标准建设的食品安全检测中心为主的食品安全可追溯系统,以市场业务运行平台和信息采集发布平台为主的信息系统、以400呼叫中心和农产品供应链条上多级客服在线联网服务为主的客服系统的建设。

广西玉柴物流投资有限公司　系广西玉柴物流集团公司旗下的全资子公司,位于秀厢大道东段89号,注册资本2000万元。由该公司投资建设的玉柴物流基地,占地面积13公顷,累计投入建设资金2.30亿元。2010年3月28日正式开业。2011年,有仓储面积近6万平方米,零担中转配送库房约8000平方米,日均发配送货物近5000吨;有信息商户近1000家(人),日均停车量近1000辆。

广西桂华物流有限公司　民营物流企业,位于竹溪大道26号。成立于1995年,注册资本300万元。是广西物流A级企业,广西最早从事零担运输和进入广东物流供应链市场的物流企业之一,市物流协会和56(物流)俱乐部会长单位、广西物流联盟的发起单位。主要经营珠三角至广西境内的零担运输、仓储管理、城际配送和快递业务,并建立有辐射广西14个市(地厅级)和89个县(市)的服务网络。2011年,有各类营运货车510辆(厢式货车为主),货运量13万吨。

广西重通物流有限公司　成立于2005年3月,注册资本500万元,是广西松宇企来集团成员之一。专业从事挖掘机、装载机、推土机、压路机、大型发电设备、大型变压器、钢材、铝材等大型工程机械设备及物资运输物流服务。有设备停放场地1万多平方米,大型运输平板车28辆,可承接20吨~100吨超重及超长大件的长、短途运输业务。公司与柳工集团联手,将代理商订购的柳工挖掘机、装载机等大型设备从基地柳州运往全国各地及各港口;还与韩国斗山、日本加藤、厦工等工程机械品牌合作,分别从他们的生产基地将工程机械运往国内各地。2011年,货运量8.62万吨,运输里程575万千米。　(王永红)

责任编辑　孙贵寿

对外经济贸易

对外贸易

【概　况】 2011年，南宁市进出口贸易总额25.10亿美元，比上年增长13.90%，进出口顺差8.14亿美元。其中：出口16.62亿美元，增长4.79%；进口8.48亿美元，增长37.30%。市属企业进出口贸易总额22.36亿美元，增长16.56%。其中：出口14.01亿美元，增长6.26%；进口8.35亿美元，增长39.18%。有进出口业绩的企业599家，其中出口100万美元以上的企业159家、进口100万美元以上的企业235家。按企业性质分，私营企业481家，占80.30%；国有企业40家，占6.68%；“三资”（中外合资、中外合作、外商独资）企业78家，占13.02%。

【出口贸易】 2011年，南宁市出口贸易16.62亿美元，其中市属企业出口14.01亿美元。出口额较大的商品是耳机、耳塞、自动数据处理设备零附件、松香、锑氧化物、冻罗非鱼片、木衣架、化工产品、柴油货车、硝酸铵、电感器等。主要出口越南、美国、日本、韩国、泰国、澳大利亚、马来西亚、印度、印度尼西亚等国家和香港地区。

【进口贸易】 2011年，南宁市进口贸易8.48亿美元，其中市属企业进口8.35亿美元。进口额较大的商品是锰矿砂及其精矿、褐煤、木薯淀粉、其他煤、石油沥青、用作处理器及控制的集成电器、冶炼钢铁所产生的熔渣、浮渣、氧化皮等废料、红色或红外激光胶片、甘蔗原糖、传声器零件等。主要进口自印度尼西亚、日本、澳大利亚、新加坡、泰国、南非、美国、越南等国家和台湾地区。

（梁　明　冯立芳　石敏洁）

【来（进）料加工贸易】 2011年，南宁市加工贸易商品以高新技术产品、机电产品为主，主要有耳机、耳塞、电脑零附件、导航设备、电感器和精细化工产品等。发展呈三个特点：一是高增长。加工贸易进、出口均大幅增长，特别是进口增幅达180.95%，主要得益于加工贸易梯度转移企业的拉动。二是高贡献。加工贸易占同期对外贸易比重从20%增长到35%，成为稳定外需的中坚力量。三是高附加值。加工贸易国内增值率达166%，高于50%的全国平均水平，国内产业带动效果明显。全年南宁市加工贸易出口4.92亿美元，比上年增长62.18%，占对外贸易出口总额35.10%，占广西加工贸易出口总额27.13%；加工贸易进口2.00亿美元，增长180.95%，占对外贸易进口总额24.02%，占广西加工贸易进口总额16.00%；加工贸易进出口6.92亿美元，增长84.82%，占对外贸易进口总额30.96%，占广西加工贸易总额22.58%。　（李　锋）

【机电产品进出口】 2011年，南宁市市属企业机电产品进出口总额9.77亿美元，占市属进出口总额43.73%；比上年增长38.53%。其中：机电产品出口6.91亿美元，占市属出口总额49.37%，增长18.58%；进口2.86亿美元，占市属进口总额34.26%，增长133.46%。出口额较大的商品是电器电子配件（耳机、耳塞、风机、风扇、电感器、电脑零附件）、铝板铝型材、电线电缆、节能设备、柴油货车、起重机等。主要出口东盟、日本、韩国、欧盟、印度、美国等国家和香港地区。　（林睦军）

【化工与相关工业产品出口】 2011年，南宁市市属化工产品出口3.11亿美元，比上年增长32.34%，占市属出口额22.20%。出口额较大的商品是松香、锑氧化物、化工产品、硝酸铵、多磷酸、松香和树脂酸衍生物、松香精、不饱和无环一元羧酸及其衍生物、三氯异氰尿酸、食品级磷酸、钛白粉等。主要出口美国、越南、日本、韩国、印度尼西亚、马来西亚、印度等国家和台湾地区。

【轻工业品与工艺品出口】 2011年，南宁市市属轻工业品、工艺品出口2.81亿美

卫生用品出口生产企业——南宁侨虹新材料有限公司生产车间一角　文建宁　摄

元，比上年下降27.73%，占市属出口额20.06%。出口额较大的商品是木衣架、铝箔、电子游戏机、牙刷、铝制结构体及部件、酚醛树脂、铝合金制品、钢铁结构体及部件、卫生巾及止血塞、婴儿纸尿布、纸制品、卫生纸、塑料制家庭用具及盥洗用具、未搪瓷钢铁餐桌、草竹藤编制品、铸铁管及空心异型材。主要出口美国、越南、日本、韩国、德国、英国、泰国、瑞典、印度、菲律宾等国家和香港地区。

【纺织品与服装出口】 2011年，南宁市

2011年南宁市主要出口企业情况

单位：万美元

企业名称	出口金额	累计同比%	主要出口商品
丰达电机(南宁)有限公司	28477	44.76	耳机、耳塞
南宁富宁精密电子有限公司	7739	19.71	电脑零附件、电子游戏机、风扇
南宁富桂精密工业有限公司	6293		无线电导航设备、音像、数字式处理部件、调制解调器、有线数据通信设备
广西日星金属化工有限公司	5529	42.44	锑的氧化物、其他化工产品
广西南宁百洋食品有限公司	4665	17.84	冻罗非鱼片、冻罗非鱼
广西南宁怡凯进出口贸易有限公司	3387	-1.80	木衣架、塑料制其他家庭用具、未搪瓷钢铁餐桌等家用具
广西南南铝箔有限责任公司	3209	115.84	铝箔、铝合金板
广西越洋化工有限责任公司	3161	91.71	多磷酸、食品级磷酸
广西建工集团第一安装有限公司	2343	1061.32	氢氧化铝、制糖机器、钢铁结构体、热交换装置
南南铝业有限公司	2274	32.44	铝制结构体及零件、铝制品、工业用铝制品
南宁利通树脂有限公司	2062	1.58	松香和树脂酸衍生物、松香精、酚醛树脂
胜美达电机(广西)有限公司	1999	0.80	电感器
广西顺利贸易有限公司	1956	52.56	松香
南宁赢创美诗药业有限公司	1698	90.67	氨基酸、甲硫氨酸、腈基化合物、乙内酰脲及其衍生物
南宁市艾维斯贸易有限公司	1448	72.48	硝酸铵
广西长今源化学品有限公司	1443	47.46	松香
广西澳宁电线电缆有限责任公司	1424	7.58	电缆
南宁哈利玛化工有限公司	1320	11.09	酯胶、酚醛树脂
大赛璐(南宁)食品添加剂有限公司	1319	38.53	不饱和无环一元羧酸及其衍生物
广西恒冠进出口贸易有限公司	1309	2.73	棉布、锻布、色织布
广西凯天贸易有限公司	1300	9.90	锻布、棉
南宁化工股份有限公司	1292	11.52	三氯异氰尿酸
南宁松浩林化有限公司	1284	3.85	松香、摄影用化学制剂、樟脑
广西友商贸易有限公司	1242	492.68	聚氯乙烯浸涂的纺织物、精梳棉
广西亚强贸易有限公司	1191	214.69	化纤制狭幅机织物、伞骨、减震器
龙昌日用品工业(南宁)有限公司	1131	32.80	牙刷、塑料制品、涤纶纤维丝
南宁玉帛纺织品有限公司	1065	53.00	平纹布、棉布
广西桂花机械进出口有限责任公司	1035	-32.27	柴油货车、拖拉机零附件、除草机

注：按出口额1000万美元以上排序

2011年南宁市进出口商品国家(地区)总值

单位：万美元

国家(地区)	进出口额	出口额	进口额	比上年增减%		
				进出口	出口	进口
亚洲	157426	98818	58608	30.31	20.23	51.75
北美洲	21299	17265	4034	17.78	10.91	60.29
欧洲	21201	14586	6615	0.53	-19.29	119.21
拉丁美洲	7188	4452	2736	-14.65	-26.08	14.05
大洋洲	8652	2913	5740	46.51	4.91	83.41
非洲	7785	2016	5770	-55.46	-71.88	-44.06
东南亚国家联盟	62570	30970	31601	23.49	23.46	23.52
欧洲联盟	17959	12304	5655	6.34	-12.43	99.30
亚太经济合作组织	180577	113583	66994	39.49	29.58	60.27

市属纺织品与服装出口0.84亿美元，比上年下降20.65%，占市属出口额6%。出口额较大的商品是未漂白与聚脂短纤混纺的锻布和平纹布、聚氨基甲酸酯浸涂纺织物、化纤制狭幅机织物、聚氯乙烯浸涂纺织物、棉制织物、化纤男式带风帽防寒短上衣等。主要出口越南、吉尔吉斯斯坦、意大利、墨西哥、美国、塔吉克斯坦、挪威等国家和香港地区。

【食品与土畜产品出口】 2011年，南宁市市属食品与土畜产品出口2.22亿美元，比上年下降5.69%，占市属出口额15.85%。出口额较大的商品是冻罗非鱼片、木衣架、麻黄浸膏粉、未漂白与聚脂短纤混纺的锻布、冻猪肉及杂碎、小白蘑菇(洋蘑菇)罐头、纸卫生巾及止血塞、婴儿纸尿布、纸制品、冻罗非鱼、卫生纸、皮手套、精梳棉、菠萝罐头、灵长目哺乳动物、姜。主要出口美国、越南、德国、韩国、日本、吉尔吉斯斯坦、俄罗斯等国家和澳门、香港地区。

【五金矿产品与建材出口】 2011年，南宁市市属五金矿产品与建材出口1.06亿美元，比上年下降25.35%，占市属出口额7.57%。出口额较大的商品是铝箔、天然硫酸钡(重晶石)、铝制结构体、铝合金制品、钢铁结构体及部件、未搪瓷钢铁餐桌、铸铁管及空心异型材、钢铁制螺纹制品、贱金属雕塑像及其他装饰品、铝制门窗及其框架、钢铁制品、非绝缘的钢铁胶股线缆等。主要出口美国、日本、泰国、越南、菲律宾、印度、英国、沙特阿拉伯等国家和香港地区。

(梁　明　冯立芳　石敏洁)

对外经济合作

【概　况】 2011年，南宁市继续支持鼓励企业到境外投资建厂办实业，有7家市属企业到境外投资办厂或创立办事处，总投资5327万美元。在第八届中国—东盟博览会期间，推出“走出去”项目2个，意向总投资6650万美元。

【对外承包工程与外派劳务】 2011年，南宁市企业到境外投资有6家，其中承包工程2家，总投资5327万美元，投资地为越南、印度、老挝、柬埔寨、新加坡。主要从事矿产开发、房地产开发、农业种植等，派出工程技术劳务人员3000多人次。

【境外直接投资】 2011年，南宁市累计有61家企业到20多个国家和地区投资办企业、成立分公司和驻国外办事处。其中境外投资企业50家、办事处11家，总投资2.54亿美元。在61家企业中，合资、独资企业23家，总投资1.43亿美元；到东盟国家投资29家，成立办事处9家，总投资1.80亿美元，占总投资89%。投资领域主要有食品、机械、电力、农业、矿业、服务、建材和地产，投资地主要有澳大利亚、英国、美国、越南、老挝、柬埔寨等国家和香港地区。

(黄显能)

利用外资

【概　况】 2011年，南宁市合同利用外资3.84亿美元，比上年减少46%。直接利用外资（广西全口径)4.29亿美元，增长19.13%；其中，直接利用外资(商务部口径)3.73亿美元，增长13.05%。合同利用外资在自治区14个地市中排首位，占自治区合同利用外资总额三分之一。年内，新批设立外商投资企业57家，办理外资企业设立、变更审批事项199项。

【合同利用外资】 2011年，南宁市第二产业利用外资占主导，大项目带动作用明显，主要集中在电子元器件生产、食品加工、农业科技等领域，有富士康、百威啤酒、沙伯特、哇哈哈、顶津食品等世界500强和国外知名大品牌、大项目落户南宁。全市新批第二产业企业24家，合同利用外资2.69亿美元，占全市合同利用外资额70%。新批企业合同利用外资在2000万美元以上(含2000万美元)项目6家，合同利用外资1.97亿美元，占51%，分别是南宁富泰宏精密工业有限公司4250万美元(富士康投资)，南宁富桂精密工业有限公司4250万美元(富士康投资)，南宁新亚农业科技有限公司3500万美元、广西华劲集团股份有限公司2910万美元，百威英博啤酒（南宁）有限公司2600万美元，广西威日矿业有限责任公司2143万美元。外资来源地以亚洲国家(地区)为主，呈现多元化趋势。全年亚洲各国(地区）到南宁市投资的合同外资2.93亿美元，占76%。排位在前的国家和地区有：香港2.60亿美元、毛里求斯7500万美元、美国3567万美元、新加坡1063万美元、台湾677万美元。承接东部沿海地区外商投资企业产业转移，成为利用外资新亮点。富士康在南宁高新技术产业开发区设立南宁富泰宏精密工业有限公司、南宁富桂精密工业有限公司，总投资2.80亿美元，合同利用外资8500万美元；杭州宏胜饮料集团有限公司与恒枫国际(香港)有限公司合资设立南宁娃哈哈恒枫饮料有限公司，总投资7500万美元，合同利用外资750万美元。外商投资方式以独资为主，独资、合资企业数比上年减少。年内，新批外商独资企业44家，比上年减少8%，合同利用外资3.16亿美元，占全市合同外资总额82%；新批中外合资、合作企业12家，减少50%，合同利用外资5054万美元，占全市合同外资总额13%。

【实际利用外资】 2011年，南宁市广西全口径实际利用外资4.29亿美元，其中商务部口径直接利用外资3.73亿美元，两个口径实际利用外资均位居自治区前列。从广西全口径利用外资看，进资1000万美元以上项目10个，共3.46亿美元，占全口径实际利用外资81.73%；其中商务部直接利用外资项目7个，共2.85亿美元，占商务部口径到位外资的76.45%。合同利用外资增资项目6个，增资1.05亿美元：实际利用外资增资项目6个，实际到位3627万美元。制造业利用外资位居领先地位，

6月18日，富士康南宁科技园高新园区项目投产仪式举行　　黄必信提供

利用外资2.40亿美元，占年度产业实际利用外资55.91%。亚洲国家和地区仍是利用外资的主要来源地，利用亚洲国家和地区外资3.72亿美元，占全市直接利用外资总额86.75%。其中：香港1.83亿美元，占42.76%；马来西亚1.11万美元，占25.83%；澳门4563万美元，占10.65%。

（李　兴　何伟洁　闭耕毓）

【外资审批与管理】 2011年，南宁市新批设立外商投资企业57家，办理外资企业设立、变更审批事项199项，没有发生超时限办结和企业投诉、申请听证、行政复议、行政诉讼等情况。南宁市外商投资企业设立审批提速，实行首问负责制、限时办结制、责任追究制，外资企业设立与变更办理时限为3个工作日。加强对外资重大项目的协调与服务，建立重大项目绿色通道，改进审批代办服务工作，为外国投资者代办项目核准、合同章程审批、公司登记注册、开工报建等行政审批事项。制订窗口接待企业办事规范，加强市政务服务中心审批窗口建设与管理。组织相关人员参加商务部外资司的有关政策培训。指导各县（区）、开发区外资审批业务，每半年对服务窗口已办结的外资企业设立、变更审批事项，抽取20%的档案进行检查；规范县（区）审批外资企业行政执法行为。

（闭耕毓）

【外企管理与服务】 2011年，南宁市把利用外资任务分解到各责任单位，对2008年以来已批的尚有资金存量的外资项目进行分析和筛选，明确可进资的项目及资金存量，做好实际利用外资预测。市投资促进局到南宁中达丰田汽车销售服务有限公司、广西丰林木业开发有限公司、南宁正大畜牧有限公司、南宁赢创美诗药业有限公司等40多家企业开展调研，发放企业增资扩股情况调查表，了解企业增资扩股动态，为增资扩股企业做好服务。年内，合同利用外资增资项目13个，增资1.12亿美元；全口径利用外资进资1000万美元以上项目10个，共3.46亿美元；完成广西全口径利用外资4.29亿美元，其中商务部口径直接利用外资3.73亿美元，实际到位外资居自治区首位。

2011年南宁市主要外商投资企业情况

单位：万美元

企业名称	行业	投资总额（美元）	注册资本（美元）	外商出资额（美元）	销售（营业）收入	纳税总额	利润总额	从业人数
丰达电机（南宁）有限公司	制造业	1300	1300	1300	192689	9142	3849	12188
广西华海房地产有限公司	房地产	1812	240	240	12599	6274	6690	64
广西华润红水河水泥有限公司	制造业	2410	1687	1687	65803	5942	11017	864
横县冠桂糖业有限公司	制造业	4168	347	347	90903	5936	2596	1932
南宁青岛啤酒有限公司	制造业	14457	8795	2198	36539	5896	1166	389
广西永凯糖业有限责任公司宾阳大桥分公司	制造业	14535	4849	4849	51142	4410	11072	673
南宁柏联百盛商业有限公司	商贸业	362	242	242	75302	4195	8797	236
广西冠桂糖业有限公司	制造业	4025	1207	1207	17366	3690	6823	2500
广西东方航洋实业集团有限公司	房地产	5933	915	915	10303	3096	–277	109
广西嘉和置业集团有限公司	房地产	1461	730	730	105200	3058	12200	171
胜美达电机（广西）有限公司	制造业	385	64	64	12954	2301	1204	1542
南宁富宁精密电子有限公司	制造业	980	980	980	78897	2226	4715	1742
广西桂台房地产开发有限公司	房地产	1986	248	248	43000	2163	6450	29
新荣（广西）置业有限公司	房地产	1400	700	700	10611	2063	4014	15
南宁中达桂宝汽车服务有限公司	批发零售业	600	300	300	83360	2052	4976	159
南宁肯德基有限公司	商贸业	386	270	270	45633	2048	8008	1591
广西盛世基业房地产有限公司	房地产	3103	310	310	4181	1895	1024	17
广西澳门街房地产开发有限公司	房地产	385	385	385	4977	1774	1193	23
南宁汶中房地产开发有限公司	房地产	229	107	107	11635	1731	–2684	56
广西锦光物业发展有限公司	房地产	800	100	100	3097	1662	–55	24
南宁娃哈哈恒枫饮料有限公司	制造业	7500	2500	750	8568	1510	8568	80
南宁正大畜牧有限公司	饲料加工	1332	620	620	49296	1468	4541	236
广西巨星科技有限公司	制造业	2500	1300	1300	49629	1333	1970	246
南宁市嘉大混凝土有限公司	制造业	180	180	180	19249	1311	1096	200
广西南宁嘉泰水泥制品有限公司	制造业	500	500	500	17019	1185	580	300
南宁青秀山国际高尔夫俱乐部有限公司	娱乐业	1500	1470	1470	3019	1118	230	300
广西中柬丰裕房地产开发有限公司	房地产	135	101	101	2264	1071	219	17
南宁冠星汽车服务有限公司	机电	732	366	220	109637	1001	3541	210
南宁侨虹新材料有限公司	制造业	3500	2460	667	15531	984	525	265
南宁利通树脂有限公司	制造业	389	344	344	21746	724	1138	48

注：按纳税额大小排序

（李　兴　何伟洁）

责任编辑　周　红

旅游业

综　述

【概　况】 2011年，南宁市有旅行社92家，其中出境旅行社14家、一般旅行社56家、分社22家。有英、日、法、越、朝鲜、泰等国语种及中文普通话持证导游员3097人。有星级饭店70家，其中五星级5家、四星级12家、三星级28家、二星级25家。国际旅游人数23.44万人次，比上年增长40.95%，外汇收入8226万美元，增长54.58%；国内旅游人数4374.74万人次，增长23.48%，国内旅游收入30项指标均创历史新高，居自治区第一。全年无重大旅游投诉事件和安全责任事故发生。

【招商引资】 2011年，南宁市旅游部门招商引资完成实际到位内资8000万元，新批合同外资600万美元，直接利用外资270万美元；对风景名胜及游览景区等旅游项目投资12.30亿元。同时，向国家旅游局、自治区旅游局争取中央、广西旅游发展资金，实施南宁旅游发展资金补助项目计划，多渠道筹措资金发展南宁旅游。

【生态旅游】

2011年首届中国·马山百合嘉年华生态旅游节　2011年1月1日~2月28日在马山县永州镇定乐江绿谷生态园举行。活动包括马山民俗文化表演，马山特色商品展示，亚洲第一大花卉鸟巢百合鲜花展，百合花小姐大赛，插花、捧花秀比赛等。

龙虎山第五届原生态板栗美食节　10月15日在隆安县布泉乡举行。活动包括挑战靓主播、欢乐大比拼、定向越野、生态美食节、特色农产品展销、布泉河水上趣味竞技、布泉山水摄影展、布泉山水游等。

2011南宁后花园·上林生态旅游养生节　12月9日~10日在上林县举行。活动包括巡游演出、千名“霞客”登山行、生态文艺晚会、环大龙湖自行车越野赛、挑战冠军王、“梦幻·上林”书画摄影展等。

旅游资源

【概　况】 2011年，南宁市有旅游景区景点100多家。其中：4A级景区10家，3A级景区14家，全国工农业旅游示范点6家，广西工农业旅游示范点18家，星级农家乐8家。年内升级1家国家4A级旅游景区——南宁乡村大世界。新增3家国家3A级旅游景区——南宁海底世界、马山金伦洞、南宁金湖云顶观光旅游景区，3家广西工农业旅游示范点——南宁花花大世界园林产业示范园、良庆区蚂蚁庄园、广西珠江啤酒有限公司，7家星级农家乐——马山县新景农家乐、龙泉山庄，良庆区竹泉岛山庄，西乡塘区美丽南方品闲居、知青阁、囍林阁，宾阳县佛子山庄。

河流湖泊与水景　有邕江、左江、右江、红水河四大河流，两岸风光秀丽，部分河段具有开发潜力和开发价值。许多短小溪流因山地落差较大，形成瀑布景观，以大明山龙尾瀑布、广西九龙瀑布群较有名。人工水库遍布南宁市，具有丰富的湖泊景观资源，如南湖、凤凰湖、金沙湖、大龙湖、西津湖、龙潭等。其中上林县大龙湖水库是世界十大岩溶水库之一，湖边奇峰突兀，造型各异，14个岛屿点缀湖中，景色秀丽。

流水侵蚀地貌与岩浆侵蚀喀斯特地貌景观　流水作用所形成的侵蚀剥蚀低山丘陵，主要有青秀山、五象岭、昆仑关等，多栽种松树、杉树及绿阔乔木林，形成绿色森林植被景观。喀斯特地貌主要有伊岭岩、金伦洞等溶洞。其中金伦洞是广西喀斯特地貌最长、最大、最深的原始谟山洞，穿越12座山腹，河穿岩中过，游程10千米，洞内石钟乳、石柱、石幔千姿百态。　（周思伶）

温　泉　主要有九曲湾温泉、嘉和城温泉和那马温泉。九曲湾温泉和嘉和城温泉均位于兴宁区，距市区12千米，交通便捷，泉水水温常年53℃~69℃，来自地下1200米~1300米深的地层，含多种微量元素矿物质，对人体有良好的保健作用。那马温泉位于良庆区，距市区20千米，泉水来自1200米地下的深层地热，温度最高38℃，是一种淡温型医疗矿水。

动植物景观　南宁气候温和，适于动植物繁衍生息。广西药用植物园是亚洲最大的药用植物园，现存植物3000多种，其物种比明代李时珍的《本草纲目》记载的中草药多出1000多种；金花茶公园拥有全国乃至世界最大的金花茶基因库，种植有中国一级重点保护植物金花茶。大明山自然保护区有维管束植物2023种，包括中国一级保护植物钟萼木；国家保护动物如黑叶猴、飞虎（鼯鼠）、苏门羚、原鸡、大小灵猫等38种。还有广西南宁龙虎山自然保护区、良凤江国家森林公园、老虎岭森林公园、五象岭森林公园、横县九龙瀑布群森林公园。

古遗址与文物　主要有新石器时代的顶蛳山贝丘遗址、豹子头贝丘遗址、灰窖田贝丘遗址、唐智城垌古城垌遗址、明清伏波庙，以及始建于南明的兴陵、清代的新会书院、两湖会馆、粤东会馆、思恩府试院、邕江防洪古堤等。

宗教建筑与古塔　庙寺主要有青秀山观音禅寺、水月庵，明清伏波庙，宋代应天寺,清代五圣宫、北帝庙等保存完好或已修复。还有天主教堂、基督教堂、清真寺等。古塔有始建于明代的龙象塔(20世纪80年代重修),清代的秀峰塔、文江塔、承露塔等。

近现代文物遗址与当代城市建筑　主要有中共广西省“一大”旧址、共青团南宁地委旧址、昆仑关战役旧址、桂南战役阵亡将士纪念亭、昆仑关战役博物馆、邓颖超纪念馆等，这些文物遗址既有旅游价值,又是爱国主义教育、革命传统教育基地。南宁国际会展中心、南湖水幕电影综合水景、埌东新区、广西人民会堂、民族广场、江北大道、民族大道、朝阳路、万达商业广场、地王大厦、广西体育中心等充满现代都市气息。其中:南宁国际会展中心为南宁市标志性建筑;民族大道全长12千米，栽种各树种5万多株,为自治区最长、最宽、最亮丽的园林生态大道。

古代摩崖石刻与古碑石刻　主要有唐代智城碑和六合坚固大宅颂碑石刻、青秀山摩崖石刻、青龙崖石刻、明代灵水石刻、清代起凤山石刻、凿字山石刻、六公祠碑刻、雷婆岭摩崖石刻等,具有较高的历史文化与观赏价值。其中被誉为岭南第一碑的唐代六合坚固大宅颂碑,从侧面反映当时少数民族地区政治、经济、文化状况以及激烈的阶级斗争，是广西较早用汉文记载少数民族文化生活事件的碑刻,对研究壮族历史、文化具有重要意义。

壮族风情与地方文化习俗　南宁是一个以壮族为主、多民族聚居的首府城市，广西博物馆、广西民族博物馆素有“壮乡辞典”之誉,壮族的风土人情、生活习俗、服饰装束、文化艺术等均保留着本民族的特色。“三月三”歌圩、炮龙节、春牛舞、师公戏、抢花炮、打扁担舞、农具节、达努节、邕州老街庙会、蒲庙开圩纪念日、关公磨刀诞、壮族三声部民歌等具有鲜明的地方民族文化特点。南宁的杧果、菠萝蜜、菠萝、荔枝、龙眼、红龙果、西瓜等各色水果，横县茉莉花茶、上林香米、马山黑山羊、隆安板栗以及南宁老友粉、绿豆粽、粉虫、粉饺、蒲庙生榨米粉、吴圩牛杂、灵马鲶鱼、高峰柠檬鸭、宾阳酸粉等特产与地方小吃极具特色，吸引着众多游客。　　(梁一家)

旅游景区开发建设

【青秀山风景名胜旅游区】

概　况　青秀山风景名胜旅游区位于南宁市区东南部邕江北岸，面积约13平方千米,核心景区约6平方千米。风景区以森林为主体,以绿色为特征,包括青山、凤凰岭等十几座山峦,群峰起伏、林木青翠、泉清石奇、江环如带,是南宁市最著名的风景区,素以“山不高而秀,水不深而清”著称,被誉为南宁市“绿肺”和“绿城翡翠、壮乡凤凰”。风景区集旅游观光、休闲娱乐、科研科普于一体,有植物4031种,其中中国一级保护植物72种、中国二级保护植物109种、森林覆盖率98%;有苏铁园、雨林大观、青秀山长廊、东盟友谊园、广西十二世居民族雕塑园、南宁国际友好城市雕塑园、龙象塔、状元泉等景点30多个,2000年被评为全国首批4A级风景区。2011年，景区入园游客量253.93万人次,其中购票入园人数228.21万人次,比上年增长16.98%;接待各类政府公务团707批次、1.34万人次;经营收入3852万元;财政收入7976万元;全社会固定资产投资5.78亿元。

景区建设　青秀山生态保护工程占地约187.60公顷，计划总投资4.77亿元;年度计划投资5300万元，完成投资5300万元。主要种植秋枫、小叶榕、杜英、风铃木等乔木6.46万株,木芙蓉、一品红等花灌木2.19万株,龟背竹、冷水花、白蝴蝶等荫生地被植物3.13万株;完成种苗基地科技服务楼主体工程、装饰工程等,温室大棚全部完成建设,并开始投入运营。青秀山营造林工程占地约91.39公顷，计划总投资4.48亿元；年度计划投资3600万元，完成投资4434万元。完成道路碎石垫层800米、场地清表16.75公顷、清淤鱼塘3000平方米、路基土方4万立方米,安装灌溉管道2900米,完成高位水池建设,采购、种植乔木及花灌木9813株等。青秀山森林植物园占地约460.76公顷,计划总投资42.41亿元;年度计划投资3.40亿元,完成投资3.41亿元。青秀湖公园东段工程占地约38.73公顷,计划总投资1.59亿元。目前完成立项、环评、地灾、压矿、用地预审等工作。青秀山北大门区占地约26.80公顷,计划总投资3.45亿元;年度计划投资600万元，完成投资119万元。凤岭南路(桂花路口)滑坡治理工程计划总投资300万元,完成投资300万元。青秀山植物引种工程年度计划引进植物新种1000种,计划投资1050万元;全年引进植物新种666种,完成投资887万元。核心景区改造提升工程主要有荷花池及周边环境改造提升工程、学生军纪念碑改造工程、景区公厕新建及改造工程、雨林大观池体景观改造工程、苏铁园无障碍道路完善工程、景区景点文化提升改造工程、核心景区车库、平房区迁移改造工程项目7个,年度计划投资1898.90万元,完成投资996.90万元。

3月11日,2011年广西百万青少年造林绿化推进月暨绿城水歌首府青少年绿色基地建设启动仪式在南宁市相思湖可利江公园举行　　陈卓凡　摄

“绿满八桂”春季植树大行动暨2011国际森林年广西行动植树活动　2月9日举行。自治区党委副书记陈际瓦，自治区党委常委、南宁市委书记车荣福，自治区副主席陈章良，广西军区副司令张桃祥等领导，自治区各厅、局、南宁市四家班子领导以及首府绿化委员会成员单位等1000多人参加。

新春系列活动　2月2日~17日举行。有新春花展、玉兔迎春园林小品展、万人猜谜大赛、状元泉春联文化活动、趣味拓展游园等新春系列活动。购票入园游客16.74万人次，比上年增长3.30%。

青秀山桃花艺术节　2月14日~3月13日举行。主要有古典音乐演出、桃花艺术摄影、“桃花缘”相亲等旅游主题活动，购票入园游客量32.62万人次，比上年增长9.25%。

青秀山第一届盆景奇石艺术节　5月1日~6月5日举行。购票入园游客量6.24万人，比上年增长22.93%。

“劳动模范林”、“工人先锋林”植树活动推进仪式　5月13日举行。自治区和南宁市两级总工会机关、市绿化工程管理处及首府各界的劳动模范、先进工作者代表200多人参加。

青秀山中秋文化节系列活动　9月10日~17日举行。主要有万人篝火晚会、“奇人绝技”小丑巡游表演、中秋游园等主题活动，购票入园游客量3.61万人次，比上年增长266.40%

青秀山风景区登山旅游月系列活动　11月1日~11月30日举行。当月接待各类登山团体40多批次2万多人次，带动入园游客近13万人次。　（韦良毕）

【大明山风景旅游区】

概　况　大明山位于武鸣县东北部，横跨武鸣、上林、马山、宾阳4县，平均海拔1200米，主峰龙头山海拔1760米，为桂中第一峰，1999年纳入联合国人与自然生态保护圈名录，2002年7月经国务院批准成为国家级自然保护区。大明山风景旅游区管委会两块牌子，一套人马。2011年，有职工195人（干部98人、工人97人），聘用护林人员158人。保护区总面积约1.70万公顷，有林面积约1.60多万公顷，森林覆盖率98.90%，负氧离子平均每立方厘米含量10万个以上，最高达19万个以上，以多样性山地森林生态系统及珍稀濒危特有动植物资源为主要保护对象。动植物资源丰富，有维管束植物209科、764属、2023种，分别占广西植物区系列科、属、种的73.90%、43%、28%。野生脊椎动物31目90科208属294种。其中：鸟类151种，哺乳类动物60种，爬行类动物42种，两栖类动物19种，鱼类动物22种。294种野生脊椎动物中，有中国一级保护动物黑叶猴、金钱豹、林麝、蟒4种，中国二级保护动物34种，国家濒危（动物）物种48种，国家保护有益动物196种。2023种植物中，有中国一级保护植物钟萼木1种；中国二级保护植物桫椤、格木、白豆杉、福建柏、观光木、马蹄参、紫荆木等18种；中国三级保护植物9种，特有种88种，仅局限于大明山的特有种30多种。主要景点有：龙头山，橄榄幽谷（深沟峡谷长35千米、深约500米、最宽处1200米），锦绣峡谷，望兵山（海拔1506米），水陈峰（海拔1451米），迎客奇峰，镆鎁神女峰（海拔100米以上），将军峰（海拔200米），夕照石林，层峦叠翠，仙女下凡，仙人台，莲花台，金龟戏水，壮乡田园等，是中国野生动物保护科普教育基地、中国—东盟博览会接待基地、中国东盟形象大使培训基地、广西生态学教学基地、广西最好玩的十个地方之一和南宁最具休闲养生特色景区。大明山还是壮族龙母文化发祥地、骆越古都文化遗址，具有丰厚的民族历史文化底蕴，与东盟各国有着“同源异流”的文化纽带关系。这些民族在民间信仰、语言、风俗等方面都有许多相似，语言不需翻译就可以直接交流，形成环大明山地区是龙母文化发祥地、骆越古国的中心和骆越古国最早的都城所在地的重要结论。中国社会科学院、中央民族大学、广西民族大学等学校和科研机构相继在大明山建立中国少数民族宗教研究基地、中国少数民族文学研究基地。大明山具有良好的自然生态和旅游度假资源，还有宜人的山地旅游气候和避暑度假环境。2005年，市委、市政府批准成立南宁大明山风景旅游区；2008年，经国务院批准，大明山被列入泛北部湾经济区重点旅游区；“大明山夏至养生旅游节”被国家旅游局列入2009年生态旅游年的主要活动之一。2009年9月，国家旅游局《北部湾旅游发展规划》明确将南宁大明山国际山地生态度假旅游区列入2009~2012年北部湾旅游发展重点突破阶段的重点地区。2009年12月，被评为国家4A级旅游景区，被国际生态合作组织命名为国际生态安全旅游示范基地。大明山风景旅游区利用丰厚的自然资源和独特的养生文化底蕴，积极拓展养生旅游，创新推出骆越养生旅游文化产品，重点打造国际生态养生基地。2011年6月，举办首届大明山国际山地养生旅游节，并被中华中医药学会授予首个“中华特色养生名山”。

景区基础设施建设　景区拥有旅游专用线府雷二级公路，由都南高速公路府城出口处至景区入口服务区，全长约19千米，从南宁市区到大明山的车程由公路建成前的2个多小时缩短至1小时；有入口处、灯笼花苑、观雪亭、冰凌雾凇、龙亭、云龙佛光、天坪服务区、养生之旅、爱心草坪、龙母文化园、飞鹰峰11个停车场，可停车1000多辆；有可容纳5000人~6000人活动的天坪广场，内有一个露天大舞台，可供歌舞、风情表演之用，设有各种特色小吃和独具特色的旅游商品出售点，是景区最大的饮食、游乐、购物场所。建有气象观测站、自来水净化、高压变电等设施，开通程控电话、移动电话。有可供游客食宿的大明山专家楼、培训中心、龙腾楼、大明山宾馆、观日山庄等，有床位600多张，餐厅可容纳2000多人同时就餐。景区向游客开放览胜之旅、神奇之旅、养生之旅、休闲之旅、仙境之旅、临崖之旅6条游道，正在建设朝圣之旅、探秘之旅、科普之旅3条游道；主要有橄榄大峡谷、不老松、飞鹰峰、金龟瀑布4个主打景点和163个景点，初步建成以观光休闲为基础，以度假疗养为核心，以民族文化旅游为品牌，以科考教育和户外运动为特色的综合性旅游目的地。

景区旅游节庆活动　2月26日~3月31日举办第四届南宁赏花旅游节暨大明山山花节；5月29日~6月19日举办2011中

国·南宁大明山国际山地养生旅游节，并首次被列为南宁国际时尚博览会主要组成部分；9月23日~25日举办2011中国·南宁大明山登高旅游节暨2011中国达人秀总冠军卓君“圆梦之旅”活动。

（大明山风景旅游区管委会）

【昆仑关风景区】

概 况 昆仑关位于兴宁区与宾阳县交界处，距昆仑镇约3千米的暗探山和领兵山的山隘上，距市区56千米、宾阳县城30.50千米，是中国十大名关之一，具有险要的地理位置和深厚的历史文化资源。昆仑关景区以昆仑关为中心，由昆仑山、抵宝山、领兵山、之堪山、大象山和草帽山围合而成，面积约70公顷。昆仑关战役遗址文物保护范围：以纪念塔为中心，北、西、南三面至旧邕宾公路外侧，东面以昆仑古道为基线外延50米范围内。包括抵宝山和暗探山，面积约17.75公顷，主要有南牌坊、北牌坊、纪念塔、将士墓、纪念碑亭、古关楼、古驿道、中村正雄墓等文物建筑。旧址内的文物建筑保存良好，是南宁市为数不多的抗日战争遗址，具有较高的历史文化价值。发生在1939年12月18日~31日的昆仑关战役，是抗日战争期间中国军民抗击日本侵略军的首次攻坚大捷。昆仑关战役和昆仑关战役遗址是中华民族的精神财富，也是南宁人民的骄傲。2006年6月，昆仑关战役遗址被国务院公布为全国重点文物保护单位。2007年4月，昆仑关景区旅游正式纳入《环大明山旅游带总体规划》，昆仑关景区定位为抗战文化旅游区。2008年，昆仑关战役博物馆建成并对外开放，昆仑关景区被评为国家3A级旅游景区。昆仑关战役遗址也是全国首批国家国防教育示范基地、自治区级爱国主义教育基地和南宁市最具历史纪念意义景区。2010年11月，获首批自治区民族团结进步教育示范基地。2011年，昆仑关管委会通过履行保护、开发、管理的职能，充分挖掘利用昆仑关战役旧址现有的文物资源，将昆仑关景区打造成“两地一场所”（爱国主义教育、国防教育和民族团结进步教育示范基地，青少年磨炼意志的体验阵地，野外观光休闲理想场所）。年内，先后接待中国国民党荣誉主席吴伯雄、广州军区政委张阳上将、海峡两岸关系协会副会长李炳才，自治区领导马飚、陈际瓦、陈武、车荣福和各界人士近1000人到昆仑关景区参观考察。编辑出版反映昆仑关景区保护开发纪实画册；改版昆仑关网站。接待游客逾50万人次，获南宁市十佳旅游景区。

第一届昆仑关民俗文化旅游节 农历五月十三为流传于昆仑关民间传统的“关公磨刀诞”，在当地盛行已久，是昆仑关周边群众最为隆重的节日之一，被列入自治区非物质文化遗产。2011年，昆仑关“关公磨刀诞”更名为昆仑关民俗文化旅游节，6月13日~15日在昆仑关风景区举行。以“传承民俗文化、弘扬爱国主义”为主题，开展2011年昆仑关民俗文化旅游节启动仪式、海峡两岸将军及自治区内外名家书画展、文艺汇演、电影晚会、太极拳、少年武术表演、民俗风情展示和美食一条街等系列活动。参加活动的群众约10万人。

接待台湾参访团 2011年，先后接待中国国民党荣誉主席吴伯雄一行18人，以及台湾花莲县县长傅崐萁、议长杨文值及花莲县青少年、教育体育、文化、文艺、少年儿童、农业代表团的各界人士近1000人到昆仑关景区参观考察，开展纪念缅怀活动，进一步增强两岸同属中华民族的认同感，在台湾民众中产生积极的影响。

景区基础设施建设 开展景区无障碍通道建设；完善昆仑关景区一期配套工程；完成昆仑关那灰蓄水工程；做好昆仑关景区二期建设配套工程前期准备工作；协调兴宁区、宾阳县做好南北门区建设工程和征地拆迁回建；启动昆仑关战役旧址石质文物修复保护工程；制作完成景区标识牌；开展植树活动，栽种南洋杉700株、桃树200株。

文物史料征集 落实征集重型退役武器工作，解放军总装备部赠送榴弹炮1门、高射炮1门。在《南宁日报》、《南宁晚报》等新闻媒体刊登昆仑关文物征集公告，充分发动征集线索，征集到抗战时期的文物史料14件。（徐晓芳）

【旅游项目规划】 2011年，南宁市旅游主管部门坚持“旅游规划先行”的原则，加快推进《南宁市旅游业发展总体规划（修编）》、《南宁市旅游业发展“十二五”规划》、《南宁国际都市休闲旅游区发展规划》、《南宁市乡村旅游发展规划》、《南宁市财源建设中加快发展旅游业专题规划及其实施方案》编制，年内通过自治区旅游局组织的评审，成为指导市、县（区）

4月1日，中国国民党荣誉主席吴伯雄（前排中）在自治区主席马飚（左一）陪同下考察昆仑关景区 徐晓芳 摄

旅游业发展的行动纲领和指南。

旅游市场开发

【市场交流合作】 2011年，市旅游主管部门主动“走出去”、“请进来”，开拓国内外旅游客源市场。组织南宁旅游大篷车走进广东活动，进一步巩固南宁市国内第一大客源市场；组织旅游企业参加境内外旅游专业会展活动，推广、促销南宁旅游产品及精品线路；邀请中央电视台、台湾纬来电视台、新加坡国家电视台等境内外媒体到南宁拍摄系列旅游节目，宣传、推介南宁旅游；举办2011南宁国际友城交流与合作年会，接待北美地区、印度尼西亚、泰国、柬埔寨等国外旅游代表团和昆明市、衡阳市等国内旅游代表团，推动南宁市与国内外相关城市旅游合作交流。出台南宁市旅游宣传促销奖励办法，并在桂林市、北海市举行专场发布会，拓宽南宁市旅游客源市场。

【旅游促销】 2011年，市旅游主管部门组织开展南宁旅游大篷车走进湖南专题旅游宣传促销活动，先后到衡阳、岳阳、长沙3个旅游客源地城市开展南宁旅游推介会和大型广场旅游宣传活动。市旅游局先后与衡阳市、岳阳市、长沙市旅游局签署合作协议，进一步巩固南宁市第二大国内客源地市场。参与中央电视台广西旅游整体形象广告宣传；在广西电视台开辟《畅游南宁》专栏节目，宣传南宁旅游产品；在《南国早报》、《南宁日报》、南宁电视台等新闻媒体开辟南宁旅游系列专题、专栏宣传；组织驻邕媒体记者每月对全市旅游节庆活动进行专题报道和现场报道。在金湖广场等户外大型电子显示屏投放南宁旅游宣传广告；在北京站、北京西站12座电视幕墙投放南宁旅游宣传短片；在香港主流报刊投放南宁旅游宣传广告。聘请东方卫视《中国达人秀》2011年度总冠军、来自武鸣县的卓君担任南宁旅游形象大使，利用卓君的人气和本土明星效应，提升南宁旅游知名度。举行广西北部湾经济区城市旅游联盟2011年工作会议，确定联盟秘书处常设南宁市、落实联盟工作经费、组建旅游企业联盟、联合开展旅游宣传促销等联盟相关工作计划，推动北部湾经济区城市旅游联盟旅游合作。协调增加现有的航班密度，特别是南宁与珠三角、长三角、环渤海湾大城市的航班密度，吸引国内游客到南宁旅游度假。提升机场年均航班起降架次，推动开通南宁—台北、南宁—高雄、南宁—台中、南宁—花莲直航航线，推动南宁至新加坡、吉隆坡、雅加达、胡志明航线复航，做到南宁至东盟国家的国际航线不停航、不断档，营造南宁区域性国际城市形象。

【南宁月月旅游节活动】 2011年，市旅游主管部门先后举办旅游节庆活动和旅游主题活动50多个，塑造旅游节庆知名品牌，展示“奇山秀水绿南宁”风采。1月，举办广西2011中华文化游暨2011南宁月月旅游节启动仪式、首届中国·马山百合嘉年华生态旅游节、石埠草莓节；2月，举办“壮乡炮龙闹新春”民俗文化节、金汇如意坊新春文化庙会、龙虎山兔年新春猴王欢乐节暨土菜美食节、宾阳炮龙节、青秀山桃花节；3月，举办南宁花花大世界山水桃花节、大明山山花节、壮族“抢花炮”节；4月，举办中国壮乡·武鸣“三月三”歌圩、嘉和城温泉泼水节、九曲湾温泉水上乐园嬉水狂欢节；5月，举办广西药用植物园养生保健旅游节、广西科技馆快乐科普旅游节、加勒比水世界水上狂欢旅游节、森林旅游节、山水养生旅游节；6月，举办青秀区长塘甜瓜旅游节、扬美古镇龙舟上水节、大明山国际山地养生文化旅游节、昆仑关关公文化旅游节、乡村大世界葡萄采摘旅游节；7月，举办南宁科普旅游节、伊岭壮寨壮文化旅游节、龙虎山亲水旅游节；8月，举办中国国际茉莉花文化节；9月，举办良庆区香火龙民俗文化旅游节；10月，举办青秀区伶俐镇渌口坡“百家宴”暨“德米客”农庄旅游节、西乡塘区香蕉旅游美食节、邕州老街美食节、隆安县布泉山水生态旅游节、南宁·东南亚国际温泉养生旅游节、八桂田园西甜瓜旅游美食节、大明山登高节、金秋欢乐节、南宁插花艺术节、龙虎山板栗香蕉美食节、花花大世界 “金秋嘉年华”欢乐旅游节、金秋竹文化旅游节；11月，举办首府南宁“后花园”·上林生态旅游养生节；12月，举办中国黑山羊之乡—广西南宁·马山文化旅游美食节。

（周思伶）

【2011“南宁礼物”时尚设计大赛】 2011

2011年南宁市旅游景区(点)

国家4A级旅游景区：南宁青秀山风景旅游区、南宁嘉和城景区、南宁九曲湾温泉景区、广西现代农业技术展示中心(八桂田园)、南宁市动物园、广西药用植物园、南宁大明山风景旅游区、广西科技馆、广西民族博物馆、南宁乡村大世界

国家3A级旅游景区：南宁良凤江国家森林公园、南宁武鸣伊岭岩风景区、南宁市人民公园、南宁市金花茶公园、横县西津湖景区、南宁昆仑关旅游风景区、隆安县龙虎山风景区、横县九龙瀑布群景区、宾阳县蔡氏书香古宅、南宁大王滩景区、南宁凤凰谷生态景区、南宁海底世界、马山金伦洞、南宁金湖云顶观光旅游景区

全国农业旅游示范点：广西现代农业科技示范园(希望田野)、广西现代农业技术展示中心(八桂田园)、南宁乡村大世界、南宁扬美古镇、南宁坛洛镇金满园休闲观光果园

全国工业旅游示范点：横县西津水力发电厂

广西农业旅游示范点：上林县三里·洋渡生态农业旅游点、上林县不孤村生态农业旅游点、横县石井生态农业旅游点、西乡塘区石埠“美丽南方”忠良村、武鸣县纳天山庄、横县木祥生态园、宾阳县古辣镇蔡氏书香古宅、武鸣县下渌村、青秀区伶俐镇渌口坡村、青秀区长塘镇加踏坡、广西药用植物园、隆安县绿水江仙缘谷景区、兴宁区侯哥花果山生态休闲旅游农庄、南宁凤凰谷生态景区、南宁花花大世界、良庆区蚂蚁庄园

广西工业旅游示范点：南宁青岛啤酒有限公司、广西珠江啤酒有限公司

其他景区：广西民族文物苑、圣天宝风景区、南宁市狮山公园、广西亚热带植物所、武鸣县灵水风景区、宾阳县白鹤观度假区、宾阳县程思远故居、上林县大龙湖景区、马山县定乐江绿谷生态园

星级农家乐：马山县新景农家乐(4A)、马山县龙泉山庄、良庆区竹泉岛山庄、西乡塘区美丽南方品闲居、西乡塘区知青园、西乡塘区喜林农家乐、宾阳县佛子山庄

年2月23日正式启动。由中国国际商务文化节暨第二届中国（南宁）国际时尚博览会组委会主办，南宁市旅游局、南宁市商务局、南宁国际会议展览有限责任公司、广西工艺美术协会、广西广旅旅游宣传策划有限公司承办。历时4个多月，收到自治区内外报名参赛作品403件，主要包括旅游工艺品、文化家居用品和土特产3类作品，其中旅游工艺品类占50%、文化家居类占35%、土特产类占15%。参赛的作品蕴涵较鲜明的南宁地域特征和民族文化特色，融传统和现代于一体，具有一定的时尚和创新性。通过初评和复评，评出金奖2名、银奖5名、铜奖10名。“南宁印象”骨质瓷系列和“壮韵和春瓶”获金奖；壮乡鼓王、民族风壮锦蓝印花家居用品系列、南宁风采茶具礼盒、壮锦时尚生活用品、“鼓乐绿城，礼满天下”茶罐、树叶茶壶获银奖；纳米氧化锆陶瓷刀具、黄红麻工艺袋等10件作品获铜奖；百越古风茶具等34件作品被评为优秀奖。

（梁　元）

旅游行业管理

【旅游饭店管理】　2011年，市旅游主管部门加强星级旅游饭店建设指导，推动宾馆饭店星级评定。对在建酒店进行动态跟踪，提前介入，先后对利泰国际大酒店、永凯现代城、荣荣大酒店、横县国际大酒店等11家在建或意向评星、升星的饭店给予评星指导。推动这些饭店加深对星级标准的学习理解，按照星标标准对饭店进行装饰装修，配备服务项目。对银林山庄、天湖酒店、景都国际大酒店等意向升星酒店进行星级评定，指导饭店对应各星级要求进行升级改造。经评定，银林山庄达到三星级旅游饭店分值要求，景都国际大酒店达到四星级旅游饭店和绿色旅游饭店分值要求。全市星级饭店累计70家。

【旅行社管理】　2011年，市旅游主管部门根据国家旅游局《关于开展2011年度旅行社责任保险统保示范项目的通知》要求，开展旅行社责任保险统保示范项目推广，对统保示范项目的内容、特点、保障范围、服务及运作流程进行宣传，使统保示范项目得到进一步推进，保障游客和旅行社的利益。全市投保旅游责任险统保示范项目的旅行社有53家，占全市旅行社73.61%；参加自选保险公司投保责任险的旅行社有11家，占15.27%。开展旅行社足额补足质量保证金工作，督促旅行社与银行签订《旅行社质量保证金存款协议书》，办理质量保证金足额补足手续。贯彻落实《旅行社条例》及《旅行社条例实施细则》，做好新设立旅行社（分社）依法审核和旅行社营业部的备案。推行《团队出境旅游合同》、《大陆居民赴台湾地区旅游合同》和《团队国内旅游合同》示范文本。推动旅行社启用新版合同文本，规范经营行为，维护旅游市场秩序和维护旅游经营者、消费者双方的合法权益。

【旅游安全管理】　2011年，市旅游主管部门坚持安全第一、预防为主的方针，强化安全生产责任制，狠抓各项安全防范措施的落实。组织开展春节、五一、国庆、“两会一节”和“安全生产月”安全生产大检查，联合有关部门对重点酒店、旅游景区（点）、旅行社等旅游企业进行多次安全生产大检查，出动检查人员100多人次，检查旅游企业200多家次。

【旅游市场专项治理】　2011年，市旅游主管部门深入开展“发展环境建设年”活动，优化旅游服务环境，多次组织大规模市场秩序整顿。开展旅游市场专项检查行动15次，出动检查人员250多人次，检查景区（点）10家、旅行社50家、酒店34家。接到旅游投诉案件150件，受理107件，不予受理43件；办结并达成和解协议105件，结案率98%，为投诉人挽回经济损失17.82万元。

【旅游培训】　2011年，为提高管理人员的业务素质，市旅游主管部门在北京第二外国语学院举办星级饭店总经理培训班1期，培训34人；在上海旅游高等专科学校举办旅行社总经理培训班1期，培训26人。举办导游员年审培训班4期，培训1308人；导游员岗前培训班3期，培训443人；导游整改培训班1期，培训78人。举办“农家乐”经营者培训班11期，培训1097人。市旅游局选送的援藏导游员黄志康、朱莹受到国家旅游局表彰，获全国援藏先进导游员。

【文明素质教育】

开展“文明旅游月”活动　2011年，市旅游主管部门开展文明旅游、优质服务企业宣传活动。在旅行社、饭店、旅游景区等旅游服务单位营业场所醒目位置摆放宣传品、张贴宣传画、悬挂宣传条幅。通过《南宁日报》、南宁旅游信息网等媒体宣传形式，报道“文明旅游月”系列活动，宣传文明旅游。5月19日，在金湖广场参与举办首个“中国旅游日”广西主会场大型宣传活动，免费向公众发放宣传资料及接受市民咨询，开展有奖问答活动，组织文艺演出。参加活动的旅游企业135家，发放宣传资料1.50万份。通过活动增强旅游行业凝聚力，引导旅游企业诚信经营、低碳经营、优质服务，提高旅游业在人民群众心目中的形象。

开展“文明旅游进社区”活动　7月20日，市旅游主管部门组织广西中国国际旅行社、南宁中国青年旅行社、广西康辉国际旅行社有限公司等企业到兴宁区望仙坡社区阳光新都小区开展2011年南宁市“文明旅游进社区”活动，主题为“文明旅游理性消费　品质旅游伴你远行”，发放《创文明城知识》2500份，倡导理性消费。

营造创建文明城市宣传氛围　南宁市各旅游企业在本单位显要位置，制作、张贴、悬挂有创建工作和道德建设内容的宣传条幅、标语口号、文明用语。通过电子显示屏每天滚动播放创文明城标语内容，在星级饭店大堂、客房和餐厅摆放创文明城宣传牌，闭路电视每天安排滚动播放创文明城宣传广告和标语口号。利用布设在全市星级饭店以及机场、车站、购物娱乐场所的80多个广西旅游宣传展示架，向市民和游客发放《品质旅游出行提示》宣传折页、文明旅游公约和创文明城知识等宣传资料2万多份，倡导文明旅游、安全旅游。　（周思伶）

责任编辑　梁　坤

会展业

综述

【概　况】 2011年，南宁市有南宁国际会展中心、广西展览馆、广西博物馆、广西科技馆、南宁华南城会展中心5个可供展览的专业场馆，总面积21万平方米。举办各种展会节庆活动105场，其中各类专业会展73场。主要展览有第八届中国—东盟博览会、2011中国·东盟（南宁）国际教育展览会暨第15届南宁国际学生用品交易会、2011中国国际商务文化节暨第二届中国（南宁）国际时尚博览会、首届广西名特优农产品交易会、广西（南宁）房地产交易博览会等；会议及其他活动有第六届泛北部湾经济合作论坛、亚洲政党专题会议、首届网络问政与舆情监测高峰论坛等。每年定期举办的中国—东盟博览会、中国—东盟商务与投资峰会、南宁国际学生用品交易会，使南宁与东盟乃至世界各国的交流合作进一步深化，南宁城市知名度和影响力进一步提升。同时，会展消费成为拉动全市市场消费的重要力量。随着中国—东盟博览会的成功举办，南宁市的办展能力，服务水平大幅提高，涌现出一批专业化、市场化、高水平的会展组织。如南宁国际会议展览有限责任公司拥有南宁国际会展中心等大型办展会所及一批专业办展人才，经营范围包括会议、展览、信息咨询、中介服务等，并承办有南宁国际学生用品交易会等展会。南宁大地飞歌文化传播有限责任公司是直属于南宁市政府的国有独资企业，承办有南宁国际民歌艺术节等活动。南宁国际会展中心获2011年度中国最佳展览场馆管理奖，第15届南宁国际学生用品交易会暨2011中国·东盟（南宁）国际教育展览会获2011年度中国会展业十佳展会品牌项目，这是南宁市主办的展会首次获国家级奖励。（梁一家）

【南宁国际会议展览有限责任公司经营】 2011年，南宁国际会议展览有限责任公司注重抓好客户服务管理，落实项目负责制，提升服务质量，积极开发自办、合办展会项目和综合经营开发项目，提高场地利用率，加快推进会展中心大修和更新改造。承接展览展示活动73场、会议300场，其中合办展项目6个，自办展项目1个；展览展示面积614.67万平方米，比上年增长28.50%，其中规模在1万平方米以上的展览22个；经营收入2000多万元，增长15%。完成第八届中国—东盟博览会、中国—东盟商务与投资峰会以及中国—东盟矿业论坛、2011广西（南宁）房地产博览会、北部湾（南宁）汽车展等展会服务，筹备和服务2011中国国际商务文化节暨第二届中国（南宁）国际时尚博览会，筹办第15届南宁国际学生用品交易会暨2011年中国东盟国际教育展览会，实现安全生产零事故、消防安全零事故、设备运行零故障。（马　骁）

【南宁华南城会展中心】 位于江南区沙井大道。2009年10月18日开工建设，2010年10月正式启用。总建筑面积1.41万平方米，为三层钢混结构建筑，由会展场馆、会展办公区等组成。首层为展览馆，由A、B两个展厅组成，展馆面积1.04万平方米，可容纳标准展位614个。二层为会议室，共4间，其中280平方米的会议室1间、150平方米的会议室2间、100平方米的会议室1间。三层主要有工具间1间和会议室2间。配套车位2000多个，中心园区绿地面积1.69万平方米。2011年，成为第八届中国—东盟博览会的分会场，举办中国—东盟博览会轻工产品展览会。

南宁华南城会展中心一瞥　　周家志　摄

商业展览

【2011广西(南宁)汽车博览会】 2011年1月1日~3日在广西体育中心举行。由广西日报传媒集团主办，广西日报传媒集团《南国早报》、广西日报传媒集团广告中心联合承办。展位面积6000多平方米，展出宝马、MINI、沃尔沃等汽车品牌32个，现场展车130多辆。观展群众17万人次，现场成交新车837辆。同时，现场开辟约5000平方米的赛车飘移表演区及专业试车场地。

【广西汽车交易会】 2011年，在南宁市安吉大道广西汽车市场共举办两届。由西乡塘区政府、广西日报传媒集团、广西机电设备有限责任公司主办，广西机电设备有限责任公司承办。4月14日~17日，第17届广西汽车交易会举行。展会面积1万多平方米，其中特设进口名车展区2000平方米；有52个国内外知名品牌、400多款车型参展。观展群众16万人次，成交新车2703辆。9月15日~18日，第18届广西汽车交易会举行。展会面积1万多平方米，首次开设汽车租赁展位；有50多个国内外知名品牌、500多款车型参展。观展群众16.50万人次，成交新车3938辆。

【2011年广西（南宁）房地产博览会】 2011年4月16日~18日在南宁国际会展中心举行。由广西日报传媒集团主办，《广西日报》、《南国早报》、《当代生活报》、《南国今报》、《南国城报》、《南国健报》、广西新闻网、南国早报网承办。主题为十年房博会，十全十美。展览面积4万平方米，设室内房地产、家装、家电、广东名品折扣、广西文化旅游等展厅。参展楼盘70个、企业140多家，其中，房地产企业40多家，家装、建材、家电等企业100多家。观展群众20万人次，累计达成意向成交额12亿元。期间，由全国30多个主要城市的媒体共同缔结的“中国主流媒体房地产联盟”成员代表应邀出席房博会并进行报道。还举办大型电视颁奖晚会、对话2011·广西地产新视角高峰论坛和百姓论坛。推出10条涵盖48个楼盘的免费看楼车路线，在朝阳广场、广西大学、江南西园转盘、江南大沙田开设市内定点看展专线车。

【2011第五届中国·广西电动车及零部件展览交易会暨2011中越(南宁)电动车采购订货会】 2011年4月22日~24日在南宁国际会展中心举行。由中国国际贸易促进委员会广西分会、中国国际商会广西商会主办，南宁共好会议展览有限公司、广西环球经济贸易展览公司、越南摩托车自行车协会承办。主题为节能减排·和谐交通。展会面积约1.20万平方米，设标准展位500多个。参展整车及相关配件厂家265家，参展品牌350个。参会专业观众、消费者5万人次。现场成交各类电动车及配件金额1.50亿元，其中，越南摩托车自行车协会组织的代表团300多名客商与中国电动车厂现场成交3000万元。

【2011(广西)中老年人时尚用品博览会】 2011年6月16日~19日在广西展览馆举行。由市广播电影电视局主办，南宁人民广播电台承办。展会面积3000平方米，设展位110个。展览范围包括营养健康产品、老年人用品与医疗器械、养老机构、旅游产品、老年保险及理财产品、居家养老服务等。期间，举行南宁市首届中老年人红歌大赛的决赛和颁奖典礼。观展群众约1万人。

【2011中国国际商务文化节暨第二届中国(南宁)国际时尚博览会】 2011年6月17日~20日在南宁国际会展中心举行。由市政府、自治区商务厅、中国国际贸易学会主办，中国国际商务文化节中国（南宁)国际时尚博览会组委会、共青团南宁市委、市红十字会、市综宝广告传媒有限责任公司承办。主题为时尚之城·魅力南宁。展会面积4万平方米，设国际标准展位1880个，设国际时尚精品馆、网购馆、中国元素时尚精品馆、国际时尚家居及生活方式馆4个展区，展品范围涉及名表、珠宝、名车、名酒、品牌服饰、时尚内衣、美容美发、时尚旅游等。来自法国、日本、韩国、西班牙、智利、新西兰、尼泊尔、斯里兰卡等10多个国家以及中国台湾、香港等地区的500多家国际、国内知名时尚机构参展参会。期间，举办2011年中国元素十大时尚品牌和“2011中国元素十大时尚榜样”评选、“时尚南宁”大型时尚颁奖盛典、国际城市时尚高峰论坛、时尚产业项目推介会及签约活动。签约项目16个，总投资11.55亿元。其中：合同项目4个，金额7.15亿元；合作协议2个，金额3.90亿元；意向投资1项，金额5000万；品牌签约落户项目9个，10个品牌落户南宁。贸易成交额、协议订单金额17.25亿元。观展群众20万人次。

【第15届南宁国际学生用品交易会暨2011中国·东盟(南宁)国际教育展览会】 2011年7月8日~10日在南宁国际会展中心举行。由市政府、中国国际贸易促进委员会广西分会主办，市教育局、广西教育装备行业协会、市人力资源和社会保障局、南宁国际会议展览有限责任公司、南宁国际学生用品交易展览有限责任公司承办。展览面积3万平方米，设人才交流区、青年创意市集、学生用品展区、中国古代文房四宝展区、教育展区以及动漫

6月16日晚，2011中国国际商务文化节暨第二届中国(南宁)国际时尚博览会“时尚南宁·广西北部湾银行之夜”时尚颁奖晚会在南宁国际会展中心朱槿花厅举行　　周家志　摄

7月8日,第15届南宁国际学生用品交易会暨2011中国·东盟(南宁)国际教育展开幕式举行　马　骁提供

展区6个展示会场,国内外600多家学生用品商家及教育机构参展。展会首次开设中考招生咨询会展区,市区近百所学校和教育机构参展,是历届南宁市规模最大、覆盖面最广、参展学校数量最多的一次中考招生咨询会。此外,美国西肯塔基大学、悉尼科技大学、澳大利亚查尔斯特大学等国外学校驻展招生。同时,在国内首次举办中国古代文具专题展——"中国古代文具展",展示宋、元、明、清等朝代的文物300多件;举办第七届广西动漫节暨第8届OACC金龙奖广西赛区比赛、第二届"朱槿花"杯英语大赛、青年创意集市、南宁夏季人才交流大会、现场抽奖等活动。观展群众8万人次。

【2011年广西(南宁)房地产交易博览会】 2011年8月19日~21日在南宁国际会展中心举行。是南宁市首个由政府职能部门主办的房地产展会。由市房屋产权交易中心主办,市房地产研究会、市房地产业协会、市房地产中介行业管理协会协办,南宁谷和源丰会展策划有限公司承办。主题为关注民生、绿色人居。展厅面积123万平方米,设商品房、二手房、金融机构、家装建材4个展区。参展单位近100家,其中开发企业58家、房地产中介企业16家、金融机构11家、家装建材公司12家。期间,展厅专设政策咨询台、房屋登记业务"绿色通道"、看房直通车等,还举办房地产论坛、房屋交易、收房知识等"惠民讲座"专题活动。商品房(含二手房)成交238套,成交面积2.85万平方米,成交额2.24亿元;意向成交2969套,意向成交额5.95亿元。

【2011中国—东盟国际汽车工业展】 2011年10月13日~16日在南宁华南城会展中心举行。由中国—东盟博览会秘书处、中国汽车工业协会和市政府主办,广西融泰会展服务有限责任公司和广西南博国际会展有限责任公司承办。主题为绿色·科技·飞跃。展会面积4万平方米。现场展销30多个知名汽车品牌、数百款新车。观展群众约20万人次,现场成交新车1000多辆。期间,举办汽车模特比赛、汽车摄影比赛、中国—东盟汽车市场发展论坛、新车试乘试驾体验、汽车特技表演、电视和电台直播"汽车人对话"专题节目、东南亚风情文艺表演、东盟美食一条街等活动。展会设置朝阳广场—华南城、竹溪立交—华南城车展专线2条,供观展市民免费搭乘。　(梁一家)

【首届中国(南宁)国际茶业茶文化博览会】 2011年11月3日~7日在南宁国际会展中心举行。由深圳市华巨臣实业有限公司主办,深圳市励为文化传播有限公司、南宁国际会议展览有限责任公司承办。展览面积约1万平方米,设国际标准展位358个,设普洱茶馆、各地名茶、茶具工艺品3个展馆。参展企业400家,展品范围包括茶叶、茶馆、茶具、工艺品、茶业机械、产品外包装等。其中茶类展品不仅涵盖普洱、六堡茶、铁观音、岩茶、高山茶、碧螺春、毛尖、茉莉花茶等传统茶品,还覆盖荞麦茶、硒茶等新兴再加工茶品。期间,现场交易额3500万元,订单额1.30亿元,达成战略合作意向400多家;参会专业观众、消费者16万人。　(黄小蓉)

【第三届中国(南宁)国际建筑装饰博览会】 2011年9月8日~10日在南宁华南城会展中心举行。由中国建筑装饰协会、南宁建筑装饰博览会组委会主办,广州卓迪展览策划有限公司、广州佳帝文化传播有限公司承办。主题为扛城市发展大旗,展装饰建材宏图。展出产品主要有陶瓷、卫浴、地板、装饰五金、门窗、木地板、壁纸、玻璃等。展会面积1.60万平方米,设展位600个。参展品牌企业300家,观展群众1万多人次,其中专业人士8000人。现场成交及预约洽谈总额1.20亿元。

【首届广西名特优农产品交易会】 2011年12月9日~15日在南宁国际会展中心举行。由自治区政府主办,市政府、自治区农业厅、自治区商务厅、自治区工业和信息化委员会、自治区水产畜牧兽医局承办。展位面积1万多平方米,设标准展位450个,以销售加工农产品为主,成果(技术、产品)展示为辅。1号展厅是南宁市的96个特优农产品展示摊位,2号展厅是柳州、桂林、梧州、北海、防城港、百色、河池、玉林等城市的特优农产品展示。主题为生态绿色美广西,加工特色好产品。来自自治区14个市的2000多种农产品、480多家农业企业和合作社参展。观展群众30万人次。现场销售量8109吨,销售金额1.74亿元;签约851笔,签约量48.44万吨,签约总金额85.09亿元,涉及农产品购销、农业基础设施建设、农产品加工等领域。其中南宁市农产品签约成交额14.80亿元,现场销售额5751万元。

大型会议

【首届网络问政与舆情监测高峰论坛】 2011年3月26日在广西红林大酒店举行。由人民网主办,市政府、人民网舆情监测室承办。主题为微博时代政府与民众的良性互动。围绕网络问政与舆情监测工作的新理念、新观点、新思路展开探讨。约200名来自中央机关和地方党政部门的相关人员参会。会上，人民网舆情监测室首度发布党政机构和官员微博发展报告，并启动"地方网络问政年度报告"课题研究。南宁市政府获2010年网络舆情监测创新奖。

【2011绿色建筑与技术南宁高峰论坛】2011年6月2日~3日在南宁国际会展中心举行。由市政府主办，市规划管理局、华东建筑设计研究院有限公司承办。主题为绿色建筑创造美好未来。论坛内容包括绿色建筑理念、超高层可持续设计、绿色建筑节能技术、生态城规划、区域能源规划、水环境工程、南宁水城规划等。清华大学、同济大学、华东建筑设计研究院、诺曼·福斯特事务所等国内外知名院校的专家以及欧盟驻华代表团官员等20多人参会。

【第六届泛北部湾经济合作论坛】2011年8月18日~19日在南宁荔园山庄召开。由中国国家发展和改革委员会、交通运输部、铁道部、商务部、海关总署、国家旅游局、国务院发展研究中心、人民日报社、国家开发银行，泰国商务部，自治区政府、广东省政府和海南省政府共同主办。主题为中国—东盟自贸区建设与泛北部湾经济合作，围绕泛北智库峰会—区域联通与跨境合作、泛北部湾金融合作峰会—跨境贸易和投资、泛北部湾旅游合作峰会3个峰会专题进行研讨。参会中外嘉宾389人，记者200多人。期间，参会的中国有关银行与外方银行及有关企业共签订合作协议13个、合作备忘录1个，贷款授信总金额510亿元；亚太旅游协会、广西、海南、越南、印尼等国家和地区旅游组织或企业签订合作协议4个。在19日闭幕会上，发布《泛北部湾经济合作可行性研究报告》，形成《泛北部湾智库峰会宣言》。

【中国燃气企业风险管理高峰论坛】2011年8月27日在南宁市举行。由中国城市燃气协会主办。主题为增强燃气企业的风险管理和防范。会议从产业宏观到技术微观，从技术标准到产业链条，以前瞻性的战略眼光探讨燃气行业的风险管控和未来的发展，并围绕燃气经营许可制度与特许经营制度之间的联系与区别、燃气集团的法务管理和金融风险管控等主题开展互动性的探讨。来自全国燃气行业的代表及专家学者150多人参会。

【亚洲政党专题会议】2011年9月4日~6日在南宁荔园山庄举行。由中共中央对外联络部主办，中共广西壮族自治区委员会协办。主题为"发展与社会共享：让发展成果惠及民众"。设"亚洲政党发展理念探索"、"推动发展成果全民共享——政党的作用"2个分议题。来自27个国家、53个政党的137名领导人和代表参加会议。中共中央政治局常委、国家副主席习近平向会议发来贺信。中共中央政治局常委、中央政法委书记周永康出席开幕式并发表主旨讲话。东帝汶总统奥尔塔、老挝国家副主席本扬、柬埔寨副首相索安、亚洲政党国际会议常委会主席德贝内西亚、中共中央对外联络部部长王家瑞、中共广西壮族自治区党委书记郭声琨分别在开幕式上致辞。6日，闭幕式上通过《南宁倡议》。

9月4日~6日，亚洲政党专题会议在南宁荔园山庄举行　　周家志　摄

【陆荣廷与广西近代化学术研讨会】2011年11月29日在南宁市政协会议室举行。由自治区政协文史委、广西社科院与市政协共同主办。围绕陆荣廷的历史功绩及其在中国近代史的地位与作用、陆荣廷对广西近代化进程的影响、陆荣廷与孙中山及其资产阶级民主革命的关系等议题进行研讨和交流。来自史学界和文化界的60多名自治区内外专家、学者参会。

【2011年南宁书法论坛】2011年12月17日在广西恒升大酒店举行。由市委宣传部、广西书法家协会、市文学艺术界联合会主办，市书法家协会承办。主题为绿城翰墨。围绕如何繁荣发展南宁书法议题展开探讨。参会专家学者60多人。

公益展览

【圆明园文化遗产全国巡展·南宁站】2011年6月10日~25日在广西博物馆举行。由市委宣传部主办，市广播电视电影电视局、市直属机关工作委员会、市教育局、共青团南宁市委员会、北京市圆明园管理处、广西博物馆承办。主题为不能忘却的纪念。此次展览主要采取展板配合实物展出的形式，系统讲述圆明园300年的历史，展示圆明园的文化内涵。展出文物有玉器、铜器、瓷器、陶范、琉璃构件等圆明园遗址历年出土、修复文物160件，包括国家级文物青玉老人山子、"花甲联芳"玉扳指、铜鎏金金刚、康熙青花团螭龙纹耳托杯残片、雍正款青花梵文碗残片等。其中，首次在北京以外城市展出的一对单体长超过126厘米的石鱼将是此次展览最大最重的展品。同时，配套展出1:1精仿圆明园海晏堂十二兽首、圆明园系列油画、圆明园四十景长卷、圆明园铜版画等。展览免费向公众开放。

（梁一家）

责任编辑　梁笑飞

个体私营经济

个体经济

【概　况】 2011年，南宁市个体经济保持较快发展势头，个体工商户新开业2.99万户，从业人员6.17万人，注册资金16.31亿元。至年末，有个体工商户22.16万户，从业人员45.48万人，注册资金89.95亿元；比上年分别增长10.10%、15.40%、22.66%。在个体工商户总量有所扩大的同时，经济效益明显提高。全市个体工商户总产值33.96亿元，增长74.75%；销售总额（营业收入）190.28亿元，增长48.50%；社会消费品零售额124.82亿元，增长13.27%。

【个体工商户分布状况】 2011年，南宁市个体工商户分布状况如下：按地域分，城镇19.94万户，从业人员38.66万人，注册资金72.13亿元，分别占总数90%、85%、80.20%；农村2.21万户，从业人员6.82万人，注册资金13.81亿元，分别占10%、15%、19.80%。按产业分，第一产业2116户，从业人员5322人，注册资金2.59亿元，分别占1%、1.17%、2.88%，户均注册资金12.26万元；第二产业1.05万户，从业人员3.06万人，注册资金7.15亿元，分别占4.74%、6.74%、7.95%，户均注册资金6.79万元；第三产业20.89万户，从业人员41.88万人，注册资金80.20亿元，分别占94.26%、92.08%、89.16%，户均注册资金3.84万元。

【个体贸易业】 2011年，南宁市个体贸易业新开户2.10万户，从业人员3.77万人，注册资金8.90亿元。至年末，全市个体贸易业有14.78万户，从业人员29.62万人，注册资金53.73亿元。其中：城镇个体贸易业13.56万户，从业人员25.43万人，注册资金45.13亿元；农村个体贸易业1.22万户，从业人员4.18万人，注册资金7.60亿元。全市个体贸易业销售总额127.35亿元，社会消费品零售额77.87亿

2011年南宁市个体经济行业分布情况

行业分类	个体工商户		
	户数	从业人员（人）	注册资金（万元）
合计	221622	454828	899518.55
农、林、牧、渔业	2116	5322	25945.43
采矿业	238	1029	15464.00
制造业	9927	28685	52977.82
电力、燃气及水的生产和供应业	37	92	1357.00
建筑业	332	872	1731.50
交通运输、仓储和邮政业	22010	24979	53674.00
信息传输、计算机服务和软件业	377	740	753.70
批发和零售业	147819	296204	527346.94
住宿和餐饮业	15524	47153	132510.36
金融业	4	6	15.00
房地产业	51	125	729.20
租赁和商务服务业	2789	5553	18413.47
广告业	135	315	337.50
科学研究、技术服务和地质勘探业	74	223	371.00
水利、环境和公共设施管理业	51	334	319.00
居民服务和其他服务业	17579	36769	44586.18
教育	11	43	91.00
卫生、社会保障和社会福利业	1511	3562	6424.49
文化、体育和娱乐业	1013	2760	11404.46
其他	159	377	5404.00

注：广告业不计入统计总数

元。按地域分，城镇个体贸易业销售总额110.04亿元，社会消费品零售额59.74亿元，分别占总数86.41%、76.71%；农村个体贸易业销售总额17.31亿元，社会消费品零售额18.14亿元，分别占13.59%、23.29%。

【个体社会服务业】 2011年，南宁市个体社会服务业新开业7563户，从业人员1.85万人，注册资金5.07亿元，户数比上年减少28.65%，从业人员减少20.02%，注册资金增加22.17%。至年末，全市个体社会服务业有6.08万户，从业人员12.15万人，注册资金26.77亿元。按地域分，城镇5.25万户，从业人员10.12万人，注册资金21.43亿元；农村0.82万户，从业人员2.03万人，注册资金5.34亿元。按行业分，交通运输、仓储和邮政业2.20万户，从业人员2.49万人，注册资金5.36亿元；信息传输、计算机服务和软件业377户，从业人员740人，注册资金753万元；住宿和餐饮业1.55万户，从业人员4.71万人，注册资金13.25亿元；租赁和商务服务业2789户，从业人员5553人，注册资金1.84亿元；居民服务业和其他服务业1.75万户，从业人员3.67万人，注册资金4.45亿元；卫生、社会保障和社会福利业1511户，从业人员3562人，注册资金0.64亿元；文化、体育和娱乐业1013户，从业人员2760人，注册资金1.14亿元。全市个体社会服务业实现销售总额或营业收入54.20亿元（其中城镇43.20亿元、农村11亿元），社会消费品零售额28.39亿元（其中城镇21.53亿元、农村6.86亿元）。

私营经济

【概　况】 2011年，南宁市私营经济继续保持快速发展，在国民经济和社会发展中的地位作用进一步增强。全市新登记1.59万家，投资者3.19万人，雇工人数9.59万人，注册资金178.01亿元，比上年分别增长48.73%、60.35%、67.44%、24.45%。至年末，全市私营企业有6.47万家（其中分支机构7836家），投资者17.19万人，雇工51.57万人，注册资金673.63亿元，分别增长45.56%、19.38%、18.14%、35.17%。私营企业发展呈现以下特点：一是投资规模和生产经营进一步扩大，全市私营企业户均注册资金104万元；注册资金100万元~500万元的1.46万家，500万元~1000万元的2404家，1000万元~1亿元的879家，亿元以上的32家。全市私营企业实现总产值47.47亿元，销售总额或营业收入75.50亿元，社会消费品零售额40.95亿元；有5家私营企业产品进入国际市场，实现出口创汇折合人民币1.68亿元。二是有限责任公司仍是企业主导形式，全市有私营有限责任公司5.69万家，占总数87.86%，私营股份有限公司865家，占1.34%，私营独资企业6329家，占9.77%，私营合伙企业668家，占1.03%。

【私营企业分布状况】 2011年，南宁市私营企业分布状况如下：按地域划分，城镇私营企业4.67万家，投资者8.32万人，雇工人数20.86万人，注册资金538.90亿元，分别占总数72.16%、48.38%、40.45%、80%；农村私营企业1.80万家，投资者8.87万人，雇工人数30.71万人，注册资金134.73亿元，分别占27.84%、51.62%、59.54%、20%。按产业划分，第一产业2664家（其中分支机构328家），投资者3950人，雇工1.15万人，注册资金88.28亿元，分别占4.11%、2.30%、2.23%、13.10%；第二产业8429家（其中分支机构992家），投资

2011 年南宁市私营企业行业分布情况

行业分类	私营企业			
	户数	投资者人数	雇工人数	注册资金（万元）
合计	64747	171911	515733	6736307.60
农、林、牧、渔业	2664	3950	11526	882759.00
采矿业	312	498	2446	70498.00
制造业	5026	10112	43057	946171.00
电力、燃气及水的生产和供应业	187	639	898	48684.00
建筑业	2904	5202	10814	576106.00
交通运输、仓储和邮政业	1242	2821	5305	170440.00
信息传输、计算机服务和软件业	1797	2866	6163	143648.00
批发和零售业	30218	109938	363827	1107427.00
住宿和餐饮业	865	1367	4604	57452.00
金融业	130	384	692	166156.00
房地产业	2527	4817	8960	1001369.00
租赁和商务服务业	9104	16456	29579	532240.80
广告业	2340	3650	6074	166286.00
科学研究、技术服务和地质勘探业	3780	7297	13679	744388.00
水利、环境和公共设施管理业	201	569	1006	62082.00
居民服务和其他服务业	2954	3657	8181	145212.00
教育	108	197	522	9810.00
卫生、社会保障和社会福利业	59	101	277	5076.00
文化、体育和娱乐业	662	1024	2699	65616.80
其他	7	16	1498	1172.00

4月18日，南宁市工商局专业市场管理分局(原“双生”工商分局)召开服务非公经济(党建工作)座谈会　市工商局提供

者1.64万人，雇工人数5.72万人，注册资金164.15亿元，分别占13.02%、9.55%、11.09%、24.37%；第三产业5.37万家(其中分支机构6516家)，投资者15.15万人，雇工人数44.70万人，注册资金421.21亿元，分别占82.87%、88.13%、86.67%、62.53%。在第三产业私营企业中，科学研究、技术服务和地质勘查业、现代服务成投资热点，有企业3780家，比上年增加1094家，增长40.73%；交通运输、仓储和邮政业1242家，增加249家，增长25.08%；信息传输、计算机服务和软件业单体实力大幅提升，有企业1797家，增加190家，增长11.82%；批发和零售业增长势头强劲，有企业3.02万家，增加1.24万家，增长69.33%；其他行业也有一定增幅，住宿和餐饮业865家，增加180家，增长26.28%；金融业130家，增加26家，增长25%；房地产业2527家，增加343家，增长15.71%；租赁和商务服务业9104家，增加2321家，增长34.22%；水利、环境和公共设施管理业201家，增加26家，增长14.86%；居民服务和其他服务业2954家，增加559家，增长23.34%；教育业108家，增加12家，增长12.50%；卫生、社会保障和社会福利业59家，增加7家，增长13.46%；文化、体育和娱乐业662家，增加118家，增长21.69%。

【非公经济党建】 2011年，市工商局按照中央组织部、国家工商总局、自治区党委和市委的要求，把非公经济组织党建工作作为一项重要政治任务来抓，与南宁市委组织部等部门对接，把非公党建工作与业务工作一同部署、一同检查、一同落实，加大组建非公企业党组织力度，建立健全非公经济组织党建信息库，并实行非公经济组织党建信息每月一报告制度，做到“三清三帮”，即：非公企业党员人数清，帮其及时组建党组织；个体工商户零散党员情况清，帮其挂靠党组织；非公经济组织流动党员从业去向清，帮其及时转接关系，实现非公经济组织党员与各级党组织的无缝衔接，扩大党组织在非公企业中的覆盖面。已填报党组织建设情况的企业和个体工商户8.36万户，其中私营企业3.77万家，个体工商户4.59万户；现有党组织建制：党委79个(私营企业78个，个体工商户1个)，党总支65个(私营企业65个)，党支部534个(私营企业531个，个体工商户3个)，其他28个(私营企业28个)。党组织组建方式：单独组建297个(私营企业295个，个体工商户2个)，联合组建87个(私营企业87个)，其他46个(私营企业46个)。全市非公经济新组建党组织708个(私营企业347个，个体工商户361个)。有党员9501人(私营企业8931人，个体工商户570人)，经营者党员413人(私营企业16人，个体工商户397人)，私营企业投资人任党组织书记373人，经营者任党组织书记8人。

(廖成琇)

2011年南宁市私营企业生产经营情况

单位：万元

分类	总产值	销售总额或营业收入	社会消费品零售额	其中					
				城镇			农村		
				总产值	销售总额或营业收入	社会消费品零售额	总产值	销售总额或营业收入	社会消费品零售额
合计	474674	754963.04	409465.00	403472.90	641718.60	348045	71201.10	113244.45	61420.00
第一产业	39456	9820.00	8667.00	33537.60	8347.00	7366	5919.00	1473.00	1301.00
第二产业	435218	75343.24	93776.72	369935.30	64041.00	79711	65282.70	11302.24	14065.72
第三产业		669799.80	307021.28		569330.60	260968		100469.21	46053.28

责任编辑　李敬江

财政·税务

财 政

【概　况】2011年，南宁市财政局设科室22个，下设二层机构12个；辖县（区）财政局12个、开发区财政局5个。全系统有干部职工1854人（市财政局240人）。面对复杂严峻的国内外经济形势和各种矛盾和困难，全市各级财政部门紧紧围绕科学发展主题和加快转变经济发展方式主线，继续打好工业经济振兴、五象新区开发、产业园区建设、交通基础设施完善和打造"中国水城"五场攻坚战，着力转方式、调结构、扩内需、惠民生、促和谐，促进经济平稳较快发展，完成全年财政收支预算。全市组织财政收入363.52亿元，比上年增长20.82%；组织财政收入占全市生产总值16.44%。全市财政总收入353.88亿元，财政总支出315.51亿元，收支相抵，年终滚存结余38.38亿元，其中专款结转31.85亿元，净结余6.53亿元。

【财政收入】2011年，南宁市各级财政强化财政收入组织管理，加强领导，及时分解下达各阶段收入任务，层层落实责任制，定期组织召开财税库联席会议，协调各项收入的征管入库，做好经济运行情况和财政收入走势的监测和分析，确保财政收入持续快速稳定增长；进一步健全完善税收征管体系，密切加强对主体税源动态监控，加大对零散税种的征收，强化财政收入督查和考核；加强非税收入征收管理，科学编排非税收入收缴计划，及时掌握非税收入完成情况，加大对非税收入的监管力度，确保非税收入应收尽收。

全市组织财政收入　完成363.52亿元，完成市十二届人大第九次会议批准预算收入106.92%，完成自治区政府下达目标任务100.06%，比上年增收62.65亿元，增长20.82%。其中：一般预算收入186.29亿元，完成任务101.31%，增收30.20亿元，增长19.34%；上划中央税收收入136.94亿元，完成任务100.26%，增收26.53亿元，增长24.02%；上划自治区税收收入40.29亿元，完成任务91.95%，增收5.92亿元，增长17.24%。

全市财政总收入　完成353.88亿元。其中：一般预算收入186.29亿元，完成任务101.31%，增长19.34%，转移性收入167.59亿元（上级补助收入139.46亿元，上年结余收入<含专款结转>28.13亿元）。

全市一般预算收入构成　税收收入完成133.50亿元，占一般预算收入71.66%，完成任务99.34%，增收23.51亿元，增长21.37%。其中：增值税收入10.74亿元，完成任务92.88%，增收1.23亿元，增长12.90%；营业税收入37.67亿元，完成任务91.16%，增收4.22亿元，增长12.61%；企业所得税收入19.09亿元，完成任务112.88%，增收6.09亿元，增长46.90%；个人所得税收入6.26亿元，完成任务92.14%，增收8477万元，增长15.67%；城市维护建设税收入11.23亿元，完成任务100.47%，增收2.43亿元，增长27.54%；房产税收入4.81亿元，完成任务108.01%，增收1.21亿元，增长33.65%；印花税收入2.70亿元，完成任务89.84%%，增收2589万元，增长10.60%；城镇土地使用税收入2.40亿元，完成任务103.08%，增收3662万元，增长18.01%；土地增值税收入13.38亿元，完成任务127.70%，增收4.31亿元，增长47.62%；车船税收入1.58亿元，完成任务107.94%，增收3166万元，增长25.09%；耕地占用税收入7.80亿元，完成任务109.13%，增收1.80亿元，增长30.04%；契税收入15.40亿元，完成任务89.23%，增收3694万元，增长2.46%。

非税收入完成52.79亿元，占一般预算收入28.34%，完成预算收入的106.66%，增收6.69亿元，增长14.50%。其中：专项收入5.53亿元，完成任务103.12%，增收1.18亿元，增长27.03%；行政性收费收入17.98亿元，完成任务116.31%，增收5.14亿元，增长40.08%；罚没收入2.63亿元，完成任务56.18%，减收2.69亿元，下降50.55%；国有资本经管收入17.74亿元，完成任务88.51%，减收2.50亿元，下降12.33%；国有资源（资产）有偿使用收入6.46亿元，完成任务200.59%，增收3.73亿元，增长137.05%；其他收入2.44亿元，完成任务340.31%，增收1.82亿元，增长291.04%。

市本级组织财政收入　完成171.13亿元，完成市十二届人大第九次会议批准预算收入105.89%，增收22.10亿元，增长14.83%。其中：一般预算收入113.96亿元，完成任务101.99%，增收14.85亿元，增长14.98%；上划中央税收收入53.20亿元，完成任务99.77%，增收6.84亿元，增长14.75%；上划自治区税收收入3.96亿元，完成任务96.57%，增收4157万元，增长11.71%。

市本级财政总收入　完成274.50亿元。其中：一般预算收入（含分享城区收入）113.96亿元，完成任务101.99%，增长14.98%；转移性收入160.53亿元（上级补助收入139.46亿元，下级上解收入4.89亿元，上年结余收入<含专款结转>16.18亿元）。

市本级一般预算收入构成　税收收入完成78.51亿元，占一般预算收入68.89%，完成任务100.67%，增收13.16亿元，增长20.13%。其中：增值税收入4.84亿元，完成任务84.38%，增收475万元，增长0.99%；营业税收入16.83亿元，完成任务90.01%，增收1.58亿元，增长10.34%；企业所得税收入9.66亿元，完成任务113.07%，增收3.03亿元，增长45.73%；个人所得税收入3.14亿元，完成任务91.41%，增收3811万元，增长3.79%；城市维护建设税收入6.02亿元，完成任务95.41%，增收8917万元，增长17.39%；房产税收入2.57亿元，完成任务113.19%，增收7174万元，增长38.78%；城镇土地使用税收入1.95亿元，完成任务101.29%，增收2492万元，增长14.66%；土地增值税收入12.18亿元，完成任务126.97%，增收3.85亿元，增长46.17%；契税收入13.92亿元，完成任务89.34%，增收673万元，增长0.49%。

非税收入完成35.45亿元，占一般预算收入31.11%，完成任务105.02%，增收1.69亿元，增长5.01%。其中：专项收入2.84亿元，完成任务96.02%，增收3830万元，增长15.61%；行政性收费收入13.30亿元，完成任务133.65%，增收4.51亿元，增长51.29%；罚没收入8704万元，完成任务32.22%，减收2.84亿元，下降76.55%；国有资本经营收入14.43亿元，完成任务88.46%，减收2.75亿元，下降16.01%；国有资源(资产)有偿使用收入3.33亿元，完成任务258.64%，增收2.19亿元，增长192.77%；其他收入6891万元，完成任务124.93%，增收2018万元，增长41.41%。

【财政支出】 2011年，南宁市财政支出强化预算执行管理，切实解决一般预算支出增长和执行率“双低”的突出问题，规范预算调整，严格预算约束；厉行节约，严格控制“三公”经费(因公出国〈境〉经费、公务车购置及运行费、公务招待费产生的消费)，控制预算追加，强化预算约束力；统筹安排各项财政资金，加大专项资金整合力度，优化支出结构，提高财政资金使用效益；更加关注民生支出，根据财政部对民生支出界定，将教育、科学技术、文化体育与传媒、社会保障和就业、医疗卫生、节能环保、城乡社区事务、农林水事务、交通运输、商业服务业事务、国土资源气象事务、住房保障支出、粮油物资储备管理事务等13个方面确定为财政民生支出范围。全市财政民生支出214.87亿元，比上年增长19.99%，占一般预算支出71.08%。

全市财政总支出 完成315.50亿元。其中：一般预算支出302.29亿元，转移性支出13.21亿元(体制上解支出3.79亿元，专项上解支出4.42亿元，调出资金3亿元，增设预算周转金2亿元)。

全市一般预算支出构成 完成302.29亿元，完成任务90.47%，增加41.01亿元，增长15.70%。主要支出项目：一般公共服务支出38.05亿元，完成任务99.52%，增加7.55亿元，增长24.76%；国防支出2.25亿元（主要是人防工程项目建设)，完成任务94.53%，增加6417万元，增长39.80%；公共安全支出15.31亿元，完成任务87.56%，减少553万元，下降0.36%；教育支出53.76亿元，完成任务84.52%，增加10.78亿元，增长25.09%，高于经常性财政收入增幅(13.57%，下同)11.52个百分点；科学技术支出3.81亿元，完成任务96.71%，增加9618万元，增长33.83%，高于经常性财政收入增幅20.26个百分点；文化体育与传媒支出4.54亿元，完成任务80.96%，增加2306万元，增长5.35%；社会保障和就业支出32.37亿元，完成任务93.02%，减少7.66亿元，下降19.12%；医疗卫生支出28.23亿元，完成任务97.69%，增加7.59亿元，增长36.76%；节能环保支出3.72亿元，完成任务67.59%，增加2770万元，增长8.04%；城乡社区事务支出26.79亿元，完成任务99.04%，增加5.22亿元，增长24.17%；农林水事务支出27.07亿元，完成任务91.85%，增加8.10亿元，增长42.67%，高于经常性财政收入增幅29.10个百分点；交通运输支出14.50亿元，完成任务88.40%，增加1.93亿元，增长15.34%；资源勘探电力信息等事务支出23.86亿元，完成任务92.70%，增加5.40亿元，增长29.23%；商业服务业等事务支出3.41亿元，完成任务86.32%，增加7618万元，增长28.81%；金融监管等事务支出1538万元，完成任务72.31%，增加1301万元，增长548.95%；国土资源气象等事务支出2.69亿元，完成任务98%，增加9804万元，增长57.48%；住房保障支出13.60亿元，完成任务93.96%，增加6.56亿元，增长93.12%；粮油物资储备管理事务支出3813万元，完成任务96.51%，增加818万元，增长27.31%；国债还本付息支出3203万元，完成任务64.38%，增加1840万元，增长135%；其他支出7.47亿元，完成任务62.41%，减少8.64亿元，下降53.63%

市本级财政总支出 完成255.94亿元。其中：一般预算支出126.06亿元，完成90.71%，增长1.90%；转移性支出129.88亿元(体制上解支出3.79亿元，专项上解支出4.42亿元，补助下级支出116.67亿元，调出资金3亿元，增设预算周转金2亿元)。

市本级一般预算支出构成 完成126.06亿元，完成任务90.71%，增长1.90%。主要支出项目：一般公共服务支出9.63亿元，完成任务91.36%，增加1.60亿元，增长19.88%；国防支出2.10亿元，完成任务99.28%，增加6338万元，增长43.12%；公共安全支出7.04亿元，减少6974万元，下降9.02%；教育支出15.30亿元，完成任务89.68%，增加4.59亿元，增长42.87%，高于市本级经常性财政收入增幅(16.08%，下同)26.79个百分点；科学技术支出2.16亿元，完成任务95.30%，增加6680万元，增长44.84%，高于经常性财政收入增幅28.76个百分点；文化体育与传媒支出3.45亿元，完成任务79.84%，增加2402万元，增长7.47%；社会保障和就业支出9.43亿元，完成任务90.98%，减少10.98亿元，下降53.79%；医疗卫生支出7.60亿元，完成任务88.12%，增加2225万元，增长3.02%；节能环保支出1.24亿元，完成任务79.46%，减少5318万元，下降30.09%；城乡社区事务支出16.10亿元，完成任务96.94%，增加3.45亿元，增长27.28%；农林水事务支出8.95亿元，完成任务95.41%，增加2.61亿元，增长41.24%，高于经常性财政收入增幅25.16个百分点；交通运输支出11.60亿元，完成任务86.12%，增加3474万元，增长3.09%；资源勘探电力信息等事务支出17.11亿元，完成任务94.83%，增加3.06亿元，增长21.76%；商业服务业等事务支出1.09亿元，完成任务64.18%，增加6377万元，增长140.34%；国土资源气象等事务支出1.45亿元，完成任务86.98%，增加6009万元，增长70.66%；住房保障支出7.12亿元，完成任务88.65%，增加4.31亿元，增长153.20%；粮油物资储备等管理事务支出1232万元，完成任务98.32%，增加659万元，增长115.01%；其他支出4.32亿元，完成任务89.14%，减少8.61亿元，下降66.60%。

【基金收入】

全市政府性基金预算总收入 2011年，南宁市财政部门完成基金收入217.33亿元（当年基金预算收入168.52亿元，上年结余收入42.68亿元，上级补助收入6.13亿元）。当年基金收入完成预算的115.33%，比上年增收24.44亿元，增长16.96%。其中：地方教育附加收入3.61亿元，完成任务200%，增加1.37亿元，增长

61.27%；育林基金收入5813万元，完成任务191.85%，增加1123万元，增长23.94%；地方水利建设基金收入3363万元，完成任务8.57%，减少2.61亿元，下降88.58%；残疾人就业保障金收入5198万元，完成任务127.43%，减少3388万元，下降39.46%；政府住房基金收入9462万元，完成任务331.30%，增加9338万元，增长7530.65%；城市公用事业附加收入5925万元，完成任务141.95%，增加784万元，增长15.25%；国有土地使用权出让收入150.46亿元，完成任务116.33%，增加22.05亿元，增长17.17%；国有土地收益基金收入8.11亿元，完成任务139.16%，增加3.10亿元，增长61.82%；农业土地开发资金收入6880万元，完成任务45.29%，减少741万元，下降9.72%；城市基础设施配套费收入2.11亿元，完成任务176.87%，增加5534万元，增长35.62%。

市本级政府基金预算总收入　完成184.23亿元（当年基金预算收入147.97亿元，上年结余收入34.82亿元，上级补助收入1.44亿元）。当年基金收入完成预算的112.66%，比上年增收17.82亿元，增长13.69%。其中：地方教育附加收入3.22亿元，完成任务207.82%，增加1.30亿元，增长67.83%；地方水利建设基金收入2936万元，完成任务7.73%，减少2.37亿元，下降88.99%；残疾人就业保障金收入4595万元，完成任务142.79%，减少2896万元，下降38.66%；国有土地收益基金收入7.99亿元，完成任务141.54%，增加3.05亿元，增长61.54%；农业土地开发资金收入6766万元，完成任务45.45%，增加467万元，增长7.41%；国有土地使用权出让金收入131.55亿元，完成任务114.08%，增加15.49亿元，增长13.35%；城市基础设施配套费收入1.92亿元，完成任务168.16%，增加4110万元，增长27.25%。

【基金支出】

全市政府性基金预算支出　2011年，南宁市财政部门完成基金支出191.24亿元，完成任务87.99%，比上年增加64.92亿元，增长51.40%。其中：教育支出1.63亿元，完成任务33.24%，减少8228万元，下降33.50%；文化体育与传媒支出1254万元，完成任务34.38%，增加328万元，增长35.42%；社会保障和就业支出3697万元，完成任务24.91%，增加966万元，增长35.37%；城乡社区事务支出180.45亿元，完成任务91.02%，增加62.42亿元，增长52.87%；农林水事务支出7.92亿元，完成任务80.07%，增加3.27亿元，增长70.31%；交通运输支出100万元，完成任务48.78%，减少568万元，下降85.03%；资源勘探电力信息等事务支出806万元，完成任务7.48%，减少319万元，下降28.36%。

市本级政府基金预算支出　完成166.68亿元，完成任务90.47%，比上年增加53.22亿元，增长46.91%。其中：教育支出1.48亿元，完成任务35.62%，减少7588万元，下降33.92%；文化体育与传媒支出1254万元，完成任务34.73%，增加328万元，增长35.42%；社会保障和就业3036万元，完成任务24.44%，增加803万元，增长35.96%；城乡社区事务支出157.48亿元，完成任务92.41%，增加50.74亿元，增长47.54%；农林水事务支出6.82亿元，完成任务100.58%，增加3.16亿元，增长86.26%；交通运输支出9万元，完成任务11.54%，减少473万元，下降98.13%；资源勘探电力信息等事务支出607万元，完成任务10.80%，减少327万元，下降35.01%。

【支持三次产业建设】　2011年，南宁市加快发展壮大工业经济，实施战略性主导产业培育工程、战略性新兴产业培育工程、工业扶优扶强工程、工业亿元企业建设工程等，市财政安排工业发展资金3.70亿元，落实重大产业项目建设资金45亿元，工业用地储备资金7亿元，重点支持南宁富士康科技园高新园区、南南铝20万吨大规格高性能铝合金板带型材、南宁广发重工集团整体搬迁改造、五菱桂花专用汽车、南宁锦虹棉纺织有限责任公司技术改造及南宁绿洲化工有限责任公司等重点工业项目建设；推动优势产业和先进创造业发展，扶持3500家新办微型企业发展；改善和优化企业投资环境，落实取消涉企行政事业性收费项目和结构性减税政策31项。安排6.80亿元支持县域经济发展。抓好“三农”（农业、农村、农民）投入，全市农林水事务支出27.07亿元，高于经常性财政收入增幅29.10个百分点；市财政筹集和安排改善农村基础设施建设资金11.20亿元，农业发展资金3.30亿元，惠民补贴资金7.20亿元。完成除险加固水库164座，解决农村46万人饮水困难；完成渠道防渗工程622千米，沼气池建设1.04万座。扶持第三产业，安排引导扶持第三产业专项资金1.67亿元，用于服务业发展引导、供销社改造重组、会展发展补助、涉外发展、商贸发展、旅游发展、北部湾总部经济发展等方面，推进华南城、保税物流中心（二期）、大商汇商贸物流中心等重大商贸物流项目建设；落实家电下乡补贴资金2.96亿元，汽车摩托车下乡补贴资金1.23亿元，家电以旧换新补贴资金4900万元。

【保障民生投入】　2011年，南宁市财政部门坚持以人为本，集中财力保障重点民生支出的需要，彰显财政的公共性。全市财政民生支出214.87亿元，比上年增长19.99%，占全市一般预算支出71.08%。其中，落实为民办实事项目资金33.51亿元，确保教育、卫生、社保、安居等20项惠民工程的顺利实施；加强社会保障和就业工作，累计拨付养老、失业、医保、工伤、生育保险等5项社保基金46.90亿元，就业扶持资金1.03亿元，城乡低保、农村五保供养、城乡孤儿养育等专项资金1.33亿元，确保全市21.60万名城乡困难群众基本生活得到保障；筹措1.30亿元，安排下岗职工再就业担保、妇女小额贷款贴息、就业培训等，实现城镇新增就业7.77万人，帮助下岗和就业困难人员实现再就业2.43万人；针对前3个季度物价过快上涨的情况，市本级财政筹措3400万元财政补贴资金，落实自治区政府对猪肉、大米、食用油、罐装液化石油气实行定点限量限价销售临时价格干预措施，筹集1361万元，启动社会救助和保障标准与物价上涨挂钩联动机制，为城乡低保对象、农村五保户以及重点优抚对象发放价格临时补贴；支持医疗卫生体制改革，全市财政筹措资金28.33亿元，提高基本公共卫生服务水平，完善公共卫生保障机制，支持基层医疗卫生机构综合改革，落实提高新农合、城镇居民基本医疗保险、基本公共卫生服务财政补贴标准配套资金；筹措资金53.76亿元，重点安排教育基建计划24.95亿元，改善办学条件，支持普惠性公办幼儿园建设，邕江大学新校区项目资金6.50亿元，拨付给马山、隆安、上林3个贫困县免费营养改善专项资金4800万元，13.73万名学生享受到免费营养午餐；筹措保障性安居建设资金15.48亿元，其中补助县（区）廉租住房建设资金2200万元，完成保障性住房3.96万套；支持文化体育事业发展，安排资金4.50亿元，推进南宁孔庙一期、广西文化

“中国水城”建设项目之一的民歌湖—竹排冲—南湖水系贯通　　　周家志　摄

艺术中心、市民族艺术基地、南宁博物馆等项目建设，扶持100支村屯社区文艺队和“百戏下乡”文化活动，完成63个村级公共服务中心建设，农村电影公益放映1.73万场，南宁体育园建成并投入使用；安排科技支出3.80亿元，重点支持重大科技专项实施，保障科技研究与开发经费，推动科技自主创新发展。

【城建项目资金筹集与管理】 2011年，中央继续实施紧缩的信贷政策，不断加强对地方政府投融资平台公司监管，筹融资工作面临巨大困难。市财政部门整合投融资力量和资源，搭建银政合作模式，加强投融资平台公司建设，探索融资新模式，完善投融资机制，多措并举，共筹集城市项目建设资金147.21亿元。通过开展项目建设年，保障五象新区建设，交通基础设施完善，打造水城等重点项目，完成投资35.80亿元，建设“中国水城”的民歌湖—竹排江—南湖水系贯通，青秀湖公园、相思湖公园建成“一江两湖”水上旅游；参与西江“黄金水道”建设，推进郁江老口航运枢纽、邕宁梯级等项目。加强土地出让收支管理，制定土地出让收益分配支付办法，调动各城区（开发区）开展土地收储出让工作的积极性；研究落实从土地出让金中提取农田水利建设资金和教育资金的政策，严格按照规定统筹安排支出，加大对项目资金审核管理，提高资金的使用效益；完善项目备用金制度，对依法清理违法占地、违法建设工作经费实行市级财政统一拨付，加快资金拨付进度，强化对项目资金使用过程的监督。

【财政改革】 2011年，南宁市在上林县被确定为2010年自治区14个直管财政管理方式改革试点之一的基础上，在市辖的武鸣、横县、宾阳、马山、隆安5个县全面开展自治区直管县财政管理改革，理顺市与自治区、市与县收入分配秩序，核定各县的补助与税收返还基数，明确自治区、市对下转移支付补助资金分配与拨付方式；深化财政管理体制改革，完善转移支付制度，整合转移支付项目，加大转移支付投入，缩小城区间财力差距，平衡区域间公共服务保障水平。启动2011年部门预算支出项目评审试点，审核金额2554.52万元，核减率20%；推进收入分配制度改革，继续深化义务教育教师绩效工资及公共医疗卫生系统绩效工资改革；全面铺开农村“一事一议”财政奖补试点工作，12个县（区）列入自治区村级公益事业建设“一事一议”财政奖补项目1478个，总金额2.06亿元，其中财政奖补资金1.11亿元，通过项目的实施，加强农村基础设施建设，改善农民生产和生活环境。

【财政管理】 2011年，南宁市财政部门管理更加规范，制定财政专项资金管理、项目预算评审、财政资金安全等制度与办法，财政信息化建设全面扎实推进，完成财政与人民银行集中支付业务无纸化传递，国库集中支付系统的升级和优化；在市本级所有预算单位中进一步推行公务卡的使用，有效地约束预算单位大量使用现金结算的行为，维护财经纪律。全年通过国库集中支付资金56.70亿元，比核定计划61.16亿元减少4.46亿元，资金结存率7.29%。政府采购管理系统上线，严格依照政府集中采购目录及限额标准，要求预算单位“应编尽编”政府预算，对预算单位在执行支出过程中的漏报的涉采项目，一律要求申报审批，不得直接实施采购，从源头上确保“应采尽采”，同时采用电子信息化助推政府采购数据精准，完成政府采购预算金额110.61亿元，比上年增加14.15亿元，增长14.67%，这是自1998年南宁市开始推行政府采购制度以来，采购预算首次超过百亿元。“金财工程”应用支撑平台建设，完成农村义务教育债务清理；乡镇财政“两基”建设（基础工作、基层建设）明显加强，乡镇财政所标准化建设加快推进，会计管理和会计人才教育培训工作继续加强；公开全市的预算和决算报告，推进新的医院和基层医疗机构四项财务会计制度的贯彻实施；继续扩大公务卡结算的覆盖面，探索制定适合全市的公务卡强制结算目录。加强地方政府性债务管理，不断提高地方政府债务统计的政策把握能力，逐步建立债务动态管理机制，防范财政金融风险。

【财政监督】 2011年，南宁市各级财政部门组织开展财政专户清理整顿，撤销财政专户235个，上缴或退回国库资金6625万元；组织开展公务员、参公人员津贴补贴清理检查整改，督促相关单位认真整改；开展公务用车专项治理，通过单位自查、检查小组实地核查，全市120个党政机关单位，审查核实登记公务车11884辆，发现公务用车违规车1425辆，全市报送各级治理办备案的处理超编车、违规借换车、摊派款项购车等问题车696辆。其中：封存超编车469辆，退回（换回）车227辆；开展会计信息检查，在市本级、6个县共检查单位45个，查出违规金额1.10亿元（坐支滞留财政资金1.41万元，违规安排拨付财政资金215.88万元，违反专户存储规定77.50万元；会计核算中资产虚增金额1400万元、虚减金额372.39万元，所有者权益虚增金额1977.15万元、虚减金额46.88万元，损益虚增金额134.41万元、虚减金额258.39万元；财务信息披露不实金额794.42万元，其他违规问题金额5731.07万元)，对21个单位、35名责任人下达处罚决定，罚款16.80万元。对在2010年会计信息质量检查中发现的1个违规单位、3名责任人进行处罚，罚款1.65万元。5月，市财政稽查大队派出检查组，对邕宁区2008年~2010年的农村义务教育债务化解项目进行专项检查，发现偿债资金拨付未通过县级财政特设专户，自筹的作为农村义务教育化债配套资金205万元在本级教育专户闲置半年才转入特设专户。继续开展“小金库”专项治理复查，全市应列入复查的单位、企业4676个(家)，其中党政机关814个，事业单位2748个，社会团体732个，国有及国有控股企业382家，实际复查4676个(家)，复查面100%；抽调225人组成检查小组53个，对301个单位进行重点督导抽查，新发现“小金库”8个，涉及资金133.91万元。　　　　(李建南)

国家税务

【概　况】 2011年，南宁市国家税务局设科室15个、直属机构(稽查局为副处级局，车辆购置税征收管理分局为正科级分局)2个。下辖第一稽查局、第二稽查局、第三稽查局，均为正科级局。设信息中心、机关服务中心、票证中心3个事业单位。辖城区国税局6个、县国税局6个、开发区国税局3个。全系统在职人员1600人。负责增值税、消费税、企业所得税、外商投资企业和外国企业所得税、储蓄存款利息所得个人所得税、车辆购置税的征管。管辖纳税户13.87万户。其中：一般纳税人1.39万户，小规模企业4.33万户，个体工商户7.29万户，非增值税纳税人0.86万户。总户数比年初增加1.75万户，增长15.53%。市国税局和横县、上林县国税局被命名为自治区第一批“和谐单位”。在中国质量万里行服务质量明察暗访活动中，市国税局承担的广西国税12366纳税服务热线获综合评价A级等次，在南宁市48个被暗访单位中排名第二。横县国税局办税服务厅、上林县国税局妇委会获全国巾帼文明岗。上林县国税局被中央文明委命名为第三批全国文明单位。市国税局稽查局被国家税务总局评为打击发票违法犯罪活动工作成绩突出单位。

纳税金额前10名的有：广西中烟工业有限责任公司(78.98亿元)，广西烟草公司南宁市公司(4.48亿元)，中国移动通

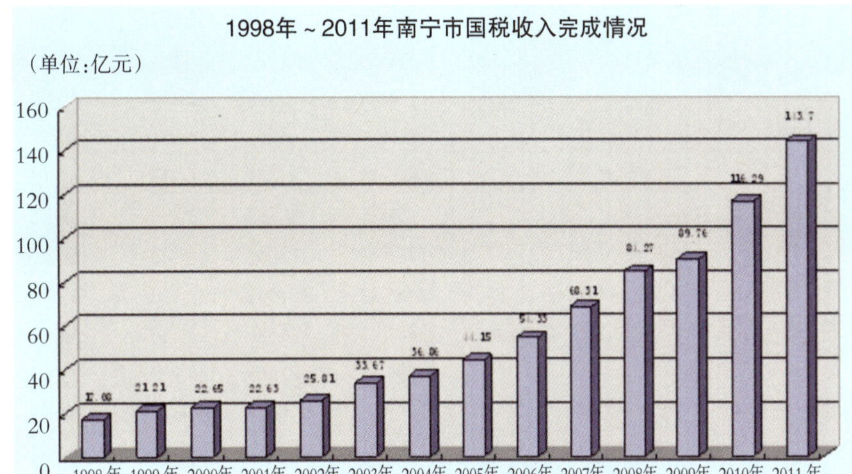

2011年南宁市国税收入分项目情况

单位：万元

项　　目	2011年	2010年	增减额	增减%
收入总计	1600729	1289930	310799	24.09
税收合计(总局口径)	1582364	1278480	303884	23.77
税收合计(自治区局口径)	1436979	1162860	274119	23.57
税收合计(市口径)	1429375	1153621	275754	23.90
一、国内两税	952729	825598	127131	15.40
1.国内增值税	639196	567977	71219	12.54
(1)工业增值税	339862	323107	16755	5.19
卷烟	80330	68276	12054	17.65
啤酒	2063	2182	-119	-5.45
机糖	49570	34477	15093	43.78
纺织	3160	4903	-1743	-35.55
造纸	8968	11864	-2896	-24.41
化工	16219	10404	5815	55.89
医药	8010	6604	1406	21.29
建材	34904	39757	-4853	-12.21
其中：水泥	14822	19661	-4839	-24.61
有色金属	4259	3534	725	20.51
机械	9396	8424	972	11.54
电力	38416	58931	-20515	-34.81
其中：发电	5333	4542	791	17.42
供电	33083	54389	-21306	-39.17
(2)商业	299334	244870	54464	22.24
2.国内消费税	313533	257621	55912	21.70
卷烟	285460	235324	50136	21.31
啤酒	3839	2766	1073	38.79
二、二小税(总局口径)	498296	341524	156772	45.90
二小税(自治区局口径)	484250	337262	146988	43.58
1.企业所得税(总局口径)	497928	340510	157418	46.23
企业所得税(自治区局口径)	483882	336248	147634	43.91
其中：批发零售业	92407	62063	30344	48.89
制造业	45104	39471	5633	14.27

续表

项　　目	2011年	2010年	增减额	增减%
金融业	95088	51601	43487	84.28
其中:银行业	62236	31671	30565	96.51
证券业	7948	9973	-2025	-20.30
其他金融业	20479	5325	15154	284.58
信息传输业	60545	54472	6073	11.15
其中:广西移动	57935	50137	7798	15.55
房地产业	112827	72005	40822	56.69
(1)内资企业所得税(总局口径)	358762	227942	130820	57.39
内资企业所得税(自治区局口径)	344716	223680	121036	54.11
(2)外商所得税	139166	112568	26598	23.63
2.利息所得税	368	1014	-646	-63.71
三、车辆购置税	131339	111358	19981	17.94
四、海关代征两税	16845	10202	6643	65.11
五、其他收入(行政性收费收入、罚没收入)	1520	1248	272	21.79
六、专员办退税	-7236	-8225	989	-12.02
附:1.涉外税收	216246	184859	31387	16.98
2.个体税收	25219	21451	3768	17.57
3.出口退税	-82812	-80337	2475	3.08
其中:(1)出口退增值税(中央和地方共享)	-59941	-56913	3028	5.32
(2)免抵调库	-22841	-23344	-503	-2.15
4.中央企业所得税固定收入	14046	4262	9784	-229.56
5.防洪保安费	3768	26995	-23227	-86.04
6.已办理退税(不含出口退税)	-19618	-16859	2759	16.37
7.在途税金(专业行扣款未到国库)	0	554	-554	100.00
8.卷烟两税	365790	303600	62190	20.48
9.啤酒两税	5902	4948	954	19.28

注:1.收入总计=税收合计(总局口径)+海关代征两税+其他收入;2.税收合计(总局口径)=国内两税+三小税(总局口径)+车辆购置税;3.税收合计(自治区局口径)=税收合计(总局口径)-中央企业所得税固定收入-车辆购置;4.企业所得税(自治区局口径)=企业所得税(总局口径)-中央企业所得税固定收入

信集团广西有限公司(4.35亿元),南宁糖业股份有限公司(2.55亿元),广西北部湾银行股份有限公司(2.28亿元),广西电网公司(2.22亿元),中国移动通信集团广西有限公司南宁分公司(1.44亿元),广西农村信用社联合社(1.39亿元),广西石油天然气股份有限公司西北销售广西分公司(1.26亿元),南宁国美物流有限公司(1.21亿元)。

【国税收入】 2011年,市国税局按照“抓早、抓紧、抓实、抓出成效”的组织收入工作要求,及时深入重点税源企业进行税源摸底预测调查,广泛收集税源信息,结合上年度税收任务完成情况进行比对分析、测算,下达税收计划。坚持以税源、税基、税收为主线,开展月度、季度和年度税收预测分析,提高税收预测的准确性,增强驾驭组织收入工作的能力。全年税收预测准确率98%。进一步加强重点税源企业的监控,将年纳税50万元以上的1421户企业纳入监控范围,监控户数比上年增长2.84%。实施分类管理办法,加强对重点税源企业的管理和服务,密切跟踪税源发展变化的态势,做好税源调查和预测分析,掌握税源动态变化情况,确保国税收入稳步增长,重点税源企业入库税收123.60亿元,增收19.50亿元,增长18.73%。召开年中“双过半”收入攻坚会、年底收入冲刺攻坚会,充分调动干部抓税收收入的积极主动性,实现收入进度与时间进度基本同步。累计组织各项税收入库(不含海关代征数)158.24亿元,增收30.39亿元,增长23.77%。其中,自治区国税局口径税收入库143.70亿元,增收27.41亿元,增长23.57%;市政府口径税收入库142.94亿元,增收27.58亿元,增长23.90%。税收收入总量、增收额以及增幅均创历史新高。

【税收征管】 2011年,市国税局抓好纳税申报、纳税评估和欠税管理,深化税源专业化管理,不断提高征管质量和效率。

纳税户籍管理　以南宁市涉税信息共享系统为依托,加强与工商、地税等部门纳税人登记信息的交换比对;把抓好大型商城、集贸市场和主要街道漏征漏管户的检查清理作为工作的主要着力点,强化对重点区域的户籍日常巡查,定期组织开展漏征漏管户检查清理;强化监督考核,将税务登记率、非正常户解除处罚率作为重点考核内容,规定税务登记率不得低于98%、非正常户解除处罚率100%等考核目标和扣分标准,全市税务登记总户数逐月增加,有效拉动税源的增长。

纳税申报管理　加强税务登记信息管理,在办理税务登记时严格审核企业提供的各项信息,认真核对纳税人地址、电话等联系方式,提高税务登记基础信息的准确率,为催报催缴工作奠定基础;加强税源监控,强化动态跟踪管理,有效减少纳税人应申报未申报风险;实行预警告诫制度,提前做好纳税申报友情提示工作;强化违法违章管理,切实加大处罚力度。

欠税管理　落实欠税公告制度,严格滞纳金加收和缓缴税款审批,切实加强欠税管理,充分利用征管法赋予的停止使用、限额使用发票、查询账户以及税收保全、强制执行等各项权限,结合帮助企业协调、活化资金等服务手段清理陈欠、杜绝新欠。累计税款入库率99.97%。

税收专业化管理　落实专业化管理3年规划,确定煤炭、汽车等31个行业为2011年行业管理项目,印制《税源专业化管理指南》供各单位交流使用。确定兴宁区、江南区、南宁高新技术产业开发区、横县国税局4个单位为试点单位,探索税源专业化管理措施。实行重点税源分级管理,制定重点税源专业化管理规程,对大企业实施市、县(区)共管模式。12月,

税务人员指导纳税人开具、使用新发票　　市国税局提供

市国税局在广西国税系统税源专业化管理示范基地建设现场会上作经验介绍。

发票管理　根据自治区国税局的安排部署，做好普通发票换版。对未领购新版普通发票的纳税人进行逐户清理，督促印刷单位加快企业冠名发票的印刷进度，确保发票衔接不出问题。组织培训使用特种发票的企业431户。推广应用网络发票系统，至年末，使用该系统的纳税户4456户，通过网络发票系统开具发票28万份，金额161亿元。贯彻落实新修订的《中华人民共和国发票管理办法》，开展专题培训，统一制作宣传板报38版，印制宣传单4万份。做好发票鉴别工作，配合公安机关、稽查部门进行发票打假。在发票鉴别中发现广西首例新版假普通发票并进行查处。加强对增值税专用发票、增值税普通发票、农产品收购发票发售的预警监控管理，对用票量大且税负低的企业进行重点分析，指导基层局做好用票量调整及开展纳税评估。全年发布增值税专用发票管理预警清单141户（次），经核查，发现5户企业存在问题，评估补缴税款253万元，对57户企业核定用票量大于实际使用量的情况进行调整，月批准供应份数从9014份降为6600份，10户企业从100万元开票限额降为10万元。为防范不法纳税人利用红字增值税专用发票偷逃增值税，建立健全红字发票和通知单监控机制，每季度对基层局开具的红字增值税专用发票通知单进行检查，通报检查结果。开具红字发票通知单1151份，核销率99.47%。

纳税评估　发挥综合征管的协调职能，组织做好日常纳税评估，对电力、房地产、烟草等重点行业企业开展风险评估。通过对一般纳税人防伪税控预警监控系统采集的信息进行分析选户，对890户增值税纳税人开展纳税评估；开发“企业所得税综合信息监控管理系统”，运用该系统筛选预缴所得税比例不足70%的企业和亏损额在亿元以上的企业进行重点纳税评估。全年对499户纳税人开展企业所得税纳税评估，评估核增增值税2109万元、企业所得税1.01亿元、滞纳金988万元，核减亏损725万元。

货物和劳务税管理　强化预警管理，利用预警数据发布软件每月发布超过小规模标准纳税人名单，督促基层局做好一般纳税人资格认定。市国税局新认定一般纳税人3081户，一般纳税人总户数累计1.39万户。对1994年以来市国税局下发的货物和劳务税管理文件进行清理，清理文件121份，废止78份，内容涉及一般纳税人认定管理、增值税抵扣凭证的管理、增值税专用发票及农产品收购发票的领购和使用管理、增值税消费税优惠政策管理等。规范IC卡解锁、发票手工退票、金税卡重新发行、存根联补录报税、发票领购、金税卡安装、发票读入等业务流程，保证金税数据采集完整，为在4月份实现涉税业务“全市通办”奠定基础。继续推进专用发票网上认证、远程抄报税和农产品收购发票税控开票系统的应用（简称三大系统），争取拨付财政专项资金用于三大系统的维护，使纳税人继续免费使用系统软件，实现全天24小时抄、报税。加强对纳税人培训，举办一般纳税人专题知识培训班26期，培训纳税人1.10万户。落实税收优惠政策，为享受增值税即征即退税收优惠政策的企业办理退税8187万元，其中福利企业增值税即征即退1359万元，软件产品增值税即征即退441万元，资源综合利用企业增值税即征即退6386万元。对奶制品、军工品、大型超市等开展专题调查，纠正部分奶制品适用税率错误问题，对大型超市存在的增值税管理问题进行分析，查找管理风险点，就如何加强超市连锁企业管理提出管理措施。

所得税管理　推广企业所得税税源管理平台，开发应用“房地产开发企业收入、成本监控分析平台”，监控企业利润率和所得税税负率，促使企业经营收入如实及时申报纳税。制定企业注销税务登记指南，规范企业注销清算管理。到混凝土、电力及房地产行业等部分重点企业开展调查研究，加强跨区域经营企业税源管理，及时发现涉税风险，堵塞税收漏洞。认真落实各项企业所得税优惠政策，为企业减免所得税12.86亿元。其中：西部大开发优惠政策等过渡期税收优惠政策减免所得税9.80亿元，高新技术企业减免税800万元，落实北部湾开放开发优

新一轮西部大开发税收优惠政策

第一，西部地区内资鼓励类产业、外商投资鼓励类产业及优势产业的项目在投资总额内进口的自用设备，在政策规定范围内免征关税。第二，自2011年1月1日至2020年12月31日，对设在西部地区以《西部地区鼓励类产业目录》中规定的产业项目为主营业务，且其主营业务占企业税收入总额70%以上的企业，减按15%的税率征收企业所得税。第三，对西部地区2010年12月31日前新办的、根据《财政部、国家税务总局、海关总署关于西部大开发税收优惠政策问题的通知》第二条第三款规定可以享受的企业所得税“两免三减半”优惠的交通、电力、水利、邮政、广播电视企业，其享受的企业所得税“两免三减”可以继续享受到期满为止。第四，企业既符合西部大开发15%优惠税率条件，又符合《企业所得税法》及其实施条例和国务院规定的各项税收优惠条件的，可以同时享受。在涉及定期减免税的减半期内，可以按照企业适用税率计算的应纳税额减半征收。

惠政策免征地方分享部分企业所得税1.74亿元，为小型微利企业减免税收800万元，其他项目减免1.16亿元。抓好2010年度所得税汇算清缴，入库所得税11.74亿元。从汇算清缴数据看，市国税局管辖应申报所得税纳税户2.96万户，实际应纳企业所得税额43.81亿元，已申报2.95万户，申报率99.66%，预缴所得税30.68亿元，预缴率70.03%，符合国家税务总局关于企业所得税预缴率不低于70%的规定。

出口退税管理　加强出口退(免)税资格认定管理，主动与商务部门联系，掌握备案登记信息变更、无效的有关情况，督促企业办理认定变更手续。建立退税台账，完善资料交接手续。规范出口退税计算机审核，加强出口收汇核销单和增值税专用发票的事后监管。完成对6000多份外贸企业已退税资料和5000多份生产企业免抵退税资料的整理归档。完善“征退合一”管理模式，明确岗位职责，梳理业务流程，规范细化各项退税管理制度。推进出口退税分类、分级管理，加强出口退税单证跟单督办、预警评估和核查工作，提高退税效率。全年办理退(调)税8.28亿元，比上年增加2475万元，增长3.08%。其中：退税6亿元，免抵税2.28亿元。

对出口骗税保持高压态势，采取约谈、实地调查、检查备案单证等形式，掌握和了解企业生产经营及纳税情况；向企业通报出口退税审批情况及发现的问题，帮助企业解读相关政策法规，引导企业规范经营行为，建立企业内部防范骗税的管理机制。加强税收函调、预警评估和备案单证管理，构筑起事前、事中和事后全方位防范骗税的防线。对易发生偷、骗税问题出口产品，如电子产品、服装、木制家具，以及用收购发票作为抵扣凭证的农副产品等，加强出口业务逻辑关系分析，查清资金流、货物流。密切关注骗税新情况，重点防范物流环节“串换”产品出口，从多道流通环节购进货物出口，或者从本地、自治区内流通企业购进出口，规避税务机关对异地货源出口货物进行税收函调等异常情况。加强与海关、外管、商务等部门的联系，做好信息互换和共享，提高相互间信息的增值利用率。在税务机关内部，重点推进征税与退税的协同管理，拓宽出口企业征、退税信息的共享范围，加强纳税评估与退税评估的协调联动，增进退税管理与案件协查的有效配合。完成对39户（215批次）出口企业的核查评估和函调，涉及出口退税金额7000多万元，查处存在问题企业3户，涉及出口退税金额300多万元；完成对机械电子、手机、纺织服装、棉布、皮革制品、电脑及配件、木制家具等产品出口企业的专项核查以及备案单证的检查。

【依法治税】 2011年，市国税局创新重大案件专业化审理模式，对税收案件进行模块化处理，突出证据类型化和体系化，增强审理说理性，探索建立案件、证据和法律适用3个审理流程模块，提高重大案件审理专业化水平。探索税收执法风险综合治理模式，不断完善风险防范手段，推进防范风险制度化，探索长效机制。抓好税收执法业务培训，提高执法水平，累计培训税收执法人员220人次。全年监控税收执法行为64万次，纠正执法偏差5795次，执法正确率99.95%。清理税收规范性文件1987份，现行有效的税收规范性文件1697份，全文废止或失效的税收规范性文件290份。开展税务行政复议及应诉，强化税收执法事后监督，先后妥善处理广西居乐房地产有限公司、华润置地(南宁)有限公司、广西邦泰商贸有限责任公司复议案。开展税务协助，为行政、司法等机关出具涉税证明126份，办理税收政策答复意见函79件。组织法律顾问对系统内政府采购、合同文书、招标投标书等审查，促进行政行为规范合法。

【税务稽查】 2011年，市国税局稽查局推行“统一选案，交叉检查，集中审理，分级执行”的稽查扁平化管理模式，即采取以市国税局稽查局集中统一选案与各县(城区)稽查局自行选案相结合，解决各县(城区)稽查局力量与稽查任务不匹配的问题；由市国税局统一部署安排，各基层稽查干部交叉对辖区纳税户开展税务稽查；将原由各基层稽查部门各自审理的案件统一集中到市局审理，进一步规范稽查案件审理；按“谁检查、谁执行”的办法，按照属地原则，查补税款、滞纳金、罚款在被查对象注册登记地入库。年内，对广告业、资本交易项目、房地产、建筑安装、出口退(免)税企业5个行业实行统一选案。全年立案检查305户，选案准确率100%，查补入库税款2.75亿元，比上年增加4142万元，增长17.71%。

重大税收违法案件查处　建立健全大案要案报告、信息传递和保密、案源登记和延伸稽查、廉政和责任追究等管理制度，确立领导督办、稽查骨干力量主办、国地税协作、税警协作办案方式。共查处重大税收违法案件16件，涉税金额3443万元，入库1545万元。对广告业、资本交易项目、房地产、建筑安装、出口退(免)税企业、增值税专用发票违法案件等实施专项检查，立案检查69户，发现问题40户，查补税款3010万元，核减亏损337万元。

打击虚假发票违法活动　对125户企业4.07万份发票进行核查，核实5966份发票为假发票，票面金额5374.32万元。整治虚假发票“买方市场”，对166户企业使用发票情况进行检查，发现非法发票619份，补税335.38万元，罚款133.82万元，加收滞纳金71.98万元。配合公安机关开展发票整治行动8次，打掉团伙5个，捣毁窝点23个，缴获作案机器设备57台、假发票665万份，抓获犯罪嫌疑人19人，立案8件，移送起诉3件。7月19日，联合公安机关、地税部门在全市范围内开展打击整治发票违法犯罪集中统一行动，依法对在车站、码头、商场、广场、路口等公共场所兜售假发票和散发代开发票名片违法犯罪行为进行查处，缴获各类假发票80份、各类违法小广告、宣传单6862张。

金税协查　金税协查系统收到受托协查305件，受托检查发票3811份，涉及金额3.91亿元，税额6645.49万元，按期回复率100%。委托协查27件、发票244份，金额6446.68万元，税额1095.93万元。加强举报案件查处，市国税局稽查局举报中心受理检举、投诉310件，通过对66件进行检查，查补入库256万元。开展清理陈欠税款工作，对61户积案实行跟踪督办，根据积案产生的原因和清理难易程度，制定具体清理计划，逐案落实到人，明确清理时限。完成积案清理53件，查补入库1722万元，入库呆账欠税1905万元。

【税收信息化建设】 2011年，市国税局夯实信息化基础建设，推进金税三期工程广域网项目建设，8月完成设备安装、网络改造，进一步改善税收业务日益增加和网络带宽资源不足之间的矛盾。拓展信息系统开发应用，完善信息系统一体化管理平台，对国家税务总局、自治区国税局下发的软件以及市国税局自主研发的软件按业务类、行政类和决策支持类进行规划，统一登录用户名和口令，实现多系统单点登陆、操作多平台的服务，有效提高工作效率。做好办税服务厅纳税服务考评系统的推广，建立税收监控系列软件，主要包括：数据一体化应用、发布平台；第三方数据交换分析系统、减免税统计调查系统、发票库存预警软件、异常发票核查结果系统；税源专业化管理质效监控系统；税收专业化管理信息系统。年内，制定机制糖行业、电力行业、电信行业、木材行业和采石业的专业管理数据数学模型，并设置预警指标31个，完成30多户企业的数据采集，有效地推进专业化管理试点工作。开发应用财务预算监控系统、绩效考核系统、干部教育培训管理系统、电子荣誉室、计算机设备管理软件等行政管理软件。全年完成个体定额户银税扣款34.45万笔，完成各项涉税数据查询和税收分析136项（次），利用短信发送平台受理各类短信发送申请73次，发送短信63万条。加强各项数据统计、分析、抽取、交换与比对等日常工作。按月发布增值税专用发票预警监控数据分析，按旬完成税收征管质量部分考核指标完成情况通报，按日发布纳税人旧版发票验旧进度表通报，按日发布税务机关与收款国库不匹配数据监控通报。完成一体化工作通报明细数据查询分析、所得税减免税申报情况查询分析、小规模纳税人税收分析情况、发票临时增量和票种表删除情况调查分析、未达起征点户核定信息分布情况分析、个体税收有证户和临商户入库情况分析等。

【纳税服务】 2011年，市国税局以“标准化、专业化、智能化”为目标，依托国税电子服务平台不断推陈出新。4月，率先推行“全市通办”模式，所辖15个办税服务厅均实现跨县（区）通办5大类58项业务。整合网上办税、自助服务、12366服务热线、短信平台等资源，建设多样化电子税务平台，组织开发“税企E家纳税服务系统”，帮助纳税人了解各项办税流程，引导纳税人自行完成各种网上涉税事项，并提供多途径在线服务，实现“服务全天候”目标。不断完善各项办税服务制度，在全系统推广使用纳税服务考评系统，初步实现纳税服务标准化、规范化和科学化管理。试点安装自助办税终端，承担市局办税服务厅50%的认证、申报业务量，节省纳税人办税时间。发挥纳税人培训学校作用，举办纳税人培训班36期，培训纳税人4250人。出台办税服务厅投诉办法，成立南宁民营企业纳税人权益维护中心，多渠道保护纳税人权益。开门纳谏，倾听民意，聘请政风行风监督员135名。举办“征求意见日”等主题活动，主动上门向社会各界问需、问计、问效，发放调查问卷6500多份，召开座谈会37次，收集意见和建议258条。在全市网上测评活动中，市国税局测评满意率在15个被评单位中名列前茅；9月，在政风行风面对面评议中，满意率100%；在年底开展的民主评议测评活动中，市国税局网络测评得分、群众现场测评得分、评议组考核测评得分以及综合评价得分在15个被评议单位中名列第一。

【税收宣传】 2011年，市国税局完善12366服务热线功能，受理话务量10.85万件，当场答复率98%；通过12366平台为纳税人发送催报催缴、涉税提醒宣传等信息70万条。编写《办税指南》16种6万册，完善“税搜知识库”，为纳税人提供便捷的政策查询和答疑。开展第20个全国税收宣传月活动，与市地税局、广西电台北部湾之声联合在梦之岛水晶城举办中国—东盟友好交流年税法宣传活动，首次面向东盟企业宣传税法知识，缅甸、泰国、越南、老挝驻南宁总领事馆官员出席启动仪式，《中国税务报》头版头条刊登该活动新闻。税收宣传月期间，市国税系统组织税收文艺演出4场，观众1万多人；召开税企座谈会19次；印发宣传资料6万多份；出版宣传板报25期；悬挂宣传横额55条，张贴宣传画510幅；在各级新闻媒体发表税收宣传文章250篇，在各级电视台播放税收新闻30多条、公益广告70余次；举办各类纳税人培训班40多期，培训纳税人6200人次；发送税收宣传短信9万多条；开展税法宣传进学校7次，参与人数3300人次；开展税法宣传进军营6次，参与人数810人次。拓展政务信息公开平台，做好政府信息公开，全年公开政府信息98.21万条次。收集网络中的税务管理经验，整理、编辑《全国税务新动态》信息13期，为各级领导谋划税收工作提供新的思路。 （邓有侃）

地方税务

【概　况】 2011年，南宁市地方税务局设科室（中心）13个、直属机构10个（稽查局3个、税务服务中心1个、直属税务分局1个、开发区地税局5个）、城区地税局6个、县地税局6个，税务所（税务分局）64个。全系统有职工1613人，其中在编职工1288人（干部1205人，工人83人），助征员168人，退休人员157人。负责全市19.80万户纳税人的地方税收征管，完成地税收入142.89亿元。市税务服务中心获全国青年文明号、全国巾帼文明岗；江南区地税

3月，南宁市江南区地税局获全国巾帼文明岗　　市地税局提供

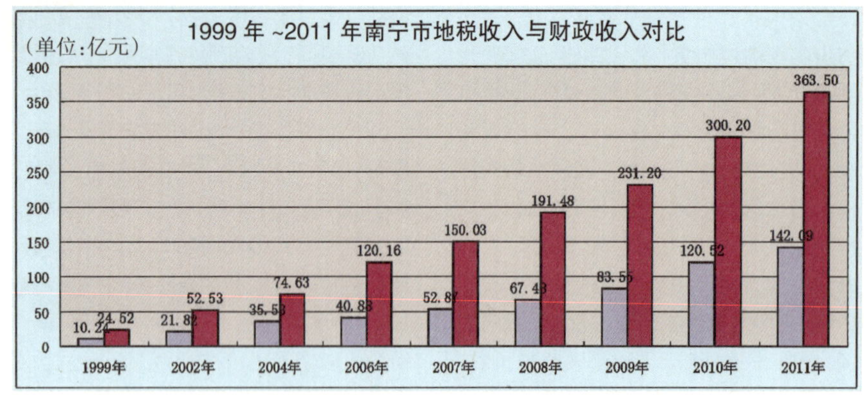

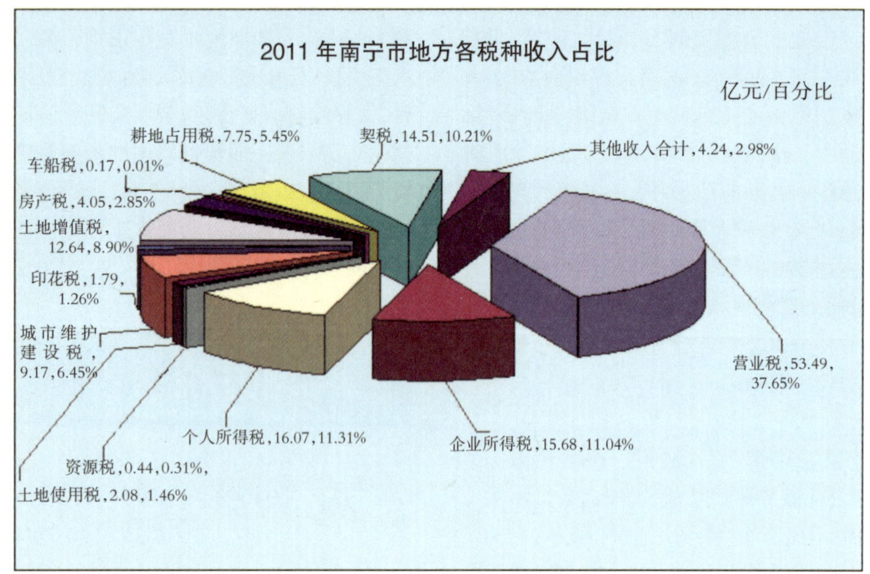

局获全国巾帼文明岗。

纳税金额前10名的有：南宁城市建设投资集团有限责任公司(5.78亿元),广西中烟工业有限责任公司(4.38亿元),广西荣和企业集团有限责任公司（2.05亿元），广西荣和置业开发有限责任公司(1.66亿元),中房集团南宁房地产开发公司(1.52亿元),市城市建设投资发展总公司(1.40亿元),南宁交通水利投资有限责任公司(1.36亿元),南宁建宁水务投资集团有限责任公司(1.29亿元),南宁糖业股份有限公司(1.05亿元),广西中榕房地产开发有限公司(0.93亿元)。

【地税收入】 2011年，市地税局组织各项收入142.89亿元，比上年增收21.75亿元,增长17.96%;完成自治区地税局调整后的税收收入目标任务141.30亿元的101.13%,其中市政府考核口径组织各项收入142.09亿元、增收21.57亿元、增长17.90%；完成市政府调整后的税收收入目标任务142亿元的100.06%，税收收入增量相当于2002年全年收入总量，实现了历史性新高。全市18个征收单位组织地税收入均突破亿元,其中上林县、马山县地税收入首次突破亿元。

全市地税收入的主要特点:1.收入规模再上新台阶。全年地税收入连续突破130亿、140亿大关,达到142.09亿元(市级收入),与"十一五"开年的2006年度相比增长3.46倍。2.收入增长高开低走。一季度~四季度，全市地税收入增幅分别为25.90%、23.28%、20.13%、17.90%，呈高开低走趋势。从各月收入增长走势情况看,除一季度末的3月份以外,二、三、四季度末的6月、9月、12月都是在前两个月连续下滑的情况下在季度末月出现明显反弹。3.营业税、个人所得税增长乏力,主体税种增收贡献明显下降。营业税、企业所得税、个人所得税三大主体税种实现收入86.06亿元，增收12.36亿元，增长16.77%,慢于全部税收平均增幅1.19个百分点。主体税种增收贡献明显下降,与2009年、2010年相比分别下降17.91个百分点、17.54个百分点。4.二产税收收入增长快于三产,收入占比提高,但增收贡献率下降。全市第二产业实现税收收入32.26亿元，占全部税收的27.71%，提高0.77个百分点,增长23.74%,快于第三产业4.69个百分点，实现增收6.20亿元,占全部税收增收总额的31.49%,下降8.43个百分点；第三产业实现税收收入84.16亿元,占全部税收72.29%,增收13.47亿元,增长19.06%，第三产业对整个地税增收的贡献与上年度比明显提高。5.重点税源收入保持平稳增长,税收集中度提高。全市2376户重点税源企业共缴纳各项地税收入74.33亿元,占全市地税收入52.02%,增收8.26亿元,增长12.50%,继续保持平稳增长态势。缴纳税收100万元以上的企业有1476户,实现税收100.26亿元,占全部税收收入70.16%，税收集中度有所提高。6.县域税收保持较快增长,增幅明显快于市区平均和整体平均水平。市区12个征收单位组织各项收入123.92亿元,实现增收17.97亿元,增长16.96%,占全市税收收入总额87.21%;6个县各项地税收入18.17亿元，占全市地税税收收入总额12.79%,比上年提高0.71个百分点,实现增收3.60亿元,增长24.71%,增速高于市区平均水平7.75个百分点,高于全市平均增长水平6.81个百分点。

【税收管理】 2011年，市地税局稳妥推进税收征管创新，率先推行网上开具缴税凭证系统，使纳税人足不出户完成申报纳税。全年举办培训班20期,培训纳税人3826人；实现远程申报纳税户3.93万户,其中开通数字认证业户3354户,占网报户数8.61%。完善税源管理工作模式,在全市实行税源分类专业化管理，依托GIS管理系统(地理信息系统),逐步建立以税收风险管理为导向的属地网格化管理、工作组专业化团队分类管理的税源分类专业化管理模式。完善纳税评估工作体系建设,以"信息管税"为平台,进一步完善重点行业纳税评估模型、评估预警指标、评估工作流程,不断提高纳税评估工作质量，评出入库税款4亿多元,比上年增长8%。稳步推行网络发票试点,在服务业、娱乐业、文化体育业试点推广应用网络发票，有6457户纳税人上线使用网络发票,累计开票76.85万份,开票总金额70.28亿元。加强重大工程项目的税收管理,建立与铁路、公路部门协调联系机制,完善管理办法,实施跨区域重大工程建设项目的税收源泉管理，跨区域工程项目代征税款近3亿元;进一步完善重点工程项目税收管理办法，实行三级管理模式，抓好重点工程项目税源监控，重点工程项目实现税款20.28亿元，增长22%，其中建筑业营业税收入17.54亿元、增长27.59%。依托城市数字化管理系统，探索耕地占用税属地管理模式，加强土地使用税、资源税、印花税源泉管理，进一步加强土地增值税征管和清算，入库12.64亿元，增长49.19%；强化契税征管，建立二手房交易评价系统，组织契税收入14.51亿元；加强企业所得税汇算清缴和日常工作，入库企业所得税15.68亿元，增长73.45%；做好个人所得税完税证明开具系统开发和试点工作，加强个人所得税管理，超额完成年所得12万元以上纳税人自行纳税申报任务，个人所得税收入16.07亿元，增长8.88%。加强重点税源监管，全市纳入监控的2376户重点税源纳税户入库税款74.33亿元，占全市地税收入的52%，增长12.50%。探索存量房交易税收征管，建立与市财政、国土、物价、房管等部门的信息交换机制，为存量房交易税收征管改革打牢基础。

【税收执法】 2011年，市地税局充分发挥税收职能、服务经济发展、不折不扣地贯彻落实税收优惠政策，用足用好执行好各项结构性惠民生的减税政策。落实扶持中小企业发展和加快服务业发展的有关优惠政策，为9971户纳税人办理地方各税减免3.77亿元，办理退税1963户，金额0.52亿元。做好营业税起征点调整，为2263户个体户减收税款1000万元。做好个人所得税费用扣除标准提高后的政策衔接，为9.20万人次减轻税负1.60亿元。调低娱乐业营业税适用税率，为636户纳税人减轻税负2929万元。加强税收执法检查和执法监察，推行执法预警，防范执法风险，继续规范重大案件审理各流程；加强欠税管理，对欠税大户实行公开曝光，推进依法行政。搭建社会综合治税沟通平台，理顺部门间的关系，形成综合治税合力，通过社会综合治税协调税收入库15.40亿元，占地税收入11%。开展税收稽查，转型税收稽查方式，检查（含自查）企业317户，查补收入4.04亿元；检查发票违法企业96户，查处非法发票4443份，可开票金额8.13亿元，涉税金额0.45亿元；破获假发票案3件，收缴假发票1686万份。

【纳税服务】 2011年，市地税局注重服务理念创新、服务方式创新，不断改进和优化纳税服务，改善办税服务环境，共清理税收规范性文件91份；继续加大各办税服务厅的标准化、规范化改造，将优化纳税服务贯穿于整个办税过程，创建心理舒缓室，为征纳双方在税收争议、心理压力等方面提供心理辅导与精神舒缓服务，调整心态，化解矛盾。创新服务渠道，加强税法宣传和税收服务，重点开展“四进”（进社区、进校园、进企业、进项目）税收服务、红拇指短信征集大赛、税收经济知识辩论赛、“双百” 重点建设项目税收咨询、“税企面对面 服务促和谐” 税收沙龙、税官进企业送政策送服务、局长在线访谈、“一对一、心连心”等系列纳税辅导活动，提高税收认知和税法遵从度。稳步推行国税、地税联合办税、联合稽查和“免填单”等服务方式，方便纳税人，降低成本，提高效率；与市工商联、市国税局等部门联合成立纳税人权益维护中心，维护纳税人合法权益。完善纳税人培训学校和纳税人之家，举办培训班12期，培训600人次；开发《南宁市涉税信息共享系统》，并成功在32个成员单位运行，确保涉税信息数据的适时交换，交换涉税信息4.21万条。持续推进12366纳税服务热线和知识库建设，提高咨询答复满意度和服务水平，促进纳税人服务需求的办理；推广运用办税“一次性告知系统”，方便纳税人办税。市地税局12366纳税服务热线在中国质量万里行促进会对南宁市48个政府公开电话的明察暗访中，得分98分，位居第二名。

4月1日，由市国税局、市地税局、广西人民广播电台北部湾之声联合主办的南宁市2011年税收宣传月暨中国—东盟友好交流年税法宣传活动启动 市地税局提供

【税收宣传】 2011年，市地税局在大力组织税收收入的同时，以提升和加强宣传税收为突破口，利用报刊、电视、网络等媒体，创新发展合作机制，开辟地税专版、专栏，多角度、多层次对税收进行宣传报道；借助办税服务厅、手机短信、门户网站等平台，重点解读新出台的政策、法律法规；每季度开展公开大接访活动，开展税收政策现场咨询，与群众进行面对面交流，听取纳税人意见和投诉；开展送税法到企业活动，听取企业的意见和建议，提供“一对一”的纳税宣传、咨询、辅导、权益维护等个性化服务；举办各类税收业务知识培训班，利用培训强化税收知识的宣传。与市国税局、广西电台北部湾之声联合在梦之岛水晶城举办中国—东盟友好交流年税法宣传活动，首次面向东盟企业宣传税法知识，缅甸、泰国、越南、老挝驻南宁总领事馆官员出席启动仪式，《中国税务报》头版头条刊登该活动新闻。开展第20个全国税收宣传月活动，税收宣传月期间，重点开展进社区、进校园、进企业、进项目的“四进”税收服务；开展红拇指短信征集大赛，举行税收经济知识辩论赛、税收沙龙、局长在线访谈等，印发宣传资料7万份。开展重大课题调研，有42篇论文获自治区地税局奖励，14篇论文入选《2011中国税官论税制改革》一书。 （孙炳清）

责任编辑 孙贵寿

银 行

【概 况】2011年，南宁市银行业有金融机构网点1017个，从业人员1.86万人。其中政策性银行2家，机构网点12个；大型商业银行5家，机构网点475个；股份制商业银行7家，机构网点41个；城市商业银行3家，机构网点57个；外资银行2家，机构网点2个；农村中小金融机构13家，机构网点268个；邮政储蓄银行1家，机构网点157个；资产管理公司4家，企业集团财务公司1家。至年末，金融业金融机构资产总额9058.90亿元，比年初增加2589.62亿元，增长40.03%；负债总额8866.86亿元，增加2562.66亿元，增长40.65%。（莫姗姗 李彩丽）

各项存款 2011年，南宁市金融运行总体平稳，各项存款余额保持较快增长态势。至年末，全市金融机构本外币各项存款余额4619.81亿元，增长18.10%，增幅下降2.55个百分点。金融机构本外币单位存款余额2842.85亿元，增长19.02%；储蓄存款余额1582.98亿元，增长15.38%，储蓄存款增幅下降6.80个百分点；财政性存款余额受税收增长的影响，增长37.51%。

各项贷款 受宏观调控政策影响，银行体系流动性偏紧，稳健的货币政策使信贷总量继续回归正常状态。至年末，金融机构本外币各项贷款余额4782.32亿元，增长20.78%，增幅提高1.12个百分点。金融机构境内本外币中长期贷款余额3820.76亿元，增长12.21%；新增中长期贷款占全部新增贷款额50.80%，增幅下降47.14个百分点；短期贷款余额828.01亿元，增长61.34%；票据融资业务增长迅速，票据融资余额39.49亿元，增长52.59%。金融机构新增贷款主要投向固定资产、重点项目、个人消费等领域。年末，单位固定资产贷款比年初增加340.46亿元，增长15.16%；个人中长期消费贷款增加95.89亿元，增长13.16%，增幅下降23个百分点；南宁单位短期经营贷款增加253.71亿元，增长59.64%；制造业、批发和零售业贷款余额增加238.97亿元，增长182.85亿元；对境内小型企业贷款增长99.42%；银行业不良贷款余额23.94亿元，减少7.47亿元；不良贷款率为0.48%，下降0.27个百分点。银行业金融机构累计实现账面利润115.36亿元，增长30.39%。

2011年南宁金融机构本外币信贷收支情况

单位：亿元

项目	余额	项目	余额
各项存款	4619.81	个人消费贷款	17.59
单位存款	2842.85	单位普通贷款及透支	692.46
活期存款	1435.14	经营贷款	679.16
定期存款	642.23	固定资产贷款	13.11
通知存款	55.62	银团贷款	2.09
保证金存款	219.56	贸易融资	48.99
个人存款	1598.61	中长期贷款	3820.76
储蓄存款	1582.98	个人贷款	878.03
保证金存款	0.80	个人消费贷款	747.73
结构性存款	14.83	单位普通贷款	2521.20
财政性存款	87.33	经营贷款	334.01
临时性存款	2.63	固定资产贷款	2187.19
委托存款	11.53	普通并购贷款	19.64
其他存款	76.86	银团贷款	399.69
各项贷款	4782.32	固定资产贷款	399.69
境内贷款	4688.74	票据融资	39.49
短期贷款	828.01	贴现	39.48
个人贷款及透支	84.47	境外贷款	93.58

注：从2011年开始，统计口径有所调整

【中国人民银行南宁中心支行】 2011年，中国人民银行在南宁市的分支机构有7家，其中省会中心支行1家，武鸣县、宾阳县、横县、马山县、上林县、隆安县各有支行1家。

金融改革 筹建广西金融电子结算服务中心和中国—东盟货币服务中心。7月25日，广西金融电子结算服务中心正式挂牌成立，是服务广西、辐射全国的金融服务平台，以资金清算为基础，功能涵盖金融后台研发、技术支持、评估咨询等多个方面。中国—东盟货币服务中心筹建有序进行。创新金融宣传，提升基层央行社会认知度与影响力。首次以新闻发布会向社会公布广西金融统计数据和信贷运行情况，把握广西存贷款双超万亿元的时点效应召开新闻通气会，在公开刊物刊登2010年广西金融运行报告、广西金融稳定报告，强化基层央行的影响力和话语权。金融调控组织召开货币信贷窗口指导会议，下发信贷指导意见，引导金融机构执行稳健货币政策要求，把握信贷投放总量和节奏，在符合国家产业政策和发展要求的领域加大信贷资金投入，确保对地方经济发展的支持力度。至年末，南宁市本外币贷款比年初增加821.27亿元，同比增加170.84亿元；企业利用非金融企业债务融资工具实际融资104.70亿元，为上年的1.49倍。

金融稳定 完成广西农业银行“三农金融事业部”改革试点检查评估，配合总行和相关部委召开全国农业银行“三农金融事业部”改革试点评估座谈会。推进农村金融产品和服务方式创新，支持新型农村金融机构建立和发展。有村镇银行3家、小额贷款公司28家。开展金融稳定再贷款损失认定，建设风险监测数据库系统。首次把非银行机构纳入监测范围，实施金融机构稳健性现场评估。强化信用评级市场监管，实现南宁债项评级业务量增长3倍，主体评级业务量增长11.70倍。4家金融机构开展反洗钱现场检查，配合有关部门对16件案件线索开展反洗钱调查。

金融管理服务 出台《执法检查程序实施细则》、《新设银行业金融机构金融管理与服务实施办法》、《银行业金融机构综合评价办法》等制度，构建金融机构重大事项报告、开业管理、综合执法检查和综合评价制度相结合的“四位一体”的“两管理、两综合”制度体系。率先开展区域性社会融资总量统计和金融统计标准化新增贷款逐笔统计试点，为全国金融统计数据生产“零差错”六省(区)之一。创立“一揽子”支付系统准入制度，加强非金融机构支付业务管理，协调金融IC卡推广应用，清算系统建设实现新跨越。反假货币走进中国—东盟博览会、纳入地方综治考核，假币收缴下降21%。

外汇管理 指导工商银行广西区分行、广西北部湾银行开展人民币兑越南盾挂牌业务，填补正规金融人民币与越南盾兑换空白；加强跨境资金流动监管，严把外汇流入结汇关，“减顺差、打‘热钱’”中心工作成效显著。实施网上年检，年内，获总局外汇年检工作优秀分局。 (陈恒丹)

【中国农业银行股份有限公司广西区分行营业部】 2011年，中国农业银行股份有限公司广西壮族自治区分行营业部辖一级支行14个(城区8个、县域6个)，员工2300多人；对外营业网点154个(城区90个，县域64个)。至年末，各项存款余额656亿元，增加68亿元；各项贷款余额496亿元，增加53亿元；中间业务收入4.50亿元；拨备后利润15亿元。

业务发展 结合区域经济发展战略，利用现金管理平台、网上银行等结算手段，抓集团性、系统性客户的资金归集，组织筹措资金。至年末，对公存款余额361亿元，增长27亿元；全辖优质法人客户贷款余额占比98.83%，提高2.87个百分点。个人贵宾客户营销管理体系得到完善，全辖个人贵宾客户近8万户；电子渠道业务分流率69.97%。支持北部湾经济区建设、农村电网改造工程及铁路、高速公路等交通枢纽建设，累计投放信贷资金36亿元。扶持优质中小企业发展，推行小企业金融服务中心独立审批人派驻制，支持重点产业、重点项目上下游供应链企业，发放小企业简式快速贷款6.30亿元。推行“营业部个贷中心+支行个贷分中心+网点”的个人贷款服务模式，发展个人助业贷款等个人贷款业务。推进投资银行业务发展，办理银赁通、结构性定制理财、国内信用证、短期融资券等多笔新产品和新业务；与保险公司在自治区农行系统实行网点“1+1+2”保险代理新模式，以网点资源分配作为调节杠杆，调动银保双方资源，为客户提供优质的保险金融服务。推广信用卡分期付款业务，推出“信用卡家装分期0利息、0手续费”，“信用卡汽车分期贷款”等新业务，与南宁百货开展“信用卡家电分期付款”活动等。

服务“三农” 营销“新农保”、“新农合”代理项目，推进电子服务、农村小额现金流转等新型服务；做好农副产品收购款代付项目、2010年~2011年榨季代付甘蔗款业务，拓展糖业企业代付甘蔗款业务，提高惠农卡代理服务的附加值；抓好各种涉农财政补贴款项目，实现各项涉农资金通过惠农卡“无缝直达”到户，提升惠农卡存款含量。抓好卡“三大工程”，提升惠农卡综合效益；在加强营业网点、自助设备建设的基础上，大力推动业务发展与渠道建设双发展，推动小额现金流转服务；以惠农卡为切入点，同步营销短信通、转账电话、电话银行、网上银行等电子银行服务，建设惠农卡服务渠道，打造用卡“畅通工程”。至年末，为282个行政村安装转账电话413部，POS机55台，实现整村推进区域率85%。

金融服务 在重点营业网点实施咨询引导区、自助服务区、现金服务区、低柜服务区和贵宾服务区“五位一体”的机构经营服务模式。完善城区网点服务设施，增添填单样式、大堂经理提示牌、营业现场巡视记录本、晨会记录本、柜面文具收纳盒、传票盒、客户签字笔、老花眼镜等及为全辖员工定制佩带“工号牌”、“笑脸徽章”等，满足广大客户金融需求。开展“绿色行动”，实施招牌亮化工程。全年网点标准化建设项目完工17个(含自助银行5个)；加快网点LOGO门牌标识更换及门楣LED屏的安装，安装机构及网点门牌标识193块，其中：城区106块、县城36块、乡镇28块、自助银行17块、办公楼发光字6块；网点门楣LED显示屏安装联网109个。做好中国—东盟博览会、南宁国际民歌艺术节等重大节日金融服务，部署迎中国—东盟博览会、南宁国际民歌艺术节规范服务系列活动、节日金融服务暗访检查等工作，细化服务措施，优化支付环境，加强科技保障与安全防范。

内部管理　实施后台运营中心建设,提高后台运营作业的效率和质量。完善《核心客户名单制管理》、《核心客户营销管理实施细则》,明确核心客户31户。实施营业部《对公客户经理等级管理办法及实施细则》,提高营销人员满誉度和忠诚度。设立专业化直营中心,对现有信用卡发卡及管理、特约商户拓展及维护、电子机具布放及维护等相关业务流程进行整合优化,组建城区专业营销、管理团队提升对中高端客户的营销水平和能力。把推动企业精神和文化导向与业务经营、风险控制、品牌形象、文明单位创建紧密结合,加强企业文化培训、办公VI推广,开展合规文化大讨论、"法律进网点"巡回宣讲和征文活动。年内,获自治区文明单位,被农总行评为全国农行精神文明建设先进单位,被农行广西区分行推荐确认为全国农行文明单位,在全市窗口服务行业大评比中保持"优秀单位"称号。　(曾　敬)

【中国工商银行广西区分行营业部】　2011年,中国工商银行广西壮族自治区分行营业部辖支行15家,营业网点116个,员工2353人。至年末,本外币存款余额726.15亿元,比年初增加93.64亿元;中间业务收入5.21亿元,增加1.60亿元;本外币贷款余额659.26亿元,增加66.53亿元。

存款业务　对公存款余额414.35亿元,增长45.74亿元;储蓄存款余额311.79亿元,增长47.76亿元。强化存款与理财产品的互动,全年销售个人理财产品增幅190.60%,满足客户投资避险、资金增值需求。拓展县域存款市场,并加强"三农"服务,满足县域企事业和群众日益多样化的金融需求。

贷款业务　全年累计投放贷款169亿元。交通、铁路、水利、医疗、文化及城市基础设施项目建设等投放27亿元;糖业、造纸等支柱产业投放19亿元;壮大中小企业的经营发展以及广大个人客户购房、消费等融资需求,中小企业贷款余额增幅182.27%,个人贷款余额230亿元,增加29亿元。

中间业务　打造收益权业务、重组并购、短融中票、融资租赁、上市顾问等精品投行品牌,实现从传统银行信贷服务到提供更多金融产品资金筹集的转变。资产交易业务增幅56.37%。加快发展银行卡和收单业务市场,加大POS机投放,满足汽车、家装等行业的分期付款产品需求,自用车分期付款年增长128%。12月6日,工商银行南宁第一金银交易中心开业,推进贵金属业务专业化、市场化、集约化的经营步伐,累计销售贵金属45万公斤,满足居民和企业的投资、理财、避险需求。加强电子银行与各类资产、负债和中间业务的捆绑与整合互动,使业务办理更方便快捷。

网点建设　2011年是广西工行"渠道建设年"、"改革流程、改进服务年"。加大渠道建设投入,新增自助银行7个,完成搬迁、改扩建人工网点18个。资产质量持续优良,不良率0.17%。优化业务流程,研发预填单业务处理系统,提高响应客户服务需求的能力。在南宁市民主评议行风活动中,在参评的服务行业单位中群众满意度名列第一。　(尹湘竹)

【中国银行南宁市邕州支行】　2011年,中国银行南宁市邕州支行本部辖经营性网点29个,员工478人。至年末,人民币各项存款余额117.44亿元,比上年增加21.47亿元。其中,对公存款余额63.73亿元,增加13.75亿元;储蓄存款余额54亿元,增加8亿元。人民币各项贷款余额94.08亿元,增加10亿元。外汇各项存款余额6724万美元,减少113万美元。

业务发展　个人业务方面,通过公私联动为企业单位提供代发工资、走进社区推广"中银系列"借记卡、信用卡、网上银行、外币汇兑,根据客户的金融需求设立专职理财经理服务、举办贵金属投资讲座等,为客户提供金融服务,促进负债业务发展。贷款规模受控制的情况下,与当地龙头房地产开发商建立客户关系,参与南宁市房地产博览会,为房地产商、购房者提供咨询、贷款"一条龙"服务。调整贷款产品结构,推行多种个人贷款业务品种,如个人汽车贷款、个人投资经营类贷款、个人抵押循环贷款等。公司业务方面,实施重点区域、重点行业为核心的双重点战略,确定将政府主导城市基础设施、民生工程等建设项目作为重点支持对象,贷款重点投向交通、能源、高校、医院、糖业等领域。至年末,人民币授信资产比上年新增8亿元,授信资产行业主要分布在制造业、交通运输业,分别占47.65%及29.72%。发展中小企业授信业务,授信余额1.30亿元,增长6500万元。授信资产质量较好,无不良类授信资产,贷款收贷、收息率均为100%。

网点建设　年内,完成管辖经营性网点建设29个。完成所辖机场支行、人民路支行的扩建装修,新增自助银行2家、离行式ATM6家,对传统网点进行功能改造和职能调整,提升对外形象和服务能力。投产IT蓝图核心银行系统,实现客户信息集中管理与共享,前、中、后台分离,客户账与会计账分离,业务信息与决策信息分离,加快系统处理速度,强化智能化系统能力,提升处理业务的效率。网点管理方面,推进网点转型工作。打造综合素质高、营销能力强、业务知识扎实的专业化队伍。　(骆　颖)

【交通银行广西区分行本部】　2011年,交通银行广西壮族自治区分行本部(南宁市)有机构网点32个,员工763人。至年末,人民币存款余额352.21亿元,比年初增长14.06%。其中:对公存款余额275.69亿元,增长12.16%;储蓄存款余额79.52亿元,增长21.13%。人民币贷款余额264.78亿元,增长13.01%。外汇存款余额4527万美元,增长55.62%,外汇贷款余额2.40亿美元,增长111.71%。

业务发展　打造"最佳财富管理银行"以及客户金融财富管理,零售贷款新增8.08亿元,增长23.92%。支持广西重点建设项目及具有广西特色的支柱产业,向铁路、公路、电力、保障性住房开发、基础设施等重大项目投入信贷资金38.32亿元。其中:铁路运输业7.77亿元,道路运输业15.20亿元,保障性住房开发新增2.60亿,电力设施6.82亿,污水处理等市政项目3.40亿,北部湾经济区域的各类交通运输行业2.53亿元。整合子公司及其他信托机构的优势资源,拓展企业融资新渠道,通过各类信托渠道为企业融资44.35亿元。加强与子公司交银租赁及其他租赁公司业务联动,解决企业融资需求,投放3.93亿元企业融资租赁款。发挥金融集团内部协同优势,利用港交行、澳门分行等境外资源，完成外币融资担保业务2.17亿美元。利用金融专业技术和市场资源，积极推进企业境内IPO及赴港上市配套服务，帮助企业实现各类权益融资渠道。

网点服务与内部管理　新增自助区(点)10个，ATM自动取款机32台，CRS存取款机23台，自助通设备3台。统一更新自助区的设备标识、操作指南、安全提示，提升ATM单笔取款限额，增强自助设备服务水平。执行"三查"制度，全流程管理，严把信贷增量投放关口，管控票据业务风险、贷款用途监控风险、政府融资平台风险和房地产贷款风险等主要授信风险。对内控检查实行统一组织派员，统一检查反馈、统一考核管理、统一制度流程的"四统一"做法。建立会计业务飞行突击检查和飞行查库机制，加强非现场监控工具的使用，提高风险防控能力。推出"税融通"、"展业通"、"创业一站通"等小微企业金融服务产品，"税融通"产品获广西银监局授予2011年度小企业金融服务优秀产品。　（练语静）

【广西北部湾银行】　2011年，广西北部湾银行有营业网点63个。其中：一级分支行9个，县域支行5个，二级支行49个；员工1672人。至年末，资产总额1107.06亿元，比年初增长87.53%；存款余额452.78亿元，增长32.56%；贷款余额231.24亿元，增长34.43%；实现营业总收入48.24亿元，增长169.95%；实现利润10.45亿元，增长78.02%。

业务发展　支持县域经济发展。6月30日，出资2550万元筹建宾阳北部湾村镇银行有限责任公司开业；12月26日，出资3500万元筹建岑溪北部湾村镇银行有限公司开业。调整信贷业务发展思路，开展投资银行新业务。开出首笔国内信用证业务，推出广西北部湾银行贵宾卡、公务卡、"北部湾微贷"、"快捷贷"、"联保通"等产品；结合广西地方经济发展特色及实地调研论证的基础上，研发"阳光茉莉"、"联保通-红木贷"等特色业务；至年末，累计发行理财产品81亿多元，融资租赁财务顾问业务为企业融资5亿多元。与中国农业发展银行广西分行、国家开发银行广西分行、中国进出口银行广东省分行等多家政策性银行签订全面战略合作伙伴协议，并在银团贷款等诸多领域与汉口银行、深圳发展银行、汇丰（中国）银行、富滇银行等国内商业银行建立合作关系；与全球82家银行建立代理行关系；与东盟10国的26家银行签署合作协定；12月29日，中国—东盟跨境货币业务中心成立暨人民币对越南盾汇率柜台挂牌仪式，为中国和东盟国家的客户提供全面的人民币和东盟国家货币结算、银行间清算和相关配套服务。与汇丰银行、深圳发展银行、汉口银行、富滇银行等同业合作，向广西冠信实业有限公司、南宁市糖业股份有限公司、广西有色金属集团、南南铝公司等区内重点涉糖、冶金企业发放银团贷款3.80亿元。10月26日，与市政府签订保障性安居工程金融合作备忘录，承诺在5年内为南宁市保障性安居工程项目提供授信支持和金融产品创新支持；11月4日，向南宁—东盟经济开发区华盛资产经营有限公司承建的公共租赁住房一期项目授信1亿元，支持保障性住房开发。与信托公司等同业为钦州市"钦开投"设计融资性信托理财产品，代理收付5亿多元理财资金；与广西水利电业集团等多家广西百强企业签署战略合作协议；建立微贷业务批量营销的新模式。至年末，微小贷款余额25.49亿元，业务量跻身全国第三；监管资本净额58.52亿元，资本充足率13.85%，核心资本充足率10.92%，拨备覆盖率379.17%，不良贷款率0.52%，流动性比例51.33%，成本收入比34.95%，资产利润率（折年）0.92%，资本利润率（折年）17.68%，实现监管全面达标，抗风险能力得到显著增强。年内，获2011广西企业100强、2011广西优秀企业、"十二五"期间最具投资价值企业、"十二五"期间最具投资价值品牌、中国AAA级信用企业。　（唐群凤）

【南宁市辖区农村信用社】　2011年，南宁市辖区农村信用社有县（区）级农村信用合作联社8家，营业网点263个，员工2700多人。至年末，各项存款余额433.25亿元，比年初增长26.96%。其中：储蓄存款余额255.04亿元，增长24.61%；对公存款余额178.21亿元，增长30.48%。各项贷款余额297.80亿元，增长17.27%；累计发放各项贷款179.22亿元，增加8.25亿元。其中：涉农贷款120.54亿元，增加5.31亿元。全年各项总收入24.17亿元，增加7.60亿元，实现利润9.60亿元，增加2.71亿元。

中间业务　严抓财产保险、人寿保险业务代理、营销，扩大保险代理业务的规模总量。至年末，实现中间业务收入5960万元，增加1366万元；其中代理保险手续费收入438万元。利用网点和网络优势开展代付蔗款、代发工资、代扣税款、代发粮食直补、代收学费、代发退耕还林款、代办保险、代理新农保等业务。为制糖企业和财政、工商、税务、学校、水电、通信等大客户办理代收代付业务。办理代收业务120.05亿元，办理代付业务34.65亿元。

业务发展　开展兴农富民春季大行

8月5日，市政府与广西壮族自治区农村信用社联合社举行保障性安居工程金融合作备忘录签订仪式　黄小真提供

动，开通信贷支农“快速通道”，发放春耕备耕生产资金贷款8.16亿元。支持重点项目建设，为邕江大学发放贷款3.64亿元，为南宁国际综合物流园有限公司发放贷款1亿元，为南南铝业股份有限公司发放贷款5580万元，为南宁良凤江国家森林公园发放贷款1.48亿元，南宁市城区贷款余额184.57亿元。支持县（区）特色产业发展，邕宁区联社发放3500万元贷款支持万利来食品有限公司对农副产品进行深加工，发展有特色的罐头食品；隆安县联社为金穗农工贸公司贷款4510万元，打造“绿水江”香蕉品牌；武鸣县联社发放2亿多元贷款支持木薯淀粉加工企业发展，抢占全国同类市场份额50%；横县联社贷款8000多万元支持茉莉花种植、加工，助推横县打造“全国茉莉花之都”。全年投放甘蔗生产贷款近3亿元，支持农民种植甘蔗；给制糖企业发放流动资金贷款13.63亿元；开办林权抵押贷款业务，发放贷款金额4.54亿元，解决林农融资难问题。开发农村消费信贷市场，发放家电下乡个人消费贷款近40亿元；发放小额农户信用贷款5.20亿元；发放近2亿元贷款支持农户解决生活困难；发放农村青年创业贷款6.54亿元，重点支持农村创业青年7.80万人。

网点建设　营业网点实现数据集中联网、全国通存通兑，大小额支付、所有结算业务即时到账；开通网上银行、手机短信通等电子银行业务；安装自助取款机167台。开展存单质押贷款、抵质押贷款排查整治、置换及已核销贷款风险排查、“三个办法一个指引”专项活动，解决业务办理过程存在的问题。不良贷款余额占比2.93%，下降0.65个百分点。将日常业务与“青年文明号”创建相结合，采取制度上墙、开辟“绿色通道”等举措，开展青年创业信贷扶持。通过南宁团市委组织检查验收营业网点19家，获“青年文明号”。（李继宁）

【中国光大银行南宁分行】　2011年，中国光大银行南宁分行辖同城支行9家，二级分行1家（柳州分行），异地支行1家（桂林支行）。全口径存款时点226.84亿元，规模居自治区全国性股份制商业银行首位，实现账面利润6.10亿元，比上年增长27%。对公存款时点余额190.99亿元，存款日均余额192.09亿元，日均余额新增12.34亿元；对公贷款余额159.70亿元；储蓄存款时点32.40亿元，新增9.40亿元，增长40.65%；个贷日均余额42.62亿元，新增9.37亿元，增长28.18%。中间业务收入1.68亿元，新增6093万元，增长36%。柳州柳南支行、南宁桂雅支行分别在4月、10月开业。新增4家，在建5家；自助设备41台。开展“效率年”建设，加强过程管理，优化业务流程，创新服务举措，提高工作效率，实现前台服务和后台管理无缝对接、高效运行，促进分行健康发展。作为首批主承销商资格的商业银行，在短期融资券、中期票据承销业务市场上改革创新。至年末，为企业客户承销发行短期融资券、中期票据130亿元。企业年金托管资金规模在自治区市场排名第一，管理客户数在自治区市场排名第二。光大银行南宁分行营业部获“2011年全国银行业文明规范服务百佳示范单位”；南宁分行营业部、柳州分行营业部、星湖支行获“2011年度广西银行业文明规范服务百佳示范单位”；多位员工获得“2011年度广西银行业文明规范服务百佳服务明星”、中国银行业文明规范服务“明星大堂经理”。（黄　莹）

证　券

【证券经营】　2011年，南宁市有证券公司1家（国海证券股份有限公司），基金管理公司1家（国海富兰克林基金管理有限公司），证券营业部38家，比上年增加2家。南宁市证券营业部代理沪深证券交易所证券交易总额4606.01亿元，减少17.20%。其中，A股4303.26亿元，B股4.29亿元，基金15.24亿元，债券7.31亿元，权证22.81亿元，其他证券1.21亿元。投资者开户数72.70万户，增长7.34%；证券营业部托管市值469.85亿元，减少24.78%；38家证券营业部全年实现净利润1.67亿元，减少51.59%。至年末，国海证券总资产97.91亿元，减少15.96%；净资产25.87亿元，增加5.55%；净资本20.55亿元，减少0.92%；实现营业收入8.69亿元，减少42.45%；实现净利润0.70亿元，减少84.51%。基金管理公司资产总额4.47亿元，减少6.29%；净利润0.77亿元，减少2.53%；新发行基金1支，旗下基金产品9

2011年南宁上市公司情况

公司名称	总股本（万股）	总市值（万元）	总资产（万元）	净资产（万元）	营业收入（万元）	净利润（万元）	每股收益（元）	净资产收益率（%）
广西桂冠电力股份有限公司	228044.95	864290.37	2095854.51	311474.83	383763.09	19287.42	0.09	6.28
广西五洲交通股份有限公司	55586.77	284048.39	999339.25	251300.68	230172.36	24333.94	0.44	10.05
阳光新业地产股份有限公司	74991.33	287216.80	625664.60	253473.60	80649.20	17305.20	0.23	
南宁糖业股份有限公司	28664.00	332789.04	471153.48	141520.75	422364.95	8608.15	0.30	6.05
南宁化工股份有限公司	23514.81	90767.18	271417.30	24451.40	115413.20	−21416.28	−0.91	−60.43
南宁百货大楼股份有限公司	34040.96	236925.08	185871.70	103087.27	230024.62	5833.78	0.21	8.57
广西丰林木业集团股份有限公司	23445.60	209134.75	173701.24	152258.54	88640.46	8312.07	0.44	7.40
广西皇氏甲天下乳业股份有限公司	21400.00	292110.00	109718.09	79099.92	57243.58	5893.24	0.28	7.66
南宁八菱科技股份有限公司	7551.92	133593.40	77249.74	58975.53	50260.54	7870.61	1.35	19.05

支，其中：股票型基金6支，混合型基金2支，债券型基金1支。9支基金总份额163.28亿份，基金总规模147.48亿元。

【期货经营】 2011年，南宁市有期货营业部21家，代理期货交易2625.60万手，比上年减少41.84%；累计成交24433亿元，减少36.53%；投资者开户数1.90万户，增长15.15%；实现营业收入9445.70万元，减少6%；实现利润1431万元，减少42.92%。

【上市公司】 2011年，南宁市新增上市公司2家，累计上市公司9家，分别是南宁百货大楼股份有限公司、南宁糖业股份有限公司、南宁化工股份有限公司、广西桂冠电力股份有限公司、广西五洲交通股份有限公司、阳光新业地产股份有限公司、广西皇氏甲天下乳业股份有限公司、广西丰林木业集团股份有限公司（新增）、南宁八菱科技股份有限公司（新增）。至年末，9家公司总资产501亿元，总股本49.72亿股，总市值273.09亿元，分别占自治区27家上市公司总资产、总股本、总市值的31.81%、31.25%、22.74%；9家公司中有8家盈利，1家亏损，实现利润7.60亿元，平均每股收益0.15元。

（高瑞启）

保 险

【概 况】 2011年，南宁市保险市场主体增多，机构网络进一步健全。新增财产险公司2家，设立中心支公司2家，人身险公司设立自治区级分公司2家，保险专业代理公司注册成立3家。至年末，有自治区级保险分公司31家。其中：财产险公司18家、人身险公司13家。地市级保险公司分公司、中心支公司11家，支公司及营业部72家，营销服务部206家；保险代理公司法人机构19家、分支机构8家，保险经纪公司分支机构11家，保险公估公司法人机构1家、分支机构6家，保险兼业代理机构996家。全市各保险公司实现原保险保费收入67.27亿元，比上年增长17.56%，占广西保险业总保费31.65%。其中：财产险公司保费收入29.42亿元，增长36.96%；人身险公司保费收入37.85亿元，增长5.90%。财产险公司车险业务保费收入21.63亿元，增长32.50%。财产险公司企财险、工程险和责任险保费收入分别为2.57亿元、0.99亿元、0.94亿元，分别增长40.13%、67.10%、43.95%。人身险公司普通寿险保费收入2.64亿元，减少2.22%；分红险保费收入30.12亿元，增长21.14%；意外险、健康险保费收入分别为1.17亿元、3.55亿元，增幅分别为23.16%、8.23%；投连险、万能险保费收入分别为0.03亿元、0.33亿元。全年，南宁保险业支付各类赔款和给付保险金17.28亿元，增长42.46%。其中：财产险公司支付各类赔款11.67亿元，增长57.98%；人身险公司给付各类保险金5.61亿元，增长18.35%。

【保险监管】 2011年，广西保险监督管理局加强市场行为监管，规范保险市场秩序。派出23个检查组123人次，对9家省级分公司的14家分支机构、5家专业中介机构、4家兼业代理机构进行现场检查和案件调查。对存在违法违规行为的3家保险分支机构、1家兼业代理机构和4名责任人进行行政处罚；处以罚款60万元，警告3人次，吊销个人代理人资格证书1人次，责令停止接受新业务1件次，吊销业务许可1件次。建立半月报制度，完善产、寿险业监测报表体系，加强潜在风险预警。建立统计联系人定期交流机制，对退保数据跟踪监测，对退保率进入预警线的公司进行风险预警，防范集中退保风

2011年驻南宁市保险公司名录

财产保险公司

中国人民财产保险股份有限公司广西分公司　中国太平洋财产保险股份有限公司广西分公司　中国平安财产保险股份有限公司广西分公司　华安财产保险股份有限公司广西分公司　天安保险股份有限公司广西分公司　中国大地财产保险股份有限公司广西分公司　安邦财产保险股份有限公司广西分公司　都邦财产保险股份有限公司广西分公司　阳光财险保险股份有限公司广西分公司　渤海财产保险股份有限公司广西分公司　太平财产保险有限公司广西分公司　永诚财产保险股份有限公司广西分公司　华泰财产保险股份有限公司广西分公司　鼎和财产保险股份有限公司广西分公司　天平汽车保险股份有限公司广西分公司　中国人寿财产保险股份有限公司广西分公司　中银保险有限公司广西分公司　中国出口信用保险公司南宁营业管理部　中国人民财产保险股份有限公司南宁市分公司　安邦财产保险股份有限公司南宁中心支公司　中国大地财产保险股份有限公司南宁中心支公司　中国太平洋财产保险股份有限公司南宁中心支公司　中国平安财产保险股份有限公司南宁中心支公司　永诚财产保险股份有限公司南宁中心支公司　鼎和财产保险股份有限公司南宁中心支公司　阳光财产保险股份有限公司南宁中心支公司

人寿保险公司

中国人寿保险股份有限公司广西分公司　中国太平洋人寿保险股份有限公司广西分公司　中国平安人寿保险股份有限公司广西分公司　新华人寿保险股份有限公司广西分公司　泰康人寿保险股份有限公司广西分公司　平安养老保险股份有限公司广西分公司　太平人寿保险有限公司广西分公司　中国人民人寿保险股份有限公司广西分公司　信诚人寿保险有限公司广西分公司　民生人寿保险股份有限公司广西分公司　合众人寿保险股份有限公司广西分公司　生命人寿保险股份有限公司广西分公司　阳光人寿保险股份有限公司广西分公司　中国人寿保险股份有限公司南宁分公司　中国人民人寿保险股份有限公司南宁分公司　中国太平洋人寿保险股份有限公司南宁中心支公司

2011年驻南宁市各财产保险公司保险业务情况

单位：万元

保险机构	保费收入												赔款支出											
	企业财产保险	家庭财产保险	机动车辆保险	工程保险	责任保险	保证保险	船舶保险	货物运输保险	农业保险	其他财产保险	短期健康保险	意外伤害保险	企业财产保险	家庭财产保险	机动车辆保险	工程保险	责任保险	保证保险	船舶保险	货物运输保险	农业保险	其他财产保险	短期健康保险	意外伤害保险
中国人民财产保险股份有限公司广西分公司	7323	1877	70572	2683	2697	11	538	3122	982		1166	1773	2522	829	39215	248	1125	58	126	1354	365		519	536
中国太平洋财产保险股份有限公司广西分公司	4309	945	40335	1731	1598	−2	176	906	613	80	1005	1812	1115	6	17150	53	863	12	60	133	173		355	340
中国平安财产保险股份有限公司广西分公司	5041	−11	46586	2552	3369	6526	512	708		533	394	2616	537	11	16694	1207	927	229	201	63		105	73	362
华安财产保险股份有限公司广西分公司	1321	−23	24428	155	199	−36		9			58	731	276		10234	16	72	16		76			9	283
天安保险股份有限公司广西分公司	97	−3	2356	119	30	−44				44	37	46	40		1073	110	50	6				2	4	37
大地财产保险股份有限公司广西分公司	127	−3	5649		1209			318	14		357	78	38		2644	30	299			93	7		113	66
安邦财产保险股份有限公司广西分公司	11		677		3			1				10	3		443									2
都邦财产保险股份有限公司广西分公司	755		895	1	28			17			47	58	175		795		15						12	64
阳光财产保险股份有限公司广西分公司	867	11	3256	182	31		56	30		420	89	1203	411		1310	32	5					33	44	117
渤海财产保险股份有限公司广西分公司	37		124		1						19	24			95								1	
太平财产保险有限公司广西分公司	145	5	6578	1	12			15			5	90		2	1947		5		155	4				26
永诚财产保险股份有限公司广西分公司	741		411	357	22	4						19	247		448	8	5							38
华泰财产保险股份有限公司广西分公司	98	18	884	59	27	5		85				22	1		649	143	3			10				12
鼎和财产保险股份有限公司广西分公司	4334		3795	1850	120			8		3	5	673	1112		1614	625	488		10	2			3	23
天平汽车保险股份有限公司广西分公司			7759												1361									
中银保险有限公司广西分公司	86	79	36	3	33	25	62	1		25	6	29			10							14	2	
中国人寿财产保险股份有限公司广西分公司	447	8	1939	174	18			8				85	9		185	1	1			2				53
中国出口信用保险公司南宁营业管理部										1735												770		

2011年驻南宁市各人身保险公司保险业务情况

单位:万元

保险机构	保费收入							赔付支出			
	人寿保险							赔款	死伤医疗给付	满期给付	年金给付
	小计	普通寿险	分红寿险	投资连接保险	万能保险	意外伤害险	健康险				
中国人寿保险股份有限公司广西分公司(含集团业务)	115125	15288	99838			2989	6207	2299	2084	16164	4123
中国太平洋人寿保险股份有限公司广西分公司	23756	2153	21568		34	1411	1669	364	357	2239	783
中国平安人寿保险股份有限公司广西分公司	51625	5523	42844	277	2981	657	11797	477	2784	7285	3277
新华人寿保险股份有限公司广西分公司	38626	292	38333		1	901	1833	405	360	681	534
泰康人寿保险股份有限公司广西分公司	19157	248	18606	3	299	1904	1958	472	256	95	368
平安养老保险股份有限公司广西分公司						3127	8075	8078			1
太平人寿保险有限公司广西分公司	19699	1653	18046			130	1465	128	70		636
中国人民人寿保险股份有限公司广西分公司	25504	613	24861		30	412	909	699	205	17	
信诚人寿保险有限公司广西分公司	3455	573	2788	93	2	97	775	60	60	33	
民生人寿保险股份有限公司广西分公司	7438	48	7390			45	522	13	7		178
合众人寿保险股份有限公司广西分公司	24232	6	24224		2	31	262	27	49		227
生命人寿保险股份有限公司广西分公司	2552		2552				3			241	
阳光人寿保险股份有限公司广西分公司	179	4	175			2	4				

险。完善承保、销售、回访、理赔各环节机制,治理销售误导行为,完善非现场监管制度,实施保险公司内部审计指引实施细则、保险公司高管人员信息披露办法等制度,加强内部管控和外部监督。实施摩托车和非车险“见费出单”制度,建立车险信息集中平台,提高行业信息化水平。出台《广西人身保险公司分支机构设立指引(试行)》,引导人身保险公司通过精细化管理实现科学发展。制定《广西车险理赔服务标准指引》,督促各产险公司制定本公司的车险理赔服务标准,促进车险理赔服务质量提升。推行保险信访便民卡,建立保险合同纠纷快速转办机制,实现“案结事了”。建立保险合同纠纷联合调解机制,开展信访督办和带案下访工作,全年处理信访投诉169件。启动道路交通事故社会救助基金制度,筹集救助基金7800万元,确保道路交通事故受害人能得到依法及时救助。联合自治区公安厅出台《广西轻微财产损失道路交通事故当事人自行协商处理办法》,将轻微财产道路交通事故自行协商的损失金额由2000元提高至5000元。推动责任保险发展,校方责任险实现全面覆盖;启动职业院校学生实习责任险和环境污染责任保险;推进旅行社责任保险;扩大产品质量责任保险覆盖范围。

(何腾华)

责任编辑 黄小真

经济管理与监督

宏观经济管理

【经济调节】 2011年，南宁市发展和改革委员会发挥职能作用，开展计划管理、经济调节和相关服务。开展经济调节基础性工作，组织编制年度全市经济和社会发展计划，制定、下达并组织实施城市建设投资、农村建设投资、市本级财政预算内教育基本建设投资、基本建设项目前期工作等专项计划，提出确保完成计划目标的工作建议。将具体目标分解给各县（区）、开发区和市各有关部门及单位。加强经济社会发展形势分析，每季度开展经济分析，向市委、市政府提交经济分析报告，针对经济发展的主要困难和存在的突出问题提出对策建议。加强对国家宏观调控政策实施效果的跟踪、检查、分析，提出贯彻落实保增长、扩内需、调结构、重民生的措施建议。加强经济社会发展情况检查和经济预测、分析，强化信息收集反馈上报，编印发送《发展改革要报》19期。监控全市固定资产投资工作进展情况，坚持每月对投资情况进行分析和预测，发现问题并提出相应对策措施。开展2012年经济环境和发展条件分析，提出2012年经济社会发展目标初步考虑。

【年度计划编制】 2011年初，市发改委在总结上年经济社会发展计划执行情况的基础上，结合实际编制本年度经济和社会发展计划。主要预期目标：地区生产总值增长11%，财政收入增长13%，全社会固定资产投资增长20%，全部工业总产值增长20%，社会消费品零售总额增长17%，出口增长10%，外商直接投资增长13%；万元生产总值能耗、二氧化碳排放强度、化学需氧量排放量、二氧化硫排放量、氨氮排放量、氮氧化物排放量完成自治区下达的目标；城镇居民人均可支配收入增长12%，农村居民人均纯收入增长12%，居民消费价格总水平上涨幅度5%左右；城镇新增就业7万人，城镇登记失业率4.50%以内，人口自然增长率9.50‰以内。2月，通过市委、市政府和市十二届人大九次会议批准。

【“十二五”规划纲要编制】 2011年，市发改委在上年末基本完成全市国民经济和社会发展第十二个五年规划纲要编制的基础上，对规划纲要草案进行修改完善并报市委、市政府审定通过；2月26日经市十二届人大九次会议审议通过。争取南宁市“十二五”规划纲要及有关专项规划、行业规划的相关内容和重大项目纳入国家、自治区“十二五”规划纲要及专项规划、行业规划。开展“十二五”规划纲要的对外发布。5月20日，市政府组织召开南宁市“十二五”规划纲要新闻发布会，介绍南宁市“十二五”规划纲要的编制情况和“十二五”发展目标、重点任务和相关措施；23日，市政府批准执行《南宁市国民经济和社会发展第十二个五年规划纲要》。6月，《南宁日报》全文刊登《南宁市国民经济和社会发展第十二个五年规划纲要》。为推动“十二五”规划纲要的实施，起草将规划纲要主要任务、40个指标分解落实到市各有关部门的工作方案，建立规划实施年度监测、中期评估、最终评估和考核评价制度。此外，将规划纲要纳入干部培训和公务员考试内容，组织举办市各有关部门、县（区）、开发区人员参加的规划纲要专题讲座和专题培训班，还将规划纲要网上宣传。

【“十二五”规划编制】 2011年，市发改委牵头组织、全面推动南宁市国民经济和社会发展第十二个五年规划各专项、行业规划编制。年初，各专项、行业规划的重点内容纳入全市“十二五”规划纲要。对全市34个重点专项、行业规划编制进行指导。组织开展由本部门牵头的南宁市农村基础设施建设“十二五”规划、生物产业发展“十二五”规划、节能减排“十二五”规划、“十二五”循环经济发展规划、“十二五”低碳经济发展规划5个专项、行业规划的编制；督促26个牵头单位组织开展南宁市商贸物流发展“十二五”规划、环境保护“十二五”规划、交通发展“十二五”规划、水利发展“十二五”规划、教育事业发展“十二五”规划等29个专项规划的编制。至年末，基本编制完成“十二五”专项规划、行业规划20个。

【重大政策研究制定】 2011年，市发改委开展对重大政策的研究制定。研究提出南宁市贯彻落实中央深入实施西部大开发战略等重要文件实施方案，配合自治区发改委起草《自治区人民政府关于加快建设南宁内陆开放型经济战略高地的若干意见》，制定《南宁市人民政府关于加快培育和发展战略性新兴产业的意见》、《南宁市人民政府关于加快建设国家高技术生物产业基地的若干规定》等政策。起草《南宁市经济总量赶超昆明市的可能性分析报告》，上报市委、市政府供决策参考。牵头起草《南宁市人民政府崇左市人民政府合作框架协议》；编印《2010~2011年国家宏观政策汇编》、《产业结构调整指导目录》（2011年本）。

【重大课题研究】 2011年，市发改委组织开展重大课题研究，完成《南宁市建设内陆开放型经济战略高地研究报告》主报告及3个分报告的初稿。完成南宁市生物产业统计体系与产业指标、南宁市生物产业发展政策、南宁国家高技术生物产业基地宣传广告牌规划与建设、南宁国家高技术生物产业基地建设管理及专业园区建设管理模式等方面的研究。完成南宁市财源建设产业结构调整（2011~2020年）、南宁市未来十年（2011~2020年）战略性新兴产业发展课题研究。组织开展南宁市创建零废弃社区课题的研究。组织整理汇总近年来由市发改委牵头组织完成的各项课题研究、规划编制及其他有关成果，汇总编写《南宁市经济社会发展对策建议》。

【专项投资计划编制下达】 2011年，市发改委开展全市各项投资计划的编制下达并做好计划调整。编制下达市城市建设投资计划，编制下达城市建设计划3期，下达年度计划投资328.37亿元，安排项目636个。其中：建设项目370个，年度计划投资237.37亿元；前期工作项目266个。编制下达市本级财政预算内资金基本建设投资计划，安排市本级财政资金3亿元，安排竣工决算项目5个、建设项目36个；下半年，根据投资项目实施进度情况，对部分项目投资计划进行调整，涉及金额0.41亿元。编制下达市本级财政预算内资金教育基本建设投资计划，安排资金27.08亿元，其中市财政资金13.22亿元，安排学前教育建设项目17个、中小学校建设项目73个、职业教育学校建设项目12个、高等学校建设项目1个、结（决）算项目9个。编制下达市农业领域各项投资计划，包括农田水利建设项目前期工作投资计划、水库库区移民基础设施项目建设投资计划、马山县2个民族乡农村基础设施建设投资计划、上林县民族乡农村基础设施建设投资计划等，计划总投资5.06亿元，其中安排市财政预算内资金2.50亿元。编制下达市节能减排项目计划，包括工业节能、落后产能淘汰、化学需氧量与二氧化硫减排、交通节能、建筑节能、商业节能、公共机构节能以及节能能力建设等节能减排专项资金计划，安排市财政专项资金2000万元。编制下达市基本建设项目前期工作计划，安排市财政专项资金1500万元，用于45个项目前期工作。

【投资项目管理】

项目储备 2011年，市发改委会同市固定资产投资工作领导小组办公室组织汇总全市投资项目，进一步完善全市投资项目信息库。编制《南宁市2011年全社会固定资产投资建设项目册》2册，收集汇总投资项目3128个，计划总投资9238.21亿元，年度计划投资2176.70亿元，对本年度南宁市2000亿元全社会固定资产投资工作目标支撑率为108.84%。根据投资进度，不断补充、完善、更新南宁市固定资产投资项目信息库资料，对全市投资项目进行电子化管理和应用，投资项目信息库运行情况稳定。建立和完善投资项目台账管理制度，对列入各项投资计划的项目均建立台账，实行投

2011年南宁市重点建设项目名录

自治区层面统筹推进重大项目 共86个，计划总投资1082.20亿元，年度计划投资193.50亿元。

新开工项目 南宁城市轨道交通1号线一期工程、南宁火车东站综合交通枢纽一期工程（地下空间）、广西合众能源股份有限公司年产10万吨生物柴油、南宁港中心城港区牛湾作业区一期工程（南宁港一期工程子项目），南宁港六景港区六景转运站作业区工程（南宁港一期工程子项目），南宁港六景港区八联联营厂作业区工程（南宁港一期工程子项目），南宁玉洞交通物流中心一期工程，南宁广发重工集团有限公司整体搬迁改造，和昌（广西）化工有限公司年产10万吨Na_2SO_4功能母料产业化开发，广西裕东投资发展有限公司汽车摩托车配件生产加工厂，广西太华医药有限公司年产4.8亿袋非PVC高科技医用软装输液生产线，皇氏乳业水牛奶系列产品及亚热带果奶等特色产业加工，南宁市罗文大桥，南宁中央直属储备糖库，中国—东盟南宁国际农业生产资料物流配送中心，广西药园中药材种苗有限公司中药材产业化开发，南宁博物馆，南宁五菱桂花车辆有限公司年产2万辆专用车搬迁改造，中铝广西有色稀土开发有限公司高性能永磁材料生产线，富士康南宁科技园一期标准厂房及配套设施，中国—东盟食品安全产业链基地加工配送中心，广西天利恒木业有限公司人造板生产线，南宁市保障性安居工程。

竣工投产项目 南宁市大学路至明秀路口综合交通工程（南宁城市轨道交通试验工程），南宁市防洪石埠堤工程，南宁市五象大道延长线，南宁市凤岭南路（青环路—开泰路），南宁锦虹棉纺织有限责任公司易地搬迁技术改造，南宁劲达兴纸浆有限公司年产20万吨高级文化纸生产线，南宁劲达兴纸浆有限公司年产9.80万吨桑纸浆生产线，横县广西永凯糖纸有限责任公司年产9.50万吨漂白蔗渣浆生产线，广西武鸣金峰化工科技有限公司新建年产20万吨纳米碳酸钙生产线，广西千年健药业有限公司民族药生产线，广西金鲤水泥公司横县新型干法转窑水泥生产线带纯低温余热发电，广西马山集新水泥有限公司日产2500吨熟料新型干法生产线，广西珠江啤酒有限责任公司年产20万吨啤酒生产线，九州通医药集团股份有限公司现代医药物流加工生产线，南宁市三塘污水处理厂一期工程，南宁金桥农产品批发市场，邕江大学新校区。

“项目建设年”重点建设项目 共100个，计划总投资1291.50亿元，年度计划投资274.56亿元。

基础设施项目 1.能源项目：中国国电集团公司南宁电厂2660兆瓦机组一期工程，江南区分布式能源项目，南宁城市电网建设与改造工程。2.交通项目：南宁城市轨道交通1号线一期工程，南宁城市轨道交通大学路—明秀路口综合交通工程，南宁城市轨道交通凤岭站试验站，南宁城市轨道交通心圩江站试验站，西江黄金水道横县港区基础设施项目，南宁火车东站综合交通枢纽一期工程（地下空间），伶俐大桥，那马—吴圩一级公路，南宁港六景港区一期工程（六景港区八联联营厂作业区、六景转运站作业区），中心城港区牛湾作业区一期工程，忻城周安至宾阳新桥二级公路。3.水利项目：广西郁江老口航运枢纽工程，江北环城水系一期工程子项目（可利江—心圩江连通运河）。4.其他基础设施项目：南宁物流基地道路工程，凌铁大桥，邕武路扩建工程（快环—高速环道），南宁国家高技术生物产业基地宝塔医药产业园基础设施建设一期，新村大道江南延长线（江南堤路园—南宁火车南站北侧路段），园湖路（中华路—星湖路）扩建工程，蒲津路（八尺江桥—五合大桥）改造工程，五象新区核心区道路工程，玉洞大道（平乐大道—龙岗大道），五象大道延长线工程（银海大道—壮锦大道），长堽路改扩建工程，高坡岭路（仙葫大道—凤岭北路），龙岗片区道路工程（北片区），五象新区堤园路，南宁港牛湾港疏港大道，龙岗大道（五象大道—玉洞大道），五象新区蟠龙片区道路工程，五象大道西延长线（壮锦大道—罗文大桥），五象新区总部基地路网工程，罗文大桥，安吉北路延长线，南宁—武鸣城市大道（尾燕岭至双桥段），隆安华侨管理区基础设施二期工程，平乐大道（南宁大桥—银海大道），凤岭北片区路网完善工程，北湖北路延长线。

资项目进展情况每月报告、每月统计、每月分析制度。

项目前期工作　创新重大投资项目前期工作推进机制，进一步疏通重点投资项目审批“绿色通道”。组织召开全市重大投资项目集中联合审批协调会6次，提交给市领导现场协调解决问题的投资项目54个、有关职能部门审批的投资项目113个，计划总投资712.20亿元。试行投资项目可行性研究报告与规划方案、初步设计和施工图设计联合审查机制，进一步缩短投资项目审批时限，提出五象新区投资项目建设审批由原来承诺的7个工作日缩短为4个工作日。完善投资项目联合审批机制，市发改委与市规划局联合对投资项目进行可行性研究报告与规划方案审批，减少项目审批环节，缩短项目审批时间。审批投资项目857个，其中审批类637个、核准类190个、登记备案类30个，按时办结率100%。不定期召开重大投资项目协调会，针对南宁市直接统计的项目、代建项目、保障房项目、100个重点前期工作项目在实施中出现的问题进行重点协调。争取国家发改委对南宁市重大投资项目的支持，重大投资项目审批进展顺利：城市轨道交通1号线一期工程初步设计获批复，2号线可行性研究报告通过自治区发改委预审查并转报国家发改委；南宁机场扩建工程一期工程完成可行性研究报告评审，上报国家发改委。

项目管理　加强政府投资引导。市本级财政预算内基本建设投资计划安排资金5亿元，重点用于公、检、法、司基础设施以及医疗卫生、文化等重点领域和薄弱环节项目建设。城市建设计划安排资金328.37亿元，重点用于五象新区、东盟商务区、廉租房等重点项目建设。市本级财政预算内教育基本建设计划安排资金26.72亿元，其中市财政筹措13.22亿元，建设学前教育、中小学等项目100多个。促进民间投资，会同有关部门制定《南宁市进一步促进民营经济发展实施方案》，争取南宁市81个项目列入自治区第一批鼓励和引导民间投资项目，计划总投资424.67亿元。推动中国南车集团与南宁市签订合作协议。抓好投资运行管理，分两次下达全年和下半年投资任务到市直各有关部门，加强投资进度监督考核。每月对“双百”项目(百项重点基础设施项目、百项重点产业项目)、“五场攻坚战”(工业经济振兴、五象新区开发、产业园区建设、交通基础设施完善、打造“中国水城”)项目、城市建设计划项目、自治区和南宁市统筹推进重大项目的实施情况进行跟踪。继续开展政府投资项目代建制试点。至年末，有政府投资代建项目90个，涉及城市建设、教育、科技、文化等领域，计划总投资92.50亿元。

项目建设　探索和创新重大投资项目推进工作机制，加强重大投资项目建设协调，促进重大项目完成年度投资计划。争取一批重大投资项目申请成为自治区层面统筹推进的重大投资项目，有86个项目列入自治区层面统筹推进重大项目目录，计划总投资1041.07亿元，年度计划投资193.10亿元；确定市级层面统筹推进重大投资项目200个，计划总投资1033.60亿元，年度计划投资211.50亿元。制定南宁市重大投资项目建设推进实施方案，细化286个自治区级、市级层面重大投资项目建设任务。加强重大投资项目推进协调和督促检查，完善重大投资项目推进协调会议制度。组织举办重大投资项目开竣工活动12次，涉及项目814个，计划总投资1539.66亿元。创新投资项目督办机制，采用工作约谈、进度督办函等方式督促投资项目加快建设进度，组织重大投资项目督查活动6批次。加强重大投资项目建设跟踪监测，不断完善投资项目月报、快报、信息台账和定期通报制度。

【资金筹措】　2011年，市发改委争取到中央预算内投资专项48项、项目944个，计划总投资8.05亿元。牵头组织推进南宁市城市建设投资发展总公司企业债券的

(接上页)

产业项目　1.工业项目：广西南南铝加工有限公司年产20万吨大规格高性能铝合金板带型材生产线，南宁富桂精密工业有限公司网络通讯项目高新区项目，南宁富泰宏精密工业有限公司第三代移动通讯系统手机及网卡项目高新区项目，广西高峰五洲人造板有限公司年产15万平方米中(高)密度纤维板生产线，广西东林木业有限公司年产12万平方米高密度纤维板生产线，广西桂合集团有限公司古辣桂合缫丝厂，永凯糖业宾阳黎塘分公司日榨1万吨甘蔗技术改造工程，广西金鲤水泥公司一期工程建设2条日产4500吨熟料新型干法转窑水泥生产线、配套建设纯低温余热发电系统，广西凯威铁塔有限公司通信铁塔、单管塔生产项目，广西永凯糖纸集团有限责任公司蔗渣浆、文化纸生产项目，采用环保清洁安全技术搬迁建设离子膜法烧碱及配套生产装置项目，南宁化工集团有限公司搬迁项目，南宁劲达兴纸业有限公司浆纸项目，南宁绿洲化工有限责任公司年产30万吨烧碱项目，南宁绿洲化工有限责任公司年产32万吨聚氯乙烯项目，广西中烟集团南宁制造部年产50万箱卷烟扩建至80万箱技术改造项目，南宁五菱桂花年产2万辆专用车辆搬迁改造项目，广西合众能源股份有限公司年产10万吨生物柴油生产线，广西千年健药业有限公司民族药生产项目，广西裕东投资发展有限公司汽车摩托车配件生产加工厂，广西玉柴机器股份有限公司年产1万台工程机械生产研发项目，南宁—东盟科技企业总部基地五期工程，南宁再生资源产业基地项目，南宁广发重工集团有限公司整体搬迁、易地搬迁建设填平补齐技术改造项目，华润水泥窑协同处理城市生活垃圾及污泥项目，青岛啤酒(广西)总部基地与海尔电器(东盟)总部基地，食品精深加工搬迁技术改造项目，双汇公司年产10万吨肉类综合加工项目，南宁统一企业有限公司年产2600万箱饮料生产项目，广西马山集新水泥有限公司日产2500吨熟料新型干法水泥生产线。2.商贸物流项目：南宁大商汇商贸物流中心，南宁金桥农产品批发市场，南宁华南城，南宁五丰联合食品有限公司食品仓储物流项目，南宁保税物流中心(二期工程、三期工程)，大嘉汇—东盟商贸港。

社会公益及其他项目　1.教育项目：邕江大学新校址，广西南宁高级技工学校新校区，南宁市第八中学相思湖新校区。2.文化项目：南宁博物馆。3.体育项目：广西体育中心二期工程。4.旅游园林项目：青秀山森林植物园工程。

水环境及内涝整治项目　沙江河环境综合整治工程，南湖—竹排冲水系环境综合整治工程子项目(茶花园桥—茅桥湖段及桂春路船闸—邕江出口段)，心圩江环境综合治理工程，可利江环境综合整治工程，凤凰江生态环境综合整治工程，二坑溪综合整治工程(康美新村—二坑口段)，邕宁区防洪工程(一期)，石埠河生态环境综合整治工程，西明江生态环境综合整治工程，三塘污水处理厂工程。

房地产及保障性住房项目　五象新区农民回建房1号回建点，南宁华润中心万象城，“环卫公寓”公共租赁住房建设工程，边阳街直管公房旧房改造。

高新技术项目　南宁市应急联动系统升级改造。

申请发行。研究探索设立产业投资基金和政府创业投资引导基金。配合市财政局推动中国农业发展银行南宁市新农村建设150亿元信贷、国家开发银行南宁城市轨道交通项目120亿元银团贷款、国家开发银行郁江老口航运枢纽项目17.15亿元贷款等银行与政府合作事宜。协调自治区发改委出具企业上市审查意见，全市新增广西丰林木业集团股份有限公司、南宁八菱科技股份有限公司2家上市公司，分别募集到资金8.21亿元、3.20亿元。开展利用外资和境外投资。落实南宁市与富士康集团合作协议，促进计划总投资2.80亿美元的2个电子产业项目落地南宁。推进华润中心、统一饮料、康师傅饮料等重点利用外资项目建设。争取南宁市中等职业教育发展项目列入国家利用国际金融组织贷款规划。抓好南宁市城乡环境综合整治工程、南宁职业技术学院北部湾实训基地等利用国外贷款项目的组织实施。推进利用世界银行贷款南宁市城乡环境综合整治工程项目建设，推进利用亚洲开发银行贷款南宁市城市环境改善项目工作。做好内外资项目进口设备免税确认。配合开展招商引资，对三一重工、吉利汽车、双汇食品、大唐风电、新疆裕天新能源、山东力诺光伏、北京神州巨电新能源、华锐风电、红龙集团、西门子（中国）公司等拟入驻南宁项目做好对接、引进和服务。

【改善民生项目建设】 2011年，市发改委着力保障和改善民生，促进社会和谐稳定。加强教育基础设施建设，争取到中央资金5976万元，建设特殊教育学校、农村学前教育、中小学校舍安全工程等教育项目20个。编制下达市本级财政预算内教育基本建设年度投资计划，安排资金26.72亿元。重点完善凤岭片区、五象新区教育基础设施；推进市二十六中学五象新校区等中小学校建设；完成市第一职业技术学校五象校区等职业攻坚项目；基本建成邕江大学新校区。推进医疗卫生服务体系建设，争取到中央资金1.37亿元，建设精神卫生防治体系、农村医疗卫生服务体系等5个专项63个项目。在市本级财政预算内基本建设投资计划中安排资金1.97亿元，用于卫生项目建设，推进市一医院综合楼扩建、市八医院门诊住院大楼等项目建设。加强文化基础设施建设，推动建设63个村级服务中心、“百戏下乡”、扶持百支村屯社区文艺队等文化惠民工程。完成20户以上自然村通广播电视工程，启动20户以下自然村“盲村”村村通广播电视工程建设。孔庙迁建主体工程建设完成，市博物馆等项目加快建设，推进广西文化艺术中心等项目前期工作。抓好扶贫开发，市财政投入资金1500万元，建设革命老区、贫困村屯硬化路68.21千米。以工代赈和易地搬迁项目投入资金1321万元，解决1.10万人交通难、1.02万人饮水难问题。组织实施易地扶贫搬迁项目12个，组织搬迁贫困村屯农户179户、780人。通过市财政投入产业扶贫资金800万元，实施中药材种植、百香果种植、桑菇配套种植、养猪4个产业化项目。通过安排贴息资金530万元，帮助1.20万户贫困农户向金融机构贷款1.06亿元投入生产。组织建成武鸣县国家基层就业和社会保障服务设施试点项目。组织申报宾阳县、隆安县10个子项目，争取2012年专项资金1200万元。组织开展市社会保险服务大厅等项目前期工作。配合开展保障性安居工程建设。全市10个廉租房建设项目获得中央预算内资金1.62亿元。新开工保障性住房3.96万套（住房租赁补贴6500套），超额完成自治区下达的3.65万套目标任务。

（杨华伟）

1月30日，南宁孔庙迁建一期工程落成并向社会开放。图为南宁孔庙全貌

市文化新闻出版局提供

统　计

【概　况】 2011年，南宁市统计局围绕市委、市政府中心工作和全市经济发展大局，发挥统计在经济社会管理中的基础性作用，加快基本单位名录库、企业一套表制度、数据采集处理软件系统和联网直报系统建设，提高统计能力、统计数据质量和统计公信力。获各级奖项50个（国家统计局奖1个、自治区统计局奖43个、市级奖6个）。

【统计方法制度改革】 2011年，国家统计局实施统计方法制度重大改革，在全国范围内推行统计“四大工程”（基本单位名录库、企业一套表制度、数据采集处理软件系统和联网直报系统）建设。市统计局把统计“四大工程”建设作为“一号任务”，通过采取一系列举措，确保南宁统计信息化的硬件、软件水平能够满足统计“四大工程”的要求。7月，市政府印发《南宁市人民政府关于实施统计“四大工程”的通知》，组建以常务副市长为组长，市直有关部门、各县（区）主要领导为成员的实施统计“四大工程”领导小组及工作机构，为工作的顺利实施提供政策和组织保障。建立完整准确的基本单位名录库，更新和完善单位新增、变更、注销的行政登记资料，收集工商、民政、编办等部门的基本单位增减变更信息，结合自治区反馈的各级国税、地税、质监部门新增、变更和注销单位资料进行整理、合并，不断完善和规范基本单位名录库。至年末，全市有单位55765个，其中法人单位41660个，产业活动单位（含本部）14105个。南宁市为全国一套表试点城市，推行为基层减负的企业一套表，按照“试点先行、分步推进、确保成功”的思路，分为试点工作阶段、全面试运行阶段和全面实施阶段实施。下发“企业一套表”试点工作文件,成立领导小组,召开工作会议,开展业务培训,进行工作督查,完成企业一套表第一、第二阶段的数据联网直报。全面掌握“三上”(规模以上工业企业、限额以上批发零售住宿餐饮企业、资质以内的建筑业企业和房地产开发企业)企业实际情况。推进“三上”企业基本情况和主要数据核查工作,“三上”企业自查2823家,实地检查单位106个。部署全市2011年年报和2012年定报新增“三上”企业和房地产开发经营企业审批入库,为建立和完善统计数据质量评估和控制体系提供依据。扎实推进统计信息化建设,实施局域网升级,增加网络行为管理系统和数据存储阵列,扩容统计数据储存库;对服务器机房进行标准化机房改造,建设大机房多媒体教室暨一套表集中报数点。完善市、县、乡三级统计信息网络,4兆光纤铺至全市12个县(区)统计局,互联网宽带线路覆盖全市124个乡镇、街道办统计站。统计外网与100多家市级党政部门和12个县(区)政府的光纤连接,加强工作交流和数据共享。组织对所有乡镇、街道办事处的251名统计人员进行信息化培训,提高基层统计人员企业一套表业务水平和联网直报操作技能。

【统计普查调查】 2011年,市统计局完成南宁市第六次全国人口普查普查表录入审核和数据上报,向市政府作人口普查数据专题汇报,向社会发布人口普查公报。对第二次全国经济普查资料进行开发,在市社会科学院《创新》杂志开辟增刊刊登南宁市经济普查的课题文章。开展农业调查,进行新一轮农村住户抽样调查样本点培训。开展工业统计基础工作,做好规模以上企业入库、规模以下企业抽样调查,在数据审核中强调工业总产值与企业用电量、收入、产量等指标的匹配性,为党委、政府有效调控工业经济运行提供决策依据。规范能源统计基础工作,确保能源统计数据质量。建立健全交通运输业、服务业地方统计制度,加强县(区)服务业报表名录库的新增维护上报,为下一步顺利实施国家服务业统计制度做好基础工作。开展投资、房地产开发、建筑业、保障性安居工程统计,掌握相关投资数据的发展变化情况。抓好限额以上批零住餐业统计和限额以下批零住餐业抽样调查,动态管理限额以上企业名录库。夯实记账基础,促进城镇住户调查的开展。组织实施人口变动调查、劳动力调查,完成劳动工资统计和城镇私营单位工资调查统计,为制定人口和收入分配政策提供依据。做好文化产业统计、R&D(研究与试验发展)资源清查、科技统计和创新监测等统计。对交通、旅游、住宿、餐饮、商贸等行业130多家单位展开中国—东盟博览会重点行业影响调查,使市领导和有关部门及时了解会展期间全市人流、物流的情况。

【统计服务】 2011年,市统计局在监测领域、信息共享、统计产品上取得新的成绩。以统计监测服务经济发展作为统计工作的重点,掌握全市农业、工业能源、固定资产投资、商业、服务业等重点行业的运行态势,强化对各项预期目标、工作目标的动态跟踪监测。加强与经济部门联系,把握经济运行中的敏感指标和数据的变化,为各级党政领导和社会公众提供及时、高效、准确的统计数据和分析。搭建省会城市、西部城市和自治区内各城市的统计信息交流平台,形成城市之间主要经济、社会指标数据交换机制,形成详尽的综合统计数据库,有效地拓展数据服务的外延和统计分析的范围。整理出版《南宁“十一五”发展历程》、《南宁市情统计手册》、《2011南宁统计年鉴》等大型统计信息和成就分析资料,每月出版《南宁经济动态月报》、《南宁工业动态月报》、《南宁投资动态月报》、《广西区辖各市信息交流月报》等刊物,编发统计分析信息文章322篇。建立健全统计新闻发布制度和统计信息定期发布制度,向媒体提供经济运行新闻稿,使统计成果惠及全社会,提高政府统计公信力。

【统计保障能力建设】 2011年,市统计局重点开展统计数据质量评估、统计执法和部门统计,为高质量完成各项统计提供强有力的保障。加强统计数据的评估和质量控制,重点加强工业、农业、投资、贸易、居民收入等专业数据与GDP(地区生产总值)核算数据的衔接。建立以相关指标、行政记录和主要联网直报企业数据为评估标准的质量评估体系。强化对各县(区)、乡镇基层统计执行国家统计调查制度情况的监督检查,核实源头数据质量。加强统计执法,全面推进统计执法大检查,查处统计违法案件94件,遏制统计违法行为。加强部门统计,通过国民经济核算部门联席会议机制,形成政府综合统计和部门统计整体功能协调、资源配置合理、合作互补发展的部门统计管理体系,切实提高部门统计能力,提高统计数据质量。

【统计基层基础建设】 2011年,南宁市强化统计基层基础建设,深入基层调研。局领导及各科室经常性地到各县(区)、乡镇、街道、有关企业开展经济发展调研和统计调研,加强对基层的指导,解决基层基础工作中的困难。增强基层力量,建立健全科学、完善的统计网络,各县(区)成立普查中心,分别增加编制6名~10名,进一步增强基层统计工作力量。组织开展“十佳乡镇”评比。2月,组织开展2010年度全市“十佳乡镇”、乡镇“经济发展进步奖”测评,经过经济指标评比、制约性评比指标评比、实地核查、确定初选名单、领导小组审查、新闻媒体公示、市政府常务会议审议、市委常委会审议等程序,确定宾阳县古辣镇、宾阳县新桥镇、兴宁区三塘镇、江南区苏圩镇、宾阳县黎塘镇、青秀区南阳镇、青秀区伶俐镇、兴宁区五塘镇、横县校椅镇、横县马山乡10个乡镇为2010年度南宁市科学发展十佳乡镇;横县那阳镇、上林县澄泰乡、邕宁区新江镇、宾阳县洋桥镇、横县峦城镇、上林县巷贤镇、隆安县雁江镇、良庆区大塘镇、宾阳县陈平乡、隆安县南圩镇10个乡镇为2010年度南宁市科学发展进步乡镇。 (李鸿宽)

审 计

【概 况】 2011年,南宁市审计局完成审计项目81个,审计查出违规金额7343.71万元、管理不规范金额17.67亿元;通过上缴财政、减少财政拨款及归还原渠道资金等促进增收节支7904.63万元;核减工程投资和结算价款6.60亿元(局本级核减8034万元,下属单位市公共投资审计中心核减5.80亿元);向司法、纪检监察机关和其他部门移送案件线索和事项6件,涉及金额6020.58万元。提交审计信息、要情、专报19篇,被采用或市领导批示14篇。

【县(区)审计】 2011年,南宁市12个县(区)审计机关完成审计项目117个。其中:预算执行情况审计15个,专项资金审计38个,行政事业审计59个,固定资产投资审计3个,企业审计2个。审计查出违规金额1.01亿元,损失浪费金额86万元,管理不规范金额8.34亿元,应上缴财政138万元,核减工程投资3.01亿元。审计移送处理1件,涉及金额12万元。

【财政审计】 2011年,南宁市本级完成市财政局具体组织的2010年本级预算执行和其他财政收支情况审计,以及市规划管理局、市教育局、市文化新闻出版局、市城市管理局、市直机关后勤服务中心、市安全生产监督管理局、市残疾人联合会、市卫生学校8个部门2010年度预算执行和其他财政收支情况审计。查出违法违规或管理不规范问题8个,查出问题金额4.65亿元。在继续关注预算编制科学性、预算执行合法性、预算支出效益性基础上,注重揭示管理存在问题,提出建设性意见,促进财政资金的规范化管理。此外,完成全市六县六城区政府性债务项目审计,获审计署地方政府性债务审计先进集体嘉奖。

【固定资产投资审计】 2011年,市审计局加大对政府投资项目的竣工决算审计力度。完成投资审计项目(含结算审计项目)751个,核减工程投资和结算价款6.60亿元,节约资金、挽回、避免损失6亿元。其中,完成南宁城市轨道交通工程、广西郁江老口航运枢纽工程、心圩江环境综合整治工程、利用世行贷款市城乡环境综合治理工程、政府投资、南宁国际物流基地基础设施、平乐大道(南宁大桥—银海大道)工程、玉洞大道(银海大道—龙岗大道)工程、五象新区堤园路工程、五象大道延长线工程(银海大道—壮锦大道)、青秀区凤岭佳园拆迁安置小区工程、家园小区(兴宁区拆迁安置小区)工程、友谊路廉租住房工程(第一批新增中央投资项目)、市相思湖廉租住房工程(第一批新增中央投资项目)、横县六景镇南局村、周田村整村搬迁及安置工程、银海大道拓宽工程、市防洪工程石埠堤工程、大学路—明秀路综合交通工程、青秀山森林植物园、竹排冲上游沙江河环境综合整治工程等20个政府投资项目的跟踪审计,跟踪审计资金85亿元,出具跟踪审计整改意见书18份、跟踪审计意见单6份。下属单位市公共投资审计中心接审项目875个,接审金额50亿元,审结项目722个,审计金额31.80亿元,核减金额5.80亿元。

【行政事业审计】 2011年,市审计局审计(调查)单位13个,查出违规金额742万元,管理不规范金额2.09亿元。完成市文化新闻出版局、市统计局、市粮食局、市直机关后勤服务中心、市安全生产监督管理局、市教育局、市劳动和社会保障局、市体育局、市扶贫开发办公室、市妇女联合会、市相思湖新区管委会、市政府地方志编纂办公室、市社会科学院等20个单位经济责任审计和市建设工程造价管理站2007年1月至2010年12月财务收支审计。

【专项资金审计】 2011年,市审计局审计(调查)单位21个,查出管理不规范金额1.87亿元。完成南宁市2010年1月至2011年6月社会养老保险基金专项审计调查、六县职业教育攻坚经费投入及管理使用情况审计、六县六城区中小学校舍安全工程专项审计调查、上林县“两基”(基本实施九年义务教育、基本扫除青壮年文盲)巩固提高复查验收审计等审计署、自治区审计局下达的项目20个。对市□东污水处理厂三期工程、市江南污水处理厂二期工程、市三塘污水处理厂一期工程、南宁六景工业园污水处理厂一期工程、三塘污水处理厂三期工程5个项目建设情况进行跟踪审计调查。

【经济责任审计】 2011年,南宁市经济责任审计进入规范化轨道,市审计局加强任中审计,着力方法创新;突出审计重点,着力内容创新;严格审计程序,着力工作创新;规范审计操作,提升经济责任审计的质量和水平。完成20名领导干部的经济责任审计项目,查出领导干部应负主管责任的违规金额966万元,管理不规范金额3797万元。

【企业审计】 2011年,市审计局坚持通过审计,挖掘企业生产经营环节的潜力,为政府深化企业改革献计献策。年度计划安排市海茵地产开发公司资产、负债和所有者权益审计调查,市政府部分工业投入资金管理和使用情况审计调查,南南铝业加工有限责任公司日产万吨板型材加工项目跟踪审计等企业审计项目,以及结合经济责任审计完成南宁壮宁资产经营有限责任公司、南宁振宁资产经营有限责任公司、南宁化工集团有限责任公司、南宁化工股份有限公司、南宁城市建设投资发展总公司5个企业的审计。查出违规金额1435.37万元,管理不规范金额7628.66万元,移送案件线索2件。

【内部审计】 2011年,南宁市完成内部审计项目1870个,其中财务收支审计87个,经济责任审计955个,效益审计189个,专项审计611个,其他审计2个。审计总金额58.85亿元,促进增收节支1122万元,提出建议意见被采纳66条。

【审计质量建设】 2011年,市审计局复核审计项目88个,提出的复核意见全部被采纳。实施的市五象大道工程概(预)算执行情况审计项目被评为广西优秀审计项目二等奖,实施的原市无线电三厂2000年1月至2005年4月资产负债和损益情况审计项目被评为广西优秀审计项目三等奖。 (邱丽萍)

物价管理

【价格调控】 2011年,南宁市由于受需求拉动、成本推动以及2010年下半年价格上涨带来的翘尾影响等综合因素叠加作用,1月以来居民消费价格总水平(CPI)持续高位运行,各级价格主管部门加强价格调控力度,抑制价格总水平过高过快上涨,减轻物价上涨对群众生活的影响。5月,居民消费价格总水平涨幅为7.70%,在全国36个大中型城市位列第一。此后,居民消费价格总水平涨幅连续7个月回落。在全国36个大中城市中,居民消费价格总水平涨幅由5月的首位降至11月(CPI涨幅为2.30%)的末位。居民消费价格总水平全年累计上升5.70%,低于自治区0.20个百分点,基本完成市政府制定的涨幅5%左右的调控目标。

价格监测 构建点多面广品种全的价格监测网络,在全市建立监测点42个,监测品种325个,其中28个居民日常消费的“米袋子”、“菜篮子”价格实行每日报告。加强价格调研和形势分析,编发分析报告12期,向市委、市政府报送政务信息104条,报送价格动态分析材料230篇,与广西大学合作完成调研课题《南宁市居民消费价格运行特点分析与调控策略研究》,为政府调控物价提供决策参考。

价格调控　6月~12月,南宁市陆续出台降低部分政府定价项目收费标准和价格,主要包括降低自来水价格、国有农贸市场租赁费和国有超市进场费、公有住房租金价格、有线电视安装和基本收视费、罐装液化石油气价格、公办幼儿园教育收费标准、部分景点门票价格,部分医疗服务价格等政策,减轻消费者负担6800多万元。11月1日~12月31日,对城区居民生活用水暂时免征污水处理费。8月25日,对部分实行市场调节价的商品实行临时价格干预措施,在7个农贸市场和6个超市门店限价限量大米、猪肉、食用植物油,销售价格低于市场价10%;在38个超市门店设立蔬菜限价限量销售点,对部分蔬菜实行指导价销售,销售价低于市场价30%;对服装、大米、面条、花生油、调和油、白砂糖、米粉、切粉、蜂窝煤、牛奶等实行调价备案制度,防止价格过快上涨。全市累计销售限价猪肉10.18万头、765.52万千克,日均销售猪肉636头;销售罐装食用植物油8.12万瓶、40.62万升;销售平价大米1453.99万千克,平价粮油229.72万千克、蔬菜73.13万千克。兑付限价猪肉财政补贴3062.08万元、限价食用油财政补贴58.48万元,猪肉销售量、补贴金额均为自治区第一。继续落实和完善鲜活农产品运输绿色通道政策,将马铃薯、甘薯、鲜玉米、鲜花生列入绿色通道品种目录,并对核定装载量80%以上以及超限超载幅度不超过5%的装载运输鲜活农产品车辆,比照整车合法装载车辆免收车辆通行费,实行市内外无差别政策,进一步降低蔬菜流通成本。

建立稳定物价运行机制　2月17日,市政府印发《关于建立南宁市市场价格调控部门联席会议制度的通知》,建立市场价格调控部门联席会议制度,研究、制订和组织实施保证供应、稳定市场价格的政策措施,推进市场调控监管工作长效化、规范化。建立社会救助与物价上涨联动挂钩机制,至12月5日,南宁市城镇低收入居民基本生活费用价格连续3个月平均涨幅达到或超过5%,即启动低收入居民临时价格补贴机制,按月向补贴对象发放临时价格补贴。在联动机制正式实施前,8月~12月,每月对农村低保户发放物价补贴12元、对城市低保户发放物价补贴15元,全市累计补贴1500万元。

【价格管理】

涉农价格监管　2011年,市物价局围绕服务“三农”,切实抓好蔗糖价格挂钩联动机制政策的落实,对2010/2011榨季糖料蔗收购价格再次实行提前联动,及时下达糖料蔗二次结算价格。全市蔗农收入41.01亿元,比上榨季增收14.53亿元,增幅54.87%;人均种蔗收入2293.88元,增收1057.08元。贯彻落实国家发展改革委、财政部、农业部、粮食局、中国农业发展银行等5个部门有关提高2011年稻谷最低收购价格的通知精神和要求,从8月新粮上市起,适当提高主产区生产的稻谷最低收购价水平,每50千克早籼稻(三等,下同)、中晚籼稻、粳稻最低收购价格分别提高到102元、107元、128元,比上年分别提高9元、10元、23元;落实稳定蚕茧收购价政策,根据2011年广西蚕茧收购仍实行政府指导价的要求,桑蚕鲜茧标准品(干壳量8.60千克,上车茧率100%)无税收购中准价格每50千克为1750元±10%。

药品价格监管　5月1日,南宁市对基层医疗卫生机构配备使用的307种国家基本药物和自治区增补的196种药品实行零差率销售。实施国家基本药物制度后,基本药物实际销售价格平均下降12.80%;人均门诊费用91.88元,比上年下降1.10%;住院人均费用1006.69元,下降1.24%。

经济适用房价格审核　按照充分考虑城镇中低收入家庭经济承受能力,保本微利的原则,先后调整和核定富宁新兴苑第五期经济适用房小区小高层住宅、康岭花城经济适用房小区住宅、鑫利华花城经济适用房小区住宅等76万平方米经济适用房最高销售价格。其中:富宁新兴苑第五期经济适用住房小区小高层住宅最高销售价格调整为每平方米2261元;康岭花城经济适用房小区最高销售价格多层住宅调整为每平方米1759元,小高层住宅调整为每平方米2056元;鑫利华花城经济适用房小区最高销售价格多层住宅调整为每平方米1946元,小高层住宅调整为每平方米2266元,核定18层高层住宅最高销售价格为每平方米2359元。核定兴宁区家园小区、江南区富乐新城、凤岭北拆迁安置小区等66.49万平方米的拆迁安置房价格。其中:兴宁区家园小区东区小高层住宅销售基准价为每平方米2393元,最高销售价格为每平方米2441元;江南区富乐新城拆迁安置小区第一、二期多层住宅销售基准价为每平方米2084元,最高销售价格为每平方米2126元;凤岭北拆迁安置小区安置农民拆迁户且签订合同的,住宅最高销售价格为每平方米1760元,安置青山园艺场整体搬迁及青秀区拆迁户的小高层(11层)住宅最高销售价格为每平方米2050元,18层高层住宅最高销售价格为

2011年南宁市居民消费价格变化情况

时间	居民消费价格指数	
	南宁市	自治区
1月	105.2	105.8
2月	105.3	106.0
3月	106.7	106.8
4月	107.3	107.6
5月	107.7	107.7
6月	107.3	107.7
7月	107.1	107.4
8月	106.9	106.6
9月	105.8	105.8
10月	105.4	105.2
11月	102.3	102.7
12月	101.4	101.9
全年	105.7	105.9

2011年南宁市居民消费价格指数

（基期为100）

项　目　名　称	累计比(以上年同期为基期)
居民消费价格总指数	105.7
一、食品	112.5
1.粮食	113.2
2.淀粉及制品	110.7
3.干豆类及豆制品	105.6
4.油脂	111.9
5.肉禽及其制品	118.6
6.蛋	112.9
7.水产品	117.3
8.菜	104.7
9.调味品	104.4
10.糖	116.6
11.茶及饮料	103.9
12.干鲜瓜果	112.5
13.糕点饼干面包	110.7
14.液体乳及乳制品	109.4
15.在外用膳食品	109.1
16.其他食品	109.9
二、烟酒	104.6
1.烟草	100.0
2.酒	108.7
三、衣着	108.8
1.服装	109.9
3.鞋袜帽	106.1
4.衣着加工服务费	102.0
四、家庭设备用品及维修服务	101.4
1.耐用消费品	97.8
2.室内装饰品	102.5
3.床上用品	109.8
4.家庭日用杂品	95.2
5.家庭服务及加工维修服务	109.3
五、医疗保健和个人用品	102.7
1.医疗保健	102.7
2.个人用品及服务	102.9
六、交通和通讯	101.7
1.交通	104.5
2.通信	98.6
七、娱乐教育文化用品及服务	99.8
1.文娱用耐用消费品及服务	91.8
2.教育	104.9
3.文化娱乐类	98.4
4.旅游	100.7
八、居住	99.7
1.建房及装修材料	106.8
2.住房租房	99.3
3.自有住房	102.9
4.水、电、燃料	98.9

每平方米2214元。

物业服务收费管理　核定住宅小区的物业服务等级收费，核定普通住宅小区的物业服务等级收费标准并办理收费备案手续178个。开展物业服务企业“价格诚信评比”活动，市国凯物业服务有限责任公司金湾花城管理处、市中房物业服务公司南湖公务员住宅小区物业服务中心、广西银湾物业管理有限公司南宁分公司欧景城市广场服务中心、市江宇物业服务有限责任公司东方曼哈顿物业服务中心、广西建凯物业服务有限公司商务厅桃源大院物业服务中心5家物业服务企业获价格诚信单位。

居民消费价格监管　6月~10月，先后出台降低自来水、民用管道天然气、罐装液化石油气价格等政策，累计减轻消费者负担6800多万元。批复南宁市5路、6路、39路、56路、70路、87路、90路公共汽车、横县西津电厂厂区—中华茉莉园公交1路、横县博物馆—那阳大桥公交2路、马山县汽车站（城南站）—苏博工业集中区（红旗桥）公共汽车票价。加强客运站客运代理、行包运输代理、车辆清洗清洁、车辆停放以及向旅客提供退票、送票、行包变更、行包装卸、行包保管、小件物品寄存、站务等客运服务收费管理，规范客运服务收费行为。

【收费管理】　2011年，市物价局强化收费监管，规范收费行为。对超市动、植物检验费及卫生检验检疫费收费标准降低20%，减免32万元；落实鲜活农产品绿色通道减免政策，减免车辆通行费24.60万元；对59家政府投资建设、产权所有以及国有流通企业所属的农贸市场设施租赁费在现行收费标准的基础上降低15%，降低金额325.27万元。秋季学期起对南宁市12所公办幼儿园的保育教育费标准降低15%，降低金额240万元；核定8所公办学校热水费收费标准，4所公办学校住宿费收费标准；17所民办学校学费标准以及南宁职业技术学院单独招生报名考试费收费标准。降低部分建设项目收费标准，部分建设项目环境影响咨询收费标准下调10%，部分工程监理收费标准下调20%；规范社团收费行为，取消有关社团的评审费、评定费等各种收费；对南宁市提供电子纳税服务过程中涉及的各类服务费、认证费和维护费进行清理和规范；取消卫生质量检验费、税务登记证工本费等部分行政事业性收费25万元。开展行政事业性收费年审，审验收费单位128个，审验率99%，合格率89%，审验收费许可证正本127本、副本320本；对服务性收费实行许可证管理，办理《服务性收费许可证》正本587本、副本302本。

【价格监察】 2011年，市物价局推进重点领域专项整治，先后开展涉农收费、教育收费、医药价格等专项检查，强化节假日、重大活动及临时价格干预期间的市场监管和价格监督检查。出动价格监督检查3000人次，查处价格违法案件50件，实行经济制裁90.35万元，其中退款14.41万元、罚款25.81万元、没收50.13万元。与自治区物价局联合查处沃尔玛超市价格欺诈案件；查处超市价格欺诈案件3件，罚款11万元；遏制消毒餐具集体涨价行为，遏制29个市场摊租涨价行为，责令擅自提高摊租水平的市场方向经营户退还多收摊租6.66万元。针对食盐抢购风波，澄清不实信息和传言，平息抢购风波，对14家违规经营者处以罚款共1.11万元，退还多收消费者价款750元。畅通12358价格举报维权渠道，市本级受理各类价格咨询举报6781件，立案调查359件，查处价格违法案件44件，实行经济制裁82.59万元（罚款24.51万元、退款58.08万元）。

【价格服务】 2011年，市物价局开展价格服务进农户、进社区、进企业、进学校、进医院、进商场、进景区等服务活动，提供价格政策指导、价格信息引导服务，通过电视、报刊、短信等方式及时发布农产品供求及价格变化信息，南宁价格信息网全年点击量100多万人次，发送“三农”价格信息短信10万余次。强化价格认证工作服务社会能力，办理价格认证业务2797宗，鉴定标的总金额2.48亿元。其中：涉案刑事案件的价格鉴定2538宗、4855.02万元；行政执法类案件价格鉴定94宗、2473.76万元；经济、民事案件价格鉴定43宗、1382.74万元；其他单位和个人委托的价格评估、价格认证37宗、746.93万元；涉税财物价格鉴定85宗、1.55亿元。开展粮食、食用油、食糖、蔬菜、水果、猪肉、服装、钢材、水泥等价格调研，还对农副产品进入超市和农贸市场收费情况、居家养老服务收费、居民住宅小区供配电设施建设、物业收费情况进行调研，提出政策建议，形成《关于开展农副产品进入超市和农贸市场收费情况调研的报告》；对南宁市公共汽车运营成本进行初审，完成南宁市出租车运营成本、宾阳县自来水供水成本的监审；对盐抢购风波起因进行调查；完成生猪、蔬菜、原料蔗、生木薯等主要品种农产品的成本收益调查。

【价格改革】 2011年，市物价局适时适度推进价格改革，进一步理顺价费矛盾。推进出租车运价结构调整，5月10日，调整南宁市出租汽车燃油附加费收费标准，即：出租汽车起步里程2千米内（含2千米），每车次收取燃油附加费1元；超过起步里程2千米，每车次收取燃油附加费2元。推进资源型产品价格改革。5月6日，受自治区物价局委托，在考虑供水企业生产经营成本、当地经济发展水平、群众承受能力的基础上，组织召开宾阳县城城市供水价格调整听证会，消费者代表8人、政府价格主管部门推荐经营者2人、政府价格主管部门聘请专家2人、政府价格主管部门推荐经营者2人以及人大、政协代表2人参加听证，审议通过宾阳县城城市供水价格方案。 （严晔炜）

工商行政管理

【机构改革】 2011年，南宁市工商行政管理局根据自治区政府批准的《广西壮族自治区市县（市、区）工商行政管理局及工商行政管理所机构改革方案》精神，对全市工商系统机构进行重大改革。主要职责由原来的10项增加至14项。新增职责：依法查处取缔无照经营的责任；依法规范和维护各类市场经营秩序的责任；监督管理流通领域商品质量和流通环节食品安全的责任；查处违法直销和传销案件的责任。新增加强流通环节食品安全监管、指导广告业发展、企业信用体系建设、直销监管、网络商品交易及有关服务行为监管、农民专业合作社登记注册及监管，为广大企业提供服务7个方面的职责。确认企业注册分局、专业市场管理分局、经济检查支队、12315消费者申诉举报指挥中心的编制。城区工商分局改为城区工商行政管理局，为市局直属机构。市工商局内设机构由原9个科室增加至11个，撤销公平交易与消费者权益保护科，设反不正当竞争执法科、消费者权益保护科、食品流通监督管理科以及原设立的法规与行政执法督察科、市场与合同规范管理科、企业与个体私营经济监督管理科、外商投资企业注册管理科、商标广告监督管理科、办公室（信息管理科）、人事科、财务科11个科室。县（区）工商局由原来的6个股室增加至8个~9个。机构改革后，市工商局下辖6个县工商局、6个城区工商局、5个直属分局、1个经济检查支队。全系统保留162个工商所、牲畜屠宰办公室，编制1644名。

【企业登记管理】 2011年，市工商局采取事前咨询、事中协调、事后跟踪的指导方法，指导企业依法办理登记注册及年检事务；帮助企业解决登记注册问题，规范经营，采取说服、劝告、建议和提示等非强制性方式方法，遏制各种违反登记注册法律法规行为的发生，规范市场经济秩序。继续加大企业帮扶力度，为企业开辟融资渠道，拓宽融资空间。开展股权出质登记，激活企业沉睡资本，办理内资企业股权出质登记242件，帮助企业融资50多亿元；支持企业直接融资，用活民间闲散资金，登记注册成立小额贷款公司25家，担保公司68家；完善对民营企业的金融服务体系，推动城市商业银行在县域设立分支机构，支持农村信用社完善网点布局，引导股份制银行增设机构网点等。新登记注册内资企业541家，注册资本22.86亿元；注销409家，注册资本2.09亿元。至年末，全市有内资企业1.28万家（企业法人5352家），注册资本550.31亿元。按经济性质和组成形式划分：国有企业1587家（企业法人707家），注册资本37.66亿元；集体企业2034家（企业法人841家），注册资本9.13亿元；股份合作企业284家（企业法人44家），注册资本12.39亿元；公司制企业8117家（企业法人3753家），注册资本491.05亿元；在公司制有限责任公司中，一人（独资）公司650家（企业法人625家），注册资本80.36亿元；国有独资公司55家，注册资本137.98亿元，实收资本131.94亿元；股份制有限公司264家（企业法人20家），注册资本8.51亿元，实收资本8.51亿元；其他企业778家（企业法人7家），注册资本876万元。开展企业登记代理违法违规行为整治，对中国人民银行广西分行提供的460家企业涉嫌违反出资规定、虚报隐瞒真实情况骗取企业登记、抽逃出资等违规行为进行核查，先后对涉嫌虚假出资行为立案120件；立案查处抽逃资金行为2件，移送公安机关查处1件。外商投资企业登记部门坚持把"主动为外资企业服务，扶持外资企业发展"作为宗旨，拓宽外商投资企业登记注册渠道。新登记注册外商投资企业107家（分支机构68家），总投资6.43亿美元，注册资本2.89亿美元（中方认缴2.61亿美元）。至年末，有外商投资企业1282家（企业法人568家，分支机构714家），总投资51.27亿美元，注册资本30.53亿美元。外国（地区）企业常驻代表机构119家。

【企业年检】 2011年，南宁市工商系统全面推行企业集中年检、上门年检和预约年检方式。组织6个城区工商局及3个开发区工商分局集中在市工商局办照大厅现场办公，主动为银行系统、保险系统、中石油、中石化、大型超市等网点多、分布广的企业办理集中年检。现场受理年检企业450家，为3000多家企业提供上门服务。开通网上年检，受理企业网上申报年检，对网上申报、提交材料齐全的企业即时办理一条龙年检。全市应参加2010年度年检的内资企业1.27万家，实际参加年检1.08万家，占应检企业总数84.90%，其中参加网上年检的企业1.03万家，合格率100%。应参加年检外商投资企业906家，实际参加年检856家，参检率94.48%，合格率92.75%，其中应参检法人企业358家，实际参检314家，参检率87.70%，合格率92.68%；应参检分支机构547家，实际参检541家，参检率99.08%，合格率92.79%；应参检的、在中国境内从事生产经营活动的外国（地区）企业1家，参检合格。外商投资登记管理部门利用年检，监督检查出资和生产经营情况。出资方面：参检企业出资到位312家，到位率98.73%；出资实收资本额15.46亿美元，到位率99.69%，比上年提高0.43%。年度出资欠缴企业4家，欠缴出资金额485万美元。生产经营方面，参检法人企业314家，盈利131家，占参检企业总数41.71%；亏损167家，占52.86%；收支平衡16家。

【支持微型企业发展】 2011年，市工商局按照自治区政府《关于大力发展微型企业的若干意见》、南宁市政府《关于大力发展微型企业的实施意见》，充分发挥工商职能，制定《关于大力促进微型企业发展的若干措施》，协调全市相关部门从市场准入、培训、税务、资金扶持等方面，制定出台配套政策措施17项。通过"三项服务"（优先办理服务、当场办结服务、提速办结服务）、"六项放宽"（放宽登记权限、投资主体登记条件、名称登记条件、住所登记条件、经营范围登记条件、注册资本登记条件）、"九项帮扶"（实施开展"一对一"帮扶、减免帮扶、信息帮扶、商标帮扶、广告帮扶、合同帮扶、会展帮扶、培训帮扶、融资帮扶）、"四项监管"（实施和谐柔性监管、后续规范监管、轻微违法免罚、首次违法免罚），在工商行政管理方面给予全方位扶持。至年末，全市发展微型企业4112家，注册资金累计3.52亿元，带动3万多人就业，贮备创业项目6000个，建立"青年工业园"、"大学生创业园"、"失业人员创业基地"等微型企业创业孵化园30个，落实财政补贴2275万元，10家商业银行与微型企业建立融资平台。

【个体登记管理】 2011年，市工商局贯彻落实自治区政府《关于印发进一步促进民营经济发展的38条措施》、《进一步推动全面创业加快推进城镇化跨越发展的18条意见》，继续推行《南宁市工商系统服务发展优化环境的33条措施》，规范个体工商户市场准入，促进个体经济发展。全市个体工商户新开业2.99万户，从业人员6.17万人，注册资金16.31亿元。至年末，全市有个体工商户22.16万户，从业人员45.48万人，注册资金89.95亿元。新办理港澳居民个体工商户3户，从业人员22人，注册资金46万元（香港居民1户，从业人员12人，注册资金36万元）；全市累计港澳居民个体工商户18户，从业人员59人，注册资金168.70万元（香港居民13户，从业人员35人，注册资金138.70万元）。查处个体工商户1.86万户，吊销营业执照个体工商户1.73万户（城镇个体工商户1800户、香港居民个体工商户2户）。坚持开展取缔无照经营，保护合法经营，维护市场经济秩序。出动执法人员8169人次、执法车2669辆次，检查个体工商户5.01万户，查处无照经营案件524件，责令补办营业执照658份。办理个体工商户年度验照，应参加年度验照个体工商户20.20万户，办理验照17.21万户，验照期间注销、清理"死"户2.50万户，验照率97.60%，经批准延期验照4847户，占应验照户数2.40%。

【护农执法】 2011年，市工商局按照自治区工商局的部署，制定红盾护农行动方案，做到早安排、早行动。3月~4月20日，结合"3·15"消费者权益保护，组织工商执法人员协调农业、质量监督、供销社等部门强化农资市场监管，开展"红盾护农"为主题的现场活动。开展真假农资商品识别、进乡进村到田间地头发放政策、法规、农资实用知识等宣传资料。出动人员2000多人次、宣传车350多辆次，开展宣传咨询活动26次，制作宣传横幅246条，举办农资打假知识培训班等，发放农资宣传资料3.97万份，接受群众咨询350次。开展农资商品质量监测，3月、6月组织各单位开展流通领域肥料、农药商品质量定向监测，抽检钾肥、复混（合）肥、磷肥、农药等样品60批次。对包装标识不合格或涉嫌假冒伪劣的农资商品予以查处。加强农资市场监管，集中开展红盾护农"保春耕"、"保夏种"、"保秋播"农资打假专项整治行动3次，重点对种子、肥料、农药、农膜进行检查，打击制售假冒伪劣农资经营行为。出动执法人员7530多人次、执法车980多辆次，检查农资企业706家次、农资经营户1.26万户次，整顿农资市场169个次，立案查处农资案件197件，案值138.84万元，没收不合格化肥26.80吨，为农民挽回经济损失3.65万元。

【双培双促活动】 2011年，南宁市工商行政管理系统把开展农村党员"双培双促"（即把农村优秀经纪人培养成为党员，促进农村党员队伍建设；把农村党员骨干培养成为经纪人，促进农村经纪队伍建设）活动作为服务新农村建设的一项重要工作。通过"广泛宣传发动、学习培训驱动、注册登记拉动、商标品牌推动、合同帮扶带动、消费维权促动"等"六动"助力，全程服务。全市新登记农民专业合作社274个，成员总数1603个，入社农民1564人，出资总额2.13亿元（货币出资2.03亿元），其中出资额在100万~500万元的有32个，500万~1000万元2个，1000万~1亿元1个。至年末，全市有农民专业合作社1167个。其中：从事种植业、养殖业的993个，占总数85.09%；成员总数1.07万个，其中农民成员1.03万个，占96.66%；非农民成员329个，占3.09%；企业单位成员24个，占0.23%；农民专业合作社成员50人~100人的有52个，占4.46%。培养、发展高规格的新型经纪人。通过龙头企业、行业协会、专业市场和基层党组织“四个带动”以及“部门联动互助”从数量和质量上发展经纪人，引导和鼓励经纪人申办营业执照，加强对经纪人进行合同、商标等法律的培训，提高经纪人的法律意识、诚信意识和社会责任感；工商所通过信息平台，为经纪人提供信息服务，提高抵御市场经营风险的能力。年内，有2家由村支书出任农村经纪人组织的法定代表，体现党员经纪人的带头作用。举办培训班29期，有1064名农村党员经纪人和94名村党支部委员、村民委员会委员层面的经纪人参加培训，发放学习资料1420多份，落实培训经费8650多元。农村经纪人及农民专业合作社对发展农村经济发挥积极作用。经纪人队伍发展较快的横县，农村经纪人有3660户（党员经纪人934人），经纪从业人员1.40万，销售茉莉鲜花8万吨、鲜茧3.30万吨、甜玉米鲜苞20.72万吨、蘑菇10.20万吨、其他农产品16.50万吨，经纪销售额17.50亿元，带动农户12万户、36万多人增收。宾阳县有各类经纪人561户，其中个体经纪人70人、合伙经纪人3户、农民专业合作社138家、兼营经纪人350人；惠及农民2万多户，经纪业务量3930多万元，“订单农业”合同2.20万多份，合同金额3亿多元。

【公平交易执法】 2011年，市工商局坚持把公平交易执法作为市场监管的重要工作之一。查处各类案件1755件，立案查处1470件，案值1019万元，罚没款407.63万元。其中：案值5万元以下1454件，5万~10万元12件，10万~30万元2件，30万~100万元、100万元以上各1件。按违反法律法规类型分：违反不正当竞争案件26件，案值109万元；违反商标法案件141件，案值135.55万元；违反产品质量法规案件65件，案值61.73万元；违反广告法规136件，案值23.79万元；违反企业登记法规174件，案值34.89万元；违反其他法规1203件，案值651.59万元。按违法行为分：制售假冒伪劣商品案件170件，案值131.69万元，罚款91.42万元；虚假宣传案95件，罚款51.20万元；虚报注册资金、虚假出资及抽逃资金案460家，立案查处120件。

打击传销　市工商局加强打击传销工作。建立联动机制，抽调7名业务骨干与市公安局相关部门组成南宁市打击传销联合执法专业队，专职负责打击传销。各县（区）工商局成立打击传销专业执法队，与市打传办各成员单位通力合作，密切配合，对南宁市的传销活动保持高压严打态势。在联合行动中，出动工商执法人员715人次、执法车211辆次，立案14件，清查出租屋167户，查处违反法规向传销组织提供场所的出租屋8户。选定查处重点区域和传销形式。把宾阳县、良庆区大沙田和玉洞片区作为重点区域，重点打击“拉人头”、“纯资本运作”、“政府融资”、“高科技”、“连锁经营”、“电子商务”、“股权、基金投资”、“网络营销”、“特许经营”、“北部湾建设”、“职业介绍”、“招聘兼职”、“介绍工作”等诱骗手段为主的违法犯罪活动。捣毁传销窝点1017个，清理遣散传销人员3665人，查获收缴《宏观经济的资本运作》、《中国资本、连锁论坛》等各种传销非法出版物2300本（册）；查办传销案件79件，罚没款25.16万元。

直销企业监管　做好直销企业审批协助工作，严把直销市场准入关。完成对广东康力医药有限公司等11家申请直销经营资格或直销开放区域的企业经营情况的初审。加强对直销企业监管，对企业报备会议实行监管。受理、监管南宁市直销企业分支机构会议报备41次。对直销企业分支机构在经营过程中的违法违规行为给予查处。对宁波三生日用品有限公司广西分公司召开的培训会议有涉嫌传销活动行为实施行政约见；对富迪健康科技有限公司广西分公司涉嫌从事传销行为开展调查。

【商标管理】 2011年，市工商局围绕“知识产权助推经济转型”的主题，以“3·15”消费者权益保护日、“4·26”知识产权宣传活动，开展知识产权宣传周，设立专门商标咨询台，现场接受公众对商标申请、使用、保护和管理的咨询和受到假冒伪劣商品侵害的投诉等热点问题；利用“打击侵犯知识产权和查处制售假冒伪劣商品专项行动宣传”板报及报纸、电台、网络等多种媒体，开展商标战略宣传活动，提高全社会商标意识，形成重视商标注册、保护注册商标的良好氛围，现场接受群众咨询1340多人次，发放商标法律知识宣传资料3200多份。推进商标战略实施，推行“五书五联动”工作机制，针对不同服务对象，及时发放《商标注册提醒通知书》、《商标规范使用提示书》、《违规使用商标警示书》、《商标维权保护联络书》、《争创驰（著）名商标建议书》。至年末，全市有有效注册商标1.36万件。加强对企业商标质押融资的行政指导，积极与北部湾银行、农业银行等金融机构搭建“商标质押融资平台”，5月31日举办南宁市商标质押贷款推介会，全市61家广西著名商标企业参加会议，广西桂西制药有限公司等11家著名商标企业与银行签订《商标质押贷款合作意向书》。

商标帮扶　开展“商标兴企”帮扶活动，在商标注册引导、驰（著）名商标培育、注册商标维权保护、商标经营运作等方面开展指导，对申请商标注册和申报著名商标的企业，实行专人负责的定点联系帮促机制，重点扶持。将微型企业作为商标帮扶重点，引导微型企业注册商标，培育自己的商标品牌，提高其市场竞争能力。接待商标注册、商标规范使用等法律咨询1325人次，其中企业237家（微型企业10家）；发放《商标注册建议书》、《商标规范使用建议书》等93份。引导企业商标注册802件。

推动“商标强农”　建立完善商标富农机制，全面推行基层工商所“一所一标”、“一社一标”商标培育机制。采取“宣传引导”和“培育指导”相结合的方式，在全市600多个农民专业合作社确定商标注册帮扶重点89个，对5家推行“农民专业合作社+商标+农户”经营模式的涉农企业，生产经营的32种名优特农产品确定商标品牌培育。

培育广西著名商标　将具备申报条件、有发展潜力、知名度和美誉度高的企业，如广西金穗农业投资有限责任公司（“绿水江”商标）、广西新秀食品有限公司（“葛泉霸”商标）、南宁青秀山风景名胜旅游开发有限责任公司（“青秀山”商标）等24件注册商标作为广西著名商标的重点培育对象，发放《争创驰（著）名商标建议书》32份。培育广西著名商标56件（农产品商标6件），经广西著名商标评定机构批准：广西南宁百洋饲料集团有限公司的“百洋”、广西网联电线电缆有限公司的“网联”等17件被评定为广西著名商标。南宁市累计获广西著名商标企业

61家，占自治区总量18%，位居第二。

处理商标侵权　充分发挥全市65个流动消费维权服务岗的作用，将商标维权服务与12315申诉举报处理、执法办案相结合，进一步完善商标维权机制，在38个大型超市（商场）、农贸市场、建材市场、批发市场、专卖（营）店确定商标维权联络企业和联络人员，明确商标维权责任，落实商标注册证、商标使用许可等有关材料备案备查制度，加大市场商标准入的监管力度，防止假冒商标侵权和“傍名牌”现象发生。开展打击侵犯知识产权和制售假冒伪劣商品专项行动，2010年11月至2011年5月在全市范围内开展打击侵犯知识产权和制售假冒伪劣商品专项行动。在民族大道古城路口、朝阳人民路口等11个主干道十字路口的LED（发光二极管）电子屏滚动播放开展保护知识产权、打击制售假冒伪劣商品行为的公益宣传广告25条；在新闻网、电视台、报刊等主要媒体上发表开展“双打”专项整治行动的宣传报道196篇；出动执法人员5817人次，检查经营主体7038户次，检查批零市场、集贸市场等各类市场417个次，检查商标印制企业54家，整治重点区域897处，查扣、没收、销毁假冒家电、种子、日用品等各类商品2000多件以及其他涉标涉牌违法物资4255件，侵权标志2300余枚；开展集中销毁侵权假冒产品活动3次，销毁假冒服装、酒类、食品、药品、日用品、烟草等65个品种、2.72万件，总价值54.20万元；立案查处假冒伪劣商标侵权案件198件，案值267.69万元；侵权案件涉及“贵州茅台”、“剑南春”、“五粮液”、“国窖1573”、“水井坊”、“红花郎”、“LV”、“红星二锅头”、“红牛”、“靓邦素”、“全松茶”、“凯甲勇士”、“凤凰”、“立白”、“万家乐”、“荷花”味精、“小天鹅”洗衣机、“比亚迪”汽车配件、“步步高”抽油烟机等知名商标。受理并处理消费者对涉假商标申诉、举报169件，为消费者挽回经济损失9.05万元。

整顿滥用“特供”、“专供”标识　9月29日，印发《南宁市工商局关于转发国家工商总局等部门关于开展清理整顿部分商品滥用“特供”、“专供”标识专项行动的通知》，分别向梦之岛百货、南城百货、人人乐超市等27家商场超市及《南宁晚报》、《南国早报》等11家广告媒体单位发出《通知》，敦促其对产品包装、标签、广告宣传及代理发布的广告中含有“特供”、“专供”等类似内容进行清查、整改。检查大型超市商场17家、集贸市场与批零市场11家、烟酒茶叶专卖店87家、小超市及个体经营门店126家，发出整改通知11份，涉及五粮液酒、鲁花花生油等产品。

【广告监管】　2011年，市工商局继续以食品、药品、医疗等广告为重点监测对象，加大整治虚假违法广告力度，健全和完善广告监管长效机制，提高监管和服务水平，营造公平竞争的市场环境。查处违法广告案件136件，罚没款52.22万元。其中：药品广告45件，罚没款4.34万元；食品广告15件（保健食品广告2件），罚没款7.96万元；医疗广告37件，罚没款26.33万元；其他广告39件，罚没款13.59万元。

整治虚假招生广告　对辖区学校、商务楼、宾馆门口等重点地段的招生广告进行重点巡查，查处私自印发的招生简章和虚假宣传资料，严格审查其主体资格、广告宣传内容和发布方式等。对环球雅思培训学校、南宁状元廊职业培训学校、市新东方教育培训学校等发布的21起招生广告进行检查，责令限期补办批准文件或手续3起；对2起没有批准文件和登记备案的，责令停止发布并予以取缔和查处。

户外广告监管　对户外广告进行全面的调查摸底，对未经登记擅自发布的户外广告进行登记备案，详细记录广告发布的地址、内容、画面、类型等。通过对户外广告现状的掌握，制定监管措施，对广告内容不违法、且容易登记的户外广告，督促其补办登记手续；对需办理前置审批的，适度放宽时间，限期补办；对存在发布违法违规内容的户外广告，下发《南宁市工商局关于撤除不良户外广告的通知》，责令广告发布者立即整改。办理户外广告登记1003件。其中：房地产广告461件，医疗服务及医疗器械广告172件，食品广告103件，其他广告267件。

媒体广告监管　充分发挥广告监管中心“监测—预警—查处”的职能，对全市的电视广告、广播广告、网络广告、平面广告、户外广告等进行24小时不间断监测。监测媒体广告8.66万条，涉嫌违法广告1143条。其中：监测网络广告1963条，平面广告4522条，电视广告6.11万条，广播广告1.90万条。

【12315维权网络体系建设】　2011年，市工商局下发《关于进一步加强12315“五进”规范化建设工作方案》，明确对“消费维权服务站”的设立范围、目标和条件、建站工作步骤。完善《消费维权服务站受理处理制度》、《消费维权服务站信息报送、分析制度》、《12315“五进”工作考核办法》、《12315“五进”工作考核评分细则》等制度，将12315“五进”（进商场、进超市、进市场、进企业、进景区）工作纳入年度考核，构建长效管理机制。全市建立消费维权服务站127个、流动维权岗52个，有流动维权车13辆，与全市大型企业、商场建立消费纠纷快速和解“绿色通道”40条。12315中心、市消协积极推进12315“五进”和“一会两站”（消费者协会，工商所“12315”申诉举报受理站，乡镇、街道、企业“12315”联络站）的规范化建设，进一步扩大“消费维权服务站”、

“3·15”国际消费者权益日宣传周南宁活动现场　　周家志　摄

"12315联络站"、"消费投诉站" 的覆盖面，组织"送法下乡"、"维权下乡"等消费维权活动20多次，发放消费维权宣传资料2万份。受理消费者咨询、申诉、举报1264件。其中：咨询15件，申诉447件，举报802件。查处侵害消费者权益案件98件，申诉举报处置率100%，为消费者挽回经济损失300多万元。发布消费警示11期，制作12315简报15期。

"3·15"国际消费者权益活动　围绕"消费与发展"年主题，与市建委、市人社局、市消协等部门联合将消费维权宣传延伸到工地，开展"外来务工人员维权主题现场"活动。在市辖县(区)同时开设"3·15国际消费者权益日" 宣传周活动。设消费维权服务点322个，接受消费者咨询7000多件，受理消费者申诉64件，成功调解50件，为消费者挽回经济损失7.80万元；受理群众举报50件，查处侵害消费者权益案件3件；销毁假冒伪劣商品品种143个，案值47.10万元；发放宣传资料4.60万份；出版板报、专栏183个；开设消费大讲堂、召开座谈会16场次。

"诚信兴商"活动　围绕诚信兴商，放心消费主题，在全市范围内开展宣传活动，并针对家电产品投诉多的问题，召开家电经营企业"诚信兴商"座谈会，与国美电器、苏宁电器等20多家经营者签订《诚信兴商责任书》。定期组织青少年到"青少年维权教育基地"进行消费维权教育，深入企业进行《中华人民共和国消费者权益保护法》等相关法律法规知识、消费投诉处理方法等内容培训。为全市300多名小学生开设"消费维权大课堂"3次；为梦之岛、南宁百货等大型企业授课9次，培训员工1200人次。

【市场监管】

流通环节食品安全监管　2011年，市工商局坚持以食品安全整顿为主线，以社会群众关心关注的热点问题为重点，以法定送样检测和抽样快速检测为手段，强化监管。制定《2011年南宁市工商系统流通环节食品安全整顿工作方案》，成立专项工作领导小组，层层签订工作责任书，召开专项工作视频会议，深入推进流通环节食品安全整治。累计发放食品流通许可证2.36万张，查处无证照或超范围经营食品户231户、食品添加剂经营户4户，法定检测食品125批次，快速检测食品7523批次，处理食品类消费者申诉30起，查处食品安全案件396件，全年未发生食品安全责任事故。中央电视台曝光"瘦肉精"猪肉事件后，加强流通领域肉类食品的监管力度，在全市集中开展专项整治行动，切实保障流通环节猪肉质量安全。出动执法人员2650多人次、执法车610辆次，检查各类市场1530个次、肉类经营摊点9860户次、学校等单位食堂92家次，查缴并销毁无检验检疫证明的不合格猪肉1655千克。

乳品市场专项整治　发布《南宁市工商行政管理局关于对流通环节乳制品实施分类单项审核和管理的通告》，推进乳制品流通许可分类列项管理，通过逐户上门的方式，对乳制品经营户进行全面登记管理，督促不具备条件的经营者按时办理变更登记。累计发放乳制品流通许可证2555本。其中：含婴幼儿配方乳粉许可证611本，未含婴幼儿配方乳粉许可证1944本。强化乳品市场监管执法，加强对上市乳品质量的监督管理，组织开展抽样行动3次，法定检测乳制品样品27批次。

整顿食品添加剂经营　为杜绝食品非法添加和滥用食品添加剂行为，开展含塑化剂添加剂、糖精、面包改良剂等食品专项执法检查，组织对勾兑淡水用于暂养海鲜的"海水晶"产品进行整治。全面清理规范添加剂经营主体资格，对全市145户食品添加剂经营单位建立完整的监管台账，逐户签订《南宁市流通环节食品添加剂经营者承诺书》。查处无照经营单位，清理有资质但长期不从事经营的单位，整顿超范围经营的小食杂店、小化工店。加强对上市食品质量的抽样检测，抽样检测乳制品、葡萄酒、馒头、食用油、食品添加剂等样品76批次，累计投入检测经费24.50万多元。在推行食品添加剂进货查验、索证索票、台账记录三项制度的基础上，推行食品添加剂实名销售制度，确保添加剂来源可溯、去向可追。至年末，在全市大型超市查获台湾通天下贸易有限公司、台湾统一企业股份有限公司等5家公司生产的7种含塑化剂产品，包括饮料862瓶、食品添加剂267千克、"康辉"牌荔枝爽100件，责令超市下架，追回含塑食品。

"地沟油"整治　组织开展废弃餐厨油脂和食用油市场的整治行动，严查食用油经营主体，取缔无证照经营行为，督促检查经营者履行食品安全法定责任和义务，依法打击来路不明、假冒伪劣食用油的违法行为。抽样检测食用油15批次，查扣非正规来源食用油900千克。

酒类市场整治　年初针对河北昌黎葡萄酒事件，组织开展紧急清查，对市场上的葡萄酒产品开展抽样检测，抽检葡萄酒样品9批次，快速检测35批次。在日常监管中，加大对假冒侵权酒类产品的整治力度，规范白酒市场经营行为，查获假冒侵权白酒4495瓶。

服务领域市场专项整治　对汽车维修服务行业非法改装汽车问题进行专项整治，对非法兼营车辆改装的汽车修配厂、维修点等进行全面清理整顿，严厉查处销售非法改装、拼装车辆以及销售其他不符合国家标准车辆的行为。在节假日旅游市场消费旺季，加大对旅游市场经营主体的监管力度，向公众发布旅游服务、旅游购物、旅游经营单位信用等方面的提示，增强消费者自我保护意识。检查旅游市场455个次、经营户6721户次、超市628家次、旅游经营单位20多家次、车站12个、旅游景点30个次。

集贸市场信用分类规范化监管　通过建立完善各项市场巡查监管制度、指导市场开办方建立市场管理制度及市场管理示范表格文本等措施，全面推行"三个指导"(指导市场开办方改善基础设施和环境卫生；指导划行归市，明码标价；指导"诚信经营，文明经商")。以南宁海鲜批发交易市场为样板，打造农贸批发市场信用分类监管模式。全市有各类市场455个，符合条件并纳入信用分类监管的市场116个，占市场总数25.49%。

平息食盐抢购风　受日本地震造成核泄漏事件影响，3月16日南宁市出现食盐抢购风波。针对这一紧急情况，自治区工商局先后发出《关于加强市场监管维护食盐市场稳定的紧急通知》，市委、市政府启动《南宁市工商系统市场监管应急预案》，在自治区首先提出限量、限价销售食用盐的措施。以工商所为辖区责任监管单位，对所有食盐生产企业、批发企业和零售点开展食盐市场专项监管，逐家逐户进行拉网式巡查。出动执法人员4860多人次、执法车1260多辆次，检查农贸市场617个次，各类商场、超市、购物中心2520多家次，经营户1.09万户次，确保首府食盐市场秩序稳定。

"限塑"整治　通过悬挂条幅、张贴通告、发放宣传资料、举办座谈会等多种形式开展“限塑”宣传。结合年检验照，做好登记注册，对申请设立或变更其经营范围中涉及生产、销售塑料购物袋的业主，从严把关，确保市场经营主体合法。加大市场日常巡查力度，先后集中开展“限塑”专项整治行动2次。重点对超市、商场、集贸市场等商品零售场所销售、使用塑料购物袋情况进行检查。引导集贸市场的开办方建章立制，将限塑内容纳入市场管理的范畴。出动执法人员2800多人次、执法车710多辆次，检查商场、超市1200多家次，农贸市场430多个次，经营户1.32万户次，发放宣传资料9300多份，悬挂宣传横幅60多条，下发整改通知书17份，责令改正53户，收缴不合格塑料购物袋12.76万个。

查处取缔无照经营行为　按照自治区政府《关于进一步完善查处取缔无证无照经营工作机制的通知》，结合创建国家文明城市和校园周边专项整治行动，加大对无照经营行为的查处取缔力度。各县(区)工商局对辖区所有经营主体进行“拉网式”全面排查，详细记录经营主体登记情况，并对辖区无照经营户数、从事行业、集中存在区域等进行登记造册，纳入经济户口档案。加强与质量技术监督、卫生、公安、消防、安全生产监督管理、文化等部门的联系，建立无照监管情况通报制度，对巡查或查处中发现不属于本部门职责范围内的无证无照经营行为，通报相关执法监管职能部门，确保监管到位。出动执法人员1.87万人次、执法车5320辆次，检查经营户7.85万户，查处无照经营案件524件，罚没金额109.73万元，下达整改通知书312份，补办营业执照658份。

文化市场监管　重点开展查处黑网吧和无照电子游戏室等专项整治行动。由当地政府牵头，组织召开工商、文化、教育、公安、电信、移动、联通等部门专题联席会议，互通信息，联合执法，严厉打击黑网吧和无照经营电子游戏室行为。检查网吧经营户1923户次，查处违法经营网吧14户，抄告相关部门3户，查处取缔黑网吧37户，没收电脑166台，依法没收违法所得和罚没金额5.04万元。

稳定物价　发挥市场监管职能，启动《南宁市工商局稳定消费价格总水平保障群众基本生活市场监管工作预案》，下发《转发市政府关于进一步做好当前农产品销售工作的通知》、《关于进一步加强市场监管保障群众基本生活的紧急通知》。加强农产品市场监管，发动和组织全市农贸市场开办方设立农产品自产自销区，为农民销售农产品提供便利；协调市场开办方对进场销售自产农产品的农户给予摊租、市场保洁费优惠。全市有124个农贸市场设立农产品自产自销区，面积1.91万平方米，累计给予减免摊租、市场保洁费优惠4万元。配合有关部门做好定点限价猪肉、大米、食用油销售。由城区政府牵头，成立由工商、商务、物价等部门组成的定点销售猪肉专项工作组，进驻定点市场，负责组织和协调。工作组会同市场开办方对定点销售限价猪肉的集贸市场肉摊进行备案登记，填写《南宁市定点销售限价猪肉经营户备案登记表》，会同市场开办方建立猪肉经营户的销售台账，查验检验合格证、检疫合格证和磅码单，保存相关原始资料。8月24日至12月31日销售限价猪肉期间，全市定点销售限价猪肉市场7个、猪肉经营户310户；工商部门出动执法人员3590多人次、执法车780多辆次，查验猪肉经营户9730多户次，编制电脑台账110多份，为市财政补贴猪肉价格做好基础性工作。

电子商务监管　建立“网络经济户口”数据库，实现对网络市场主体准入登记监管。完善红盾信息软件系统，增加网站定位、巡查日志、统计分析等功能，将网络市场商务行为监管工作流程固定化、格式化、规范化，提高监管效能。针对查处网络市场违法案件时存在的电子证据取证及保全难的问题，通过在第三人作证的情况对证据及时进行打印保存，或请公证机构对证据进行公证，保证执法办案活动的合法、高效、公正。首次运用网络开展全市网络代购“洋奶粉”经营行为主体清查专项行动，开展网上搜索40次，发现从事网络代购洋奶粉网站、网店10家。

品牌汽车销售整治　为规范品牌汽车销售市场，集中开展专项整治行动，检查汽车经营企业60多家，发放责令改正通知书12份，规范品牌汽车销售企业的经营行为。

【合同管理】　2011年，市工商局在继续推进企业、市场信用分级分类监管，促成企业建立生产经营诚实、守信自律机制的基础上，重点对涉农企业和农户的“涉农合同”签约进行指导和监管，以“合同帮扶”带动和促进农村经济发展。检查涉农企业515家、涉农合同3050个。重点涉农企业547家(种植业351家、养殖业196家)，合同签约3260个，合同金额2920万元，履约率100%；其中种植业签约农户2255户，合同签约2875个，合同金额2520万元。按门类分：粮食类企业25家，农户1220户，签约合同1240个，合同金额1300万元；经济作物类企业281家，农户1005户，合同签约1550个，合同金额1100万元；养殖业家畜类企业40家，农户30户，合同签约110个，合同金额70万元；畜牧业类企业90家，农户45户，合同签约250个，合同金额250万元；水产企业45家，农户22户，合同签约25个，合同金额80万元。

抵押物备案管理　指导各县(区)局做好抵押物登记，受理抵押物登记备案402份，动产抵押贷款登记合同金额61.76亿元(公司抵押物登记备案364份，动产抵押贷款登记合同金额60.44亿元)；变更登记3份，金额7670万元；注销登记72份，金额3.84亿元。

拍卖活动监管　对拍卖活动进行备案登记。办理569起拍卖活动审查备案，监管拍卖活动150场次，受理拍卖委托合同582份，拍卖物标的17.92亿元，鉴证拍卖确认书1891份，成交金额18.08亿元，查处违法拍卖案件10件，罚没金额12万元。

(廖成琇)

劳动与社会保障

【国家级创业型城市创建活动】　2011年，南宁市通过健全组织领导体系、完善政策支持体系、健全创业培训体系、构建创业服务体系、健全工作考核体系五大体系建设，加大政策扶持力度，全面推动以创业带动就业。建立创业培训、创业服务相互衔接的工作机制，做好有创业意愿和创业能力的劳动者，特别是高校毕业生、农村转移劳动力、城镇就业困难人员3类重点群体的创业帮扶。加强对创业项目的收集、筛选、评估、推介，建立创业项目数据库，发挥创业基地的孵化作用。举办“邕城创业行”主题活动周暨高校毕业生创业项目推介会活动，为各类人员提供创业条件。在全市表彰奖励一批创业明星、创业示范基地等创业带动就业的先进典型,营造全社会崇尚创业、推动全民创业的良好氛围。

【人力资源市场管理】 2011年,南宁市做好基层公共就业服务平台建设,发挥南宁人力资源市场就业主渠道作用,创新载体,2月2日,开通就业信息蓝牙发布系统以及南宁人力资源市场至南宁—东盟经济开发区“农民工免费直通车”,完成市人力资源市场、人才市场网络整合,实现信息共享。至年末,进入南宁人力资源市场招聘用工单位3.91万家次,提供就业岗位201.79万个次,进场求职人数323.35万人次,意向录用12.74万人次;新增办理劳动保障事务代理2188人。

【劳动工资管理】 2011年,南宁市进一步落实公共卫生与基层医疗卫生(合称“两卫”)事业单位绩效工资,并统筹考虑其他事业单位实施绩效工资,围绕政策执行、落实兑现、维护稳定3个关键环节,完成市本级“两卫”事业单位津贴补贴清理核查工作,摸清各单位原发放津贴补贴实际水平,测算并核定各单位的年绩效工资水平。自治区、市有关部门组成联合督查组对各县(区)、开发区开展“两卫”事业单位绩效工资实施情况进行督查。10月,市本级“两卫”事业单位基础性绩效工资随同工资正常发放。

【劳动监察】 2011年,南宁市进一步完善劳动保障监察“两网化”(网格化、网络化)机制建设,在武鸣县、横县“两网化”管理试点的基础上,在其他市辖县全面推开。加大劳动保障监察执法力度,组织开展农民工工资支付情况检查、清理整顿人力资源市场秩序、用人单位遵守劳动用工和社会保险法律法规情况等专项行动。劳动保障监察案件立案483件,结案476件;处理突发事件161件,为2.06万名劳动者追发工资等待遇5506.59万元。

【就业与再就业】 2011年,南宁市全面落实各项就业政策,出台《关于对南宁市就业困难人员给予灵活就业社会保险补贴的通知》等社保补贴、公益性岗位、扶持创业相关政策,扩大各类群体就业。开展第三批高校毕业生就业见习基地认定、高校毕业生“三支一扶”(到基层从事支农、支医、支教和扶贫)招募、2011年南宁夏季大中专毕业生双向选择洽谈会、选聘高校毕业生到村任职、农村义务教育阶段学校教师特设岗位计划、高校毕业生就业服务月等十大系列就业服务活动,提高高校毕业生就业率。组织再就业援助月、春风行动、民营企业招聘周等就业服务专项活动,为富士康等项目建设和企业发展提供劳动用工服务,引导城乡劳动者就地就近就业,统筹做好其他群体就业工作。推进以创业促进就业,举办邕城创业行、创业培训推广课等活动,形成鼓励创业、支持创业、全民创业的良好氛围。全市实现城镇新增就业7.77万人,下岗失业人员实现再就业1.94万人,帮助就业困难人员实现再就业4964人,城镇登记失业率3.48%,低于控制数0.52个百分点,农村劳动力转移就业新增9.58万人。创建充分就业社区266个,为城镇新增就业和解决“零就业家庭”等就业困难人员就业提供载体。成立微型企业3937家,其中投资人是返乡农民工的有1578家,发放创业小额贷款2.75亿元,创业带动就业1.96万人。至年末,全市专项资金专户按政策拨付就业专项资金8320.05万元。

【劳动争议仲裁】 2011年,南宁市加强案前调解,加大劳动人事争议案件调解力度。调配充实调解工作人员,提高调解能力,案前调解率60%,维护劳动关系的和谐稳定。召开全市2009~2010年度创建“劳动关系和谐单位”活动表彰会,对22家“劳动关系和谐优秀单位”和73家“劳动关系和谐先进单位”进行表彰。劳动人事争议仲裁立案3471件,当期结案3437件。

【劳动技能培训】 2011年,南宁市加强职业培训统筹,建立健全劳动者职业培训制度,职业培训的覆盖面不断扩大。开展创业培训,出台《南宁市微型企业创业培训实施办法(试行)》,率先在自治区设立微型企业创业培训示范基地。11月4日,自治区扶持微型企业发展工作现场会在南宁召开。开展“订单式”、“菜单式”培训,送服务进村,送培训上门,提高农村劳动力转移就业能力,加大失业人员和高技能人才培训力度,举办南宁—东盟人才活动月高技能人才技能大赛。开展创业培训6748人,完成微型企业创业培训1580人;开展农村劳动转移就业职业技能培训5.46万人、失业人员职业培训5795人;新增高技能人才2238人,核发职业资格证书4.12万人。

【技工学校教育管理】 2011年,市人力资源和社会保障局提升广西南宁高级技工学校综合实力,通过市本级和自治区级职教攻坚评估验收。经自治区人力资源和社会保障厅审核,市编办批复同意在广西南宁高级技工学校基础上设立广西南宁技师学院,学校原有管理体制、人员编制、经费来源等方面均保持不变。9月2日,广西南宁技师学院在广西南宁高级技工学校(南技校区)揭牌成立,成为自治区第一所集机械制造加工、汽车维修与应用技术、商贸服务、电子信息与电工、医药化工6大专业在内的综合性技师学院。至年末,广西南宁高级技工学校新校区累计完成建设面积3.30万平方米,完成投资5000万元;招收新生3475人,完成率121.90%;毕业生2583人,毕业率100%;毕业生就业人数2549人,推荐就业率98.68%,高于指标数2.68%;学生职业技能考试2831人,合格率96%,高于指标数1%。落实国家对中职学生的资助政策,为学生办理助学金、学费减免等资助手续8198人次,资助金额511.02万元。

【基本养老保险】 2011年,南宁市继续把中小企业和私营企业、非公有制企业和城镇个体工商户、灵活就业人员作为城镇基本养老保险扩面的重点,不断扩大参保规模。全市基本养老参保人数62.21万人,基本养老保险费征缴收入35.41亿元。推进和深化企业退休人员管理服务,全市调整基本养老金的企业退休人员23.20万人,企业退休人员人均月基本养老金由调整前的1115.20元调整至1267.80元,每人每月增加基本养老金152.60元,比上年增长13.68%。基本养老金实现100%社会化发放。

【基本医疗保险】 2011年,南宁市不断扩大城镇居民、职工基本医疗保险覆盖面,将“扩大城镇居民基本医疗保险覆盖面,参保率90%以上。参加城镇居民基本医疗保险人员的补助标准提高到年人均200元”和“扩大城镇职工医保覆盖面,参保率90%以上”列入南宁市为民办实事项目。出台《关于提高城镇居民基本医疗保险财政补助标准的通知》,明确各级财政的补助标准。下发《关于做好我市各学校在校学生2011学年度城镇居民基本医疗保险参保缴费工作的通知》。年内，全市城镇居民基本医疗保险参保人数95.18万人，参保率93.17%；城镇职工基本医疗保险参保人数71万人，参保率105.26%；参加城镇居民基本医疗保险人员的补助标准提高到年人均200元。

【失业保险】 2011年，南宁市将各县职工失业保险待遇提高到市本级水平列入为民办实事项目之一，调整县级失业保险金发放标准，从1月起实现市县职工失业保险待遇标准统一的目标，提高各县参保职工的失业保险待遇水平。调整后的县级最低档次提高到574元，最高档次提高到812元，平均增幅11%。扩大失业动态监测范围，监测企业从原来的30家扩大到44家，覆盖的用工人数从约2.70万人扩大到约3.70万人。12月25日，在各县全面实现“金保工程”失业保险子系统上线运行和市县网络互通的工作目标，促进南宁市失业保险信息化建设。按照政策规定向领取失业保险金人员发放物价补贴，落实失业人员在领取失业保险金期间的医疗保障问题。全市失业保险参保人数40.40万人，征收失业保险费2.86亿元。

【工伤保险】 2011年，南宁市将“全市新增工伤保险参保5万人”以及“将企业老工伤人员纳入工伤保险统筹管理”列入为民办实事项目之一。全市工伤保险参保人数42.92万人，其中新增工伤保险参保人数8.54万人，征收工伤保险费5627万元。将符合条件的573名企业老工伤人员全部纳入工伤保险统筹管理。开展劳动能力鉴定，受理劳动能力鉴定1088人，其中因伤劳动能力鉴定801人（含老工伤人员47人）、因病劳动能力鉴定287人，做出鉴定结论1083人。

【生育保险】 2011年，南宁市职工生育保险参保人数37.50万人，完成全市年度任务的100.50%；职工生育保险费征缴收入4659万元，完成任务119.46%，为企业职工审核并支付生育医疗费用和津贴8868人次、4978万元。

【困难企业政策落实】 2011年，南宁市将“逐步解决我市关闭破产国有企业退休人员等医疗保障问题，市、县（区）财政补助资金到位率不低于70%”列入重要议事日程，把16755名退休人员全部纳入南宁市城镇职工医保并享受待遇。至年末，市、县（区）累计拨付地方参保补助资金3958.33万元，总体到位率75%。

【社会保障基金监管】 2011年，南宁市做好社保基金监管，不断提高社保基金监管信息化程度，开发“南宁市社会保险审计稽核业务信息系统”和“2011年度企业离退休人员领取养老金认证工作”专用软件，逐步建立社会保险基金监督有效机制，组织基金监督稽查队开展专项检查，确保社保基金安全运行。根据自治区人社厅部署，11月2日，武鸣县人社局率先在自治区开展“阳光社保”工程试点。

【城乡居民社会养老保险】 2011年7月7日，国务院新型农村和城镇居民社会养老保险试点工作领导小组办公室批准宾阳县、横县、上林县、青秀区、兴宁区、江南区、良庆区7个县（区）列入全国第三批新农保试点和城镇居民社会养老保险试点县（区），武鸣县同时开展城镇居民社会养老保险试点工作，从7月1日起实施。将“继续实施武鸣县新型农村社会养老保险试点工作”列入南宁市为民办实事项目之一。至年末，武鸣县参保28.20万人，缴费19.31万人，缴费金额1956.03万元，参保率85.03%，续保率92.72%；发放待遇7.28万人，累计发放金额4474.88万元，60岁以上老人基础养老金发放率100%。全市新农保和城镇居民社会养老保险试点县（区）覆盖面67%，试点覆盖城乡居民人口占全市城乡居民总数的72%。第三批试点县区60以上老人基础养老金发放率91.28%，超额完成自治区要求年底前完成80%的目标任务。

【异地就医结算】 2011年，南宁市开展异地医疗费用结算试点，与海南省社保局签订《异地就医结算协议》，与广州市、福州市、南昌市、长沙市、成都市省会城市医疗保险经办机构联合签署《泛珠三角区域部分省及省会城市社会医疗保险异地就医合作构架协议》，明确两地参保人员的异地就医费用结算办法，为两地参保人员异地就医搭建更为便捷的医保费用结算平台。

【社保经办机构下移】 2011年，南宁市将“在城区设立社会保险经办分支机构”列入为民办实事项目之一，率先在自治区将社保经办机构下移，提高社保经办服务水平，实现便利、利民。12月13日，全市6个城区社会保险管理部启动运行，每个城区社保管理部办公占地面积平均400平方米，设有业务窗口20个~30个，可在任一个窗口享受单位和个人社保业务一站式办结服务。 （农　健）

质量技术监督

【质量监管】 2011年，南宁市质量技术监督管理局完成全市工业产品生产许可证的组织申报，审核工业产品生产许可证申报材料172份；向广西生产许可证办公室上报申证、变更、换证等材料80份。组织开展工业产品生产许可证年度审查，全市获证产品305个，年审290个，并对申报年审的企业进行实地检查，抽查企业50个，通过检查50个。利用年度审查的机会逐步建立和完善辖区获证企业信息数据库和企业质量档案。加强CCC认证行政监管，初步建立全市20家CCC目录内产品生产企业的档案。开展工业产品生产企业质量诚信体系建设，在全市复混肥料、水泥、电线电缆、建筑钢材、人造板和磷肥6类获证重点产品生产企业中开展质量诚信分类监管，覆盖率分别为70.40%、79.30%、83.30%、83.30%、66.70%、100%。对全市6个县级质检机构和23家机动车安检机构进行质量信用等级评定并实行分类监管。加强对资质认定获证实验室的监督管理，对37家资质认定获证实验室开展专项监督检查，办理质量工程师注册及重新注册30人次，组织110名在册质量工程师参加培训。

【质量兴市】 2011年，南宁市首次将实施质量兴市战略、打造名牌产品纳入南宁市国民经济和社会发展第十二个五年规划；建立质量兴市战略联席会议制度；印发深化质量兴企活动实施方案，深入推进质量兴企活动，强化企业主体责任。全市500多家获证企业制订质量兴企方案，启动质量兴企活动；研究制定培育创建品牌示范区实施方案，推荐南宁高新技术产业开发区申报全国知名品牌创建示范区，并通过自治区质监局初审；培育南宁经济技术开发区、南宁—东盟经济开发区创建广西知名品牌示范区。市质量兴市办公室联合市绩效办完成对各县(区)、开发区的年度质量兴市战略督查考评。实施名牌战略，加强品牌培育。市政府印发《南宁市加快培育服务业品牌工作实施方案》，引导和激励企业打造名牌产品。南南铝业股份有限公司等企业的27个产品获广西名牌产品。至年末，全市有广西名牌产品44个，在自治区名列前茅；培育推荐申报广西名牌产品20个。

【食品生产监管】 2011年，市质监局对食用淀粉、白砂糖、乳制品、肉制品、酒类、糕点、饮料、儿童食品等生产企业开展监督检查，抽查样品655批次，合格617批次，合格率94.20%，其中市本级抽查样品544批次，合格524批次，合格率96.32%。受理食品企业生产许可申报材料209份；上报自治区质监局符合发证条件企业材料52份，符合期满条件企业材料121份，符合变更条件企业材料15份，不予许可材料21份。对获证企业开展食品生产许可证年度审查，年审企业398家，通过年审398家。配合自治区、市食品安全委员会办公室通过国务院食品安全整顿评估考核组对南宁市食品安全整顿工作的评估考核，通过创建国家卫生城市技术评估专家组对南宁市食品生产环节创卫工作的技术评估。帮助和指导企业建立完善质量管理体系，全市规模以上食品企业均建立食品安全管理体系，25家食品企业通过HACCP(危害分析和关键控制点)体系认证。

乳制品监管　完成乳制品生产企业生产许可证重新换发，辖区企业获证率86%。对辖区乳制品生产企业和以乳粉为原料的食品生产企业加强监管，所抽检样品均未检出三聚氰胺。全市6家乳制品生产企业全部安装和正常使用乳制品溯源系统，实现监管企业点对点网络索证索票模式。

食品安全监管　组织全市400余家食品生产企业召开加强诚信自律建设工作会议，签订《食品生产企业加强诚信自律建设承诺书》，集中力量对全市116家糕点、饮料等重点食品生产企业进行食品添加剂排查。完成市长热线办公室转办的一系列投诉举报问题的处置，应对并妥善处理包括染色馒头、塑化剂、地沟油、牛肉膏、瘦肉精等一系列食品添加剂突发事件，查获数起非法生产、非法使用和滥用食品添加剂的重大案件。针对4月14日《南国早报》曝光南宁市食品生产企业存在的问题，立即赶到该企业逐一核实媒体报道的问题，发现该企业管理上存在有漏洞，执法人员要求企业限期整改。5月，台湾塑化剂污染食品事件在媒体报道后，迅速对可能涉及邻苯二甲酸酯的食品生产企业进行检查。出动执法人员64人次、执法车35辆次，检查食品生产企业及食品添加剂生产企业32家，抽检样品27批次，检验结果全部合格。

【计量监督管理】

计量监察　2011年，南宁市计量检定机构检定全市“六类”强检计量器具1.79万台(套)。其中：集贸市场衡器9765台，检定率78.30%，比上年提高5.10%；医用三源295台，检定率74.50%，提高4.10%；配制眼镜用计量器具367台(套)，检定率90.10%，提高2.20%；收购农产品用汽车衡348台，检定率99.50%，提高0.10%；出租车计价器和燃油加油机分别检定4420台、2685台，检定率100%，检定率与上年持平。5月，联合自治区计量院对市区范围内11座加油站123台加油机进行专项计量监督检查，抽查比例13.70%，对检查中发现1座加油站存在擅自拆封燃油加油机封铅的违法行为，对加油机进行封存并对责任者立案查处。对广西电能计量检测中心南宁检定所分阶段实施电能表强检情况计量监督检查，对该所检定合格的电能表抽取样表600只送自治区计量院进行综合检测，其中599只电能表检测结果判定为合格，合格率99.80%。

计量惠民活动　组织开展“免费检定计量惠民，促进城乡和谐发展”活动。对市区63家主要集贸市场和11家乡镇(城区)卫生院实施免费检定，免费检定衡器85.03万台，医用三源12台(套)，减免检定收费140余万元。六县计量所组织对20家集贸市场实施免费检定活动，免费检定衡器855台，减免检定收费12.50万元。春节前夕，联合自治区计量院对设在南宁国际会展中心、广西展览馆的2个大型年货市场开展计量监督检查，检查年货经营摊点210多家，检查电子计价秤等衡器226台(件)，当场没收具有作弊功能的电子计价秤13台。自治区计量院出动技术人员16人次，为2个年货市场摊点现场免费检定衡器213台(件)。“5·20”世界计量日，联合自治区计量院开展“计量实验室开放日”活动，为居民免费检测血压计、电子秤、电能表、水表等民生计量器具100余台(件)，免费检验定量包装商品20批次，发放计量知识、计量法律法规宣传手册等资料800余份。在“质量月”计量专项活动期间，联合自治区计量院在梦之岛水晶城举办“推进诚信计量、建设和谐城乡”计量知识讲座，开展计量大讲堂活动，邀请专家讲授定量包装有关知识，梦之岛集团各门店药材、茶叶、黄金首饰、生鲜、散货食品等柜台主管参加培训。

商品量计量监管　完成国家质检总局和自治区质监局部署的“十类”定量包装商品净含量抽查任务，对南宁市生产大米、果汁、调味料、熟肉制品、小食品、电线电缆、汽车润滑油、涂料、食用油、面粉10种定量包装商品的企业进行净含量国家监督专项抽查，抽查58家企业的10种商品、68批次。其中：净含量检验合格63批次，合格率92.60%；净含量标注合格68批次，合格率100%。

能源计量监管　组织专家向重点用能企业宣传贯彻国务院、自治区、南宁市节能减排工作会议精神和国家标准GB17167-2006《用能企业能源计量器具配备和管理通则》，组织开展全市重点耗能企业现场检查督促、指导帮扶。全市质监系统出动194人次，对全市61家重点用能企业实施监督检查和帮扶，帮助企业解决实际问题56个。

计量行政许可　组织计量标准现场考核23项，核发计量标准考核证书23本；为企业办理计量标准考核证书变更手续3个，委托技术机构培训检定人员42人，新发和复查换证的计量检定员证50本。南宁青岛啤酒有限公司通过自治区质监局组织的定量包装商品计量认证现场审查，获得《定量包装商品生产企业计量保证能力证书》，被准许使用C(计量免检)标志。

【标准化监督管理】

实施技术标准发展战略　2011年，市质监局推荐的4个项目获自治区政府颁发的“2009年全区重要技术标准奖励”，分别为南宁化工集团有限公司主要起草的国家标准GB1903-2008《食品添加剂　冰乙酸(冰醋酸)》、广西亚热带作物研究所起草的行业标准NY/T880-2004《芒果栽培技术规程》、广西农业科学院农业资源与环境研究所起草的DB45/T218-2005《无公害食品　香蕉生产技术规程》、横县质量技术监督局起草的DB45/T384-2007《茉莉花茶》。8月,组织推荐申报"2010年度全区重要技术标准奖励"项目16个。12月,组织召开南宁市实施技术标准发展战略联席会议,进一步落实各成员单位及相关单位的职责。与自治区标准院联合完成的《南宁市技术标准远程教育培训网建设》获2011年广西科技进步三等奖。

地方标准制(修)订　组织完成《罗非鱼苗种规模化越冬养殖技术规范》、《里当鸡养殖技术规程》、《西方蜜蜂饲养技术规范》、《制糖企业能源计量器具配备和管理要求》、《燃煤洁净节煤剂通用技术要求》、《洁净型燃煤通用技术要求》和《甘蔗制糖企业安全生产基本规范》7项广西地方标准的审定,报自治区质监局批准发布。其中,市质监局与市安监局共同申请制定并发布广西地方标准《甘蔗制糖企业安全生产基本规范》,实现企业安全生产方面地方标准零的突破。围绕服务南宁市有色金属、食品、机械、电力等千亿元产业和优势特色产业的发展,向自治区质监局申报制订广西地方标准项目11个,其中《香蕉抹花、垫板、疏果和套把袋综合技术规程》等6项列入2011年第五批广西地方标准制定(修订)项目计划。

标准宣贯　为配合新国家标准GB/T14308-2010《旅游饭店星级划分与评定》的正式实施,进一步规范饭店星级评定及复核,市质监局协助市旅游局在南宁市组织举办该标准的宣传贯彻培训班,主要以评定的申报程序、评定的标准以及星级复核的相关制度和要求为培训内容,来自各县(区)旅游局、旅游星级饭店、宾馆的近百家单位及企业180多人参加培训。10月14日第42届世界标准日,开展以国际标准树立全球信心为主题的宣传活动,制作世界标准日的专题板报。联合自治区质监局标准化处在南宁化工集团有限公司开展"标准走进企业"活动,协助广西电视台对该企业如何通过参与制定国家标准,提升产品竞争力等方面进行采访,通过新闻媒体宣传增强群众对标准化工作重要性的认识。

农业标准化示范区建设　广西农垦永新畜牧集团有限公司承担的瘦肉型猪养殖标准化示范区获得国家标准委授予全国农业标准化示范区优秀项目奖,是自治区唯一获奖的标准化示范区。根据国家标准委《关于下达第七批全国农业标准化示范区项目的通知》通知要求,督促广西金穗农业投资有限责任公司、南宁振企农业科技开发有限公司启动香蕉栽培标准化示范区、红龙果栽培标准化示范区建设。由广西金穗农业投资有限责任公司承担的香蕉标准化示范区基地建在隆安县那桐镇,通过标准化示范园创建,香蕉平均亩产将达2500千克~3000千克,实现商品果率和优质果率分别达到95%和80%以上,辐射推广种植面积3330多公顷。红龙果标准化示范区基地建在良庆区那马镇,基地按照标准化、规模化要求,建立GAP红龙果种植基地,通过建立水肥一体化的现代滴灌技术系统,引导农民正确认识、科学种植、规模发展。项目完成后,在南宁辐射推广面积660多公顷。

采用国际先进标准　为提高南宁市主要工业产品的质量水平,鼓励南宁市列入"千亿元产业"、"百亿元产业"的主要工业产品生产企业开展采用国际标准及国外先进标准标志产品的备案,有广西阳工电线电缆有限公司、广西联源电缆有限公司2家企业的3种产品完成采用国际标准产品标志申报备案并获准使用标准标志。

标准化专项督查　开展对商品条码使用的专项监督检查,出动人员80人次、执法车36辆次,抽查人人乐等15家连锁超市及老百姓大药房等14家连锁药店,检查的商品涉及服装、儿童玩具、日用百货、药品、计生用品等30余种。开展限制生产销售使用塑料购物袋专项检查,出动人员63人次、执法车31辆次,检查生产企业24家次。

企业标准备案　在市质监局网站建立"企业产品标准备案"专栏,登载备案要求、表格及所辖县局备案联系方式,完成辖区内备案的食品企业标准的清理工作,撤销备案食品企业标准304个。完成各类企业标准备案297个。

【特种设备安全监察】 2011年,南宁市特种设备注册登记量2.83万台(件)。其中:锅炉2577台,压力容器6101台,电梯1.41万台,起重机械4501台,大型游乐设施136台(件),厂(场)内专用机动车辆824台(件)。在用压力管道1.75万条,各类气瓶113万多只。办理安装告知业务4821台(件)。其中:电梯2567台,锅炉308台,压力容器655台,游乐设施26台,起重机械924台,压力管道341个单位。新办理注册登记3495台(件)。其中:电梯2023台,锅炉209台,压力容器579台,游乐设施14台,起重机械487台,厂(场)内专用机动车183辆。压力管道8443.60米。办理注销停用各类特种设备367台。发放作业人员证3004本,复审作业人员证6464人。

年内,市质监局开展一系列特种设备安全专项监察整治。一是加强重要活动和节庆期间的安全监察,在全市范围内对各类人员密集场所、大型商场、娱乐场所的电梯,旅游景点的大型游乐设施等特种设备的使用登记、定期检验、维护保养情况以及操作人员的持证上岗情况进行检查,特别是发现新投用的南宁市信息化大楼存在电梯安全隐患,及时协调有关单位对电梯隐患进行处理并快速办理注册登记手续;二是根据各医疗单位在用特种设备的检查情况,要求对卫生系统在用的特种设备特别是杀菌锅等压力容器存在因历史问题导致资料丢失、未办理定期检验手续等问题给予配合处理,及时消除安全隐患。三是加大对全市各类气瓶充装单位的检查力度,重点检查危险化学品充装单位特别是乙炔、液氨、液化石油气充装单位的资质、岗位安全操作规程的制订和执行情况、操作人员持证上岗的情况;充装设备的仪表和安全附件是否齐全有效;钢瓶的建档、使用登记和定期检验情况,确保钢瓶在检验有效期内使用;对重点特种设备的监控情况和应急救援预案制定和演练情况;压力容器贮罐及安全附件的定期检验情况进行检查。四是开展自动扶梯和自动人行道专项安全监察,检查安装维保单位56家、电梯168台,对重点品牌电梯、高层高速电梯的日常维护保养及使用情况进行检查,确保电梯运行安全。五是对CNG(燃用压缩天然气)汽车改装厂和CNG车用气瓶加气站进行专项检查，组织召开全市气瓶“两站”（气瓶充装站和检验站）治理工作会议，对市区25家气瓶“两站”进行专项检查，重点对气瓶“两站”报废气瓶管理、液化石油气“螺丝瓶”的报废工作进行检查，对违法充装、检验的气瓶“两站”进行查处，确保9月底前液化石油气“螺丝瓶”报废工作完成。六是深入校园开展特种设备安全监察活动，先后深入学校24所，检查在用锅炉18台、电梯8台，作出检查记录22份，对存在的安全隐患下达《特种设备安全监察指令书》9份，及时排除安全隐患。七是开展现场监察和专项整治，加大对锅炉、压力容器、压力管道、电梯、起重机械、大型游乐设施、厂（场）内机动车辆、客运索道8类特种设备的安全监察工作。出动安全监察人员980余人次，现场监察特种设备使用单位298家、资质单位50家；监察特种设备1763台（件）、在用各类气瓶3.61万只，累计发出安全监察指令书143份。此外，累计组织各有关单位开展应急救援演练30次。组织市动物园演练模拟大型游乐设施“过山车”项目发生断电故障应急救援；组织石门森林公园开展观览车类游艺机“狂呼”应急救援演练；组织南宁地王商务中心开展高层电梯故障等应急救援演练；组织中燃公司三塘气源厂开展压力容器泄漏应急救援演练等，均取得成功。

【打假治劣】 2011年，南宁市质监系统查处各类案件2506件，立案680件。市质监局本级查处各类案件1841件，立案292件。处理市长热线群众投诉45起，及时率、群众满意率均为100%。全系统无行政复议或行政诉讼案件，行政行为在行政复议或诉讼的撤销变更率为零。通过以市检察院牵头组成的南宁市行政执法机关移送涉嫌犯罪案件专项监督活动领导小组对市质监局2008年~2010年案件的检查。

农资执法打假 出动执法人员112人次、执法车45辆次，检查农资生产、销售企业42家次，受理农资举报投诉7件，查处农资违法案件11件。与市农业局等有关部门加强联系，向市农资打假办公室发送农资打假信息3份，向市农业局移送违法生产农药案件1件，形成多部门齐抓共管的局面。

建材产品专项整治 对人造板等产品组织开展产品质量监督抽查工作，抽样35批次。开展建筑钢筋专项执法检查，组织全市钢筋生产企业负责人参加自治区质监局稽查局召开的加强钢筋质量监管工作紧急会议，对6家钢筋企业的生产车间与成品仓库进行检查，对5家钢筋混凝土排水管产品无证生产单位进行立案查处，严厉打击无证生产的违法行为，规范建材市场秩序。

絮用纤维制品质量监察 组织开展“阳光纤检进幼儿园”、“阳光纤检进高校”活动，对13家幼儿园在用的絮用纤维制品、3所高校周边市场、商店销售的床上用品进行质量监督执法检查，未发现涉嫌质量问题的絮用纤维制品及“黑心棉”现象。在检查过程中，执法人员积极宣传有关絮用纤维制品质量法律法规和鉴别方法，防止不合格絮用纤维制品流入校园。

纸产品专项执法检查 重点对生产企业营业资格、环境卫生条件以及原材料质量控制、生产过程质量控制、成品质量控制等环节进行检查。检查纸巾纸产品生产企业16家，抽取样品18批次，合格17批次。10月9日，中央电视台每周质量报告报道南宁市宾阳县部分纸产品生产企业违法生产后，市质监局第一时间启动应急预案，开展纸巾纸专项执法检查，对南宁市18家纸制品企业进行核查，核实纸巾纸产品生产企业11家，抽取纸巾纸样品11个。

农村食品专项执法检查 重点对监督抽查不合格、日常监管发现、媒体报道或消费者反映存在质量安全问题的饮料及饮品生产企业进行检查，检查饮料等食品生产企业43家次，抽样4批次，合格4批次。对6家生产车间不具备持续满足保证产品质量安全的环境条件和相应卫生要求的企业、2家期满未换证仍继续生产的企业进行立案调查，并责令企业进行整改。

家电下乡产品核查 重点围绕家电下乡产品中的彩电（实施能效标识管理的平板电视）、冰箱、电磁灶3类产品，检查中标企业是否按照能效标志管理规定对不同产品型号办理能源效率标志备案，是否按照规定标注能源效率标志、标志是否符合要求，产品是否符合强制性能效标准、是否符合标注的能效等级等。检查范围涉及家电下乡中标流通企业的8个销售网点、103种不同型号的产品，抽取冰箱、电磁炉等3个样品寄往北京、广州的检测中心进行核查。

打击“地沟油”专项活动 9月，市质监局组成3个检查组分别对市辖区25家生产企业进行全面排查，出动执法人员51人次、执法车22辆次，检查企业17家次，大部分企业均按要求做好购货记录，保存食用油供货商的营业执照、生产许可证、产品质量检验报告，未发现使用“地沟油”加工食品的行为。对22家油脂生产企业开展检查，重点查明油源购进渠道、废弃油的处理等，现场检查个别企业的废弃油处理记录不全，并责令其立即整改。（田　田）

食品药品监督管理

【食品安全监管】 2011年7月，南宁市成立食品安全委员会，办公室设在市食品药品监督管理局，协调各食品安全监管职能部门各负其责、分段管理，实现食品安全的全程监管，无缝衔接。各部门与食品生产、经营、餐饮单位之间签订责任书，明确企业经营者是食品安全第一责任人。协调各部门开展米粉、酒类、散装食品、农产品农药与药物残留、食品添加剂、肉类、儿童食品及农村食品“八项”食品安全专项整治、打击“地沟油”专项紧急行动等活动，解决当前影响群众食品安全的重点、难点问题。10月18日，举行2011年南宁市食品安全重特大突发事故应急处置演练，市食安委各有关成员单位参加。协调各部门出动执法人员3.33万人次、执法车1.11万辆次，检查单位4.66万家，立案处罚232件、金额86.65万元，取缔无证照生产经营单位337家，将涉嫌危害食品安全犯罪的38人移送司法机关处理。在服务“两会一节”、东南亚美食节、接待国民党名誉主席吴伯雄代表团和中国水城国际龙舟邀请赛等52件次重大活动的餐饮服务食品安全保障中，出动执法人员622人次、执法车321辆次，保障重点接待宾馆饭店就餐代表1.14万人，监督供应配送的快餐盒饭4.73万多份，对2516份超过规定食用期限的快餐盒饭进行监督销毁，对餐饮接待单位发出现场监督笔录52份、监督意见书26份、责令改正通知书16份，提出并落实整改措施128项次，确保重大活动、会议无食品安全事件发生。

【餐饮服务食品安全监管】

推进食品安全示范街 2011年，南宁市对第一条餐饮服务食品安全示范街——长湖路餐饮服务食品安全示范街B级以上餐饮服务单位进行食品安全量化分级评审，通过查阅资料、现场核查、合议讨论和餐饮服务单位业主确认等环节，最终评定出长湖路餐饮服务食品安全示范街食品安全信誉度A级单位12家、B级单位15家、C级单位30家。年内，青秀区、兴宁区、西乡塘和良庆区完成创建一条餐饮服务食品安全示范街，示范街无食品安全投诉，市民对食品安全示范街总体满意度为98.50%。

食堂量化分级管理 制定《南宁市餐饮行业量化分级评定标准》，对全市117所学校食堂、市区17个旅游景区的餐饮服务单位进行风险评估、风险排序、等级评定和分类管理，运用多种手段加强监管，增加检查频次，强化社会监督，促进餐饮服务单位自律诚信经营，学校食堂和旅游景点餐饮服务单位量化分级管理达60%。

餐饮服务食品抽检 4月、7月和9月，市食品药品监管局按照自治区2011年餐饮服务食品安全监督抽验实施方案，分别完成20类、174份样品抽样。此外，加大抽样力度，利用日常监管、专项整治行动和重大活动保障等各种机会，抽取并送检样品112份；在酒楼、餐馆使用食品安全快速检测设备，对猪肉、辣椒油以及奶茶店中的饮料进行检验，完成抽检50批次。

餐饮服务案件查处 对餐饮服务经营单位行政处罚立案45件，结案29件，罚款金额14.49万元，没有发生行政复议及行政诉讼案件。

【保健食品及化妆品安全监管】 2011年，市食品药品监管局开展“两检一健全”工作，即对全市保健食品和化妆品生产、经营企业开展监督检查及采样抽检，健全完善保健食品、化妆品生产经营日常监管档案和信息数据库。对94家保健食品和化妆品生产、经营企业的原料、生产全过程和标签标识等内容进行监督检查。采用购买方式，对生产企业的39个品种、经营企业的44个品种进行抽检。接到保健食品举报投诉11件，并按程序核查处理；核查保健食品夸大宣传2件，协助举报投诉人追回购买保健食品货款5万元。

【药品监管】

生产环节监管 2011年，市食品药品监管局开展基本药物生产企业专项检查，正常生产的23家基本药物生产企业均能按药品GMP（药品生产质量管理规范）要求生产，16家基本药物品种中标企业实施电子监管，实施率100%。分别抽查35家中成药生产企业的42个常年生产的中成药品种，确保42个品种都能按批准的处方和工艺生产。配合自治区药品审评中心完成对10家药品生产企业进行GMP跟踪检查，对企业中存在的一般缺陷责令各企业在限期内完成整改，复查并将企业整改情况汇总上报自治区药品审评中心。

流通环节监管 严格审批、审查执业药师、药师等质量管理人员是否存在兼职行为，查处提供虚假材料的药品经营企业18家；加强日常监管，对全市10家疫苗经营企业开展专项检查，对市区主要路段、区域的药品零售企业进行打击非药品冒充药品专项行动，检查企业231家；加大基本药物流通环节监管力度，对全市19家基本药物配送企业检查不少于4家次，对基本药物零售企业检查不少于1家次。加大对药品、医疗器械广告及新闻媒体、药店内部违法广告的监测力度，共移交工商行政管理部门处理违法药品广告222条。

使用环节监管 对持有《医疗机构制剂许可证》的4家医疗机构开展制剂配制和药品使用监督检查，对26家二、三级医疗机构用药进行监督检查，监督检查率均为100%。

【药品专项整治】 2011年，市食品药品监管局严厉查处制售假冒伪劣商品行为。3月，对以“义诊”为名、向心脑血管疾病患者和老年人进行销售的无证经营药品行为严厉打击，捣毁销售窝点1个，扣押非法销售的银杏洋参胶囊等药品一批及部分电脑、显微镜等违法作案工具，并立案处理，罚款4.89万元。3月31日，联合公安部门捣毁一家位于中尧南路的经营假药窝点，现场扣押假药150个品种（品规），101箱（件），货值19.50万元，该案为公安部、自治区公安厅督办案件。此外，发现销售非法药品团伙3个、销售非法保健食品铺面8间、存储非法药品仓库4个。9月3日~4日，出动全局执法人员与自治区食品药品监管局稽查人员会同公安部门对中尧路、五一路一带的22间涉嫌销售假药和非法经营药品、保健食品及医疗器械的门店、仓库进行突击检查，查扣涉案物品1985件、品种1538个；查获销售假药窝点12个、仓库15个、假药生产线1条、分装包装假药窝点1个、犯罪嫌疑人居住点3个；查获涉嫌假冒药品、假冒保健食品1950件、1538批次。11月28日，联合市公安部门对五一路的“超恒保健”及“张煌保健”团伙涉嫌销售假药、保健品的销售窝点7个、仓库5个、办公室1个及

3月，南宁市开展制售假冒伪劣药品专项整治行动 周家志 摄

犯罪嫌疑人居住点5个进行查处，查获涉嫌假药及假冒保健食品1100多件，涉及品种300多批次，抓获涉案人员13人，刑事拘留犯罪嫌疑人6人。配合自治区食品药品检验所抽样335批次，不合格品种264批次。请示自治区食品药品监管局出具假药证明45份，为公安部门出具假药证明45份，发函到外省核查30份，涉及品种165个。全市出动执法人员980人次、执法车220辆次，检查涉药单位250多家次，捣毁地下非法经营药品窝点17个，立案查处违法经营、使用药品、医疗器械案件65件，没收违法所得58.87万元，涉案金额198万多元，处罚没款216.49万元。

【医疗器械管理】 2011年，市食品药品监管局对重点监管产品的生产企业实行重点监控，指导1家生产企业完成并通过质量管理规范的现场检查。出动执法人员156人次，对全市73家Ⅰ、Ⅱ、Ⅲ类医疗器械生产企业进行跟踪检查，下达整改通知书15份。以“常用”和“高风险”医疗器械为重点先后组织开展隐形眼镜及护理用液经营企业、家用磁疗热疗医疗器械经营企业和高风险医疗器械经营企业的专项检查，出动执法人员812人次，检查企业407家，立案查处6件。此外，开展医疗器械不良事件监测上报和2010年医疗器械生产、经营企业安全信用评定，全系统上报医疗器械不良事件430起，其中医疗机构上报108起。

【药品不良反应与药物滥用监测】 2011年初，市食品药品监管局下发《关于进一步加强2011年南宁市药械不良反应（事件）监测工作的通知》。6月、9月，组织召开新《药品不良反应报告和监测管理办法》宣传贯彻会议，南宁市药品生产企业、二三级医疗机构、药品零售连锁总部120余人参会。9月，制定《关于转拨2010年中央补助地方加强基层药品不良反应监测能力建设经费的实施方案》，将奖励经费发放到各个不良反应上报单位，推动年内不良反应病例上报工作的开展。全市药品不良反应病例数3238例，超额完成全年任务。8所强制戒毒所、8家美沙酮药物维持治疗门诊中，药物滥用报告上报覆盖率100%。

【特殊药品管理】 2011年，市食品药品监管局对8家生产含麻黄碱类复方制剂的生产企业进行专项检查，检查常年生产的小儿化痰止咳颗粒、桔远止咳片、复方桔梗麻黄碱糖浆、散痰宁糖浆4个品种生产情况，企业所使用的麻黄碱原料均持有《麻黄碱购用证明》并全部从广西天葫医药有限责任公司购进，账物相符；按照国家批准的处方和工艺组织生产，生产过程的物料平衡符合规定；均没有委托生产行为。开展现场检查、督促14次，辖区内部分含特殊药品复方制剂企业100%实施电子监管。

【药品监督抽验】 2011年，市食品药品监管局监督抽样452批次，南宁食品药品检验所出具报告书393份，检出不合格232批次，其中不合格药品63批次，不合格率54.46%。国家基本药物抽样任务162个品种，完成抽验130个品种，未能抽到样品32个品种，企业出具基本药物品种不生产或不经营证明32个品种。分别在横县、上林县、武鸣县等六县正常开展药品流动检测，检测车下乡73日，行驶6580千米，对125家经营单位、32家使用单位进行药品筛查，覆盖率80%。筛查药品1600批次，筛查后抽验152批次，检出不合格58批次，不合格率38.15%。

【食品药品安全宣传】 2011年，市食品药品监管局开展食品安全知识“五上五进”（上街、上墙、上媒体、上车站码头、上舞台歌圩，进社区、进农村、进课堂、进企业、进机关）宣传和食品安全宣传周活动。出动100多人次，印发宣传资料1万余份，张贴、悬挂宣传标语30幅，接受群众咨询食品安全知识3000余人次；在电视、报刊、网站进行宣传。与市餐饮协会合作，对餐饮企业负责人及从业人员进行餐饮食品安全知识培训，培训2万多人。与市教育局合作，对各城区教育局分管食品安全的负责人、学校校长及食品安全管理员进行餐饮食品安全专题讲座培训，培训800人。参与“6·26”国际禁毒日宣传，在局网站禁毒宣传栏增加《禁毒法》的解读内容；制作禁毒及特殊管理药品监管知识的宣传板报并在朝阳广场展出。举办《禁毒法》知识培训班1期，400多名监管相对人参加；在日常检查中向管理相对人发放禁毒宣传资料2450多份，各药品生产、经营企业在显著位置悬挂禁毒标语，营造良好的禁毒氛围。

（蒙　萌）

安全生产监督管理

【概　况】 2011年，南宁市围绕安全发展主线，推进“安全生产基层基础年”活动，市政府与全市15个县（区）、开发区、48个部门和8家市直属重点企业签订安全生产责任状，将自治区下达的指标任务层层分解到企业、单位。市政府对各责任单位安全生产管理目标控制情况实施动态监控，根据实际调整安全生产工作重点，并在4个季度的政府例会和安全生产专题会议进行部署。针对年内全市较大道路交通事故多发和工矿商贸事故上升的情况，市政府专门召开全市道路交通单位联席会议3次，研究部署防范较大道路交通事故；采取相应措施，确保事故防控工作落到实处。至年末，全市安全生产八大指标全部控制在自治区下达的指标内，未发生重大以上安全生产事故。累计发生各类安全生产事故1446起，死亡513人，受伤1103人，直接经济损失4135.03万元。死亡、受伤人数比上年分别下降1.72%、5.65%，事故起数、直接经济损失比上年分别上升20%、37.61%。事故死亡人数比上年少19人。全市亿元GDP（地区生产总值）生产安全事故死亡率由0.29下降至0.23，低于自治区下达给南宁市年度亿元GDP生产安全事故死亡率目标要求。

【安全生产基础建设】 2011年，南宁市组织编制《南宁市安全生产“十二五”规划》，9月22日市政府审议通过并印发，成为自治区第一个发布实施的地级市。规划为南宁市在“十二五”期间实现全市亿元GDP事故死亡率下降45%以上目标制定具体实施步骤。全市高危行业安全生产条件进一步改善。矿山安全可靠性明显提高，在煤矿强制推行煤矿瓦斯远程监测监控和锚杆支护、地采非煤矿山机械通风、小型露天采石场中深孔爆破、液压锤二次破碎、机械化铲装等先进适用技术，全市使用中深孔爆破的采石场174家，占全市采石场总数的75%；使用液压二次破碎采石场179家；使用机械化铲装采石场197家。地采矿山井下“六大系统”（监测监控系统、井下人员定位系统、紧急避险系统、压风自救系统、供水施救系统和通信联络系统）建设初见成效，隆安县凤凰山银矿的监测监控、井下人员定位、风压自救、供水施救及井下通信联络5个系统建设进入调试运行阶段。危险化学品生产经营安全条件明显改善，全市15家涉及危险化工工艺的危险化学品生产企业全部完成报警联锁、紧急泄压、紧急停车和自动控制系统自动化改造，48家加油站使用HAN阻隔防爆技术，132家企业的生产、储存场所安装有毒有害、易燃易爆气体泄漏检测报警和高低液位显示、高温、起压报警设施。烟花爆竹实现机械化生产，宾阳县宾州烟花爆竹有限公司建成机械化爆竹生产线4条，在混药、装药危险工序实现人机隔离，操作人员的安全得到保障，生产能力从年2.50万箱提高到30万箱。“两客一危”(营运客车、旅游客车和危险品运输车辆)车辆安装GPS(卫星定位装置)定位系统取得进展，对3135辆旅游包车、三类以上班线客车和运输危化品、烟花爆竹、民用爆炸物品的道路运输营运车辆全部安装具有智能化行驶记录仪的视频功能的GPS车载终端，城市出租车和城市公交车也安装车载视频终端，实现动态实时监控。

【安全标准化建设】 2011年，南宁市全面开展企业安全标准化建设活动，高危行业企业达标287家，其中危化品生产企业100%开展标准化建设，通过考核认证45家，达标率67.10%；非煤矿山企业达到五级以上标准187家，达标率77%；大中型矿山企业达三级标准7家，达标率100%；烟花爆竹生产企业达二级标准2家，批发企业达二级标准14家，达标率83%。非高危八大行业规模以上企业达三级标准39家。制订制糖行业安全生产标准化广西地方标准，在广西属首创，填补全国甘蔗制糖企业安全生产标准化的空白。至年末，该标准经专家论证、征求各方意见后上报自治区质监局批准发布。

【安全生产审查】 2011年，南宁市建立健全生产安全事故查处督办制度，市安委会印发《南宁市一般事故查处挂牌督办实施办法》，调查处理各类安全生产事故案件58件，应结案39件，已结案36件，罚款352.97万元，行政处分1人，移交司法机关6人。对评优评先、工程招投标、领导干部提拔使用等进行安全生产审查，核查单位1461个、个人1625人，出具28个单位、1人的安全生产事故核查意见。发生较大事故10起（均为道路交通事故)，市政府均成立专门的调查组，严格按照“四不放过”(事故原因不查清不放过、责任人员未处理不放过、整改措施未落实不放过、有关人员未受到教育不放过)和“依法依规、实事求是、注重实效”的原则调查处理，并将典型案例通过《南宁日报》、南宁安全生产信息网等媒体向社会公布，教育警示广大群众。

【安全生产专项整治】 2011年，南宁市对煤矿、非煤矿山、危险化学品、烟花爆竹、人员密集消防、建筑施工、特种设备、农机、道路和水上交通等行业和领域开展安全专项整治活动，消除事故隐患，遏制各类安全事故的发生。

煤矿　加快政策性关闭煤矿的退出步伐；对上林县煤矿开展“一通三防”(通风、防尘、防瓦斯、防火)治理工作，严格执行矿领导带班下井制度；隆安县开展白马露天煤矿边坡整治工作，防止汛期发生坍塌事故；马山县实施停产煤井监控，严防其擅自恢复生产。

非煤矿山　汲取桂林市全州县“5·9”采石场特大山体滑坡事故教训，全面部署非煤矿山防汛工作，开展以地下机械通风、提升运输、排水、供电通讯等系统隐患排查治理为重点的专项整治，深入矿山现场检查64次，查出安全生产隐患204处，下达执法文书49份，检查记录72份，对不符合安全生产条件的矿山予以停产整顿。成功救援3月13日宾阳县王社铜矿探矿斜井透水崩塌事故遇险人员，营救被困人员2人。

危险化学品　以换发、新发证为契机，加强对18家有证企业进行初审，以及新办证269家、换发证128家、变更证174家的现场核查和整治，加强对20家市直管危化品生产企业的执法检查，委托南宁化工研究设计院制定合成氨、酒精、松香、农药企业的现场安全检查标准，聘请专家42人次参与危化品检查并提出整改意见，提高全市危化品安全监管水平。

烟花爆竹　根据烟花爆竹生产旺季和季节气候干燥实际，开展“五禁一打”(禁止超员、超量、超能力、改变用途和违规低钾生产，打击非法生产)专项整治，持续深入开展氯酸钾和礼花弹等A级产品的专项治理，对全市17家批发企业、2840个零售网点进行拉网式检查，查出安全隐患196处，下达整改指令书138份；取缔无证经营摊点55个、流动摊贩23个。加强对烟花爆竹承运人、运输车辆及驾驶员、押运员的安全监管，利用全球卫星定位系统实行运输全过程监控。

道路交通　以开展道路交通“八个平安”(平安客运、平安农机、平安学生出行、平安摩托、平安绿色通道、平安隐患道路治理、平安行车旅游、平安公路)创建工作为着力点，加强对过境车辆、快速环道和事故多发路段的巡逻管控，开展集中整治“三超一疲劳”(超速、超员、超载和疲劳驾驶）专项行动和高速公路冬季行动、中南地区区域联动整治等专项整治。甘肃“11·16”特大校车交通事故后，立即在全市范围内开展全市校车及校园周边交通环境专项整治行动，从源头上把牢校车上路关卡。年内，全市公安交通管理部门查处各类交通违法行为50多万起，扣留机动车4.70万辆次，行政拘留63人，万车事故死亡率从3.07下降到2.91，实现在城市车流、人流日益增多的情况下道路交通事故总量仍有明显下降的目标。

人员密集场所消防　加强对全市商场、宾馆、医院、学校校舍、客运站、娱乐场所的安全专项整治，开展“清剿火患”战役专项行动，加大对人员密集场所的检查和督查，检查单位1.96万家，发现火灾隐患1.46万处，督促整改1.38万处；下发责令改正通知书6827份，下发临时查封决定书210份；责令“三停”(停止施工、停止使用、停产停业)单位79家，行政拘留49人，罚款408.57万元。

【事故隐患排查】 2011年，南宁市先后组织开展全市性安全生产大检查活动6次，参与企业5万多家，各级各部门出动检查督查人员1.42万人次、检查车5540辆次，排查治理各种安全隐患5.20万处，其中市、县(区)、乡镇、村(社区)四级重大事故隐患681处。列为自治区重点督办的广西玉力矿产投资有限公司横县龙州顶选矿厂尾矿库投入273.70万元整治隐患。列为市级重点督办项目11个，通过整改验收和销号9个；列为县(区)、乡镇、村(社区）重大事故隐患670处，完成整改668处，整改完成率99.90%。

【职业危害监管】 2011年，南宁市作业场所职业危害监管体系初步建立，开展职业危害普查申报和治理。推进职业危害监管职能交接，举办作业场所职业健康监管业务培训班，在《南宁日报》安全生产之窗刊登专版宣传职业危害有关政策法规和防治知识2期。组织开展石棉制品、石英砂加工、木制家具制造企业职业健康状况调查，重点整治木质家具制造企业和有毒物质超标企业90家。全市开展职业危害申报企业181家，其中通过审查90家，2家企业职业卫生建设项目通过效果控制评价和竣工验收审查。

【打非治违】 2011年，南宁市全面推行安全生产量化执法，实施安全生产非法、违法行为精确打击。市、县(区)政府建立联合执法机制，组织公安、安监、交通、国土、规划、建设、商务、城管、工商、质监等部门联合执法，各部门按照各自职能又组织开展针对性的专项执法，在全市范围内组织开展为期2个月的严厉打击非法、违法生产经营建设行为专项行动。非法采矿行为蔓延趋势有效遏制。12月，制定下发开展打击非法采矿行动工作实施方案，对重点矿区实行包矿包点包坑监管，保持每周巡查不少于2次。出动人员1610人次、执法车328辆次，封填煤窑344井(次)，遣散违法人员520人，查扣挖掘机等大型非法采掘设备71台，立案查处非法盗采矿产资源违法行为45起，收缴罚没款325万元。经开区管委会通过加强巡查、联合行动、有奖举报、见挖就打等措施，吴圩镇六冬泥炭矿区多年非法盗采活动得到有效遏制；上林县和兴宁区、青秀区通过成立专门执法队伍、拨出专项经费、建立巡查打击和分片包干责任制度、不断实施联合打击等方式，重点打击木山、二塘、三塘等矿区的非法采矿行为；马山县动用大型机械设备取缔填埋非法小煤窑5口，青秀区组织捣毁封填非法小煤井21处。非法烟花爆竹事故明显减少。宾阳县采取严打措施，对非法烟花爆竹生产的重灾乡镇进行地毯式清查，开展整治行动60多次，联合公安部门上路检查非法运输车辆100多次，联合涉炮镇政府整治非法生产烟花爆竹行动12次，捣毁非法生产窝点20多个，查获“私炮”8000多万头，价值85万元；现场销毁成品、半成品烟花爆竹1.10亿头，引线5万多米；销毁引线机、鞭炮机等非法工具56台，行政拘留8人。非法建筑施工事故大幅下降。由各级建设行政管理部门牵头，组织开展打击非法建设专项行动，出动执法人员8612人次，检查各类生产经营建设单位5万多家，制止和查处安全生产非法违法生产经营建设行为1.25万起(次)，没收查扣用于非法违法生产经营建设的设备、工具2679件，责令停产停业整改单位357家，经济处罚236万元，行政拘留37人，刑事拘留14人。年内，全市建筑行业安全事故下降50%以上。

【重大安全事故应急救援演练】 2011年10月10日，南宁市在外环高速路高岭服务区路段举行全市重大安全事故应急救援演练，由市政府主办，市安监局、市应急办、广西应急救援指挥中心、南宁经开区管委会和南宁高速公路运营有限公司承办。相关职能部门、企业30个单位，500余人参与。演练以南宁市外环高速公路高岭服务区客车、油罐车、液氯车3辆车连环追尾为背景，分4个阶段进行，历时1个多小时。参演人员根据演练程序，从信息报告、先期处置、应急响应到应急终止，按程序完成各项预定任务，演练使用真车碰撞，制造真实的火灾现场，并采用卫星直播演练现场。首次启用警用直升机在空中观测指挥，并承担及时运送重伤员的任务。整个过程有条不紊，紧张有序，达到检验南宁市应对和处理各类重大安全事故应急能力的实战目的。演练现场，南宁高速公路运营有限公司与南宁市政府应急管理办公室正式签订高速公路救援应急合作协议。

重大安全事故应急救援演练现场　　周家志　摄

【安全生产宣传教育】 2011年，南宁市组织开展形式多样的安全生产宣传活动。6月11日，在金湖广场举办南宁市安全生产月活动启动仪式和咨询日活动，参加人数1000多人；同时举办南宁市安全生产文艺创作暨文艺汇报演出，配合自治区安委办开展安全生产巡演、巡讲、巡访活动；组织编写反映市安监局成立十年历程的纪实文学《十年征程路，风雨安监人》。在南宁日报开辟《安全生产之窗》栏目，在南宁电视台播发新闻、专题等各类报道1172条，公益宣传片233次，字幕6010条次，利用城乡数字化办公室的短信平台，向公众群发宣传短信1.17万条次；设立举报电话，实行奖励措施，对举报安全生产非法行为查核属实的，予以1000元奖励。至年末，全市受理举报事项约200多件，均已查处落实。推动安全文化建设。组织中小学生以“小手拉大手，安全伴我成长”为主题，以给家长写信的形式开展征文活动；开展“安全科技周”、“安全警示教育周”、“职业病防治宣传周”、“应急预案演练周”以及送安全科技、安全文化、安全影视作品进企业、进学校、进乡村、进社区、进家庭等活动。组织专家为企业“会诊”，编印安全常识图书、手册、漫画等。以市安监局成立10周年为契机，征集出版《十年磨砺铸辉煌》宣传画册，树立安监工作先进典型。开展青年安全生产示范岗创建活动，形成良好社会氛围。加强安全生产培训，重点抓好企业安全生产“三级”教育培训和农民工安全技能培训，举办培训班32期，培训4.54万人，其中培训生产经营单位主要负责人、安全生产管理人员、特种作业人员1.53万人。 (马　瑛)

口岸管理

【概　况】 2011年，南宁市着力推进口岸服务保障改革。一是抓好口岸的规划建设，编制完成《南宁"十二五"口岸发展规划》，1月通过专家评审，7月18日经市政府审议通过。争取将南宁水运口岸的建设列入《国家"十二五"口岸发展规划》，做好南宁水运口岸转新开的前期工作。南宁水运口岸因为北大码头拆迁而暂停业务，水运口岸新址规划定点位于南宁港中心城港区牛湾作业区，7月牛湾作业区一期工程开工建设，设计年总吞吐量285万吨，至年末完成投资6亿多元。二是以南宁吴圩国际机场扩能改造为契机，提前介入南宁机场新航站区的规划建设，调整南宁空港口岸的规划布局，优化候机楼出入境旅客和物品的通关环境和通关流程。三是以开通南宁—河内直达客运列车和南宁新东站建设为契机，加强与南宁铁路局的联系，开展南宁铁路口岸开放的前期调研。四是完善服务口岸各部门之间的协调配合机制，不断提高服务保障的整体效能。2月23日，协助市政府、自治区出入境检验检疫局召开南宁口岸建设检验检疫专题工作会议，双方签署《关于促进南宁市外向型经济发展合作备忘录》。在南宁口岸新设查验机构，7月中央机构编制委员会办公室批复同意设立邕州海关。继续推进在南宁口岸设立南宁出入境检验检疫局的申报工作。全年南宁空港口岸出入境人员27.70万人次，比上年增加31.02%。其中：入境13.75万人次，增加32.31%；出境13.94万人次，增加29.76%。出入境飞机3044架次，增加18.86%。南宁口岸外贸进出口货物30.64万吨，减少0.29%。其中：进口29.84万吨，减少0.17%；出境0.80万吨，减少3.61%。出入境集装箱1681箱次，减少19.80%。其中：入境1314箱次，减少18.18%；出境367箱次，减少25.10%；出入境集装箱载货量1.55万吨，减少14.84%。

（梁一家）

【出入境检验检疫】 2011年，广西出入境检验检疫部门履行执法把关和监管职责，结合地方重点产业发展和产品结构调整，加强大宗资源性商品、进口废物原料、出口烟花爆竹、边贸出口纺织服装、出口鞋类产品等重点商品的检验监管。加大督导、督查力度，细化、强化检验监管举措，严格按照技术规范执法，严把进出口产品质量关。检验检疫出入境货物15.70万批次（总值221.50亿美元），其中检出不合格货物6957批次（总值42.20亿美元）；检疫出入境交通工具38万辆（艘、架）次；检疫出入境人员622.70万人次，发现病例2420例，其中检出艾滋病毒感染者8例；截获进境动植物疫情8032批次、有害生物305种、1.25万次、有毒有害物质14批次；旅邮检截获禁止进境物4515批次、截获检疫性有害生物4种、73次；检疫入境集装箱12.50万标准箱。

【检验检疫服务】 2011年，广西检验检疫部门围绕地方转型发展、产业结构调整和承接东部产业转移，通过走出去与请进来相结合，建立健全服务发展的抓手和平台。先后与南宁、梧州、北海、钦州、防城港市政府签署合作备忘录，通过扶持支柱产业、特色产业、重点企业发展，支持首府南宁发展外向型经济，打造面向东盟的信息技术、加工制造、商贸和物流基地；与自治区农业厅、广西民航管理局、四川航空公司签署合作备忘录，共同促进广西农产品出口、建立民航检验检疫监管合作机制、加强国际中转航班检验检疫监督管理。结合广西区位优势和特色产业发展的实际，引进一切可用的社会资源，服务和促进地方经济发展。如积极推动清华大学与自治区政府合作，在全国最大的水果进出口口岸——凭祥口岸建设国内首家进出境水果检疫辐照杀虫保鲜处理示范工程项目。争取全国供销合作总社、国家质检总局和自治区政府的支持，协调、促成2011中国国际果蔬加工技术及物流展览会迁移到南宁举办，促进广西果蔬产业发展和支持南宁打造会展经济。

服务第八届中国—东盟博览会、中国—东盟商务与投资峰会，为出入境宾客和参展货物提供查验监管和通关服务，连续8年保持服务工作零投诉。配合国家质量监督检验检疫总局在博览会期间举办第一届中国—东盟TBT合作部长会议，加强与越南的检验检疫合作与技术交流，配合国家质量监督检验检疫总局卫生司在南宁市召开中越边境联合监测会议并签署会谈纪要，与越南相关部门举办中越实蝇监测及鉴定技术培训班，开展中国植物源性食品出口越南的技术交流，配合国家质量监督检验检疫总局动植司举办第十九次中美植物检疫双边会谈。

（广西出入境检验检疫局编写组）

2011年南宁口岸出入境动植物、食品及原料、交通工具检验检疫情况

分类	涉及批次		货物总值（美元）	
	出境	入境	出境	入境
动物	138	3	4376573	171000
动物产品		3		686
植物	1	1	20	1
植物产品	4	9	34153	6847
食品及原料	6	4	55825	31953
飞机	1568	1566		

海　关

【概　况】 2011年，南宁海关围绕年初确定的"进一步夯实基础，增强队伍素质，提升整体效能，扎实推进符合现代化海关要求的西部强关建设"主题，履行把关服务职责，监管进出口货运量8385万吨，货值328.44亿美元；监管进出境运输工具29.50万辆（艘）次、进出境人员617.41万人次。监管邮、快递总数47.48万件，查获违禁音像制品、印制品52万件，查获旅检渠道毒品走私案件6件、枪械走私案件10件，缴获毒品4645克、枪支散件278件。审核进出口报关单18.30万份；边贸进出口货值62.50亿美元。税收入库211.28亿元，列全国海关第15位、西部海关第1位。审批减免税3.75亿元。加工贸易合同备案262份，金额15.50亿美元。立案侦办走私犯罪案件64件、案值18.95亿元，涉税3.92亿元；立案调查行政案件1942件、案值5.54亿元，上缴罚没收入1.30亿元。

【监管通关】

物流监控 2011年，南宁海关坚持打好监管场所规范化建设和强化物流监控管理攻坚仗，加大监管场所清理规范力度，实际监管水平明显提高。1类~8类监管场所32家，完成整改31家，达标率97%；9类~12类监管场所按计划完成50%的验收合格率要求。加强运输工具监装监卸，完善监管场所巡查管理，推进卡口联网系统应用，物流监控体系不断完善。规范边民互市贸易管理，互市健康发展为提升边境开放水平发挥重要作用。监管进出口货物总值328.07亿美元、货运量8385万吨，比上年分别增长51.20%、34.40%；监管进出境运输工具29.50万辆(艘)次、进出境人员600.90万人次，分别增长4%、减少0.40%；边贸进出口货值62.50亿美元，增长47.30%；审核进出口报关单18.30万份，增长7.60%。

行李邮递物品监管 集中开展行李物品监管规范化专项整治、打击非法网络共享网站及设备专项行动、空勤人员违规携带行李物品专项整治等行动，改善行邮监管环境。发挥“文化把关”作用，对重点地区、人员、物品“3个100%”开包查验，严密查缴封堵；抓好货运渠道“打黄打非”，对申报为空白光盘、废纸等品名的报关单严格审核监管；加强非设关地防控，突出打击边境陆路和海上偷运走私，密切内外部信息共享、执法联动和后续处置；加强分析指导，编印印刷品、音制品监管风险提示，特别根据重大时期、敏感事件针对性开展指导防范。监管进出境人员617.41万人次，监管邮、快递总数47.48万件，查获违禁音印制品52万件(盘)；查获旅检渠道毒品走私案6件、枪械走私案10件，缴获毒品4645克、枪支散件278件。

加工贸易监管 完善广西北部湾经济区保税物流体系建设，促成钦州保税港区封关运作，做好广西凭祥综合保税区预验收，促成凭祥综合保税区的正式验收与封关运营。完善海关特殊监管区域管理规章制度，协助地方政府做好新增海关特殊监管区域的申报。促进加工贸易转型升级和做好承接加工贸易产业转移服务，提升业务掌控能力和职能管理水平，完成全面提升保税监管把关服务能力专项调研。审核加工贸易备案合同262份、金额15.50亿美元，分别增长28.40%、155.30%；加工贸易实际进出口总值30.60亿美元，增长75.50%；核销合同238份，核销率100%；保税仓库实际进出口货值13.30亿美元，增长43.30%；保税仓库内销征税1.80亿元，下降30.80%，加工贸易内销征税2.30亿元，增长9.60倍。

中国—东盟博览会进口展品监管 结合往届经验优化和落实展品便捷通关验放、展品集中担保制度、展品全程信息化管理等10项服务措施，组织现场加强重点敏感商品风险分析、查验监管和管控力度，确保口岸通关稳定，做好服务技能培训、对外宣传协调、人员分工落实等重点工作，建立“专人、专岗、专办”服务模式，实施“贴身式”、“跟进式”服务，实现海关执法“零投诉、零差错、零事故”。监管展品398票、货值134.80万美元，分别增长36.40%、31.30%；进出境航班155架次、进出境人员1.46万人次，给予国家领导人等通关礼遇416人次。

风险管理、稽查与企业后续管理 完善日常监控、问题核查、成果转化的风险布控链式内控管理模式，健全以加强风险管理实战应用为导向的多部门联合作业机制，完善风险绩效考评机制，强化直属海关平台的应用，不断提升风险管理效能。全年风险布控有效率27.86%，布控补税4416万元。强化重点税源商品稽查，加大常规稽查、专项稽查力度，开展稽查作业257起、办结251起，补税入库1574.90万元，稽查有效率54.58%。落实守法便利原则，新增AA类和A类企业40家，核查企业1685家，对32家违规企业下调管理类别。

【打击走私】 2011年，南宁海关立足辖区特点加强对反走私形势和工作规律的分析研究，深化落实主战场缉私思路，保持反走私高压态势，重点打击成品油、冻品等商品走私。立案侦办走私犯罪案件64件、案值18.95亿元，涉税3.92亿元，分别增长23.10%、3.50倍、7.80倍；立案调查行政案件1942起、案值5.54亿元，上缴罚没收入1.30亿元。立案走私案值、移诉和行政处罚走私案值均列全国海关第3位，上缴罚没收入列第7位。连续侦破案值3000万元以上重特大走私案件7件、案值18.48亿元，其中监管区域案件3件、案值5.15亿元。 (黄伟文)

海事管理

【概　况】 2011年，南宁海事局设横县、邕宁、隆安、左江4个海事处和邕江、龙州2个办事处，负责南宁市、崇左市行政区域内的水上交通安全监督管理。南宁辖区河流隶属珠江水域，有通航河流12条，通航里程1111千米，其中干流784千米、支流327千米，主要河流有左江、右江、郁江。有船水库14座，渡口143道(南宁市83道、崇左市60道)，装卸客货的码头(含自然坡岸)90个；航道上跨河桥梁52座、过江管线130条、船闸4座、取水口25处，有船县(区)15个、有船乡镇80个、有船行政村223个；水运生产企业50家。主要港口有南宁港、邕宁港、横县港，南宁辖区港口吞吐量2672.86万吨。其中：散装化学危险品9.92万吨，砂石2242.95万吨，其他419.99万吨。

年内，南宁海事局加大对水上交通安全监管规律的探索，提高一线执法的针对性和有效性；加强海事行政许可工作，有效维护辖区水上交通安全。出台《南宁海事局巡航实施细则》和《南宁海事局弹性执法工作制度》，对规范巡航和弹性执法工作提供制度保障。其中《南宁海事局弹性执法工作制度》要求各海(办)事处在非上班时间有计划地开展弹性执法工作，每月弹性巡航工作时间原则上不得少于8日。从2011年10月11日开始实施弹性执法至2011年12月31日，各海(办)事处共实施弹性巡航120次，检查船舶432艘，查处各类违法违章船舶87艘次。1月18日，南宁海事局综合业务用房启用暨南宁市水上搜救中心揭牌仪式在五一西路举行。

【通航监督管理】 2011年，南宁海事局坚持专项治理与长效管理相结合，先后开展安全生产、挖砂运砂船舶、“打非”行动、安全生产月、船舶吨位丈量等专项整治活动。加大水工项目现场监管力度，审批枢纽、桥梁、码头、过江管道、架空跨江电缆等水工项目和大型水上活动17件，发布航行通告19次。完成巡航检查1040次、时间4376小时、里程1.42万千米，出动执法人员3567人次，检查各类船舶5219艘次，水工项目76件次；查处各类违法行为499件，处罚违章船舶418艘次；签发海事强制文书282份，签发《船舶安全隐患整改意见书》52份。

【船舶监管】

船舶安全检查 2011年，南宁海事局以“四客一危”船舶（客渡船、客滚船、旅游船、高速客船和危险品船）、老龄船舶检查为重点，以提高船舶安全适航性能和安全防污染管理水平为目标，加强对船舶安全检查工作的管理。结合船舶吨位丈量专项检查活动，开展船舶安检，进行船员实操能力考核，提高船员业务技术素质和实际操作能力，确保船员适任。安检船舶728艘次，发现缺陷3616个，缺陷率4.97%，滞留船舶2艘。

船舶登记 加强船舶管理，做好船舶登记一审、二审工作，严格把好船舶源头准入关；建立并运行船舶登记管理质量体系，规范船舶登记业务；及时更新从事船舶登记人员的业务知识，提高工作能力和业务素质。办理船舶登记1923艘次。其中：船舶所有权登记582项次，船舶国籍登记599项次，船舶抵押权登记70项次，船舶光船租赁登记27项次，船舶注销登记432项次，变更登记213项次。做好船舶IC卡的制作、发放工作，发放船舶IC卡504张。

船舶进出港签证 严把船舶进出港签证关，办理船舶进出港签证36.86万艘次，比上年减少16.24%；货物吞吐量2672.86万吨，增加16.11%，客流量719.03万人次，减少7.62%。船舶签证艘次和旅客客流量比上年同期有所减少，但货物吞吐量增幅较大，主要原因为大型船舶逐渐增多，有些地方新建桥梁后撤销渡口，但经济增长使货运量逐步增长。

砂石船专项整治 制定《南宁辖区砂石船舶专项整治实施方案》，牵头组织水利、航道、港航、船检等涉水部门召开联席会，形成定期协商机制，共同商讨南宁辖区砂石船舶专项整治。在整治过程中，与船检部门、船舶设计单位协调沟通，督促砂石船舶提交安全评估申请书，指导采砂公司组织船员进行基本安全培训以及砂石船舶配备救生设备。完成砂石船安全评估464艘，占辖区砂石船总数的99.60%。

【船舶防污及危险品管理】 2011年，南宁海事局定期对航运公司的安全与防污染进行检查，进一步强化对船舶载运危险货物的现场监督管理，做好辖区组建内河水域污油污水回收公司的推进工作。辖区载运危险品船舶出港683艘次，危险货物出港9.43万吨，船舶污染物接受处理含油污水1100千克，审批《船舶油污应急计划》、《船舶垃圾管理计划》166艘次。全年未发生危险品运输和污染事故。

【船员管理】 2011年，南宁海事局树立“有效监管、优质服务”的理念，按照船员考试、评估和发证质量体系要求开展船员管理工作，加强对船员服务、培训机构的监督管理，提高船员培训质量和船员素质，维护船员权益。至年末，南宁辖区有持证技术船员5487人，其中一类船员497人、二类船员1805人、三类船员3185人。发放船员各类证书和服务簿4997本；举办内河船员专业培训考试5期，参加考试192人；举办五等驾机员、客渡船特培考试1期，参加考试123人；举办船员适任培训（换证消限）5期，船员无纸化适任考试1期，参加考试39人。

12月31日，创建西江航运干线（南宁段）“安全、畅通、文明”航线活动启动仪式在民生广场举行　周家志　摄

【水上应急搜救】 2011年，南宁海事局履行南宁市水上搜救中心办公室职责，完善各类搜救应急预案，更新水上搜救力量，协调组织中心各成员单位开展水上搜救工作。南宁辖区发生一般等级以上水上交通事故3起，死亡3人，沉船3艘，直接经济损失14万元。其中：运输船舶水上交通事故1起，死亡1人，沉船1艘，直接经济损失6万元；非运输船舶（工程船）水上交通事故2起，死亡2人，沉船2艘，直接经济损失8万元。事故次数比上年下降25%，死亡人数上升50%，事故直接经济损失上升100%。组织搜救行动20次，遇险人员65人，获救62人，搜救有效率95.40%。

【创建文明航线活动启动】 2011年12月31日，创建西江航运干线（南宁段）“安全、畅通、文明”航线活动启动仪式在南宁市民生广场举行，南宁市相关共建单位、航运企业代表150余人参加仪式。西江航运干线（南宁段）上游为西乡塘区老口，下游至横县刘公圩段，全长286千米。开展文明航线创建活动，以西江航线水上交通安全形势持续稳定为前提，以西江航线畅通有序为基础，南宁市将建立由文明办、海事、安监等部门以及航运企业、媒体共同参与的协作机制，构筑“政府统一领导、部门依法监管、企业全面负责、群众参与监督、社会广泛支持”的水上交通安全管理链，着重抓好船舶适航、船员适任、安全畅通、水域清洁、文明执法、优质服务、依法经营、信息互通、资源共享等关键环节，防止水上交通安全重大事故、船舶污染事故的发生，逐步建立起水上交通安全管理的长效机制，优化西江航运干线水上交通安全环境。

（黄文彩）

责任编辑　梁笑飞

教育

综述

【概况】2011年，南宁市有各级各类中小学、幼儿园2976所，在校生120.94万人。师生比例：幼儿园1:27.90，小学1:18.80，普通初中1:16.40，普通高中1:17.10，中等职业学校1:26.10。少数民族在校生比例：小学56.92%，普通初中55.37%，普通高中53.37%。校园面积和生均校园面积：小学1228.59万平方米和23.16平方米，普通初中607.51万平方米和23.26平方米，普通高中589.25万平方米和50.62平方米，中等职业学校289.40万平方米和28.43平方米。校舍面积和生均校舍面积：小学332.02万平方米和6.26平方米，普通初中229.93万平方米和8.80平方米，普通高中231.32万平方米和19.87平方米，中等职业学校73.47万平方米和13.40平方米。义务教育普及程度：小学学龄儿童净入学率100%，辍学率0.45%，毕业升学率100%；初中入学率100%，辍学率0.82%，毕业升学率90%。

普通高等院校30所（本科院校8所，高职高专院校18所，独立学院4所），在校生25.75万人。成人高等院校5所，在校生8.81万人。有博士学位授予权院校2所，硕士学位授予权院校6所；在校研究生1.33万人。

全市教育经费总收入74.69亿元，比上年增加12.62亿元。其中财政拨款65.10亿元，增加12.49亿元；预算外资金9.56亿元，增加0.38亿元。教育经费总支出71.42亿元，增加10.71亿元。其中预算内教育事业拨款和基建拨款49.25亿元，增加10.67亿元；人员经费支出27.86亿元；公用经费支出14.68亿元；基建支出12.25亿元。

【学校基础设施建设】2011年，南宁市启动城市中小学校建设工程。教育基建建设项目740个，完成（竣工）项目252个，建筑面积23.66万平方米；计划投资19.51亿元，实际投资8.61亿元。完成2010年中央和自治区下达的中小学校舍安全工程项目151个，投资1.53亿元，建筑面积12.23万平方米。2011年中央和自治区下达中小学校舍安全工程项目142个，完成项目22个，计划投资1.61亿元，实际投资0.45亿元，完成建筑面积0.50万平方米。市财政安排教育基建项目396个，计划投资15.22亿元，建筑面积139.61万平方米，完成项目79个，实际投资6.63亿元，完成建筑面积10.93万平方米（未含新学校项目中完成的单体建筑面积）。凤翔小学、柳沙江南小学等6所小学在秋季学期投入使用。至年末，清理房地产配套建设学校项目19个、幼儿园项目46个，计划开工建设学校项目14个、幼儿园项目28个，其中新竣工学校4所：天桃实验学校荣和校区、卓立·半岛半山小学、普罗旺斯小学、华强小学澳华校区。

【教师队伍建设】2011年，南宁市启动教师专业化发展工程。继续抓好南宁市基础教育人才小高地建设和特级教师工作室建设，发挥人才小高地的人才引领作用。抓好“666人才培养计划”等人才项目的实施，培养壮大名师队伍。与北京大学教育学院合作，联合在北京大学举办第四期南宁市优秀教师专业发展高级研修班，培训优秀教师和部分教育管理干部100人。与广西师范学院合作，举办南宁市第二、三期农村完全小学骨干教师培训班，培训农村完小语文、数学学科骨干教师408人。与广西幼儿师范高等专科学校合作，联合举办幼儿园园长和幼儿园骨干教师培训班，培训幼儿园园长和骨干教师300人。与华东师范大学合作，举办南宁市高中英语骨干教师专业发展高级研究班，培训50人。举办南宁市中等职业学校学科骨干教师培训班，培训中职学科骨干教师56人。举办南宁市幼儿园管理干部培训班，培训71人。启动南宁市义务教育质量提升师培项目（简称“特色百校”师培项目），与北京师范大学合作实施“创新教师发展模式，建设南宁特色百校”——南宁市义务教育质量提升师资培训项目，全市确定首批项目学校67所，举办第一次集中培训。协助自治区教育厅做好教师培训“国培计划”、“区培计划”培训项目的组织实施，继续通过各种形式开展中小学教师校本培训。2011年培训项目覆盖各中、小学和各阶段教育，参加各级各类培训约2.20万人。

全市中小学校获市优秀教师、优秀教育工作者249人，自治区优秀班主任14人，“八桂”优秀乡村教师39人，“我最喜爱的老师”20人，第七批南宁市新世纪学术和技术带头人第一、第二、第三层培养人选36人。在广西百名基础教育名师培养对象和百名基础教育名校长培养对象中，南宁市分别有15名教师、18名校长入选，入选人数居自治区各市之首。

【教育督导】

建立督学责任区制度　2011年，南宁市在自治区率先建立督学责任区制度，制订《南宁市教育督学责任区制度（试行）》，根据行政区划和学校分布，将全市12个县(区)、3个开发区及市直属学校划分为教育督学责任区4个。各督学责任区由市、县两级政府督学和市级兼职督学组成团队，在市教育督导团办公室领导下开展工作，实行无缝隙覆盖，构建双线督学体系(一条线是"县级政府教育督导→本县、区专兼职教育督学督导→学校";一条线是"市政府教育督导团→督学责任区专兼职督学督导→学校"),形成责任区内部控制和责任区外部监督相结合的机制，构建覆盖全市学前教育、义务教育、高中阶段教育，层级分明，职责明晰，责任到人的责任区工作网络。

评估检查督导活动 南宁市教育督导团办公室开展各项评估检查督导活动。5月，在兴宁区召开督学责任区现场会。8月，在良庆区召开义务教育学校常规管理现场会，自治区教育督导团领导到会进行指导，提高全市教育督导水平。9月，配合国家教育部基础教育质量检测中心，对江南区、隆安县四年级和八年级学生英语学习质量与健康状况进行测试。10月，组成市级"两基"(基本普及九年义务教育和基本扫除青壮年文盲)复查工作组，对上林县"两基"巩固提高进行复查，重点核查普及程度、师资队伍、办学条件、教育经费、教育质量、学校管理、扫盲及成人教育等主要指标的巩固提高达标情况。11月，对县(区)促进学前教育发展、实施学前教育三年行动计划和开展乡镇中心幼儿园建设、提高义务教育巩固率、普通高中建设推进等三项工作进行综合督导检查。12月，组织部分市教育兼职督学对22所县(区)、乡镇的幼儿园进行示范性幼儿园评估验收，确定为南宁市示范幼儿园15所、南宁市示范性乡(镇)中心幼儿园5所。

专项督导检查 由市教育督导团办公室牵头，市委、市政府相关部门组成市督查工作组，进行专项督查4次，重点督查九年义务教育巩固率、县(区)和开发区普惠性公办幼儿园建设、贫困县农村义务教育阶段学生营养改善计划等为民办实事项目的进展情况，确保为民办实事项目"教育惠民工程"顺利推进。

【语言文字工作】 2011年，南宁市推进语言文字工作。隆安县、宾阳县通过国家三类城市(县城)语言文字达标评估。在衡阳小学召开全市中、小学"中华诵·经典诵读行动"现场观摩会，市区和六县的学校450多名代表参加。举办中华经典诵读活动师资培训班，培训市区各中小学骨干教师330人。秀田小学、市十四中等6所学校通过市级语言文字规范化示范校评估;秀田小学等5所学校被评为自治区级语言文字规范化示范校，市十四中被评为国家级语言文字规范化示范校。指导部分小学进行国家级规范汉字书写教育特色学校创建。5月，自治区评估组对武鸣县城厢镇一小、横县柳明小学检查评估。组织全市中小学参加教育部语言文字应用管理司举办的"中华颂·经典诵读行动"学生作文大赛;组织全市中小学生开展规范汉字书写比赛，评出一等奖112个、二等奖186个、三等奖245个。开展普通话培训测试，对150名普通话省级测试员进行业务培训、考核;对公务员、教师、职校学生和公共服务行业人员等4600多人进行普通话测试。

【教育科研】 2011年，南宁市完成教育科学"十二五"规划课题的评审立项，课题立项329个，其中市级资助经费的重点课题(A类)34项;市级自筹经费的重点课题(B类)85项;市级自筹经费的一般课题(C类)210项。召开"南宁市减轻中小学学生过重课业负担，推进素质教育的研究"课题的论证申报工作课题开题会(该课题为广西教育科学"十二五"规划2012年度资助经费A类重点课题)。召开中小学及幼儿园科研兴校研讨会，围绕"规范促发展"交流学校科研工作经验，表彰基础教育科研先进单位88所(中学34所、小学39所、幼儿园15所)。在宾阳召开县(区)教研室科研工作经验交流会，交流本辖区学校科研工作开展的情况。4月19日~20日，南宁市教科所分别在民乐路小学、市十中、市十八中组织中小学数学、语文、英语教学衔接研讨活动。5月27日，召开南宁市中小学心理辅导室建设研讨会暨南宁市中小学心理辅导室、优秀心理辅导员评比活动总结表彰会。9月16日，在市三中举办南宁市学校教研组建设培训班，邀请上海市特级教师、华东师范大学现代远程教育研究中心兼职研究员杨向谊做题为《立足经验建构，系统策划实施——教研活动的设计与开展》的专题讲座。

【课程改革】 2011年，南宁市以深化课程改革，提高教育教学质量为主题，以自治区基础教育学校教学改革试点为切入点，启动中小学教学改革实验。市教科所在市一中举行"高效课堂"研讨活动。对六县和三个开发区开展小学教学常规抽查活动。对兴宁区三塘中学EEPO教学模式进行调研。9月21日，在外国语学校举行主题为互教互学高效课堂的研讨活动。11月9日，在市二十九中开展"合作课堂"的专项研讨活动。开展城乡初中学校共同体建设，促进城乡教育一体化。启动普通高中新教改实验，召开教学改革研讨会和学校管理系列研讨会，提升普通高中内涵建设，文化立校、特色兴校、质量强校，推动学校办出特色。

【教育交流与合作】 2011年，南宁市政府出台《南宁市东盟国家留学生奖学金管理办法》，实施"留学绿城"计划，9月1日，在普通高中学校设立东盟国家留学生奖学金，奖学金最高15000元/年·生，成为自治区首个外国学生就读基础教育设立奖学金的城市。广西华侨实验高中吸引东盟留学生来邕就读；市沛鸿民族中学举办泰国孔敬市中学生夏令营;美国乔治美森高中代表团到我市参观访问、交流学习;市二中模拟联合国代表团到美国哈佛大学、麻省理工学院等学校开展参观交流活动；南宁外国语学校与印尼茂物市国立第一中学结成姊妹学校，市十四中与韩国果川市中学生的交流等。

【校外活动】

校外培训 2011年，南宁市开展校外教育培训研讨活动12次，涉及动漫设计、科普活动、机器人设计制作、演讲技巧、摄影技术、学生意外伤害预防和救护等内容，培训师生2000多人。免费开放中小学生安全教育体验馆，接待师生到馆参观体验近8万人。与广西科技馆、广西图书馆、南宁图书馆等联合开展科技活动进校园活动。

读书活动　开展第十八届“历史的选择”全国青少年爱国主义教育读书活动讲故事、演讲比赛，比赛分为小学组和中学组进行，小学组有29名选手参加，中学组有27名选手参加。开展“书香绿城”读书月暨“我们的节日‘清明’经典诵读活动”，活动主题为“书香沐绿城，知识助腾飞”；市直机关单位公务员代表和中小学师生代表300多人参加。开展中华经典诵读比赛活动，市级比赛评出学生组一等奖20个，二等奖43个，三等奖62个，教师组一等奖4个，二等奖10个，三等奖26个。

科普活动　举办第十届中小学生机器人竞赛，13所学校219个代表队的357名选手参赛。参加广西中小学电脑机器人竞赛暨第十二届全国中小学电脑制作活动竞赛，获广西预选赛一等奖2个，广西青少年科技创新大赛机器人竞赛一等奖6个；参加第十一届中国青少年机器人竞赛，获二等奖5个、三等奖2个；参加第二届亚洲机器人锦标赛中国区选拔赛，获二等奖1个、三等奖5个；参加WRO世界机器人奥林匹克竞赛中国区选拔赛，获一等奖5个、二等奖7个、三等奖10个；参加第十三届“飞向北京——飞向太空”全国青少年航空航天模型教育竞赛总决赛，获一等奖3个、二等奖7　个；参加第十六届“驾驭未来”全国青少年车辆模型教育竞赛暨第十二届“我爱祖国海疆”全国青少年建筑模型教育竞赛总决赛，获一等奖7个、二等奖9个、三等奖1个。

文体活动　印发《南宁市义务教育阶段中小学体育、艺术“2+1项目”实施方案（试行）》、《南宁市教育局关于切实加强中小学体育、艺术教育工作的通知》，加强培训，组织全市义务教育阶段中小学体育、艺术2+1项目的实施。组织全市中小学做好《国家学生体质健康标准》测试工作。顺利组织2011年中考体育考试，举办第四届中小学少数民族传统体育运动会、第五届全市中小学残疾学生运动会暨特奥运动会等重大体育活动。

【教育信息化建设】　2011年，南宁市启动实施教育信息化工程。印发《南宁市教育信息化工程实施方案（2011~2015年）》；完成国家、自治区、市财政共7841.64万电教设备的招标采购和配备，完成直属学校自筹经费近8000万元电教设备的招标采购；投入资金完善教育城域网资源和软件150万元。征集各种竞赛评比活动资源、农村远程教育资源上传教育城域网。《南宁教育城域网本地资源共建共享和有效应用研究》课题参加全国教育信息技术研究“十二五”规划课题申报获得立项并开展课题研究。3月18日，教育信息网改版，新版教育信息网启用。加强信息技术学科教学管理和指导，开展高中信息技术学科会考备考、评卷，中小学信息技术学科教学教研培训指导和优秀论文、优秀课例评选活动。参加全国青少年NIOP信息学奥林匹克联赛243人，获奖成绩在自治区名列第一。参加第十二届全国青少年电脑制作大赛竞赛类项目广西分区比赛10人，入选广西代表队参加全国比赛2人。加强中小学教师教育技术能力建设，全年举办信息技术教学管理和应用培训班20期，培训教师1422人。争取中国教育发展基金会—戴尔“互联创未来”等三个国家级研究项目落户南宁并开展项目研究。组织教师参加教育部—微软“携手助学”VCT应用实验项目创新教师竞赛活动。组织中小学现代教育技术优秀论文、教学设计、课例、课件参加自治区、全国评比。举办南宁市信息技术与小学语文、数学教学整合优秀课例评比活动。召开中国—联合国儿童基金会远程协作学习项目成果展示推广会。

【教育惠民工程】　2011年，南宁市教育惠民工程是市政府确定的20件为民办实事项目之一。为中职学校南宁市户籍学生减免学费；发放各级各类资助款2.84亿元，受助学生45.15万人次；发放生源地信用助学贷款1.10亿元，贷款学生1.80万人。

“教育惠民工程”子项目　供给生活费补助农村学生13.70万人，补助资金1.27亿元；免除普通高中学生学费3.27万人次，补助免除学费资金1500万元；免除公办中等职业学校全日制学籍在校生中家庭经济困难学生和涉农专业学生学费，免除学费学生2.13万人次，补助免除学费资金1100万元；给具有中等职业学校全日制正式学籍的在校一、二年级所有农村户籍学生和县镇非农户口学生及城市家庭经济困难学生发放助学金14.37万人次、3300万元；资助中等职业学校特定专业学生第三学年生活费2286名、171.45万元。为优秀学生发放奖学金1087人、217.40万元；为贫困大学新生发放上学费用3342人、144.30万元。为家庭经济特别困难的从本市高中考上大学的新生发放学费补助3000人、600万元；为家庭经济特别困难的初中生和小学生发放生活费补助1万人、600万元。

其他资助项目　为符合条件的学生发放国家助学金6.53万人次、4815.07万元。逐步免除民办中等职业学校全日制学籍在校生中家庭经济困难学生和涉农专业学生学费项目。全年市、县两级拨付财政补助资金448.30万元，免除符合条件学生学费4693人次。全年资助中等职业技术学校学生学费1476.80万元，受助学生2.41人次。各县（区）、社会筹措资金资助大学新生2998人、429.91万元。发放生源地信用助学贷款1.10亿元，贷款学生1.84万人。

【学校安全稳定】

专题安全教育活动　2011年，南宁市结合教育系统实际，每月开展不同专题的安全教育活动。3月，开展“安全宣传教育月”活动；4月，开展“平安出行”活动；5月，开展“防雷减灾安全知识教育”活动；6月，开展“安全生产月”活动，发动学生就安全问题致家长一封信；9月，开展“文明交通、安全出行”百日集中整治行动；10月，“扫黄打非”预防毒品宣传教育活动；11月，开展“消防安全教育”活动；12月，开展“应急知识宣传教育”活动。通过系列安全专题活动，全市中小学校师生安全教育覆盖率100%，师生安全防护意识、安全防范能力及应急处置能力提高。

安全应急演练活动　各中小学校开展火灾安全、地震逃生、防雷电等安全演练1731场。全年中小学校外活动中心安全体验馆有8万多名师生参加安全教育体验活动。编印《日常应急须知》15万册、《雷电防护知识》25万册，免费发给学生课外阅读。

排查安全隐患　市教育局组织机关

干部到学校检查安全隐患，组织学校领导及中层干部在学校开展安全隐患大排查，针对不同时期情况分别开展较大规模安全大排查活动7次，对所排查的隐患，督促安全责任主体单位进行整改。在安全大检查活动中，检查、排查并整改学校一般安全隐患934处，较大安全隐患36处，列入自治区重点预防的4处。

联合治理行动　开展校园周边治安防患大排查，消除校园及周边治安隐患。加强校园周边小商小贩、无证摊点的查处打击力度，清除危害学生身体健康的不良食品。开展中考、高考期间噪音污染整治行动，严禁中考、高考期间考场周边建筑工地施工，防止噪音干扰考生。开展学生平安出行、消防安全教育达标示范学校创建等活动。

【教育收费规范】 2011年，南宁市开展教育乱收费治理，推进“安教工程”。市本级、各县（区）分别由局际联席会议成员单位组成联合检查组对中小学收费情况进行重点抽查，市、县（区）教育行政部门对各级各类中小学开展收费检查，全市组成检查组290多个，对15个县（区）、开发区教育局和所辖2000多所中小学、幼儿园、民办学校收费情况进行检查和重点抽查，对公办中小学校检查率100%。9月，开展“百名科长上热线”教育专题活动，借助热线平台宣传教育政策。市、县两级教育行政部门通过在报刊上公布治理教育乱收费热线电话、在教育局网站设立咨询信箱等，加大教育信息公开力度，广泛接受社会和群众的监督。全年受理群众涉及招生和收费的投诉42件，查处并清退各级各类中小学违规教育收费102.44万元，给予党纪政纪处理15人。

【招生考试】

普通高考　2011年，南宁市报考总人数4.81万人，参考人数4.55万人，录取3.34万人；其中：市区考生1.97万人，录取1.48万人（本科7708人、专科7068人）；武鸣县考生5704人，录取4486人（本科2586人、专科1900人）；横县考生4958人，录取3545人（本科1251人、专科2294人）；宾阳县考生7821人，录取5807人（本科2495人、专科3312人）；上林县考生2740人，录取1852人（本科654人、专科1198人）；马山县考生2654人，录取1730人（本科505人、专科1225人）；隆安县考生1895人，录取1189人（本科454人、专科735人）。

成人高考　南宁市报考总人数4.17万人，比上年增加6463人，占自治区考生三分之一。其中：市区3.46万人，武鸣县1198人，横县1265人，宾阳县2272人，上林县438人，马山县1281人，隆安县661人。

中　考　南宁市报考总人数6.49万人，其中：市区2.67万人，武鸣县5810人，横县12379人，宾阳县9078人，上林县3821人，马山县4331人，隆安县2748人。

自学考试　南宁市分别在1月、4月、10月组织高等教育自学考试3次，报考总人数1.22万人，报考科数2.50万科。

研究生考试　南宁市参加2012年招收攻读硕士学位研究生考试报名总人数2485人。

基础教育

【概　况】 2011年，南宁市有基础教育学校2940所，在校生110.75万人，专任教师5.87万人。其中：幼儿园1080所，在园幼儿19.78万人，专任教师7084人；小学1504所，在校生53.05万人，专任教师2.84万人；初中264所，在校生26.12万人，专任教师1.59万人；普通高中82所，在校生11.65万人，专任教师6813人；中等职业学校36所，在校生10.19万人，专任教师2313人；特殊教育学校10所，在校生1478人，专任教师446人。南宁市全面实施学前教育三年行动计划，全市学前三年毛入园率72.90%，学前一年毛入园率95.10%。小学学龄儿童入学率100%，辍学率0.45%；初中入学率100%，辍学率0.82%；高中毛入学率89%；三类残疾儿童入学率91%。至年末，15个县（区）、开发区扶持资金1000万元全部到位，各县（区）、开发区建设1所普惠性公办幼儿园工作目标完成。除经开区因客观原因调整项目用地选址外，其余县（区）、开发区项目完成市级投资。全市改、扩建幼儿园在秋季学期开学投入使用55所。全市教师参加各级各类培训6300多人次，专业水平得到提高。全市初中毕业生8.25万人，高中阶段学校计划招生7.52万人，其中普通高中计划招生3.94万人、中职学校3.58万人；初中毕业升学率91%。实际招生8.08万人，其中普通高中招生4.06万人、中职学校4.02万人；初中毕业升学率90.90%。高中阶段普通高中和中等职业学校招生数量比例为1:1。推进学校基础设施建设，扩大普通高中教育规模，高中阶段毛入学率89%，率先在自治区实现普及高中阶段教育。市二中、市三中、武鸣高中、市三十六中和横县中学通过第一批、第二批自治区示范性普通高中复查评估，市二十六中、宾阳开智中学通过自治区示范性普通高中立项建设评估。

【义务教育巩固率】 2011年，南宁市开展“义务教育巩固率提高年”活动，义务教育巩固率93%，提高8个百分点。出台《进一步提高我市义务教育巩固率工作方案》，将九年义务教育巩固率作为“十二五”期间经济社会发展约束性指标向各县（区）政府提出刚性要求。安排提高义务教育巩固率资金3.09亿元，其中1.11亿元用于158个项目8.30万平方米薄弱学校项目建设，在硬件设施建设、教师培训和资金三方面向义务教育薄弱地区倾斜，做好控辍保学工作。

【学科竞赛】 2011年，南宁市中学学科青年教师参加全国优秀课比赛，获一等奖14个，二等奖28个；参加自治区优质课比赛和教学技能比赛，获一等奖12个，二等奖36个。学生参加全国高中学科竞赛，获一等奖56个，二等奖280个，三等奖610个；其中数学科自治区获全国一等奖28个（南宁市占21个）。化学、生物学科取得突破，获奖人数列自治区第一。

【贫困县义务教育学生营养改善试点】 2011年，南宁市实施贫困县义务教育学生营养改善试点。邀请自治区疾病预防控制中心专家，按照科学性和可操作性原则，根据广西中小学生生长发育和学习所需能量，参照中国营养学会推荐的“每日膳食营养素供给量”计算出南宁市小学、初中生每日所需要的能量和营养素,制定学生营养午餐配餐方案(按每周5天计),供学校参考实施。各学校按照营养专家研究制定的菜谱合理配餐,确保免费午餐的营养质量。市财政投入4791万元,为上林、马山、隆安3个贫困县义务教育阶段公办学校学生提供免费营养午餐,标准为每生每餐2.50元。3个县有中小学校855所(含教学点),其中:小学801所(含教学点),小学生9.14万人;初中54所,初中生4.25万人。3个县在校生共13.40万多人,其中,义务教育寄宿制学生6.40万多人,非寄宿制学生7万人。

【进城务工人员随迁子女就学】 2011年,南宁市完善解决进城务工人员子女义务教育的管理办法,为进城务工人员子女提供受教育机会。春季学期,公办中小学接收进城务工人员随迁子女接受义务教育5.54万人,其中小学接收4.23万人、初中接收1.31万人;秋季学期,公办中小学校接收进城务工人员随迁子女接受义务教育5.76万人,其中小学4.08万人、初中1.68万人。

特殊教育

2011年,南宁市有特殊教育学校10所,在校生1478人,专任教师446人,三类残疾儿童入学率91%。把特殊教育师资培训作为提高特殊教育发展水平,全市投入30万元,培训教师830多人次,提升特殊教育师资水平。对成为自治区示范性特殊教育学校立项建设学校的市盲聋哑学校、市培智学校,在政策和资金等方面给予支持。

民办教育

2011年,南宁市有民办中小学、幼儿园1125所,在校生25.23万人,专任教师1.02万人。其中:民办小学38所,在校生5.70万人,专任教师2157人;民办普通中学64所,在校生3.82万人,专任教师1843人;民办中等职业学校23所,在校生3.01万人,专任教师666人;民办幼儿园1000所,在园幼儿12.70万人,专任教师5502人。抓好民办学校依法办学、规范办学和提升学校教育教学水平等工作,下发《南宁市人民政府办公厅关于印发<南宁市民办教育管理办法>的通知》,完善民办教育地方性法规,保障民办教育健康发展。对1所申请设立和1所申请迁址的民办普通高中进行评估;完成1所民办普通高中学校办学许可证更换。5月~6月,对民办学校进行2010年~2011学年度年检。参加年检的民办学校159所,年检合格159所,对办学条件和学校管理存在问题的学校提出整改意见,强化民办学校规范管理,8月向社会公布年检结果。11月,市教育局组织3个专家评估组对申请合格评估的21所民办学校进行初评,并报自治区教育厅复评,达标13所,不达标8所。

中等职业教育与成人教育

【概　况】 2011年,南宁市有中等职业学校37所(公办14所、民办23所),其中自治区级示范性中等职业学校7所(市一职校、市三职校、市四职校、市六职校、横县职业教育中心、广西南宁高级技校、市卫生学校),在校生10.18万人。设置专业60

2011年南宁市自治区级“优秀班主任”名录

梁东旺(南宁市第三中学) 唐爱梅(南宁沛鸿民族中学) 李珍灵(南宁市第四职业技术学校) 潘海妮(南宁市第三职业技术学校) 白　云(南宁市第二十六中学) 梁少芳(南宁市第四十一中学) 谭力明(南宁市第十八中学) 李芳红(南宁市星湖小学) 方　慧(武鸣县双桥镇中心学校) 刘大海(横县峦城镇滩头小学) 曾雪秋(宾阳县芦圩完全小学) 石兰松(上林县西燕镇大龙洞小学) 余　山(隆安县民族中学) 韦　权(马山县周鹿中学)

2011年“广州助学基金”八桂优秀乡村教师名录

覃志韶(南宁市兴宁区五塘镇英广小学) 潘朝霞(南宁市第四十五中学) 马志明(南宁市西乡塘区坛洛镇中心校) 黄碧银(南宁市西乡塘区坛洛二中) 邓耀军(南宁市西乡塘区金陵镇金腾小学) 陆天我(南宁市青秀区长塘镇初级中学) 黄品英(南宁市青秀区南阳镇施厚小学) 何筱青(南宁市江南区苏圩镇中心学校) 马连护(南宁市江南区苏圩镇初级中学) 黄贤英(南宁市邕宁区蒲庙镇朝阳初级中学) 苏春芨(南宁市邕宁区蒲庙镇第二初级中学) 黄增贤(南宁市良庆区南晓镇台马小学) 方肖莲(南宁市良庆区那陈镇中心学校) 黄秀嫦(南宁市江南区平阳小学) 韦　敏(南宁市西乡塘区西津小学) 赵　洁(武鸣县双桥镇中心学校) 谢丽文(武鸣县陆斡镇二塘小学) 潘芳兰(武鸣县仙湖镇中桥小学) 王梅春(武鸣县罗波镇中心学校) 肖惠平(宾阳县邹圩镇长安小学) 马丽名(宾阳县黎塘实验小学) 周德玲(宾阳县新圩镇三塘学校) 颜小明(宾阳县黎塘镇第一初级中学) 陆鲜花(横县百合镇黄村小学) 覃朝缘(横县新□镇飞龙小学) 莫海黛(横县平马镇中心学校) 黄丽花(横县云表镇第一初级中学) 雷小锋(横县马岭镇中心学校) 黄桂香(上林县大丰镇皇周小学) 卜佩艳(上林县明亮镇第二初级中学) 周礼生(马山县永州镇青春小学) 韦海军(马山县里当初中) 蓝海位(马山县百龙滩初中) 蓝敏智(马山县古寨瑶族乡民乐小学) 吴红萍(隆安县城厢镇中心小学) 黎　宁(隆安县南圩镇杨湾中心小学) 冯显志(隆安县都结乡初级中学) 覃育山(上林县白圩镇中心学校) 谢　豪(宾阳县大桥中学)

2011年南宁市“我最喜爱的老师”名录

廖寿传(南宁市第一中学) 卢瑞庚(南宁市第二中学) 杨丽萍(南宁市天桃实验学校) 王丽波(南宁市第二十六中学) 农杰清(南宁市第四十一中学) 黎日葵(南宁市第三职业技术学校) 杨彩瑛(南宁市英华学校) 滕　艳(兴宁区三塘镇中心小学) 黄其亮(南宁市第三十七中学) 张秋凤(南宁市青秀区民乐路小学) 黄雅琴(南宁市江南区新屋小学)

个，覆盖农林、资源与环境、加工制造、交通运输、商贸与旅游、社会公共事务及医疗卫生等13个产业门类。中等职业学校毕业生1.56万人，就业生1.52万人，就业率97.66%；招生4.02万人，送生4.60万人。

【通过全区职业教育攻坚评估验收】 2011年6月14日~16日，南宁市接受自治区职业教育攻坚评估验收组对职业教育攻坚评估验收，经评估，通过自治区的评估验收。12月，南宁市获自治区职业教育攻坚先进市、横县获自治区职业教育攻坚先进县、隆安县获自治区职业教育攻坚进步县。

【示范性中等职业学校与专业建设】 2011年，南宁市继续加大投入、严格标准和规范管理推进示范性职业学校建设，重点完善市一职校、市三职校、市四职校、市六职校、市卫生学校、横县职业教育中心6所自治区示范性中等职业学校建设。市一职校、市卫生学校和市六职校成为“国家中等职业教育改革发展示范学校建设计划”第一批和第二批立项建设学校。12月，市一职校、市四职校、市六职校、市卫生学校成为“广西中等职业教育示范特色学校建设计划”第一批立项建设学校。加强中等职业学校专业规范化建设，对全市3个自治区示范性专业进行复评和5个新申报自治区示范性专业进行初评，做好新增设专业申报备案，对11所中等职业学校申请增设的19个专业进行评估，新增设电气技术应用等专业15个。

【中等职业学校实训基地建设】 2011年，南宁市加强中等职业教育实训基地建设，推进职业教育与产业对接，有6个实训基地被列入“十二五”广西中等职业教育第一批立项建设实训基地（市一职校商贸实训基地、市三职校旅游服务与管理实训基地、市四职校汽车运用与维修实训基地、市六职校电子商务实训基地、市卫生学校护理实训基地、横县职业教育中心汽车运用与维修实训基地）。

【中等职业教育技能比赛】 2011年3月28日~31日，南宁市选派学生147名参加广西中等职业技能比赛，获一等奖26个（团体5个），二等奖34个（团体4个），三等奖33个（团体2个）。其中宾阳职业技术学校获一等奖3个（团体1个），实现县级职校参加自治区级技能比赛获一等奖的突破。选派12名选手代表广西参加2011年全国中职学生技能大赛11个项目比赛，获二等奖1个，三等奖9个，优秀奖2个。参加第八届全国中等职业学校“文明风采”竞赛，全市有701个作品参赛，获一等奖80个，二等奖266个，三等奖239个，优秀奖116个。

【社区教育】 2011年10月，南宁市印发《南宁市发展社区教育促进学习型城市建设实施方案的通知》、《南宁市人民政府办公厅关于印发南宁市2011年全民终身学习活动周工作方案的通知》。10月28日，在青秀区新竹街道办事处新竹小区文化广场举行南宁市2011年全民终身学习活动周暨南宁市发展社区教育启动仪式。10月28日~11月3日，6城区开展全民终身学习活动周活动。12月，南宁市获全国全民终身学习活动周领导小组颁发的社区教育活动优秀组织奖。

【成人教育】 2011年，南宁市中等职业学校继续发挥自身教育培训资源优势，利用职业教育培训资源，以农村中等职业学校和各类职业培训机构为主要培养阵地，面向社会开展各种短期职业培训以及农村劳动力转移职业技能培训等活动，促进新农村建设和城镇化建设步伐。开展阳光工程、就业再就业培训工程、劳动力转移就业培训工程等，培训农民37.72万人次。 （苏 净）

高等教育

【概 况】 2011年，南宁市有广西外国语学院、邕江大学、南宁职业技术学院3所高等院校，在校生3.42万人，毕业生就业率95%以上。

【广西外国语学院】

概况 位于南宁市青秀区五合大道19号。2011年4月7日，国家教育部正式行文（教发函[2011]98号）同意在广西东方外语职业学院基础上建立广西外国语学院，是广西首家民办普通本科高校，广西唯一独立建制的外语本科高校。6月30日，广西外国语学院成立。校园占地67.63万平方米，校舍建筑面积25.60万平方米。有在校生9000多人，教师500多人，其中：外籍教师30多人，副高以上职称130多人；博士8人，研究生学历150多人。有纸质图书86万册，电子图书40万册，期刊1000多种，建有图书自动化检索系统和电子阅览室。教学科研仪器设备总值2640万多元，具有职业仿真氛围、设备先进的校内实习实训基地（实训室）33个（68间），投资300多万元建成的同声传译工作室和自主学习中心；校外实习实训基地50个，其中国外（东南亚国家）实习实训基地14个。

首届高校毕业生创业培训班 11月29日，青秀区仙葫经济开发区广西外国语学院高校毕业生SYB（START YOUR BUSINESS，意为创办你的企业）培训班举行开班典礼。SYB体系是国际劳工组织（ILO）、中国劳动与社会保障部倡导的专门为创业者、中小企业量身定做的社会化创业全程扶持指导体系，目的是以创业促进就业。此次学员结业考试由青秀区统一组织，学院09级学生有50名学员参加考试。通过此次考核，学生完成自己的创业计划书，通过演练实施开办企业的各个步骤，学以致用，将理论知识转化为操作技能，提高创业意识，促进创业成功率。

交流与合作 学院派出应用越南语专业41名学生赴越南河内外贸大学留学；派出考察团一行6人赴香港，对香港中文大学、香港科技大学进行访问考察，根据双方协定将于2012年5月派出香港中文大学10名学生、2名教师到学院学习中文，学院派出学生与教师到香港中文大学体验先进高等教育。来自泰国碧武里皇家大学附属中学、越南河内外贸大学57名师生举行短期汉语培训；柬埔寨、老挝、越南3国华文教师访问团一行40多人到校参观交流;泰国曼松德·昭帕亚皇家师范大学2次7人、泰国博仁大学工商管理学院代表团一行4人、马来西亚英迪国际大学代表团一行4人、泰国梅州大学经济学院一行5人、美国中央华盛顿大学、芝加哥大学"中国及东南亚研究"博士、清华大学客座教授,国际知名学者等到校考察交流,相互对各自的办学特色、办学成果及办学条件做介绍,并就互派留学生、实习生及教师交换等可能合作的领域进行交流,探讨今后合作发展形势与方向,并签署合作交流协议备忘录。苏格兰爱丁堡市华人工商联合会主席,爱丁堡大学、罗伯特戈登大学顾问到学院访问。

专业与精品课程建设　学院结合北部湾经济区产业发展需要,申报的应用越南语专业成为自治区特色专业建设点,越南语语音、越南语基础课作为该专业特色课程建设立项;申报8个项目获广西教育科学"十二五"规划2011年度一般课题立项;2个课题获广西高校党建立项研究课题立项,分别为:A类课题(重点课题)《新建民办本科高校基层党建创新与校园文化建设的互动研究》、B类课题(一般项目课题)《新形势下加强和改进民办高校党建工作机制研究》。

教育教学成果　学院设立欧美语言文化学院、东南亚语言文化学院、国际工商管理学院、信息工程学院、国际经济与贸易、人文艺术学院、国际会计学院、国际教育学院和继续教育学院等二级学院9个,开设英语、法语、日语、汉语、越南语、泰语、柬埔寨语、缅甸语、印度尼西亚语、西班牙语10个语种,本科专业5个(英语、泰语、越南语、国际经济与贸易和对外汉语),高职专业(含方向)63个。形成应用外语、经贸管理、信息工程三大专业群,涵盖人文学、管理学、工学三大学科门类。面向全国14个省(区)、市招生,其中外语类专业在校生规模居全国同类院校前列,法语、柬埔寨语、缅甸语、印度尼西亚语、西班牙语等专业填补自治区同类院校空白。

广西职业教育教学论文评比中,学院教师参评的11篇论文全部获奖,其中一等奖2个、二等奖3个、三等奖6个。第八届广西高校教育教学软件大赛中,教师参赛作品《管理学理论与实务》获高职高专文科组单机版类型一等奖;《房地产营销》、《第三方物流》、《会展实务》获三等奖;《东盟十国概况》、《旅游英语》、《新视野商务英语视听说下册》获优秀奖。全国大学生英语竞赛中,应用法语与应用英语2名学生获全国特等奖。第二届广西高职院校技能大赛暨2011年全国职业院校技能大赛高职组项目广西选拔赛中,参赛学生获口语技能三等奖1个,学院获优秀组织奖。全国高职高专第二届英语写作大赛广西赛区获公共英语组和专业英语组一等奖。

毕业生就业推荐　学院成立"毕业生就业工作领导小组",召开党政联席办公会专门研讨毕业生就业,二级学院成立毕业生就业工作领导小组;设立学校创业就业信息网络平台,利用校内和校外资源为学生提供就业岗位,建立一批实习基地,为学生提供就业资源和就业途径。通过开设就业指导课、就业宣传橱窗,发布用人单位的招聘信息,传授求职择业技巧;利用学校的"招生就业网站"和毕业班QQ群发布供求信息,使就业信息及时传达。学院领导带队到泰国、越南、广东、上海等地开拓就业市场,建立畅通的用人单位信息收集与发布渠道并规范用人单位信息库。在国内外建立就业基地180多个。11月,自治区教育厅授予2011年全区普通高等学校毕业生就业先进集体。

社会服务　通过推荐和公开招募的方式,招募志愿者312多名,服务第八届中国—东盟博览会、中国—东盟商务与投资峰会、南宁国际民歌艺术节各项活动,参与到民歌节场馆、城市道路咨询、城市道路路口引导等志愿服务,学院孟俊同学被团市委作为典型志愿者与国际友人共同参与到志愿服务。12月25日,在第八届中国—东盟博览会、第七届中国—东盟商务与投资峰会志愿者工作总结表彰大会上,学院获第八届中国—东盟博览会、第八届中国—东盟商务与投资峰会志愿服务先进集体,曾扬阳、周淳获志愿服务先进工作者,孟俊等20名学生获志愿服务先进个人。

(黄小真)

【邕江大学】

概况　2011年7月,位于南宁市五象新区龙岗片区的新校园建成,学校从北湖校区整体搬迁到五象新校园。新校园总投资9.74亿元,占地86.42万平方米,总建筑面积36.80万平方米。其中教学科研行政用房面积20.24万平方米,学生宿舍面积12.43万平方米。至年末,在校学生8713人,全部为全日制专科生。专、兼职教师594人。其中:专任教师493人,生师比17.70:1;副高以上职称156人(正高职称38人,副高职称118人),占专任教师总数31.64%;研究生学历以上专任教师163人,占专任教师总数33%。基础实验室、专业实验室107个,实验室建筑面积8.20万平方米,校外实习实训基地105个;单价800元及以上教学仪器设备6769台件,总值4591.50万元,教学用计算机2559台,每百名学生配教学用计算机29台;多媒体教室和语音室座位6879个,每百名学生配多媒体和语音室座位79个。图书馆馆藏纸质图书74.30万册,生均纸质图书85.30册,中外文期刊1130种;建立覆盖教学区、办公区、生活区的校园网络,建成现代电子图书系统,有电子图书60万册,电子专业期刊1万多种。学校设二级学院6个,分别是工学院、信息工程学院、管理学院、人文学院、交通学院、开放(继续)教育学院;有专科专业35个,专业方向4个,专业设置涵盖工学、管理学、文学、法学、农学等5大学科门类。

专业特色　结合南宁经济社会发展需要开设专业,为地方制造业量身打造技能型工学专业人才。现有工科专业21个,全部与自治区优先重点发展的产业对接;6月,与南宁轨道交通公司签订战略合作框架协议,2011年起定向培养城市轨道交通控制、城市轨道交通运营管理等专业人才,投入1500万元建设"南宁市轨道交通系统运行与控制实验中心"。

招生就业　录取新生5278人,报到4269人,报到率80.88%。2011届毕业生

1771人，至9月毕业生落实工作单位1667名、就业率94.13%；至年末毕业生落实工作单位1735名，就业率97.97%。自治区教育厅授予2011年度全区普通高校毕业生就业工作先进集体。

教育科研　注重学生创新能力培养，提高学生应用能力。鼓励学生进行创新创业活动，建成邕江大学创新创业孵化园，为有项目、专利、科研成果的教师、学生及社会科技人才提供展示舞台；校企合作，为学生打造良好的创新创业平台。先后获2011年全国大学生电子设计竞赛全国一等奖1个，广西赛区一等奖3个；2011年第四届全国大学生广告艺术大赛三等奖2个；2011年首届全国高校计算机综合应用能力大赛全国总决赛常用软件项目二等奖1个；2011年全国软件专业人才设计与开发大赛广西赛区C语言程序设计高职高专组一等奖3个。推行“双证书”教育模式。2011届毕业生，建筑工程技术、电气自动化技术、汽车技术服务与营销、汽车运用技术、文秘等专业毕业生职业资格证书获得率分别为92%、92.42%、100%、100%、100%。鼓励支持教师进行科学研究。教师参加国家、省部、市级科研项目34个；获新世纪广西高等教育教改工程项目立项17个；2011年校级科研项目16个，技术专利2个；校级科研项目16个；主编、参编教材35部，公开发表论文290篇。（陈　涛）

【南宁职业技术学院】

概况　位于南宁市大学西路，占地130多公顷，其中相思湖新校区占地120多公顷。2011年，有全日制在校专科生1.65万多人，非全日制在校生4230人，到东盟国家留学的学生1200多人，生源来自18个省、市、自治区。有教职工600多人，其中专任教师360人、具有高级专业技术职务任职资格的教师120多人、硕士研究生教师140多人、“双师型”教师270多人。校舍总面积55万平方米，教学辅助用房、行政用房面积20多万平方米；固定资产总值9亿多元，教学科研仪器设备总值1.20亿元，信息化设备资产400多万元；图书馆藏书纸质图书80多万册，数字资源量3700多GB，电子图书1000GB。学院设机电工程学院、商学院、信息工程学院、国际学院、旅游学院、艺术工程学院、建筑工程学院、公共管理学院、开放教育学院、职业技能培训学院等二级学院和现代教育技术中心、图书馆等教辅部门，设高职专业63个。录取新生6896人，其中：自治区6710人，自治区外186人。实际就读5585人。

教学科研　推进课程网上教学共享资源建设，完成新专业申报6个，立项为自治区特色专业8个（其中2个急需专业，3个特色专业，3个优势专业），申报教育部专业建设与发展项目专业2个。学校组织申报课题80多个，其中获新世纪广西高等教育教改工程项目立项15个，申报及代理申报各级科研项目立项及经费支持并获得校外各级纵向立项50个，直接为地方经济社会发展服务的课题28个。“五色彩虹鸡尾酒的制备方法”获国家专利局批准授予发明专利。与美国通用电气、中国电信、深圳讯方信息有限公司和阿里巴巴等校企合作项目中，GE智能平台自动化系统集成实训中心拥有广西最先进的自动化实训设备。申报“广西高职教育”项目被评为南宁市第三批人才小高地；学报被评为第二届全国高职高专核心期刊。教师获全国级优秀指导老师奖22个，自治区级优秀指导老师奖46个。学生参加技能大赛31大项；其中，获得全国奖63个，获得自治区奖126个。学院获自治区教育厅授予2011年普通高校就业工作先进集体。

北欧投资银行贷款建设实训基地　8月19日，举行利用3200万美元北欧投资银行贷款建设实训基地合同签约仪式。北部湾经济区实训基地建设总投资4.47亿元，用于购置现代制造、高新技术和现代服务等专业实训设备。在未来2年建设北部湾经济区实训基地，满足北部湾经济区对新能源、海洋产业、高新技术、现代制造和铝加工等实用型、技能型人才的需求。

成立广西残疾人高等职业教育学院　5月15日，成立广西残疾人高等职业教育学院，是全国第一个高职高专全日制残疾人高等职业教育学院，是全国高职高专第一个专门面向残疾人及残疾人子女招生的学院，是全国本专科院校第一个采用单独招生方式招收残疾人及残疾人子女的学院，填补残疾人高层次学历教育的空白。获自治区扶残助疾先进集体。

毕业生就业推荐　2011届毕业生4491名，比上年增长24%。学院通过各种渠道为毕业生推荐工作，为毕业生提供用人单位988个、岗位需求信息1.51万个（增加3792个），有效供需比为1:2.08；毕业生初次就业率91.81%，年底就业率95.66%。被自治区教育厅授予2011年广西普通高校就业工作先进集体。

国际交流与合作　广西华文教育基地、南宁市华文教育基地在学校挂牌。新增马来西亚林登大学和越南河内师范大学2所合作院校，派出2名教师到越南河内国家大学任教，3名教师到新加坡、加拿大等国交流学习，39名应用泰国语专业学生、35名越南语专业学生到泰国、越南留学。学校接受泰国皇家理工大学19人代表团和皇家技术大学2名专家、越南河内师范大学代表团到校交流，并与澳大利亚商会开展“赴新西兰带薪实习”等合作项目，同美国来访师生开展中美文化交流周活动。

扶贫助困　通过绿色通道入学的学生2545人，占新生总数41%，其中缓交学费163人、1527万元；发放各种资助1700多万元；国家生源地贷款5545人，贷款总额3327万元。

社会服务　10月28日，南宁市第一家社区教育学院在南宁职业技术学院成立。开展42个项目的培训，培训8000多人；开办17个职业的资格认证，通过认证1189人；承担2011年广西中职师资培训5个项目的培训，培训教师150多人；承担全国高职高专教育教师培训班、中等职业学校教师自治区级培训班等培训任务；酒店管理、基于JSP　WEB工程应用与项目实践、室内设计技术3个师资培训项目通过教育部审批。

（吴小宁　陈斯雅）

责任编辑　黄小真

科学技术

综　述

【概　况】 2011年,南宁市深入实施“科教兴市”战略,坚持自主创新、重点跨越、支撑发展、引领未来的科技工作方针,以提高自主创新能力为核心,以推动科学发展、加快发展、率先发展、和谐发展为主题,以加快转变经济发展方式为主线,突出抓好“兴产业、强能力、促发展、惠民生”工作,启动科技发展“十二五”规划,加快推进国家科技进步示范市、国家创新型试点城市建设;启动实施第五轮创新计划,组织实施产业重大科技专项、科学研究与技术开发项目,推进工业产业科技创新、农业产业科技创新、民生科技服务支撑、节能减排科技攻关、知识产权战略实施等工程。开展企业自主创新能力服务、新农村建设科技引领服务、技术转移促进服务、科技进步惠民富民服务、全民科技素质提升服务、自主创新环境优化服务等活动。组织实施创新计划项目510个,产业重大科技专项12个;在科学研究与技术开发计划项目中,国家级项目54个、自治区级项目128个、市本级项目396个。培育新增工程技术研究中心,自治区级2家,累计33家;市级10家,累计23家。重点扶持建设新农村科技示范村18个、现代农业科技创新示范基地(现代农业科技示范园)16个、农业科技专家大院10个、农村信息化基地10个。有自治区首批农业科技重点示范县(区)6个,自治区首批农业良种培育中心5个、首批农业标准化生产技术示范基地5个。主要农作物新品种覆盖率93.50%,先进适用技术覆盖率90.80%。专利申请2225件、授权1156件,专利申请资助和发明专利授权奖励747件。科技“一招三引”(招商、引资、引技、引智)活动签约项目23个,签约金额3.10亿元、外资230万美元。获省(自治区)级科技成果登记75项,比上年增长17.20%。有国家级科技教育基地1个,自治区级、市级青少年科技教育基地分别为24个、44个。

【南宁市连续六次被评为全国科技进步先进市】 2011年,南宁市被评为2009~2010年度全国科技进步先进市,所辖12个县(区)再次全部通过全国县(市)科技进步考核,其中青秀区、西乡塘区、良庆区、武鸣县、横县、宾阳县被评为2009~2010年度全国科技进步先进县(区),科技先进县(区)个数占自治区(17个)的35.29%。黄方方、周红波、李志勇、覃永武、傅隆政、黄宁、廖伟福、许秋生、赵禹鹏、王永超、李明昌、宋日正、曾丽珍、黄鸣安、唐小若、汪春贵、韦大标、张先进、黄家忠、阮冠三、陈拥军、林海云22人获全国科技进步工作先进个人。南宁市自1999年参加两年一度的全国科技进步考核以来,连续六次被评为全国科技进步先进市。

【创新计划实施】 2011年,南宁市根据自治区政府《广西创新计划(2011—2015年)》部署,制定《南宁市创新计划(2011—2015年)实施方案》,启动实施第五轮创新计划。组织实施国家、自治区和南宁市创新计划项目510个,总投资22.82亿元,财政拨款1.69亿元。实施南宁市创新计划项目324个,总投资17.08亿元,财政拨款1.06亿元;预计项目完成后,年新增产值54.70亿元、利税12.48亿元、创汇3076万美元。实施产业重大专项12个,总投资1.46亿元,财政拨款1250万元,预计项目完成后,年新增产值8亿元、利税1.64亿元、创汇1300万美元。引进、开发工业新产品、新技术60个(项);新产品、高新技术75个(项)。新增高新技术企业18家,累计107家,高新技术产业增加值突破180亿元。扶持培育自治区级制造业信息化示范企业35家,市级58家;培育科技型企业56家,其中初创型科技企业44家、创新型企业试点12家。水稻、罗非鱼等5大产业列入自治区农业产业重点扶持对象,重点扶持建设龙头企业技术创新中心10个。组织实施社会发展科技项目70个。示范推广养殖新品种240.20万头(羽)、种养新技术21项,示范村80%的农民受益。启动实施党员教育“动车组”项目,建成覆盖全市“三农”科技信息服务中心1个,分中心12个、村级网点85个、农村党员科技教育示范户70个。

【工业科技创新】 2011年,南宁市引进开发工业新技术、新产品135个。组织实施工业科技计划项目110个,其中工业重大科技专项7个,涉及高端装备制造、机电一体化、新型材料、化工、制药等领域。建成南宁市生物燃气中试基地,通过国内专家组中期查定。建设南宁市科技企业孵化基地,新增入孵企业6家,累计16家。一批拥有自主知识产权的工业新产品、新技术研制成功,地下工程用CPS复合防水材料的开发及产业化、天棚系统铝合金固定座产品开发及产业化、喷射式自控燃硫炉的研究等一批工业新技术达到国内领先水平。

【农业科技创新】 2011年,南宁市组织实施肉鸡、香蕉、超级稻等农业科技重大专项3个,财政拨款300万元。选育出超级稻“Y两优087”、香蕉“桂选0507”、肉鸡“金陵麻鸡”等种养新品种15个。引进、试验、示范推广优质谷、糖蔗、水果、蔬菜、畜牧、水产等农业优良新品种56个;农村实用新技术27项。组织开发肉鸡、罗非鱼、淮山、奶牛、蚕茧等农产品加工新品种17个、新技术14项。通过自治区首批农业良种培育中心及农业标准化生产技术示范基地认定企业10家。其中：广西恒茂农业科技有限公司、广西亚航农业科技有限公司、广西格霖农业科技发展有限公司、隆安凤翔家禽有限责任公司、广西金陵农牧集团有限公司被认定为自治区首批农业良种培育中心；广西桂洁农业开发有限公司、广西恩度高科技股份有限公司、横县桂华茧丝绸有限责任公司、百洋水产集团股份有限公司、广西皇氏甲天下乳业股份有限公司被认定为自治区首批农业标准化生产技术示范基地。

【民生科技创新】 2011年，南宁市重点扶持建设市呼吸道疾病诊疗中心、市城乡儿童感染性疾病治疗研究中心等民生科技创新平台9个。组织实施"桂莪术南宁地区适生品种筛选及种植基地试点示范"等特色中药民族药材资源可持续利用关键技术研究及种源、药源基地建设项目7个，为市中药制药企业培育药源基地。开发"壮药苦石莲胶囊抗流感六类新药的临床前研究"等具有自主知识产权的创新中药新药产品18个，产出专利成果6项。实施"败酱胶囊的产业化"等中药创新产品产业化项目7个，"广西AIDS临床医学实验中心及相关建设的研究"等市艾滋病防治科学研究与技术推广工程实施示范项目11个。广西首家艾滋病临床治疗中心在市四医院动工建设。结合轨道交通、"中国水城"等市重点工程建设，组织实施"膨胀岩对南宁地铁建设的影响机制及病害控制研究"、"南宁轨道交通圆砾层地区明挖结构设计施工技术研究"、"心圩江水治理技术研究"重点工程科技支撑项目3个。

【科技节能减排】 2011年，南宁市实施工业废水、废渣、废气处理及生物质能源新技术、新产品和洁净能源综合利用关键技术研究开发，引进推广应用节能减排新技术10项，建设节能减排技术集成应用示范企业10家。其中："木薯淀粉、酒精生产废水治理与综合开发利用"项目，运用生物技术将废水废渣处理进行发酵制取沼气，将沼气作为发电燃料就地发电，建成淀粉、酒精行业资源得到充分利用、符合循环经济、清洁生产和可持续发展的样板工程；"生物燃料工程技术研究中心建设——沼气纯化制备生物燃气产业化研究"项目，将节能减排与生物质能源的发展有机结合起来，开创生物质能源产业的"南宁模式"；"生物催化微电解法处理焦化废水研究"项目，针对目前冶金及焦化行业外排焦化废水中COD（化学需氧量）、氰化物及氨氮等指标仍然很难达标的现状，研制开发生物催化微电解法处理焦化废水技术，减轻焦化废水对水体的污染，实现水资源的循环利用。

【高新技术产业】 2011年，南宁市组织实施高新技术产业科学研究与技术开发计划项目22个，总投资7600万元，财政拨款680万元；预计项目完成后，年新增产值10.49亿元，利税3100万元。南宁高新技术产业开发区实现工业产值657.10亿元，比上年增长20.87%，亿元工业企业113家，实现产值343.86亿元。建成国家认可实验室4家、国际认证实验室1家，自治区级企业技术中心21家、自治区工程技术研究中心16家、自治区千亿元产业建设试点工程技术研究中心3家。

【区域性科技创新基地建设】 2011年，南宁市加速推进南宁国家高技术生物产业基地、国家级孵化器——南宁新技术创业者中心、自治区级孵化器——南宁市科技企业孵化基地建设，财政拨款350万元，进一步完善软件、生物公共技术平台等。实施生物制造产品关键技术研究项目20个。全市有各类专业孵化器5个，其中国家级孵化器1个、自治区级孵化器3个。推进广西明阳生化科技有限公司"非粮生物质酶解国家重点实验室"建设，开发"无纺布墙地毯变性淀粉胶粘剂"、"非粮生物基无甲醛木材胶粘剂的研制生产与应用"、"智能手持终端工业应用平台系统软件"、"糖皮质激素类药物"、"Na_2SO_4功能母料"等一批涉及生物质能源、新一代信息技术、新材料、生物医药、节能减排等领域新产品。建设生物燃气中试基地，通过国内专家组中期查定，国内首创利用木薯淀粉和酒精生产的废水规模化生产车用生物天然气，达到国家《车用压缩天然气》(GB 18047-2000)标准，使用沼气纯化生物燃气的汽车一氧化碳排放量比使用汽油的车排放量少20%，二氧化碳排放量减少99%，累计生产生物燃气200万立方

2011年南宁市获国家认证的高新技术企业

企业名称	企业所在地
广西壮族自治区农业机械研究院	西乡塘区
南宁桂格精工科技有限公司	南宁高新区
广西联正达通信技术有限公司	南宁高新区
广西天道信息技术有限公司	南宁高新区
启仲化工(广西)有限公司	南宁经开区
广西华蓝设计(集团)有限公司	兴宁区
广西钧富凰地源热泵有限公司	西乡塘区
南宁国电电力科技有限责任公司	南宁高新区
广西威尔特照明有限公司	南宁高新区
南宁市立节节能电器有限公司	南宁高新区
广西一信通信科技有限公司	南宁高新区
广西昌洲天然药业有限公司	南宁经开区
广西万德药业股份有限公司	南宁—东盟经济开发区
广西万通药业有限公司	西乡塘区
广西新方向化学工业有限公司	南宁高新区
南宁庞博生物工程有限公司	南宁经开区
广西壮牛水牛乳业有限责任公司	兴宁区
广西恒茂农业科技有限公司	南宁高新区

米。在南宁高新区投资2亿元设立华南血液与基因检测中心，建设集检测试剂研发中心、产业化中心和临床医疗中心为一体的亚洲最大的综合性生物医药和干细胞产业基地。

【区域性科技创新体系建设】 2011年，南宁市加强科技文献共享与服务平台、中小企业创新科技服务平台、专利信息服务平台、制药业信息服务平台、生产力促进中心联动服务平台五大技术服务支撑平台建设。开展技术攻关、仪器设备共享、专家诊断、企业培训、项目策划等服务，提供信息查询1500多条次，项目和成果咨询150多个，企业采用科技文献800多篇，下载技术应用论文和专利文献600多篇。围绕“三基地”（中国—东盟区域性物流基地、加工制造基地、商贸基地）、“三中心”（中国—东盟区域性信息交流中心、交通枢纽中心、金融中心）建设，实施“基于自动识别、GPS、GIS及GSM技术的货物跟踪系统开发”、“基于RFID物流企业运输信息管理系统开发”等物流、商贸科技支持技术平台项目13个，总投资4275万元，财政拨款270万元。重点推广无线射频识别技术、全球定位系统、地理信息系统等自动识别、采集跟踪技术的应用，实现对货物流动过程的自动化控制。建立国家非粮生物质能源工程技术研究中心示范基地，以木薯、甘蔗、甜高粱等非粮生物质能源作物为主要研究对象，开展共性技术攻关、成果孵化、产业化示范、人才培训和技术服务。

【科技中介服务体系建设】 2011年，南宁市加强市、县（区）生产力促进中心联动服务体系服务能力建设，建立自治区级示范生产力促进中心1个，培训企业人员400多人，发展会员400多家，联系服务企业280家，重点服务企业39家。评审国家创新基金项目89个，包装、申报自治区级项目6个，市级项目11个。获国家立项15个，专项资金支持1108万元；获自治区、市级立项13个，专项资金支持260万元。推进中国—东盟（南宁）国际科技合作信息平台、中国绿城技术转移网建设，重点服务会员企业50家，发布科技技术开发、技术转让、技术咨询和技术服务信息350条，完成技术合同认定登记334项，比上年增长183.05%；交易额1.43亿元，增长51.96%。

【科技示范试点建设】 2011年，南宁市实施“新农村科技示范（试点）”项目，发展“一村一品”农业（一个村拥有一个或几个发展水平较高、优势明显的农业主导产品或特色品牌，大幅提升农业的经济效益和综合竞争力）。全市有科技示范县（区）5个，科技示范乡镇10个，科技示范村52个（含新农村科技示范村18个）。列入国家新农村建设科技示范乡镇2个；自治区新农村建设科技示范县（区）3个、示范乡镇3个、示范村15个。示范推广应用新品种35个，面积4533.33公顷，新增产值3650万元；养殖新品种240.20万头（羽），新增产值328.50万元；种养新技术21项，示范村80%以上的农民受益。武鸣县、横县等6个县（区）被认定为自治区首批农业产业科技重点示范县（区），广西恒茂农业科技有限公司等5家企业为自治区首批农业良种培育中心，广西桂洁农业开发有限公司等5家企业为自治区首批农业标准化生产技术示范基地。重点建设农作物秸秆转化食用菌科技示范园等农业科技专家大院10个、现代农业科技创新标准化示范基地18个、农村信息化综合信息服务基地10个。

【知识产权战略实施】 2011年，南宁市专利申请2225件（其中发明专利898件、实用新型977件、外观设计350件），专利授权1156件（其中发明专利221件、实用新型637件、外观设计298件），比上年分别增长53.24%、30.03%。获专利申请资助和授权奖励747件（其中发明专利292件、实用新型336件、外观设计76件、发明授权奖励43件），资助奖励100.92万元。帮助企业申请国家知识产权局专利申请费用减缓696件，实施知识产权与专利领域科技计划项目20个，财政拨款561万元。4月20日~26日知识产权宣传周活动期间，在良庆区广场组织开展知识产权宣传服务活动。开展专利实务培训2期，培训560人。参加南宁国际会展中心、自治区展览馆、南宁华南城专利执法专项活动，查询各种产品2000多件次。扶持培育知识产权试点企业14家、自治区知识产权试点企业12家、专利技术开发与应用企业12家。

【科技交流与合作】 2011年，南宁市组团参加第二十届广西科技活动周暨广西新技术新产品交流交易会、第十四届北京国际科技产业博览会、第六届中国西安国际高新技术成果交易会、第十二届中国西部博览会、第八届满洲里中俄蒙科技展暨高新技术产品展览会和第十三届中国（深圳）国际高新技术成果交易会等科技“一招三引”活动。获第二十届广西科技活动周最佳组织奖、第十四届北京国际科技产业博览会最佳组织奖。开展国际科技合作项目8个，财政拨款225万元。广西南南铝加工有限公司和广西博世科环保科技有限公司建立院士工作站，在环保设备研发生产领域与浙江大学建立战略合作。1月7日，越南农业科学院（VAAS）植物生物技术研究中心经理丁春伶一行8人到广西科学院食用菌厂和横县集盛食品公司标准化食用菌生产基地考察，与南宁中诺生物工程有限责任公司达成食用菌产业开发及科技人员培训项目合作协议。4月7日，以两院院士石元春教授为组长的7名国内资深专家到武鸣生物燃气中试基地进行考察。4月16日，全国政协副主席罗富和，全国政协常委、民进广西区委会主委陈自力，中国农业大学校长柯柄生、副校长王涛，自治区政府副主席陈章良、政协副主席彭钊，市政协主席岑可成，到武鸣安宁淀粉有限公司考察“生物燃料工程技术研究中心建设——沼气纯化制备生物燃气产业化研究”项目。5月20日，民建防城港市委会主委陈为民率考察团一行16人在民建南宁市委会主委卢秋凌的陪同下，到市科技企业孵化基地考察。8月30日~9月11日，市科技经贸代表团一行10人到越南、老挝、柬埔寨考察。10月23日，越南国家科技部区域发展研究中心主任陈玉麟，主任顾问、原越南驻华使馆参赞阮家胜率考察团到青秀区长塘镇定西村考察农村科技项目建设、科技引领新农村建设、农村新能源沼气池技术应用等情况。11月4日，玉林市吴常昌食品有限责任公司董事长吴业初、总经理蒋坚率公司董事会及技术业务骨干到南宁市轻工食品研究所考察牛肉巴烘烤新工艺设备研制情况。12月7日~9日，南宁市2012年科技计划项目异地评审会在郑州市召开，这是南宁市首次举行科技计划项目跨省异地评审。来自河南农科院、河南工业大学、河南化工研究所、郑州大学、郑州农林科研所等23家大专院校、科研院所和医疗机构的29名专家对南宁市227个科技计划项目进行评审。

【市校与校企合作】 2011年，南宁市与广西大学实施"市校科技合作"科研课题15个，财政拨款440万元。广西大学分别与南宁神华振动时效技术研究所签订"基于频谱振动的SHP2104型轧辊专用时效仪研制与开发"合作项目(财政拨款20万元)，与南宁童乐乳业有限责任公司签订"改良秸秆饲料加工和沼气发电技术在养殖场集成应用示范"合作项目(财政拨款30万元)，与南宁周德六木业有限公司签订"木薯杆溶液化制造新型木工胶黏剂研究与应用"合作项目(财政拨款30万元)，与南宁冠华农业科技有限公司签订"黄单胞菌多糖金属配合物保护性杀菌剂的研制与开发"合作项目(财政拨款30万元)，与南宁一举医疗电子有限公司签订"5KW单相高功率因数医用X射线机的研制与开发"合作项目(财政拨款30万元)，与广西北斗星动物保健品有限公司签订"新兽药复方肿节风颗粒的研制与开发"合作项目(财政拨款30万元)，与广西桂牧叮原种猪有限责任公司南宁分公司签订"规模化猪场种公猪功能性饲料的开发与应用"合作项目(财政拨款30万元)，与广西恩度高科技股份有限公司签订"休闲水果脆片的组织塌陷和褐变防控技术研究与应用"合作项目(财政拨款30万元)，与百洋水产集团股份有限公司、南宁海宝路水产饲料有限公司签订"斑点叉尾□高效环保饲料研究与示范"合作项目(财政拨款30万元)，与南宁胜利胶水有限责任公司签订"强酸工艺制新型抗水、防潮及低甲醛释放人造板用脲醛"合作项目(财政拨款30万元)，与广西盛誉糖机制造有限责任公司签订"糖用离心机转鼓与筛篮强度优化设计"合作项目(财政拨款20万元)，与南宁良凤农牧有限责任公司签订"国家认证的地方品种配套系良凤花鸡遗传性疫病净化技术的研究"合作项目(财政拨款20万元)，与南宁邦尔克生物技术有限责任公司签订"新型脱羧酶产品出口与技术服务示范"合作项目(财政拨款30万元)，与广西今南方经贸有限公司签订"印刷机械在东盟国家应用技术研究与开发"合作项目(财政拨款40万元)，与南宁圣农科技开发有限公司签订"特种动物(穿山甲、龟、蛤蚧)养殖关键技术研究与示范"合作项目(财政拨款40万元)。市化工研究设计院与天津大学化工学院签订"绿色水处理用阻垢分散剂聚环氧琥珀酸中试"合作项目(财政拨款25万元)。在第二十届广西科技活动周、第十四届北京"科博会"、第六届西安"高交会"和第十三届深圳"高交会"等重大科技交流交易活动中，促成21家企业分别与中国农业大学，天津大学、华南理工大学、中国农业科学院、中国建筑材料研究院、中国食品发酵工业研究院等14所高校、院所签订科技合作项目23个。

【自主创新环境建设】 2011年，南宁市科技环境建设不断完善。修订《南宁市科学技术奖励办法》、《南宁市专利资助奖励暂行办法》，出台《南宁市科技型中小企业技术创新资金管理暂行办法》、《关于加快吸收和培养高层次创新创业人才的意见》，颁布实施《南宁市科技发展"十二五"规划》，起草《南宁市科学技术奖励办法实施细则》、《南宁市关于加快推进科技创新的若干政策措施》。

自然科学研究与技术开发

【概　况】 2011年，南宁市实施国家、自治区、市三级科学研究与技术开发计划项目578个。其中：国家立项54个，获经费支持3203万元；自治区立项128个，获经费支持2051万元；市级立项396个，财政拨款1.17亿元。带动R&D(译为"研究与发展")总投资15.40亿元。预计项目完成后，年新增产值76.60亿元、利税17.91亿元、创汇4561万美元。引进开发工业新技术新产品135个，其中有自主知识产权的高新技术和新产品75(项)个。实施农业科技创新项目86个，总投资3.24亿元，财政拨款2933万元。组织开发农业新技术和新产品31个。实施社会发展科技计划项目81个，总投资1.05亿元，财政拨款1624万元；市科技型中小企业技术创新资金项目55个，总投资2.58亿元，财政拨款970万元；市科技创新能力建设项目75个，总投资3.97亿元，财政拨款3677万元；市软科学研究及其他项目13个，总投资565万元，财政拨款512万元。

【科学研究与技术开发计划项目实施】 2011年，南宁市重点立项实施科技含量好、市场前景好的市本级科学研究与技术开发计划项目396个（财政拨款1.17亿元），总投资15.41亿元。其中：工业项目210个（6051万元），总投资11亿元；农业项目86个（2933万元），总投资3.24亿元；社会发展项目81个（1624万元），总投资1.05亿元；其他19个（1082万元），总投资1185万元。国家科技型中小企业技术创新基金立项33个，获经费支持1535万元。

【星火计划】 2011年，南宁市示范推广肉鸡高效健康养殖技术、香蕉矮化覆盖技术、香蕉水肥调控节本增效技术、香蕉摸花垫把技术和超级稻高产栽培技术等先进实用技术。开展香蕉节本高效栽培综合配套技术集成研究与示范推广，在武鸣县、隆安县、西乡塘区等香蕉主产区建立"喷水带+撒肥"、"水肥一体化滴灌"、"全自动电脑控制滴灌"等水肥调控节本增效模式及以"抹花、垫板、疏果和套袋"为核心的香蕉提质增效综合技术示范基地3966.67公顷，为蕉农节本增效6902万元。实施县域经济特色产业科技专项27个，财政拨款1150万元，解决技术难题45个，引进示范推广高产优质胡萝卜、西甜瓜等农业新品种23个，西瓜高产高效生态安全栽培技术、淮山粉垄栽培新技术等新技术18项，示范推广种植面积8.33万公顷，养殖规模480万头(羽)，新增产值2.50亿元，农民增收1.02亿元。实施农业新品种、新技术引进、选育和示范推广项目11项，财政拨款650万元。引进、示范推广"甬优6号"、"粤糖60号"等农业新品种56个，大鲵(娃娃鱼)人工繁育技术、美泰蛙网箱养殖技术、"甬优6号"高产栽培新技术、"桂单589"高产栽培技术等实用技术27项。其中大面积示范推广新技术、新品种34个(项)，示范面积17.33多万公顷，带动农业增收3.73亿元。主要农作物新品种覆盖率93.50%，先进适用技术覆盖率90.80%。培育出广西集盛食品有限公司、广西立盛茧丝绸有限公司、广西南山白毛茶茶业有限公司等科技型龙头企业25家。研发出冻干高菜、维生素B2酸奶、鱼粉等农产品加工新产品17个,研制出脱水竹笋和高菜联合冻干技术、无硫淮山深加工技术等农产品加工新技术14项,新增产值3.59亿元。广西地方鸡活体基因库等3个创新中心初步建成国内同行业一流的农业新品种选育繁育中心。

【工业科技项目实施】 2011年,南宁市实施工业科学研究与技术开发计划项目110个,总投资7.16亿元,财政拨款3825万元;预计项目完成后,产出专利成果140项,其中发明专利40项。实施产业重大专项7个,涉及高端装备制造、机电一体化、新型材料、化工、制药、节能减排等,总投资7808万元,财政拨款840万元;预计项目完成后,年新增产值4.90亿元、利税8864万元、创汇3100万美元。申请专利9项,开发具有自主知识产权的高新技术和新产品75个。实施生物制造产品关键技术研究项目20个,开展微生物发酵技术、酶工程技术及转基因技术等生物工程技术研究,总投资1145万元,财政拨款700万元。实施物流、商贸科技支持技术平台建设项目6个,总投资3575万元,财政拨款170万元。

【农业科技项目实施】 2011年,南宁市围绕农业重大科技专项、特色优势农业产业技术集成示范推广、新农村建设科技试点示范、农业科技创新示范基地建设与能力提升、农村科技创新体系建设等组织实施农业科学研究与技术开发。实施国家农业科技成果转化资金项目6个,获经费支持400万元。

【社会发展科技项目实施】 2011年,南宁市组织实施社会发展领域重大科技专项2个,总投资350万元,财政拨款110万元;实施民生科学研究与技术开发计划项目81个,总投资1.05亿元,财政拨款1624万元;预计项目完成后,年新增产值2.25亿元、利税5509.20万元、创汇6万美元。其中,组织实施特色中药民族药材资源可持续利用关键技术研究及种源、药源基地建设项目7个,总投资510万元,财政拨款160万元;预计项目完成后,年新增产值2740万元、利税506万元、创汇6万美元。组织实施具有自主知识产权的创新中药新药产品开发项目11个,总投资9369.50万元,财政拨款220万元;预计项目完成后,年新增产值7090万元、利税1782万元。组织中药创新产品产业化项目7个,总投资2112万元,财政拨款165万元;预计项目完成后,年新增产值7844万元、利税2313万元。组织实施艾滋病防治科学研究与技术推广工程实施示范项目11个,总投资663万元,财政拨款311万元。

【软科学研究项目实施】 2011年,南宁市实施提升南宁市R&D(研究与发展)投入对策研究、南宁市R&D统计调查现状与方法优化研究、南宁市提升"十二五"期间发明专利总量的对策研究、南宁市创建国家知识产权试点城市研究、南宁市科普工作现状及对策研究、南宁市重大科技项目绩效评价研究、南宁市科技进步对经济社会发展贡献率的综合测评及提升策略研究、南宁市科技成果评价指标体系研究、南宁市科技创业风险投资基金设立研究、南宁市"十二五"科技发展规划研究与编制等市级软科学研究项目11个,总投资215.50万元,财政拨款162.50万元。

【产业重大科技专项实施】 2011年,南宁市组织实施产业重大科技专项12项,产出专利成果20项,总投资1.46亿元,财政拨款1250万元;预计项目完成后,年新增产值8亿元、利税1.64亿元、创汇1300万美元。组织实施广西地方鸡活体基因库建设及种质资源保护利用研究与应用、南宁超级杂交水稻选育繁育中心建设、广西香蕉产业技术创新中心建设等农业重大科技专项3项,总投资4956万元,财政拨款300万元。

【科技型中小企业技术创新资金项目实施】 2011年,南宁市出台《南宁市科技型中小企业技术创新资金管理暂行办法》,投入1000万元设立南宁市科技型中小企业技术创新资金。全年有55个涉及电子信息、生物医药、光机电一体化、新材料、新能源、资源与环境等领域的项目获立项;国家科技型中小企业技术创新基金立项33个,获经费支持1535万元。

【国家农业科技成果转化资金项目实施】 2011年,南宁市获国家农业科技成果转化资金立项项目6个,获经费支持400万元。其中:广西商大科技有限公司"应用母猪系统营养技术生产预混合饲料的中试"项目100万元;武鸣安宁淀粉有限责任公司"木薯生料发酵生产酒精技术的中试示范"项目60万元;广西农乐种业有限公司"三系超级稻新品种'特优582'中试"项目60万元;横县桂华茧丝绸有限责任公司"天然有色蚕茧缫丝生产关键技术中试"项目60万元;隆安凤鸣农牧有限公司"优质肉鸡新配套系'金陵黄鸡'的试验示范"项目60万元;广西壮邦种业有限公司"优质高产糯玉米新品种桂糯518中试示范"项目60万元。

【科学技术支出】 2011年,南宁市财政拨款3.76亿元(含六县六城区),其中市本级财政拨款2.16亿元,占全市本级财政一般预算支出1.73%。市本级财政拨款中,技术研究与开发经费1.11亿元,重点立项实施产业重大科技专项12个,科学研究与技术开发计划项目396个,带动R&D(研究与发展)总投资15.40亿元。列入国家科学研究与技术开发计划项目54个、自治区项目128个,分别获经费支持3203万元、2051万元。

科学技术普及

【概　况】 2011年,南宁市以全国科技活动周、科普大行动和广西科技活动周、保护知识产权宣传周为载体,开展科普进广场、进社区、进学校、进农村、进企业、进机关等科普活动100多场次,展出科普展板700多个,发放科普书籍及宣传小册子5490册、科普宣传资料5.37万份,参与群众15万人次,获全国科技活动周广西活动优秀组织奖。"2011年全国科技活动周广西活动开幕式暨绿城科普广场活动"、"鲨鱼真相—保护鲨鱼主题活动"、"南宁市青少年科技教育基地集中活动周启动仪式暨系列科普活动"、"南宁市五一路中国—东盟青少年科普教育交流一条街活动”和“南宁市锣圩科技、卫生、文化‘三下乡’活动”5个项目获广西活动优秀项目奖。市科技局白帆等16人获2011年全国科技活动周广西活动先进个人。全年市财政投入525万元。其中，270万元扶持科技教育基地基础设施建设；90万元开展全国科技活动周南宁市活动、广西科技活动周南宁市活动、南宁市青少年科技教育基地“活动年”活动等20项活动，扶持市校外活动中心、金花茶公园、市青少年活动中心等青少年科技教育基地能力提升；165万元出版《社会主义新农村科技致富丛书》50万册并开展大规模农村科技培训活动。1月8日，在朝阳广场举行2011年南宁市科普活动周启动暨《社会主义新农村科技致富丛书》首发赠书仪式及广场科普活动。1月10日，在西乡塘区金陵镇举行百项农业科技成果、百家企业、百名专家科技惠农服务活动。4月22日，在良庆区客运站广场举行“4·26世界知识产权日11周年暨知识产权宣传服务良庆区广场日”庆祝活动。5月15日，在金湖广场举行2011年全国科技活动周广西活动开幕式暨绿城科普广场活动。5月16日，在江南区银兴广场举行五一路中国—东盟青少年科普教育交流一条街暨全国科技活动周南宁市广场科普活动。5月17日，在市中小学校外教育活动中心启动南宁市青少年科技教育基地集中活动周暨系列科普活动。5月20日，在武鸣县锣圩镇锣圩街举行2011年全国科技活动周南宁市科技、文化、卫生“三下乡”活动。6月17日，在市蔬菜研究所安吉试验基地启动市青少年科技教育基地暑期科普活动。9月27日，在隆安县举行以关注公众安全健康、建设和谐生态社会为主题的2011年南宁市“十月科普大行动”启动仪式。设立科普能力建设与示范专项，投入经费350万元，重点建设市气象天文科普主题园、市“都市莱园”科普教育基地、海底奇观科普场馆、大明山北回归线生态科普园等一批青少年科技教育基地。出版《社会主义新农村科技致富丛书》30万册，其中《粮食作物优良新品种彩色图谱》、《经济作物优良新品种彩色图谱》、《果树优良新品种彩色图谱》、《蔬菜优良新品种彩色图谱》、《淡水鱼、龟鳖、蜜蜂优良新品种彩色图谱》、《畜禽优良新品种彩色图谱》各5万册。开展农村技术培训，培训农民16.80万人次。在市科技网开设科普知识专栏，刊登科普小知识665篇，《南宁科技工作简报》刊登科普活动报道50多次，《南宁日报》、《南宁晚报》等媒体刊登相关科普活动的宣传报道52篇。在全市44个青少年科技教育基地中开展“活动年”活动，开展青少年科普活动80多场次，参与学生3万多人次。组织开展“2009~2011年度全市科普先进个人”评选活动，评选出先进集体60个，先进个人200人。

【科技、文化、卫生“三下乡”活动】 2011年5月20日，全国科技活动周南宁市科技、文化、卫生“三下乡”活动在武鸣县锣圩镇锣圩街举行，来自全市10多家单位以及有关自治区、市企事业单位的专家200多人参加。向锣圩镇10个村委赠送一批科普图书，开展新品种新技术的展示、展销、专家咨询等活动，开展防震减灾宣传、医疗卫生咨询、优生优育宣传、妇女维权、文艺演出等系列科普活动，参与群众1800人，发放科普图书520册、科技宣传册1000多册、种养技术资料4000多份。12月28日，市文化、科技、卫生“三下乡”暨科普活动在良庆区那马镇举行，开展法律、农业科技、医疗、计生等咨询，农业新品种新技术展示，科普知识宣传等系列活动，发放农村种养实用新技术丛书600册，科学素质知识小册子300多册，蔬果、水产、畜牧等方面新品种新技术资料5000多份，其他科技资料3000多份。

【科技培训】 2011年，南宁市开展知识专利实务培训、专利代理实务强化培训、知识产权战略培训等活动，来自全市300家企事业单位专利工作人员560人参加。开展2011年度市科技计划项目申报培训，培训市属企事业、区直高校科研主管领导及科研负责人300多人。举办广西科技文献共享与服务平台应用培训，培训南宁职业技术学院师生200多人。举办3期技术合同知识讲座，广西大学、广西师范学院、广西财经学院、科技企业100多位学员参加。举办技术合同认定登记知识讲座，广西大学、广西师范学院、广西财经学院及企业科研技术开发工作人员30多人参加。在宾阳县、马山县举办先进适用技术培训19期，培训农民8010人次，培训农村种养技术骨干和技术服务人员1200人。举办职业技能培训30期，培训4524人次。

重要科技活动

【南宁市科技活动周】 2011年1月7日~11日，南宁市科技活动周与第二十届广西科技活动周暨广西新技术新产品交流交易会同期举行。围绕科技支撑发展、创新引领未来主题，组织开展科技创新成就展、科技人才交流大会、科普长廊展示竞赛、科技合作项目洽谈签约、“三下乡”科普活动以及科技创新产品、名特优农副产品展销等活动。参展企事业单位97家，参与群众10万人；参展项目109个、产品134个；签约项目11个，签约金额1.76亿元、外资230万美元。8日，市科普活动启动暨《社会主义新农村科技致富丛书》首发赠书仪式及广场科普活动在朝阳广场举行，向“科技服务企业大行动”、“科技服务三农大行动”、“广场、社区科普惠民大行动”、“青少年科普实践大行动”、“科普创新、创作大行动”、“农村科技培训大行动”六大行动代表单位授旗，开展农业技术指导、医疗卫生咨询、妇女维权、防震减灾咨询、劳动就业与保障咨询、节能减排、知识产权及专利宣传等系列科普活动。市科技局向农业推广部门、12个县（区）、广西大学等单位和贺州市党员科技教育“动车组”学习观摩团赠送《社会主义新农村科技致富丛书》1万多套。10日，“百项农业科技成果、百家企业、百名专家科技惠农服务”活动在西乡塘区金陵镇举行，广西大学农学院、广西农业科学院等高校及科研院所，西乡塘区科普工作联席会成员单位和涉农企业在活动上开展科技集市、科技培训活动，发放科技书籍2000多册、科普生活小常识册子4000多册，种子、农药、肥料等农业生产资料2200多份，发放科普宣传资料10万多份、挂图100多幅、挂历1000多份；现场还展出新品种实物250多件，展示科技成果400多项，并通过远程诊断视频提供咨询100多人次。

【参加第八届满洲里中俄蒙科技展览会】 2011年7月4日，南宁市组团参加第八届满洲里中俄蒙科技展暨高新技术产品展览会。期间，参加中俄蒙科技项目推介会、中俄企业科技合作项目对接会、沿边区域经贸发展研讨会、招商引资洽谈会等活动。南宁市品迪生物工程有限公司展出展板1块、实物产品10个，签订合作意向2项、成交500万元。

【参加全国科技活动周】 2011年5月15日~21日，南宁市围绕携手建设创新型南宁主题，开展全国科技活动周活动。组织开展科普创新、科普进广场、科普进农村、科普进学校、科普进社区进企业工地、科技(科普)示范基地6大系列共44项科普活动，展出科普展板500多块、发放科普书籍及宣传小册子1420多册、派发科普宣传资料3.37万份，参与群众3.5万人次。市科技局和青秀区政府获“2011年全国科技活动周广西活动优秀组织奖”。

【参加北京科博会】 2011年5月17日~22日，南宁市组团参加第十四届中国北京国际科技产业博览会，参展企业16家，展出高新技术12项、新产品42个；开展科技成果展示、合作项目签约、技术洽谈、市校合作、考察企业等活动，签订科技合作项目4个、签约金额2500万元。市化工研究设计院与天津大学化工学院签订《南宁市化工研究设计院与天津大学化工学院科技合作框架协议》，共建石化产业技术研发平台，双方的合作开启市属科研院所“走出去”与外省市高校全面合作的大门。广西云燕特种水泥建材有限公司与中国建筑材料科学研究总院合作硫铝酸盐基海工水泥的研究项目，开发面向广西北部湾经济区建设所需的海洋工程水泥新产品；广西田园生化股份有限公司分别与中国农业大学应用化学系、中国农业科学院植物保护研究所合作水稻用农药助剂技术开发和农药乳油产品水基化改造技术开发项目，开发绿色环保农药产品。

【参加深圳高交会】 2011年11月16日~21日，南宁市组团参加第十三届深圳国际高新技术成果交易会，参展企业30家、高新技术项目30个，涉及电子信息、光机电一体化、新材料、新能源、节能环保等领域，签约的合作项目有广西嘉盈生物科技有限公司与澳大利亚GIANT INTERNATIONAL(AUST)CO.签订“利用水产品副产物提取胶原蛋白开发营养食品的技术合作”等6个，签约金额1.04亿元。南宁市获“全国首批国家电子商务示范城市”，成为全国获此授牌的21个城市之一，也是自治区惟一获授牌的城市。

科学技术成果

【科技成果登记】 2011年，南宁市获自治区级科技成果登记项目75个(工业项目26个、农业项目24个、社会发展项目25个)。其中：国家计划项目1个；省级项目12个；市级项目55个；其他项目7个。技术达到国际先进水平2项，国内领先水平29项，国内先进水平37项，自治区领先水平3项，自治区先进水平2项，其他2项。

【科技成果鉴定】 2011年，南宁市通过市级以上科技成果鉴定项目77个（计划外项目6个)，其中工业项目27个、农业项目21个、社会发展项目23个。技术达到国内领先水平的34项，国内先进水平的39项，自治区领先水平的4项。

【科技成果获奖】 2011年，南宁市获自治区、市科学技术成果奖63个。其中：自治区科学技术奖22个(技术发明二等奖1个，技术进步一等奖1个、二等奖4个、三等奖16个)；市科学技术进步奖41个(工业项目15个、农业项目15个、社会发展项目11个)。技术达到国际领先或先进水平2项，国内领先或先进水平35项；自治区领先或先进水平4项。

【科技表彰奖励】 2011年1月7日，自治区党委、政府在南宁市举行2011年广西科技活动周开幕式暨科技表彰奖励大会，南宁市获广西技术发明奖二等奖1个(广西乐土生物科技有限公司、广西大学、中国农业大学承担的水稻直播田除草药肥0.2%苄嘧·丙草胺颗粒剂的研制与应用项目)，广西科学技术进步奖二等奖7个、三等奖12个；横县郑开辉(蘑菇种植)、西乡塘区蒙瑞菊（黑豚养殖)获“2010年度广西科技种养大王”；隆安县黄超(鸡养殖)、邕宁区林汉文(红龙果种植)、横县彭永东(蔬菜种植)、兴宁区黄联莉(奶牛养殖)、李勇(蛇、鸽养殖)获“2010年度广西科技种养能手”。1月12日，市委、市政府召开全市科学技术表彰奖励大会，表彰2010年度南宁市科学技术进步奖一等奖5个、二等奖15个、三等奖19个；横县郑开辉、彭永东，西乡塘区蒙瑞菊，隆安县黄超，邕宁区林汉文，兴宁区黄联莉、李勇获“2010年度南宁市科技种养大王”；武鸣县李安华(马铃薯种植)、覃莲珍(黑豚、猪养殖)、青秀区周国新(桑蚕种养)、马山县蓝庆营(生猪、鸭、鱼养殖)、西乡塘区卢才福(生猪养殖)、陈本南(鱼养殖)、江南区梁洁珍(西甜瓜种植)、易广平(鸽子养殖)、良庆区黎家楣(鸡养殖)、宾阳县陈利宗(生猪养殖)、上林县蓝云杰(兔子养殖)、韦向军(甘蔗种植）获“2010年度南宁市科技种养能手”。

【科技成果转化与示范推广】 2011年，南宁市实施“新型智能化40.5KV HGIS高压组合电器开发与产业化”项目，财政拨款120万元；预计项目完成后，年新增产值4800万元，利税844万元。实施“110KV多用途高效节能整流变压器产业化”项目，财政拨款100万元；预计项目完成后，年新增产值7200万元，利税936万元。实施“基于LED显示与照明系统研发及产业化”项目，财政拨款50万元；预计项目完成后，年新增产值3800万元，利税760万元。实施“甘蔗节水灌溉关键技术集成研究与示范”、“糖蜜酒精发酵废液用于甘蔗种植的技术推广应用”、“微肥对提高甘蔗产量的应用研究及推广”、“蔬菜规模化高效育苗关键技术研究与产业化示范”等项目25个，财政拨款505万元；预计项目完成后，年新增产值5.13亿元、利税1.08亿元。武鸣县安宁淀粉有限责任公司和中国农业大学联合实施的“生物燃料工程技术研究中心建设——沼气纯化制备生物燃气产业化研究”项目通过国内专家组查定验收，达到国家《车用压缩天然气》(GB 18047-2000)标准。

2011年南宁市获自治区科学技术进步奖项目

等级	序号	项　目　名　称	承　担　单　位
一等奖	1	重大农业害虫性诱监控技术研发与集成应用	广西壮族自治区植保总站、全国农业技术推广服务中心、宁波纽康生物技术有限公司、柳州市双虹塑料工业有限公司、玉林市植保站、贺州市植保植检站、桂林市植物保护站、南宁市植保植检站、百色市植保植检站、柳州市植保植检站
二等奖	1	天棚系统铝合金固定座产品开发及产业化	南南铝业股份有限公司
	2	测土配方施肥技术研究与示范推广	广西壮族自治区土壤肥料工作站、桂林市土壤肥料工作站、河池市土壤肥料工作站、南宁市土壤肥料工作站、梧州市土肥站、百色市土壤肥料工作站、防城港市土壤肥料工作站
	3	巨型(龙滩)水电站接地技术研究及应用	龙滩水电开发有限公司、中国水电顾问集团中南勘测设计研究院、武汉大学、广西地凯防雷工程有限公司
	4	广西土壤环境污染、风险评估与生态修复研究	广西壮族自治区环境监测中心站、广西大学、广西壮族自治区分析测试研究中心、广西壮族自治区地质矿产测试研究中心、中国环境科学研究院、南宁市环境保护监测站、桂林市环境监测中心站
三等奖	1	优质肉鸡新品种“金陵麻鸡”选育繁育及示范推广	广西金陵农牧集团有限公司
	2	猫豆产业链支撑技术研究及应用	广西医科大学、广西新东源生命科技发展有限公司、广西那坡制药有限公司
	3	一体化冷热联供机组研制	广西申能达智能技术有限公司
	4	蔬菜高效栽培模式示范推广	宾阳县黎塘镇农业服务中心
	5	9%虫酰·氯氰乳油的研制开发	广西田园生化股份有限公司
	6	天然彩色蚕茧缫丝护色关键技术研究与应用	横县桂华茧丝绸有限责任公司
	7	水煤浆洁净燃料和水煤浆锅炉新技术的应用和创新	广西益浩水煤浆设备有限公司、广西南宁百会药业集团有限公司、南宁市环境科学学会、南宁绿波环境咨询评估中心
	8	农药对广西桑蚕品种毒害性评价及应用示范	广西大学、南宁市蚕业站
	9	罗非鱼脂肪肝病综合防治技术研究与应用	广西壮族自治区水产研究所、广西大学、柳州市渔业技术推广站、广西水产畜牧学校、南宁海宝路水产饲料有限公司
	10	纳米氧化锆材料在日用刀具的应用与开发	南宁市鼎发粉末冶金有限责任公司
	11	南宁市国家税务局商贸企业税收评估平台研发与应用	广西财经学院、广西航天信息技术有限公司
	12	南宁市技术标准远程教育培训网建设	广西壮族自治区标准技术研究院
	13	非堰槽式明渠流量计在线监测系统研制与应用	广西水利经济研究会、南宁广通数字技术有限公司
	14	YNMT隔热防晒涂料	广西绿桂化工建材有限公司
	15	岩土地基跃层逆作法地下连续墙综合技术研究	广西华蓝设计(集团)有限公司、上海建工(集团)总公司、广西南宁永凯实业集团有限责任公司
	16	广西城乡居民43年膳食和营养状况变迁趋势与相关慢性病关系及其干预策略研究	广西壮族自治区疾病预防控制中心、南宁市疾病预防控制中心、钦州市疾病预防控制中心、贺州市疾病预防控制中心、河池市金城江区疾病预防控制中心

2011年南宁市市级科学技术进步奖项目

等级	序号	项目名称	完成单位
一等奖	1	地下工程用CPS复合防水材料的开发及产业化	广西金雨伞防水装饰有限公司
	2	优质肉鸡新品种“金陵麻鸡”选育繁育及示范推广	广西金陵农牧集团有限公司
	3	广西家鼠鼠疫GIS的研究	南宁市疾病预防控制中心、广西壮族自治区疾病预防控制中心、百色市疾病预防控制中心
	4	出口型罗非鱼标准化养殖技术研究及示范推广	百洋水产集团股份有限公司、南宁市水产畜牧兽医技术推广站、广西壮族自治区水产研究所
	5	猫豆产业链支撑技术研究及应用	广西新东源生命科技发展有限公司、广西医科大学
二等奖	1	天棚系统铝合金固定座产品开发及产业化	南南铝业股份有限公司
	2	水稻直播田除草药肥0.2%苄嘧·丙草胺颗粒剂的研制与应用	广西乐土生物科技有限公司、广西大学、中国农业大学
	3	一体化冷热联供机组研制	广西申能达智能技术有限公司
	4	茉莉白绢病微生态防治技术研究与示范	横县植物保护站、广西大学、南宁立标新生物科技有限公司
	5	南宁南湖名都广场深基坑支护结构设计与施工技术研究	广东省基础工程公司南宁分公司、南宁华轻建设监理有限公司、广东省建工设计院
	6	蝴蝶兰种质资源的收集、优良品种繁育及示范推广	广西御兰生物技术有限公司、广西壮族自治区农业科学院生物技术研究所
	7	多元动态交通流信息融合与交通动态信息实时诱导发布系统	南宁市公安局交通警察支队
	8	喷射式自控燃硫炉的研究	广西南宁成泰糖业技术有限公司、广西来宾永鑫小平阳糖业有限公司
	9	复合有机铁的制备及其饲喂妊娠母猪和泌乳母猪替代仔猪肌注铁的安全性研究	南宁市泽威尔饲料有限责任公司、广西壮族自治区饲料监测所、广西大学
	10	卵母细胞透明带与精子结合对ICSI治疗结局的影响实验室研究	南宁市第二人民医院
	11	产品质量与食品安全技术标准服务平台	广西明□科技有限公司、广西壮族自治区标准技术研究院
	12	南宁市社区精神病患者生活质量分析及康复治疗新模式的研究	南宁市第五人民医院
三等奖	1	罗非鱼苗种规模化越冬技术研究与示范推广	百洋水产集团股份有限公司、南宁市水产畜牧兽医技术推广站、广西壮族自治区水产研究所
	2	天然彩色蚕茧缫丝护色关键技术研究与应用	横县桂华茧丝绸有限责任公司
	3	菠萝新品种引进、筛选与示范	南宁市水果生产技术指导站
	4	雾化喷射冷凝器创新与应用	广西南宁叶茂机电自动化有限责任公司
	5	9%虫酰·氯氰乳油的研制开发	广西田园生化股份有限公司
	6	水煤洁净燃料和水煤浆锅炉新技术的应用和创新	广西益浩水煤浆设备有限公司、广西南宁百会药业集团有限公司、南宁市环境科学学会、南宁绿波环境咨询评估中心
	7	利用桑枝清洁生产制备板材技术研发	宾阳县田园农业开发有限公司
	8	莲藕套种晚稻高效栽培技术示范推广	宾阳县黎塘镇农业服务中心

续表

等级	序号	项目名称	完成单位
三等奖	9	利用昆虫性诱剂测报和防治小菜蛾技术推广应用	武鸣县植保站
	10	胡萝卜新品种引进及无公害栽培技术示范	宾阳县黎塘镇农业服务中心
	11	甘薯新品种的引进筛选及示范	武鸣县科学技术服务中心
	12	良庆区团东村黑皮冬瓜新品种新技术示范推广	南宁市良庆区科学技术情报研究所、南宁市蔬菜研究所
	13	蜜蜂新品种引进培育及高效养殖技术示范推广	南宁市顺天堂食品厂
	14	南宁市测绘基准体系现代化研究	南宁市勘测院
	15	液压挖掘机功率优化系统	广西南宁市精祥仪表有限责任公司
	16	基于Portal全景虚拟现实的网上综合办税系统	广西德意数码股份有限公司
	17	南宁市城市规划市民互动平台	南宁市规划信息技术中心、广西创翔科技有限公司
	18	南宁市男男性接触者性病/艾滋病现状调查研究	南宁市疾病预防控制中心
	19	人精子功能计算机检测方法的研究	南宁市第二人民医院、华中科技大学
	20	降低毒品对传播艾滋病危害干预措施效果评估及影响因素研究	南宁市疾病预防控制中心
	21	改良埋入式注射泵联合硬膜外自控镇痛术于晚期癌症病人的临床应用研究	南宁市第一人民医院
	22	HIV/TB双重感染结核分枝杆菌耐多药现状研究	南宁市第四人民医院
	23	康复护理协作网在社区脑卒中病人的应用研究	南宁市第一人民医院
	24	综合干预治疗对早产低体重儿喂养不耐受的多中心护理研究	南宁市第一人民医院

（伍美新　谢倚宁　覃　燕）

气象工作

【概　况】 2011年，南宁市气象局辖武鸣县、横县、宾阳县、上林县、马山县、隆安县气象局及邕宁区气象局，设办公室、人事教育科、业务科、行政执法办公室，下属市气象台、地面观测站、高空探测站、城区观测站、生态与农业气象观测站、信息与技术保障中心、财务核算中心及人工影响天气办公室。在职人员125人（市局68人，县局57人）。南宁市年平均气温21.10℃，平均年降水量1410.90毫米，平均日照时数1537小时。受1108号热带风暴“洛坦”、1117号台风“纳沙”、1119号强热带风暴“尼格”3个热带气旋影响，后两个台风有利于水库蓄水和缓解南宁市的旱情，但也造成部分地区出现洪涝灾害。主要天气气候事件有：暴雨洪涝、热带气旋、干旱。

【气象服务】 2011年，南宁市发生春季罕见的长低温阴雨过程、倒春寒、严重夏旱、雷电、台风暴雨、寒露风等重大气象灾害。市气象局为党委、政府提供准确的气象预测预报和气象灾害防御情况，为党委、政府领导决策提供依据。强台风“纳沙”、“尼格”袭击前，市气象局启动台风Ⅲ级应急响应，发布预报预警，加强部门联动。年内，发布气象服务信息120期，重大气象服务专报13期；对公众发布雷电、大雾、暴雨、台风等预警信号225次（含县），发布预警短信317条。对暴雨红色预警信号等预警级别较高短信，通过“绿色通道”向预警区域全体手机用户发送。4月18日，南宁市龙山自然保护区发生森林火灾，火势蔓延很快，市气象局得知后，立即向市政府领导汇报林火遥感监测情况，并派员赶赴火灾现场开展服务，协助消防部门成功处置火灾。

【人工影响天气作业】 2011年，南宁市降雨时空分布不均，出现一定旱情。全市各级人工影响部门抓住有利天气时机，在51个炮点组织实施地面火箭人工增雨作业71次，累计增加降水8500万吨，产生经济效益2800多万元，为缓解旱情、降低森林火险气象等级、增加水库蓄水发电、促进农业生产和保护广大人民群众的生命财产安全发挥积极作用。《南宁日报》、《南宁晚报》、《当代生活报》、南宁电视台等媒体多次对市气象局人工增雨防雹作业进行报道。9月，市气象局人工影响天气办公室被自治区人工影响天气办公室授予“2010年度人工影响天气工作先进集体”。

【重大活动气象保障服务】 2011年“两会一节”期间，市气象局为“两会一节”指挥中心提供专题气象服务材料23份,发布手机短信3条、810人次。4月1日~3日,市气象局指导武鸣县气象局开展“三月三歌圩”专项气象服务,为歌圩节提供全程气象服务保障。8月16日~17日,第一届茉莉花节在“中国茉莉之乡”横县举行,横县气象局开展气象服务。9月29日,邕宁区气象局为邕宁区八音艺术节开幕式提供预报服务。

【现代气象业务体系建设】 2011年,市气象局推进南宁市现代气象业务体系建设。市政府拨款200万元建设农村气象综合信息电子显示屏服务系统,年内安装150块,2012年将增加100块,完成一期农村气象综合信息电子显示屏服务系统建设。完成总投资120万的市、县可视会商系统建设,实现市、县气象局之间的双流远程会商。大明山气象监测站由中国气象局投资298万元、南宁市投资170万元,主体土建工程正在施工中。南宁市人工影响天气基地(炮库)项目经市发改委审查批复,总投资607.21万元,已完成选址等前期工作。与市科技局合作,利用气象局现有场所进行气象科普能力示范性建设,科普园第一期建设获科技局重大专项经费200万元。市政府批复同意建设南宁气象天文科普馆,科普馆建设的内容、形式、规模、标准等调研基本结束,市发改委已同意立项。

【气象科普宣传】 2011年,市气象局通过“3·23”气象日、“5·12”防灾减灾宣传日、全国科技活动周、十月科普大行动等形式,开展气象局开放活动12次,参观群众2500人次,发放气象科普资料1.50万份;开展气象科普进学校、进社区、进农村、进工厂、进农户活动。与星湖小学合作开展气象科普进校园活动,到新竹小区举办气象科普进社区活动,参加武鸣县锣圩镇锣圩街科技、文化、卫生“三下乡”活动。在县(区)开展气象科普宣讲大行动千场报告会,市、县(区)两级举办气象科普报告会49场;通过发放气象科普资料、播放气象科普影片、专家讲解、报告会和现场参观等各种方式,向广大市民普及气象科普知识。年内,市气象局获南宁市青少年科技教育基地、广西青少年科技教育基地授牌;有1人获全国科技活动周广西科技活动先进个人。

【气象灾害预警应急预案】 2011年,市政府组织召开全市气象工作会议,对全市气象工作进行全面部署,出台《南宁市重大气象灾害预警应急预案》。南宁市逐步建立、完善政府主导、部门联动、社会参与气象灾害防御机制,公共服务不断加强,地方财政支持逐步增加。各县(区)积极推动气象灾害防御体系建设,在当地气象局成立气象灾害应急指挥部并纳入政府应急管理体系。各县(区)编制上报《重大气象灾害预警应急预案》,其中横县、宾阳县预案列为县政府应急专项预案。

【气象科技合作与开发】 2011年,市气象局与市发改委等部门对接,气象应急移动监测系统、市气象应急科普基地建设、市应急信息广播发布平台等项目列入《南宁市突发事件应急体系建设“十二五”规划》。与市科技局合作,共建市天文气象科普园;与市国土资源局合作,汛期前市国土资源局、气象局、水文水资源局联合召开地质灾害预警工作联席会;与市国土局联合开发气象地质灾害预警平台,市国土局2011年部门预算100万元,用于预警系统一期开发;与市委组织部联合下文,在全市党员远程教育网基础上,结合气象综合电子显示屏项目,建设气象信息服务站25个;与市农业局联合召开农业气象服务工作联席会,就加强业务、科研、灾害预警防御工作等方面进行合作;参与市防汛办《南宁市水库蓄水防洪调度决策支持系统》方案设计;与教育部门合作,为83所中小学校舍建设防雷安全设施。 (江 雪)

水文工作

【概 况】 2011年,南宁市水文水资源局(市水环境监测中心)设综合科(人事教育科)、计划财务科、建设管理科、水情科、站网监测科(水资源评价科)、水质监测科,辖南宁、武鸣、上林、隆安、邹圩、镇龙、露圩等水文(位)站7个,雨量站128个,水质监测站4个,泥沙站3个,蒸发站6个;在编人员70人,其中高级工程师6人、工程师20人。1月1日,横县水位台设施设备正式投入使用。4月1日,广西水文水资源南宁分局(南宁水环境监测中心)正式更名为南宁市水文水资源局(南宁市水环境监测中心)。8月,宾阳县中小河流洪水易发区的新白石、炒豆、河渚、龙龚4个监测站点建成投入使用;25日,从南宁市水文水资源局分离出去的崇左市水文水资源局(崇左市水环境监测中心)成立。市水文水资源局成立水文应急测报小分队,完成水文测验、水文情报预报、水质监测、水文资料整编及水毁工程的修复,在自治区水文系统年度综合评比中获优秀奖。

【水文测验】 2011年,市水文水资源局立足于防大汛、抗大灾,开展汛前准备,为确保在汛期顺利开展水文测报打下基础;按照有关规范开展水位、流量、泥沙、降雨等项目的测验,做到“四随”(随测算、随发报、随整理、随分析)。计划新建、改建中小河流水文监测水位站11个,完成新建水文站4个,新建102个雨量站前期准备工作。配合自治区水文水资源局开展南宁市河湖普查,向市水利普查办报送辖区内河湖名录及相关图表,并与南宁市、六县六城区水利普查办召开河湖普查工作协调会。开展广西(省)界、南宁市界水资源水质、水量同步监测,为当地各级政府实施最严格水资源管理决策提供了有力的科学依据。1月~4月,市水文水资源局派出骨干力量先后到隆安县丁当镇、西乡塘区坛洛镇、龙头镇进行取样监测,结合自动遥测数据进行分析,为当地政府抗旱救灾决策提供科学依据。

【水文资料整编】 2011年,市水文水资源局完成2010年度水文资料整编,计有水位资料19站年、流量资料15站年、泥沙资料6站年、降雨量资料88站年、水温资料8站年、蒸发量资料11站年、岸温资料6站年,向自治区水文水资源局提交完整的水文资料成果,资料质量为优良等级。完成2010年度水资源公(简)报资料统计、上报。

【水文情报预报服务】 2011年,市水文水资源局辖区内各江河洪水均较小,大部分洪水均在高洪水位级以下。各监测站的水情电报大部分是通过遥测和电话语音、网络报汛系统进行自动转发,减少值班人员抄报再录入上网的中间环节,提高信息传输速度,能在15分钟之内传到自治区水文水资源局,收、发水雨情报61.12万份(包括大中型水库、电站的转发报文)。5月10日~10月15日,越南通过互联网向市水文水资源局拍发谅山、高平水文站的水、雨情报,全年收到越方水文情报902份。汛期内市水文水资源局辖区内各江河共发生需要发布预报的洪水10次，为有关防汛指挥部门发布预报21次，平均预报精确度85.40%。

【水质监测调查】 2011年，南宁水环境监测中心完成对左江、右江、邕江河段全年水质常规监测，完成南宁市水源地水质监测和国际河流入境水体水质监测，共布设断面19个。每月末与市水利局在《南宁晚报》共同发布《南宁市供水水源地水资源质量公报》。每两个月发布一期《水质通报》。完成2010年度水质资料整编；开展取水许可水质检测；配合南宁市、崇左市有关部门做好农村饮水安全规划调查工作。做好南宁市、崇左市饮用水源地水质自动监测站点的维护，保证水质信息不中断。受南宁市、崇左市水利局的委托，组织编制两市的《水功能区划分报告》，开展跨市河流交界断面的水质、水量监测和成果上报。 （黄召生）

防震减灾

【概　况】 2011年，南宁市地震局推进科技监测、震害防御、应急救援体系和科技创新体系建设，加强社会管理和公共服务职能，防震减灾事业取得突破性进展。获2010年度广西地市防震减灾工作综合评比一等奖，首府南宁创建国家卫生城市先进单位，2010年度南宁市政府系统政务信息工作先进单位进步奖。

【监测预报】 2011年，市地震局完成仙湖、大王滩、大龙湖等3个大型水库地震遥测台勘察、选址和筹建，总投资120万元；分别对南宁市微观地震遥测地震台网、南宁市地震监测信息中心、地震前兆微观观测台站、地震前兆宏观观测点（蛇类）、地震灾情速报网等软硬件设施进行建设、维护和更新，总投资130.45万元；远程视频观测动物异常项目通过立项，并完成初步设计、选址，总投资195.11万元。地震监测中心7个测震子台年平均运行率97%以上。加强对六县六城区“三网一员”（防震减灾知识宣传网、地震宏观观测网、地震灾情速报网和防震减灾助理员）建设的指导，分别在5月、9月举办宏观观测员培训班，县（区）每个宏观观测点有挂牌、有记录、有观测对象。10月，召开南宁及邻区2012年度地震趋势会商会，形成的《二〇一二年度广西及邻近地区地震趋势研究报告》获广西地震系统震情会商评比二等奖，为地级市首次在该评比中获奖。在广西地震台（站）观测质量评比中，南宁九塘水位、水温观测项目获一等奖，测震台网获二等奖。

【抗震设防】 2011年，市地震局强化建设工程项目地震安全性评价、地震行政许可审批的管理和监督，全市地震安全性评价项目95个，办理“建设工程抗震设防要求的确定”行政审批516项，其中学校、医院等人员密集场所项目的地震行政审批均按高于当地抗震设防的要求。5月，完成《南宁市建设工程地震安全性评价管理规定（修订）》草案上报。每月组织检查组到县（区）开展抗震设防实地检查，根据2010年自治区行政许可项目清理结果，对涉及市地震局的地震行政许可项目进行清理，规范学校、医院审批要求等相关管理制度。开展五象新区核心区地震小区划前期工作，完成《南宁市五象新区地震小区划技术方案及经费预算》，落实经费250万元。

【宣传教育】 2011年，防震减灾知识讲座列入南宁市2011年领导干部教育培训班、中青年干部培训班课程，市地震局对100多名来自全市各单位、部门的领导干部和中青年干部进行防震减灾知识普及教育；与市教育局联合在1100多所中小学校、幼儿园举行地震应急知识讲座，开展地震应急疏散演习，参与师生40多万人。先后组织宣传小组到武鸣县民族中学、市十四中、市一中等开展防震减灾知识宣传活动，到江南区五一中路、圣展酒店等社区、企业宣传普及地震科普和应急避险自救互救知识；参与在江南银兴广场举行的2011年中国—东盟青少年科普教育交流一条街暨全国科技活动周南宁市广场科普活动启动仪式和武鸣县锣圩镇锣圩街举办的南宁市科技、卫生、文化“三下乡”活动，在南湖广场举行南宁市南湖应急避难场所竣工仪式暨纪念“5·12”防震减灾科普宣传活动，把防震减灾知识送到学校、机关、乡村、街道、社区、企业。

【应急救援】 2011年，市地震局加强应急预案体系建设，指导单位修订地震应急预案63个，建立健全全市防震应急预案体系。结合安全生产月、“三下乡”活动，在学校、机关、企业、社区普遍开展地震应急演练。与市教育局联合在市沛鸿民族中学开展地震应急演练；指导市房产物业管理处在新阳南一区开展包含防震避险、医疗救护、现场自救三项内容的综合防震疏散演练；分别在市地震监测中心、花花大世界开展内部地震应急演练2次，逐步实现应急演练常态化。5月9日，投资400万元、面积36公顷、可容纳24万人的南宁南湖应急避难场所全面竣工投入使用。9月23日，在南湖公园管理处举行移交仪式，顺利将应急避难场所移交南湖公园管理。各县（区）都已把应急

9月23日，南湖公园应急避难场所管理权属交接仪式举行　　蒙泳杉提供

避难场所建设列入中长期规划。横县县城应急避难场所规划通过政府审定。

【市地震监测中心筹建】 2011年，市地震局成立筹建工作领导小组，制定工作方案，把地震监测中心的筹建工作列入《2011年南宁市防震减灾工作方案》，作为绩效考评的重要内容。经过公开招聘、民主推荐、集体讨论确定中心主任人选；通过公开考试、考核聘任两名专业技术人员。完成占地面积0.69公顷、总投资1600多万元防震减灾中心项目（包括市地震信息监测中心、防震减灾应急指挥中心）的征地、场地地震安全性评价、初步设计，克服通水、通电、通路及土方等建设中的各种困难，6月份已全面开工。市政府同意将防震减灾中心多征的0.30公顷土地用于建设地震监测中心、应急指挥中心、科普教育基地配套设施建设用地。

【防震减灾"十二五"规划】 2011年12月3日，市政府办公厅印发《关于印发南宁市防震减灾第十二个五年规划的通知》，规划涉及总投资1600多万元的防震减灾中心建设；分别可容纳30万人、10万人的五象新区、县(区)地震应急避难场所建设；仙葫经济开发区、五象新区、相思湖新区、东沟岭片区、良庆经济开发区等共2.50万公顷的地震小区规划建设；大型水库测震监测网络、强震地震动参数监测台网和烈度速报台网、计算机通讯网络、地震前兆信息监测网络、地震群测群防网络等五个系统的立体监测体系建设；地震灾情监测评估系统、地震灾害协同响应系统、地震紧急救援系统、地震应急指挥中心技术系统集成数据库等建设；农村民居地震安全示范工程等。

（覃世荣　蒙泳杉）

社会科学

社会科学研究

【概　况】 2011年，南宁市社会科学院设办公室、经济发展研究所、社会发展研究所、城市发展研究所、农村发展研究所、东盟研究所、科研管理所、《创新》杂志编辑部等8个所(部、室)。编制44名，在职人员37人。其中：高级专业技术职务任职资格12人，中级19人；博士6人，在读博士研究生3人，硕士8人。围绕市委、市政府工作大局，开展社会科学研究，本着立足南宁、研究南宁、服务南宁的方针，创新和发挥智库功能，致力于课题研究、编书办刊、理论宣传、学术交流等。

【课题研究】 2011年，市社科院以课题研究为中心，以应用对策研究为主线，组织开展社科重大课题、社科重点课题、部门委托课题"三类课题"研究，不断提高科研成果质量，增强智库核心竞争力。

重大重点课题研究　2011年，市社科院完成《邕江大学改革与发展战略研究》、《加快南宁市保税物流中心向综合保税区过渡对策研究》、《南宁市支柱产业选择及培育研究》、《完善南宁市公共财政体系问题研究》、《南宁市发展环境建设对策研究》、《南宁市发展农村公共事业对策研究》、《南宁市"十二五"文化发展规划》、《南宁市农业发展总体规划》等重点课题研究8个，并通过专家评审。组织精干力量开展联合攻关，在广泛、深入调研的基础上，完成2010年度市社科重大课题《南宁市应对中国—东盟自由贸易区建成战略研究》、《南宁市加快转变经济发展方式战略研究》研究，并通过专家评审。

重大重点课题立项研究　年初，市社科院在广泛征求意见的基础上，拟定2011年度市社科重大、重点课题选题及研究方案，报市政府审定。7月，市政府常务会议审议通过课题选题，其中重大课题2个，分别是《南宁市社会管理创新问题研究》和《南宁市城中村改造问题研究》；重点课题8个，分别是《南宁市统筹城乡发展中建设用地机制创新研究》、《南宁市产业投资公司在工业产业发展中的作用问题研究》、《南宁市文化产业发展研究》、《南宁市城市生活垃圾分类处理问题研究》、《南宁市在深化中国与东盟农业合作中的对策研究》、《南宁市文化体制改革问题研究》、《南宁市学前教育改革与创新研究》、《南宁市哲学社会科学发展"十二五"规划》。12月，完成重点课题研究8个。

省部级课题、承接横向课题研究　2011年，市社科院鼓励科研人员申报国家、自治区社科研究课题，承接各相关部门课题。年内，市社科院申报省部级课题并获准立项3个，分别为2011年度中国法学会法学研究课题《城市社会弱势群体支持制度建设研究》、广西哲学社会科学"十二五"规划2011年度项目课题《广西优先发展生产性服务业对策研究》、自治区软科学课题《新一轮西部大开发背景下广西科技能力建设对策研究》。承接各县(区)、部门委托的课题，包括《南宁市(2010~2020年）中长期人才发展规划纲要》、《南宁市"十二五"人才发展规划》、《南宁市投融资体制创新研究》、《南宁市工业发展要素保障研究》、《南宁市"十二五"农村基础设施建设规划》、《南宁市艾滋病防治科学研究与预防控制规划(2011~2015)》等横向课题10多个。这些课题大多数均通过专家评审，部分成果所提出的决策建议被有关部门采纳并写入南宁市"十二五"发展规划。

【编书办刊】

《创新》　2011年，市社科院《创新》杂志编辑部编辑出版《创新》杂志6期，增刊1期，编发文章200多篇，约180万字。文章作者为博士、副教授以上职称124篇，占总数69%；基金项目支持文章41篇，占22.80%，其中，国家级基金项目11篇，省级基金项目25篇，比上年有较大增长。《创新》杂志抓住建党90周年、"十二五"开局之年两大机遇，开辟两期"党的建设"专栏和"广西北部湾经济区转变经济发展方式研究"专栏，取得较好的社会效益。

《南宁蓝皮书》　1月，市社科院完成《2011年南宁蓝皮书》(经济卷、社会卷)编辑、出版，两卷收纳文章60篇，65万字。在2011年南宁市人大、政协"两会"上，蓝皮书作为会议材料供与会代表、委员参阅。12月，完成《2012年南宁蓝皮书》(经济卷、社会卷)的编辑，两卷收纳文章59篇，90万字。

《历史文化丛书》(第二辑)　继出版《南宁历史文化丛书》(第一辑）之后，市社科院策划编纂《南宁历史文化丛书》(第二辑)，2010年3月，市政府同意立项。2011年12月，该丛书第二辑出版，包括《红色绿城》、《乡韵土风》、《绣衣织锦》、《世态人情》、《岁时节令》5本。

《领导参阅》 年内，市社科院社科研究人员在充分调研的基础上，研究南宁经济社会发展中的热点、难点问题，为领导决策提供参考。编印《领导参阅》10期，将相关科研成果报送市领导，市领导批示1期。

【理论宣传】 2011年，市社科院发挥全市重要理论研究基地作用，组织科研人员围绕全市中心工作撰写理论文章，开展理论研究和理论宣传。科研人员在《广西日报》和《南宁日报》等报刊上公开发表理论文章60多篇。市社科院专家学者先后就南宁市经济社会发展中的热点问题接受各级新闻媒体采访50多次；派出领导、专家到各单位开展理论宣讲活动20场次。

【学术交流】 2011年，市社科院组织科研人员参加省、部级单位主办的学术交流和研讨会20多次，主要有：由国家发展和改革委员会、自治区政府、人民日报社等13家单位联合主办的第六届泛北部湾经济合作论坛、中国东南亚研究会第八届年会、中国—东盟自由贸易区论坛；中国社会科学院国际研究学部与广西社会科学院联合举办的第四届中国—东盟智库战略对话论坛等。

【南宁市经济发展与法治建设研究会成立】 2011年，经市法学会、市民政部门批准，市社科院发起成立南宁市经济发展与法治建设研究会。10月18日，召开成立大会，审议通过《南宁市经济发展与法治建设研究会章程》；选举产生研究会第一届理事会理事39名、常务理事17名，选举市社会科学院党组成员、副院长余光辉博士为研究会第一届会长，广西财经学院法学院院长雷裕春教授、广西大学林沛文博士、市社科院科研人员周青为副会长。会员80多人。 （王 瑶）

10月18日，南宁市经济发展与法治建设研究会成立大会召开 市社科院提供

地方志工作

【概 况】 2011年，南宁市人民政府地方志编纂办公室增强开放创新意识，创新工作思路，服务市委、市政府的中心工作，做好地方志工作的组织、指导、督查和落实。稳步推进第二轮《南宁市志》（1991~2005）编修，制定《南宁市县（区）地方志工作督查实施办法》，出版《南宁年鉴》（2011），出版《邕宁县志》、《邕宁一览》，做好《南宁历史人物》、《南宁新百年图录》（2001~2005）、《南宁地情手册·2012》等地情书的编纂和南宁地情网的筹建；拓展社会读志用志渠道，将《南宁年鉴》（2011）精装版光盘免费赠予中国—东盟博览会与会嘉宾，并免费赠送自治区、南宁市四家班子领导和各撰稿单位，将电子文本上传南宁政务信息网；接待来访查寻地方志资料的社会各界人士40多批次。参与市轻轨一号线站名的命名、《邕城文典》项目的审定、广西人民英雄纪念碑浮雕评审。为中共广西二大旧址、雷经天故居、雷沛鸿故居等文物保护单位保护与开发，拟建吕仁雕像，“邕”字钱币雕塑调研及沙牛坡疑似抗战将士墓碑群考证等提供市情咨询和资料。良庆区政府首次将地方志编纂工作列入政府部门年度绩效考评范围，并进行督查。《隆安县志》（1986~2006）公开出版发行，成为南宁市第二轮修志出版的首部县志；完成对《武鸣县志》（1991~2005）的复审。加强地方志人才队伍建设，6月下旬，委托国内最早设置地方志专业的宁波大学举办一期地方志业务培训班，系统地学习地方志编纂知识，县（区）、市属承编单位参加培训50多人。引导和推动方志理论研究与创新，11月，向全市征集地方志工作理论研究论文25篇，其中市本级16篇、县（区）9篇。年内，市地方志办公室获“2009~2011年广西地方志系统先进集体”；《南宁年鉴》（2010）获第五届全国年鉴编校质量检查评比一等奖；《南宁年鉴》（2011）获第七次广西地方志优秀成果一等奖，《南宁百科全书》获二等奖、《（明·清）南宁府志》获三等奖。

【《南宁年鉴》（2011）出版】 《南宁年鉴》（2011）是由市政府主办、市地方志办公室主持编纂，市各有关部门及驻邕有关单位依法共同参与编纂的大型资料性文献。为大16开精装本，全面系统地记录2010年南宁市经济和社会发展基本情况，汇集年度南宁市自然、政治、经济、文化、科技、社会等领域的各类信息，分为综合情况、动态信息、辅助资料三大部分。全书约190万字，设类目39个、统计图表65个，随文配图509幅。重点设置“两会一节”、南宁与东盟等凸显南宁地方特色与年度特点的类目，并增设城市特征、城市数字、中国—东盟自由贸易区建成庆祝仪式、南宁·中国水城建设、南宁孔庙迁建落成、中越青年大联欢活动、“四个年”主题活动等彩页专版，全面展现南宁在加快建设区域性国际城市和广西“首善之区”所取得的新成就。2010年12月，开始启动；2011年4月，编纂书稿；8月完成书稿编辑校对；10月，广西人民出版社公开出版发行。年内，获第七次广西地方志优秀成果一等奖。

【《南宁市志》编修】 2011年，市地方志办公室继续推进《南宁市志》(1991~2005)编修，年初，完成《南宁市志》(1991~2005)36个专志三级评审。4月，召开专志评审意见交流会，稿件返回承编单位进行资料补充和修改。至年末，各承编单位基本完成稿件修改和资料补充。

【《邕宁县志》、《邕宁一览》出版】 2011年5月，南宁古籍文化丛书之《邕宁一览》、《邕宁县志》由广西人民出版社出版发行。两书采用影印还原法，编辑整理、校斟后出版。《邕宁一览》是民国二十四年(1935年)由邕宁县政府编纂出版，记述民国时期邕宁县自然与社会情况的资料性文献，前置目录、插图、序，正文有沿革、地理、人民生活状况、政治、民团、经济、文化，后置跋等，共24.63印张，374页。《邕宁县志》是民国二十六年(1937年)由莫炳奎编纂出版(一套三本)，记述民国时期邕宁县自然与社会各方面情况的资料性文献。全书设四十四卷，前置序、凡例、目录，正文有地理、建置、职官、食货、学校、选举、武备、交通、兵事、人物、社会、艺文、古迹、祠祀等，共106.88印张，1694页。

【南宁地情网建设】 2011年，市地方志办公室为充分发挥地方志资政、存史、教化、服务作用，进一步扩大社会读志用志范围，使地方志资源更好地为经济建设服务，为市委、市政府中心工作和市民服务，筹建南宁地情网。网站建设以地方志资源为基础，首页包括南宁市志、县(区)志、部门(行业)志、南宁年鉴、县(区)年鉴、古籍旧志、地情文献、业务园地、方志馆、机关建设等栏目；首页页面集中展示志鉴动态、南宁概貌、南宁之最、名胜古迹、街巷故事、方志视频、政务公开等涉及方志成果、民俗风情、民生服务等板块，并搭建志鉴编纂、地情资料征集平台和办公OA系统，实现地方志、地情资源征集、整理、编纂、管理一站式运行，志鉴编纂平台在自治区地方志系统属首创。

【地情书籍编纂】 2011年，市地方志办公室做好《南宁历史人物》、《南宁新百年图录》、《南宁地情手册·2012》编纂。完成《南宁历史人物》全书30多万字的编辑加工、插图、分纂、总纂、校对，12月23日，召开专家评审会。《南宁新百年图录》(2001~2005)全书17章，完成编辑10章，定稿出样5章，并邀请专家篆刻书眉印章。编纂《南宁地情手册·2012》，在服务大众基础上，重点为南宁市“两会”代表、委员资政、议政提供地情参考，加大地方志工作为市委、市政府中心工作服务力度。11月启动该书编纂，2012年2月初出版。 (黄小真)

【《隆安县志》(1986~2006)出版发行】 2011年10月30日，新编《隆安县志》(1986~2006)由广西人民出版社出版发行，成为南宁市六县二轮修志最先出版发行的县志。《隆安县志》(1986~2006)为续修的志书，记述时间上限为1986年，下限为2006年，个别事物适当上溯或下延。正文设23篇85章402节。正文前设概述、大事记，后设附录。照片采取彩页与插图两种形式，有彩页22页。全书150万字。由广西民族印刷厂承印，印制2500册(配光盘版)，每册定价260元。志书全面系统地记述1986年~2006年隆安县自然、政治、经济、文化、社会的历史与现状，体例完备，内容丰富，资料翔实，结构合理，时代特色和地方特色鲜明，文风质朴，图文并茂。12月，获第七次广西地方志优秀成果三等奖。 (黄永清)

党史资料征集出版与研究

【概　况】 2011年，市机构编制委员会批准市委党史研究室增设党史宣传教育科。设秘书科、征研一科、征研二科、党史宣传教育科，编制16名。编纂《中国共产党南宁历史》(第二卷)，《中共南宁历史图解》、《南宁市大事记》(2009年)、《南宁市大事记》(2010年)、《抗日战争时期南宁市人口伤亡和财产损失》、《南宁市革命遗址遗迹》等。此外，搜集社会主义时期党史资料10万余字，征集南宁市大事记资料20万字，图片200余幅。3月7日，全市党史工作会议在南宁召开，各县(区)、市直机关、事业单位、大型企业党委(党组)分管党史工作的领导，县(区)党史部门负责人出席会议。7月20日，市委党史研究室在南宁举办《南宁市大事记》编撰业务培训班，各县(区)、市直机关、事业单位、大型企业党史工作联络员、编撰人员100余人参加；期间，举行《南宁市大事记》(2009年)发行仪式。

【庆祝建党90周年活动】 2011年，市委党史研究室开展庆祝建党90周年系列活动。给全市领导干部发了一封《关于学习中国共产党历史致领导干部的信》；与市创先争优办公室联合印发《关于在创先争优活动中开展中共党史学习教育活动的通知》，并为市领导、市直机关部门负责人及在邕副厅以上离退休老干部订阅《中国共产党历史》(第二卷)，赠送《中国共产党南宁历史》(第一卷)；与市委宣传部、市教育局等部门组织开展纪念中国共产党成立90周年党史知识竞赛和电视演讲活动；与市委组织部、宣传部、市直机关工委等部门开展理论征文，收到论文260篇，评出优秀理论文章40篇；与南宁日报社在《南宁日报》开设纪念文章宣传专栏，共刊登18期；与广西电视台、南宁电视台合作开设地方党史栏目，由广西电视台制作党史专题片5集，由南宁电视台制作党史专题片20集；开展南宁地方党史宣讲活动，先后深入机关、学校宣讲地方党史12场，听众1万多人次。

【党史资料征集与出版】 2011年2月，市委党史研究室出版《南宁市大事记》(2009年)，32万字，配图260余幅。12月，出版《南宁市大事记》(2010年)，35万字，配图250余幅。12月，出版《中共南宁历史图解》，该书按新民主主义时期中共南宁组织产生、发展，分为五四运动时期、大革命时期、土地革命战争时期、抗日战争时期、解放战争时期，记载组织沿革、重大历史事件、重要会议等，用党史人物、革命遗址老照片和表格等形式，方便读者能直观、快速阅读。全书收录老照片150余幅，78名党史人物简介。

【县(区)党史成果】 2011年，武鸣县史志办公室出版《中国共产党武鸣县历史》(第一卷)，23万字；出版《武鸣历史人物》，收录历史人物27名，20万字。隆安县党史研究室出版《中国共产党隆安县历史》(1921~2010)，68万字。4月，武鸣县史志办公室在县委党校建立中共武鸣县历史教育室；6月，宾阳县党史研究室在县委党校建立中共宾阳县历史教育室，党史教育室以图文并茂的方式，提供党史、党性教育平台。 (廖运山)

责任编辑　黄必信

综 述

【概 况】 2011年，南宁市有专业艺术表演团体8个，其中，市属2个，县（区）级6个。市艺术创作研究所1个，市公共图书馆14个，其中市属馆2个，县（区）馆12个，总藏书量240万册。市级群众艺术馆1个，县（区）文化馆12个，辖区内社区文化活动室288家，辖区内村文化室815家，村级公共服务中心121个。市博物馆1个，孔庙管理所1个，县（区）文物管理所7个。市文物保护单位193个，其中国家级文物保护单位3个，省级文物保护单位22个，市县级文物保护单位168个。全市有文化经营单位1175家，其中艺术类表演团体11家，网吧800家，娱乐场所364家。市文化新闻出版局作为全市文化新闻出版行业管理部门，局机关内设办公室、艺术科、社会文化科、文化产业科、非物质文化遗产科、文物科、市场管理科（南宁市"扫黄打非"工作小组办公室）、新闻出版科、印刷发行科、政策法规科、人事教育科、机关党委办公室、纪检监察室13个科室，机关行政编制43名，后勤服务人员4名。有11个局属二层机构，其中全额拨款的公益性事业单位7个：市文化市场综合执法支队（参公事业单位）、市图书馆、市群众艺术馆、市少儿图书馆、市博物馆、市艺术创作研究所、南宁孔庙管理所；差额拨款事业单位2个：市艺术剧院、市粤剧团（市邕剧团）；自收自支的事业单位2个：南宁书画院、市文化活动中心。总人数550多人，其中，在编人员460人，聘用人员100人。年内，市文化新闻出版局获全市创建全国文明城先进单位、创建全国卫生城先进单位、第六届广西音乐舞蹈比赛优秀组织奖、2010年度安全生产目标管理先进单位，市"扫黄打非"工作小组办公室获2011年广西"扫黄打非"先进集体，大型粤剧《海棠亭》获第十二届中国戏剧节中摘得优秀剧目奖。

【文化惠民工程】 2011年，南宁市为民办实事项目完成村级公共服务中心建设63个，累计完成121个；"送百戏下乡"完成演出102场，完成任务100%，观众10.36万人次；"扶持百个村屯文艺队"活动，演出3333场，完成任务119%。

【重大文化项目建设】 2011年1月，南宁市基本完成孔庙迁建主体工程建设，并完善停车场、公厕、绿化、亮化等基础设施建设，举行迁建落成仪式暨祭孔大典，孔庙以全新的面貌对公众开放。协调解决南宁博物馆、市民族艺术基地项目用地等问题；完成市图书馆、市群众艺术馆两个项目的立项和推进广西文化艺术中心项目开展规划建筑设计方案的征集、评审、报批等前期工作；组织策划顶蛳山遗址博物馆文化产业园、中国—东盟儒学文化产业园建设方案；配合、参与协调推进广西铜鼓博物馆、广西美术馆、广西文化产业城等自治区重大项目建设。制定《广西文化产业城项目建设手续办理流程》、《梅帅元实景演艺创艺基地建设手续办理流程》，推进广西文化产业城各子项目建设前期工作。重点文化基础项目完成投资1.45亿元，比上年增长203%。

【重大文化活动】 2011年1月10日，中共中央宣传部、中央文明办、中央电视台联合举办以热爱伟大祖国，促进民族团结，共庆万家团圆，欢度新春佳节为主题的《我们的节日·春节》"激情广场"专题歌会活动，在南宁市制作第一期节目。市艺术剧院编排舞蹈节目并参与演出。1月30日，南宁孔庙迁建落成仪式暨祭孔大典在市青环路南宁孔庙新址举行。邀请驻邕武警部队百人威风锣鼓队和市天桃小学百名小学生参加仪式表演，自治区、市有关领导，关心南宁孔庙建设的历任市领导，越南、柬埔寨、泰国、缅甸、老挝驻南宁领事馆总领事（副总领事）、孔学知名专家学者、孔子后裔代表及各界人士1000多人参加仪式和祭孔大典活动。"七一"期间举办庆祝建党90周年系列活动，组织和指导各县（区）、市直各单位开展经典红歌合唱大赛；组织策划庆祝中国共产党成立90周年"绿城党旗红"颁奖仪式暨文艺晚会；推出庆祝中国共产党成立90周年的精品献礼剧目粤剧《江姐》。5月~10月，举行2011年南宁国际民歌艺术节系列文化活动，主要包括"大地飞歌·2011"民歌大赛、"大地飞歌·2011"开幕晚会、绿城歌台群众文化活动、外国艺术家专场演出等5项文化活动。历时5个月的民歌大赛作为2011南宁国际民歌艺术节的创新之举，在广西14个地级市进行海选，1万多人参加海选；10月21日晚在广西体育中心举行的"大地飞歌·2011"开幕晚会以"水"为主题，运用目前亚洲最大的1800平方米LED屏幕，众多明星精彩演出；22日晚，外国艺术家专场演出在南宁人民会场举行，来自五大洲14个国家的艺术团100多名艺术家登台献艺。22日~23日，外国艺术家还到全市各县（区）、社区设置的14个分歌台与当地群众一起演出，展现本国的民俗风情。

【精品文化工程】 2011年，南宁市新编大型剧目——粤剧《海棠亭》首演后，经修改完善再次上演，并在第十二届中国戏剧节获优秀剧目奖，主演黄俊成获优秀表演奖。开展大型民族舞剧《百鸟衣》的创作准备，剧目基本完成文学剧本的创作，计划2012年进行首演。由市艺术剧院青年编导创编的壮族女子群舞《妮娅》获第八届中国舞蹈"荷花奖"民族民间舞大赛编导铜奖;小品《旅店夜话》获第八届CCTV小品大赛入围奖;双人舞《又见刘三姐》获第六届广西音乐舞蹈比赛舞蹈创作一等奖;青年歌唱演员廖鸿飞获第六届广西音乐舞蹈大赛声乐演唱一等奖。市艺术剧院青年歌手廖鸿飞、何梦苓、方妮、黄莹竞相亮相全国民族题材新歌演唱会。年内,全市文化艺术精品获国家级奖项4个,自治区级奖项24个。全面完成春节期间各类团拜会和送戏下乡等演出任务,并做好中国农业发展银行全国分行行长会议、"首届网络问政与舆情监测高峰论坛"期间的接待演出。

【公共文化服务体系建设】 2011年,南宁市以乡村社区和谐文艺大展演为开端,先后举办"绿城之春"——2011年首府南宁新年广场音乐会、新年元宵大型舞会、《我们的节日·春节》"激情广场"专题歌会等春节系列活动及"华联杯"南宁市青春艺术大赛、夕阳秀艺术大赛、社区文化艺术节等群众文化活动1万多场,近100万人参加。2011年南宁市农民工文化艺术节期间,组织进工地文艺演出12场,放电影20场,同时开展送书、送医疗服务等活动,近3万农民工受益。残疾人艺术团在市群众艺术馆举行南宁市残疾人文艺培训基地挂牌仪式,开展第二十一次"全国助残日"活动、"特殊艺术走进校园"文艺演出活动,与市残疾联联合组织开展第二届人国残疾人文化周活动。市群众艺术馆、市少儿图书馆、市图书馆免费开放,并举办各类公共文化服务活动。"三馆"建成后,所有服务项目对市民免费开放。同时,各馆以争创全国文明城市为动力,以迎接全国第三次文化馆评估定级为目标,开展送图书进校园、举办"我阅读我快乐"等系列活动。

【文化遗产保护】 2011年1月,南宁市开展孔庙馆藏文物征集,做好南宁博物馆项目陈列内容设计方案。基本完成南宁商会旧址、那莲戏台、北帝庙的维修工程,更新及安装标志牌、说明牌等各级文保单位共57处(87块)。组织修改完善《顶蛳山遗址保护规划》,加快推进规划报批工作;完成2011年文物执法证的换发申领;与公安部门初步调查扬美村室外文物(石墩)被盗案件,联合有关部门查处古玩城(唐山西街)南宁丹桂堂艺术品公司非法倒卖文物案件。开展文物调查,对市银雪面粉公司、市味精厂片区等多个旧改项目进行文物调查,同时进行全市工业遗产调查。计划开展文物征集和出版《南宁市工业遗产调查成果图集(第一阶段)》。开展非物质文化遗产项目和传承人的申报,壮族会鼓等11个项目进入国家级非物质文化遗产名录项目预备推荐项目,韦建廷等12人被评为自治区第三批非物质文化遗产项目代表性传承人。举行中国文化遗产日系列活动,邕剧展示中心在市新会书院揭牌并对外开放。

【文化市场监管】 2011年,南宁市文化市场管理力度加大,加强对出版物市场、印刷市场、互联网和手机媒体的监管,完善网络监管平台。全市在网吧技术监管平台注册的网吧840家,在线网吧596家,因不同原因申请停业网吧228家;全市网吧服务器在线率88.49%;有5.53万台计算机安装运行监管软件,安装率74.02%。执法人员通过互联网使用监管技术平台对全市网吧巡查4000多次,网吧技术监管平台自动启动记录、告警和禁止技术措施,有效封堵网吧运行违法游戏或登录违法网站4835次。网吧技术监管平台发出8期每月工作情况通报和每周工作情况通报40期。全市监管平台运行平稳,正常上传网吧信息数据,形成24小时技术监管状态。先后制定《网络文化市场监管软件安装申请及审核流程》、《网络文化市场监管平台管理暂行办法》、《网络文化市场监管平台工作考核标准》、《网络文化市场监管平台操作步骤》和《网络文化市场监管平台监测记录》等规范性管理制度,并按文化厅要求发出网吧监管平台情况通报7期。12318文化市场投诉热线接听来电2000多次,受理举报案件277件,办结277件,办结率100%。其中:受理网吧举报234件,占来电数的84.48%;娱乐场所举报16件,占5.78%;音像制品举报3件,占1.08%;其他文化经营活动举报24件,占8.66%。查办"4.21"制售盗版光盘案件,负责案件审理的青秀区、兴宁区法院作出一审判决,5名被告被判处有期徒刑。查办卢寿杰销售"六合彩"非法出版物案件,当场缴获《码王》、《六合彩大战》、《黄金码》等"六合彩"非法出版物265种、8787册,压塑生肖排码表等卡片4150张;隆安县法院审理并判决,判处卢寿杰有期徒刑3年、缓刑4年,并处罚金8000元。全市各级文化行政执法部门先后开展"春风护苗"净化社会文化环境整治行动、中小学校园及周边环境专项整治行动、净化社会文化环境集中整治行动、开展红色旅游景区及周边出版物市场专项整治行动、建党90周年文化市场专项保障行动、暑期文化市场专项整治行动、中小学教辅材料专项整治行动、打击淫秽色情出版物和有害信息专项行动、"两会一节"文化市场专项督查整治行动等专项行动。出动检查人员5.25万人次,检查演出活动176场次,检查演出、艺术品、游艺娱乐场所、歌舞娱乐场所、网吧、电影发行放映、广播电视地面卫星接收设施、书报刊、音像、印刷复制等经营单位4.51万家次,责令整改违规行为2168家次。受理举报案件987件,立案调查439件、办结419件,罚款122万余元。责令停业整顿21家次,没收赌博游戏机或主板398件、广播电视地面卫星接收设施和专用设备1602套、非法出版物11万余册、非法音像制品和电子出版物64万余张、非法印刷品7539件,吊销《网络文化经营许可证》1家。

【文化产业】 2011年12月,南宁市打造文化产业公共服务平台,建成广西首家文化产业政府门户网站——南宁文化产业信息网。加强与自治区内外知名企业、知名人士交流,组织8家文化企业18个文化项目参加第七届中国(深圳)国际文化产业博览交易会;组织部分文化企业参加南宁市人民政府与印度尼西亚驻华大使馆举办的印尼投资、文化与旅游促进会活动;帮助南宁九金娃娃动漫有限公司通过国家认定(自治区仅2家动漫企业通过认定,广西动漫企业首次跻身全国动漫企业行列)。南宁市平方软件新技术有限责任公司、南宁软件园等11家文化企业和单位分别被命名为自治区动漫游戏骨干企业、自治区动漫试验园区、自治区动漫人才培养基地;组织举办第四届南宁市青少年动漫活动,开展"2011年青少年个人原创FLASH作品竞赛"、"2011年少年儿童创意漫画大赛"、"COSPLAY动漫秀"、"首届动漫配音PK赛"、"2011COSPLAY冬季盛典"等系列动漫活动,加快推进动漫产业发展;参与策划、举办广西首次壮族织锦培训班、民族服饰与壮锦T台走秀活动、2011年第三届"唐人文化旅游节",推进文化产业园区基地建设;探索全市书画艺术事业和产业协同发展新模式,加强与广西美术家协会、广西书法家协会、广西书画院等区、市书画艺术单位和团体的联系、交流，策划中国—东盟书画艺术产业项目建设，构建南宁市书画艺术事业和产业化发展平台。

【对外文化交流】 2011年，南宁市在新加坡、马来西亚、泰国3个国家的8个城市，对长期旅居三国的广西籍华人华侨举办慰问演出7场；市艺术剧院以艺术展演促进文化交流，8月30日，组团赴内蒙古呼和浩特市参加全国少数民族服饰展演活动，在全国艺术的平台上以载歌载舞的形式展现广西民族服饰的华美外观。10月，组织市粤剧团赴澳门演出4场，受到当地戏迷的欢迎。

【文化体制改革】 2011年8月，南宁市市、县(区)两级全面完成文化市场综合执法改革各项任务，进度处于自治区领先地位。通过组建市、县(区)文化市场管理工作领导小组及其办公室，进一步加强各级党委、政府对文化市场综合执法的统一领导；解决市、县(区)两级文化市场综合执法机构的参公事业单位性质、级别规格（市级为副处级、县区为副科级)、全额拨款以及人员编制等问题；调整市、县(区)文化市场综合执法机构业务范围。进一步强化对本行政区域文化、广电、新闻出版等行业实行综合执法力度。特别是各县(区)文化市场综合执法大队全部单列设置，市场稽查队在编人员基本上划归新组建的文化市场综合执法大队，部分县(区)还为文化市场综合执法大队增加人员编制，解决县(区)文化市场稽查队与文化馆、广电站合署办公，工作人员混岗混编的问题。全市文化市场综合执法大队现有人员编制157名，队伍得到进一步充实。年内，举办文化市场综合执法业务培训、新修订《出版管理条例》培训和《音像制品管理条例》等培训班，“扫黄打非”等部门及文化市场综合执法机构培训执法人员500多人次。

（黎彦彤）

群众文化

【概　况】 2011年，南宁市有市级群众艺术馆1个，县级文化馆6个，城区文化广播电视站6个，乡镇文化站100多个。市群艺馆设有办公室、调研部、辅导部、培训部、活动部5部(室)；在职人员54人，其中，高级职称6人，中级职称20人；退休人员53人。开设舞蹈、声乐、钢琴、电子琴、二胡、小提琴、美术7大门类、18个班次的公益性艺术培训班，培训1000人。完成自治区级非物质文化遗产保护工作平台建设项目6个；相继挂牌建立邕剧、南宁老友粉等濒危项目传承基地13个，挂牌成立市残疾人文化培训基地。9月，在文化部办公厅关于开展全国第三次文化馆评估定级活动中，市群艺馆各项指标达到国家文化部要求，第三次被评为国家一级文化馆。

【“展望十二五新蓝图、建设基层和谐文化”新春系列活动】 2011年1月1日，市委宣传部、市文化新闻出版局在朝阳广场举行新年广场音乐会，市领导吕洁、黎四龙到场参与活动，观众2万人。10日，由中央宣传部、中央文明办、中央电视台主办，市委、市政府承办，市群众艺术馆协办的“激情广场”歌会在南宁南湖名树博览园举行。歌会以大拜年的节目形式为主线，以宣传广西文化特色为展演内容。26日起，央视在第三频道播放歌会盛况。2月17日，由市委宣传部、市文化新闻出版局主办，市群众艺术馆等单位承办的市第十四届欢度元宵大型广场舞会在民族宫广场举行，江南区、青秀区、兴宁区和西乡塘区4个城区及市群众艺术馆5个代表队的演员参加演出，观众3000人。

【“华联杯”群众文艺赛事】 2011年，南宁市群众艺术馆与北京华联公司联合举办的“华联杯”群众文化系列赛事。3月16日~4月24日，在北京华联大学路店举行的歌手大赛、舞蹈大赛、青春之星形象大赛等青春艺术大赛共18场，参加选手1000人，观众1万人次。6月，在华联民族宫店举行少年儿童艺术节比赛，内容有卡拉OK、电子琴、器乐、相声故事、模特、舞蹈、美术、书法8个项目，参赛选手2000多名，其中497名选手获奖，观众5000人次。12月25日，在北京华联荣宝华店举行夕阳秀艺术大赛，分舞蹈组、歌手组、综合组三大块，参赛人员1000多人，参赛节目超过1000个，观众3万人次。

【第二届乡村社区文艺大展演】 2011年4月29日，由市委宣传部、市文化新闻出版局主办，南宁群众艺术馆、南宁市建宁水务投资集团有限责任公司、六城区宣传部承办的首府南宁庆五一国际劳动节暨南宁市第二届乡村社区文艺大展演群众文化活动启动仪式，在市民歌湖广场举行。仪式上进行龙狮、舞蹈、杂技表演，主要曲目有《草裙风情》、《猫趣》、《幸福山歌》、《激情西班牙》等。

【庆祝中国共产党成立九十周年合唱比赛】 2011年“七一”前夕，由市委、市政府主办，市委宣传部、市委组织部、市文化新闻出版局联合承办，主题为绿城红歌献给党，有18支参赛代表队进入6月17日在南宁剧场进行的最后总决赛。25日，举行颁奖仪式暨优秀节目展演晚会。晚会为3个篇章进行，分别为《红色记忆》、《壮丽颂歌》、《灿烂前程》。

【第三届广西“魅力北部湾”群众文化活动】 2011年9月24日，由自治区文化厅主办，广西群众艺术馆、南北钦防四市文化新闻出版局承办、四市群众艺术馆协办的第三届广西“魅力北部湾”群众文化活动在南宁市落幕。活动由开幕式、美术书法摄影作品展、群众文化优秀节目展演暨闭幕式组成。

12月2日~5日，2011’华联杯南宁市社区文化艺术节在华联江南店前广场举行
黄琼潜提供

9月24日，第三届广西"魅力北部湾"群众文化活动开幕式在广西民族博物馆举行　　黄琼潜提供

【非物质文化遗产保护】 2011年2月27日，南宁市第一个以实物展示和现场展示相结合的非物质文化遗产专题展示中心——市邕剧展示中心在解放路新会书院揭牌，该展示中心将用于南宁市推广国家级非遗名录邕剧。6月11日，在第六个"中国文化遗产日"上，由市新闻出版局、市群艺馆承办的以依法保护，重在传承为主题的宣传贯彻《中华人民共和国非物质文化遗产法》暨"中国文化遗产日"活动在南湖举行。11月4日~9日，市政府分别组织召开第四批市级非物质文化遗产代表作名录和第三批市级非物质文化遗产代表性传承人专家评审会，有23个申报项目通过第四批市级非物质文化遗产代表作名录的评审，有22位市级代表性传承人通过第三批的评审。11月25日，由市群众艺术馆主办、市图书馆协办并新加坡蔡曙鹏博士主讲的"非物质文化遗产的传承与戏剧的发展和创新"学术讲座在市图书馆多功能厅举行。12月5日~7日，市文化新闻出版局举办非物质文化遗产保护工作专题培训活动，邀请自治区、市相关专家学者授课。

【文化"三下乡"系列活动】 2011年7月，市群众艺术馆在南宁市虎邱村建立虎邱村文化艺术培训活动基地。12月15日，市群众艺术馆、市图书馆及南宁市少儿图书馆共同组织"文化三下乡"(图书、报刊下乡，送戏下乡，电影、电视下乡)活动，到隆安县雁江镇开展为群众送书和文艺演出；市图书馆给雁江镇文化站赠送300多册馆藏图书，并授予文化站"雁江镇图书流通站"的牌匾。

【助残文艺活动】 2011年5月10日，南宁市残疾人文艺培训基地在市群艺馆举行挂牌仪式。随后，南宁点亮文化传播有限公司为"南国之光"残疾人艺术团举行捐赠仪式。7月15日，市残联、市新闻出版局、市群艺馆等单位在青秀区举办主题为特殊艺术，走进社区第二届残疾人文化活动周活动，残疾朋友和社区居民500多人参加活动。　（姚　彧）

专业艺术

【南宁市艺术剧院】

概　况　2011年，南宁市艺术剧院设办公室、人事科、策划部、演出市场部、培训部、舞美工程部、歌舞一团、歌舞二团、话剧团9个部门，在编人员173人，其中正高职称7人、副高职称20人、中级职称92人、初级职称44人、无职称10人。全年演出141场(次)，其中，指令性演出93场，公益性演出22场，商业性演出15场，赴新加坡、马来西亚、泰国、法国、奥地利文化交流演出11场；演出总收入17.47万元，观众人数约26万。

演出活动　1月7日，市委统战部、市工商联、市慈善总会联合主办的"一千个母亲，一千个春天"慈善晚会在市会展中心朱槿花厅举行。1月10日，由中宣部、中央文明办和中央电视台联合举办的《我们的节目·春节》"激情广场"主题歌会在南湖公园广场进行。市领导刘长林、吕洁、卫自光、李秋明出席，现场有3000多名市民参加。1月30日，南宁市孔庙举行迁建落成仪式大典文艺演出。2月23日~3月4日，赴新加坡、马来西亚、泰国参加《充满乡情文艺晚会》演出7场。这是广西海外交流协会、广西侨务办公室、市政府组织的广西文化艺术团对新加坡、马来西亚和泰国部分城市华人进行新春慰问演出，充满浓郁八桂风情的歌舞器乐节目让当地人对广西留下深刻印象。4月29日，参加在唐人街文化广场举行以文化改变生活为主题的第三届南宁唐人文化旅游节演出。5月27日，参加广西电视台庆祝中国共产党成立90周年"与阳光同行"广西组工风采文艺晚会演出。6月20日，参加南宁市电视台庆祝中国共产党成立90周年"绿城党旗红"南宁组工风采文艺晚会演出。自治区党委常委、市委书记车荣福，市政协主席岑可成出席晚会。6月27日，参加南宁电视台庆祝中国共产党90周年诗歌朗诵会"信仰·力量"演出。7月13日，赴法国巴黎费翎舞蹈学校进行艺术交流。7月17日，赴奥地利克拉根福文化交流演出。8月19日、21日，赴马来西亚文化交流演出2场。9月29日，参加在南湖广场大型系列主题《绿色中国行》走进南宁活动的演出。10月21日，参加在广西体育中心进行的《大地飞歌·2011》第13届南宁国际民歌艺术节暨第八届中国—东盟博览会开幕晚会演出。10月22日，参加在市人大会堂举行的第13届南宁国际民歌艺术节"振宁之夜"外国艺术家专题晚会演出。12月31日，参加五象广场2011~2012南宁——欢喜迎龙·嘉年华大型跨年晚会演出。6月、7月、9月、10月、11月分别赴宾阳县、武鸣县、马山县、上林县、横县，兴宁区、青秀区、邕宁区等地实施南宁市2011年为民办实事项目文化惠民工程"送戏进乡村"演出60场。年内，组织文化三下乡演出4场，慰问部队演出2场，广场演出12场。

艺术成果　年内，南宁市文联所属各协会会员在文艺创作上取得丰硕成果。获得省部级以上奖项的作品110部(件)。其中：郑天雄、陈生乐、李武康等的"芭蕉龙舞"获第十届中国民间文艺山花奖舞龙比赛金奖；黄文诚的油画《暖冬》参加法国罗浮宫画展获中国选区金奖；黄浦的国画《一生平安》获全国少数民族百花奖；杨国荫、麦秋圆等的舞蹈《美丽的壮锦》，刘慧、韦娜的舞蹈《我家住漓江边》获第六届"小荷风采"全国舞蹈比赛"小荷新秀"奖；黄俊成获第十二届中国戏剧节优秀表演奖；唐礼武、潘文志的书法作品获全国第十届书法篆刻作品展览优秀提名作品奖；何梦苓、方妮、黄莹演唱的《山上女人》在文化部、国家民委、国家旅游局、内蒙古自治区人民政府共同主办的“中国·呼和浩特少数民族文化旅游艺术节——全国民族题材新歌演唱会”获优秀作品奖。王勇英的儿童文学《“怪同学”系列(三册)》获第六届广西文艺创作铜鼓奖、小说《五巴见到木鬼子》获2011年冰心儿童文学新作奖小说佳作奖;林万里散文集《长路当歌》获第四届广西少数民族文学创作“花山奖”;大型粤剧《海棠亭》获第十二届中国戏剧节优秀剧目奖;施兴娟、郝芸、方宁的小品《旅店夜话》获第六届广西文艺创作铜鼓奖;陆坚、印青的歌曲《感恩》获第六届广西文艺创作铜鼓奖;覃日群的油画《百年风云百年沧桑》获卢浮宫艺术沙龙展银奖;梁春、潘继坦书法作品获“全国第十届书法篆刻作品展览”入展奖;耿国华的摄影作品《聊家常》获全国“卫士之光”影展二等奖;电视剧《忘掉我是谁》获广西广播电视优秀文艺节目评比电视剧类一等奖。出版专著23部。(文联提供)大型综艺晚会《金风送来山水情》风情东南亚·相约在南宁获广西第六届文艺创作铜鼓奖;9月，在广西壮族自治区文化厅组织举办的第六届广西音乐舞蹈比赛中，廖鸿飞获演唱一等奖，方妮获演唱二等奖，韦汶伽获优秀演唱奖;歌曲《恩情》获优秀歌曲创作奖(许谦、华也作词，许谦作曲);歌曲《忆当年》获歌曲创作奖(张能秋作词，姚明作曲);陈旺小提琴独奏获器乐类优秀演奏奖;双人舞《又见刘三姐》获创作一等奖(莫柳明编导)和表演二等奖(莫柳明，覃丽媛表演);群舞《青年·刀》获创作三等奖(吴振家编导)和表演二等奖;群舞《望海谣》获创作三等奖(梁捷、李莹编导)和表演奖;群舞《妮娅》获优秀创作奖(李佳林、梁捷编导)和表演二等奖;群舞《花屐恋》获优秀创作奖(韦小冬、刘艺强、支桂衡编导)和表演奖;群舞《三月情》获优秀创作奖(郭玉华、莫柳明编导)和表演三等奖。11月，群舞《妮娅》获中国舞蹈荷花奖组委会颁发的第八届中国舞蹈“荷花奖”民族民间舞群舞组编导铜奖(李佳林、梁捷编导)。

(韦思私)

【南宁市粤剧团】

概　况　2011年，南宁市粤剧团、邕剧团是市唯一专业戏曲表演艺术团体，设行政科、人事科、艺术科、演员、乐队、舞美队。实行“一套人马、两块牌子”的管理模式。在职人员78人，其中高级职称12人、中级职称29人、初级职称4人。演出105场，观众10万多人次。

艺术成果　9月，市粤剧团、邕剧团在广西文化厅主办的第六届广西音乐舞蹈大赛中，粤剧作品《牧童》、《京汉结义传》、《姑苏行》、《壮乡牧歌》等8个作品全部进入总决赛，获得器乐创作奖2个、器乐类演奏三等奖1个、优秀演奏奖3个。10月，大型历史粤剧《海棠亭》获第十二届中国戏剧节优秀剧目奖，主演黄俊成获优秀表演奖，这是近十年来广西戏剧界参加中国戏剧节获得的最高奖。

演出活动　市粤剧团、邕剧团继续实施文化惠民工程。粤剧团深入各县(区)乡镇演出42场，观众约6万人次。在新会书院开展邕州神韵“天天演”活动，为南宁老百姓定期上演各类粤剧节目。年内，推出儿童剧《三只小猪》在南宁、桂林、玉林、合浦等地售票演出15场。为庆祝中国共产党建党90周年排演，由“梅花奖”获得者梁素梅主演的大型革命历史题材粤剧《江姐》7月1日至5日在南宁剧场上演，社会各界反响热烈。8月，粤剧团派出16位演员赴深圳参加第26届世界大学生运动会开幕式晚会的演出，受到当地观众的欢迎。10月22日~26日，应澳门永乐大戏院的邀请，剧团一行55人到澳门演出，极具南派特色的大型粤剧《此恨绵绵》、《风雨泣萍姬》、《绣襦记》及一场折子戏受到澳门观众的欢迎。

邕剧传承保护　市粤剧团、邕剧团继续组织人员到横县四所学校的非物质文化传承基地做好粤剧、邕剧传承教育工作，还定期到各个传承基地授课。通过教学生们学习粤剧、邕剧的唱腔、基本功等有关知识，使他们进一步了解粤剧、邕剧，并产生兴趣。利用新会书院这个平台开展邕剧展等，进一步完善邕剧的抢救、保护与传承。

(陈晓钰)

【艺术研究】

艺术创作研究所　2011年，艺术创作研究所有在职人员4人，其中，副高职称1人，中级职称3人。3月23日~25日，与来访的泰国曼谷国家人类学中心的宋美博士进行民俗文化学术交流活动，双方前往田阳、百色等地对布洛陀文化进行深入的田野调查。4月26日，艺研所在南宁召开以讴歌“生态宜居之城、中国绿城、中国水城——南宁”为主题的歌词创作笔会，有10多位歌词作者参加，征集到歌词9首，其中，歌词《平安南宁》在《南宁日报》发表;《水城是我家》进入音乐制作阶段。《南宁日报》还对笔会进行专题报道。4月，艺研所副研究员梁肇佐参加国家文化部在武鸣县举办的骆越文化与旅游产业发展高端论坛，在会上交流题为《骆越文化的挖掘与宣传》的论文。多次组织专家学者对南宁市及六县六城区进行非遗现状的田野调研活动，撰写完成论文《南宁非物质文化遗产保护现状和展望》，约2万字，并被收录到《南宁市社会发展蓝皮书》中。

课题研究　艺术创作研究所配合市委、市政府建设南宁民歌博物馆的部署，丰富南宁民歌博物馆的陈列内容，开展《南宁民歌集成》大型编撰课题活动，组织各县(区)有关人员开展《南宁民歌集成》大型歌谣本的编撰。搜集、整理民歌资料约300多万字，分编为壮族卷、汉族卷、瑶族卷三卷本，计划于2012年出版。6月1日，启动《南宁城市民俗调查》课题，组织市内民俗专家开展城市民俗调查活动，从节庆、寿诞婚嫁、娱乐健身、服饰穿戴、民间技艺、特色饮食、宗教禁忌、人生礼仪、传统歌舞等方面对南宁市进行全方位的民俗调查，《南宁日报》对此进行跟踪报道。启动南宁歌圩研究课题，组织课题小组到市内各歌圩点进行田野调查，重点考察武鸣县三月三歌圩、横县云表镇邓圩歌圩等，完成《南宁歌圩研究》初稿约15万字。还联合自治区内外民俗专家到隆安县考察稻作文化，对稻作文化最古老的代表性节日芒那节(即稻神祭)进行田野调查，论证了隆安县是世界稻作文化重要的发源地之一，并对如何开发利用芒那节和打造那文化品牌进行深入的探讨。完成芒那节课题研究初稿约15万字，对芒那节的起源、演变、发展和文化内涵等进行考察、论证，与此相关的研究论文《灿烂的稻作文化　壮族人民智慧的结晶》(作者梁肇佐、雷英章)在《南宁日报》上发表，以大量的田野调查资料为依据来证明隆安县是壮族稻作文明的发源地之一。

创作成果　艺术创作研究所完成以百色起义为时代背景，揭示百色起义领导人韦拔群遇难前后的各种不为人知的内幕的电影剧本《右江锄奸》(三集)，目前该剧正在筹拍中。大型粤剧《海棠亭》、《郁江吹来一缕清新的风》在《广西日报》上发表;评论2011年南宁国际民歌艺术节的《大美邕江奔流入大海》、《掌声响起

来》、《一部书写南宁发展传奇的书——评<从北部湾驶向世界>》分别被《南宁日报》采用;《广西日报》和《南宁日报》分别刊登《万里行走与思索》。3月《壮族知识女性的典范》发表于《左江日报》。

(潘雨茜)

电影放映

【概　况】 2011年，南宁市广播电影电视局按照国家规定的“一村一月放一场电影”的要求,全市1394个行政村放映农村公益电影1.67万场。国家财政对每场电影补贴160元、区财政补贴40元、市政府财政补贴50元。有市属电影企业两家,即南宁民族影业文化娱乐有限责任公司和南宁天恒电影有限责任公司。南宁民族影业文化娱乐有限责任公司获市2009年度~2010年度劳动关系和谐先进单位、沛宁公司2010年度安全生产目标管理先进单位、市属工会2010年度重点工作目标考核一等奖。

【南宁民族影业文化娱乐有限责任公司】 2011年,有员工82人,在岗员工15人,待岗员工67人;专业技术人员29人,其中高级政工师1人、经济师1人、会计师1人、技师3人、助理经济师2人、助理政工师5人;高级工4人,中级工5人,美术员2人,初级工4人,政工员1人。公司设置财务部、党政办公室、经营部、工程技术部、项目开发部5个职能部门，年内回建位于中国——东盟商务区中越路北面的文化规划用地内的新民族影城。

【南宁天恒电影有限责任公司】 2011年,辖星湖影城、江南电影院和相思湖影城3家影院,经营总收入1990万元,比上年增长42.65%;利润658万元。净资产收益率48%,增长378.42%。完成沛宁公司和董事会下达的经济指标任务(沛宁公司下达的经济指标任务:经营收入1449万元,利润0;董事会下达的经济指标任务:经营收入1310万元,利润105万元)。投入资金100万元，对3家影院进行增厅改造以及数字放映设备的更新升级。相思湖综合楼项目完成封顶，预计2012年底完成外立墙及内部的装修工程。星湖影城综合楼项目进行联合改造开发。江南电影院综合楼项目完成规划总平审批手续,拟参照市政府旧城改造的方式进行。

【影院经营】 2011年，南宁天恒电影有限责任公司对数字电影放映设备进行升级改造,增加2K数字放映机7套,其中2套为全新一代最先进大功率放映设备;自筹资金100多万元购买6套3D立体设备,立体眼镜1200副,星湖影城、江南电影院和相思湖影城3家影院16个影厅实现数字化放映。改善观影环境，对影厅的地面、墙体、门面进行局部装修,3家影院1号大厅3D立体设备投入使用。合理调整场次和票价,加强业务分析研究,注意收集市场相关信息,适时推出多种特价场、套票、会员卡、团购价等优惠活动及抓好重大节庆宣传营销。至年末，电影放映2.25万场,比上年增长25.01%;观众43.83万人次,增长283.13%;电影收入1486.30万元,增长52.99%,位列自治区地市电影公司及传统影院前列。

【影院建设】 2011年7月5日，南宁市新民族影城项目主体工程封顶,10月通过工程结构的验收。目前项目进入外墙装修、室内砌墙和水电、空调管道设备、消防等安装及玻璃幕墙、屋顶网架天棚等施工工程,预计2012年3月完成。4月,影厅和配套文化项目的二次装修即可进场施工。对影城项目规划调整、选择新民族影城影院经营合作伙伴、完成新民族影城项目第二期宣传推广和一层整体招商;进行文化配套项目中各楼层的商业规划及VI延展和制造招商画册，开展招商引资及对项目市政绿化带进行调整，对高杆广告牌进行迁移等。

(侯双穗)

公共图书事业

【南宁市图书馆】

概　况　2011年，南宁市有公共图书馆14个,其中,市属2个、县6个、城区6个。南宁市图书馆设办公室、采编部、外借部、期刊部、技术部、信息部、读者活动部、业务辅导部和物业管理部等9个部门;设市民阅读中心、文学借阅室、自然科学借阅室、社会科学借阅室、特色藏书阅览室、参考文献阅览室、工具书阅览室、电子阅览室、残疾人阅览室、过报过刊阅览室等服务窗口11个。在编人员62人,其中高级职称1人、中级职称36人。有自修室、静阅阁、多功能厅等多个读者活动场所,阅览座位1497个。年内,市图书馆先后获由广西壮族自治区“知识工程”办公室和广西科普工作联席会议办公室颁发的第四届广西中小学生“科技畅想”网页制作大赛组织奖、南宁市文化新闻出版系统2010年度先进基层党组织、2011年度南宁市图书馆学会先进单位、2011年度《科技日报》新闻报道先进单位、首府南宁2009~2011年创建全国文明城市工作先进单位、2011年度南宁市文化新闻出版系统先进单位。3月,市图书馆的《打造图书馆讲座品牌“绿城讲坛”》、《同在蓝天下,情系农民工:南宁市农民工文化艺术节》2个服务项目参加自治区2010年度图书馆服务效果评选,分别获二等奖、三等奖。

免费开放　7月25日,市图书馆正式实施免费开放，在原来免费阅览馆藏资源、流通点送书上门免费借阅、为特殊群体免费办证等服务和免费举办讲座、展览等基础上,取消借书证工本费、年度验证费、电子阅览室上网费及读者自修室使用费等,推出更多免费措施,实现无障碍、零门槛进入、资源共享。全年接待到馆读者121.55万人次、门户网站访问量累计825.36万次。

藏书建设　市图书馆接受社会各界捐赠图书204种、471册,征集到《青秀山的传说》、《从北部湾驶向世界》等反映南宁文化、社会发展等作品。全年文献采购经费131万元，其中纸质图书80万元、期刊15万元、音像资料2万元、地方文献10万元、电子图书18万元、电子期刊6万。新增入藏图书5.57万种、7.04万册,其中:纸质图书1.56万种、3.12万册,电子图书3.60万种、3.60万册,报刊合订本1068种、3178册。馆藏总量达到81万册，比上年增长9.46个百分点。完成2012年1094种、1200份报刊的增订及CNKI电子期刊数据库的更新。此外,帮助城区图书馆分编图书8009种、8269册；新增汽车图书馆书库，现已入藏3574种、3695册图书。

读者服务　市图书馆对馆内布局进行调整，以便更好地打造多功能文化空间,为市民提供优质服务。各阅览室增添温馨提示标语、更新制度标牌;对馆内消防、电梯、饮水、空调电扇、照明等设备设施进行重新检修；建成120平方米幽静典雅的“静阅阁”阅览区，以书斋品位实现品质“乐”读；自筹经费为残疾人阅览室新购置电脑6台、盲人听书机21台、彩电1台和DVD1台；首次安装读屏软件，配套开展盲人电脑培训，实现视障人士无障碍上网。以汽车图书馆为载体，继续开展流通站免费送书活动，新增95178部队、田阳空军某部、广西德州医药有限责任公司、隆安县雁江镇、兴宁区望州南社区、武警南宁市支队等图书流通站6个。至年末，建成馆外图书流通站47个，流通站流动图书约7万册；接待读者121.55万人次，其中外借10.86万人次、阅览91.53万人次（其中电子阅览室和计算机免费阅览区域的读者8.82万人次）、接待咨询4931人次，各类读者活动参加人数18.53万人次。文献外借23.48万册次，其中：图书外借19.27万册，期刊外借2.85万册、光盘外借2300张；电子图书在线浏览1.94万次，下载2984次，资源检索3.77万次。新办图书借书证3933张，有效证累计3.77万张。

读者活动品牌　年内，市图书馆成立图书馆“绿城讲坛QQ群”，并通过市内各大平面媒体发布活动预告宣传。开展迎新春文化下乡、农民工文化艺术节、图书馆服务宣传周、全国科技活动周、十月科普大行动等大型专题活动，继续巩固和延伸文化品牌效益，举办各类读者活动129场。发挥“绿城讲坛”公益讲座文化品牌作用，与国内外著名专家学者、社会知名人士及社会团体合作，走进学校、社区、厂企、工地、馆外流通点等，举办公益讲座49场，吸引听众1.30万人次。其中，与共青团南宁市委和广西城市网等团体合作举办的“绿城讲坛——广西南宁青年创业者系列公益讲座”，首次开展微博直播互动，吸引众多青年读者参与，打造“绿城舞台”公益文化娱乐新品牌，提高品牌的整体效应。针对不同群体举办“良牙”动漫专家签名售书暨与读者见面会、励志电影《心舞绝恋》演员选拔大赛、南宁市横县茉莉花小天使选拔赛、“竹韵悠扬”笛箫葫芦丝音乐会等形式多样、内容丰富的文艺活动，为社会成员搭建展示艺术风采的大舞台。借鉴“绿城讲坛”的创办经验，依托图书馆读者大厅、多功能厅等阵地，打造“绿城展廊”新品牌。围绕时政热点，创办“专题图书快递”专栏板报，推出朱镕基讲话实录、乔布斯专辑等，制作各类书讯、专题板报128期、1467条；围绕庆祝建党90周年、纪念辛亥革命100周年等主题举办大型图片展、集邮展、主题书籍展等活动。推出“走进2011”大型图片展、南宁人著作展、加拿大专业画家戈登水彩画展等专题展览32场，观展读者13.41万人次。利用青少年科普基地和爱国主义教育基地，打造青少年快乐学习“第三课堂”。开展2011年ACI童盟之星·国际少儿模特大赛、“童心看南宁”外景创作、青少年个人原创科普FLASH作品竞赛、“欢乐暑期大行动”等20余项青少年读者活动，吸引2.11万人次参加，人民网、《南国早报》、南宁电视台、《南宁日报》、《南宁晚报》、南宁新闻网等媒体现场报道124条、156次；依托“绿城讲坛”平台，开展“书香绿城”读书月、“走进图书馆、快乐伴成长”主题活动，深入市五中和九中、解元坡小学等学校举办读书讲座；为寻找社会实践的学生们提供志愿者服务平台，接纳100多名来自全市各学校的志愿者。

网络信息建设　南宁文化信息网、南宁政务网、市图书馆网3个网站累计发布各类图文信息6097条。其中，市图书馆网站发布794条，照片2212幅；南宁政务网发布511条，照片428幅；南宁文化信息网发布693条，照片2152幅。新增北大方正电子图书3.60万册，继续购买清华同方CKNI电子期刊数据库6个。市图书馆、市少儿图书馆、六城区图书馆电子图书有37.60万册接入南宁政务网、南宁文化信息网、市图书馆网，供市民在线阅读。

全国文化信息资源共享工程建设　市图书馆完成对共享工程加工和发布软件的升级。4月～6月，完成共享工程专题资源库的整体迁移。多次到马山县、西乡塘区、良庆区、兴宁区、江南区等县（区）图书馆开展共享工程县级支中心建设的指导和督导，7月，完成对12个县级支中心的政务外网接入情况的调查、统计，上报“文化共享工程”国家中心。

公共文化服务体系建设　市图书馆完成创新项目——“南宁市城乡一体化联合图书馆”的立项、招标等前期准备工作，进入实际性操作阶段；初步完成“城市街区24小时自助图书馆”的场地装修，为市民提供永不关闭的大书房；完成“手机图书馆”项目的前期调研等三大项目建设，拉动公共文化服务体系的新发展。

【南宁市图书馆学会】　2011年，市图书馆编辑出版和发行《邕图通讯》4期。4月、11月分别组织召开市图书馆学会第六次理事（扩大）会议。5月，组织部分会员单位领导及业务骨干赴东莞、广州等地考察联合图书馆建设事宜；在五月图书馆服务周期间，组织市内以及城区各图书馆在青秀区金湖社区、良庆区图书馆大门前以及富宁新兴苑工地等地开展“公共图书馆服务宣传进社区”活动。7月22日，组织市级及城区图书馆联合开展“书香溢南宁——2011南宁市公共图书馆免费开放”主题宣传活动。7月29日~31日，组织市、县（区）公共图书馆的馆长18人参加在广西图书馆举办的“2011全国图书馆志愿者行动——广西公共图书馆科学管理与创新服务创新高级研修班”学习；10月，组团参加在乐山召开的第二十届中国西部地区公共图书馆协作网年会。11月，市图书馆学会获广西图书馆学会第29次科学研讨会征文活动组织奖；25日～26日，举办市图书馆学会2011年年会暨第23次学术研讨会，参加会员180余名。12月，《南宁市公共图书馆服务网络建设——南宁市图书馆总分制建设研究》研究报告获市政府颁发的南宁市第十一次社会科学研究优秀成果三等奖。

（杨粒彬　周　凝）

【南宁市少年儿童图书馆】

概　况　2011年，南宁市少年儿童图书馆有在职人员24人，中级职称10人，具有大专以上文化水平的在职人员占75%。设外借处、中学阅览室、教学参考室、儿童求知乐园、电子阅览室和声像服务室等多个服务窗口，有多功能活动室、自学阅览室等读者活动场所，阅览座位613个。5月，市少年儿童图书馆被命名为第四批广西青少科技教育基地；12月，被授予市“十佳”青少年科技教育基地、获2011年南宁市青少年爱科学实践活动优秀组织奖、被评为首府南宁创建国家卫生城市工作先进单位、获2011年度全国未成年人思想道德建设工作先进单位。

基础业务建设　年内，市少年儿童图书馆分编入藏各种载体文献7444种、2.24万册（件），其中连环画542种、2517册，馆藏累计总量32.27万册（件），电子期刊1400种。组织开展各类业务培训16次；制定免费开放等规章制度和修订补充本馆中文图书分类细则；增加免费开放服务项目内容。

读者服务与活动 4月1日，市少年儿童图书馆在广西市级图书馆率先实行全免费服务，免费为读者办理借书证1848个，累计有效借书证9878个。全年接待到馆借阅读者98.6万人次，借阅书刊11.55万册(次)，为馆外45个图书流通站免费送书2.80万册，各流通站接待读者14.10万人次。组织阅读指导、科技、科普、竞赛、未成年人思想道德建设等各种主题的公益性读者活动60次，参加活动的读者3.14万人次。主要有："蒲公英"讲坛、"童心看南宁"大型户外创作活动、2011年儿童双语跳蚤市场活动、"党是阳光，我是花"——南宁市第四届"我阅读、我快乐"少儿故事比赛、"爱我家园"2011年南宁市少年儿童创意漫画大赛活动、海峡两岸文化交流南宁首届儿童画展、图书流通车开进校园、党在我心中作品展和千人经典诵读活动等。

文化信息资源共享工程建设 市少年儿童图书馆利用共享工程的资源优势，举办免费电脑培训班20期，培训3500人；组织开展"红色经典——青春励志"爱国主义电影巡映月活动，播放优秀视频作品8场，观众约1.20人次。

(周　明)

【南宁市新华书店有限责任公司】

概　况 2011年，有员工307人，总资产3亿多元，经营总面积约5万平方米。经营网点有南宁书城新华大厦、南宁书城五象大厦、南宁书城科园分店、南宁书城邕宁分店、物流教材配送中心。实现图书销售码洋2.08亿元，比上年增长8.90%，课本增长8.41%、教辅增长20.60%；利润总额增长13.50%。开展南宁市2011年"书香绿城"主题读书月活动、世界读书日主题书展、好书伴我成长活动、白岩松《幸福了吗》南宁发布会、周杰伦新书首发、中国东盟出版博览会优秀连环画出版成果展及叶舟国学讲座等活动10多次，邀请白岩松、王俞生、杨红樱、秦文君、沈石溪等名家进校园举办讲座及签售活动26次。抓好党政图书、重点图书的发行，发行《中国共产党历史(一~四卷)》2171套、《朱镕基讲话实录》2480套、《幸福了吗》5365册等。年内，销量在300册~500册的图书1062种，40万册，码洋830万元；销量在500册~1000册的图书683种，47万册价值959万元；销量在1000册以上的图书368种，69万册，码洋132万元。组织开展系列文化惠民及社会公益活动，捐赠《新华字典》7830册，价值14万元；向隆安县南圩镇中心小学等6所学校捐赠《新华字典》2000册，价值4万元；向市老干部活动中心捐赠图书近百册，价值近1万元；向农民工、大学生、学校特困群体等赠送图书2000多册，价值5万多元。

南宁书城新华大厦 全国第一家由企业自筹资金兴建的大型书城，是国内建成的第三座书城，广西新华书店系统四星级书店。1996年6月15日建成开业，是全国新华书店系统中率先全方位使用BIMS图书营销管理系统进行图书的进、销、存、调、退管理的单位。楼高10层，建筑面积1.20万平方米，经营面积约6000平方米，经营图书16万多种、音像制品5万多种。2011年，举办红色经典给我的感动、动物的故事、"王勇英姐姐与她'古堡'的故事"等主题读书沙龙活动8场，销售额比上年增长7.10%，完成年度销售计划100.85%。各项经济指标位居自治区零售书店之首。获2011年度中国书业卖场坪效最高新华书城、南宁市先进集体。

南宁书城五象大厦 中国十大超级书城、广西新华书店系统四星级书店，2006年11月5日落成开业。楼高20层，建筑面积3.30万平方米，其中主业营业面积1万多平方米，经营图书16万多种、音像制品5万多种。副业营业面积约2万平方米，集读书、休闲、娱乐、四星级酒店为一体的大型综合书城。2011年，销售额比上年增长9.40%；完成年度销售计划119.37%，增长18%。各项经济指标位居广西区内零售书店前列，被中国书刊发行业协会评为全国文明店堂。书城五象大厦二期工程投资1200多万元，完成扩建工程主体建设，2011年初完成工程建设并通过验收，增加营业面积4000多平方米。

(谭继来)

文化市场管理与演出经营

【南宁市文化市场综合执法支队】

概　况 2011年，南宁市文化市场综合执法支队成为参照公务员法管理的事业单位，设稽查一科、稽查二科、综合科3个科室，有职工15人。

文化市场综合执法改革 市文化市场综合执法支队，草拟市文化市场综合执法改革方案，文化市场综合执法改革工作取得进展。至8月30日，全市12个县(区)全部挂牌成立文化市场综合执法机构，市、县(区)文化市场综合执法机构现有人员编制157名。先后组织执法人员参加市法制办举办的行政执法人员培训班和自治区行政执法人员考试，全体人员均通过考试并取得自治区行政执法证。

文化市场专项整治 市文化市场综合执法支队出动检查人员3.39万人次，检查演出活动115场次，经营单位75家次；检查艺术品经营单位38家次；检查游艺娱乐场所2597家次，立案调查30件，罚款21.30万元；取缔违禁电子游戏室12家，没收违禁电子游戏机电脑板248块；检查歌舞娱乐场所2397家次，立案调查2件，责令停业整顿2家；检查网吧1.27万家次，立案调查248件，责令停业整顿11家，吊销《网络文化经营许可证》1家，罚款55.16万元；检查电影发行放映经营单位34家次；检查广播电视、地面卫星接收设施经营单位762家次，没收接收设施、专用设备820套；检查书报刊经营单位5483家次，立案调查8件，罚款3.08万元，没收非法出版物8.01万册；检查音像经营单位2489家次，立案调查14件，取缔42家，罚款2.50万元，没收非法音像制品38.11万张；检查印刷经营单位2110家次，立案调查5件，罚款2.35万元；检查文物经营单位14家次。开展"春风护苗"净化社会文化环境整治行动、"两会"前印刷复制企业和出版物市场专项检查、打击盗版工具书专项行动、打击侵犯知识产权和制售假冒伪劣商品专项行动、中小学校园及周边环境专项整治行动、净化社会文化环境集中整治行动、红色旅游景区及周边出版物市场专项整治行动、建党90周年文化市场专项保障行动、暑期文化市场专项整治行动、中小学教辅材料专项整治行动；打击淫秽色情出版物和有害信息专项行动、"两会一节"文化市场专项督查整治行动等专项行动。

网吧整治 市文化市场综合执法支队以查处网吧违法违规经营行为、禁止网吧接纳未成年人为重点，按照规定对接纳未成年人、超时闭门经营、未按规定核对和登记上网消费者有效身份证件的网吧进行查处。建立网吧"黑名单"制度，将查实接纳未成年人的网吧纳入黑名

单，定期对黑名单进行检查、曝光，对违规行为情节严重的，责令其停业整顿，甚至依法吊销《网络文化经营许可证》。

出版物市场整治　市文化市场综合执法支队加大出版物市场监管力度，打击制售政治性非法出版物和侵权盗版出版物行为。查办全国、自治区“扫黄打非”办转办、交办的案件6件，包括协查广西实事求是书店涉嫌发行盗版《中国共产党历史》案、盗版《事业单位资格考试用书》案、盗版高等教育自考教辅图书案等。4月21日，市公安、文化行政执法部门等单位300名执法人员配合自治区“扫黄办”，对民族商场及周边大型的音像超市、仓储场所等进行大规模的清查行动，捣毁销售非法音像制品的窝点、仓库、门店等15个，查缴涉嫌非法音像制品近20万张。29日，文化行政执法人员对文化综合市场等文化场所进行突击检查，捣毁经营非法音像制品的窝点、仓库3个，清查经营门店近20家，查缴涉嫌非法音像制品1.45万张。9月1日，文化行政执法人员对民族商场音像制品经营单位再次进行突击检查，清查经营单位24家，查处违规经营单位5家，收缴盗版音像制品1300余张。10月12日，对民族商场音像制品经营单位进行突击检查，查处销售盗版音像制品的经营单位8家、仓库1间，查获盗版音像制品2.52万张、淫秽色情内容的音像制品25张，经立案调查，分别吊销《音像制品经营许可证》和罚款。

营业性演出监管　市文化市场综合执法支队加强对全市歌舞娱乐演出场所、营业性演出现场的监管，重点对特定时间和地点的流动性演出、驻场演出、组台演出和乐队演出等活动进行现场监管，对5月28日柯以敏在皇嘉凯歌大剧院演出；6月24日朝鲜平壤艺术团在广西人民大会堂演出的歌舞晚会；6月26日在金湖广场进行的“2011‘信乐团’南宁歌友会”等17场演出进行现场监管。

印刷复制企业整治　市文化市场综合执法支队重点检查整治印刷复制企业和出版物批发、零售市场，对严重违规的企业依法进行处理，查处广西南宁久欣印务有限公司、广西民族语文印刷厂违规承印出版物案2件。

技术监管平台建设　南宁市在网吧监管平台注册的网吧有840家，在线网吧596家，服务器在线率88.49%；有5万多台计算机安装运行监管软件，安装率74.02%。年内，执法人员使用监管平台通过互联网对全市网吧巡查4万多次，监管平台自动启动记录、告警和禁止技术措施，封堵网吧运行违法游戏或登录违法网站4万多次；监管平台发出每月工作情况通报8期，每周工作情况通报40期。有228家网吧因不同原因申请停业。12318文化市场举报电话畅通、运行规范，接听来电2000多次，受理举报277件，办结277件，办结率100%。

安全生产　市文化市场综合执法支队重点对全市的文化市场安全生产责任制的建立及落实情况、消防安全规章制度贯彻落实情况、消防设施和器材配置及完好状况、消防通道和安全出口及疏散通道畅通情况、消防栓和火灾自动报警、自动灭火及防排烟系统等自动消防设施运行情况、应急预案制定和开展演练情况等开展检查，发现问题并整改。

（吴朝霞）

文物·博物

【南宁市博物馆】

概　况　2011年，南宁市有文博单位10个，其中，市级3个、县6个、城区1个。在编人员51人，其中高级职称4人、中级职称15人。全市有全国重点文物保护单位、自治区文物保护单位、市（县）级文物保护单位193处。其中：全国重点文物保护单位3处，自治区文物保护单位22处，市（县）级文物保护单位168处。年内，马山县新增县级文物保护单位22处；对市民免费开放的有市博物馆、横县博物馆，接待观众27万余人次。

文物调查　1月~5月，市博物馆开展市工业遗产调查，先后走访工厂企业20多家，征集到一批有价值的实物，拍摄照片1000多张；整理出版《南宁市工业遗产调查第一阶段成果汇编》。配合城市重大项目建设和旧城改造，先后完成北大路区机电南宁分公司片区、大学东路35号旧改项目、中华路三华片区、南宁市味精厂片区、振宁商贸园片区、南宁轨道交通二号线工程沿线等10多处片区的地面文物调查，对涉及有关文物保护的措施提出意见和建议。6月~8月，市博物馆对良庆区那陈镇玉龙村洞圩坡的黄氏民居群、平乐大道坛林坡谢族古墓、良庆区良庆镇西联村、邕宁区蒲庙镇颜村的古墓群、邕宁蒲庙镇美逸村、西乡塘陈东村等地进行专项文物调查；与邕宁区文物管理所专业技术人员到其辖区内蒲庙镇美逸村开展文物田野调查，采集到石锛等石器及少量陶片和骨化石，初步判断该遗址为一处新石器时代贝丘遗址。11月，根据群众来电称在柳沙半岛沙牛坡发现疑似抗战时期国民党将士墓碑百余块，市博物馆组织人员进行搜寻调查，发现墓碑129块，经过清理，整理登记抗战时期墓碑121块，其中墓碑完整的96块、断成两截的11块、缺上或下部分的14块；墓志铭较完整的74块、不完整的28块、模糊不清的14块、无字迹的5块；民国三十年的3块、民国三十一年的86块、无年号的32块。市博物馆还参加广西文物考古研究所主持的骆越青铜文化专题调查和对武鸣河流域展开的调查活动，完成《2011年武鸣河流域新石器时代遗址、岩洞葬调查报告》。

文物维修　年内，南宁市各级政府、有关部门领导加强对市第三次全国文物普查新发现不可移动文物的保护，对全市六城区内新发现的130多处不可移动文物安装标志牌；组织维修不可移动文物5处。具体是：投入370多万元维修人民公园内的自治区级文物保护单位革命烈士纪念碑；投入50万元维修自治区级文物保护单位南宁魁星楼；投入260万元维修自治区级文物保护单位思恩府试院；投入20万元维修县级文物保护单位陈清源故居；横县平朗乡笔山村与南宁市凤凰岛屿农村文化有限公司合作投入20万余元维修南宁市第三次全国文物普查新发现——笔山花屋。10月，市博物馆针对市区部分文物保护单位标志牌存在损毁严重、树立不全、安装不规范的问题，对六城区的文物保护标志牌进行巡查、统计及安装，累计更新及安装文保单位标志牌、说明牌69处、98块。其中，钉立式保护牌、说明牌，制作68块，安装39处；花岗岩基座、碑身保护牌制作30块，安装30处。

【考古发掘】　2011年，南宁市文物考古研究所配合自治区文物考古研究所对红塘坡旧石器时代遗址和谷红岭古人类文化遗址2处遗址进行抢救性考古发掘：4月21日~5月21日，市博物馆参加“百色至靖西高速”田阳段红塘坡旧石器时代遗址的抢救性考古发掘，发掘面积2000平方米，出土数百件打制石器。10月~12月，为配合云桂高速铁路建设，市博物馆对谷红岭古人类文化遗址进行为期3个月的抢救性发掘。谷红岭遗址位于广西南宁市隆安县乔建乡儒浩村儒浩屯东面约200米的谷红岭上，面积约25万平方米。此次考古发掘分布5×5米探方32个，分A、B两个发掘区，揭露遗址面积800平方米，出土石锛、石斧、石砧、石铲、砺石、陶器陶片等文化遗物300多件以及大量石器残件和碎片等。以石铲毛坯为最多，其次是石砧、石锛。清理发现文化遗迹8处，为灰坑、灰烬堆积等，坑内出土大量的陶片、橄榄核、砺石石块等。这些实物为研究原始农业、壮族那文化的起源和发展以及古代祭祀等提供重要资料。

【文物征集与捐赠】 2011年，市博物馆征集到文物104套件（实际数量170件），主要有铜鼓、进士举牌、铜权、铁钟、平头案、翘头案、酸枝木衣柜、插屏、神龛、架子床等50余件套；征集到明清铁力木家具一批、康熙庄延裕殿试卷、清进士题名录、文庙祀典考、孔孟圣迹图鉴、圣迹图、钦定礼记义疏等科举考试相关文物。其中，征集到革命文物34件套，工业遗产文物65件套，新石器时代文物14件，实际数量300余件，并分别开展物账核实、分类登记、编目整理和入库交接，丰富市博物馆馆藏。5月，横县博物馆征集到圣旨碑、近现代文物和民族民俗文物12件套。宾阳县征集到文物4件套。

免费开放　年内，市博物馆发挥爱国主义教育基地的作用。邓颖超纪念馆免费开放，接待观众16.10万人次。其中：接待未成年人团体近50个，未成年人6万余人次；中、小学校30所，师生3.22万人次；接待机关、企事业单位、部队、大中专院校、旅游团队等团体324家，观众5.59万人次。横县博物馆接待观众11万余人次，其中未成年人4.1万余人次。“七一”期间，邓颖超纪念馆与青秀区委、自治区政府联合举办“走红色之旅、学党史、颂党恩”活动，有150多名未成年人，青秀区1万多党员、干部、学生和群众、《当代生活报》1500名读者参观邓颖超纪念馆。

文物宣传　市博物馆加强对邓颖超纪念馆宣传教育和讲解服务工作，重新编印爱国主义教育、廉政教育、未成年人教育和红色旅游等讲解词4套。印制并免费发放给观众邓颖超纪念馆宣传简介、重点针对未成年人教育的讲解词1万份。“5·18国际博物馆日”和第六个中国“文化遗产日”期间，开展丰富多彩的宣传活动。“5·18国际博物馆日”当天，紧扣博物馆与记忆主题，在邓颖超纪念馆门前广场举办南宁印迹、南宁工业遗产调查掠影、南宁市第三次全国文物普查文物保护名录等图片展；5月24日，市博物馆研究馆员黄云忠在广西教育学院作题为“考古发现中的南宁历史”的讲座，加深广大师生对南宁文化历史的了解和认识。为充分发挥博物馆的宣传教育职能，市博物馆先后与广西民族大学文学院、邕江大学等高等院校签订协议，共建各类教育、实习基地。6月~7月，市博物馆与广西电视台资讯频道《收藏大家》栏目联合，开设“收藏南宁记忆”版块，宣传和介绍南宁市文物保护单位，先后拍摄南宁古城墙、邕江防洪古堤、新会书院、南宁会议旧址和中共广西省委机关旧址（雷经天故居）、徐汉林烈士墓、南宁商会旧址和共青团南宁地委旧址等7处文物保护单位。横县博物馆在“国际博物馆日”和“文化遗产日”期间，以博物馆与记忆，文化遗产与美好生活为主题，在海棠公园、步行街开展文化遗产保护宣传月活动，举办横县文化遗产保护成果展，博物馆、文物保护、文物法律知识有奖问答等活动，悬挂宣传横额8条，制作宣传板16块，发放宣传资料8000多份。马山县文管所与县图书馆、县文化馆、县艺术团等单位于“5·18国际博物馆日”当天在县城江滨路开展以文化遗产与美好生活为主题的宣传活动，制作宣传展板、设置咨询台，悬挂条幅5条，展板20块，发放宣传资料5000多份。

馆藏文物鉴定、定级　12月，邀请自治区文物鉴定委员会专家对市博物馆现有馆藏文物进行鉴定、定级，鉴定、定级青铜器、玉器、石器、陶瓷、书画等馆藏文物543件套，参考品234件套。

编制南宁市第三次全国文物普查工作报告　7月，市博物馆编制完成7个部分、约2.40万字的《南宁市第三次全国文物普查工作报告》，从普查背景、普查工作开展的基本情况、普查成果、文物保护、宣传、奖励、体会和建议等7个方面总结南宁市历时五年（2007年~2011年）的第三次全国文物普查情况。

（周梅清）

【南宁孔庙】

孔庙迁建　2011年，南宁市孔庙管理所完成孔庙迁建工程的初步设计评审并得到发改部门的批复，按照有关程序开展各项报批手续。项目总投资1191万元，其中工程费用992万元，包括各建筑陈列布展工程、安防监控系统、语音导讲系统、公共广播系统、多媒体投影系统、电气工程及陈列品的采购等。1月30日，孔庙完成棂星门、状元门、状元桥、泮池、大成门、大成殿、崇圣祠等主体建筑的一期工程建设并对外开放。“两会一节”召开以后，未完成的工程继续加快建设。至

观众参观邓颖超纪念馆　　卢敏生　摄

12 月 18 日，南宁孔庙举行开笔礼仪式　　梅晓光提供

年末，主体工程完成敬一亭、尊经阁的木构件、石构件加工和立柱、上梁等建设工程和明伦堂门窗隔扇的雕刻制作和义路、礼门的整改工程；附属工程基本完成公共厕所、消防通道、停车场、6号挡土墙施工建设，亮化、绿化工程也完成大部分。春节期间接待观众15万人次。

文物征集　市委、市政府高度重视文物征集，市政府领导特批200万元作为文物征集专项经费。市孔庙管理所的文物征集分为专项征集和丰富孔庙藏品、做好陈列展览两部分。先后征集到文物104件套（实际数量170件）。在南宁、横县及河池南丹等地征集到的文物主要有铜鼓、进士举牌、铜杈、铁钟、平头案、翘头案、酸枝木衣柜、插屏、神龛、架子床等50余件套；在玉林及北京等地通过文博兄弟单位提供线索、组织专家现场鉴定、各部门代表参与询价审核等方式，征集到明清铁力木家具一批、康熙庄延裕殿试卷、清进士题名录、文庙祀典考、孔孟圣迹图鉴、圣迹图、钦定礼记义疏等科举考试相关文物。

文物保护单位标志牌、说明牌树立安装　5月~10月，市孔庙管理所对六城区文物保护标志牌进行巡查、统计并组织相关人员进行标志牌、说明牌制作及安装，更新及安装文保单位标志牌、说明牌共69处98块。其中：钉立式保护牌、说明牌，制68块，安装39处；花岗岩基座、碑身保护牌制作30块，安装30处。

陈列展览　南宁市孔庙的大成殿保留传统祭拜功能，主要陈列孔子像、四配像及“万世师表”等匾额、编钟、编磬、古琴、瑟、埙、豆、铏等礼乐器；崇圣祠为突出广西本土特色的红陶展览，展出50幅孔子圣迹图；10月“两会一节”期间，在东庑展出征集到的玫瑰椅、案台等铁力木古家具作为临时展览品。

祭孔大典　1月30日，南宁孔庙举行祭孔大典，仪式集诗、乐、舞、礼为一体，由启户、恭迎曲阜尼山圣土圣水、合土、汇水、八佾舞、献馔、敬献花篮等内容组成。数千民众胸带黄色祭巾，恭读祭文、鞠躬作揖，祭拜中国古代思想家、教育家、儒家学派创始人孔子。自治区各级领导以及泰国、越南、柬埔寨、缅甸、老挝驻南宁领事馆官员，与民众共倡“人和”。3月21日，世界孔子后裔联谊会广西分会在南宁孔庙成立，并举行春季祭孔大典。来自北京、山东、河南、浙江、广东等省市以及广西各市（县）的孔子后裔共500多人参加祭典。

文化宣传活动　年内，南宁孔庙接待来自美国、英国、法国、日本、韩国、泰国、挪威、阿根廷等国的嘉宾及区内外游客约50万人次，接待特别嘉宾和团体100多团次。5月17日~18日，在南宁孔庙举行庆祝5·18国际博物馆日暨文化遗产日宣传系列文化活动，接待游客5000余人次。12月18日，组织南宁市逸夫小学56名学童在南宁孔庙举行开笔礼仪式。还与南宁扶壮学校、南宁三中、邕江大学、广西华夏文化交流会以及北湖路小学、白沙小学、皂角小学等学校联合，在南宁孔庙先后举办开学典礼、成人礼、国学经典诵读等活动。南宁孔庙成为中国孔庙保护协会会员单位。（梅晓光）

档　　案

【概　况】2011年，南宁市有档案馆16个，其中市级国家综合档案馆1个、县（区）级12个、专业档案馆2个、部门档案馆1个；档案全宗1368个，馆藏档案总量502.61万卷，录音、录像档案1166盘，照片档案7.19万张，资料9.56万册，档案案卷排架长度1.53万米；开放档案全宗657个，9.62万卷（其中建国前开放25个全宗7814卷，建国后开放632个全宗8.84万卷）；档案案卷级目录117.39万条，文件级目录730.46万条，档案全文扫描297万页。年内，市档案事业列入《南宁市国民经济和社会发展规划第十二个五年规划（纲要）》，市政府制定并颁布《南宁市档案事业发展“十二五”规划》。横县档案局（馆）通过国家二级档案馆测评。全市各级档案部门获得县级以上先进单位（集体）30个，先进个人33人（次），其中兴宁区档案局（馆）长赵巍巍获全国档案系统先进个人；市档案局（馆）档案管理科、武鸣县档案局（馆）、隆安县档案局（馆）、兴宁区档案局（馆）4个单位立自治区档案系统集体二等功；市档案局（馆）赵黎、马山县档案局（馆）樊秀武、江南区档案局（馆）李沛瑶、邕宁区档案局（馆）胡祖丽4人立自治区档案系统个人二等功。

【档案馆基础建设】2011年，市档案局将11个县（区）档案馆建设列入《南宁市档案事业发展“十二五”规划》。全市各级各类档案馆总建筑面积1.99万平方米，其中档案库房建筑面积1.19万平方米、档案技术用房建筑面积1462平方米。市国家档案馆建设项目已完成施工图设计；隆安县新馆主体建筑完成封顶，并进入装修阶段；上林县新馆完成“三通一平”和初步设计；马山县、邕宁区、良庆区新馆完成项目立项，并开展可行性研究；宾阳县落实新馆建设用地；其他县（区）都在开展新馆建设项目前期工作。

【县（区）档案目标管理】2011年，市档案局制定《南宁市县（区）档案工作年度考核暂行办法》和《南宁市县（区）档案工作年度考核标准》，确定综合档案馆建设、业务建设、档案法制宣传与培训等3大项24小项考核指标，加大县（区）档案目标管理和年度绩效考评力度。经年终

2011年南宁市各级文物保护单位

级别	名称	年代	公布年份	位置(地址)
国家级	顶蛳山遗址	新石器	2001年	邕宁区蒲庙镇新新村九碗坡东面
	昆仑关战役旧址	民国	2006年	昆仑关管委会昆仑镇昆仑村
	智城城址	唐代	2006年	上林县覃排乡爱长村下石检屯
自治区级	豹子头遗址	新石器	1981年	青秀区柳沙园艺场(那坝村)
	灰窑田遗址	新石器	1981年	青秀区三岸园艺场
	中共广西省第二次代表大会旧址	1929年	1981年	青秀区河堤路雷屋
	青龙江口遗址	新石器	1981年	青秀区长塘镇定西村北面的青龙江口
	天窝遗址	新石器	1981年	青秀区长塘镇天窝村东面的邕江南岸
	共青团南宁地委旧址	1926年	1981年	兴宁区北宁街47号
	革命烈士纪念碑	1956年	1963年	兴宁区人民公园内
	新会书院	清代	2000年	兴宁区解放路42号
	石船头遗址	新石器	1981年	良庆区良庆镇那黄村北面邕江南岸
	明秀园	民国	2000年	武鸣县城西郊蒙村附近
	思恩府试院	清代	2000年	宾阳县卢圩镇宾阳职业中专内
	伏波庙	明清	1994年	横县云表镇站圩村东南3公里
	宾州南桥	明代	2009年	宾阳县宾州镇南街与三联街交接处
	南宁魁星楼	清代	2009年	江南区江西镇扬美村希望小学内
	邕江防洪古堤	清代	2009年	青秀区邕江北岸距邕江大桥以东约300米处
	邕宁五圣宫	清代	2009年	邕宁区蒲庙镇团结街
	惠迪公祠	清代	2009年	隆安县南圩镇发立村积发屯
	镇宁炮台	民国	2009年	兴宁区公园路人民公园望仙坡西南
	广西高等法院办公楼旧址	民国	2009年	兴宁区朝阳路3-5号
	施恒益大院	民国	2009年	横县横州镇城司街东二巷
	越南中央学舍区(广西南宁育才学校)总部旧址	1951年	2009年	西乡塘区心圩镇和德村九冬坡
	广西省土改工作团第二团团部旧址	1951年~1952年	2009年	江南区江西镇锦江村麻子畲坡
市级	雷沛鸿故居	清代	2001年	青秀区河堤路雷屋16号
	中共广西省委机关秘书处旧址(雷经天故居)	1929年	2001年	青秀区河堤路雷屋17号
	广西省体育场门楼	1954年	2002年	青秀区桃源路62号
	陶公馆	1935年	2002年	青秀区河堤一街37号
	那北咀贝丘遗址	新石器	1989年	青秀区长塘镇五合村那窝坡南面邕江边
	凌屋贝丘遗址	新石器	1989年	青秀区长塘镇五合村
	斑峰书院	清代	1998年	青秀区刘圩镇刘圩街
	南宁古城墙	明清	2007年	青秀区邕江一桥北端
	青秀山摩崖石刻	明代	1983年	青秀山管委会青秀山风景名胜旅游区内
	董泉	明代	1983年	青秀山管委会青秀山风景名胜旅游区内
	凌铁水塔	民国二十三年(1934年)	2010年	青秀区植物路53号凌铁水厂内
	刘圩大寨屋	20世纪70年代	2010年	青秀区刘圩镇麓阳村的新阳坡和启蒙坡
	宗圣源祠	明万历三十七年(1609年)	2010年	青秀区七星路一巷25号
	烟墩岭烽火台	明代	1996年	江南区烟墩脚村烟墩岭
	梁烈亚故居	清代	2001年	江南区江西镇扬美村解放路35号
	千人坟	1941年	1996年	江南区沙井街道乐贤村黄樟岭
	周家坡古建筑群	清末至民国	2010年	江南区江南街道东南村周家坡

续表

级别	名称	年代	公布年份	位置(地址)
市级	莫文骅故居	清道光十年(1830年)	2010年	江南区亭子莫屋角12号
	粤东会馆	清代	1982年	西乡塘区壮志路22号
	那龙恐龙出土点	中生代白垩纪	1996年	西乡塘区金陵镇大石村石火岭
	黄氏家族民居	清代	2001年	西乡塘区中尧南路东三里88号
	林氏祖屋	明清	2002年	西乡塘区心圩街道四联村林屋
	罗文村韦氏祖屋	明清	2002年	西乡塘区罗文村
	铜鼓陂水利	清代	2002年	西乡塘区安宁街道永宁村东北面
	老口村覃氏民居和宗祠	清代	2010年	西乡塘区石埠街道老口村那告坡
	老口村李氏民居	清代	2010年	西乡塘区石埠街道老口村建宁坡
	驮罕码头	民国初年	2010年	西乡塘区金陵镇龙达村龙江街
	驮罕炮楼	民国初年	2010年	西乡塘区金陵镇龙达村龙江街
	邕宁县第十三区政府旧址	1956年	2010年	西乡塘区石埠街道老口村贤湾街19号
	老口村黄氏宗祠	清代	2010年	西乡塘区石埠街道老口村三民坡
	刚德村卢氏民居	清同治年间	2010年	西乡塘区金陵镇刚德村大石坡154号
	那莲戏台	清代	1989年	邕宁区蒲庙镇孟莲村那莲街
	北帝庙	清代	1989年	邕宁区蒲庙镇孟莲村那莲街
	新江桥(皇赐桥)	清代	1989年	邕宁区新江镇新江街北端
	雷婆岭石刻	清代	1989年	邕宁区那楼镇那蒙村雷婆岭
	徐汉林烈士墓	1950年	1998年	邕宁区新江镇汉林村
	蕾帽岭摩崖石刻	清代	2010年	良庆区那陈镇那徐村委和平丙坡之间的蕾帽岭顶峰
	良庆五帝庙	清同治十二年(1873年)	2010年	良庆区良庆镇良庆街西二巷
	孔总桥	20世纪70年代	2010年	良庆区南晓镇团东村平朗坡
	雷殷故居	清末	2010年	良庆区南晓镇晓元村达庄坡32号
	陵桂村钟氏民居	清光绪二十年(1894年)	2010年	良庆区南晓镇陵桂村大陵坡
县级	陆荣廷墓	民国	1983年	武鸣县城厢镇大皇后村
	葛阳文昌阁	清代	1983年	武鸣县太平镇葛阳村葛阳圩
	蜡烛山遗址	新石器	1988年	武鸣县双桥镇伏林村敢汉山附近
	岜勋贝丘遗址	新石器	1998年	武鸣县锣圩镇岜勋村水响龙水岸
	文江塔	清代	1988年	武鸣县县城香山河与西江河汇流处
	坛李塔	清代	1988年	武鸣县罗波镇坛李村坛李屯西面
	剧院石狮	民国	1988年	武鸣县武鸣会堂正门前
	全才城岭石墙	明代	1988年	武鸣县两江镇公泉村全才屯城岭上
	虚白公暨其媳广德公主轶事丛拾石碑和夏黄村志石碑	民国	1988年	武鸣县城东镇夏黄村小学校园内
	灵水石刻	1934年	1988年	武鸣县县城灵水湖岸边
	甲泉石刻	清代	1988年	武鸣县双桥镇伊岭村雅亭屯东面
	镇武桥	民国	1988年	武鸣县县城内西江河上
	仙山石刻	宋代	1988年	武鸣县双桥镇伊岭村广寺屯仙山西面
	起凤山庙及其石刻	清代	1988年	武鸣县城东镇夏黄村西北面
	府城高中李彦章石刻	清代	1988年	武鸣县附城镇府城高中校园内
	罗波庙及其周围石刻	清代	1988年	武鸣县罗波镇罗波潭东岸
	“至圣先师孔子赞屏序”石碑	清代	1988年	武鸣县府城镇府城粮所院内
	元龙坡古墓群遗址	西周	2009年	武鸣县马头镇马头社区东面500米处

续表

级别	名称	年代	公布年份	位置(地址)
县级	安等秧坡古墓群遗址	战国	2009 年	武鸣县马头镇马头社区南面 1000 米处
	韦波村红泥岭	战国	1986 年	宾阳县露圩镇韦波村红泥岭
	回风塔	1876 年	1988 年	宾阳县芦圩镇城北合岭村
	秀峰塔	1834 年	1988 年	宾阳县大桥镇水美村
	革命烈士梁瀚嵩将军之墓	现代	1987 年	宾阳县黎塘镇新梁村
	邓村烈士墓	1950 年	1988 年	宾阳县甘棠镇邓村
	白岩	宋代	1988 年	宾阳县新桥镇白岩村
	安城古城门	明清	1988 年	宾阳县黎塘镇安城村
	领方古城址	汉代	2006 年	宾阳县芦圩镇古城村
	蔡氏古宅	清代	2006 年	宾阳县古辣镇蔡村
	谭屋小洋楼	民国	2007 年	宾阳县新桥镇林堡村
	老牌楼	民国	2007 年	宾阳县芦圩镇三联街 378 号
	施氏家庙	明清	2008 年	宾阳县中华镇施村
	陈良佐旧居	近现代	2008 年	宾阳县武陵镇白沙村
	陈氏宗堂	明清	2008 年	宾阳县古辣镇义陈社区
	程思远故居	现代	2008 年	宾阳县大桥镇大程村
	舜婆山遗址	明代	1999 年	上林县覃排乡覃排村
	九龙窑遗址	宋代	1999 年	上林县明亮镇九龙村
	韦厥墓	唐代	1999 年	上林县三里镇双罗圩北面
	张鹏展墓	清代	1999 年	上林县澄泰乡下江村外云屯
	通观桥	明代	1999 年	上林县三里镇三里村
	金鸡山石刻	1579 年	1999 年	上林县乔贤镇高祥屯金鸡岭
	汇水桥畔碑林	明清	1999 年	上林县三里镇汇水桥畔船山
	平山石刻	清代	1999 年	上林县巷贤镇六联村留仙屯
	黄忠立墓	清代	1999 年	上林县澄泰乡澄泰村
	杨腾辉旧居	1933 年	1999 年	上林县大丰镇
	南陔革命旧址	1942 年	1999 年	上林县巷贤镇卢柱村大卢屯
	海棠桥	清代	1983 年	横县横州镇西郊
	横县六秀会议议址(中共广西省工委横县会议旧址)	1947 年	1983 年	横县陶圩镇六秀村
	天窟归云岩(青龙岩)	明代	1983 年	横县横州镇谢圩村北面 500 米
	丞露塔	清代	1983 年	横县峦城镇高村西南二公里金龟岭
	南山应天寺	明清	1983 年	横县那阳镇宝华村南山林场场部
	龙王庙(龙母庙)	明清	1983 年	横县横州镇洪德社区居委会
	尹屋村宋窖及宋墓群	宋至元	1990 年	横县横州镇尹屋村
	李萼楼大院	清代	2005 年	横县马山乡翰桥村
	蒋上国夫妇墓	明代	1989 年	马山县乔利乡白马山脚
	八仙板桥	明代	1989 年	马山县周鹿镇东侧码头边
	石塘北帝庙址	清代	1989 年	马山县周鹿镇石塘村北侧
	佛洞石刻	清代	1989 年	马山县周鹿镇坛沙村伏下屯
	头零拱桥	清代	1989 年	马山县古零镇乔老村头零
	苏渌拱桥	清代	1989 年	马山县古零镇乔老村苏绿屯
	旧圩拱桥	清代	1989 年	马山县古零镇扬圩旧街
	那崩山石刻	明代	1989 年	马山县古零镇古统村动期屯
	扬圩书岩石刻	明代	1989 年	马山县古零镇扬圩南面约 1 公里处
	下巴拱桥	清代	1989 年	马山县白山镇大同村下巴屯
	“205”上坳石刻	清代	1989 年	马山县白山镇上龙村六代屯
	卧云洞	清代	1989 年	马山县县城北郊

续表

级别	名称	年代	公布年份	位置(地址)
县级	题诗岩石刻	明代	1989 年	马山县永州镇西南三公里处
	五埂隘石刻	明代	1989 年	马山县永州镇东面二埂隘
	罗汉山石刻	清代	1989 年	马山县永州镇烈士塔西侧
	栖真洞石刻	清代	1989 年	马山县县城伴雲山西面
	南屏山石刻	清代	1989 年	马山县县政府南侧
	鳌鱼山石刻	清代	1989 年	马山县县城西南
	中共那马中心县委旧址	近代	1998 年	马山县永州镇平山村坡马屯
	感应岩(第一革命大本营)	近代	1998 年	马山县永州镇平山村坡马屯
	思恩府城墙址	明代	1998 年	马山县乔利乡乔利街拉旧屯
	灵阳寺	宋代	2000 年	马山县古零镇荔枝岩
	群贤桥	清代	2011 年	马山县古零街东北面 500 米
	金华拱桥	明代	2011 年	马山县乔利乡乔利街西约 100 米
	乔利炮楼	清代	2011 年	马山县乔利乡乔利街上
	坛基交流桥	清代	2011 年	马山县林圩镇林圩村坛基屯
	六卓岭遗址	新石器	2011 年	马山县金钗镇独秀村那烂屯红水河右岸
	尚朗岭遗址	新石器	2011 年	马山县金钗镇独秀村红水河右岸
	索塘岭遗址	新石器	2011 年	马山县金钗镇独秀村那烂屯索塘岭
	古楼坡遗址	新石器	2011 年	马山县金钗镇乐江村上凌屯古楼坡
	拉如岭遗址	新石器	2011 年	马山县金钗镇乐江村九一屯拉如岭
	白马山石刻	明代	2011 年	马山县乔利乡东鸡村白马屯西北约 400 米处
	双涌泉石刻	明代	2011 年	马山县林圩镇甘豆村岜沓屯后山
	林朋石刻	明代	2011 年	马山县白山镇大同村下岭屯后山
	周鹿独秀山摩岩石刻	明代	2011 年	马山县周鹿镇周鹿街东北约 300 米
	那马临时革命委员会旧址	1929 年	2011 年	马山县周鹿镇周鹿街上
	徐泽长故居	民国	2011 年	马山县永州镇州圩街上
	韦成篇故居	民国	2011 年	马山县永州镇平山村江庄屯
	坡鉴革命烈士陵园	1956 年	2011 年	马山县永州镇州圩村坡鉴屯
	天鹅寨右江地委会议旧址	1948 年	2011 年	马山县永州镇亲爱村感锦屯南面山上
	古零革命烈士陵园	1958 年	2011 年	马山县古零镇上级村外官屯巴滚山
	苏绍普故居	民国	2011 年	马山县古零镇上级村外官屯
	六利胜利渡槽	1975 年	2011 年	马山县周鹿镇坛利村六利屯西北约 50 米
	罗明文进士故居	清代	2011 年	马山县百龙滩镇大隆村板龙屯
	大龙潭古遗址	新石器	1989 年	隆安县乔建镇博浪村
	保湾佛子石器遗址	新石器	1989 年	隆安县丁当镇保湾村
	陆岭石器遗址	新石器	1989 年	隆安县南圩镇灵利村
	定坤岜横石器遗址	新石器	1989 年	隆安县丁当镇定坤村
	三岗岭石器遗址	新石器	1989 年	隆安县那桐镇那桐社区
	龙床石器遗址	新石器	1989 年	隆安县那桐镇上邓村
	浪湾农场石器遗址	新石器	1989 年	隆安县那桐镇浪湾华侨农场第三分场
	南圩红岭石器遗址	新石器	1989 年	隆安县南圩镇发立村
	榜山文塔	清代	1985 年	隆安县县城东二公里独秀山
	潭荒孔明井	三国	1989 年	隆安县福颜村潭荒屯
	鸳鸯九门桥	明清	1989 年	隆安县乔建镇鹭鹚村陆海屯
	白鹤岩	明代	1989 年	隆安县县城西北
	隆安烈士陵园	现代	1989 年	隆安县县城西南
	望朝摩崖题记	明代	1989 年	隆安县南圩镇望朝村多劝屯
	周氏宗祠(百朝岩)	近现代	1989 年	隆安县杨湾镇百朝村

(周梅清)

考评，兴宁区档案局(馆)获一等奖，武鸣县、江南区、西乡塘区、青秀区、邕宁区、马山县档案局(馆)获二等奖，宾阳县、良庆区、隆安县、横县、上林县档案局(馆)获三等奖。

【档案接收与利用】 2011年，市各级各类档案馆及时修订接收范围，对涉及民生的档案优先接收、整理、分类、编目、划控和数字化处理。把民生档案、重大活动档案、重大项目档案和电子档案纳入档案资源体系。接收进馆各类档案47.83万卷，接待利用者9.07万人次，提供档案(资料)19.45万卷(册)，在工作查考、办理保险、购买房产、证明身份等方面发挥档案的特殊作用。

【档案安全管理】 2011年，市各级各类档案馆(室)继续建立和完善各项安全管理制度，重新修订、完善档案馆《档案安全保卫责任制》等制度25个，加强档案安全管理。5月27日，开展馆库安全大检查1次，主要检查安全工作的组织领导、制度建立和落实、档案实体和利用安全、档案馆设施设备、档案网络网线安全等情况。各县(区)采取自查与重点抽查相结合的方法，对所属机关、企事业单位的档案安全管理情况进行检查，全年开展检查14次，检查单位600多个，无安全事故发生。抢救、修裱馆藏国家重点档案249卷。

【机关档案工作】 2011年，市档案局印发《关于做好机关档案工作的通知》，部署开展全市机关档案工作。市、县(区)、直属机关文件材料年度归档检查合格率100%。其中市直机关受检单位114个，评为优秀等级39个，评为合格等级75个，优秀率34%；县(区)直机关优秀率30%。有43个机关档案室通过定升级评审，其中青秀区检察院档案室晋升为自治区特级，成为自治区基层检察院第一个特级档案室。机关档案室达标定级工作走在自治区前列。开展实施国家档案局《机关文件材料归档范围和文书档案保管期限规定》情况检查，重点指导机构改革或职能变动的部门重新制定文件材料归档范围和保管期限表，其中市交通运输管理局、市安全生产监督管理局、市外事侨务办公室等10个单位的机关文件材料归档范围和保管期限表通过审批。

【企事业单位档案工作】 2011年，市档案局围绕市委、市政府开展的“项目建设年”、“服务企业年”活动，印发《关于做好企业档案工作的通知》，重点抓好企业档案工作规范化管理，指导企业制定各类文件材料归档范围和保管期限表和档案分类方案、建立健全文件材料归档制度、开展企业档案工作目标管理达标活动以及企业档案管理信息化建设。年内，国有控股企业建档率100%；华宏水泥、城投公司、南宁轨道公司等企业报送的归档范围和保管期限表通过审批；西乡塘区档案局确立“宣传引导、培育典型、以点带面、主动服务、建立适合民营企业特点的档案工作”的思路，发放宣传资料，指导辖区内的南宁青岛啤酒股份有限公司、百会药业股份有限公司、广西高峰人造板有限公司等企业做好建档工作；青秀区档案局通过与城区工商业联合创办《青秀商界》报刊、发布《致青秀区企业家的一封信》，宣传企业档案工作的重要性和必要性。有29家科技事业单位档案管理通过自治区级达标复查；重点建设项目档案工作得到有效监督；15家企事业单位档案管理分别通过国家二级、自治区级达标认定。南宁大桥竣工档案通过自治区考核验收。

【农业农村档案工作】 2011年，南宁市108个乡(镇)机关年度归档合格率100%，优秀率47.30%；乡(镇)综合档案室合格率100%；1399个村委会建档率100%，合格率98.40%，为5658名村级干部建立个人档案。有44个乡（镇)572个行政村实行“村档镇管村用”管理模式。全市农科单位建档率、合格率100%；街道办、社区建档率、合格率100%，优秀率92.80%。配合自治区、市有关部门完成集体林权制度改革主体验收，林权改革档案归档7.25万卷(盒)，其中兴宁区档案局林改档案“一户一档，按户装订，按件编号”的整理方法，得到市林业局的肯定，并在全市推广。6月1日，在兴宁区召开全市林改工作推进暨档案整理现场会，率先在自治区实现农村档案信息资源共享。搭借市委组织部“绿城党旗红”党建工作网络平台，通过南宁市档案信息网站与平台链接的方式，将已公开的档案信息延伸到乡村基层网络；各县(区)推进社会主义新农村建设档案工作示范县(区)建设申报，6个城区制定实施方案。

【档案信息化建设】 2011年，市档案局采集55个单位未进馆档案目录数据78万多条，新增文件级目录86万多条，数据采集报送获得自治区一等奖；加强馆藏重要档案的数字化，全市扫描纸质档案89万页；改版南宁档案信息网站，向公众公布开放档案条目30多万条，网站访问量累计150多万人(次)，位居自治区档案网站第一，网站建设获得自治区档案网站评比二等奖。

【档案法制与宣传】 2011年，市档案局在自治区首次将《中华人民共和国档案法》列为市级“六五”普法内容，并纳入市2011年度“六五”普法考试。印发《南宁市2011年档案行政执法检查实施方案的通知》和《关于开展档案行政执法和档案安全检查的通知》，部署档案行政执法。各级档案部门会同人大、司法等有关部门开展档案行政执法检查16次，检查单位720个，推动依法治档，提高各级各部门的档案法制意识。自治区档案局于9月26日对南宁市档案法制宣传教育、档案执法检查、安全管理、重大建设项目档案管理和国家档案局《机关文件材料归档范围和文书档案保管期限规定》贯彻落实情况进行检查，抽查市档案局(馆)、隆安县档案局(馆)；市档案局于11月17日~18日对武鸣县、马山县、宾阳县、西乡塘区、江南区、良庆区等6个县(区)和市城乡建设委员会、市教育局、市城市管理局、南宁经济技术开发区管委会、威宁公司、南宁储备粮管理公司等6个机关、企事业单位和重点建设项目单位开展档案行政执法专项检查。年内，各级档案部门在市级以上媒体发表信息、报道606篇(条)，列自治区第一；编辑《档案工作简报》15期；征订《中国档案报》190份，《中国档案》杂志160份；开展档案展览13场次。市档案局(馆)被评为2011年广西档案宣传工作先进集体。

【档案业务培训与职称评定】 2011年，市各级档案部门采取业务知识讲座等形式开展档案业务培训，举办业务培训班73期，培训3143人次。有32名档案人员申报档案系列专业技术职称，其中获档案系列馆员职称资格16人、获助理馆员职称资格13人、获管理员职称资格3人。

（邓淑华）

责任编辑　黄晓敏

报　纸

【概　况】 2011年，南宁市有市办报纸3家（《南宁日报》、《南宁晚报》、《南宁广播电视报》），驻市各类报纸23家。南宁日报社辖《南宁日报》、《南宁晚报》、南宁新闻网（简称“两报一网”）、南宁日报社印刷厂。《南宁日报》周七刊，对开12版，彩色印刷，平均期发行量8.81万份，总发行量3215.70万份；《南宁晚报》周七刊，四开48版，彩色印刷，平均期发行量15.90万份，总发行量5744.20万份。南宁新闻网有200多个栏目，新闻和信息日更新量在3000条以上，为中国—东盟信息中心的龙头网站之一。报社所属印刷厂，经过多次技术改造和更新设备，印刷能力、印刷质量和经济效益在全市（含驻市）印刷行业中排在前列。至年末，报社有职工320人（新闻专业人员197人，高级专业技术职务任职资格14人、中级41人、初级127人）。年内，报社做好重要宣传和专题报道，举办主题社会活动；抓好党建工作，推进反腐倡廉；深化体制改革，促进规范管理；有序推进新闻、印务中心项目建设，完成南宁新闻网二期工程，并上线运行；强化队伍建设，提高整体素质；加强经营管理，提升经济实力。南宁日报社获中国晚报赵超构新闻奖一等奖1个、二等奖2个、三等奖1个；获广西新闻奖一等奖3个、二等奖5个、三等奖17个；印刷厂获中华印制大奖优秀奖。

【南宁日报社重要宣传和专题报道】

中共南宁市委十届十四次全会宣传报道　2011年1月11日，中共南宁市委十届十四次全体（扩大）会议在南宁召开。自治区党委常委、市委书记车荣福，市委副书记、市长黄方方分别在会上作重要讲话。1月12日，两报一网分别刊发《中共南宁市委十届十四次全体（扩大）会议开幕》等报道，《南宁日报》专门配发《在加快建设区域性国际城市和广西“首善之区”中迈上新台阶》文章。会议闭幕后，两报一网对全市贯彻落实会议精神的情况继续进行报道。

自治区“两会”宣传报道　1月16日~20日自治区政协十届四次会议、1月17日~21日自治区人大四次会议在南宁举行（简称“自治区‘两会’”）。1月17日~18日，两报分别在头版头条刊登自治区“两会”新闻，晚报还开设“提案直通车”、“代表访谈录”等栏目，南宁新闻网也在重要栏目开设专题报道。期间，两报一网对自治区“两会”进行全方位报道。

“2010年盘点”专题报道　经精心策划，1月~5月，《南宁日报》推出“2010年盘点报道”；《南宁晚报》作“三年五战”成果系列报道。每天以1个版进行报道，续持近1个月。日报专题报道，刊发的专题近100个版，发稿4000多篇（幅）图文并茂，对2010年全市各行各业取得的成绩进行一次大“盘点”。晚报系列报道持续近1个月，每天刊发稿件1个版。收到良好的社会效果。

“南宁精神”典型报道　1月~12月，两报一网配合市委、市政府中心工作，宣传在贯彻落实科学发展观中所展现的城市底蕴和人文精神，着力宣传“南宁精神”。1月5日~7月，《南宁日报》在头版开设“绿城党旗红”专栏，对全市在“创先争优”活动中涌现出的优秀共产党员进行宣传报道。1月8日，《南宁日报》在头版刊登《望州南——盛开在基层的文明之花》一文，对望州南社区典型继续进行深度报道。年内，两报一网各在重要版面、栏目推出《“能帮就帮、敢做善成”的人和事》专栏，宣传“南宁精神”，使“南宁精神”家喻户晓。

创“三个城”宣传报道　南宁市继续开展创建“全国文明城市”、“国家卫生城市”、“国家森林城市”活动（简称“创‘三个城’”）。两报一网做好宣传报道，为创“三个城”提供舆论支持。1月18日，两报分别刊登《南宁：以人为本常抓不懈创建国家卫生城》报道。1月18日~21日，日报开设“全民动员　全力创卫”专栏，每天以1个整版报道相关内容。8月21日~26日，日报推出创全国文明城的连版“文明南宁　森林南宁　卫生南宁”。9月25日~29日连续推出专版“绿色南宁　生态南宁　宜居南宁”，宣传南宁创“三个城”的新亮点和新高度，充分展示南宁创“三个城”的丰富内涵和创新力。南宁新闻网也陆续在重要栏目开设“创卫”报道专栏。12月21日，两报一网分别对南宁实现“全国文明城市”二连冠及获“国家卫生城市”进行报道。日报专门在头版头条刊登《南宁市在同日喜摘国家级“双城”桂冠》消息，并配发社论《珍惜荣誉　乘势而上再创辉煌》。

南宁市“两会”宣传报道　2月21日~25日市政协九届六次会议、2月22日~26日市十二届人大九次会议在南宁召开（简称“南宁市‘两会’”）。2月22日起，南宁市“两会”期间，两报一网各开设“两会”专栏，将“两会”召开盛况，市委、市政府未来新的战略决策，以及相关利民益民事宜等，进行宣传报道。

全国“两会”宣传报道　3月3日~13日全国政协十一届四次会议、3月5日~15日十一届全国人大四次会议在北京召开（简称“全国‘两会’”）。两报一网转载新华社相关新闻稿，开设“关注全国两会”专栏，对全国“两会”召开期间的重大新闻、特别是有关广西代表团代表的新闻作大量报道。

“三年五战再攻坚”与“展望南宁‘十二五’”活动报道　2月~12月，两报一网把南宁市开展“三年五战再攻坚”（项目建设年、服务企业年、发展环境建设年，工业经济振兴、五象新区开发、产业园区建设、交通基础设施完善和"中国水城"建设攻坚战）主题活动作为2011年新闻宣传的重中之重进行宣传报道。《南宁日报》开设30个版,80个专栏，刊发稿件1000多篇(幅)。《南宁晚报》、南宁新闻网也各开设专栏(栏目),进行大量报道。7月,《南宁日报》组织、策划"速度南宁 和谐南宁 幸福南宁" 系列专题报道,用3个连版宣传南宁市"十二五"开局之年经济社会发展的喜人成绩，展示南宁的新形象、新实力。

优秀党员和道德模范人物典型报道 两报一网对全市涌现出的优秀共产党员典型人物连续报道，以纪念中国共产党成立90周年。5月16日,日报在头版刊登《共产党人的脊梁》一文,并配发编者按和本报评论员文章，对宾阳县公安局刑侦大队一中队长、因公牺牲的共产党员吴富让的先进事迹进行报道。之后,又推出《对党忠诚不二、为民奉献一生的共产党员吴富让》、《陀螺人生的绚丽风采》等系列报道。晚报、南宁新闻网分别在重要版面(栏目),对吴富让的先进事迹也进行大量报道。5月7日,日报在头版开设的"纪念中国共产党成立90周年" 专栏中,头条刊登《投一张选票 学一次典型 受一次教育》文章,对南宁市优秀共产党员、"敬业守责、敢做善成的模范基层带头人" 朱传波入选全国优秀共产党员预备人选进行报道。晚报、南宁新闻网也分别在重要版面(栏目)作相关报道。之后,两报一网还对朱传波的先进事迹作大量宣传。10月1日凌晨2时,宾阳县中华镇蒙记村委干部韦曰坚,为保护村民财产,顶着急风暴雨到水库开闸泄洪，不幸以身殉职。10月8日,日报在头版刊登《生命铸造的诚信》一文,并作系列报道。晚报、南宁新闻网也在重要版面(栏目)对韦曰坚的先进事迹进行宣传。12月14日,两报一网对自治区党委常委、市委书记陈武到韦曰坚家中慰问作专门报道;之后,对韦曰坚入选"中国好人榜"也进行宣传。2011年1月~3月,南宁市开展第一届道德模范评选活动。3月5日,市委、市政府对首届道德模范和美德少年进行表彰。3月6日,两报一网分别刊发《学习先进 争当模范 全面提升文明城市水平》一文,并对自治区党委常委、市委书记车荣福亲切接见道德模范代表进行报道。3月24日,日报在要闻版刊登《南宁市第一届道德模范主要事迹简介》，并加编者按,使南宁道德模范人物家喻户晓。

"大地飞歌·2011"民歌大赛系列报道 5月25日,"大地飞歌·2011" 民歌大赛在南宁民歌湖露天舞台正式启动。5月26日，两报一网分别刊发民歌大赛相关报道。日报在头版刊登《乘民歌翅膀飞向世界》,对"大地飞歌·2011"民歌大赛启动进行详细报道。之后,日报对历时数月的民歌大赛用40多个版作系列报道。晚报、南宁新闻网也分别作专门宣传。

纪念中国共产党成立90周年专题报道 2月~7月,两报一网对纪念中国共产党成立90周年作专题报道。日报经策划,在时事新闻版开设"'双百'人物中的共产党员"、"党旗飘飘"、"伟大历程"3个专栏,转载新华社文章,对中国革命时期的英烈，以及建设新中国和改革大潮中涌现出的优秀共产党员作大力宣传。5月1日起,两报一网加大相关内容报道,营造浓烈氛围。5月18日起，日报在1版开设"纪念中国共产党成立90周年" 专栏,推出《重访:寻历史足迹 看沧桑巨变》系列报道,发18个专版。7月1日,两报分别开设 "纪念中国共产党成立90周年"特刊,24个版;南宁新闻网开设专栏,刊发南宁市委举办庆祝活动盛况。7月2日,两报一网分别刊发7月1日中共中央庆祝中国共产党成立90周年纪念活动盛况,全文刊载中共中央总书记胡锦涛在庆祝中国共产党成立90周年大会上的讲话全文。两报一网同时开设专栏,大量报道自治区党委、南宁市委，以及全市广大党员、群众庆祝中国共产党成立90周年纪念活动盛况。

第七届全国茉莉花茶交易会特别报道 8月16日~17日，第七届全国茉莉花茶交易会、2011年中国国际茉莉花文化节在横县举办。8月17日,日报在头版头条刊登《努力打造"中国茉莉花乡"品牌 推动茉莉花产业文化的融合发展》报道;第三版整版刊登《"好一朵茉莉花"盛大绽放》文章。8月19日,日报在第四版以《打造"中国茉莉花乡"新品牌》专版进行详细报道。晚报、南宁新闻网也对交易会和文化节进行大量报道。

中共十七届六中全会特别报道 10月15日~18日,中国共产党第十七届中央委员会第六次全体会议在北京举行。中央委员会总书记胡锦涛在会上作重要讲话。10月18日,中国共产党第十七届中央委员会第六次全体会议通过《中共中央关于深化文化体制改革 推动社会主义文化大发展大繁荣若干重大问题的决定》。两报一网转载新华社相关报道文章,刊登《中国共产党第十七届中央委员会第六次全体会议公报》。10月26日,两报一网转载新华社文章,刊登《中共中央关于深化文化体制改革 推动社会主义文化大发展大繁荣若干重大问题的决定》。

"走基层、转作风、改文风"活动报道 8月9日,按照中宣部等五部门部署,全国新闻战线"走基层、转作风、改文风"活动启动。南宁日报社将"走基层、转作风、改文风"活动作为重点内容进行深入报道。8月12日,南宁市召开全市宣传文化系统"走基层、转作风、改文风"活动动员会;8月17日,南宁日报社"走基层、转作风、改文风"活动正式启动;9月14日,南宁新闻战线召开"走基层、转作风、改文风"活动培训班。两报一网分别作宣传报道。8月22日,日报在头版头条刊登《用"脚"写新闻 用"心"抓活鱼》,对南宁新闻战线"走基层、转作风、改文风"活动全面铺开进行报道。晚报、南宁新闻网也刊发相关报道。8月中旬~12月,南宁日报社领导和两报一网编辑、记者刊发"走基层、转作风、改文风"活动稿件3000多篇(幅)。

2011年"两会一节"专题报道 10月21日~26日，第八届中国—东盟博览会、第八届中国—东盟商务与投资峰会及2011年南宁国际民歌艺术节(简称"两会一节"),在南宁举办。期间,两报一网精心策划,对"两会一节"作专题报道。日报从10月17日开始,策划并组织开设"姹紫嫣红展芳容 万民齐心迎盛会"、"金秋迎盛会 飞歌传五洲"等主题板块,每天3~6个整版不等,营造"两会一节"前浓厚氛围。21日~27日,日报每天以五大主题板块、10个整版的容量,近80个版对"两会一节"进行全方位报道。晚报、南宁新闻网开设专栏(栏目),图文并茂,对"两会一节"进行大量报道。

中共南宁市委十一届三次全会宣传报道 12月30日，中国共产党南宁市第十一届委员会第三次全体会议在南宁召开。自治区党委常委、市委书记陈武在会上作重要讲话。12月31日,两报一网分别对中国共产党南宁市第十一届委员会第三次全体会议情况进行全面报道。日报在头版头条刊登《中国共产党南宁市第十一届委员会召开第三次全体会议》消息，并配发社论《开拓创新　奋发有力　克难攻坚　争创一流》。

【南宁日报社主题社会活动】

“温暖过大年”活动　2010年下半年，广西部分地区受旱、涝、冰冻灾害严重。2011年1月，为让受旱、涝、冰冻灾害群众能过上一个温暖喜庆的新春佳节，《南宁晚报》联合广西红十字会共同举办“温暖广西·博爱送万家”爱心箱认捐活动。活动在元旦和春节期间开展。1月4日~13日，晚报进行大量报道，呼吁广大市民积极参与“能帮就帮，敢做善成，爱心传递”活动。活动取得成功，收到良好的社会效益。

“协力·盛天奖助学金”助学行动　7月，为让广西贫困地区学子能圆“大学梦”，《南宁晚报》和广西协力扶助基金会、广西盛天集团携手广西政协报启动“协力·盛天奖助学金”助学行动。日报、晚报利用自身优势，对开展活动情况进行大量宣传报道，在社会上引起强烈反响。此活动使一批贫困学子获助学金，圆了“大学梦”。

南宁消费购物节　9月2日~11日，2011南宁消费购物节在南宁举行。由市商务局和南宁日报社联合主办，《南宁日报》、《南宁晚报》、南宁新闻网承办。有百货、汽车、家电、IT通讯、家居等行业的近60家大型卖场、200个门店参与，设奖金额100万元的抽奖活动。购物节在南宁掀起消费购物热潮，参与商家累计销售额5.80亿元，比上年增长41%。

（苏贤庆）

【南宁广播电视报】　南宁电视台主管主办，周刊，公开发行。2011年，报社由南宁人民广播电台控股的广西声动运达文化传播公司与广西玥东方文化传播有限公司经过协商达成协议：在遵守国家法律法规和新闻出版有关规定，南宁广播电视报社拥有《南宁广播电视报》的所有权、坚持正确舆论导向的掌控权和编辑出版终审权不变的前提下，由广西玥东方文化传播有限公司代理《南宁广播电视报》的出版、印刷、发行和广告业务。合作期10年。2011年媒资管理费20万元，之后按照每年递增5万元逐年增加。

报纸改版扩充为80版，分A、B两册，全彩印刷。重新定位为南宁本土18岁~40岁女性为主要读者群，内容侧重时尚生活消费服务方面。内容编排和印刷包装全面升级后的《南宁广播电视报·新桂女》2011年9月1日面市，单期发行量约5万份。全年出版报纸18期。　（佚双穗）

广播电视

【概　况】　2011年，南宁市（含驻市）有省级广播电台1家，地级广播电台1家；省级电视台1家、地级电视台1家；县级广播电视台6家。市属有线电视用户（含六县六城区）88.14万户。市广播电视系统有员工786人（高级专业技术职务任职资格29人、中级118人、初级294人）。年内，市广播电影电视局坚持“新闻立台、活动兴台、科技强台、经营富台”原则，以“当喉舌、做表率、出精品、创实绩”为目标，开展创先争优活动，推动广播影视各项工作取得新发展、新突破。安全生产、扶贫支教、城乡风貌改造、计划生育、依法行政等工作得到落实和加强。获“十一五”广西广播影视创新先进集体等综合奖项21个，局属各单位获广西广播电视奖等单项奖85个。

南宁人民广播电台播出各类稿件9.31万篇，南宁电视台播发各类新闻稿件1.21万篇。电视台安全播出4万小时，电台安全播出3万多小时，发射台安全播出3万小时，停播时间0秒。出动车辆100多辆次、执法人员350多人次；查处非法销售点30家、查处没收天线350面、接收机300台、高频头390只、遥控器210个；查处非法安装的设备110套；通过宣传，群众自动拆除200套，有效地遏制倒卖直播卫星“村村通”（指20户以上已通电自然村屯中的盲村广播电视村村通直播卫星覆盖工程）设备的行为。11月25日，提前完成2600多个村屯建设任务，发放设备8万多余套，完工率100%；利用上级补助资金完成投资3000万元，投资完成率100%。全市13.65万套加密型卫星接收设备的用户信息全部录入国家广播电影电视总局直播卫星管理中心用户数据平台，用户信息录入率100%。投入2000万元用于技术设备升级改造。全年系统总收入超过2亿元，其中经营性创收1.76亿元，比上年增长19%。

9月20日上午，2011南宁消费购物节开幕式在南宁万达广场举行　宋延康　摄

【南宁电视台】　2011年，南宁电视台与市广播电影电视局为局台合一体制。设综合部、总编室、新闻综合频道、都市生活频道、影视娱乐频道、公共频道、节目部、广告部、大型活动部、互联网站部，并管辖广西发扬文化传媒有限公司、南宁广电传播商务发展有限责任公司2个公司。有员工349人（高、中级专业技术职务任职资格68人）。节目以数字和模拟信号方式同时传输，无线覆盖市辖六县六城区，用户60万。6月30日，推出连续12小时的特别直播《献礼建党90周年——飞扬的旗帜》。首次利用水、陆、空三位一体直播形式，运用3G（第三代移动通信技术）、移动微波车等多种传输方式，丰富直播手段。增加民生新闻直播节目并提高质量。以《新闻夜班》为主要直播平台，组织

技术先进的数字电视转播车,在2011年南宁电视台进行的《南宁孔庙迁建落成仪式暨祭孔大典》等多场大型活动直播中发挥了重要的作用　　市广电局提供

“邕武路化肥厂爆炸”、“直击春运”等103场新闻直播,体现“第一时间,我在现场”的定位。12月31日晚,新闻综合频道从17时30分至次日0时30分组织7个小时的跨年特别直播节目,期间,观众积极参与,不断通过热线电话进行互动,全方位展示南宁人喜迎2012的跨年活动。年内,推出《新闻威龙》、《老友倾计》、《10全10美》3档新节目,对《新闻夜班》、《帮得行动》等栏目进行改版,并于“两会一节”期间正式启用1500平方米全景高清演播室,使多个景区有机融为一体,实现主持人与新闻报道现场记者的交流和互动。在南宁市区所能接收的60多个电视频道中,南宁电视台4个频道的市场份额有2个进入前10名,其中新闻综合频道的市场份额居第2、都市生活频道居第8。播发各类新闻稿件1.21万篇,被中央电视台采用稿件近400篇。收入1.18亿元,比上年增长16%。

【南宁人民广播电台】 2011年,南宁人民广播电台与市广播电影电视局为局台合一体制。设总编室、新闻部、新闻综合广播、交通音乐广播、乡村生活广播、播出部、广告信息部等7个部门。有员工99人(高级、中级专业技术职务任职资格36人)。三套频率有《南广新闻网·今早报》、《南广新闻网·晚间报》、《南广新闻网·百姓热线》、《新闻微波炉》、《私家车早上好》、《音乐超转速》、《粤听越爽》等近100个栏目。播出各类稿件9.31万篇。被中央人民广播电台采用稿件80多篇。经营收入2011万元,比上年增长19.50%。

【南宁广播电视技术中心】 2011年,南宁广播电视技术中心与市广播电影电视局为局台(中心)合一体制。设技术综合部、技术制作部、播出部、发射台等4个部门。有员工87人(高级专业技术职务任职资格8人、中级11人、初级39人)。坚持把安全播出和技术保障放在工作的首位,使全局采编播设备始终处于良好的运行状态,保证优质安全播出。全年完成设备更新改造项目56个,采购资金5430万元。其中:高清转播车采购2100万元;全景高清演播室1500万元;编辑制作系统设备的更新改造1200万元;南宁人民广播电台调频同步网建设630万元。进行89场大、中型直播和录播任务。自主完成《南宁孔庙迁建落成仪式暨祭孔大典》、《2011年百龙舞宾州——广西·宾阳炮龙节》、《2011年南宁国际半程马拉松比赛》等大型活动的现场直播任务。直播《2011年南宁国际半程马拉松比赛》中运用数字移动微波、数字移动微波中继传输、光纤传输等先进的高新传输技术组合;采用数字电视转播车、数字微波新闻直播车、虚实结合在线包装、多点触摸点屏等高新技术制作手段的节目直播节目形式,在自治区电视直播活动中属于首创。1500平方米全景高清新闻演播室项目建成,新闻节目制作、新闻后期编辑、观众互动参观于一体。对近线存储与节目素材自动技审系统,播出通道、播出系统UPS供电系统双回路异构系统进行改造。升级后,近线存储容量为68T;存储时间为1.50万小时。完成南宁电台调频同步网建设工程项目设计,并建成第一个站点,实现电台三套频率马山县城及附近乡镇的同频覆盖。《低成本高可靠大容量近线存储系统的设计与应用》等5项科技创新项目及论文《电视台演播室建设项目的科学管理》、科普作品《绿色家园》,分别获自治区广电系统科技创新奖、科技论文奖和科普作品奖。组织35次技术培训和交流,对员工进行系统应急、设备操作、电源切换等技术实战培训7次;派出9人次到清华大学、中国传媒大学、浙江传媒学院等参加学习培训;派出2人参加2011年广西广播电视技术能手竞赛,获技术能手称号。获广西广播电视节目录制质量奖一等奖5个,二等奖2个。高清节目《绿色家园》获2011年索尼高清杯二等奖。

【大型活动与直播报道】

春天的旋律·2011中马泰跨国连线春节晚会　2011年2月1日晚,由中国南宁电视台、马来西亚家娱频道和泰国中央中文电视台联合举办的“春天的旋律·2011中马泰跨国连线春节晚会”在南宁电视台新闻综合频道播出。晚会以“定制”连线,根据合作电视台的各自需求相互提供内容以满足不同观众的需要和收视亮点。宾阳的《炮龙雄风》、马山的《扁担舞》、横县的《舞茶》、上林的《瑶山歌》等节目突出南宁特色;泰国的泰拳、印度尼西亚撒满舞等东盟国家节目体现异域风情;部分节目在金湖广场、梦之岛购物中心等室外场地表演。晚会先后在南宁电视台新闻综合频道、都市生活频道、影视娱乐频道播出;春节期间,在泰国中央中文电视台全程播出;马来西亚家娱频道也在春节期间剪辑播出;作为城市台交换节目在柳州电视台三个频道播出。

南宁孔庙迁建落成仪式暨祭孔大典直播　1月30日,南宁孔庙迁建落成仪式暨祭孔大典举行。南宁电视台、南宁人民广播电台全程直播。南宁电视台、技术中心使用8讯道数字转播车、6讯道数字微波车、数字卫星车、2支摇臂、2套斯坦尼康摄像减震器、1套点评系统,设置一个现场主持直播区域,出动工作人员68人,以无缝接力的形式,用15个机位对仪式进行直播。此次直播在自治区首次使用触屏点评系统,主持人可以更直观地向观众讲解孔庙的建筑结构和所处的地理环境,让观众耳目一新。电台采用户外直播的方式，将转播席设置在祭孔活动现场。通过主持人现场解说、记者连线报道、嘉宾现场访谈等多种形式，转播席、直播车和电台内直播间密切配合，细致讲解，使"听得见"和"看得见"融为一体，通过"看得见"的广播让听众立体化地感受本次祭孔活动的独特魅力。

【驻市广播电视机构】

广西人民广播电台　2011年，播出卫星广播、综合广播、经济广播、教育生活广播、交通广播、文艺广播、北部湾之声6套节目。全年公共广播节目播出时间37720小时。其中：新闻资讯类节目11087小时；专题服务类节目9494小时；综艺益智类节目13097小时；广播剧类9小时；广告类节目4021小时；其他类节目11小时。播出的节目中，转播中央人民广播电台节目时间547小时，购买交换节目时间1742小时。

广西电视台　公共电视节目播出时间65432小时。其中：新闻资讯类节目7061小时48分钟；专题服务类节目7304小时24分钟；综艺益智类节目2713小时38分钟；影视剧类节目27239小时32分钟；广告类节目7518小时42分钟；其他类节目13593小时56分钟。播出的节目中，转播中央电视台节目204小时30分钟，购买交换节目40489小时20分钟。播出电视剧633部26741集。

中央人民广播电台广西记者站　广西记者站注重发挥主流媒体作用，做好各项宣传报道。对突发性事件，掌握主动性、把握话语权，在第一时间赶赴现场进行采访并报道。年初发生在广西桂西北雨雪冰冻灾害、六七月间的洪涝灾害、合山煤矿事故等，"央广新闻"都实现首发。对重大报道，提前规划，先行介入。完成第八届中国—东盟博览会、第八届中国—东盟商务与投资峰会的开幕式直播。在纪念中国共产党成立90周年期间，多次参与当地重大典型的宣传报道。

（侯双穗）

2011年南宁市广播电视系统主要业务获奖情况

获奖单位、人员、名称(荣誉称号)、等级	授予时间	发奖单位
南宁电视台《忘掉我是谁》获 2010 年度"广西广播电视奖"电视文艺优秀作品电视剧一等奖	2011 年 3 月 28 日	自治区广播电影电视局
南宁电视台《全国助残日宣传》获 2010 年度"广西广播电视奖"电视文艺优秀作品电视广告片一等奖	2011 年 3 月 28 日	自治区广播电影电视局
电视剧《忘掉我是谁》获 2010 年度广西电视文艺优秀作品电视剧类一等奖（魏永泉 李跃 余伟 罗春子 张婷 杨媛 唐美红 姚卫等）	2011 年 5 月 10 日	自治区广播电影电视局
南宁人民广播电台(蒙献忠、黄健春、罗雪松、苏琼、王艺、陆震)获 2011 年度广西广播电影电视局广播节目播出技术质量奖一等奖	2011 年 8 月 8 日	自治区广播电影电视局
南宁电视台《南宁新闻》(黄嘉嘉、周敬章、陈晓华、陈震谷)获 2011 年度广西广播电影电视局电视节目录制技术质量奖标清新闻类一等奖	2011 年 8 月 29 日	自治区广播电影电视局
南宁电视台《在海那方》(王平和、朱华伟、谭莹、左晓桦)获 2011 年度广西广播电影电视局电视节目录制技术质量奖标清专题类一等奖	2011 年 8 月 29 日	自治区广播电影电视局
南宁电视台《2011 春天的旋律春节晚会》(吴开杨、蒋鹏程、吴晓晴、余蓓、罗珂、詹栋智、杨军、梁娟)获 2011 年度广西广播电影电视局电视节目录制技术质量奖标清综合文体类一等奖	2011 年 8 月 29 日	自治区广播电影电视局
南宁电视台《饭前听古片头》(吴玉泉、黄小燕、万捷)获 2011 年度广西广播电影电视局电视节目录制技术质量奖视频图形制作片头类一等奖	2011 年 8 月 29 日	自治区广播电影电视局
南宁电视台(王平和、黎国华、王颖皓、陈绍勤、黄伟、蒙宇)获 2011 年度广西广播电影电视局电视节目播出技术质量奖一等奖	2011 年 8 月 29 日	自治区广播电影电视局
南宁电视台(沈宏四、吴开杨、曾婉华、陈安山、蒋鹏程、黎国华、赵宁、朱华伟)获 2011 年度广西广播电影电视局电视节目技术质量奖综合奖	2011 年 8 月 29 日	自治区广播电影电视局

新闻出版(版权)管理

【概　况】 2011年，南宁市有图书二级批发市场1家（广西图书批销市场）；图书、音像、电子出版物零售专业市场3家（南宁文化综合市场、广西民族商场、广西电子科技广场）；出版物发行单位1397家（图书报刊批发单位107家，图书零售书店579家，书报亭266家，音像制品经营单位326家，电子出版物经营单位119家）；印刷企业420家（出版物印刷企业82家，包装装潢印刷企业158家，其他印刷品印刷企业180家），三印（复印、打印、影印）单位720家。当年印刷复制工业产值24.91亿元，比上年增长13.17%。其中，出版物印刷产值9.20亿元；包装装潢印刷产值14.09亿元；其他印刷品印刷产值1.62亿元。有市属公开出版报刊7家，内部资料性出版物出版单位83家。其中，内部性出版物中定期出版的报纸（折页、散页）型30家，期刊型37家；不定期出版的图书型16家。市"扫黄打非"工作小组办公室获2011年度自治区"扫黄打非"工作先进集体。

（宁强智　黎彦彤）

【新闻出版监管】 2011年，市文化新闻出版局履行新闻出版行业监管职能，全年受理审读各类（报纸型、期刊型、图书型）内部资料性出版物184种、404期、25.57万份(册)。其中：报纸（折页、散页）型85种，160期13.49万份；期刊型83种，128期12.08万份(册)；图书型16种(期)，1.53万册。互审1536份，会审241份，联审375份，共2152份(册)。年内，对内部资料性出版物出版单位调研15家次，市属公开报刊出版单位调研7家次。分3批用以会代训的方式培训市属出版单位负责人、编辑人员等142人次。

【版权管理】 2011年，全市版权管理主要做好软件正版化及行政窗口审批。5月12日—15日，国务院软件正版化督查组对南宁糖业股份有限公司、南宁化工股份有限公司、南宁百货大楼股份有限公司、南宁国际会展中心软件正版化检查，给予较高评价。召集市委、人大、政协、两院

(法院、检察院)、民主党派机关、群团组织、各县区机关召开软件正版化工作会议，对县级以上机关软件正版化工作进行部署。组织正版软件采购的经费申请、报批和协调，配合市政府采购中心完成正版软件采购和安装任务。组织召开动员会、培训会，具体指导第四批95家企业开展软件正版化工作。规范行政审批程序，保证市文化新闻出版局行政审批窗口日常业务的正常开展，全年共审批行政许可223件，非行政许可21件。

【印刷发行】 2011年，南宁市完成对413家印刷企业、600多家"三印"单位、341家音像制品零售及出租单位(零售单位260家)、98家出版物批发单位、630多家出版物零售出租单位的年度审验。春节期间，组织出版物批发单位向学校和老干部捐赠出版物，捐赠2130册、2.64万元出版物给市仙葫学校。组织有关人员对印刷企业开展检查，查处市久欣印务有限公司涉嫌盗印出版物和承印非法出版物案，扣缴各种非法出版物9336册，25.40令。开展中国—东盟印刷创意园的前期筹备工作。全年办理新申请印刷企业和变更登记事项印刷企业66家（其中新办印刷企业21家），审批发放内部资料准印证212份。举办印刷企业、出版物发行单位、音像经营单位的法定代表人、"三印" 单位负责人、印刷企业业务员、校对人员等各类人员的法规或业务知识培训班，培训680多人次。

【扫黄打非】 2011年，南宁市围绕净化社会文化环境、创建全国文明城市测评复查、创建国家卫生城市、未成年人思想道德创建、社会综合治理等全市中心工作，进一步强化对出版物市场、印刷市场、互联网和手机媒体的日常监管，组织开展"扫黄打非"集中行动和专项治理，封堵政治性非法出版物，查缴淫秽色情、侵权盗版、传销等非法出版物及有害信息，"扫黄打非"工作取得良好成效。全市"扫黄打非" 各级各部门出动执法人员5844人次，检查书报刊、音像制品、电子出版物和印刷复制单位5766家次，没收淫秽色情、侵权盗版、传销等非法出版物59万多件；开展网上"扫黄打非"，删除互联网和手机媒体淫秽色情及低俗信息935条，清理关闭淫秽色情及低俗内容网站59个，关闭存在大量淫秽色情及低俗信息的论坛栏目63个；办理非法出版物刑事案件5件(判决1件、开庭审理4件)，1人被判处有期徒刑3年(缓刑4年)。

建立健全"扫黄打非"工作制度 南宁市逐步建立《南宁市"扫黄打非"工作责任制》、《奖励举报非法出版活动有功人员暂行办法》、《重大案件备案和督查督办制度》、《南宁市出版物市场明察暗访制度》、《信息报送制度》、《保密工作制度》、《节假日值班制度》、《南宁市出版物市场监管暨"扫黄打非"工作考核办法》、《日常监管"黑名单"制度》等工作制度，并成立南宁市出版物鉴定委员会。完善节假日值班制度，将"扫黄打非"举报纳入"12318"电话举报系统，实行全天候24小时电话值班。

5月25日下午，在市政府办公楼会议室，由市委常委、宣传部部长、副市长吕洁(主席台中)主持召开南宁市县级以上机关使用正版软件工作会议

黎彦彤 摄

出版物市场整治 南宁市组织开展"春风护苗" 净化社会文化环境整治行动、打击侵犯知识产权和制售假冒伪劣商品专项行动、"两会" 文化市场集中整治行动、打击盗版工具书专项行动、红色旅游景区及周边出版物市场专项整治行动等出版物市场集中整治和"扫黄打非"专项行动13次。全市各级"扫黄打非"相关部门检查出版物发行单位和印刷复制企业5000多家次，查缴各类非法出版物近60万件。

查办非法出版案件 南宁市查办全国、自治区"扫黄打非"办公室转办、交办的案件6件，包括协查广西实事求是书店涉嫌发行盗版《中国共产党历史》案、盗版《事业单位资格考试用书》案、盗版高等教育自考教辅图书案等。查处的案件均程序规范，处罚适当，上报及时。4月21日，南宁市"扫黄打非"办公室组织市、城区两级公安、文化市场综合执法机构执法人员200多人，对民族商场、航洋国际商贸城等的11家音像制品经营店铺进行突击检查，当场查获非法音像制品40多万件、淫秽色情光盘1700多套。市文化新闻出版局联合公安、检察院、法院等部门成立"4·21"案件专案领导小组，对4月21日查处案件中情节较严重的4起作为刑事案件予以立案侦查。在各有关办案单位的配合、协作下， "4·21"制售盗版光盘系列案件得以顺利侦破。年内，有关法院分别对案件及涉案人员进行公开审判。1月7日，根据群众举报线索，隆安县新闻出版管理办公室、公安局联合行动，在隆安县那桐镇查获某嫌疑人非法经营的"六合彩"非法出版物地下批销窝点。当场缴获《码王》、《六合彩大战》、《黄金码》等"六合彩"非法出版物265种、8787册，压塑生肖排码表等卡片4150张。经隆安县新闻出版管理办公室调查取证、公安机关立案侦查、检察机关提起公诉，隆安县法院对该案进行审理并作出判决。

【农家书屋建设】 2011年，南宁市完成446家农家书屋建设，建立健全农家书屋各项管理规章制度，制作制度牌匾900块，各种管理登记册1200多本。依托农家书屋和"妇女之家"开展"党在我心中"主题读书读报征文活动，收集征文50多篇，入选征文36篇，评出获奖征文11篇，并举办南宁市"党在我心中"读书演讲暨颁奖大会。 (黎彦彤)

责任编辑 李志楠

卫　生

综　述

【概　况】 2011年，南宁市辖区有卫生机构（含自治区直属，不含村卫生室）2324家。其中：医院78家；乡镇卫生院123家；疾病预防控制机构15家；卫生监督所14家；妇幼保健机构9家；社区卫生服务中心（站）83家；门诊部26家；诊所、卫生所、医务室1951家；其他卫生机构25家。市属卫生机构（不含村卫生室）2284家。其中：医院65家；乡镇卫生院123家；疾病预防控制机构13家；卫生监督所13家；妇幼保健机构8家；社区卫生服务中心（站）83家；门诊部19家；诊所、卫生所、医务室1951家；其他卫生机构9家。

全市辖区医疗机构有床位2.88万张，其中医院2.15万张、卫生院5433张，每千人口床位4.05张。市属医疗机构床位数1.90万张，其中医院1.17万张、卫生院5433张。

全市辖区有卫生人员4.87万人，卫生技术人员4.07万人，其中执业（助理）医师1.54万人，注册护士1.59万人。每千人口卫生技术人员5.68人。每千人口执业（助理）医师2.13人，每千人口注册护士2.24人。市属卫生人员3.40万人，卫生技术人员2.87万人，其中执业（助理）医师1.10万人，注册护士1.09万人。

全市乡镇卫生院有卫生人员6977人；全市1392个行政村，设村卫生室2571个，村卫生室执业(助理)医师274人，乡村医生3736人。

【卫生基础项目建设】 2011年，中央安排南宁市卫生项目60个。其中：精神病爱心医院1个；城区医院3个；中心卫生院5个；村卫生室35个；急救体系4个；卫生监督体系12个。计划总投资2.11亿元。其中：中央资金1.26亿元；地方配套8468万元。村卫生室竣工，精神病爱心医院进入装修阶段，中心卫生院在建，其余项目均在前期工作中，开工率62%。自治区安排南宁市村卫生室规范化建设项目746个（含中央投资35个），城市社区卫生服务中心建设项目8个，总投资7918万元。村卫生室项目除青秀区8个城中村被城市社区卫生服务机构覆盖，不再另行建设外，其余738个均完工；安排卫生基础建设项目19个（含中央投资2个），其中市直医疗机构业务用房建设项目7个，乡镇卫生院职工周转房项目12个，总投资8.40亿元。乡镇卫生院职工周转房项目全部开工，主体完工5个，在建7个。市直医疗机构项目基本完工1个，在建3个，未开工3个。其中：市一医院门诊综合楼项目主体封顶，完成建设投资1.80亿元；市五医院门诊综合楼项目完成初验，累计完成投资5300万元；市二医院外科医技综合楼项目完成地下两层建设；市八医院门诊住院综合楼项目进行基础施工；市四医院广西艾滋病治疗关怀中心（南宁）、甲类一层改建、肝科实验楼改建项目均在进行前期准备。

【社区卫生服务】 2011年，南宁市设置社区卫生服务机构91个（社区卫生服务中心34个、社区卫生服务站57个），覆盖服务人口192.88万。其中：户籍人口136.89万，常住人口34.23万，流动人口21.76万；有社区卫生服务人员1754人（全科医生437人、专职防保人员179人、社区护士403人）。开展健康教育讲座1040次，居民接受健康教育8.90万人次，出版健康教育专栏1524期，发放健康教育处方69.84万份，组织公众健康咨询活动1538次；建立居民个人健康档案97.22万份；0~6岁儿童建证（卡）12.11万张，规范预防接种26.22万人；0~36个月儿童系统管理7.92万人，新生儿访视2.56万人；建立孕

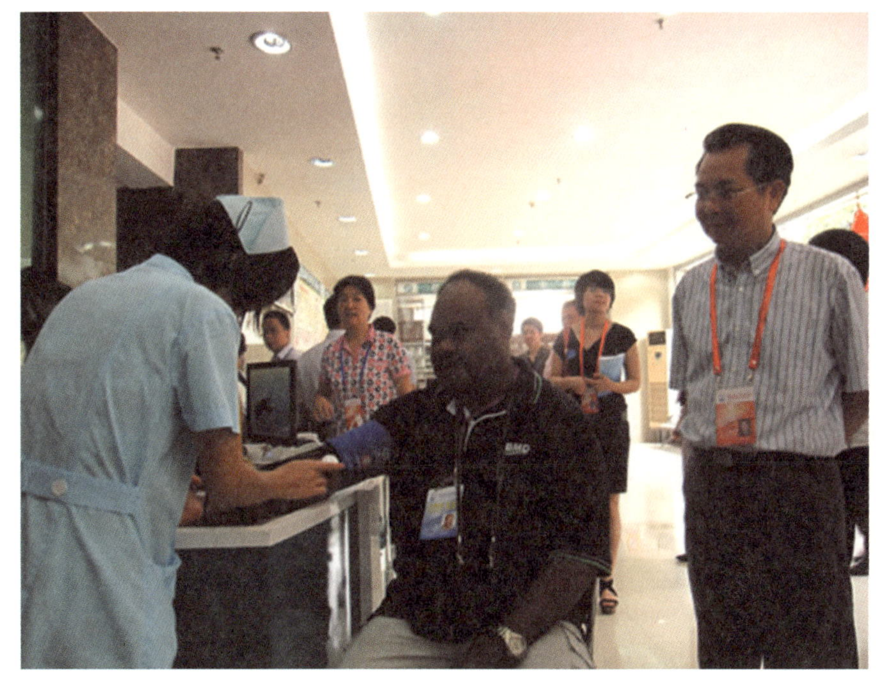

9月4日，一名出席亚洲政党专题会议的代表在市社区卫生服务中心体验医疗服务
市卫生局提供

产妇保健手册2.12万册，孕产妇系统管理2.10万人；65岁以上老年人保健管理14.61万人；高血压、糖尿病等慢病专案管理6.14万人，特殊人群康复管理2.58万人；重性精神病患者健康管理1500人；门诊就诊120.49万人次，出诊1.55万人次，急诊抢救400人次。

【医疗服务】 2011年，南宁市进一步强化医疗机构的主体责任意识，促进医疗服务市场行业自律。全市辖区医疗机构诊疗3404.04万人次，其中医院诊疗1445.91万人次。医疗机构住院93.95万人，其中医院住院63.58万人。全市医疗机构诊疗总量比上年增加530.59万人次，住院人数增加4.54万人。全市辖区医院病床使用率98%，增长6.30%；出院者平均住院11.70日、减少0.5日；医师人均日担负诊疗8.11人次，日担负住院1.77床；医疗机构门诊病人人均医疗费111.57元，住院病人人均住院费6320.67元。

【医疗服务质量】 2011年，南宁市卫生系统开展“三好一满意”（服务好、质量好、医德好，群众满意）活动督导检查1次，对市、县35家各级各类医疗机构进行医疗质量检查。在2家三级综合医院的基础上，新增二级综合医院2家，选择27个专业、48个病种开展临床路径管理试点。市三医院升级成为三级心血管病医院。全市二级以上医院基本推行预约诊疗服务，继续实行二级以上医疗机构检查结果互认。

【国家基本药物制度实施】 2011年，南宁市188个政府办基层医疗机构全面实施国家基本药物制度，配套推进基层医疗卫生机构综合改革，基本完成人员定编定岗、绩效考核、多渠道补偿、人事分配等体制机制改革。基层医疗卫生机构核定人员编制7761名，实际增加编制2318名。各县（区、开发区）出台绩效工资实施及考核办法，所有政府办基层医疗卫生机构已兑现基础性绩效工资和奖励性工资。政府办基层医疗卫生机构基本药物采购实现三统一，即统一通过广西壮族自治区药械集中采购交易系统进行网上采购；统一实行自治区基本药物集中招标采购中标价格，统一由南宁市组织遴选入围的6家配送商进行配送药品。国家基本药物制度实施后，各基层医疗卫生机构门诊量上升，全年门诊接诊313.98万人，比上年增长6.77%；人均门诊费用41.63元，下降5.15%；人均住院费用872.94元，下降6.81%。

医政管理

【基本公共卫生服务项目实施】 2011年，南宁市组织实施9类基本公共卫生服务项目，人均费用25元。在做好结核病、血吸虫病等疾病防治基础上，实施15岁以下人群乙肝疫苗补种等重大公共卫生服务项目7个，全市15岁以下人群共补种乙肝疫苗22.71万针次，完成任务100%。分别有2.27万、0.15万、11.56万农村适龄妇女得到免费宫颈癌、乳腺癌检查和免费增补叶酸。对129名（南宁市户籍66名）检出感染艾滋病病毒孕产妇实施艾滋病母婴传播阻断。建设农村无害卫生厕所1万座。

【公立医院改革】 2011年，武鸣县医院作为自治区7个县级医院综合改革试点之一，通过创新医院内部管理机制，优化诊疗流程，规范医疗行为，改善群众就医环境提升服务能力，加大服务收费和财政补助力度，逐步改变以药养医的局面，取得初步成效。

【医疗安全管理】 2011年，南宁市继续开展平安医院建设，结合“三好一满意”活动对全市医院进行医疗服务质量与医疗安全、执业安全、器械和药品安全、临床用血安全及水电安全等方面进行检查。各医院健全医疗服务质量管理体系，制定医疗管理方案措施，开展质量检查、反馈，促进质量持续改进；所使用的设备、药品、试剂、医用卫生材料符合要求，无过期或劣质物品；临床用血全部来源于南宁中心血站，血液保存符合要求；全市有10余家医院参加医疗责任保险，各医院设有医疗纠纷处理部门和专门人员，负责接受医疗服务投诉、处理。建立并实施医师定期考核制度。

【重大活动医疗保健】 2011年，南宁市进一步建立健全重大活动（重要会议）医疗保健工作机制，加强医疗保健队伍建设，提高卫生保健应急和快速反应能力，完成中国—东盟博览会，南宁国际民歌艺术节，全市党代会、人大、政协全会和各种国际性、全国性会议等重大活动、重要会议的医疗卫生保健任务56次，派出医护人员150人次，服务1.20万人次。

【卫生应急保障】 2011年，南宁市应急处置突发公共事件36起，实施大型活动医疗保障39次，医护人员参与各项任务累计900人次，处置伤病员3000多人。“两会一节”期间，出动应急医疗保障组139个、参与现场保障救护车128辆次，现场处置各种伤病员1500多人次。全年培训卫生应急管理人员172人，组织参加全市性综合演练5次，卫生系统内部专项演练5次，参演人数500人次。完成《南宁市突发公共卫生事件应急预案》、《南宁市紧急医疗救援预案》的修订并颁布实施。根据市应急办的要求，配合开展卫生应急培训“四进”（进学校、进企业、进社区、进农村）、“小手拉大手”（教育一个学生，带动一个家庭，影响整个社会）等项目，深入村、社区、企业、学校，接受卫生应急科普教育累计1万人。

【120急救医疗】 2011年，南宁市急救医疗中心120受理呼叫4.44万人次，调度出车3.52万辆次，救治3.30万人次（危重病例6493人次，到达现场已死亡1617人，现场抢救无效死亡15人），院外抢救成功率99.97%。120平均反应时间17.70分钟，平均应急时间36.30分钟。院前急救病种分类：交通事故伤8035例、其他损伤6912例、酒精中毒1550例、其他中毒2304例、妊娠病和分娩病及产褥期并发症1631例、心脏病1387例、高血压1144例、消化系统疾病1263例、脑血管病1263例、呼吸系统疾病1002例、神经系统疾病599例、恶性肿瘤318例、煤气中毒410例、泌尿系统疾病160例、药物中毒150例、溺水106例、电击伤68例、农药中毒78例、食物中毒47例、传染病21例、其他疾病1.13万例。

【医疗纠纷处置及医疗事故鉴定】 2011年，南宁市卫生部门加强与司法、保险部门沟通协作，配合司法部门拟定医疗纠纷第三方调处实施的有关意见。培训医疗事故技术鉴定专家500人次。市医学会医疗事故技术鉴定办公室接到来自医患双方、卫生行政部门和法院委托的医疗纠纷案件68件，受理62件，其中医患双方共同委托2件、卫生行政部门移送24件、法院移送36件。已鉴定51件，终止8件，中止3件，暂不受理6件。

【医疗机构药事管理】 2011年，南宁市各医疗机构贯彻《处方管理办法》、《抗菌药物临床应用指导原则》，促进临床合理用药，开展抗菌药物临床应用评价。加强医疗机构药品和器械不良反应信息报告与防范管理，建立健全各级医疗机构，健全药事管理体系，调整完善药品动态监控及超常预警机制，抓好处方点评及限额管理，每季度对全市二级及以上医院的中西药品使用进行动态监测。严把麻醉药品准入关，做好医疗机构使用麻醉药品的监管，开展麻醉药品临床使用与规范化管理培训，培训950人。

【医院感染管理】 2011年，南宁市定期组织专家对全市各级各类医疗机构开展医院感染管理专项督查。对医院感染管理建设与工作开展情况，重点部门、重点环节感染防控，医疗废物管理等进行现场检查。10月11日~14日，抽查医疗机构18家。加强对医院感染监控信息管理，提高院感监控和管理水平，逐步完善医院感染流行暴发预警功能。加强医院重点部门的感染预防和控制，对重点部门建设严把准入关和质量关，要求各医院在重点科室新建、改建工作中，要组织医院相关职能部门按规范标准进行研究、论证，并报市卫生局审核、备案。

【优质护理服务示范工程】 2011年，南宁市制定《2011年南宁市推广优质护理服务工作实施方案》，明确2011年优质护理服务的进度、目标、主要措施和时间节点。全市有示范病区194个。其中：三级医院（5家）示范病区62个，覆盖率77.50%；二级医院（30家）示范病区132个，覆盖率65.30%。

【护理安全管理】 2011年，南宁市分期分批派出护士长及专科护士到省级培训班和专科培训基地接受管理岗位和专科准入资格培训，选派护理骨干到香港特别行政区学习先进管理理念和管理措施。全年举办各类专科培训36期，培训4000人次。规范安全管理项目，统一物品标识，要求各医疗机构统一导管安全标识、毒麻药品标识，统一使用安全腕带，开展应急技能培训。自2009年起，在“南宁市护理安全自愿报告系统”网站建立符合保密的、自愿参加的、非处罚性的护理安全自愿报告系统网站和数据库，收集来自南宁市属二级以上医疗机构护理人员及其他相关人员针对涉及医疗护理过程中不安全事件或者当前存在/潜在的安全隐患提交的报告，并对报告信息进行处理与分析，根据事件的危险程度发出告警信息，刊登在南宁市护理质量控制中心的简讯上。2009年~2011年，共上报不良事件28起。

【白内障患者复明工程】 2011年，南宁市重新确定9家综合实力较强的二级以上医疗机构作为2011年“百万贫困白内障患者复明工程”项目定点医院。在保证医疗质量的前提下，采取措施控制医疗成本，降低医疗费用，要求各定点医院严格按照卫生部“百万贫困白内障患者复明工程”项目白内障手术操作规范及质量控制标准对贫困白内障患者实施手术，市残疾人联合会对项目定点医院白内障手术质量、费用进行督查。各定点医院医务人员积极开展筛查及手术。10月，获医治的白内障贫困患者1169名，提前超额完成2011年1000例“百万贫困白内障患者复明”手术任务。

【医疗机构药品与医用耗材集中采购】 2011年，南宁市县级以上34家医疗机构业务总收入26.60亿元。药品总收入9.54亿元，药品收入占业务收入35.86%。药品采购总金额8.52亿元，采购入围药品金额8.16亿元，采购入围药品金额占药品采购总金额95.77%。重点监控药品采购总金额178.47万元，让利于患者近亿元。医用耗材（包括高、低值医用耗材和检验试剂）集中采购金额1.68亿元，占医疗机构总用量97%以上。

【卫生信息化建设】 2011，南宁市对居民健康档案系统平台进行更新升级，增加各城区卫生局的社区卫生行政管理系统。向市发改委申报《卫生监督信息平台和社区卫生服务“双向转诊”平台（试点）项目立项和初步设计方案》，方案包括建设卫生监督信息平台1个和社区卫生服务“双向转诊”信息系统平台1个。4月26日，项目通过审核，获得立项，整体投资575万元，全部由市财政拨款，初步设计方案通过专家评审。12月，建设15家社区卫生服务中心的基本医疗信息化管理系统。

疾病预防控制

【传染病疫情报告】 2011年，南宁市无甲类传染病疫情。乙类传染病报告发病率350.70/10万，死亡率3.45/10万，病死率0.98%。全年除鼠疫、霍乱、传染性非典型肺炎、脊髓灰质炎、人禽流感、流行性出血热、炭疽、流脑、百日咳、白喉、布病和血吸虫病无发病和死亡报告外，其他病种均有报告。乙类传染病报告发病率比上年略有下降，主要是甲型H1N1流感、钩体病、痢疾、淋病、肺结核、梅毒、艾滋病和伤寒+副伤寒等病种发病率下降；死亡率有所上升，主要是艾滋病报告死亡率上升。乙类传染病发病率前五位依次为：病毒性肝炎、结核病、梅毒、淋病和痢疾；病死率前五位依次为：狂犬病、艾滋病、甲型H1N1流感、肺结核、病毒性肝炎。丙类传染病占法定传染病总数68%，手足口病占49.17%。全市有疫情网络直报单位222家，传染病疫情网络报告率100%。报告传染病报告卡片10.08万张，浏览审核10.08万张，报告及时率99.49%。全市突发公共卫生事件网报45起。其中：较大事件3起（死亡6人）；一般事件41起；未分级事件1起。全年无特别重大、重大事件发生。网络直报系统传染病自动预警信号2168条，排除2088条，疑似事件80条，均及时通知相关业务部门处置。

【免疫规划】 2011年，南宁市常规免疫冷链运转12次。全市适龄儿童建卡12.29万人，出生上卡率17.38‰。1月~12月“五苗”基础免疫接种情况为：卡介苗99.70%，脊灰99.15%，百白破99.16%，麻疹（含麻疹、麻腮、麻风、麻腮风疫苗）98.62%，乙肝99.42%，乙肝首针及时接种率96.22%，乙脑98.53%，A群流脑98.50%，甲肝97.47%。加强免疫接种情况：脊灰98.20%，百白破97.59%，麻疹疫苗（含麻疹、麻腮、麻风、麻腮风疫苗）97.56%，乙脑97.37%，A+C群流脑97.12%，百破94.50%。完成8月龄至14岁儿童麻疹疫苗强化免疫接种11.75万人次，接种率95%以上。完成15岁以下儿童乙肝疫苗补种人数22.72万人，补种率104.50%；报告AFP（急性弛缓性瘫痪）病例24例，报告发病率1.03/10万，无脊灰野毒株引起的脊灰病例。全年麻疹发病5人，发病率0.07/10万，提前达到国家基本消除麻疹目标；新生儿破伤风发病7例，发病率0.07‰；无脊髓灰质炎、百日咳、白喉病例发生。

【结核病防治】 2011年，南宁市短化疗程结核病控制策略（DOTS策略）覆盖率100%。累计登记活动性肺结核病人5211例，发现新涂阳肺结核病人1985例，治愈上年登记的新涂阳肺结核病人1801例，治愈率91.30%。为传染性肺结核病人免费治疗纳入全市为民办实事项目，发现病人1789人，累计治愈上年纳入为民办实事项目肺结核病人1539人，治愈率94.50%，所有项目病人均享受市政府提供免费检查和治疗，投入经费75万元。

【手足口病防控】 2011年，南宁市报告手足口病发病3.59万例，其中重症85例、死亡1例，发生暴发疫情7起，手足口病危重病例病原以肠道病毒EV71型为主。扩大手足口病病原学监测范围，在15家医院开展手足口病轻症病例病原学监测，结果显示南宁市2011年手足口病病原以CoxA16为主。举办手足口病监测与防控培训班1期，培训各级疾控机构和部分医疗机构专业技术人员118人。

【艾滋病防控】

疫　情　2011年，南宁市加大艾滋病筛查力度，发现部分既往感染者和病人，报告艾滋病病毒感染者和病人2046例。性途径与注射吸毒是南宁市艾滋病传播的两条主要途径，性传播途径所占比例逐渐增大并成为最主要的传播途径。新报告艾滋病病毒感染者中异性传播比例从2009年的54.10%上升至79.40%，同性性途径传播数明显增高。青壮年为艾滋病疫情报告的主体人群；60岁以上年龄组疫情报告占当年报告比例逐年增加，2011年近30%。农民（农民工）成为艾滋病病毒感染主体，疫情由高危人群向一般人群扩散、城镇向周边农村地区扩散。

艾滋病防治保障　2011年，南宁市投入经费超过1400万元，实现防治艾滋病办公室实体化，新增各级疾控中心艾滋病防治人员编制194名。下发《南宁市艾滋病病毒感染者及病人管理工作实施方案》，确立艾滋病病毒感染者和病人及早主动发现、及早管理、及早规范抗病毒治疗的“三早”管理模式，逐步实现艾滋病防治管理制度化、规范化。全市街道办、村（居）委会和大部分加油站、汽车客运站按要求安装安全套自取箱4150个，公共服务场所放置安全套或配置安全套发售设施率90.70%，免费发放安全套54万多只。为12.20万婚前保健人群和11.50万孕产妇提供免费艾滋病抗体检测，检测率均99.40%。全市80%以上二级医疗卫生机构和77%的乡镇卫生院通过艾滋病筛查实验室（检测点）资格验收。全市艾滋病检测人数124.60万人次，占自治区检测总数16.10%，比上年增加31万人次，实际阳性检出数减少21%。建立自治区首个区域性艾滋病临床治疗关怀中心，全市10个抗病毒治疗点接受抗病毒治疗病人3784人，抗病毒质量提高，在治病人病毒抑制率90.60%。在自治区率先设立艾滋病职业暴露专项资金，申请人员全部获得补贴。设立美沙酮维持治疗门诊9家，累计治疗4119人，占自治区15.30%。做好艾滋病社会救助，切实落实国家“四免一关怀”政策（对农村居民和城镇未参加基本医疗保险等保障制度的经济困难人员中的艾滋病病人免费提供抗病毒药物、为自愿接受艾滋病咨询检测的人员免费提供咨询和初筛检测、为感染艾滋病病毒的孕妇免费提供母婴阻断药物及婴儿检测试剂、对艾滋病病人的孤儿免收上学费用；将生活困难的艾滋病病人纳入政府救助范围，按照国家有关规定给予必要的生活救济，扶持有生产能力的艾滋病病人）及其他有关文件精神，组织实施艾滋病防治科学研究与技术推广工程示范项目11个，总投资311万元。

艾滋病防治宣传教育　2011年，南宁市改变以往艾滋病防治宣传高度集中于世界艾滋病日的局面，创新宣传方式。在主要节日开展以“飘动的红丝带”为主线的各种大型电视节目，保证艾滋病防治宣传的常态化和持久性。聘任社会各界名人担任南宁预防艾滋病宣传员，扩大宣传效应。在公交车的移动电视循环播放艾滋病防治公益广告宣传片。在全市主要公共场所设立公益广告牌673块、在社区（行政村）设立宣传栏1579个、墙体标语4367条。开展艾滋病防治明信片贺卡设计大赛，向市民寄送明信片10余万份。以民间组织为抓手，推动企业参与艾滋病防治。艾滋病防治知识知晓率调查结果显示，城市居民、农村居民及校外青少年分别为艾滋病防治知识知晓率86%、84%和86%，均达到要求。

【碘缺乏病防治】 2011年，南宁市疾病预防控制中心完成碘盐监测1765份，合格率98.29%，合格碘盐食用率97.85%，碘盐覆盖率99.55%，无碘食盐率0.45%，达到GB5461-2000国家消除IDD（碘缺乏病）标准。4月，通过国家消除碘缺乏病考核评估。5月15日，组织相关单位开展以坚持科学布点，预防碘缺乏病为主题的宣传活动，发放防治宣传资料1万多份，接受相关知识咨询3000多人次。10月，完成病情监测和营养调查。

【狂犬病防治】 2011年，市卫生部门根据《南宁市养犬管理条例》要求，加强狂犬病防治知识宣传，特别是在农村地区的宣传。加强医务人员培训，举办暴露前预防接种培训班2期，培训各有关单位从事犬伤暴露后伤口处置的医务人员400多人，科学指导狂犬病防制措施的落实。全年狂犬病发病12例。

【血吸虫病防治】 至2011年，南宁市连续23年无本地血吸虫病报告。武鸣县、横县、宾阳县全年查螺面积332.21万平方米，未新发现残存螺点和新螺点，灭螺面积14.10万平方米。人群查病3423人，未发现血吸虫病患者。

【重点疾病监测】

鼠疫监测　2011年，南宁市疾病预防控制中心采集鼠血411份，鼠疫F1抗体检测结果均为阴性。动物监测50份，结果均为阴性。鼠类内脏鼠疫杆菌培养200份，未培养出鼠疫杆菌。

霍乱监测　监测标本3678份，其中重点人群500份、医院腹泻病人2515份、外环境663份，所有标本均未检出霍乱弧菌。

疟疾监测　完成未外出居民血检1.25万人次，未检出疟原虫阳性者。流动人口血检1843人次，检出疟原虫阳性22例（日疟7例、恶性疟12例、三日疟1例、混合感染1例），临床诊断6例，所有病例得到及时全程治疗，无继发二代病例。

流感哨点监测　流感监测采集标本750份，检出阳性52份，其中B型流感病毒阳性8份，甲型H1N1流感病毒阳性44份。

出血性大肠菌O157监测　采集标本1010份，其中腹泻病人粪便标本409份、动物粪便标本406份、苍蝇标本41份、食品标本154份，动物粪便标本检出阳性2份，其余标本均为阴性。

手足口病监测　监测手足口病轻症病例741例，检出阳性699例（其中CoxA16型426例，EV71型阳性61例，其他肠道病毒212例）。

慢性病及死因监测　高血压、冠心病、脑卒中、糖尿病、恶性肿瘤等“慢五病”总报告发病率800.64/10万，其中高血压发病率231.90/10万、冠心病85.73/10万、脑卒中233.55/10万、糖尿病143.95/10万、恶性肿瘤105.51/10万。

农村卫生

【新型农村合作医疗制度建设】 2011年，南宁市参加新型农村合作医疗486.64

万人，参合率94.42%，筹资标准由上年每人每年150元提高至230元，各级政府对新农合补助标准每人每年200元，全市筹集新农合基金11.18亿元，基金累计支出6.77亿元。住院人均补偿1517元，乡、县、县以上住院报销比例分别提高85%、60%、40%，各县（区）住院最高补偿额度均不低于5万元，武鸣县为10万元，均超过全国农民人均纯收入的6倍。新农合救助对象从五保户、低保对象、残疾人、计生优抚对象扩大到其他特殊困难群体。资助五保户、低保对象参加新农合25.95万人，资助经费778.46万元。开展儿童先天性心脏病和白血病医疗保障，救治农村儿童患者21名，救治金额63.47万元。参合农民获医疗费用补偿158.18万人次、6.71亿元。实行门诊统筹，农民在门诊就医可按比例获得补偿。完成新农合信息系统建设并投入使用的县（区）11个，参合农民在县域内新农合定点医疗机构住院就诊，出院即可获得补偿。9个县（区）信息系统与自治区信息平台成功对接。

【基层医疗卫生机构标准化建设】 2011年，南宁市以农村和基层为重点，加强医疗卫生机构标准化建设，完成1384个村卫生室规范化工程建设，新建、改扩建面积12.37万平方米，自治区财政补助1.11亿元，实现自治区政府下达的每个行政村有1所标准化村卫生室的工作目标。落实311.39万元用于基层医疗卫生机构设备购置。投资600万元（国家投资500万元、自治区配套100万元）建设上林县白圩镇和三里镇、宾阳县思陇镇、江南区江西镇、西乡塘区金陵镇等5个中心乡镇卫生院，总建设面积3973平方米，每个项目中央投资100万元，自治区财政配套20万元。项目以污水处理、垃圾处理、配电、环境等辅助设施建设为主。在6个城区12个乡镇卫生院实施乡镇卫生院职工周转房建设，总投资1402.20万元，其中市财政投资600万元、城区财政配套802.20万元，建设面积1.13万平方米，至年末，12个项目全部开工。

【基层医疗卫生人员培训】 2011年，南宁市加强农村卫生人才培养和队伍建设，启动实施以乡镇卫生院全科医生为重点的农村医疗卫生队伍培养规划，为每个乡镇卫生院各培训全科医生2名~3名。通过集中面授、网络视频教学、临床进修等多种方式在岗培训乡、村卫生人员近2万人次，国家、自治区下达培训经费约250万元。

【城市卫生对口支援农村卫生】 2011年，南宁市继续深化第五周期城市卫生对口支援乡镇卫生院，组织32家县以上医疗卫生机构对口支援36家乡镇卫生院。继续实施“万名医师支援农村卫生工程”和城市医疗卫生机构对口支援乡镇卫生院工作制度。落实2家城市三级医院与3家县医院建立长期对口协作关系，培训卫生技术人员4267人次，推广适宜新技术72项，专家诊治病人2.88万人次，专家示范手术117例。组织70名基层医务人员参加全科医生转岗培训。为乡镇卫生院招收定向培养免费医学生22名。

妇幼保健

【妇幼保健机构建设】 2011年1月，隆安县妇幼保健院通过自治区卫生厅二级甲等妇幼保健院评审，南宁市成为自治区惟一一个所有县级妇幼保健院均是二级甲等妇幼保健院的城市。6月28日，市妇幼保健院通过自治区三级甲等妇幼保健院评审。全年妇幼保健机构业务总收入比上年增长19%。

【孕产妇保健】 2011年，南宁市强化孕产妇日常保健，加强健康教育，举办各级妇幼人员专题培训，建立健全城乡妇幼三级保健管理网络和产科急救网络等措施。产前健康管理率、住院分娩率、孕产妇系统保健管理率分别为93%、99.90%、90%。其中住院分娩率六城区平均99.85%、六县平均99.73%。全市孕产妇死亡率11.10/10万，达到“孕产妇死亡率控制在25/10万以下”的目标，优于自治区水平，其中六城区12.79/10万、六县9.83/10万，上林县、隆安县、青秀区、兴宁区和邕宁区孕产妇死亡率为零。

【儿童保健】 2011年，南宁市各医疗保健机构实施新生儿访视及儿童保健系统管理，为0~36个月婴幼儿建立儿童保健手册，对新生儿进行家庭访视2次，对1岁以内儿童保健每年至少4次，2~3岁至少2次。全市新生儿访视率96%，3岁以下儿童系统管理率86%，7岁以下儿童系统管理率87%。全市婴儿死亡率5.39‰，5岁以下儿童死亡率7‰。新生儿破伤风发病零例。

【婚前医学检查】 2011年，南宁市将免费婚前医学检查纳入常态管理，结婚登记人数13.24万人，婚检人数12.29万人，婚检率92.81%，比上年提高27个百分点。六城区婚检率93.16%，西乡塘区由上年的24%提高至101.58%；六县婚检率92.53%，均达到自治区绩效考核标准80%以上的要求。大部分婚检机构对婚检发现的HIV阳性、梅毒阳性、地贫初筛双阳性夫妇开展追踪工作。至年末，全市建立婚育综合平台5个。

【救助贫困危重孕产妇】 2011年，南宁

7月20日，市卫生局纪委书记李玲（右二）带队督查农村卫生室建设情况

市卫生局提供

市继续将救助贫困危重孕产妇列入为民办实事项目，补助救治经费70.70万元用于抢救贫困危重孕产妇，实际完成项目经费101%；累计抢救危重孕产妇741人，救助贫困危重孕产妇78人，危重孕产妇抢救成功率98%。

【农村妇女增补叶酸项目】 2011年，南宁市通过广泛宣传、加大培训力度，抓好项目督导等措施，提高群众对补服叶酸的认同度。各县（区）利用婚姻登记、婚检、产前检查等服务时机，向服务对象进行预防出生缺陷知识健康宣传；利用公交车车身和公交站亭制作公益性广告；利用电视台、婚育学校、开展培训讲座、出版墙报专栏、赠送宣传资料、书写固定永久宣传标语、下村放录像、入户访视等途径开展宣传。全市新增应服用人数13.01万人，新增免费服用叶酸妇女11.57万人，服用率89%，排在自治区首位。

【农村妇女“两癌”普查试点】 2011年，马山县作为自治区8个农村妇女“两癌”（乳腺癌、宫颈癌）普查试点项目试点县之一，完成乳腺癌检查1535人，完成率102.33%，发现可疑病例8人，确诊1人；完成宫颈癌检查2.27万人，完成率102.40%，活检469人，阳性23人。对检□出疾病的人员提出指导性治疗意见、建议并跟踪随访。

卫生监督

【卫生行政审批制度改革】 2011年，南宁市围绕“调节构、扩内需、惠民生、促和谐”的要求，以营造高效政务环境为目标，开展“四个零”（服务过程零障碍、服务方式零距离、服务质量零缺陷、服务结果零投诉）和“四个一”（一个窗口对外、一条龙服务、一口清咨询、一手清承办）工程。受理卫生许可审批4178项次，新发放各类许可证件4219份，即办率100%，实现服务水平与群众满意度“双提升”，许可窗口四个季度均被评为“优质服务窗口”，18人次被评为“优质服务标兵”。

【健康维权专项执法行动】 2011年，南宁市以社会关注、群众关切、政府关心的民生问题为切入点，开展卫生监督维权执法行动。“3·15”期间，开展“保障健康权益·卫生监督在行动”执法活动，检查相关单位91家次，下达卫生监督意见书17份。开展以“维护安全就医环境，保障患者生命权益”和“关爱女孩·打击两非”为主题的专项执法行动，严厉打击非法行医、非法鉴定胎儿性别和选择性别终止妊娠行为，取缔违法机构78家次，处罚38起，罚款7.30万元，没收违法所得8856.60元。针对媒体曝光部分企业将废纸作为原料生产纸巾(纸)的问题，在全市范围开展卫生用品集中整治，检查纸巾(纸)生产企业30家、经营使用单位562家、下达监督意见书195份。按照“监督出击、培训业主、健康体检、加强干预”的要求，以公共场所、医疗机构、采供血机构、学校落实防控艾滋病职责为重点开展专项执法行动，出动车辆231辆次，执法人员438人次，检查机构204家。

【重大活动卫生安全保障】 2011年，南宁市坚持“预防为主、依法监管”的原则，实现“两会一节”等重大节庆活动公共卫生突发事件零发生。对接待宾馆、活动场馆开展公共场所、生活饮用水、消毒产品、传染病防治等卫生保障工作；对活动现场进行快速监测，出动应急车辆295辆次，执法人员873人次，检测室内空气765份、末梢水余氯220份；建立长效工作机制，将卫生保障与日常检查、监督抽检相结合，提升城市公共卫生水平；强化上下协作，与城区联动，实现对活动场馆、接待宾馆周边公共卫生保障无缝对接，开展监督抽检，为科学保障提供技术支撑。

【公共场所卫生监督】 2011年，南宁市实施新修订的《公共场所卫生管理条例实施细则》，强化对全市公共场所监管力度。培训全市卫生监督员150人次、管理相对人1200人次，发放资料1500份，组织新闻媒体报道28次，制作横幅板报600件；以沐浴场所为重点，开展卫生监督量化分级管理，全市公共场所量化实施率95%；对7类28种公共场所进行专项检查，严厉打击违法行为，立案90件，罚款26万元。

【生活饮用水卫生监督】 2011年，南宁市对辖区内13个集中式供水单位、116个二次供水单位进行监督检查，覆盖率100%。随机抽检出厂水13份、管网末梢水25份、二次供水30份，合格率分别为92.30%、88%、93.30%。以马山县、西乡塘区为试点，对农村中小学饮用水卫生状况进行调查。

【消毒产品卫生监督】 2011年，南宁市以提高餐具合格率为目标，采取专题培训、集中整治、监督抽检等形式督促企业进一步提高内部卫生质量管理能力，完成对辖区内21家餐饮具、31家公共用品消毒机构专项检查，抽检餐具消毒效果410份，合格率97.10%；抽检餐具消毒剂残留82份、合格率98.80%；抽检公共用品310份，合格率94.50%。

【学校卫生监督】 2011年，南宁市采取综合执法模式，开展学校春季传染病防控、生活饮用水、“高、中考”卫生保障等专项工作，抽检二次供水水样27份，合格率74.10%；游泳池水样14份、合格率100%；对15所学校进行卫生综合评价。

【职业卫生监督】 2011年，南宁市以《职业病防治法》宣传周为契机，深入企业、车站等流动人口密集区开展宣传，制作横幅板报412件，发放资料1万多份、培训劳动者近2万人、媒体报道23次；联合自治区监督所对辖区内4家职业健康检查机构、2家职业病诊断鉴定机构进行专项检查；推广实施《南宁市工会参与职业病防治工作模式》，联合市总工会、市安监局、市疾病预防控制中心共同开展全市职业健康状况调查。

【放射卫生监督】 2011年，南宁市开展医疗质量万里行——放射诊疗防护专项行动，检查放射诊疗机构10家次，放射设备18台次，机构、设备持证率100%，人员持证率85%。对某公司电器配件放射性异常事件进行应急处置，完成人员辐射剂量评估和防护等工作。

【传染病防治卫生监督】 2011年，南宁市加大对医疗废物处置、污水处理、传染病疫情报告和控制、消毒隔离、病原微生物实验室安全的监管力度，开展专项执法4次，检查相关单位546家次，覆盖率100%，立案9件，罚款1.94万元。

【行业作风建设】 2011年，南宁市在县级以上医疗机构实行医德医风考评档案管理，建立医务人员医德医风个人档案，定期进行考核，各医疗单位根据各自情况，把医德医风考评情况与职工奖励、评先以及劳务费分配挂钩。5月23日~27日，市卫生系统参加由市纪委、市监察局、市纠风办、市广播电影电视局主办，南宁人民广播电台承办的“百名科长上热线活动”，爱卫办、妇幼保健与社区卫生科、农村卫生管理科、食品安全综合协调与卫生监督科、疾病控制科、艾滋病综合协调与宣传干预科等业务科室负责人参加上热线活动，节目中市卫生局医政科、人事科、市卫生监督所、市一医院、市八医院、市妇幼保健院等相关人员与听众电话连线，即时沟通，解答咨询和投诉。

血液采供

【血液采集】 2011年，南宁市继续推进中心血站、县级储血点的一体化管理，抓好室内、室间质控工作，加强采供血机构监管，保障血液安全，保持临床用血100%来自无偿献血，血液采集稳中有升。全市献血人数11.43万人次，比上年增加2685人次，增长2.40%；其中全血采集10.65万人次，增加1779人次，增长1.70%；机采血小板1.18万人份，增加3162人份，增长36.63%；互助献血2.67万人次，占献血人数23.40%；团体招募减少1197人，下降6.10%。血液采集总量为22.50万单位（约45吨），增加4.23吨，增长9.40%；其中全血采集17.78万单位，增加6741单位，增长3.90%；互助献血量4.58万单位，占总量20.34%。全年400毫升采集5.88万人次，采集率55.20%，增加3201人次，增长2.10%。

【临床供血】 2011年，南宁中心血站供给医疗单位临床血液约45吨，比上年增加4.23吨，增长9.40%。其中：红细胞16.90万单位，增加1.36万单位，增长8%；血浆1869.79万毫升，减少67.99万毫升，下降3.50%；机板1.17万人份，增加3127人份，增长36%；冷沉淀2.16万单位，增加6882单位，增长46.60%；全血600毫升，减少3100毫升。因临床用血量增大，血库血液供应总体偏紧，为保证医疗急救用血需要，中心血站对部分医疗单位用血实行限量限制供应。在全国出现持续大范围“血荒”的情况下，采供血基本满足全市临床用血需要。

【血液检验】 2011年，南宁中心血站对11.81万份血液标本进行HbsAg（乙型肝炎表面抗原）、HCV（丙型肝炎病毒）、HIV（人类免疫缺陷病毒）、TP（总蛋白）、ATL（丙氨酸氨基转移酶）检测，比上年增加1327份，增长1.14%，合格11.32万份，合格率95.83%，不合格4928份，不合格率4.17%，减少0.24%。不合格率中，HbsAg+0.46%，抗－HCV +0.18%，抗－HIV +0.13%，抗－TP+0.68%，ATL2.86%；核酸标本检测6.14万份，拆分阳性117份；送检HIV初筛阳性标本147份，41份确诊阳性。血液检测总报废率下降，主要是ALT报废率下降；HIV标本送检数量明显下降，但确证数量比增加7例。

【血液制备】 2011年，南宁中心血站制备成分血34.22万单位，比上年增加1.74万单位，增长5.35%。其中：红细胞类18.26万单位，增长4.32%；冷沉淀2.07万单位，增长21.82%；新鲜冰冻血浆7.88万单位，增加90.61%；普通冰冻血浆6.02万单位，下降28.43%。血液隔离与放行、贴签、包装正确率100%，无质量投诉。

【无偿献血宣传】 2011年，南宁市中心血站组织人员到高校、乡镇、社区等发放宣传资料42万余册、宣传海报6000张、宣传广告扇3万份、横幅240余条、宣传展板84块；在10辆公交车车身（尾部和侧面）张贴广告，在1900辆公交车载视频投放献血宣传广告，每天播放广告1万次左右。每季度编辑出版《广西首府南宁无偿献血工作简报》，面向全市和驻邕自治区直属、中直党政机关、企事业单位发放。在报纸、网站、杂志等媒体发表献血相关文章752篇次；在电台、电视台播报献血新闻1.50万篇次（六县共播放献血广告1.30万次）；每周在南宁电台播放献血公益广告10分钟；在广西电台投放公益广告半年。成功策划主题献血宣传活动8个。举办“公务员献血月”活动，2350名公务员参加，献血77.06万毫升，献血人数和献血量分别比上年增长12.90%、16.20%。5月10日、5月20日、8月4日分别在宾阳县、横县、武鸣县举行捐血屋启用仪式并开展献血宣传活动。利用南宁中心血站作为自治区、市科普教育基地优势，接待各界人士参观血液处置流程，开展献血科普宣讲和直观教育，接待33批次、约1000人次。

【献血服务】 2011年，南宁中心血站完成1627例血液检测不合格献血者反馈；完成9例严重、512例中轻度献血不良反应献血者处置、回访。免费用血报账2129人次，比上年增加831人，增长64.02%；免费用血金额183万元，增加72万元，增长60.84%；回访5000多人，随机调查458名献血者评价采血服务质量，满意率80.93%，下降19.07%；发送慰问、感激短信70万多条；处理互助献血单7826份。

【血液质量管理】 2011年，南宁市依托技术部门，对市辖南宁中心血站等5家采供血机构、16家民营医院临床用血安全情况实施监督检查；与公安部门合作，对血浆供应者身份信息进行核对，规范单采血浆站执业行为。中心血站抽检全血等8种血液成分1098袋次，合格1096袋次，合格率99.82%，比上年增长3.02%；抽检关键物料：血袋类78批次，试剂类97批次，棉枝、酒精、碘酒类16批次，合格率98.95%；抽检关键设备：计量器具1552台次，冰箱676台次，高压灭菌器16台次，大型离心机94台次；工艺卫生监控采血屋（车）细菌数培养144次，储血冰箱细菌培养200台次，采血人员手指染菌120人次，紫外线灯107盏次。6月~7月，对2010版质量体系运行情况进行首次评审，修改75份文件；8月~9月，对南宁中心血站14个科室进行内审，对不合格项进行整改；每月不定期对主要业务科室进行动态检查，发现问题及时反馈并采取预防纠正措施。编写质量月报10期，汇总日常工作中的质量问题并作统计分析，提出建议，提高工作质量；加强与医疗单位沟通，严格审批退血申请，降低医院不合理退血率和血液报废率；加强六县储血点质量检查，完成储血点重量管理文件编写。

医学科研与教育

【医学科研】 2011年，南宁市卫生系统获南宁市科学研究与技术开发和创新计划重大专项立项2个，临床和公共卫生等领域获自治区、市科委科研立项100个，完成科研项目32个，获市科技进步奖11个。投入20万元对2008年评定的7个市级重点学科、7个特色专科和1个重点实验室进行重点建设。

【医学继续教育】 2011年，南宁市卫生部门开展国家级医学继续教育项目1个，自治区级医学继续教育项目8个，市级医学继续教育项目214个，举办专题学术讲座440场次，培训4.99万人次。全市医药卫生7大学会38个专业开展学术活动153场次，参加学术活动约8000人次。

【输血医学科研】

临床检测服务 2011年，南宁市完

成新生儿溶血病检测、产前血型血清学检测、抗球蛋白检验、交叉配血试验等检测和实验2811例,比上年增长13.49%。收集整理2011年中华骨髓库血样标本2075份,查询相应造干表单2100份,超额完成中华骨髓库广西分库下达的2000份标本任务。开展亲子鉴定案例225例,比上年增长56.25%。

科研立项　南宁中心血站申报自治区卫生厅自筹经费科研课题获批准立项2个,发表专业论文33篇,其中中文核心期刊2篇、中国科技核心期刊12篇、省级以上期刊19篇、中南地区第十四届输血医学学术交流会3篇。广西自然科学基金项目《广西壮族人群红细胞血型基因结构与多态性研究》纳入南宁市人才小高地专项资金资助计划,获专项资金资助10万元。

【卫生人才队伍建设】　2011年6月14日,南宁市组织专家组对全市卫生系统报送的医学学科带头人培养人选29人进行初评。9月15日,组织专家组对市卫生系统申报的96个医学学科2011年专业化人才培养重点计划资助项目(紧缺人才)进行初评,推荐项目40个。至年末,局属单位在职在编卫生专业技术人员4703人,其中:具有博士生学历5人,研究生学历269人,占卫生专业技术总人数的5.72%;大学本科学历1569人,占33.36%。取得高级职称的专业技术人员639人,其中正高级职称60人、副高级职称579人。高级、中级、初级职称人数比例为1:6:12。

【国际学术交流】　2011年3月23日~24日,美国哥伦比亚大学Joanne E. Mantell教授莅临市疾控中心进行学术访问。7月29日,中德艾滋病项目咨询方代表项目经理Kirsten女士、中方项目组长苏斌一行到市四医院考察指导。8月11日~14日,美国加州大学洛杉矶分校公共卫生学院张作风教授应邀到市疾控中心进行学术访问。10月24日~26日,市二医院聘请美国德克萨斯大学医学院圣安东尼奥卫生科学中心医疗系李森林教授到院讲学、指导,李森林教授在医院多媒体中心主讲《多潜能分化神经干细胞针对中枢神经系统创伤和疾病应用》、《Macrophage在中枢神经系统中的作用》等专题讲座。12月24日,美国纽约洛克菲勒大学生物医学研究中心博士后,美国华盛顿D.C Dominion Fertility and Endocrinology IVF中心实验室主任池玲博士到市二医院生殖医疗中心进行访问及学术交流。

中医·民族医

【中医药基本情况】　2011年,南宁市(不含驻邕区直单位和村卫生室)有中医机构480家。其中:中医(含中西医结合)医院10家(公立中医医院9家,民营中医医院1家),中医(含中西医结合)诊所470家;三级甲等中医医院1家、二级甲等中医医院6家。中医医院有病床2510张,业务用房建筑面积7.63万平方米,医疗设备总值1.56亿元。9家公立中医医院诊疗总人数108.19万人,出院6.10万人次。全市有中医药人员2433人,中医执业医师1155人、执业助理医师209人、中药人员220人,中医护士594人。

【中医民族医服务能力建设】　2011年,南宁市中医服务体系建设取得发展,新增卫生院中医科26个、社区卫生服务中心中医科3个,卫生院中医科覆盖率61%,社区服务中心中医科覆盖率96%,为539个村卫生室、51个社区卫生服务站配备中医适宜技术服务包。8月、12月,在壮族人口聚集地隆安县、武鸣县(壮族人口均占90%以上)增挂壮医医院牌子。完成2004年~2010年县级中医院中药房建设项目7个、中医民族医特色专科建设项目13个、急诊急救能力建设项目5个、基层中医民族医重点专科建设项目12个,累计投入资金1100万元。中央财政按市级中医院每院400万元、县(区)级中医院每院200万元标准为9所中医医院配备医疗设备,共2200万元。

【中医重点专科建设与中医人才培养】　2011年9月,南宁市中医院中风病、市中西医结合医院针灸科通过国家中医药管理局"十一五"重点专科(专病)建设项目考核验收,完成国家中医药管理局"十一五"重点中医专科(专病)建设任务。利用自治区项目经费,建设县级中医医院中医骨伤科、中医妇科、针灸推拿科和壮医专科基层中医民族医重点专科12个。利用项目资金9万元,组织9家市县中医医院10名院领导到中国人民大学参加为期7天的脱产培训,重点培训中医医院品牌战略管理、绩效管理、精细流程管理、危机管理与形象建设、数字化与健康管理等内容,提升医院领导水平。在市、县开展中医师承培养和基层中医适宜技术推广培训300多人,推进市县乡结对帮扶共建中医科、培养基层中医人员,推选产生"广西乡村名中医"13名。选送市县9所中医院24名中医骨干参加广西中(壮)医优秀临床人才项目研修学习。受理传统医学医术确有专长和师承人员考试考核38人,全部合格3人。

【中医等级医院创建】　2011年9月9日,南宁市中医院成功创建三级甲等医院。9月19日,自治区卫生厅下文批准南宁市中医院为国家三级甲等中医医院,12月28日挂牌运行,填补南宁市"三甲"中医院的空白。争取到自治区"国医堂"建设项目和自治区财政100万元项目资金,筹建中医"国医堂"。探索发展南宁"精品中医",提升"如意"医院品牌,筑牢"三甲"基础、完善"三甲"功能,加强医院中医药内涵和人才队伍建设,营造浓厚的中医药文化氛围。

【中医医院管理年活动】　2011年,南宁市继续推进"以病人为中心,以发挥中医药特色优势为主题"的中医医院管理年活动,不断提高中医医疗服务质量和水平。5月,组织专家对9家中医医院检查评估;6月,自治区卫生厅抽查3家中医院,在8项关键性考核指标中,南宁市有5项领先。经过6年中医管理年活动,南宁市中医药特色优势不断得到强化、中医药人员配备比例不断提高、临床科室建设不断完善、重点专科建设有所突破、中药药事管理不断规范、中医药文化氛围日益浓厚、院感控制水平不断提高。

【中医科研】　2011年,南宁市中医科研工作首次获得自治区中医药科技专项面上重大课题立项1项(市中医院)。全年受理申报自治区中医药科技专项科研课题21个,获立项18个。通过自治区卫生厅中医科研成果鉴定1个,获国内先进水平1个。

【基层中医改革试点】　2011年,南宁市启动武鸣县中医药服务县乡村一体化管理试点和提升中医药服务能力综合改革试点。将试点县全部乡镇卫生院、公立村卫生室标准化建设纳入中医药一体化管理,实施"五个统一"(即:统一机构配置、统一人员调配、统一技术服务、统一饮片配送、统一业务管理）管理。在乡村医生中培训推广病种10个、验方10条、适宜技术5种和养生保健方法5种。获自治区财政专项资金1000万元新建武鸣县中医院综合病房大楼。

【中医文化传承与交流】 2011年，南宁市实施"朱琏针灸"和全国名老中医宣传工程，为中国当代著名针灸学家朱琏立碑揭幕；整理"朱琏针灸"学术思想，开展"朱琏针灸"第三代师承和学术研讨，吸引自治区内外各界人士200多人参加；出版全国名老中医韦立富传记《韦立富传》，制作专题纪录片1部。组织参加第二届中国——东盟传统医药展，"南宁中医文化与特色技法体验展"、"国医堂"、"朱琏针灸"和"壮医馆"等展厅接待国内外嘉宾500多人。组织开展两年一度的"中医中药中国行"文化科普宣传周活动，9家市、县中医医院及市属医疗机构同期开展中医科普讲座、养生课堂、义诊、中医药板报展示宣传。开展首届中医药知识竞赛，掀起读经典、背经方热潮。市中医院继续完善"如意"中医文化建设，被国家中医药管理局评为全国中医文化建设先进单位；市中西医结合医院针灸科、青秀区东葛社区卫生服务中心和西乡塘区南棉社区卫生服务中心中医药氛围浓厚，吸引来自东盟国家的部分官员和医药代表前来参观交流，西乡塘区南棉社区卫生服务中心中医药特色突出，接待亚洲政党会议代表团参观访问。市中西医结合医院院长黄科被评为全国中医文化建设先进个人。（唐　驰）

爱国卫生运动

【国家卫生城市创建】 2011年1月18日~21日，全国爱卫办组织专家对南宁市创建国家卫生城市进行技术评估，1月26日通过。7月5日~6日，全国爱卫办委托自治区爱卫办组织专家对南宁市创建国家卫生城市技术评估整改情况进行复核验收，8月19日通过。10月19日~21日，全国爱卫办组织专家对2009~2011年度申报创建国家卫生城市的市（区）进行综合评审，南宁市顺利通过。11月中旬通过社会公示。11月24日，南宁市被全国爱卫会授予国家卫生城市。12月20日，市长周红波赴京出席全国爱卫会召开的国家卫生城镇命名表彰电视电话会议。12月22日，南宁市举行迎匾仪式，庆祝实现全国文明城市二连冠和获国家卫生城市。12月29日，召开创建全国文明城、国家卫生城总结表彰暨再动员大会，会上通报表彰创建国家卫生城市工作先进单位220个，先进集体279个，先进个人1546名。

【爱国卫生运动月活动】 2011年，南宁市各县（区）结合创建国家卫生城市及城乡环境卫生整洁行动，按照全市统一部署，以印发宣传资料、制作宣传板报和大型宣传广告、举办大型广场宣传活动等形式，开展以"清洁美化家园，创建卫生城市"为主题的第二十三个全国爱卫月活动。4月7日，市卫生局、市爱卫办、市健康教育所和部分驻市医疗卫生单位、市鼠害与卫生害虫防治协会及PCO（有害生物防治）公司在朝阳广场联合开展旨在提高市民卫生知识知晓率与卫生活动参与意识的主题宣传、咨询和展示活动，向市民宣传创建国家卫生城市与健康南宁的知识、听取市民意见和建议等多种形式的活动，为市民提供健康生活、远离疾病的健康咨询与病媒生物防制方法。期间，南宁市各县（区）组织工作人员1.88万名参与，前来咨询、参与宣传活动的群众75万人次；发放创建卫生城市、农村改厕、除"四害"、传染病防治和健康文明生活等方面的宣传资料25万份；活动场所悬挂横额、条幅560条，展示宣传板报1755版；张贴挂图2800份。市属媒体对各级各部门宣传活动进行跟踪报道，社会反响良好。

【病媒生物防制】 2011年，南宁市在城区范围内新建病媒生物防制工作示范小区（单位）56个，先后安装、建设、完成维护各种设施2万多个，其中垃圾容器3565个、毒鼠屋1.12万个、防鼠网1360个、灭蚊灯1425个、防蚊闸1315个、防蝇网2156个。爱国卫生活动月期间，投放灭鼠毒饵约1.43万千克、使用磷化铝3.60万支、灭蚊蝇类杀虫剂1.04万包（瓶）共3579千克，清理鼠迹约1.76万处、蟑迹约1.28万处，填堵鼠洞2250个，清理各种积水、下水道留沙井、水沟等蚊虫孳生地6040处。

除"四害"统一行动周期间，全市组织11.60万人次开展室内室外环境卫生整治行动。各街道、社区居委会动员及督促辖区单位、居民住户打扫室内外卫生，铲除杂草，清理室内及周围环境积水，清除杂物，堵洞抹缝，清理各种卫生死角2750处、蚊虫孳生地7000处、垃圾140吨，发放除"四害"药物30多吨，组织人员清理鼠迹1.75万处，新增病媒防制设施2万多个。

【农村改厕项目】 2011年，南宁市实施中央补助地方农村改厕项目1万座，其中：横县、宾阳县各2000座，上林县、隆安县、武鸣县、青秀区各1000座、江南区760座、西乡塘区930座、经开区240座、高新区70座。改厕任务分配到53个乡镇，273个村，502个自然屯。按照每座500元补助标准，中央和自治区补助资金640万元，市、县（区）财政配套资金173.50万元，其中市财政配套40万元。11月，完成全年改厕1万座的任务。

【健康教育】 2011年，南宁市通过自治区、市新闻媒体，宣传健康生活理念，并开展一系列健康教育和健康促进活动。市爱卫办举办健康教育业务培训7期，培训业务骨干1050人次。各县（区）结合本级创卫及创文明城市实际，开展健康教育培训讲座均不少于2期，参加人数近1万人次。教育部门坚持将健康教育纳入各类学校教学计划，落实兼职教员，定期授课。

【无烟城市创建】 2011年5月，南宁市组织专家对全市34个创建无烟卫生医疗机构的各级医疗卫生机构进行全面督查，91%的创建单位基本达到无烟单位标准，9%的单位因部分资料不完善进行整改。5月30日，南宁市召开"无烟城市—盖茨中国控烟项目"工作推进会，会议要求各合作单位进一步完善"无烟城市"控烟项目工作计划，研究部署推进项目工作的具体措施。5月31日，市卫生局、市爱卫办、市疾控中心等单位结合第24届世界无烟日，开展宣传教育活动。驻邕医疗机构均派出专家到现场为市民提供戒烟服务咨询和发放有关戒烟的宣传资料。活动现场无烟城市项目合作单位宣读创建无烟环境承诺书，社区文艺队表演穿插有控烟知识的自创节目，700多名社区居民踊跃参加支持履行公约签名。6月1日，市爱卫办、市卫生局联合召开南宁市卫生系统控烟工作会议，对驻邕医疗卫生机构创建无烟单位情况进行通报，并对下一步创建无烟医疗机构进行部署。9月24日，市爱卫办在自治区人民医院广场举办"我要告诉你，因为我爱你"为主题的烟包健康图形警示展览。（黄莹莹）

责任编辑　钟智丰

体育

竞技体育

【概　况】 2011年是第七届全国城市运动会和广西壮族自治区第十二届运动会(以下简称“两会”)举办年，南宁市分别派代表团参加，取得优异成绩。年内，继续坚持“灵、小、短、水”的发展战略，加大业余训练力度，提供优质平台，不断提高运动水平。南宁市籍运动员(含青少年)参加国际体育比赛获冠军11个，亚军9个；参加全国性单项锦标赛，共获金牌16枚，银牌16枚，铜牌15枚。南宁市向国家青年男子羽毛球队输送运动员1人，向自治区体育运动学校输送运动员11人、自治区各运动发展中心输送运动员9人，自治区体育运动学校向自治区各运动发展中心输送南宁市籍运动员3人。完成国家二级裁判员847人、国家二级运动员61人的审批。南宁市体育运动学校获国家体育总局授予2011年全国业余体育训练先进单位；市体育运动学校体操教练员李朝阳、举重教练员马来阳获国家体育总局授予2011年全国各级各类体校优秀教练员；市体育局获自治区体育局授予2011年竞技体育贡献奖。

【参加全国第七届城运会】 2011年10月16日~26日，第七届全国城市运动会在江西省南昌市举行。南宁市派出136名运动员组成的代表团，参加举重、蹦床、跳水、游泳、羽毛球、摔跤、柔道、乒乓球、射击、田径、跆拳道、体操等12个项目的比赛。获金牌1枚、银牌4枚、铜牌2枚、第四名3个、第五名4个、第六名2个、第七名4个、第八名5个，并获体育道德风尚奖。

【参加自治区第十二届运动会】 2011年11月6日~16日，自治区第十二届运动会在钦州市举行。南宁市派出745名运动员组成的代表团，参加除帆板外的蹦床、技巧、举重、篮球、乒乓球、蹼泳、拳击、柔道、射击、射箭、手球、摔跤、水球、跆拳道、体操、田径、跳水、网球、武术散打、武术套路、艺术体操、游泳、羽毛球、足球等24个项目的比赛。获金牌134枚、银牌120枚、铜牌123枚；团体总分9138.50分。实现金牌总数第一，奖牌总数第一，团体总分第一的目标。并获代表团输送奖第一名、竞技体育突出贡献奖、体育道德风尚奖。

10月16日~26日，南宁市派出代表团参加在江西省南昌市举行的第七届全国城市运动会，图为部分代表团成员合影　　市体育局提供

【参加体育比赛】

自治区各单项锦标赛　2011年5月~7月，广西青少年锦标赛暨广西壮族自治区第十二届运动会资格赛在南宁市举行。南宁市派出330名运动员组成的代表队，参加举重、田径、游泳、柔道、摔跤、跆拳道、拳击、羽毛球、乒乓球、篮球、足球等11个项目的比赛。获金牌52枚、银牌68枚、铜牌62枚。

全国高水平后备人才基地举重锦标赛　10月25日，南宁市派出15名运动员，参加在湖南省吉首市举行的全国高水平后备人才基地举重锦标赛。获银牌3枚、铜牌2枚、第四名2个、第五名2个、第六名9个、第七名5个、第八名3个，并获体育道德风尚奖，1名运动员获体育道德风尚奖。

全国举重分龄赛　8月20日，南宁市派出5名运动员代表广西参加在湖南省吉首市举行的全国举重(13岁~16岁组)分龄赛。获金牌7枚、银牌4枚、铜牌2枚、第四名1个、第五名1个。

【备战下届全国城运会与广西区运会】 2011年，为备战2015年在广西梧州市举行的自治区第十三届运动会和在福建省福州市举行的第八届全国城市运动会，实现预定目标，南宁市采取措施，做好打基础、选苗子、输送人才等工作。举办南宁市青少年乒乓球锦标赛暨自治区运动会选才赛、南宁市青少年体育春季测试赛暨青少年训练点选才赛等体育竞赛。

六县六城区及市体育运动学校等26个单位504名运动员参加。市体育局拓宽招生渠道、挖掘培养优秀苗子，整合全市重点项目和业余训练网点资源，引导发展优势项目，实现“一县（区）一品，以品牌带动业余训练发展”，对重点项目和青少年体育训练点进行考核。对各县、训练点在人才培养、输送运动员参加世界、全国、自治区性比赛方面取得优异成绩的，特别是参加全国城运会和自治区运动会运动员人数及所获成绩卓有成效的单位以奖代补。奖励训练点26个，保留训练点5个，取消训练点3个，新设训练点2个；下拨经费29.95万元，其中重点项目奖励20.40万元，业余训练奖励9.55万元。贯彻《关于进一步加强运动员文化教育和运动员保障工作指导意见》，加强运动员文化学习，完善运动员保障体系。实施《南宁市运动员教练员和有关有功人员奖励办法》，并对在2008年~2011年取得成绩符合条件的运动员给予奖励。增强体育训练科技含量，提高运动员运动知识技能和比赛成绩。对田径、柔道等26名自治区第十三届运动会适龄优秀运动员进行生化指标体测，为教练员选才、训练提供科学数据。

（朱庆邦 潘建辉）

群众体育

【概 况】 2011年，南宁市举办各级各类群众体育运动会、单项比赛和健身活动400多项次，参与人数280多万人次，群众参与率41%；有社会体育指导队伍1.50万人，健身网点352个，形成全民健身的良好态势。市体育局获国家体育总局授予全民健身活动优秀组织奖；隆安县文化广播影视和体育局、南宁百货大楼股份有限公司获国家体育总局授予全民健身活动先进单位；市体育局获国家体育总局授予2010年国民体质监测工作先进集体，莫树森、姜碧英获国家体育总局授予2010年国民体质监测工作先进个人；市体育局等5个单位、8名个人获自治区体育局授予2010年国民体质监测工作先进单位、先进个人；市体育局等10个单位获2007年~2010年自治区群众体育先进单位，梁桦中等11人获2007年~2010年自治区群众体育先进个人；市体育局获2011年广西全民健身工作先进单位；张洪兰、陶剑锋获广西优秀社会体育指导员；横县和市李宁体育园、市沛鸿民族中学分别获广西全民健身示范县及示范单位。

【群众体育活动】

冬泳邕江活动 2011年1月1日在邕江大桥水域举行。由市政府主办，市体育局、市体育总会、广西游泳协会、市冬泳协会承办，市教育局、市公安局、市城乡建设委员会、市卫生局、市工商局、市城市管理局、市总工会、南宁海事局、市体育管理培训中心、大桥管理处、滨江公园和6个城区政府共同协办。南宁市及周边市、县冬泳爱好者2000多人参加。

第三届广西体育节开幕式南宁市主会场活动 8月8日在李宁体育园举办。自治区和南宁市的540多名省、厅级领导，以及各界群众6000多人参加。体育爱好者和群众表演腰鼓舞、军体操、民族健身舞、动感自行车等群体项目；开设跳大绳、踢毽子等互动项目以及攀岩、轮滑等体验项目。台湾花莲县教育代表团的嘉宾应邀出席，并与现场群众共同参与健身走活动。

恢复工间操 2011年，为贯彻实施《全民健身条例》和《全民健身计划（2011—2015年）》，市政府决定在全市范围内开展广播体操活动。各单位根据场地情况，以集中或相对集中的形式进行，每个工作日1次。11月2日~3日，在南宁市李宁体育园举办2011年南宁市工间操教练员培训班，全市各部门、单位及各县（区）500多人参加，由此拉开恢复工间操活动的序幕。

2011年南宁市未成年人传统健身游戏大赛总决赛 12月17日在市南湖广场名树博览园举行。由市精神文明建设委员会办公室、市体育局、市教育局联合举办。设扔沙包、滚铁环、三人板鞋竞速、踢毽子、六人板鞋竞速、跳大绳等项目。全市有20个代表队1115人参赛。

“体育活动黄金周” 2011年，南宁体育活动黄金周通过科学整合资源，充分利用人力、场地、招商优势，创新办赛方式、方法，拓宽办赛途径，把一些传统赛事办成南宁市知名度高的品牌赛、精品赛。黄金周活动于12月2日~30日举办。12月2日~4日，举办南宁乒乓球公开赛；12月12日~19日，举办南宁市气排球比赛；12月21日~30日，举办南宁市篮球联赛。期间，有2500名体育爱好者参加各项赛事，活动受到市民的广泛关注和欢迎。

【学校体育】 2011年，市体育局贯彻落实《全民健身条例》、《学校体育工作条例》、《中共中央 国务院关于加强青少年体育增强青少年体质的意见》，配合市教育局深入各学校指导开展各项体育活动。发动师生参加冬泳邕江、南宁解放日长跑、未成年人传统健身游戏大赛，自治区体育传统项目学校青少年田径、举重、武术和游泳比赛等大型赛事活动。

【民族体育】 2011年9月10日~18日，南宁市派出35名运动员代表广西参加在贵阳市举办的全国第九届少数民族传统体

8月8日，第三届广西体育节开幕式南宁主会场活动在李宁体育园举行

梁继鸿 摄

育运动会毽球、板鞋竞速和表演项目的比赛。毽球获男子项目二等奖，女子项目二等奖；板鞋竞速获二等奖3个，三等奖2个；表演项目获三等奖。4月13日，派出6名射弩运动员，参加在桂林市举办的自治区少数民族传统体育射弩选拔赛。获第一名1个，第二名1个，第三名5个，第四名5个。9月20日～22日，派出板鞋队、陀螺队参加在河池市举行的中国广西（河池）民族体育欢乐节。11月29日，组织参加在广西体育高等专科学校举行的少数民族技能展演竞赛，参赛的4个节目分别获一等奖、二等奖、三等奖和优秀奖，并获优秀组织奖。

【农村体育】 2011年1月18日～21日，在武鸣县举行“南宁市2010年村级公共服务中心建设年”村级篮球赛决赛。全市49个村级公共服务中心篮球队经过预赛，各县各选拔出1支优秀队伍参加决赛。年内，组织开展广西第三届万村农民篮球赛南宁赛区预赛阶段各县（区）、乡镇、行政村篮球比赛。4月21日～24日，派出2名农民象棋手，参加在玉林市举行的2011年广西农民象棋比赛。获男子双人第二名和男子个人快棋第三名。各县（区）利用节假日，开展一系列群众喜闻乐见、形式多样、内容丰富的群众体育活动与竞赛，规模大、辐射广、群众参与度高，推动全民健身活动蓬勃开展。

【老年人体育】 2011年，南宁市举办第十届迎春秧歌比赛等19项活动，单项比赛31个，有284个队、1.20万人参加。举办柔力球创编套路、第九届健身球操辅导员培训班，培训92人。组队参加自治区老年人体育协会主办的比赛5项。年内，新增晨练站6个（累计351个）。市老年人体育协会被自治区体育局评为2007年～2010年群众体育先进单位。全年举办的赛事活动中，参与人数最多的是南宁市第26届中老年人太极系列项目比赛。该比赛于3月20日在江南区滨江公园分4个赛场同时进行，有102个队、1428名老年太极爱好者参加42式太极拳（剑）、柔力球、四种健身气功等16个单项的比赛。8月～10月，开展以“重阳节”为主题的全市老年人健身活动，举办门球、太极功夫扇百人团体赛、柔力球创编套路团体赛、国民体质测定和第二届重阳长者健身展示活动等5项比赛，5266人参加。

【社团体育】 2011年，南宁市有体育协会20个，俱乐部41个，不仅有篮球、气排球、足球、游泳等传统项目，还有轮滑、马术等新兴项目。各体育社团围绕《全民健身条例》和《全民健身计划（2011－2015年）》，开展多项全民健身活动，参与者达上万人。市气排球协会、市轮滑协会，分别创办项目联赛，使气排球、轮滑运动得到更大程度的普及和发展；承办全国老年人气排球交流大会、首届南宁·东盟国际轮滑邀请赛，开创社团办大赛的先河。

【城乡体育设施建设】 2011年，南宁市继续加大城乡体育设施建设投入力度。完成自治区政府为民办实事项目修建村级服务中心篮球场63个，并组建73支农民篮球队；完成在市区公园、社区等公共场所增加建设市政府为民办实事项目40套健身路径。完成国家级乡镇农民体育健身工程项目2个，农民体育健身工程村级篮球场14个，自治区城乡风貌改造三期工程村级篮球场和广西特色名村村级篮球场建设项目4个，中越边境全民健身工程、红水河流域民族体育工程项目村级篮球场8个，自治区第十五批全民健身路径工程项目建设10套，总建设面积7.33万平方米，投入资金1194万元。

（高 翔 姜碧英）

承办体育赛事

【概 况】 2011年，南宁市承办体育赛事活动数量、密集程度均创新高。赛事主要有第七届中国水城“中国联通杯”南宁国际龙舟邀请赛、中国—东盟国际职业拳王争霸赛暨龙行天下之决战南宁系列赛、第三届广西体育节开幕式南宁主会场活动、第七届南宁国际围棋邀请赛、第六届南宁国际桥牌邀请赛、第三届南宁象棋国际邀请赛、南宁—东盟自行车公开赛、2011年亚洲沙滩排球巡回赛（南宁站）、2011年“中国联通”南宁国际半程马拉松比赛暨29届南宁解放日长跑活动及2011年“超大杯”中国（南宁）—东盟武术节等。

【中国—东盟国际职业拳王争霸赛暨龙行天下之决战南宁系列赛】 2011年4月23日～6月18日在自治区体育馆举行，中国内地、香港、台湾的16名职业拳手参加。承办此次赛事是南宁市体育竞赛市场化独立运作的一次成功尝试，赛事所需经费均通过市场化运作吸引社会资金解决，为市场化运作体育竞赛积累经验。

【第七届中国水城“中国联通杯”南宁国际龙舟邀请赛】 2011年6月3日～4日在南湖举行。设国际公开组标准龙舟250米、500米，国际公开组小龙舟250米、500米，国际混合组标准龙舟250米、500米，国际混合组小龙舟250米、500米，绿城组标准龙舟250米、500米，绿城组小龙舟250米、500米等12项竞赛。来自英国、澳大利亚、加拿大、中国，以及香港、澳门、国际联队等54支代表队1164名运动员参赛。澳洲冰龙男队总成绩获国际公开组标准龙舟、国际混合组标准龙舟第一名；广西民族大学队、科莫多划船俱乐部1队总成绩分获国际公开组小龙舟、国际混合组小龙舟第一名；横县麦家队、宾阳县队总成绩分获绿城组标准龙舟、绿城组小龙舟第一名。

【2011年南宁国际棋牌邀请赛】 2011年9月25日～28日在南宁市举办。9月26日，在邕江宾馆举行开赛仪式，国家体育总局棋牌运动管理中心主任、中国棋院院长刘思明，中国围棋队领队华学明，“棋圣”聂卫平等出席。此次赛事首次将围棋赛、桥牌赛和象棋赛“三赛合一”，来自越南、马来西亚、菲律宾等21个国家和地区的149名运动员、教练员参赛。

第七届南宁国际围棋邀请赛 2011年9月25日～28日在明园新都酒店举行。设团体赛、个人赛2项竞赛。公开团体赛、公开个人赛，采用积分编排制，共赛7轮，以个人成绩决定团体名次。来自文莱、柬埔寨、德国、印度尼西亚、老挝、马来西亚、菲律宾、新加坡、泰国、越南、美国，以及澳门、香港、台北和南宁市15支代表队参赛。中国澳门队、泰国队和南宁队分获团体赛前三名；中国澳门队卢环球、黄艾伦、中华台北队何信仁分获个人赛前三名。

第六届南宁国际侨牌邀请赛 2011年9月25日～28日在浙商大酒店和邕江宾馆举行。设公开队式赛、瑞士移位赛、公开双人赛、东盟国家双冠军双人赛4项竞赛。来自丹麦、印度尼西亚、韩国、菲律宾、新加坡、泰国，以及香港、澳门、台北和广西桥牌协会、南宁市14支代表队参赛。丹麦队、南宁队、澳门队分获团体前三名。

11月29日~12月5日，亚洲沙滩排球巡回赛(南宁站)在南宁国际会展中心举行，图为比赛场景　　梁 凯 摄

第三届南宁象棋国际邀请赛　2011年9月25日~28日在泽霖宾馆举行。设团体赛、个人赛2项竞赛，采用瑞士制积分编排制。来自澳大利亚、加拿大、日本、越南，以及台北、广西、南宁市10支代表队参赛。越南3队、越南1队、南宁队分获团体赛前三名；越南3队范启源、南宁队张海宁和越南1队陶高科分获个人赛前三名。

【2011年亚洲沙滩排球巡回赛(南宁站)】2011年11月29日~12月5日在南宁国际会展中心举行。比赛分男子组和女子组进行。来自日本、韩国、印度尼西亚、马来西亚等11个亚洲国家和地区的32支代表队参赛。中国队、新西兰队、哈萨克斯坦队分获男子组前三名；中国队获女子组前两名，泰国队获女子组第三名。还举办沙滩宝贝选拔、亚洲沙滩排球技术会议、中国老女排夺冠30周年庆祝活动和千人排球活动等。

【2011年“中国联通”南宁国际半程马拉松比赛暨29届南宁解放日长跑比赛】2011年12月10日在南宁市举行。设男、女半程马拉松，男、女10公里和4公里健康跑3个项目。来自肯尼亚、越南、美国等国家和地区及中国内地的长跑运动员、爱好者1.17万多人参加。肯尼亚约翰·万巴·穆斯由基，甘肃马珍分获半程马拉松比赛男子组、女子组冠军；中国薛峰、越南阮登清翠分获男、女10公里长跑比赛第一名。

【2011年“超大杯”中国(南宁)—东盟武术节】2011年12月15日~18日在自治区体育馆举行。设武术套路和武术散打2个大项。武术套路设传统拳术、传统器械、对练项目3个大类81个小项；武术散打设56公斤、60公斤、65公斤、70公斤、75公斤5个级别比赛。来自文莱、菲律宾、法国、加拿大等10个国家和国内14个省（区）、市的535名运动员、教练员参赛。武术套路传统拳术、传统器械、对练项目比赛分别产生一等奖67个、一等奖65个、一等奖2个。武术散打项目比赛，广西武术协会分获56公斤、60公斤、70公斤3个级别第一名，防城双喜分获65公斤、75公斤2个级别第一名。

（刘曙光　黄永铁）

体育交流

【概　况】2011年，南宁市进一步拓展体育对外交流合作的层次和领域，不断提升、扩大城市知名度、影响力，推动体育事业发展。全年接待越南集训队71人次；派员赴境外学习考察3个团(次)、13人次；承办国际赛事8次，邀请国内、外代表队和运动员前来参赛。其中，南宁国际龙舟邀请赛、南宁国际半程马拉松赛等逐步成为南宁市乃至自治区体育文化对外交流合作的品牌，与世界、尤其是东盟国家的交流合作不断推进，实现增进了解、促进合作、推动发展的目标。

【成功申办2014年世界体操锦标赛】2010年11月南宁市启动2014年世界体操锦标赛申办工作。2011年2月，正式向国际体操联合会提出申请；5月，向国际体操联合会交付申办保证金；8月，国际体操联合会秘书长致函国家体育总局体操运动管理中心，同意将2014年世界体操锦标赛交由南宁市承办；10月，组成考察组赴日本东京学习观摩第43届世界体操锦标赛；11月，国际体操联合会与中国体操协会签订合同，将2014年世界体操锦标赛举办权授予南宁市。这是继2010年成功举办国际田联世界半程马拉松锦标赛后，南宁市又一次获举办权的高规格国际重大赛事，标志着南宁市办赛能力、体育设施、人文环境建设和经济社会发展得到国内、国际体育协会组织的肯定及认可，也标志着南宁市对外体育交流事业发展达到一个全新水平。

【出访交流】2011年3月10日~16日，市体育局党组书记陆兴南率市体育运动学校武术队赴香港特别行政区，参加第九届香港武术节比赛活动，取得较好成绩和良好的交流成果。9月20日~10月12日，市体育局党组书记陆兴南任领队的代表队一行3人，参加2011年中国—东盟国际汽车拉力赛。10月10日~17日，市体育局副局长宋君辉率领的5人考察组，赴日本东京观摩第43届世界体操锦标赛，为南宁市举办2014年世界体操锦标赛积累办赛经验。

【来访交流】2011年，越南派出集训队71人次到南宁市进行训练。年内，南宁市举办中国—东盟国际职业拳王争霸赛暨龙行天下之决战南宁系列赛、第七届中国水城“中国联通杯”南宁国际龙舟邀请赛、第七届南宁国际围棋邀请赛、第六届南宁国际桥牌邀请赛、第三届南宁象棋国际邀请赛、2011年亚洲沙滩排球巡回赛(南宁站)、2011年“中国联通”南宁国际半程马拉松比赛暨29届南宁解放日长跑活动、2011年“超大杯”中国(南宁)—东盟武术节等赛事，有50多个国家和地区，以及国内省(区)、市派出代表队或运动员及教练员到南宁市参赛。

（庞　宇　卢业锋）

体育产业

【概　况】 2011年，南宁市体育产业有体育场馆、健身场所1.44万个；体育协会21家，体育俱乐部43家，注册资金1100万元；社会办体育项目50多个，经营户360多家(仅有1.60%为全民所有)。全年营业收入1.41亿元，体育用品生产、销售实现产值1.30亿元。体育彩票销售总额2.46亿元，公益金收入1294万元。全市体育产业值4.90亿元，占全市GDP(国内生产总值)比重0.24%。市体育局加大对全市体育产业经营单位的管理、指导力度，建立公开、透明、管理规范的市场服务机制，发挥政策对体育产业发展的引导和扶持作用。落实国家制定的体育服务行业标准，加强对体育市场的服务与管理，落实体育经营管理的法律、法规，保障体育市场规范运作，促进体育市场的健康、规范、有序发展。

【体育彩票业】 2011年，市体育彩票管理中心完成销量2.46亿元，比上年增长25.31%，占自治区销量约37%，名列第一。其中，电脑彩票销量2.12亿元，即开型彩票销量3367万元。

【局属体育产业开发】 2011年，市体育局、南宁手球训练基地等局属体育产业经营实体努力探索多种经营渠道，开辟新的经营项目，增收节支，取得良好的经济效益和社会效益。体育场馆接待竞技体育比赛6项次，运动队训练40多项次，群众体育活动60项次，学校体育活动1万多人次，群众体育锻炼45万人次；经营收入323万元。南宁手球训练基地食堂营业收入336万元；基地奥体宾馆营业收入212万元，住客率83%。

【社会体育产业发展】 2011年，南宁市体育服务业有各类服务经营单位550家，销售收入近3亿元。健身娱乐业在体育服务业中数量最多，有近400家，收入约1.51亿元，占体育服务业年收入70%；从业人数3300多人，占体育服务业人数60%。健身娱乐业经营项目主要有羽毛球、棋牌、乒乓球、游泳、体操(包括各类健身、健美操)、高尔夫球、网球等，比重分别为41.30%、27.10%、4.10%、12.30%、12.10%、2.10%、1%。体育培训业营业收入占体育服务业13.41%，包括各类体校、俱乐部、运动协会、培训中心、棋院、武术馆等，从业人数占体育服务业11.60%。单纯从事体育竞赛表演、体育中介的单位较少，营业收入占体育服务业的比重分别为1.24%、0.32%。体育中介、竞赛表演、体育培训等新兴行业增长速度较快，显示出强劲的发展势头，健身娱乐业经过多年的发展，增长趋于平稳。

（姚兴华　麦亦飞）

2011年南宁市籍运动员参加世界比赛荣誉榜

姓名	日期	地点	比赛名称	项目	比赛成绩	
					小项	名次
梁耀月	7月	匈牙利	第16届世界蹼泳锦标赛	蹼泳	50米蹼泳	2
					4×100米蹼泳接力	1
梁耀月	9月	山东省烟台市	蹼泳世界杯总决赛	蹼泳	100米蹼泳	1
					50米蹼泳	1
					4×100米蹼泳接力	1
许艺川	7月	匈牙利	第16届世界蹼泳锦标赛	蹼泳	400米器泳	1
					800米器泳	1
许艺川	9月	山东省烟台市	蹼泳世界杯总决赛	蹼泳	1500米蹼泳	2
					800米蹼泳	2
					4×100米蹼泳接力	1
					400米器泳	2
					800米器泳	2
王莹	7月	上海市	第14届世界游泳锦标赛	水球	女子水球	2
王毅						2
陈媛						2
黄月珍	6月	马来西亚	世界举重青年锦标赛	举重	48公斤级抓举	1
					48公斤级挺举	1
					48公斤级总成绩	1

续表

姓 名	日期	地点	比赛名称	项目	比赛成绩	
					小项	名次
蒙珊珊	5月	秘鲁	世界举重少年锦标赛	举重	58公斤级抓举	1
					58公斤级挺举	1
					58公斤级总成绩	1

注:合计获世界比赛金牌11枚、银牌9枚

2011年南宁市籍运动员参加全国比赛荣誉榜

姓 名	日期	地点	比赛名称	项目	比赛成绩							
					组别	级别	抓举	名次	挺举	名次	总成绩	名次
黄雪萍	10月		全国高水平后备人才基地赛	举重	少年组	44	40	7	51	7	91	7
黄兰洁	10月		全国高水平后备人才基地赛	举重	少年组	44	40	8	51	8	91	8
卢丽香	10月		全国高水平后备人才基地赛	举重	少年组	48	50	6			107	6
黄 芳	10月		全国高水平后备人才基地赛	举重	少年组	48	55	3	63	6	118	6
莫梦霞	10月		全国高水平后备人才基地赛	举重	少年组	53	66	5	80	6	118	6
苏宵婷	10月		全国高水平后备人才基地赛	举重	少年组	53	64	6	78	7	142	7
蒋理辉	10月		全国高水平后备人才基地赛	举重	少年组	56	83	2	107	2	190	2
韦宗朝	10月		全国高水平后备人才基地赛	举重	少年组	48	76	3	90	4	166	4
邹志强	10月	湖南省吉首市	全国高水平后备人才基地赛	举重	少年组	77	85	6	115	6	200	6
韦方梅	8月		全国少年男女(13–16岁)举重分龄赛	举重	13岁组	48	55	5	73	3	128	3
林冰莲	8月		全国少年男女(13–16岁)举重分龄赛	举重	14岁组	53	78	1	90	4	168	2
黄荣植	8月		全国少年男女(13–16岁)举重分龄赛	举重	14岁组	52	85	1	102	1	187	1
卢 克	8月		全国少年男女(13–16岁)举重分龄赛	举重	15岁组	56	100	1	125	1	225	1
石若嵩	8月		全国少年男女(13–16岁)举重分龄赛	举重	15岁组	69	110	2	135	2	245	2

注:合计获全国高水平赛银牌3枚、铜牌2枚、第四名2个、第五名2个、第六名9个、第七名5个、第八名3个;全国少年分龄赛金牌7枚、银牌4枚、铜牌2枚;第四名1个、第五名1个

(朱庆邦 潘建辉)

责任编辑 李志楠

社会生活

城市应急联动服务

【概　况】 南宁市城市应急联动中心主要负责应急管理的技术性、服务性工作，通过城市应急联动指挥系统进行突发事件信息接报和处置。2011年，接听报警求助电话174.13万个，月平均接听14.51万个；处理各类有效事件68.23万件。其中：110事件24.24万件，119事件5056件，120事件4.43万件，122事件11.40万件。完成2011年中国—东盟自由贸易区论坛、第七届“中国水城”南宁国际龙舟赛、西部地区部分城市人大工作研讨会、共青团自治区委员会举办的“我们广西的年轻人”主题晚会、广西区药监局医药监督演练、2011年南宁市重大事故应急救援演练等通信保障任务13批次，为有关单位提供通信用对讲机1336台次，保证重大活动期间应急指挥调度通信的畅通。年内，向市委、市政府办公厅上报各类应急信息485条，出版简报《联动信息周报》53期。

【城市公共安全管理系统】 2011年，南宁市城市应急联动系统升级改造项目进入全面实施阶段，投资5500万元，完成七楼接处警大厅装修改造，完成数字集群、系统总集成、市政府应急指挥平台（重大事件指挥平台）3个主系统核心项目设备招标采购及南宁市中心城区、重点区域的基站建设，2011年中国—东盟自由贸易区论坛、中国—东盟商务与投资峰会期间，首次投入使用数字对讲机700部。

【应急知识普及】 5月12日，南湖应急避难场所竣工仪式暨纪念“5·12”防震减灾科普宣传活动进行现场宣传，发放应急科普书籍，制作应急知识宣传板报，在全国综合减灾示范社区——南宁市江南区五一中路社区举行防灾减灾知识竞赛活动；编印《日常应急须知》16万册，12月向市民免费发放。6月15日~26日，市应急联动中心和市应急办在市委党校举办南宁市“十二大工程”重点培训项目“南宁市2011年南宁市突发事件应对和应急管理培训班”。县（区）应急办主要领导及市级各单位应急管理从业人员102人参加培训，其中36名学员赴上海交通大学进行为期一周的培训。

（欧阳秋电）

婚姻·家庭

【婚姻登记】 2011年，南宁市婚姻登记管理以为民服务为宗旨，以依法行政为保障，以规范管理为手段，进一步加强婚姻登记规范化建设。加强全市婚姻登记员培训，编发《2011年全市婚姻登记业务培训教材》。制定印发婚姻登记机关等级评定方案，推进婚姻登记机关等级评定。按照现行法律法规和婚姻登记机关等级评定标准指导县（区）民政部门依法依规配合有关部门（单位）开展建立婚育综合服务中心和深化免费婚前医学检查。11月11日，各婚姻登记机关实行提前、现场预约，当日现场登记等方式，以全天候登记、全方位服务的精神高效开展登记，办理结婚登记1546对。全市办理结婚登记7.35万对，其中国内居民登记7.30万对、涉外登记444对；离婚登记1.03万对，其中国内居民登记1.02万对、涉外登记52对；补办登记1100对；补领登记5978对，其中国内居民5978对、涉外8对。

【收养登记】 2011年，南宁市编发《收养登记工作相关法律法规政策学习手册》、《学习版—6种类型的收养在申请办理时应提交的材料》、《告知单—申请办理收养登记（6种类型）应提交材料须知》等教材资料，提高收养登记员的整体素质和依法行政能力。与公安、司法、卫生、计生等部门配合，解决私自收养问题。全市办理收养登记手续423例，其中国内收养420例、涉港澳台华侨收养2例、解除收养1例。

（郑晓红）

【“不让毒品进我家”活动】 2011年，市妇联以“6·26”国际禁毒日为契机，多措并举宣传禁毒。6月10日，联合有关单位在市二十六中开展禁毒防艾宣传教育进学校启动仪式，引导教育系统的“妇女儿童维权岗”负责人和在校学生担任“禁毒防艾志愿者”，在家庭、学校、社会中开展禁毒防艾知识宣传。21日，以禁毒防艾流动课堂为载体，联合市流动人口办组织维权志愿者到流动人口较为集中的江南客运站开展禁毒防艾宣传。22日，联合市禁毒办到市强制戒毒隔离所开展禁毒宣传帮教活动，增强群众禁毒、防毒、拒毒的意识，教育吸毒人员迷途知返。22日~23日，在兴宁区望州社区、邕宁区百济乡红星村开展禁毒防艾宣传，通过设点咨询、发放宣传资料、推广使用安全套、有奖问答等形式，构筑社区、家庭禁毒防线。

【文明家庭创建活动】 2011年，市妇联以共建和谐家庭，同创美好生活为主题，开展第三届“十百千户”和谐家庭创建评选活动，评选表彰10类先进家庭1000户，以家庭和谐促进社区和谐。联合市绿委办在全市开展“绿化阳台　美化南宁”——最美阳台评选活动，评选表彰家庭42户，倡导市民家庭积极参与“创建国家森林城市，打造生态宜居之城”活动。推进“廉政文化进家庭”活动，印制、发放家庭助廉倡议书1.80万份，发送家庭助廉短信1.20万条。举办“节能减排进万家·低碳生活我时尚”进家庭、进社区主题宣传活动，倡导健康文明、低碳环保生活方式。

通过开展文明交通劝导活动、举办交规知识讲座、组织交通行为观摩活动等方式，开展“孝老爱亲、平安出行”文明交通宣传。

【“双合格”家庭教育活动】 2011年5月，南宁市成立家庭教育指导中心，制定下发《关于进一步加强家长学校工作的指导意见的通知》，完善指导中心规章制度。在市妇联网站建立“南宁市家庭教育指导中心”专栏，设立家教知识库、智慧妈妈网上行、爱心驿站等栏目，向全市家长普及科学的家教知识，为爱心家长与“春蕾”女童结对帮扶牵线搭桥。5月24日，市妇联，西乡塘区党委、政府联合在南宁市秀灵学校举办2011年“争做合格家长 培养合格人才”家庭教育大讲堂八桂行活动（南宁市）启动仪式，之后相继在马山县、武鸣县、江南区、兴宁区举办以流动留守儿童家庭教育为主要内容的报告会6场，向全市6000多名家长传播家庭教育先进理念。11月~12月，市妇联、市家庭教育指导中心邀请中国家研会全国家庭教育巡讲团到各县（区）、乡镇举办“双合格家庭教育进农村、进社区”巡回报告会30多场次，受益家长3万多人。

【农村留守儿童关爱行动】 2011年5月26日，市妇联、市女企业家协会在武鸣县甘圩镇甘圩小学举行“庆六一 童心向党 快乐成长”留守儿童关爱活动。市妇联，武鸣县委、县政府，市女企业家协会以及国色文化、欧陆建材等爱心企业、妇女儿童维权岗、巾帼文明岗的爱心妈妈志愿者给甘圩镇留守儿童之家和孩子们送来电脑、书籍等学习用品和节日礼物。当天“爱心妈妈（代理家长）”们与留守儿童结对帮扶，交换爱心联系卡，开展互动游戏，为孩子们义务理发等。各级妇联通过招募“爱心妈妈”、“代理家长”与留守儿童结对，建立“留守儿童辅导员队伍”和留守儿童工作制度，完善留守儿童之家建设。 （李永清）

人口与计划生育

【概　况】 2011年，南宁市人口计生系统突出抓人口就是促发展，抓计生就是抓民生的主题，推进诚信计生，强化出生人口性别比治理，深化人口计生综合改革，探索创新社会管理和公共服务。全市出生人口85513人，人口出生率11.98‰，人口自然增长率8.33‰，出生政策符合率93.42%，完成人口计生各项目标任务。建立完善人口计生依法管理机制，按照《行政许可法》的要求，清理规范性文件。4月，迎接国家人口计生委行政执法专项检查获检查组肯定。开展人口和计划生育依法行政示范乡镇（街道）创建活动。江南区福建园街道办事处被评为国家人口和计划生育依法行政示范乡镇（街道）。

【目标管理】 2011年，南宁市进一步完善和落实人口计划生育工作目标责任制。年初，市委书记、市长与各县（区）党政主要负责人及34个相关职能部门主要领导签订《人口和计划生育目标管理责任状》；各级党委、政府和有关部门及村（居）委会层层签订人口计生目标责任状，实行计划生育“一票否决”。逐步形成政府领导、部门配合、单位负责、社会参与、齐抓共管、综合治理人口和计划生育工作的局面。年末，组织市人口和计划生育领导小组成员单位副处以上负责人，对签定责任状的县（区）和部门进行党政线、计生线、部门线考核，结果全部合格，并经自治区考核验收达标。在自治区2012年人口和计划生育工作会议上，南宁市党政线、计生线连续10年双获先进。宾阳县、青秀区等9个县（区）分获国家和自治区表彰。宾阳县获全国计划生育优质服务先进单位；青秀区获2011年广西人口和计划生育工作模范县（区）；兴宁区获2011年广西人口和计划生育工作先进奖；江南区、武鸣县、西乡塘区、邕宁区获2011年广西人口和计划生育工作进步奖；横县获2011年广西人口和计划生育工作创新奖；马山县获广西计划生育优质服务先进单位。宾阳县黎塘镇计生服务所、经开区吴圩镇计生服务所被评为“全区计划生育优质服务示范所”。武鸣县城厢镇九联村等31个村（居）被评为“首批全区诚信计生基层群众自治示范村（居）”。

【人口计生宣传教育】 2011年，南宁市进一步完善人口计生宣传教育机制。继续在各类新闻媒体开设“人口之窗”、“人口之声”、“人口与家庭”等宣传专栏，加强政策法规、奖励扶助、优生优育、先进典型等的正面宣传引导，加大人口计生环境氛围营造力度。全市投入575万元，在市、县（区）、乡镇、村（居）、自然村（坡）五级树立户外大型宣传牌170块（总面积4515平方米），户外固定宣传栏1469块（总面积2.84万平方米）、固定宣传标语9160条。组织第三届“南宁十大阳光女孩”评选活动。开展广场文化、街道文化、社区文化、乡村文化宣传活动884场，群众自编自演计生内容节目720个，参加单位1840个，发放宣传资料395多万份，接受群众咨询12万人次，受教育群众100多

5月24日，市妇联，西乡塘区党委、政府联合在南宁市秀灵学校举办2011年“争做合格家长 培养合格人才”家庭教育大讲堂八桂行活动（南宁市）启动仪式

汪　悦提供

万人次。

【第三届“南宁十大阳光女孩”评选活动】 2011年5月，由市委宣传部、市教育局、市人口和计划生育委员会、市妇联、共青团南宁市委、南宁日报社、市广播电影电视局、市文化新闻出版局联合下发《关于开展评选2011第三届“南宁十大阳光女孩”活动的通知》。8月4日，召开第三届“南宁十大阳光女孩”评选活动新闻发布会。活动有200人报名参赛。12月3日~17日，按照报名分类，分别在兴宁区、青秀区、江南区、西乡塘区、邕宁区的5所学校开展“海选”，评出20名“阳光女孩”候选人。期间，还通过网络投票、报纸投票、手机短信投票、户外拓展暨现场拉票会等形式开展宣传，上万名学校师生及学生家长参与。最终评出兴宁区华强路小学韩李明可等10位同学为第三届“南宁十大阳光女孩”。

【人口计生定点帮扶】 2011年，南宁市继续落实四家班子领导和人口计生领导小组成员单位定点帮扶人口大乡镇和人口计生基础薄弱乡镇工作制度。全市36名市级领导干部、39个市直部门对12个县(区)39个乡镇进行定点帮扶。各帮扶单位在市领导和单位主要领导的带领下深入帮扶点开展调查研究，慰问计生困难户，帮助解决人口计生办公条件及工作难题。全市投入帮扶资金407.50万元，开展帮扶活动156次，为帮扶乡镇配备电脑70台、空调34台、打印机8台、办公桌椅和档案柜一批，修缮村(屯)公路5条。通过定点帮扶，有6个基础薄弱乡镇进入“两无一提高”(乡镇、街道无政策外多胘出生，村、社区居委会无政策外出生，提高计划生育率)行列，33个基础薄弱乡镇人口计生各项指标均有较大提升。

【诚信计生】 2011年，南宁市把诚信计生作为人口计生工作的重点，完善示范点，树立典型，提高群众参与率。加强部门间的协调沟通，成立诚信计生联席会议制度，制定激励机制，帮助计生家庭发展生产、改善生活，激发和调动广大育龄群众“我要计生”的积极性。下拨县(区)诚信计生工作专项经费259万元。8月，召开全市诚信计生工作会议及人口计生工作推进会，组织县(区)党政分管领导和人口计生局局长到邕宁区良勇村现场观摩学习。各县(区)利用村两委(村党支部委员会和村民自治委员会)换届，要求村两委换届工作组指导村(社区)开展诚信计生承诺书签约，提高群众参与率。注重做好城市流动人口诚信计生工作，在流动人口比较集中的城中村，以出租屋为中心，引导组建流动人口诚信计生小组，通过召开村民(居民)代表会议修订村规民约，明确出租屋主在诚信计生宣传、动员、组织和监督的职责，形成街道办、村(居)委会、出租屋主和流动人口共同参与的诚信计生模式。全市开展诚信计生活动村(居)委会1466个，占83.11%，成立诚信计生小组6.44万个，参加诚信计生小组的依法生育育龄妇女数49.90万人，依法生育育龄妇女参与率84.32%。

【人口计生服务】 2011年，南宁市在自治区率先开展免费孕前优生健康检查项目。为1.68万对农村计划怀孕夫妇提供免费孕前优生健康检查，筛查出的风险人群全部接受针对性咨询指导，优生咨询指导率100%。继续加强基层人口计生服务体系建设，推进村级服务室建设。完成自治区和南宁市641个村级计生服务室建设。开展“女性健康知识系列讲座”进机关、学校、农村和社区活动，以关爱女性健康、提高生活质量为主题，采取流动课堂形式，开展专家专题讲座和现场咨询，举办系列讲座活动100多场，参加活动的育龄妇女20多万人次。落实市政府2011年为民办实事项目艾滋病防治攻坚工程，协调宣传、公安、卫生、广电等17个部门，推进“预防艾滋病，推广使用安全套”项目，不断提高全市安全套使用率，全市安装免费安全套自取箱5150个。与卫生局联合开展生殖健康检查服务活动，接受生殖健康宣传教育服务的育龄群众70.34万人次；为育龄妇女查环查孕111.90万人次；产后、节育手术术后、避孕药具用药后回访27.72万人次。全市有108.45万人次已婚育龄妇女参加两年一个周期妇科常见病的普查普治活动，康检率83.08%。

【流动人口计划生育服务管理】 2011年，南宁市出台《南宁市创新流动人口服务管理体制推进流动人口计划生育基本公共服务均等化试点工作实施方案》，落实流动人口计划生育基本公共服务均等化试点专项经费350万元。建立跨部门流动人口服务管理信息共享与交换平台。发放“计生绿卡”(流动人口居住安心卡)3.53万本，为持计生“绿卡”的流动人口提供办理证照、政策咨询和便民维权等高效便捷的“一站式”套餐化服务。各县(区)开展“爱心助成长”志愿者服务，建立关爱农民工子女爱心公寓6家，在农民工人数200人以上的企业和工期2年以上的建筑工地，设立农民工业余学校（夜校）和130个“关爱农民工子女志愿服务基地”。劳动和社会保障、农业、公安、民政、人口计生等部门联合开展“同在蓝天下、我们都是南宁人”、“送温暖、送岗位”等服务活动，从就业培训、子女入学、法律援助和扶贫帮困等方面给予流动人口优惠扶持。举办各种流动人口培训班165期，百万外来务工人员接受在岗培训和市民教育；义务教育阶段公办中小学接收进城务工人员随迁子女5.76万人，减免学杂费900余万元；为10多万流动已婚育龄妇女落实计划生育免费康检服务，为3.53万名流动育龄对象减免医疗服务费140多万元，1896人获节育措施“均等化”奖励；为外来务工人员提供法律援助服务1305人次，帮助农民工追回拖欠工资近40万元，挽回经济损失320多万元；为5.17万对外出务工的计划生育夫妇缴纳“新农合”(新型农村合作医疗）参合金，为外出务工的计划生育对象6000多人办理人身意外保险；慰问流动人口计生家庭2000多户，发放慰问金、慰问品120多万元。

【人口计生利益导向】 2011年，南宁市完善和创新计划生育利益导向机制。全市各类奖扶对象1.20万名，其中符合国家奖扶条件的对象5446名，符合自治区奖扶条件的对象5373名，符合市奖扶条件的对象1132名，兑现奖励扶助金1206.33万元。出台一系列利益导向政策措施，逐步构建较完善的计划生育奖励、扶(救)助、保障、优惠利益导向机制。在基本医疗保险、养老保险两方面分别对537户、943户城镇独生子女低保家庭在相关政策规定的基础上予以补助，共244.37万元。全市为2.70万个农村独生子女、纯二女家庭购买爱心保险，保费88.80万元。有346户计生家庭获保险公司理赔，总赔付金额97.32万元，赔付率109.59%。率先开展小额贴息贷款扶持农村计生家庭试点项目，发放小额贴息贷款1007.40万元，贴息额78.90万元，扶持计生家庭678户。

【出生人口性别比综合治理】 2011年，南宁市完善和推进出生实名登记制度，综合治理出生人口性别比偏高问题有新举措；市委宣传部、精神文明办等部门联合下发《南宁市关于开展2011~2015年婚育新风进万家活动的实施方案》。卫生、公安、工商、监察、食药、人口计生等14个部门联合开展打击“两非”(非医学需要的胎儿性别鉴定和非医学需要的人工终止妊娠行为)专项行动28次,抽调563人,出动车辆192车次,检查部队医院2家、公立医院25家、民营医院76家/次、药店215家、个体诊所277个,查出非法人工终止妊娠行为3例,超范围经营B超4例,非法出售终止妊娠药品3例。

【人口计生干部队伍建设】 2011年,南宁市进一步加强人口计生队伍建设,按要求配备市、县、乡三级人口计生管理人员1783人,其中计划生育协会在编人员45人,技术服务人员425人;配备村计生专干2237人。市、县、乡三级人口计生系统事业单位全部兑现绩效工资。举办各种业务培训班423期,培训1.41万人次。生殖健康咨询师培训实现全覆盖。8月12日~18日,在清华大学举办南宁市人口计生干部及新任人口计生工作分管领导业务培训班。2011年“双评”(请农民兄弟姐妹评计生”和“请流动人口农民工评计生”)中,群众对人口计生工作满意度99.57%,提高0.54%。 (林建人)

城市居民生活

【概　况】 2011年,南宁市城市居民人均可支配收入19972元,比上年增加2231元,增长12.60%,扣除物价上涨因素,实际增长6.50%;人均消费性支出14834元。在居民八大类消费支出中,消费支出增长的有:食品消费人均支出5344元,增长18.40%;衣着人均消费支出973元,增长4.70%;居住人均消费支出1274元,增长8.30%;交通和通讯人均消费支出2959元,增长14.90%。其他商品和服务人均消费支出337元,下降2.10%。居民消费价格指数为105.70,其中食品类价格上涨12.50%。

【收入构成】 2011年,南宁市城市居民家庭人均总收入22899元。其中:工资性收入16937元,经营净收入702元,财产性收入(包括利息、红利、股息、保险收益、出租房屋、其他投资收入等)503元,转移性收入(包括离退休金、社会救济、赔偿收入、保险收入、赡养收入、捐赠收入等)4757元。

【实际支出及消费结构】 2011年,南宁市城市居民家庭人均总支出19342元。其中:消费性支出14834元,财产性支出132元,转移性支出(包括交纳所得税、捐赠支出、购买彩票、赡养支出、非储蓄性保险等)1587元,社会保障支出(包括个人交纳的养老基金、住房公积金、医疗保险、失业基金)2635元,购房与建房支出154元。在消费性支出中,用于服务性消费3728元。年人均消费性支出构成分别为:食品类5344元,占比(恩格尔系数)36%;衣着类973元,占比6.60%;家庭设备用品及服务类1039元,占比7%;医疗保健类965元,占比6.50%;交通和通讯类2959元,占比19.90%;教育文化娱乐服务类年人均消费支出1943元,占比13.10%;居住类1274元,占比8.60%;其他商品和服务类337元,占消费支出比重2.30%。

【主要耐用消费品购买量及年末拥有量】 2011年,南宁市城市居民平均每百户购买洗衣机6台、电冰箱5.50台、空调器8.50台、淋浴热水器10台、消毒碗柜1台、助力车8辆、家用汽车4.50辆、普通电话机3台、移动电话35.50台、彩色电视机11台、家用电脑7台、照相机5架。至年末,平均每百户拥有摩托车30辆、助力车69辆、家用汽车21辆、洗衣机97台、电冰箱103.50台、彩色电视机136.50台、家用电脑102.50台、组合音响30台、摄像机11架、照相机57.50架、钢琴2架、其他中高档乐器5件、健身器材4套、微波炉79台、空调器168.50台、淋浴热水器109.50台、消毒碗柜74台、普通电话机55台、移动电话236台、接入有线电视网络的电视机91.50台、接入互联网计算机74台。

【居住状况】 2011年,南宁市城市居民人均拥有住房建筑面积29.50平方米。房屋产权状况:租赁公房5%、原有私房5.50%、房改私房67%、商品房16.50%、其他6%。住宅建筑式样:单栋住宅4%、四居室7.50%、三居室39.50%、二居室41.50%、一居室5%、普通楼房1.50%、平房及其他1%。独用自来水100%。住房内有浴室厕所100%。使用管道煤气、罐装液化气的居民户分别占0.50%、75%。

【不同阶层收入消费及差异状况】 2011年,南宁市城市居民中,占总体10%的最高收入户人均可支配收入4.70万元;占总体10%的高收入户人均可支配收入3.10万元;占总体20%的较高收入户人均可支配收入2.30万元;占总体20%的中间收入户人均可支配收入1.80万元;占总体20%的较低收入户人均可支配收入1.40万元;占总体10%的低收入户人均可支配收入1.10万元;占总体10%的最低收入户人均可支配收入7137元。最高收入户与最低收入户人均可支配收入之比接近6.60:1。城市居民中占总体10%的最高收入户人均消费支出3.50万元;占总体10%的高收入户人均消费支出2.20万元;占总体20%的较高收入户人均消费支出1.70万元;占总体20%的中间收入户人均消费支出1.20万元;占总体20%的较低收入户人均消费支出1万元;占总体10%的低收入户人均消费支出1万元;占总体10%的最低收入户人均消费支出6806元。最高收入户与最低收入户人均消费支出之比接近5.20:1。其中:最高收入户人均食品消费支出6992元,占消费支出比重19.90%;最低收入户人均食品消费支出3472元,占消费支出比重51%。 (苏　霓)

时尚习俗

【交　友】

网络征婚　随着互联网的普及,现代生活已进入网络时代。通过网络各种聊天工具如QQ、MSN,飞信等寻找另一半,成为很多人乐于接受的征婚、交友新模式。网上也专门开设有许多征婚交友频道,为寻找爱情的男女提供方便快捷的服务。只要将自己理想爱人的条件输入电脑,便可获得对方相关资料,进而再联系加深了解。一些知名网站还设有“同城约会”之类的栏目,如珍爱网、百合网、世纪佳缘、南宁时空网等,这更有助于人们了解与自己同地的适龄人的情况。一些大型网站除了提供网络交友平台之外,还会不时地举办线下相亲交友活动。在南宁有很多人通过网络找到自己的另一半,有的甚至通过国际性的交友征婚网站,在异国他乡找到知己。

大型交友会　2011年,广西电视台、共青团南宁市委、市直属机关工会工作委员会等媒体及机构多次举办旨在帮助都市单身男女扩大交友范围的活动。11月12日，共青团南宁市委、中建五局广西分公司、《南宁晚报》、南宁电视台在南宁市南湖公园共同主办“牵手2011 爱在深秋——2011年首府青年大型联谊交友活动”，参加活动单身青年500多名。4月2日，由市直属机关工会工委主办的南宁市第十一届“寻爱之旅”单身干部职工联谊会在乡村大世界举行。5月1日，由共青团广西区委、广西电视台、广西时空网、世纪佳缘严肃婚恋交友网、南宁威宁生态园有限责任公司共同主办，南宁乡村大世界、广西时空喜缘网、广西电视台综艺频道《哇哈哈爱的就是你》栏目承办的2011“五一”万人相亲会在南宁乡村大世界举行。

电视相亲　近年来，随着社会节奏的加快，“剩男”、“剩女”越来越多，人们期待更真实、更快捷、更多元化相亲方式。2011年5月，广西影视频道大型代际相亲情感互动节目《相亲相爱·带上妈妈来相亲》开播，提出“带上妈妈来相亲，家庭和睦又温馨”的口号，男方和女方的父母会分别到现场，对子女择友进行沟通交流。节目一改往日单身男女约会的形式，让妈妈参与相亲者的人生大事。

父母相亲活动　南宁市部分青年男女因学业、工作、社交面狭窄等原因，暂时找不到对象。希望子女幸福的父母采取各种“相亲”活动，替代因学业或工作过于忙碌无暇顾及恋爱、或者是出于各种原因而消极应对婚姻的子女去相亲。2011年，南宁各媒体、相关机构举办的相亲交友活动现场，也可看到许多父母带着子女的资料照片，为子女选择合适的对象。此外，很多中老年人会在周日市民晨练结束后的人民公园，自发形成一个规模超大的“爸爸妈妈相亲团”。

（汪　悦）

【城市雕塑】　2011年，南宁市有城市雕塑100余座，既有纪念性的，也有装饰性和主题性的。较具特点的有：步行街口的《跑堂工》，泰安大厦门口的《行进》，金湖广场的《五象泉》，民生广场的《戏水》等。位于长□路的广西烈士陵园被称为“南宁雕塑园”，有邓小平领导百色、龙州起义等大型雕塑18座。1月，民歌湖公园建成开放，设置大型雕塑12座，由著名雕塑家、广西艺术学院教授张燕根设计，成为南宁市第一个本土设计创作的大型露天公共艺术作品系列。

【健　身】

概　况　2011年，南宁市群众体育活动蓬勃发展，举办各级各类群众体育运动会、单项比赛和健身活动400多项次，参与人数280万人次，参与率41%，社会体育指导队伍1.50万人，社会健身网点352个。发展体育协会20个、俱乐部41个，涵盖篮球、气排球、足球、游泳等传统项目，以及轮滑、马术、台球、自行车等新兴项目。学校体育严格做好两课一操（体育课、综合活动课与眼保健操），开展课外体育活动；职工体育由各级工会牵头，开展工间操、气排球、篮球、羽毛球、乒乓球及趣味竞赛等活动；老年人则由老年体协组织拳、剑、舞、棋等各种竞赛；还有群众自发组织的自行车协会、冬泳协会、轮滑协会、信鸽协会、登山协会等，群众体育正形成自愿、多样、潮流化的全民健身模式。早晨，公园成为民俗健身的重要场所，人们或练着扇子功，或打着太极拳要着太极剑，或踢着健身球。傍晚，在民族广场、朝阳广场、南湖广场、金花茶公园等处，许多市民自带音响设备，自由组合，跳着民族舞和交谊舞。一些年轻人喜欢玩街舞、滑板、自行车特技和赛车，或租场地踢5人制足球。群众性游泳活动甚为活跃，夏季以自发为主；冬季在邕江冬泳已成为南宁市传统体育活动之一。健身路径也在南宁悄然兴起，市区各个广场、公园、住宅小区的健身路径处设有单杠、双杠、仰卧起坐台、梅花桩、平衡木、天梯、扭腰器、太空漫步机等健身器材供市民使用。至年末，全市有体育场馆、设施1.44万个；体育服务经营单位550家，体育服务业年销售收入近3亿元。其中，健身娱乐单位400家，年收入约1.51亿元，占体育服务业的70%以上；从业人员3300余人，占体育服务业人数60%以上。健身娱乐业的经营主要有羽毛球、棋牌、乒乓球、游泳、体操（包括各类健身、健美操）、高尔夫球和网球等，比重依次为41.30%、27.10%、4.10%、12.30%、12.10%、2.10%和1%。根据营业收入对经营项目进行排序，依次为羽毛球、棋牌、游泳、体操、乒乓球。

游　泳　南宁地处亚热带，常年气温偏高，群众性游泳活动甚为活跃，每年到游泳场馆游泳的群众均超过20万人次。游泳活动以自发为主，游泳场馆是活动的主要场所，邕江两岸也是群众游泳的去处。2011年，全市有游泳馆（池）30多个。邕江冬泳为南宁市四大传统项目之一。1958年1月，毛泽东主席冒着严寒在邕江畅游，激发市民的冬泳热情，冬泳运动也受到越来越多人的青睐。2011年1月1日，由市政府主办，市体育局、市体育总会、广西游泳协会、市冬泳协会承办的“2011年南宁冬泳邕江活动”在邕江一桥水域举行。来自自治区直、市直、城区机关、企事业单位，教育系统的师生和冬泳爱好者以及百色、崇左、南铁冬泳协会队伍共2011人参加。邕江的冬泳点由原来的邕江大桥2个点增加到包括西园、淡村、中兴大桥等5个冬泳点。

长　跑　早晨和傍晚，南宁的公园、广场都有很多跑步的群众。每年12月4日举行的南宁解放日长跑活动已形成群众体育品牌。南宁市群众性长跑运动兴起于20世纪30年代，1933年广西省立第一中学率先举行环城赛跑，是南宁最早出现的长跑比赛。2011年12月10日，由中国田径协会、自治区体育局、市政府主办，市体育局、市体育总会承办的2011年“中国联通”南宁国际半程马拉松比赛暨29届南宁解放日长跑活动在南宁市举行，来自肯尼亚、越南、美国等国家及自治区内外的长跑运动员、爱好者1.17万人参赛。

羽毛球　南宁市民喜爱的体育项目之一。从20世纪80年代的露天水泥场地到如今的室内木板球馆，从三五成群、茶余饭后的路边玩耍到有组织的大批业余爱好者，羽毛球运动在南宁市开展得越来越活跃。尤其是场馆向大众开放后，南宁掀起了羽毛球热，群众性比赛不断，参与者一般都在三五百人左右，多时近千人。1999年，南宁市对外开放的羽毛球馆仅5个；2011年，有羽毛球馆30多个，羽毛球场地1000多个。蓝天、飞羽、天空等由羽毛球爱好者自发组织的俱乐部10多个。城区120万常住人口中大约有10万人经常参与羽毛球运动。每年广西业余羽毛球赛均定期在南宁市举行。

街头篮球　又称三人篮球。2000年以后出现并悄然兴起，偶尔会在室外街边篮球场上看见星星点点的两三个人在开展这项前卫、时尚、新潮的运动。至2011年，已从开始的星星点点发展到正规街头篮球比赛、大型的街球聚会及商业演出等，深受市民尤其是青少年的喜爱。在广场、大型商场超市门口也兴起投币式街头篮球机，供行人休闲娱乐。街头三人篮球赛在南宁市已成为传统体育赛事之一。2002年起，街头三人篮球赛每年均在南宁市各广场举行。

足　球　2011年，南宁市有业余足球队约230支(其中还包括一支女子足球队)，其中常年进行十一人制比赛的约50支，其他150支球队常年仅进行五人制等其他比赛。每支足球队15人~30人，流动队员约20%，人数在6000人左右。足球队成员主要有社会人士、大学生、公务员，还有一些外国友人。年龄结构大约在17岁~45岁之间，青少年足球人数约占总人数15%。市区主要有新屋、空间、金花茶公园、广西大学、广西健兴足球场、广西足球俱乐部桂淞球场、李宁体育园7个足球场地。

健美塑身　南宁的大众健身事业始于20世纪80年代末至90年代初期间。1998年后，设备齐全、项目繁多的健身俱乐部和与住宅小区配套的健身馆逐步兴起。2011年，全市有超越健身馆、五象健身馆等综合型健身馆10多家，有众多国家舞蹈协会会员、广西资深教练担任健美操和形体训练的教练；客流量在全国名列前茅；装修、设备等硬件处于中上水平。许多市民开始到健身馆锻炼形体、练健美操和瑜伽等。

马　术　马术运动在南宁始于21世纪初，大部分马场没有正规的跑马场和驯马师，大部分骑马者也只是把骑马作为一种休闲旅游方式。2011年，南宁市有跑马场8家。除赛马外，马场设有餐馆、烧烤场、休闲屋、拓展区等为顾客提供各种娱乐活动和便利饮食服务的场所。7月9日~17日，2011年南宁少年马术马球公开赛在良庆区那马镇乘风寨马术俱乐部举行，来自南宁、桂林、梧州、天津、上海、贵阳、青岛以及马来西亚的青少年骑手数十人参赛。　(梁一家)

气排球　随着南宁市第八届运动会的结束，登上传统运动会舞台的气排球运动，超越羽毛球，成为最受南宁市民欢迎的体育运动。气排球运动源自1984年呼和浩特铁路局济宁分局组织的一场老年人体育活动。其在无规则限制的情况下，组织离退休职工用气球在排球场上打着玩儿。由于气球过轻且易爆，便将两个气球套在一起，后又改用儿童软塑球。随后又参照6人排球规则制定简单的比赛规则，并将此项运动取名为“气排球”。经过进一步改良，现在的气排球由软塑料制成，一般为黄色，球体富有弹性，手感舒适，不易伤人，圆周为75厘米~78厘米，重约120克~150克。比赛时，男子网高2.10米，女子网高1.90米，男女混合网高2.00米；可以采用羽毛球场地。全场长13.40米，宽6.10米，室内外均可开展；每队7人~10人，上场5人~6人。由于气排球运动对场地要求低、规则简单易懂、器材实惠方便、竞技化和休闲化兼备、老幼皆可参与的优势，近年来逐渐成为一项南宁几乎人人都爱看、爱玩的运动项目。目前，南宁各大体育场馆里，都能见到气排球运动的身影。甚至露天场地上，也常常能见到市民拉网打球。2011年7月31日，由市体育局、市体育总会主办，市社会体育发展中心、市气排球协会承办的“蓝色经典·天之蓝杯”2011年南宁市气排球联赛在广西大学东校园体育馆开幕。比赛于每周六、周日白天举行，至9月结束。比赛分为甲级联赛和乙级联赛，通过单循环赛争夺排名，根据排名确定本届甲、乙级队伍和下届联赛的参赛资格。本届联赛有参赛队64支、近700人，其中，男子组甲级12支，乙级23支；女子组29支。

(汪　悦)

【饮食习惯】

无鸡不成宴　南宁人的节日食品和宴客菜肴首选白斩鸡（又称白切鸡)，有“无鸡不成宴”之说。做法是将肥嫩的本地项鸡(未下过蛋的母鸡)或线鸡(阉鸡)宰杀，掏出内脏后，沥干，在腹腔内抹适量盐及少许切成片的沙姜，放入已烧开的锅内浸泡（水量以浸过整鸡为宜)，待水再沸腾后熄火，20分钟后将鸡捞起，待凉后切块上碟，蘸上用沙姜、香葱、香菜、酱油、香油等调制的配料佐食，皮爽肉滑，味道鲜美。

饭前一啖(口)汤　南宁人素来喜欢饮汤。无论是丰盛的宴席或是家庭便饭，汤一般不可缺少，习惯先饮汤后进食，有“食饭先饮汤，胜过开药方”之说。汤依四季变化而不同，冬天为滋补抗寒，一般饮用带温补的汤，并多在汤中配少许姜片或补品；夏季为清暑解热，则放些海带、绿豆或清补凉(一般由沙参、淮山、枸杞、玉竹、红枣、桂圆肉等组成)等寒凉性食物。有的汤略呈糊状，俗称“羹”。20世纪90年代后，酒家、茶楼推出随时向顾客提供各式汤水的服务项目，有的还设电话预约煲汤。

早餐一碗粉　清末民初，粤商来邕兴办餐饮业时从广东引进，时称沙河粉。此前，本地虽有民间蒸制，但质量不及沙河粉。人们选用大米淘净浸透加水磨浆，掺入用开水冲兑的适量熟浆拌匀（或用适量米饭与米一同磨浆)，放入金属托盘(米浆仅铺过盘底)，蒸成薄片，折叠切成条，叫做切粉；配上叉烧等配料，淋上调制好的糖醋叫酸粉；在舀米浆入托盘后加入碎肉、葱花、香菇末、碎虾米等配料，蒸煮后卷成筒状则叫卷筒粉（梧州及广东一带叫肠粉)；将用布滤干成粉团的米浆煮至五成熟，放在石臼中舂成软硬适度有韧性的稠浆（现代多用机械搅拌)，用粉榨工具压榨入沸水锅成线煮熟的叫生榨粉。切粉、生榨粉在食用时用沸水烫热加入骨头汤称汤粉，配以肉类的称肉粉，不配肉的称素粉。肉粉又依据不同肉类称为猪肉粉、牛肉粉、鸡肉粉、牛腩粉、鸡杂粉、杂烩粉。用油炒的称炒粉，配以叉烧、卤水相拌的称干捞粉。米粉成为南宁人常吃的一种食品，特别是习惯于早餐吃一碗粉。

热毒饮凉茶　南宁气候比较湿热，每逢季节变换或偶食煎炸食物，人们比较容易上火(即热气)，而凉茶清热祛湿，平时喝些凉茶也能起到防病的作用。南宁的凉茶多用中草药配制而成，成分有金银花、野菊花、雷公根、茵陈、木棉花、地胆头、槐花、桑叶、夏枯草、水翁花、板蓝根、半边莲、淡竹叶、山芝麻、两面针等。不同的药材配方煲出不同的功效和味道。品种主要有王老吉、生地、雷公根、菊花茶、罗汉果、茅根竹蔗水等。其中生冲雷公根是南宁的特色凉茶，做法是将黑墨草、雷公根、一点红、车前草这几味药用人工臼溶，再用凉开水勾兑，尽可能保持原汁原味。南宁的凉茶文化历史悠久，最初是一些中草药铺里的药师在店里摆个小凉茶摊，根据药理搭配出不同功效的凉茶，后来发展为一辆小推车、几个凉茶煲的流动摊。原永宁街万昌堂的老牌凉茶、南环路的南环凉茶是老南宁人熟悉的老牌凉茶铺。此外，一些家庭主妇也常常去中药铺买回凉茶的原料或到市场买些如雷公根、茅根、一点红之类的新鲜中草药回家自己煲凉茶。20世纪80年代以后，南宁的凉茶店遍布市区，郑记本草堂等连锁凉茶店也开进大街小巷，加上各种凉茶冲剂及软包装凉茶的问世，给喜欢饮凉茶的南宁人带来很多方便。

闲时一杯茶　饮茶在南宁不仅是一种生活习惯，也是一种文化传统。南宁人喜爱饮茶，也习惯以茶待客。有的在闲暇时间，自己或是约上几位亲朋好友，泡上一壶清茶慢慢品尝和聊天，有的习惯在餐后喝上一杯茶,借以清理口腔与肠胃。南宁人喜欢饮早茶。茶多为清茶和红茶。20世纪80年代以后,南宁茶市得到发展,人们也开始习惯去茶楼饮早茶,并由饮早茶进而发展为饮下午茶、夜茶。茶有花茶、普洱、铁观音、乌龙、龙井、香片等等,茶点有马蹄糕、糯米鸡、肠粉、冬菇滑鸡、烧鸭、烧鹅、凤爪、叉烧包、小笼包、水晶包、饺子、排骨、肚片和粥、粉等几十种。人们上茶楼饮早茶、夜茶,或是叙说友情,或是合家共聚,或是洽谈生意。90年代中后期,南宁开始出现充满闲情逸致、文化内涵丰富的茶艺馆,喝茶、品茗已经成为时尚。

瓜果蔬菜烤着卖　南宁最常见也是南宁人最喜爱的吃法之一。除烤羊肉串、牛肉串、烤鱼、炭烤生蚝、青口螺等丰富的肉类烧烤外,韭菜、茄子、辣椒、玉米、韭黄、空心菜、菜心、凤尾菇等蔬菜瓜果也成了烧烤之物。蔬果烧烤大受欢迎,不仅因为其价位比肉类烧烤便宜,而且经过炭烤和烧烤酱料渗透的蔬菜味道更爽口、美味,可说是吃肉吃烧烤之余的开胃菜。南宁人对烧烤的热衷程度非同一般,除品种花样繁多,南宁人吃烧烤还不分寒暑昼夜,部分烧烤店如小福楼、阿里妈妈、O记烤鱼等已实行连锁经营、全天候经营的模式,从过去单纯夜间经营改为24小时营业。在烧烤食客中尤以年轻人群体最为庞大,从中还诞生了许多"觅食高手",他们很清楚南宁哪个角落有最好吃的烤生蚝和烤排骨等等。只要在网上搜索"南宁哪里有好吃的烧烤",就有诸如"南宁烧烤精选推荐"、"南宁特色烧烤指南"众多帖子和博客文章。中山路夜市、建政小巷、石巷口夜市、中华路、南铁夜市等,是南宁烧烤的集中地。

行人难过酸嘢(品)摊　酸□,即腌(泡)酸食品。南宁人有吃酸□的嗜好,故有"行人难过酸□摊"之说。针对妇女对酸□的偏爱,又有"女人难过酸□摊"说法。选用本地所产木瓜、萝卜、黄瓜、莲藕、椰菜、芥菜、菠萝、□果、凉薯、刀豆等时令果蔬,配以酸醋、辣椒、白糖等腌制而成。吃起来酸、甜、香、辣,味味俱到,脆爽可口,生津开胃。家庭可制作,街头有摆卖。　(黄艳阳)

吃夜宵　许多南宁市民喜欢夜晚到开设在一些路边的饮食摊(店)吃夜宵。其中,中山路夜市是南宁传统的美食一条街,云集南宁各老字号餐馆、饮食店,汇聚了南宁人爱吃的老友粉(面)、八珍粉(面)、粉饺、鸭红(血)、酸品、甜品和烧烤等食品。每晚九点以后,美食街上灯火通明,人声鼎沸,热闹非凡,成为南宁市一道独特的风景线。许多外地游客也前来品尝南宁特色食品。曾在中央电视台展播。

【休闲娱乐】

品　茗　20世纪90年代中后期,随着人们生活水平的提高,充满闲情逸致、文化内涵丰富的茶艺馆开始出现。1998年,南宁市第一家茶艺馆在新竹路开业,主要有普洱、乌龙、铁观音、龙井茶等,消费较高,仍很受欢迎。2011年,茶艺馆发展到500多家,其环境、品质也发生了较大变化,装饰、音乐更突出文化品位,茶艺更精更专业,价格步向大众化。此外,随着茶叶类型的多样化,茶艺馆也越来越细化,出现了以专营某种茶为主的茶艺馆。以前,茶庄的顾客以中老年人居多;如今,越来越多年轻人的休闲娱乐方式也选择了喝茶。喝茶、品茗已经成为时尚,在装点清雅的环境里,听着音乐,闻着茶香,或叙家常,或侃趣事,或谈生意。葛村路、鲤湾路、新竹路、碧湖路成为茶楼、茶庄密集地。

饮咖啡　喝咖啡是如今许多南宁人生活必不可少的休闲方式之一。同茶道相比,咖啡文化逐渐受到重视。咖啡店主要集中在东葛路一带,有千寻咖啡、上岛咖啡、捷佳咖啡等。分布在市区的咖啡馆或具欧陆情怀,或富英式韵味,大都环境优美、摆设得体、席位舒适。南宁的小咖啡店往往注重专业的咖啡研磨和蒸煮,调制出较有特色的咖啡。规模大的咖啡店更像茶餐厅,兼卖中西式套餐。

泡酒吧　南宁的酒吧出现于20世纪90年代中后期。最早出现时,人们只是在里面喝酒聊天和跳迪斯科,地方较窄,座位拥挤,舞池很小,装修随意,却很受人欢迎。21世纪初,酒吧文化成为一种急速发展的亚文化现象,开始受到社会的关注,并吸引不同年龄、不同阶层的人去尝试和参与。南宁酒吧也飞速发展,酒吧经营出现多元化,主要有校园酒吧、音乐酒吧和商业酒吧三种。多分布在民族大道、桃源路一带,如好时娱乐城、乐巢酒吧、66酒吧等。近年来,随着城市建设步伐的加快和政府部门的扶持,"酒吧一条街"开始出现并趋于兴盛,主要分布在南湖、邕州老街、河堤路一带。2011年10月,民歌湖酒吧街正式营业,总建筑面积1.89万平方米,星巴克咖啡广西旗舰店、唐会酒吧等26家商户进驻。

唱KTV　由最早的卡拉OK演变而来。南宁的卡拉OK始于20世纪80年代末90年代初,兴于90年代中后期。如今唱KTV是最为时尚的休闲活动之一,成为现代人在紧张都市生活中放松体验的一种选择。KTV娱乐有专门经营KTV的卡拉OK厅,有设KTV包厢的酒吧、咖啡厅,一些西餐厅、宾馆、酒楼也增设了KTV设备。每家KTV都有一定的优惠时段或优惠制度。主要分布在桃源路、东葛路、金湖广场一带。消费方式主要分两种,一种是按小时收包厢费,酒水另算;另一种是套餐消费制,消费达到最低消费额即免包厢费。大多数KTV娱乐场所均采用进口音响设备及卡拉OK电脑点播系统(VOD),操作简便。近年来,量贩式KTV迅速走红,其最大特点是内设食品超市,供应的饮料和自助餐价格低廉,包间费依每日时段、节假日的不同浮动,从几十元到几百元不等。如佰迪乐KTV、好歌城KTV等。

泡温泉　20世纪后期,南宁市周边距市区二三十千米的地方相继发现3处地热(温泉)。温度和矿化度均达到国家医疗热矿水标准。21世纪初,泡温泉的假日休闲方式已经悄然在南宁市民中升温。温泉这种不分季节的休闲、不分地域的健康、不分时空的文化已经成为生活的时尚元素。由于路程不远,花费不高,设施也较完善,对一些没有选择远足旅行但又想放松身心的都市人很有吸引力。2011年,南宁市提供泡温泉服务的有位于三塘镇的嘉和城温泉谷、九曲湾温泉度假村及位于那马镇的绿都温泉度假酒店3处。

跳街舞　2000年以来,南宁市的街舞爱好者呈发散式发展。以前,练习街舞的主要是十六七岁的中学生,现在不仅初中低年级、高中高年级的学生参与进来,连大学生、社会人士也热爱街舞。在大学校园,学生街舞队已经有竞争,2011年,南宁市有街舞队约30支,每支队伍少则3人~4人,多则30人~40人。活动场所多在步行街、各个大学校园附近、大型商场门前、住宅小区的空地上。其中广西大学御所人形街舞队成立于2003年9月,全部由广西大学热爱街舞的学生组成,有成员300多人,是广西最大的街舞社团之一。

【旅　游】 随着人们物质生活水平的提高和信息化时代的到来,"走马观花"式的观光游时代,已不知不觉开始走向休闲游时代。同时,旅游形式从程式化的团队包价向个性化旅游方向发展,旅游内容则从单纯观光向传统观光、休闲度假和商务会展等多样化转变。有自助旅游、随团旅游和预约旅游3种方式。随团旅游,游览行程由旅行社安排,一般较为科学合理,选择景点以最具有代表性部分或精华部分为基础,适当增减次要景点,基本上能满足大多数游客的要求。优点是省钱省心,是目前外出旅游的首选方式。自助旅游是一种时尚的旅游方式,"驴友"通过网络和熟人等,自主选择和安排旅游活动,且没有全程导游陪同,主要以休闲、度假、娱乐、健身、求知、探险和满足个人特殊爱好等消遣性目的为主。其中自驾车旅游是比较流行的出游方式。自驾车旅游多为亲朋好友结伴同行的休闲型家庭旅游,目的地主要是居住城市周边的景区(点)。双休日和公休假日是自驾车短途旅行的出游高峰。预约旅游,将个人的假期、旅游目的地提前做好安排,提早向旅行社报名,从而享受到提前预订的优惠价格。因其具有较强的计划性,未能被广泛接受,目前主要在国外旅游线路中推介。2011年,"微旅游"因其旅程短、费用低,独具特色的旅游方式,逐渐成为市民双休日、小长假休闲的别样方式。

【美容美发】 从20世纪80年代起,南宁的美容美发业逐步兴起。美容美发店一般规模较小,多数是个体户经营。大部分美发店均提供修剪发、洗发、吹烫发、染发、□油、电离子美发及简单的头部保健按摩等服务。近年来,开始出现一批连锁美发机构,如尚艺等美发店,为客户提供发型设计、头发保养等服务。美容院则主要开展皮肤护理及保养、化妆美容、香熏美容护理、足疗保健按摩等专项服务,并按使用的设备、技艺、用料的品牌,划分消费档次和收费标准,满足各层次消费者的需求。传统美容院多以女士美容为主,随着生活质量的提高和社交活动的增多,部分男士也加入美容的行列。为了适应男士的消费需求,一些女子美容院特设男宾部。2004年12月,位于星湖路的悠兰男士理容院开业,为南宁市首家专业男士特色保健美容院。随着人们对美发要求的增加,还出现一批以治愈白发、脱发为主的护发店,一般以连锁店的方式经营,如"黑童"、"章光101"、"全草堂"等。（梁一家）

【拼车出行】 公车耗时、打车不够划算、养车成本较高,彰公车、的士、私家车之优点而摒其不足的"自驾拼车",成为近年来南宁市民出行的一种新模式。通过拼车这种方式,可以最低的成本,成为"有车一族",这就为市民交通出行提供了一种性价比较高的交通选项。常见的有就近拼车,即在一个社区或是一片小的地标范围里(一般3千米以内),具有相同目的地,或可以顺道路过的区域,这样便能够搭顺风车一起上下班或进行其他日常活动。规则是,有车者先设计出从出发地到目的地的一条行程路线,目的地为路过的区域或地段的邻居、朋友甚至不认识的人,一起搭就近车上下班、或是其他日常行为的拼车方法,参与拼车的人分摊一定油费等。就近拼车可用于接孩子放学回家、早上送孩子上学等活动,这就为附近的朋友、邻居节省了每日出行费用及时间。还有拼车打的,如拼车打的去机场、拼车回家过年过节、拼车出行旅游等等。自助拼车响应政府"低碳环保"的政策,不仅可以减少环境污染,亦有利于缓解城市交通压力,顺应"绿色交通"的发展潮流,就此种意义而言,市民拼车出行,也为绿城南宁增加一道特别风景线。

【网上购物】 随着互联网的普及,现代生活已进入网络时代,人们的购物方式也有很大的改变,网上购物逐渐深入人们的生活。国内知名的购物网如淘宝、京东商城、亚马逊、凡客、唯品会等成为人们休闲购物新选择。在网上开店出售各类商品,也成为一种时尚。团购这种更为划算的网购方式也日趋流行,在南宁,市民亦会借助如糯米网、美团网、大众点评网等网上平台以更优惠的价格买到自己想要的商品。（汪　悦）

民政事业

【社会福利】

基础设施建设　2011年,南宁市继续加强社会福利基础设施建设。南宁市社会福利医院救助病房大楼建设稳步推进,中央专项资金2500万元到位,12月封顶。4月18日,市盲人按摩康复理疗中心综合业务大楼封顶。6月,市社会福利院食堂封顶;市培智学校学生公寓楼工程开工建设,完成第三层的建设任务。市社会福利院学校完成规划设计、可研立项。横县社会福利院"蓝天计划"项目,县政府同意划3146.67平方米茉莉花畲地为县儿童福利院建设用地并办理征地手续。市发改委将市第二社会福利院建设列入南宁市"十二五"规划项目表。

居家养老服务　南宁市将居家养老服务列为市政府为民办实事项目,市财政投入400万元,在市区建立"社区日间照料中心"7个。至年末,全部开工建设,完工6个。市民政局和市物价局一起对南市居家养老服务收费标准开展调研,出台《南宁市居家养老服务收费标准指导性意见》。

孤儿保障　南宁市贯彻国务院办公厅《关于加强孤儿保障工作的意见》文件精神,进一步完善孤儿福利保障制度。1月1日,将孤儿最低养育标准定为散居孤儿每月每人600元,机构养育孤儿每月每人1000元。

明天计划　南宁市继续实施残疾孤儿手术康复明天计划。在借鉴前几年工作经验的基础上,按照年度计划,有关县(区)民政部门和福利机构的工作人员按照规程和手术安排,组织10名残疾儿童入院进行手术治疗,全部康复出院。

西部地区贫困家庭疝气儿童手术康复计划　根据自治区民政厅的要求,南宁市实施"西部地区贫困家庭疝气儿童手术康复计划",全市疝气儿童手术康复出院40名。

慈善工作　南宁市全年接收款物985.79万元。6月6日,首届"南宁慈善日"在南宁民族广场举行启动仪式,活动至7月31日结束,筹集善款755.79万元。组织开展"慈善情暖万家、慈善爱心年夜饭、慈善助学、慈善助医、善学儿童弱视工程"等慰问救助活动。（陆丽霞）

【医疗救助】 2011年,南宁市城乡医疗救助制度继续完善,医疗救助制度与城镇居民医疗保险、新型农村合作医疗相衔接。率先在自治区建立医疗救助"一站式"信息平台,进一步简化医疗救助程序,医疗救助对象在定点医疗机构看病治疗产生的费用当场得到政府的救助。全年享受城乡医疗救助20.59万人次,发放医疗救助4486万元。其中:享受农村医疗救助18.70万人次,发放医疗救助3456万元;享受城市医疗救助1.89万人次,发放医疗救助1030万元。

【社区建设】 2011年,南宁市村党组织和第五届村民委员会、南宁市社区党组织和第三届社区居民委员会任期届满,依法进行换届选举。至年末,全市1395个村委会、350个社区居委会(其中城市街道社区居委会200个,乡镇社区居委会150个)完成换届选举。村(居)委会一次性选举成功1715个,占98.28%。全市1692个村(社区)推行"公推直选"选举模式,占97.24%;其中,村党组织实行"公推直选"1395个,社区党组织实行"公推直选"297个,占86.09%。全市参与本届村委会选举的选民328.50万人,参选率96.20%;参与本届居委会选举的选民174.05万人,参选率94.84%。全市选举产生新一届村(社区)"两委"干部1.30万名。党组织书记、村(居)委会主任"一肩挑"村(社区)1005个,占57.60%。村"两委"(村党支部委员会和村民自治委员会)班子交叉任职比例66.17%;社区"两委"班子交叉任职比例44.86%。全市有1694个村(社区)至少配备1名以上妇女干部,占97.08%;有1189个村(社区)配备1名以上35岁以下的年轻干部,占68.14%。社区女书记(主任)比例43.40%。将实施30个新建社区居委会办公用房项目建设列入南宁市为民办实事项目,年内项目建设基本完成。社区居委会办公用房建设项目30个,总投资4280万元,其中城区、开发区配套3295万元,建筑面积1.60万平方米。新建住宅小区社区居委会办公和服务用房落实初见成效,有13个楼盘建成后主动交接社区居委会办公和服务用房。继续做好村务公开民主管理示范单位创建和申报,将创建与"难点村"治理结合,不定期深入各村进行指导、检查和监督。至年末,全市39个村务公开民主管理"难点村"整改完毕。青秀区、兴宁区、武鸣县(复检)的创建通过自治区民政厅的验收,并做好迎接国家验收评估组的检查验收和评估的准备。 (何 文)

【拥军优属】 2011年,南宁市开展双拥创建活动,在全国双拥模范城(县)考评中,双拥工作名列自治区第一。南宁市、武鸣县、青秀区等10个市、县(区)被自治区表彰为双拥模范城(县、区);隆安县、马山县、上林县被自治区评为达标县;市民政局、杨维超等11个单位、23人被自治区表彰为爱国拥军模范单位、个人,武警南宁市支队、徐茂林等11个单位、13人被自治区表彰为拥政爱民模范单位、个人。 (梁和艳)

【安置工作】 2011年,市民政局采取以自谋职业为主、安置就业为辅的安置办法,接收2010年冬季退役士兵1978人。其中:农村籍退役士兵1343人,城镇籍退役士兵542人,转业士官93人。市本级符合国家政策规定,需要政府安排工作的城镇义务兵、复员士官、转业士官426人。至年末,安置退役士兵413人,其中办理自谋职业手续306人,安排工作107人,安置率96.70%。做好退役士兵技能培训,市本级参加培训的退役士兵194人,占应参训46%。接收军队退休干部33人(其中历年4人),完成应接收数93.50%。落实军休干部政治待遇和生活待遇,组织军休干部健康检查,帮助解决实际困难。各军休服务管理机构开展"创建先进军休文化、构建和谐军休家园"活动,组织老干部开展门球、气排球、书画、摄影、征文比赛等文体活动。南宁市军队离退休干部植物路休养所获自治区级"和谐军休家园"称号,南宁市军队离退休干部望州路休养所退休干部黎宏家庭获全国"和谐军休家庭"称号。 (雷兰英)

宗教活动

【概 况】 2011年,南宁市举办宗教工作分管领导、宗教干部、宗教界人士法制课培训班,对宗教干部、宗教人士进行培训25次,对宗教三级网络信息员培训17次,学习宣传宗教政策、条例43次,建立基层三级网络72个,打击非法宗教活动22起,召开年度宗教会议27次,召开宗教联席会议22次。每季度召开一次宗教局局长工作会议、宗教工作案例分析会。全年安排13人参加国家宗教局、自治区宗教局组织的业务培训,先后3次组织宗教干部和宗教界人士到自治区内外学习考察。选派各县(区)干部参加6月的自治区宗教干部培训班。完成宗教教职人员认定备案工作,建立宗教教职人员电子档案库。依法管理宗教活动场所,清理私设聚会点4次,取缔非法宗教活动点4个,制止基督教地下信徒非法散发基督教传单活动5起,配合有关部门依法制止佛教非法宗教活动3起,制止外省人员借佛教名义非法演出敛财事件3起。依法取缔违法散发宗教用品案件1件,收缴宗教宣传图画、光碟20多份。开展制止乱建寺庙和露天宗教造像的专项工作,对打着宗教旗号乱占乱建的2处庙宇,由国土、城建部门依法下发行政处理决定书,责令违规庙宇限期整改、拆除。出版关于南宁市宗教工作信息的"和谐宗教·同心共融"专刊。配合南宁市建设香港街项目中涉及的中山路基督教堂的拆迁;协助天主教做好南伦街房产拆迁;协助市佛教协会完成观音禅寺落成庆典活动;帮助龙岩寺解决大雄宝殿建设中遇到的困难和问题。3月30日,南宁市伊斯兰教协会举行社会主义核心价值体系学习教育活动启动仪式。

【"和谐寺观教堂"活动】 2011年,市宗教局开展创建"和谐寺观教堂"活动,规范宗教事务管理。派员对宾阳县、上林县、马山县及城区主要场所进行督查,引导宗教人士和信教群众遵守法律法规和教规教义,促进宗教场所健全管理组织、制度。在开展创建"和谐寺观教堂"活动中,全市有2个场所、1名个人受到自治区宗教局表彰。

【宗教接待服务】 2011年,市宗教局指导全市各宗教团体和宗教活动场所做好中国—东盟博览会期间国内外信仰宗教的宾客接待服务。清真寺共接待中外穆斯林1000多人次,供应清真盒饭8000多份;佛教、天主教、基督教接待中外客人6000多人次。 (曹奕平 宁远飞)

责任编辑 廖胜兰

区　县

兴 宁 区

【概　况】 兴宁区位于南宁市区东北部。南起民族大道与青秀区交界，西南临邕江与江南区相望，西接解放路、华强路及铁路沿线与西乡塘区毗邻，北至广西林科院、广西高峰林场与武鸣县相连，东北至昆仑关与宾阳县接壤。面积751平方千米。辖区内有南宁火车站、汽车总站、金桥汽车客运站等交通枢纽，朝阳路、中华路、友爱南路、人民路、民主路、望州路、厢竹大道、昆仑大道等128条20米以上的主要道路纵横交错，形成贯穿南北东西的交通路网。主要旅游景区景点有昆仑关战役遗址、广西药用植物园、九曲湾温泉度假村、嘉和城温泉谷、人民公园、狮山公园、邓颖超纪念馆、新会书院、凤凰谷、南宁海底世界等。主要矿产资源有黏土、花岗岩、页岩、高岭土、灰绿岩、煤、金、铜、铅、砂、矿泉水、地热等。主要农副产品有罗非鱼、苦瓜、优质米、甜瓜、淮山、红薯等。工业有三塘工业集中区。2011年，辖3个镇、2个街道、37个村、34个社区，户籍总人口29.79万（农业人口13.45万），人口自然增长率6.40‰。耕地面积1.01万公顷（水田面积7431万顷）。有林面积3.73万公顷，森林覆盖率53%。地区生产总值106.95亿元；全部财政收入23.12亿元（地方财政一般预算收入4.96亿元），一般预算支出8.04亿元；城镇居民人均可支配收入22003元，农民人均纯收入6712元。获全国阳光计生行动示范单位、全国社区服务示范城区、全国城市社会工作示范城区；自治区“五个民政建设年”先进城区、自治区群众体育先进单位、自治区“安全生产月”活动先进单位、自治区双拥模范城区、自治区残疾人工作先进县（区）、自治区招商引资项目大兑现工作示范县（区）。兴宁区农林水利局被评为自治区第一次全国污染源农业源普查工作先进集体；朝阳街道五村岭社区被评为全国综合减灾示范社区；朝阳街道望州南社区被命名为全国文明单位。

【经济发展概况】

第一产业　2011年，兴宁区实现农林牧渔业总产值12.64亿元。其中：农业产值6.04亿元，林业产值1.11亿元，畜牧业产值4.60亿元，渔业产值7015万元，农林牧渔服务业产值1727万元。第一产业增加值7.72亿元。粮食作物种植面积1.16万公顷，总产量5.41万吨，其中水稻种植面积0.95万公顷、产量4.76万吨，玉米种植面积1636公顷、产量6508吨。经济作物种植面积4551公顷，其中甘蔗种植面积2216公顷、产量14.43万吨，木薯种植面积911公顷、产量7771吨，蔬菜种植面积8222公顷、产量16.85万吨。果园面积685公顷，水果产量6737吨。肉类总产量1.90万吨，水产品产量6746吨。完成人工造林面积1811.60公顷。完成五塘镇建成区、留肖坡绿化和昆仑大道路段通道绿化5千米。水利建设投入2093.74万元，完成水库除险加固3座，农村人饮水工程28处，渠道防渗工程11千米。

第二产业　有工业企业330家，实现工业总产值49.26亿元。规模以上工业企业35家，实现工业总产值28.57亿元，利税总额1.49亿元（利润5749万元）。第二产业增加值23.94亿元（工业增加值15.03亿元）。工业对经济增长贡献率30.38%，拉动经济增长4.25个百分点。完成工业投资19.54亿元，技术改造投资20.14亿元。工业主要产品产量：配混合饲料5.05万吨，中成药1647吨，塑料制品1.54万吨，商品混凝土228.16万立方米，沥青和改性沥青防水卷材300.19万平方米，钢材13.26万吨（焊接钢管11.93万吨，其他钢材1.33万

5月18日，位于兴宁区五塘工业基地的广西华兴食品有限公司正式投产。图为举行投产剪彩仪式　　兴宁区志办提供

吨)。三塘工业集中区入园企业13家，投产企业有南宁兴典混凝土有限责任公司、广西动力源科技有限公司、广西嘉捷科技发展有限公司、广西盛天水泥制品有限公司、南宁爱业新纸品有限公司5家；五塘工业基地入驻企业2家，即广西华兴食品有限公司、广西高峰五洲人造板有限公司。

第三产业　新增企业1260家，累计5937家；新增个体工商户2299户，累计1.30万户。实现社会消费品零售总额247.50亿元。第三产业增加值75.29亿元。以朝阳商圈旧城改造为契机，进一步调整商圈业态和完善商圈功能，带动城区传统商贸业升级。南宁百盛西南商都店开业运营，经营面积4.80万平方米，改善和提升步行街片区百货零售业态和档次。举办第二届大嘉汇采购节、商业步行街开街十周年庆典等活动。加快金桥物流园区建设，推进现代物流业发展，金桥农产品批发市场一期、大嘉汇·东盟国际建材家居城、长旺装饰材料市场、南宁花鸟市场等专业市场相继开业运营。完成房地产开发建设投资49.08亿元，商住房地产开发建设施工面积424.36万平方米(新开工面积62.06万平方米)，竣工面积44.93万平方米，商品房销售70.74万平方米，销售额41.05亿元。乡村大世界成为国家4A级景区，南宁海底世界成为国家3A级景区，广西药用植物园获吉尼斯"最大药用植物园"世界纪录认证。接待游客167.70万人次，旅游总收入2.39亿元。

招商引资　结合城区产业布局和引资载体实际，继续做好珠三角、长三角、环渤海区、闽江三角区等重点区域的推介和项目引进工作，先后组织小分队走访苏宁集团、国美总部、百脑汇总部、中海地产等知名企业；利用广州博览会、泛珠三角经贸洽谈会、中国—东盟博览会等平台，对外推介项目，扩大城区影响，拓宽引资渠道。引进企业(项目)18个，合同引进资金42.33亿元，实际到位内资46.17亿元，直接利用外资2196万美元。工业集中区引进项目1个，总投资6600万元，年内完成建设投资。

城乡建设　加快金桥商贸物流新区、市中心片区的道路交通、市政、公共设施等建设，南京路、济南西路、杭州路扩建工程竣工验收；昆仑大道南侧政府储备地块市政配套1号—6号道路工程有序推进，其中1号道路实现通车。投入278万元，完成长堽路五里、西关路西巷等小街小巷改造9条，总长3691米。投入500万元，新建公园路及东沟岭垃圾中转站、东沟岭休闲广场移动公厕和4座乡镇公厕。投入1249.20万元，完成环城高速及南梧大道延长线风貌改造694户。"城乡清洁工程"向城中村、城乡结合部、乡镇延伸。提高环卫工人待遇，人均月工资标准提高250元。组建五塘、昆仑城管执法中队，加强执法力量。以集中大整治为着力点，开展"朝阳商圈市容市貌专项整治月"行动，加强夜市规范化管理，集中整治123次，查处摊点乱摆16.56万起。拆除违法建筑88处，面积约48万平方米(国土卫片拆除面积约38万平方米)。推进东沟岭新区基础设施建设，完成投资1.06亿元。其中景观大道二期、景观大道南段、天狮岭路一期和利川北路4条道路完成验收，金禾路、兴东路中段、福兴路南段、兴桂路、兴桂南路、中兴一支路6条道路基本通车，进入收尾和验收阶段，金桥大道一期、银桥路、金平路、金安路4个新建项目已开工建设。南梧拆迁安置小区和兴宁区拆迁安置小区(家园小区)安置房实现交付使用100多套。

【社会事业发展概况】

文明创建活动　2011年，兴宁区以"九大和谐"(和谐单位、和谐乡镇、和谐村屯、和谐街道、和谐社区、和谐家庭、和谐学校、和谐企业、和谐邻里)建设评选和"发展环境建设年"活动为契机，组织开展"和谐建设在基层"、"深入优化发展环境·推进全国文明城市创建活动"建言献策、兴宁区"创建全国文明城市·机关干部进社区进村(屯)"等活动。以完善未成年人思想道德建设基础设施为重点，推进乡镇和社区未成年人校外活动中心、乡村学校少年宫、心理咨询室等阵地建设。以深入开展群众性精神文明创建为抓手，推荐树立精神文明创建工作先进典型。朝阳街道望州南社区被评为全国文明单位、被命名为第一批自治区"和谐社区"。昆仑镇、民生街道、民生街道北宁社区、华强路小学、民生街道人民路北二里分别被命名为第一批自治区"和谐乡镇"、"和谐街道"、"和谐社区"、"和谐学校"、"和谐邻里"。

科教文卫体事业　投入745万元，组织实施科技项目31个；实施到期通过上级验收的科技项目28个(城区级15个，市级6个，自治区级5个、国家级2个)。兴宁区通过全国县(区)科技进步考核。推广使用实用新技术10项，分别是单性罗非鱼养殖塘混养罗氏沼虾技术、茄子嫁接技术、林下食用菌栽培技术、奶牛良种改良和扩繁技术、活力发酵床养殖技术、三味清热止痒剂质量标准的提升研究和产业化开发、金雨伞公司反应黏结型加筋增强高分子湿铺防水卷材开发及产业化、德泰电梯公司高效节能型电梯科技成果推广技术、优质高产耐热辣椒新品种种植技术、厚皮甜瓜大棚无土栽培技术。举办各种科技培训班109期，培训6546人次。有小学50所，在校生2.17万人；中学17所，在校生1.50万人；幼儿园37所；

2011年兴宁区国民经济主要指标

项　目	单 位	实 绩	比上年增长(%)
地区生产总值	万元	1069545	14.00
第一产业	万元	77197	5.70
第二产业	万元	239426	13.90
工业	万元	150341	7.30
第三产业	万元	752922	14.80
农林牧渔业总产值	万元	126494	5.91
粮食总产量	吨	54095	0.86
全社会固定资产投资	万元	1135525	41.62
社会消费品零售总额	万元	2474953	18.54
全部财政收入	万元	231157	20.99
地方财政一般预算收入	万元	49564	26.92
一般预算支出	万元	80369	24.27
城镇居民人均可支配收入	元	22003	10.50
农民人均纯收入	元	6712	17.64

特殊教育班级2个，学生20人；有教职工1447人。小学适龄儿童入学率100%，小学毕业生升学率100%，辍学率为零；初中阶段入学率100%，辍学率为零；初中毕业生高中毛入学率96.50%。资助家庭经济困难初中、小学生1310人次、42.24万元；资助普通高中助学金539人次、40.41万元（中央补助金32.33万元，市补助金8.08万元）；资助贫困大学新生70人次、9.24万元；资助贫困女孩上学1065人次。免除农村义务教育阶段学杂费学生1.40万人（小学生9386人，初中生4578人），补助公用经费835.35万元；免除城市义务教育阶段学生学杂费1.10万人（小学生9654人，初中生1359人），补助公用经费687.22万元；发放农村贫困寄宿生生活补助费2648人、259.82万元。撤并共北小学，华强小学澳华花园校区建成使用。组织开展兴宁区庆祝建党90周年合唱比赛及颁奖晚会文艺演出、南宁市第二届乡村社区和谐文艺大展演兴宁区复赛文艺演出等50余场，观众12.75万人次。选送现代舞《带我到水边》、《稻草人》、《舞动在喧嚣的深海》等节目参加北京、香港、韩国釜山等地的比赛；《蓝色的朝阳沟》、《相亲相爱》分别获南宁市第二届乡村社区和谐文艺大展演一、二等奖。巡回放映公益电影444场；开展“百戏进乡村”演出3场；新扶持组建社区、村业余文艺团队9支，开展文艺演出270场。有医疗卫生机构1391个。其中：国有医疗卫生机构131个，村卫生所371所，个体医疗诊所1141所。卫生技术人员4107人（含市级医院卫生技术人员）。医院病床3040张（市级医院2871张，镇卫生院169张）。参加新型农村合作医疗农民12.87万人，参合率96.18%，缴费2959.34万元。救助高危孕产妇3人、1.84万元。年度区间人口出生3389人，人口出生率9.97‰。启动南宁市统筹城乡一体化改革示范城区试点。举办迎新春农民篮球比赛、村级公共服务中心村级篮球比赛等，推进体育惠民工程建设，完成五塘镇民政村、昆仑镇八塘村2个村级公共服务中心项目建设（包括篮球场1个、戏台1个、综合楼1栋，文艺队1支、篮球队1支），建成健身路径5条。

民政事业　审批城镇最低生活保障对象3.93万人次，发放低保金816万元；审批农村低保对象3.39万人次，发放保障金269万元。发放抚恤、定补金120.34万元，退伍义务兵家属优待金45.90万元，发放一次性退役士兵经济补偿金186.06万元。临时救济29人次、1.81万元。发放特困户、重灾民救济粮131.42吨（折款70.97万元），救济1839户、3719人。发放冬令救灾棉被462床、蚊帐302床、衣服1451件（套）。确定“五保”老人473人，发放“五保”供养定补金182万元。农村医疗救助3769人、194万元。免费为61436对新婚夫妇进行地中海贫血筛查，为20名生活困难的城乡肺结核患者提供治疗，为3名贫困高危孕妇提供救治。办理结婚登记3530对，离婚登记673对。

劳动与社会保障　城镇新增就业8789人，城镇下岗失业人员再就业1420人，帮助大龄困难人员再就业346人，城镇登记失业率2.22%。培训农村劳动力1350人，农村劳动力转移就业新增3910人。参加基本医疗保险5.67万人。劳动监察立案调查48件，结案率100%。劳动合同签订人数3.75万。

（庞庆玉　韦　钰　黎　桦　陆冬英）

2011年兴宁区乡镇、街道情况

名　称	土地面积（平方千米）	村民委员会（个）	社区居民委员会（个）	年末人口（人）	农林牧渔业总产值（万元）	粮食产量（吨）	城镇居民人均可支配收入（元）	农民人均纯收入（元）
三塘镇	192.00	13	5	55751	40730	19479		7807
五塘镇	280.00	13	1	65872	55357	26034		6648
昆仑镇	133.00	8	1	27896	9100	9168		6197
朝阳街道	25.00	2	14	76851			22003	6983
民生街道	22.80	1	13	103229				8984

江 南 区

【概　况】江南区位于南宁市区西南部，邕江南岸。东邻良庆区，南连防城港市上思县，西接崇左市扶绥县，北与兴宁区、青秀区、西乡塘区隔邕江相望。面积1154平方千米。湘桂铁路、黔桂铁路、南（宁）防（城港）铁路和桂柳高速公路、南宁至友谊关高速公路及邕江河道过境，南宁吴圩国际机场、南宁铁路南站坐落辖区内，有江南港、西江港、金鸡港等港口，邕江大桥、中兴大桥、白沙大桥、清川大桥、永和大桥、葫芦鼎大桥、北大桥、桃源桥横跨邕江两岸。主要旅游风景区（点）有扬美古镇、锦江生态园和麻子畲、江西镇智信村田园风光、木村名古树群。主要矿产资源有煤、石灰石。主要地方特产有扬美三宝（豆豉、梅菜、沙糕）、木瓜丁，特色农产品有西瓜、紫色糯玉米、木瓜、豆角。2011年，辖4个镇（3月31日，吴圩镇由南宁经济技术开发区托管）、4个街道（那洪街道由南宁经济技术开发区托管）、56个村、25个社区，户籍总人口45.64万（农业人口25.03万、非农业人口20.61万），壮族人口22.65万、占总人口49.60%，人口自然增长率9.66‰（含经开区）。耕地面积2.32万公顷（水田面积1.65万公顷）；林地面积2.23万公顷，有林面积1.31万公顷，森林覆盖率35.24%。地区生产总值（含南宁经济技术开发区）180.09亿元；全部财政收入13.86亿元（地方财政一般预算收入3.54亿元），一般预算支出8.64亿元；城镇居民人均可支配收入18362元，农民人均纯收入6695元。获2011年全国农村土地承包经营纠纷调解仲裁工作先进单位、自治区林业产业发展十强县（区）、自治区义务教育学校常规管理（2009~2010年）达标县（区）。

【经济发展概况】

第一产业　2011年，江南区实现农林牧渔业总产值22.67亿元。其中：农业产值16.60亿元，林业产值7355万元，畜牧业产值3.65亿元，渔业产值9692万元，农林牧渔服务业产值7189万元。第一产业增加值14.57亿元（含经开区增加值为20.34亿元）。粮食作物种植面积1.39万公顷，总产量7.18万吨，其中水稻种植0.94万公顷、产量5.30万吨，玉米种植3760公顷、产

江南区吴圩西瓜节举行　　周家志　摄

量1.74万吨。经济作物种植面积1.56万公顷,其中甘蔗种植面积1.20万公顷、产量127.50万吨,木薯种植面积948公顷、产量7800吨,蔬菜种植面积1.47万公顷、产量28.80万吨。果园面积2433公顷,水果产量4.18万吨。肉类总产量2.80万吨、水产品产量9944吨。完成人工造林面积388公顷。投入1.06亿元,建设农村农业基础设施,建成农村公路42.67千米、病险水库除险加固5座、农村饮水安全工程18处、小型农田水利工程4个、农村危旧房改造578户。投入110万元,完成建设农业产业化项目5个,新建江西镇安平村蔬菜基地33.33公顷,建成江西镇同良村、安平村万亩糖料蔗高产示范基地,建成生猪标准化规模养殖场4个、标准化健康养殖示范场6个。完成集体林权制度主体改革任务并通过自治区检查验收。

第二产业　有工业企业350家,实现工业总产值118.50亿元(含经开区工业总产值为362.10亿元)。规模以上工业企业50家,实现工业总产值101.01亿元(含经开区工业总产值为335.36亿元),利税总额5412万元(利润2079万元)。第二产业增加值42.91亿元(含经开区增加值为121.10亿元),其中工业增加值35.27亿元(含经开区工业增加值105.80亿元)。工业对经济增长贡献率35%,拉动经济增长4个百分点。完成工业投资45.78亿元,技术改造投资46.08亿元。工业主要产品产量:饲料136.78万吨,光电子器件5346万只,平板玻璃327.40万重量箱,塑料制品3.81万吨,中成药5835吨,大米4.86万吨,锯材20.30万立方米,铝材6.92万吨,盐酸9.06万吨,烧碱15.95万吨,发电量3058万千瓦时,自来水生产量29403万立方米,水泥20.30万吨,商品混凝土57.55万立方米,预应力混凝土桩41.14万米。搬迁关停能耗、污染大的中小企业22家。重点发展先进制造业,全力推进项目征地拆迁与回建安置,服务推进重大工业项目。自治区层面统筹推进重大项目富士康南宁市科技园、广西华电南宁华南城分布式能源项目开工建设。南宁市亭洪路西延长线一期k0+000~k0+440段竣工,续建富园路、富乐西路三期项目,新开工建设新村大道江南延长线(江南大道—火车南站北侧路段)、亭洪路西延长线(罗文大道—规划五路)、新津路(亭洪路西延长线—南站北侧路)等工业园区路网。

第三产业　有国有企业40家,集体企业122家,股份合作企业16家;私营企业2702家,从业人员7364人,注册资金8.04亿元;个体工商户9747户,从业人员2.05万人,注册资金2.88亿元。实现社会消费品零售总额138.34亿元。第三产业增加值38.65亿元。外贸出口2.93亿美元。富乐新城回建安置小区一期建成、二期主体工程完工,八桂绿城·富康园项目开工建设。完成房地产开发建设投资11.02亿元,商住房地产开发建设施工面积109万平方米(新开工面积5.05万平方米),竣工面积3.22万平方米,商品房销售24.91万平方米,销售额14.75亿元。接待游客10.60万人次,旅游营业收入70万元。9月,梦之岛百货江南店开业。

招商引资　推进以商招商,拓宽招商渠道,坚持走出去请进来的招商方式,利用中国—东盟博览会平台,开展承接东部产业转移招商活动,引进广西保利置业集团有限公司保利城·商业港项目,香港港达控股有限公司金旺国际大酒店项目,促进南宁华南城有限公司与喜盈门国际商业连锁企业合作投资华南城·喜盈门建材家具广场项目。实际到位内资30.97亿元,直接利用外资(广西全口径)1560万美元。

城乡建设　投入267.50万元,完成仁义路改扩建、友谊路至群益公路、国道322线至联英六队公路建设,续建南宁至扶绥二级公路(江南区段),开工建设江南区锦江至同华公路(K0+000-K3+500)等城乡路网建设。白沙片区旧城改造项目开工,完成振宁商贸园片区旧城改造试点项目申报。投入8000万元,购买新型环卫机械作业车,增加环卫车辆20辆;新

2011年江南区国民经济主要指标

项　目	单　位	实　绩	比上年增长(%)
地区生产总值	万元	1800897	15.20
第一产业	万元	203374	2.90
第二产业	万元	1210987	22.30
工业	万元	1057968	20.80
第三产业	万元	386535	2.80
农林牧渔业总产值	万元	226735	4.86
粮食总产量	吨	94800	-2.15
全社会固定资产投资	万元	847335	50.73
社会消费品零售总额	万元	1033862	20.12
全部财政收入	万元	138635	29.37
地方财政一般预算收入	万元	35412	6.84
一般预算支出	万元	86396	35.65
城镇居民人均可支配收入	元	18362	10.54
农民人均纯收入	元	6695	17.03

注:表内除地区生产总值以外,其余各项国民经济主要指标不含经开区数

建移动公厕1座，改造垃圾中转站1座；完成建成区小街小巷改造5条，拆除违章建（构）筑物120多万平方米。开展村镇规划集中行动，完成村庄规划编制22个。完成14.33公顷保障性安居工程用地的征地拆迁及新增764户廉租住房租赁补贴。种植大树工程，完成种植大树3700株；“绿满南宁”邕江南岸绿化工程完成树木种植1.89万株。

【社会事业发展概况】

文明创建活动　2011年，江南区开展市民素质提升工程、文明交通从我做起活动、志愿服务大行动，“诵读中华经典和红色经典诵读活动”等主题活动，推进全国文明城市创建。广西电网公司南宁供电局、广西石化高级技工学校获第三批全国文明单位。江南街道、福建园街道、沙井街道、江南街道五一中路社区、沙井小学分别被命名为第一批自治区“和谐街道”、“和谐社区”、“和谐学校”。获市级以上文明单位3个、文明社区1个、文明镇村1个、军（警）民共建先进单位1对。

科教文卫体事业　投入872万元，组织实施科技项目25个，实施到期通过上级验收的科技项目8个（自治区级1个、市级7个）。农作物优良品种覆盖率95%，农村先进适用技术普及率100%。举办各种科技培训班255期，培训3.50万人次。有小学82所（社会办学18所），在校生3.73万人；初中23所（社会办学12所），在校生9491人；高中2所，在校生410人；有教职工2078人。小学适龄儿童入学率100%，辍学率为零，小学毕业生升学率100%；初中阶段入学率100%，辍学率0.75%；初中毕业生升高中毛入学率89%（升入高中40.70%，升入中等职业学校48.37%）。实施教育惠民工程，投入义务教育经费1.48亿元；九年义务教育巩固率82.40%。补助小学、初中农村义务教育阶段家庭经济困难寄宿生生活费339.45万元。资助家庭经济困难的中小学生993人次、44.06万元；资助家庭经济困难大学新生35人、4.60万元。投入专项经费200万元，为学校购买课桌椅5000套，床架2000套。实施文化惠民工程，完成延安镇延安社区、苏圩镇保城村、江西镇安平村3个村级公共服务中心项目和全国文化资源共享工程江南区支中心项目建设，启动推进江南区图书馆、文化馆扩建和23个农家书屋建设，开展“百姓小舞台·和谐大社会”主题系列活动。有医疗卫生机构385个，其中国有医疗卫生机构47个（乡镇8个），村卫生所120所，个体医疗诊所233所。卫生技术人员2563人。医院病床1359张（市级医院638张，乡镇卫生院249张）。投资351万元，完成农村卫生户厕建造2320座。参加新型农村合作医疗农民23.50万人，参合率95.10%，缴费705万元。年度区间人口出生8409人，人口出生率20.63‰。投入90多万元，组织开展体育活动和体育比赛96项次，参加人员2万多人次。

民政事业　审批城镇最低生活保障对象2.36万人次，发放低保金446.53万元；审批农村低保对象2.72人次，发放保障金196.62万元。发放抚恤金、定补金276.27万元，义务兵家属优待金54.31万元；安置退役士兵8人，发放自谋职业一次性经济补助金159.99万元。发放救济金2.12万元，临时救济20人次。发放特困户、重灾民救济粮34.90吨（折款13.60万元），救济955户、1450人。发放冬令救灾棉被455床、蚊帐388床、衣服2264件套（折款28.85万元），重建水毁民房2户3间。确定五保老人537人，发放五保供养定补金70.20万元；发放五保户救济粮96.60吨（折款37.70万元）。城市医疗救助150人、63.66万元；农村医疗救助174人、92.94万元。为80名生活困难的城乡肺结核患者提供治疗，为5名贫困高危孕妇提供救治。办理结婚登记5137对，离婚登记753对。

劳动与社会保障　城镇新增就业1.14万人，下岗失业人员再就业3738人，帮助大龄困难人员再就业998人，城镇登记失业率3.02%。培训农村劳动力2688人，农村劳动力转移就业新增4707人。指导签订劳动合同6.96万人。

（黄　莺）

2011年江南区乡镇、街道情况

名　称	土地面积（平方千米）	村民委员会（个）	社区居民委员会（个）	年末人口（人）	农林牧渔业总产值（万元）	粮食产量（吨）	农民人均纯收入（元）
江西镇	214.00	10		46412	66533	24028	6896
苏圩镇	223.00	15	1	64776	97173	38104	6265
延安镇	132.00	5	1	27498	41969	7799	6295
吴圩镇	394.00	10	2				
福建园街道	16.60	4	13				
江南街道	22.20	3	6		420		
沙井街道	46.30	9	2		20640	1866	6646

青 秀 区

【概　况】青秀区位于南宁市东南部。东邻宾阳县、横县，南接邕宁区，与良庆区、江南区分别隔邕江相望，西连西乡塘区，西北与兴宁区接壤。面积872平方千米。是中国—东盟博览会会址——南宁国际会展中心所在地。湘桂铁路、桂海高速公路、邕江航道过境。铁路设有长塂岭、屯里、五合、长塘、伶俐火车站；高速公路设有伶俐独岭、五合、三岸出入口3个；有埌东客运站。主要旅游景区（点）有南宁青秀山旅游风景名胜区（国家4A级景区）、广西民族博物馆（国家4A级景区）、广西科技馆（国家4A级景区）、金花茶公园（国家3A级景区）、云顶观光（地王大厦）、南湖公园、名树博览园、金湖广场、滨湖音乐广场、民族广场、石门森林公园、邕江滨水公园、孔庙、广西民族文物苑、广西博物馆、金汇如意坊古商城、保爱路天主教堂、中山路基督教堂、中共广西“一大”旧址（雷经天故居）、雷沛鸿故居、黄旭初故居——旭园、广西烈士陵园等。主要矿产资源有煤、石英砂、重晶石、石灰石。主要地方特产有甜竹笋。工业有仙葫经济开发区、伶俐工业集中区。2011年，辖4个镇、5个街道、46个村、62个社区，户籍总人口62.30万（农业人口18.61万、非农业人口43.69万），流动人口1.63万，人口自然增长率3.72‰。耕地面积1.37万公顷（水田面积6849公顷）；林地面积4.03万公顷，有林面积3.47万公顷，森林覆盖率44.30%。地区生产总值155.47亿元；全部财政收入72.86亿元（地方财政一般预算收入14.79亿元），一般预算支出15.26亿元；城镇居民人均可支配收入25356元，农民人均纯收入6805元。获全国科技进步先进城区、国家级全民健身活动先进单位、自治区双拥模范城区。

【经济发展概况】

第一产业　2011年，青秀区实现农林牧渔业总产值24.17亿元。其中：农业产值9.28亿元，林业产值1.65亿元，畜牧业产值9.74亿元，渔业产值5148万元，农林牧渔服务业产值2.98亿元。第一产业增加值13.75亿元。粮食作物种植面积1.60万公顷，总产量8.61万吨，其中水稻种植1.18万公顷、产量6.44万吨，玉米种植3402公顷、产量1.97万吨。经济作物种植面积0.94万公顷，其中甘蔗种植0.60万公顷、产量40.09万吨，木薯种植790公顷、产量0.82万吨，蔬菜种植0.56万公顷、产量11.80万吨。果园面积634公顷、水果产量1.20万吨。肉类总产量3.30万吨，水产品产量4802吨。青秀区全年发展农业特色种植，推广种植双季葡萄、甜瓜、仔姜、有机米，建立无公害农产品生产地基4个。“万亩绿色品牌优质水稻标准化栽培示范基地”和“有机优质稻标准化栽培示范基地”两大农业科技基地项目通过自治区验收。新建成刘圩镇梅花鹿养殖基地。投入扶持资金115万元，实施农业产业化经营项目6个（种植业2个，畜牧业4个）。新建农民专业合作社12个。完成人工造林面积8000公顷。完成集体林权制度主体改革。水利建设投入5181.09万元，完成水库除险加固2座，水毁工程修复25处，农村人饮水工程19处，渠道防渗工程50千米。

第二产业　有工业企业78家，实现工业总产值33.06亿元。规模以上工业企业28家，实现工业总产值18.61亿元，利税总额1.99亿元（利润1.42亿元）。第二产业增加值29.31亿元（工业增加值12.49亿元），工业对经济增长贡献率6.45%，拉动经济增长0.91个百分点。完成技术改造投资26.51亿元。工业主要产品产量：松香2533吨，松节油285吨，化学农药原药（折有效成分100%）1271吨，服装148万件，机制纸及纸板（外购原纸加工除外）1.03万吨，卫生用纸原纸1.03万吨，香精及其他香料混合物（香精）2154吨，商品混凝土133万吨，塑料制品3165吨，采矿专用设备1131台，锯材1万立方米，大米2.34万吨，表93万只，天然气5720万立方米，液化石油气5606吨，中成药261吨。落户园区的广西国泰粮油食品精深加工搬迁技改项目第一期工程建成投产；南宁龙普科技有限公司建成投产；广西物宝年产20万吨复合肥搬迁技改项目开工建设。园区工业企业实现工业总产值1.25亿元。

第三产业　有国有企业152家，集体企业145家，股份合作企业16家；内资公司2051家，私营企业1.75万家，从业人员2.88万人，注册资金67.98亿元；个体工商户2.54万户，从业人员6.85万人，注册资金10.89亿元。实现社会消费品零售总额227.82亿元。第三产业增加值112.41亿元。完成房地产开发建设投资123.73亿元，商住房地产开发建设施工面积1636.69万平方米，竣工面积133.48万平方米，商品房销售208.89万平方米，销售额138.96亿元。青秀区着力提升现代服务业，三产结构进一步优化。华润·万象城、南湖名都广场等一批高端商贸项目实施；中石油天然气、南方水泥等企业在城区设立区域性办事机构，总部经济规模进一步扩大；中国民生银行南宁支行挂牌开业。举办第六、第七届北部湾（南宁）汽车展、青秀区第二届中秋月饼文化旅游美食节、青秀区第三届甜瓜美食文化旅游节等展会节庆活动。商贸、住宿、餐饮等传统服务业持续繁荣，新增神州医药、日上电子等11家年销售额超亿元的商贸企业。

招商引资　充分利用中国—东盟博览会等会展平台，推进工业招商引资，引进皇冠酒店、百盛百货等项目132个，合同引进资金176亿元，实际到位内资61.30亿元，直接利用外资3605万美元（广西全口径）。

城乡建设　加大城乡建设与管理，新建小街小巷10条，改造新竹、凤城垃圾中转站2座，新建和改造农贸市场5个。投入100万元，改造完成凤起路、德贤路西二里、德贤路西三里、长堽村西路五巷、长堽南路七巷5条小街小巷；投资约1000万元，完成建设完善桂春路南一里、滨湖小学旁道路等市政路网为民办实事项目。编制完成村屯村镇体系规划15个。投入619万元，完成村镇道路建设14.80千米。投入650万元，完成新农村建设点8个。投资1795.20万元，完成农村危旧房改造1122户。实施城乡风貌改造三期，涉及长塘镇、津头街道、南湖街道、建政街道共7个村1015户房屋外立面改造，外立面改造19.80万平方米，屋檐18.67万米，完成投资1827万元；拆除违章建筑37万平方米，完成卫片图斑处理751个。开展“城乡清洁工程”宣传月、“工地乱象”专项巡查整治，发放城市管理各类法规条例等宣传资料近6万份、“城乡清洁工程”宣传手册2万多册，查处“工地乱象”350起，罚款25.50万元。整治日常市容违章行为600余次，出动执法人员7.19万人次，执法车7833辆次。实行道路全天保洁，清理卫生死角500多处，清运垃圾15.22万吨，出动洒水车8185辆次，洒水量618.97万吨。为各镇增聘保洁员269名，保证每个村屯至少有保洁员1名。开展国家森林城市创建活动，实施“绿满南宁”造林绿化工程，新

5月26日，青秀区召开深入实施“城乡清洁工程”再动员大会　青秀区志办提供

增绿化面积866.67公顷。

【社会事业发展概况】

文明创建活动 2011年，青秀区以纪念建党90周年、辛亥革命100周年为载体，广泛开展"月月有主题、周周有活动、场场出精彩"复评迎检系列主题活动；举办"绿城党旗飘 宣传进工地"、"党旗引领成长 红色点亮青春"、"大手牵小手文明一起走"、"给力文明城市 共创幸福家园"、"绿城党旗飘——送清凉、送健康、送宣传到工地"、"庆祝建党90周年、创建和谐社会"、"迎建军 重温红色岁月"、"居文明城市 做文明市民"、"结对共建促和谐 文明创建开新花"、"党旗进工地，宣传进万家"等。"树形象，满意服务在青秀"、"文明新风在绿城"、"迎大运、讲文明、树新风"、"喜迎两会一节，蝉联全国文明城市"、社区文化艺术节、"万户家庭学礼仪"、"小手拉大手，文明一起走"、"文明唱创城 和谐歌盛世"、"创建国家文明城市我知晓、我参与、我奉献"等活动。城区有327个文明单位与特困家庭结成帮困对子，共为困难群众、弱势群体捐款200多万元、捐物2万多件，提供就业岗位490多个，提供致富信息1000多条。青秀区被评为自治区未成年人思想道德建设先进单位；长塘镇定西村加踏坡被命名为第三批全国文明村；青秀区检察院、长塘镇、长塘镇定西村加踏坡、新竹街道、中山街道、津头街道、建政街道、南湖街道、南宁仙葫经济开发区、新竹街道新竹社区、津头街道䓍西社区、南湖街道凤翔社区、市第十四中、滨湖路小学分别被命名为第一批自治区"和谐单位"、"和谐乡镇"、"和谐村屯"、"和谐街道"、"和谐社区"、"和谐学校"。被命名为市级以上文明单位2个、军(警)民共建先进单位3对。

科教文卫事业 投入1693万元，组织实施科技项目53个。实施到期通过验收的科技项目50个(城区44个、市级4个、自治区级2个)。建成长塘农业高新技术集成基地、南阳镇新光村基层党员干部创先争优科技示范基地等11个，其中刘圩镇有机香稻基地成为自治区首个通过国家认证的有机香稻产地。推广应用实用新技术57个。举办各种科技培训210期，培训2.40万人次。城区政府获市委、市政府授予创建全国科技进步市及国家科技进步示范市工作先进集体三等功；获全国科技活动周广西活动优秀组织奖。有公办中小学校77所(小学67所，中学4所，九年一贯制学校6所)，教学点20个，社会办学8所，事业办学2所(小学1所、中学1所)；小学在校生3.99万人，中学在校生7244人；公办学校特殊教育班2个，在校学生27人；有教职工2450人。小学入学率100%，辍学率为零，小学毕业生升学率100%；初中阶段入学率100%，辍学率为零，初中毕业升高中阶段入学率81%。发放助学贷款、农村贫困寄宿生生活补贴、家庭经济困难学生补助金493.60万元，其中农村义务教育阶段家庭经济困难寄宿生生活费补助290.06万元，资助家庭经济困难中小学生355人、20.05万元。安排外来务工、经商人员子女2670名就近到公办学校就读，减免费用300多万元。完成2010年中央和自治区资金项目的南阳镇初级中学综合楼、刘圩中学学生宿舍楼、长塘镇中心学校地质灾害处理、天桃学校教学综合楼等4个校舍安全工程，总投资1274.80万元，总建筑面积8200平方米。安排资金1.40亿元，实施伶俐中学教学楼、长塘镇中心校教学综合楼建设、配备教育教学设施等项目98个。其中，属于中央和自治区资金项目的校舍安全工程有刘圩中学教学楼和学生食堂、滨湖路小学体育馆维修、伶俐中学学生宿舍楼4个，总投资1190万元，总建筑面积7700平方米，维修面积630平方米，至年末，4个项目完成工程量60%。长塘中学、滨湖路小学、埌西小学、新兴民族学校、伶俐镇中心校、刘圩镇中心校被评为自治区义务教育学校常规管理先进学校；滨湖路小学被命名为自治区和谐学校。扶持业余文艺团队9个，其中青秀合唱团参加第二届中国国际合唱大赛获铜奖；长塘镇青龙江农民艺术团的"壮族芭蕉香火龙舞"参加第十届中国民族文艺山花奖舞龙大赛获金奖；青秀区黑山羊艺术团参加全国广场舞大赛南宁赛区比赛获金奖。开展"千团万场"群众文化活动，投入经费60多万元，举行群众性文化活动723场(次)，观众95万人次；送电影下乡557场，观众11.67万人次。建成农家书屋55家。青秀区地方志办公室获2009~2011年度广西地方志系统先进集体、《广西年鉴》2011年卷撰稿工作"又好又快"先进单位。有医疗卫生机构28个，其中国有医疗卫生机构20个(城区15个，乡镇5个)，集体医疗卫生机构2个，村卫生所46所，个体医疗诊所27所。卫生技术人员251人。医院病床260张(乡镇卫生院203张)。投入85万元，完成农村卫生户厕建造1000座。参加新型农村合作医疗农民170.73万人，参合率94.39%，缴费512.21万元。投入基层医疗卫生机构补助经费951万元，5个乡镇卫生院和17个社区卫生服务机构全部实行国家基本药物制度。年度区间人口出生6695人，出生率11.10‰。建成村级篮球场3个、健身路径7条。针对机关干部职工、外国友人、老年人和青少年等不同对象，分别开展各种有针对性的文体活动21大项、2560场比赛，参加活动人数超过20万。5月1日，与自治区体育局社体中心、广西钓鱼协会、山东威海光

2011年青秀区国民经济主要指标

项　目	单　位	实　绩	比上年增长(%)
地区生产总值	万元	1554650	14.11
第一产业	万元	137458	7.18
第二产业	万元	293132	31.62
工业	万元	124931	11.15
第三产业	万元	1124061	11.15
农林牧渔业总产值	万元	241701	7.48
粮食总产量	吨	86071	-0.37
全社会固定资产投资	万元	3936782	40.09
社会消费品零售总额	万元	2278189	18.51
全部财政收入	万元	728550	25.71
地方财政一般预算收入	万元	147865	19.94
一般预算支出	万元	152585	27.69
城镇居民人均可支配收入	元	25356	10.74
农民人均纯收入	元	6805	18.69

威集团联合举办广西南宁光威钓鱼嘉年华暨中国广西钓鱼协会与越南国家钓鱼协会钓鱼友谊赛。

民政事业　审批城镇最低生活保障对象2.38万人次，发放低保金583.90万元；审批农村低保对象2.03万人次，发放保障金387.03万元。发放抚恤金、定补金800万元，退伍义务兵家属优待金80万元；安置退役士兵86人，发放一次性经济补偿金283.85万元。临时救济2.52万人次。发放特困户、重灾民救济粮320吨(折款68万元)，救济2.25万人次。发放冬令救灾棉被衣物1.85万件(套)。确定"五保"老人114.66万人次，发放五保供养定补金336.04万元。农村医疗救助227人、101.66万元。免费为7300对新婚夫妇进行地中海贫血筛查，为5名生活困难的城乡肺结核患者提供治疗。免费救治贫困结核患者38例。办理结婚登记8930对，离婚登记1521对。

劳动与社会保障　城镇新增就业1.59万人，下岗失业人员再就业3688人，帮助大龄困难人员再就业1224人，城镇登记失业率2.48%。农民就业技能培训3043人次，农村劳动力转移就业新增5114人。参加新型农村社会养老保险2.73万人，征缴保险费347.81万元；参加城镇居民社会养老保险1032人，征缴保险费12.80万元。劳动监察立案查处45件，结案率100%。　（蔡光燊）

2011年青秀区乡镇、街道、仙葫开发区情况

名　称	土地面积(平方千米)	村民委员会(个)	社区居民委员会(个)	年末人口(人)	农林牧渔业总产值(万元)	粮食产量(吨)	农民人均纯收入(元)
伶俐镇	264.00	8	1	36209	38922	17283	6925
刘圩镇	158.90	14	1	54402	63111	38000	5745
南阳镇	97.00	7	1	32572	47382	19284	6808
长塘镇	190.00	8	1	30396	38331	15501	6328
中山街道	10.10	2	14	125823	613		5850
建政街道	10.10	1	7	91839	395		4625
新竹街道	8.50	1	15	128000	22925		6805
南湖街道	36.40	2	6	117496	6209	231	5941
津头街道	65.00	3	10	155503	1707	231	6000
仙葫开发区	75.00	3	3	13780	6608	4619	6350

西乡塘区

【概　况】 西乡塘区位于南宁市中西部。东邻兴宁区，南隔邕江与江南区相望，西连扶绥县、隆安县，北与高峰林场及武鸣县接壤。面积1298平方千米。北京至南宁、南宁至昆明铁路，南（宁）昆（明）、兰（州）海（口）高速公路，南宁市外环高速公路和快速环城路通过辖区；邕江和左江、右江航道过境。南宁高新技术产业开发区、市相思湖新区坐落在境内。辖区内有中、高等院校30多所和科研院所20多所。主要旅游景区(点)有：环相思湖水系湿地公园(相思湖湿地公园、明月湖湿地公园、可心江连通运河)、民生广场滨江景观、南宁动物园、广西八桂田园（广西现代农业技术展示中心）、南宁希望田野（广西现代农业科技示范园）、坛洛金满园（广西甘蔗果树良种繁育中心）、心圩天雹水库（南宁圣天宝风景区）、龙门水都、石埠"美丽南方"景区、下楞民俗文化村、心圩越南育才学校总部遗址等。主要矿产资源有煤、石灰岩等。主要特产有"洛洛香"品牌香蕉和花卉、甜瓜等。2011年，辖3个镇、10个街道(心圩、安宁街道由南宁高新技术产业开发区托管)、76个社区、69个村；户籍总人口76.46万(农业人口26.80万，非农业人口49.66万)；流动人口34.42万(大中专院校学生10万)，常住人口中，壮族人口28.29万人、占总人口37%，人口自然增长率9.34‰。耕地面积1.74万公顷(水田面积5569公顷)；林业用地面积2.95万公顷(含国有林场，下同)，有林面积2.86万公顷，森林覆盖率27.07%。地区生产总值288.48亿元(含南宁高新技术产业开发区、市相思湖新区)；全部财政收入25.06亿元(地方财政一般预算收入6.14亿元)，一般预算支出11.91亿元；城镇居民人均可支配收入17855元，农民人均纯收入6216元。获2009~2010年全国科技进步先进县(区)、2009~2010年自治区义务教育学校

西乡塘区石埠"美丽南方"景区葵花园　　周家志　摄

常规管理优秀县(区)、自治区招商引资项目大兑现工作示范县(区)、自治区民政工作先进县(区)、自治区农村沼气池“两高六好”优秀示范县(区)、自治区双拥模范县(区)。

【经济发展概况】

第一产业 2011年，西乡塘区实现农林牧渔业总产值30.39亿元。其中：农业产值19.61亿元，林业产值5054万元，畜牧业产值8.45亿元，渔业产值1.00亿元，农林牧渔服务业产值8265万元。第一产业增加值18.26亿元(含高新区、新区增加值为19.66亿元)。粮食作物种植面积1.29万公顷，总产量6.40万吨，其中水稻种植面积7858公顷、产量4.27万吨，玉米种植面积4248公顷、产量1.98万吨。经济作物种植面积1.13万公顷，其中甘蔗种植面积4469公顷、产量33.77万吨，木薯种植面积3817公顷、产量3.63万吨，蔬菜种植面积0.92万公顷、产量21.60万吨。果园面积1.81万公顷、水果产量45.66万吨(香蕉种植面积1.66万公顷、产量43.17万吨)。肉类总产量3.45万吨，水产品产量1.01万吨，牛奶总产量1173吨。完成人工造林面积551公顷。实施农田水利基础设施建设项目45个，完成投入3853.80万元。其中：水库除险加固12座、水毁修复工程6处、硬化渠道7千米；恢复水库蓄水能力460万立方米；改善灌溉面积733.33公顷，恢复灌溉面积533.33公顷，新增灌溉面积400公顷。完成农村人饮安全项目15个，受益人口1.20万。投资614.50万元，完成自治区、南宁市水库移民基础设施建设项目12个。创建超级稻、香蕉、甜瓜、木薯、甘蔗、蔬菜等标准化生产示范基地10个，畜、禽、鱼、虾、龟(鳖)等标准化养殖示范基地16个。累计建有农民专业合作经济组织51个。农村土地使用权流转面积4333.33公顷。完成林地勘界面积1.91万公顷，确权林地20365宗，面积1.80万公顷，发放林权证1.32万本。林改工作通过自治区验收，被评为优秀等次。

第二产业 实现工业总产值121.51亿元(含高新区、新区总产值为529.51亿元)。规模以上工业企业45家(亿元以上产值企业21家)，实现工业总产值98.51亿元（含高新区、新区总产值为494.42亿元)，利税总额9.60亿元(利润6.40亿元)。第二产业增加值42.69亿元(含高新区、新区增加值为178.09亿元)，其中工业增加值34.01亿元（含高新区、新区增加值为161.35亿元)。完成工业投资32.84亿元，技术改造投资31.60亿元。工业主要产品产量：水泥38.84万吨，商品混凝土19.80万立方米，人造板8.70万立方米，木薯淀粉7.80万吨，啤酒13.30万千升，配混合饲料30.10万吨。

第三产业 实现社会消费品零售总额248.06亿元。第三产业增加值90.73亿元。安吉、五里亭、北湖、华强、华西、中华路商业圈分布有钢材、汽车、家具、装饰材料、机电产品、农产品、医药、兽药等大中型专业批发市场40多个；南城百货、利客隆、苏宁、国美、华联、沃尔玛等链锁综合、专业超市10多家。完成房地产开发建设投资35.66亿元，商品房施工面积654.80万平方米(竣工面积102.20万平方米)，商品房销售面积40.10万平方米，销售额27.60亿元。接待游客140多万人次，旅游综合收入8000多万元。4月14日~17日、9月15日~18日，分别举办广西第十七、十八届汽车交易会。10月22日~28日，举办2011年南宁市西乡塘区香蕉文化旅游美食节。西乡塘区香蕉文化旅游美食节被自治区农业厅、自治区社会主义新农村建设领导小组办公室、自治区水产畜牧局评为2011年广西休闲农业“十佳”名节。

招商引资 明确责任和任务，健全招商引资机制；整合城区可利用资源，重点抓好土地储备及项目包装推介；强化项目跟踪服务，促使招商引资工作落到实处。城区邀请20多家商协会、自治区内外客商以及城区部分纳税大户企业代表近500人，前来参加2011年南宁“两会一节”西乡塘区投资环境推介会。先后组团前往上海、成都、广州等地参加“节会”活动，推介西乡塘区投资环境和招商项目等。全年共引进企业(项目)16个(外资2个、内资14个)，实际到位内资53.85亿元；直接利用外资2953万美元。

城乡建设 在建的城市交通路网项目有：南宁公路主枢纽西乡塘客运站、南宁至武鸣城市大道（安吉大道至尾燕岭)、北湖北路延长线、可利大道东段(高新东三路至安吉大道)、国道324线大学西路至金陵镇段道路改扩建，共完成投资2.50亿元。实施旧城区、旧村庄、旧厂房改造项目11个，占地面积81.47公顷，预算总投资121亿元，累计完成投资42亿元。拆迁安置小区金水花园在建楼盘16栋，其中封顶楼盘8栋。实施“城乡清洁工程”，投入750万元，建成垃圾中转站2个，完成小街小巷改造10条。投入290万元，完成农村危房改造321户。投入513.60万元，完成村屯道路建设44条、40多千米。投入156.75万元，建成农村户用沼气池330座。

【社会事业发展概况】

文明创建活动 2011年，西乡塘区开展南宁市创建全国文明城市和国家卫生城市、公民思想道德建设和未成年人思想道德建设、和谐平安建设等活动。开展“万名干部进社区”活动，加强农村精神文明建设，推进基层和谐创建。西乡塘区环境卫生管理站、金陵镇、北湖街道、衡阳街道、安吉街道、华强街道、新阳街道、上尧街道、安宁街道、新阳街道万力社区、西乡塘街道文华园社区、华强路小学分别被命名为第一批自治区“和谐单位”、“和谐乡镇”、“和谐街道”、“和谐社区”、“和谐学校”；坛洛镇中北村、东佳村被命名为自治区生态文明村；坛洛镇东佳村那学坡被命名为南宁市第二十六批文明村。获南宁市军(警)民共建先进结对单位2对，军(警)民共建标兵结对单位1对。西乡塘区法院刑事庭获自治区优秀“妇女儿童维权岗”。

科教文卫体事业 投入科技经费1200万元。辖区内规模企业、高等院校与科研院所等共同实施自治区、南宁市科技项目7个，获自治区科技奖20个，其中自治区科学技术进步奖一等奖3个，二等奖5个，三等奖7个；获自治区自然科学奖二等奖2个，三等奖2个；获自治区技术发明奖二等奖1个。组织辖区规模企业、高等院校和科研院所申报自治区、南宁市科技项目40多个，申报项目经费1000多万元。举办种植养殖技术培训班173期，培训农民1.12万人次。开展各类科普活动320场，参加人数28万多人次。推广应用实用新技术项目主要有：香蕉种植标准化（含香蕉抗寒冻害及产期调节技术)、无公害蔬菜种植标准化、甜瓜种植标准化；生猪养殖标准化、“金陵麻鸡”养殖标准化、罗非鱼养殖标准化；淀粉生产污水处理、节能减排技术应用等。获2009~2010年全国科技进步先进城区。有小学（不含市直属学校和高新区学校，下同）98所(社会办8所)，在校生6.93万人；中学41所(普通初中13所，九年一贯制学校27所〈社会办17所〉，十二年制学校1所)，在校初中生2.47万人；有教职工5388人。小学适龄儿童入学率100%，辍学率为零，小学生毕业升学率100%；初中阶段毛入学率106%，初中生毕业率98.60%，升学率93%，辍学率0.50%。九年义务教育巩固率

2011年西乡塘区国民经济主要指标

项　　目	单　位	实　绩	比上年增长(%)
地区生产总值	万元	1290800	14.00
第一产业	万元	182600	8.80
第二产业	万元	426900	16.90
工业	万元	340100	9.80
第三产业	万元	681300	13.60
农林牧渔业总产值	万元	301100	32.88
粮食总产量	吨	65800	2.13
全社会固定资产投资	万元	1298600	49.36
社会消费品零售总额	万元	2044600	18.19
全部财政收入	万元	250618	17.88
地方财政一般预算收入	万元	61378	39.78
一般预算支出	万元	119100	16.15
城镇居民人均可支配收入	元	17855	10.80
农民人均纯收入	元	6216	17.26

注：表内各项国民经济主要指标不含高新区、新区数

104.27%（含市直属中学、高新区初中）。安排进城务工农民子女入学8615人。资助农村义务教育阶段寄宿生6555人、531.03万元；资助家庭经济困难中小学生7175人、671万元；办理生源地信用助学贷款667人、394万元。实施2010年度校舍安全工程项目6个，总投资2274万元，建筑面积1.77万平方米，完成投资1507万元，竣工建筑面积1.17万平方米；实施2011年度校舍安全工程、基础薄弱学校建设项目、教育基本建设项目15个，总投资1.47亿元，总建筑面积6.30万平方米。举办香蕉文化旅游美食节、唐人文化旅游节、第二届乡村社区和谐文艺大展演等文化活动40多场次，组织群众文艺活动1000多场次，观众100多万人次。送戏下乡4场，放映电影816场，扶持9支业余文艺队下基层演出270场，建成村级公共服务中心3个。有医疗卫生机构198家（个）。其中：自治区、市、部队医院13家，城区直属卫生院10个；社区卫生服务中心（站、所）31个，村卫生室104个；民营医院（门诊）10家，个体诊所30所。城区直属卫生院有医务人员383人，医院病床255张。参加新型农村合作医疗农民26.75万人，参保率99.80%。建成农村卫生户厕1062座。年度区间人口出生9460人，出生率9.34‰；获自治区人口和计划生育工作进步奖。有3个村（社区）获首批自治区诚信计生基层群众自治示范村（社区）。建成体育健身路径9条。举办各种群众性体育比赛活动40多场次，参与人数20多万人次。西乡塘区坛洛镇下楞村七组龙舟代表队获南宁国际龙舟邀请赛国际混合组标准龙舟第三名。

民政事业　审批城镇最低生活保障对象8.67万人次，发放低保金1661.38万元；审批农村低保对象3.73万人次，发放低保金290.98万元。发放定补金、抚恤金和生活补助363.83万元。发放特困户、重灾民救济粮176.93吨，救济1820户、3552人。发放冬令救灾衣被2986件（套）。临时救济28人、4.25万元。确定五保老人321人，发放供养定补金72.61万元。城市医疗救助616人、263.30万元；农村医疗救助355人、231.34万元。免费为8820对新婚夫妇进行地中海贫血筛查。

劳动与社会保障　城镇新增就业1.85万人，下岗失业人员再就业6752人，帮助大龄困难人员再就业1412人，帮助“零就业家庭”实现就业和再就业5户，城镇登记失业率3.05%。培训农村劳动力4298人，农村劳动力转移就业新增5231人。受理劳动关系投诉案件13件，涉及225人，追回劳动者工资和押金72万元；处理拖欠农民工工资案件4件，追回拖欠农民工工资340万元。

（张增清　陆寿成　黄　源）

2011年西乡塘区乡镇、街道情况

名　称	土地面积（平方千米）	村民委员会（个）	社区居民委员会（个）	年末人口（人）	农林牧渔业总产值（万元）	粮食产量（吨）	农民人均纯收入（元）
金陵镇	197.00	13	1	64588	72341	15089	6632
坛洛镇	335.00	19		72012	139575	28014	6758
双定镇	187.00	6		29061	51137	10503	6028
西乡塘街道	20.00	1	13	213372			
北湖街道	14.50	2	16	135443			
衡阳街道	4.50	2	13	102195			
华强街道	2.30		5	23657			
新阳街道	4.50	2	13	101745			
上尧街道	10.00	3	4	66103			
安吉街道	16.00	4	7	96992	7251	504	6295
安宁街道	28.00	6	2	28824			
石埠街道	128.00	11	2	44321	33766	9921	5241
心圩街道	19.00	8	1	65164			
金光农场				10820			

邕宁区

【概 况】 邕宁区位于南宁市区东南部。东邻横县，东南连钦州市灵山县，南接钦州市钦北区，西交良庆区，北与青秀区接壤。面积1255平方千米。有湘桂线黎(塘)南(宁)铁路南环线、南(宁)北(海)高速公路、省道101线和邕江河道过境；南宁五象大道延长线和龙岗大道过城区，蒲庙大桥、龙岗大桥横跨邕江两岸连接青秀区；有邕宁至灵山至浦北二级公路。主要旅游景区(点)有蒲津公园、清水泉、顶蛳山贝丘遗址、灵龟山、雷婆岭摩崖石刻、五圣宫、那莲街古建筑等。主要矿产资源有石灰石、铜、铅、锌、重晶石、泥岩、黏土、河砂等。主要地方特产有甘蔗、桑蚕茧、淮山、水果等。2011年，辖3个镇、2个乡、65个村、9个社区；户籍总人口34.08万(农业人口29.45万、非农业人口4.63万)，流动人口0.23万，壮族人口32.19万、占总人口94.45%，人口自然增长率7.88‰。耕地面积3.41万公顷(水田面积1.38万公顷)；有林面积4.11万公顷，森林覆盖率33.34%。地区生产总值49.93亿元；全部财政收入4.18亿元(地方财政一般预算收入1.13亿元)，一般预算支出8.36亿元；城镇居民人均可支配收入17544元，农民人均纯收入6012元。获2008~2010年度建设平安广西活动进步县(区)、2010年度自治区科学发展进步县(区)；获自治区党委、自治区政府、广西军区授予2011年度双拥模范县(区)。通过2009~2010年度全国县(区)科技进步考核。

【经济发展概况】

第一产业 2011年，邕宁区实现农林牧渔业总产值33.26亿元。其中：农业产值16.96亿元，林业产值7974万元，畜牧业产值14.20亿元，渔业产值1亿元，农林牧渔服务业产值3042万元。第一产业增加值19.87亿元。粮食作物种植面积2.73万公顷，总产量13.51万吨，其中水稻种植面积2.24万公顷、产量11.55万吨，玉米种植面积3281公顷、产量1.60万吨。经济作物种植面积3.93万公顷，其中甘蔗种植面积1.80万公顷、产量108.57万吨，桑园面积2344公顷，鲜茧产量4611吨，蔬菜种植面积9525公顷、产量18.57万吨，西(甜)瓜种植面积1962公顷、产量5.38万吨，木薯种植面积1406公顷、产量1.70万吨。果园面积6103公顷、水果产量2.71万吨。肉类总产量5.44万吨，水产品产量1.01万吨。完成人工造林面积333公顷。投入3372.88万元(不含邕宁邕江防洪堤工程)，完成水利设施建设项目32个（跨年度水利项目23个）。建立香葱、韭菜、辣椒、椰菜、特色叶菜、食用菌生产示范基地6个。累计建立种植、养殖、产品加工等产业化合作经济组织209个，其中蒲庙镇野猪养殖协会有会员410人，养殖种猪1250多头，商品野猪年出栏1万头。新建罗非鱼养殖基地5个，面积33.33公顷；标准化养猪场5个，增加养殖优质瘦肉型猪1万头；肉鸡养殖小区5个，增加养殖优质肉鸡30万只以上；特色养殖基地5个，新增养殖美国牛蛙10万只、七彩山鸡5万只、水蛭120万条、肉鸽12万只。实施农业推广普及"农作物测土配方施肥技术"、"三免三避技术推广"、"甘蔗标准化栽培技术"、"无公害蔬菜栽培技术"、"小蚕共育技术"、"淮山定向结薯栽培技术"等新技术，引进水稻、甘蔗、果蔬等20多个新品种试种和示范。完成集体林权制度主体改革并通过自治区验收。建成农村户用沼气池350座。

第二产业 有工业企业1552家（含个体），实现工业总产值20.73亿元。规模以上工业企业11家，实现工业总产值13.96亿元，利税总额0.66亿元（利润-1284万元）。第二产业增加值14.42亿元(工业增加值9.57亿元)。完成工业投资7.22亿元，技术改造投资6.07亿元。工业主要产品产量：纸浆(原生浆及废纸浆)3.14万吨，机制纸及纸板6.05万吨，硫酸6.09万吨，水泥99.52万吨，水泥熟料68.98万吨，商品混凝土73.87万吨。新引进入驻龙岗片区、东部工业集中区和五合临港产业园区企业(项目)27个，总投资70.95亿元。累计引进入驻园区企业(项目)98个，总投资580亿元，涉及工业、教育、房地产、总部基地等产业。

第三产业 有国有企业28家，集体企业73家，股份合作企业16家，内资公司92家，私营企业413家，个体工商户4285户。实现社会消费品零售总额11.32亿元。第三产业增加值15.64亿元。外贸出口额35万美元。完成房地产开发建设投资6.22亿元，商住房地产开发建设施工面积14.51万平方米（新开工面积7.67万平方米)，商品房销售面积9.07万平方米，销售额3.46亿元。旅游景区(点)接待游客5万多人次。

招商引资 围绕园区的产业定位，组织招商引资小分队赴北京、广东、福建、江西、云南、台湾等地开展专题招商引资活动；接待台湾花卉协会、广西浙江商会、日本三菱重工公司等到城区考察，加强信息交流和项目洽谈。组织客商参加"两会一节"活动。签约项目主要有：北京合众人寿"健康谷"，广西物资集团总

邕宁区全面实施农业产业结构调整，发展现代农业。图为蒲庙镇联团村红龙果基地 邕宁区志办提供

部基地，广西建工集团建筑机械公司整体搬迁，广东光大集团城市综合体等。引进企业(项目)27个，总投资70.95亿元(投资超5亿元的项目5个)，实际到位内资11.13亿元；直接利用外资810万美元(广西全口径)。

城乡建设　龙岗新区商务区5号路、邕大北路、龙岗大道(二期)部分建成通车，新区主要路网框架基本形成；邕江大学新校区一年内建成投入使用，开创了项目投资建设全新的“邕宁速度”；启动蒲津公园、旧街区风貌、旧城区园林改造工程和蒲津路、那元路、银峰路等旧城区交通主干道扩建改造；完成小街小巷改造5条。投入427万元，建设乡镇政府所在地的街道和整治环境卫生。蒲庙至灵山二级公路和蒲庙至那楼镇龙三级公路竣工通车；开工建设农村公路34条，完成中和乡客运站建设。南宁中心城港牛湾作业区(一期)工程完成投资2.50亿元；邕宁防洪堤(一期)工程基本完成拆迁任务，完成投资2.20亿元。廉租住房项目建设完成投资2320万元。继续强化城市管理和“城乡清洁工程”，继续实施“楼宇装饰”工程，治理城区建筑工地“乱象”，规范施工现场卫生环境管理，强化临街单位及商店做好门前“三包”，落实市容市貌卫生保洁责任制。

【社会事业发展概况】

文明创建活动　2011年，邕宁区以“大力发展先进文化，建设一个人文精神更加浓郁的新邕宁”为主题，全力参与南宁市创建全国文明城市，加强文明礼仪和爱国诚信教育，深入开展和谐建设在基层、志愿服务、文化惠民、“发展环境建设年”、文明礼仪、爱国诚信教育提高市民整体文明素质、学雷锋活动月、关爱农民工和空巢老人等活动，加强公民道德建设，开展文明城区、文明单位、文明村、军(警)民共建先进单位创建活动。邕宁区财政局、中和乡、蒲庙镇良勇村、蒲庙镇红星社区分别被命名为第一批自治区“和谐单位”、“和谐乡镇”、“和谐村屯”、“和谐社区”。被命名为市级文明单位2个、军(警)民共建标兵单位1对。

科教文卫体事业　投入495万元(市财政补助经费115万元)，实施科技项目37个(市级7个，城区级30个)；实施到期通过上级验收的科技项目35个(市级7个)。引进工业新技术(新装备)4项；试验示范推广农业新技术10个、新品种15个；“孟连香葱”和红龙果现代农业科技示范园获无公害产品认证；“那楼淮山酒”成功注册商标。举办实用技术和致富技能培训班281期，培训2.66万人次。邕宁区通过2009~2010年度全国县(区)科技进步考核。有小学72所，在校生2.38万人；初中10所，在校生1.36万人；特殊教育学校1所，在校生73人；教师进修学校1所，在校生927人(初中生280人、高中生167人、电大等院校驻该校办学点大学生480人)；有教职工2429人。小学适龄儿童入学率100%，辍学率为零，小学毕业生升学率100%；初中阶段入学率106.32%，辍学率1.17%；初中毕业生升高中毛入学率91.50%，九年义务教育巩固率92%。农村中小学享受免费提供教科书学生3.13万人(小学生2.10万人，初中生1.02万人，特教学生73人)；免除中小学生杂费3.13万人(小学生2.10万人，初中生1.02万人，特教学生73人)、2108.12万元；免除城市中小学生学杂费6421人(小学生3645人，初中生2776人)、285.86万元；补助家庭经济困难寄宿生生活费8672人、804.28万元。免除库区移民子女高中学生学费12人、4740元。资助家庭经济困难大学新生34人、5.20万元；资助家庭经济困难中小学生1679人次、55.77万元。办理生源地大学生助学贷款519人、304.14万元。投资194.31万元，实施“多媒体进课堂”项目，为85所中小学校配备安装多媒体教学设备85套。实施中小学校危房改造、寄宿制学校、校舍安全建设项目21个，建设总面积2.49万平方米，总投资3188万元。投入4.50万元，扶持村(屯)、社区业余文艺队9个，演出230场；送戏下乡演出5场，电影放映3894场，观众82万人次；建成村级公共服务中心3个；投入60万元，建成蒲庙镇那路村文化活动楼；投入200多万元，举办各种群众文化活动310多场，参加活动4.50万人次。有医疗卫生机构143个，其中城区医院2家，社区卫生服务站3个，乡镇卫生院6家，村级卫生所65所，个体医疗诊所54所，厂矿卫生室3个，护理院1家，学校卫生室4个，计生服务所5个。卫生技术人员1084人(城区医院卫生技术人员539人)。医院病床647张(城区医院520张，乡镇卫生院127张)。参加新型农村合作医疗农民26.75万人，参合率91.89%。为88名贫困肺结核患者治疗提供救助。免费为6515人进行婚前医学检查和地中海贫血筛查。年度区间人口出生3904人，人口出生率12.20‰。投入10万元，建成龙岗片区、蒲津公园健身路径2条；建成村级篮球场4个。城乡举办各类体育竞技比赛105项，参加人员1.05万人次，观众17.03万人次；邕宁银峰晨练站获2011年全国啦啦操联赛(南宁站)俱乐部组三级自由舞蹈啦啦操第一名。

民政事业　审批城镇最低生活保障对象和各类生活补贴困难人员1.23万人次，发放低保金223.93万元；审批农村低保生活保障对象7.74万人次，发放低保金645.04万元。发放优抚对象定期抚恤和生

2011年邕宁区国民经济主要指标

项　目	单　位	实　绩	比上年增长(%)
地区生产总值	万元	499310	11.60
第一产业	万元	198691	3.20
第二产业	万元	144234	24.70
工业	万元	95655	6.80
第三产业	万元	156385	11.00
农林牧渔业总产值	万元	332610	3.32
粮食总产量	吨	135110	-3.77
全社会固定资产投资	万元	397351	57.31
社会消费品零售总额	万元	113188	17.87
全部财政收入	万元	41763	34.62
地方财政一般预算收入	万元	11343	34.81
一般预算支出	万元	83581	19.51
城镇居民人均可支配收入	元	17544	10.63
农民人均纯收入	元	6012	21.02

活补助金3357.97万元，发放义务兵优待金613.92万元；为优抚对象和参战民兵缴交新型农村合作医疗参保费；接收退役士兵88人，安置2人，发放自谋职业补助金22人、727.97万元和生活补助金79.20万元。新建农村五保村10个；确定五保老人2.12万人次，发放五保补助金及各类补贴356.96万元。投入1048万元，完成农村危房改造1005户。投入73万元（自筹33万元），完成农村贫困残疾人危房改造10户，建成砖混结构房总面积774平方米。城市医疗救助55人次、18.99万元，农村医疗救助213人次、78.54万元。免费为3559对新婚夫妇进行地中海贫血筛查。办理结婚登记3213对，离婚登记346对。

劳动与社会保障　城镇新增就业人员1304人，下岗失业人员实现再就业270人，大龄就业困难人员再就业72人，城镇登记失业率3.35%。农村劳动力培训7980人；农村劳动力转移就业新增4048人。劳保举报投诉26起，受理立案22件，结案22件，追发劳动工资73.12万元，涉及336人；处理因劳资引发群体事件3起，追发劳动工资73.06万元，涉及246人。（粟英文）

2011年邕宁区乡镇情况

名　称	土地面积（平方千米）	村民委员会（个）	社区居民委员会（个）	年末人口（人）	农林牧渔业总产值（万元）	粮食产量（吨）	农民人均纯收入（元）
蒲庙镇	250	17	4	136446	85752	33884	6426.95
那楼镇	354	20	2	92369	110856	41871	6005.02
新江镇	165	8	1	31592	40163	12375	5351.09
百济乡	310	13	1	45928	51797	28795	5850.82
中和乡	176	7	1	34429	44042	18185	5680.38

良庆区

【概　况】良庆区位于南宁市区南部。东邻邕宁区，南接防城港市上思县、钦州市钦北区，西连江南区，北隔邕江与青秀区相望。面积1379平方千米。南宁至北海高速公路、市外环高速公路、南宁至北海二级公路、南宁至防城铁路、湘桂铁路过境，有良庆、那马、玉洞3个高速公路出入口，宁村、那铺、大拟、百浪4个火车站。处于南宁市城市发展“重点向南、重点建设五象新区、再造一个新南宁”发展战略的核心区域。主要旅游景区（点）有五象岭森林公园、大王滩风景区、凤亭湖、绿温泉、竹泉岛、那兰生态自然村（白鹭村）、蕾帽岭摩崖石刻。主要矿产资源有铁、铅、锌、铜、钛、重晶石、花岗岩、石灰石。主要地方特产有南晓土鸡、芝麻鸭、龙眼、荔枝、芒果、西瓜、红龙果、菠萝、柠檬、淮山、彩色蚕茧等。工业有广西最大的私营企业工业园——良庆经济开发区。2011年，辖5个镇、1个街道、12个社区、57个村，户籍总人口24.55万（农业人口20.76万，非农业人口3.79万），人口自然增长率10.47‰。耕地面积1.73公顷（水田面积1.10万公顷）；林地面积7.01万公顷，有林面积5.31万公顷，森林覆盖率38.84%。地区生产总值95.91亿元；全部财政收入7.17亿元（地方财政一般预算收入1.80亿元），一般预算支出7.11亿元；城镇居民人均可支配收入17267元，农村居民人均纯收入6434元。获全国科技进步考核先进县（区）。

【经济发展概况】

第一产业　2011年，良庆区实现农林牧渔业总产值27.33亿元。其中：农业产值16.08亿元，林业产值1.61亿元，畜牧业产值8.04亿元，渔业产值1.01亿元，农林牧渔服务业产值0.24亿元。第一产业增加值16.97亿元。粮食作物种植面积1.99万公顷，总产量9.51万吨，其中水稻种植面积1.58万公顷、产量7.76万吨，玉米种植面积2963公顷、产量1.48万吨。经济作物种植面积2.18万公顷，其中甘蔗种植面积1.73万公顷、产量106.11万吨，木薯种植面积1698公顷、产量1.90万吨，蔬菜种植面积9800公顷、产量24.55万吨。果园面积1.04万公顷、水果产量5.90万吨。肉类总产量3.49万吨，水产品产量0.99万吨。水利建设投入1501万元，完成水库除险加固4座，水毁工程修复23处，农村人饮水工程16处，渠道防渗工程2.80千米。落实水稻、玉米良种补贴面积1.84万公顷、392万元。引进超级稻新组合品种5个，瓜菜新品种16个；引进示范推广农业新技术面积3.95万公顷。新建农民专业合作社9个。争取到南宁市农业产业化项目7个，获财政扶持资金110万元。完成人工造林面积1573公顷，植树造林总面积1573.33公顷；完成林改外业勘界面积5.57万公顷，累计发放林权证2.19万本；投资600多万元，完成农村人饮水工程16处；争取上级财政扶贫资金266万元，修建村屯道路4条6千米，扶持贫困村重点发展种植百香果18公顷。

第二产业　实现工业总产值151.83亿元（农副食品加工业实现产值43.54亿元，有色金属冶炼及压延加工业实现产值37.04亿元，制药工业实现产值13.89亿元，金属制品业实现产值12.87亿元）。规模以上工业企业60家，实现工业总产值139.61亿元，利税总额13.25亿元（利润11.33亿元）。第二产业增加值56.32亿元（工业增加值43.91亿元）。完成工业投资24.80亿元，技术改造投资27.50亿元。工业主要产品产量：配混合饲料68万吨、成品糖7.17万吨、服装68万件、纤维板30.34万立方米、机制纸5.96万吨。年内竣工的工业项目有凯源铁塔、精益混凝土制品等8个，总投资3200多万元。加快推进中国—东盟国际物流基地、太安龙象工业集中区、玉洞平乐工业片区3个特色园区的路网建设及污水治理等环保设施的规划和建设，完成工业园区基础设施投资10亿元。良庆经济开发区累计进驻企业326家，其中工业企业203家；规模以上企业75家，亿元以上产值企业24家。形成有色金属、建材、制药、机械、轻工、食品、饲料等特色产业群。规模以上工业企业实现工业总产值127.22亿元，财政收入1.67亿元。

第三产业　有各类企业 2047 家（新增 576 家），从业人员 1.15 万人；个体工商户 1.07 万户（新增 1166 户）。实现社会消费品零售总额 19.32 亿元。第三产业增加值 22.62 亿元。限额以上商业企业实现营业额4.50亿元。外贸进出口额5691万美元。完成房地产开发建设投资18.38亿元，房屋设施工面积162.97万平方米，竣工面积17.28万平方米，商品房销售54.68万平方米，销售额28.66亿元。驻有南城百货、广西百佳华百货、聚福隆、星巷百货、万佳购物商场5家超市，建有祥荣、银沙、大田、鑫象等农贸市场24个。接待游客18.20万人次，旅游营业收入1020万元。

招商引资　发展开放型经济，打破"招商引资，土地先行"这一习惯，用尽量少甚至不占有土地的方式开展招商引资。引进广西高奇能源科技有限公司租赁厂房入住；引进广西良岩贸易股份有限公司（年贸易额3亿元以上）、广西红夕阳车业贸易公司、广西拓康科技有限公司等企业（项目）9个，总投资27.33亿元；引进总部经济，南城百货总部经济大厦、青啤（海尔）总部基地、金川集团总部基地等项目相继开工建设。出台《良庆区招商引资项目入区审批暨项目协调推进工作方案》，接收的申请入区项目材料37个，其中签订入区协议或投资服务合同项目20个，总投资140.67亿元、1500万美元。引进企业（项目）20个，其中内资企业（项目）19个，合同引进内资140.67亿元；外资项目1个，合同引进外资1500万美元。实际到位内资33.81亿元。审批外资项目7个，直接利用外资3107万美元（广西全口径）。

城乡建设　实施城市道路片区改造工程，五象大道北面片区和五象大道南银海大道东片区、银海大道以西片区及五象大道南银海大道东片区道路改造、绿化、路灯照明等完成投资约5000万元。投入157万元，完成三叠石垃圾中转站重建并交付使用。投入16.50万元，完成顺风街人行道无障碍设施改造。投入30万元，新建成创业街。新建移动公厕2座。组织拆违行动13次，拆除违法建筑214栋，建筑面积27.45万平方米。开展各种专项整治110多次，清理夜市摊点3100余个，查处乱摆乱卖摊点5000多摊、跨门槛经营1000多起、占道施工210处，罚款46万元。

【社会事业发展概况】

文明创建活动　2011年，良庆区深入开展理想信念和社会主义荣辱观教育等活动10多场次，参与活动1万多人次；组织开展"爱国歌曲大家唱"活动120场次，参与活动人数近6万人次。组织开展"书香绿城"、"中华经典诵读"、"中秋诗咏会"等活动和"能帮就帮，志愿服务在绿城"及送温暖、献爱心、无偿献血、扶弱助残、保护环境、关爱女童等道德实践活动。被命名为自治区文明单位2个、文明村1个；大沙田街道、大沙田街道金象社区分别被命名为第一批自治区"和谐街道"、"和谐社区"；被命名为市第二十四批文明单位3个。

科教文卫体事业　申报自治区和市级科技项目22个，其中获自治区立项1个，南宁市立项13个，获科技经费340万元。列入南宁市年度重大科技专项3个，良庆区列入南宁市知识产权强县试点示范县（区），南晓镇团东村、那马镇共和村分别被自治区科技厅、南宁市科技局列为新农村建设科技示范试点村。开展群众性科普活动2场。组织科技下乡6次，参加活动3000多人次。举办技术培训班、实地现场培训15期次，培训1000多人次。有小学73所（社会办学15所），在校生3.21万人；初中16所（社会办学9所），在校生1.18万人；高中2所，在校生1072人；有教职工2329人（社会办学教师481人）。小学适龄儿童入学率100%，辍学率为零，小学毕业生升学率100%；初中阶段入学率102.46%，辍学率1.69%；初中毕业生升高中毛入学率92.77%。资助家庭经济困难学生6833人、619.96万元。开办良庆镇、南晓镇和大塘镇3所公办镇中心幼儿园；在20所小学附设公办村级幼儿园。接收安排进城务工人员随迁子女接受义务教育1.55万人（小学1.29万人，初中2582人），免收杂费61.43万元。举办第三届香火龙民俗文化旅游节。组织开展群众文化活动25场。《良庆年鉴》（2008年卷）获广西第一轮修志（1981~2010）"十佳"年鉴。有医疗卫生机构237个。其中：国有医疗卫生机构11个（城区6个，乡镇5个），集体医疗卫生机构8个，村卫生所119所，个体医疗诊所99所。卫生技术人员1145人（城区属475人）。医院病床859张（市级医院675张，乡镇卫生院184张）。参加新型农村合作医疗农民19.19万人，参合率95.20%。投入108万元，开展群众性体育活动35项（次）；参加国家级、自治区和市级比赛获奖牌52枚。

民政事业　审批城镇最低生活保障对象9176人次，发放低保金211.18万元；审批农村低保对象6.57万人次，发放保障金428.93万元。发放抚恤金、定补金360.40万元，退伍义务兵家属优待金61.01万元。发放特困户、重灾民救济粮100吨（折款44万元），救济5847人。发放冬令救灾棉被1000床、蚊帐473床、衣服4346件（套）。确定五保老人856人，发放五保供养定补金163.64万元。农村医疗救助327人次148.26万元。办理结婚登记2916对，离婚登记318对。

劳动与社会保障　城镇新增就业5067人，下岗失业人员实现再就业175人，帮助大龄困难人员再就业46人，城镇登记失业率3.07%。农民就业培训1400人，农村劳动力转移就业新增3480人。推进劳动合同签订，督促企业补签订劳动合同837人、个体户补签订劳动合同151人，合同签订率90%。劳动保障监察立案33件，结案率100%。

（潘艳明）

2011年良庆区国民经济主要指标

项　目	单　位	实　绩	比上年增长(%)
地区生产总值	万元	959095	17.20
第一产业	万元	169747	4.70
第二产业	万元	563196	19.40
工业	万元	439089	22.60
第三产业	万元	226152	22.20
农林牧渔业总产值	万元	273343	5.16
粮食总产量	吨	95100	1.29
全社会固定资产投资	万元	1271235	41.11
社会消费品零售总额	万元	193188	18.02
全部财政收入	万元	71664	33.21
地方财政一般预算收入	万元	17994	10.46
一般预算支出	万元	70976	23.88
城镇居民人均可支配收入	元	17267	10.81
农民人均纯收入	元	6434	16.36

2011年良庆区乡镇、街道情况

名 称	土地面积(平方千米)	村民委员会(个)	社区居民委员会(个)	年末人口(人)	农林牧渔业总产值(万元)	粮食产量(吨)	农民人均纯收入(元)
良庆镇	61	6	1	45054	36563	11410	6427
那马镇	168	7	1	28234	39010	12099	6205
那陈镇	295	15	1	35247	52090	15570	6779
大塘镇	498	13	1	48531	79905	29425	7081
南晓镇	294	13	1	43482	59680	22776	6444
大沙田街道	63	3	10	44923	5400	3784	

武鸣县

【概　况】 武鸣县位于广西中南部、南宁市北部。东与上林县、宾阳县交界，南靠南宁市兴宁区，西邻平果县、隆安县，北与马山县接壤。面积3378.36平方千米。县政府驻城厢镇。都(安)南(宁)高速公路、国道210线和省道20321线过境，有武鸣至南宁二级公路。主要旅游景区(点)有伊岭岩旅游区、灵水、大明山自然保护区、明秀园、春霞园、黄道山、起凤山、三十六弄自然保护区和花花大世界园林区等。主要矿产资源有铜、锰、钨、金、铁、铅、锌、煤、磷等20多种，其中已探明铜矿储量2600万吨，占自治区蕴藏量30%。地方特产主要有“灵水”牌龙眼、“伊岭”牌香米、“淝阳”牌红橙、“石牛”牌干笋、“旋力威”牌辣椒、“锣皎”牌木薯淀粉和玉泉土鸡、灵马鲶鱼等。南宁华侨投资区(即南宁—东盟经济开发区、武鸣华侨农场)、东风农场驻县内。2011年，辖13个镇、198个村、20个社区，户籍总人口68.81万(农业人口56.87万，非农业人口11.94万)，人口自然增长率8.97‰。耕地面积6.40万公顷(水田面积2.39万公顷)；林地面积15.94万公顷，森林覆盖率45.50%。地区生产总值189.89亿元；全部财政收入10.91亿元(地方财政一般预算收入6.49亿元)，一般预算支出19.73亿元；城镇居民人均可支配收入19059元，农民人均纯收入7049元。连续11年入选中国西部县域经济百强县；获全国粮食生产先进县、全国科技进步先进县、全国科普示范县、全国绿色能源示范县，自治区义务教育学校常规管理先进县、自治区水利建设先进县、自治区普法工作先进单位。

【经济发展概况】

第一产业　2011年，武鸣县实现农林牧渔业总产值96.35亿元。其中：农业产值49.27亿元，林业产值4.55亿元，畜牧业产值36.88亿元，渔业产值3.73亿元，农林牧渔服务业产值1.92亿元。第一产业增加值58.31亿元。粮食作物种植面积7.01万公顷、总产量34.05万吨，其中水稻种植面积3.75万公顷、产量19.40万吨，玉米种植面积2.11万公顷、产量11.64万吨。经济作物种植面积6.21万公顷，其中甘蔗种植面积2.21万公顷、产量122万吨，木薯种植面积2.84万公顷、产量31.03万吨(干片)，蔬菜种植面积3.73万公顷、产量87.18万吨。果园面积2.25万公顷，水果产量48.01万吨。肉类总产量14.52万吨，水产品产量3.72万吨。修编完善全县水利发展规划。农田水利基础设施建设投入5135万元，完成水库除险加固13座，农村水利工程42处，水毁修复工程26处，改善农田灌溉面积2000公顷。投入1780万元，实施农村人饮水工程66处，解决3.20万人饮水安全问题。落实财政农机购置补贴3260台(套)、1057.70万元。主要农作物综合机械化作业率57%，其中水稻生产机械化作业率70%，高于全国平均水平。推进“绿满南宁”生态工程建设，植树造林2860多公顷。推进集体林权制度配套改革，办理林权抵押贷款1730万元，森林保险投保4.61万公顷，投保金额3.46亿元，林下经济产值2.58亿元，林农人均增收1850元。水产畜牧业规模化、产业化建设步伐加快，新增各类规模养殖场194个。

第二产业　有工业企业6219家，实现工业总产值253.14亿元。规模以上工业企业171家，实现工业总产值213.24亿元，(利润7.99亿元)。第二产业增加值92.04亿元(工业增加值80.98亿元)。主要工业产品产量：机制糖16.30万吨，淀粉42.24万吨，水泥46.60万吨，酒精102.20千升，农用氮肥7.01万吨，人造板64.08万立方米，混合饲料16.20万吨等。调整优化伊岭工业集中园区产业布局和功能区划，投入2100万元完善园区基础设施建设，进驻园区的企业166家，其中规模以上工业企业64家，实现规模工业总产值66.10亿元，占全县规模工业总产值56%；税收收入1.15亿元。

第三产业　有国有企业115家，集体企业163家，股份合作企业40家；私营企业1248家，从业人员1.54万人，注册资金12.11亿元；个体工商户1.50万户，从业人员2.47万人，注册资金3.40亿元。实现社会消费品零售总额42.33亿元。第三产业增加值39.54亿元。完成房地产开发建设投资19.62亿元，商住房地产开发建设施工面积158.44万平方米(新开工面积24.87万平方米)，竣工面积16.36万平方米，商品房销售44.63万平方米。出台《武鸣县金融机构支持地方经济建设奖励办法》，鼓励金融机构加大对中小企业技术改造和自主创新的扶持力度。落实自治区和县级财政补贴728.85万元，扶持微型企业发展。实施“家电下乡”、“汽车、摩托车下乡”活动，兑付家电下乡补贴2.82万台、748.72万元；汽车、摩托车补贴7437辆、644.85万元。开展“文化旅游建设年”活动，编制《武鸣县旅游发展规划》，引进千艺大观、龙山慧湖等重大旅游项目。接待游客207万人次，旅游营业收入5677万元，社会旅游总收入2.55亿元。

招商引资　根据“项目建设年”活动的要求，加强招商项目储备库建设，项目库储备项目68个，涉及农产品加工、工业、房地产开发和商贸旅游等。借助歌圩和南宁市“两会一节”平台，举办投资洽谈活动。承接产业转移，组织12批次招商小分队参加南宁市赴福建、广州、深圳等珠三角地区及上海、江苏、杭州等长三角地区和山东、四川、重庆、江西等省市开展专题招商活动，走访企业30多家、协会8家。抓好招商引资项目“大兑现”，由县领导牵头组织项目跟踪服务小组，按照“政府兑现承诺，企业兑现投资”的要求做好项目全程跟踪服务。新签引进合同项目26个，总投资29.86亿元，实际到位内资33.52亿元，直接利用外资1230万美元。其中，工业集中区引进项目10个，总投资25.85亿元，实际到位内资23.51亿元。

城乡建设　加快城镇规划修编，完成标营新区城市设计，实施城市大道武鸣段两边区域概念性规划、“三园一河”(明秀园、春霞园、秋霞完、西江河)及周边区域控制性详细规划、定罗湖水库及周边区域控制性详细规划。累计投入8.55亿元，完成南宁至武鸣城市大道项目建设92%；完成武华一级路、宁武路拓宽及景观改造工程；投资1.34亿元，完成武鸣污水处理厂土建工程。投入700多万元，实施市政基础设施建设，完成东鸣路路面维修、兴武大道夜景灯维护、武鸣大酒店停车场铺设、城镇一小校门人行道铺设，完成农坛路、五海路、灵源路、东鸣路局部路面修补9970平方米和人行道铺设7351平方米；完成香山大道北段和五海路路灯安装，新装灯杆100杆，新装路灯184盏。完成武鸣至平果二级公路改建。投入164.50万元，建成移民新村5个，受益库区移民824人。投入630万元，建成通屯道路15条、桥梁4座，实施重点产业开发项目2个，受益3650户、1.46万人。投入1312万元，完成农村危房改造820户。实施村级公益事业建设一事一议财政奖补项目136个。其中村级道路建设88个、水利建设11个、其他公共建设19个，总投资1773.77万元(财政奖补672万元)，受益人口8.67万。

【社会事业发展概况】

文明创建活动　2011年，武鸣县组织开展“发展环境建设年”、“文明交通”劝导、“文明礼仪”宣讲、“城乡清洁”、“赠书献爱心”捐赠助读、“关爱农民工”等系列志愿服务活动，推动群众性精神文明创建，加强未成年人思想道德建设。开展“我推荐、我评议身边好人”活动，城厢镇濑琶村、农副产品经纪人陆民生被列入“中国好人榜”投票的“诚实守信好人”候选人。县检察院、双桥镇、双桥镇下渌村、城厢镇红岭社区、武鸣中学分别被命名为第一批自治区“和谐单位”、“和谐乡镇”、“和谐村屯”、“和谐社区”、“和谐学校”。被命名为市文明单位、文明村各1个。

科教文卫体事业　投入科技经费2823万元。组织实施科技项目31个。实施到期通过上级验收的科技项目6个(市级4个、自治区级2个)。引进农业新品种68个，示范推广优良品种7个，推广应用新技术12项。实施安宁淀粉有限公司生物质能源建设，实施沼气纯化制备生物燃气产业化示范项目，建成国内首家日产1.20万立方米的沼气纯化车用燃气企业。实施“木薯产业开发与示范”项目，引进木薯新品种、新技术，推动产业化，延伸产业链，农户种植木薯10.70万户。举办各种科技培训班1793期，培训20多万人次。开展科普讲座24期，参加人员7800多人；发放科技资料、图书19.50万册。武鸣县获国家科技部授予全国科普示范县，被国家科技部评为2009~2010年度全国科技进步先进县。有小学196所(社会力量办学1所)，在校生3.52万人；初中23所，在校生1.94万人；高中5所，在校生9526人；特殊教育学校1所，在校生100人；中等职业学校1所，在校生5074人(全日制学生450人，非全日制学生4624人)；教师进修学校1所，有本科函授学员50人，电大本、专科学员218人；有教职工5545人。小学适龄儿童入学率100%，辍学率为零，小学毕业生升学率100%；初中阶段入学率107.21%，辍学率1.02%；初中毕业生升高中入学率93.60%。实施教育惠民工程，接收进城务工人员随迁子女入学2024人；免除就读普通高中的库区移民子女学费276人、13.58万元；发放国家高中助学金7586人次、566.70万元；121名中等职业学校学生获学费全免资助，免除学费11.98万元；发放中等职业学校国家助学金504人、37.64万元；发放农村义务教育阶段家庭经济困难寄宿生生活费2.81万人次、1302.76万元；办理大学生生源地信用助学贷款合同2783份、1652.57万元；资助家庭经济困难大学新生886人、38.80万元。推进学校布局结构调整综合改革和组织实施自治区农村学前教育发展机制改革试点，落实公办幼儿园规划建设用地42.90万平方米；投入1.05亿元，改造中小学校舍8.56万平方米；投入590万元，完成29所学校多媒体“班班通”项目建设。举办2011年中国壮乡·武鸣“三月三”歌圩暨骆越文化旅游节和新创民歌大赛活动，《昂喃那》获南宁市第二届乡村社区和谐文艺大展演舞蹈类一等奖。扶持引导传统“村节”文化，全县“村节”有600多个。投入144万元，建成村级公共服务中心9个。投入230万元，建立农家书屋98个，县、镇、村三级文化网络初步形成。县文化馆获评定为国家一级馆。完成第三次全国文物普查，新发现不可移动文物16处。武鸣县府城镇人，就读于广西机电职业技术学院的卓君，以机械舞表演《梦幻狂想曲》获第二届“中国达人秀”2011年度总冠军；山歌王子潘龙海获“大地飞歌·2011”民歌大赛冠军。有医疗卫生机

2011年武鸣县国民经济主要指标

项　目	单 位	实 绩	比上年增长(%)
地区生产总值	万元	1898932	16.10
第一产业	万元	583073	5.70
第二产业	万元	920422	21.10
工业	万元	809760	20.10
第三产业	万元	395437	20.00
人均地区生产总值	元	27655	15.90
农林牧渔业总产值	万元	963492	5.91
粮食总产量	吨	340482	5.31
全社会固定资产投资	万元	1785200	45.11
社会消费品零售总额	万元	423342	17.19
全部财政收入	万元	109122	24.65
地方财政一般预算收入	万元	64880	21.27
一般预算支出	万元	197290	26.28
城镇居民人均可支配收入	元	19059	10.20
农民人均纯收入	元	7049	15.28

构505个。其中:国有医疗卫生机构20个(县级7个,乡镇13个),集体医疗卫生机构19个,村卫生所328所,个体医疗诊所138所。卫生技术人员2298人(县属1277人)。医院病床1908张(县级医院1204张,乡镇卫生院704张)。投资378万元,完成农村卫生户厕建造1000座。参加新型农村合作医疗农民54.58万人,参合率96.97%,缴费1637.48万元。全县公办基层医疗卫生机构100%实施国家基本药物制度。投入1600万元,完成村卫生室规范化建设198个。年度区间人口出生7611人,人口出生率11.52‰。竞技体育获市级以上各类体育竞赛金牌13枚、银牌8枚、铜牌12枚。

民政事业　审批城镇最低生活保障对象3090人,发放低保金599.29万元;审批农村低保对象1.15万人,发放保障金1111.99万元。发放抚恤金、定补金429.57万元,退伍义务兵家属优待金200.11万元;安置退役士兵28人,发放一次性经济补偿金67.96万元。发放救济金17.90万元。发放特困户、重灾民救济粮520吨(折款186.10万元),救济5607户、1.16万人。发放冬令救灾棉被1500床、蚊帐2100床、鞋子8723双、衣服8723套。投入资金41.10万元,重建水毁民房38户、114间。确定五保老人1782户、1860人,发放五保供养定补金402.94万元。农村医疗救助6397人次、307.96万元。免费为1.26万对新婚夫妇进行地中海贫血筛查,为213名生活困难的城乡肺结核患者提供治疗,为10名贫困高危孕妇提供救治。办理结婚登记7382对,离婚登记936对。

劳动与社会保障　城镇新增就业3078人,下岗失业人员再就业876人,帮助大龄困难人员再就业135人,城镇登记失业率3.60%。培训农村劳动力3810人,农村劳动力转移就业1.25万人。参加基本养老保险企业387个、2.30万人,征缴保险费1.06亿元,支出2.59亿元;参加失业保险1.83万人,征缴保险费1198.19万元,支出300.70万元;参加基本医疗保险6.15万人,征缴保险费5616万元,支出5106.70万元;参加工伤保险1.86万人,征缴保险费310万元,支出102.77万元;参加生育保险1.68万人,征缴保险费197.99万元,支出120.41万元;参加新型农村社会养老保险28.20万人,征缴保险费1956.96万元,支出4893.61万元;参加城镇居民社会养老保险1250人,征缴保险费5.93万元,支出36.67万元。劳动保障监察立案27件,结案27件。

【中国壮乡·武鸣县“三月三”歌圩】2011年4月1日~8日,中国壮乡·武鸣县“三月三”歌圩暨骆越文化旅游节在县城举行。主要活动有22项,其中文体活动14项,经贸活动8项。文体活动主要有开幕式、千人竹竿舞表演及竞赛、《壮乡欢歌》文艺晚会——中国壮族大型节日庆典民俗组画《骆越阡歌》精品演出、第二届中国壮乡歌王邀请赛、民族体育竞技展演(武术散打擂台赛、抛绣球比赛、抢花炮比赛)、中国壮乡·武鸣文化丛书暨《骆越文化遗产撷英》发行新闻发布会、中国壮乡·武鸣骆越文化与旅游产业发展论坛、壮乡歌海、农村文艺汇演、骆越寻根书画摄影展、文学笔会、骆越祖神祭祀仪式、武鸣县2011年文化旅游建设年启动仪式和民间传统斗鸡、斗鸟、斗牛比赛。经贸活动主要有木薯产业发展论坛、广西淀粉(变性淀粉)、酒精产品暨新技术交易洽谈会、商品展销交易会、旅游美食一条街、汽车农机展销会、投资洽谈活动、重大项目开(竣)工仪式、房产交易会和壮乡百家宴。4月3日上午,在武鸣城东大草坪举行开幕仪式。期间,邀请自治区内外客商200人,招商签约项目(南宁澳华房地产有限公司总投资10亿元的中国-东盟民族民间工艺品展示(交易)中心项目、广西凯德瑞实业有限公司总投资9亿元的欧洲啤酒文化风情园项目、南宁飞日润滑油有限公司总投资1.30亿元的润滑油综合产能技改项目、广西恒宁房地产开发有限公司总投资5.50亿元的新西洋地块房地产开发项目等)9个,总投资63.56亿元(协议项目6个,总投资27.86亿元;意向项目3个,总投资35.70亿元)。

(潘星环)

2011年武鸣县乡镇情况

名　称	土地面积(平方千米)	村民委员会(个)	社区居民委员会(个)	年末人口(人)	农林牧渔业总产值(万元)	粮食产量(吨)
城厢镇	245	21	8	103792	108819	30928
太平镇	365	12	1	39288	64538	21577
双桥镇	204	15	1	56264	80674	31879
甘圩镇	93	4	1	24485	38645	11067
宁武镇	232	13	1	38998	89199	23430
锣圩镇	383	25	1	65429	118224	35722
灵马镇	195	13	1	50382	43384	19133
仙湖镇	203	10	1	40206	63662	30872
府城镇	265	23	1	59792	78584	26670
陆斡镇	246	23	1	63250	98256	36727
两江镇	200	14	1	42200	41928	27878
罗波镇	163	13	1	37798	34857	18074
马头镇	161	12	1	24179	37395	13299

横　县

【概　况】 横县位于广西东南部，南宁市东部。东邻贵港市覃塘区，南接钦州市灵山县、浦北县，西界邕宁区，北与宾阳县接壤。面积3464平方千米。县政府驻横州镇。湘桂铁路、黎（塘）钦（州）铁路、桂海高速公路、粤桂高速公路、国道209线、省道101线和郁江河道过境。主要旅游景点有九龙瀑布群森林公园、西津湖风景区、伏波庙旅游区、宝华山应天寺和六景泥盆系标准剖面保护区，其中九龙瀑布群森林公园为国家级森林公园，西津湖为国家3A级旅游景区。主要矿产资源有金、铜、铅、锌、膨润土和芒硝。主要地方产品有茉莉花、蘑菇、蚕茧、果蔗、大头菜、三月红荔枝等，是“中国茉莉之乡”；“横县茉莉花”获地理标志产品，并注册证明商标。工业有南宁六景工业园区（自治区级开发区）和那阳工业集中区。2011年，辖14个镇、3个乡、276个村、26个社区；户籍人口121.07万（农业人口107.56万，非农业人口13.51万），少数民族人口44.36万、占总人口36.64%，人口自然增长率8.59‰。耕地面积11.05万公顷（水田面积4.91万公顷）。有林面积16.22万公顷，森林覆盖率46.81%。地区生产总值176.88亿元；全部财政收入11.01亿元（地方财政一般预算收入6.34亿元），一般预算支出13.33亿元；城镇居民人均可支配收入18679元，农民人均纯收入6047元。获全国县市科技进步考核先进集体。

【经济发展概况】

第一产业　2011年，横县实现农林牧渔业总产值87.52亿元。其中：农业产值49.09亿元，林业产值3.79亿元，畜牧业产值29.22亿元，渔业产值3.61亿元，农林牧渔服务业产值1.81亿元。第一产业增加值53.55亿元。粮食总产量39.50万吨，甘蔗总产量197.64万吨，水果总产量5.50万吨，蔬菜总产量44.53万吨，食用菌总产量11.25万吨，茉莉花总产量5.82万吨，蚕茧总产量2.88万吨，肉类总产量7.83万吨，水产品产量3.67万吨。投入2.90亿元，建设冬春农田水利项目174处，完成病险水库除险加固53座，新增恢复灌溉面积266.67公顷，改善灌溉面积3260多公顷，新增供水受益人口7.25万人，新增恢复蓄水能力2500万立方米。优化产业布局，发展“一乡一业”、“一村一品”，建成全国最大的茉莉花生产和茉莉花茶加工基地、全国最大的双孢蘑菇生产县、中国西南地区最大的甜玉米种植和加工基地；建成桑蚕、蘑菇大镇云表镇以及朝南、旺庄等特色产业村。累计发展农民专业合作社279个，涉及种植、养殖、农产品加工、服务等。

第二产业　工业企业有486家，实现工业总产值185.80亿元。规模以上工业企业71家，实现工业总产值156.04亿元，利税总额16.70亿元（利润10.70亿元）。第二产业增加值69.84亿元（工业增加值52.84亿元）。完成工业投资79.26亿元，技术改造投资58.51亿元。工业主要产品产量：成品糖19.98万吨，饲料13.36万吨，食品添加剂1.46万吨，罐头9.32万吨，精制茶4.85万吨，生丝1801.05吨，蚕丝被10万条，轻革47.05万平方米，人造板37.72万立方米，纸浆（原生浆及废纸浆）27.19万吨，机制纸及纸板（外购原纸加工除外）10.15万吨，中成药89.90吨，水泥105.64万吨，商品混凝土10.51万立方米，钢材9.02万吨，民用钢质船舶1.87万载重吨，发电量10.21亿千瓦时。有亿元以上产值企业42家（增加9家），亿元企业实现工业产值134.77亿元，占规模以上工业总产值86.37%。冠桂糖业有限公司实现工业总产值12.12亿元，成为全县超10亿元产值的企业。六景工业园区规模以上工业企业有25家，实现工业总产值65.22亿元。重点项目建设稳步推进，南宁电厂项目累计完成投资44.90亿元，金鲤水泥项目完成投资17.10亿元，劲达兴污水处理项目完成投资4.90亿元，南宁绿洲化工项目完成投资18.60亿元。

第三产业　有国有企业392家，集体企业634家，股份合作企业44家；私营企业1308家，从业人员2.89万人；个体工商户2.05万户，从业人员3.02万人。实现社会消费品零售总额49.40亿元。第三产业增加值53.48亿元。外贸出口2236.80万美元。新开发建设凤凰新都、龙池新城“龙腾苑”、贵源华府、世纪滨江、太阳广场、花香名城、茶花园小区A栋等商住小区7个，项目总投资6.60亿元，建筑总面积42.61万平方米（新开工面积38.05万平方米），竣工面积26.40万平方米，商品房销售面积12.96万平方米，销售额3.74亿元。接待游客72.20万人次，旅游营业收入9458.20万元。

招商引资　注重发挥“中国茉莉之乡”这一特色品牌效应，精心策划茉莉花产业系列项目，引进跨国公司欧劳福林工业有限公司利用停产茶厂闲置土地厂房建设茉莉花浸膏等天然香料项目。注重以商引商，既抓全新项目，又抓技改项目、企业配套项目，鼓励企业自身再投

横县云表镇朝南村蘑菇工厂化生产基地　　周家志　摄

资，并通过他们把关联企业、合作伙伴等潜在投资者引进来。加快项目实施，优化投资环境。到位内资项目57个，实际到位内资60.10亿元。新批外资项目3个，新批合同外资7016万美元；直接利用外资2166万美元（广西全口径）。

城乡建设　投资2850多万元，完成旧城区小街小巷改造20多条；完成新柳路、西区环溪路灯安装；完成宝华中路、教育路、槎江路、新柳路、魁星路、城司南路、公园路的道路路面硬化和人行道铺设等。龙池湖整治及环湖道路建设完成投资1260多万元。横州大道路口道路及红绿灯整改，完成投资600多万元，铺设水泥路面1.76万平方米、人行道路面5000平方米。以“城乡清洁工程”为抓手，以开展市容市流动“红（黄）旗”检查评比为切入点，组织开展集中整顿和治理“五乱”现象，并实行常态管理。治理摊点摆卖450多起（次），车辆乱放310多起，垃圾乱扔150多次，工地乱象127次；罚款9440元。获自治区第七届市容“南珠杯”先进集体，南宁市市容市貌“流动红（黄）旗”评比年度总评第三名。编制完成100个社会主义新农村的村屯规划。建设完成自治区级新农村示范村2个、市级新农村示范村1个、县级新农村示范村30个，完成投资2452.27万元（政府投入1020万元，群众自筹1432.27万元）；累计建成自治区级新农村示范村5个、市级新农村示范村4个、县级新农村示范村120个和生态文明村33个。

【社会事业发展概况】

文明创建活动　2011年，横县以创建文明县城为抓手，继续开展“发展环境建设年”活动。开展学习宣传道德模范活动，校椅镇韦村村委三清村村民麻光林获南宁市首届道德模范“助人为乐模范”，邓清尹等12名少年获南宁市第一届“美德少年”。选树先进典型，山村医生李前锋、摆渡教师覃朝缘、见义勇为老党员韦守琪等先进事迹获在中央、自治区、市、县媒体广泛宣传。以“我们的节日·春节、元宵节”、“我们的节日·清明节”、“我们的节日·端午节”、爱国主义读书教育活动等主题活动为契机，组织开展“做一个有道德的人”和“童心向党”系列活动；启动“能帮就帮·志愿服务满花乡”活动，参加活动人数3700多人。开展创建文明单位、文明村（屯）活动，校椅镇龙省村被命名为第三批全国文明村；县国家税务局、横州镇、云表镇大良村委新仲村、横州镇城北社区、横州镇中心学校（本校）、县供电公司分别被命名为第一批自治区“和谐单位”、“和谐乡镇”、“和谐村屯”、“和谐社区”、“和谐学校”、“和谐企业”。被命名为市级以上文明单位4个、文明镇村2个。

科教文卫体事业　投入2650万元，组织实施科技项目90个。实施到期通过上级验收的科技项目47个（市级21个、自治区级1个、国家级1个）。推广应用实用新技术，在广西立盛茧丝绸有限公司创新建立“XJ-08型智能桑蚕自动煮茧机”桑蚕加工示范基地；建立茉莉花标准化生产示范基地33.33公顷，引进单瓣茉莉花、多瓣茉莉花新品种2个；建立工厂化生产蘑菇示范基地2万平方米，甜玉米标准化生产示范基地66.67公顷，引进美国超甜1号、2号和泰国蜜蜂2号甜玉米新品种3个；建立桑树优良新品种示范基地66.67公顷，引进桂桑优62号、桂桑优12号、桂蚕1号等桑蚕新品种3个；建立大棚蔬菜标准化生产示范基地13.33公顷。举办各种科技培训班176期，培训3.50万人次。横县桂华茧丝绸有限责任公司实施的“天然彩色蚕茧缫丝护色关键技术研究与应用”项目获自治区科学技术进步奖三等奖。有小学278所，教学点148个，在校生7.22万人；初中32所，在校生3.94万人；普通高（完）中8所，在校生1.38万人；职业教育中心1所，在校生5170人；特殊教育学校1所，在校生72人；九年一贯制民办学校3所，在校生1452人；有教职工8121人。小学适龄儿童入学率99.92%，辍学率0.02%，小学毕业生升学率100%；初中阶段入学率102.79%，辍学率2.17%，初中毕业生升学率88.95%。免除义务教育阶段公办学校在校学生学杂费和书费；免除就读普通高中的库区移民子女学费6248人次、272.61万元；发放中职生享受国家助学金2293人次、170.79万元；发放高中生享受国家助学金9500人次、712.50万元；资助家庭经济困难大、中、小学生5.59万人次、2775.52万元；办理大学生生源地信用助学贷款3389人次、2020.66万元。实施2010年中小学校舍安全工程项目79个，规划建筑面积4.16万平方米，竣工项目79个，完成投资5691万元。获自治区职业教育攻坚工作先进县、自治区义务教育学校常规管理（2009-

2011年横县国民经济主要指标

项　　目	单　位	实　绩	比上年增长(%)
地区生产总值	万元	1768750	20.50
第一产业	万元	535488	8.10
第二产业	万元	698446	33.20
工业	万元	528350	31.40
第三产业	万元	534816	18.00
人均地区生产总值	元	14671	18.79
农林牧渔业总产值	万元	875043	8.35
粮食总产量	吨	394978	0.91
全社会固定资产投资	万元	1618121	47.08
社会消费品零售总额	万元	494023	18.28
全部财政收入	万元	110088	24.87
地方一般预算收入	万元	63354	19.47
一般预算支出	万元	133256	24.25
城镇居民人均可支配收入	元	18679	11.60
农民人均纯收入	元	6047	18.55

2010年）达标县。有医疗卫生机构1023个。其中：国有医疗卫生机构24个（县级6个，乡镇18个），集体医疗卫生机构314个，村卫生所491所，个体医疗诊所194所。卫生技术人员4160人（县属卫生技术人员1506人）。医院病床1935张（县级医院960张，乡镇卫生院975张）。投资128万元，完成农村卫生户厕建造2000座。参加新型农村合作医疗农民100.90万人，参合率96.82%，缴费3027.11万元。年度区间人口出生17114人，人口出生率14.28‰，获自治区人口和计划生育工作创新奖。

民政事业　审批城镇最低生活保障对象6.35万人次，发放低保金1194.82万元；审批农村低保对象40.10万人次，发放保障金3208万元。发放抚恤金、定补金1910万元，退伍义务兵家属优待金285万元；安置退役士兵63人，发放一次性经济补偿金113万元。发放特困户、重灾民救济粮332吨（折款146万元），救济1.22万户、2.05万人。发放冬令救灾棉被4250床、蚊帐1550床、毛巾被1550床、衣服1万件（套）。投入资金161.10万元，重建水毁民房166户、491间。临时救助207户、640人次、8.50万元。确定五保老人6938人，发放五保供养定补金809万元、救济粮163吨（折款86.096万元）、食油补助款39.94万元。农村医疗救助（孕产妇住院分娩降消项目补助）1.51万人、618.76万元。免费为8748对新婚夫妇进行地中海贫血筛查，为349名生活困难的城乡肺结核患者提供治疗，为16名贫困高危孕产妇提供救治。办理结婚登记10282对，离婚登记1518对。

劳动与社会保障　城镇新增就业4603人，城镇下岗失业人员再就业657人，帮助大龄困难人员再就业168人，城镇登记失业率2.27%。培训农村劳动力5873人，农村劳动力转移就业新增1.43万人。参加基本养老保险企业348个、2.27万人，征缴保险费1.54亿元，支出3.02亿元；参加失业保险1.83万人，征缴保险费791万元，支出590万元；参加基本医疗保险7.50万人，征缴保险费5783万元，支出4359万元；参加工伤保险1.43万人，征缴保险费206万元，支出54万元；参加生育保险1.25万人，征缴保险费99万元，支出45万元。各类劳动合同签订人数3.47万人，劳动合同签订率95%。劳动人事争议立案94件，审理结案93件，结案率98.94%。

【水库移民】 2011年，横县有水库库区和安置区移民31万多人。其中：大中型水库移民涉及乡镇16个，移民79865户、308573人；核定后符合大中型水库移民后期扶持政策人数涉及187个村委会，共73583户、287898人（整体外迁、分散插花安置和后靠低搬高43611户、171169人，淹没耕地或被坝首施工区征用不搬迁29972户、116729人）。小型水库移民980户近5000人。投入扶持资金4300万元，完成水库移民新村建设34个（续建13个，新建21个），硬化移民村屯道路64条，建成人饮等基础设施项目9个，受益移民52377人。完成发放4个季度的后期扶持补助资金15.84亿元。继续做好校椅镇番冷村委会陆村经联社工厂化蘑菇生产增收试点扶持和扶持平马镇五权村委会荷叶江经联社大棚种植果菜增收试点项目。完成大中型水库移民2011年~2015年后期扶持规划编制；完成小型水库（水电站）2011年~2015年库区和移民安置区基础设施建设规划编制。慰问困难移民群众1300户，发放慰问专项经费26万元。县移民局被评为2011年全国水库移民后期扶持工作先进集体。　（李清俏）

2011年横县乡镇情况

名　称	土地面积（平方千米）	村民委员会（个）	社区居民委员会（个）	年末人口（人）	农林牧渔业总产值（万元）	粮食产量（吨）	农民人均纯收入（元）
横州镇	178.96	21	6	167003	64481	31044	7804
峦城镇	78.59	15	1	56897	22470	18469	5150
南乡镇	328.33	18	2	93020	43755	28771	4020
六景镇	317.96	27	2	101176	73133	30003	6600
百合镇	189.82	27	1	104563	54408	31039	5313
那阳镇	138.17	15	1	64511	36190	23240	5416
莲塘镇	132.96	11	1	43700	25101	12751	6088
平马镇	134.55	8	1	36708	31746	13142	4556
新福镇	343.39	16	2	57087	20827	19138	3654
石塘镇	203.84	15	2	71869	56545	30119	5490
陶圩镇	179.25	18	1	87413	67035	43916	5347
校椅镇	236.61	21	1	106707	111843	49465	6964
云表镇	251.39	13	1	80014	131995	22680	6976
马岭镇	92.43	12	1	29758	49340	11358	6005
平朗乡	125.34	13	1	29572	13729	10689	3708
马山乡	130.87	16	1	61723	18192	14882	4750
镇龙乡	210.34	10	1	18970	10099	4253	3310

宾 阳 县

【概 况】 宾阳县位于广西中南部，南宁市东北部。东邻贵港市覃塘区，南连横县、青秀区，西接兴宁区、武鸣县，北与上林县、来宾市兴宾区接壤。面积2308平方千米。县政府驻宾州镇。为桂中南重要交通枢纽，湘桂铁路、黎塘至湛江铁路、黎塘至钦州铁路在县内黎塘镇交汇，黎塘火车站是广西第二大货运编组站和一级客运站；桂海高速公路、南（宁）梧（州）二级公路（国道324线）、南（宁）柳（州）公路（国道322线）过境，有宾阳至上林、宾阳至横县两条二级公路。主要旅游景区（点）有昆仑关战役旧址、古辣蔡氏书香古宅、程思远故居和陈列馆、宾州古城文化景区、白鹤观竹海旅游度假区、情人谷相思潭景区等。宾阳炮龙节被列为第二批国家级非物质文化遗产名录，每年农历正月十一举办的炮龙节活动吸引众多游客前来观光旅游；游彩架、丝弦戏被列为自治区级非物质文化遗产名录。主要矿产资源有钨、钼、铋、铜、铅、锌、三水铝、铁、金和石灰石、毒砂、花岗岩等。主要特产有瓷器、皮革、小五金、壮锦、莲藕、香米等。是全国商品粮生产基地县、广西“小五金之乡”。工业有黎塘、卢圩两个工业集中区。2011年，辖15个镇、1个乡、193个村、40个社区，户籍总人口104.21万（农业人口89.31万、非农业人口14.90万），人口自然增长率9.34‰。耕地面积9.24万公顷（水田面积4.63万公顷）；林地面积9.40万公顷，森林覆盖率41.10%。地区生产总值141.15亿元；全部财政收入10.26亿元（地方财政一般预算收入6.51亿元），一般预算支出25.27亿元；城镇居民人均可支配收入17993元，农民人均纯收入6180元。获全国科技进步先进县、全国科普示范县、全国计划生育优质服务先进单位，自治区科学发展十佳县、自治区招商引资项目大兑现工作示范县、自治区双拥模范县、自治区林权制度改革先进集体、自治区住房保障工作先进集体等，获自治区第七届城市市容市貌综合整治“南珠杯”竞赛特等奖。

【经济发展概况】

第一产业 2011年，宾阳县实现农林牧渔业总产值56.87亿元。其中：农业产值30.25亿元，林业产值1.19亿元，畜牧业产值21.64亿元，渔业产值3.15亿元，农林牧渔服务业产值6400万元。第一产业增加值35.61亿元。粮食作物种植面积6.97万公顷，总产量34万吨，其中水稻种植面积5.68万公顷、产量29.13万吨，玉米种植面积7600公顷、产量3.49万吨。经济作物种植面积3.27万公顷，其中甘蔗种植面积2.41万公顷、产量157.19万吨，木薯种植面积3000公顷、产量2.56万吨，蔬菜种植面积2.19万公顷、产量45.05万吨。果园面积2300公顷、水果产量7.61万吨。肉类总产量6.09万吨，水产品产量3.14万吨。完成人工造林面积1493公顷。水利建设投入2.48亿元，完成水库除险加固19座，水毁工程修复36处，农村人饮水工程58处，渠道防渗硬化84千米。有市级农业产业化重点龙头企业5家，各类农业经济组织（协会）148个，较具特色的有广西宾阳黎塘三禾农民专业合作社（主营胡萝卜）、宾阳县朝阳农业服务专业合作社（主营莲藕）。建立超级稻、“双高”（高产、高糖）糖料蔗、稻藕套种、桑蚕、春橙生产、胡萝卜标准化生产、专业养鸡场、蔬菜标准化生产等特色农业示范基地23个，其中超级稻种植面积1.47万公顷，糖料蔗面积2.13万公顷，桑园面积1.01万公顷，莲藕面积1700多公顷。投入8900多万元，建设超级稻种植示范与推广、莲藕套晚稻高效栽培技术示范推广、桑蚕标准化园区示范基地等23个农业示范开发项目。

第二产业 有工业企业493家，实现工业总产值147.28亿元。规模以上工业企业71家，实现工业总产值85.14亿元，利润5.40亿元。第二产业增加值56.53亿元（工业增加值44.92亿元）。完成工业投资47.29亿元，技术改造投资41.74亿元。规模以上工业企业主要产品产量：大米26.53万吨，成品糖17.05万吨，轻革59.02万平方米，人造板13.82万立方米，机制纸及纸板32.23万吨，水泥182.75万吨，钢材18.64万吨。投入1.80亿元，抓好黎塘、芦圩工业集中区基础设施建设。黎塘工业园区有入园企业124家，投产企业112家，实现工业总产值35亿元。芦圩工业园区有入园企业40家，投产企业36家，实现工业总产值13.20亿元。

第三产业 有国有企业58家，集体企业70家，股份合作企业34家；私营企业972家，从业人员5800人；个体工商户1.40万户，从业人员2.20万人。实现社会消费品零售总额54.24亿元。第三产业增加值49.01亿元。外贸出口额675万美元。完成房地产开发建设投资11.19亿元，商住房地产开发建设施工面积120.65万平方米（新开工面积26.11万平方米），竣工面积8.33万平方米，商品房销售40.03万平方米，销售额11.60亿元。接待游客50万人次，旅游营业收入2.50万元。

招商引资 优化服务，强力推进，对列入自治区、南宁市招商引资大兑现的重点企业和重大投资项目，提高审批效率，解决项目实施中的问题；完善机制，抓好落实，坚持“政府引导、市场运作、业主为主”的原则，实行领导跟踪服务制

宾州古城　　宾阳县志办提供

度，领导联系落户企业制度，不定期对招商引资工作完成情况进行督查；拓宽渠道，主动联系、走访、组织客商到宾阳考察。新引进市外境内企业（项目）154个，合同引进资金48.52亿元，实际到位56.90亿元；新批合同外资114万美元，直接利用外资1021万美元。

城乡建设　实施城镇基础设施项目96个，总投资63.86亿元。主要有：城东新区开发建设工程，完成投资3.13亿元；县城生活污水处理厂完善污水管网建设16千米，县城污水处理率70%；清运垃圾到来宾中科环保电力有限公司进行焚烧处理7.73万吨，实现无害化处理率100%；投资1760万元，实施县城及黎塘小街小巷改造23条，完成县城广源路、临浦路等10多条和黎塘金龙大道等6条街道维修改造；县城断头路建设项目完成广场南路向东延伸接环城路；保障性住房工程新开工建设1710套，其中廉租住房504套，公共租赁住房330套，经济适用住房468套，棚户区改造408套；投资2350.40万元，完成农村危房改造1469户、8.81万平方米；投资882万元，实施城乡风貌改造工程，开工建设黎塘镇金龙大道房屋外立面改造835栋。开展社会主义新农村建设，落实项目扶贫资金807.72万元，建设屯级道路24.64千米，解决2.34万农村群众“行路难”问题；完成村文化娱乐中心，舞台灯光球场等文体设施建设。开展村庄规划、生态家园村建设，把市级新农村示范村建设和宾阳县“六村”（专业村、信息村、信用村、规划村、协会村、文化村）建设结合起来，确定中华镇蒙记村委宣村等8个自然村为新农村建设县级示范村。武陵镇白沙村委磨村被列入南宁市新农村示范村建设。宾阳县被列为自治区村级公益事业建设“一事一议”财政奖补试点县，实施村级公益事业建设财政奖补项目526个。其中：村级道路建设320个，水利建设56个，其他公共建设150个。总投资6442万元（财政奖补2788万元），项目受益人口35万。

【社会事业发展概况】

文明创建活动　2011年，宾阳县组织开展“和谐建设在基层”等主题与实践活动，推动群众性精神文明创建，加强未成年人道德建设，树立、宣传道德楷模，助人为乐先进人物韦曰坚入选中国好人榜，陆少娥被评为南宁市第一届敬业奉献道德模范。县地方税务局黎塘分局被命名为第三批全国文明单位；县地方税务局、大桥镇、武陵镇白沙村委白沙村、县政府大院生活小区、宾阳中学、县供电公司分别被命名为第一批自治区“和谐单位”、“和谐乡镇”、“和谐村屯”、“和谐小区”、“和谐学校”、“和谐企业”。被命名为市文明单位3个、文明社区1个、文明镇村2个、军（警）民共建先进单位1对。

科教文卫体事业　投入1605万元，组织实施科技项目69个，其中市级科技项目4个、自治区级科技项目4个、国家级科技项目1个。开发工业新产品6个，引进、开发工业先进技术项目8个，引进科技成果5个，建立节能减排技术集成应用示范企业2家，引进、示范、推广农业新品种21个、新技术12项，开发应用农产品加工新技术2项，新增高新技术产品3个，新增“三农”（农业、农村、农民）科技信息服务点5个，建立中小企业创新科技服务网服务示范企业2家。建立稻藕套种、胡萝卜、淮山粉垄栽培、马铃薯黑膜覆盖栽培等农业科技创新示范基地15个。举办各类科技培训班12期，培训2030人次。有小学217所（社会办1所），在校生7.01万人；初级中学36所（社会办2所），在校生4.15万人；高中9所（社会办2所），在校生1.90万人；特殊教育学校1所，在校生65人；中等职业技术学校1所，在校生783人；教师进修学校1所。有教职工7781人。小学适龄儿童入学率100%，辍学率为零，小学毕业生升学率99.96%；初中阶段毛入学率108.89%，辍学率0.73%；初中毕业生升高中毛入学率83.20%。补助就读普通高中的库区移民子女学费1225人次、55.39万元；资助家庭经济困难的大学新生1143人、125.5万元；资助家庭经济困难的中小学生6.34万人次、3398.39万元（小学生3242人次、107.48万元；初中生4.57万人次、2272.17万元；高中生1.38万人次、947.65万元；中等职业学校学生597人次、71.09万元）。投资7357万元，实施教育建设项目52个，建筑面积6.11万平方米。建成村级公共服务中心8个。大罗毛笔、三娘乖习俗入选市级非物质文化遗产名录和第四批自治区级非物质文化遗产代表性项目名录。送戏下乡演出80多场次，观众15万人次；扶持9个业余文艺队完成演出360场次。有医疗卫生机构407个，其中国有医疗卫生机构24个（县属4个，乡镇20个），村卫生所205所，个体医疗诊所175所。卫生技术人员3024人（县属卫生技术人员1258人）。医院病床2331张（市级医院360张，县级医院893张，乡镇卫生院1078张）。投资1482.28万元，完成农村卫生户厕建造2.47万座。参加新型农村合作医疗农民84.16万人，参合率93.38%，缴

2011年宾阳县国民经济主要指标

项　　目	单　位	实　绩	比上年增长（%）
地区生产总值	万元	1411528	16.60
第一产业	万元	356091	6.70
第二产业	万元	565307	17.60
工业	万元	449160	14.70
第三产业	万元	490130	22.60
人均地区生产总值	元	13485	16.10
农林牧渔业总产值	万元	568654	6.97
粮食总产量	吨	340028	1.33
全社会固定资产投资	万元	1329981	45.93
社会消费品零售总额	万元	542387	18.15
全部财政收入	万元	102599	26.83
地方财政一般预算收入	万元	65070	30.72
一般预算支出	万元	252744	62.96
城镇居民人均可支配收入	元	17993	11.00
农民人均纯收入	元	6180	18.64

费2524.77万元。年度区间人口出生12621人，人口出生率12.85‰。建成中山公园(宾州镇仁爱社区)、宾州镇三联社区城北广场健身路径2条，农村灯光球场11个。举办大型体育竞赛活动30多项，参加活动群众58万人次。参加第七届中国水城南宁国际龙舟邀请赛获金牌4枚、银牌2枚；参加自治区第十二届体育运动会获金牌26枚、银牌16枚、铜牌21枚。

民政事业　审批城镇最低生活保障对象4.17万人次，发放低保金833万元；审批农村低保对象25.95万人次，发放低保金1975.94万元。发放抚恤金、定补金109.25万元，退伍义务兵家属优待金205.19万元，安置退役士兵67人，发放退役士兵一次性经济补偿金158.96万元。发放救济金26.63万元，临时救济125人次、2.73万元。发放特困户、重灾民救济粮10.50吨(折款39.69万元)，救济1706户、5360人。发放冬令救灾救济被、棉衣1.39万床(套)，折款80万元。投入72.90万元，重建水毁民房73户、166间。确定五保老人3159人，发放五保供养定补金549.99万元。农村医疗救助2.34万人次、508.04万元。免费为1.26万对新婚夫妇进行地中海贫血筛查，为341名生活困难的城乡肺结核患者提供治疗，为8名贫困高危孕妇提供救治。办理结婚登记9317对，离婚登记1200对。

劳动与社会保障　城镇新增就业3499人，下岗失业人员再就业690人，帮助大龄就业困难人员实现再就业199人，城镇登记失业率3.18%。农村劳动力转移就业培训5710人，农村劳动力转移就业新增1.34万人。参加基本养老保险企业581个、3.26万人，征缴保险费1.15亿元，支出3.21亿元；参加失业保险2.10万人，征缴保险费662万元，支出235.10万元；参加基本医疗保险8.60万人，征缴保险费8472万元，支出6897万元；参加工伤保险1.75万人，征缴保险费190万元，支出38万元；参加生育保险1.53万人，征缴保险费173万元，支出54万元。劳动保障监察受理23件，劳动争议受理66件，结案率均100%。

【宾阳炮龙节】 2011年2月11日~13日(农历正月初九至十一)在县城宾州举行。由宾阳县委、县政府和市旅游局主办。分文体、“宾阳一日游”、经贸三大活动，分别在县城各街道、县文化广场、县体校运动场、宾州古城开展。文体活动主要有百龙舞宾州、炮龙文艺晚会、游彩架等民俗文艺节目巡游表演、宾阳书画摄影展。11日，举行书画摄影展、民间文艺游行活动、宾阳景点旅游活动、商品展销活动、炮龙节形象代言人“龙娃、龙女”选拔赛；12日，在县体校运动场开展炮龙表演赛活动；晚上在县文化广场举行文艺晚会，晚会结束后燃放烟花；13日，白天举行民间文化艺术巡游活动、游客参与各社区组织的百家宴活动；晚上举行百龙舞宾州舞炮龙活动；18点58分，炮龙狂欢之夜百龙舞宾州正式开始，105条炮龙进行开光仪式后在县城各街道迎炮起舞。新华社、中新社、《人民日报》、《经济日报》、《光明日报》、《香港文汇报》、《香港大公报》、《香港商报》、《广西日报》、中央电视台、广西电视台、南宁电视台等中央驻桂及自治区内主流媒体的300多名记者前来采访报道炮龙节盛况。来自美国、马来西亚、新加坡等国家的30多名国际摄影家到宾阳采风，观看、拍摄、宣传推介宾阳炮龙节活动。来自自治区内外的55万游客与当地居民一齐观赏和参与。炮龙节期间，招商引资签约项目5个，总投资5.85亿元，其中湖北新洋丰肥业股份有限公司年产60万吨复合肥项目投资3.50亿元，广西桂合集团有限公司的古辣缫丝加工项目投资1.30亿元，广西宾阳县东湖现代农业有限公司农产品深加工项目投资6000万元，广西九川机械有限公司的农机生产加工项目投资3000万元，广西金立方线路器材有限公司线路器材生产项目投资1500万元。旅游收入1.10亿元，其中住宿餐饮收入5300万元，商品销售5700万元。　(黎宁洁)

2011年宾阳县乡镇情况

名　称	土地面积(平方千米)	村民委员会(个)	社区居民委员会(个)	年末人口(人)	农林牧渔业总产值(万元)	粮食产量(吨)	农民人均纯收入(元)
宾州镇	233.73	33	15	222724	66994	48938	7736.50
黎塘镇	219.51	14	9	126808	60558	28706	7295.74
甘棠镇	191.51	14	1	52553	36664	22504	6500.51
思陇镇	173.66	15	2	62696	15182	15101	6287.96
新桥镇	107.80	15	1	88892	24395	27669	6828.79
新圩镇	65.89	6	1	29754	26042	14050	6304.09
邹圩镇	143.92	14	1	48321	37952	22986	5993.20
大桥镇	114.68	16	1	77520	54683	30119	6203.46
武陵镇	158.41	13	1	62282	33584	22998	6195.26
中华镇	77.22	6	0	36151	23624	15945	6304.02
古辣镇	113.92	9	2	53145	47451	22866	7568.14
露圩镇	124.77	5	1	37813	25868	16675	6020.38
王灵镇	160.53	9	1	42424	33199	18542	5948.13
和吉镇	119.61	8	1	41421	29055	12412	5815.01
洋桥镇	138.22	8	1	34226	31254	11741	5321.40
陈平乡	154.78	8	2	25352	9343	7103	5135.11

上林县

【概 况】 上林县位于广西中南部，大明山东麓，南宁市东北部。东邻来宾市兴宾区，南连宾阳县，西南毗武鸣县，西北交马山县，北与忻城县接壤。面积1869.64平方千米。县政府驻大丰镇。有宾阳至上林、上林至马山二级公路。主要旅游景区景点有大明山国家级自然保护区、大龙湖风景区、三里·洋渡风景区、不孤村人文风景区、唐智城垌古城垌遗址、金莲湖莲音寺、东红湿地森林公园。主要矿藏资源有金、煤、锰、滑石、水晶石、石英石、大理石、花岗岩、铁、铅、铜锌、锑、磷等31种。其中五氧化二钒（石煤）储量达3000万吨，属全国最大钒矿矿床之一。主要地方特产有优质米、茶叶、果蔗、八角。2011年，辖7个镇、4个乡（1个瑶族乡）、131个村、16个社区；户籍总人口49.26万（农业人口43.98万、非农业人口5.28万），壮族人口38.37万、占总人口77.80%，人口自然增长率10.40‰。耕地面积2.62万公顷（水田面积1.50万公顷）；林地面积11.11万公顷，有林面积9.98万公顷，森林覆盖率53.30%。地区生产总值39.23亿元；全部财政收入2.73亿元（地方财政一般预算收入1.65亿元），一般预算支出12.16亿元；城镇居民人均可支配收入15388元，农民人均纯收入4383元。获自治区党委、政府和广西军区授予双拥达标县。

【经济发展概况】

第一产业 2011年，上林县实现农林牧渔业总产值27.52亿元。其中：农业产值10.39亿元，林业产值1.63亿元，畜牧业13.76亿元，渔业产值1.67亿元，农林牧渔服务业产值710万元。第一产业增加值16.23亿元。粮食作物种植面积3.87万公顷，总产量15.91万吨，其中水稻种植面积2.65万公顷、产量11.9万吨，玉米种植面积0.82万公顷、产量3.41万吨。经济作物种植面积1.46万公顷，其中甘蔗种植面积1.03万公顷、产量46.50万吨（糖蔗种植面积8004公顷，入厂原料蔗38万吨），木薯种植面积1100公顷、产量6700吨，蔬菜种植面积0.57万公顷、产量10.35万吨。果园面积560公顷，水果产量3200吨；桑园面积7390.36公顷，养蚕25.30万张；八角面积1万多公顷，干八角产量2800多吨；茶叶种植面积200公顷，产量400吨。肉类总产量3.57万吨，水产品产量1.69万吨。发展特色农业产业，促进农业增效农民增收，推动农业和农村经济平稳发展。种植优质稻2.33万公顷，占水稻种植面积85%，产量11.90万吨；发放水稻、玉米种植户补贴资金850.15万元，其中超级稻种植补贴面积1.02万公顷、19万元。完成人工造林面积1487.48公顷，迹地更新造林1173.92公顷，义务植树90万株，新增速丰林基地1267.30公顷。“绿满八桂”工程通过自治区林业厅检查验收。农业基础设施建设投入3534.38万元，完成水库除险加固9座，水毁工程修复4处，农村人饮水工程31处，渠道防渗工程30多千米。建成沼气池1600座。“大明山”牌绿茶获2011年广西名牌产品。

第二产业 有工业企业118家，实现工业总产值26.29亿元。规模以上工业企业18家，实现工业总产值22.58亿元，利税总额4.19亿元（利润1.31亿元）。第二产业增加值10.66亿元（工业增加值8.51亿元）。完成工业固定资产投资14.38亿元，技术改造投资13.03亿元。工业主要产品产量：滑石30.70万吨，供电量18831万千瓦时，发电量8655万千瓦时，铝锭7120吨，明山优质米2.76万吨，成品糖5.42万吨，酒精1.27万千升，白厂丝1702吨，水泥34.90万吨，煤2.36万吨，松香9480吨。开工建设南宁大明山水泥有限公司年产60万立方米预拌混凝土生产线项目。大明山水泥有限公司年产60万吨水泥粉磨生产线、上林大染坊茧丝绸有限公司二期缫丝项目和上林穗达米业公司3万吨精米生产线竣工投产。有粮食加工企业17家。投资8120万元，完成象山工业园区路基、路面硬化、路灯亮化等基础设施建设；入园企业22家，投产企业16家；新引进汇吉源输电铁塔公司、北京香料厂和柳州油脂厂3家企业。象山工业园区实现工业总产值8亿多元。

第三产业 有国有企业55家，集体企业37家，股份合作企业16家；私营企业733家，从业人员5113人；个体工商户1.45万户，从业人员1.99万人。实现社会消费品零售总额11.14亿元。第三产业增加值12.34亿元。完成房地产开发建设投资1.47亿元，商住房地产开发建设施工面积20.79万平方米（新开工面积16.31万平方米），竣工面积8.21万平方米，商品房销售7.59万平方米，销售额1.82亿元。接待游客67.20万人次，旅游营业收入2086.80万元。

招商引资 以深入开展“项目建设年”、“服务企业年”为载体，按照工业园区、交通、城镇、生态旅游、扶贫攻坚工作“五个建设重点突破”要求，围绕上林发展定位，借助参加南宁市“两会一节”和举办生态旅游养生节平台，以长三角和珠三角地区为重点，开展生态旅游、矿产、茧丝绸、农副产品深加工、房地产、商贸、交通等重点产业的招商引资。新引进内资企业（项目）5个，合同引进资金7.10亿元，实际到位资金5.60亿元，其中工业集中区引进企业（项目）1个，投资6000万元。

城乡建设 完成自治区、市落实上林村镇规划集中行动任务115个。其中：乡镇总体规划编制4个；村庄规划编制110个；县域镇村体系规划编制1个。启动县城总体规划编制。澄江河防洪和市政工程建设完成城西桥至那孔桥一期工程，投资额2000万元。完成房地产开发建设投资1.30亿元，总建筑面积13.60万平方米，人均住房面积从上年35平方米提高到36平方米。县生活垃圾卫生填埋场项目后续工程建设完成投资1800万元。投资1.60亿元，完成中畅国际公寓、县医院门诊综合楼、县国税局办公综合楼及附房工程、县职业技术学校行政综合楼等31个公共项目建设。投资1.08亿元，完成农村危房改造2800户。实施“城乡清洁工程”，查处摊点乱摆509起，工地乱象行为317起，违法建设65户、1500平方米；城区实行两扫两保制；投入60多万元，购置道路高压清洗水车、垃圾清运车、果皮箱、垃圾桶等环卫设施。投入8568.45万元，完成“村村通”水泥路建设19条31.80千米、整村推进贫困村扶贫村屯道路建设172条250千米、桥梁6座194延米、农村人饮水安全工程31处。

【社会事业发展概况】

文明创建活动 2011年，上林县以贯彻落实党的十七届四中、五中全会精神为主线，以社会主义核心价值体系为根本，以提高市民文明素质、提升城乡文明程度为重点，扎实有效地开展群众性精神文明创建活动。开展“我推荐、我评议身边好人”、组织群众参与第三届全国道德模范推荐评选、“我们的节日·春节”、“缅怀先烈先贤，传承民族精神”等教育活动和开展丰富多彩的节日文化活动。开展“志愿服务满上林”活动月和“关爱农民工、关爱空巢老人、关爱农民工子女"等活动。开展"春风护苗"净化社会文化环境等未成年人思想道德建设主题教育活动和"快乐暑期大行动"、"好书进社区、快乐过暑期"活动，加强和改进未成年人思想道德建设，切实为未成年人办好事、办实事。继续开展文明社区、文明村镇、文明单位、小康生态文明示范村等群众性精神文明创建活动。县国税局获第三届全国文明单位、第一批自治区"和谐单位"。大丰镇、大丰镇高秋庄、永福街分别被命名为第一批自治区"和谐乡镇"、"和谐村屯"、"和谐邻里"。被命名为市文明单位1个、文明社区2个、文明村3个、军（警）民共建先进单位1对。

科教文卫体事业　投入110万元，组织实施科技项目5个，实施到期通过上级验收的科技项目5个（市级4个、自治区级1个）。举办科技培训班103期，培训2.90万人次。与自治区蚕业技术推广总站等单位共同实施"优质高效蚕业生产模式与关键技术集成示范"项目，建立上林优质高效蚕桑示范基地，面积666.67公顷，实施"公司+协会+基地+农户"的产业化生产模式，重点对桑蚕产业化生产模式进行研究和提升，获自治区科技厅项目评估评定优秀等级。完成大丰镇拥军村桑蚕科技示范村、明亮镇万古村养猪科技示范村等4个到期项目的结题验收工作，其中广西宏康畜牧有限公司实施"利用发酵床养猪技术"项目通过南宁市科技成果鉴定。获南宁市科技创新计划（2008~2010年）实施先进县。有小学112所，在校生2.79万人；初中18所，在校生1.67万人；高中4所（社会办1所），在校生6472人；特殊教育学校1所，在校生58人；中等职业技术学校1所，在校生132人；教师进修学校1所。有教职工3691人。小学适龄儿童入学率100%，辍学率为零，小学毕业生升学率100%；初中阶段入学率98.70%，辍学率1.30%；初中毕业生升高中毛入学率100%。投资850万元，建设农村学校食堂45个，建筑面积6120平方米。义务教育阶段227所公办学校4.50万名中、小学生都享受免费营养午餐。落实上级和社会资助金317.55万元；发放生源地信用助学贷款，签订金额1245.73万元；资助家庭经济困难的大、中、小学生6.42万人、5682.44万元。投入3486万元，实施54所学校基础教育设施建设项目56个，总建筑面积2.80万平方米。调整学校布局，撤并万寿、万加两所初中学校。"两基"复查和职业教育攻坚工作通过市、自治区复查评估验收。完成为民办实事5个村级公共服务中心项目建设；开展百场文艺演出、百场体育赛事、百场电影进村"三个百"活动，文艺演出314场，体育比赛170场，电影下乡放映1422场。镇圩瑶族乡镇马瑶山歌艺术团原生态瑶曲《瑶山歌》表演获香港国际青少年艺术盛典晚会特等金奖。7月22日，中央电视台第七频道《乡土》栏目摄制组到镇圩瑶族乡，对瑶乡的民俗文化等进行采访拍摄专题片，8月中旬播出。有医疗卫生机构325个。其中：国有医疗卫生机构16个（县属5个，乡镇11个）；村卫生所214所；个体医疗诊所95所。卫生技术人员1167人（县属675人）。医院病床826张（县级医院437张，乡镇卫生院389张）。投资50多万元，完成农村卫生户厕建造1000座。参加新型农村合作医疗农民40.69万人，参合率93.57%，缴费9357.55万元。婚检对象进行地中海贫血筛查8000人。救助贫困危重孕产妇5506人，补助5484人、239.26万元。救助贫困危重孕产妇9名，贫困肺结核病患者142例。县城生活垃圾无害化处理率60%，县城生活污水集中处理率65%，农村生活垃圾处理率52.31%，农村饮用水质合格率49.69%。完成农村户厕建造1000座。年度区间人口出生5382人，人口出生率12.60‰。上林城关中学板鞋队代表广西参加在贵州举行的全国少数民族传统体育运动会获银奖。

民政事业　审批城镇最低生活保障对象6.14万人次，发放低保金917.60万元；审批农村低保对象17.90万人次，发放保障金1558.80万元。发放"三属"抚恤金42.81万元，复退军人生活补助定补金13265人次、389.62万元，退伍义务兵家属优待金280人、65.31万元。发放参战民兵生活补助2361人、198.28万元。安置退役士兵22人，发放一次性经济补偿金52.58万元。发放农村困难户救济金11.84万元，临时救济212人次。发放特困户、重灾民救济粮200吨（折款81.41万元），救济8752户、1.97万人。发放冬令救灾棉被4000床、蚊帐1.05万床、毛巾被9500床、衣服1.80万件（套）。投入资金827.80万元，重建水毁民房219户、695间。确定五保老人2410人，发放供养定补金501.58万元（含食油补助款），救济粮73吨（折款29万元）。城乡医疗救助2.45万人、486.95万元，其中农村医疗求助2.42万人、369.02万元。免费为4000对新婚夫妇进行地中海贫血筛查，为142名生活困难的城乡肺结核患者提供治疗，为9名贫困高危孕妇提供救治。帮助4名贫困家庭唇腭裂儿童免费住院实施手术。办理结婚登记3963对，离婚登记455对。

劳动与社会保障　城镇新增就业1811人，下岗失业人员再就业346人，帮助大龄困难人员再就业95人，城镇登记失业率3.60%。培训农村劳动力1.92万人（其中农民"阳光工程"培训2000人，农民

2011年上林县国民经济主要指标

项　　目	单　位	实　绩	比上年增长(%)
地区生产总值	万元	392300	8.60
第一产业	万元	162295	2.80
第二产业	万元	106591	19.51
工业	万元	85140	17.10
第三产业	万元	123414	7.10
人均地区生产总值	元	7969	7.30
农林牧渔业总产值	万元	275100	2.45
粮食总产量	吨	159114	–0.70
全社会固定资产投资	万元	338598	39.40
社会消费品零售总额	万元	111407	17.13
全部财政收入	万元	27349	21.25
地方财政一般预算收入	万元	16495	16.24
一般预算支出	万元	121646	8.42
城镇居民人均可支配收入	元	15388	10.30
农民人均纯收入	元	4383	13.46

创业班培训50人),农村劳动力转移就业新增1.06万人。参加基本养老保险企业112家、9626人,征缴保险费4697万元,支出8383万元;参加失业保险9102人,征缴保险费315万元,支出336万元;参加基本医疗保险3.40万人,征缴保险费2377.68万元,支出2375.90万元;参加工伤保险6622人,征缴保险费76万元,支出27万元;参加生育保险4509人,征缴保险费36万元,支出11万元。城乡居民社会养老保险试点参保人数13.80万,参保率60.38%。

【2011年南宁后花园·上林生态旅游养生节】 2011年12月9日~17日在县城举行,由上林县政府主办。以生态养生、醉美上林为主题。分开幕式、巡游表演、醉美上林书画摄影作品展、招商推介洽谈会、商贸美食展、原生态文艺晚会、"千名霞客登山行"、"环大龙湖自行车越野赛"、"挑战冠军王"等九大活动,分别在县人民会堂广场、进城大道大丰段、同乐花园、财政局、八寨路、县人民会堂、大明山茶场至下水源、大龙湖和澄泰下金庄开展。9日上午,生态旅游养生节开幕式在县人民会堂广场举行,自治区、市领导、自治区内外客商、知名企业代表和县直单位干部职工、学校师生和社会各界群众参加。开幕式结束后,由人文主题方阵组成的"千葵向阳"、"千渡河公"、"千猴戏鼓"、"千莲献寿"、"千龙探母"和"千杵臼糍粑""六个千"为主打内容的迎宾民俗文化在明山路、八寨路、澄洲路等主要街表演。醉美上林书画摄影作品展和招商推介洽谈会分别在同乐花园、财政局举行。商贸美食展在县城八寨路举行,设置美食展位45个,服装等商品展位300多个,来自北京、河南、湖南、新疆、内蒙古、黑龙江、四川等省(市、自治区)及自治区内的客商参加。展销的商品有农副产品、汽车农机、品牌服装、箱包皮具、旅游工艺品、床上用品、家用电器等,产品销售总额近1000万元。北京天量伟业科技有限公司和柳州中皓油脂工业有限公司就八角、油茶深加工项目与上林签订投资意向书。 (林 春)

2011年上林县乡镇情况

名 称	土地面积(平方千米)	村民委员会(个)	社区居民委员会(个)	年末人口(人)	农林牧渔业总产值(万元)	粮食产量(吨)	农民人均纯收入(元)
大丰镇	176	9	4	62638	37691	10637	4952
明亮镇	120	8	1	31784	20892	11032	4056
巷贤镇	172	12	1	46792	36272	17217	4129
白圩镇	234	17	2	81816	46361	33319	4250
三里镇	192	14	1	56130	27631	26148	4156
乔贤镇	126	7	1	36200	16400	11331	4007
西燕镇	292	11	1	45898	22338	17137	4310
澄泰乡	112	11	1	42339	22587	14191	4522
木山乡	124	6	1	20820	14705	2124	4065
塘红乡	181	10	2	43782	21653	10907	3958
镇圩瑶族乡	113	10	1	24358	7233	5213	3923

马 山 县

【概 况】 马山县位于广西中部略偏西位置,居红水河中段南岸,大明山北麓,南宁市北部。东邻上林县、忻城县,南连武鸣县,西与平果县、大化瑶族自治县相连,北与都安瑶族自治县隔红水河相望。面积2345.33平方千米。县政府驻白山镇。水任(河池)南宁高速公路、国道210线过境,有马山—大化二级公路,马山—上林—宾阳二级公路。主要旅游景区景点有金伦洞、大明山自然保护区、弄拉自然保护区、百龙滩红水河风光、灵阳寺、永州定乐江绿谷生态农业园、金钗石林城堡、乔老生态民族园等。主要矿产资源有煤、锰、铁、钨、铜、滑石、重晶石、方解石、叶蜡石、石灰石、高岭土等23种,主要特产有黑山羊、金银花、旱藕粉、八角、黑豆等。是中国黑山羊之乡,中国民间艺术之乡。马山三声部民歌被列入第一批国家级非物质文化遗产扩展项目名录。有苏博工业集中区和百龙滩工业集中区。2011年,辖7个镇、4个乡(2个瑶族乡)、145个村、6个社区;户籍总人口54.86万(农业人口50.51万、非农业人口4.35万),流动人口14.70万,壮族人口40.99万、占总人口72.68%,人口自然增长率8.98‰。耕地面积2.27万公顷(水田面积1.03万公顷);林地面积14.98万公顷,有林面积5.29万公顷,森林覆盖率60.80%。地区生产总值39.51亿元;全部财政收入2.64亿元(地方财政一般预算收入1.71亿元),一般预算支出12.86亿元;城镇居民人均可支配收入15867元,农民人均纯收入4343元。获自治区第七届市容"南珠杯"竞赛特等奖城市奖、自治区第七届市容"南珠杯"竞赛先进集体;县政府、白山镇民新村村民委员会被评为2001~2010年自治区扶贫开发工作先进单位。

【经济发展概况】

第一产业 2011年,马山县实现农林牧渔业总产值21.76亿元。其中:农业产值8.51亿元,林业产值2.22亿元,畜牧业产值9.99亿元,渔业产值9785万元,农林牧渔服务业538万元。第一产业增加值13.08亿元。粮食作物种植面积3.98万公顷,总产量15.91万吨,其中水稻种植面积1.66万公顷、产量7.50万吨,玉米种植面积1.85万公顷、产量7.76万吨。经济作物种植面积7085万公顷,其中甘蔗种植面积3100公顷、产量12.39万吨,木薯种植面积2000公顷、产量1.95万吨,蔬菜种植面积6900公顷、产量16.08万吨。金银花2100万丛,产量275吨。果园面积1834公顷,水果产量9238万吨。黑山羊出栏5.12万只,年末存栏5.25万只。肉类总产量3.76万吨,水产品产量0.97万吨。完成人工造林面积1020公顷。水利建设投入1.10亿元，完成水库除险加固9座，水毁工程修复40处，渠道防渗工程52千米。投入5902万元，实施农村人饮水工程150处；投入825万元，建成家庭水柜550座，解决3.43万人饮水安全问题。投资1320.99万元，完成农田水利建设40处，其中电灌站建设3处、水毁工程修复8处、山塘修复2座、其他工程7处，恢复灌溉面积60公顷，改善灌溉面积340多公顷。建立黑山羊、土鸡、金银花、旱藕、木薯和桑蚕等特色农业产业基地，其中养殖山羊10.30万只、土鸡135万只，金银花种植面积3670多公顷，桑园面积1140多公顷，旱藕种植面积673.33公顷，木薯种植面积2913.33公顷、甘蔗种植面积2806.67公顷。新发展农民专业合作社14个，累计农民专业合作社有48个。实施自治区“十百千”产业化扶贫（即在自治区范围内建设十片以上特色优质高效、连片在1000亩以上的种植示范基地或特色高效的养殖示范基地；扶持培植100家以上年销售额在1亿元以上、具有较强带动能力的扶贫龙头企业；通过示范基地和扶贫龙头企业带动1000个以上贫困村成为产业化扶贫示范村）百香果示范项目，扩种百香果200多公顷。投入902.50万元，建成农村户用沼气池1900座。

第二产业　有工业企业有63家，实现工业总产值25.89亿元。规模以上工业企业21家，实现工业总产值19.38亿元，利税总额2.87亿元（利润1.88亿元）。第二产业增加值13.64亿元（工业增加值10.09亿元）。完成工业投资9.11亿元，技术改造投资9.20亿元。规模以上工业主要产品产量：机制糖1.03万吨，纸浆2.76万吨，水泥3.54万吨，酒精28.43万千升，发电7.50亿千瓦时，铁合金2.61万吨。苏博工业集中区完成固定资产投资1.08亿元；年内签约入驻企业（项目）3个（年产5万吨生物有机肥项目、年产5万吨炭电极项目及广西绿球科技有限公司马山县苏博“醇基燃料”基地项目），计划总投资3.81亿元，完成投资1.08亿元；累计招商入驻企业（项目）7个，计划总投资11.89亿元。

第三产业　有国有企业51家，集体企业145家，股份合作企业21家；私营企业556家，从业人员4523人；个体工商户1.35万户，从业人员1.73万人。实现社会消费品零售总额12.44亿元。第三产业增加值12.80亿元。完成房地产开发建设投资1.54亿元，商住房地产开发建设施工面积72.87万平方米（新开工面积49.69万平方米），竣工面积56.09万平方米，商品房销售9.29万平方米，销售额1.68亿元。接待游客30.40万人次，旅游营业收入5708万元。

招商引资　出台《马山县关于进一步做好招商引资工作意见》，建立招商引资项目协调工作联席会议制度、项目联审制度及项目代办联络员制度；建立“一个项目、一个领导、一套班子、一个责任，一抓到底”的工作机制；组织招商小分队赴广东、福建、陕西、云南等省开展招商引资活动6次。组队参加中国西部（西安市）国际装备制造业博览暨推介会、第十三届海峡两岸经贸交易会、广博会等。利用南宁市举办“两会一节”平台开展项目宣传推介活动。引进企业（项目）8个，合同引进资金9.02亿元，实际到位内资5.07亿元，直接利用外资220万美元。苏博工业集中区引进企业（项目）3个，总投资3.81亿元，完成投资1.08亿元。

城乡建设　完成县城银峰大道延长线扩建工程，道路长1898.04米，总投资3600多万元。永州至旧城公路通乡油路竣工，累计完成投资1540万元。完成来宾—马山和马山—平果高速公路马山段永久性征地面积387.38公顷，占拟征地面积404.28公顷的95.82%。完善县城城镇生活垃圾无害化处理场的配套项目建设，生活垃圾无害化处理场正式运行。实施“城乡清洁工程”，清扫街道巷道面积61万平方米，清运垃圾2万多吨；查处违章流动摊点乱摆行为236起；清理乱设倒放垃圾场18处。落实古零镇弄拉和永州镇局卜两个屯实施新农村示范村建设项目，其中古零镇弄拉屯为南宁市2010年新农村建设示范村续建项目，完成投资150多万元；永州镇局卜屯规划项目6个，完成投资近15万元。农村公路工程新建设项目17个，计划总投资3154.40万元，完成投资2965.10万元。

【社会事业发展概况】

文明创建活动　2011年，马山县以建设社会主义核心价值体系为根本，组织开展“我们的传统节日”主题活动；结合建党90周年、马山县建县60周年纪念活动，举办庆祝中国共产党成立90周年红歌大赛和2011年马山县“学礼仪、讲文明、迎县庆”文明礼仪风采大赛，组织各小学点开展“童谣唱给太阳听”优秀童谣儿歌传唱活动和“童心向党”文艺演出活动。制定开展“能帮就帮　城乡联动共建文明”工作方案，建立健全以城带乡的长效机制，组织开展文化、科技、卫生下乡活动37场次。组织干部群众参加第三届全国道德模范推荐投票，大力宣传和推荐马山县林圩镇合理村“乡村医生”、“乡村120”、“留守孩子的爸爸”、“代理儿子”——李宝元的先进事迹。开展创建文明单位、文明村（屯）活动。县检察院被最高

2011年马山县国民经济主要指标

项　　目	单　位	实　绩	比上年增长(%)
地区生产总值	万元	395097	9.70
第一产业	万元	130787	4.90
第二产业	万元	136371	20.30
工业	万元	100902	16.50
第三产业	万元	127940	5.10
人均地区生产总值	元	7202	24.65
农林牧渔业总产值	万元	217600	5.15
粮食总产量	吨	159133	4.44
全社会固定资产投资	万元	411574	46.29
社会消费品零售总额	万元	124396	17.17
全部财政收入	万元	26399	20.62
地方财政一般预算收入	万元	17065	23.52
一般预算支出	万元	128179	30.11
城镇居民人均可支配收入	元	15867	10.35
农民人均纯收入	元	4343	13.56

人民检察院授予全国文明接待室。县检察院获自治区文明示范窗口单位。县检察院、永州镇、乔利乡乐圩村东仁屯分别获第一批自治区“和谐单位”、“和谐乡镇”、“和谐村屯”。获市级以上文明单位2个、文明镇村1个、军(警)民共建先进单位1对。

科教文卫体事业 投入经费184万元,组织实施科技项目10个。实施到期通过上级验收的科技项目7个(市级6个、自治区级1个)。推广应用新技术项目4个,即实施周鹿镇爱旗村超级稻高产栽培科技示范村建设项目、食用菌秀珍菇项目、里当鸡优良种质资源保护利用及高品质养殖技术集成与示范推广、马山岩溶石山区生态农业技术研究与示范项目。举办各种科技培训班12期,培训720人次。11月2日,由全国农业技术推广服务中心、自治区农业厅、南宁市政府联合主办的第十三届全国肥料双选会暨广西第三届“测产选肥钱粮双增”现场活动在白山镇上龙村举行。有小学144所,在校生3.71万人;初中21所,在校生1.68万人;高中3所,在校生6582人;特殊教育学校1所,在校生60人;中等职业学校1所,在校生122人;教师进修学校1所。有教职工4660人。小学适龄儿童入学率100%,辍学率为零,小学毕业生升学率100%;初中阶段入学率100%,辍学率1.70%;初中毕业生升高中毛入学率81.28%。全面启动贫困县农村义务教育学生营养改善计划,共下拨营养改善计划资金1928.86万元,春季学期学生受益5.39万人、秋季学期学生受益5.40万人。投入971万元,建成义务教育学生食堂117个。资助家庭困难中、小学生1563人、46.65万元;资助高中家庭贫困学生生活费6118人次、461.10万元;资助中职学生生活费141人次、10.43万元;补助贫困寄宿生生活费1.77万人次、1116.46万元。资助大学新生生活费1209人次、84.89万元。免除高中学生学费1.37万人次、629.69万元;免除中职学生学费162人次、15.75万元。办理大学生生源地信用助学贷款1804人、1069.99万元。实施基础建设项目202个(含续建、改扩建项目),建筑面积6.80万平方米,计划总投资7803.36万元,完成投资5225万元。县中心幼儿园被确认为自治区示范幼儿园。县教育局获第十届全国中小学生绘画、书法作品比赛组织工作先进集体奖,获2011年自治区学生资助工作先进单位。完成6个村级公共服务中心建设(每个项目点建有1幢文化综合楼(200平方米)、1个戏台、1个标准篮球场建设及组建1支篮球队、1支文艺队)。举办第五届马山县文化旅游美食节。11月,马山县再次获国家文化部命名为中国民间文化艺术之乡。医疗卫生机构有435个,其中国有医疗卫生机构16个(县级5个,乡镇11个),集体医疗卫生机构4个,村卫生所318所,个体医疗诊所107所。卫生技术人员1487人(县属610人)。医院病床970张(县级医院470张,乡镇卫生院500张)。投资400万元(个人投资),完成农村卫生户厕建造2000座。参加新型农村合作医疗46.92万人,参合率93.88%。医疗救助6.48万人、6628.73万元。年度区间人口出生6043人,人口出生率8.98‰。县人口与计划生育局获自治区计划生育优质服务先进单位、自治区计划生育“两无一提高”活动先进单位。建成南宁市为民办实事项目县城西广场户外健身路径;投入70万元,新建标准灯光球场6个。县体育中学整合划入县民族中学,实现训练网点合并。参加自治区第十二届运动会,获金牌5枚、银牌2枚、铜牌5枚;参加自治区举重锦标赛,获金牌6枚、铜牌6枚。

民政事业 审批城镇最低生活保障对象3.35万人次,发放低保金638.36万元;审批农村低保对象26.73万人次,发放保障金2061.05万元。发放抚恤金、定补金525.58万元,退伍义务兵家属优待金71.55万元;安置退役士兵16人,发放一次性经济补偿金48万元。发放救济金1.40万元,临时救济2340人次。发放特困户、重灾民救济粮531吨(折款173万元),救济1.30万户、3.93万人。发放冬令救灾棉被7259床、蚊帐1.02万床、毛巾被8668床、衣服8668件(套)。投入412.80万元,重建水毁民房296户、622间。确定五保老人2240名,发放五保供养定补金427.16万元。农村医疗救助702人、468.66万元;城市医疗救助52人、34.04万元。办理结婚登记5233对,离婚登记441对。

劳动与社会保障 城镇新增就业1691人,下岗失业人员再就业427人,帮助大龄困难人员再就业111人,城镇登记失业率3.37%。培训农村劳动力3200人,农村劳动力转移就业新增1267人。参加基本养老保险企业243个、7800人,征缴保险费4259.98万元,支出1.09亿元;参加失业保险7800人,征缴保险费493.50万元,支出308.80万元;参加基本医疗保险3.35万人,征缴保险费2332.44万元,支出2037.83万元;参加工伤保险5700人,征缴保险费55.30万元,支出10.73万元;参加生育保险4760人,征缴保险费44.72万元,支出32.09万元。受理劳动保障监察举报投诉案件28件,受理劳动人事争议仲裁案件17起,结案率均100%。 (黄 誉)

2011年马山县乡镇情况

名　称	土地面积(平方千米)	村民委员会(个)	社区居民委员会(个)	年末人口(人)	农林牧渔业总产值(万元)	粮食产量(吨)	农民人均纯收入(元)
永州镇	215.68	18		56033	28733	17878	4465
周鹿镇	336.62	19		93130	35510	26210	4044
林圩镇	306.24	19		93362	29981	25927	5024
乔利乡	172.75	10		40022	25168	17077	4902
白山镇	223.36	15	6	82737	21680	18145	4664
百龙滩镇	87.83	6		21790	119198	7266	4868
古零镇	255.49	14		57262	19899	18208	4012
金钗镇	126.03	8		30713	16430	7759	3886
加方乡	204.69	17		30918	12500	9729	4271
古寨瑶族乡	152.61	9		21293	7263	5901	2959
里当瑶族乡	145.85	10		21303	7321	4778	3110

隆安县

【概 况】 隆安县位于广西中部偏西南，右江下游两岸，南宁市西北部。东邻武鸣县和西乡塘区，南连崇左市江州区、扶绥县，西接大新县、天等县，北与平果县接壤。面积2277平方千米。县政府驻城厢镇。南宁至昆明铁路、南宁至百色二级公路、南宁至百色高速公路及右江航道过境。主要旅游景区(点)有龙虎山自然保护区(南宁十大景区)、渌水江漂流、峨山生态旅游区、榜山文塔、布泉河景区、雁江古镇。主要矿产资源有金、银、煤和水晶石，其中凤凰山银矿藏量居全国第三、自治区第一。主要地方特产有板栗、荔枝、龙眼、香蕉、叮当鸡等，有“中国板栗之乡”之称。2011年，辖6个镇、4个乡、118个村、13个社区，户籍总人口40.47万(农业人口36.25万、非农业人口4.22万)，人口自然增长率7.12‰。耕地面积6.25万公顷(水田面积1.25万公顷)；林地面积12.99万公顷，有林面积7.01万公顷，森林覆盖率57.90%。地区生产总值48.90亿元；全部财政收入3.43亿元(地方财政一般预算收入1.81亿元)，一般预算支出10.54亿元；城镇居民人均可支配收入15862元，农民人均纯收入4616元。获自治区平安铁路示范县，布泉乡岑山村获全国人口和计划生育基层群众自治示范村。

【经济发展概况】

第一产业 2011年，隆安县实现农林牧渔业总产值31.73亿元。其中：农业产值17.55亿元，林业产值1.72亿元，畜牧业产值10.55亿元，渔业产值1.22亿元，农林牧渔服务业6984万元。第一产业增加值19.47亿元。粮食作物种植面积3.57万公顷、总产量14.50万吨，其中水稻种植面积1.52万公顷、产量7.71万吨，玉米种植面积1.29万公顷、产量5.97万吨。经济作物种植面积2.24万公顷，其中甘蔗种植面积1.10万公顷、产量55.30万吨(糖蔗种植面积1.10万公顷、产量54.82万吨)，木薯种植面积9003公顷、产量8.71万吨，蔬菜种植面积1.04万公顷、产量21.92万吨。果园面积1.18万公顷、水果产量21.65万吨。板栗面积8667公顷、产量1.79万吨。肉类总产量4.11万吨，水产品产量1.20万吨。集体林权制度改革通过自治区验收，完成勘界总面积11.66万公顷，确权到户面积11.16万公顷，确权到户率93.90%，发证到户7.83万公顷。完成人工造林面积709公顷。水利建设投入5986.44万元，完成水库除险加固1座，水毁工程修复4处，农村人饮水工程36处，渠道防渗工程11.30千米。广西金穗农业投资有限责任公司现代农业园采用水肥一体化技术、新型环保缩型套袋技术，种植香蕉1320公顷，实现产值2.01亿元，成为农业产业化国家重点龙头企业及全国最大的香蕉标准化产业基地。隆安凤鸣农牧有限公司建设龙头企业技术创新中心，采用推广优质肉鸡新配套系“金陵黄鸡”试验示范科技成果，建立标准化金陵黄鸡种源基地，新增父母代种苗和商品代鸡苗1210万只，出栏肉鸡100万只。

第二产业 有工业企业164家，实现工业总产值47.40亿元。规模以上工业企业27家，实现工业总产值41.32亿元，利税总额2.49亿元(利润1.47亿元)。第二产业增加值17.08亿元(工业增加值13.14亿元)。完成工业投资22.37亿元，技术改造投资20.91亿元。工业主要产品产量：机制糖5.10万吨、水泥101.30万吨、淀粉9.31万吨、饲料13.67万吨、酒精19611千升、人造板29.11万立方米、氮肥1.93万吨、磷肥1.90万吨、松香8817吨、发电量27496万千瓦小时。以隆安华侨管理区和宝塔医药产业园区为重要载体和平台，推进生物能源和生物医药核心区建设，龙光集团年产10万吨生物柴油、千年健民族药生产、广西药园中药材产业化开发等7个自治区层面统筹推进重大项目顺利推进，累计完成投资10.20亿元。隆安华侨管理区引进企业(项目)10个，总投资17.36亿元，完成建设投资2.41亿元，年内投产企业6个；实现工业总产值33.40亿元，财政收入3730万元。

第三产业 有私营企业304家，从业人员1077人；个体工商户6630户，从业人员7680人。实现社会消费品零售总额11.25亿元(城镇8.38亿元、乡村2.87亿元)。第三产业增加值12.35亿元。办理建筑工程新开工项目28个，总建筑面积7.97万平方米，造价9222.92万元；工程竣工33个，建筑面积17.80万平方米，总造价1.64亿元。商品房销售7.18万平方米，销售额1.82亿元。旅游景点接待游客12.32万人次，门票收入661.49万元。10月18日，市旅游局，隆安县委、县政府在布泉河畔举办布泉山水生态旅游节暨隆安旅游休闲基地启动仪式。旅游节以“隆安布泉——壮乡香格里拉”为主题，以布泉山水为背景，开展挑战靓主播——欢乐大比拼、布泉河水上趣味竞技、布泉河定向越野赛、竹排竞速、“醉美隆安”摄影作品展、生态美食节等活动，全方位展现布泉乡的山水民情。

招商引资 围绕开展生物产业基地、特色农业基地、旅游休闲基地“三个基地”攻坚战的目标任务，7次组织招商

10月18日，布泉山水生态旅游节暨隆安旅游休闲基地启动仪式举行

隆安县志办提供

小分队随自治区、南宁市赴西安、福州、广州、深圳、杭州、重庆、上海、南京、大连等地开展招商活动,拜访当地知名企业、商协会,洽谈项目等,主动开展招商推介。新签投资额1000万元以上的项目25个,其中工业集中区引进项目24个。实际到位内资20.99亿元,直接利用外资919万美元(广西全口径)。

城乡建设 按照"以右江为轴、提升城东、完善城北、开发震东宝塔和南圩"的总体思路,加快重点区域建设,统筹协调城乡发展。完成南圩镇、雁江镇控制性详细规划修编和2011年度特色名镇名村建设规划编制工作以及龙虎山风景名胜区总体规划、宝塔工业集中区生活配套中心一区和二区规划、县域镇村体系规划、110个村庄规划的评审和报批。投资97万元,实施县城"靓化"工程,推进右江桥头市政基础设施配套工程建设,完成民安街路面改造。完成检察院小区外市政道路、仁和街延长线道路、新华一里道路建设和新民一里人行道铺设。以"创建文明城、争创南珠杯"为载体,推行责任追究制、"门前三包"制、"环境卫生日"、县四家班子领导挂点责任区制、"干部包街"制等长效机制,重点抓好城市的美化、亮化、绿化、硬化、净化工程,扩大县城清扫保洁范围,清扫保洁实行1天两扫三保,全天候保洁。完成园林绿化改造面积3000多平方米,栽植各种乔木300多株、绿篱色带7000多株。取缔摊点乱摆跨门槛占道经营450处。查处违章乱停乱放车辆500余次、临街饮食店门前乱扔纸屑和果皮等杂物35家、工地不设围栏25处、不及时清理临街施工场地30处、建筑材料乱堆放60处。获自治区第七届城市市容环境综合整治"南珠杯"竞赛特等奖。实施大石山区人饮工程建设大会战,新建家庭水柜190座、小型集中供水工程20处,解决1596户7187人的饮水难问题;修建屯级砂石路14条22千米、屯级水泥路30条27.70千米,解决3002户、1.35万人的行路难问题。落实保障性住房建设任务989套(廉租住房516套、经济适用住房148套、公共租赁住房325套),总投资8682万元。投资6750万元(国家投资715.8万元、自治区投资703.87万元、市投资178.95万元、县投资310.18万元、农户自筹4841.2万元),完成农村危房改造1193户。

【社会事业发展概况】

文明创建活动 2011年,组织开展"能帮就帮·志愿服务满蝶城"志愿服务活动,以及以"书香沐蝶城,知识助腾飞"为主题、"诵读中华经典,做文明有礼市民"为主要内容的读书月活动。以创建"五星级文明户"活动为载体,在那桐镇浪湾村兰台屯和定江村定典屯2个生态文明示范村开展争创"五星级文明户"评比活动,倡导文明、和谐、科学、健康的生活方式。推进"和谐建设在基层"活动,春节期间免费发放"和谐建设在基层"宣传挂历450本,营造创建活动氛围。加强公民道德建设,宣传道德模范。县法院、那桐镇定江村定典屯、隆安中学分别被命名为第一批自治区"和谐单位"、"和谐村屯"、"和谐学校",被命名为市第二十六批文明单位3个,文明村镇(社区)2个。

科教文卫体事业 投入890万元,组织实施科技项目20个(县级10个、市级8个、自治区级1个、国家级1个)。实施到期通过上级验收的科技项目7个(市级6个、自治区级1个)。引进、开发工业先进技术项目1个——基于片状茶麸浸出的研究开发及产业化;培育和推广应用农业优良品种Y两优302、Y两优3218、正大808、迪卡008、先达901等10个;引进、开发和推广冬种马铃薯黑膜覆盖、甜瓜保护地大棚覆盖、庭院龟鳖养殖3项种养新技术。举办各种科技培训班22期,培训7000人次。通过2011年全国县(市、区)科技进步考核。广西金穗农业投资有限责任公司董事长卢义贞获2011年度广西科技种养大王称号。有小学125所(社会办学1所),在校生2.60万人;初中15所(社会办学1所),在校生9399人;高中3所(社会办学1所),在校生4580人;特殊教育学校1所,在校生55人;中等职业学校1所,在校生2527人(全日制学生196人、成人在职学历教育2331人);教师进修学校1所,在校生127人。有教职工3027人。小学适龄

2011年隆安县国民经济主要指标

项　目	单　位	实　绩	比上年增长(%)
地区生产总值	万元	488980	13.00
第一产业	万元	194654	6.30
第二产业	万元	170822	25.30
工业	万元	131408	23.50
第三产业	万元	123504	7.00
农林牧渔业总产值	万元	317307	6.74
粮食总产量	吨	145015	0.76
全社会固定资产投资	万元	591691	41.17
社会消费品零售总额	万元	112539	17.05
全部财政收入	万元	34295	22.32
地方财政一般预算收入	万元	18101	13.29
一般预算支出	万元	105431	32.86
城镇居民人均可支配收入	元	15862	10.52
农民人均纯收入	元	4616	17.20

儿童入学率99.93%，辍学率0.02%，小学毕业生升学率99.50%；初中阶段入学率117.70%，辍学率0.67%；初中毕业生升高中毛入学率86.20%。补助农村义务教育阶段家庭经济困难寄宿生生活费1.62万人、1032.90万元；免除普通高中学生学费9664人次、453.65万元，中等职业学校学生学费327人次、24.50万元；资助家庭经济困难的中小学生1607人、61.43万元，贫困大学新生429人、52.90万元；实施贫困县义务教育学生营养改善计划投入资金1252.97万元，受益学生3.50万人。实施中小学校舍安全等工程建设项目20个，总投资2667万元，建设面积2.05万平方米。被评为自治区职业教育攻坚工作进步县、自治区义务教育学校常规管理达标评估优秀县；县教育局被评为自治区职业教育攻坚工作先进单位，获教育部基础教育质量监测中心优秀组织奖。完成2010年~2011年农家书屋建设任务55个，建成村级公共服务中心5个。送电影下乡村1417场，观众27.40万人次；送戏下乡10场，观众2万人次；扶持的7支业余文艺队演出220场，观众25万人次。舞蹈《佛手九莲灯》、《春耕》及小品《不弯腰的老师》参加南宁市第二届乡村社区和谐文艺大展演分获二等奖、三等奖。11月5日~7日，隆安县在南宁国际会展中心广场举行观念行为摄影“百米长卷”暨百幅摄影作品展。医疗卫生机构有193个，其中国有医疗卫生机构17个（县级5个，乡镇12个），村卫生所130所，个体医疗诊所46所。卫生技术人员1221人（县属卫生技术人员740人）。医院病床1242张（县级医院840张，乡镇卫生院402张）。投资60万元，完成农村卫生户厕建造1000座。参加新型农村合作医疗农民34.53万人，参合率95.87%，个人缴费1036.04万元。为163名生活困难的城乡肺结核患者提供治疗，为4名贫困高危孕妇提供救治。年度区间人口出生4905人，人口出生率12.32‰。建成雁江镇雁江社区健身路径1条。举办端午节龙舟赛，参赛队伍22支；举办隆安县首届体育节暨纪念“12·13”隆安解放日体育比赛，参赛人员近1000人。

民政事业　审批城镇最低生活保障对象5.48万人次，发放低保金1021万元；审批农村低保对象21.29万人次，发放保障金1627.86万元。发放抚恤金、定补金447.20万元，退伍义务兵家属优待金60万元；安置退役士兵19人，发放一次性经济补偿金35.62万元。发放救济金234万元，临时救济3.15万人次。发放特困户、重灾民救济粮290吨（折款118万元），救济9676户、2.40万人。发放冬令救灾棉被900床、蚊帐1000床、毛巾被2000床、衣服1万件（套）。投入资金91.76万元，重建水毁民房23户、56间。确定五保老人2000名，发放五保供养定补金329万元、五保户救济粮279吨（折款110万元）。城市医疗救助2586人、47万元；农村医疗救助2.04万人、430万元。办理结婚登记3296对，离婚登记316对。

劳动与社会保障　城镇新增就业1945人，下岗失业人员再就业295人，帮助大龄困难人员再就业148人，城镇登记失业率3.10%。培训农村劳动力2200人，农村劳动力转移就业新增8308人。参加基本养老保险企业212个、1.03万人，征缴保险费4016万元，支出1.18亿元；参加失业保险9705人，征缴保险费390.09万元，支出537.01万元；参加基本医疗保险3.85万人，征缴保险费2649万元，支出1969.60万元；参加工伤保险8451人，征缴保险费96万元，支出100万元；参加生育保险8420人，征缴保险费55万元，支出43万元。劳动保障监察督促补签劳动合同490人；受理劳动保障监察案件4件，结案4件；受理劳动争议仲裁立案11件，调解结案1件，裁决结案10件；劳动合同鉴证2641人。　（黄永清）

2011年隆安县乡镇情况

名　称	土地面积(平方千米)	村民委员会(个)	社区居民委员会(个)	年末人口(人)	农林牧渔业总产值(万元)	粮食产量(吨)	农民人均纯收入(元)
城厢镇	386	14	3	69741	55007	25176	5760
南圩镇	311	18	2	66868	35353	21119	4237
雁江镇	128	9	1	27220	24473	14912	3810
那桐镇	187	11	1	55977	53387	26474	5410
乔建镇	217	14	1	42041	30596	16282	4128
丁当镇	269	10	1	35848	49738	10411	5001
古潭乡	108	6	1	25535	23086	4744	4293
都结乡	215	19	1	39740	18610	12616	3670
布泉乡	174	8	1	24240	9122	8145	2956
屏山乡	234	9	1	17498	9043	4826	3530

责任编辑　孙贵寿

模范人物

中国好人

韦曰坚　(1950~2011.10)南宁市宾阳县中华镇蒙记村委宣村（自然村)人,任宣村村干部期间主要负责该自然村的财务工作。自竹筒江水库大坝前任管理人去世后，水闸钥匙就放在韦曰坚那里。由于水库管理一直无人接管,作为村干部的韦曰坚，做起了竹筒江水库义务守坝人。9月30日晚,台风“纳沙”带来的大暴雨袭击广西宾阳县，宣村下起倾盆大暴雨,竹筒江水位暴涨,附近农田变成一片汪洋,倒灌进村子里的洪水有1米多深。10月1日凌晨1时30分,为保障村民的财产和生命安全，竹筒江守坝人韦曰坚奋不顾身冒雨前往水坝开闸泄洪，不幸跌落坝下殉职,终年61岁。11月,韦曰坚在众多候选人当中脱颖而出,登上“中国好人榜”。12月26日,市委、市政府在人民大会堂召开追授韦曰坚同志荣誉称号命名表彰大会暨先进事迹报告会，授予韦曰坚“诚信友善、能帮就帮模范”称号,并号召全市广大群众向韦曰坚学习。

中国农村新闻人物

李荣光　马山县弄拉旅游专业合作社理事长、党支部书记。1957年生,广西马山人。20多年前,在村党(总)支部的鼓励下,兴办龙眼果场、滑石矿厂等实业。致富后他带领乡亲发展“山顶林，山腰竹,山脚药(果)地上粮,低洼桑”的弄拉屯立体生态发展模式，成为全国石漠化治理和生态保护的典型。他瞄准生态旅游市场,牵头成立弄拉旅游专业合作社,自筹资金1000多万元，投资开发弄拉乡村旅游项目;农民自愿以山林、耕地承包经营权量化入股,成立旅游专业合作社,走“农户+公司”模式的生态旅游发展之路。致富后不忘众乡亲,先后出资100多万元,硬化公共道路近3千米；四川汶川大地震后，交纳特殊党费1万元；2010年抗旱救灾，捐款1000元支援灾区群众,彰显一名共产党员的先进本色;累计投入3000多万元用于道路、旅游服务中心等基础设施建设。2010年4月,中宣部组织《人民日报》、新华社、中央电视台等主流媒体集中报道“弄拉模式”,向全国宣传推广。2010年、2011年“两会”(全国人民代表大会、中国人民政治协商会议)期间,李荣光两次作客中央电视台,“弄拉模式”成为“两会”代表、委员热议的话题。2012年2月11日获2011年度“中国农村新闻人物”开拓创新奖,是广西惟一获此荣誉的人。

全国五一劳动奖章

刘小坚　南宁市九州出租汽车有限公司驾驶员。1961年7月生,广西南宁人,退伍军人。工作中多次不顾个人的得失与安危与歹徒搏斗,协助公安机关打击抢劫。2009年4月某日凌晨4点多,听有群众呼救,立即向“110”报案并驱车追赶。面对3个劫匪,毅然将劫匪车拦下。劫匪见势不妙丢弃刚抢到手的电动车,被抢电单车物归原主。2009年8月19日，看到外地乘客被抢金项链，即刻大声喝止并追赶歹徒，抢匪甩出金项链后夺门而逃。在公安、媒体的帮助下，沈阳女游客价值7500元的翡翠金项链失而复得。2010年6月3日凌晨,在锦春路徒手制服劫匪,将劫犯移交公安机关。2012年4月被全国总工会授予2011年度全国五一劳动奖章。

周小容　南宁市周小容回报牌食品连锁店业务主管。女,1966年6月生，广西博白人。1984年，周小容从一名社会待业青年成为一名自谋职业的个体工商户,从“烧鸭摊”、“干杂摊”起步,发展成为拥有个人经营品牌的连锁经营企业。在23年的创业生涯中，坚持诚实守信,深得顾客信赖。创立注册的“回报牌”广西土特产品远销东南亚。1997年,带头在个体户中发起帮扶下岗职工再就业的“一帮一”活动,以传授经商技能、提供商品信息、免息借资筹资、赊销提供适销产品、帮助组织货源和客户的方式与下岗职工签订经营协议书,结成帮扶对子,并从“一帮一”发展到“一帮二”、“一帮十”。牺牲经营时间给困难企业下岗职工讲授经营之道,并捐赠2万元做就业资金。带头录用下岗女工和残障人员做员工、帮手,传授经商经验。到女子监狱鼓励女犯自尊自爱、认真改造、重新做人;到军营中座谈，帮助军嫂转变就业观念。1997年,《人民日报》作宣传报道,并配发《刮目相看个体户》的评论。1997年,与市交易场34位“摊友”到邕宁县镇龙乡“认

亲”，资助29位贫困学子完成学业。加入新农村建设，包销山区农民的物产，帮助农民发展种养、增加收入。2012年4月被全国总工会授予2011年度全国五一劳动奖章。

林新勤　南宁市疾病预防控制中心主任、党委副书记。壮族，1958年3月生，广西天等人。硕士研究生，中共党员。主持隆林县鼠疫暴发疫情等数十起重大突发公共卫生事件的处理，为贵州省发现历史上首次鼠疫疫情。2008年初，发现广西首例人感染高致病性禽流感病例，坚持在防控第一线，防控工作得到卫生部称赞。探索新时期疾病预防控制工作的发展新模式，提出以项目为龙头，以突发公共卫生事件应急处理为主线，做好全市疾病预防控制工作。提出的肺结核病人医防合作模式成为全国肺结核防治的试点，并获世行贷款/英国赠款广西结核病控制项目优秀奖。中澳合作项目工作成为泰国等四国五地的学习中心，男男性行为者健康促进是被联合国艾滋病规划署评为最佳实践点，中心实验室成为国家认可实验室。在自治区率先检测出苏丹红、流感病毒。在自治区首次检出流感病毒H5N1核酸、肠道病毒EV71核酸和首例甲型H1N1流感病毒核酸。工作29年，主持制定《广西壮族自治区实现消除碘缺乏病规划纲要》、《广西壮族自治区鼠疫防治技术》等规范性文件。坚持严谨治学，致力科学研究，主持国际合作项目和自治区科委重点攻关项目等近30项科研课题。把科研成果推广应用到实际工作中，用研究成果来指导疾病预防，获自治区科学技术进步奖二等奖，自治区医药卫生适宜技术推广奖一等奖等科技奖6项。发表学术论文70多篇。在他的带领下，南宁市疾病预防控制中心获全国卫生系统先进单位、中华全国总工会的“工人先锋号”、南宁市先进单位、南宁市先进基层党组织。2012年4月被全国总工会授予2011年度全国五一劳动奖章。

全国“巾帼建功”标兵

覃燕青　南宁市青秀区新竹街道办事处副主任、妇联主席。女，1969年11月生，广西南宁人。中共党员。2009年3月，带领社区党员干部，学习实践科学发展观活动，提出“党委班子带领学、党员干部带头学、退休党员带动学、居民群众参与学”的指导思想，开展“边学习、边宣传、边走访、边整改”的调研活动；创新方法，用图文并茂、通俗易懂的宣传画宣传科学发展观；建造小区唐诗宋词、爱国诗篇文化长廊，弘扬中华优秀传统文化。坚持全心全意为人民服务的宗旨，完成劳动保障、安全生产、司法调解、计划服务、流动人口管理等各项工作，多项工作获先进、受嘉奖；工会、共青团、妇联等群团组织工作取得良好成绩。带头与特困家庭结对帮扶，结对特困户3户。将社区内企事业退休人员500多人纳入社区社会化管理，倾听诉求和需要，尽力提供帮助，使社区成为离退休老人们温暖的家。2011年获中华全国妇女联合会、全国“巾帼建功”活动领导小组联合授予全国“巾帼建功”标兵。

“全国最美乡村教师”、“中国十大责任公民”

石兰松　南宁市上林县西燕镇中心学校大龙洞村刁望教学点教师。瑶族，1965年9月生，广西上林人。中共党员。1985年7月开始，一直在偏僻贫困山区、库区大龙洞刁望教学点任教，克服重重困难，坚守深山，26年的摆渡生涯和教学之路，换了8艘木船，先后接送1000多名学生上、放学，实现大山孩子们上学的愿望，用爱心和责任谱写教书育人的灵魂乐章，被当地群众称为“摆渡教师”。2011年获“南宁市敬业奉献模范”提名奖。2011年4月9日，中央电视台《焦点访谈》播出摆渡教师的故事；6月17日，《光明日报》推出上林县石兰松教师系列报道17篇；9月8日，《光明日报》主办“寻找最美乡村教师”公益活动，石兰松荣登全国10名“最美乡村教师”榜首。《中国日报》、《光明日报》、《广西日报》、《南宁日报》、南宁新闻网等10多家媒体进行跟踪报道。广西壮族自治区教育厅作出向石兰松同志学习的决定，号召全区教师和教育工作者大力学习弘扬“石兰松精神”，坚守岗位，恪尽职守，为教育事业发展作出新的更大贡献。2012年1月当选为“责任中国”人民网2011年度“十大责任公民”。（黄小真）

检察先进人物

兰志才　南宁市人民检察院副检察长。壮族，1967年11月生，广西忻城人。大学本科学历，三级高级检察官。中共党员。2007年4月，指挥市检察院专案组，侦查市市政管理局原局长张建辉（正处级）受贿罪、巨额财产来源不明案。作为指挥长，在办案一线指挥，制定侦查计划和各项侦查行动方案，确保办案思路清晰、方向正确、对策明确。组织协调市检察院、县（区）检察院的侦查人员开展侦查；与自治区检察院、外地机关协调，处理办案中的问题，确保侦查进行。与一线侦查员加班加点审查材料、审讯突破案件。该案被自治区检察院评为“2008年度全区反贪十大精品案件”之首。2011年1月15日，自治区政府决定给予兰志才记个人一等功。

陈文采　南宁市人民检察院助理检察员、检察。1959年1月生，广西防城港人。大学本科学历，四级高级检察官，中共党员。2007年4月，参加张建辉涉嫌受贿案专案组，负责指挥第三小组侦查取证，是张建辉案件的主办人。带队北上湖南、湖北、河南、河北、北京等地，克服身体不适坚持工作。带领办案组外出行程最远、找到行贿人数量最多、突破行贿人人数最多、查实行贿次数最多，查出“案外案”——柳州市防洪工程腐败窝案。亲自审讯张建辉，用调查取得的证据促使张建辉认罪。带领干警查出张建辉受贿所得近400万财产，该案追回赃款3400多万元。作为案件主办人，每一份材料都亲自审查，严把证据关。2011年1月15日，自治区政府决定给予陈文采记个人一等功。

宁　宇　南宁市江南区人民检察院副检

察长。1978年8月生，广西玉林人。大学本科学历，三级检察官。中共党员。2001年1月参加工作。2001年~2011年，审查起诉刑事案件310件、477人，起诉后法院均作有罪判决。2008年，承办"5·12"四川汶川大地震期间广西地震局网站被黑客攻击并发布虚假信息案，对新类型的电子证据进行梳理和鉴别，引导公安部门补强证据；在法庭上，运用证据驳斥被告人及其辩护人的无罪辩护观点，公诉意见获得法院采纳，完成审查起诉和出庭任务。2009年被自治区检察院授予"广西十佳公诉人"。2010年10月，代表广西检察机关参加第四届全国十佳公诉人暨全国优秀公诉人业务竞赛，获总分第五名。2010年10月26日，被最高人民检察院授予全国十佳公诉人。2011年3月31日，自治区检察院决定给予宁宇记个人一等功。

（蒙　旗）

著名文艺家

梁　春　广西民族大学图书馆办公室主任。壮族，1974年2月生，广西横县人，研究生学历。中共党员。学习书法三十载，楷、隶、行、草皆有造诣，书法作品跳脱灵动，变化多端。编著有《毛笔书法教程》、《钢笔书法教程》、《楷书行书字帖》、《欧体楷书赏析与技法》(全国普通高校公共艺术(书法)系列教程)。2011年书法篆刻作品入选全国第十届书法篆刻展、全国第三届西部省市书法篆刻展。

郝　芸　南宁市戏剧曲艺家协会副主席。女，1970年7月生，河北深州人，大学本科学历，国家一级导演、二级演员。民盟广西区委员。现在南宁市群众艺术馆工作。从事舞台艺术23年，积累丰富的舞台经验和戏剧理论知识，既擅长新的导演艺术手段，又继承传统戏剧表演形式。参导的大型剧目《海棠亭》获2011年中国第十二届戏剧节优秀剧目奖，2011年获南宁市德艺双馨文艺家。

潘继坦　南宁市书法家协会副主席。壮族，1967年4月生，广西天等人，研究生学历，经济师。中共党员。中国书法家协会会员，广西书法家协会理事。作品以一流笔法为尚，力求不俗结体，钟情宋人率意自然书写之风。书法创作成果先后入展中国书协主办的全国第三届兰亭奖书法展，第二届西部书法展，全国首届篆书展。2011年书法作品入展全国第十届书法篆刻作品展。

唐礼武　广西道森律师事务所主任、中国注册拍卖师，广西民族大学法律硕士研究生导师，南宁市律师协会理事，中国书法家协会会员，广西书法家协会会员，南宁市书法家协会理事。1979年8月生，广西全州人。研究生学历。2011年书法篆刻作品入选全国第十届书法篆刻展庆祝中国共产党建党90周年广西美术、书法、摄影优秀作品展(篆刻入展)、纪念辛亥革命100周年广西书画优秀作品展(篆刻、书法类三等奖)。

王勇英　广西区作协儿童创作文学委员会副主任。中国作家协会会员。中国西部儿童文学小说创作部副主任。南宁市作协副主席。广西区作协第七、八届签约作家。南宁市作协第二届、第四届签约作家。女，1977年12月生，广西博白人，大专学历。出版小说"弄泥的童年风景系列:《巴澎的城》；侦探王系列:《与魔法师的较量》；怪同学系列《班上来了个怪同学》；精灵城堡系列等60多部。

潘文志　南宁市书法家协会会员，现任武鸣县仙湖镇副镇长。壮族，1982年6月生，广西武鸣人，本科学历，小教一级。2011年，获第二届"临川之笔"(人防杯)全国书法作品大赛二等奖、全国第十届书法篆刻作品展优秀提名奖、第三届"林散之奖"书法双年展入展、第三届中国(湘潭)齐白石国际文化艺术节全国书法作品展入展等。

（龙丽娜）

新闻人物

卓　君　广西机电职业技术学院学生。壮族，1991年10月生，广西武鸣人。从小喜欢并学习跳舞，和广大的MJ(迈克尔·杰克逊)迷一样，通过电视和网络模仿学习迈克尔·杰克逊和韩国"舞王"南贤俊的舞蹈。高中时期，在学校开办街舞社，与志同道合的同学学习交流，自学Breaking、Popping、Locking等街舞舞种。2011年，参加《中国达人秀》表演"机械舞"而为观众所熟知和喜爱，获得中国达人秀总冠军，被誉为"草根舞王"、"街舞达人"，表演视频在网络走红。2011年9月，担任南宁市旅游形象大使。

汪小敏　四川音乐学院学生。女，1992年10月生，广西南宁人。曾是《知音女孩》杂志、淘宝等的专属模特，2011年，参加青海卫视《花儿朵朵》歌唱比赛，一路从南宁赛区10强冲进西部6强、全国5强，最终获2011花儿朵朵全国决赛总冠军。2011年，签约种子音乐有限公司，踏入演艺圈。

名　人　录

广西五一劳动奖章

张文庆　广西壮族自治区第六地质队

韦恒会　广西水文地质工程地质队
谢丹丹　市邮政局
杨晓锋　市邮政局
陆　克　广西第一测绘院
李豫菲　广西航空遥感测绘院
戴永智　中国电信股份有限公司广西分公司

广西三八红旗手名单

杨雪敏　市妇联副主席
张　茹　市中级法院行政审判庭副庭长、妇女小组长
黄玉葵　市妇幼保健院妇二科主任兼大妇科主任
周丽洁　南宁市储备粮管理有限责任公司党委书记、总经理
吴帼玲　市二十六中教师
唐柳青　江南区江南街道办事处副主任
韦娇青　西乡塘区妇联主席
韦洁萍　横县公路管理局片长
黄秀明　隆安县都结乡政府党政办秘书
陆少娥　宾阳县甘棠镇那宁村党总支部书记

广西首届“我最喜爱的人民警察”

王巧燕　（女）市公安局福建园派出所民警
黄胜新　市公安消防支队特勤一中队代理中队长
杨秀文　市公安局巡警支队五大队大队长

广西首届“我最喜爱的人民警察”特别奖

杨家荣　市公安局刑事科学技术研究所教导员

全区城乡妇女岗位建功先进个人名单

“双学双比”女能手

卢玉梅　武鸣县仙湖镇连才村党支部书记、主任
韦玉金　横县云表镇大良村新仲自然村“妇女之家”负责人
农芳玲　隆安县都结乡天隆村农民
韦翠兰　上林县西燕镇江卢村妇代会主任
杨桂清　青秀区长塘镇定西村妇代会主任
杜月佐　邕宁区那楼镇那楼社区居委会主任
梁洁珍　南宁市宝玉源农业科技有限公司总经理
滕华芬　兴宁区五塘镇永宁村村委副主任
苏柳燕　马山县古零镇安善村妇代会主任
覃　梅　宾阳县和吉镇六角村村民
张爱金　武鸣县城厢镇萃英村村民

“双学双比”先进工作者

黄家玉　市妇联发展部部长
谢雪花　武鸣县妇联主席
李爱菊　上林县财政局副局长
梁薇薇　中国人民银行南宁中心支行货币信贷管理处副处长

南宁市第一届道德模范名单

助人为乐模范

羊建明　广西新长江高速公路有限责任公司工程师
郝　毅　广西军区南宁桃源路干休所离休干部
麻广林　横县校椅镇韦村三清自然村村民

见义勇为模范

马大保　邕宁区那楼镇那盆村村民
刘小坚　市九州出租汽车有限公司驾驶员

诚实守信模范

农喜耀　隆安县都结乡天隆村小学教师
陆民生　武鸣县城厢镇邓广村村民

敬业奉献模范

朱传波　市峙村河水库管理所主任、支部书记
黄胜新　武警南宁市消防支队朝阳中队中队长
陆少娥　（女）宾阳县甘棠镇那宁村党总支部书记、村委会主任
杨家荣　市公安局刑事科学技术研究所教导员

孝老爱亲模范

蓝金星　（女）上林县大丰镇皇周村温边庄村民
覃金玲　（女）马山县医院主管护师

南宁十大杰出青年

龙颜悦　南宁电视台副台长兼新闻综合频道总监
全俊杰　市公安局交通警察支队五大队亭洪中队中队长
汪　莉　（女）市第一医院神经内科护士长
周新生　广西公安边防总队南宁边防检查站执勤业务三科副科长
莫莎莎　（女）良庆区柳沙江南小学副校长
郭炜靖　横县马山乡克安村党总支部书记助理兼团支书
梁　承　广西新胜利集团公司董事长、市青年企业家协会副会长
傅剑林　宾阳县山大旺甜笋、特禽养殖基地负责人
廖鸿飞　市艺术剧院演员
宁　宇　江南区检察院副检察长

南宁市第二届中青年“德艺双馨文艺家”名单

王勇英　（女）市作家协会副主席
丘晓兰　（女）市作家协会副主席
黄俊成　市戏剧曲艺家协会理事
郝　芸　（女）市戏剧曲艺家协会副主席
陈春燕　（女）市音乐家协会副主席
廖鸿飞　市音乐家协会副主席
李紫君　市舞蹈家协会主席

黄　高　(女)市美术家协会副主席
潘继坦　市书法家会协会副主席
潘文志　市书法家会协会会员
李　辉　市摄影家协会理事
顾铁流　市电视艺术家协会会员
郑天雄　市民间文艺家协会主席
刘锦钢　市文艺理论家协会副主席

南宁市劳动模范

（75名）

贺建光　南宁康福交通有限公司司机
玉燕玲　(女)南宁市西乡塘区环境卫生管理站清保公司质检员
梁就荣　横县桂华茧丝绸有限责任公司生产部设备主任
韦艳萍　(女)广西运德汽车运输集团有限公司□东汽车站业务部售票班班长
闭志萍　(女)南宁市储备粮管理有限责任公司沙井粮库主任
陆佩智　广西电网公司南宁供电局江南供电分局带电作业班副班长
滕建东　南宁糖业股份有限公司蒲庙造纸厂生产环保中心副主任
潘雪萍　(女)武鸣供电公司电表校验班班长
黄喜雄　南宁中燃城市燃气发展有限公司客户服务部维修员
曾雪明　(女)南宁市五龙车桥有限公司仓管部仓管员
冯英兰　(女)江南区环境卫生管理站清扫质检办清扫班长
郭庭光　南宁糖业股份有限公司东江糖厂压榨车间主任
王明智　上林大染坊茧丝绸有限公司工人
莫方俭　广西南宁高新建筑安装工程有限责任公司工人
宁　富　广西华劲集团股份有限公司南宁纸业分公司维修中心班长
黄　猛　佛山佛塑科技集团股份有限公司南宁经纬分公司拉丝车间主任
韦万群　广西建工集团第五建筑工程有限责任公司南宁分公司木工队队长
玉建勇　广西银泉化工有限责任公司机电车间主任
江　琴　(女)宾阳县茧丝工贸有限责任公司缫丝车间车头工
彭祖城　广西珠江啤酒有限公司生产储运部叉车仓储班班长
丁云峰　中国国电集团南宁发电有限责任公司运行部主值班员
黄　勇　广西电力线路器材厂制塔车间综合班班长
刘胜桂　广西跨世纪大酒店有限公司厨部点心部副总厨
李梅英　(女)南宁市晋江福源食品有限公司膨化包装车间班长
滕少姝　(女)南宁市邮政局仙葫投递部投递员
覃龙森　广西丰林木业集团股份有限公司南宁厂生产技术部经理
洪炳川　南宁—东盟经济开发区市政环卫管理站清洁工人
黄宏健　广西建工集团第一安装有限公司第二分公司钳工班班长
李波光　兴宁区昆仑镇环卫站站长
梁伍秋　(女)市维威制药有限公司颗粒剂车间工人
梁树华　南宁邦尔克生物技术有限责任公司副总经理
李芳琴　(女)广西苍鹰化工投资有限责任公司武鸣氮肥厂企管办副主任
张学群　南宁品正建设咨询有限责任公司常务副总经理
胡　钢　南宁广发重工集团有限公司重型机械制造公司副总设计师
雷才光　南宁糖业股份有限公司伶俐糖厂副厂长
慕丽群　(女)广西万寿堂药业有限公司总工程师
莫海量　广西华蓝设计(集团)有限公司研究院副院长
陈　农　广西电力线路器材厂技术部技术员
梁可文　广西健丰药业有限公司研发部主任
黄立松　广西隆安广能电力开发有限公司金鸡滩水电厂副厂长
张洪武　南宁青岛啤酒有限公司总酿酒师
张红萍　(女)南宁同达盛混凝土有限公司技术部经理
韦　华　南宁华侨投资区建设投资总公司副总经理
周　放　广西建工集团第一建筑工程有限责任公司直管部项目经理
彭小武　广西送变电建设公司基建部技术员
陆冬青　市公共交通总公司总经理
谭日升　广西凯威铁塔有限公司总经理
吴木华　广西鑫利华房地产开发有限公司董事长、总经理
黄永干　南宁百货大楼股份有限公司董事长、党委书记
黄冬梅　(女)广西中缘五象投资有限公司总经理
黄登明　南宁侨虹新材料有限责任公司总经理
王玉玺　广西现代运输集团有限公司董事局主席、总裁、党委书记
姜美南　南宁市三建建筑安装工程有限责任公司董事长、总经理
韩静玉　中铁隧道集团四处有限公司总经理
黎　军　南宁威宁资产经营有限责任公司董事长、党委书记
韦德敏　马山县农村信用合作联社理事长、党委书记
农永富　中国工商银行股份有限公司广西壮族自治区分行营业部总经理、党委书记
税明芳　广西彬伟装饰材料有限公司总经理
韦祖巍　隆安供电公司总经理
唐金生　南宁漓源粮油饲料有限公司总经理
韦世宁　武鸣县双桥镇下渌村委主任
李荣光　马山县古零镇弄拉旅游合作社党支部书记
覃丽娟　(女)宾阳县露圩镇上塘村委主任
姚金秀　(女)上林县巷贤镇大山村谷南庄农民
梅永生　上林县镇圩瑶族乡镇马社区街三队农民
覃子坤　横县云表镇云表社区朝南村农民
凌维利　隆安县雁江镇红良村农民
陆坚邦　兴宁区五塘镇西龙村农民
梁民明　江南区苏圩镇那海村毛村坡农民
谭启盛　青秀区刘圩镇谭村村主任
梁耀海　西乡塘区金陵镇业仁村党支部书记
梁成员　邕宁区蒲庙镇良勇村党支部书记
梁大鹏　良庆区那陈镇邕乐村养殖专业户
潘会源　高新区安宁街道路西村农民
向武宗　南宁经济技术开发区向武宗养殖场养殖专业户

南宁市先进工作者

（25名）

陆金明 武鸣县双桥镇司法所所长
雷 炎 横县财政局局长
李启新 宾阳县疾病预防控制中心副主任
石兰松 上林县西燕镇大龙洞小学教师
施德全 马山县发展和改革局局长
陆 超 隆安县公安局副局长
李建绩 中共南宁市委统战部办公室主任
张春友 中共江南区沙井街道工作委员会书记
邓金爱 （女）青秀区人口和计划生育局局长
施 明 市第三十七中学校长
卢 斯 市邕宁区交通运输局局长
黄英武 市良庆区司法局大塘司法所所长
彭 通 南宁高新技术产业开发区管理委员会办公室副主任
张 宇 南宁经济技术开发区征地拆迁办公室主任
全宏舜 南宁市相思湖新区房屋和征地拆迁办公室主任
宋伯宁 市第一医院急诊科主任、党支部书记
周 青 市社会科学院社会发展研究所助理研究员
全俊杰 市公安局交通警察支队五大队六中队中队长
李玉露 （女）市地方税务局办公室主任
陆 桥 （女）市妇女儿童工作委员会办公室副主任
魏述涛 市第三中学教师
杜丽群 （女）市第四医院感染科护士长
潘小宁 （女）中共南宁市兴宁区委办公室副主任
郭李宽 南宁市职业技能鉴定指导中心主任
黄连冬 南宁市金花茶公园园容管理科基因库技术主管

南宁市城乡妇女岗位建功先进个人名单

（53名）

南宁市“巾帼建功”标兵

（33名）

谢雪花 武鸣县妇联主席
潘月清 武鸣县农业局妇委会主任
梁 群 横县地方税务局横州税务分局副分局长
莫汝娟 横县国家税务局办税服务厅主任
樊海红 宾阳县国家税务局妇委会主任
农小群 市第九医院护理部主任、院办党支部副书记
李爱菊 上林县财政局副局长
韦 敏 上林县澄泰乡妇联主席
黄红桃 马山县人大常委会代表联络和教科文卫委主任
李翠春 马山县教育局副局长
黄筱金 隆安县国家税务局政策法规股副股长
陆凤机 隆安县医院副院长
梁 菲 兴宁区委宣传部副部长
梁圆鹦 兴宁区翠峰幼儿园园长
徐 莉 江南区国税局副局长
李 潮 江南区福建园街道江南路东社区党支部书记、主任
顾王莹 中共青秀区委常委、组织部部长
黄海燕 青秀区新竹街道办事处党工委书记
李 桃 西乡塘区发展和改革局局长
廖航英 市中鹿出租汽车有限公司办公室副主任
张 方 市国税局第一稽查局检查一股股长
陈玉靓 良庆区教育研究室副主任
李彤彤 南宁经济技术开发区主任助理、建设局局长
王燕玲 中共南宁市委组织部人事科科长、机关党总支部副书记
李 宁 市财政局党组副书记、副局长
夏双喜 市人力资源和社会保障局纪检组长
曾秋香 市公安局亭子派出所民警
陆 桥 市妇女联合会妇女发展部部长
何 波 市劳动争议仲裁院院长
展秀婷 市教育科学研究所副所长
班 红 建设银行广西区分行营业部女工委副主任
徐永芳 市疾病预防控制中心艾滋病与性病防制科科长
刘秋华 市公共交通总公司驾驶员

南宁市“巾帼建功”活动先进工作者

（20名）

黄艳英 武鸣县妇联副主席
韦 棠 横县工商局人教股副股长
邹 铃 宾阳县妇联副主席
覃凤花 上林县农业局办公室副主任
班兰颖 马山县国家税务局收入核算股股长
卢娇荣 隆安县妇联副主席
赵桃艳 兴宁区燕子岭小学校长
肖星宏 江南区教育局党委副书记、副局长
梁灵玲 青秀区津头街道秀山社区居委会妇联主席
孟 琳 市江北小学校长
卢月华 邕宁区法院助理审判员
梁振米 良庆区良庆镇妇联主席
廖艳姿 南宁华侨投资区国家税务局妇女主任
梁敏聪 市直机关妇工委主任
卢燕玲 市住房保障和房产管理局党办主任、妇女主任
甘伟玲 市财政局稽查大队副大队长、妇委会主任
邓琼冬 市司法局法制宣传科科长
周绪玲 南宁住房公积金管理中心信贷科科长、妇委会主任
何 旻 市妇女联合会妇女发展部副主任科员
莫秋碧 市科学技术协会科技咨询中心副主任

南宁市第一届“美德少年”名单

（100名）

孝老爱亲好少年

（25名）

黄鑫媛 武鸣县城镇第二小学
陆锦壮 武鸣县双桥镇中心学校
潘昀昀 武鸣县民族中学
邓清尹 横县陶圩镇中心学校

陆晓玲 横县职业教育中心
陈 芳 横县那阳镇第三初级中学
黄 元 宾阳县宾州一中
朱亦辰 宾阳县宾阳中学
雷 悦 宾阳县黎塘镇第一完小
莫 岚 上林县乔贤镇中心学校
蓝一钧 上林县民族中学
唐凌娜 马山县合群初中
李姜晓 马山县城西小学
许天伟 隆安县隆安中学
林紫琦 隆安县第二小学
陆厚壮 隆安县雁江镇初级中学
韦宗溧 市安宁路小学
刘芝君 南宁市师范学校附属小学
李文静 市逸夫小学
覃 榕 市青秀区长□小学
傅瑞叠 市第十七中
唐付强 市亭洪学校
玉一云 邕宁区中和中心学校
韦伊宁 邕宁区蒲庙镇永乐小学
郭 颖 良庆区良庆镇中心学校

助人为乐好少年

（25名）

潘 迪 武鸣县城镇第一小学
梁正仁 武鸣县特殊教育学校
陆欣研 武鸣县城镇第二小学
卢婷婷 横县南乡镇第三初级中学
蒙 骁 横县百合完全中学
雷秉耀 横县镇中心学校(本校)
覃筱倩 宾阳县民族中学
蒋帅予 宾阳县宾州镇永武小学
蒋秋鹏 宾阳县黎塘一中
蓝宇彬 上林县西燕镇中心学校
覃思博 马山县白山镇城西小学
梁 琳 马山县民族中学
覃芊卉 隆安县第二小学
黄治国 隆安县隆安中学
施 勇 西乡塘区苏卢小学
罗睿凯 市第二十九中
梁静雯 市北湖北路学校
李 阳 市滨湖小学
黄慧婕 市第十四中学
潘思雅 市天桃试验学校小学部
吴沛沛 市君武小学
卢家锦 江南区沙井小学
潘丽青 邕宁区新江中学
黎 娴 良庆区大沙田小学

卢文滔 南宁东盟经济开发区中心小学

诚实守礼好少年

（25名）

梁 雨 武鸣县城厢镇第三小学
黄川夏 武鸣县城厢镇第一小学
黄丽婷 武鸣县太平镇中心学校
韦金西 横县横州镇中心校(本校)
刘志环 横县平朗乡初级中学
陆 嫣 横县横州镇中心学校(本校)
韦怡珍 宾阳县宾州镇新宾完小
莫扬娇 宾阳县宾州一中
张家莲 宾阳县宾阳中学
石玥鑫 上林县民族实验学校
蓝婧之 马山县白山镇城南小学
黄惠雯 隆安县隆安中学
卢春燕 隆安县第三中学
陆美好 市解放路小学
廖 玲 市第二十四中
付婷婷 市第十四中
唐楚烟 市星湖小学
黄铭轩 市民主路小学
林秋含 市大联小学
凌晓颖 南宁市壮锦学校
周开阳 南宁市江南区荣和实验学校
黄富华 邕宁区百济中学
韦雨霄 良庆区良庆镇中心学校
滕芷珞 市高新小学
莫 乔 南宁市经济技术开发区那洪中学

环保节约好少年

（25名）

马函肖 武鸣县城厢镇第三小学
刘晓莹 武鸣县太平镇中心学校
黄 翔 武鸣县双桥镇中心学校
林 霜 横县莲塘镇山柏小学
谢 璐 横县横州镇中心学校(本校)
黄梅仙 横县第二高级中学
甘 娇 宾阳县武陵中心小学
雷叶颖 宾阳县芦圩完全小学
陈琪耀 宾阳县甘棠中心学校
莫滨梦 上林县上林中学
刘宏盛 隆安县第二小学
陆振川 隆安县隆安中学
韦桂芳 隆安县古潭乡中心小学
黄靖雯 市北湖路小学
韩青云 市秀田小学
伍贺南 市滨湖小学
李 涵 市民主路小学
覃子语 市天桃实验学校
蒋欣容 江南区荣和实验学校
谭续燊 市五一路小学
林添光 市石柱岭小学
梁雨馨紫 市大沙田小学
雷 婕 良庆区良庆镇中心学校
冯昕琪 市阳光新城学校
阮俊杰 市高新小学

南宁市第一届“美德少年”提名奖名单

（54名）

周珠波 上林县职业技术学校
韦权桂 上林县尖岭初中
潘炳旭 上林县乔贤镇第一初级中学
黄彩敏 上林县中学
樊秋莹 上林县明亮镇第二初级中学
韦明君 上林县民族中学
吴一尘 上林县民族实验学校
麻秋莹 马山县白山镇同富小学
黄舒静 马山县民族中学
苏玉金 马山县马山中学
陆雪丽 马山县金伦中学
邓莎莎 马山县林圩镇中心小学
任毓钰 隆安县第一中学
马丽冰 隆安县古潭乡中心小学
文 雯 市第三十九中
梁姗姗 市安宁路小学
陆 净 市第九中
韦云耀 市安宁路小学
阳绍庆 市兴宁区畅春湖学校
陈君丽 兴宁区畅春湖学校
姜瑞文 市第三十九中
卢原林 市第九中
马伟洪 市安宁路小学
谭缘缘 市安宁路小学
梁 娜 江南区东南小学
隆佳良 江南区白沙小学
蒙艺甄 市江南路小学
官婷婷 市江南区福德小学
黄义虎 市福建路小学
梁荣瑾 市江南区苏圩中学
覃敏姣 市第三十七中
韦子康 市清川小学
雷璐西 市新阳路小学
王斌杰 市第四十九中
蓝东好 市明秀小学
欧 莹 邕宁区那楼中学
杜 娟 市第四十二中
黎海媚 邕宁区那楼中学

黄晓菲　邕宁区那楼中学
韦文挺　邕宁区蒲庙镇永乐小学
黄小芳　邕宁区百济乡初级中学
梁　泳　南宁市邕宁高级中学
玉信威　邕宁区民族中学
唐诗慧　良庆区大沙田中心小学
伍文星　市阳光新城学校
陈芝颖　市阳光新城学校
黄健健　市第四十六中
刘艳南　西乡塘区心圩小学
黄　毅　西乡塘区心圩中心小学
钟慧娴　南宁经济技术开发区那洪中学
卢小玲　南宁经济技术开发区那洪中学
黄　洁　江南区那洪平阳小学
李佳忆　华侨投资区中心小学
邓金涛　东盟经济园区中心小学

（黄小真）

革命烈士

陆启富　广西隆安县南圩镇灵利村人。1907年出生，1926年考入黄埔军校南宁分校，在共产党员的启发教育下，走上革命道路。1929年10月，随广西教导队撤往右江，12月参加百色起义。1930年1月21日，红七军第一纵队进占隆安县城，成立隆安县革命委员会和县农民赤卫队，任县革委会肃反委员兼赤卫队队长，配合红军组织小分队，分别到南圩、乔建、那桐、那重、西宁等地收缴、追逃国民党反动派武装。2月初，率领赤卫武装配合红七军在隆安县城与强敌激战。隆安战役后，随红七军撤出隆安北上，失踪时年仅23岁。2010年10月，隆安县政府上文请求追认陆启富同志为革命烈士，经调查核实，2011年7月1日，市政府上报追烈申请给自治区政府，2011年7月26日，自治区政府认为陆启富同志的牺牲情节符合《革命烈士褒扬条例》第三条第(一)项规定，同意追认陆启富同志为革命烈士。

（韦　琨）

逝世人物

（享受副厅级以上政治、生活或医疗待遇）

赖添才　(1925-07~2011-09-18)广东惠阳人。1942年3月参加革命工作，1943年11月加入中国共产党。历任广东抗日游击队东江纵队惠阳大队独立小队副班长，珠江队班长，五虎队一中队副排长、排长；广东东江纵队五支队队长、手枪队队长、干部三队班长；两广纵队教导团一连排长，二团三连副连长、连长，二团汽车连连长；广州市军营会汽车修理厂组长；两广纵队独立师一团一连连长；广东军区珠江军分区十六团三营副营长、十四团一营营长；南京高级步兵学校学员；42军125师374团副团长、后勤部副部长；建工部四局五公司二处主任、副经理，公司革委会副主任、主任；广西壮族自治区基本建设委员会副主任、党组副书记；南宁市革委会副主任；南宁市人民政府秘书长；1990年3月离休。曾当选为自治区第三次党代会代表，南宁市第七届人大代表，中共柳州市第四届委员会委员。

耿式平　(1919-06~2011-02-06)河北昌黎人。1945年3月参加革命工作，1947年4月加入中国共产党。历任河北昌黎县皇后寨公社黄土庙庄村长，昌黎县第五区公所民政干部、战委会副主任；广西上思县一区区长、区委书记，县委组织部副部长；广西武鸣县委组织部部长，武鸣县委副书记、书记；南宁地区专署农业局副科长，水电局副局长；广西横县县委副书记、书记；南宁地区革委会副主任；南宁市革委会副主任；南宁市委副书记。1986年4月离休。曾当选为南宁市第七届人大代表。

刘中强　(1927-02~2011-12-10)广东河源人，1949年3月参加革命工作，1949年3月加入中国共产党。历任南宁市学校委员会组织干事；南宁市第一中学教师、教导员、党支部书记，南宁市第一初中党支部书记兼代理校长；南宁市委宣传部学习室副主任、理论教育科科长；南宁市矿务局干部；南宁市委党校教研科副科长、教研室主任、副校长、副书记(1986年8月定为正处级干部)；1988年11月离休。享受地(厅)级医疗待遇。曾当选为中国人民政治协商会议南宁市第五届委员会委员。

（市委组织部编写组）

百岁老人

李细伶　女，1911年2月28日生，广西南宁市郊人，村民，五保户。住南宁江南区沙井街道办事处乐贤村北槐坡13队。生活健康状况：一日3餐，每餐2两，主食为米饭、蔬菜、少量肉类；每天睡眠8小时，行动方便，无重大疾病；靠国家救济。

杨月带　女，1911年2月26日生，广西南宁市郊人，村民。有1个儿子、8个孙子女、3个曾孙。住南宁江南区江西镇那廊村上二甲坡5号。生活健康状况：一日3~4餐，每餐适量，主食为米饭、粥、少量肉类；每天睡眠10小时，行动不方便，有风湿骨痛等疾病；靠子孙赡养。

梁志宏　男，1910年12月2日生，广西南宁市人，退休职工。有7个子女、4个孙子女、6个外孙、2个曾孙。住南宁江南区五一东路18号。生活健康状况：一日3餐，每餐适量，主食米饭、牛奶、粥；每天睡眠8小时，行动方便，无重大疾病；有退休金领。

杜似金　女，1911年4月3日生，广西南宁市人，居民。有2个子女、2个孙子女、4个外孙、5个曾孙。住南宁江南区白沙路17号二区6栋1单元109房。生活健康状况：一日3餐，主食为米饭、粥；每天睡眠约10小时，行动一般，无重大疾病；靠子女赡养。

韦云姑　女，1911年7月21日生，广西南宁市郊人，村民。有3个子女、5个孙子女、3个曾孙。住南宁江南区江南街道办事处富德村一组。生活健康状况：一日3餐，每餐适量，主食为米饭、粥、蔬菜；每天睡眠6小时，行动一般，有高血压等疾病；靠子女赡养。

梁树佳　女，1911年9月6日生，广西南宁市郊人，村民。有2个子女、3个外孙。住南宁江南区江西镇那廊村九甲坡。生活健康状况：一日3餐，主食为米饭、蔬菜、粥；每天睡眠10小时以上，行动方便，无重大疾病，靠国家救济及子女赡养。

李　氏　女，1910年12月23日生，广西南宁市郊人，村民。有4个子女、1个孙子女、4个外孙。住南宁青秀区刘圩镇大里村那稔坡4队。生活健康状况：一日3餐，主食米饭、蔬菜；每天睡眠8小时，行动方便，有耳聋症状;靠子女赡养。

刘丽钧　女,1911年1月16日生,广西贺州市人,居民。有3个子女、1个孙子女、8个外孙、1个曾孙。住南宁青秀区桃源路82号区农业生产资料公司宿舍。生活健康状况:一日3餐,主食为米饭;每天睡眠10小时,行动一般,有白内障、气管炎疾病;靠儿子赡养。

黄明新　女,1911年5月1日生,广西南宁市郊人,居民。有2个子女、2个孙子女、1个外孙。住南宁青秀区植物路22号。生活健康状况:一日3餐,每餐适量,主食为米饭、蔬菜、少量肉类;每天睡眠6小时,行动较为方便,无重大疾病;靠女儿赡养。

韦振财　女,1911年6月15日生,广西南宁市郊人,村民。有2个子女、4个孙子女、6个外孙。住南宁青秀区伶俐镇沱江村六达坡2队。生活健康状况:一日3餐,每餐适量,主食为米饭、粥;每天睡眠8小时,行动一般,有耳聋症状;靠国家救济及儿子赡养。

温秀英　女,1911年3月3日生,广西贵港市桂平市人,居民。有2子女、2个孙子女、5个外孙、6个曾孙。住南宁青秀区河堤路74号。生活健康状况:一日4餐,主食为米饭、粥;每天睡眠10小时,行动不方便,有高血压疾病;靠国家救济及子女赡养。

庞美芳　女,1911年6月25日生,广西玉林市人,居民。有2个子女、1个孙子女、1个外孙、1个曾孙。住南宁青秀区建政路10号。生活健康状况:一日3餐,主食为米饭、粥;每天睡眠10~12小时,行动不太方便,有心脏病、关节痛等疾病;靠子女赡养。

黄　荣　男,1911年6月4日生,广西河池市巴马县人,离休干部。有7个子女、4个孙子女、4个外孙、3个曾孙。住南宁青秀区七星路130号。生活健康状况:一日3餐,每餐约2两,主食为米饭、面类、蔬菜、少量肉类等;每天睡眠8~10小时以上,行动不方便,无重大等疾病;有离休金领。

曾娥明　女,1911年9月11日生,广西崇左市人,居民。有1个女儿、1个外孙、1个曾孙。住南宁青秀区望州路北二里36号。生活健康状况:一日3~4餐,每餐2两,主食为米饭、蔬菜、面制品、少量肉类;每天睡眠8小时,行动方便,无重大疾病;靠女儿赡养。

兰云飞　女,1911年9月8日生,广西来宾市忻城县人,居民。有3个子女、6个孙子女、3个外孙、4个曾孙。住南宁青秀区民主路33号。生活健康状况:一日3餐,每餐适量,主食为米饭、粥;每天睡眠8小时,行动一般,有高血压等疾病;靠子女赡养。

刘菊香　女,1910年1月11日生,广西南宁市武鸣县人,村民。有2个子女、1个孙子女、2个外孙。住南宁武鸣县锣圩镇树合村7组。生活健康状况:一日3餐,主食为米饭、粥,;每天睡眠8小时,行动方便,无重大疾病;靠子女赡养。

陆金连　女,1910年11月25日生,广西南宁市武鸣县人,村民。有3个子女、6个孙子女、5个外孙、4个曾孙。住南宁武鸣县太平镇均致村1组。生活健康状况:一日2餐,主食为米饭、粥、蔬菜,每天睡眠12小时,行动一般,有咳喘等疾病;靠子女赡养。

邓秀芝　女,1910年9月5日生,广西南宁市武鸣县人,村民。有2个子女、1个孙子女。住南宁武鸣县府城镇东风农场东区7号。生活健康状况:一日3餐,主食为粥、米饭、蔬菜;每天睡眠8小时,行动方便,无重大疾病;靠国家救济。

陆瑞泉　女,1911年1月1日生,广西南宁市武鸣县人,村民。有3个子女、5个孙子女、7个外孙、1个曾孙。住南宁武鸣县太平镇林渌村6组。生活健康状况:一日3餐,每餐适量,主食为米饭、粥;每天睡眠8小时,行动方便,有耳聋症状;靠国家救济。

陆振袢　男,1910年2月19日生,广西南宁市武鸣县人,村民。有4个子女、10个孙子女、3个外孙、1个曾孙。住南宁武鸣县宁武镇雄孟村雷红屯91号。生活健康状况:一日3餐,每餐少量,主食为米饭、少量肉类、蔬菜;每天睡眠8小时,行动方便,无重大疾病;靠子女赡养。

黄汝香　女,1911年1月27日生,广西南宁市武鸣县人,村民。有2个儿子、5个孙子女、4个曾孙。住南宁武鸣县太平镇这新联村8队。生活健康状况:一日3餐,每餐2两,主食为米饭、玉米粥;每天睡眠8小时,行动不方便,年老体弱、有关节风湿等疾病;靠子孙赡养。

黄结葵　女,1910年11月15日生,广西崇左市人,退休职工。有1个女儿、4个外孙、5个曾孙、1个重孙。住南宁武鸣县城东镇渡头社区。生活健康状况:一日3餐,每餐2两,主食为米饭、粥;每天睡眠6小时,行动不方便,有老年痴呆症;有退休金领。

邓德青　男,1910年9月10日生,广西南宁市武鸣县人,村民。有4个子女、5个孙子女、4个外孙、7个曾孙。住南宁武鸣县锣圩镇大杨村伏吉屯22号。生活健康状况:一日3餐,每餐均量,主食为米饭、粥、少量肉类、蔬菜;每天睡眠9小时,行动方便,无重大疾病;靠国家救济及子女赡养。

谭　氏　女,1911年4月1日生,广西南宁市武鸣县人,村民。有2个子女、2个孙子女、6个外孙、1个曾孙。住南宁武鸣县罗波镇梁彭村新梁屯10号。生活健康状况:一日3餐,每餐2两,主食为米饭、玉米粥、蔬菜;每天睡眠9小时,行动不方便,有风湿骨痛等疾病;靠儿子赡养。

黄芳桂　女,1910年9月5日生,广西南宁市武鸣县人,村民。有6个子女、24个外孙、5个外孙、13个曾孙。住南宁武鸣县宁武镇新甫村6队。生活健康状况:一日3餐,每餐适量,主食为粥、米饭、少量肉类、蔬菜;每天睡眠12小时,行动一般,无重大疾病;靠孙子赡养。

邓兰香　女,1910年4月9日生,广西南宁市武鸣县人,村民。有3个子女、6个孙子女、3个曾孙。住南宁武鸣县太平镇庆乐村18组。生活健康状况:一日3餐,每餐适量,主食为米饭、蔬菜、少量肉类;每天睡眠10小时,行动不方便,无重大疾病;靠儿子赡养。

梁宝江　男,1911年3月7日生,广西南宁市武鸣县人,村民。有3个子女、14个孙子女、20个外孙、9个曾孙。住南宁武鸣县双桥镇村腾翔村伏梁屯391号。生活健康状况：一日3餐，每餐约2两，主食为米饭、粥；每天睡眠8小时，行动方便，无重大疾病；靠子孙赡养。

黄美莲　女，1911年3月5日生，广西南宁市武鸣县人，村民。有8个子女、17个孙子女、18个外孙、10个曾孙。住南宁武鸣县太平镇文坛村长岗屯33号。生活健康状况：一日3餐，每餐适量，主食为米饭；每天睡眠8小时，行动方便；靠子女赡养。

黄莲花　女，1911年6月1日生，广西南宁市武鸣县人，村民。有3个子女、2个孙子女、1个外孙、1个曾孙。住南宁武鸣县城厢镇灵源村局毛屯66号。生活健康状况：一日3餐，每餐2两左右，主食为大米、蔬菜、少量肉类；每天睡眠9小时以上，行动方便，有经常头晕症状；靠子女赡养。

危生英　女，1911年6月13日生，广西南宁市武鸣县人，村民。有1个女儿、2个外孙。住南宁武鸣县城厢镇灵源村乡宦屯167号。生活健康状况：一日5餐，每餐一小碗，主食为米饭、粥、蔬菜、少量肉类；每天睡眠7小时，行动不方便，有风湿骨痛疾病；靠女儿赡养。

周美莲　女，1911年6月3日生，广西南宁市武鸣县人，村民。4个子女、7个孙子女、13个外孙、3个曾孙。住南宁武鸣县府城镇福良村新其亮屯13号。生活健康状况：一日3餐，每餐2两，主食为米饭、粥；每天睡眠6小时，行动一般，无重大疾病；靠子孙赡养。

隆吉三　女，1911年6月26日生，广西南宁市武鸣县人，村民。有4个女儿、5个孙子女、2个外孙。住南宁武鸣县城厢镇大梁村1队。生活健康状况：一日3餐，每餐适量，主食为米饭、粥；每天12小时，行动一般，无重大疾病；靠子女赡养。

潘　氏　女，1911年7月13日生，广西南宁市武鸣县人，村民。有6个子女、8个孙子女、6个外孙、1个曾孙。住南宁武鸣县锣圩镇英圩村独山屯25号。生活健康状况：一日3餐，每餐适量，主食为米饭、蔬菜、少量肉类；每天8小时，行动方便，无重大疾病；靠子女赡养。

李月光　女，1911年4月15日生，广西南宁市武鸣县人，村民。有5个子女、4个孙子女、3个外孙。住南宁武鸣县仙湖镇清白村狮子屯36号。生活健康状况：一日3餐，每餐适量，主食为米饭、粥；每天睡眠10小时，行动不方便，左脚不灵活；靠子女赡养。

邓中梅　女，1911年6月21日生，广西南宁市武鸣县人，村民。有3个子女、6个孙子女、2个外孙、3个曾孙。住南宁武鸣县仙湖镇那溪村广外屯7号。生活健康状况：一日3餐，，主食为米饭、粥、蔬菜；每天睡眠10~12小时，行动不方便，年老体弱，基本躺在床上，无重大疾病；靠子女赡养。

梁秀荣　女，1911年9月2日生，广西南宁市武鸣县人，居民。有1个子女、5个孙子女、5个外孙、4个曾孙。住南宁武鸣县锣圩镇解放路195号。生活健康状况：一日3餐，每餐适量，主食为米饭、蔬菜；每天睡眠8~10小时，行动不太方便，有风湿、肾结石等疾病；靠子女赡养。

潘桂花　女，1911年8月27日生，广西南宁市武鸣县人，村民。有5个子女、21个孙子女、12个外孙、2个曾孙。住南宁武鸣县锣圩镇济力村学仕屯49号。生活健康状况：一日3餐，主食为粥、蔬菜；每天睡眠8~10小时，行动方便，一般生活能自理；无重大疾病；无重大疾病，靠儿子赡养。

丰美英　女，1911年9月17日生，广西南宁市武鸣县人，村民。有1个女儿、1个外孙。住南宁武鸣县双桥镇平陆村平洪屯167号。生活健康状况：一日4餐，每餐2两，主食为米饭、蔬菜、少量肉类；每天睡眠10小时，行动不方便，靠借拐杖行走，有头昏、消化不良等疾病；靠女儿赡养。

卢利清　女，1911年11月2日生，广西南宁市武鸣县人，村民。有2个子女、5个孙子女、3个外孙、2个曾孙。住南宁武鸣县宁武镇梁新村何了屯7号。生活健康状况：一日3餐，每餐适量，主食为米饭、粥、少量肉类、蔬菜；每天睡眠10小时，行动较为方便；有耳聋、眼花等症状，靠子女赡养。

李月清　女，1911年3月16日生，广西南宁市上林县人，村民。有2个子女、4个孙子女、2个外孙、4个曾孙。住南宁上林县明亮镇江林村坡林庄。生活健康状况：一日3餐，主食为米饭、粥、少量肉类、蔬菜；每天睡眠9~10小时，行动不方便，有脚痛症状；靠子孙赡养。

吴秀连　女，1911年2月2日生，广西南宁市上林县人，村民。有3个子女、6个孙子女、4个外孙、6个曾孙。住南宁上林县明亮镇亭亮社区五里庄。生活健康状况：一日3餐，每餐适量，主食为米饭、粥；每天睡眠12小时，行动方便，无重大疾病；靠子女赡养。

韦连青　女，1910年6月10日生，广西南宁市上林县人，村民。有6个子女、25个孙子女、16个外孙、10个曾孙。住南宁上林县三里镇韦寺村韦寺庄。生活健康状况：一日3餐，每餐适量，主食为米饭、蔬菜菜；每天睡眠时间正常，行动一般，无重大疾病；靠子女赡养。

韦秀华　女，1901年11月24日生，广西南宁市上林县人，村民。有4个子女、3个孙子女、8个外孙。住南宁上林县巷贤镇万加村六乐庄。生活健康状况：一日3餐，每餐适量，主食为米饭、粥；每天睡眠6~8小时，行动较为方便，有喘咳、身痒、眼蒙等症状；靠儿子赡养。

卢爱芬　女，1910年7月23日生，广西南宁市上林县人，村民。有4个子女、3个孙子女、9个外孙、13个曾孙。住南宁上林县大丰镇那桂街64号。生活健康状况：一日3餐，每餐适量，主食为米饭、杂粮、少量肉类、蔬菜；每天睡眠6~7小时，行动不方便，有风湿性关节炎、偏头痛、眼蒙等症状；靠儿子赡养。

李辉仁　女，1906年8月5日生，广西南宁市上林县人，村民。有5个儿子、12个孙子女、1个外孙、5个曾孙。住南宁上林县白圩镇覃黄村。生活健康状况：一日3餐，每餐适量，主食为米饭、少量肉类，每天睡眠8小时，行动方便，无重大疾病；靠子女赡养。

成玉隆　男，1911年8月5日生，广西南宁市上林县人，村民。有5个子女、12个孙子女、8个外孙、5个曾孙。住南宁上林县大丰镇村塘栖庄。生活健康状况：一日3餐，每餐适量，主食为米饭；每天睡眠10小时，行动不便，长期卧床；靠子女赡养。

樊祯香　女，1911年7月8日生，广西南宁市上林县人，村民。有5个子女、3个孙子女、1个曾孙。住南宁上林县塘红镇万福村上圩3组。生活健康状况：一日3餐，主食为米饭、粥；每天睡眠10小时，行动方便，无重大疾病；靠子孙赡养。

周祝英　女，1911年5月4日生，广西南宁市上林县人，村民。有1个女儿、3个外孙、3个曾孙。住南宁上林县木山乡那良村下良庄。生活健康状况：一日3餐，主食为米饭；每天睡眠8小时，行动不方便，有眼蒙等症状；靠国家救济及子女赡养。

何锡文　男，1911年6月4日生，广西南宁市上林县人，村民。有4个子女、11个孙子女、4个外孙、12个曾孙。住南宁上林县白圩镇登山村。生活健康状况：一日3餐，每餐适量，主食为米饭、粥；每天睡眠正常，行动方便，无重大疾病；靠子孙赡养。

覃秀荣　女，1911年9月20日生，广西南宁市上林县人，村民。有6个子女、11个孙子女、7个外孙、3个曾孙。住南宁上林县白圩镇覃排社区鸾村庄。生活健康状况：一日3餐，主食为米饭、粥；每天睡眠10小时，行动不方便，有肾结石等疾病；靠儿子赡养。

蒙恩珠　女，1911年3月17日生，广西南宁市上林县人，村民。有7个子女、14个孙子女、10个外孙、5个曾孙。住南宁上林县澄泰乡弄贬村下净庄。生活健康状况：一日3餐，每餐适量，主食为米饭、玉米粥、少量肉类、蔬菜；每天睡眠8~10小时，行动方便，能做些家务，无重大疾病；靠子女赡养。

覃鸿杰　女，1911年7月21日生，广西南宁市上林县人，村民。有6个子女、7个孙子女、18个外孙、8个曾孙。住南宁上林县澄泰乡弄贬村新村庄3号。生活健康状况：一日3餐，每餐适量，主食为米饭、粥；每天睡眠12小时，行动不方便，有白内障双目已失明、全身瘫痪等疾病；靠国家救济和儿子赡养。

蓝茂香　女，1911年7月11日生，广西南宁市上林县人，村民。有2个子女、4个孙子女、1个曾孙。住南宁上林县镇圩乡镇马社区镇马街81号。生活健康状况：一日2餐，每餐适量，主食为米饭、粥；每天睡眠10小时，行动方便，无重大疾病；靠国家救济和孙子赡养。

黄玉秀　女，1910年12月27日生，广西南宁市上林县人，村民。有4个子女、2个孙子女、1个外孙。住南宁上林县三里镇龙联村朔还庄。生活健康状况：一日3餐，每餐适量，主食为米饭、蔬菜、肉类；每天睡眠6~8小时，行动方便，有精神分裂症状；靠儿子赡养。

何彩龙　男，1911年11月21日生，广西南宁市上林县人，村民。有3个子女、3个孙子女、8个外孙、3个曾孙。住南宁上林县西燕镇云桃村云何庄。生活健康状况：一日3餐，每餐适量，主食为米饭、玉米粥、面类；每天睡眠正常，行动不方便，左大脚跌伤不能行走；靠子女赡养。

蓝　氏　女，1911年6月24日生，广西南宁市上林县人，村民。有5个子女、5个孙子女、9个外孙、5个曾孙。住南宁上林县西燕镇西燕社区拉甫庄。生活健康状况：一日3餐，每餐适量，主食为米饭、粥；每天睡眠12小时，行动方便，无重大疾病；靠国家救济及子女赡养。

石生益　男，1911年12月6日生，广西南宁市上林县人，村民。有2个子女、6个孙子女、10个曾孙。住南宁上林县塘红乡万福村弄塘庄3号。生活健康状况：一日3餐，每餐适量，主食米饭、肉类、蔬菜；每天睡眠12小时，行动方便，有耳聋症状；靠子女赡养。

欧士荣　女，1911年10月16日生，广西南宁市上林县人，村民。有3个子女、9个孙子女、4个外孙、6个曾孙。住南宁上林县塘红乡塘红社区塘科庄。生活健康状况：每日3餐，每餐适量，主食为米饭、粥；每天睡眠8~10小时，行动一般，无重大疾病；靠子女赡养。

韦淑清　女，1911年11月12日生，广西南宁市上林县人，村民。有2个子女、2个孙子女、4个外孙、3个曾孙。住南宁上林县巷贤镇卢柱村秦庄。生活健康状况：一日4餐，每餐适量，主食为米饭、粥；每天睡眠10小时，行动方便，无重大疾病；靠国家救济及子女赡养。

刘大姐　女，1911年12月1日生，广西南宁市武鸣县人，村民。有1个儿子、1个孙子。住南宁武鸣县南宁华侨投资区宁武农场永兴屯三组24号。生活健康状况：一日3餐，每餐适量，主食为米饭；每天睡眠7小时，行动方便，无重大疾病；靠孙子赡养。

何细姨　女，1911年4月8日生，广西南宁市邕宁区人，居民。有4个子女、4个孙子女、5个外孙、6个曾孙。住南宁邕宁区永安三巷61号。生活健康状况：一日3餐，每餐适量，主食粥、蔬菜、少量肉类；每天睡眠8~10小时，行动一般，有白内障症状；靠子女赡养。

黄婆夫　女，1911年2月8日生，广西南宁市邕宁区人，村民。有5个子女、13个孙子女、5个外孙、2个曾孙。住南宁邕宁区那楼镇坛墩村坛墩坡。生活健康状况：一日4餐，每餐适量，主食为米饭、肉类、蔬菜；每天睡眠正常，行动不方便，有腰痛症状；靠子女赡养。

孔月娥　女，1910年3月8日生，广西南宁市邕宁区人，村民。有3个子女、8个孙子女、2个外孙、7个曾孙。住南宁邕宁区新江镇华联村那花坡。生活健康状况：每日多餐少食，主食为米饭、粥；每天睡眠8小时，行动方便，无重大疾病；靠子孙赡养。

李美容　女，1910年2月6日生，广西南宁市邕宁区人，村民。有4个子女、1个孙子女、4个外孙、2个曾孙。住南宁邕宁区那楼镇那楼街82号。生活健康状况：一日3餐，每餐小量，主食为米饭、粥、少量肉类；每天睡眠13小时，行动不方便，靠子女赡养。

黄　云　女，1911年11月2日生，广西南宁市邕宁区人，村民。有6个子女、3个孙子女。住南宁邕宁区蒲庙镇良信村那被7队。生活健康状况：每日多餐适量，主食为米饭；每天睡眠10小时，行动方便，有头晕等症状；靠国家救济及子女赡养。

何月英　女，1910年12月26日生，广西南宁市郊人，村民。有4个子女、6个孙子女，3个外孙、3个曾孙。住南宁兴宁区三塘镇创新村王村坡1队30号。生活健康状况：一日3餐，每餐适量，主食为米饭、蔬菜、少量肉类；每天睡眠8小时，行动方便，无重大疾病；靠子女赡养。

张燕琼 女，1910年3月23日生，广西玉林市博白县人，居民。有4个子女、4个孙子女、5个外孙、8个曾孙。住南宁兴宁区人民路北一里402号。生活健康状况：一日3餐，主食为米饭、粥、面制品；每天睡眠12小时，行动方便，无重大疾病；靠子女赡养。

赖位珍 女，1911年5月18日生，广西南宁市郊人，村民。有2个子女、4个孙子女、2个外孙、1个曾孙。住南宁兴宁区五塘镇坛棍村那棍上坡7队。生活健康状况：一日3餐，每餐适量，主食为米饭、粥、蔬菜、少量肉类；每天睡眠8小时，行动方便，无重大疾病；靠孙子赡养。

马来英 女，1910年5月24日生，广西南宁市郊人，村民。有5个子女、8个孙子女、4个外孙、2个曾孙。住南宁西乡塘区石埠街道办乐洲村18队。生活健康状况：一日3餐，主食为米饭、粥；每天睡眠10小时，行动方便，有眼花、头晕等症状，靠子女赡养。

陈宝文 男，1910年10月24日生，广西贺州市钟山县人，退休干部。有7个子女、4个孙子女、7个外孙、3个曾孙。住南宁西乡塘区大学路174号大板4栋1单元201号。生活健康状况：一日3餐，每餐适量，主食为米饭、面类；行动方便；有高血压、脑萎缩等疾病，有退休金领。

陆志毛 女，1911年1月2日生，广西桂林市永福县人，居民。有2个女儿、3个外孙。住南宁西乡塘区北湖路东三里9号5栋1-5131号房。生活健康状况：一日3餐，每餐三两，主食为米饭；每天睡眠5~6小时，行动不方便，有骨关节老化等症状。靠女儿赡养。

李秀清 女，1910年1月5日生，广西南宁市郊人，村民。有5个子女、2个孙子女、12个外孙。住南宁西乡塘区石埠街道办乐洲村18队。生活健康状况：一日3餐，主食为米饭、粥；每天睡眠8小时以上，行动不方便，有结核病、气管炎等疾病；靠儿子赡养。

黄胜佳 女，1911年5月22日生，广西南宁市郊人，村民。有6个子女、11个孙子女，5个曾孙。住南宁西乡塘区坛洛镇武康村定志坡71号。生活健康状况：一日3餐，每餐适量，主食为米饭；每天睡眠8小时，行动不方便，无重大疾病；靠子女赡养。

李玉芬 女，1911年4月17日生，广西南宁市郊人，村民。有3子女、3个孙子女、1个外孙，1个曾孙。住南宁西乡塘区坛洛镇丰平村雷彰坡61号。生活健康状况：一日3餐，每餐适量，主食为米饭、粥、少量肉类、蔬菜；每天睡眠14个小时，行动不方便，年老体弱；靠儿子赡养。

谢志招 女，1910年11月20日生，广东梅州市梅县人，村民。有2个子女、2个孙子女，外孙3个。住南宁西乡塘区石埠街道办下灵村6队38号。生活健康状况：一日3餐，主食为米饭、粥；每天睡眠8~10小时，行动方便，能行走，靠儿子赡养。

阮李娇 女，1911年4月5日生，广西南宁市武鸣县人，居民。有2个子女、6个孙子女、2个外孙、4个曾孙。住南宁西乡塘区北湖路东三里9号10栋112号。生活健康状况：一日3餐，每餐适量，主食为米饭、面类；每天睡眠8小时，行动方便，无重大疾病；靠子女赡养。

苏李荣 女，1911年5月16日生，广西南宁市武鸣县人，居民。有3个儿子、7个孙子女、2个曾孙。住南宁西乡塘区衡阳西路北一巷168-1号。生活健康状况：一日4餐，每餐2两，主食为米饭、粥；每天睡眠8小时，行动方便，有高血压、腰痛、耳聋等疾病；靠儿子供养。

赵瑞芬 女，1911年7月2日生，广西南宁市隆安县人，居民。有5个子女、2个孙子女、6个外孙。住南宁西乡塘区明秀东路238号41栋3单元301号房。生活健康状况：一日3餐，每餐适量，主食为米饭、粥、面类；每天睡眠时间12小时，行动迟缓，无重大疾病；靠子女赡养。

莫肖英 女，1911年7月24日生，广西南宁市横县人，退休职工。有1个女儿、1个外孙、1个曾孙。住南宁西乡塘区解放路79号1栋102号房。生活健康状况：一日4餐，每餐适量，主食为米饭；每天睡眠10小时，行动较为方便，无重大疾病；有退休金领。

卢爱连 女，1911年6月5日生，广西南宁市隆安县人，村民。有2个子女、2个孙子女、2个外孙。住南宁西乡塘区坛洛镇上正村定旧坡43号。生活健康状况：一日3~4餐，每餐适量，主食为米饭、粥；每天睡眠14小时，行动不方便；靠儿子赡养。

马秋兰 女，1911年3月12日生，广西南宁市郊人，村民。有6个子女、7个孙子女、7个曾孙。住南宁西乡塘区金陵镇乐勇村晚方坡。生活健康状况：一日2餐，每餐适量，主食为米饭、蔬菜、少量肉类；每天睡眠正常，行动不方便，有腰腿痛疾病；靠子孙赡养。

陈德肖 女，1911年9月21日生，广西南宁市人，退休职工。有4个女儿、4个外孙、2个曾孙。住南宁西乡塘区边阳二街59号。生活健康状况：一日3餐，每餐适量，主食为米饭、粥；每天睡眠10个小时，行动一般，无重大疾病；有退休金领。

邓成泰 男，1911年9月7日生，广西南宁市人，退休职工。有4个子女、6个孙子女、4个外孙。住南宁西乡塘区边阳四街40号。生活健康状况：一日3~4餐，每餐适量，主食为米饭、蔬菜、少量肉类；每天睡眠12小时，行动方便，无重大疾病；有退休金领。

谭英依 男，1910年7月21日生，广西南宁市横县人，退休职工。有3个子女、2个孙子女、3个外孙、1个曾孙。住南宁横县横州镇槎江路041号。生活健康状况：一日3餐，每餐2两，主食为米饭、面类；每天睡眠12小时，行动方便，无重大疾病，有退休金领。

黄秀文 女，1911年2月21日生，广西南宁市横县人，村民。有5个子女、17个孙子女、6个外孙、20个曾孙。住南宁横县横州镇龙首村委侯屋村099号。生活健康状况:一日3餐,主食为米饭、少量肉类、蔬菜;每天睡眠12小时,需助拐杖行走,有脚痛、耳聋等疾病,靠儿子赡养。

黎桂新 女,1910年10月20日生,广西南宁市横县人,村民。有4个子女、19个孙子女、2个外孙、2个曾孙。住南宁横县横州镇大和村委高杨村441号。生活健康状况:一日2餐,每餐适量,主食为米饭,素食为主;每天睡眠8小时,行动方便,无重大疾病;靠子孙赡养。

农凤山 女,1911年2月5日生,广西南宁市横县人,村民。有1个儿子。住南宁横县六景镇民塘村委会7队。生活健康状况:一日4餐,每餐适量,主食为粥;每天睡眠10小时,行动方便;靠儿子赡养。

郭昌林 男,1910年12月12日生,广西南宁市横县人,村民。有3个子女、8个孙子女、6个外孙。住南宁横县百合镇坡塘村。生活健康状况:一日3餐,每餐适量,主食为米饭、少量肉类、蔬菜,每餐能喝点米酒;每天睡眠10小时,行动方便,生活基本上能自理,无重大疾病;靠儿子赡养。

廖若桂 女,1911年6月29日生,广西南宁市横县人,村民。有5个子女、7个孙子女、5个外孙、5个曾孙。住南宁横县六景镇小王村161号。生活健康状况:一日3餐,每餐2两,主食为米饭、蔬菜;每天睡眠6小时,行动方便,生活基本能自理,无重大疾病;靠儿子赡养。

陈天来 女,1911年4月19日生,广西南宁市横县人,村民。有1个女儿、3个外孙。住南宁横县六景镇良村498号。生活健康状况:一日3餐,每餐适量,主食为米饭、蔬菜;每天睡眠正常,行动方便,有头痛、眼花等症状;靠国家救济。

潘一英 女,1904年11月23日生,广西南宁市横县人,村民。有4个子女、7个孙子女、2个外孙、9个曾孙。住南宁横县平马镇苏光村委流坡村29号。生活健康状况:一日3餐,每餐适量,主食为米饭、粥;每天睡眠6小时,行动不方便,年老体弱,无重大疾病;靠儿子赡养。

莫均景 男,1910年7月22日生,广西南宁市横县人,村民。有6个儿女、15个孙子女、3个外孙。住南宁横县新福镇那河村委吴村93号。生活健康状况:一日3餐,每餐适量,主食为米饭、蔬菜、少量肉类;每天睡眠8小时,行动方便,无重大疾病;靠子女赡养。

麦带莲 女,1911年3月9日生,广西南宁市横县人,居民。有4个子女、8个孙子女、9个外孙、8个曾孙。住南宁横县南乡镇南乡航运公司。生活健康状况:一日3餐,每餐适量,主食为米饭、粥、蔬菜;每天睡眠正常,行动不方便,有风湿、关节痛等疾病;靠子孙赡养。

李玉祥 女,1911年3月29日生,广西南宁市横县人,村民。有2个儿子、9个孙子女、11个曾孙。住南宁横县南乡镇竹瓦村56号。生活健康状况:一日3餐,每餐适量,主食为米饭;每天睡眠8小时,行动较为方便,无重大疾病;靠子女赡养。

覃桂珍 女,1911年4月20日生,广西南宁市横县人,村民。有6个子女、13个孙子女、7个外孙、10个曾孙。住南宁横县南乡镇高义村委高贵村8队7号。生活健康状况:一日3餐,每餐适量,主食为米饭;每天睡眠8小时,行动较方便,生活能自理。有耳聋症状;靠儿子赡养。

陈秀华 女,1911年2月9日生,广西南宁市横县人,村民。有2个子女、5个孙子女、2个曾孙。住南宁横县石塘镇石塘社区永隆街5号。生活健康状况:一日3餐,每餐适量,主食为米饭;每天睡眠8小时,行动方便,无重大疾病;靠子孙赡养。

陈银英 女,1911年8月7日生,广西南宁市横县人,村民。有3个子女、2个孙子女、4个外孙。住南宁横县六景镇高沙村委美塘村513号。生活健康状况:一日3餐,每餐适量,主食为米饭、粥、蔬菜;每天睡眠10小时,行动方便,无重大疾病;靠儿子赡养。

夏江玉 女,1910年12月30日生,广西南宁市横县人,村民。有6个子女、5个孙子女、12个外孙、7个曾孙。住南宁横县马岭镇莲新村委二队039号。生活健康状况:一日7餐,每餐适量,主食为米饭、杂粮;每天睡眠10小时,行动不方便,有脚骨痛症状;靠子孙赡养。

简元德 男,1911年3月5日生,广西南宁市横县人,村民。有1个儿子、2个孙子女。住南宁横县新福镇新福村中兴街18-6号。生活健康状况:一日4餐,每餐2两,主食为米饭;每天睡眠12小时,行动不方便,有前列腺炎疾病;靠儿子赡养。

黄汉清 女,1911年5月3日生,广西南宁市横县人,村民。有8个子女、14个孙子女、18个外孙、14个曾孙。住南宁横县陶圩镇学福村。生活健康状况:一日3餐,每餐适量,主食为米饭、蔬菜;每天睡眠8小时,行动方便,无重大疾病;靠子女赡养。

谢福香 女,1911年8月14日生,广西南宁市横县人,村民。有1个儿子、5个孙子女、7个曾孙。住南宁横县百合镇陆屋村101号。生活健康状况:一日2餐,每餐适量,主食为米饭、粥、蔬菜;每天睡眠14小时,行动方便,无重大疾病;靠儿媳供养。

梁月眉 女,1911年3月25日生,广西南宁市横县人,村民。有7个子女、7个孙子女、13个外孙、3个曾孙。住南宁横县横州镇上淇村委铺岭村。生活健康状况:一日3餐,每餐适量,主食为米饭、粥、蔬菜、少量肉类;每天睡眠8小时,需助拐杖行走,无重大疾病;靠儿子赡养。

闭德刘 女,1911年7月20日生,广西南宁市横县人,村民。有8个子女、3个孙子女、11个外孙、2个曾孙。住南宁横县横州镇蒙村村委车岭村13号。生活健康状况:每日用餐不定,主食为米饭、粥;行动不便,年老体弱、卧床,无重大疾病;靠儿子赡养。

辜玉卿 女,1911年11月12日生,广西南宁市横县人,居民。有5个子女、5个孙子女、3个外孙、4个曾孙。住南宁横县横州镇教育路西一巷033号。生活健康状况:每日少食多餐,主食为米饭;每天睡眠时间较少,行动不方便,需助拐杖行走;靠子孙赡养。

李秀芳 女,1911年月11日4日生,广西南宁市横县人,村民。有3个子女、7个孙子女、3个外孙、1个曾孙。住南宁横县六景镇张村342号。生活健康状况：一日3餐，每餐适量，主食为米饭、粥、蔬菜；每天睡眠6小时，行动方便，无重大疾病；靠儿子赡养。

谢 氏 女，1911年12月20日生，广西南宁市横县人，村民。有2个儿子、9个孙子女、5个曾孙。住南宁横县南乡镇板路村委古岭村30队65号。生活健康状况：一日3餐，每餐适量，主食为米饭、蔬菜；每天睡眠10小时，行动一般，需助拐杖行走，有腰骨痛症状；靠儿子赡养。

雷宝贵 女，1911年12月28日生，广西南宁市横县人，村民。有3个子女、5个孙子女、5个外孙、2个曾孙。住南宁横县南乡镇高义村委九屋村16号。生活健康状况：一日3餐，每餐适量，主食为米饭、蔬菜；每天睡眠8小时，行动不方便，有腰痛症状；靠儿子赡养。

黄金玉 女，1911年11月12日生，广西南宁市横县人，居民。有3个子女。住南宁横县南乡镇南乡航运公司。生活健康状况：一日3餐，每餐适量，主食为米饭、粥；每天睡眠10个小时，行动不方便，有高血压等疾病；靠子女赡养。

陈玉林 女，1911年9月12日生，广西南宁市横县人，村民。有2个子女、7个孙子女、6个外孙、5个曾孙。住南宁横县平马镇大茶村委那罗村130号。生活健康状况：一日3餐，每餐适量，主食为米饭、蔬菜；每天睡眠正常，行动不方便，需助拐杖行走，有耳聋、眼花、腰痛等症状；靠儿子赡养。

黄菊香 女，1910年7月20日生，广西南宁市横县人，村民。有2个儿子、2个孙子女、2个曾孙。住南宁横县校椅镇青桐村委新街261号。生活健康状况：一日3餐，每餐适量，主食为米饭、蔬菜；每天睡眠15小时，行动较方便，眼睛已蒙；靠儿子赡养。

甘守文 女，1911年7月14日生，广西南宁市横县人，村民。有5个子女、11个孙子女、3个外孙。住南宁横县校椅镇石井村委下村49号。生活健康状况：一日3餐，每餐适量，主食为米饭；每天睡眠正常，行动方便，生活能自理；靠儿子赡养。

苏文兴 女，1911年11月24日生，广西南宁市横县人，村民。有4个子女、4个孙子女、11个孙子女、5个曾孙。住横县百合镇武留村委下村249号。生活健康状况：一日3餐，每餐适量，主食为米饭、蔬菜；每天睡10个小时，行动不方便，双股骨头已坏死；靠孙子女供养。

黄锦芳 女，1911年11月22日生，广西南宁市横县人，村民。有7个子女、20个孙子女、5个外孙、14个曾孙。住南宁横县百合镇江口村302号。生活健康状况：一日3餐，每餐2两，主食为米饭；每天睡眠正常，行动方便，无重大疾病；靠子孙赡养。

卢群英 女，1911年11月20日生，广西南宁市横县人，村民。有1个儿子。住南宁横县陶圩镇苏村村委石古村5队55号。生活健康状况：一日3餐，主食米饭；每天睡眠正常，行动方便，无重大疾病；靠儿子赡养。

梁遂兰 女，1910年4月8日生，广西南宁市郊人，村民。有5个子女、12个孙子女、4个外孙、4个曾孙。住南宁良庆区那陈镇那蒙村六晓坡。生活健康状况：一日3餐，每餐适量，主食为米饭、蔬菜；每天睡眠6~8小时，行动方便，无重大疾病；靠儿子赡养。

乐文荣 女，1911年2月15日生，广西南宁市郊人，村民。有1个儿子、1个孙子女、1个曾孙。住南宁良庆区大塘镇那农村那农坡。生活健康状况：一日3餐，每餐适量，主食为米饭；每天睡眠12小时，行动不方便，有风湿骨痛、肌肉迁痛等疾病；靠孙子赡养。

李桂香 女，1911年4月16日生，广西南宁市郊人，村民。有4个子女、4个孙子女、13个外孙、2个曾孙。住南宁良庆区南晓镇平朗村古桃坡57号。生活健康状况：一日3餐，每餐适量，主食为米饭；每天睡眠8小时左右，行动方便，无重大疾病；靠儿子赡养。

苏彩珠 女，1911年11月11日生，广西南宁市郊人，村民。有3个子女、2个孙子女、3个外孙、1个曾孙。住南宁市良庆区那马镇中心小学。生活健康状况：一日4餐，每次一小碗，主食为粥、米饭；每天睡眠10小时，行动不太方便，有风湿脚痛等疾病；靠子女赡养。

陆晚俄 女，1910年12月1日生，广西南宁市隆安县人，村民。有3个子女、3个孙子女、4个外孙。住南宁隆安县南圩镇联造村东善屯。生活健康状况：一日3餐，主食为粥、蔬菜、肉类；每天睡眠12个小时，行动不方便、躺床；靠子女赡养。

何冬兰 女，1911年1月1日生，广西南宁市隆安县人，村民。有2个子女、3个孙子女、2个外孙、2个曾孙。住南宁隆安县南圩镇百朝社区乏呈屯58号。生活健康状况：一日4餐，每餐适量，主食为米饭、玉米粥；每天睡眠12小时，行动不方便，有耳聋、低血压、双目失明等疾病；靠国家救济及儿子赡养。

许少英 女，1911年2月17日生，广西南宁市隆安县人，村民。有4个子女、11个孙子女、3个外孙、4个曾孙。住南宁隆安县屏山乡团结村。生活健康状况：一日多餐，每餐适量，主食为米饭、玉米粥；每天睡眠8小时，行动不太方便，有眼花、感冒等疾病；靠儿子赡养。

黄金英 女，1911年5月1日生，广西南宁市隆安县人，村民。有2个子女、2个孙子女。住南宁隆安县屏山乡群力村李屯。生活健康状况：一日3餐，每餐3两，主食为米饭、杂粮；每天睡眠10时间，行动不方便，年老体弱，无重大疾病，靠国家救济及儿子赡养。

卢月爱 女，1911年4月6日生，广西南宁市隆安县人，村民。有1个继子、2个孙子女。住南宁隆安县那桐镇大滕村16组。生活健康状况：一日4餐，每餐适量，主食为米饭；每天睡眠10小时，行动不方便，无重大疾病；靠继子赡养。

蒙桂芳 女，1911年9月6日生，广西南宁市隆安县人，村民。有3个子女、4个孙子女、10个外孙、26个曾孙。住南宁隆安县浪湾华侨农场定忠分场。生活健康状况：一日3餐，每餐适量，主食为米饭、少量肉类、蔬菜；每天睡眠正常，行动不方便，大部分时间躺床。有高血压、耳聋等疾病；

靠儿子赡养。

覃芬连　女,1910年7月4日生,广西南宁市隆安县人,村民。有4个子女、3个外孙、6个外孙、2个曾孙。住南宁隆安县那桐镇方村文东屯。生活健康状况:一日3餐,每餐2两,主食为米饭、粥、蔬菜;每天睡眠12小时,行动方便,无重大疾病;靠儿子赡养。

周连青　女,1911年8月16日生,广西南宁市隆安县人,村民。有2个子女、4个孙子女、6个外孙、5个曾孙。住南宁隆安县南圩镇三宝村龙伏屯。生活健康状况:一日4餐,每餐2两,主食为米饭、玉米粥;每天睡眠12小时,行动不方便,无重大疾病;靠子孙赡养。

周青美　女,1911年9月8日生,广西南宁市隆安县人,村民。有4个子女、7个孙子女、7个外孙、6个曾孙。住南宁隆安县南圩镇南圩社区那律3队。生活健康状况:一日3餐,每餐适量,主食为米饭、玉米粥;每天睡眠10小时,行动不方便,无重大疾病;靠子孙赡养。

周凡英　女,1911年3月4日生,广西南宁市隆安县人,村民。住南宁隆安县乔建镇乔建社区新乔街。生活健康状况:一日3餐,每餐适量,主食为米饭、粥;每天睡眠6小时,行动不方便,有脚骨痛症状;靠孙子女赡养。

李银英　女,1911年8月16日生,广西南宁市隆安县人,村民。有2个子女、2个孙子女、3个外孙、2个外孙。住南宁隆安县屏山乡下力村2队底扎屯。生活健康状况:一日3餐,每餐适量,主食为玉米粥、米饭;每天睡眠8小时,行动方便,生活能自理,无重大疾病;靠孙子赡养。

隆秀林　女,1911年12月6日生,广西南宁市隆安县人,村民。有3个子女、12个孙子女、9个外孙、1个曾孙。住南宁隆安县布泉乡岑山村更班屯19号。生活健康状况:一日3餐,每餐适量,主食为米饭、玉米粥、蔬菜;每天睡眠正常,行动方便,能做些家务活,无重大疾病;靠儿子赡养。

陈群先　女,1911年12月25日生,广西南宁市隆安县人,村民。有4个子女、15个孙子女、6个外孙、12个曾孙。住南宁隆安县乔建镇鹭鸶村下兴屯。生活健康状况:一日3餐,每餐适量,主食为米饭;每天睡眠8小时,行动不方便,双目失明;靠子孙赡养。

陆彩明　女,1909年04月15日生,广西南宁市宾阳县人,村民。有3个子女、3个孙子女、2个外孙。住南宁宾阳县宾州镇宝水村委会闭村6队209号。生活健康状况:一日3餐,主食为大米、粥、蔬菜、少量肉类;每天睡眠正常,行动方便,无重大疾病;靠子孙赡养。

黄天芳　女,1911年3月15日生,广西南宁市宾阳县人,村民。有7子女、10个孙子女、4个外孙、10个曾孙。住南宁宾阳县邹圩镇六新村委王小村84号。生活健康状况:一日3餐,每餐适量,主食为米饭、玉米粥;每天睡眠10小时,行动方便,生活能一般自理,年老体弱,有慢性关节炎痛症状;靠儿子赡养。

谭谷香　女,1910年7月9日生,广西南宁市宾阳县人,村民。有1个儿子、6个孙子女、4个曾孙。住南宁宾阳县思陇镇兰田村委马池村63号。生活健康状况:一日3餐,主食为米饭、蔬菜;每天睡眠6~8小时,行动方便,身体弱,有气管炎疾病;靠子孙赡养。

张月明　女,1910年10月27日生,广西南宁市宾阳县人,村民。有1个女儿、6个外孙。住南宁宾阳县宾州镇镇安街51号。生活健康状况:一日3餐,每餐适量,主食为米饭、蔬菜;每天睡眠8小时,行动方便,无重大疾病;靠外孙供养。

林佳香　男,1911年3月5日生,广西南宁市宾阳县人,村民。有4个子女、3个孙子女、2个外孙。住南宁宾阳县陈平乡林村2队。生活健康状况:一日2餐,每餐适量,主食为米饭、蔬菜、少量肉类;每天睡眠8小时,行动方便,无重大疾病;靠儿子赡养。

韦月清　女,1911年6月17日生,广西南宁市宾阳县人,村民。有1个儿子、4个孙子女。住南宁宾阳县古辣镇义陈社区大陈村。生活健康状况:一日3餐,每餐适量,主食为米饭、粥;每天睡眠时间8小时,行动方便,无任何疾病;靠儿子赡养。

陈华南　女,1911年6月3日生,广西南宁市宾阳县人,村民。有4个子女、13个孙子女、15个外孙、2个曾孙。住南宁宾阳县王灵镇八岭村。生活健康状况:一日4餐,每餐适量,主食为米饭、粥、蔬菜;每天睡眠6小时,行动不太方便,靠子孙赡养。

黄士良　女,1911年4月8日生,广西南宁市宾阳县人,村民。有4个子女、8个孙子女、2个外孙、4个曾孙。住南宁宾阳县王灵农场3队。生活健康状况:一日3餐,每餐适量,主食为米饭、肉粥、蔬菜;每天睡眠8小时,行动不太方便,体弱多病;靠国家发放的烈属抚恤金及儿子赡养。

谢国珍　女,1911年6月8日生,广西南宁市宾阳县人,村民。有5个子女、10个孙子女、8个外孙、4个曾孙。住南宁宾阳县武陵镇沙井村。生活健康状况:一日2~3餐,主食为米饭、粥、少量肉类、蔬菜;每天睡眠8小时,行动较为方便,体质弱气血少、眼睛蒙,靠儿子赡养。

黄美周　女,1911年6月20日生,广西南宁市宾阳县人,村民。有2个子女、5个孙子女、5个外孙、7个曾孙。住南宁宾阳县王灵镇七新村委老灯盏村。生活健康状况:一日3~4餐,主食为米饭、玉米粥;每天睡眠8个小时,行动方便,生活能一般自理。无重大疾病;靠儿子赡养。

温秀兰　女,1911年5月26日生,广西南宁市宾阳县人,村民。有2个儿子、7个孙子女、8个曾孙。住南宁宾阳县新桥镇新和村委福林村。生活健康状况:一日3餐,每餐适量,主食为米饭;每天睡眠10小时,生活一般能自理,有风湿、头痛疾病;靠子孙赡养。

潘秀英　女,1911年8月9日生,广西南宁市宾阳县人,村民。有3个子女、3个孙子女、8个外孙。住南宁宾阳县露圩镇上塘村委下富村5队109号。生活健康状况:一日3餐,每餐二两,主食为米饭、粥;每天睡眠6小时左右,行动方便,年老体弱,无重大疾病;靠儿子赡养。

杨文博　女,1911年1月2日生,广西南宁市宾阳县人，村民。有2个女儿、6个外孙。住南宁宾阳县和吉镇岭甲村委驼山村。生活健康状况：一日3餐，每餐适量，主食为米饭、粥；每天睡眠8小时，行动较方便，靠外孙赡养。

苏四妹 女，1910年3月29日生，广西贵港市郊人，村民。有5个子女、7个孙子女、8个外孙。住南宁宾阳县黎塘镇农业村4队。生活健康状况：一日3餐，每餐适量，主食为米饭、粥；每天睡眠10小时，行动不方便，双目已失明；靠儿子赡养。

李锦和 女，1911年4月7日生，广西南宁市宾阳县人，村民。有1个女儿、4个外孙。住南宁宾阳县陈平乡五星村委深水村44号。生活健康状况：一日3餐，每餐适量，主食为米饭、粥；每天睡眠8小时，行动不方便，有贫血、头昏等疾病，属五保户，靠国家救济。

黎德秋 女，1911年9月12日生，广西南宁市宾阳县人，村民。有3个儿子、9个孙子女、6个外孙、5个曾孙。住南宁宾阳县宾州镇基塘村委下基塘村181号。生活健康状况：一日3餐，每餐二两，主食为米饭、玉米粥；每天睡眠10小时，行动较方便，生活能一般自理，有腰、腿、头痛等症状；靠子女赡养。

韦朝径 男，1911年2月16日生，广西南宁市宾阳县人，村民。有4个子女、3个孙子女、7个外孙。住南宁宾阳县武陵镇柳山村。生活健康状况：一日多餐，每餐适量，主食为米饭、粥；每天睡眠10小时，行动方便，无重大疾病；靠儿子赡养。

韦善英 女，1911年9月15日生，广西南宁市宾阳县人，村民。有2个子女、10个孙子女、8个外孙、3个曾孙。住南宁宾阳县武陵镇武陵村。生活健康状况：一日4餐，每餐适量，主食为大米、肉粥、蔬菜；每天睡眠8小时，行动方便，无重大疾病；靠孙子赡养。

黎金荣 女，1910年5月22日生，广西南宁市宾阳县人，村民。有3个儿女、10个孙子女、3个外孙、9个曾孙。住南宁宾阳县黎塘镇农业村7队。生活健康状况：一日3餐，每餐适量，主食为米饭、粥、少量肉类、蔬菜；每天睡眠8小时，行动方便，无重大疾病；靠儿媳供养。

蒙玉英 女，1911年2月3日生，广西南宁市宾阳县人，村民。有4个子女、6个孙子女、12个外孙、4个曾孙。住南宁宾阳县中华镇宣村。生活健康状况：一日3餐，每餐适量，主食为米饭；每天睡眠10小时，行动方便，生活能自理。有胃痛疾病；靠儿子赡养。

孙桂才 女，1911年6月23日生，广西南宁市宾阳县人，村民。有1个女儿、3个外孙、11个曾孙。住南宁宾阳县宾州镇吴村委下寨村。生活健康状况：一日3餐，每餐一小碗，主食为米饭；每天睡眠8小时，行动方便，有头晕症状；属五保户，靠国家救济。

覃景华 男，1911年10月24日生，广西南宁市宾阳县人，村民。有4个子女、3个孙子女、10个外孙、1个曾孙。住南宁宾阳县宾州镇顾明村委塘来村一队33号。生活健康状况：一日3餐，，主食为米饭；每天睡眠8小时，行动方便；靠子孙赡养。

黎秀清 女，1911年10月10日生，广西南宁市宾阳县人，村民。有1个儿子、3个孙子女、5个曾孙。住南宁宾阳县新桥镇甘村村委乐村。生活健康状况：一日4餐，每餐适量，主食为米饭、粥；每天睡眠8小时，行动方便；靠孙子赡养。

卢梦兰 女，1909年5月4日生，广西南宁市宾阳县人，村民。有2个子女、5个孙子女、3个外孙。住南宁宾阳县黎塘镇潘山村。生活健康状况：一日3餐，主食为米饭、粥等；每天睡眠6小时，行动不方便；有腰、脚痛等症状，靠儿子赡养。

潘秀英 女，1910年11月17日生，广西南宁市马山县人，村民。有6个子女、20个孙子女、16个外孙、10个曾孙。住南宁马山县林圩镇甘豆村文后屯。生活健康状况：一日3餐，每餐适量，主食为米饭、少量肉类、蔬菜；每天睡眠8小时，行动较为方便，无重大疾病；靠子孙赡养。

蓝桂香 女，1910年8月24日生，广西南宁市马山县人，村民。有3个子女、5个孙子女、3外孙。住南宁马山县里当乡太平村龙外屯。生活健康状况：一日3餐，每餐适量，主食为玉米粥、米饭；每天睡眠8小时，行动方便，年老体弱；靠二媳妇供养。

韦朝志 男，1911年2月14日生，广西南宁市马山县人，村民。有4个子女、5个孙子女、4个外孙、3个曾孙。住南宁马山县白山镇大同村下岜屯。生活健康状况：一日4餐，每餐一小碗，主食为米饭、粥、蔬菜；每天睡眠8小时，行动一般，左下肢跌伤；靠儿子赡养。

刘奶坤 女，1911年2月14日生，广西南宁市马山县人，村民。有3个子女、4个孙子女、4个外孙、4个曾孙。住南宁马山县加方乡忠党村古达屯11号。生活健康状况：一日3餐，每餐一碗粥，主食为玉米粥、米饭；每天睡眠6~8小时，行动方便，有关节炎症；靠孙子赡养。

陆　氏 女，1910年8月10日生，广西南宁市马山县人，村民。有5个儿女、10个孙子女、5个外孙、2个曾孙。住南宁马山县周鹿镇双联村龙班屯。生活健康状况：一日3餐，每餐适量，主食为米饭、粥；每天睡眠10小时，行动不太方便；靠儿子赡养。

陆美操 女，1910年2月20日生，广西南宁市马山县人，村民。无子女，住南宁马山县周鹿镇妙圩村上王屯。生活健康状况：一日2餐，主食为米饭、粥、肉类、蔬菜；每天睡眠6~8小时，行动不方便，患有支气管哮喘、风湿关节炎等疾病；属五保户，靠国家供养。

农　氏 女，1911年3月5日生，广西南宁市马山县人，村民。有3个子女、3个孙子女、6个外孙。住南宁马山县周鹿镇爱旗村三陈屯。生活健康状况：一日3餐，每餐适量，主食为米饭、粥；每天睡眠12小时，行动不太方便，有高血压疾病；靠儿媳供养。

李　氏 女，1911年3月16日生，广西南宁市马山县人，村民。有2个子女、5个孙子女、6个外孙。住南宁马山县永州镇州圩村内通屯。生活健康状况:一日3餐,每餐适量,主食为米饭;每天睡眠9小时,行动不太方便,生活一般能自理,有风湿痛疾病;靠子孙赡养。

韦纯儒 男,1911年3月14日生,广西南宁市马山县人,村民。有3个子女、6个孙子女、7个外孙、2个曾孙。住南宁马山县林圩镇甘豆村老圩屯。生活健康状况:一日3餐,主食为米饭、蔬菜、少量肉类,有时每餐还能喝点米酒;每天睡眠8小时,行动方便,有耳聋症状;靠儿子赡养。

蒙秀永 女,1910年月6月28日生,广西南宁市马山县人,村民。有1个儿子、2个孙子女。住南宁马山县加方乡龙岗村堤念屯。生活健康状况:一日3餐,每餐适量,主食为玉米粥;每天睡眠6小时,行动方便;无重大疾病,靠儿子赡养。

韦美连 女,1911年4月2日生,广西南宁市马山县人,村民。有2个子女、2个孙子女、2个外孙、2个曾孙。住南宁马山县周鹿镇拔翠村那汉屯。生活健康状况:一日3餐,每餐适量,主食为米饭、少量肉类、蔬菜;每天睡眠8小时,行动方便,有耳聋症状;靠孙子赡养。

韦美云 女,1911年4月6日生,广西南宁市马山县人,村民。有5个子女、10个孙子女、12个外孙、28个曾孙。住南宁在马山县金钗镇龙塘村上队屯。生活健康状况:一日3餐,每餐二两米饭,主食为米饭、玉米粥、蔬菜、少量肉类;每天睡眠9小时,行动方便,生活能自理,靠子孙赡养。

韦玉扮 女,1911年5月2日生,广西南宁市马山县人,村民。有8个子女、4个孙子女、8个外孙、5个曾孙。住南宁马山县古零镇乐平村卢雷屯。生活健康状况:一日3餐,每餐1小碗,主食为米饭、蔬菜、肉类;每天睡眠9个小时,行动方便,有风湿骨痛疾病;靠儿子赡养。

蒙 氏 女,1911年6月6日生,广西南宁市马山县人,村民。有3个子女、3个孙子女、4个外孙、3个曾孙。住南宁马山县永州镇胜利村桐康屯。生活健康状况:一日2餐,每餐适量,主食为米饭、玉米粥;每天睡眠8小时,行动不太方便,有风湿疾病;靠儿子赡养。

黄云利 男,1910年2月8日生,广西南宁市马山县人,村民。住南宁马山县古寨乡加显村百金屯12号。生活健康状况:一日3餐,每餐适量,主食为米饭、玉米粥、蔬菜;每天睡眠10小时,行动不太方便,有眼花、头晕症状;属五保户,靠国家救济。

林生花 女,1910年10月6日生,广西南宁市马山县人,村民。有2个子女、5个孙子女、1个外孙。住南宁马山县乔利乡乐圩村伶俐屯。生活健康状况:一日3餐,每餐适量,主食为米饭、玉米粥、少量肉类、蔬菜;每天睡眠8小时,行动方便,无重大疾病;靠儿子赡养。

罗美仁 女,1911年8月7日生,广西南宁市马山县人,村民。有3个子女、3个孙子女、7个外孙。住南宁马山县百龙滩镇大球村中屯。生活健康状况:一日3餐,每餐适量,主食为玉米粥;每天睡眠6~8小时,行动较方便,无重大疾病;靠孙子赡养。

潘美英 女,1911年5月6日生,广西南宁市马山县人,村民。有7个子女、12个孙子女、12个外孙。住南宁马山县金钗镇乐江村九一屯。生活健康状况:一日3餐,每餐适量,主食为米饭、玉米粥、少量肉类、蔬菜;每天睡眠12小时,行动较为方便,双脚有疼痛症,靠子女赡养。

黄 氏 女,1911年8月14日生,广西南宁市马山县人,村民。有6个子女、10个孙子女、8个外孙、4个曾孙。住南宁马山县白山镇新汉村刁更屯。生活健康状况:一日3餐,每餐适量,主食为米饭、玉米粥;每天睡眠10个小时,行动方便;靠儿子赡养。

蓝 氏 女,1911年9月25日生,广西南宁市马山县人,村民。有3个儿子、13个孙子女、6个外孙、1个曾孙。住南宁马山县百龙滩镇大隆村六科屯。生活健康状况:一日2~3餐,主食为米饭、玉米粥;每天睡眠4~6小时,行动不太方便,有头晕、眼花症状;靠子孙赡养。

蓝乃宗 女,1911年10月5日生,广西南宁市马山县人,村民。有7个子女、10个孙子女、20个外孙、5个曾孙。住南宁马山县古寨乡本立村拉曲屯。生活健康状况:一日3餐,每餐适量,主食为米饭、玉米粥;每天睡眠12小时,行动不太方便,有头晕、眼花症状;靠子孙赡养。

覃爱玉 女,1911年7月2日生,广西南宁市马山县人。有4个子女、13个孙子女、7个外孙、13个曾孙。住南宁马山县林圩镇合理村周庆屯。生活健康状况:一日3餐,每餐适量,主食为米饭、玉米粥、少量肉类、蔬菜;每天睡眠5小时左右,行动不太方便,有腰痛、风湿关节炎等疾病;靠子女赡养。

黄玉英 女,1906年10月5日生,广西南宁市马山县人,村民。有7个子女。住南宁马山县永州镇青山村六峨屯。生活健康状况:一日2餐,每餐适量,主食为米饭、少量肉类、蔬菜;每天睡眠5~6小时,行动不方便,手脚不太灵活;靠子女赡养。

潘秀英 女,1911年10月5日生,广西南宁市马山县人,村民。有5个儿女、2个孙子女、7个外孙、2个曾孙。住南宁马山县永州镇亲爱村感锦屯。生活健康状况:一日3餐,主食为米饭;每天睡眠8小时,行动方便,有风湿关节炎疾病;靠子女赡养。

韦秀莲 女,1911年11月24日生,广西南宁市马山县人,村民。有8个子女、4个孙子女、5个外孙、2个曾孙。住南宁马山县古寨乡加善村加伴屯。生活健康状况:一日3餐,每餐适量,主食为米饭、玉米粥;每天睡眠12小时,行动不方便,有头晕、高血压等疾病;靠子孙赡养。

潘美娥 女,1911年11月9日生,广西南宁市马山县人,村民。有4个子女、7个孙子女、6个外孙、6个曾孙。住南宁马山县里当乡北屏村加荣屯。生活健康状况:一日4餐,每餐适量,主食为米饭、玉米粥;每天睡眠12小时,行动不方便,有腿痛症状;靠子女赡养。 (谭邕生)

责任编辑 黄小真

专题调研与经济分析

乘风破浪 砥砺奋进 实现首府现代化建设新跨越

陈 武

邕江之滨，千帆竞发；青秀山下，春潮涌动。经济发展再创辉煌、城市建设日新月异、开放开发生机勃勃、群众生活更加改善、人与自然和谐发展……从"风生水起"到"千帆竞发"，南宁，这座中国—东盟开放合作的前沿中心城市、广西北部湾经济区开放开发的核心城市，正以时不待我、只争朝夕的开放创新精神乘风破浪、高歌猛进。

一、紧紧抓住多重叠加发展机遇，区域性国际城市和广西"首善之区"建设取得新成就

从2006年到2011年，南宁市第十次党代会以来的五年，是南宁市发展进程中极不平凡的五年，是应对挑战、攻坚克难的五年，是砥砺奋进、成果丰硕的五年。

(一)发展思路更加清晰

我们坚持解放思想、与时俱进，不断理清发展思路，凝聚共识，作出了加快建设区域性国际城市和广西"首善之区"的重大决策，形成了推动南宁科学发展的强大合力。我们准确把握形势，积极应对国际金融危机、旱涝冰冻自然灾害等各种挑战，作出了实施科学发展三年计划，开展"项目建设年"、"发展环境建设年"、"党组织建设年"等主题活动和打好工业经济振兴、五象新区开发、产业园区建设、交通基础设施完善、打造"中国水城"攻坚战等一系列决策部署，不断取得改革开放和现代化建设的新成就。

(二)经济实力显著增强

我们坚持发展第一要务，加快转变经济发展方式，不断优化产业结构，实现经济又好又快发展。2010年地区生产总值、财政收入、全社会固定资产投资等20项主要指标均比2005年翻了一番以上，其中地区生产总值1800多亿元，是2005年的2.5倍；财政收入超过300亿元，是2005年的3倍；全社会固定资产投资1483亿元，是2005年的4倍，主要经济指标占全区比重不断提高，在西部地区省会(首府)城市达到中上水平。

(三)人居环境持续改善

我们始终坚持生态立市、环保优先的理念，高标准推进城市规划建设管理，生态宜居城市形象更加凸显。进一步拉开城市框架，五象、凤岭、相思湖等新区建设全面提速，旧城改造取得积极成效，南宁大桥、南湖隧道、广西体育中心等一批重大公共设施项目建成使用。城市管理水平进一步提高，"城乡清洁工程"深入实施，"中国绿城"名片更加亮丽，"中国水城"建设成功开局。节能减排和环境保护不断加强，城市空气优良率保持在95%以上。先后获得"联合国人居奖"、"第六届中华宝钢环境奖"、"国家森林城市"等荣誉称号。

(四)城乡发展更加协调

我们坚持城乡统筹，扎实做好"三农"工作，稳步推进社会主义新农村建设，不断推进农业增效、农民增收、农村发展。各项支农惠农政策全面落实，农村基础设施不断完善，农业综合生产能力进一步提高，农业产业化加快推进。六县县城和中心城镇基础设施建设全面推进，新农村建设和城乡风貌改造有序开展，大石山区基础设施建设大会战全面完成，农村生产生活条件明显改善，五年间全市贫困人口下降了28.9%。

(五)改革开放深入推进

我们坚持深化改革创新，扩大开放合作，不断优化发展环境，城市国际影响力明显提升。国有资产管理改革、财税体制改革、医药卫生体制改革、集体林权制度改革、政府机构改革等各

南湖风光　　黄小真提供

领域改革扎实推进。创新型城市建设成效明显，连续五年被评为“全国科技进步先进市”。开放型经济加快发展，承接产业转移成果丰硕，华南城、富士康等一批重大项目成功落户。全力服务好每年中国—东盟博览会、商务与投资峰会，成功服务和举办了中越青年大联欢、亚洲政党专题会议等系列重要国际活动，5个东盟国家在南宁设立领事馆，东盟十国、日本、韩国商务联络部建成使用，“南宁渠道”作用进一步发挥。

(六)民生改善步伐加快

我们坚持把保障和改善民生作为一切工作的出发点和落脚点，解决了一批关系民生的重点难点问题。连续五年每年实施20件为民办实事项目。就业渠道进一步拓宽，养老、失业、医疗、工伤和生育五项社会保险实现了市级统筹。注重解决城市中低收入家庭住房困难，五年累计建设保障性住房4.5万多套。

(七)社会建设成效显著

我们坚持大力发展社会事业，不断加强和创新社会管理，和谐社会建设成效显著。教育事业全面推进，城乡教育资源优化整合，各级教育水平不断提升。文化事业加快发展，公共文化服务体系不断完善，“大地飞歌”继续唱响，“能帮就帮、敢做善成”的城市精神蔚然成风，荣获“全国文明城市”称号。体育事业蓬勃发展，成功举办了国际田联世界半程马拉松锦标赛等重要体育赛事。城乡公共医疗卫生体系加快构建，创建“国家卫生城市”活动深入开展。深入推进社会矛盾化解、社会管理创新、公正廉洁执法，有效预防、打击各种违法犯罪活动，荣获“全国社会治安综合治理优秀市”称号。人口与计生、残疾人和老龄事业等其他工作取得新成效，工会、共青团、妇联等人民团体的作用有效发挥，社会主义民族关系更加巩固。

(八)党的建设全面加强

我们坚持以执政能力建设和先进性建设为主线，切实加强和改进新形势下党的建设。深入学习实践科学发展观、创先争优等活动取得显著成效，学习型党组织建设扎实开展，党员干部思想政治素质进一步提高。干部人事制度改革不断深化，选人用人公信度和组织工作满意度全面提高。不断改善和加强党对人大、政府、政协、各民主党派和工商联、无党派、各人民团体工作的领导，新时期爱国统一战线得到巩固发展和不断创新。“党组织服务年”、“党组织建设年”等主题活动深入开展并取得良好成效，抓基层打基础工作扎实推进。惩治和预防腐败体系不断完善，党风廉政建设全面加强。

二、争当广西科学发展和富民强桂新跨越的排头兵，实现首府现代化建设新跨越

今后五年，是南宁市加快构建区域性国际城市和广西“首善之区”的关键时期，我们要准确研判发展形势，正确把握发展任务，科学谋划发展蓝图。力争地区生产总值、财政收入到2015年比2010年翻一番以上，经济总量占全区比重稳步提升、在全国5个自治区首府城市排位居首、在西部省会(首府)城市排位靠前、在全国大中城市排位前移，争当广西科学发展的排头兵、富民强桂新跨越的排头兵。

(一)加快五象新区开发建设，实现城市现代化建设新跨越

最近，自治区在五象新区召开现场办公会，对加快五象新区开发建设作了全面部署，提出要按照“现代、生态、便利、特色”要求，加快规划建设广西文化产业城、广西体育产业城、“三馆三街”、龙象谷、总部基地、中国—东盟国际物流基地和南宁—台湾健康产业城等七个板块项目，全面推进南宁五象新区开发建设。我们要按照自治区党委、政府的战略部署，把五象新区开发建设作为新时期引领和推动全市现代化建设的“一号工程”，围绕“一年新面貌、五年新突破、十年新跨越”目标，高起点规划、高标准建设、高强度投入，强力推进“百项重大基础设施”和“百项重大产业项目”建设。以更强有力的领导、更大的工作力度、更宽广的视野、更有战斗力的工作班子和团队，迅速掀起五象新区开发建设新高潮。

(二)加快现代产业发展，实现综合经济实力新跨越

我们将坚持发展第一要务，把产业结构调整、构建现代产业体系、提高科技创新能力作为转方式、增实力的着眼点和着力点，努力在转变中发展，在发展中转变。一是突出优化产业结构，深入实施“壮二提三强一”战略，突出先进制造业和现代服务业“两个支撑”、战略性新兴产业培育发展和传统产业改造提升“两项并举”，推动农业现代化，加快构建具有较强竞争力的现代产业体系。二是注重谋划和推进重大项目建设，积极培育产业发展主体，着力发展一批年产值10亿元级、50亿元级乃至100亿元级大型企业。抓好南南铝铝合金板带型材、广发重工、五菱桂花专用车等重大项目，加快发展铝深加工和装备制造业等产业。加快制糖、食品、化工、轻纺、建材、造纸等传统产业升级，推动向高附加值制造业发展。三是做大做强产业园区，引导产业项目集聚、产业链延伸，推进各级各类开发区、工业集中区基础设施建设，推进江南、安吉以及空港、黎塘等物流园区和华南城、海吉星等物流项目建设。四是提高科技创新能力，积极推进国家创新型试点城市和国家科技进步示范市建设，力争在铝精深加工等一批产业核心技术、关键技术方面取得重大成果，把南宁打造成为国家创新体系的重要节点和全区自主创新的重要辐射源。

(三)加快城市重大基础设施建设，实现城市服务功能新跨越

我们将遵循现代城市发展规律，以超前眼光谋划城市长远发展，加快推进新型城镇化进程，拓展城市空间，优化城市功能，更加突出城市形态构建、品位提升和人文关怀。要加快城镇化步伐，进一步拉开城市框架，推动城市空间向多元化、组团式转变，构筑结构合理、功能配套的南宁都市圈城镇体系。以五象新区建设为重点做大做强中心城市，力争到2015年建成区用地面积达到300平方公里、人口达到300万人。要全力推进五象、凤岭、相思湖等新区及功能区建设，启动建设吴圩空港新城，继续推进旧城改造和城中村改造。加快发展武鸣、横县、宾阳三县县城，支持上林、马山、隆安三县县城及若干重点镇的建设，培育一批各具特色的小城市、小城镇。要加快推进城乡基础设施建设，统筹城镇市政公用设施建设，全面提升通信、供电、供气、供排水、污水垃圾处理等基础设施水平，扩大教育、卫生、文化、体育等公共设施的供给能力。要加强交通基础设施建设，推进火车东站等项目建设，加快高速公路以及国道、省道干线路网建设改造，积极推进机场新航站区、南宁港等项目建设，完善市县“一小时交通圈”。加快推进轨道交通建设，打造便捷高效的现代城市交通体系，大力实施交通畅通工程。要提升城市现代化管理水平，深入实施城乡清洁工程，推进城乡风貌改造，营造清洁、整齐、美丽的城乡环境。深入推进“中国绿城”、“中国水城”建设，进一步打造更高水平的现代

生态宜居城市。

（四）加快县域经济发展，实现城乡统筹发展新跨越

我们要以更大的力度推进城乡统筹发展，促进城乡共同繁荣、共同富裕。加快城乡规划、产业、基础设施、体制机制等方面的统筹发展，加大对县域经济的指导和支持力度，努力使县域在GDP、财政收入、农业现代化、扶贫开发等各方面走在全区前列，着力打造一批GDP、工业总产值超200亿元和财政收入超20亿元的县。加快兴宁区、良庆区及有关乡镇的试点工作，为全区统筹城乡改革积累经验。加大扶贫攻坚力度，努力推动隆安、马山、上林三县在新一轮扶贫开发建设中实现新突破。深入推进社会主义新农村建设，完善农村道路、通讯、能源等基础设施，加快农村教育、科技、文化、卫生等各项事业发展。拓宽农民增收渠道，落实国家支农惠农政策，完善各项配套措施，加强农村劳动力转移就业。

（五）加快民生改善和社会建设，实现社会和谐发展新跨越

我们树立"老百姓的事情比天大"的群众观、"老百姓的利益要维护"的服务观、"老百姓的满意最重要"的政绩观，在工作中努力做到亲民爱民、利民富民，使改革发展成果惠及全体市民。要把保障和改善民生放在更加突出的位置，加强和创新社会管理，不断提高人民群众生活水平，切实增强人民群众的幸福感。要着力解决关系群众切身利益的突出问题，让群众得到更多实惠。扩大就业创业规模，努力建设充分就业城市。加快推进覆盖城乡居民的社会保障体系建设，完善基本养老、医疗、失业、工伤、生育等各项保险、保障制度。加快推进保障性住房体系建设，解决低收入群体住房难问题。创新扶贫机制，完善县区对口帮扶贫困县工作机制，加强社会扶贫工作，力争到2015年全市贫困人口比2010年下降四分之一以上。大力实施"菜篮子"工程，加强食品安全监管，保障市场供应。加强物价管理，建立完善救助和保障补贴与物价涨幅联动机制，确保低收入群众生活水平不降低。坚持教育优先发展战略，提高教育现代化水平，加快在全区率先普及高中阶段教育步伐，办好南宁职业技术学院和邕江大学。完善公共卫生和医疗服务体系，增强医疗卫生服务保障能力。加快发展文化事业，壮大文化产业，促进文化大发展大繁荣。扎实推进社会主义核心价值体系建设，弘扬"能帮就帮、敢做善成"的城市精神。大力发展体育事业，全力办好2014年世界体操锦标赛等重大赛事。有效防范和化解各种社会矛盾，提高社会管理科学化、规范化、制度化水平。

（六）以改革创新精神，全面推进党的建设新的伟大工程

我们必须常怀忧党之心、恪尽兴党之责，以改革创新精神全面推进党的建设新的伟大工程。要进一步加强党的思想建设、组织建设、作风建设、制度建设和反腐倡廉建设，不断提高党的建设科学化水平，努力提高党的领导水平和执政水平、提高拒腐防变和抵御风险能力，把党的政治优势、组织优势和人才优势转化成为加快构建区域性国际城市和广西"首善之区"、实现首府现代化建设新跨越的强大力量。要进一步解放思想、开拓创新，在坚决贯彻落实中央及自治区决策部署的基础上，结合南宁实际创新开展工作，做到既大胆创新，又把事情办妥办实。特别要加强干部作风建设，继续发扬特别能战斗的精神，讲大局、讲团结，干实事、出实效，进一步形成齐心协力干事创业的良好局面。

（本文来源于中共南宁市委政策研究室承办的《南宁工作研究》2011第6期）

2011年南宁市非物质文化遗产保护现状与展望

梁肇左　赵岚　虞坤

2011年，南宁市非物质文化遗产保护工作在市委、市政府的正确领导下，认真贯彻执行国家、自治区有关非物质文化遗产保护工作的文件精神，在各级文化行政部门和广大非物质文化遗产保护工作者的共同努力下，南宁市非物质文化遗产保护工作稳步推进，各项工作取得了可喜的成绩。

一、2011年南宁市非物质文化遗产保护工作取得的成效

（一）取得了一系列非物质文化遗产研究成果

一是完成了《南宁市非物质文化遗产名录图典（2006-2010）》的编纂工作。自2011年以来，南宁市在非物质文化遗产普查的基础上，积极组织编纂了《南宁市非物质文化遗产名录图典（2006-2010）》，这是南宁市非物质文化遗产保护工作，特别是自四级（国家、自治区、市、县）非物质文化遗产保护名录体系建立以来的阶段性成果的全面呈现。该书以20余万文字、600余幅图片，全面、系统、客观地介绍了市级以上非物质文化遗产名录项目代表作共八大类53个项目，包括非物质文化遗产的地理

邕宁区壮族八音　　周家志　摄

分布、历史渊源、基本内容、表现形态、文化价值、传承发展以及濒危状况。该书是南宁市第一部完整系统地介绍市级非物质文化遗产名录的典籍,兼具知识性与学术性、文献性与鉴赏性,具有一定的文献收藏、学术参考和文化普及价值。二是完成了"广西国家级非物质文化遗产名录系列丛书"——《邕剧》的编纂出版。截至2010年年底,南宁市拥有壮族歌圩等4个国家级非物质文化遗产代表作名录。南宁市群众艺术馆组织研究和编纂出版的《邕剧》被列入"广西国家级非物质文化遗产名录系列丛书"。三是完成《壮族山歌集》的收集整理工作。南宁市是以壮族为主的多民族聚居城市,壮族以好歌著称。在民间,各地都流传着众多不同类型的山歌。为了收集和整理丰富多彩的壮族山歌,使壮族山歌得到更好的保护传承,2011年南宁市组织了广大非物质文化遗产工作者深入各乡间村屯,广泛收集当地山歌,并在全面收集与系统整理的基础上开展山歌研究工作。目前,《壮族山歌》已经基本完成初稿编写工作。

(二)非物质文化遗产名录体系建设不断完善,代表性传承人保护工作有效开展

各级非物质文化遗产名录体系建设是非物质文化遗产保护工作的重要内容。2011年南宁市组织进行了第四批市级非物质文化遗产名录的申报工作,经过深入挖掘与全面考核,全市共有26个项目入选评审名单。经过专家评审会专家组的评审认定以及非物质文化遗产局际联席会的审核,最后有横县茉莉花茶制作技艺等23个项目被列入了第四批市级非物质文化遗产代表作名录。至2011年,南宁市已有76个市级非物质文化遗产代表作名录项目,其中国家级名录4个,自治区级名录44个,县(区)级名录100多项。国家、自治区、市、县四级非物质文化遗产名录体系建设正不断完善。

代表性传承人是非物质文化遗产的重要承载者和传递者,他们掌握并传承与非物质文化遗产相关的知识和精湛的技艺,既是非物质文化遗产的"活字典"和"活宝库",又是非物质文化遗产代代相传的代表性人物。党的十七届六中全会指出:重视发现和培养扎根基层的乡土文化能人、民族民间文化传承人特别是非物质文化遗产项目代表性传承人,鼓励和扶持群众中涌现出的各类文化人才和文化活动积极分子,促进其健康成长、发挥作用。传承人的保护,是非物质文化遗产保护工作的关键。南宁市在积极参与文化部和自治区文化厅开展的国家级、自治区级非物质文化遗产项目代表性传承人的认定与命名工作中,截至2010年年底,共有3名传承人被公布为国家级代表性传承人,46名自治区级代表性传承人,36名市级代表性传承人。2011年,南宁市组织推荐了26名第三批市级代表性传承人,经过专家评审会和局际联席会的评审认定,最后有22名传承人通过评审。截至2011年年底,市级代表性传承人已达到58名。对已经认定公布的代表性传承人,南宁市各级政府和文化主管部门采取了多种方式对他们的传习活动予以支持。一是通过发放补助资助等方式改善其生活及传承条件,提供必要的传习活动场所;二是鼓励和帮助他们组织开展各种研讨会、展示宣传活动;三是真实拍摄记录传承人技术工艺的短片,有计划地征集并保护好代表性传承人的代表作品,并按照"全面普查、广泛采集、确立重点、建档立卡"的工作要求和统一格式,建立各非物质文化遗产项目代表性传承人的档案。

(三)建成了一批非物质文化遗产展示和传承基地

非物质文化遗产展示场馆基地和传习所等基础设施担负着收藏、展示、研究、传习非物质文化遗产的重要职能,是开展非物质文化遗产保护传承工作的重要场所。2011年,全市积极筹措资金,采取多种形式建成了一批非物质文化遗产展示中心和传承基地。

一是采取"乡土文化进校园"的传承方式,不断壮大非物质文化遗产代表性传承人队伍。2011年,南宁市继续采取了"乡土文化进校园"的传承方式,在建成武鸣县尼达妮少儿原生态合唱团、邕宁区壮族嘹啰山歌合唱团、马山县壮族三声部民歌合唱团等项目传承基地的基础上,继续在中小学建立了一批新的传承基地,目前已在兴宁区三塘镇中心小学建立了松柏汉族多声部平话山歌传承基地,组建了松柏山歌童声合唱队;在横县云表镇邓圩中心小学建立壮族歌圩传承基地,组建云表壮族童声山歌队;在横县百合中学、横县横州镇中学等多个学校建立了邕剧传承基地。同时,还扶持了横县云表镇邓圩歌圩传承基地、武鸣县尼达妮合唱团传承基地、邕宁区新江镇团阳小学传承基地通过建立校园传承基地,鼓励并资助传承人定期到校园进行传习活动,通过学校基地建设进行有效的非物质文化传承并保护濒危非物质文化项目。

二是建成一批非遗展示中心(陈列馆)和项目平台,促进南宁市非物质文化遗产的科学保护和传承。目前,南宁市已经建成非遗展示中心(陈列馆)三个,其中邕剧展示中心于2011年年初建成。作为南宁市第一个以静态展示与动态展示相结合的专题展示中心,该中心借助新会书院邕剧天天演的平台,把图片和实物展示与现场演出展示完美结合,弘扬和传承了南宁优秀的地方剧种;宾阳县民俗陈列馆通过大量的图片和实物展示,宣传和展示了宾阳县优秀的非物质文化遗产的魅力;武鸣县壮族歌圩展示中心则选取在伊岭岩风景区通过实物展示和现场对歌的形式呈现和传播展示壮族歌圩的原生态。此外,南宁市非物质文化遗产保护工作平台建设也得到了进一步的发展。2011年自治区级非物质文化遗产保护工作平台建设通过了18个项目平台,其中南宁市占6个,分别是宾阳县民俗陈列馆、武鸣县歌圩展示中心、马山县打榔、马山县壮族会鼓、青秀区长塘芭蕉香火龙舞、邕宁区壮族八音项目的传习中心(传承基地)。通过非物质文化遗产保护工作平台的建设,有力地推动南宁市非物质文化遗产的科学保护和传承发展。

三是以"一地一节"及各种展演活动为载体,繁荣和活跃民间传统文化。2011年,南宁市继续以南宁国际民歌艺术节、宾阳炮龙节、武鸣三月三歌圩、马山县文化美食旅游节、横县国际茉莉花节、青秀区甜瓜节、西乡塘区香蕉节、隆安县四月八农具节、上林县旅游养生节、良庆区香火龙节等节庆及乡村社区和谐文艺大展演等方式为载体,把南宁市优秀的非物质文化遗产项目搬上舞台、请上街头,不仅为传承人搭建展示精湛技艺的平台,而且使这些古老的传统艺术瑰宝通过举办展演活动,不断发展壮大并焕发新的活力。其中国家级保护名录项目马山壮族三声部民歌多次参加国家级、自治区级"非遗"展演;国家级保护名录项目宾阳炮龙节被媒体誉为"中国的狂欢节",并获得了"中国最佳非物质文化遗产节庆"的殊荣;从国家级保护项目壮族歌圩发展起来的南宁市国际民歌艺术节已成为在国内有较高知名度和较大影响力的文化项目。这些传统的或从传统活

动衍变而来的文化活动每年都吸引大量的群众参与,促进了文化与经济的广泛互动,推动了地域经济的可持续发展。

四是扶持民间文艺团体,积极传承和弘扬优秀非物质文化遗产项目。民间业余文艺团体是传承和弘扬非物质文化遗产的重要群体。2011年,南宁市把扶持100个民间文艺团队的计划列入为民办实事项目,由政府投入一定的经费,对一些濒危的民间艺术表演门类尤其是国家级保护项目进行扶持,使其不断发展壮大,薪火相传。此外,市县文化相关部门还充分利用国家级保护资金,重点扶持了横县云表镇邓圩街威德宫艺术团山歌队、邕宁区新江镇团阳村山歌队、兴宁区三塘镇松柏村山歌队、武鸣县宁武镇培桂村山歌队。通过资金扶持、艺术指导等多种方式,使濒危的项目得以新生并不断发展壮大。

五是设立专项资金,保护有重大影响的项目及项目代表性传承人。为确保南宁市非物质文化遗产保护工作扎实、有序地开展,市、县两级政府把非遗专项经费列入本级财政预算,对被列入国家级、自治区级的保护名录,除了确保国家和自治区资助款项落实到各保护单位之外,市级财政每年还核拨一定的保护经费,同时对获得市级以上非物质文化遗产项目的优秀传人也给予一定的资助,保证非物质文化遗产后继有人。目前,南宁市各级保护项目不断发展壮大,传承人的基本生活得到保障,传习活动得以正常进行。

(四)稳步推进非物质文化遗产生产性保护基地建设

自南宁市开展非物质文化遗产保护工作以来,先后涌现出一大批主要依靠传统手工技艺进行生产的劳动密集型企业,使原有的企业得到新的发展空间,既促进了当地社会经济发展,增加了就业机会,又保护和传承了非物质文化遗产项目。其中宾阳县以专营织锦为主的宾阳壮锦厂、以经营横县大粽为主的横县金妹油业食品公司和横州镇柳明社区的横县康盛食品公司、以专营铁产品为主的隆安县红良村等一批生产性保护基地以公司企业形式如雨后春笋般涌现。对于这些项目和企业,南宁市文化新闻出版局联合其他相关部门实施了予以生产性方式的保护,并开展综合性研究,不断地完善相关政策措施,进一步实现一举双赢的局面。随着这种劳动密集型产业的发展,必将对当前农村富余劳动力的转移、就业机会的增加和农民收入水平的提高发挥更大的促进作用。

(五)加大宣传力度,不断扩大非物质文化遗产的社会影响力

以多种多样的形式开展丰富多彩的非物质文化遗产展示活动,尤其以“文化遗产日”活动为非物质文化遗产保护的亮点与特色。2011年,南宁市除了积极参与文化部和文化厅举办的非物质文化遗产保护的各项活动外,市县各级文化部门均开展了各类大型宣传活动。一是利用“中国文化遗产日”积极宣传《中华人民共和国非物质文化遗产法》(以下简称《非物质文化遗产法》),通过举办南宁市非物质文化遗产优秀成果展演、南宁市非物质文化遗产优秀成果宣传展板巡展等活动,宣传展示了南宁市优秀非物质文化遗产,同时通过《非物质文化遗产法》的知识抢答赛、发放《非物质文化遗产法》宣传资料、群众签名等活动,使《非物质文化遗产法》深入民心,不断提高广大民众自觉参与依法保护的自觉性,增加人民群众对非物质文化遗产的重视度与关注度,增强社会对非物质文化遗产保护的责任感。二是常年在《南宁日报》等媒体开辟专栏对非物质文化遗产进行宣传报道,通过这些活动的开展,让社会各界更进一步了解非物质文化遗产的价值和重要意义,从而在全社会形成人人参与保护非物质文化遗产的良好氛围。

(六)非物质文化遗产保护机构和队伍建设不断得到加强

2011年,南宁市非物质文化遗产保护工作机构基本形成网络,并不断得到健全。南宁市文化新闻出版局成立了非物质文化遗产科和南宁市非物质文化遗产保护中心。目前各县(区)也在文化馆成立了相应的非物质文化遗产保护中心。就目前的从业人员看,各县(区)文化馆从事非遗工作专干基本以45岁以下的年轻人员为主,南宁市群众艺术馆2011年招考两名硕士研究生补充新生力量。此外,除了积极组织全市非遗工作专干参加文化部和文化厅举办的各类非遗培训班外,南宁市还举办了非物质文化遗产保护管理工作培训班、非物质文化遗产与戏剧的创新和传承发展讲座等系列活动。通过培训,全市非遗从业人员的业务素质和工作水平得到了进一步提高,非遗工作队伍建设也得到了不断完善与加强。

二、南宁市非物质文化遗产保护和传承过程中存在的问题

虽然南宁市非物质文化遗产的保护工作取得了一定的阶段性成果,但南宁市与全国非物质文化遗产生存环境一样,也出现了一些具有历史、文化价值的传统文化资源遭到不同程度破坏,一些依靠口头和行为传承的民间文艺、技术、礼仪、节庆、游艺等文化遗产正在不断消失,一些非物质文化遗产的传承后继乏人等一系列问题。概括起来,主要存在以下六个方面问题:

一是认识不足,重视不够。部分领导对非物质文化遗产保护工作的认识不足,重视不够,保护工作缺乏总体规划和前瞻性研究,专家的作用尚未得到充分的发挥,政策不到位,措施不具体,工作缺乏科学性与前瞻性。

二是缺乏主动性,工作开展不平衡。一些县级、城区级负责人员的工作积极性和主动性不够,缺乏非物质文化遗产保护工作责任感和紧迫感,一些地方还没有把非物质文化遗产保护工作列入文化部门的重要议事日程,没有成立保护中心。负责非物质文化遗产工作的队伍素质和业务水准还有待进一步提高,相关部门和社会各方力量的作用没有得到充分发挥。

三是经费缺乏保障。尽管南宁市单列了专项经费,但还不能满足普查、保护、传承和宣传的需要。由于各县乡、城区发展不平衡,财力支持差异明显,经费来源得不到保障。特别是一些比较落后的县乡村镇,作为少数民族聚居的主要地区,有丰富而独具特色的非物质文化遗产资源,但由于地方财力有限,保护非物质文化遗产资源就显得更力不从心。全市每年正常预算内的非物质文化遗产保护研究经费加起来不足50万元,与全国各首府城市相比,差距相当大。

四是法律制度不完善,体制机制不健全。南宁市虽然相应出台了一些对民族民间文化保护的法律文件,但还没有形成完整的体系,缺乏相应的配套措施和办法,实施与监管的力度有待加强。尽管《南宁市人民政府关于加强南宁市非物质文化遗产保护工作的意见》、《南宁市非物质文化遗产普查工作方案》已经公布,但具体的实施方案没有出台,还需进一步完善落实具体措施和详细办法。整体看来,南宁市非物质文化遗产保护工作在体制、机制上还尚未健全完善,缺乏相应的奖惩制度和监督机制,特别是一些县(区)缺乏专门的领导机构和运作机构,使非物质文化遗产保护工作不能按总体目标、总体规划统

筹协调和有序进行。同时,责任不够明确,机制不够灵活,最终没有形成以政府为主导,社会各界力量积极参与的保护机制。

五是研究不充分,非物质文化遗产基本情况不清楚。南宁居住着壮、汉、瑶、苗等36个少数民族,独特的地理位置和民族文化生态的多样性,决定了南宁非物质文化遗产内容的丰富多样性。然而民族文化生态涉及社会生活的方方面面,民族文化广泛存在于民风民俗之中,存在于人们的日常生活中,又化于无形之中,加大了对其研究的难度。加之深受现代化生活和文化多样性的影响,民族民间文化日渐淡化和消亡。究其原因,主要是由于相关部门对本土的非物质文化遗产普查和研究不够深、范围不够广。虽然近年来民族文化研究已取得初步成果,但相对于南宁民族文化的博大精深,研究的深度和广度还远远不够,开发与保护的方向也很不明确,缺乏整体推进、系统整合的科学规划,导致自身对“家底”掌握不系统、不完整。

六是专业人员缺乏,保护力量不足。各县(区)都普遍存在着懂得民族民间文化的人太少,了解民族民间文化又有研究能力的人则更少的问题,导致普查工作不能按照要求及时完成,所做的项目文本质量普遍不高。部分县(区)都没有非物质文化遗产相关专业的普查、研究人员,一些普查、整理、研究工作需要依靠外单位,甚至请一些自治区级、市级专家才能开展,普查力量薄弱,普查人员整体素质有待提高,普查材料不能被充分地利用,从而进行系统且专业地整理、撰写,只能记录一些简单的线索和进行材料编辑。例如,上林县民族事务局收集和普查了很多民族民间文化资料,但是并没有好好地整理利用,只能被束之高阁。此外,由于被客观条件限制,对一些濒危的、有较高社会价值和文化价值的非物质文化遗产不能充分认识掌握和调查,从而影响了非物质文化遗产名录的及时申报与保护。

三、下一步南宁市非物质文化遗产保护传承工作展望

非物质文化遗产是人类在长期历史社会中所形成的具有相对稳定形态的精神文化与技艺传统,是人类历史的证明,是人类文化的重要遗产资源。南宁市的非物质文化遗产资源十分丰富,抢救、保护和传承各民族的非物质文化遗产具有十分重要的意义。因此,下一步南宁市应加强以下几方面的工作:

(一)建立和完善保护传承机制和机构

建立科学有效的非物质文化遗产传承机制。具体应做到以下四点:首先,完善非物质文化遗产名录体系以及传承人体系,科学规划和管理非物质文化遗产申报工作,对列入各级名录的非物质文化遗产名录,可采取命名、授予称号、表彰奖励、资助扶持等方式,鼓励传承人(团体)进行传习活动;其次,通过社会教育和学校教育,使非物质文化遗产保护名录的传承后继有人;再次,要加强非物质文化遗产知识产权的保护;最后,在传统文化特色鲜明、具有广泛群众基础的社区、乡村开展创建民间传统文化之乡的活动。

融入学校教育体系传承机制。非物质文化遗产活态保护和传承的另一个重要方式就是将本地有特色的非物质文化遗产融入学校教育传承体系之中,并给予一定的资金支持。一方面可以将一部分非物质文化遗产项目确定为学校的特色资源,进行教学观摩。另一方面可以将南宁本土有特色的少数民族非物质文化遗产列入乡土教材之中,重视和改进有关民间文学、民俗文化的教学内容,将《老友粉传说》、《壮族“三月三”传说》、《百鸟衣的故事》等优秀的民间文学作品,融入学校乡土教材或者语文课程的教学当中。同时也可通过讲述传统民间故事来加深青少年对传统文化的认识和对非物质文化遗产保护与传承的意识。

(二)加大投入,加强宣传

一是要积极争取各级财政部门对非物质文化遗产保护工作的大力支持,策划一些地方性非物质文化遗产保护项目,落实保护传承工作所需经费,增加投入,为工程实施提供有力的物质保障。二是要继续加强非物质文化遗产的宣传、展示、传播工作。首先,应加大南宁非物质文化遗产展示中心建设力度,使之成为整个南宁市非物质文化遗产收藏、保存、研究的重要基地,成为宣传、传播南宁市非物质文化遗产的有效平台和主要窗口。其次,组织南宁非物质文化遗产保护成果参加全国性的文化遗产宣传展示活动。一方面借助每年“文化遗产日”的东风,宣传策划相关活动,让南宁的非物质文化遗产走入广场、社区、学校与村镇。另一方面,举办一些有关南宁市非物质文化遗产的研讨会、论坛、演出、比赛等活动,有效扩大宣传范围和研究研讨的深度,特别是争取与各种新闻媒体联合举办各种形式多样的宣传活动,使非物质文化遗产保护意识深入人心。最后,组织摄制以介绍南宁市非物质文化遗产为主题的系列电视宣传短片,全面地展示了南宁市非物质文化遗产的特点与整体风貌,扩大对内对外的宣传范围,普及非物质文化遗产的保护知识。

(三)加大非物质文化遗产研究力度

通过田野考察和理论研究,推动南宁市非物质文化遗产的保护、传承、研究与普及等工作的系统化、体系化;围绕非物质文化遗产的重大理论和实践问题,共同开展有关非物质文化遗产的认定、保存、传播、传承、保护和利用等领域的科学研究,进而建立起一支高素质的专业科研队伍;依托非物质文化遗产研究机构,多方筹集经费,编辑出版《南宁市非物质文化遗产系列丛书》、《南宁市非物质文化遗产研究系列丛书·名录调查报告》等非物质文化遗产研究著作,对每个入选名录的项目经过资料搜集和田野考察,以创新的学术体例编写与学术体例接轨的考察报告,其中对于国际级的非物质文化可以每个名录独立出版,区级和市级的可以不同类别组合出版,为每一个非物质文化遗产名录项目的保护和传承提供历史资料和现状情况。

(四)加强非物质文化遗产传承基地的建设

成立传承保护基地,对非物质文化遗产的传承起到重要作用。非物质文化遗产属于技艺性文化,在保护和传承上更为讲究,建立传承发展基地要求针对不同的非物质文化遗产项目,要建立与之相适应的不同基地传承类型。第一,将隆安红良打铁技艺、宾阳酸粉制作技艺、横县鱼生制作技艺、杨美豆豉制作技艺、武鸣壮族五色糯米饭制作技艺、横县大粽制作技艺等民间民族传统生产、制作工艺,列入南宁市非物质文化遗产项目,建立相应的技艺学校或传承班(学习班)教授技艺,成立打铁、酸粉制作、大粽生产等各种类型的生产和传承基地,形成产业经济链,促进企业的生产发展,提高优秀的民间传统工艺技术使传统工艺技术能够在民间继续传承发展。第二,对于如壮族歌圩、南宁市及隆安壮族“亥日”、壮族斗竹马、宾阳炮龙节、马山壮族会鼓等少数民族民间节庆活动,应不断弘扬和传承,挖掘和保护其中的民族特色与价值内核,成立相应的传承发展基地,培养和发展一批有志于此类活动的民间传承人。第三,歌舞习俗是南宁和广西少数民族非物质文化遗产中最具活力的艺

术,也是少数民族生产生活、宗教信仰、民风民情的集中体现。而少数民族历来被称为“歌的民族”,壮族歌谣、壮族三声部民歌、汉族多声部民歌、宾阳八音和师公戏、嘹啰山歌、瑶族猴鼓舞、骆垌舞等民间传统音乐舞蹈都是人类文化遗产的重要组成部分,应建立民间音乐舞蹈传承基地,成立基地培训班,吸引年轻一代学习广西优秀的少数民族音乐文化。第四,粤剧、邕剧作为南宁市最主要的地方剧种,它有比较悠久的历史。建立配套的戏剧曲艺传承发展基地,发挥南宁市民族戏剧和地方剧种的特色优势,结合时代发展创作出更多的剧艺曲目,让传统的少数民族戏剧能够源远流长。

(五)建立非物质文化遗产生态保护区

非物质文化遗产及其扎根、生长、发展的人文环境和自然环境才是其作为文化遗产的整体价值所在,在规定的区域内,保护范围不仅是所有的非物质文化遗产资源,还有物质文化资源,范围广泛,内容繁多。但无论是生态保护区还是保护传承基地,都是保护文化生态的一种有效方式,都是依托保护区或者基地,进行传承人的培养,达到文化遗产保护最根本的目的。

目前,南宁市非物质文化遗产生态保护区的建设还是一片空白,应该尽快制定相应的实施方案,加快建设步伐。比如壮族歌圩,就因为歌圩生态的不断被破坏而面临萎缩的困境。可见,文化生态保护区的建设已是一个迫在眉睫的任务。但是,文化生态保护区的规划要实事求是、以人为本,保护文化遗产首先要正确看待文化遗产所存续的价值,尊重和珍惜存留下来的非物质文化遗产。文化生态区的核心是生活在保护区的广大民众,以民众最根本和最长远的利益为出发点,尊重寓于非物质文化遗产中的民众价值观,正确适当地建立和开发文化生态区。

(六)加大非物质文化遗产申报的力度,保护文化安全

非物质文化遗产名录体系正在不断地驶向规范化的轨道,必须敏锐地意识到遗产名录申报工作的重要性,及时进入快车道,以保证全市非物质文化遗产保护传承事业的健康有序发展。此外,申报工作上必然宜快不宜慢,应树立抢先意识。随着现代化的推进,很多传统的民族民间文化受到越来越多的挤压和冲击,本着保护非物质文化遗产的高度责任,政府各有关部门应该加大非物质文化遗产的申报力度,成立专门机构,落实责任,充分做好资金和人员保障,切实保护好文化基底。特别是南宁与越南接壤,山水相连、民众互相往来,有许多共享的非物质文化遗产资源,诸如铜鼓文化、土俗字文化、壮族戏剧、古骆越国传统习俗等,应加大申报此类非物质文化遗产名录的力度,使之成为国家级或区级非物质文化遗产名录,并被列入保护范围。

(七)加强人才队伍建设,拓展研究成果

首先,应加强对传承人才的培养。非物质文化遗产的消亡与文化生态的破坏,一个最直接的原因就是继承民族文化的传承人太少,特别是深受现代文化生活与观念的冲击,非物质文化遗产的各个领域都面临着濒危或者变异的困境,要及时通过对各种级别传承人的认定和命名,提高传承人的社会地位,通过与其签订协议合同,资助老传承人培育后一辈传承人,将技术工艺传授给年轻人,将世世代代创造的智慧结晶以同样的方式传承和发扬下去。此外,应进行相关学科的建设和专业设置,如文化产业、传统文化与现代化研究、非物质文化遗产的生存和发展等,将民族文化生态保护与社会经济发展所需要的人才培养结合起来,既要培养直接从事民族文化传承发展和保护工作的专门型人才,又要培养为民族文化传承发展和保护工作的传承人才。其次,应加强对专业性人才的培养。重点培训非物质文化遗产保护的中高级人才、市级保护单位管理人才及增强相关培训的师资力量。可通过举办“非物质文化遗产保护重大理论业务高级研修班”的方式,每年从市县挑选相关工作领域人员,培训具有非物质文化遗产领域理论和实践专业技术人才。围绕非物质文化遗产资源普查、非物质文化遗产及保护研究、非物质文化遗产传承、非物质文化遗产传播、非物质文化遗产开发利用等重大课题,开展大规模的继续教育活动。选派专家学者到各县开展非物质文化遗产保护的相关咨询服务。完善由各级科研所、协会、学校以及教育培训机构等构成的培训实践体系。

(作者单位:南宁市文化新闻出版局)

南宁市支柱产业培育研究

南宁市社会科学院课题组

“十二五”时期,南宁市正处于转变经济发展方式的关键时期,作为加快转变经济发展方式的主攻方向,经济结构战略性调整的落脚点主要在于产业结构的优化和升级。明确支柱产业培育的重点、空间布局及其发展战略,积极推进支柱产业的快速崛起,对于保持南宁市经济平稳较快发展具有十分重要的意义。

一、南宁市支柱产业培育的重点

(一)做大做强优势支柱产业

1.农产品加工产业

具体为:一是制糖业,将制糖产业作为循环经济的示范产业链进行重点打造,加快糖的精深加工,综合利用糖料及糖渣,延长产业链。重点优化糖料蔗生产布局,实现糖料蔗的规模化生产,通过引进优良品种,推进标准化示范基地的建设;二是茉莉花茶及茶精深加工,依托横县茉莉花生产基地,加大结构调整的力度,提高茶产品的质量和档次;通过投资、参股、并购等方式整合优化重组,打造一批花茶加工龙头企业,同时扶持发展中小加工企业,形成龙头带动、中小企业紧密协作的茉莉花茶和茶加工产业集群;加快推进中华茉莉花园项目建设,依托中国茉莉花节,加强茉莉花茶文化交流合作;三是桑蚕及茧丝绸,重点依托桑蚕加工和茧丝绸龙头企业,鼓励企业采用新工艺,引导企业实施名牌战略;扶持缫丝企业和绢纺企业拓展精深加工;四是农副食品加工,加快以农副产品为主的原料基地建设,着力发展农副产品的初级、深加工及综合利用。

2.铝加工业

按照大型化、集约化、深度化、精细化发展要求,延伸发展以铝加工为主的有色南宁市支柱产业培育研究金属深加工产业链,促进产业集群发展。依托南宁市现有产业基础,优先发展铝精深加工,着重发展高纯、高强、高韧和耐高温铝基复合材料,以及高档铝箔胚料、印刷用PS板、车用铝合金复合材料和高档建筑型材等,带动建筑、装饰、包装、印刷、电子、汽车配件、电

力等后续铝深加工行业的发展。加快建设江南铝工业园区，扶持南南铝业、南南铝箔等企业做大做强，建设年产20万吨大规格高性能铝合金板带型材等重大项目。

3.机械与装备制造业

加快机械与装备制造骨干企业的改革、重组，加强高新技术转化和电子信息技术应用，提高机械工业的数字化、集成化、自动化、成套化水平，大力发展轨道车辆、汽车、电力电气设备、压力容器、环卫机械设备、农机等成套设备制造业。重点推进八鲤机械工业园区建设，推动广发重工、五菱桂花农用车等搬迁项目实施，配套建设研发、汽车零部件加工及辅助项目，引导市区内机械类企业、项目向工业园区转移集聚，打造成为区域性重要机械装备制造业基地。

4.现代化工产业

推进高新技术对现有化工产业的改造升级，发展现代高端化工产业，延长氯碱化工产业链、促进石化深加工，扩大并做强精细化工产业链，发展与北钦防石化产业配套的中下游精细化工产业。大力发展精细化工、氯碱化工和石油深加工等，延伸化工产业链。加快南宁化工搬迁等重大项目建设，着力推进六景化工产业园建设，促进化工产业向园区集聚，打造南宁化工产业基地。重点扶持南宁化工、绿洲化工等企业做大做强。

5.建材产业

加快建材产品及技术的结构调整，支持开发生产绿色新型建材，重点发展新型水泥和水泥制品、玻璃深加工产品、建筑卫生陶瓷、化学建材、新型墙体材料以及轻型合金材料和门窗等产业。加快水泥技术升级和循环节约利用，重点发展新型干法水泥和大型熟料基地，推广节能粉磨、余热发电、利用水泥窑处理工业废弃物等循环节约利用。推进现代新型建材产业园区建设，促进产业集聚发展。

6.特色造纸及纸制品深加工产业

积极发展非林、特色造纸，坚持糖纸结合、林纸结合和竹纸结合的发展道路，加快推进速生林、甘蔗渣、竹—浆—纸及纸制品—包装装潢—印刷业产业链建设。大力发展纸品深加工，着力优化制浆造纸产业的技术结构和产品结构，加大技术创新，重点发展高级文化纸、高级生活用纸、高级包装用纸、纸板、纸浆等产品，促进造纸产业向规模大型化、产品高档化、技术装备先进化、生产清洁化发展。

7.电子信息产业

加速专业化分工和产业链合作，加大产业政策的引导和支持，以南宁高技术产业开发区为基地，构建集电子元件、电子器件、电子整机等为一体的电子信息产业链。加快引进具有实力的战略投资者，大力发展新型高端电子信息产业，重点发展新型电子元器件、通讯、数字家电、智能仪表、电脑配件、嵌入式系统及行业应用软件等高端电子信息产品；加快开发面向主要行业的公共信息服务平台，面向制造业信息化、教育信息化、交通、电子商务、电子政务等的应用软件和基于网络、事务管理和智能信息处理的中间件。

8.商贸业

重点优化布局，调整结构，提升业态，推动传统商贸向现代商贸业转变，将南宁打造成为集购物、餐饮、休闲、娱乐、商务、旅游等为一体的区域性商贸基地。规划建设和改造专业市场、交易中心等平台性商贸服务设施，重点提升和发展朝阳商业圈、凤岭商业区、相思湖商业区、五象新区商业区等商贸服务业集中区；着力打造邕江沿岸、快速环道—环城高速等商贸经济带。统筹规划各类商业网点布局，高起点规划布局五象新区商业区网点，鼓励连锁企业向社区和农村延伸。完善城乡、城际市场网络，打造区域性大宗消费品集散地和交易中心。

9.物流业

优化物流园区规划布局，加快提升南宁保税物流中心功能，建设完善保税物流体系，推进现代物流业示范城市建设。以南宁保税物流中心为依托，以中国—东盟国际物流基地为平台，推动南宁保税物流中心提升为综合保税区，加快完善物流配套设施，大力发展新型物流业态，促进保税物流中心与北部湾港和吴圩机场建立“区港联运”，形成“大通关、大物流”模式。推进综合物流信息网络建设，建立现代物流配送体系。着力培育和做大做强本地物流企业，引进一批国内外知名物流企业，发展新型物流业态，积极发展第三方物流。

10.金融业

加快培育金融市场，优化金融生态环境，构建金融业发展平台，深入实施“引金入邕”战略，鼓励国内外金融机构到南宁设立机构和拓展业务，促进金融机构、金融资本、金融人才等向南宁集聚。健全金融发展体系，支持发展银行、保险、证券等金融行业。大力支持广西北部湾银行尽快做大做强，争取早日上市。鼓励建设区域性货币结算中心、基金中心、资产管理中心、创业投资中心等，把南宁打造成为中国—东盟区域性货币结算中心；推动在南宁设立中国—东盟期货交易所，建设服务中国—东盟自由贸易区的期货贸易中心。

高新区汽车配件生产企业　　黄小真提供

11.休闲旅游业

以打造广西、面向全国、辐射东盟的区域性国际旅游目的地和集散中心为目标，合理开发旅游产品，优化旅游产品结构，提升旅游产品质量，形成多元化旅游产品体系。重点完善市区的旅游集散、接待、购物、娱乐等服务功能，全力推进南宁市旅游接待服务中心的建设；完善南宁市区与各县、与北部湾经济区各市及广西其他城市旅游景点的旅游交通网络；加紧建设一批体现南宁特色和区位的游、购、娱、餐饮特色街。打造旅游精品，积极整合和深度开发旅游资源，深度开发自然、生态、人文、历史旅游资源，重点推进南宁市国际都市休闲旅游区、大明山国际山地生态休闲度假旅游区的建设。

（二）着力培育新兴支柱产业

1.新能源产业

依托木薯、甘蔗、林木废弃物等丰富的非粮生物资源，发展燃料乙醇、生物质发电、产业化沼气、生物柴油等产业，重点推进中海油燃料乙醇项目建设，加快推进武鸣、隆安等县生物质发电项目开工建设。重点发展太阳能发电、照明、供冷供热等装备及零部件制造，大力推广利用太阳能，推进太阳能利用技术进步，加快太阳能光伏发电项目前期工作和建设，推进居民及工业小区、建筑屋顶、路灯照明、供冷供热等利用太阳能项目建设，推动建设国家重要太阳能利用及装备制造基地。

2.生物工程与制药产业

发展重点主要通过体制机制创新和结构调整，促使生物工程与制药产业走上特色鲜明、结构合理、低耗高效、竞争力强的发展道路。加强科技创新和产业开发，依靠高校、科研院所、技术研发及产业化平台公司力量，加快发展生物医药及配套辅料、医疗器械及装备产业。加大现有医药产品及品牌的整合力度，支持医药产品的品牌建设，逐步做大做强医药品牌和企业，着力推进南宁国家高技术生物产业基地建设。

3.节能环保产业

大力发展节能环保及循环经济产业，组建大型节能环保及循环经济企业集团，加快形成特色鲜明、结构优化的节能环保及循环经济产业发展体系。重点加强资源综合利用，提升蔗糖业、水煤浆、再生资源等综合利用率，建设广西南宁再生资源产业基地和广西资源再生综合利用中心。积极发展环保技术及装备业，着重发展资源综合利用、“三废”处理、垃圾转运及处理、废旧物品回收再利用及深加工等成套设备项目，加强节能与环保技术的研发和设备的制造、推广，加快发展洁净产品、节能产品、有机农产品、可降解产品等，积极发展节能与环保服务业。

4.信息服务业

加快信息基础设施建设与完善，重点建设区域性信息网络中心、信息资源中心、信息应用中心、信息发布中心、信息服务中心和信息产业基地。进一步拓展南宁市域光纤网络，加快建立全市统一的电子视频网络平台，提升电子政务网络服务能力，推进城乡一体化高速宽带信息网建设。加强公益性与商业性信息资源的开发利用，加大培育一批商业性信息资源企业，积极建立面向中小企业的公共信息服务平台、社区服务平台、农业信息服务体系和农业技术服务平台。依托中国—东盟博览会，多方位拓展合作平台，构筑文化、科技、产业、人才等信息交流平台，使南宁成为中国—东盟自由贸易区的信息服务及集散中心。

5.会展业

依托中国—东盟博览会的展会品牌效应，带动一系列专业性展会的举办，不断拓展会展市场资源，提高办展的数量、规模与层次。大力扶持、培植一批具有相当专业水平的会展经营企业和会展服务企业。引导和鼓励国际会展企业到南宁设立会展机构或企业，单独承办或与本地会展企业联合举办各种高规格的会展，打造区域性国际会展名城。

二、南宁市支柱产业的战略布局

（一）优质农产品生产、加工、供应基地

1.粮食产业基地

重点在横县、宾阳、上林等县扩大国家标准优质稻品种（组合）种植比例，加快形成优质稻优势产业带，成为全区重要的水稻种植基地；依托广西黑五类食品集团、广西农乐米业等龙头企业，实行生产—收购—加工—销售一条龙的管理模式和“公司+基地+农户”的经营模式，推进南宁优质谷产业基地建设。

2.糖料蔗产业基地

重点巩固武鸣、宾阳、横县、青秀、江南、良庆、邕宁等老蔗区，因地制宜发展上林、马山、隆安等新蔗区；加强“吨糖田”建设，大力推广机械深耕深松、测土施肥、优化品种结构等综合高产技术；重点依托南宁糖业股份有限公司、广西农垦糖业集团、广西永凯糖业有限公司等龙头企业，实行原糖蔗价和糖价挂钩联动的模式，形成种植—加工—销售等配套完整的产业体系。

3.水果产业基地

重点推进武鸣、隆安、西乡塘等县区为主的香蕉基地，武鸣、西乡塘、良庆等县区为主的菠萝基地，武鸣、隆安、青秀、江南、良庆、邕宁等县区为主的柑橘基地建设。努力推进“优果工程”建设，着力提高水果的品质和市场竞争力，加大品种改良力度，全面推广采后处理和果品加工。重点依托金泰尔、万利来等加工企业，形成种植—加工—销售产业链。

4.蔬菜、食用菌产业基地

重点建设武鸣、宾阳、兴宁、西乡塘、江南、良庆、邕宁等县区的蔬菜基地、食用菌基地；大力发展无公害、绿色或有机蔬菜，实施规模化、专业化和标准化生产；重点依托兴辉食品、齐旺食品等龙头企业，形成生产—加工—销售产业链。

5.特色养殖产业基地

重点建设以南北高速公路沿线为主的家禽养殖基地；以武鸣、上林、横县、宾阳等县为主的生猪养殖基地；以武鸣、上林、马山、邕宁、江南、良庆等县区为主的肉牛养殖基地；以武鸣、隆安、宾阳、横县、西乡塘、邕宁、良庆等县区为主的奶牛养殖基地；以马山、隆安、武鸣、宾阳等县为主的黑山羊养殖基地；以隆安为主的叮当鸡养殖基地；以横县、兴宁区为主的水产养殖基地。

6.桑蚕产业基地

重点建设以横县、宾阳、上林、邕宁等县区为主要产区的桑蚕产业基地，积极在武鸣县、良庆区等新县区推广。应加强蚕种基础设施改造和扩建，增加蚕种供应量，大力推广生态蚕业模式，省力化养蚕，小蚕共育，普及应用方格簇，建立家蚕微粒子病综合防治体系，强化质量监管，推广标准化生产，大幅度提高蚕茧质量水平。

7.木薯产业基地

重点建设以武鸣、隆安、宾阳、西乡塘、江南、良庆等为主要产区的木薯产业基地。应加快优良品种的普及应用，推广良种良法，提高单产，进行产品深加工，燃料酒精开发等。重点依托明阳生化科技有限公司等淀粉加工企业带动，形成“种植—加工—销售”比较完整的产业链。

（二）铝加工基地

主要以江南工业园区为主，还包括隆安华侨管理区、上林象山工业集中区、马山苏博工业集中区等园区。重点依托南南铝加工有限公司年产20万吨大规格高性能铝合金板带型材重大项目建设为龙头，建设一批铝板带箔加工项目，形成铝加工产业集聚区。

(三)机械装备制造基地

主要布局在邕宁八鲤工业集中区，还包括南宁高新技术产业开发区、西乡塘工业集中区、兴宁三塘工业集中区和隆安华侨管理区。重点依托八鲤机械产业园的建设，推动广发重工、五菱桂花农用车等搬迁项目实施，打造成为区域性重要机械装备制造业基地。

(四)化工产业基地

主要布局在六景工业园区，还包括南宁国家经济技术开发区。重点通过六景化工产业园的规划建设，推动南宁化工搬迁项目实施，促进化工产业向园区集聚，南宁国家经济技术开发区化工产业在原有的基础上继续发展，打造南宁化工产业基地。

(五)新型建材产业基地

以宾阳黎塘工业集中区为主，还包括隆安华侨管理区、马山苏博工业集中区。重点依托宾阳黎塘工业集中区新型建材工业园的建设，推动建材产业改造提升，聚集发展，形成新型建材产业基地。

(六)造纸及纸品加工产业基地

主要布局在南宁国家经济技术开发区、六景工业园、青秀伶俐工业集中区、邕宁东部工业集中区、兴宁三塘工业集中区，大力发展纸品深加工，着力优化制浆造纸产业的技术结构和产品结构，加大技术创新，延长产业链条，打造成为广西重要的造纸及纸品加工产业基地。

(七)轻纺产业基地

以南宁—东盟经济开发区为主，还包括六景工业园区、西乡塘区工业集中区、上林象山工业集中区。重点依托南宁—东盟经济开发区台湾(南宁)轻纺产业园区的建设，以台湾麦斯集团鞋类制品及皮革制品项目、南宁锦虹棉纺织搬迁改造为龙头，带动皮革、鞋类、皮具、箱包、裘皮服装及各种原辅材料行业的发展，建设成为轻纺产业基地。

(八)国家高技术生物产业基地

主要依托隆安宝塔工业集中区、隆安华侨管理区为生物产业核心区和南宁高新技术产业开发区、南宁—东盟经济开发区、南宁六景工业园区、广西良庆经济开发区、武鸣县伊岭工业集中区、马山县苏博工业集中区和南宁明阳工业区等生物产业专业园区中重点产业示范工程的建设发展，推动高技术生物产业快速壮大，发展成为国家高技术生物产业基地。根据各园区的优势和发展潜力，建设相应的生物能源、生物医药、生物制造专业园区，在广西良庆经济开发区、江南区及南宁—东盟经济开发区等有条件的地方建设生物产业专业物流园区。

(九)区域性商贸基地

以朝阳商业圈、凤岭商业区、民族大道商业区、相思湖商业区、五象新区商业区等商贸服务业集中区为主，邕江沿岸、快速环道—环城高速为商贸经济带，重点加强商业基础设施的改造、业态的提升、和功能的完善，优化区域性商贸基地发展格局。

(十)区域性物流基地

主要以中国—东盟国际物流基地为极核，以江南、金桥和安吉重点物流园区为中心，以牛湾、六景、那桐等内河港口物流中心、空港物流中心及各县物流分中心为支撑，依托南宁保税物流中心的完善提升和大型物流企业的带动，推动南宁保税物流中心提升为综合保税区，完善物流配套设施，大力发展新型物流业态，建设成为区域性国际物流基地。

(十一)金融中心

以五象新区“金融街”为主体，包括金湖广场及其周边，打造“区域性金融中心”的空间载体，以金融街的建设，大力发展金融楼宇，引导金融企业、金融机构、大企业总部以及为金融发展提供相关配套的产业、设施及社会服务进驻，将五象新区建设成立足南宁、面向北部湾，辐射大西面和东南半岛的开放型现代国际金融中心区。

三、南宁市支柱产业培育的对策措施

(一)优化政策保障，加强规划衔接

1.出台相关配套政策

根据已成文的相关政策文件以及《南宁市国民经济和社会发展第十二个五年规划纲要》，对规划中涉及支柱产业发展的政策性内容，抓紧制定出台支持支柱产业发展的配套性政策或指导性意见。配套性政策或指导性意见应从两个方面综合考量：一是扶持已有支柱产业做大做强，注重解决其扩大生产规模、开拓国际国内市场中遇到的问题；二是加快培育新兴支柱产业，注重加强对有重大技术突破、重大发展需求的行业的扶持力度。以国家、自治区产业政策为指导，适时研究出台扶持重点产业及产业集群发展的政策，制定区域支柱产业发展的微观产业指导措施。

2.强化政策倾斜力度

建议制定出台《扶持支柱产业重点企业和重点项目若干优惠政策的意见》，在企业改革、税收返还、金融支持、对外经贸等方面制定具体的优先支持政策，并制定资金扶持支柱产业重点企业、重点项目的标准和条件。在壮大骨干龙头企业、产品开发、品牌培育、节能降耗、产业配套等方面加大扶持力度，在用水、用电、贴息、购买核心设备、租用工业标准厂房、技术研发等方面给予支持。在投资上，财政重点倾向于有利于支柱产业发展的行业和项目及与之配套的公共设施建设倾斜，对引进的属于南宁市支柱产业的项目和企业在行政审批、土地使用等方面提供便利的条件。在税收上，充分体现税收政策向发展支柱产业的倾斜，引导各类投资主体向政策鼓励的产业投资。

3.加强规划之间的衔接

根据《南宁市国民经济和社会发展第十二个五年规划纲要》的要求，结合《南宁市城市总体规划(2006-2020)》、《南宁市土地利用总体规划(2006-2020)》，在“十二五”期间制定优势产业、高新技术产业等产业发展规划，将“十二五”时期全市支柱产业发展细化分解为若干具体任务，由市领导牵头，科学制定年度计划，各有关部门紧密配合、通力协作，逐项落实目标、进度和责任。建议在制定支柱产业规划时，明确支柱产业的技术发展方向和产品发展方向，尽可能防止与周边地区在支柱产业发展上形成同水平同方向竞争；做好支柱产业之间、支柱产业的上下游产业以及配套服务产业的规划，并在规划中明确具体的符合配套协作的项目可获得的政策支持与鼓励。

(二)积极培育龙头企业，推进企业品牌建设

1.做大做强龙头骨干企业

把握国家产业导向和各项优惠措施，结合南宁市的特点和优势，重点发展一批国家、广西区产业扶持的企业，重点培育一

批对国家产业政策扶持的企业或企业集团。做好骨干龙头企业的选择、认定,培育、引进一批符合南宁市产业导向的制造业和高新技术产业龙头企业,在各行业中培育一批主业突出、主导产品市场占有率高、有自己品牌、技术装备达到国内同行业先进水平、年产值或销售额超亿元以上的工业龙头企业。"十二五"期间在铝加工、机械装备制造、制糖等领域重点培育一批龙头骨干企业或企业集团。

2.推进骨干企业规模扩张

加紧制定推进骨干企业规模扩张的扶持政策,在各方面支持支柱产业骨干企业的规模性扩展,促进企业走内涵式发展与规模扩张相结合的道路。支持在市区的骨干龙头企业的搬迁改造,到开发区、工业园区继续扩大规模,利用原有土地建设研发中心和发展都市型工业;鼓励现有龙头企业在开发区、工业园区投资开发新的项目或建立特色产业园区,鼓励园区内中小企业向专、精、新、特方向发展,为骨干龙头企业做好配套服务,逐步形成完整的产业链,提升南宁市支柱产业附加价值。

3.推进实施品牌发展战略

大力实施名牌产品培育工程,鼓励优势支柱产业企业积极争创名牌产品,积极引导各类生产要素向名牌企业集聚。积极培育、扶持支柱产业企业创建知名品牌,着力通过自主创新、品牌经营、专利申请等手段,培育一批拥有自主知识产权、核心技术和市场竞争力强的知名品牌。抓好优势支柱产业重点企业和新兴支柱产业重点项目品牌包装,积极争取国家、自治区和南宁市财政扶持项目资金。

(三)加大招商引资力度,积极承接产业转移

1.积极开展支柱产业招商

以支柱产业为重点,实行有选择、有针对性的产业链招商。支柱产业项目推介的重点为铝加工、化工、建材、机械与装备制造业、商贸业、农产品加工制造、物流业、金融业等,组织专家和学者对以上行业的发展潜力进行系统研究,提出有发展潜力和吸引力的投资项目。进一步创新招商理念,改进招商方式,围绕产业链招商,致力于做大产业群,拉长产业链,紧紧围绕上述支柱产业招商。以支柱产业投资项目为依托,组建专业招商小组驻外招商,开展小分队招商、行业专题招商、驻点招商和以商招商,吸引外资和社会资本的投资。

2.制定招商引资配套政策

推动制定南宁市支柱产业招商引资的指导意见,建立支柱产业招商引资联席会议制度,统一组织和协调推进全市支柱产业的招商引资工作。完善对引资者进行奖励的政策,推动制定对贡献大的东部产业转移企业财政奖励政策,加大政策兑现力度,完善招商服务体系。明确招商引资过程中支柱产业项目布局的方向,优化布局支柱产业项目,形成全市支柱产业一盘棋发展新格局。

3.加大承接东部产业转移力度

"十二五"时期,积极推动相关部门联合制定南宁市承接东部产业转移工作方案,提出南宁市承接东部产业转移的工作目标和措施。根据南宁市确定的支柱产业培育和发展的方向,明确重点打造的主要产业集群以及重点承接的相关产业及其配套产业。充分利用《关于中西部地区承接产业转移的指导意见》以及南宁市作为国家加工贸易产业转移重点承接地提供的政策优势和便利条件,以形成产业集群发展为目标,加强产业链项目企业的承接力度。

(四)加强投融资平台建设,改善投融资发展环境

1.加强投资平台建设

加快提高利用外资规模和水平,重点吸引有实力的国际知名企业投资,着重引导外资投向南宁市战略性新兴产业、先进制造业、资源深加工和综合利用、金融保险、物流等领域。积极创新投资方式,加强投资平台建设,通过设立地区总部、建立研发中心、建设龙头企业带动的特色产业园区等方式吸引各类投资。鼓励各类资本进入产品研发、技术攻关等技术创新领域。加强投资项目策划和信息发布,完善投资的机制体制。做好对现有部分大型企业的服务,促其增资扩股并带动更多企业投资。

2.加强融资平台建设

加快制定市属企业发行债券的短、中、长期发展规划,有计划有步骤地建立债券市场的结构体系。适时推动召开"南宁企业债券融资推介会",充分利用债券融资方式拓宽直接融资渠道。引导和扶持一批规模较大、科技创新能力强、成长性好、带动作用明显的支柱产业企业通过上市、发行企业债券、合资合作、融资租赁以及产权交易等方式在资本市场直接融资,鼓励和引导支柱产业企业进行间接融资,拓宽筹融资渠道。

3.优化投融资发展环境

建议制定优化商务环境促进投资融资的相关指导性意见,明确南宁市投资融资优化的基本原则、方向和目标。进一步改善和优化法制环境、政策环境、服务环境,进一步加强诚信体系建设,营造可持续发展的投资环境和创业环境。推进投融资体制改革,健全中小企业信用担保机构,鼓励担保机构开展融资担保业务,建立财政资金对担保机构的风险补偿机制。

(五)积极鼓励科技创新,提升企业创新能力

1.建立健全创新相关机制

加快科技型企业孵化器建设在政府扶持下,通过公开招标和委托研究等形式,组织科研机构和企业组成专项研发项目组,进行重点项目的研发攻关。对支柱产业技术创新的重点领域、重大专项进行重点支持,进一步完善支持企业技术创新的政策体系。以财政扶持为引导,以支柱产业企业为主体,以提高企业自主创新能力为目标,建立和完善满足企业发展需求的支撑体系和良好的外部环境。加快创新型园区建设,以南宁市高新区为创新型园区建设试点园区,积极探索园区创新、企业创新的新机制。

2.鼓励企业开展创新

以聚集创新要素、构建创新系统、培育技术创新核心竞争力为切入点,出台鼓励企业提升自主创新能力的实施办法,对支持的范围和措施、申请条件、资金申报和受理、项目监督和管理等做出具体的规定。加快以企业为主的产学研结合的联合研发机构建设,支持建立以企业为主体、产学研用紧密结合的创新联盟,鼓励企业进行原始创新、集成创新和引进消化吸收再创新,提高产业技术水平和企业核心竞争力。建设和完善以科技服务为主要职能的服务机构、公共技术服务平台、产学研相结合的企业技术创新支持体系。在条件允许的情况下设立创新能力培育专项资金,用于支持企业创新研发及产业化、扶持产业技术联盟、补贴企业研发中心,强化知识产权战略和促进标准化实施等领域。

(课题组成员:韦继更 刘曙华 罗美英 张少宁 曹丽 孙晋华 覃丽芳)

责任编辑 黄小真

城市竞争力

南宁市在全国部分城市综合竞争力排位

2002~2011 年度全国 37 个大中城市综合竞争力十年回顾

城　市	2011 综合竞争力指数	2011 排名	2010 综合竞争力指数	2010 排名	2009 排名	2008 排名	2007 排名	2006 综合竞争力指数	2006 排名	2005 排名	2004 排名	2003 排名	2002 综合竞争力指数	2002 排名	10 年平均竞争力指数	10 年平均排名	10 年排名变化	位次
南宁	0.667	56	0.644	49	58	63	65	0.562	71	58	51	50	0.527	48	0.583	57	−8	29
北京	0.896	3	0.864	3	4	4	6	0.798	4	9	9	9	0.685	11	0.789	6	8	1
上海	0.889	4	0.871	2	3	2	3	0.826	3	3	6	6	0.741	9	0.820	3	5	2
深圳	0.877	5	0.840	5	5	3	4	0.839	2	4	5	5	0.787	6	0.818	4	1	3
广州	0.865	6	0.827	6	6	6	7	0.774	7	8	11	10	0.685	12	0.766	7	6	4
天津	0.840	7	0.786	7	8	14	14	0.704	15	17	18	17	0.607	17	0.706	13	10	5
杭州	0.806	8	0.765	10	12	11	12	0.720	10	12	13	12	0.623	14	0.710	11	6	6
青岛	0.804	9	0.764	11	9	8	10	0.695	17	20	17	14	0.610	16	0.702	14	7	7
长沙	0.804	10	0.766	9	16	22	21	0.681	23	24	24	25	0.587	26	0.682	21	16	8
大连	0.802	11	0.776	8	10	19	18	0.677	24	21	21	20	0.592	24	0.691	20	13	9
苏州	0.784	14	0.753	14	13	10	11	0.711	13	14	19	28	0.588	25	0.695	18	11	10
无锡	0.780	15	0.746	17	17	15	13	0.714	12	13	15	13	0.596	20	0.697	16	5	11
沈阳	0.779	16	0.745	18	15	23	25	0.653	30	26	26	24	0.577	29	0.671	24	13	12
成都	0.777	17	0.715	25	27	28	27	0.657	28	25	23	23	0.593	23	0.665	27	6	13
南京	0.775	19	0.734	19	20	21	22	0.683	22	23	25	21	0.606	18	0.679	23	−1	14
武汉	0.768	21	0.731	21	22	27	34	0.667	27	28	32	29	0.580	28	0.661	28	7	15
宁波	0.768	22	0.732	20	18	18	17	0.697	16	16	14	18	0.623	13	0.691	19	−9	16
济南	0.761	24	0.717	23	26	25	24	0.669	26	22	22	22	0.595	21	0.670	25	−3	17
合肥	0.749	25	0.716	24	29	29	30	0.635	34	37	37	45	0.530	45	0.635	33	20	18
厦门	0.733	30	0.720	22	23	20	19	0.690	20	19	16	16	0.612	15	0.680	22	−15	19
福州	0.731	31	0.688	35	38	35	44	0.625	38	36	34	27	0.595	22	0.634	34	−9	20
长春	0.722	33	0.681	37	31	36	43	0.631	36	29	27	30	0.543	40	0.633	35	7	21
重庆	0.721	34	0.680	38	44	45	45	0.612	44	47	59	59	0.488	66	0.601	47	32	22
西安	0.717	36	0.680	39	42	54	52	0.603	48	44	42	41	0.551	36	0.610	41	0	23
哈尔滨	0.708	40	0.664	42	45	53	50	0.619	40	35	35	34	0.553	34	0.617	38	−6	24

续表

城 市	2011综合竞争力指数	2011排名	2010综合竞争力指数	2010排名	2009排名	2008排名	2007排名	2006综合竞争力指数	2006排名	2005排名	2004排名	2003排名	2002综合竞争力指数	2002排名	10年平均竞争力指数	10年平均排名	10年排名变化	位次
南昌	0.698	42	0.637	52	50	46	46	0.635	33	39	40	55	0.521	54	0.605	43	12	25
郑州	0.693	45	0.662	43	39	38	40	0.611	45	41	39	43	0.538	42	0.612	40	-3	26
石家庄	0.691	46	0.651	46	41	40	37	0.622	39	38	36	37	0.553	35	0.616	39	-11	27
呼和浩特	0.676	51	0.697	34	36	59	55	0.577	62	66	62	76	0.454	99	0.580	59	48	28
昆明	0.654	63	0.617	62	71	66	64	0.579	61	57	38	36	0.547	38	0.585	55	-25	30
乌鲁木齐	0.620	85	0.598	75	67	70	66	0.577	63	54	50	48	0.524	50	0.572	63	-35	31
海口	0.620	88	0.586	86	76	83	78	0.563	69	63	65	35	0.546	39	0.564	67	-49	32
太原	0.619	90	0.611	65	63	64	61	0.559	74	75	68	72	0.482	71	0.557	71	-19	33
银川	0.608	97	0.597	76	78	84	85	0.539	86	102	96	97	0.466	88	0.532	87	-9	34
兰州	0.607	98	0.571	101	89	104	91	0.549	80	81	97	99	0.485	68	0.531	89	-30	35
贵阳	0.604	100	0.560	111	112	106	101	0.517	103	104	112	112	0.453	100	0.513	105	0	36
西宁	0.553	142	0.498	183	166	162	173	0.455	171	161	162	171	0.388	185	0.457	167	43	37

2002~2011年度全国部分西部省会城市综合竞争力十年回顾

城 市	2011综合竞争力指数	2011排名	2010综合竞争力指数	2010排名	2009排名	2008排名	2007排名	2006综合竞争力指数	2006排名	2005排名	2004排名	2003排名	2002综合竞争力指数	2002排名	10年平均竞争力指数	10年平均排名	10年排名变化	位次
南宁	0.667	56	0.644	49	58	63	65	0.562	71	58	51	50	0.527	48	0.583	57	-8	3
成都	0.777	17	0.715	25	27	28	27	0.657	28	25	23	23	0.593	23	0.665	27	6	1
呼和浩特	0.676	51	0.697	34	36	59	55	0.577	62	66	62	76	0.454	99	0.580	59	48	2
昆明	0.654	63	0.617	62	71	66	64	0.579	61	57	38	36	0.547	38	0.585	55	-25	4
乌鲁木齐	0.620	85	0.598	75	67	70	66	0.577	63	54	50	48	0.524	50	0.572	63	-35	5
银川	0.608	97	0.597	76	78	84	85	0.539	86	102	96	97	0.466	88	0.532	87	-9	6
兰州	0.607	98	0.571	101	89	104	91	0.549	80	81	97	99	0.485	68	0.531	89	-30	7
贵阳	0.604	100	0.560	111	112	106	101	0.517	103	104	112	112	0.453	100	0.513	105	0	8
西宁	0.553	142	0.498	183	166	162	173	0.455	171	161	162	171	0.388	185	0.457	167	43	9

2002~2011年度广西部分城市综合竞争力十年回顾

城 市	2011综合竞争力指数	2011排名	2010综合竞争力指数	2010排名	2009排名	2008排名	2007排名	2006综合竞争力指数	2006排名	2005排名	2004排名	2003排名	2002综合竞争力指数	2002排名	10年平均竞争力指数	10年平均排名	10年排名变化	位次
南宁	0.667	56	0.644	49	58	63	65	0.562	71	58	51	50	0.527	48	0.583	57	-8	1
柳州	0.649	67	0.605	71	83	78	79	0.545	82	79	77	74	0.476	80	0.547	77	13	2
桂林	0.591	116	0.559	115	98	107	100	0.525	97	87	71	68	0.484	69	0.527	94	-47	3
北海	0.569	131	0.529	135	133	138	145	0.485	139	129	106	109	0.442	118	0.490	127	-13	4
防城港	0.568	132	0.539	131	167	199	204	0.417	216	215	205	206	0.367	212	0.440	192	80	5
梧州	0.546	147	0.524	140	138	143	133	0.489	134	117	114	108	0.448	109	0.489	128	-38	6
玉林	0.531	173	0.498	181	161	158	168	0.448	183	189	201	207	0.352	226	0.443	189	53	7
钦州	0.514	196	0.478	208	222	227	225	0.380	251	263	286	291	0.287	287	0.360	268	91	8
贵港	0.469	245	0.444	243	227	225	217	0.403	233	258	257	263	0.325	267	0.391	244	22	9
来宾	0.467	247	0.431	256	259	284	272	0.366	261	287	265	262	0.321	271	0.358	269	24	10
崇左	0.431	267	0.412	264	255	263	261	0.350	278	288	287	277	0.306	279	0.350	277	12	11
百色	0.428	269	0.401	270	258	237	253	0.385	249	244	245	218	0.363	215	0.385	249	-54	12
河池	0.414	273	0.375	281	279	276	280	0.352	276	283	264	254	0.345	238	0.350	276	-35	13
贺州	0.411	275	0.398	274	280	273	271	0.339	282	294	259	258	0.331	260	0.339	282	-15	14

资料来源：《中国城市竞争力报告(2012版)》，主编倪鹏飞，社会科学文献出版社，2012年5月

南宁市在全国部分城市地区生产总值排位

2011年全国27个省会城市地区生产总值排位

城市名称	总量(亿元)	位次	增长(%)	位次
南　宁	2211.51	18	13.50	11
广　州	12303.12	1	11.00	24
杭　州	7011.80	2	10.10	26
成　都	6854.58	3	15.20	4
武　汉	6536.81	4	12.10	19
南　京	6145.52	5	12.00	20
沈　阳	5914.90	6	12.30	16
长　沙	5619.33	7	14.50	8
郑　州	4912.66	8	13.20	13
济　南	4406.29	9	10.60	25
哈尔滨	4243.40	10	12.30	16
石家庄	4082.60	11	12.00	20
长　春	4003.10	12	13.30	12
西　安	3864.21	13	13.80	10
福　州	3734.78	14	13.00	14
合　肥	3636.60	15	15.40	3
南　昌	2688.87	16	13.00	14
昆　明	2509.58	17	14.00	9
呼和浩特	2177.26	19	11.30	23
太　原	2080.12	20	9.90	27
乌鲁木齐	1700.00	21	17.10	1
贵　阳	1383.07	22	17.10	1
兰　州	1360.03	23	15.00	5
银　川	974.79	24	12.00	20
西　宁	770.70	25	15.00	5
海　口	712.75	26	12.30	16
拉　萨	222.09	27	14.60	7

2011年西部省会城市地区生产总值排位

城市名称	总量(亿元)	位次	增长速度(%)	位次
南宁	2211.51	4	13.5	9
呼和浩特	2177.26	5	11.3	11
成都	6854.58	1	15.2	3
贵阳	1383.07	7	17.1	1
昆明	2509.58	3	14.0	7
西安	3864.21	2	13.8	8
兰州	1360.03	8	15.0	4
西宁	770.70	10	15.0	4
银川	974.79	9	12.0	10
乌鲁木齐	1700.00	6	17.1	1
拉萨	222.09	11	14.6	6

2011年广西各市主要指标排位

土地面积与人口

城市名称	土地面积(平方千米)	位次	总人口(万人)	位次
南宁市	22112	4	711.49	1
柳州市	18617	5	374.80	8
桂林市	27809	3	521.80	4
梧州市	12588	9	327.64	9
北海市	3337	14	167.90	13
防城港市	6181	13	91.39	14
钦州市	10843	11	391.17	7
贵港市	10606	12	527.69	3
玉林市	12838	8	684.84	2
百色市	36201	1	407.99	6
贺州市	11855	10	233.25	12
河池市	33508	2	420.38	5
来宾市	13411	7	251.53	10
崇左市	17351	6	246.57	11

注:人口数为公安部门提供的户籍人口数

地区生产总值

城市名称	总量(亿元)	位次	增长(%)	位次
南宁市	2211.51	1	13.5	6
柳州市	1543.00	2	10.6	9
桂林市	1336.07	3	12.2	7
梧州市	735.24	5	13.8	5
北海市	496.58	11	18.2	2
防城港市	419.84	13	15.6	3
钦州市	734.40	6	22.5	1
贵港市	634.41	8	6.1	13
玉林市	1032.47	4	11.1	8
百色市	656.71	7	6.5	12
贺州市	354.46	14	10.5	10
河池市	518.13	9	3.3	14
来宾市	511.64	10	14.0	4
崇左市	491.31	12	10.5	10

财政收入

城市名称	总量(亿元)	位次	增长(%)	位次
南宁市	363.52	1	20.82	7
柳州市	229.60	2	14.13	11
桂林市	141.94	3	17.23	9
梧州市	76.14	7	35.60	2
北海市	57.54	9	22.20	5
防城港市	44.35	12	26.26	3
钦州市	123.14	4	110.94	1
贵港市	43.33	13	8.30	13
玉林市	85.86	5	24.50	4
百色市	84.07	6	16.24	10
贺州市	26.65	14	20.70	8
河池市	50.72	10	7.13	14
来宾市	47.66	11	10.70	12
崇左市	57.65	8	21.36	6

社会经济主要指标

2011 年南宁市社会经济主要指标

指标名称	单位	2011 年	2010 年	比上年增长%
人口、土地面积				
土地面积	平方千米	22112	22112	
#城市建成区面积	平方千米	226	215	5.12
户籍总人口	人	7114879	7073720	0.58
#非农业人口	人	1929426	1919790	0.50
农业人口	人	5185453	5153930	0.61
#市区人口	人	2728181	2707396	0.77
市辖县人口	人	4386698	4366324	0.47
#男性	人	3719295	3698242	0.57
女性	人	3395584	3375478	0.60
#18 岁以下人口	人	770842	777660	-0.88
18-60 岁人口	人	5152525	5147274	0.10
60 岁以上人口	人	1191512	1148786	3.72
人口密度	人/平方千米	322	320	0.63
出生人数	人	98043	152227	-35.59
死亡人数	人	42892	48211	-11.03
总户数	户	2145780	2113500	1.53
年平均人口	人	7094299	7026339	0.97
非农业人口比重	%	27.12	27.14	-0.02*
农业人口比重	%	72.88	72.86	0.02*
市区人口比重	%	38.34	38.27	0.07*
市辖县人口比重	%	61.66	61.73	-0.07*
男性人口比重	%	52.27	52.28	-0.01*
女性人口比重	%	47.73	47.72	0.01*
地区生产总值				
地区生产总值(当年价)	万元	22115062	18002613	13.50
第一产业	万元	3063120	2444349	5.70
第二产业	万元	8463433	6518841	19.70
工业	万元	6293258	4837803	20.00
建筑业	万元	2170175	1681038	18.80
第三产业	万元	10588509	9039423	11.10
交通运输仓储邮政业	万元	993163	829018	10.10
批发和零售业	万元	1952461	1634933	13.80
住宿和餐饮业	万元	773710	657287	9.60
金融保险业	万元	1496952	1329295	6.20
房地产业	万元	1253497	1118799	4.60
营利性服务业		1746284	1398664	23.00
非营利性服务业	万元	2372442	2071427	8.40

注:1.人口数据由市公安局提供,年出生人数、年死亡人数含历年出生、历年死亡而在本年登记的人数;

2."*"为增减百分点(后同)

续表

指标名称	单位	2011 年	2010 年	比上年增长%
人均地区生产总值(当年价)	元	31173	25624	12.40
地区生产总值构成	%	100	100	
第一产业	%	13.85	13.58	0.27*
第二产业	%	38.27	36.26	2.01*
工业	%	28.46	26.93	1.53*
建筑业	%	9.81	9.33	0.48*
第三产业	%	47.88	50.16	-2.28*
农业				
农林牧渔业总产值(当年价)	万元	5071561	4032427	5.96
农业	万元	2598349	2111841	5.59
林业	万元	258539	187594	22.27
牧业	万元	1796992	1376318	4.24
渔业	万元	206679	169229	7.20
服务业	万元	211002	187447	5.35
农林牧渔业总产值(构成)	%	100	100	
农业	%	51.23	52.37	-1.14*
林业	%	5.10	4.65	0.45*
牧业	%	35.43	34.13	1.30*
渔业	%	4.08	4.20	-0.12*
服务业	%	4.16	4.65	-0.49*
播种面积				
粮食	公顷	441008	438728	0.52
甘蔗	公顷	162267	165168	-1.76
油料	公顷	44005	41835	5.19
蔬菜	公顷	170852	165934	2.96
乡村从业人员	万人	305.33	303.02	0.76
#农林牧渔业从业人员	万人	187.67	204.82	-8.37
有效灌溉面积	公顷	239560	218050	9.86
粮食总产量	吨	2070587	2042253	1.39
油料产量	吨	117482	108942	7.84
甘蔗产量	吨	10636574	10440083	1.88
蔬菜产量	吨	3621897	3455031	4.83
肉类总产量	吨	619621	607580	1.98
#猪肉	吨	358477	357942	0.15
牛羊肉	吨	23658	23101	2.41
禽肉	吨	232195	222657	4.28
猪年末存栏数	万头	385.80	368.08	4.81
出栏肉猪	万头	488.92	487.16	0.36
大牲畜年末存栏数	万头	70.12	78.38	-10.54
#牛	万头	68.64	77.07	-10.94
羊年末存栏数	万只	23.19	25.32	-8.41
水产品产量	吨	205697	191702	7.30
禽蛋产量	吨	26785	22910	16.91

注:地区生产总产值增长速度按可比价计算;农林牧渔业总产值增长速度按可比价计算

续表

指标名称	单位	2011年	2010年	比上年增长%
牛奶产量	吨	51532	47521	8.44
水果产量	吨	1420294	1232941	15.20
农业机械总动力	万千瓦时	412.00	393.83	4.61
农村用电量	万千瓦时	80001	76655	4.36
农业生产用化肥(折纯量)	吨	439722	429568	2.36
工业				
全部工业总产值(当年价)	万元	20002301	15011824	33.24
#规模以上工业总产值	万元	17252922	12854044	34.22
规模以下工业总产值	万元	2749379	2157780	27.42
规模以上工业				
按登记注册类型分:				
国有企业	万元	1937849	1700981	13.93
集体企业	万元	82630	54174	52.53
股份合作企业	万元	38901	2265	1617.48
联营企业	万元	5733		
有限责任公司	万元	3655372	2323688	57.31
股份有限公司	万元	1299834	1006257	29.18
私营企业	万元	7558439	5859723	28.99
其他企业	万元	61103	83127	-26.49
港澳台商投资企业	万元	1050282	877237	19.73
外商投资企业	万元	1562779	946592	65.10
按轻重工业分:				
轻工业	万元	8436703	6241829	35.16
重工业	万元	8816219	6612215	33.33
按企业规模分:				
大型企业	万元	2986300	950093	214.32
中型企业	万元	5022155	4478275	12.14
小微型企业	万元	9244467	7425676	24.49
规模以上工业企业				
主要经济指标				
企业单位数	个	914	1236	-26.05
#产值超亿元企业	个	339	300	13.00
亏损企业	个	72	150	-52.00
工业总产值(现价)	万元	17252922	12854044	34.22
工业增加值(现价)	万元	4900791	4031485	23.57
资产总计	万元	12435885	9712322	28.04
负债总计	万元	6500439	5365207	21.16
主营业务收入	万元	16240838	12266392	32.40
#主营业务税金				
及附加	万元	398518	334743	19.05
实现利税总额	万元	2576574	1921042	34.12
#利润总额	万元	1545250	1125644	37.28
亏损企业亏损额	万元	74729	38804	92.58

注:规模以上工业是指年主营业务收入达到2000万元及以上的工业企业

续表

指标名称	单位	2011年	2010年	比上年增长%
经济效益综合指数	%	281.24	255.13	26.11*
资本增值保值率	%	135.90	121.96	13.94*
总资产贡献率	%	21.66	20.76	0.90*
资产负债率	%	52.27	55.24	-2.97*
流动资产周转率	次	3.10	3.06	0.04*
成本费用利润率	%	10.76	10.52	0.24*
全员劳动生产率	元	200196	175487	14.08
产品销售率	%	93.66	94.16	-0.50*
主要工业产品产量				
原煤	万吨	2.36	11.66	-79.76
成品糖	万吨	108.53	101.88	6.53
罐头	吨	108892	128512	-15.27
乳制品	吨	97614	76695	27.28
啤酒	千升	206647	114405	80.63
软饮料	吨	801821	475956	68.47
卷烟	万支	3731689	3631084	2.77
配混合饲料	万吨	319.21	344.76	-7.41
纱	吨	31929	33577	-4.91
布	万米	1057	754	40.19
家用电风扇	万台	52.65	38.02	38.48
塑料制品	吨	389880.98	255414	52.65
机制纸及纸板	吨	878136	674993	30.10
纸浆	吨	551238	434890	26.75
化学农药原药(折有效成分100%)	吨	46128	42598	8.29
烧碱(折100%)	吨	159497	185927	-14.22
电力电缆	千米	1103526	782550	41.02
小型拖拉机	台	171112	131498	30.13
发电设备	万千瓦	15.55	35.15	-55.77
水泥	万吨	1084.26	1186.73	-8.63
平板玻璃	万重量箱	327.38	518.60	-36.87
铝材	吨	70568	61624	14.51
发电量	万千瓦时	297848	296911	0.32
交通、邮电、电力				
货运总量	万吨	24326	19171	26.89
铁路货运量	万吨	610	591	3.21
公路货运量	万吨	21363	16591	28.76
水路货运量	万吨	2349	1986	18.27
民用航空货邮运量	万吨	3.70	3.10	19.35
客运总量	万人	11170	10153	10.02

注:工业增加值增长速度按价格指数缩减法计算

续表

指标名称	单位	2011年	2010年	比上年增长%
铁路客运量	万人	1088	1007	8.00
公路客运量	万人	9748	8855	10.08
水路客运量	万人			
民用航空客运总量	万人	334.20	290.30	15.12
内河港口货物吞吐量	万吨	777	485	60.16
年末邮电局(所)数	处	189	200	-5.50
邮电业务总量(2010年不变价)	万元	829763	749833	10.66
电话用户数	户	7917897	6043808	31.01
#移动电话用户数	户	6839685	5922912	15.48
互联网用户	户	4262660	3226700	32.11
全年用电量	万千瓦时	1253429	1148290	9.16
#工业用电	万千瓦时	582235	567887	2.53
城乡居民生活用电	万千瓦时	324338	273004	18.80
固定资产投资				
全社会固定资产投资	万元	20036826	14620023	37.05
#固定资产投资	万元	19508628	14182973	37.55
#基本建设投资	万元	8476786	6458107	31.26
更新改造投资	万元	4954387	3671938	34.93
其他投资	万元	1661002	561704	195.71
房地产开发投资	万元	3771607	3174993	18.79
城镇工矿区私人建房(50万以上)	万元	65964	26293	150.88
新增固定资产	万元	9452619	6737222	40.30
房屋施工面积	万平方米	6872.69	5857.35	17.33
#住宅	万平方米	3217.04	2877.66	11.79
房屋竣工面积	万平方米	1221.40	1108.63	10.17
#住宅	万平方米	596.72	551.20	8.26
商品房施工面积	万平方米	3608.46	3147.52	14.64
#住宅	万平方米	2661.53	2378.86	11.88
商品房竣工面积	万平方米	512.45	519.41	-1.34
#住宅	万平方米	408.49	433.34	-5.73
商品房销售面积	万平方米	696.48	666.48	4.50
#住宅	万平方米	598.85	601.83	-0.50
商品房销售额	万元	3706286	3428409	8.11
#住宅	万元	3073754	2980126	3.14
城镇基础设施				
水厂综合生产能力(含自备水源)	万吨/日	165.85	158.40	4.70
供水管道总长度	千米	3781	3477	8.74
全年供水总量	万吨	45125	41983	7.48
#居民家庭用水量	万吨	23383.04	21926	6.65
生活用水人口	万人	272.85	254.80	7.08
实有公共汽车营运车辆	辆	2677	2601	2.92
全年公共汽车客运总数	万人次	59907	63598	-5.80

注:公路、水路客货运量由市交通局提供

续表

指标名称	单位	2011 年	2010 年	比上年增长%
实有出租汽车数	辆	5370	5035	6.65
液化石油气供气总量	吨	104245	101311	2.90
#家庭用量	吨	85133	76189	11.74
家庭用液化石油气人口	万人	216.98	213.35	1.70
实有道路总长度	千米	1796	1750	2.63
实有道路总面积	万平方米	4146	3967	4.51
人均道路面积	平方米	13.86	14.32	-3.21
排水管道总长度	千米	1221	1069	14.25
建成区园林绿地面积	公顷	9765	9182	6.35
人均公园绿地面积	平方米	11.56	8.93	29.45
建成区绿化覆盖面积	公顷	11191	10547	6.11
国内商业				
商品销售总额	万元	24523398	18567715	32.08
批发业商品销售总额	万元	14588085	10682546	36.56
#限额以上	万元	9604044	7065504	35.93
零售业商品销售总额	万元	9935313	7885169	26.00
#限额以上	万元	3614806	2963789	21.97
住宿业营业额	万元	312625	255038	22.58
#限额以上	万元	192409	163945	17.36
餐饮业营业额	万元	946357	739341	28.00
#限额以上	万元	125163	100415	24.65
社会消费品零售总额	万元	10731541	9059318	18.46
按销售地域分				
城镇零售额	万元	10113917	8608656	17.49
乡村零售额	万元	617624	450662	37.05
物价				
居民消费价格指数	%	105.70	102.50	5.70
食品类	%	112.50	106.60	12.50
#粮食	%	113.20	107.70	13.20
肉禽及其制品	%	118.60	102.10	18.60
水产品	%	117.30	108.60	17.30
鲜菜	%	104.20	128.50	4.20
烟酒及用品	%	104.60	100.30	4.60
衣着	%	108.80	97.00	8.80
家庭设备用品及服务	%	101.40	97.90	1.40
医疗保健和个人用品	%	102.70	100.80	2.70
交通和通讯	%	101.70	100.80	1.70
娱乐教育文化用品及服务	%	99.80	97.30	-0.20
居住	%	101.80	107.10	1.80
对外经济				
海关进出口总额	万美元	251042	221273	13.45
出口总额	万美元	166236	159336	4.33

注:城市公用事业数据由市建委提供

续表

指标名称	单位	2011 年	2010 年	比上年增长%
进口总额	万美元	84806	61937	36.92
市属进出口总额	万美元	223551	191793	16.56
出口总额	万美元	140050	131797	6.26
进口总额	万美元	83501	59996	39.18
外商直接投资(商务部口径)	万美元	37339	33029	13.05
对外借款	万美元	3394	1836	84.86
新签利用外资合同	个	57	73	-21.92
协议(合同)外资金额	万美元	38396	70743	-45.72
期末实有三资企业个数	个	804	747	7.63
#建成投产企业个数	个	499	480	3.96
旅游				
国内外旅游人数	万人次	4398	3721	18.18
#国内旅游人数	万人次	4375	3543	23.49
国际旅游人数	万人次	23.44	16.63	40.95
#外国人	万人次	16.17	12.33	31.14
港澳台同胞	万人次	7.44	4.42	68.33
国内外旅游收入	万元	3123982	2378908	31.32
#国内旅游收入	万元	3070532	2347861	30.78
国际旅游收入	万元	53450	34578	54.58
星级宾馆	个	70	81	-13.58
五星级	个	5	6	-16.67
四星级	个	12	13	-7.69
三星级	个	28	29	-3.45
二星级	个	25	33	-24.24
客房数	间	11560	15964	-27.59
床位数	张	19857	27138	-26.83
财政、金融、保险				
财政收入	万元	3635205	3008756	20.82
#一般预算收入	万元	1862924	1560959	19.34
地方财政支出	万元	3023075	2612785	15.70
财政收入占 GDP 比重	%	16.44	16.71	-0.27*
金融机构各项存款余额	亿元	4728.14	4021.45	17.57
#个人储蓄存款	亿元	1581.03	1375.89	14.91
金融机构各项贷款余额	亿元	4845.07	4142.30	16.97
#短期贷款	亿元	842.30	563.69	49.43
中长期贷款	亿元	3958.62	3550.36	11.50
#个人贷款	亿元	883.16	766.80	15.17
保费收入	万元	673931	573025	17.61
#财产险保费收入	万元	295396	215601	37.01
人身险保费收入	万元	378535	357425	5.91
劳动工资及就业				
城镇单位在岗人数	人	666720	661866	0.73

注:旅游数据由市旅游局提供

续表

指标名称	单位	2011 年	2010 年	比上年增长%
#国有经济单位	人	382765	362021	5.73
城镇集体单位	人	11357	13411	-15.32
其他经济单位	人	272598	286434	-4.83
城镇单位在岗职工工资总额	万元	2638622	2427224	8.71
城镇单位在岗职工年平均工资	元/人	40120	37042	8.31
#国有经济单位	元/人	47418	44735	6.00
城镇集体单位	元/人	30848	24955	23.61
其他经济单位	元/人	30313	27732	9.31
私营企业从业人员	人	687644	580552	18.45
#城镇私营企业	人	291780	147689	97.56
个体从业人员	人	454828	394132	15.40
#城镇个体	人	386604	282152	37.02
城镇登记失业人员数	人	34415	35599	-3.33
城镇登记失业率	%	3.48	3.69	-0.21*
居民生活				
城镇居民家庭基本情况				
平均每户人口	人	3.04	3.04	
平均每户就业人口	人	1.70	1.71	-0.58
每一就业者负担人数	人	1.79	1.78	0.56
城镇住户人均年可支配收入	元	20005	18032	10.94
城镇住户人均年消费性支出	元	13843	12337	12.21
#食品支出	元	5564	4788	16.21
衣着支出	元	1058	989	6.99
设备用品及服务支出	元	869	911	-4.61
人均住房建筑面积	平方米	33.67	33.29	1.14
城镇居民家庭恩格尔系数	%	40.19	38.81	1.38*
主要商品年人均消费量				
大米	千克	42.71	41.36	3.26
食用植物油	千克	7.79	7.67	1.56
鲜菜	千克	119.84	116.92	2.50
猪肉	千克	30.41	29.87	1.81
牛羊肉	千克	6.65	6.38	4.23
鸡鸭	千克	21.61	21.29	1.50
鲜蛋	千克	6.79	6.73	0.89
城镇每百户居民主要耐用品拥有量				
空调器	台	153	148	3.08
洗衣机	台	99	100	-0.86
电冰箱	台	99	99	0.14
家用汽车	辆	20	16	25.00
彩色电视机	台	137	141	-2.94
组合音响	套	38	37	2.41
照相机	架	55	55	0.97
家用电脑	台	103	100	3.45
移动电话	部	229	228	0.72

注:1.城镇私营、城镇个体从业人员数据由市工商局提供;2.城镇登记失业人员、城镇登记失业率数据由市人社局提供

续表

指标名称	单位	2011 年	2010 年	比上年增长%
农村居民家庭基本情况				
平均每户人口	人	4.31	4.49	-4.01
平均每户从业人口	人	3.14	3.14	
平均每一劳动力负担人口数	人	1.37	1.42	-3.52
农民人均纯收入	元	5848	5005	16.84
农民人均生活消费支出	元	4913	3335	47.32
#食品支出	元	2393	1636	46.27
衣着支出	元	148	89	66.29
家庭设备用品支出	元	320	197	62.44
农村居民家庭恩格尔系数	%	48.72	49.06	-0.34*
人均期末拥有住房面积	平方米	37.51	36.74566879	2.08
主要商品年人均消费量				
粮食	千克	176.50	164.71	7.18
食用油	千克	4.39	2.96	48.32
蔬菜	千克	67.54	92.56	-27.03
猪肉	千克	20.64	14.3	44.30
家禽	千克	14.85	14.33	3.65
鲜蛋	千克	2.08	1.19	74.41
农村每百户居民主要耐用品拥有量				
洗衣机	台	40	22	80.23
电冰箱	台	72	40	78.57
摩托车	辆	87	77	12.97
彩色电视机	台	110	106	4.23
固定电话	部	30	55	-45.54
移动电话	部	190	139	37.27
热水器	台	49	31	58.14
照相机	台	5	4	20.79
教育、文化				
学校数				
高等学校	所	31	31	
中等职业学校	所	68	85	-20.00
技工学校	所	12	13	-7.69
普通中学	所	346	349	-0.86
小学	所	1504	1515	-0.73
专任教师数				
高等学校	人	15993	15225	5.04
中等职业学校	人	5339	5345	-0.11
技工学校	人	1403	1410	-0.50
普通中学	人	22759	22675	0.37
小学	人	28419	28596	-0.62

续表

指标名称	单位	2011 年	2010 年	比上年增长%
在校学生数				
高等学校	人	295821	276428	7.02
中等职业学校	人	210225	207686	1.22
技工学校	人	37380	36593	2.15
普通中学	人	377726	376256	0.39
小学	人	530496	526547	0.75
县级以上公共图书馆	个	16	14	14.29
县级以上公共图书馆				
图书总藏量	千册、件	5330	5006	6.49
# 图书藏量	千册	3672	3633	1.06
图书出版印数	万册	21250	20726	2.53
杂志出版印数	万册	3570	3680	-2.99
报纸出版印数	万份	59330	52708	12.56
科技、卫生				
专业技术人员数	人	210701	207370	1.61
# 市县属国有企事业单位专业技术人员数	人	122973	117078	5.04
# 中级及以上技术职称人员	人	41457	40350	2.74
专利申请数	件	2225	1452	53.24
# 发明专利	件	898	539	66.60
授权专利数	件	1156	896	29.02
# 发明专利	件	221	130	70.00
卫生机构数(含个体)	个	2324	2310	0.61
# 医院 、卫生院	家	201	198	1.52
门诊部、所	个	1977	1953	1.23
卫生机构床位数	张	28821	28184	2.26
# 医院、卫生院	张	26945	26390	2.10
卫生技术人员数(含个体)	人	40696	37873	7.45
# 执业医师	人	13163	12390	6.24
执业助理医师	人	2235	1892	18.13
注册护士	人	15945	14567	9.46
福利机构、社会治安				
社会福利机构数	个	161	158	1.90
社会福利机构床位数	张	7964	7618	4.54
社会治安				
火灾起数	起	462	230	100.87
火灾死伤人数	人	8	11	-27.27
火灾损失折款	万元	943	1189	-20.69
交通事故件数	件	880	847	3.90
交通事故死伤人数	人	1477	1507	-1.99
# 死亡人数	人	405	405	
交通事故损失额	万元	389	438	-11.19
刑事案件立案数	件	49492	57055	-13.26
犯罪人数	人	5546	5359	3.49

2011年南宁市市区社会经济主要指标

指 标 名 称	单 位	2011年	2010年	比上年增长(%)
人口、土地面积				
土地面积	平方千米	6479	6479	
#城市建成区面积	平方千米	226	215	5.12
户籍总人口	人	2728181	2707396	0.77
#非农业人口	人	1387360	1376816	0.77
农业人口	人	1340821	1330580	0.77
#男性	人	1408168	1399473	0.62
女性	人	1320013	1307923	0.92
#18岁以下人口	人	266680	259610	2.72
18-60岁人口	人	2003195	2005881	-0.13
60岁以上人口	人	458306	441905	3.71
人口密度	人/平方千米	421	418	0.72
出生人数	人	35162	45773	-23.18
死亡人数	人	18079	9996	80.86
总户数	户	836932	819241	2.16
年平均人口	人	2717789	2689392	1.06
人口结构				
非农业人口比重	%	50.85	50.85	
农业人口比重	%	49.15	49.15	
男性人口比重	%	51.62	51.69	-0.07*
女性人口比重	%	48.38	48.31	0.07*
地区生产总值				
地区生产总值(当年价)	万元	15759474.43	13016374.59	12.40
第一产业	万元	1100732	899692	4.70
第二产业	万元	5865475	4529407	18.00
工业	万元	4188539	3188259	19.30
建筑业	万元	1676936	1341148	15.00
第三产业	万元	8793268	7587276	10.00
交通运输仓储邮政业	万元	830878	698780	9.30
批发和零售业	万元	1688987	1406331	14.70
住宿和餐饮业	万元	672070	570205	10.10
金融业	万元	1382718	1233398	5.70
房地产业	万元	1028908	925421	4.00
其他服务业	万元	3189707	2753140	11.60
人均地区生产总值(当年价)	元	57986	48399	11.20
地区生产总值构成	%	100	100	
第一产业	%	6.98	6.91	0.07*
第二产业	%	37.22	34.80	2.42*
工业	%	26.58	24.49	2.09*
建筑业	%	10.64	10.30	0.34*
第三产业	%	55.80	58.29	-2.49

注:1.人口数据由市公安局提供,年出生人数、年死亡人数含历年出生、历年死亡而在本年登记的人数;2."*"为增减百分点(后同);3.地区生产总值增长速度按可比价计算

续表

指标名称	单位	2010年	2009年	比上年增长(%)
农业				
农林牧渔业总产值(当年价)	万元	1839434	1499682	5.87
农业	万元	946940	765021	5.95
林业	万元	95764	80330	6.32
牧业	万元	576297	463899	6.14
渔业	万元	61570	48587	3.15
服务业	万元	158863	141846	5.26
农林牧渔业总产值(构成)	%	100	100	
农业	%	51.48	51.01	0.47*
林业	%	5.21	5.36	-0.15*
牧业	%	31.33	30.93	0.40*
渔业	%	3.35	3.24	0.11*
服务业	%	8.64	9.46	-0.82*
乡村从业人员	万人	82.84	80.74	2.60
#农林牧渔业从业人员	万人	56.83	55.62	2.18
有效灌溉面积	公顷	71210	53435	33.26
粮食总产量	吨	531837	535495	-0.68
油料产量	吨	46256	41350	11.86
甘蔗产量	吨	4726293	4593622	2.89
蔬菜产量	吨	1378730	1331381	3.56
肉类产量	吨	221050	214516	3.05
#猪肉	吨	94134	94541	-0.43
牛羊肉	吨	4089	3829	6.79
家禽	吨	120278	114545	5.01
猪年末存栏数	万头	123.45	99.84	23.65
出栏肉猪	万头	127.49	127.30	0.15
大牲畜年末存栏数	万头	19.92	28.04	-28.96
#牛	万头	19.92	28.04	-28.96
羊年末存栏数	万只	0.72	2.79	-74.19
水产品产量	吨	61273	55070	11.26
禽蛋产量	吨	13399	12899	3.88
牛奶产量	吨	49963	45744	9.22
水果产量	吨	644364	568552	13.33
农业机械总动力	万千瓦	124.85	122.19	2.18
农村用电量	万千瓦时	30472	29648	2.78
农业生产用化肥(折纯量)	吨	166612	159959	4.16
工业				
全部工业总产值(当年价)	万元	12978652	9996452.60	29.83
#规模以上工业总产值	万元	11863394	9092204.60	30.48
规模以下工业总产值	万元	115258	904248	-87.25

注:农林牧渔业总产值增长速度按可比价计算

续表

指 标 名 称	单 位	2011 年	2010 年	比上年增长(%)
规模以上工业　按登记注册类型分:				
国有企业	万元	1606260	1446213	11.07
集体企业	万元	78974	42019	87.95
联营企业	万元	5733		
有限责任公司	万元	1985568	1515641	31.01
股份有限公司	万元	1167464	835068	39.80
私营企业	万元	5015451	3862249	29.86
其他企业	万元	40488	15327	164.16
港澳台商投资企业	万元	884893	673311	31.42
外商投资企业		1078563	712088	51.46
按轻重工业分:				
轻工业	万元	5556054	4244162.90	30.91
重工业	万元	6307340	4848041.70	30.10
按企业规模分:				
大型企业	万元	2727808	849210	221.22
中型企业	万元	3188835	3465324	-7.98
小微型企业	万元	5946751	4777671	24.47
规模以上工业企业主要经济指标				
企业单位数	个	519	641	-19.03
#亏损企业	个	55	92	-40.22
工业总产值(现价)	万元	11863394	9092205	30.48
工业增加值(现价)	万元	3315835	2897622	19.04
资产总计	万元	8729308	7170187	21.74
负债合计	万元	4496577	3976153	13.09
主营业务收入	万元	11215090	8695945	28.97
#主营业务税金及附加	万元	361201	306436	17.87
实现利税总额	万元	1752373	1373193	27.61
#利润总额	万元	947178	722040	31.18
亏损企业亏损额	万元	60912	32659	86.51
主要工业产品产量				
成品糖	万吨	59.95	57.69	3.92
罐头	吨	15685	14800	5.98
乳制品	吨	97614	76695	27.28
啤酒	千升	133154	114405	16.39
软饮料	吨	490080	393144	24.66
卷烟	万支	3731689	3631084	2.77
配混合饲料	万吨	363.75	291.09	24.96
纱	吨	31929	33577	-4.91
布	万米	572	618	-7.44

注:1.规模以上工业是指年主营业务收入达到 2000 万元及以上的工业企业;2.工业增加值增长速度按价格指数缩减法计算

续表

指 标 名 称	单 位	2011 年	2010 年	比上年增长(%)
家用电风扇	万台	52.65	38.02	38.48
塑料制品	吨	332902	180127	84.82
机制纸及纸板	吨	239969	268846	-10.74
纸浆	吨	251737	243495	3.38
化学农药原药(折有效成分 100%)	吨	1986	8087	-75.44
烧碱(折 100%)	吨	159497	185927	-14.22
电力电缆	千米	1103526	782550	41.02
小型拖拉机	台	62731	55647	12.73
水泥	万吨	584.65	692.57	-15.58
平板玻璃	万重量箱	327.38	518.60	-36.87
铝材	吨	69204	61624	12.30
发电量	万千瓦时	54383	59760	-9.00
交通、邮电、电力				
货运总量	万吨	17505	13837	26.51
铁路货运量	万吨	420	408	2.88
公路货运量	万吨	16153	12680	27.39
水路货运量	万吨	928	746	24.43
民用航空货邮运量	万吨	3.70	3.10	19.35
客运总量	万人	8047	7529	6.88
铁路客运量	万人	1001	922	8.57
公路客运量	万人	6711	6317	6.24
民用航空客运总量	万人	334.20	290.30	15.12
内河港口货物吞吐量	万吨	493.55	294.16	67.78
邮电局(所)数	处	97	98	-1.02
邮电业务总量(2010 年不变价)	万元	829763	749833	10.66
电话用户数	户	5353195	4908659	9.06
#移动电话用户数	户	4605394	4043870	13.89
互联网用户	户	3161922	2415150	30.92
全年用电量	万千瓦时	912268	854042	6.82
#工业用电	万千瓦时	381513	392257	-2.74
城乡居民生活用电	万千瓦时	226557	191656	18.21
固定资产投资				
全社会固定资产投资	万元	13961661	10434862	33.80
#固定资产投资	万元	13817551	10278602	34.43
#基本建设投资	万元	6416187	4923140	30.33
更新改造投资	万元	2596100	2049129	26.69
其他投资	万元	1530377	503654	203.85
房地产开发投资	万元	3244021	2772482	17.01
城镇工矿区私人建房(50 万以上)	万元	22578	14886	51.67
新增固定资产	万元	5584463	4508202	23.87

注:公路、水路客货运量由市交通局提供

续表

指　标　名　称	单　位	2011年	2010年	比上年增长(%)
房屋施工面积	万平方米	5457.73	4786.76	14.02
#住宅	万平方米	2581.25	2415.32	6.87
房屋竣工面积	万平方米	709.81	848.34	-16.33
#住宅	万平方米	309.72	421.96	-26.60
商品房施工面积	万平方米	3052.01	2681.96	13.80
#住宅	万平方米	2216.44	1993.64	11.18
商品房竣工面积	万平方米	325.96	418.78	-22.16
#住宅	万平方米	256.68	346.18	-25.85
商品房销售面积	万平方米	533.13	534.12	-0.18
#住宅	万平方米	451.61	476.69	-5.26
商品房销售额	万元	3275535	3105331	5.48
#住宅	万元	2701156	2688217	0.48
城市基础设施				
水厂综合生产能力(含自备水源)	万吨/日	142.40	135.20	5.33
供水管道总长度	千米	3035	2733	11.05
全年供水总量	万吨	40474	32645	23.98
#居民家庭用水量	万吨	20563	19068	7.84
生活用水人口	万人	225.41	207.91	8.42
实有公共汽车营运车辆	辆	2677	2601	2.92
全年公共汽车客运总数	万人次	50198	63598	-21.07
实有出租汽车数	辆	5070	4795	5.74
液化石油气供气总量	吨	89305	86406	3.36
#家庭用量	吨	70808	68509	3.36
家庭用液化石油气人口	万人	172.26	169.01	1.92
实有道路总长度	千米	1338	1307	2.37
实有道路总面积	万平方米	3296	3205	2.84
人均道路面积	平方米	13.66	14.66	-6.82
排水管道长度	千米	741	716	3.49
建成区园林绿地面积	公顷	8143	7555	7.78
人均公园绿地面积	平方米	12.97	9.83	31.94
建成区绿化覆盖面积	公顷	9309	8687	7.16
国内商业、对外经济				
商品销售总额	万元	13285144	9680992	37.23
#限额以上	万元	9089674	6680593	36.06
零售业商品销售总额	万元	8338434	6640015	25.58
#限额以上	万元	3558024	2919448	21.87
住宿业营业额	万元	304255	248111	22.63
#限额以上	万元	191017	162611	17.47
餐饮业营业额	万元	726246	564083	28.75
#限额以上	万元	117020	94766	23.48
社会消费品零售总额	万元	8923449	7523899	18.60

注：城市公用事业数据由市建设局提供

续表

指 标 名 称	单 位	2011年	2010年	比上年增长(%)
海关进出口总额	万美元	251042	214124	17.24
出口总额	万美元	166236	158302	5.01
进口总额	万美元	84806	53754	57.77
市属进出口总额	万美元	216102	184644	17.04
出口总额	万美元	133263	130763	1.91
进口总额	万美元	82839	51813	59.88
外商直接投资	万美元	32239	29341	9.88
对外借款	万美元	3394	1836	84.85
新签利用外资合同	个	46	65	-29.23
协议(合同)外资金额	万美元	28204	57351	-50.82
旅游				
国际旅游人数	万人次	23.61	16.75	40.98
#外国人	万人次	16.17	12.33	31.14
港澳台同胞	万人次	7.44	4.42	68.33
国际旅游收入	万元	53450	37858	41.18
#星级宾馆	个	66	77	-14.29
五星级	个	5	6	-16.67
四星级	个	12	13	-7.69
三星级	个	28	29	-3.45
二星级	个	21	29	-27.59
客房数	间	11231	15635	-28.17
床位数	张	19528	26809	-27.16
财政、金融、保险				
财政收入	万元	3225350	2679697	20.36
#一般预算收入	万元	1617959	1374932	30.20
地方财政支出	万元	2001567	1734991	22.10
金融机构各项存款余额	万元	42679909	36435627	17.14
#个人储蓄存款	万元	12444164	10942351	13.72
金融机构各项贷款余额	万元	46139452	39603107	16.50
保费收入	万元	600522	512394	17.20
#财产险保费收入	万元	276124	197021	40.15
人身险保费收入	万元	324398	315373	2.86

注:旅游数据由市旅游局提供

续表

指　标　名　称	单　位	2011 年	2010 年	比上年增长(%)
劳动工资及就业				
城镇单位在岗人数	人	512401	541872	-5.44
#国有经济单位	人	292486	273005	7.14
集体经济单位	人	7659	9308	-17.72
其他经济单位	人	212256	235140	-9.73
城镇单位在岗职工工资总额	万元	2444818	1997901	22.37
城镇单位在岗职工年平均工资	元/人	42830	39012	9.79
#国有经济单位	元/人	50674	47416	6.87
集体经济单位	元/人	32221	23787	35.46
其他经济单位	元/人	32496	29707	9.39
城镇登记失业人员数	人	28566	29213	9.98
居民生活				
城镇居民家庭基本情况				
平均每户人口	人	3.07	3.06	0.33
平均每户就业人口	人	1.66	1.67	-0.60
每一就业者负担人数	人	1.85	1.83	1.09
城镇住户人均年可支配收入	元	20622	18595	10.90
城镇住户人均年消费性支出	元	14561	13027	11.78
#食品支出	元	5681	4923	15.39
衣着支出	元	1094	1030	6.19
设备用品及服务支出	元	919	985	-6.72
人均住房建筑面积	平方米	28.44	28	0.85
主要商品年人均消费量				
大米	千克	41.93	40.45	3.66
食用植物油	千克	7.80	7.82	-0.26
鲜菜	千克	116.33	115.61	0.62
猪肉	千克	30.16	29.47	2.34
牛羊肉	千克	6.98	6.87	1.60
鸡鸭	千克	20.65	20.52	0.63
鲜蛋	千克	7.24	7.24	
城镇每百户居民主要耐用品拥有量				
空调器	台	175	171	2.60
洗衣机	台	98	100	-1.46
电冰箱	台	102	102	-0.07
家用汽车	辆	19	23	-17.39
彩色电视机	台	139	143	-3.22
组合音响	套	37	37	2.57
照相机	架	62	63	-1.67
家用电脑	台	110	109	1.16
移动电话	部	233	233	0.10

注:城镇登记失业人员数据由市劳动局提供

续表

指标名称	单位	2011年	2010年	比上年增长(%)
农村居民家庭基本情况				
平均每户人口	人	4.02	4.31	-6.73
平均每户从业人口	人	2.84	3.04	-6.58
平均每一劳动力负担人口数	人	1.42	1.41	0.71
农民人均纯收入	元	6417	5441	17.94
农民人均生活消费支出	元	5530	3603	53.48
#食品支出	元	2216	1765	25.55
衣着支出	元	150	100	49.59
设备用品及服务支出	元	424	201	110.76
人均期末拥有居住面积	平方米	42.57	35.00	21.63
主要商品年人均消费量				
粮食	千克	167.3	135.3	23.64
食用油	千克	3.93	3.10	26.86
蔬菜	千克	52.68	80.00	-34.15
猪肉	千克	22.72	15.25	49.00
家禽	千克	15.75	15.04	4.74
鲜蛋	千克	1.49	1.29	15.36
农村每百户居民主要耐用品拥有量				
洗衣机	台	34	21	61.90
电冰箱	台	70	39	79.49
摩托车	辆	82	70	17.14
彩色电视机	台	104	104	
固定电话	部	21	42	-50.00
移动电话	部	191	140	36.43
热水器	台	43	30	43.33
照相机	台	5	6	-16.67
教育、文化				
学校数				
高等学校	所	31	31	
中等职业学校	所	61	73	-16.44
技工学校	所	13	13	0.00
普通中学	所	170	166	2.41
小学	所	462	461	0.22
专任教师数				
高等学校	人	15993	15225	5.04
中等职业学校	人	4960	4498	10.27
技工学校	人	1403	1410	-0.50
普通中学	人	9843	9610	2.42
小学	人	11734	11675	0.51

续表

指 标 名 称	单 位	2011 年	2010 年	比上年增长(%)
在校学生数				
高等学校	人	295821	276428	7.02
中等职业学校	人	182967	166562	9.85
技工学校	人	37380	36593	2.15
普通中学	人	167903	163357	2.78
小学	人	258013	249446	3.43
县级以上公共图书馆	个	10	10	
县级以上公共图书馆				
图书总藏量	千册、件	4566	4261	7.15
#图书藏量	千册	3124	3095	0.94
图书出版印数	万册	21250	20726	2.53
杂志出版印数	万册	3570	3680	-2.99
报纸出版印数	万份	59330	52708	12.56
科技、卫生、社会治安				
专业技术人员	人	157188	154703	1.61
#市县属国有企事业单位专业技术人员	人	79801	74642	6.91
#中级及以上技术职称人员	人	23718	22983	3.20
卫生机构数(含个体)	个	1427	1452	-1.72
#医院、卫生院	个	100	97	3.09
门诊部、所	个	1204	1220	-1.31
卫生机构床位数	张	19563	19025	2.83
#医院、卫生院	张	18420	17919	2.80
卫生技术人员数(含个体)	人	28631	26813	6.78
#执业医师	人	10282	9629	6.78
执业助理医师	人	946	869	8.86
注册护士	人	11506	10530	9.27
社会福利机构数	个	64	67	-4.48
社会福利机构床位数	张	5226	4931	5.98
社会治安				
火灾起数	起	405	178	127.53
火灾死伤人数	人	6	7	-14.29
火灾损失折款	万元	862	243	254.73
交通事故件数	件	276	322	-14.29
交通事故死伤人数	人	481	541	-11.09
#死亡人数	人	151	175	-13.71
刑事案件立案数	件	38866	44885	-13.41
犯罪人数	人	3776	3613	4.51

2011年南宁市与全国、广西主要社会经济指标对比情况

指 标 名 称	单 位	绝对数			南宁占广西的比重(%)
		全 国	广 西	南 宁	
总人口	万人	134735	5199	711	18.88
国内生产总值	亿元	471564	11714.35	2212	18.88
第一产业	亿元	47712	2047	306	14.96
第二产业	亿元	220592	5737	846	14.75
工业	亿元	188572	4914	629	12.81
第三产业	亿元	203260	3930	1059	26.94
全社会固定资产投资	亿元	311022	10143	2004	19.75
#固定资产投资	亿元	301933	9734	1951	20.04
#基本建设	亿元		4185	848	20.26
更新改造	亿元		3055	498	16.32
房地产	亿元	61740	1500.46	377	25.14
邮电业务总量(2010年不变价)	亿元	13379	326.30	83	25.43
固定电话用户	万户	28512	650.9	108	16.56
移动电话用户	万户	98625	2533	683.97	27.01
社会消费品零售总额	亿元	183919	3860.73	1073.15	27.80
#城镇	亿元	159552	3399.00	1011.39	29.76
进出口总额	亿美元	36421	233.31	25.10	10.76
#出口	亿美元	18986	124.59	16.62	13.34
外商直接投资	亿美元	1160	10.14	3.73	36.79
国际旅游人数	万人次	13542	302.79	23.61	7.80
国际旅游外汇收入	亿美元	485	10.52	0.82	7.79
金融机构各项存款余额	亿元	826701	13528	4728	34.95
#城乡居民储蓄存款	亿元	351957	6654	1581	23.76
金融机构各项贷款余额	亿元	581893	10646	4845	45.51
居民消费价格指数(上年=100)	%	105.40	105.90	105.70	

续表

指标名称	单位	绝对数			南宁占广西的比重(%)
		全国	广西	南宁	
城镇居民人均可支配收入	元	21810	18854	20005	
农民人均纯收入	元	6977	5231	5848	
普通高校在校学生	万人	2308.50	60.00	29.58	49.29
中等职业技术学校在校学生	万人	2196.60	95.60	21.02	21.98
普通高中在校学生	万人	2454.80	77.40	11.65	15.05
初中在校学生	万人	5066.80	200.80	26.12	13.01
普通小学在校学生	万人	9926.40	427.00	53.05	12.42
卫生机构数	个	953432	10367	2324	22.42
#医院、卫生院	家	59012	1736	201	11.58
医院、卫生院床位数	万张	515	14.12	2.69	19.05
卫生技术人员	万人	620	20.36	4.04	19.84
#执业医师和助理　执业医师	万人	251	7.38	1.53	20.73
农产品产量					
粮食	万吨	57121	1430	207.10	14.48
油料	万吨	3279	50	11.70	23.38
甘蔗	万吨		7270	1063.70	14.63
水果	万吨		944	142.00	15.05
肉类总产量	万吨	7957	386	62.00	16.05
水产品	万吨	5600	289	20.60	7.11
工业产品产量					
成品糖	万吨	1187.40	742	108.53	14.63
发电量	亿千瓦时	47000.70	1014	28.81	2.84
粗钢	万吨	68388.30	1208	10.14	0.84
钢材	万吨	88258.20	1759	45.00	2.56
十种有色金属	万吨	3434	134	0.71	0.53
水泥	万吨	209000	8640	1084.30	12.55
化肥(折100%)	万吨	6217.20	96	12.86	13.40

注:1.可支配收入、农民人均纯收入增速,全国、全区为扣除价格的实际增长;

2.全国卫生机构口径调整,含村级卫生室;广西未含

资料来源:《南宁市情统计手册·2012》,市统计局,2012年7月

责任编辑　廖胜兰

法规·规章·政策

2011年《南宁政报》法规·规章·政策目录

类别	文件名称	发文字号	期数	页码
政府令	南宁市停车场管理办法	第38号	5	1
	南宁市公共用品清洗消毒卫生管理办法	第39号	7	1
	南宁市城市管理相对集中行政处罚实施办法	第40号	8	1
	南宁市荣誉市民称号管理办法	第41号	11	1
	南宁市饮食服务业环境保护管理办法	第42号	16	1
南府字	南宁市人民政府关于开展全市融资性担保公司规范整顿工作的通告	南府字〔2010〕11号	1	1
	南宁市人民政府关于加强建筑垃圾管理的通告	南府字〔2011〕1号	1	1
	南宁市人民政府关于2010年度城市家庭低收入标准及住房困难标准的通告	南府字〔2011〕2号	3	1
	南宁市人民政府关于加强大王滩水库饮用水水源保护工作的通告	南府字〔2011〕3号	8	4
	南宁市人民政府关于高考中考期间严格控制环境噪声污染的通告	南府字〔2011〕4号	10	1
	南宁市人民政府关于依法严厉打击传销活动的通告	南府字〔2011〕6号	18	1
	南宁市人民政府关于开展南宁市交通出行调查的通告	南府字〔2011〕8号	19	1
	南宁市人民政府关于加强施放气球管理的通告	南府字〔2011〕11号	20	19
	南宁市人民政府关于坚决制止和查处五象新区范围内违法占地违法建设行为的通告	南府字〔2011〕12号	22	1
南府发	南宁市人民政府关于进一步加快开发区(工业园区)发展的若干意见	南府发〔2010〕69号	1	2
	南宁市人民政府关于表彰2010年度南宁市科学技术进步奖获奖单位和个人的通报	南府发〔2010〕70号	1	8
	南宁市人民政府关于印发稳定消费价格总水平保障群众基本生活实施意见的通知	南府发〔2011〕1号	1	11
	南宁市人民政府关于建设项目用地上种植大棚补偿有关问题的通知	南府发〔2011〕2号	1	14
	南宁市人民政府印发关于进一步加强南宁市社区卫生服务机构综合改革的实施意见的通知	南府发〔2011〕3号	2	1
	南宁市人民政府关于印发南宁市城市房屋拆迁补偿安置指导意见的通知	南府发〔2011〕4号	2	6
	南宁市人民政府关于印发南宁市艾滋病防治攻坚工程实施方案(2010—2014年)的通知	南府发〔2011〕5号	4	1
	南宁市人民政府关于在全市开展第一次全国水利普查的通知	南府发〔2011〕6号	2	10
	南宁市人民政府关于印发2011年立法工作计划的通知	南府发〔2011〕7号	3	1
	南宁市人民政府关于副市长工作分工调整的通知	南府发〔2011〕8号	3	2
	南宁市人民政府关于表彰奖励南宁市"十一五"时期2010年教坛明星、学科带头人、教学骨干的通报	南府发〔2011〕9号	5	5
	南宁市人民政府关于自治区人民政府给予"3·27"案件专案组和秦敬德等四名同志记功的通报	南府发〔2011〕10号	6	22
	南宁市人民政府关于印发《南宁市运动员、教练员和有关有功人员奖励办法》的通知	南府发〔2011〕11号	6	23
	南宁市人民政府关于给予查办"3·27"案件有功人员记功和嘉奖的决定	南府发〔2011〕12号	6	25
	南宁市人民政府关于明确市水产畜牧兽医局市水库移民局由温守荣副市长分管的通知	南府发〔2011〕13号	6	27
	南宁市人民政府关于表彰2010年度安全生产目标管理优秀单位和安全生产工作先进单位先进集体先进个人的通报	南府发〔2011〕14号	7	4
	南宁市人民政府关于分解落实2011年政府工作主要目标任务的通知	南府发〔2011〕15号	7	9
	南宁市人民政府关于表彰我市2009—2010年度统计工作先进单位(集体)、先进协作单位和先进工作者的通报	南府发〔2011〕16号	8	5
	南宁市人民政府关于印发南宁市科学技术奖励办法的通知	南府发〔2011〕17号	8	7
	南宁市人民政府关于贯彻实施《广西壮族自治区老年人优待规定》的通知	南府发〔2011〕18号	8	10
	南宁市人民政府关于印发2011年南宁市投资促进工作和活动指导意见的通知	南府发〔2011〕19号	8	11
	南宁市人民政府关于表彰2010年度住房保障工作先进县区先进单位先进集体先进个人的通报	南府发〔2011〕20号	8	17
	南宁市人民政府关于2010年度南宁市环境保护目标责任制考评结果的通报	南府发〔2011〕21号	8	18
	南宁市人民政府关于印发南宁市东盟国家留学生奖学金管理办法的通知	南府发〔2011〕22号	8	19

续表

类别	文件名称	发文字号	期数	页码
南府发	南宁市人民政府关于表彰2010年度南宁工业发展奖获奖单位的通报	南府发〔2011〕23号	9	1
	南宁市人民政府关于印发南宁市全面推进依法行政建设法治政府五年规划(2011—2015年)的通知	南府发〔2011〕24号	9	1
	南宁市人民政府关于印发南宁市2011年审计项目计划的通知	南府发〔2011〕25号	10	1
	南宁市人民政府关于废止部分市政府规范性文件的决定	南府发〔2011〕27号	11	2
	南宁市人民政府关于印发南宁市国民经济和社会发展第十二个五年规划纲要的通知	南府发〔2011〕28号	12	1
	南宁市人民政府关于市长副市长工作分工的通知	南府发〔2011〕29号	12	42
	关于调整南宁市国有划拨土地使用权出租收益金收取标准的通知	南府发〔2011〕30号	12	44
	南宁市人民政府关于下达2011年主要污染物总量减排计划的通知	南府发〔2011〕31号	12	45
	南宁市人民政府关于印发南宁市重大行政决策实施后评估办法的通知	南府发〔2011〕32号	12	51
	南宁市人民政府关于将部分城市管理行政处罚权划归城市管理综合行政执法机关行使的通知	南府发〔2011〕33号	12	52
	南宁市人民政府关于表彰2010年度全市政府系统政务信息工作先进单位优秀信息员的通报	南府发〔2011〕34号	13	1
	南宁市人民政府关于表彰奖励2010年度财政收入增长单位的决定	南府发〔2011〕35号	13	3
	南宁市人民政府关于加强民办幼儿园管理工作的意见	南府发〔2011〕36号	13	4
	南宁市人民政府转发广西壮族自治区人民政府关于合山煤业公司八矿樟村矿井“7·2”塌陷事故通报的通知	南府发〔2011〕37号	13	7
	南宁市人民政府关于设立南宁市食品安全委员会的通知	南府发〔2011〕38号	14	1
	南宁市人民政府关于成立南宁市创建国家电子商务示范城市工作领导小组的通知	南府发〔2011〕39号	14	1
	南宁市人民政府关于表彰2010年度南宁市招商引资工作先进单位先进集体先进工作者的通报	南府发〔2011〕40号	14	2
	南宁市人民政府转发广西壮族自治区人民政府关于进一步加强食品安全工作的意见的通知	南府发〔2011〕41号	15	1
	南宁市人民政府关于实施统计“四大工程”的通知	南府发〔2011〕42号	15	6
	南宁市人民政府关于大力发展微型企业的实施意见	南府发〔2011〕43号	15	11
	南宁市人民政府关于加快发展学前教育的实施意见	南府发〔2011〕44号	16	4
	南宁市人民政府关于印发南宁市政府重大行政决策程序规定的通知	南府发〔2011〕45号	16	8
	南宁市人民政府关于印发南宁市全面推进博物馆建设的指导意见的通知	南府发〔2011〕46号	17	1
	南宁市人民政府关于表彰南宁市全面推进城镇污水生活垃圾处理设施建设工作先进单位和个人的通报	南府发〔2011〕47号	17	4
	南宁市人民政府关于贯彻落实《广西壮族自治区人民政府关于进一步加强当前安全生产工作的决定》的通知	南府发〔2011〕48号	17	6
	南宁市人民政府关于印发南宁市科学技术发展十二五规划的通知	南府发〔2011〕49号	18	3
	南宁市人民政府关于表彰2011年南宁市优秀教师和优秀教育工作者的通报	南府发〔2011〕50号	18	16
	南宁市人民政府关于印发南宁市教育事业十二五发展规划的通知	南府发〔2011〕51号	19	1
	南宁市人民政府 南宁警备区关于成立2011年度南宁市征兵工作领导小组的通知	南府发〔2011〕52号	19	13
	南宁市人民政府关于印发南宁市安全生产十二五规划的通知	南府发〔2011〕53号	19	14
	关于做好防御第17号强台风“纳沙”的紧急通知	南府发〔2011〕54号	19	38
	南宁市人民政府关于印发南宁市“十二五”人才发展规划的通知	南府发〔2011〕55号	20	19
	南宁市人民政府关于市长副市长工作分工的通知	南府发〔2011〕57号	20	26
	南宁市人民政府关于印发南宁市落实“菜篮子”工程建设市长负责制工作方案的通知	南府发〔2011〕58号	21	1
	关于做好2010年冬季退役士兵安置工作的通知	南府发〔2011〕59号	21	3
	南宁市人民政府关于调整南宁市节能减排工作领导小组成员的通知	南府发〔2011〕60号	22	1
	南宁市人民政府关于印发南宁市企业工资指导线制度暂行办法的通知	南府发〔2011〕61号	22	2
	南宁市人民政府关于2010年度依法行政考核结果的通报	南府发〔2011〕62号	22	4
	南宁市人民政府关于认定南宁市农业产业化重点龙头企业名单的通知	南府发〔2011〕64号	22	5

续表

类别	文件名称	发文字号	期数	页码
南府发	南宁市人民政府 广西壮族自治区科学技术厅关于成立建设国家创新型特色园区工作领导小组的通知	南府发〔2011〕65号	23	1
	南宁市人民政府关于公布2011年企业工资指导线的通知	南府发〔2011〕66号	23	1
	南宁市人民政府关于表彰2010年度依法行政先进单位 先进集体 先进个人和推进依法行政先进单位的通报	南府发〔2011〕67号	23	2
	南宁市人民政府关于印发南宁市五象新区双百项目建设工作方案的通知	南府发〔2011〕68号	24	1
	南宁市人民政府关于表彰2009—2010年度南宁市自然科学优秀学术论文的通报	南府发〔2011〕69号	24	3
	关于调整南宁市城市规划工作委员会名称和主要职责的通知	南府发〔2011〕70号	24	13
	南宁市人民政府关于表彰2011年度南宁市科学技术进步奖获奖单位和个人的通报	南府发〔2011〕71号	24	13
	南宁市人民政府关于印发南宁市协议出让土地容积率提高暂行办法的通知	南府发〔2011〕72号	24	16
	南宁市人民政府关于废止部分规范性文件的决定	南府发〔2011〕73号	24	17
南府办	南宁市人民政府办公厅关于成立推进南宁—东盟经济开发区申报国家级开发区工作领导小组的通知	南府办〔2010〕195号	1	17
	南宁市人民政府办公厅关于印发南宁市环境保护局主要职责内设机构和人员编制规定的通知	南府办〔2010〕196号	1	18
	南宁市人民政府办公厅关于印发南宁市安全生产监督管理局主要职责内设机构和人员编制规定的通知	南府办〔2010〕197号	1	21
	南宁市人民政府办公厅关于印发南宁市商务局主要职责内设机构和人员编制规定的通知	南府办〔2010〕198号	1	24
	南宁市人民政府办公厅关于印发南宁市接收国有企业办中小学退休教师实施方案的通知	南府办〔2010〕199号	1	27
	南宁市人民政府办公厅关于印发南宁市打击侵犯知识产权和制售假冒伪劣商品专项行动方案的通知	南府办〔2010〕201号	1	30
	南宁市人民政府办公厅关于成立南宁市打击侵犯知识产权和制售假冒伪劣商品专项行动领导小组的通知	南府办〔2010〕202号	1	33
	南宁市人民政府办公厅关于印发南宁市邕江市区河道采砂整治长效管理工作方案的通知	南府办〔2010〕203号	1	34
	南宁市人民政府办公厅关于开展全市融资性担保公司规范整顿工作的通知	南府办〔2010〕204号	1	39
	南宁市人民政府办公厅印发关于加快推进南宁市城市和国有工矿棚户区改造工作的实施意见的通知	南府办〔2010〕205号	1	42
	南宁市人民政府办公厅关于印发《南宁市人民政府会议制度》的通知	南府办〔2011〕1号	1	46
	南宁市人民政府办公厅关于印发南宁市人民政府常务会议学法规定的通知	南府办〔2011〕2号	1	50
	南宁市人民政府办公厅关于印发南宁市发展和改革委员会主要职责内设机构和人员编制规定的通知	南府办〔2011〕3号	2	12
	南宁市人民政府办公厅关于调整市本级财政预算编制审核领导小组成员的通知	南府办〔2011〕4号	2	18
	南宁市人民政府办公厅关于印发《南宁市利用社会资金建设居住小区周边城市道路的若干规定》的通知	南府办〔2011〕6号	2	18
	南宁市人民政府办公厅关于印发南宁市进一步完善查处取缔无证无照经营行为工作机制实施方案的通知	南府办〔2011〕7号	2	20
	南宁市人民政府办公厅关于印发2011南宁月月旅游节活动总体方案的通知	南府办〔2011〕8号	2	24
	南宁市人民政府办公厅关于开展2011年春节安全生产大检查和督查的通知	南府办〔2011〕9号	1	51
	南宁市人民政府办公厅关于印发南宁市教育局主要职责内设机构和人员编制规定的通知	南府办〔2011〕11号	2	28
	南宁市人民政府办公厅关于印发南宁市财政局主要职责内设机构和人员编制规定的通知	南府办〔2011〕12号	2	30
	南宁市人民政府办公厅关于印发南宁市食品药品监督管理局主要职责内设机构和人员编制规定的通知	南府办〔2011〕13号	2	34

续表

类别	文件名称	发文字号	期数	页码
南府办	南宁市人民政府办公厅关于印发南宁市压缩天然气加气站建设经营企业资格入围竞争性谈判实施方案的通知	南府办〔2011〕14 号	2	36
	南宁市人民政府办公厅关于印发南宁市投资促进局主要职责内设机构和人员编制规定的通知	南府办〔2011〕15 号	2	38
	南宁市人民政府办公厅关于印发南宁市城市管理局(南宁市城市管理综合行政执法局)主要职责内设机构和人员编制规定的通知	南府办〔2011〕16 号	3	3
	南宁市人民政府办公厅关于印发南宁市住房保障和房产管理局主要职责内设机构和人员编制规定的通知	南府办〔2011〕17 号	3	6
	南宁市人民政府办公厅关于成立南宁市林地保护利用规划编制工作领导小组的通知	南府办〔2011〕18 号	3	10
	南宁市人民政府办公厅关于成立南宁市超高层建筑项目服务工作组的通知	南府办〔2011〕19 号	3	10
	南宁市人民政府办公厅关于印发南宁市城乡建设委员会主要职责内设机构和人员编制规定的通知	南府办〔2011〕20 号	3	11
	南宁市人民政府办公厅关于印发 2011 中国国际商务文化节暨第二届中国(南宁)国际时尚博览会总体活动方案的通知	南府办〔2011〕21 号	3	15
	南宁市人民政府办公厅关于成立地沟油整治和餐厨废弃物管理工作领导小组的通知	南府办〔2011〕22 号	3	18
	南宁市人民政府办公厅关于印发开展综合治理城市交通拥堵行动月实施方案的通知	南府办〔2011〕23 号	3	19
	南宁市人民政府办公厅关于切实加强乳品质量安全工作的通知	南府办〔2011〕24 号	3	22
	南宁市人民政府办公厅关于成立南宁市综合治理城市交通拥堵工作领导小组的通知	南府办〔2011〕25 号	3	25
	南宁市人民政府办公厅关于印发南宁市艾滋病防治攻坚工程十大专项工程实施方案的通知	南府办〔2011〕26 号	4	6
	南宁市人民政府办公厅关于成立南宁市社会治安电子视频监控系统规划建设领导小组的通知	南府办〔2011〕27 号	3	27
	南宁市人民政府办公厅关于印发南宁市卫生局主要职责内设机构和人员编制规定的通知	南府办〔2011〕28 号	3	28
	南宁市人民政府办公厅关于印发南宁市农业局主要职责内设机构和人员编制规定的通知	南府办〔2011〕29 号	3	31
	南宁市人民政府办公厅关于印发南宁市水产畜牧兽医局主要职责内设机构和人员编制规定的通知	南府办〔2011〕30 号	4	30
	南宁市人民政府办公厅关于印发桂川、桂粤、闽桂合作框架协议和桂琼 2010 年至 2011 年重点工作任务分工的通知	南府办〔2011〕31 号	4	33
	南宁市人民政府办公厅关于印发南宁市国土资源局主要职责内设机构和人员编制规定的通知	南府办〔2011〕32 号	5	12
	南宁市人民政府办公厅关于印发南宁市城乡数字化建设办公室主要职责内设机构和人员编制规定的通知	南府办〔2011〕33 号	5	16
	南宁市人民政府办公厅关于贯彻执行住房限购措施有关问题的通知	南府办〔2011〕34 号	5	18
	南宁市人民政府办公厅转发市公安局关于设立南宁市交通管理严管街开展交通秩序综合治理工作方案的通知	南府办〔2011〕35 号	5	19
	南宁市人民政府办公厅关于建立南宁市市场价格调控部门联席会议制度的通知	南府办〔2011〕36 号	5	22
	南宁市人民政府办公厅关于印发南宁市工业和信息化委员会主要职责内设机构和人员编制规定的通知	南府办〔2011〕37 号	5	23
	南宁市人民政府办公厅关于印发南宁市人民政府办公厅主要职责内设机构和人员编制规定的通知	南府办〔2011〕38 号	5	27
	南宁市人民政府办公厅关于印发第 15 届南宁国际学生用品交易会暨 2011 中国·东盟(南宁)国际教育展览会工作方案的通知	南府办〔2011〕39 号	5	32
	南宁市人民政府办公厅关于印发南宁市土地卫片执法检查大会战工作方案的通知	南府办〔2011〕40 号	5	35
	南宁市人民政府办公厅关于印发 2011 年南宁市重大项目集中联合审批工作方案的通知	南府办〔2011〕41 号	5	40
	南宁市人民政府办公厅关于成立南宁市推进高新区申请"新三板"试点工作领导小组的通知	南府办〔2011〕42 号	5	41

续表

类别	文件名称	发文字号	期数	页码
南府办	南宁市人民政府办公厅关于印发南宁市政务网站管理暂行办法的通知	南府办〔2011〕43号	6	27
	南宁市人民政府办公厅关于对全市固定资产投资重点项目前期审批手续推行“绿色通道服务”的通知	南府办〔2011〕44号	6	31
	南宁市人民政府办公厅关于印发南宁市2011年列入自治区层面统筹推进重大项目建设实施方案的通知	南府办〔2011〕45号	7	21
	南宁市人民政府办公厅转发广西壮族自治区人民政府办公厅关于转发国务院办公厅关于做好地方政府性债务审计工作的通知	南府办〔2011〕46号	7	35
	南宁市人民政府办公厅关于成立南宁市富士康投资项目工作指挥部的通知	南府办〔2011〕47号	7	40
	南宁市人民政府办公厅印发关于进一步深化拓展城乡清洁工程工作实施意见的通知	南府办〔2011〕48号	7	41
	南宁市人民政府办公厅关于印发南宁市支持会展业发展补助资金使用管理暂行办法的通知	南府办〔2011〕49号	7	44
	南宁市人民政府办公厅关于分解落实南宁市2011年20件为民办实事项目目标责任的通知	南府办〔2011〕50号	8	21
	南宁市人民政府办公厅关于印发南宁市医药卫生体制五项重点改革2011年度主要工作安排的通知	南府办〔2011〕51号	8	28
	南宁市人民政府办公厅关于成立南宁市内陆开放型经济战略高地建设工作推进领导小组的通知	南府办〔2011〕52号	8	34
	南宁市人民政府办公厅关于印发十二五期间南宁市突发事件应急体系建设规划编制工作方案的通知	南府办〔2011〕53号	8	35
	南宁市人民政府办公厅关于印发南宁市2011年为民办实事项目村级公共服务中心建设工作实施方案的通知	南府办〔2011〕54号	8	37
	南宁市人民政府办公厅关于印发南宁市部分道路实施单向交通组织工作方案的通知	南府办〔2011〕55号	8	47
	南宁市人民政府办公厅关于成立南宁市出租车行业运营管理工作小组的通知	南府办〔2011〕56号	8	48
	南宁市人民政府办公厅关于印发2011年南宁市五保新村建设实施方案的通知	南府办〔2011〕59号	9	12
	南宁市人民政府办公厅关于印发南宁市查处取缔无证无照经营行为相关工作制度的通知	南府办〔2011〕60号	9	16
	南宁市人民政府办公厅关于进一步做好房地产市场调控工作的通知	南府办〔2011〕61号	9	19
	南宁市人民政府办公厅关于印发2011年南宁市社区日间照料中心建设工作实施方案的通知	南府办〔2011〕62号	9	22
	南宁市人民政府办公厅关于印发2011年南宁市提高城乡居民最低生活保障补助标准工作实施方案的通知	南府办〔2011〕63号	9	24
	南宁市人民政府办公厅关于调整市劳动能力鉴定委员会委员的通知	南府办〔2011〕64号	9	26
	南宁市人民政府办公厅关于成立西气东输二线广州—南宁支干线项目服务领导小组的通知	南府办〔2011〕65号	9	26
	南宁市人民政府办公厅关于推进南宁市电子政务内网局域网建设及内网办公平台应用的通知	南府办〔2011〕66号	9	27
	南宁市人民政府办公厅关于印发2011年南宁市农资综合补贴工作实施方案的通知	南府办〔2011〕67号	9	28
	南宁市人民政府办公厅关于印发2011年南宁市地质灾害防治方案的通知	南府办〔2011〕68号	9	30
	南宁市人民政府办公厅关于印发南宁市本级职业教育攻坚评估验收工作方案的通知	南府办〔2011〕69号	9	35
	南宁市人民政府办公厅关于调整南宁市华侨农林场改革和发展工作领导小组的通知	南府办〔2011〕71号	9	39
	南宁市人民政府办公厅关于做好2011年依法行政工作的通知	南府办〔2011〕72号	9	39
	南宁市人民政府办公厅关于印发南宁市落实扩权强县意见工作方案的通知	南府办〔2011〕73号	9	43
	南宁市人民政府办公厅关于市人民政府秘书长副秘书长工作分工的通知	南府办〔2011〕74号	9	45
	南宁市人民政府办公厅关于印发南宁市科技型中小企业技术创新资金管理暂行办法的通知	南府办〔2011〕75号	9	46
	南宁市人民政府办公厅关于印发南宁市2011年市级层面重大项目实施方案的通知	南府办〔2011〕76号	10	4
	南宁市人民政府办公厅关于印发2011年度南宁市保障性安居工程建设实施方案的通知	南府办〔2011〕77号	10	32

续表

类别	文件名称	发文字号	期数	页码
南府办	南宁市人民政府办公厅关于印发2011年南宁市扩大城镇职工居民基本医疗保险覆盖面提高城镇居民基本医疗保险补助标准实施方案的通知	南府办(2011〕78号	10	38
	南宁市人民政府办公厅关于印发南宁市2011年“绿满南宁”造林绿化工程工作方案的通知	南府办〔2011〕79号	11	8
	南宁市人民政府办公厅关于印发2011年南宁市社区居委会办公用房项目建设实施方案的通知	南府办〔20〕1〕80号	11	23
	南宁市人民政府办公厅关于印发2011年南宁市开展整治违法排污企业保障群众健康环保专项行动实施方案的通知	南府办〔2011〕81号	11	24
	南宁市人民政府办公厅关于南宁市市直机关规范津贴补贴检查整改工作方案的通知	南府办〔2011〕82号	11	31
	南宁市人民政府办公厅关于印发南宁市城市居民低收入家庭收入核对暂行办法的通知	南府办〔2011〕83号	11	33
	南宁市人民政府办公厅关于2010年度南宁工业发展奖考评情况的通报	南府办〔2011〕85号	11	35
	南宁市人民政府办公厅关于印发南宁市2011年村镇规划集中行动工作实施方案的通知	南府办〔2011〕86号	11	36
	南宁市人民政府办公厅关于印发2011年南宁市开展文明环境卫生联合检查评比活动实施方案的通知	南府办〔2011〕87号	11	39
	南宁市人民政府办公厅关于印发南宁市第三批基层医疗卫生机构实施国家基本药物制度和综合改革试点工作方案的通知	南府办〔2011〕89号	11	41
	南宁市人民政府办公厅关于印发2011年南宁市综合治理城市交通拥堵工作方案的通知	南府办〔2011〕90号	11	48
	南宁市人民政府办公厅关于印发推进可再生能源建筑应用实施意见的通知	南府办〔2011〕92号	13	8
	南宁市人民政府办公厅关于印发2011年南宁市将各县职工失业保险待遇提高到市本级水平实施方案的通知	南府办(2011〕94号	13	13
	南宁市人民政府办公厅关于成立南宁市东盟国家留学生奖学金评审委员会的通知	南府办〔2011〕95号	13	14
	南宁市人民政府办公厅关于印发南宁市列入2011年自治区层面统筹推进重大项目前期工作推进目标和责任分工方案的通知	南府办〔2011〕96号	13	14
	南宁市人民政府办公厅关于印发2011年第一轮全市固定资产投资项目建设督查工作方案的通知	南府办〔2011〕97号	13	21
	南宁市人民政府办公厅关于开展严厉打击非法违法生产经营建设行为专项行动的通知	南府办〔2011〕98号	13	24
	南宁市人民政府办公厅关于印发南宁市贫困县义务教育学生营养改善试点工作实施方案的通知	南府办〔2011〕99号	13	27
	南宁市人民政府办公厅关于印发南宁市基层应急管理规范化建设工作实施方案的通知	南府办〔2011〕101号	13	30
	南宁市人民政府办公厅关于印发2011年度南宁市特色名镇名村建设工作实施方案的通知	南府办〔2011〕103号	13	38
	南宁市人民政府办公厅关于印发南宁市城乡风貌改造三期工程工作实施方案的通知	南府办〔2011〕104号	14	4
	南宁市人民政府办公厅关于落实2011年自治区人民政府工作主要目标任务督查通报制度的通知	南府办〔2011〕105号	14	12
	南宁市人民政府办公厅关于贯彻实施《南宁市停车场管理办法》的意见	南府办〔2011〕106号	14	15
	南宁市人民政府办公厅关于增补南宁市第六次全国人口普查领导小组成员的通知	南府办〔2011〕107号	14	17
	南宁市人民政府办公厅关于设立劳动人事争议仲裁委员会的通知	南府办〔2011〕108号	14	17
	南宁市人民政府办公厅关于进一步加强南宁市政府网站管理工作的通知	南府办〔2011〕109号	14	18
	南宁市人民政府办公厅转发南宁市职工职业技能大赛组委会关于2011年南宁市职工职业技能大赛工作方案的通知	南府办〔2011〕110号	14	21
	南宁市人民政府办公厅关于印发大王滩水库综合整治保护利用规划编制工作方案的通知	南府办〔2011〕112号	14	24
	南宁市人民政府办公厅关于印发2011年南宁市为民办实事项目基本养老和工伤保险扩面、逐步解决我市关闭破产国有企业退休人员等医疗保障问题及老工伤人员纳入工伤保险统筹管理实施方案的通知	南府办〔2011〕113号	14	26
	南宁市人民政府办公厅关于印发南宁市房地产市场调控工作约谈问责办法的通知	南府办〔2011〕114号	14	30
	南宁市人民政府办公厅关于印发南宁市突发公共卫生事件应急预案的通知	南府办〔2011〕115号	14	31
	南宁市人民政府办公厅关于成立南宁市服务业发展领导小组的通知	南府办〔2011〕116号	14	41

续表

类别	文件名称	发文字号	期数	页码
南府办	南宁市人民政府办公厅关于印发温守荣副市长在2011年南宁市基层应急管理规范化建设工作会议上讲话的通知	南府办〔2011〕117号	14	42
	南宁市人民政府办公厅转发市水利局关于我市病险水库除险加固工程建设情况通报的通知	南府办〔2011〕118号	14	49
	南宁市人民政府办公厅转发关于做好散居困难归侨侨眷扶贫救助工作意见的通知	南府办〔2011〕121号	15	15
	南宁市人民政府办公厅关于印发进一步加强融资平台建设工作方案的通知	南府办〔2011〕122号	15	18
	南宁市人民政府办公厅关于印发南宁市城市供气专项应急预案的通知	南府办〔2011〕123号	15	20
	南宁市人民政府办公厅关于印发南宁市城市供水专项应急预案的通知	南府办〔2011〕124号	15	32
	南宁市人民政府办公厅关于印发南宁市进一步加快保障性安居工程建设若干规定的通知	南府办〔2011〕126号	15	40
	南宁市人民政府办公厅关于印发南宁市2011年节能宣传周活动实施方案的通知	南府办〔2011〕127号	15	44
	南宁市人民政府办公厅关于调整南宁市农民工工作联席会议成员的通知	南府办〔2011〕129号	15	45
	南宁市人民政府办公厅关于印发进一步提高我市义务教育巩固率工作方案的通知	南府办〔2011〕130号	15	46
	南宁市人民政府办公厅关于印发南宁市九年义务教育适龄儿童少年入学办法的通知	南府办〔2011〕131号	16	12
	南宁市人民政府办公厅关于印发南宁市气象灾害应急预案的通知	南府办〔2011〕132号	16	14
	南宁市人民政府办公厅关于印发南宁市教育基本建设项目协调推进工作实施方案的通知	南府办〔2011〕133号	16	27
	南宁市人民政府办公厅关于印发南宁市2011年第一批农村危房改造工程试点实施方案的通知	南府办〔2011〕135号	16	30
	南宁市人民政府办公厅关于印发2011年南宁市工业行业淘汰落后产能工作方案的通知	南府办〔2011〕136号	16	43
	南宁市人民政府办公厅关于印发南宁市联防联控市区扬尘污染工作方案的通知	南府办〔2011〕137号	16	49
	南宁市人民政府办公厅关于印发2011年南宁市防震减灾工作实施方案的通知	南府办〔2011〕138号	16	52
	南宁市人民政府办公厅关于印发南宁市药品安全专项整治工作检查评估实施方案的通知	南府办〔2011〕139号	17	10
	南宁市人民政府办公厅关于印发2011年南宁市实施自治区水库移民新村建设工程实施方案的通知	南府办〔2011〕140号	17	12
	南宁市人民政府办公厅关于印发中国—东盟博览中心项目建设工作方案的通知	南府办〔2011〕141号	17	15
	南宁市人民政府办公厅关于重新下达2011年6—12月固定资产投资工作目标任务的通知	南府办〔2011〕143号	17	17
	南宁市人民政府办公厅关于调整充实广西赖氨酸厂接收及依法破产工作领导小组成员的通知	南府办〔2011〕144号	17	20
	南宁市人民政府办公厅关于印发开展"安全生产基层基础年"继续深化"安全生产年"活动实施方案的通知	南府办〔2011〕145号	17	21
	南宁市人民政府办公厅关于成立南宁市微型企业发展工作领导小组的通知	南府办〔2011〕146号	17	24
	南宁市人民政府办公厅关于印发南宁市塑造城镇特色提升城镇品质意见的通知	南府办〔2011〕147号	17	25
	南宁市人民政府办公厅转发广西壮族自治区人民政府办公厅关于第三届广西体育节工作方案的通知	南府办〔2011〕148号	17	30
	南宁市人民政府办公厅关于进一步落实行政执法责任制的通知	南府办〔2011〕149号	17	34
	南宁市人民政府办公厅关于切实做好2011年全市水库移民工作的通知	南府办〔2011〕151号	17	36
	南宁市人民政府办公厅关于成立南宁—东盟国际工业原料产品物流城项目协调工作领导小组的通知	南府办〔2011〕152号	17	39
	南宁市人民政府办公厅关于印发南宁市一至六级残疾军人医疗保障暂行办法的通知	南府办〔2011〕153号	17	40
	南宁市人民政府办公厅关于印发2011年为民办实事项目之南宁市社会管理监控报警联网系统建设实施方案的通知	南府办〔2011〕154号	17	42
	南宁市人民政府办公厅关于成立南宁市贯彻落实促进民营经济发展措施工作领导小组的通知	南府办〔2011〕157号	17	44
	南宁市人民政府办公厅关于印发南宁市2011年绿满南宁邕江两岸绿化工程实施方案的通知	南府办〔2011〕158号	17	45

续表

类别	文件名称	发文字号	期数	页码
南府办	南宁市人民政府办公厅关于印发南宁市流通领域现代物流示范城市建设实施方案的通知	南府办〔2011〕159号	17	47
	南宁市人民政府办公厅关于成立南宁市流通领域现代物流示范城市建设工作领导小组的通知	南府办〔2011〕160号	17	52
	南宁市人民政府办公厅关于印发南宁市学前教育三年行动计划(2011—2013年)的通知	南府办〔2011〕161号	18	24
	南宁市人民政府办公厅关于贯彻实施南宁市矿产资源总体规划的通知	南府办〔2011〕162号	18	32
	南宁市人民政府办公厅关于印发南宁市国家电子商务示范城市申报工作方案的通知	南府办〔2011〕163号	18	33
	南宁市人民政府办公厅关于加强有序用电工作的通知	南府办〔2011〕164号	18	36
	南宁市人民政府办公厅关于印发南宁市进一步开展食品安全整治行动工作方案的通知	南府办〔2011〕165号	18	37
	南宁市人民政府办公厅 南宁警备区司令部关于成立南宁市退役士兵安置工作领导小组的通知	南府办〔2011〕166号	19	39
	南宁市人民政府办公厅关于印发进一步加强旧城区改建工作意见的通知	南府办(2011〕167号	19	40
	南宁市人民政府办公厅关于印发《2011年广西壮族自治区依法行政考核指标和评分标准(南宁市适用)》的通知	南府办〔2011〕168号	19	45
	南宁市人民政府办公厅关于印发建立健全政府融资职责分工体系及工作机制方案的通知	南府办〔2011〕169号	20	28
	南宁市人民政府办公厅关于公布2010年度建设技术中心认可实验室企业和获得自治区新产品优秀成果奖单位名单的通知	南府办〔2011〕170号	20	30
	南宁市人民政府办公厅关于印发南宁市加快培育服务业品牌工作实施方案的通知	南府办〔2011〕171号	20	31
	南宁市人民政府办公厅关于印发南宁市发展总部经济专项资金管理暂行办法的通知	南府办〔2011〕172号	20	38
	南宁市人民政府办公厅转发自治区人民政府办公厅关于进一步做好办公机关节约用电工作的通知	南府办〔2011〕173号	20	40
	南宁市人民政府办公厅关于成立第七届全国城市运动会南宁市代表团的通知	南府办〔2011〕174号	20	41
	南宁市人民政府办公厅转发自治区人民政府办公厅关于印发确保实现全区价格总水平预期调控目标工作方案的通知	南府办〔2011〕175号	20	42
	南宁市人民政府办公厅关于印发南宁市集体林权制度配套改革实施方案的通知	南府办〔2011〕176号	20	46
	南宁市人民政府办公厅关于调整成立南宁市城乡居民社会养老保险工作领导小组的通知	南府办〔2011〕177号	20	49
	南宁市人民政府办公厅关于做好当前消防安全工作的通知	南府办〔2011〕178号	21	6
	南宁市人民政府办公厅关于印发南宁市开展增强公共信息服务能力建设工作方案的通知	南府办〔2011〕179号	21	7
	南宁市人民政府办公厅关于印发南宁市进一步促进民营经济发展实施方案的通知	南府办〔2011〕180号	21	10
	南宁市人民政府办公厅关于印发南宁市可再生能源建筑应用城市示范工作方案的通知	南府办〔2011〕181号	21	28
	南宁市人民政府办公厅关于印发南宁市中等职业学校学生学费资助管理办法的通知	南府办〔2011〕182号	21	30
	南宁市人民政府办公厅关于公布2012—2013年南宁市政府集中采购目录及限额标准的通知	南府办〔2011〕183号	21	32
	南宁市人民政府办公厅关于印发南宁市加快旅游业发展的若干规定的通知	南府办〔2011〕185号	21	41
	南宁市人民政府办公厅关于成立南宁市永久基本农田划定工作领导小组的通知	南府办〔2011〕186号	21	43
	南宁市人民政府办公厅关于印发南宁市发展社区教育促进学习型城市建设实施方案的通知	南府办〔2011〕187号	21	44
	南宁市人民政府办公厅关于印发《南宁市强优工业企业(集团)奖励办法》的通知	南府办〔2011〕188号	21	48
	南宁市人民政府办公厅关于转发2011年南宁市第一批自治区层面统筹推进重大项目增补计划的通知	南府办〔2011〕189号	21	50
	南宁市人民政府办公厅关于聘请韩东胜等36位同志为市政府立法咨询员的通知	南府办〔2011〕190号	21	53
	南宁市人民政府办公厅关于印发南宁市城区中小学校建设五年计划 (2011—2015年)的通知	南府办〔2011〕191号	22	6
	南宁市人民政府办公厅转发市应急办关于南宁市2011年基层应急管理规范化建设第一阶段督查工作情况报告的通知	南府办〔2011〕193号	22	33

续表

类别	文件名称	发文字号	期数	页码
南府办	南宁市人民政府办公厅关于成立南宁市收费公路专项清理工作领导小组的通知	南府办〔2011〕194号	22	35
	南宁市人民政府办公厅关于明确南宁市关闭破产改制国有企业自谋职业人员基本医疗保险缴费年限问题的通知	南府办〔2011〕196号	22	35
	南宁市人民政府办公厅关于对南宁市就业困难人员给予灵活就业社会保险补贴的通知	南府办〔2011〕197号	22	36
	南宁市人民政府办公厅关于印发《南宁市鼓励企业进入代办股份转让系统暂行办法》的通知	南府办〔2011〕198号	22	39
	南宁市人民政府办公厅关于成立南宁市政府信息公开工作领导小组的通知	南府办〔2011〕199号	22	40
	南宁市人民政府办公厅关于印发南宁市妥善解决原民办教师代课人员参加养老保险有关问题工作方案的通知	南府办〔2011〕200号	22	40
	南宁市人民政府办公厅关于印发《南宁年鉴》2012年卷编纂方案的通知	南府办〔2011〕202号	22	44
	南宁市人民政府办公厅关于成立静脉产业园项目建设领导小组的通知	南府办〔2011〕203号	22	46
	南宁市人民政府办公厅转发市食品安全委员会办公室关于全市严厉打击"地沟油"违法犯罪专项工作实施方案的通知	南府办〔2011〕204号	22	47
	南宁市人民政府办公厅关于印发南宁市2011年第二批农村危房改造工程试点实施方案的通知	南府办(2011〕205号	22	50
	南宁市人民政府办公厅关于印发南宁市人民政府驻北京联络处公务接待经费管理暂行规定的通知	南府办〔2011〕206号	23	4
	南宁市人民政府办公厅关于印发南宁市清理查处违法违规用地专项行动实施方案的通知	南府办〔2011〕207号	23	5
	南宁市人民政府办公厅关于印发南宁市2011年全民终身学习活动周工作方案的通知	南府办〔2011〕208号	23	8
	南宁市人民政府办公厅转发广西壮族自治区人民政府办公厅关于"两会"期间南宁市市区放假有关事项的通知	南府办〔2011〕209号	23	10
	南宁市人民政府办公厅关于成立大型粮食交易市场项目建设领导小组的通知	南府办〔2011〕210号	23	10
	南宁市人民政府办公厅关于2011年"两会一节"期间开启全市景观照明灯光的通知	南府办〔2011〕211号	23	11
	南宁市人民政府办公厅关于印发南宁市评选表彰职业教育攻坚工作先进(进步)县、先进单位和先进个人工作方案的通知	南府办〔2011〕212号	23	12
	南宁市人民政府办公厅关于调整南宁市环境保护委员会成员的通知	南府办〔2011〕213号	23	15
	南宁市人民政府办公厅关于印发全市深化消防安全"五大"活动开展"清剿火患"战役行动实施方案的通知	南府办〔2011〕214号	23	16
	南宁市人民政府办公厅关于印发2011年南宁市推广高效照明产品实施方案的通知	南府办〔2011〕215号	23	20
	南宁市人民政府办公厅关于授权市国资委对市矿务局砖厂履行出资人职责的通知	南府办〔2011〕216号	23	26
	南宁市人民政府办公厅关于印发2011年南宁市预防艾滋病宣传活动方案的通知	南府办〔2011〕217号	23	26
	南宁市人民政府办公厅关于开展南宁市2011年度依法行政考核和行政执法案卷评查工作的通知	南府办〔2011〕218号	23	28
	南宁市人民政府办公厅转发自治区人民政府办公厅关于推进农村食品安全监管体系建设的若干意见的通知	南府办〔2011〕220号	24	18
	南宁市人民政府办公厅关于印发南宁市创新计划2011—2015年实施方案的通知	南府办〔2011〕223号	24	22
	南宁市人民政府办公厅关于南宁市社会保险监督委员会更名及成员调整的通知	南府办〔2011〕225号	24	28
	南宁市人民政府办公厅关于印发南宁市艾滋病病毒感染者及病人管理工作实施方案的通知	南府办〔2011〕228号	24	29
	南宁市人民政府办公厅关于印发南宁市清理化解基层医疗卫生机构债务实施方案的通知	南府办〔2011〕231号	24	32
	南宁市人民政府办公厅转发关于进一步加强消防工作意见的通知	南府办〔2011〕232号	24	35
	南宁市人民政府办公厅关于印发南宁市推进餐厨废弃物资源化利用和无害化处理试点城市建设实施方案的通知	南府办〔2011〕233号	24	40

旅 游 指 南

旅游线路选介

南宁一日游

青秀山—扬美古镇

上午游览国家4A级风景区——青秀山风景名胜旅游区棕榈园、苏铁园、凤凰塔、观音禅寺、龙象塔、中心景区等景点;参观中国—东盟博览会会址——南宁国际会展中心外景、南湖名树博览园。中午游览扬美古镇魁星楼、梁烈亚故居、清代一条街、举人屋、明清古建筑群、黄氏庄园、邕江风光等景点后返回南宁市区。

青秀山—伊岭岩

上午游览国家4A级风景区——青秀山风景名胜旅游区棕榈园、苏铁园、凤凰塔、观音禅寺、龙象塔、中心景区等景点;参观中国—东盟博览会会址——南宁国际会展中心外景、南湖名树博览园。中午游览南方喀斯特地貌溶洞——伊岭岩双狮迎宾、空中走廊、瑶池盛会、红水河畔、海滨公园、壮乡新貌、江山多娇、北国风光等景点后返回南宁市区。

南宁—大明山

上午游览大明山国家自然保护区,沿途观赏鱼跃龙门、大地峰林、壮乡田园、佛光普照、深沟峡谷等形态各异的群山;之后体验“神秘之旅”,观赏有800多年树龄的铁杉和有500多年树龄、造型奇特的不老松,以及天下第一根杨梅树王、仙女下凡、仙人公、天然药河、金龟瀑布、壮乡田园、杨梅王、高山草甸、天坪仙圩、杜鹃泛艳等景点后返回南宁市区。

南宁—德天瀑布

上午前往大新县,游览位于中国与越南边境的世界第二大跨国瀑布——德天瀑布,它源起广西靖西县归春河,终年有水,流入越南,又流回广西,经大新县德天村处遇断崖跌落而成瀑布;参观中越53号界碑等景点后返回南宁市区。

南宁—北海

上午前往海滨城市——北海,游览北部湾广场——城雕南珠魂、大江埠风景区、南珠文化基地还珠堂;观赏海洋之窗、中国惟一的美人鱼标本“儒艮”;游览北海老街、音乐喷泉、国家4A级景区“银滩”等景点后返回南宁市区。

南宁两日游

南宁—巴马

D1:上午前往中国著名的长寿之乡——巴马县,沿途游览巴马县无污染、河水翠绿纯净的盘阳河,随后乘船游览水波天窗百鸟岩;之后前往百魔洞,呼吸洞中浓度每立方厘米高达7万个的负氧离子,游览洞中的暗河、奇石、天坑;之后前往坡月长寿村——巴盘村,走访百岁老人,体验长寿秘诀,感受养生氛围。宿巴马。

D2:上午前往有“大自然的艺术宫殿”、南国的“北国冰雕”之称的长寿水晶宫,观赏洞中滴水沉积形成的鹅管、石笋、石柱、石带、石旗和各类石幔、石瀑布、石盾等钟乳石后返回南宁市区。

南宁—钦州三娘湾、八寨沟

D1:上午前往电影《海霞》拍摄地之一——钦州三娘湾,体验踏浪戏水、海边垂钓、海滩拾贝、摇床听涛、三婆石许愿,参与沙滩排球、足球及各种节日活动。下午乘游船出海观看野生海豚,观赏粉红、灰白、黑色等各种色彩的海豚。宿钦州。

D2:上午前往位于十万大山腹地贵台镇境内的钦州原生态自然景区——八寨沟,观赏溪流、瀑布、古树藤蔓、奇花异草后返回南宁市区。

旅游精品线路

绿城风情七日游

A线:D1:上午从南宁市区至武鸣县,游览花花大世界、喀斯特地貌溶洞——伊岭岩,欣赏民族风情表演;下午游览大明山国家自然保护区,欣赏大峡谷、神笔峰,看万重山,观佛谷与田园风光。宿大明山。

D2:上午观大明山日出,游览不老松、天书草坪、金龟溪、龙尾瀑布等景点;下午从大明山至马山县,前往金伦洞,游览喀斯特地貌溶洞、被誉为世界十大岩洞之一的原始石漠溶洞——金伦洞,之后参观奇石一条街。宿马山。

D3:上午游览红水河百龙滩风景区;下午从马山县至上林县,游览上林三里·洋渡,乘竹筏沿着明代大旅行家徐霞客足迹漂游,沿途观赏田园风光,奇峰竞姿,翠竹倒影,唐碑古庙,在下金壮乡民族风情园烧烤。宿上林。

D4:上午前往大龙湖,游览大龙湖,观赏绵羊迎宾、天马相亲、龙脊、神鲤迎宾、龙王鞋等景点;下午从上林县至宾阳县,游览昆仑关景区,到九曲湾温泉度假村泡温泉。宿南宁。

D5:上午游览国家4A级风景区——青秀山风景名胜旅游区龙象塔、泰国园、苏铁园等景点,参观南湖广场、南宁国际会展中心、金湖广场;下午参观广西博物馆、广西民族文物苑、广西药用植物园。宿南宁。

D6:上午沿途参观星光大道、民族大道,游览具有明清建筑风格的扬美古镇,参观临江街、梁烈亚故居、明清民居;下午游览良凤江国家森林公园水杉林、阴阳菩提树,参加滑草、野战、卡丁车等娱乐活动。宿南宁。

D7:上午前往中国茉莉之乡——横县,游览九龙瀑布群龙迎宾、双龙戏珠等景区;下午参观茉莉花基地、全国最大的茉莉花交易市场、茉莉花西南茶城品茶、购茶,游览西津湖景区。宿南宁。

B线:D1:上午游览国家4A级风景区——青秀山风景名胜旅游区龙象塔、泰国园、苏铁园等景点,参观南湖广场、南宁国际会展中心、金湖广场;下午参观广西博物馆、广西民族文物苑、广西药用植物园。宿南宁。

D2:上午游览南宁动物园,观看黑叶猴等珍稀动物以及大象、海豚表演等,参观国家农业旅游示范点——广西现代农业科技示范园;下午游览昆仑关景区、昆仑关战役博物馆,宾阳县程思远故居、古辣蔡村等景点。宿上林。

D3:上午游览上林三里·洋渡,乘竹筏沿着明代大旅行家徐霞客足迹漂游,沿途观赏田园风光,奇峰竞姿,翠竹倒影,唐碑古庙,在下金壮乡民族风情园烧烤;下午前往大龙湖,游览大龙湖,观赏绵羊迎宾、天马相亲、龙脊、神鲤迎宾、龙王鞋等景点。宿马山。

D4:上午从马山县出发前往大明山国家级自然保护区,游览不老松、天书草坪、金龟溪、龙尾瀑布等景点;下午游览大峡谷、神笔峰、看万亩杜鹃或吊钟花,观佛谷与田园风光。宿大明山。

D5:上午在大明山观日出,从大明山至武鸣县,游览喀斯特地貌溶洞——伊岭岩,民族长廊欣赏民族风情表演;下午游览明秀园、灵水、南宁—东盟经济开发区、花花大世界。宿南宁。

D6:上午从南宁市区出发前往隆安县,游览龙虎山风景区、隆安红七军指挥部旧址;下午返南宁,游览具有明清建筑风格的扬美古镇,参观临江街、梁烈亚故居、明清民居。宿南宁。

D7:上午参观南宁国际会展中心、百色起义革命烈士纪念碑,李明瑞、韦拔群陈列馆,南宁高新技术产业开发区、南宁青岛啤酒有限公司;下午前往九曲湾温泉度假村或绿都温泉度假中心,享受温泉泡浴。宿南宁。

中越跨国游

A线:南宁—凭祥—越南(河内—海防—下龙湾)

B线:南宁—东兴—越南(芒街—下龙湾—海防—河内—西贡)

边关风情游

A线:南宁—龙州(小连城)—大新(德天瀑布)—靖西(通灵大峡谷、古龙河漂流)—那坡(黑衣壮)

B线:南宁—隆安(龙虎山)—大新(德天瀑布)—崇左(斜塔)—宁明(花山壁画)—凭祥(友谊关)

八桂精华游

A线:南宁—桂林—兴安—资源—龙胜

B线:桂林—阳朔—柳州—南宁—北海

C线:南宁—大新(德天瀑布)—靖西(通灵大峡谷、古龙河漂流)—百色乐业(天坑群)

绿城寻胜游

A线:南宁—横县(中国茉莉之乡、九龙瀑布群、伏波庙风景区)—上林(大龙湖风景区、三里·洋渡风景区)—马山(金伦洞、红水河风景区)—大明山风景区—武鸣(伊岭岩、灵水、明秀园)

B线:南宁—邕宁(昆仑关景区)—宾阳(金坑峡漂流)—上林(大龙湖风景区、三里·洋渡风景区)—马山(金伦洞、红水河风景区)

绿城风光游

A线:朝阳广场—民生路、兴宁路步行街—邕江景观带、堤路园—民族大道—民族广场—南湖景观带—五象广场—南宁国际会展中心—朱槿花雕塑—南宁动物园—广西现代农业科技示范园

B线:广西药用植物园—南宁花鸟市场—伊岭岩—扬美古镇—青秀山风景名胜旅游区—良凤江国家森林公园

C线:青秀山风景名胜旅游区—广西博物馆—广西民族文物苑—伊岭岩

红色旅游

A线:南湖广场(百色起义革命烈士纪念碑,李明瑞、韦拔群陈列馆)—人民公园(革命英雄烈士纪念碑)—广西烈士陵园

B线:南宁—崇左—龙州(红八军军部旧址)—靖西—田东—百色(百色起义纪念馆、粤东会馆)—乐业(红七军、红八军会师地旧址)

南宁乡村游

A线:武鸣县双桥镇下渌村

市区—南都高速—伊岭岩出口—双桥镇—下渌村(距市区30千米,行程50分钟)。下渌村为全国精神文明先进村,总人口约850人,以种植龙眼、杧果闻名,四季有水果、野菜采摘,鱼塘可钓鱼。风味小吃有白切土鸡、高峰柠檬鸭、下渌鱼生、上汤野菜、烤红薯等。8月有“农家乐龙眼节”。

B线:武鸣县城厢镇濑琶村七星屯

市区—南都高速—武鸣出口—城厢镇七星屯(距市区40千米,行程65分钟)。七星屯环境优美,生态怡人,香山河傍村而过。2001年改造成集居住、观光、娱乐于一体的具有壮乡民族特色的农家乐生态示范新村,建成具有民族特色的别墅式住宅楼19栋,可接待游客120人。可采摘杨桃等新鲜水果,品尝白切土鸡、灵马鲶鱼、灵水鱼生等风味小吃。

C线:马山县白山镇三潮水乡村

市区—南都高速—马山县城—国道210线—三潮水乡村(距市区110千米,行程90分钟)。三潮水因当地有一地下泉眼一日三起三落而得名,环境幽静,民风淳朴,构成人与自然的完美结合。有民族传统节日,游客可在竹林对歌,泉边烧烤,地质探秘,登山体验,有国家标准的游泳池,可品尝黑山羊肉串、陈米酸粉、绿豆饼、艾馍、红薯粽等特色小吃。住宿可回县城(8千米)。

2011年南宁市旅游星级宾馆酒店名录

星级及名称	地址
五星级(5家)	
南宁明园新都酒店	新民路38号
邕江宾馆	江滨东路41号
广西沃顿国际大酒店	民族大道东段88号
南宁桂景大酒店	文信路(桂景巷)1号桂林大厦
广西红林大酒店	民族大道129号
四星级(12家)	
南宁喜相逢大酒店	长湖路28号
广西恒升大酒店	中华路17号
广西锦华大酒店	东葛路1号
南宁明园饭店	新民路38号
南宁跨世纪大酒店	民族大道东段111号
广西南宁凤凰宾馆	朝阳路63号
东盟国际大酒店	邕武路1号
南宁万锦大酒店	星湖路27号
广西凯宾皇冠大酒店	民族大道98号
南宁圣展酒店	金湖南路49号
南宁市世纪君悦大酒店	金湖路71号
南宁景都国际大酒店	茶花园路31-1号
三星级(28家)	
广西南宁翔云大酒店	新民路59号
广西南宁天湖酒店	杭州路3号
南宁邕州饭店	新民路59号
南宁市银河大酒店	朝阳路76号
南宁万兴酒店	共和路174号
南宁市恒川大酒店	杭州路5号
南宁金禾宫大酒店	桂春路13号
广西三月花大酒店	东葛路119号
广西福彩宾馆	东葛路119号
南宁市富满地大酒店	桃源路43号
广西新华大酒店	民族大道69号
南宁华星酒店	七星路125号
南宁市凯莱大酒店	中华路48号
广西绿都大酒店	七星路133号
广西景湖假日大酒店	星湖路59号
广西发改委培训中心	葛村路1号
南宁大王滩度假村	良庆区那马镇南宁大王滩风景区内
广西博宾酒店	唐山路54号
广西天妃商务酒店	明秀东路238号
南宁银林山庄	邕武路23号
广西满江红大酒店	祥宾路63号
南宁永凯大酒店	友爱南路43-2号
南宁市壮元坡宾馆	秀灵路77-1号
南宁市湄公河大酒店	竹溪大道98号
南宁市钻石海岸海鲜大酒店	双拥路南湖广场旁
南宁振宁大酒店	新阳路286号
广西南宁嘉年华大酒店	民族大道135号
广西阳光假日酒店	中华路17-1号
二星级(25家)	
南宁市宝临宾馆	东葛路95号
南宁市南华大厦	人民中路1号
南宁市迎宾饭店	朝阳路71号
南宁市铁道饭店	地洞口路10号
南宁市江南宾馆	星光大道40号
南宁市新万通酒店	人民西路80号
南宁市迎宾楼宾馆	星光大道68号凤凰小区
广西科学活动中心科技宾馆	新竹路20号
南宁市教育宾馆	桃源路64号
广西南宁百利佳宾馆	桃源路57号
南宁市园湖饭店	园湖北路27号
南宁军供服务大厦	中华路54号
广西运招大厦	华东路67号
南宁市蕾雨宾馆	衡秀里30号
南宁糖业大酒店	衡阳东路7号
南宁市海天宾馆	桃源路41-1号
南宁香格里大酒店	友爱北路11号
南宁市金沙湾商务酒店	亭洪路21号
南宁市文丽酒店	青山路15号
广西林苑宾馆	华西路48号
南宁威宁生态园有限责任公司乡村大世界	三塘镇蒙村
广西嘉怡旅业开发有限公司菩提山庄	友谊路78号
武鸣宾馆	武鸣县城厢镇建设街107号
宾阳金世纪大酒店	宾阳县广云路
横县牡丹大酒店	横县横州镇淮海路2号

（周思伶　梁一家）

责任编辑　梁笑飞

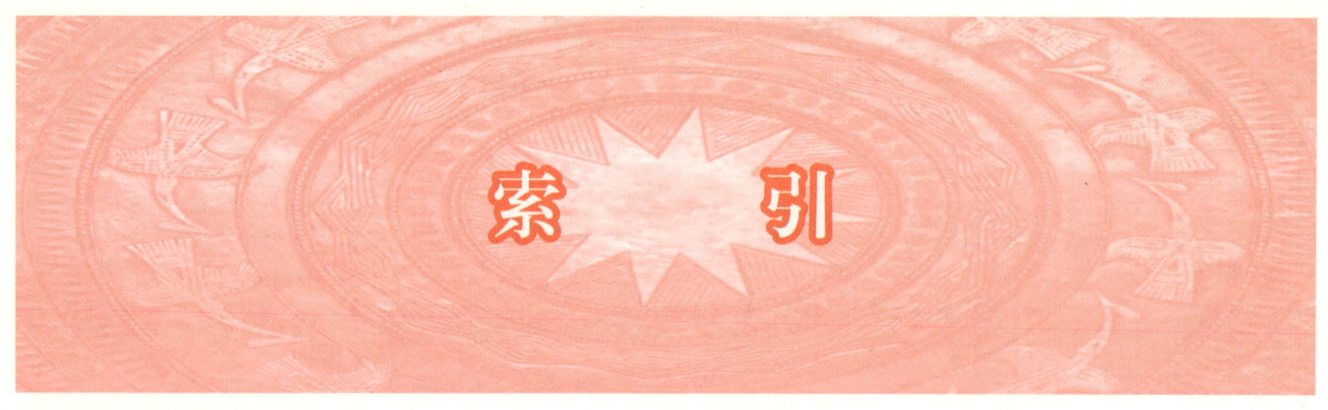

说　明

一、本索引是《南宁年鉴·2012》的内容分析索引。正文(包括条目、文献、资料、图片和表格)中凡具有独立检索意义的完整资料,都可以通过本索引进行检索。

二、本索引按汉语拼音字母(同音字按声调)顺序排列。类目、分目、次分目作索引款目用黑体字排印,其余款目均用宋体字排印。表格、图片、示意图在其款目后分别注明"表"、"图"或"示意图"。

三、索引款目后的数字表示内容所在的页码,数字后的拉丁字母(a、b、c)表示栏别(即版面的1、2、3栏)。空2字起排的款目为上一主题的"附见"。同一主题的"参见",只标页码。内容有交叉的款目,为便于读者检索,在本索引中重复出现。

四、"专题调研与经济分析"、"图片专辑"、"附录"在栏目的内容不作索引。阿拉伯数字开头的款目排在索引的末尾。

A

B

C

D

E

F

G

K

L

M

N

Q

R

T

W

Y

Z